Anonymous

Amtsblatt der Regierung zu Frankfurt a.d. Oder 1864

Anonymous

Amtsblatt der Regierung zu Frankfurt a.d. Oder 1864

ISBN/EAN: 9783742892751

Hergestellt in Europa, USA, Kanada, Australien, Japan

Cover: Foto ©ninafisch / pixelio.de

Manufactured and distributed by brebook publishing software (www.brebook.com)

Anonymous

Amtsblatt der Regierung zu Frankfurt a.d. Oder 1864

Amts-Blatt

der

Königlich Preußischen Regierung

zu

Frankfurt a. O.

Jahrgang 1864.

Frankfurt a. O.
Druck der Hofbuchdruckerei von Trowitzsch und Sohn.

Amts-Blatt
der Königl. Preuß. Regierung zu Frankfurt a. O.

№ 1. Frankfurt a. d. O., den 6. Januar. 1864.

Anweisung
zur Ausführung der unter den Staaten des Zollvereins getroffenen Verabredungen wegen Ausfertigung von Gewerbelegitimations-Karten zum Suchen von Waarenbestellungen und zu Waaren-Einkäufen im Umherziehen.

Nach den bisherigen Verabredungen der Regierungen der Zollvereinsstaaten haben diejenigen Handelsreisenden, welche auf Grund des dritten Absatzes im Art. 18. des Vertrages vom 4. April 1853 (Ges.-S. S. 406) abgabenfrei zum Suchen von Waarenbestellungen oder zum Aufkauf frachtweise zu befördernder Waaren zugelassen zu werden verlangen, unter Vorlegung eines Zeugnisses der betreffenden Behörde des Staates, welchem sie angehören, über die Entrichtung der gesetzlichen Abgaben in jedem Vereinsstaate, in welchem sie Geschäfte machen wollen, eine Gewerbelegitimation (steuerfreien Gewerbeschein, Handelspatent u. s. w.) nachzusuchen. Die Formulare zu den gedachten Zeugnissen und der Gewerbelegitimation (steuerfreien Gewerbeschein) sind der das Verfahren in Preußen regelnden Circular-Verfügung vom 2. September 1834 unter A und B beziehungsweise C beigefügt.

Zur Erleichterung des Verkehrs der betreffenden Reisenden sind die Regierungen der Zollvereinsstaaten neuerdings über die folgenden Aenderungen des bisherigen Verfahrens übereingekommen:

I. Vom 1. Januar 1864 ab sollen diejenigen Gewerbetreibenden, welche auf Grund der Verabredungen im Art. 18. des Vertrages vom 4. April 1853 in anderen Zollvereinsstaaten ohne Abgabenentrichtung Waaren-Ankäufe machen, oder Waaren-Bestellungen suchen wollen, dazu in diesen Zollvereinsstaaten auf Grund von Gewerbe-Legitimations-Karten zugelassen werden, welche von den Behörden des Heimaths-Landes ausgefertigt sind.

a) Diese Karten sind von denjenigen Behörden auszufertigen, welchen konventionsmäßig die Ertheilung von Paßkarten zusteht.

b) Zur Vermeidung von Verwechselungen und Verfälschungen sollen die — für alle Vereinsstaaten gleichmäßig herzustellenden — Karten nach Format und Farbe von den Paßkarten sich unterscheiden, in jedem Jahre eine verschiedene Farbe tragen, in einem Format hergestellt werden, welches die bequeme Mitführung in der Tasche möglich macht, und in der Ueberschrift in gleicher Weise, wie die Paßkarte, mit einem Stempel versehen werden, welcher das Wappen und den Namen des Staates, in welchem die Ausfertigung erfolgt, ersichtlich macht.

II. Jedem Gewerbetreibenden, welchem eine Gewerbelegitimations-Karte ertheilt wird, soll von der betreffenden Behörde der Abdruck einer Zusammenstellung derjenigen Vorschriften mitgegeben werden, welche von den betheiligten Gewerbetreibenden außer den in Bezug auf den An- und Verkauf einzelner Waaren-Artikel etwa bestehenden Beschränkungen in den verschiedenen Zollvereinsstaaten zu beachten sind.

Zur Ausführung der vorstehenden Verabredungen wird folgende Anweisung ertheilt:

A. In Betreff der bem Preußischen Staate angehörigen Gewerbetreibenden.

1) Hinsichtlich der Berechtigung der dem Preußischen Staate angehörigen Gewerbetreibenden zum Suchen von Waaren-Bestellungen und zum Ankauf von Waaren im Umherziehen innerhalb des Preußischen Gebietes bewendet es lediglich bei den bestehenden Vorschriften. Namentlich ist, in Betreff der Ausfertigung steuerfreier Gewerbescheine für inländische Kaufleute, Fabrikanten und die ausschließlich in deren Diensten stehenden Gehülfen auch ferner nach den Bestimmungen im §. 20 des Gesetzes vom 19. Juli 1861 (Ges.-Samml. S. 697) und unter No. VI. der Anweisung vom 12. September 1861 zu verfahren.

2) Die Gewerbelegitimationskarten treten vom 1. Januar 1864 ab an die Stelle der bisher den

und B. beigefügten Formularen ertheilten Legitimationen. In den Fällen, in welchen bisher eine Legitimation nach der letzterwähnten Cirkular-Verfügung an Preußische Gewerbetreibende ertheilt wurde, und unter denselben Voraussetzungen erfolgt fortan die Ausstellung der Gewerbelegitimations-Karten. Der Inhaber der letzteren wird dadurch berechtigt, in allen übrigen Zollvereinsstaaten (außer Preußen) die in der Karte bezeichneten Geschäfte auszuführen, ohne zur Entrichtung einer Abgabe hiefür, oder zur Lösung einer von der Behörde eines der übrigen Vereinsstaaten auszustellenden Gewerbelegitimation (Handelspatents u. s. w.) verpflichtet zu sein.

3) Die Gewerbelegitimationskarten werden nach dem beigefügten, mit Probeeintragungen (in lateinischer Schrift) versehenen Muster von den zur Ausfertigung von Paßkarten befugten Behörden ausgestellt. Die Probeeintragung zu 1. bezieht sich auf den Fall, daß der Inhaber der Karte für eigene Rechnung Geschäfte macht; die Probeeintragung zu 2 setzt voraus, daß der Empfänger im Auftrage eines Handlungs- (Fabrik-) Hauses, in dessen Diensten er ausschließlich steht, Geschäfte macht. Letzteren Falles ist der Name des Prinzipals, dessen Wohnort und Geschäft in der Karte anzugeben.

4) Die ausfertigenden Behörden erhalten die Karten und die den Empfängern unentgeltlich zu behändigende, oben zu II. erwähnte Zusammenstellung von den Königlichen Regierungen in der erforderlichen Anzahl.

5) Die Ausfertigung der Gewerbelegitimationskarten erfolgt gebührenfrei.

6) Ueber die Ausstellung der Karten wird von der ausfertigenden Behörde für jedes Kalenderjahr eine Nachweisung geführt, welche, außer der (fortlaufenden) Nummer der Karte, das Datum der Ausstellung, den Namen und Wohnort des Empfängers, dessen Personalbeschreibung, wie sie auf der Rückseite der Karte eingetragen ist, und die Angabe enthält, ob der Empfänger für eigene Rechnung oder für wessen Rechnung er Geschäfte macht. Nach Bedürfniß kann die Nachweisung in 2 Abtheilungen — für die nach der Probeeintragung zu 1 und zu 2 ausgefertigten Karten — geführt werden.

B. In Betreff der einem der übrigen Staaten des Zollvereins angehörigen Gewerbetreibenden.

7) Die einem der übrigen Zollvereinsstaaten (außer Preußen angehörenden Gewerbetreibenden und die in deren Diensten stehenden Reisenden, welche nach Artikel 18 dritter Absatz des Vertrages vom 4. April 1853 zum Suchen von Waarenbestellungen und zum Ankauf frachtweise zu befördernder Waaren im Umherziehen in Preußen ohne Entrichtung einer Abgabe hiefür zu verstatten sind, sind vom 1. Januar 1864 an der Verpflichtung, einen steuerfreien Gewerbeschein nach dem der Cirkular-Verfügung vom 2. September 1834 unter C. beigefügten Formulare zu lösen, dann befreit, wenn sie sich im Besitze einer für sie für das betreffende Kalenderjahr von ihrer Heimathsbehörde ausgefertigten für Preußen gültigen Gewerbelegitimations-Karte befinden. (Vergl. zu 8 und 10.)

Es muß jedoch für dieselben auf Verlangen der steuerfreie Gewerbeschein ausgefertigt werden, wenn sie über ihre Berechtigung zu dem bezeichneten Geschäftsbetriebe in der durch die Cirkular-Verfügung vom 2. September 1834 vorgeschriebenen Art oder durch Vorlegung der Gewerbelegitimations-Karte sich ausweisen.

8) Die Ausstellung der Karten in den übrigen Zollvereinsstaaten erfolgt in gleicher Weise, wie unter A 3 oben bestimmt ist. Es werden daher auch in diesen die Karten, wie oben für Preußen vorgeschrieben worden ist: „Behufs der Gewerbelegitimation bei den Behörden der übrigen Zollvereinsstaaten" ertheilt, und es ist eine Legitimationskarte, welche z. B. von einer Königlich Sächsischen Behörde für einen Angehörigen des Königreichs Sachsen in dieser Art ausgefertigt worden ist, auch für Preußen gültig. (Vergl. zu 7.)

9) Zur Ausfertigung der Karten sind dieselben Behörden der Zollvereinsstaaten berechtigt, welche mit Ausstellung der Paßkarten in dem Staate, welchem der Gewerbetreibende angehört, beauftragt sind.

10) In mehreren Vereinsstaaten werden künftig auch solche Karten ausgestellt werden, welche den Inhaber zum Aufsuchen von Bestellungen beziehungsweise zum Waaren-Ankauf für Rechnung mehrerer Häuser, (die in der Karte genannt werden) berechtigen. Die in solcher Art ausgefertigten Karten, sollen nach der getroffenen Verabredung am Rande mit dem Vermerke
„Nicht gültig für Preußen"
versehen sein, und haben in Preußen keine Gültigkeit. (Vergl. zu 7.)

— 3 —

Der Inhaber solcher Karten bedarf vielmehr zu dem darin bezeichneten Geschäftsbetriebe im Umherziehen (für mehrere Häuser) in Preußen eines steuerpflichtigen Gewerbescheins.
Berlin, den 25. Dezember 1863.
Der Finanz-Minister.   Der Minister für Handel, Gewerbe und öffentliche Arbeiten.
v. Bodelschwingh.   v. Itzenplitz.
Der Minister des Innern. Im Auftrage: v. Klützow.

Gewerbe-Legitimations-Karte

gültig für das Jahr   [Stempel mit dem Preussischen Wappen und Namen.]   1800 vier und sechzig.

Dem N., welcher in N. N. wohnhaft ist, und zur Rechnung
1) seiner eigenen Drogueriewaarenhandlung daselbst,
2) der Drogueriewaarenhandlung N. N. daselbst, bei welcher er als Handlungscommis im Dienste steht,

im Gebiete des Zollvereins Waarenbestellungen aufzusuchen und Waaren-Einkäufe zu machen beabsichtigt, wird hierdurch, behufs seiner Gewerbslegitimation bei den Behörden der übrigen Zollvereinsstaaten, bescheinigt, daß für den Gewerbebetrieb des vorgedachten Geschäftshauses im hiesigen Lande die gesetzlich bestehenden Steuern zu entrichten sind.

Derselbe darf von den Waaren, auf welche er Bestellungen suchen will, nur Proben, aufgekaufte Waaren dagegen gar nicht mit sich herumführen, letztere muß er vielmehr frachtweise an ihren Bestimmungs-Ort befördern lassen.

Nicht minder ist ihm verboten, Commissionen für Rechnung Anderer als des genannten Geschäftshauses aufzusuchen.

Bei dem Aufsuchen von Bestellungen oder bei den Waarenankäufen hat er die in jedem Vereinsstaate gültigen Vorschriften zu beachten.

(Ort, Datum, Unterschrift und Stempel der ausstellenden Behörde.)
(Personalbeschreibung und Unterschrift des Reisenden.)

Bekanntmachung.

Nachdem gegen folgende Zeitschriften:
1) den in London erscheinenden „Hermann", 2) die in Coburg erscheinende „Aera", 3) den ebendaselbst erscheinenden „Fortschritt"
auf Grund des §. 50. des Preßgesetzes vom 12. Mai 1851 gerichtlich auf Vernichtung erkannt worden ist, wird die fernere Verbreitung dieser Zeitschriften im Preußischen Staate auf Grund des §. 52. desselben Gesetzes unter Hinweisung auf die im §. 53. daselbst angedroheten Strafen hierdurch verboten.
Berlin, den 14. November 1863.   Der Minister des Innern. Graf Eulenburg.

Bekanntmachung.

Zur Erleichterung der Versendung von Waarenproben und Mustern mit der Briefpost werden auf Grund des §. 50. des Gesetzes über das Postwesen vom 5. Juni 1852 nachstehende Festsetzungen getroffen, welche vom 1. Januar 1864 ab in Anwendung kommen und sich auf Sendungen von einem Preußischen Post-Orte nach einem andern Preußischen Post-Orte beziehen.

1) Das Porto für Waarenproben und Muster soll ohne Unterschied der Entfernung für je 2½ Loth, oder einen Bruchtheil davon, vier Pfennige betragen, mithin
bis 2½ Loth einschließlich 4 Pf., über 2½ bis 5 Loth einschließlich 8 Pf., über 5 bis 7½ Loth einschließlich 12 Pf., über 7½ bis 10 Loth einschließlich 16 Pf.
2) Das höchste Gewicht der einzelnen Sendung, welche aus mehreren zusammengefügten Waarenproben und Mustern bestehen kann, wird vorläufig auf 10 Loth bestimmt, bis die Erfahrung eine Erweiterung gestattet.
3) Für jenes ermäßigte Porto dürfen nur wirkliche Waarenproben und Muster zugelassen werden, die an sich keinen eigenen Kaufwerth haben. Versendungs-Gegenstände, die im Handelsverkehr bereits einen Kaufwerth haben, gehören zur Fahrpost als Packete.
4) Flüssigkeiten, Glassachen, scharfe Instrumente und dergl. sind zur Versendung als Waarenproben und Muster bei der Briefpost nicht geeignet.
5) Hinsichts der Verpackung gilt als Bedingung, daß der Inhalt der Sendungen als in

— 4 —

In der Regel wird zwischen der Verpackung unter Band (Kreuz- oder Streifband) z. B. für Leinen-, Tuch-, Tapeten- ꝛc. Proben und der Verpackung in Säckchen, z. B. für Getreide-, Kaffee-, Sämerei- und ähnlichen Proben zu wählen sein. Die Säckchen müssen zugebunden oder zugeschnürt, dürfen aber weder zugekleht, noch mittelst der Umschnürung versiegelt sein. Bei Anwendung solcher Säckchen oder ähnlicher Behälter muß die Adresse — auf festem Papier oder anderem geeigneten Stoffe von zweckentsprechender Größe — gehörig haltbar angehängt sein.

6) Die Adresse muß außer dem Namen des Empfängers und des Bestimmungsorts den Vermerk: „Muster" oder „Proben" enthalten.

Die Adresse darf außerdem enthalten: den Namen oder die Firma des Absenders, die Fabrik- oder Handelszeichen, die Nummern und die Preise.

So weit die Beisendung unter Band geschieht, dürfen die eben bezeichneten vier Angaben statt auf der Adresse bei oder an jeder Probe für sich angebracht sein.

7) Es ist nicht gestattet, unter einem Band anderweite, besondere Sendungen unter Band, die wiederum für sich förmlich adressirt sind, zu vereinigen.

8) Ueberhaupt dürfen die Sendungen außer den vorstehend sub 6. bezeichneten Angaben keine handschriftlichen oder durch Druck oder sonst hergestellte Mittheilungen oder Vermerke irgend welcher Art enthalten.

9) Die Recommandation ist zulässig; es tritt dafür eine Gebühr von 2 Sgr. hinzu. Postvorschuß ist nicht anwendbar.

10) Die Sendungen müssen, um das ermäßigte Porto darauf anzuwenden, frankirt werden, thunlichst unter Verwendung von Post-Freimarken.

Sendungen mit Waarenproben oder Mustern, welche den vorstehenden Anforderungen nicht entsprechen, sonst aber zur Mitsendung mit der Briefpost sich noch eignen, unterliegen dem vollen tarifmäßigen Briefporto, auf welches die etwa verwendeten Post-Freimarken indeß in Anrechnung kommen.

Hinsichts der Bedingungen und Gebühren für Sendungen mit Waarenproben und Mustern nach und von anderen Bezirken des Deutschen Postvereins oder anderen fremden Postgebieten bleiben die bisherigen Verhältnisse bis auf Weiteres bestehen. Berlin, den 28. Dezember 1863.

Der Minister für Handel, Gewerbe und öffentliche Arbeiten. Graf von Itzenplitz.

Bekanntmachung des Königlichen Schul-Collegiums der Provinz Brandenburg.

Wir bringen hierdurch zur öffentlichen Kenntniß, daß in dem Schullehrer-Seminar zu Altdöbern mit dem vierten April 1864 ein neuer Lehrcursus beginnt und daß Aspiranten zu demselben sich so bald als möglich, und spätestens bis zum 1. März 1864, unter Beibringung der erforderlichen Zeugnisse und eines Lebenslaufs bei dem Herrn Superintendenten Koethe zu Altdöbern zu melden haben.

Berlin, den 28. Dezember 1863. Königliches Provinzial-Schul-Collegium.

Verordnungen und Bekanntmachungen der Königlichen Regierung zu Frankfurt a. d. O.

I. Bekanntmachung.

Die Kreis-Chaussee von Beeskow nach Fürstenwalde ist in das Verzeichniß derjenigen Straßen, auf denen der Gebrauch von Radfelgen unter 4 Zoll Breite in Folge des §. 1 der Verordnung vom 17. März 1839 für alles gewerbsmäßig betriebene Frachtfuhrwerk verboten ist, aufgenommen worden.

Berlin, den 15. November 1863.

Der Minister für Handel, Gewerbe und öffentliche Arbeiten. (gez.) Graf von Itzenplitz.

Vorstehende Bekanntmachung wird hierdurch zur allgemeinen Kenntniß gebracht.

Frankfurt a. d. O., den 23. Dezember 1863.

II. Nach §. 56 Nr. 2 der Militair-Ersatz-Instruktion vom 9. Dezember 1858 begründet die erfolgte Verheirathung eines Militairpflichtigen niemals dessen Befreiung vom Militairdienst, und zwar nach ausdrücklicher Bestimmung des Königl. Ministeriums des Innern und des Krieges vom 22. September 1860 auch nicht in dem Falle, daß die Heirath die Erwerbung eines Besitzthums herbeiführt.

In Gemäßheit der Allerhöchsten Kabinetsordre vom 19. Oktober 1831 veranlassen wir sämmtliche Herren Geistlichen:

Militairpflichtige bei Nachsuchung des Aufgebots an diese Bestimmung zu erinnern, und hierüber zu ihrem Ausweis eine stempelfreie Verhandlung aufzunehmen.

Frankfurt a. d. O., den 2. Januar 1864.

III. Die uns untergebenen Behörden und die Bezirks-Einsassen werden nachhaltig auf die Vorschriften der §§. 174 und 175 der Militair-Ersatz-Instruktion vom 9. Dezember 1858,
(Amtsblatt 1859 No. 15., Außerordentliche Beilage)
aufmerksam gemacht, wonach jeder Preußische Unterthan sich durch Beibringung der daselbst speciell bezeichneten Militair-Papiere über sein Militair-Verhältniß:
1) beim Wohnortswechsel,
2) bei der Verheirathung oder Begründung eines eigenen Hausstandes,
3) bei Nachsuchung der Konzession zur Betreibung eines Gewerbes, sofern eine solche Konzession erforderlich ist,
4) bei Nachsuchung eines Wanderpasses, oder, nach dem Ermessen der Behörde, auch bei Nachsuchung eines Reisepasses,
5) bei Nachsuchung der Entlassung aus dem Preußischen Unterthanen-Verbande und
6) bei Anstellungen oder diätarischen Beschäftigungen im Staats- oder Kommunaldienst,
ausweisen muß. Frankfurt a. d. O., den 2. Januar 1864.

IV. Wir machen die Jünglinge, welche sich der Seeschifffahrt widmen wollen, sowie deren Eltern und Vormünder auf den §. 60 der Militair-Ersatz-Instruktion vom 9. Dezember 1858
(Amtsblatt 1859 No. 15., Außerordentliche Beilage)
aufmerksam, wonach:
1) Individuen, die beim Eintritt in das militairpflichtige Alter auf Preußischen Schiffen 2 Jahre, sowie
2) Individuen, die in dem beregten Alter mit vorgängiger Genehmigung der betreffenden Königlichen Regierung 2 Jahre auf fremden Seeschiffen

als Schiffsmannschaften (Jungmann, Halbmann oder Matrose) gefahren und nicht etwa vorher zur Ableistung ihrer Dienstpflicht in die Armee eingetreten sind, auf den an den Königl. Landrath ihres Heimaths-Kreises zu richtenden Antrag als seedienstpflichtig anerkannt, und damit von der Erfüllung der allgemeinen Dienstpflicht im Landheer entbunden werden.
Frankfurt a. d. O., den 2. Januar 1864.

Die unterzeichnete Königliche Commission macht über die Berechtigung zum einjährigen freiwilligen Militairdienst im laufenden Jahre unter Hinweisung auf die Bestimmung der Militair-Ersatz-Instruktion vom 9. Dezember 1858, §. 126 — 165 (Außerordentliche Beilage zu No. 15. des Amtsblatts pro 1859) Nachstehendes bekannt:

§. 1. Allgemeine Bestimmungen.

Die Anmeldung zum einjährigen freiwilligen Dienst darf frühestens im Laufe desjenigen Monats, in welchem das 17. Lebensjahr vollendet wird, und muß spätestens zum 1. Februar desjenigen Kalenderjahres stattfinden, in dem das 20. Lebensjahr vollendet wird. Bis zum 1. April des letztgedachten Jahres muß der Nachweis der Berechtigung geführt sein.

Wer diese Termine versäumt, verliert den Anspruch zum einjährigen Dienst und kann nur ausnahmsweise, bevor er an der Loosung zum dreijährigen Dienst Theil zu nehmen verpflichtet war, oder wenn er vermöge seiner Loosnummer disponibel blieb, vor der zweiten Aushebung auf den, an die zuständige Kreis-Ersatz-Commission zu richtenden Antrag von den oberen Provinzial-Behörden zu dieser Vergünstigung zugestattet werden.

§. 2. Anmeldungs-Termine.

Die mit den erforderlichen Zeugnissen belegten Anmeldungs-Anträge sind uns beziehungsweise zum 15. Januar und 15. August d. J. einzureichen, und können Anträge, denen nicht alle nöthigen Zeugnisse beiliegen, nicht berücksichtigt werden.

§. 3. Befreiung von der persönlichen Vorstellung vor uns.

Wer durch Beibringung der in folgenden Paragraphen gedachten 6 Zeugnisse schriftlich den Nachweis seiner vollständigen Befähigung zum einjährigen Dienst führt, ist von der persönlichen Vorstellung vor uns entbunden.

§. 4. Angabe der Zeugnisse.

Es sind dem §. 2. erwähnten Antrage zu diesem Behuf folgende Zeugnisse beizufügen, als:
1) das Geburtszeugniß,
2) der Erlaubnißschein der Eltern oder des Vormundes,

3) ein Moralitäts-Attest der Obrigkeit des Heimathsortes, welches von dem Landrath des Kreises dahin bescheinigt sein muß, daß der betreffende Jüngling entweder Preußischer Unterthan, oder ein Staatsangehöriger der beiden Großherzogthümer Mecklenburg, oder der drei Herzogthümer Dessau sei,
4) die Erklärung, daß und wie die Militair-Equipage beschafft werden soll;
5) das Zeugniß der wissenschaftlichen Befähigung, d. h. entweder
   a) das von einem Preußischen Gymnasium ertheilte Zeugniß der Reife für die Universität, oder
   b) das Zeugniß eines Preußischen Gymnasiums oder einer Realschule erster Ordnung, daß der Inhaber mindestens ein halbes Jahr entweder in der Secunda an allen Gegenständen des Unterrichts Theil genommen habe, oder in der Prima der mit dem Gymnasium etwa verbundenen Realklassen gewesen sei, oder
   c) das Zeugniß des Königlichen Kadettenhauses zu Berlin über mindestens halbjährigen Aufenthalt in demselben oder
   d) das Zeugniß eines zu Entlassungs-Zeugnissen berechtigten Seminars, daß der Inhaber zum Elementar-Schulamt reif sei, oder
   e) das Zeugniß eines Königlichen Theaters, daß der Inhaber zu Kunstleistungen bei demselben angestellt sei, oder
   f) das Zeugniß einer zu Entlassungs-Prüfungen berechtigten höheren Bürger- oder Realschule zweiter Ordnung, daß der Inhaber mindestens ein halbes Jahr in der Prima gesessen habe, oder das Abgangs-Zeugniß einer solchen, der Prima ermangelnden Anstalt, oder
   g) das gleiche Zeugniß eines Progymnasiums, oder
   h) das Zeugniß der Gärtner-Lehranstalt zu Potsdam, über bestandene Prüfung als Gartenkünstler, oder
   i) das Zeugniß der Direktion des Königlichen Gewerbe-Instituts zu Berlin darüber, daß der Inhaber daselbst entweder schon aufgenommen, oder zur Aufnahme zu einem bestimmt bezeichneten Termine auf den Grund des Zeugnisses der Reife von einer Provinzial-Gewerbeschule notirt sei.
   k) Kunstgerechte und mechanische Arbeiter, welche für ihre Fertigkeiten besonders ausgebildet sind, bedürfen keines der vorstehend von a. bis i. gedachten Zeugnisse, sondern haben statt dessen die, genau nach §. 132 No. 4. der Ersatz-Instruktion zu fassende Bescheinigung der Kreis-Ersatz-Commission ihres Aufenthaltorts,
      daß ihre Zulassung zum einjährigen Dienst im gewerblichen Interesse des Orts nöthig sei, beizubringen.
6) Das die völlige körperliche Dienstauglichkeit des Vorzeigers bescheinigende Zeugniß eines Militair-Ober-Stabs-Arztes, eines Kreis-Physikus oder des Hausarztes.

§. 5. **Persönliche Gestellung zur Prüfung.**

Wer seinem Anmeldungs-Gesuch die vorstehend zu 5 und 6 gedachten Zeugnisse nicht beifügen kann, hat sich ohne weitere besondere Aufforderung zur Prüfung durch uns in dem Lokal der hiesigen Königlichen Regierung rechtzeitig zu gestellen.

§. 6. **Prüfungs-Termine.**

Zu Prüfungs-Terminen werden im laufenden Jahre
der 31. März früh 8 Uhr und ein, durch das Amtsblatt später bekannt zu machender Termin
anberaumt.

Frankfurt a. d. O., den 1. Januar 1864.

Königliche Departements-Prüfungs-Commission der Freiwilligen zum einjährigen Militairdienst.

    v. Greiffenberg.   Frhr. v. Thermo.

Personal-Chronik.

Von dem unterzeichneten Consistorium sind die Candidaten:
1) Georg Wilhelm Emil Eugen Baumann aus Stettin, 2) Otto Ewald Hugo Haase aus Berlin, 3) Moritz Kirchner aus Neustadt E.-W., 4) Hermann Friedrich Gottlieb Heinrich Krüger aus Magdeburg, 5) Johannes Uhlmann aus Lütte, 6) Friedrich Eduard Julius Vogel aus Wreschen
für wahlfähig zum Predigtamte erklärt worden.

Berlin, den 21. Dezember 1863.   Königliches Consistorium der Provinz Brandenburg.

Der Gerichtsschulze Hotzel in Biegen ist in Stelle des Rittergutsbesitzers von Barsewisch auf Rosengarten zum Wege-Polizei-Commissarius für den 1. Bezirk des Kreises Lebus ernannt und als solcher bestätigt worden.

Die Berufung des bisher in Zantoch angestellt gewesenen Lehrers Karl Gustav Losenitz zum Küster und Lehrer in Jahnsfelde, Diöcese Landsberg a. d. W., ist bestätigt worden.

Nachstehenden Lehrern in der Diöcese Soldin:
1) dem Lehrer und Cantor Dietrich in Lippehne, 2) dem Lehrer und Küster Krüger in Chursdorf,
3) dem Lehrer und Küster Jacob in Staffelde
ist die Erlaubniß zur Unterweisung von Seminar-Präparanden ertheilt worden.

Der Förster Sachs zu Biebersdorf, Oberförsterei Börnichen, ist gestorben. Der Forstaufseher Eckert zu Raednitz, Oberförsterei Güntersberg, wird vom 1. Februar 1864 ab nach Biebersdorf versetzt und der forstversorgungsberechtigte Jäger Johann Matthias Julius Ernst als Forstaufseher zu Raednitz für den Belauf Bindow zunächst auf sechsmonatliche Probe angestellt.

Von den Ständen des Lebuser Kreises sind der Schulze Borchert zu Alt-Manschnow und der Schulze Hutzel zu Biegen zu Kreisverordneten und Mitgliedern der Kreisvermittelungs-Behörde für den Lebuser Kreis gewählt und ist diese Wahl bestätigt worden.

Der bisherige Lokomotivführer Wildbrett in Sorau ist definitiv als solcher bei der Niederschlesisch-Märkischen Eisenbahn angestellt worden.

Vermischte Nachrichten.

(1) Patent-Ertheilung. 1. Den Maschinenfabrikanten Jung und Rust in Halle a. d. S. ist unter dem 7. Dezember 1863 ein Patent

auf eine Regulator-Vorrichtung für solche Dampfmaschinen, bei denen die hin- und hergehende Bewegung der Kolben nicht in eine rotirende umgewandelt wird, in der durch Zeichnung und Beschreibung nachgewiesenen ganzen Zusammensetzung und ohne Jemand in der Anwendung bekannter Theile zu beschränken,

auf fünf Jahre, von jenem Tage an gerechnet, und für den Umfang des preußischen Staats ertheilt worden.

2. Dem Maschinenfabrikanten A. Western in Wilhelmshütte bei Sprotto ist unter dem 11. Dezember 1863 ein Patent

auf eine Vorrichtung an durch Dampfkraft in Bewegung gesetzten Pumpwerken für hydraulische Pressen zu Regulirung des Betriebes nach Maßgabe des stattfindenden Widerstandes, in der durch Zeichnung und Beschreibung nachgewiesenen Zusammensetzung, und ohne Jemand in der Anwendung bekannter Theile zu beschränken,

auf fünf Jahre, von jenem Tage an gerechnet, und für den Umfang des preußischen Staats ertheilt worden.

Frankfurt a. d. O., den 22. Dezember 1863. Königl. Regierung; Abtheilung des Innern.

(2) Patent-Ertheilung. Dem Kaufmann J. H. F. Prüwitz in Berlin ist unter dem 14. Dezember d. J. ein Patent

auf eine Vorrichtung zum Pressen von Gegenständen aus Porzellan- oder Thonmasse, so weit dieselbe nach der vorgelegten Beschreibung und Zeichnung für neu und eigenthümlich erachtet worden ist, ohne Andere in der Benutzung bekannter Theile zu beschränken,

auf fünf Jahre, von jenem Tage an gerechnet, und für den Umfang des preußischen Staats ertheilt worden.

Frankfurt a. d. O., den 29. Dezember 1863. Königl. Regierung; Abtheilung des Innern.

(3) Die dritte Schullehrer-Stelle in Damm, zur Diöcese Cüstrin gehörig, Königlichen Patronats, ist durch den Abgang ihres zeitherigen Inhabers erledigt worden.

Frankfurt a. d. O., den 30. Dezember 1863. Königl. Regierung; Abtheilung für Kirchen- und Schulwesen.

(4) Die Küster- und Schullehrer-Stelle in Alt-Blessin, zur Diöcese Königsberg N. gehörig, Privat-Patronats, ist durch den Tod ihres zeitherigen Inhabers erledigt worden.

Frankfurt a. d. O., den 28. Dezember 1863. Königl. Regierung; Abtheilung für Kirchen- und Schulwesen.

(5) Die zweite Schullehrer-Stelle in Staffelde, zur Diöcese Soldin gehörig, Königlichen Patronats, ist durch die Amts-Niederlegung ihres zeitherigen Inhabers erledigt worden.

Frankfurt a. d. O., den 28. Dezember 1863. Königl. Regierung; Abtheilung für Kirchen- und Schulwesen.

(6) Amtliche Bekanntmachung, betreffend den Potsdamer Vieh-Versicherungs-Verein.

In der General-Versammlung vom 27. Juli 1861 hat der Potsdamer Vieh-Versicherungs-Verein Beschlüsse gefaßt, welche die Bestimmungen des allein gültigen, staatlich bestätigten Statuts vom 25. August 1856 wesentlich abändern und namentlich auch den Mitgliedern durch Auferlegung von Conventionalstrafen ihre Befugniß, rechtliche Einwendungen gegen gewisse Anforderungen des Vereins-Vorstandes geltend zu machen, in Frage stellen. Diese Beschlüsse haben die gesetzlich erforderliche staatliche Genehmigung nicht erlangt und obwohl dem Vereins-Direktor die Anwendung dieser illegalen Bestimmungen ausdrücklich untersagt ist, hat er dennoch die Ausführung derselben nicht unterlassen. Da sich demnach die Verwaltung nicht mehr auf der durch das bestätigte Statut gegebenen, allein gültigen, die Rechte der Mitglieder schützenden und ihre Pflichten feststellenden Grundlage bewegt; so ist bei der fortgesetzten Weigerung der Direktion, den Anordnungen der Oberaufsichtsbehörde Folge zu leisten, die Auflösung des Vereins von der hiesigen Königlichen Regierung in Aussicht genommen.

Um jedoch die Interessen der Vereins-Mitglieder nach Möglichkeit zu wahren und ihnen Gelegenheit zu geben, Beschlüsse zu fassen, welche die bisherige Handlungsweise des Vorstandes zu inhibiren und die Auflösung des Vereins unnöthig zu machen geeignet sind, ist von der Aufsichtsbehörde die Anberaumung einer General-Versammlung auf Mittwoch den 3. Februar Nachmittags 3 Uhr im hiesigen Schützenhause beschlossen worden und werden die Vereins-Mitglieder zur Wahrnehmung ihrer eigenen Interessen zum zahlreichen Erscheinen aufgefordert.

Potsdam, den 21. Dezember 1863. Der Königliche Polizei-Direktor Engelcken.

Amts-Blatt
der Königl. Preuß. Regierung zu Frankfurt a/O
№ 2.   Frankfurt a. d. O., den 13. Januar.   1864.

Gesetz-Sammlung für die Königlichen Preußischen Staaten pro 1863.

No. 44. enthält: (No. 5800.) Bestätigungs-Urkunde eines Nachtrages zu den Statuten der Berlin-Stettiner Eisenbahn-Gesellschaft, betreffend die Anlage einer Zweigbahn von Neustadt-Eberswalde nach Wriezen und die Erhöhung des Stammaktien-Kapitals der Gesellschaft um 3,176,000 Thaler. Vom 7. Dezember 1863.

(No. 5801.) Statut der Wiesengenossenschaft zu Leimbach und Nieder-Adenau, Kreis Adenau. Vom 7. Dezember 1863.

(No. 5802.) Statut des Verbandes zur Regulirung des Remly-Baches im Kreise Cammin. Vom 7. Dezember 1863.

Bekanntmachungen des Königlichen Ober-Präsidiums der Provinz Brandenburg.

Seine Majestät der König haben mittelst Allerhöchster Kabinets-Ordre vom 11. d. Mts. die vom Kommunal-Landtage der Neumark vorgenommenen Wahlen des Landes-Direktors, Freiherrn von der Goltz auf Kreizig zum Vorsitzenden und des Kammerherrn von Brandt auf Lauchstedt zum Stellvertreter desselben für die Zeit vom 3. Oktober 1863 bis dahin 1866 zu bestätigen geruht.

Potsdam, den 31. Dezember 1863.
Der Ober-Präsident der Provinz Brandenburg. In Vertretung: gez. v. Winzingerode.

Bekanntmachung des Königlichen Schul-Collegiums der Provinz Brandenburg.

Unter Bezugnahme auf unsere Bekanntmachung vom 9. Mai 1862 (Amtsblatt der Königl. Regierung zu Potsdam de 1862, Stück 21, S. 152) bringen wir hierdurch zur öffentlichen Kenntniß, daß zur Prüfung derjenigen Elementarlehrer, welche in hiesigen mittleren und höheren Knabenschulen im Lateinischen, im Französischen oder im Englischen zu unterrichten wünschen, ein Termin auf den 24. und 25. Februar d. J. von uns anberaumt worden ist.

Wir fordern deshalb diejenigen Lehrer, welche sich dieser Prüfung zu unterziehen beabsichtigen, auf, unter Einreichung eines Lebenslaufs, in welchem insonderheit die Angabe über die Vorbereitung zu dem fremdsprachlichen Unterricht enthalten sein muß, und des Zeugnisses über die Lehrbefähigung, sich bis zum 10. Februar d. J. bei uns zu melden.

Berlin, den 6. Januar 1864.   Königliches Provinzial-Schul-Collegium.

Wir bringen hiermit zur öffentlichen Kenntniß, daß der diesjährige Termin der Aufnahmeprüfung für das hiesige Seminar für Stadtschulen auf

Mittwoch den 3. März d. J.

von uns anberaumt worden ist.

Diejenigen, welche die Aufnahme wünschen, haben
1) einen selbstverfaßten und geschriebenen Lebenslauf, welcher außer den persönlichen Verhältnissen des Aufzunehmenden besonders den Gang seiner Bildung, darstellt,
2) den Tauf- und Confirmationsschein,
3) das Zeugniß über die genossene Schulbildung,
4) ein Zeugniß des Seelsorgers oder der Ortsobrigkeit über den sittlichen Lebenswandel,
5) ein ärztliches Attest über den Gesundheitszustand überhaupt,
6) eine Bescheinigung über die innerhalb der letzten zwei Jahre mit Erfolg vollzogene oder wiederholte Impfung der Schutzblattern und
7) eine von dem Vater oder dem Vormunde des Aufzunehmenden vollzogene Erklärung, daß für den Unterhalt desselben während der Bildungszeit im Seminar gesorgt sei,

mittels schriftlichen Gesuchs, unter Angabe ihrer Wohnung, vor dem Prüfungstermine bei uns einzureichen und weitere Verfügung zu gewärtigen.
Berlin, den 6. Januar 1864.   Königliches Provinzial-Schul-Collegium.

Verordnungen und Bekanntmachungen der Königlichen Regierung zu Frankfurt a. d. O.

I. Auf Ihren gemeinschaftlichen Antrag vom 5. Dezember d. J. ermächtige Ich Sie, den Minister des Innern, bei Rücksendung der Anlagen zu der von der Bau-Commission für ein in Dresden zu gründendes Künstlerhaus nachgesuchten Zulassung des Vertriebs von Loosen à 1 Thlr. für die Behufs Beschaffung des erforderlichen Baufonds daselbst beabsichtigte Lotterie von Kunstwerken innerhalb der Preußischen Monarchie die staatliche Erlaubniß zu ertheilen, und überlasse Ihnen, zu diesem Behufe das Geeignete zu verfügen.
Berlin, den 14. Dezember 1863.   (gez.) **Wilhelm.**
An die Minister der auswärtigen Angelegenheiten und des Innern.
Für richtige Abschrift: **Maetzke,** Kanzlei-Rath.
Vorstehende Allerhöchste Ordre wird hierdurch zur öffentlichen Kenntniß gebracht.
Frankfurt a. d. O., den 2. Januar 1864.

II.   **Publicandum.**
Unter Berücksichtigung der eingetretenen Veränderungen in der Einkaufspreisen mehrerer Droguen und der dadurch nothwendig gewordenen Aenderung in den Torpreisen der betreffenden Arzneimittel, habe ich eine neue Auflage der Arznei-Taxe ausarbeiten lassen, welche mit dem 1. Januar 1864 in Kraft tritt.
Berlin, den 19. Dezember 1863.
Der Minister der geistlichen, Unterrichts- und Medizinal-Angelegenheiten.   (gez.) v. **Mühler.**
Die vorstehende Ministerial-Bekanntmachung wird hierdurch zur öffentlichen Kenntniß der Apotheker, Medizinal-Beamten, Polizei-Behörden und des Publikums gebracht, und die sämmtlichen Apotheker des diesseitigen Verwaltungs-Bezirks werden angewiesen, sich vom 1. k. Mts. ab nach den vorgeschriebenen Tax-Bestimmungen auf das Genaueste zu richten und sich die im Druck erschienene neue Auflage der Arznei-Taxe pro 1864, welche in allen inländischen Buchhandlungen für den Preis von 10 Sgr. zu beziehen ist, sofort anzuschaffen.   Frankfurt a. d. O., den 7. Januar 1864.

III.   **Polizei-Verordnung.**
Unter Hinweisung auf §. 345 des Strafgesetzbuches für die Preußischen Staaten, wonach Derjenige straffällig ist, der ohne polizeiliche Erlaubniß Gift oder Arzneien, soweit deren Handel nicht durch besondere Verordnungen freigegeben ist, zubereitet, verkauft, oder sonst an Andere überläßt, verordnen wir auf Grund der §§. 6 und 11 des Gesetzes über die Polizei-Verwaltung vom 11. März 1850 (Ges.-Samml. S. 267) für den Umfang unseres Verwaltungsbezirks:
Wer die im §. 345 No. 2 des Strafgesetzbuches für die Preußischen Staaten bezeichneten Arznei-Waaren oder Gifte, deren Handel durch besondere Verordnung beschränkt ist, desgleichen die im §. 461. Tit. 8. Th. II. Allg. Land-Rechts angeführten Geheimmittel (Arcana) oder auch bekannte Stoffe als Heilmittel gegen Krankheiten oder Körperschäden ohne polizeiliche Erlaubniß zum Kaufe öffentlich anpreist oder selbst bietet, oder die Letzteren verkauft oder an Andere überläßt, verfällt in eine Geldstrafe bis zu 10 Thalern, an deren Stelle im Unvermögensfalle eine Gefängnißstrafe bis zu 14 Tagen tritt.
Frankfurt a. d. O., den 4. Januar 1864.

Personal-Chronik.
Der Feldmesser Otto Müller in Frankfurt a. b. O. ist unter dem 21. Dezember v. J. als solcher vereidigt worden.
Die auf Probe angestellten forstversorgungsberechtigten Jäger Friedrich Daniel Münchow zu Griesen, Oberförsterei Taubendorf, Karl Adolph Darsow zu Branlow, Oberförsterei Graschen, Albrecht Wilhelm Heinrich Theodor Mendel zu Regenthin, Belauf Jägersburg, Oberförsterei Hochzeit, Ludwig Karl Robert Wessel zu Peitz und Karl Friedrich Wilhelm Stenzel zu Jänswalde, beide Oberförsterei Taubendorf, sind zu Forstaufsehern ernannt und ihnen die innehabenden Forstschutzbeamten-Stellen vom 1. Januar 1864 ab definitiv übertragen.
Der bisherige Locomotivführer Rosenack in Frankfurt a. d. O. ist definitiv als solcher bei der Niederschlesisch-Märkischen Eisenbahn angestellt worden.

Vermischte Nachrichten.

(1) Es wird hierdurch zur öffentlichen Kenntniß gebracht, daß für den Kreis Sternberg der diesjährige Termin zur Körung der Privat-Deckhengste auf den 30. Januar d. J. Vormittags 10 Uhr und zwar auf dem neuen Marktplatze zu Drossen, festgesetzt worden ist.
Frankfurt a. d. O., den 6. Januar 1864. Königl. Regierung; Abtheilung des Innern.

(2) Es ist uns angezeigt worden, daß in einigen Kalendern pro 1864 als Anfang der hiesigen diesjährigen Reminiscere-Messe Montag der 9. Februar bezeichnet sei. Diese Bezeichnung beruht auf einem Irrthume, indem der Budenbau am 15. Februar, die Einläutung der Messe aber am 22. Februar stattfindet.
Frankfurt a. d. O., den 7. Januar 1864. Königl. Regierung; Abtheilung des Innern.

(3) Bekanntmachung. Die Vacanz der Kreis-Wundarztstelle des Mogilnoer Kreises wird hiermit nochmals zur öffentlichen Kenntniß gebracht und zur Bewerbung um dieselbe abermals eine Frist von 6 Wochen bestimmt.
Bromberg, den 2. Januar 1864. Königl. Regierung; Abtheilung des Innern.

(4) Wiederbesetzung des Kreis-Physikats Mogilno. Die mit einem Gehalte von 200 Thlr. jährlich verbundene Kreis-Physikats-Stelle des Mogilnoer Kreises ist erledigt und soll anderweit besetzt werden. Qualificirte Bewerber können sich unter Einreichung ihrer Zeugnisse binnen 4 Wochen bei uns melden.
Bromberg, den 6. Januar 1864. Königliche Regierung; Abtheilung des Innern.

(5) Besetzung einer Kreis-Thierarztstelle. Für den Kreis Wirsitz soll eine neue Kreis-Thierarztstelle mit 100 Thlr. etatsmäßigem Jahrgehalte creirt werden. Qualificirte Thierärzte erster Klasse, welche sich um die Stelle bewerben wollen, haben sich unter Einreichung ihrer Zeugnisse in 6 Wochen bei uns zu melden. Bromberg, den 4. Januar 1864. Königl. Regierung; Abtheilung des Innern.

(6) Bekanntmachung. Die im §. 25 alinea 2 des Betriebs-Reglements für die Staats- und unter Staats-Verwaltung stehenden Eisenbahnen vom 17. Februar 1862 enthaltene Bestimmung, wonach die Angabe eines bestimmten Betrages als des Interesses der rechtzeitigen Ablieferung bei Güter-Sendungen durch eine dem Frachtbriefe beizugebende besondere schriftliche Erklärung des Versenders erfolgen soll, wird aufgehoben und tritt im Bereiche unserer Verwaltung mit dem 1. Februar d. J. außer Kraft.

Die Interesse-Declaration hat von dem bezeichneten Zeitpunkte ab in der Weise zu erfolgen, daß die Angabe des declarirten Betrages in die Frachtbrief-Formulare selbst einzutragen ist, in welchen zu diesem Behufe auf der Vorderseite, und zwar zwischen den Rubriken für „höhere Werthsdeclaration und Notirung der Nachnahmen", eine schwarz eingefaßte Rubrik für Interesse-Declaration eingeschaltet worden ist.

Indem wir die vorstehende Modification des Betriebs-Reglements vom 17. Februar 1862 hierdurch zur öffentlichen Kenntniß bringen, machen wir zugleich darauf aufmerksam, daß einzelne Güter-Expeditionen angewiesen sind, bis auf Weiteres die von den Versendern benutzten alten Formulare zu Frachtbriefen passiren zu lassen, sofern eine Declaration des Interesses rechtzeitiger Ablieferung nicht in der Absicht liegt.
Bromberg, den 5. Januar 1864. Königliche Direction der Ostbahn.

(7) Bekanntmachung. Bei der in Folge unserer Bekanntmachung vom 23. v. M. am 14. d. M. stattgefundenen öffentlichen Verloosung von Rentenbriefen der Provinz Brandenburg sind folgende Apoints gezogen worden:

Litt. A. zu 1000 Thlr.
die Nummern: 155. 235. 253. 543. 613. 791. 800. 1688. 1709. 1760. 2096. 2401. 2591. 2625. 3052. 3729. 3896. 3944. 4300. 4383. 4609. 4671. 4757. 4851. 5038. 5475. 5576. 5619. 5866. 6428. 6917. 7025. 7279. 8004. 8063.

Litt. B. zu 500 Thlr.
die Nummern: 308. 522. 566. 657. 671. 1170. 1287. 1574. 1913. 2090. 2264. 2956. 3007. 3122. 3143. 3608.

Litt. C. zu 100 Thlr.
die Nummern: 14. 126. 988. 1478. 1558. 2447. 2921. 3099. 3118. 3489. 3490. 3754. 3778. 3825. 4187. 4665. 4819. 4858. 5009. 5090. 5322. 5646. 5685. 5767. 5790. 5803. 5868. 6770. 6774. 6882. 7360. 7384. 7394. 7406. 7560. 7741. 7995. 8223. 8292. 8534. 8766.

Litt. D. zu 25 Thlr.
die Nummern: 47. 180. 218. 513. 809. 912. 1453. 1770. 1790. 2230. 2259. 2670. 2746. 3120. 3377. 3627. 3853. 4456. 4497. 4585. 4661. 4879. 5912. 6103. 6144. 6192. 6475. 6687. 6756. 6775. 6946. 6985. 7023. 7027.

Vorstehende Bekanntmachung wegen Ausreichung neuer Zins-Coupons Ser. VII. nebst Talons zu den Kurmärkischen Schuldverschreibungen wird hiermit zur öffentlichen Kenntniß gebracht.

Formulare zu den in duplo einzureichenden Verzeichnissen der Talons zu den Schuldverschreibungen werden von der Regierungs-Hauptkasse, den Kreis-Steuer-Kassen zu Arnswalde, Calau, Cottbus, Crossen, Friedeberg, Guben, Königsberg, Landsberg, Luckau, Lübben, Soldin, Sorau, Spremberg, Zielenzig, Züllichau; den Steuer-Aemtern Bärwalde, Berlinchen, Cüstrin, Drossen, Dreblau, Dobrilugk, Driesen, Fürstenwalde, Fürstenwalde, Forst, Golzen, Lieberose, Letschin, Lübbenau, Lippehne, Müncheberg, Neudamm, Neuzelle, Pelz, Reppen, Neuwedell, Schönfließ, Schwiebus, Seelow, Senftenberg, Sommerfeld, Sonnenburg, Triebel, Bleß, Woldenberg, Zehden, und den Rentämtern Friedland und Lagow, jedoch nur auf mündliches Ansuchen ausgegeben.

Zur besondern Beachtung wird empfohlen, daß bestimmungsmäßig nur bis 1. Juni l. J. eine portofreie Beförderung der Talons und resp. Schuldverschreibungen stattfindet.

Frankfurt a. d. O., den 18. Oktober 1863.   Königliche Regierung. Frhr. v. Münchhausen.

Bekanntmachung wegen Ausreichung der neuen Zinscoupons Serie III. zu den Schuldverschreibungen der Staatsanleihe von 1856.

Zu den Schuldverschreibungen der Staatsanleihe vom Jahre 1856 werden die neuen Coupons Serie III. No. 1 — 8 über die Zinsen für die vier Jahre 1864 bis 1867 nebst Talons vom 14. Dezember d. J. ab von der Kontrolle der Staatspapiere hierselbst, Oranienstraße No. 92. unten rechts, täglich in den Vormittagsstunden von 9 bis 1 Uhr, mit Ausnahme der Sonn- und Festtage und der drei letzten Tage jedes Monats, ausgereicht werden.

Die Coupons können bei der gedachten Kontrolle selbst in Empfang genommen oder durch Vermittelung der Königlichen Regierungs-Hauptkassen bezogen werden. Wer das Erstere wünscht, hat die Talons vom 6. Mai 1859 mittelst eines Verzeichnisses, zu welchem Formulare bei der Kontrolle und in Hamburg bei dem Preußischen Ober-Post-Amte unentgeltlich zu haben sind, bei der Kontrolle persönlich oder durch einen Beauftragten abzugeben. Genügt dem Einreicher eine numerirte Marke als Empfangs-Bescheinigung, so ist das Verzeichniß nur einfach einzureichen, wogegen dasselbe von denen, welche eine schriftliche Bescheinigung über die Abgabe der Talons zu erhalten wünschen, doppelt abzugeben ist. In dem letztgedachten Falle erhalten die Einreicher das eine Exemplar des Verzeichnisses mit einer Empfangsbescheinigung versehen, sofort zurück. Die Marke oder Empfangsbescheinigung ist bei der Auszahlung der neuen Coupons zurückzugeben.

In Schriftwechsel kann sich die Kontrolle der Staatspapiere nicht einlassen.

Wer die gedachten Talons an eine Regierungs-Hauptkasse befördern will, hat sie derselben mit einem doppelten Verzeichnisse einzureichen.

Das eine Exemplar des Verzeichnisses wird dann mit einer Empfangsbescheinigung versehen sogleich zurückgegeben, und ist demnächst bei Aushändigung der neuen Coupons wieder abzuliefern.

Formulare zu diesen Verzeichnissen sind bei den Regierungs-Hauptkassen und den von den Königlichen Regierungen in den Amtsblättern zu bezeichnenden Kassen unentgeltlich zu haben.

Des Einreichens der Schuldverschreibungen selbst bedarf es zur Erlangung der neuen Coupons nur dann, wenn die alten Talons abhanden gekommen sind. Die Dokumente sind in diesem Falle an die Kontrolle der Staatspapiere oder an eine Regierungs-Hauptkasse mittelst besonderer Eingabe einzureichen.

Die Beförderung der Talons oder der Schuldverschreibungen an die Regierungs-Hauptkassen (nicht an die Kontrolle der Staatspapiere) erfolgt durch die Post bis zum 1. August l. J. portofrei, wenn auf dem Couverte bemerkt ist:

„Talons (Schuldverschreibungen) zu . . . . . . Thlr. der Staatsanleihe von 1856 zum Empfange neuer Coupons."

Mit dem 1. August l. J. hört die Portofreiheit auf, und es werden von da ab die neuen Coupons den Einsendern auf ihre Kosten zugesandt.

Für solche Sendungen, die von Orten eingehen oder nach Orten bestimmt sind, welche außerhalb des Preußischen Postbezirks, aber innerhalb des deutschen Postvereinsgebiets liegen, kann eine Befreiung vom Porto nach den Vereinsbestimmungen nicht stattfinden.   Berlin, den 28. November 1863.

Haupt-Verwaltung der Staatsschulden.

von Wedell.   Samet.   Löwe.   Meinecke.

Vorstehende Bekanntmachung wegen Ausreichung der neuen Zins-Coupons Serie III. zu den Schuldverschreibungen der Staatsanleihe von 1856 wird hiermit zur öffentlichen Kenntniß gebracht.

Formulare zu den in duplo einzureichenden Verzeichnissen der Talons zu den Schuldverschreibungen werden von der Regierungs-Hauptkasse, den Kreis-Steuer-Kassen zu Arnswalde, Calau, Cottbus, Crossen, Friedeberg, Guben, Königsberg, Landsberg, Luckau, Lübben, Soldin, Sorau, Spremberg, Zielenzig, Züllichau, den Steuer-Aemtern Bärwalde, Berlinchen, Cüstrin, Drossen, Dreblau, Dobrilugk, Driesen, Finsterwalde, Fürstenwalde, Forst, Golßen, Lieberose, Leitschin, Lübbenau, Lippehne, Müncheberg, Neudamm, Neuzelle, Pelz, Reppen, Reuwedell, Schönfließ, Schwiebus, Seelow, Senftenberg, Sommerfeld, Sonnenburg, Triebel, Vietz, Woldenberg, Zehden und den Rent-Aemtern Friedland und Lagow jedoch nur auf mündliches Ansuchen ausgegeben.

Zur besonderen Beachtung wird empfohlen, daß bestimmungsmäßig nur bis 1. August l. J. eine portofreie Beförderung der Talons resp. Schuldverschreibungen stattfindet.

Frankfurt a. d. O., den 5. Dezember 1863. Königliche Regierung. Frhr. v. Münchhausen.

Verordnungen und Bekanntmachungen der Königlichen Regierung zu Frankfurt a. d. O.

I. Polizei-Verordnung. Auf den Grund der §§. 6. b. und h. und 11. des Gesetzes über die Polizei-Verwaltung vom 11. März 1850 verordnen wir hiermit, daß die niedere Jagd am 1. Februar d. J. geschlossen wird. Frankfurt a. d. O., den 16. Januar 1864.

II. Subscriptions-Einladung auf ein statistisches Werk über den Regierungs-Bezirk Frankfurt.

Von dem zweiten Hefte des im Jahre 1863 vom Regierungs-Rath Zittelmann herausgegebenen Werks, betitelt: „Statistische Nachrichten über den Regierungs-Bezirk Frankfurt" ist noch ein Bestand vorhanden.

Wir setzen hiervon das Publikum mit dem Bemerken, in Kenntniß, daß der Subscriptionspreis auf jenes Werk zur Erleichterung des Umsatzes nur 10 Sgr. pro Exemplar beträgt, und daß das hiesige Statistische Büreau etwaige Bestellungen entgegennimmt.

Frankfurt a. d. O., den 11. Januar 1864.

Die Gesuche um Bewilligung von Freizetteln zum Sammeln von Raff- und Leseholz in den Königlichen Forsten und um Ueberlassung von eingeschlagenem Stock- und Reisigholz gegen geringere als taxmäßige Zahlung haben seit einiger Zeit so zugenommen, daß wir uns veranlaßt sehen, über den Zweck dieser Holzverabreichungen und das künftig dabei zu beobachtende Verfahren Folgendes bekannt zu machen.

Die Bewilligung von Freizetteln zum Sammeln von Raff- und Leseholz in den Königlichen Forsten und die Ueberlassung des eingeschlagenen Stock- und Reisigholz gegen geringere als taxmäßige Zahlung hat nicht den Zweck, den Communen einen Beitrag zur Armenpflege zu gewähren, der Hauptzweck dieser Maßregel geht vielmehr nur dahin, ganz unbemittelten Einwohnern der in der Nähe der Königlichen Forsten liegenden Ortschaften eine Beihülfe von Brennmaterial in strengen Wintern zu gewähren, um dadurch zugleich mittelbar die Zwecke des Forstschutzes zu fördern. Auf Gemeinden, welche selbst Wald besitzen, soll die Unterstützung niemals ausgedehnt und sollen in der Regel nur die Ortschaften dabei berücksichtigt werden, welche in solcher Nähe des Königlichen Waldes liegen, daß die Empfänger das Holz selbst oder durch ihre Angehörigen nach Hause tragen oder auf Handkarren abfahren können. Außer allen Umständen darf die Unterstützung nur armen Einwohnern, namentlich hülfsbedürftigen, an physischen Gebrechen leidenden Personen, Militairinvaliden aus den Freiheitskriegen, Greisen, Krüppeln und unvermögenden Wittwen zu Theil werden.

Zur Vertheilung an derartige Personen, welche die Holzlese selbst nicht mehr ausüben und von Freizetteln keinen Gebrauch machen können, ist uns vom Königlichen Ministerium ein bestimmtes, im Verhältniß zum Begehr nur sehr mäßiges Quantum Stock- und Reisigholz gegen Zahlung der vollen Nebenkosten und des halben, in besonderen Fällen auch eines Viertels des Holzwerths überwiesen, welches nicht überschritten werden darf.

Dies Quantum haben wir nach Verhältniß der bisherigen Abgabe auf die einzelnen Oberförstereien vertheilt und die Königlichen Oberförster ermächtigt, die Abgabe des eingeschlagenen Stock- und Reisigholzes in den Grenzen der ihnen zugetheilten Klafterzahl nach erfolgter Zahlung des darauf treffenden Geldbetrages an die Forstkasse zu bewirken.

Meldungen um Freizettel zur Ausübung der Holzlese und um eingeschlagenes Stock- und Reisigholz sind daher künftig nicht mehr bei uns, sondern bei den betreffenden Königlichen Oberförstern anzubringen und durch Atteste der Ortsvorstände, Domainen-Rent-Aemter oder Landraths-Aemter zu begründen, in welchen bescheinigt werden muß:

1) Behufs Ertheilung von Freizetteln, daß die Bittsteller arm und hülfsbedürftig und nicht im Stande sind, die Selbstmiethe zu erlegen, auch die Commune, welcher sie angehören, keinen eigenen Wald besitzt,
2) Behufs Verabreichung von eingeschlagenem Stock- und Reisigholz, daß die Bittsteller arm und hülfsbedürftig und so alt und schwach sind, daß sie die Holzlese nicht mehr ausüben können, auch die Commune, welcher sie angehören, keinen eigenen Wald besitzt.

Den Herren Landräthen wird anheim gegeben, diese Bekanntmachung durch die Kreisblätter zur Kenntniß der Kreiseingesessenen zu bringen und ebenso haben die Herren Domainen-Rentmeister jede Gelegenheit wahrzunehmen, die Ortsvorstände auf dieselbe und insbesondere darauf aufmerksam zu machen, daß alle derartige Anträge künftig nicht mehr an uns zu richten, sondern bei den Königlichen Oberförstern anzubringen sind.

Stettin, den 2. Januar 1864.

Königliche Regierung, Abtheilung für direkte Steuern, Domainen und Forsten.

Geschäfts- und Reise-Plan
der Departements-Ersatz-Commissionen im Bezirk der 9. und 10 Infanterie-Brigade im Jahre 1864.

Bezirk der 10. Infanterie-Brigade.

Am 23. Februar	Reise nach Lieberose.
„ 24. „	Aushebung in Lieberose und Reise nach Lübben.
„ 25. „	Aushebung in Lübben und Reise nach Sonnewalde.
„ 26. „	Aushebung in Sonnewalde und Reise nach Lucau.
„ 27. „	Aushebung in Lucau.
„ 28. „	(Sonntag) Ruhe.
„ 29. „	Reise nach Calau und Revision der kleinen Listen daselbst.
„ 1. März	Aushebung in Calau und Reise nach Cottbus.
„ 2. „	Revision der kleinen Listen in Cottbus.
„ 3. „	Aushebung in Cottbus und Reise nach Spremberg.
„ 4. „	Aushebung in Spremberg und Reise nach Triebel.
„ 5. „	Aushebung in Triebel und Reise nach Sorau.
„ 6. „	(Sonntag) Ruhe.
„ 7. „	Revision der kleinen Listen zu Sorau.
„ 8. „	Aushebung in Sorau und Reise nach Renzelle.
„ 9. „	Aushebung in Renzelle, Reise nach Guben und Revision der kleinen Listen daselbst.
„ 10. „	Aushebung in Guben und Reise nach Sommerfeld.
„ 11. „	Aushebung in Sommerfeld und Reise nach Crossen.
„ 12. „	Revision der kleinen Listen in Crossen.
„ 13. „	(Sonntag) Ruhe.
„ 14. „	Aushebung in Crossen und Reise nach Züllichau.
„ 15. „	Aushebung in Züllichau aus beiden Loosungsbezirken des Kreises.
„ 16. „	Reise nach Frankfurt a. d. O.
„ 29. „	Reise nach Zielenzig.
„ 30. „	Aushebung in Zielenzig und Reise nach Drossen.
„ 31. „	Aushebung in Drossen aus den Loosungsbezirken Sternberg und Drossen.
„ 1. April	Rückreise.

Bezirk der 9. Infanterie-Brigade.

„ 13. März	(Sonntag) Reise nach Arnswalde.
„ 14. „	Aushebung in Arnswalde.
„ 15. „	Reise nach Friedeberg und Revision der kleinen Listen daselbst.
„ 16. „	Aushebung in Friedeberg und Reise nach Landsberg a. d. W.
„ 17. „	Revision der kleinen Listen in Landsberg a. d. W.
„ 18. „	Aushebung in Landsberg a. d. W. und Reise nach Bletz.
„ 19. „	Aushebung in Bletz und Reise nach Soldin.
„ 20. „	(Sonntag) Ruhe.
„ 21. „	Revision der kleinen Listen in Soldin.
„ 22. „	Aushebung in Soldin.
„ 23. „	Reise nach Königsberg und Revision der kleinen Listen daselbst.

— 17 —

Am 24.	März	Aushebung in Königsberg.
" 25.	"	(Charfreitag) Reise nach Cüstrin.
" 26.	"	Aushebung in Cüstrin.
" 27.	"	(Ostersonntag) Ruhe.
" 28.	"	(Ostermontag) Reise nach Letschin.
" 29.	"	Aushebung in Letschin und Reise nach Müncheberg.
" 30.	"	Aushebung in Müncheberg und Reise nach Frankfurt a. d. O.
" 31.	"	Aushebung in Frankfurt a. d. O. (Stadt.)
" 1.	April	Aushebung daselbst (Landbezirk.)

Frankfurt a. d. O., den 11. Januar 1864.

von Schlegell,   von Raven,   Frhr. von Thermo,
Militair-Vorsitzender.   Militair-Vorsitzender.   Civil-Vorsitzender.

Personal-Chronik.

Der bisherige Hülfsprediger und Rector zu Crossen, Adolf Georg Wilhelm Gruber, ist zum Diakonus an der Stadt-Pfarr-Kirche zu Guben — Diöces Guben — bestellt worden.

Der Hülfsprediger Emil Waldemar Benno Pfitzner ist zum Pfarr-Adjunkten cum spe succedendi zu Buckow, Diöces Züllichau, bestellt worden.

Der Domainen-Rentmeister Schramm zu Friedland ist zum Vertreter des Forstfiskalanwalts für das Königliche Forstrevier Tammendorf ernannt worden.

Frankfurt a. d. O., den 18. Januar 1864.   Der Regierungs-Präsident. Frhr. v. Münchhausen.

Den von den Stadtverordneten getroffenen Wahlen gemäß sind bestätigt worden:

als Bürgermeister: in Crossen der bisherige Bürgermeister Lorenz, in Soran der Gerichts-Assessor Bruckner;

als unbesoldete Beigeordneten: in Fürstenfelde der Färbermeister Thielmann, in Buckow der bisherige Beigeordnete Pfeffer;

als unbesoldete Stadträthe: in Cottbus der Kaufmann Brick, der Kaufmann Schramke;

als unbesoldete Rathsherren: in Crossen der Tuchfabrikant Dalo, der Tuchscheerermeister Eisermann, der Kaufmann Wachner, der Färbermeister Schneider, der Destillateur Riedel;

als unbesoldete Rathsmänner: in Zehden der Apotheker Brüning, der Großbürger Fischer, in Fürstenberg der bisherige Rathmann Kramer, in Fürstenfelde der bisherige Rathmann Lübeck, in Bernstein der Zimmermeister Hahn, in Friedland b. d. L. der Fleischermeister Heinrich.

Bei der Handelskammer in Cottbus sind:

1) als Vorstands-Mitglieder: der Fabrikbesitzer Friedrich Mathesius, der Buchhändler Eduard Meyer und der Kaufmann Heinrich Dresler;

2) als Stellvertreter: der Kaufmann Adolph Zeidler,

sämmtlich in Cottbus wohnhaft, bestätigt worden.

Im Auftrage des Herrn Ober-Präsidenten der Provinz Brandenburg wird dies hiermit zur öffentlichen Kenntniß gebracht.

Der praktische Arzt, Wundarzt und Geburtshelfer Dr. Friedrich Wilhelm Krause hat sich in Reutwedell niedergelassen.

Der praktische Arzt, Wundarzt und Geburtshelfer Dr. Gustav Schwarzauer hat sich in Betschau niedergelassen.

Der praktische Arzt, Wundarzt und Geburtshelfer Dr. Maximilian August Schoch ist von Schlaben nach Berlin und der praktische Arzt, Wundarzt und Geburtshelfer Dr. Carl Friedrich Mager von Götzlow nach Schlaben gezogen.

Der Apotheker Heinrich Theodor Parow hat die frühere Gerstenbergsche Apotheke in Friedland i. d. L. käuflich erworben.

Der Bauherr Hermann Martin Müller hierselbst ist unter dem 31. Dezember 1863 als solcher vereidet worden.

Der Feldjäger im reitenden Feldjäger-Corps, Georg August Oscar Nicolovius, ist unter dem 31. Dezember 1863 als Feldmesser vereidigt worden.

Die Berufung des bisher provisorisch angestellt gewesenen Küsters und Lehrers Franz Joseph Joppich zu Duben, Diöcese Calau, ist bestätigt worden.

Die Berufung des bisherigen 2. Lehrers Friedrich Wilhelm Koffert in Rosenthal, zum Küster und Lehrer in Herrndorf, Diöcese Königsberg II., ist bestätigt worden.
Die Berufung des Lehrers Heinrich Laucke, früher in Massow, zum Küster und Lehrer in Plonitz, Diöcese Landsberg a. d. W., ist bestätigt worden.
Der Hegemeister Kepplin zu Wuckensee, Oberförsterei Neuhaus, ist gestorben. Die Forstaufseher Wille zu Lublath, Oberförsterei Lublathfließ, und Schrottih zu Althütte, Oberförsterei Marienwalde, sind zu Förstern ernannt. Vom 1. Februar d. J. ab wird der Förster Vorwerk zu Schmiddelbrück, Oberförsterei Carzig, nach Wuckensee, der Forstaufseher Kell zu Zohlow, Oberförsterei Reppen, nach Schmiddelbrück versetzt und der forstversorgungsberechtigte Jäger Carl Ludwig Erdmann Winter als Forstaufseher zu Zohlow zunächst auf sechsmonatliche Probe angestellt.

Personal-Veränderungen für den Monat Dezember 1863.
A. Bei dem Königlichen Appellations-Gericht zu Frankfurt a. d. O.
Seine Majestät der König haben dem Kanzlei-Sekretair Mühle das Allgemeine Ehrenzeichen mit dem Abzeichen für 50jährige Dienste zu verleihen geruht.
Der Referendarius Wachsmuth ist zum Gerichts-Assessor, die Rechts-Kandidaten Rex und Rumb sind zu Ausfultatoren und der erste Karzlift, Kanzlei-Sekretair Koch zum Kanzlei-Inspektor ernannt.
Der Gerichts-Assessor Schatz ist aus dem Departement des Kammergerichts in das hiesseitige, der Referendarius Richter aus dem diesseitigen in das Departement des Appellationsgerichts Naumburg versetzt.
Der Gerichts-Assessor Medenwaldt, der Referendar Brodzina und der Ausfultator Strücker, letztere beide auf ihren Antrag, sind aus dem Justizdienste entlassen.

B. Bei den Kreisgerichten im Departement.
Seine Majestät der König haben den Kreisgerichts-Direktor Habndorff zu Guben zum Staatsanwalt beim Stadtgericht in Berlin zu ernennen und dem Kreisgerichts-Sekretair, Kanzleirath Pietsch zu Guben bei der auf seinen Antrag erfolgten Versetzung in den Ruhestand den Rothen Adler-Orden 4. Klasse, sowie dem ersten Gerichtsdiener Grunert zu Züllichau das Allgemeine Ehrenzeichen zu verleihen geruht.
Der Büreau-Assistent Onbnod zu Seelow ist zum Sekretair bei dem Kreisgerichte zu Cüstrin, der Civil-Supernumerar, Aktuar 1. Klasse Herzberg zu Lübbenau ist zum Büreau-Assistenten bei dem Kreisgerichte zu Cottbus und der Civil-Supernumerar Kuschel zu Seelow zum Büreau-Assistenten bei der dortigen Kreisgerichts-Deputation, der Hülfsbote Koch zu Bärwalde ist zum Boten und Exekutor bei der Kreisgerichts-Commission zu Berlinchen, der Hülfsbote Scholz zu Sorau ist zum Boten und Exekutor bei dem Kreisgerichte zu Cottbus und der Hülfsbote Stürmer zu Müncheberg zum Boten und Exekutor bei dem Kreisgerichte zu Luckau ernannt.
Der Büreau-Assistent Schroedel zu Cottbus ist in gleicher Eigenschaft an das Kreisgericht zu Guben und der Bote und Exekutor Grunicke zu Cottbus in gleicher Eigenschaft an die Kreisgerichts-Deputation zu Forst versetzt.
Der Büreau-Assistent Schönermark zu Guben ist auf seinen Antrag aus dem Justizdienste entlassen.
Der Kreisgerichts-Rath Hundt zu Sorau ist pensionirt. Der Gefangenwärter Amboß zu Luckau ist gestorben.
Für den 21. ländlichen Bezirk des Kreises Sorau ist der Amtmann Würk zu Dubrau als Schiedsmann gewählt und bestätigt worden.

Vermischte Nachrichten.

(1) **Patent-Ertheilung.** Dem Maschinenbauer Ernst Köhler in Guben ist unter dem 2. Januar 1864 ein Patent
auf eine, nach der vorgelegten Zeichnung und Beschreibung für neu und eigenthümlich anerkannte Anordnung von mehrtheiligen Schützenkasten für mechanische Webestühle,
auf fünf Jahre, von jenem Tage an gerechnet, und für den Umfang des preußischen Staats ertheilt worden.
Frankfurt a. d. O., den 12. Januar 1864. Königl. Regierung; Abtheilung des Innern.

(2) **Ortsbenennung.** Das dem Viertelbauer Johann Gottlieb Traeter zu Neuenburg im Sollner Kreise gehörige, auf der dortigen Feldmark neu entstandene Etablissement wird mit unserer Genehmigung fortan den Namen „Karlien" führen.
Frankfurt a. d. O., den 14. Januar 1864. Königl. Regierung; Abtheilung des Innern.

(3) In Gemäßheit des §. 3. unserer Verordnung vom 15. November 1856 wird hiermit zur öffentlichen Kenntniß gebracht, daß das Schauamt zur Körung der Privat-Deckhengste für den Kreis Soldin am 23. b. Mts. Vormittags 10 Uhr in Soldin abgehalten werden wird.
Frankfurt a. d. O., den 9. Januar 1864. Königl. Regierung; Abtheilung des Innern.
(4) Die städtischen Behörden zu Forst haben aus freiem Entschluß mit Rücksicht auf die gesteigerten Preise der nothwendigen Lebensbedürfnisse die Gehälter der 15 Lehrer bei der dortigen Stadtschule vom 1. d. M. u. J. ab dahin normirt, daß sie das Minimum auf 180 Thlr., das Maximum, ungerechnet außerordentliche persönliche Zulagen, welche in einzelnen Fällen gewährt werden, auf 300 Thlr. festgesetzt haben und bis zu dessen Erreichung den Lehrern von 5 zu 5 Jahren eine Zulage von je 20 Thlr. jährlich gewähren wollen. Durch diesen Beschluß übernimmt die Stadt schon jetzt eine Mehrausgabe von 655 Thlr. jährlich. Wir bringen diese Verbesserung der Lehrergehälter mit beifälliger Anerkennung der Motive zur öffentlichen Kenntniß.
Frankfurt a. d. O., den 13. Januar 1864. Königl. Regierung; Abtheilung für Kirchen- und Schulwesen.
(5) Königliche Niederschlesisch-Märkische Eisenbahn. Die Berechnung des für die höhere Werths-Deklaration bei Güter-Sendungen in Gemäßheit des §. 23 Alin. 3 des Betriebs-Reglements für die Staats- und unter Staats-Verwaltung stehenden Eisenbahnen vom 17. Februar 1862 zu erhebenden Frachtzuschlages erfolgt bei der diesseitigen Eisenbahn vom 1. Februar d. J. ab von dem ganzen Betrage des deklarirten Werthes in der Art, daß für jede, wenn auch nur angefangenen 20 Meilen 1/10 pro Mille erhoben wird. Als Minimal-Zuschlag kommt 1 Sgr. zur Berechnung. Erreicht der deklarirte Werth den im §. 23 Alin 2. des Betriebs-Reglements ausgeworfenen Normal-Entschädigungssatz (20 Thlr. pro Centner) nicht, so wird kein Frachtzuschlag erhoben.
Der §. 19. unseres Güter-Tarifes vom 1. März 1862 wird hierdurch modificirt.
Berlin, den 14. Januar 1864. Königliche Direktion der Niederschlesisch-Märkischen Eisenbahn.
(6) Bekanntmachung. Die in No. 19. unseres Güter-Tarifs vom 1. März 1862 enthaltene Bestimmung, die Zuschlagsberechnung bei Werthsdeclarationen im Güterverkehr betreffend, wird aufgehoben und tritt mit dem 1. Februar d. J. außer Kraft. An Stelle derselben gilt von dem gedachten Tage ab für den Bereich der Königlichen Ostbahn nachfolgende Bestimmung:
Sofern ein Versender sich eine höhere Entschädigung als 20 Thlr. pro Centner für den Fall des Verlustes oder der Beschädigung eines Gutes sichern will, hat er den höheren Werth auf dem Frachtbriefe zu deklariren. Die Berechnung des für die höhere Werthsdeklaration zu erhebenden Frachtzuschlages erfolgt von dem ganzen Betrage des declarirten Werths in der Art, daß für jede, wenn auch nur angefangenen zwanzig Meilen 1/10 pro Mille erhoben wird. Als Minimal-Zuschlag kommt 1/10 Thlr. = 1 Sgr. zur Berechnung. Erreicht der declarirte Werth den im §. 23. No. 2. des Betriebs-Reglements vom 17. Februar 1862 ausgeworfenen Normal-Entschädigungssatz (20 Thlr. pro Centner) nicht, so wird kein Frachtzuschlag erhoben.
Bromberg, den 15. Januar 1864. Königliche Direction der Ostbahn.
(7) Königliche Niederschlesisch-Märkische Eisenbahn. Die im §. 25 alinea 2 des Betriebs-Reglements für die Staats- und unter Staats-Verwaltung stehenden Eisenbahnen vom 17. Februar 1862 enthaltene Bestimmung,
wonach die Angabe eines bestimmten Betrages, als des Interesses der rechtzeitigen Ablieferung bei Güter-Sendungen durch eine dem Frachtbriefe beizulegende besondere schriftliche Erklärung auf grünem Papier erfolgen soll,
ist aufgehoben und im Bereiche unserer Verwaltung außer Kraft getreten.
Die Interesse-Deklaration hat fortan durch Eintragung des deklarirten Betrages in die Frachtbrief-Formulare selbst zu erfolgen, in welchen zu dem Behufe auf der Rückseite, und zwar zwischen den Rubriken für höhere Werths-Deklaration und Notirung der Nachnahme, eine schwarz eingefaßte Rubrik für Interesse-Deklaration eingeschaltet worden ist.
Wir haben unsere Güter-Expeditionen jedoch angewiesen, die seither im Gebrauch befindlich gewesenen Frachtbrief-Formulare, sofern eine Deklaration des Interesses rechtzeitiger Ablieferung nicht stattfindet, bis auf Weiteres noch anzunehmen.
Berlin, den 13. Januar 1864. Königl. Direktion der Niederschlesisch-Märkischen Eisenbahn.
(8) **Aufkündigung Kur- und Neumärkischer Pfandbriefe.**
Die in dem beigefügten Verzeichniß aufgeführten Pfandbriefe sollen in dem nächsten Zinstermin „Johannis dieses Jahres" von dem Ritterschaftlichen Credit-Institut eingelöst werden.

Wir fordern daher die Inhaber auf, gedachte Pfandbriefe nebst Talons und diejenigen Zinscoupons, welche auf einen späteren als den vorbezeichneten Fälligkeits-Termin lauten, unverzüglich an unsere Haupt-Kasse oder an eine unserer Provinzial-Ritterschaftskassen einzuliefern. Ueber die Einlieferung wird Recognition ertheilt und diese demnächst im Fälligkeits-Termin bei derjenigen Kasse, bei welcher die Einlieferung erfolgt ist, durch Verabfolgung der Valuta eingelöst werden. Diejenigen Inhaber gekündigter Pfandbriefe, welche dieselben nicht bis zum „1. März d. J." einliefern, haben zu gewärtigen, daß alsdann diese Pfandbriefe auf ihre Kosten nochmals aufgerufen werden; diejenigen aber, welche weiterhin die Einlieferung bei einer der Provinzial-Ritterschafts-Kassen bis zum „14. Juli d. J." oder bei unserer Haupt-Kasse bis zum „14. August d. J." nicht bewirken, haben zu erwarten, daß sie nach Vorschrift der Allerhöchsten Ordre vom 15. Februar 1858 und des Regulativs vom 7. Dezember 1848 (Gesetz-Sammlung 1858 S. 37., 1849 S. 76.) mit den in dem Pfandbriefe ausgedrückten Rechten, insbesondere mit dem der Spezial-Hypothek, präcludirt und mit ihren Ansprüchen auf die bei dem Credit-Institut zu deponirende Valuta werden verwiesen werden. Berlin, den 6. Januar 1864.

Kur- und Neumärkische Haupt-Ritterschafts-Direktion.
Freiherr von Monteton. Graf Haeseler. von Klützow.

Verzeichniß
gekündigter und einzuliefernder Kur- und Neumärkischer Pfandbriefe.

Nummer.	Gut.	Provinz.	Betrag: Gold. Thlr.	Courant. Thlr.	Nummer.	Gut.	Provinz.	Betrag: Gold. Thlr.	Courant. Thlr.
\multicolumn{10}{c}{Durch Baarzahlung des Nennwerths einzuziehende Pfandbriefe.}									
27207	Mörbensfelde	Neumark	—	1000	37345	Schwanebeck	Mittelmark	—	1000
27208	"	"	—	1000	37346	"	"	—	500
27209	"	"	—	1000	37351	"	"	—	500
27211	"	"	—	500	37353	"	"	—	500
27214	"	"	—	100	37354	"	"	—	500
27215	"	"	—	100	37355	"	"	—	500
27216	"	"	—	50	37357	"	"		
27217	"	"	—	50	bis				
36101	Plessow ꝛc.	Mittelmark	—	1000	37360	"	"	—	400
37323	Schwanebeck	"	500	—	37371	"	"	—	50
37338	"	"	100	—	51925	Denzig, Antheil B.	Neumark	—	200
37339	"	"	100	—					
37343	"	"	—	1000	52424	Simonsdorf	"	—	300
37344	"	"	—	1000	52663	Sydow	Mittelmark	—	300

(9) **Bekanntmachung.** Versorgungsberechtigte Militair-Personen, welche bis zu ihrer Versorgung im Civildienste eine Beschäftigung als Landbriefträger, Packetträger ꝛc. bei vorkommender Erledigung solcher Stellen, annehmen wollen, werden hierdurch aufgefordert, bei der Post-Anstalt ihres Wohnortes, oder bei der dem letzteren zunächst gelegenen Post-Anstalt, unter Vorlegung
des Civil-Versorgungsscheins,
eines ärztlichen Attestes über ihren Gesundheits-Zustand und
einer Bescheinigung der Orts-Polizei-Behörde über ihr moralisches Verhalten,
sich zu melden.

Durch die Uebernahme einer solchen Beschäftigung geht der versorgungsberechtigte Militair-Invalide seines Anspruchs auf eine etwaige Anstellung als Post-Unterbeamter (als Briefträger, Wagenmeister, Büreaudiener u. s. w.) nicht verlustig.

Frankfurt a. d. O., den 2. Januar 1864. Der Ober-Post Direktor. gez. Hoppe.

(10) **Landbeschälung im Jahre 1864.**
Im Regierungs-Bezirk Frankfurt sollen auf den nachstehend bezeichneten Stationen in diesem Frühjahr Beschäler des Brandenburg'schen Landgestüts aufgestellt werden und kann die Bedeckung der Stuten bald

nach dem Eintreffen der Königlichen Hengste, welche am 1. Februar cr. den Marsch dahin antreten werden, daselbst ihren Anfang nehmen.

No.	Beschälstation.	Kreis.	No.	Beschälstation.	Kreis.
1	Friedrichsaue	Lebus.	2	Müncheberg	Lebus.

Hinsichtlich der Bedingungen, unter welchen die Bedeckung der Stuten stattfinden kann, wird von Seiten der Herren Stationshalter die desfalls nöthige Auskunft gegeben, im Uebrigen aber auf die unterm 3. Februar 1851 dieserhalb erlassene Bekanntmachung aufmerksam gemacht.
  Friedrich-Wilhelms-Gestüt, den 10. Januar 1864.   Die Königliche Gestüt-Direktion.

(11) **Königl. Preußische landwirthschaftliche Akademie zu Poppelsdorf.** Das Sommer-Semester beginnt am 11. April d. J. gleichzeitig mit den Vorlesungen an der Universität zu Bonn. Der spezielle Lectionsplan für das Sommerhalbjahr umfaßt folgende mit Demonstrationen verbundene wissenschaftliche Vorträge:

Einleitung in die landwirthschaftlichen Studien. Vergleichende Darstellung der landwirthschaftlichen Zustände der wichtigsten europäischen Staaten, namentlich Englands, mit besonderer Rücksicht auf Deutschland.
Anbau der Getreide- und Futterpflanzen: Direktor Dr. Hartstein.
Landwirthschaftliche Geräthe- und Maschinenkunde. Rindviehzucht: Administrator Dr. Krämer.
Äußere Pferdekenntniß: Departements-Thierarzt Schell.
Weinbau und Gemüsebau mit praktischen Demonstrationen: Garten-Inspektor Sinning.
Landwirthschaftliche Demonstrationen und Excursionen: Direktor Dr. Hartstein, Administrator Dr. Krämer und Wirthschafts-Inspektor Adams.
Waldbau mit praktischen Demonstrationen: Dr. Bonhausen.
Experimental-Physik (Statik und Dynamik). Organische Experimental-Chemie. Analytische Chemie mit praktischen Uebungen im Laboratorium. Agriculturchemische Literatur: Prof. Dr. Freitag.
Landwirthschaftliche Botanik und Pflanzen-Krankheiten. Pflanzenphysiologische Uebungen. Naturgeschichte der wirbellosen Thiere. Botanische Excursionen: Prof. Dr. Sachs.
Naturwissenschaftliche Repetitorien: Chemiker der Versuchsstation und Dr. Bonhausen.
Volkswirthschafts-Politik: Prof. Dr. Kaufmann.
Agrar-Gesetzgebung: Prof. Dr. Achenbach.
Acute und Seuchen-Krankheiten der Hausthiere: Departements-Thierarzt Schell.
Praktische Geometrie und Uebungen im Feldmessen und Nivelliren. Landwirthschaftliche Baukunde. Uebungen im Zeichnen (Planzeichnen, Aufnehmen und Zeichnen landwirthschaftlicher Geräthe und Maschinen und Entwerfen landwirthschaftlicher Gebäude): Baumeister Schubert.

Die Akademie verfügt außer den für die wissenschaftlichen Vorträge erforderlichen reichen Sammlungen und Apparaten insbesondere über folgende Lehrhülfsmittel: die akademischen Güter Poppelsdorf und Annaberg, ersteres als Beispiel eines wirthschaftlichen Betriebes vor den Thoren einer größeren Stadt, letzteres als Vorbild einer großen Gutsverwaltung, die landwirthschaftliche Versuchsstation, die Landesbaumschule, die Rebschule mit den verschiedenen Cultur-Methoden des Weinstocks, den ökonomisch-botanischen Garten und das chemische Laboratorium.

Durch die Verbindung der Akademie mit der Universität ist außerdem die Benutzung der reichhaltigen Sammlungen und Apparate der letztern (Universitäts-Bibliothek, botanischer Garten, naturhistorisches Museum ic.) möglich gemacht.

Der an Poppelsdorf angrenzende ausgedehnte Königliche Kottenforst bietet die Gelegenheit zu forstwirthschaftlichen Demonstrationen. Zur praktischen Anschauung verschiedener Wirthschafts-Betriebsarten dienen Excursionen, die von Zeit zu Zeit in die Umgegend und benachbarte Länder ausgeführt werden.

Es bedarf schließlich der Erwähnung, daß durch die enge Beziehung der Universität zu der Akademie den Studirenden die Gelegenheit geboten ist, auch noch andere für die allgemeine wissenschaftliche Bildung wichtige Vorlesungen zu hören.

Auf Anfragen wegen Eintritts in die Akademie wird der Unterzeichnete gern nähere Auskunft ertheilen.
Poppelsdorf bei Bonn, im Januar 1864.
  Der Direktor der landwirthschaftlichen Akademie, Geheimer Regierungsrath Dr. Hartstein.

(12) **Königliche landwirthschaftliche Akademie Proskau in Schlesien.**
Verzeichniß
der Vorlesungen, praktischen Uebungen und Erläuterungen im Sommer-Semester 1864.
Beginn am 11. April.

I. Philosophische Propädeutik, Logik . . . . Professor Dr. Heinzel.
II. Landwirthschaftsrecht . . . . Reg.-Assessor Beutner.
III. Landwirthschaftliche Disciplinen

A.
Aus dem Gebiete der allgemeinen Wirthschafts- und Betriebslehre.

1. Landwirthschaftliche Betriebslehre . . . . Lehrer b. Landw. Funke.
2. Güter-Abschätzungslehre . . . . Direktor Settegast.
3. Praktische Uebungen im Bonitiren und Abschätzen von Landgütern . . . . Derselbe.
4. Geschichte und Literatur der Landwirthschaft . . . Lehrer b. Landw. Funke.
5. Praktische landwirthschaftliche Demonstrationen im Betriebe der Gutswirthschaft . . . . Administrator Leisewitz.
6. Demonstrationen auf dem Versuchsfelde . . . . . Lehrer b. Landw. Funke.

B.
Aus dem Gebiete der Produktionslehre.

7. Spezieller Pflanzenbau . . . . Direktor Settegast.
8. Handelsgewächsbau . . . . Administrator Leisewitz.
9. Trockenlegung der Grundstücke und Drainage . . Baumeister Engel.
10. Obstbaumzucht mit Demonstrationen . . . . . . Garteninsp. Hannemann.
11. Thierzüchtungskunde . . . . Direktor Settegast.
12. Schafzucht und Wollkunde . . . . Derselbe.
13. Seidenbau mit Demonstrationen . . . . Garteninsp. Hannemann.
14. Bienenzucht mit Demonstrationen . . . . Rendant Schneider.

IV. Forstwirthschaftliche Disciplin:
1. Waldbau und Forstschutz . . . . Oberförster Wagner.
2. Forstwirthschaftliche Demonstrationen und Excursionen . . . . . . Derselbe.

V. Naturwissenschaftliche Disciplinen:
1. Organische und Agrikultur-Chemie . . . . Professor Dr. Kroder.
2. Analytische Chemie und Uebungen in chemischen Arbeiten im Laboratorium . . . . Derselbe.
3. Gestaltlehre der Pflanzen und Systemkunde . . . . Professor Dr. Heinzel.
4. Krankheiten der Pflanzen . . . . Derselbe.
5. Praktische Uebungen in anatomisch-physiologischen Untersuchungen im physiologischen Laboratorium . . . . Derselbe.
6. Demonstrationen an lebenden Pflanzen und botanische Excursionen . . Derselbe.

VI. Oekonomisch-technologische Disciplin:
Landwirthschaftliche Technologie . . . . Prof. Dr. Kroder.

VII. Thierheilkunde:
1. Gesundheitspflege der landwirthschaftlichen Hausthiere . . . . . Dep.-Thierarzt Lüthens.
2. Krankheits- und Heilungslehre der landwirthschaftlichen Hausthiere . . Derselbe.

VIII. Baukunst:
Landwirthschaftliche Baukunde . . . . Baumeister Engel.

IX. Mathematische Disciplin:
Praktische Geometrie und Uebungen im Feldmessen und Nivelliren . . . Derselbe.

Reiche Sammlungen und mannigfaltige wissenschaftliche und praktische Hilfsmittel, zu welchen das chemische Laboratorium, das physiologische Laboratorium, das Versuchsfeld und die umfassende Gutsherrschaft gehören, unterstützen den Unterricht. Junge Männer, welche die Absicht haben, sich besonders mit dem Schäfereiwesen vertraut zu machen, um später die Leitung von Schäfereien als Geschäft zu betreiben, erhalten Gelegenheit, sich für den erwählten Beruf gründlich auszubilden. Ebenso ist für die praktische Erlernung der Spiritus- und baltischen Bier-Fabrikation in besonderen Cursen Vorsorge getroffen.

Der Lehrcursus ist zweijährig. Das Studien-Honorar, welches im Falle der Bedürftigkeit des Akademikers ganz oder zur Hälfte erlassen werden kann, beträgt für zwei Jahre 100 Thaler.

— 23 —

Nähere Nachrichten über die Akademie, deren Einrichtungen und Lehr-Hilfsmittel enthält die bei Wiegandt und Hempel in Berlin neu erschienene und durch alle Buchhandlungen zu beziehende Schrift: „Die Königliche landwirthschaftliche Akademie Proskau"; auch ist der unterzeichnete Director gern bereit, auf Anfragen weitere Auskunft zu ertheilen. Proskau, im Januar 1864.

Der Director, Königliche Landes-Oekonomie-Rath. Settegast.

(13) **Bedingungen**
für die Versicherung von Mobiliar bei der Neumärkischen Land-Feuer-Societät. Festgestellt auf Grund des Allerhöchsten Erlasses vom 13. April 1863 (Ges.-Samml. pro 1863, S. 165.)

§. 1. Die Societät versichert bewegliche Gegenstände aller Art; ausgeschlossen sind jedoch: Documente, baares Geld, ungefaßte Edelsteine und Perlen, sowie unverarbeitetes Gold und Silber. Besonders werthvolle Schmucksachen, Gold- oder Silbergeräthe und Gemälde, sowie alle andern Gegenstände, die einen besondern Kunstwerth haben, gelten nur dann als mitversichert, wenn sie in dem genehmigten Versicherungs-Antrage einzeln mit besonderer Angabe der Versicherungssumme aufgeführt sind. Eine Verpflichtung der Societät zur Versicherung von Mobilien findet nicht statt.

Ueber die Aufnahmezulässigkeit und den Umfang der Versicherung entscheidet der General-Director lediglich nach eigenem Ermessen.

§. 2. Die Mobilien gehören der Regel nach in dieselbe Versicherungs-Klasse, wie die Gebäude, in denen sie sich befinden. Getreide-, Heu- und Stroh-Miethen gehören je nach ihrer Entfernung von Gebäuden und von einander in die Hauptklasse IV. resp. deren Unterstufen 15—20 (vergleiche §. 3).

Gegenstände, welche entweder niemals, oder doch nur zeitweise in Gebäuden untergebracht zu werden pflegen (Arbeitswagen, Ackergeräth, Bauholz ec.) klassifizirt der General-Director der Societät nach seinem Ermessen mit Rücksicht auf ihre größere oder geringere Feuergefährlichkeit, das Lokal und die Bauart der in der Nähe befindlichen Gebäude. Derselbe ist ferner befugt, ausnahmsweise die Mobilien ungünstiger zu klassifiziren, als die betreffenden Gebäude, wenn entweder die Lage der letzteren oder die Beschaffenheit der Mobilien selbst eine Feuersgefahr in besonderem Maße besorgen läßt. Endlich ist er berechtigt, Mobilien, die sich in nicht feuersicher gedeckten Gebäuden befinden, ausnahmsweise günstiger als in Klasse III. B. und in eine der Unterstufen 5—9 zu lociren, namentlich wenn diese Gebäude mindestens 100 Fuß von nicht feuersicher gedeckten Gebäuden der Nachbarn entfernt liegen.

Sind die Mobilien in mehreren Gebäuden verschiedener Klassen untergebracht, so wird ihre Gesammtversicherung auf Grund einer Durchschnittsberechnung in eine Unterstufe der bestehenden Hauptklassen verwiesen.

§. 3. Es werden zur Erreichung dieses Zwecks die bei der Immobiliar-Versicherung bestehenden Klassen für die Mobiliar-Versicherung nachstehend abgeändert:

Klasse I. der Immobiliar-Versicherung fällt zusammen mit	Unterstufe 1, welche pro 100 Thl. Versicherung den einfachen Beitragssatz der Klasse I. zahlt	
Klasse II. der Immobiliar-Versicherung zerfällt in	Unterstufe 2, welche pro 100 Thl. Versicherung den	1½fachen Satz der Klasse I. zahlt.
	„ 3, „	2 „
	„ 4, „	2½ „
Klasse III. A. der Immobiliar-Versicherung zerfällt in	Unterstufe 5, „	3
	„ 6, „	3½
	„ 7, „	4
	„ 8, „	4½
	„ 9, „	5
Klasse III. B. der Immobiliar-Versicherung zerfällt in	Unterstufe 10, „	5½
	„ 11, „	6
	„ 12, „	6½
	„ 13, „	7
	„ 14, „	7½
Klasse IV. der Immobiliar-Versicherung zerfällt in	Unterstufe 15, „	8
	„ 16, „	9
	„ 17, „	10
	„ 18, „	12
	„ 19, „	15
	„ 20, „	18

— 24 —

§. 4. Der Eintritt in die Societät kann jederzeit geschehen. Die Beiträge aber werden vom Anfange des Monats an berechnet, in welchem der Eintritt stattgefunden hat. Die Versicherung umfaßt den vollen Werth der zu versichernden Gegenstände, wenn nicht eine theilweise Selbstversicherung vorbedungen wird. Sie erfolgt auf Grund eines schriftlichen Antrages, zu welchem die Kreis-Direktoren resp. Geschäftsführer die vorschriftsmäßigen Formulare unentgeltlich mittheilen. Der Antrag muß einen Situations-Plan nebst einer Deklaration der zu versichernden Gegenstände und ihrer Versicherungssummen enthalten.

Die Gesammt-Versicherungssumme muß durch 25 theilbar sein. Unter dem Antrage muß in Gemäßheit des §. 14. des Gesetzes vom 8. Mai 1837 von der Ortspolizei-Behörde bescheinigt sein:

daß der Annahme des Versicherungs-Antrages in polizeilicher Hinsicht kein Bedenken entgegen steht.

Der Antrag ist in 3 Exemplaren dem Kreis-Direktor resp. Geschäftsführer einzureichen, welcher befugt ist, die Richtigkeit der Deklaration und des Situations-Plans nöthigenfalls unter Zuziehung von Societäts-Mitgliedern oder von Sachverständigen an Ort und Stelle zu prüfen oder auch Mitglieder oder Sachverständige damit zu beauftragen. Spätere Revisionen können jederzeit in gleicher Weise erfolgen.

Die Kosten solcher Revisionen trägt die Societät.

§. 5. Der Eintretende hat gleichzeitig ¼ Prozent der beantragten Versicherungssumme einzuzahlen. Es wird daraus nach erfolgter Genehmigung des Antrages zur General-Kasse der Societät abgeführt:

a) Das etwa zu entrichtende Eintrittsgeld (§. 23.).

b) Der Beitrags-Antheil für das laufende Semester (§. 4.), welcher nach dem 10jährigen Durchschnitte der von den betreffenden Versicherungsklasse seither gezahlten Beiträge berechnet wird.

Erfolgt der Eintritt mit dem Beginn des Semesters resp. in dessen ersten Monat, so fällt diese Zahlung aus.

c) Ein Vorschuß auf die künftigen Beiträge, dessen Höhe der General-Direktor für alle Versicherungsklassen so festsetzt, daß ein voller Semesterbeitrag daraus mit Sicherheit gedeckt werden kann. Der Ueberrest wird nach erfolgter Feststellung der Versicherung zurückgezahlt.

Werden die Zahlungen ad a. b. c. durch das Viertel-Prozent nicht gedeckt, so bleibt eine Nachforderung vorbehalten.

§. 6. Der Vorschuß (§. 5. ad c.) bleibt Eigenthum des Versicherten, wird demselben jedoch nicht verzinst. Ergiebt sich der Vorschuß im Laufe der Zeit als unzureichend, z. B. in Folge einer Klassen-Veränderung oder einer Erhöhung der Versicherungs-Summe, so muß er ergänzt werden. Die General-Kasse verwaltet die gesammten Vorschüsse als einen besondern Fonds, dessen Zinsen zu den allgemeinen Zwecken der Societät verwendet werden. Beim Ausscheiden aus der Societät wird der Vorschuß zurückgezahlt, soweit er nicht zur Deckung der Beiträge, oder einer Geldstrafe (§. 21.) erforderlich ist.

Nicht abgehobene Vorschüsse fallen dem eisernen Fonds der Societät anheim, wenn nach Auflösung des Versicherungsvertrages vier volle Kalenderjahre verflossen sind.

§. 7. Die Gültigkeit des Versicherungs-Vertrages tritt mit der Mittagsstunde des Tages ein, an welchem die von dem General-Direktor schriftlich zu ertheilende Genehmigung dem Versicherten ausgehändigt wird.

Erfolgt die Aushändigung der Entscheidung des General-Direktors nicht bis zur Mittagsstunde des 14ten Tages nach Einreichung des Antrages, so gilt der Versicherungs-Antrag als stillschweigend genehmigt, sofern nicht dem Antragsteller die schriftliche Benachrichtigung zugestellt ist, daß Ermittelungen über seinen Antrag noch schweben. Mit einer solchen Benachrichtigung beginnt die 14tägige Frist von Neuem zu laufen.

Ueber den Tag der Einreichung des Antrages wird eine besondere Bescheinigung ertheilt. Der Tag der Aushändigung der Genehmigung ist auf der letzteren zu vermerken.

Ist der Versicherte schließlich mit der Festsetzung des General-Direktors nicht zufrieden, so ist er berechtigt, von der Versicherung gegen Zahlung einer Gebühr von ¼ pro mille der festgesetzten Versicherungssumme Abstand zu nehmen.

Die Erklärung hierüber muß aber binnen 3 Tagen nach Empfang der betreffenden Festsetzung beim Kreis-Direktor resp. Geschäftsführer erfolgen, widrigenfalls letztere für angenommen gilt.

Die Versicherung von Getreide-, Heu- und Strohmiethen, welche von denen schon bei der Societät mit Mobiliar Versicherten beantragt wird, tritt sofort in Kraft. Der Kreis-Direktor resp. Geschäftsführer hat den Eingang des Antrages nach Tag und Stunde zu bescheinigen. Dem General-Direktor bleibt vorbehalten, die Versicherung innerhalb 14 Tagen nachträglich aufzuheben oder nur bedingungsweise zu genehmigen.

§. 8. Alle Versicherungen werden auf einjährige oder dreijährige Perioden geschlossen, bleiben jedoch so lange bestehen, bis sie nach den Bestimmungen der §§. 10., 11. und 20. gekündigt oder aufgehoben werden resp.

— 25 —

erlischen. Die regelmäßigen Versicherungs-Perioden beginnen mit dem 1. Januar. Bei Versicherungen, welche im Laufe des Jahres anfangen, wird der 1- resp. 3jährige Termin vom nächsten 1. Januar an gerechnet. Der Versicherte ist zur Zahlung der halbjährigen Beiträge postnumerando verpflichtet. Hat eine Änderung der Versicherungssumme oder der Versicherungsstufe, welche im Laufe des Semesters bewirkt wird, eine Erhöhung der Beiträge zur Folge, so werden letztere vom Anfange dieses Semesters ab berechnet. Giebt die Änderung dagegen Anlaß zu einer Ermäßigung, so tritt diese erst mit dem Anfange des nächstfolgenden Semesters ein.

Ein theilweiser Erlaß der Semesterbeiträge findet nur statt, wenn Seitens des General-Direktors eine Versicherung durch Kündigung, Löschung oder verweigerte Genehmigung der im §. 13. aufgeführten Veränderungen aufgehoben wird, oder wenn sie nach Maßgabe §. 20. erlischt. Die Beiträge werden alsdann nur bis zum Schlusse des Monats berechnet, in welchem die Aufhebung erfolgt und zwar mit dem Durchschnitts-Satze der betreffenden Klasse aus den letzten 10 Jahren.

§. 9. Bei einer Versicherung, deren Objecte nur vorübergehenden Bestand haben (Getreide-, Stroh- und Strohvorräthen, außergewöhnliche Vorräthe an Getreide, Wolle, Spiritus ꝛc.) kann eine kürzere als einjährige Versicherungs-Periode vereinbart werden, mit deren Ablauf sie von selbst erlischt. Der General-Direktor setzt in diesem Falle eine bestimmte Versicherungs-Prämie fest, gegen deren Vorausbezahlung der Versicherte von dem regelmäßigen Semesterbeitrage entbunden wird. Die Prämie ist zunächst auch hier nach dem Durchschnitts-Beiträgen der letztvergangenen 10 Jahre zu berechnen (§. 5. b.); sie wird aber durch Prozentzuschläge angemessen erhöht, welche verhältnißmäßig ansteigen, je kürzer die Versicherungs-Periode ist.

§. 10. Bestehende Versicherungen können von den Versicherten zum Ablauf der Versicherungsperiode (§. 8) gekündigt werden, die Kündigung muß aber spätestens am 1. November schriftlich dem Kreis-Direktor resp. Geschäftsführer zugestellt sein, widrigenfalls die Versicherung als stillschweigend auf eine gleiche Periode verlängert gilt.

§. 11. Der Anspruch auf Entschädigung erlischt von selbst, bezüglich derjenigen versicherten Gegenstände, welche ohne Genehmigung des General-Direktors anderweit versichert, oder aus dem im Antrage (§. 4) declarirten Gebäuden und Räumen entfernt werden. Der Uebergang der versicherten Gegenstände in andere declarirte Gebäude und Räume ist jedoch zulässig. Der General-Direktor kann jede Versicherung mit vierwochentlicher Frist, welche mit dem 1. des nächsten Monats zu laufen beginnt, ohne Angabe von Gründen kündigen.

Beim Eintritt der im §. 13. bezeichneten Veränderungen ist er zur sofortigen Aufhebung des Versicherungsvertrages befugt, welche in Kraft tritt, sobald seine Erklärung dem Versicherten zugestellt ist. Dieselbe Befugniß hat der General-Direktor, wenn der Versicherte länger als 3 Monate mit der Zahlung der Beiträge im Rückstande bleibt.

§. 12. Wer versichern läßt, hat die im Formulare des Versicherungs-Antrages enthaltenen Fragen vollständig und der Wahrheit gemäß zu beantworten; falsche Angaben machen die Versicherung ungültig, ohne daß eine Rückerstattung der gezahlten Beiträge erfolgt.

§. 13. Tritt während der Versicherung ein Wechsel in der Person des Eigenthümers der versicherten Gegenstände ein oder sind an dem Versicherungs-Lokale oder in dessen Nachbarschaft Veränderungen ausgeführt, welche die Anschließung der versicherten Gegenstände resp. ihre Versetzung in eine höhere Stufe nach sich ziehen, so ist der Versicherte verpflichtet, davon dem Kreis-Direktor resp. Geschäftsführer der Societät binnen 14 Tagen Anzeige zu machen. Versäumt er diese Anzeige, so hat er neben der nach §. 21. verwirkten Geldstrafe den verfallenen Beiträge nachzuzahlen, jedoch höchstens auf einen Zeitraum von fünf Jahren. Ebenso muß in 14tägiger Frist Anzeige erfolgen:

1. wenn in dem Gebäude, worin die versicherten Gegenstände sich befinden, ein Brand entstanden ist, und
2. wenn der Versicherte in denselben Gebäuden und Gehöften, worin die bei der Societät versicherten Gegenstände sich befinden, noch bei anderen Gesellschaften oder Banken ꝛc. Sachen gegen Feuersgefahr versichert.

§. 14. Im Fall eines Brandes ist der Versicherte verpflichtet, für die Rettung, Sicherung und Erhaltung der versicherten Gegenstände zu sorgen; er verwirkt hierbei grobes Versehen und verliert, wo ihn solches trifft, den Anspruch auf Ersatz des durch dieses Versehen veranlaßten Schadens. Handlungen oder Unterlassungen des Versicherten, durch welche er diese Pflicht vorsätzlich verletzt, machen ihn des Anspruchs auf jede Entschädigung verlustig.

Die Ausräumung versicherter Gegenstände darf jedoch bei Anwesenheit der Polizei-Behörde oder eines Societäts-Beamten nicht ohne deren Genehmigung und überhaupt mit Ausnahme des Viehes nicht eher er-

benachbarten Gebäuden durch Ansteckung bedroht ist. Ein Schaden, welcher durch Zuwiderhandlung gegen diese Bestimmungen entsteht, wird nicht vergütet, es sei denn, daß der Versicherte sein Verfahren durch besondere von ihm nachzuweisende Umstände rechtfertigt.

§. 15. Nach dem Brande, und zwar binnen 24 Stunden nach Dämpfung des Feuers, hat der Versicherte denselben dem Kreis-Direktor resp. Geschäftsführer der Societät anzuzeigen und dabei die ungefähre Höhe des Schadens und etwa vorgekommene Entwendungen versicherter Gegenstände anzugeben. Brandschäden, welche nach Verlauf von 3 Tagen nach dem Brande nicht zur Anzeige gebracht sind, werden nur mit einem Abzuge von 10 Prozent der Entschädigungssumme vergütet.

Wird die Anzeige erst nach Verlauf von 8 Tagen erstattet, so erfolgt gar keine Vergütigung mehr. Ausnahmen finden nur im Falle eines unüberwindlichen Hindernisses statt. Alsdann laufen die gedachten Fristen erst von dem Zeitpunkte des gehobenen Hindernisses an. Bis zur Feststellung des Schadens darf der Versicherte mit den geretteten Gegenständen ohne Genehmigung der Societät keine anderen Veränderungen vornehmen, als zu deren Erhaltung nothwendig sind.

Zuwiderhandlungen ziehen den Verlust des Anspruchs auf diese Entschädigung rücksichtlich der betreffenden Gegenstände nach sich.

§. 16. Bei Vergütigung der Brandschäden dient als Grundsatz, daß nur der wirkliche, nach dem gemeinen Werthe der versicherten Gegenstände in ihrem Zustande vor dem Brande zu bemessende Schaden zur Berechnung kommt, daß ferner die Entschädigung, wenn die Versicherungssumme hinter dem Werthe der versicherten Gegenstände zurückbleibt, nach Verhältniß der Versicherungssumme zum vorhandenen Werthe der versicherten Gegenstände und wenn ein Theil der Versicherung von anderen Gesellschaften oder dem Versicherten selbst übernommen war, nach Verhältniß ihres Antheils an der ganzen Versicherung von der Societät geleistet wird.

§. 17. Behufs Ermittelung des dem Versicherten durch den Brand entstandenen Schadens hat derselbe zunächst ein Verzeichniß aller zur Zeit des Brandes vorhanden gewesenen, oder davon verbrannten, oder beim Brande abhanden gekommenen, sowie aller beschädigt gewordenen Gegenstände mit Beisetzung ihres Werthes (§. 16) gewissenhaft anzufertigen und dasselbe binnen 8 Tagen nach dem Brande dem Kreis-Direktor einzureichen. Auch ist er verpflichtet, jede zur Ermittelung der Entstehung und des Umfanges des Schadens erlangte Auskunft getreulich zu ertheilen, und die zum Nachweis seines Verlustes dienenden Bücher und Scripturen ꝛc. vorzulegen.

§. 18. Die Schadenermittelungs-Verhandlungen hat der Kreis-Direktor zu leiten. Der Werth der zu vergütenden Gegenstände wird durch das Gutachten zweier Societäts-Mitglieder festgestellt, welche der Kreis-Direktor ernennt. Bei divergirenden Gutachten wird ein von den beiden Societäts-Mitgliedern event. von dem Kreis-Direktor zu ernennender Obmann zugezogen.

An die Stelle der Societäts-Mitglieder treten für alle oder doch für einzelne Gegenstände Sachverständige, wenn die Abschätzung besondere Sachkunde erfordert. Die Zuziehung von Sachverständigen an Stelle der Societäts-Mitglieder ist nicht mehr zulässig, wenn Letztere ihr Gutachten dem Kreis-Direktor bereits zu Protokoll erklärt haben.

Der General-Direktor ist befugt, den Verhandlungen beizuwohnen und nach seinem Ermessen auch die Leitung derselben zu übernehmen. Letzterenfalls gehen die vorgedachten Befugnisse des Kreis-Direktors auf den General-Direktor über.

Er darf sie jedoch nur insoweit ausüben, als dies Seitens des Kreis-Direktors nicht bereits geschehen ist. Kein Mitglied der Commission darf mit dem Beschädigten verwandt oder verschwägert sein.

Die Ortspolizei-Behörde ist berechtigt, der Schadenfeststellung beizuwohnen.

Die Societäts-Mitglieder und die Sachverständigen erhalten aus der Societäts-Kasse die Gebühren und Reisekosten der gerichtlichen Sachverständigen.

Die Societät ist berechtigt, die geretteten Gegenstände zum abgeschätzten Werthe zu übernehmen.

§. 19. Wer das im §. 17. vorgeschriebene Verzeichniß wissentlich falsch anfertigt, oder die Societät bei Ermittelung des Schadens vorsätzlich hintergeht oder zu hintergehen versucht, verliert den Anspruch auf jede Entschädigung.

§. 20. Auf Grund der Schaden-Ermittelungs-Verhandlungen (§. 18.) wird die von der Societät zu zahlende Entschädigung durch den General-Direktor festgesetzt. Dem Versicherten wird Ausfertigung seiner Entscheidung in Kraft der Eröffnung behändigt. Die Zahlung der festgesetzten Entschädigung muß innerhalb der folgenden vier Wochen geleistet werden.

Wegen zurückgewiesener Schadensansprüche stehen dem Versicherten die im §. 7. des Reglements vom 17. Juli 1846 nachgelassenen Rechtsmittel an die Associrten auf dem Kreistage und an den Communal-Landtag zu. Dieselben sind bei dem General-Direktor innerhalb der vorgeschriebenen zehntägigen Frist anzumelden. Bei Berechnung dieser Frist wird der Tag der Behändigung der Vorentscheidung nicht mit gerechnet. Auch die Zustellung der Entscheidung der höhern Instanzen erfolgt durch den General-Direktor.

Alle Rechte auf Schadens-Ersatz, welche dem Versicherten wegen des Brandes gegen dritte Personen zustehen, gehen nach gezahlter Entschädigung und bis zu deren Betrage auf die Societät über. Den Uebergang hat der Versicherte auf Verlangen bei dem Empfange der Entschädigung schriftlich anzuerkennen. Nach einem Brande vermindert sich die Versicherungssumme um den Betrag der Entschädigung.

§. 21. Wer die in §§. 13 und 17 und im ersten Satze des §. 15 vorgeschriebenen Fristen nicht innehält, hat eine, nach dem Ermessen des General-Direktors zu verhängende Geldstrafe bis zu 25 Thlr. verwirkt.

§. 22. Ist ein Versicherter durch Verletzung der Versicherungs-Bedingungen des Rechtes auf Entschädigung verlustig gegangen, so kann vom Communal-Landtage eine Entschädigung aus Billigkeits-Rücksichten dennoch gewährt werden.

§. 23. Bei Versicherungen auf einjährige Dauer (§. 8) ist das reglementsmäßige Eintrittsgeld von 5 Sgr. pro 100 Thaler Versicherungssumme zu zahlen.

Tritt im Laufe des ersten Jahres der Versicherung eine Kündigung Seitens des General-Direktors ein, so wird ein entsprechender Theil desselben zurückgezahlt. Bei Versicherung auf 3 Jahre kommt das Eintrittsgeld in Wegfall, ebenso bei Versicherungen, die gegen Vorauszahlung fester Prämien auf kürzere als einjährige Dauer abgeschlossen werden (§. 9).

§. 24. Der General-Direktor ist berechtigt, in geeigneten Fällen für die Annahme von Versicherungen noch besonders, den vorstehenden Bestimmungen nicht widersprechende Zusatzbedingungen festzustellen.

§. 25. Alle der Societät zu machenden Anzeigen sind bei brieflicher Uebersendung zu frankiren. Zusendungen an die Versicherten erfolgen in unfrankirten und nöthigenfalls recommandirten Schreiben.

Die etwaigen Stempelkosten für den Versicherungs-Vertrag trägt der Versicherte.

Die Einziehung der Mobiliar-Versicherungs-Beiträge kann den Ortssteuererhebern übertragen werden, welche alsdann berechtigt sind, einen Zuschlag von 1 Prozent als Tantieme von den Versicherten zu erheben.

Cüstrin, den 19. November 1863.

Die ständische Commission für die Mobiliar-Versicherung der Neumärkischen Land-Feuer-Societät.

v. Brandt.　Meyer.　v. Werdeck.　Mielferstädt.　Frank.

Genehmigt.

Potsdam, den 26. November 1863.

(L. S.)

Der Oberpräsident der Provinz Brandenburg. Wirkl. Geheimer Rath. In Vertr. v. Winzingerode.

Die vorstehenden Mobiliar-Versicherungs-Bedingungen werden auf Grund §. 10. des Allerhöchsten Erlasses vom 13. April v. J. hierdurch bekannt gemacht mit dem Bemerken, daß die Kreis-Feuer-Societäts-Directionen mit Anweisung zur Annahme von Versicherungs-Anträgen bereits versehen sind.

Arnswalde, den 15. Januar 1864.

Der General-Direktor der Neumärkischen Land-Feuer-Societät. Meyer.

(14) Feuerkassengelder-Ausschreiben

für die zu einer Versicherungs-Societät verbundenen Städte der Kur- und Neumark, der Niederlausitz und der Aemter Senftenberg und Finsterwalde pro II. Semester 1863.

In den Monaten Juli bis mit Dezember 1863 wurde der Societäts-Bezirk von 75 Immobiliar-Brandschäden betroffen.

Nach den bis jetzt stattgefundenen Erhebungen sind zur Gewährung der reglementsmäßigen Vergütungen für diese Brandschäden, einschließlich der gezahlten Spritzen- und Wasserwagen-Prämien erforderlich 49,728 Thlr. 13 Sgr. 4 Pf.

Die Kosten für Nebenbeschädigungen, für extraordinaire Revisionen der bau- und feuerpolizeilichen Verwaltungen, sowie für andere Revisionen im Societäts-Interesse ꝛc. betrugen während der oben angegebenen Zeit . . . 1,560 „ 4 „ 4 „

sind zusammen . 51,283 Thlr. 17 Sgr. 8 Pf.

Vermittelst der Ueberschüsse aus dem Feuerkassengelder-Ausschreiben pro I. Semester 1863 und durch die Zinsen von den bei der Königlichen Haupt-

Transport 51,283 Thlr. 17 Sgr. 8 Pf.
bant belegt gewesenen Kassenbeständen und wieder eingezogene Spritzen-
prämien werden gedeckt . . . . 17 387 „ 2 „ 11 „
Es müssen mithin . . . . 33,901 Thlr. 14 Sgr. 9 Pf.
für das zweite Halbjahr 1863 durch Beiträge der Societätsgenossen beschafft werden.
Zu diesem Behuf werden hierdurch ausgeschrieben:
    vom Hundert der Versicherungssumme:
    der Gebäude I. Klasse — Sgr. 8 Pf.
     „ „   II. „ 2 „ — „
     „ „ III. „ 3 „ 4 „
     „ „   IV. „ 9 „ 4 „
mithin von 33,038,000 Thlr. Versicherungswerth in Klasse I. . . 7,341 Thlr. 23 Sgr. 4 Pf.
   32,859,000 „ „ „ „   II. . . 21,906 „ — „ — „
    6,855,525 „ „ „ „ III. . . 7,617 „ 7 „ 6 „
    2,364,725 „ „ „ „   IV. . . 7,336 „ 27 „ 8 „
überhaupt von 75,117,250 Thlr. Versicherungswerth . . . . . . 44,221 Thlr. 23 Sgr. 6 Pf.
Die Recepturgebühren à 2 Procent betragen . . . .   884 „ 13 „ 2 „
              Verbleiben . . . 43,337 Thlr. 15 Sgr. 4 Pf.
zur diesseitigen Berrechnung beziehungsweise Gutschreibung auf die Feuerkassenbeiträge pro I. Semester 1864.
 Die Magistrate und resp. Obrigkeiten der associirten Städte wollen hiernach die von den letzteren aufzubringenden Feuerkassen-Beiträge ungesäumt einziehen und binnen 4 Wochen — §. 93 des revidirten Regle-
ments — an unsere Haupt-Kasse hierselbst abführen lassen.
 Berlin, den 15. Januar 1864.
  Ständische Städte-Feuer-Societäts-Direction der Kur- und Neumark und der Niederlausitz.

Extra-Blatt

zum Amtsblatt № 3. der Königl. Preuß. Regierung zu Frankfurt a. d. O.

Ausgegeben den 21. Januar 1864.

Die Garde-Artillerie-Brigade hat den Befehl erhalten, die zur Augmentirung ihrer Batterien erforderlichen 1500—1600 Pferde, von denen etwa $\frac{2}{5}$ Reitpferde, $\frac{2}{5}$ Vorder- und $\frac{1}{5}$ Stangenpferde sein müssen, sofort freihändig gegen gleich baare Zahlung anzukaufen.

Diejenigen Personen, welche sich hierbei zu betheiligen beabsichtigen, haben ihre Offerten, enthaltend Zahl und Gattung der zu verkaufenden Pferde, umgehend an das unterzeichnete Brigade-Kommando zu richten.

Ablieferungs-Ort der Pferde **Berlin**.

Berlin, den 19. Januar 1864.

Königliches Kommando
der Garde-Artillerie-Brigade.

Amts-Blatt
der Königl. Preuß. Regierung zu Frankfurt a./O.
№ 4.   Frankfurt a. d. O., den 27. Januar.   **1864.**

Bekanntmachung,
die 9. Verloosung der Staats-Prämien-Anleihe vom Jahre 1855 betreffend.

In der gestern und heute öffentlich bewirkten 9. Verloosung der Staats-Prämien-Anleihe vom Jahre 1855 sind auf diejenigen 2000 Schuldverschreibungen, welche zu den am 15. September v. J. gezogenen 20 Serien gehören, die in der beiliegenden Liste aufgeführten Prämien gefallen.

Die Besitzer dieser Schuldverschreibungen werden aufgefordert, den Betrag der Prämien vom 1. April d. J. ab täglich, mit Ausschluß der Sonn- und Festtage und der drei letzten Tage jedes Monats, in den Vormittagsstunden von 9 bis 1 Uhr bei der Staatsschulden-Tilgungskasse hierselbst, Oranienstraße No. 94, gegen Quittung, wozu Formulare daselbst unentgeltlich verabfolgt werden, und gegen Rückgabe der Schuldverschreibungen, nebst den dazu gehörigen Coupons Ser. II. No. 1 bis 8 über die Zinsen vom 1. April 1863 ab nebst Talons, welche nach dem Inhalte der Schuldverschreibungen unentgeltlich abzuliefern sind, zu erheben.

Der Betrag der etwa fehlenden Coupons wird vom Prämienbetrage zurückbehalten.

Auswärtige, welche die Prämien bei einer Regierungs-Hauptkasse in Empfang zu nehmen wünschen, haben dieser die Schuldverschreibungen vom 1. März d. J. ab einzureichen und können bei derselben sodann den Betrag der Prämien vom 1. April d. J. ab gegen eine den Empfang aus der Staatsschulden-Tilgungskasse bescheinigende Quittung erheben.

Zu einem Schriftwechsel wegen der Prämien-Auszahlung können wir uns nicht einlassen, und es werden daher Eingaben welche diesen Gegenstand betreffen, ohne Weiteres portopflichtig zurückgesandt, beziehungsweise unbeantwortet gelassen werden.

Aus bereits früher verloosten und gekündigten Serien, und zwar aus

Serie 1279. 1328. 1441. (1. Verloosung für 1856),
„   169. 390. 722. (2. Verloosung für 1857),
„   162. 789. (3. Verloosung für 1858),
„   106. 279. 483. 547. 555. (4. Verloosung für 1859),
„   174. 339. 834. 837. 846. (5. Verloosung für 1860),
„   1. 9. 63. 100. 233. 264. 344. 362. 379. 416. 424. 444. 572. 711. 724. 848. 849. 949. 1086. 1159. 1306. 1311. 1404. 1485. (6. Verloosung für 1861),
„   179. 296. 442. 500. 1215. 1344. 1479. (7. Verloosung für 1862),
„   52. 144. 184. 202. 217. 241. 315. 394. 432. 446. 477. 502. 551. 637. 660. 676. 729. 748. 851. 858. 977. 985. 1019. 1357. 1402. 1424. 1454. 1484. (8. Verloosung für 1863),

sind viele Schuldverschreibungen bis jetzt noch nicht realisirt. Die Inhaber derselben werden zur Vermeidung weiteren Zinsverlustes an die baldige Erhebung ihrer Kapitalien erinnert.

Berlin, den 16. Januar 1864.

Haupt-Verwaltung der Staatsschulden.
von Wedell.   Gamet.   Löwe.   Meinecke.

Vorstehende Bekanntmachung wird hierdurch mit dem Bemerken zur allgemeinen Kenntniß gebracht, daß die verloosten Schuldverschreibungen mittelst Schreibens, worin dieselben nach Serien, Nummern und Kapital-Beträgen verzeichnet werden müssen, unserer Haupt-Kasse einzureichen sind.

Die Haupt-Kasse wird demnächst den Interessenten ein Quittungsformular über den Capital-Betrag zur Vollziehung übersenden und nach deren Rückempfang Zahlung leisten.

Frankfurt a. d. O., den 23. Januar 1864.   Königl. Regierung.   Frhr. v. Münchhausen.

General-Verfügung für die Preußischen Post-Anstalten.
Portofreiheit der Sendungen an Königliche und Communal-Behörden mit Beitrags-Gegenständen zu Gunsten ausgerückter Preußischer Truppentheile.

Sendungen an Königliche Militair- oder Civil-Behörden und an Communal-Behörden mit Beitrags-Gegenständen zu Gunsten ausgerückter Preußischer Truppentheile werden unter nachfolgenden Festsetzungen portofrei befördert:
1) die Sendungen können in beschwerten Briefen oder in Packeten bestehen; bei beschwerten Briefen ist die Werths-Angabe nothwendig, bei Packeten ist dieselbe zulässig,
2) die Packete dürfen zwar einzeln das Gewicht von zwanzig Pfund nicht übersteigen, doch können stets mehrere Packete, die einzeln nicht über zwanzig Pfund wiegen, auf einen Begleitbrief zusammengehörig versandt werden,
3) die Sendungen müssen nach Orten gerichtet sein, wo sich eine Preußische Post-Anstalt befindet,
4) auf der Adresse des Briefes oder Begleitbriefes muß der Zweck der Sendung durch einen Vermerk: „für ausgerückte Preußische Truppen"
oder durch einen ähnlichen Vermerk unzweideutig ausgedrückt sein.

Vorstehende Festsetzungen beziehen sich auch auf Sendungen, welche demnächst im Verkehr zwischen den Königlichen Militair- und Civil- oder Communal-Behörden in solchen Angelegenheiten vorkommen.

Gewöhnliche Briefe, welche in derartigen Angelegenheiten von Privat-Vereinen und Privat-Personen an die Königlichen und die Communal-Behörden gerichtet werden, sind unfrankirt abzusenden; das Porto wird auf das Attest der empfangenden Behörde erstattet; abgehend von den Königlichen und den Communal-Behörden erfolgt die Beförderung gewöhnlicher Briefe mit Dienstsiegel-Verschluß an Privat-Vereine, Privat-Personen und andere Behörden unter dem Rubrum: „Angelegenheiten ausgerückter Preußischer Truppen" portofrei.

Hiernach haben die Preußischen Post-Anstalten sich zu achten.
Berlin, den 17. Januar 1864.
Der Minister für Handel, Gewerbe und öffentliche Arbeiten. Graf von Itzenplitz.

Die Garde-Artillerie-Brigade hat den Befehl erhalten, die zur Augmentirung ihrer Batterien erforderlichen 1500—1600 Pferde, von denen etwa ⅖ Reitpferde, ⅕ Vorder- und ⅓ Stangenpferde sein müssen, sofort freihändig gegen gleich baare Zahlung anzukaufen.

Diejenigen Personen, welche sich hierbei zu betheiligen beabsichtigen, haben ihre Offerten, enthaltend Zahl und Gattung der zu verkaufenden Pferde, umgehend an das unterzeichnete Brigade-Commando zu richten. Ablieferungs-Ort der Pferde: Berlin.
Berlin, den 19. Januar 1864. Königliches Commando der Garde-Artillerie-Brigade.

Bekanntmachung. Nach §. 61 der Bank-Ordnung vom 5. Oktober 1846 (Gesetz-Sammlung Seite 435) wird die Versammlung der Meistbetheiligten durch diejenigen Bankantheils-Eigner gebildet, welche am Tage der Einberufung der Versammlung nach den Stammbüchern der Preußischen Bank die größte Anzahl von Bankantheilen besitzen.

Auch die Wählbarkeit der Mitglieder des Central-Ausschusses der Bank, sowie der Provinzial-Ausschüsse und der Beigeordneten der Provinzial-Bank-Comtoire, ist von der Eintragung in die Stammbücher der Bank abhängig (§§. 66. 105. 109. daselbst).

Auf diese Bestimmungen werden hierdurch Diejenigen aufmerksam gemacht, welche Bankantheile erworben, die Eintragung in die Stammbücher der Bank aber noch nicht bewirkt haben.
Berlin, den 18. Januar 1864. Königl. Preuß. Haupt-Bank-Direktorium.

Verordnungen und Bekanntmachungen der Königlichen Regierung zu Frankfurt a. d. O.

I. Das Königliche Ober-Präsidium der Provinz Brandenburg hat die Abtrennung der von dem Eigenthümer Johann Dubrau und dem Kleinhübner Matthes Gollosch zu Greifenhayn an den Rittergutsbesitzer Rudolph Starcke daselbst veräußerten Gartenparzellen nebst einer Hof- und Baustelle von zusammen 132 QRuthen Flächeninhalt von dem Verbande der Gemeinde Greifenhayn im Kalauer Kreise und deren Vereinigung mit dem selbstständigen Rittergutsbezirk Greifenhayn Antheil B. auf Grund des §. 1. des Gesetzes vom 14. April 1856 mittelst Rescripts vom 6. Januar d. J. genehmigt.
Frankfurt a. d. O., den 14. Januar 1864.

II. Chausseegeld-Erhebung. Den Einsassen des Crossener Kreises ist auf Grund der Allerhöchsten Cabinets-Ordre vom 9. Oktober 1858 — Gesetz-Sammlung pro 1858 Seite 563 — gestattet worden, bei der, an der Kreis-Chaussee von Crossen in der Richtung auf Guben bei Theerofen errichteten Hebestelle das

— 31 —

tarifmäßige Chausseegeld nach Maaßgabe des der Allerhöchsten Cabinets-Ordre vom 29. Februar 1840 — Gesetz-Sammlung pro 1840 Seite 95 flgde. — beigefügten Tarifs auf die Entfernung von 1 Meile vom 1. Februar d. J. ab zu erheben, was hiermit zur Kenntniß des Publikums gebracht wird.
Frankfurt a. b. O., den 25. Januar 1864.

III. Das Königliche Ober-Präsidium der Provinz Brandenburg hat auf Grund des §. 1 des Gesetzes vom 14. April 1856 die Einverleibung nachstehender Parzellen zum Gesammtflächen-Inhalte von 43 Morgen 33 □Ruthen, welche früher Bestandtheile der Domaine Dobrilugk waren, in den Communal-Verband der Gemeinde Grunow, Kreis Luckau, mittelst Rescripts vom 3. Dezember pr. genehmigt:

Nr.	Bezeichnung der Grundstücke.	Namen der Besitzer.	Fläche Mrg.	□Rth.	Hypothekenbuch Vol.	No.
1	Die Wiesen bei Schönborn und Gruhno	a. Häusler Johann Peschel in Lindena früher Klaue				
2	do.	b. Häusler Carl Richter daselbst				
3	do.	c. Häusler-Wittwe Naumann daselbst, jetzt verehelichte Jahre				
4	do.	d. Johann Christian Peschel daselbst				
5	do.	e. Gärtner Friedrich Mella daselbst				
6	do.	f. August Krüger daselbst, früher Linder				
7	do.	g. Holzhäusler August Mahling daselbst	15	156	IV.	176
8	do.	h. Häusler Gottlob Hensel daselbst				
9	do.	i. Dreiviertelhüfner Benjamin Krüger daselbst				
10	do.	k. Gärtner August Richter daselbst				
11	do.	l. Gärtner Sigismund Wunderlich daselbst				
12	do.	m. Gärtner Carl August Golze daselbst				
13	do.	n. Gärtner Gottlob Hosebank daselbst				
14	do.	o. Gärtner Moritz Kotschmer daselbst, früher Carl Kotschmer				
15	do.	p. Häusler August Lehmann daselbst	5	—	IV.	177
16	do.	Schankwirth Jacob Becker zu Gruno	—	—	—	181
17	do.	a. Häusler Gottfried Fiedler daselbst 2 Mrg.	—	—	—	178
18	do.	b. Häusler Eduard Bohring daselbst 1 „				
19	do.	c. Häusler Johann Gottlieb Günther daselbst . . . . . . 1 „	—	—	—	179
20	do.	d. Häusler Carl Marz daselbst . . 1 „	5	—	IV.	180
21	do.	a. Halbhüfner Gottlob Pommer in Lindena . . . . 2½ Mrg.	—	—	—	182
22	do.	b. Häusler Christian Schulze das. 2½ „	5	—	—	183
23	do.	a. Groß-Gärtner Gottfried Hehlemann in Schwäbern				
24	do.	b. Gärtner Carl Globig daselbst	5	—	—	184
25	do.	c. Häusler Traugott Kretschmann daselbst				
26	do.	a. Hüfner Gottfried Lehmann in Schönborn				
27	do.	b. Einviertelhüfner Friedrich Richter daselbst	5	157	IV.	185
28	do.	c. Häfner Samuel Schumann zu Tröbitz				
29	do.	d. Häusler Gottlieb Stößer daselbst				
		An Wegen	1	80		
		Summa	43	33		

Frankfurt a. d. O., den 12. Januar 1864.

— 32 —

IV. Das Königl. Ober-Präsidium der Provinz Brandenburg hat auf Grund des §. 1 des Gesetzes vom 14. April 1856 die Einverleibung nachstehender Parzellen mit Einschluß der Wege zum Flächen-Inhalte von 78 Morgen 5 ☐Ruthen, welche von der Domaine Dobrilugk abverkauft sind, in den Communal-Verband der Gemeinde Schoenborn, Kreis Luckau, mittelst Rescript vom 4. Dezember pr. genehmigt.

Laufende No.	Bezeichnung der Grundstücke.	Namen der Besitzer.	Fläche Mrg.	☐Rth.	Hypotheken-buch Vol.	No.
1	Der Acker bei Schoenborn	Hüfner Gottfried Sandmann zu Schoenborn	8	25	IV.	186
2	do.	Hüfner Gottlieb Jaenichen daselbst	8	—	—	204
3	do.	Hüfner Heinrich Haenisch zu Lindena	9	2	—	187
4	do.	Einviertelhüfner Gottlob Lauschke zu Schoenborn, jetzt dessen Wittwe	8	—	—	202
5	do.	Neuhäusler Gottl. Becker daselbst	4	6	—	197
6	do.	Neuhäusler Gottl. Schulze daselbst	4	8	—	198
7	do.	Zimmermann Gottlieb Heinicke in Dobrilugk, jetzt August Dreißig	4	—	—	210
8	do.	Häusler Heese in Schoenborn	3	—	—	192
9	do.	Gärtner Carl Globig daselbst	3	—	—	188
10	do.	Berehel. Halbhüfner Jähnichen, früher verwittwete Lehmann	5	1	I.	32
11	do.	Anderthalbhüfner Gottlob Globig	3	22	IV.	189
12	do.	Gärtner Carl Globig	3	—	—	188
13	do.	Caroline Müller, jetzt verehl. Stellmacher Heese	3	5	—	190
14	do.	Stellmacher Ernst Heese	4	5	—	192
15	do.	Hüfner Johann Gottlob Müller	3	14	—	191
16	do.	Berehel. Halbhüfner Jähnichen, früher verwittwete Lehmann	4	8	I.	32
		An Wegen	1	89		
		Summa	78	5		

Frankfurt a. d. O., den 12. Januar 1864.

Personal-Chronik.

An der Realschule zu Frankfurt a. d. O. sind die Lehrer: Dr. Adalbert Hermann Kraffert, Dr. Ernst Wilhelm Theodor Lehmann, Dr. Julius Theodor Meißner und Richard Albert Schümann als ordentliche Lehrer angestellt worden.

Der praktische Arzt, Wundarzt und Geburtshelfer, Dr. Johann Emil Auglisch, ist von Leitschin nach Frankfurt a. d. O. gezogen.

Des Herrn Finanzministers Excellenz hat den Förstern Klemstein zu Stoelpchen, Oberförsterei Liebegöricke, Dunk zu Feldichen, Oberförsterei Neumühl, und Borwert zu Schmiddelbrück, Oberförsterei Sarzig, das grünsaffiane Hirschfänger-Koppel mit dem Adler-Schlosse verliehen.

Für den 8. ländlichen Bezirk des Kreises Cottbus ist der Altbäusler Christian Hußchen zu Drachhausen als Schiedsmann gewählt und bestätigt worden.

Personal-Veränderungen im Bereiche der Königlichen Intendantur 3. Armee-Corps.
I. **Ernennungen:**
1) Dabers, Lazareth-Inspektor zu Spandau zum Ober-Lazareth-Inspektor daselbst ernannt.
2) Hansen, Intendantur-Sekretair, zum Geheimen expedirenden Sekretair und Kalkulator im Kriegs-Ministerium ernannt.

II. **Versetzungen:**
1) Bruno, Intendantur-Sekretair, zur Intendantur des Garde-Corps versetzt.
2) Albert, überzähliger Intendantur-Sekretair, von der Intendantur des 7. zu der des 3. Armee-Corps versetzt.

— 33 —

Der Büreau-Vorsteher der Ober-Post-Direktion in Frankfurt a. b. O., Postrath Dunkel, ist in gleicher Eigenschaft nach Arnsberg versetzt und dem Post-Inspector Reuck aus Berlin die commissarische Verwaltung der Büreau-Vorsteher-Stelle bei der Ober-Post-Direktion in Frankfurt a. b. O. übertragen worden.

Die Post-Expedienten Frey in Crossen, Schröder in Calau und Bettführ in Cottbus sind in die Klasse der Post-Assistenten eingerückt.

Der Post-Expedienten-Anwärter Schwanb in Königsberg i. N. ist bei dem dortigen Post-Amte als Post-Expedient etatsmäßig angestellt worden.

Es sind versetzt worden:
Der Post-Expedient Püpke von Driesen nach Berlin, der Post-Expediteur Eltester von Neustadt a. D. nach Cüstrin Lange Vorstadt und der Post-Expediteur Petrick von Calau nach Gassen.

Es ist übertragen worden die Verwaltung der Post-Expeditionen 2. Klasse:
Zu Liebegen dem frühern Oeconomen Krüger, in Pobelzig dem pensionirten Chausseegeld-Erheber Haase, in Schömrode dem Amtmann Feuerstack unter Ernennung zu Post-Expediteuren, in Alt-Glietzen dem Agenten und Eigenthümer Wolff.

Mit der Verwaltung der Hilfspost-Anstalt in Gohtz ist der Bahnhofs-Inspektor Witte daselbst beauftragt worden.

Der Briefträger Felgentreu ist von Sorau nach Lübben versetzt worden.

Der bisherige Stations-Assistent I. Klasse, Dietrich in Fürstenberg, ist definitiv als solcher bei der Niederschlesisch-Märkischen Eisenbahn angestellt worden.

Vermischte Nachrichten.

(1) Patent-Ertheilungen. 1) Dem Kaufmann J. H. F. Prillwitz in Berlin ist unter dem 7. Januar 1864 ein Patent

auf eine Vorrichtung zum Reguliren der Wassermenge bei Kreiselrädern in der durch Zeichnung und Beschreibung nachgewiesenen Zusammensetzung, ohne Jemand in der Benutzung der bekannten Theile zu behindern,

auf fünf Jahre, von jenem Tage an gerechnet, und für den Umfang des preußischen Staats ertheilt worden.
2) Den Uhrenfabrikanten Gebrüdern Querlin in Berlin ist unter dem 9. Januar 1864 ein Patent

auf eine als neu und eigenthümlich erkannte Control-Uhr für öffentliche Fuhrwerke in der durch Zeichnung, Beschreibung und Modell erläuterten Zusammensetzung,

auf fünf Jahre, von jenem Tage an gerechnet, und für den Umfang des preußischen Staats ertheilt worden.
Frankfurt a. b. O., den 19. Januar 1864. Königl. Regierung; Abtheilung des Innern.

(2) Wiederbesetzung des Kreis-Physikats des Schubiner Kreises. Das mit einem Gehalte von 200 Thlr. jährlich verbundene Physikat des Schubiner Kreises ist erledigt und soll anderweit besetzt werden. Qualifizirte Bewerber um die Vacanz können sich unter Einreichung ihrer Zeugnisse spätestens in 6 Wochen bei uns melden.

Bromberg, den 17. Januar 1864. Königl. Regierung; Abtheilung des Innern.

(3) Bekanntmachung. Unter Bezugnahme auf unsere Bekanntmachung vom 2. b. Mts. bringen wir hierdurch zur öffentlichen Kenntniß, daß dem Königlichen Marktscheider Petri zu Rüdersdorf vom 1. Januar d. J. ab gestattet worden ist, die Gebühren für seine Arbeiten nach den Sätzen des Allgemeinen Marktscheider-Reglements vom 25. Februar 1856 unmittelbar von den Gewerkschaften einzuziehen.

Halle, den 18. Januar 1864. Königliches Ober-Berg-Amt.

(4) Königliche Niederschlesisch-Märkische Eisenbahn. Sehr bedeutende Militair-Transporte zwingen uns, für die Zeit vom 22. bis gegen Ende d. Mts mehrere Güterzüge einzustellen und den Güterverkehr im Allgemeinen auf der ganzen Länge unserer Bahn wesentlich zu beschränken.

Es wird daher für jene Zeit die Gültigkeit der tarifmäßigen Lieferzeiten suspendirt, auch werden auf allen Stationen Güter zur Versendung nur so weit angenommen, als zu deren Beförderung Transportmittel vorhanden sind. Versender werden daher gut thun, bei den betreffenden Expeditionen hierüber vorher Erkundigungen einzuziehen, um nicht bei eventueller Zurückweisung der angebrachten Güter in unnöthige Kosten zu verfallen.

Auf der Station Sorau muß der Güterverkehr ganz eingestellt werden, da der Güterspeicher daselbst für militairische Zwecke in Anspruch genommen werden muß.

Die Beförderung von Eilgütern wird nicht unterbrochen.

Berlin, den 19. Januar 1864. Königliche Direktion der Niederschlesisch-Märkischen Eisenbahn.

(5) Nachweisung
der für das Jahr 1864 im Lebuser Kreise etablirten Privat-Beschäl-Stationen.

Laufende No.	Ort der Beschäl-Station.	Stationsherr.	Nationale des Privat-Beschälers.	Festge- setztes Deck- geld. M.	Bemerkungen.
1	Arensdorf	Bauer Carl Wendt	Hannöversche Race, Rappe ohne Abz., 4½ Jahr alt, 5' 6½" groß	3½	gelöst.
2	Dolgelin	Bauer Friedrich Schulz	Mecklenburger Race, Rothfuchs, 8 Jahre alt, 5' 3½" groß	3¼	
3	Etabliffem. Friedrichsaue	Eigenthümer Gottlieb Spremberg	Phönix, Rappe mit kleiner Schnibbe, 10 Jahre alt, 5' 4" groß	3½	
4	Hathenow	Halbbauer Christian Janisch	Phönix, Neustädter Land-Gestüt, Schwarzschimmel ohne Abz., 10 Jahre alt, 5' 5" groß	4	
5	Heinersdorf	Schulze Friedrich Wehlisch	Blücher, Schimmel ohne Abz., 6 Jahre alt, 5' 3" groß	3½	desgl.
6	Lebus	Ackerbürger Schrefeld	Neustädter Landgestüt, Schimmel, 5 Jahre alt, 5' 4" groß	3¼	
7	Lebuser Mittelmühle	Mühlenbesitzer R. Pehlemann	Blücher, Dänische Race, Apfelschim- mel ohne Abz., 6½ Jahr alt, 5' 4½" groß	4	desgl.
8	desgl.	Derselbe	Dagobert, Dänische Race, Rappe mb Stern, 5½ Jahr alt, 5' 1" groß	3	desgl.
9	desgl.	Derselbe	Blondel, Russisch-Polnische Race, Falbe mit Stern und weiß ge- fesselten Hinterfüßen, 4 Jahre alt 5' groß	4	desgl.
10	Libbenichen	Schulze Christian Titz	Mustapha, Grabitzer Landgestüt, dun- kelbraun mit Stern, linker Hinterfuß weiß gelöthet, 5 Jahre alt, 5' 4" groß	3¼	desgl.
11	desgl.	Bauergutspächter Franz Schröder	Neustädter Race, Falbe mit kleinem Stern, 10 Jahre alt, 5' 7" groß	3½	desgl.
12	Marxdorf	Wittwe Marggraf	Dunkelschimmel, 5 Jahre alt, 5' 5" groß	2½	desgl.
13	Platkow	Kossäth Carl Glanz	Phönix, Schimmel mit Stern, 3¾ Jahre alt, 5' 6½" groß	3¼	desgl.
14	Rathstock	Rittergutsbesitzerin Frau von Tettenborn	Sirocco, Trakehner Gestüt, Goldfuchs mit kleiner Schnibbe und weißen Hinterfüßen, 8 Jahre alt, 5' 4" groß	3½	desgl.
15	Neu-Tuchebanb	Eigenthümer Friedrich Weinberg	Jean, Brabanter Race, Grauschim- mel mit kleinem Stern, 6 Jahre alt, 5' 6" groß	5	
16	desgl.	Derselbe	Blücher, Dänische Race, Apfelschim- mel, 7 Jahre alt, 5' 4" groß	3½	
17	Bullow bei Müncheberg	Kossäth Carl Biebermann	Fuchs mit schmaler Blesse und wei- ßen Hinterfüßen, 6 Jahre alt, 5' 3" groß	2½	desgl.

— 35 —

Laufende No.	Ort der Beschäl-Station	Stationsherr	Rationale des Privat-Beschälers	Festgesetztes Deckgeld	Bemerkungen
			Bei der Körung als unbrauchbar verworfen.		
1	Etablissem. Friedrichsaue	Eigenthümer Gottlieb Spremberg	Amor, dunkelbraun mit Stern und weißen Hinterfesseln, 4 Jahr alt, 5′ 6″ groß		als zu schwach u. wegen ausgetretener Hasenhacke verworfen.
2	Marxdorf	Lehnschulze Schütze	Neustädter Landgestüt, Rothschimmel, 5 Jahre alt, 5′ 4″ groß		abschüssige Kruppe, stark abgesetzt, tritt hinten durch und hat Spatlange, daher verworfen.

Seelow, den 11. Januar 1864. Das Schauamt Lebuser Kreises. v. b. Marwitz.

(6) Königliche Niederschlesisch-Märkische Eisenbahn. Die Berechnung des für die höhere Werths-Deklaration bei Güter-Sendungen in Gemäßheit des §. 23 Alin. 3 des Betriebs-Reglements für die Staats- und unter Staats-Verwaltung stehenden Eisenbahnen vom 17. Februar 1862 zu erhebenden Frachtzuschlages erfolgt bei der diesseitigen Eisenbahn vom 1. Februar b. J. ab von dem ganzen Betrage des beklarirten Werthes in der Art, daß für jede, wenn auch nur angefangenen 20 Meilen $^1/_{10}$ pro Mille erhoben wird. Als Minimal-Zuschlag kommt 1 Sgr. zur Berechnung. Erreicht der deklarirte Werth den im §. 23 Alin. 2. des Betriebs-Reglements ausgeworfenen Normal-Entschädigungssatz (20 Thlr. pro Centner) nicht, so wird kein Frachtzuschlag erhoben. Der §. 19. unseres Güter-Tarifes vom 1. März 1862 wird hierdurch modificirt.

Berlin, den 14. Januar 1864. Königliche Direktion der Niederschlesisch-Märkischen Eisenbahn.

(7) **Bekanntmachung.**

Feuerlassengelder-Ausschreiben für die Land-Feuer-Societät der Kurmark, des Markgrafthums Niederlausitz und der Distrikte Jüterbog und Belzig pro II. Semester 1863.

Für das Jahr 1863 sind von den Societäts-Mitgliedern aufzubringen:

a) Vergütigungsgelder für Gebäudeschäden aus Veranlassung von 248 Bränden	354,356 Thlr.	29	Sgr.	2	Pf.
b) Spritzen-Prämien	7,037 „	—	„	—	„
c) Wasserwagen-Prämien	2,050 „	—	„	—	„
d) Vergütigungen für beschädigte Pertinenzstücke (Zäune ꝛc.)	4,679 „	15	„	—	„
e) Extraordinaria	1,499 „	6	„	7	„
f) Reisekosten	672 „	7	„	6	„
g) Verwaltungskosten	15,221 „	24	„	2	„
Summa	385,516 Thlr.	22	Sgr.	5	Pf.

Hiervon kommen in Abzug:

a) Die von den Societäts-Genossen schon pro I. Semester 1863 aufgebrachten	173,980 Thlr.	12	Sgr.	7	Pf.
b) Eintrittsgelder	1,997 „	1	„	4	„
c) Zinsen-Ueberschuß des eisernen Bestands-Fonds pro 1863	2,278 „	7	„	4	„
d) wieder eingezogene Brand-Entschädigungsgelder und andere extraordinaire Einnahmen	391 „	16	„	10	„
Summa	178,647 „	8	„	1	„

es müssen also noch aufgebracht werden . . . . 206,869 Thlr. 14 Sgr. 4 Pf.

Zur Deckung dieses Betrages werden hiermit ausgeschrieben für Gebäude der
I. Klasse 2 Sgr. 8 Pf.
II. „ 5 „ 4 „
III. „ 13 „ 4 „ } für 100 Thlr. der Versicherungssumme,
IV. „ 26 „ 8 „
es sind demnach aufzubringen für Gebäude der

I. Klasse von 33,269,075 Thlr.	Versicherungskapital	. . .	29,572 Thlr. 15 Sgr. 4 Pf.
II. „ „ 31,035,100 „	„	. . .	55,173 „ 15 „ 4 „
III. „ „ 33,478,775 „	„	. . .	148,794 „ 16 „ 8 „
IV. „ „ 240,225 „	„	. . .	2,135 „ 10 „ — „
zusammen von 98,023,175 Thlr.	. . . .	235,675 Thlr. 27 Sgr. 4 Pf.
und zwar gegen obige	. . . .	206,869 „ 14 „ 4 „
mehr		28,806 Thlr. 13 Sgr. — Pf.

Von diesem Betrage kommt in Gemäßheit des Beschlusses der Communal-Landtags-Versammlung der Kurmark vom 9. Februar 1863 in Abzug der Betrag von . . . . 3,563 „ 26 „ 11 „
als Rest der unserer General-Kasse zugefügten Defekte, und wird der dann noch verbleibende Ueberschuß von . . . . 25,242 Thlr. 17 Sgr. 1 Pf.
den Societäts-Mitgliedern bei Erlaß des Feuerkassengelder-Ausschreibens pro I. Semester 1864 als Guthaben angerechnet werden.

Die Societäts-Genossen werden hierdurch veranlaßt, die von ihnen zu leistenden Beiträge nach Maaßgabe der besonderen Aufforderungen der betreffenden Kreis-Feuer-Societäts-Direktionen ungesäumt zu zahlen.

Schließlich theilen wir noch mit, daß unsere Societät während des Jahres 1863 selber von bedeutenden Brandschäden heimgesucht worden ist, was uns genöthigt hat, zweimal so ungewöhnlich hohe Beiträge auszuschreiben. Insbesondere sind zu vergüten in Folge des Brandes zu

Wußwerg im Lübbener Kreise am 16. April . . . . . 17,602 Thlr. 7 Sgr. 10 Pf.
Garrel im Zauch-Belziger Kreise am 14/15. Juli . . . . . 20,370 „ 16 „ 11 „
Dieblow im Gubener Kreise am 11. August . . . 14,537 „ 23 „ — „
Woltersdorf im Jüterbogker Kreise am 3. November . . . 30,189 „ 5 „ 2 „
Dyrotz im Osthavelländer Kreise am 14. „ . . . . . 12,151 „ 7 „ — „
und ebendaselbst am 13. Dezember . . . 9,229 „ 2 „ 8 „

Berlin, den 15. Januar 1864.

Ständische General-Direktion der Land-Feuer-Societät der Kurmark und der Nieder-Lausitz.

(8) Königliche Niederschlesisch-Märkische Eisenbahn. Die im §. 25 alinea 2 des Betriebs-Reglements für die Staats- und unter Staats-Verwaltung stehenden Eisenbahnen vom 17. Februar 1862 enthaltene Bestimmung,

wonach die Angabe eines bestimmten Betrages, als des Interesses der rechtzeitigen Ablieferung bei Güter-Sendungen durch eine dem Frachtbriefe beizulegende besondere schriftliche Erklärung auf grünem Papier erfolgen soll,

ist aufgehoben und im Bereiche unserer Verwaltung außer Kraft getreten.

Die Interesse-Deklaration hat fortan durch Eintragung des deklarirten Betrages in die Frachtbrief-Formulare selbst zu erfolgen, in welchen zu dem Behufe auf der Rückseite, und zwar zwischen den Rubriken für höhere Werths-Deklaration und Notirung der Nachnahme, eine schwarz eingefaßte Rubrik für Interesse-Deklaration eingeschaltet worden ist.

Wir haben unsere Güter-Expeditionen jedoch angewiesen, die seither im Gebrauch befindlich gewesenen Frachtbrief-Formulare, sofern eine Deklaration des Interesses rechtzeitiger Ablieferung nicht stattfindet, bis auf Weiteres noch anzunehmen.

Berlin, den 13. Januar 1864. Königl. Direktion der Niederschlesisch-Märkischen Eisenbahn.

Redigirt im Büreau der Königlichen Regierung.
Druck der Hofbuchdruckerei von Trowitzsch u. Sohn in Frankfurt a. d. O.

Extra - Blatt

zum Amtsblatt № 4. der Königl. Preuß. Regierung zu Frankfurt a. d. O.

Ausgegeben den 28. Januar 1864.

Berlin, 25. Januar.

Auf Allerhöchsten Befehl Sr. Majestät des Königs fand heute Nachmittags 3 Uhr der Schluß der ordentlichen Sitzungen des Landtags der Monarchie statt.

Zu diesem Zweck hatten sich die Mitglieder beider Häuser des Landtags im Weißen Saale des Königlichen Schlosses versammelt, woselbst der Präsident des Staats-Ministeriums, von Bismarck-Schönhausen, folgende Rede verlas:

    Erlauchte, edle und geehrte Herren von beiden Häusern des Landtages!

    Seine Majestät der König haben mir den Auftrag zu ertheilen geruht, die Sitzungen der beiden Häuser Landtags der Monarchie in Allerhöchst Ihrem Namen zu schließen.

    Bei der Eröffnung der Sitzungs-Periode wurde von des Königs Majestät der dringende Wunsch kund gegeben, die zwischen Allerhöchst Ihrer Regierung und einem Theile der Landesvertretung entstandenen Zerwürfnisse ausgeglichen zu sehen. Dieser Wunsch ist nicht in Erfüllung gegangen, obwohl die Regierung ihrer Majestät es an entgegenkommenden Schritten nicht hat fehlen lassen.

    Das Haus der Abgeordneten hat an demselben Standpunkte festgehalten, welcher zur Auflösung des vorigen Hauses vor Ihnen führte. In angeblicher Vertheidigung verfassungsmäßiger Rechte hat es eine Reihe von Beschlüssen gefaßt, welche den unverkennbaren Stempel des Strebens an sich tragen, diese Rechte ohne Rücksicht auf die Gleichberechtigung der übrigen Staatsgewalten und ohne Rücksicht auf das Wohl und die Interessen des Landes auszuüben.

    Durch Ablehnung des Gesetzentwurfes Behufs Ergänzung des Artikel 99 der Verfassungs-Urkunde hat das Abgeordnetenhaus den Versuch zurückgewiesen, der Wiederkehr eines budgetlosen Zustandes ohne Beeinträchtigung der Rechte der Krone, wie der Landesvertretung vorzubeugen.

    Dasselbe Haus hat den Staatshaushalts-Etat für das Jahr 1863, wenngleich ihm zur verfassungsmäßigen Prüfung und Beschlußfassung über denselben bis zum Ablaufe des verflossenen Jahres noch eine ausreichende Zeit zu Gebote stand, gar nicht in Berathung gezogen; dagegen hat es in dem Etat für das eben begonnene Jahr nicht blos mehrere für die Bedürfnisse der Verwaltung unentbehrliche Dispositionsfonds gestrichen, sondern es hat auch in Bezug auf den Militair-Etat diejenigen Beschlüsse des früheren Hauses erneuert, mit deren Ausführung das preußische Heer der Schwächung und Zerrüttung Preis gegeben sein würde. Es hat diese Beschlüsse gefaßt ohne Vorberathung des Gesetzentwurfs über die Verpflichtung zum Kriegsdienst, dessen Vorlegung das frühere Haus zur Vorbedingung seiner Berathung des Militair-Etats gemacht hatte.

    Durch diese Beschlußnahmen ist das Herrenhaus von Neuem veranlaßt worden, in Ausübung seines verfassungsmäßigen Rechtes, den ganzen Staatshaushalts-Etat für das Jahr 1864, wie er aus den Berathungen des Abgeordnetenhauses hervorgegangen war, zu verwerfen.

    Dem Beschlusse des Hauses der Abgeordneten wegen Aufhebung der gegen einzelne Mitglieder desselben verhängten gerichtlichen Untersuchungshaft hat die Regierung, im Hinblicke auf die betreffenden Bestimmungen der Verfassungs-Urkunde, Folge gegeben.

    Es kann aber nicht die Meinung der Regierung sein, daß es dem Ansehen der öffentlichen Rechtspflege und der Würde des Hauses entspreche, wenn dasselbe solchen Abgeordneten, gegen welche schon vor ihrer Wahl wegen hochverrätherischer Unternehmungen die Untersuchungshaft von dem zuständigen Gerichtshofe verfügt worden ist, die Theilnahme an den Berathungen des Hauses ermöglicht und dadurch den Schein einer Parteinahme für die gegen die äußere und innere Sicherheit des Staates gerichteten Bestrebungen der polnischen Insurrektion auf sich ladet.

Zur Ausführung der vom Deutschen Bunde beschlossenen Exekution in Holstein und zur Wahrung der Machtstellung und Ehre Preußens in der weiteren Entwickelung dieses Streits, bedurfte und bedarf die Regierung Seiner Majestät außerordentlicher Mittel für die Militair- und Marine-Verwaltung. Während das Herrenhaus in einer Adresse an des Königs Majestät seine vertrauensvolle Bereitwilligkeit zur Unterstützung der Krone in dieser ernsten Frage ausgesprochen hat, ist von dem Hause der Abgeordneten die erforderte Genehmigung zu einer Anleihe versagt und sogar die Bewilligung desjenigen Geldbedarfs verweigert worden, welchen Preußen, als Mitglied des Deutschen Bundes, beizutragen unzweifelhaft verpflichtet ist. Indem das Haus diesen Beschluß faßte, ist es um so entschiedener mit der vertrauensvollen Gesinnung in Widerspruch getreten, von welcher das preußische Volk für seine Könige jeder Zeit beseelt war, als bei Königs Majestät, in der Allerhöchsten Antwort vom 27. d. Mts. auf die Adresse des Hauses, Seine Gesinnung und Sein Königliches Wort als Bürgschaft dafür hingestellt hatte, daß die beantragten Geldmittel zum Schutze des Rechts und der Ehre des Landes verwandt werden würden. Der feindselige Charakter dieser Beschlüsse, in welchen sich das Bestreben ausdrückt, die auswärtige Politik der Regierung einem verfassungswidrigen Zwange zu unterwerfen, ist durch Resolutionen erhöht worden, durch welche die Mehrheit des Hauses der Abgeordneten, in der von ihr willkürlich aufgestellten Voraussetzung kriegerischer Verwickelungen zwischen Preußen und anderen Deutschen Staaten, im Voraus gegen das preußische Vaterland Partei nimmt.

Ein solches Auftreten des Hauses der Abgeordneten kann auf die Befestigung und Entwickelung unserer Verfassungs-Zustände nur verderblich einwirken, und es muß einstweilen auf die Hoffnung einer Verständigung verzichtet werden. Die Regierung Seiner Majestät wird sich aber unter allen Umständen für verpflichtet halten müssen, mit ganzer Kraft und in voller Ausübung der Königlichen Rechte für die Erhaltung des Staats und für das Wohl und die Ehre Preußens einzustehen. Sie hält an der Ueberzeugung fest, daß sie hierbei in der patriotischen Gesinnung des Landes eine ausreichende und wachsende Unterstützung finden werde.

Im Allerhöchsten Auftrage Seiner Majestät des Königs erkläre ich hiermit die Sitzung der beiden Häuser des Landtages für geschlossen.

Nachdem die vorstehende Rede verlesen worden war, verließ die Versammlung nach einem dreimaligen Hoch auf Se. Majestät den König den Saal.

Redigirt im Büreau der Königlichen Regierung.
Druck der Hofbuchdruckerei von Trowitzsch und Sohn in Frankfurt a. d. O.

Amts-Blatt
der Königl. Preuß. Regierung zu Frankfurt a. O.

№ 5.   Frankfurt a. d. O., den 3. Februar.   1864.

Bekanntmachung.

Von den alten Banknoten à 10 Thlr. und 25 Thlr. ist unserer vielfachen Aufforderungen ungeachtet ein erheblicher Theil noch immer nicht eingegangen. Wir fordern deshalb zu deren schleunigen Einreichung nochmals auf, und warnen vor deren Annahme, da noch neuerdings falsche Noten der Art mehrfach zum Vorschein gekommen sind.

Berlin, den 22. Januar 1864.   Königl. Preuß. Haupt-Bank-Direktorium.

Verordnungen und Bekanntmachungen der Königlichen Regierung zu Frankfurt a. d. O.

1. In neuester Zeit ist eine eigenthümliche Krankheit mehrfach beobachtet worden, welche durch einen mit Hülfe des Mikroskops entdeckten Eingeweidewurm, den man mit dem Namen Trichina spiralis belegt hat, hervorgerufen wurde. Diese Krankheit ist in unserm Departement zweimal epidemisch aufgetreten: die Erkrankungen waren meistentheils sehr schwere und endeten in nicht wenigen Fällen mit dem Tode. Die genannte, in verschiedenen Thierarten und im Menschen vorkommende Trichine ist ein kleiner fadenförmiger, in mehrfachen Spiraltouren aufgerollter Wurm, eingeschlossen in einer länglichen Hülse oder Blase (Cyste), welche zwischen den Muskelfasern gelagert ist. Obgleich die Menge derselben sich bis zu Millionen steigern kann, so ist doch mit bloßen Augen an dem inficirten Fleisch eine merkliche Veränderung nicht wahrzunehmen. So lange diese Thierchen sich in jenen Hüllen befinden, bleibt ihr Lebenszustand unentwickelt, sie sind Embryonen von Parasiten, und äußern an und für sich keine erheblichen Nachtheile auf die Gesundheit des damit behafteten Organismus. Wird aber das damit besetzte Fleisch genossen, so werden die Cysten von den Magen- und Darmsäften aufgelöst und die Thiere frei, welche sich nun in wenigen Tagen zur völligen Geschlechtsreife entwickeln und eine zahllose Brut erzeugen, die sofort die Wände des Darmkanals durchbohrt und sich einen Weg nach den Muskeln sucht, wo sie sich wiederum einkapselt.

Dieser Zeitraum, wo die Trichinen-Embryonen sich auf die Wanderung begeben, ist für die Gesundheit derjenigen Organismen, bei denen die letztere stattfindet, höchst gefährlich. Bei Menschen, welche trichinenhaltiges Fleisch genossen hatten, zeigten sich zuerst Appetitlosigkeit, Mattigkeit und allgemeines Unwohlsein; nachdem dies einige Tage oder Wochen gedauert hatte, trat heftiges Fieber ein mit Zufällen der Magen- und Darmreizung, allgemeinen Gliederschmerzen, Brustbeklemmung und einer wassersüchtigen Anschwellung des Gesichts und der Extremitäten, welche letztere vielfältig steif, ja völlig unbeweglich wurden. Nicht selten erfolgte der Tod.

So weit bis jetzt beobachtet werden können, kommt von denjenigen Thieren, welche dem Menschen als Nahrungsmittel dienen, die Trichinen-Krankheit am häufigsten bei den Schweinen vor, jedoch sind auch andere, namentlich Rinder, nicht frei davon. Mit Sicherheit darf aber angenommen werden, daß höhere Hitzegrade, insbesondere Siedhitze, die Trichinen tödten, mithin unschädlich machen und daß nur der Genuß des rohen Trichinen-Fleisches der menschlichen Gesundheit gefährlich sei. Ob Räuchern und Pökeln des Fleisches, insbesondere, wenn es nur unvollständig ausgeführt wird, die Lebensfähigkeit der Trichinen zerstöre, muß einstweilen noch fortzusetzenden Untersuchungen vorbehalten bleiben.

Im Interesse der öffentlichen Gesundheitspflege haben wir uns veranlaßt gefunden, auf diesen neuerkannten Feind der menschlichen Gesundheit aufmerksam zu machen und vor dem irgend vermeidlichen Genuß rohen Fleisches zu warnen.

Magdeburg, den 18. Januar 1864.   Königl. Regierung; Abtheilung des Innern.

Vorstehende Bekanntmachung der Königlichen Regierung zu Magdeburg über die Trichinen-Krankheit wird hierdurch zur öffentlichen Kenntniß mit dem Bemerken gebracht:
1) daß außer im Regierungsbezirk Magdeburg die vorgenannte Krankheit in neuerer Zeit auch im Voigtlande zu Plauen, im Regierungsbezirk Stralsund und ganz besonders im Mansfeldischen, in Hettstedt, beobachtet worden ist,

— 40 —

(6) Uebersicht der Resultate der Prüfungen des Schauamtes Kreises Cottbus pro 1864.

Laufende Nr.	Namen des Eigenthümers des vorgeführten Hengstes.	Aufenthalts-Ort.	Name des Beschä-lers.	Alter desselben. Jahre.	Größe. Fuß Zoll.	Race.	Farbe und Abzeichen.	Festge-setztes Deck-geld. Thl. Sgr.	Beschluß des Schauamtes über die Tüchtigkeit des Beschälers.
1	Kossäth Christ. Muntzl	Brahmow	—	5	5 5	Landrace	Apfelschimmel,	— —	ist nicht gekört.
2	Major a. D. v. Schönfeld	Gulben	Wodan	6	5 1	Grobiger Gestüt	Blauschimmel, rechter Hinterfuß weiß gefesselt,	2 —	ist gekört.
3	Kossäth Martin Galle	Grötsch	—	7	5 2	Landrace	Schweißfuchs mit weißer Mähne,	— —	ist nicht gekört.
4	Bauer Christ. Halke	do.	Leo	7	5 2	Bauern-schlag	Schwarzschimmel,	1 10	ist gekört.
5	Kossäth Friedr. Paulick, gen. Baatz	Heinersbrück	Matador	5	5 1	do.	Brandfuchs mit weißer Mähne und weißem Schweif, Blesse, rechter Vorder- und linker Hinterfuß weiß,	1 10	do.
6	Schulze Richter	Jänisch-walde	Alex	11	5 3	Bauern-schlag v. Königl. Hengst Iwan	Stachelschimmel m. Mohrenkopf, drei Füße weiß gefesselt,	— —	ist nicht gekört.
7	do.	do.	Iwan	5	5 1	Iwan	Rothschimmel,	— —	ist gekört, aber nach der Körung freiwill. zurückgezogen.
8	Fleischermeister Emanuel Roehrich	Peltz	—	5	5 4	Bauern-schlag	Blauschimmel mit Stern, linker Hinterfuß weiß gefesselt,	1 15	ist gekört.
9	Großbauer Martin Kossick	Werben	P..ter	5	5 3	do.	Grauschimmel,	1 15	do.

Cottbus, den 20. Januar 1864.   Der Königliche Landrath v. Werbeck.

(7) Nach dem Beschlusse des 37. Communal-Landtages der Neumark ist der Etat der Landarmen-Anstalt für 1861/63 auf das Jahr 1864 verlängert worden.

Die Königlichen Landrothe-Aemter und die Magisträte des Neumärkischen Landarmen-Verbandes ersuchen wir daher, die Landarmen-Beiträge für das Jahr 1864 nach Maßgabe der unterm 1. Mai 1861 im Amtsblatte Seite 117 veröffentlichten Repartition pünktlich in vierteljährlichen Vorausbezahlungen an unsere Kasse und zwar die bereits fälligen Beträge sofort einzusenden.

Landsberg a. d. W., den 26. Januar 1864.   Die Ständische Landarmen-Direktion der Neumark.

Redigirt im Büreau der Königlichen Regierung.
Druck der Hofbuchdruckerei von Trowitzsch u. Sohn in Frankfurt a. d. O.

Beilage
zum Amtsblatt der Königlichen Regierung zu Frankfurt a. d. O.

Neue Statuten
der Allgemeinen Feuer- und Transport-Versicherungs-Gesellschaft „Ultrajectum" zu Zeyst, genehmigt zufolge Restriptes des Herrn Handels-Ministers und des Herrn Ministers des Innern vom 16. September 1863.

Art. 1. Die Gesellschaft ist benannt „Ultrajectum" und domizilirt in Zeyst.

Art. 2. Der Zweck der Gesellschaft ist:
1) Die Versicherung zu festen Prämien gegen die Schäden durch Brand nebst Einsturz, Diebstahl und alle ferneren Folgen von Brand an allen Gütern, beweglichen und unbeweglichen, sowohl im Inlande als Auslande.
2) Die Versicherungen gegen den Schaden durch Transport zu Lande, auf Flüssen und Binnen-Gewässern.

Für Rechnung der Gesellschaft sind alle Verluste und Schäden, welche an den versicherten Gegenständen sich ereignen, durch Brand verursacht, durch Unwetter oder einen anderen Zufall, eigenes Feuer, Unachtsamkeit, Schuld oder Schurkerei von eigenem Gesinde, Nachbarn, Feinden, Räubern und allen Anderen, wie sie auch heißen mögen, gleichviel auf welche Weise der Brand entstanden ist, bedacht und unbedacht, auf gewöhnliche oder ungewöhnliche Weise, keine ausgesondert.

Dem durch Brand verursachten Schaden wird gleichgestellt der Schade, welcher als eine Folge von entstandenem Brande anzusehen ist, auch derjenige, welcher durch Brand in nachbarlichen Gebäuden entsteht, als da sind: Zerstörung oder Verminderung des versicherten Gegenstandes durch Wasser und andere zur Hemmung und Löschung des Brandes angewandte Mittel, oder Verlust eines Theiles desselben durch Diebstahl oder auf irgend eine andere Weise während des Löschens und Rettens, sowie auch der Schade, welcher durch die gänzliche oder theilweise Vernichtung des versicherten Gutes auf höheren Befehl, um die Weiterverbreitung des entstandenen Brandes zu hindern, verursacht wird.

Mit dem durch Brand verursachten Schaden wird gleichgestellt derjenige, welcher durch Pulver-Explosion, durch Springen eines Dampfkessels, durch Blitzschlag oder dergleichen entsteht, selbst dann, wenn die Explosion oder der Blitz keinen Brand zur Folge gehabt haben.

Von den zu versichernden Gegenständen sind ausgenommen Pulverfabriken und Pulvermagazine sowie alle mehr oder minder gefährlichen Effekten oder Gegenstände nach einem durch die Kommissarien später abzufassenden Reglement.

Art. 3. Die Gesellschaft wird durch drei Direktoren verwaltet unter Aufsicht von drei bis fünf Kommissarien.

Die Kommissarien können im Auslande Ehren-Kommissarien ernennen, die dort darüber zu wachen haben, daß die Geschäfte ordnungsmäßig geführt werden. Die Bestimmung der Artikel 20. und 27. finden auf die Ehren-Kommissarien keine Anwendung.

Die Gesellschaft wird eingegangen unbeschadet früherer Auflösung in den Fällen, welche das Gesetz oder diese Statuten vorschreiben, auf die Zeit von fünfzig Jahren anfangend mit dem 6. October 1800 neun und fünfzig und deshalb endigend am 6. October 1900 und neun.

Art. 4. Die Auflösung der Gesellschaft erfolgt von Rechts-

1) die Aktionaire die Hauptsumme wieder möchten ergänzen wollen, und
2) mit einer Stimmenmehrheit von mindestens zwei Dritteln der anwesenden Aktionaire die Fortsetzung der Gesellschaft beschlossen und die Königliche Genehmigung dazu erlangt wird.

Art. 5. Das Kapital der Gesellschaft, das früher aus zwei Millionen Gulden bestand, wird vorläufig auf drei Millionen Gulden erhöht, vertheilt in dreitausend Aktien jede zu 1000 ₶.

Die Aktien lauten auf Namen, sind durchlaufend numerirt und durch die Direktoren und die Kommissarien unterzeichnet.

Die noch nicht ausgegebenen Aktien müssen binnen vier Jahren untergebracht werden.

Art. 6. Jeder Aktionair wird für seine Aktie oder Aktien in die Bücher der Gesellschaft eingetragen.

Bei Eigenthums-Veränderungen geschieht die Uebertragung der Aktien auf der in Artikel 42. des Handelsgesetzbuches aufgeführten Weisen unbeschadet der Bestimmungen in Artikel 43. des Handelsgesetzbuches. Von dieser Uebertragung wird gehörig Vormerkung auf den Aktien gethan. Die Direktion hat das Recht, eine verlangte Ueberschreibung zu verweigern.

Aktionaire, welche nicht in Niederland wohnhaft sind, oder welche sich zeitweise im Auslande aufhalten, können durch die Direktoren angehalten werden, für den noch unbezahlt gebliebenen Betrag ihrer Aktien Sicherheit zu bestellen.

Art. 7. Die Einzahlungen werden durch die Direktion bestimmt und erfolgen erst dann, wenn Nothwendigkeit dazu vorhanden ist, wobei es den Direktoren überlassen wird nach Erwägung mit den Kommissarien sowohl die Nothwendigkeit zu beurtheilen, als auch den Betrag und den Zeitpunkt dieser Einzahlungen zu bestimmen.

Die Einzahlungen müssen geschehen binnen einem Monat, nachdem der darauf gefaßte Beschluß den Aktionairen bekannt gemacht worden ist.

Von allen geschehenen Einzahlungen wird Vermerk auf den Aktien gemacht, die gehörig unterschriebene Leistung einer geforderten Einzahlung soll der Aktionair, welcher im Rückstande bleibt, vierzehn Tage nach gerichtlicher Mahnung sein Recht an die Aktie nebst den darauf bereits eingezahlten Beträgen zu Gunsten der Gesellschaft verlieren, er kann auch durch die Direktoren zur Erfüllung seiner Verbindlichkeiten vor dem gewöhnlichen Civilrichter angehalten werden, ohne daß für diesen Fall die in Artikel 29. vorgeschriebene außergewöhnliche Prozedur Anwendung findet.

Es steht jedem Aktionair frei mit Genehmigung der Direktoren und Kommissarien über die Beträge hinaus oder voll zu fourniren und soll das Mehr-Fournirte als Vorausjahlung bis zu dem Augenblick, wo weitere Einzahlungen gefordert werden möchten, eine Rente von vier Prozent ertragen.

Art. 8. Das Maximum, bis zu welchem ein einzelner

werden dürfen, wird auf 35000 ℳ für eigene Rechnung bestimmt.

Die Direktoren haben das Recht, die bei der Gesellschaft laufenden Risiken rückversichern zu lassen.

Art. 9. Die Direktoren sind unter Beobachtung der Bestimmungen der Statuten befugt, alle Handlungen Namens der Gesellschaft zu verrichten, sie sowohl in gerichtlichen als außergerichtlichen Angelegenheiten zu vertreten, mit dem Rechte in Bezug auf alle Sachen Verträge zu schließen zu transigiren und zu compromittiren, hypothekarische und andere Einschreibungen und Obligationen zu nehmen und in die Löschung resp. Aufhebung derselben zu willigen.

Art. 10. Die Direktoren schließen alle Versicherungen unbeschadet der Bestimmungen, welche in Ansehung der Agenten festgesetzt sind.

Sie müssen Sorge tragen für die gehörige Einrichtung des Komptoirs der Gesellschaft, für die Ausführung der damit verbundenen Arbeiten, für die Anstellung von Beamten und anderen Dienstleistenden, für die Führung der Bücher, Register und aller anderen nöthigen Scripturen.

Es soll ihnen überlassen bleiben Sachverständige, Advokaten und Prokuratoren zu ernennen, so oft und wann ihnen Solches im Interesse der Gesellschaft nothwendig erscheint.

Art. 11. Die Direktoren sind befugt zu weiterer Ausbreitung der Gesellschaft Agenten im In- und Auslande anzustellen, bei welchen man Versicherungen aufgeben kann, mit so umfassender oder beschränkter Vollmacht als sie, die Direktoren, es für rathsam erachten werden.

Die Agenten stehen unter der Aufsicht der Direktoren und genießen eine Belohnung, wie sie den Direktoren billig und nothwendig erscheint.

Art. 12. Die Direktoren genießen jeder eine feste Besoldung von drei Tausend Gulden (3000 ℳ) pro Jahr, deren Vertheilung durch die Kommissarien erfolgt, und außerdem den in Artikel 27 bestimmten Antheil am Gewinnste. Es steht den Kommissarien frei, so lange dieser Antheil am Gewinnste keine drei Tausend Gulden beträgt, höchstens ℳ 1000 mehr zum Vortheil der Direktoren zu verwenden.

Art. 13. Die Zeichnung von mindestend zwei der Direktoren wird erfordert für alle Anweisungen und Quittungen über verdiente Prämien und andere der Gesellschaft zukommende Gelder, für alle Wechsel-Angelegenheiten, sowie für alle ferneren Urkunden, aus welchen Verbindlichkeiten für die Gesellschaft hergeleitet werden können.

Art. 14. Die Direktoren sind verpflichtet, so viel als möglich die bei der Gesellschaft disponiblen Gelder zu belegen.

Diese Belegung geschieht vorzugsweise durch Ausleihen oder Prolongationen der Diskontirungen von Wechseln mit

von Vergehen, Fahrlässigkeit oder Verletzung der Pflichten, welche ihnen zu Folge der Gesetze oder der Statuten auferlegt sind.

Sie sind der Gesellschaft gegenüber nicht verantwortlich für irgend einen Schaden, welcher durch Brand, Einbruch, Diebstahl, Gewalt oder andere Vorfälle außer ihrem Zuthun, ihrer Versäumniß oder Nachlässigkeit der Gesellschaft oder ihrem Vermögen zugefügt wird.

Art. 18. Die Direktoren sind verpflichtet, Aktionaire der Gesellschaften zu sein.

Art. 19. Die Direktoren werden nicht unwiderruflich angestellt, doch wird, um ihre Anstellung resp. die eines jeden einzelnen Direktors zu widerrufen ein Beschluß der Generalversammlung der Aktionaire erfordert, gefaßt auf motivirten Vorschlag der Kommissarien, welche den Widerruf als im Interesse der Gesellschaft wünschenswerth bezeichnet, und dessen Beurtheilung den Aktionairen anheimgestellt wird, welche alsdann mit Stimmenmehrheit entscheiden.

In Hinsicht dieser Versammlung gilt übrigens die Bestimmung in Artikel 25, nur kommen bei Berechnung der Anzahl der vertretenen Aktien, die des Direktors, um dessen Entlassung es sich handelt, nicht in Betracht.

Art. 20. Der Kommissarien sind drei bis fünf. Die Kommissarien haben den allgemeinen Geschäftsgang aufmerksam zu untersuchen und zu verfolgen. Sie sind verpflichtet, mindestens viertel des Jahres die Bücher nachzusehen und die Kasse und das Eigenthum der Gesellschaft zu revidiren und zu beschelnigen, sowie auch den von den Direktoren nach Artikel 16 eingerichteten, dreimonatlichen, summarischen Bericht gewissenhaft zu untersuchen.

Die Kommissarien sind sowohl einzeln als auch solidarisch verhaftet für allen Schaden, welcher daraus entsteht, daß sie den besonderen Verpflichtungen, welche ihnen durch diese Statuten auferlegt sind, nicht nachkommen.

Kommissarien, welche außerhalb Zeyst wohnhaft sind, erhalten Vergütung von Reise-Kosten und Diäten.

Art. 21. Die Ernennung von Direktoren und Kommissarien zur Ausfüllung von Vakanzen, welche durch Austreten oder aus anderen Gründen entstanden sind, erfolgt in einer General-Versammlung der Aktionaire mit verschlossenen Stimmzetteln auf Vortrag der Kommissarien und Direktoren. Bei Stimmengleichheit entscheidet das Loos.

Wenn einer der Kommissarien in der Zwischenzeit abdankt, austritt oder mit Tode abgeht, so bleibt den Uebrigen das Recht, die Stelle durch einen Andern interimistisch zu besetzen.

Wenn einer der Direktoren in der Zwischenzeit abdankt, austritt oder mit Tode abgeht, wird bis zur definitiven Besetzung seiner Stelle durch die Kommissarien ein interimistischer Direktor ernannt.

reffe der Gesellschaft für nöthig erachten, eine General-Versammlung der Aktionaire zu berufen, um darin diejenigen Mittheilungen und Vorlagen zu machen, welche sie für angemessen halten. Eine solche Versammlung findet auch statt und die Direktoren sind verpflichtet, die Einladung dazu zu erlassen, sobald die Aktionaire, welche zusammen ein Fünftel der Aktien repräsentiren, es verlangen.

Art. 24. Die Berufungen von General-Versammlungen geschieht durch die Direktoren mindestens vierzehn oder in Beschleunigung erheischenden Fällen mindestens acht Tage vorher durch Circular-Briefe an die Aktionaire und öffentliche Bekanntmachungen in solchen Tagesblättern, welche den Direktoren passend erscheinen.

Die Punkte der Verhandlung werden, soviel als möglich in den Circular-Briefen angegeben, die Berathung und Beschlußfassung über andere Punkte ist jedoch nicht ausgeschlossen.

Art. 25. Alle General-Versammlungen werden abgehalten unter Leitung des in Artikel 22 genannten Vorsitzenden oder bei dessen Verhinderung durch einen der übrigen Kommissarien.

In dieser Versammlung wird unbeschadet der Ausnahme des Artikels 4 und des in diesem Artikel Bestimmten durch absolute Stimmenmehrheit der anwesenden und vertretenen Aktionaire entschieden.

Als Bevollmächtigte werden auf den Versammlungen nur Aktionaire zugelassen.

Bei Stimmengleichheit hat der Vorsitzende eine entscheidende Stimme.

Zu einer Beschlußfassung über Abänderung der Statuten, Erhöhung des Gesellschafts-Kapitals, Veränderung des Zweckes der Gesellschaft oder über Fortsetzung derselben in dem in Artikel 3 bezeichneten Falle, sind zwei Drittel der Stimmen der gegenwärtigen oder vertretenen Aktionaire erforderlich.

In allen Fällen müssen die Abwesenden sowie auch die Minorität sich den gefaßten Beschlüssen unterwerfen, ohne sich deren Ausführung widersetzen zu können.

Art. 26. Die Bücher der Gesellschaft werden jährlich am letzten December abgeschlossen. Durch die Direktoren wird daraus sofort eine Bilanz aufgestellt und diese vor den 1. April des folgenden Jahres zur Genehmigung der Kommissarien vorgelegt.

Nach der Genehmigung durch die Kommissarien wird die Bilanz einer von den Aktionaren im vorigen Jahre ernannten Kommission von drei Mitgliedern wie eben so viel Stellvertretern zugestellt, welche sie alsdann in einer medio April abzuhaltenden Versammlung mit Stimmenmehrheit bestätigen soll, wodurch dann den Direktoren völlige Decharge wegen ihrer Geschäftsführung im abgelaufenen Geschäftsjahr ertheilt wird.

Die Bilanz wird alsdann gedruckt und an die Aktionaire

Hälfte dem Reservefonds verbleibt; hat derselbe einmal diese Höhe erreicht, dann genießen die Aktionaire die vollen 50 %.

Sollten in irgend einem Jahre unverhoffte Verluste eingetreten sein, so werden diese aus dem Reservefonds gedeckt und das Gewinn- und Verlust-Conto mit diesem Betrage belastet.

Der Reservefonds muß alsdann wieder angefüllt werden in dem Gewinn-Vertheilungs-Verhältnisse, wie es oben bestimmt ist, unter Beobachtung des festgestellten Marimums.

Sobald der Reservefonds auf ℳ 600000 gestiegen ist, haben die Inhaber von Aktien, auf welche über die Verpflichtung hinaus eingezahlt worden ist, das Recht, dieses mehr Gezahlte zurückzufordern.

Art. 28. Das Stimmrecht der Aktionaire wird in der Weise bestimmt, daß

der Besitzer von   1 bis   5 Aktien eine Stimme
    „   „   „   6   „   10   „   zwei Stimmen
    „   „   „ 11   „   15   „   drei   „
    „   „   „ 16   „   20   „   vier   „
    „   „   „ 21   „   25   „   fünf   „

und der von 26 Aktien und darüber sechs Stimmen soll abgeben können.

Art. 29. Wenn unverhofften Falles irgend welche Streitigkeiten, sei es zwischen Direktoren und Kommissarien untereinander, sei es zwischen Direktoren oder Kommissarien und Aktionairen oder Versicherten entstehen möchten, sei es, daß diese Streitigkeiten entstehen mit Aktionairen oder Versicherten des Inlandes, sei es mit Solchen, welche im Auslande domizilirt oder wohnhaft sind, so werden dergleichen Streitigkeiten, sofern die Konzessionen, durch welche die Gesellschaft im Auslande zugelassen wird, dieses nicht verbieten, der Entscheidung von drei Schiedsrichtern unterbreitet, wovon einer durch jede der Partheien und der Dritte durch die beiden erwählten Schiedsrichter ernannt wird. Bei einer Weigerung der Partheien oder einer derselben oder den im Streitfalle erfolgte Ernennung durch das Bezirks-Gericht zu Amersfoort. Die Schiedsrichter sollen in allen Streitigkeiten, welche ihrem Urtheil unterworfen werden, entscheiden.

Art. 30. Die gegenwärtigen, sowie alle ferneren Abänderungen dieser Statuten unterliegen der Königlichen Genehmigung.

Uebergangs-Bestimmungen.

Art. 31. Die Abänderungen in diesen Statuten sind nur anwendbar auf Verbindlichkeiten, welche vom Tage des Empfanges der Königlichen Genehmigung ab, eingegangen sind.

Einzahlungen welche vor der Königlichen Genehmigung

Gesehen zur Beglaubigung der Unterschrift des Herrn E. R. J. van de Poll, Präsident des Bezirks-Gerichtes zu Amersfoort, durch uns Commissär des Königs in der Provinz Utrecht.

Utrecht, den 25. Juni 1863.
(L. S.)   (gez.) van Doorn.

Gesehen zur Beglaubigung der Unterschrift des Herrn van Doorn, Kommissär des Königs für die Provinz Utrecht, residirend zu Utrecht.

Amsterdam, den 27. Juni 1863.

No. 136. Der Königliche Preußische Consul Herr D. C. Splitgerber abwesend.

Der Consulats-Verweser.
(L. S)   (gez.) J. C. F. Rust.

Uebersetzung.

Heute den 19. Juni 1863 erschienen vor mir, Heinrich Cornelius van Diggelen, Notar im Bezirke Amersfoort, Provinz Utrecht, zu Zeyst residirend, in Gegenwart der, später hin zu benennenden Zeugen.

Die Herren Gustav Adolph Crockewit, Fabrikant, und Ludwig Carl Ungerland, ohne Stand, beide zu Zeyst, und mir Notar bekannt als Direktoren der zu Zeyst errichteten allgemeinen Brandverbürgungs- und Versicherungs-Gesellschaft "Ultrajectum", welche Patent nachgesucht, jedoch noch nicht erhalten haben.

Diese gaben zu erkennen:
daß in der zu Zeyst am fünfzehnten April achtzehnhundertdreiundsechzig gehaltenen General-Versammlung der Aktionaire der gedachten Gesellschaft vorbehaltlich der Königlichen Genehmigung die Abänderung der Statuten derselben Gesellschaft beschlossen worden sei, gleichwie in dem durch mich, Notar von jener Versammlung, abgefaßten Protokoll von gedachtem Tage beschrieben ist, daß nachdem die Königliche Genehmigung an diesen abgeänderten Statuten, gleich wie solche in dem dieser Urschrift angehefteten Konzepte verfaßt sind, durch Beschluß vom elften Juni achtzehnhundertdreiundsechzig Nr. 51., von welchem eine Abschrift ebenfalls dieser Urschrift beigeheftet ist, ertheilen worden, die Comparenten für und im Namen der Aktionaire, kraft der im Artikel 20. der durch den vor dem zu Utrecht residirenden Notar de Balbian van Doorn unterm fünfundzwanzigsten November achtzehnhundertneunundfünfzig getätigten Akt festgestellten Statuten, der Direktion dieser Gesellschaft verliehenen Macht, nunmehr den durch das Gesetz erforderten notariellen Akt zu vollziehen wünschten.

Und haben die Comparenten dem zufolge erklärt, daß die Statuten der Gesellschaft in der Weise abgeändert seien, wie in dem dieser Urschrift beigehefteten und zufolge des in eben gedachter General-Versammlung genommenen Beschlusses zusammengestellten Konzepte verfaßt sind, welche daher fortan zufolge der in denselben vorkommenden Bestimmungen von Kraft sein sollen.

Worüber Akt
geschehen und gethätigt im Lokale der Gesellschaft Unitas zu Zeyst in Gegenwart des Herrn Bernhard Kramer, Kaufmann, und des Daniel van Toll, Feldhüter, beide zu Zeyst wohnend, als dazu ersuchten und mir Notar bekannten Zeugen, welche Gegenwärtiges mit den Comparenten und mir Notar unmittelbar nach geschehener Vorlesung unterzeichnet haben.

(gezeichnet)
G. A. Crockewit.   L. C. Ungerland.   B. Kramer.
D. van Toll.   H. C. van Diggelen, Notar.

Einregistrirt zu Wyk by Duurstede am 20. Juni 1863 Vol. 62 fol. 35 verso Abtheilung 7, enthaltend ein Blatt ohne Randhinweisungen.

Empfangen für Gebühren ƒ 2. 40. für 38 Zusatz-Conten ƒ 0. 91½. zusammen 3 Gulden und 31½ Cent (ƒ 3. 31½.)

Der Empfänger
(gez.) Jacobson.

Wir Wilhelm III., von Gottes Gnaden König der Niederlande, Prinz von Oranien-Nassau, Großherzog von Luxemburg etc.

In Entscheidung auf das Uns vorgetragene Gesuch von L. C. Ungerland und G. A. Crockewit zu Zeyst in der Eigenschaft als Direktor und Administrator der daselbst errichteten Allgemeinen Brandverbürgungs- und Versicherungs-Gesellschaft "Ultrajectum" welche den Entwurf der durch notariellen Akt festzustellenden abgeänderten Statuten dieser anonymen Gesellschaft vorlegen und Unsere Genehmigung dazu nachsuchen.

Auf den Vortrag Unseres Justiz-Ministers de dato 9. dieses Monats No. 105. I. Abtheilung.

Nach Einsicht der Artikel 36 bis einschließlich 56 des Handels-Gesetzbuches und Unserer auf diese anonyme Gesellschaft bezüglichen Beschlüsse vom 6. Oktober 1859 No. 67 und vom 26. Februar 1861 No. 76

haben für gut befunden und beschlossen,
dem eingereichten Entwurfe zu den durch notariellen Akt festzustellenden abgeänderten Statuten der Allgemeinen Brandverbürgungs- und Versicherungs-Gesellschaft "Ultrajectum" zu Zeyst Unsere Genehmigung zu ertheilen.

Unser Justiz-Minister ist mit der Ausführung dieses Beschlusses beauftragt.

Het Loo, den 11. Juni 1863.   (gez.) Wilhelm.
Der Justizminister.
(gez.) Olivier.

Mit dem Original übereinstimmend
Der General-Sekretair beim Justiz-Departement
(gez.) Clant.

Für gleichlautende Abschrift   Der General-Sekretair
(gez.) Clant.

Für die Richtigkeit vorstehender Uebersetzung.

Köln, den 11. Juli 1863.
(L. S.)   (gez.) Overmann,
Königlicher Provinzial-Steuer-Sekretair und für die holländische Sprache vereidigter Uebersetzer.

Die obenstehende Unterschrift des Herrn Overmann hier wird hiermit beglaubigt.

Köln, den 25. Juli 1863.
Das Ober-Bürgermeister-Amt.
(gez.) Franke.

Amts-Blatt
der Königl. Preuß. Regierung zu Frankfurt a/O.

№ 6.	Frankfurt a. d. O., den 10. Februar.	1864.

Gesetz-Sammlung für die Königlichen Preußischen Staaten pro 1864.

No. 1. enthält: (No. 5803.) Allerhöchster Erlaß vom 11. Januar 1864, betreffend die Berichtigung des größern und die Vereinfachung des mittleren Königlichen Wappens.

Liste der aufgerufenen und der Königlichen Kontrolle der Staatspapiere im Rechnungs-Jahre 1863 als gerichtlich amortisirt nachgewiesenen Staatspapiere.
    I. Staatsschuldscheine. Lit. A. à 1000 Thlr.: No. 31,004. 61,619. 62,352. 68,920. 68,921. Lit. B. à 500 Thlr.: No. 10,388. Lit. C. à 400 Thlr.: No. 2165. 4855. Lit. D. à 300 Thlr.: No. 1202. Lit. E. à 200 Thlr.: No. 5210. 13,168. Lit. F. à 100 Thlr.: No. 17,704. 61,146. 83,314. 140,267. 148,219. 154,651. 162,244. 165,509. 176,125. 182,805. 182,806. 203,596. 215,523. 218,617. 220,258. 221,035. Lit. G. à 50 Thlr.: No. 6520. Lit. H. à 25 Thlr.: No. 5192. 10,821. 47,505.
    II. Schuldverschreibungen der freiwilligen Staats-Anleihe vom Jahre 1848. Lit. C. à 100 Thlr.: No. 17,055. 22,225. 24,469. Lit. D. à 50 Thlr.: No. 10,106. 10,239. 10,384. 14,327. 16,372. 19,744. Lit. E. à 20 Thlr.: No. 5591.
    III. Schuldverschreibungen der Staats-Anleihe vom Jahre 1850. Lit. B. à 500 Thlr.: No. 4641. Lit. D. à 100 Thlr.: No. 3883. 17,187.
    IV. Schuldverschreibungen der Staats-Anleihe vom Jahre 1852. Lit. B. à 500 Thlr.: No. 9520. Lit. C. à 200 Thlr.: No. 143. Lit. D. à 100 Thlr.: No. 9472. 9473. 9474.
    V. Schuldverschreibungen der Staats-Anleihe vom Jahre 1854. Lit. C. à 200 Thlr.: No. 1199. Lit. D. à 100 Thlr.: No. 4136. 12,317. 12,910.
    VI. Schuldverschreibungen der Staats-Prämien-Anleihe vom Jahre 1855. Ser. 198. No. 19,783. über 100 Thlr.; Ser. 811. No. 81,070. über 100 Thlr.; Ser. 997. No. 99,630 über 100 Thlr.
    VII. Stamm-Actien der Niederschlesisch-Märkischen Eisenbahn. No. 71,551 über 100 Thlr.
    VIII. Prioritäts-Obligationen der Niederschlesisch-Märkischen Eisenbahn. Ser. I. No. 442 über 100 Thlr.; Ser. IV. No. 986 über 100 Thlr.	Berlin, den 9. Januar 1864.
                       Königliche Kontrolle der Staatspapiere.
                        Dehnicke.   Erbrich.   Kerstan.

Verordnungen und Bekanntmachungen der Königlichen Regierung zu Frankfurt a. d. O.

    Mittelst Allerhöchsten Erlasses vom 10. August v. J. haben des Königs Majestät die Errichtung einer Handelskammer für die Stadt Frankfurt a. d. O. und die zu derselben gehörigen Kämmereidörfer zu genehmigen geruht, welche aus 9 Mitgliedern und 3 stellvertretenden Mitgliedern bestehen soll. Die erforderlichen Wahlen haben stattgefunden und es sind gewählt worden:
    A. zu Mitgliedern: der Banquier Moritz Mende, der Kaufmann August Pahl, der Kaufmann Moritz Auerbach, der Kaufmann Heinrich Tillich, der Kaufmann Karl Robowé, der Kaufmann M. L. Hamann, der Fabrikbesitzer Moritz Lewy, der Spediteur J. H. Herrmann, der Kaufmann Eduard Ehrenberg;
    B. zu Stellvertretern: der Kaufmann O. Zschille, der Kaufmann Adolph Roquette, der Spediteur Jacob Boswiy,
sämmtlich in Frankfurt wohnhaft. Dies wird im Auftrage des Königlichen Ober-Präsidii der Provinz Brandenburg hierdurch zur öffentlichen Kenntniß gebracht.
    Frankfurt a. d. O., den 29. Januar 1864.

Personal-Chronik.

Zu Wege-Polizei-Commissarien sind im Kreise Spremberg ernannt und als solche bestätigt worden:
1) für den 1. Bezirk der Rittergutsbesitzer Premier-Lieutenant v. Villeneuve auf Blolschdorf, 2) für den 2. Bezirk der Rittergutsbesitzer Dr. philosophiae Schacht auf Lieskau; desgleichen zu stellvertretenden Feuer-Polizei-Commissarien: 1) für den 1. Bezirk der Rittergutsbesitzer Schütze auf Muckrow, 2) für den 2. Bezirk der Rittergutsbesitzer v. Schelcher auf Wadelsdorf, 3) für den 3. Bezirk der Wirthschaftsinspektor v. Ludwig in Sobba, 4) für den 4. Bezirk der Rittergutspächter Amtmann Ulrich in Strabow.

Der Wundarzt erster Classe und Geburtshelfer August Leopold Gruhn ist zum Kreis-Wundarzt des Kreises Sternberg mit Belassung seines Wohnsitzes in Sternberg ernannt worden.

Der praktische Arzt, Wundarzt und Geburtshelfer Dr. Paul Richard Burz hat sich in Letschin niedergelassen.

Der bisher provisorisch angestellte Lehrer Christian Lattke ist zum Lehrer in Bärenbrück, Diöcese Cottbus, berufen.

Die Berufung des Predigt- und Schulamts-Candidaten Friedrich Wilhelm Kohl zum Prorector an der Stadtschule in Driesen, Diöcese Friedeberg, ist bestätigt worden.

Die Berufung des bisher provisorisch angestellten Lehrers Johann Gottlob Grenz zum Küster und Lehrer in Klein-Gandern — II. Sternberger Diöcese — ist bestätigt worden.

In Stelle des Reserve-Jägers Ende ist der Reserve-Oberjäger Horlitz vom 23. Januar ab als Forst-Polizei-Sergeant in Friedeberg t. k. M. angestellt.

Personal-Veränderungen für den Monat Januar 1864.
Bei den Kreisgerichten im Departement.

Der Gerichts-Assessor von Koewen ist zum Kreisrichter bei dem Kreisgerichte zu Sorau und der Hülfsbote Schmidt hierselbst zum Boten und Exekutor bei dem Kreisgerichte zu Luckau, der Bote und Exekutor Werner daselbst zum Gefangenwärter bei dem dortigen Kreisgerichte ernannt. — Der Kreisgerichts-Secretair Schröter hierselbst und der Gefangen-Ober-Aufseher Leberecht zu Landsberg a. d. W. sind pensionirt. — Der Kreisgerichts-Rath von Albertÿll zu Arnswalde und der Bote und Exekutor Fichel zu Zielenzig sind gestorben.

Vermischte Nachrichten.

(1) Patent-Ertheilung. Dem Ingenieur und Lehrer an dem Königlichen Gewerbe-Institut Robert Rudolph Werner zu Berlin ist unter dem 29. Januar 1864 ein Patent

auf eine durch Zeichnung und Beschreibung erläuterte Dampfturbine, soweit dieselbe als neu und eigenthümlich erkannt ist,

auf fünf Jahre, von jenem Tage an gerechnet, und für den Umfang des preußischen Staats ertheilt worden.
Frankfurt a. d. O., den 8. Februar 1864.   Königliche Regierung; Abtheilung des Innern.

(2) Der im Kalender den 2. März b. J. angesetzte Krammarkt in Arnswalde wird erst am 8. desselben Monats und am Tage zuvor der Vieh- und Pferdemarkt daselbst abgehalten werden.
Frankfurt a. d. O., den 3. Februar 1864.   Königl. Regierung; Abtheilung des Innern.

(3) Die Rektor-Stelle an der Stadtschule in Bernstein, zur Diöcese Soldin gehörig, Königlichen Patronats, ist durch die Versetzung ihres zeitherigen Inhabers erledigt worden.
Frankfurt a. O., den 2. Februar 1864.   Königl. Regierung; Abtheilung für Kirchen- und Schulwesen.

(4) Die Stelle des 3. Knaben-Lehrers zu Kirchhain, Diöcese Finsterwalde, Privat-Patronats, ist durch den Tod ihres zeitherigen Inhabers erledigt worden.
Frankfurt a. d. O., den 29. Januar 1864.   Königl. Regierung; Abtheilung für Kirchen- und Schulwesen.

(5) Landbeschäl-Stations-Angelegenheiten pro 1864.

Zur Benutzung Seitens der Herren Pferdezüchter werden aus nachbenannten Orten Beschäler des Königlichen Landgestüts zu Repitz aufgestellt und so abgesandt werden, daß sie die von hier entfernteste Station am 9. Februar cr. erreichen. Die Beschälzeit wird bis Ende Juni cr. dauern. Die Deckstunden sind, in den Monaten Februar, März und April, des Morgens von 8 bis 9 Uhr, des Nachmittags von 4 bis 5 Uhr, in den Monaten Mai und Juni dagegen Morgens von 7 bis 8 Uhr und Nachmittags von 5 bis 6 Uhr, und darf außer dieser Zeit weder eine Stute probirt noch gedeckt werden. Auch dürfen Stuten, welche alt, schwach, mit Erbfehlern behaftet, am Druse oder sonstigen Krankheiten leidend, oder aus Orten sind, in denen ansteckende Krankheiten unter den Pferden herrschen oder unlängst geherrscht haben, den Beschälern nicht zugeführt werden. Die Sprunggelder sind an die Herren Stationshalter, welche der Königlichen Landgestüt-Kasse dafür aufkommen müssen, vor dem ersten Sprunge zu berichtigen, wogegen die Stationshalter für jede, von einem Königlichen Beschäler neu zu bedeckende Stute einen Deckschein ausstellen werden, in welchem über das gezahlte Sprunggeld quittirt ist. Erst nachdem dieser Schein dem Gestütwärter vorgezeigt worden, ist letzterer befugt, die Stute decken zu lassen. Außerdem sind 5 Sgr. Trinkgeld für den Wärter und 2½ Sgr. Schreibegebühren für den Deckschein zu zahlen. Endlich wird noch bemerkt, daß, falls eine Stute bei Gelegenheit der Bedeckung durch den Hengst verletzt werden sollte, Seitens der Gestütverwaltung in keiner Weise irgend eine Entschädigung gewährt werden kann, da die Zuführung von Stuten zu den Königlichen Hengsten auf einem Akt der freien Uebereinkunft beruht und die Stutenbesitzer selbst, bei eigener Verantwortlichkeit, darauf zu achten haben, daß vor, während und nach dem Deckakte etwaige Unglücksfälle vermieden werden.

Grabitz, den 28. Januar 1864.
Königliche Gestüt-Direktion.

Nachweisung der Beschäl-Stationsorte im Jahre 1864 im Regierungs-Bezirk Frankfurt.

Beschäl-Station.		Daselbst decken Beschäler à					Beschäl-Station.		Daselbst decken Beschäler à				
Kreis.	Ort.	4 Th.	3 Th.	2 Th.	1 Th.	Summa Sprunggeld.	Kreis.	Ort.	4 Th.	3 Th.	2 Th.	1 Th.	Summa Sprunggeld.
Luckau	Kirchhain	—	—	2	—	2	Guben	Zittendorf	—	1	2	—	3
"	Luckau	—	—	2	—	2	Lebus	Frankfurt	—	—	3	—	3
Lübben	Lübben	—	—	2	—	2	Königsberg	Königsberg	—	1	3	—	4
Cottbus	Cottbus	—	—	3	—	3	"	Bärwalde	—	—	2	—	2
"	Papitz	—	—	1	1	2	"	Clossow	1	—	2	—	3
Guben	Degeln	—	1	1	—	2	Züllichau	Züllichau	—	—	4	4	4
Crossen	Crossen	—	1	2	—	3	Sternberg	Quedel	—	—	5	1	6
Guben	Schlaben	—	—	2	1	3	"	Ziebingen	—	—	2	—	2

(6) Nachweisung der im Luckau'er Kreise etablirten Privat-Beschäl-Stationen.

Laufende No.	Ort der Beschäl-Station.	Namen und Stand der Besitzer.	National der Privat-Beschäler.	Deckgeld. Thlr.
1	Schloß Sonnewalde	Standesherr Graf zu Solms-Sonnewalde	Braunfuchs, Stern und Schnibbe, 5 Jahr alt, 5' 4" groß.	3⅓
2	Ponnsdorf	Jacob, Bauer	Hechtschimmel, linker Hinterfuß weiß gefesselt, rechter Hinterfuß weiß gesteckt, 6 Jahr alt, 5' 3" groß.	2
3	do.	Hensel, Hüfner	braun, Stern und Schnibbe,	1½
4	Goßmar b. L.	Klinkmüller, Bauer	Blauschimmel	2¼
5	Dübrichen	Drewes, Ortsrichter	Goldfuchs mit Blesse, beide Hinterfüße weiß gestiefelt.	2½
6	Raben	Paulick, Halbbauer	Stiefelfuchs mit Stern, 8 Jahr alt, 5' 6" groß.	1⅔
7	do.	Mrose, Bauer	Fuchs mit Blesse, beide Hinterfüße weiß gefesselt.	1⅔
8	Wierigsdorf	Noack, Bauer	Rappe, großen Stern, 10 Jahr alt, 5' 1" groß.	1⅔
9	Zöllmersdorf	Schuble, Ortsrichter,	braun mit Stern und Schnibbe, Hinter- und Vorderfüße weiß, 7 Jahr alt, 5' 4" groß.	2¼
10	Freiwalde	Lehmann, Ortsrichter	dunkelbraun, ohne Abzeichen, 4 Jahr alt, 5' 1" groß.	1½
11	do.	Koeppchen, Bauer	Fuchs mit Blesse, 3 weiße Füße, 5 Jahr alt, 5' 4" groß.	1½
12	Zauche	Walter, Bauer	kirschbraun, linken Hinterfessel weiß, dünnen Schweif, 6 Jahr alt, 5' 5" groß.	2

Luckau, den 5. Februar 1864.
Der Königliche Landrath Graf zu Solms.

— 44 —

(7) Nachweisung der im Jahre 1864 im Kreise Sternberg etablirten Privat-Beschäl-Stationen.

Laufende No.	Ort der Beschäl-Station.	Stationsherr.	National des Privat-Beschälers.	Festgesetztes Deckgeld. Thlr.	Bemerkungen.
1	Brehsach	Zechert, Christian, Entreprisen-Besitzer	Grauschimmel, ohne Abzeichen, 5' 4" groß, 8 Jahr alt,	3	
2	Cunitz	Babel, Johann, Bauer	Schweißfuchs mit kleinem Stern, 5' 2" groß, 12 Jahr alt,	3	
3	Freyberg	Rißmann, Ferdinand	schwarzbraun, ohne Abzeichen, 7 Jahr alt,	3	
4	Görlts a. O.	Griesemeister, Friedrich, Oelmüller	Rappe, ohne Abzeichen, 5' 4" groß, 7 Jahr alt,	3	
5	do.	Jahn, Christian, Ackerbürger	gelb ohne Abzeichen, 5' 2" groß, 6 Jahr alt,	3	
6	Ballow	Redlich, Christian, Bauer	Fuchs mit Stern, 5' 3" groß, 8 Jahr alt,	1½	wieder für tauglich anerkannt.
7	Ziebingen, Vorw.	Raschke, Schankwirth	Schwarzschimmel, mit Stern, 5' 2" groß, 4 Jahr alt,	1½	für tauglich erkannt.

Drossen, den 30. Januar 1864.   Das Schau-Amt. v. d. Hagen.

(8) Nachweisung der im Kreise Soldin im Jahre 1864 etablirten Privat-Beschäl-Stationen.

Laufende No.	Ort der Beschäl-Station.	Stationsherr.	National des Privat-Beschälers.	Festgesetztes Deckgeld. Thlr.	Bemerkungen.
1	Balow	Rittergutsbesitzer Schröber	schwarz, mit kleinem Stern, 10 Jahr alt, 5' 2" groß,	3	
2	Brügge	Bauer Gottlieb Helterhoff	schwarz mit kleinem Stern, 4¾ Jahr alt, 5' 3" groß,	2	gelört.
3	Lippehne	Gutsbesitzer Schornfeld	braun mit Stern, 10 Jahr alt, 5' 4" groß,	3	
4	do.	derselbe	schwarz ohne Abzeichen, 5 Jahr alt, 5' 3" groß,	3	
5	do.	Ackerbürger A. Senkpiel	Fuchs mit Schrammblesse, beide Hinterfüße weiß gefesselt, 10 Jahr alt, 5' 2" groß,	3	
6	do.	Gutsbesitzer Dalcke	braun, 10 Jahr alt, 5' 5" groß,	3	
7	Woltersdorf	Halbbauer Christian Wache	Grauschimmel mit Stern, 8 Jahr alt, 5' 4" groß,	2	desgl.
8	Gr.-Fahlenwerder	Gastwirth Nix	Blauschimmel, 3 Jahr alt, 5' 3" groß,		
9	do.	Kolonist Wilh. Hembd	Blauschimmel, 5 Jahr alt, 5' 2" groß,	2	desgl.
10	do.	derselbe	rothbraun, 3 Jahr alt, 5' 4" groß,	3	
11	do.	Kolonist Friedr. Lippert	Rappe, 3 Jahr alt, 5' 4" groß,	3	
12	Justinenhof	Gutsbesitzer W. Schlüter	Hansemann, braun mit Stern, 11 Jahr alt, 5' 3" groß,	2⅛	desgl.
13	Wulkenow	Bauer Christian Landsberg	braun mit Stern, 6 Jahr alt, 5' 3" groß,	2½	desgl.

Soldin, den 23. Januar 1864.   Das Schauamts-Personal

(5) **Nachweisung**
der im Kreise Friedeberg in dem am 20. Januar 1864 abgehaltenen Körungstermine gekörten Hengste und der sonstigen Beschäl-Stationen.

Laufende No.	Ort der Beschälstation.	Stationsherr.	Nationale des Privat-Beschälers.	Namen des Hengstes.	Festgesetztes Deckgeld. Th. Sgr. Pf.	Bemerkungen.
1	Brenkenhofsbruch	Sehbler, August	rothbraun, kleine Flocke, 4 Jahr alt, 5' 9" groß,	— und	1 — — 2 — —	gekört. Füllengeld.
2	Erbenswunsch	W. Hammerling	rothbraun, 10 Jahr alt, 5' 5" groß,	—	2 15 —	nachträglich wieder gekört.
3	Alt-Gurkowschbruch	Hiltebrand, Carl	Grauschimmel, 6 Jahr alt, 5' 3" groß,	—	3 5 —	gekört.
4	do.	Schulz, August	braun mit kleiner Schnebbe und Stern, 4 weiße Füße, 8 Jahr alt, 5' 6" groß.	Saracen	2 — —	wieder gekört.
5	Juchterholländer	Steinbach, Wilh.	schwarzbraun mit auslaufendem Stern und Schnebbe, linker Vorder- und Hinterfuß halb gefesselt, 5' 2" groß, 11 Jahr alt,	—	1 17 6	wieder gekört.
6	Hammelstall	Arndt, Ludwig	braun, Schußstern, linke Vorderballen weiß, 13 Jahr alt, 5' 7" groß,	Castor	1 15 —	wieder gekört.
7	Schönrabe	v. Wedemeyer	dunkelmuscat-Schimmel, 4 Jahr alt, 5' 3" groß,	Feldmarschall und ober	1 — — 3 — — 5 20 —	gekört. Füllengeld, für größere Besitzer und 10 sgr. in dem Stall.
8	do.	do.	Fliegenschimmel, 11 Jahr alt, 5' 5" groß,	General		desgleichen.
9	do.	do.	Schwarz-Fliegenschimmel, 7 Jahr alt, 5' 5" groß,	Capitain		desgleichen.

Nicht zur Körung gestellte Hengste.

	Ort	Stationsherr	Nationale	Name	Deckgeld	Bemerkungen
1	Brenkenhofswalde	Hoffmann, Eigenthümer	Schwarzschimmel mit Stern und beide Hinterfüße weiß gefesselt, 3 Jahr alt, 6' 3" groß.	—	3	—
2	Alt-Carbe	Rohde, Wilhelm	Grauschimmel mit kleiner Blesse, rechter Hinterfuß weiß gefesselt, 5 Jahre alt,	—	3	—
3	Dragebruch	Paul	Schwarzschimmel mit weißer Blesse, 5' 5" groß, 4 Jahr alt,	—	3	—
4	Neu-Erbach	Drasbert	hellbraun mit kleinem Stern, 9 Jahr alt, 5' 4" groß,	Figaro	3	—
5	do.	do.	beide Vorderfüße und linker Hinterfuß weiß gefesselt, 3 Jahr alt, 5' 3" groß,	Titus	3	—
6	Erbenswunsch	Hemmerling Wilhelm	rothbraun, 5' 3" groß, 4 Jahr alt.	—	3	—

— 46 —

Laufende No.	Ort der Beschälstation.	Stationsherr.	Nationale des Privat-Beschälers.	Name des Hengstes.	Festgesetztes Deckgeld. Thl. Sgr. Pf.	Bemerkungen.
7	Eschbruch	Mank, Carl	dunkelbraun, mit Stern und kleiner Schnebbe, 5' 3" groß, 7 Jahr alt,	—	3 — —	
8	Seilenfelde	Klettner	Schimmelhengst, 5' 5" groß, 5 Jahr alt,	—	4 — —	5 Sgr. im Stall.
9	do.	do.	dunkelbraun, 5' 4" groß, mit Stern, 4 Jahre alt,	—	4 — —	5 Sgr. im Stall.
10	Alt-Gurkowschbruch	Boese	kirschbraun mit kleinem Stern, 5' 3" groß, 3 Jahr alt,	—	3 — —	
11	do.	Hardt	Apfelschimmel, 5 Jahr alt, 5' 7" groß,	General	3 — —	5 Sgr. Trinkgeld.
12	Gustebterholländer	Seybler, Wilhelm	schwarzbraun mit Stern, 4 Jahr alt, 5' 5" groß,	—	3 — —	

Friedeberg, den 20. Januar 1864.

Der Landrath v. Bornstedt.

(10) Nachweisung der im Kreise Lübben pro 1864 mit Genehmigung des Kreis-Schau-Amtes etablirten Privat-Beschäl-Stationen.

Laufende No.	Ort der Beschäl-Station.	Besitzer	National des Beschälers.	Festgesetztes Deckgeld. Thlr.	Bemerkung.
1	Frieland	Liebt, Karl, Kleinbürger	braun mit Stern und Schnibbe, linker Hinterfessel weiß, 7 Jahre alt, 5 Fuß 5 Zoll groß,	2	bei der Körung am 30. v. M. genehmigt.
2	do.	Stärke, Johann, Müllenmeister	Fuchs ohne Abzeichen, 4¼ Jahr alt, 5 Fuß 1 Zoll groß,	1½	desgl.
3	Gröbitsch	Roeßner, Christian, Kleinhübner	Brandfuchs, am rechten Hinterfuß weiß, 5 Jahr alt, 5 Fuß 3 Zoll groß,	1½	desgl.
4	Lamsfeld	Günther, Wilhelm, Koßäth	Fuchs mit Blesse, linker Hinterfuß hochweiß, 8 Jahr alt, 5 Fuß 7 Zoll groß,	1	desgl.
5	Treppendorf	Schuppan, Gottfried, Bauer	braun mit Blesse, an der Schwanzwurzel weiß gesesselt, 13 Jahr alt, 5 Fuß 1 Zoll groß,	1	

Lübben, den 1. Februar 1864.

Der Landrath.

(11) Bekanntmachung. Auf den nachbenannten Stationsorten sollen im Laufe des Monats Februar 1864 Königliche Landbeschäler aufgestellt werden, und können denselben bis gegen das Ende des Monats Juni Stuten zugeführt werden, welche sich zur bessern Zucht eignen.

Der Deckpreis ist auf dem im Beschäler-Stall angehefteten Nationale bei jedem Namen mit rother Dinte bemerkt, und werden überdies noch 5 Sgr. Trinkgeld und 2½ Sgr. für die Ausfertigung des Deckscheins gleich an den Stationshalter gezahlt.

Landgestüt Zirke, den 31. Januar 1864.

v. Rotze, Oberstlieutenant a. D. und Gestüts-Direktor.

1) Tauscl, Kreis Landsberg.
2) Gennin, Kreis Landsberg.
3) Landsberger Holländer, Kreis Landsberg.
4) Leopoldsfahrt, Kreis Landsberg.
5) Santoch, Kreis Landsberg.
6) Vordamm, Kreis Friedeberg.
7) Gottschimmerbruch, Kreis Friedeberg.
8) Doelzig, Kreis Soldin.
9) Berkenbrügge, Kreis Arnswalde.

— 47 —

(12) Nachweisung der im Kreise Königsberg i. d. N. im Jahre 1864 etablirten Privat-Beschälstationen.

Laufende No.	Ort der Beschäl-Station.	Stationsherr.	Rationale des Privat-Beschälers.	Festgesetztes Deckgeld. Thlr.	Bemerkungen.
1	Altenkirchen	Gottlieb Gesche, Bauergutsbesitzer	Grauschimmel, 5′ 4″ groß, 6 Jahre alt,	5½	
2	Cüstrin	L. Garmatter, Ackerbürger	schwarzbraun, ohne Abzeichen, 5′ 9″ groß, 6 Jahre alt,	3½	
3	Bernickow	A. Koch, Bauergutsbesitzer	Blauschimmel, 5′ 3″ groß, 4 Jahre alt,	3	
4	Alt-Cüstrinchen	F. Dewitz, Schulze	braun, mit kleinem Stern, 5′ 4″ groß, 12 Jahre alt,	3	
5	Fürstenfelde	Michael Hans, Ackerbürger	braun, mit weißen Hinterfesseln, 5′ 4″ groß, 5 Jahre alt,	3	
6	Hanseberg	Wilhelm Wobbermin, Bauergutsbesitzer und Schulze	braun, mit Stern und Schnibbe, beide Vorderfüße weiß gefesselt, 5′ 6″ groß, 5 Jahre alt,	3	
7	Hühnerpfuhle bei Alt-Rüdnitz	Ludwig Feuer, Freimann	Grauschimmel, 4′ 11″ groß, 12 Jahre alt,	3	
8	Nieder-Kränig	Michael Gloede, Fischer	schwarz, ohne Abzeichen, 5′ 2″ groß, 6 Jahre alt,	3	
9	Rabuhn	v. Neumann, Rittergutsbesitzer	schwarz, ohne Abzeichen, 5′ 3″ groß, 6 Jahre alt,	3	
10	Voigtsdorf	Goltz, Gutsbesitzer	Rothschimmel, 5′ 3″ groß, 9 Jahre alt,	3	
11	Zachow	Martin Hochschild, Bauergutsbesitzer	schwarz, mit Stern, linker Hinterfuß weiß gefesselt, 5′ 3″ groß, 4 Jahre alt,	3	
12	Zicher	Christian Henschel, Bauergutsbesitzer	gelbbraun, linker Vorder- und rechter Hinterfuß weiß gefesselt, 5′ 2″ groß, 22 Jahre alt,	3	
13	do.	Wilhelm Kule, Branntrugbesitzer	Grauschimmel, linker Hinterfuß weiß gestiefelt, 5′ 5″ groß, 7 Jahre alt,	3 a. 7½ Sgr. im Stall	
14	do.	Friedrich Wolter, Bauergutsbesitzer	schwarzbraun, mit Stern und Schnibbe, beide Vorder- und rechter Hinterfuß weiß gehuft, 5′ 5″ groß, 6 Jahre alt,	3	
15	Nemzow	F. Götze, Bauergutsbesitzer	schwarzbraun, rechter Hinterfuß weiß gefesselt, 5′ 4″ groß, 6 Jahre alt,	2½	ist gelört.
16	Rohrbeck	Dominium	Mustapha, braun, mit Stern, 5′ 4″ groß, 9 Jahre alt,	2½	ist gelört.

Königsberg i. d. N., den 3. Februar 1864.   Der Landrath v. Humbert.

(13) Bekanntmachung. Wir bringen hierdurch zur öffentlichen Kenntniß, daß mit dem heutigen Tage über Berlin ein direkter Personen- und Gepäck-Verkehr zwischen den Stationen Eydtkuhnen, Königsberg, Elbing, Danzig, Bromberg, Thorn, Landsberg einerseits und Dresden andererseits, sowie den Stationen Königsberg, Danzig einerseits und Leipzig andererseits ins Leben tritt. Von den genannten Ostbahn-Stationen findet die Beförderung nach Dresden resp. Leipzig nur mit den Courirzügen, dagegen in umgekehrter Richtung von Dresden resp. Leipzig nach unsern Stationen, sowohl mit unsern Courir- wie unsern Eilzügen statt.   Bromberg, den 1. Februar 1864.   Königl. Direktion der Ostbahn.

(13) **Königliche Niederschlesisch-Märkische Eisenbahn.** Wegen erneuerter Militair-Transporte, welche die Pünktlichkeit unserer Güterzüge unmöglich machen, wird die Gültigkeit der tarifmäßigen Lieferzeit bis auf Weiteres suspendirt.
  Berlin, den 7. Februar 1864. Königliche Direktion der Niederschlesisch-Märkischen Eisenbahn.

(14) **Bekanntmachung.** Damit diejenigen Personen, welche von den Landbriefträgern Freimarken oder Franco-Couverts zu den von ihnen abzusendenden Briefen entnehmen, sich darüber unterrichten können, welcher Portosatz für die einzelnen Briefe besteht und zu welchem Betrage darnach Marken und Couverts zu verwenden sind, hat die hiesige Ober-Post-Direktion für ihren Bezirk die Landbriefträger angewiesen, auf Grund der ihnen übergebenen Notizen über die Höhe der innerhalb des Preuß. Postbezirks und des Deutsch-Oesterreichischen Postvereinsgebietes zur Anwendung kommenden einfachen Briefportosätze auf Verlangen Auskunft zu ertheilen.
  Frankfurt a. d. O., den 4. Februar 1864. Der Ober-Post-Direktor Hoppe.

(15) Vom 1. Februar d. J. ab soll gegen Aufhebung der Personenpost zwischen Senftenberg und Hoyerswerda und der Kariolpost zwischen Spremberg und (Heidemühl) Gosda eine tägliche zweispännige Personenpost zwischen Spremberg und Senftenberg mit nachstehendem Gange eingerichtet worden:
aus Senftenberg um 5 Uhr früh, durch Gosda um 7½ Uhr früh, in Spremberg um 9 Uhr 10 Minuten Vormittags, aus Spremberg um 2 Uhr Nachmittags, durch Gosda um 3½ Uhr Nachmittags, in Senftenberg um 6 Uhr 10 Minuten Abends.
  Bei dieser Post sind in den Dörfern Zeffen, Gosda, Proschim und Gorno vor den Krügen Posthaltestellen bestimmt worden, an welchen unterwegs Personen zur Mitreise durch die Postillone eingeschrieben werden können, soweit der Hauptwagen und die Beichaisen dazu Raum bieten.
  Frankfurt a. d. O., den 1. Februar 1864. Der Ober-Post-Direktor. gez. Hoppe.

Amts-Blatt
der Königl. Preuß. Regierung zu Frankfurt a/O.
№ 7.   Frankfurt a. b. O., den 17. Februar.   **1864.**

Verordnungen und Bekanntmachungen der Königlichen Regierung zu Frankfurt a. d. O.

I. Das Königliche Ober-Präsidium der Provinz Brandenburg hat auf Grund des §. 1 des Gesetzes vom 14. April 1856 die Einverleibung der an die Gemeinde Görlsdorf im Königsberger Kreise durch Vertrag vom 20. Januar cr. veräußerten Parzelle der fiskalischen Dorfstraße daselbst zum Flächeninhalte von 12 3/10 ☐Ruthen in den Communal-Verband der gedachten Gemeinde mittelst Rescripts vom 2. November pr. genehmigt.   Frankfurt a. d. O., den 10. Februar 1864.

II. Wir machen die militairpflichtige junge Mannschaft und deren Eltern und Vormünder auf die Vorschrift der §. 55 und §. 96 No. 6 der Ersatz-Instruktion vom 9. Dezember 1858 aufmerksam, wonach jeder Militairpflichtige, der seine Zurückstellung in Anspruch nehmen will, seine vermeintlichen Reclamations-Ansprüche mit Beibringung der erforderlichen Beweismittel der Kreis-Ersatz-Commission vorzutragen hat, und auf eine nachträgliche Beweisführung, so wie auf Reclamations-Anträge, die mit Uebergehung der Kreis-Ersatz-Commission, obgleich zur Zeit ihrer Versammlung der Reclamationsgrund schon vorhanden war, unmittelbar bei der Departements-Ersatz-Commission gemacht werden, nicht gerücksichtigt werden darf.

Jene Reclamations-Anträge bei der Kreis-Ersatz-Commission dürfen von den Militairpflichtigen nicht blos bei ihrer ersten Vorstellung bei dieser Behörde im 20. Lebensjahre angebracht, sondern müssen, so lange der Reclamations-Grund währt, bei jeder spätern Gestellung zur Musterung im 21., 22., 23. und 24. Lebensjahre wiederholt werden, und sind auch von den vermeintlich Körperschwachen, da solche der Arzt der Departements-Ersatz-Commission möglicher Weise für diensttauglich erklären kann, nicht zu unterlassen.

Die Magisträte und Ortsschulzen haben diesen Amtsblatt-Erlaß in ihren Gemeinden gehörig zu veröffentlichen, auch die armen, erwerbsunfähigen Eltern von Militairpflichtigen auf jene Gesetzes-Vorschrift besonders aufmerksam zu machen.   Frankfurt a. d. O., den 1. Februar 1864.

Personal-Chronik.

Von dem unterzeichneten Consistorium sind die Candidaten:
1) Traugott Nathanael Doyé aus Luckenwalde, 2) Hermann Theodor Gustav Floeter aus Zione, 3) Heinrich Wilhelm Hermann Kieß aus Burg, 4) Ernst Gotthold Mertens aus Birkholz, 5) Gustav Albert Wilhelm Myltus aus Berchesar, 6) Carl Friedrich Wilhelm Staeglich aus Cottbus, 7) Eduard Heinrich Leopold Stange aus Frankfurt a. d. O., 8) Johannes Christian Robert Zimmermann aus Leippa,

für wahlfähig zum Predigtamte erklärt worden.

Berlin, den 8. Februar 1864.   Königliches Consistorium der Provinz Brandenburg.

Des Königs Majestät haben mittelst Allerhöchster Ordre vom 20. v. Mts. dem Fuhrmannssohn Franz Matthesius zu Groß-Nenendorf, im Kreise Lebus, das Verdienst-Ehrenzeichen für Rettung aus Gefahr zu verleihen geruht.

Der Oberamtmann Richter zu Görlitz ist unter dem 23. Januar cr. zum Stellvertreter des Deichhauptmanns des Sternberger Deichverbandes gewählt und als solcher bestätigt worden.

Der Assistenz-Arzt Dr. Otto Sutter ist von Cottbus als Stabsarzt zum Füsilier-Bataillon 3. Posenschen Infanterie-Regiments nach Freistadt versetzt.

Der forstversorgungsberechtigte Oberjäger Johann Albert Neumann ist als Förster zu Borak, in der Oberförsterei Neuzelle, angestellt.

Die Berufung des seither provisorisch angestellten Robert Ermel zum dritten Lehrer an der Mädchenschule zu Lübben ist bestätigt worden.

Für den zweiten ländlichen Bezirk des Kreises Guben ist der Lehnschulzengutsbesitzer Fähnrich zu Fünfeichen als Schiedsmann gewählt und bestätigt worden.

In der Stadt Lübben sind zu Schiedsmännern gewählt und bestätigt worden:
für den 1. Bezirk der bisherige Schiedsmann Fleischermeister August Horn,
für den 2. Bezirk der Schornsteinfegermeister Friedrich Julius Enghusen.

Vermischte Nachrichten.

(1) Der im Kalender auf den 17. März d. J. angesetzte Kram- und Viehmarkt in Friedland N.-L. wird schon am 10. desselben Monats und Tags darauf Krammarkt abgehalten werden.
Frankfurt a. d. O., den 10. Februar 1864.   Königliche Regierung; Abtheilung des Innern.

(2) Der im Kalender auf den 8. und 9. März d. J. in Sommerfeld angesetzte Krammarkt — am ersten Tage zugleich Viehmarkt — wird erst am 9. und 10. desselben Monats abgehalten werden.
Frankfurt a. d. O., den 10. Februar 1864.   Königl. Regierung; Abtheilung des Innern.

(3) Bekanntmachung. Unter Bezugnahme auf unsere Bekanntmachung vom 27. Dezember 1862, laut welcher an Stelle des aus dem Staatsdienste ausgeschiedenen Ober-Hütten-Inspectors Sieber, die Direction des Königlichen Hütten-Amts zu Kupferhammer bei Neustadt E.-W. interimistisch dem Königl. Hütten-Inspector Förster zu Eisenspalterei daselbst übertragen war, bringen wir hiermit zur öffentlichen Kenntniß, daß höherer Bestimmung zufolge das Königliche Hüttenamt zu Kupferhammer nunmehr aufgehoben und die Leitung des Werks dem Königlichen Hüttenamt zu Eisenspalterei definitiv übertragen ist, weshalb von jetzt ab alle den Kupferhammer betreffenden Eingaben und sonstigen Schriftstücke an das letztgenannte Hütten-Amt zu richten sind. Eine Veränderung in der bisherigen Kassen-Verwaltung ist hiermit nur insoweit verbunden, als die Quittungsleistung nicht mehr unter der Firma des Königlichen Hüttenamts zu Kupferhammer, sondern für beide Werke überall durch die Hütten-Betriebs-Kasse zu Eisenspalterei erfolgt, wogegen namentlich die Beamten dieselben bleiben, und auch die Receptur für kleinere Zahlungen auf Kupferhammer fortbesteht.   Halle, den 8. Februar 1864.   Königliches Ober-Berg-Amt.

(4) Bekanntmachung. Durch Urkunde vom heutigen Tage ist das Braunkohlen-Bergwerk „Frankfurt" bei Eliestow, im Kreise Lebus, Bergrevier Cüstrin, mit 1 Fundgrube und 1199 Maaßen 194,₄ Quadter gevierten Feldes an den Grubenbesitzer Wilhelm Eisenmann zu Berlin verliehen worden.
Halle, den 2. Februar 1864.   Königliches Ober-Berg-Amt.

(5) Bekanntmachung. Durch Urkunde vom heutigen Tage ist das Braunkohlen-Bergwerk „Eliestow" bei Eliestow, im Kreise Lebus, Bergrevier Cüstrin, mit 1 Fundgrube und 1199 Maaßen 193,₃ Quadter gevierten Feldes an den Gruben-Besitzer Wilhelm Eisenmann zu Berlin verliehen worden.
Halle, den 2. Februar 1864.   Königliches Ober-Berg-Amt.

(6) Bekanntmachung. Durch Urkunde vom heutigen Tage ist das Braunkohlen-Bergwerk „Romet" bei Bärwalde, im Kreise Königsberg i. d. N., Bergrevier Cüstrin, mit 1 Fundgrube und 1199 Maaßen 191,₂ Quadter gevierten Feldes an den Grubenbesitzer Herrn Eisenmann zu Berlin verliehen worden.
Halle, den 26. Januar 1864.   Königliches Ober-Berg-Amt.

(7) Königliche Niederschlesisch-Märkische Eisenbahn. Vom 12. d. Mts. ab werden die tarifmäßigen Lieferfristen für Frachtgüter wieder in volle Wirksamkeit treten.
Berlin, den 10. Februar 1864.   Königliche Direktion der Niederschlesisch-Märkischen Eisenbahn.

(8) Bekanntmachung. Die zu Gunsten der ausgerückten Preußischen Truppentheile gesammelten nicht postzwangspflichtigen Beitrags-Gegenstände, welche an Königliche Militair- oder Civil-Behörden und an Communal-Behörden gerichtet sind, oder von diesen abgesendet werden und mit der Bezeichnung im Frachtbriefe: „für ausgerückte Preußische Truppen" aufgegeben sind, werden auf den Ostbahn kostenfrei befördert.
Bromberg, den 15. Februar 1864.   Königliche Direktion der Ostbahn.

(9) Bekanntmachung. Zu Fürstenwalde wird am 10. Februar cr. eine Telegraphen-Station mit beschränktem Tagesdienste (cfr. §. 4 des Reglements für den Deutsch-Oesterreichischen Telegraphen-Verein) eröffnet werden.   Berlin, den 5. Februar 1864.   Königliche Telegraphen-Direktion.

(10) Die von den Ständen des Königsberger Kreises beschlossene, in der nachfolgenden Nachweisung näher bezeichnete anderweite Eintheilung des Kreises in Feuer-Polizei-Bezirke unter gegenseitiger Vertretung der zu einem Hauptbezirke gehörigen Commissarien wird hierdurch genehmigt, und werden die erfolgten Neuwahlen zu Feuer-Polizei-Commissarien und zwar:
1) des Kammergerichts-Assessors Rittergutsbesitzers v. Gerlach auf Rehbeck und
2) des Guts-Administrators Bolkt in Pätzig für den neugebildeten 15. Bezirk, sowie
3) des Guts-Administrators Pflugrenter in Hohen-Lübbichow an Stelle des aus dem Kreise verzogenen Rittergutsbesitzers Strecker für den 2. Bezirk hiermit bestätigt.

Nachweisung
der Feuer-Polizei-Bezirke des Königsberger Kreises.

	Stand, Name und Wohnort des Feuer-Polizei-Commissarius.	Namen der zum Bezirk gehörenden Ortschaften.
1a.	Rittergutsbesitzer von Neumann auf Hanseberg	Hanseberg, Reichenfelde, Nahausen, Niederkränig, Hohenkränig, Nieder-Saathen, Grabow, Rehdorf.
b.	Oberförster Fromm in Pätzig	Pätzig, Raduhn.
2a.	Administrator Pfützenreuter in Hohen-Lübbichow	Hohen- und Nieder-Lübbichow, Bellinchen, Schawin, Zachow.
b.	Schulze Zunke in Wrechow	Wrechow, Altenkirchen, Groß- und Klein-Mantel.
3a.	Lehnschulze Ehlert in Nieder-Wutzow	Nieder-Wutzow, Grüneberg, Carlstein, Alt-Cüstrinchen, Alt-Rüdnitz.
b.	Oberamtmann Krahmer in Kl.-Wubiser	Kl.-Wubiser, Gr.-Wubiser, Klemzow, Dürren-Selchow.
4a.	Domainen-Beamte Steinlein in Neuenhagen	Neuenhagen, Herrenwiese, Brahlitz, Neu-Tornow, Gabow, Schiffmühle.
b.	Schulze Hübner in Alt-Glietzen	Alt-Glietzen, Neu-Glietzen, Hohen-Wutzow.
5a.	Gutsbesitzer Gain zu Friedrichshof	Friedrichshof, Neu-Rüdnitz, Bienenwerder, Ferdinantshof, Zäckerick auf dem Unken Oberufer.
b.	Amtmann Eick in Abl-Reetz	Abl-Reetz, Alt-Reetz, Königs-Reetz, Neu-Cüstrinchen, Neu-Ranft, Croustiller.
6a.	Gutsbesitzer Johannes in Carlshof	Carlshof, Carlsbiese, Güstebiese (Loose), Neu-Lietzegöricke, Neu- und Alt-Wustrow.
b.	Oberförster Göhren in Alt-Lietzegöricke	Güstebiese, Alt-Lietzegöricke, Zäckerick auf dem rechten Oberufer, Müggenburg.
7a.	Gutsbesitzer Golz in Voigtsdorf	Voigtsdorf, Clossow, Schönfeld, einschließlich Schulzendorf, Stölpchen, Trossin.
b.	Mühlenbesitzer Oesterling zu Zellin	Zellin, Alt- und Neu-Blessin.
8a.	Lehnschulze Borchart in Clewitz	Clewitz, Neumühl, Hälse, Feltchen, Vorw. Carlshof, Schönfelder und Trossiner Parnekel, Falkenwalder Parnekel.
b.	Ehemaliger Schulze Müller in Schaumburg	Schaumburg, Calenzig, Alt-Drewitz.
9a.	Schulze Hamann in Kietz	Alt- und Neu-Bleyen, Neu-Drewitz, Kietz, Neu-Schaumburg.
b.	Kaufmann Tizmer in Kietz	
10a.	Domainen-Pächter Wächter in Wittersdorf	Wittersdorf, Zicher, Dorf und Vorwerk Batzlow.
b.	Schulze Reichert in Zorndorf	Zorndorf, Kutzdorf, Quartschen, Kutzdorfer Eisenhammer, Lagards-Mühlen.
11a.	Lehnschulze Knispel in Damm	Damm, Vorwerk Neudamm, Kerstenbrügge u. Loosung.
b.	Schulze Collberg in Rabern	Rabern, Wittstock, Darmletzel, Vorwerk Fürstenfelde.
12a.	Rittergutsbesitzer v. Eydow in Bärfelde	Bärfelde, Grünrade, Sellin, Friedrichshof, Vorwerk Hammelstall.
b.	Rittergutsbesitzer Krahmer in Belgen	Belgen, Gossow, Sellin, Falkenwalde incl. Gräsendorf,

(11) **Bekanntmachung.** Außer den in der Bekanntmachung vom 1. d. M. bezeichneten Orten, ist noch das Dorf Heinrichsfelde, ¼ Meile von Spremberg und ⅜ Meilen von der Posthalterstelle in Sorno, als Haltepunkt zur Einschreibung und Aufnahme von Personen in die leeren Plätze des Hauptwagens oder der Beichaisen bestimmt worden. Die Aufnahme der Reisenden erfolgt vor dem Kruge.

Frankfurt a. d. O., den 6. Februar 1864.   Der Ober-Post-Direktor. gez. **Hoppe.**

(12) Nachweisung der im Kreise Züllichau-Schwiebus im Jahre 1864 etablirten Privat-Beschäl-Stationen.

Laufende No.	Ort der Beschäl-Station.	Stationsherr.	Rationale des Privat-Beschälers.	Festge- setztes Deckgeld. Thlr.	Bemer- kungen.
1	Kay	Dominium	Schimmel, Salabin, 5' 4" groß, 15 Jahr alt,	1	
2	do.	do.	braun, Manfried, 5' 2" groß, 13 Jahr alt,	1	
3	Steinbach	do.	Schimmel, Prussian, 5' 2" groß, 14 Jahr alt,	2	
4	do.	do.	Falbe, Moos, 5' 5" groß, 9 Jahr alt,	2	
5	do.	do.	Fuchs, Salief, 5' 5" groß, 6 Jahr alt,	2	
6	do.	do.	Schimmel, Tancret, 5' 5" groß, 6 Jahr alt,	2	
7	Wallmersdorf	do.	braun, Schon, 5' 5" groß, über 10 Jahr alt,	2	
8	Langmeil	do.	braun, Paladan, 5' 7" groß, 9 Jahr,	2½	

Züllichau, den 10. Februar 1864.   Der Königliche Landrath Graf **Golz.**

(13) **Waldau**, Königl. Preuß. landwirthschaftliche Akademie bei Königsberg i. P.

Das Sommer-Semester beginnt am 11. April. Vorlesungen an der Akademie: Schafzucht, specieller Pflanzenbau, Wiesenbau: Direktor, Oekonomie-Rath Wagener. — Bodenkunde und Güterttaration, Geräthe- kunde: Administrator Freiherr Dr. v. d. Golz. — Landwirthschaftliche Fütterungslehre, Düngerlehre I. Theil: Dr. Helten privatim. — Schweinezucht, Handelsgewächsbau: Versuchsfeld-Dirigent Pietrusky. — Ge- müsebau: Institutsgärtner Strauß. — Krankheiten der Hausthiere, Pferdekenntniß, Gesundheitspflege der landwirthschaftlichen Hausthiere: Thierarzt Neumann. — Krankheiten der landwirthschaftlichen Kultur- gewächse, land- und forstwirthschaftliche Insektenkunde, systematische Botanik mit besonderer Berücksichtigung der norddeutschen Flora und der Kulturgewächse: Professor Dr. Koernicke. — Organische Chemie, Physik I. Theil und Meteorologie, landwirthschaftlich-technische Gewerbe: Professor Dr. Ritthausen. — Waldbau und Forstschutz: Oberförster Gebauer. — Praktische Uebungen und Erläuterungen: Landwirthschaftliche Demonstrationen und Excursionen: Administrator Freiherr Dr. v. d. Golz. — Demonstrationen auf den Versuchsfeldern: Versuchsfeld-Dirigent Pietrusky. — Botanische Excursionen: Professor Dr. Koernicke. — Forstwirthschaftliche Excursionen: Oberförster Gebauer. — Uebungen im chemischen Laboratorium: Professor Dr. Ritthausen. — Mikroskopische Uebungen im physiologischen Laboratorium: Professor Dr. Koernicke. — Anleitung zum Planzeichnen, Uebungen im Feldmessen und Nivelliren: Baumeister Kingel. — Demonstra- tionen im Obstbau: Institutsgärtner Strauß.

Ueber die Verhältnisse der Akademie und deren Hülfsmittel enthält der Menzel-v. Lengerke'sche land- wirthschaftliche Kalender nähere Nachrichten; auch ist der unterzeichnete Direktor gern bereit, darüber auf Anfragen weitere Auskunft zu ertheilen.

Waldau, im Februar 1864.   Der Direktor, Königliche Oekonomie-Rath L. **Wagner.**

Amts-Blatt
der Königl. Preuß. Regierung zu Frankfurt a. O.

№ 8.   Frankfurt a. d. O., den 24. Februar.   **1864.**

Gesetz-Sammlung für die Königlichen Preußischen Staaten pro 1864.

1. enthält: (No. 5804.) Allerhöchster Erlaß vom 7. Dezember 1863, betreffend die Genehmigung zu der von der Gewerkschaft der Steinkohlenzeche „Vereinigte Rosenblumendelle" beabsichtigten Anlage einer für Lokomotivbetrieb einzurichtenden Eisenbahn. — (No. 5805.) Bekanntmachung, einige Abänderungen des Statuts der Lebensversicherungs-Aktiengesellschaft „Germania" zu Stettin vom 26. Januar 1857 betreffend. Vom 19. Dezember 1863. — (No. 5806.) Statut des Meliorationsverbandes für das Rhebathal oberhalb Worle im Kreise Neustadt in Westpreußen. Vom 11. Januar 1864.

2. enthält: (No. 5807.) Allerhöchster Erlaß vom 28. Dezember 1863, betreffend die Genehmigung des demselben anliegenden Tarifs, nach welchem das Ufergeld in der Stadt Tilsit zu entrichten ist. — (No. 5808.) Allerhöchster Erlaß vom 28. Dezember 1863, betreffend die Verleihung der fiskalischen Vorrechte an die Stadt Dt. Eylau und den Kreis Löbau für die von denselben zu erbauenden Chausseen: 1) von Dt. Eylau, im Kreise Rosenberg, bis zur Löbauer Kreisgrenze bei Robzonne, 2) von Löbau bis zur Strasburger Kreisgrenze in der Richtung auf Lautenburg. — (No. 5809.) Privilegium wegen Ausfertigung auf den Inhaber lautender Kreis-Obligationen des Kreises Löbau im Betrage von 30500 Thalern, II. Emission. Vom 28. Dezember 1863. — (No. 5810.) Allerhöchster Erlaß vom 22. Dezember 1863, betreffend die Ertheilung des fünfjährigen Preises an das beste Werk über deutsche Geschichte. — (No. 5811.) Allerhöchster Erlaß vom 11. Januar 1864, betreffend die Verleihung der fiskalischen Vorrechte für den Bau und die Unterhaltung einer Chaussee von der Stadt Biesenthal nach dem Bahnhofe der Berlin-Stettiner Eisenbahn bei Biesenthal. — (No. 5812.) Allerhöchster Erlaß vom 11. Januar 1864, betreffend die Verleihung der fiskalischen Vorrechte an den Kreis Pleschen für den Bau und die Unterhaltung der Kreis-Chaussee von Neustadt über Chocicza und Bogusyn bis zur Kreisgrenze in der Richtung auf Zione. — (No. 5813.) Bekanntmachung, betreffend die Allerhöchste Genehmigung der Abänderungen des Statuts der Aktiengesellschaft der Aachener Spiegel-Manufaktur zu Aachen. Vom 1. Februar 1864. — (No. 5814.) Allerhöchster Erlaß vom 4. Februar 1864, betreffend die in Gemäßheit des Gesetzes vom 24. September 1862 zum Bau einer Eisenbahn von Kohlfurt und Görlitz über Lauban, Greiffenberg und Hirschberg nach Walbenburg, sowie einer direkten Eisenbahn von Cüstrin nach Berlin aufzunehmende Staatsanleihe von siebenzehn Millionen Thaler.

Bekanntmachung. Die diesjährige ordentliche General-Versammlung der Meistbetheiligten der ..ischen Bank wird auf Mittwoch den 23. März d. J., Nachmittags 5½ Uhr, hierdurch ein... ..., um für das Jahr 1863 den Verwaltungs-Bericht und den Jahres-Abschluß nebst der Nachricht ... die Dividende zu empfangen und die für den Central-Ausschuß nöthigen Wahlen vorzunehmen. (Bank... vom 5. Oktober 1846. §§. 62. 65. 67. 68. 97. und Gesetz-Sammlung 1857. Seite 240.) Die ...mlung findet im hiesigen Bankgebäude statt. Die Meistbetheiligten werden zu derselben durch besondere Post zu übergebende Anschreiben eingeladen.

Berlin, den 14. Februar 1864.   Der Minister für Handel, Gewerbe u. öffentliche Arbeiten.
                                          Chef der Preußischen Bank Graf von Itzenplitz.

Bekanntmachungen des Königlichen Ober-Präsidiums der Provinz Brandenburg.

Unter Bezugnahme auf meine Bekanntmachung vom 21. Mai 1860 bringe ich hierdurch zur öffentlichen ..., daß der Landrath Scharnweber zu Berlin in der Sitzung des 36sten Communal-Landtags der

Kurmark vom 4. Dezember v. J. zum vorsitzenden Direktor der Ständischen Landarmen-Direktion für die Kurmark auf die Periode vom 1. Juli 1864 bis dahin 1870 wiedergewählt worden ist und daß diese Wahl mittels Allerhöchster Ordre vom 20. v. M. die landesherrliche Bestätigung erhalten hat.
 Potsdam, den 15. Februar 1864.
  Der Ober-Präsident der Provinz Brandenburg; Wirklicher Geheimer Rath (gez.) von Jagow.

Verordnungen und Bekanntmachungen der Königlichen Regierung zu Frankfurt a. d. O.

 I. Die No. 1. der angeblich in Berlin erscheinenden Wochenschrift „der Volksgarten" ist wegen Verletzung der §§. 7. und 24. des Preßgesetzes vom 12. Mai 1851 mit Beschlag belegt und diese Beschlagnahme durch Beschluß der Rathskammer des Königlichen Stadtgerichts zu Berlin vom 9. Januar cr. bestätigt worden. Solches wird hiermit unter Bezugnahme auf §. 43. I. c. zur öffentlichen Kenntniß gebracht.
 Frankfurt a. d. O., den 12. Februar 1864.

 II. Nachdem die unter der Firma „Royal" in Liverpool domicilirte Feuer- und Lebens-Versicherungs-Gesellschaft die Genehmigung zum Geschäftsbetriebe in den diesseitigen Staaten erhalten, werden die bezüglichen Concession vom 24. Dezember v. J. und die Statuten der Gesellschaft in der diesem Stücke des Amtsblatts angeschlossenen Beilage zur öffentlichen Kenntniß gebracht.
 Frankfurt a. d. O., den 17. Februar 1864.

 III. „Albert," Lebensversicherungs-Gesellschaft in London, Waterloo, Place, Pall Mall, Hauptbüreau für Deutschland, Berlin, Jägerstr. 61a.
 Unter Abänderung der §§. 82. und 83. des Statuts obiger Gesellschaft, die Berechnung des Gewinns und dessen Vertheilung betreffend, ist in der General-Versammlung der Eigenthümer am 24. Dezember 1862 und in der General-Versammlung der Actionaire am 20. Januar d. J. wie folgt, beschlossen worden: daß es den Directoren gesetzlich zustehen soll, von Zeit zu Zeit die ganzen oder, wie sie es für gerathen halten, einen solchen Theil der ⅘, betreffs welcher im §. 82. die Bestimmung enthalten ist, daß sie der Gesammtsumme nicht appropriirt werden, bezüglich welcher in demselben Paragraphen wiederum bestimmt worden, daß sie von Zeit zu Zeit in der darin erwähnten Weise aus dem Gewinn des Ersten Versicherungs-Fonds entnommen werden, verwenden sollen zu den Zwecken und in der Weise, in welcher gegenwärtig ⅕ Theil, der laut §. 82. solcher Gesammtsumme appropriirt wird, verwendet wird, durch dieselben Paragraphen, wie dieselben verändert und modificirt worden in der vorher hierin erwähnten Resolutionen. Und wird hiermit ferner beschlossen, daß es den Directoren gesetzlich zustehen soll, die ganzen, oder wie sie es nach ihrem Ermessen für gerathen erachten, einen Theil der ⅘ durch §. 83. der gedachten Gründungs-Urkunde dazu bestimmt, unapproprirt zu bleiben, der Gesammtsumme, welche auf Grund desselben Paragraphen bestimmt ist, von Zeit zu Zeit in der in demselben bezeichneten Weise gebildet zu werden, aus dem Gewinn, der aus dem zweiten Versicherungs-Fonds zu entnehmen ist und angewendet werden soll zu dem Zwecke und in der Weise, in welcher der ⅕ Theil der laut §. 83. solcher Gesammtsumme appropriirt ist, gegenwärtig laut desselben Paragraphen verwendet wird, wie solcher durch die hierin vorher erwähnten Resolutionen abgeändert und modificirt worden.
 Ferner ist unter Abänderung der §§. 81. und 91. des Statuts, die Vereinigung der beiden Versicherungs-Fonds betreffend, in der General-Versammlung der Eigenthümer am 20. Januar d. J. und in der General-Versammlung der Actionaire am 10. Februar d. J. beschlossen worden:
 Erstens: daß der besagte Erste und Zweite Versicherungs-Fonds vereinigt werden und einen Fonds bilden sollen unter der Bezeichnung „der Versicherungsfonds."
 Zweitens: daß so viele und solche Theile des §. 81. der gedachten Gründungs-Urkunde, die sich auf die Führung getrennter und besonderer Rechnungen des Ersten und Zweiten Versicherungs-Fonds beziehen, desgleichen auf die Einnahmen und Ausgaben, die von Zeit zu Zeit aus demselben gemacht werden, ferner auf die Bildung dieser Fonds, sowie auf die gesammten §§. 82. und 83. der gedachten Gründungs-Urkunde, oder auf solche Theile derselben, welche noch nicht aufgehoben worden, durch die hierin vorher angeführten Resolutionen vom 13. Oktober 1857, die sich ferner beziehen auf die ganzen §§. 91. 92. 93. und 88. der gedachten Gründungs-Urkunde hiermit aufgehoben werden, und daß die verschiedenen hierin vorher angeführten Resolutionen vom 29. Dezember 1846 und 24. Dezember 1862 hiermit annullirt werden.
 Drittens: daß alle Prämien und andere Gelder, welche eingegangen sind seit dem 31. Dezember 1861, und eingenommen werden für mit der Gesellschaft abgeschlossene Versicherungen, gleichviel ob

durch dieselben der Versicherte berechtigt ist zur Theilnahme am Gewinn oder nicht, (ausgenommen Versicherungen in der Civil-Service-Klasse), desgleichen alle Prämien und andere Gelder, welche eingegangen sind seit dem 31. Dezember 1861 und empfangen werden für Dotationen, für Wittwen und Kinder, oder andere Personen (ausgenommen Dotationen für Wittwen und Kinder in der Civil-Service-Klasse desgleichen alle Summen, die eingenommen worden seit dem 31. Dezember 1861 und eingenommen werden für den Verkauf von Leibrenten (ausgenommen für Leibrenten in der Civil-Service-Klasse) und Geldstrafen und andere Gelder, die gezahlt worden seit dem 31. Dezember 1861 und gezahlt werden wegen Nichterscheinens mit Bezug auf Policen mit oder ohne Gewinnantheil (ausgenommen Policen in der Civil-Service-Klasse von Zeit zu Zeit an den genannten Versicherungsfonds abgeführt werden sollen.

Viertens: daß innerhalb von 6 Kalender-Monaten vom 1. Januar 1865 die Directoren einen Bericht anfertigen sollen von dem Betrage des Gewinns, welcher, nachdem derselbe bis zum 31. Dezember 1864 durch Ansammlung oder auf andere Weise dem gedachten Fonds zugeführt worden, nach der Ansicht der Directoren, einem solchen Fonds entnommen werden kann, ohne Benachtheiligung der dann existenten oder zukünftigen Forderungen und Ansprüche an denselben, und sollen die Directoren diesen Betrag in 5 Theile theilen und einen Theil dem Fonds der Eigenthümer überweisen und die verbleibenden 4 Theile unter die Inhaber von Policen mit Gewinnantheil vertheilen (ausgenommen die Inhaber von Policen, welche mit der Gesellschaft von dem Civil-Service und auf Gewinnantheil am eigenen Fonds lautend, abgeschlossen werden) in dem Verhältniß, in welchem der Betrag steht, der bis zum 31. Dezember 1864 von einem jeden solchen Policen-Inhaber gezahlten Prämien zum Gesammtbetrage der 4/5 und soll der einen jeden Policen-Inhaber zugetheilte Antheil, wenn zur Zeit des Abschlusses der Versicherung, auf Grund deren er oder sie Police-Inhaber geworden, er oder sie nicht seine oder ihre Meinung zum Gegentheil kundgiebt, in dem Fonds verbleiben und soll der revesionaire Werth desselben der Police zugeschrieben werden, je nach dem Alter der Parthei, oder wenn er oder sie zur Zeit des Abschlusses einer solchen Versicherung seinen oder ihren Willen dahin zu erkennen giebt, den Gewinnantheil augenblicklich in baar gezahlt zu erhalten, der ihm oder ihr von Zeit zu Zeit zugetheilt wird, so soll derselbe gezahlt, oder eine dem Betrage entsprechende Reduction der künftigen für die Police zu zahlenden Prämien vorgenommen werden, wie der Fall nun sein mag. Und daß innerhalb von 6 Kalender-Monaten nach dem ersten Tage des Januars 1868 und dem ersten Tage des Januars eines jeden folgenden dritten Jahres, die Directoren dieselbe Operation bezüglich des während der dann folgenden 3 Jahre erwachsenen Gewinns wiederholen sollen.

Fünftens: daß die verschiedenen nothwendig zu machenden Berechnungen, sowohl zum Zweck der Feststellung des Gewinnbetrages, der dem gedachten Versicherungs-Fonds erwachsen ist, als wie zum Zweck der Vertheilung und Verwendung dieses Gewinns, oder eines Theiles desselben, nachdem dieselben mit Bezug auf die hierin vorher enthaltenen Zwecke festgestellt, aufgestellt werden sollen durch den zeitigen Actuar der Gesellschaft, oder durch irgend eine von dem Directorium zu diesem Zwecke zu ernennende Person, und sollen alle derartigen Berechnungen oder deren Resultat, nachdem dieselbe von dem Actuar oder solchen andern Personen unterzeichnet und von dem Directorium für richtig befunden worden, als correct und richtig erachtet werden, und sollen trotz dem, daß vielleicht später ein Irrthum entdeckt wird, rechtsverbindlich für die Versicherten und alle diejenigen Personen sein, die irgend ein Interesse an diesem Fonds haben.

Sechstens: daß alle Kosten, Lasten und Ausgaben der Gesellschaft, mit Ausnahme eines solchen Theils derselben, welche aus dem Civil-Service, Lebensversicherungs- und Leibrenten-Fonds getragen werden sollen und zu zahlen sind, aus dem besagten Versicherungsfonds geleistet und von demselben in Abzug gebracht werden sollen, noch ehe eine Theilung vorgenommen wird.

Siebentens und Letztens: daß der besagte Versicherungs-Fonds in erster und der Eigenthümer-Fonds in zweiter Reihe haftbar sein sollen für Zahlung von Versicherungen, auf Grund deren der Versicherte am Gewinn berechtigt ist, und für Versicherungen ohne Berechtigung auf Gewinnantheil, desgleichen für Dotationen und Leibrenten für Wittwen und Kinder, welche die Gesellschaft gewährt, und soll der Fonds der Eigenthümer nicht eher angegriffen werden für irgend derartige Zwecke, bis der Versicherungs-Fonds gänzlich erschöpft ist.

Vorstehender Nachtrag zu den Statuten der Lebensversicherungs-Gesellschaft Albert zu London, der unterm 19. November v. Js. die diesseitige staatliche Genehmigung erhalten hat, wird hierdurch zur öffentlichen Kenntniß gebracht. Frankfurt a. d. O., den 13. Februar 1864.

IV. Von dem Herrn Finanz-Minister sind unterm 7. Februar d. J. neue allgemeine Bestimmungen über die Ausbildung und Prüfung für den Königlichen Forst-Verwaltungsdienst erlassen worden, welche bei jedem Königlichen Oberförster eingesehen werden können. Indem wir alle Forst-Eleven, Forst-Kandidaten und Oberförster-Kandidaten auf jene allgemeinen Bestimmungen hinweisen, setzen wir diejenigen, welche die Laufbahn für den Königlichen Forst-Verwaltungs- (Oberförster-) Dienst zu ergreifen beabsichtigen, resp. deren Eltern, Vormünder ꝛc. hierdurch noch besonders davon in Kenntniß, daß vom Beginn des Jahres 1865 ab für die Zulassung zu jener Laufbahn und demgemäß auch für die Meldungen zum Eintritt in das reitende Feldjäger-Corps die Beibringung entweder des Zeugnisses der Reife zur Universität von einem Preußischen Gymnasium oder das Abgangs-Zeugniß der Reife von einer Preußischen Realschule erster Ordnung unerläßliche Bedingung ist, die Reife-Zeugnisse von Realschulen zweiter Ordnung also nicht mehr genügen. Frankfurt a. d. O., den 16. Februar 1864.

Mit Bezugnahme auf unsere Bekanntmachung vom 1. Januar d. J. — Amtsblatt der hiesigen Königl. Regierung No. 1 Seite 6 — veröffentlichen wir hierdurch, daß die Prüfung der sich zum einjährigen Militairdienst gemeldeten Jünglinge nicht am 31. März d. J., sondern schon am 3. desselben Monats stattfinden wird, an welchem Tage früh 8 Uhr sich die Betheiligten ohne vorherige besondere Aufforderung im hiesigen Regierungsgebäude einzufinden haben.

Frankfurt a. d. O., den 17. Februar 1864.
Königl. Departements-Commission zur Prüfung der Freiwilligen für den einjährigen Militairdienst.
v. Greiffenberg.   Frhr. v. Thermo.

Personal-Chronik.

Der Predigtamts-Candidat Ernst Christian Carl Fricke ist zum evangelischen Pfarrer der Parochie Drahnsdorf — Diöces Luckau — bestellt worden.

Der Schulamts-Candidat Dr. Hermann Oswald Buchholz ist als ordentlicher Lehrer an dem Gymnasium zu Cottbus angestellt worden.

Es wird hierdurch zur öffentlichen Kenntniß gebracht, daß der Banquier Moritz Laro zu Berlin von der Kaiserlich Oesterreichischen Regierung zum Consul in Berlin ernannt und demselben das diesseitige Exequatur dazu bewilligt worden ist.

Im Kreise Friedeberg sind für folgende ländliche Bezirke die dabei genannten Schiedsmänner gewählt und bestätigt worden:

für den Bezirk 1, der Rittergutsbesitzer von Langenn-Steinkeller auf Wildenow; für den Bezirk 2, der Rittergutsbesitzer Major a. D. von Knobelsdorf-Brenkenhof auf Mansfelde; für den Bezirk 3, der Schulze Draeger zu Mückeburg; für den Bezirk 4, der Eigenthümer Daniel Breitenfeld zu Altgurkowschbruch; für den Bezirk 5, der Schulze Wehpke zu Friedeberaschbruch; für den Bezirk 6, der Schmiedemeister Zietz zu Breitenwerder; für den Bezirk 8, der Leibgedinger Fritz Selbker zu Guschterholländer; für den Bezirk 9, der Eigenthümer Wilhelm Gaede zu Marienthal; für den Bezirk 10, der Eigenthümer Banselow zu Vordamm; für den Bezirk 11, der Schulze Thomas zu Schlanow; für den Bezirk 12, der Kammerjunker von Brandt zu Hermsdorf.

Vermischte Nachrichten.

(1) Patent-Ertheilung. 1. Dem Kaufmann J. H. F. Prillwitz in Berlin ist unter dem 30. Januar 1864 ein Patent

auf eine durch Zeichnung und Beschreibung nachgewiesene mechanische Vorrichtung bei Bildung der Garnköpfe an selbstthätigen Feinspinnmaschinen, ohne Jemand in der Benutzung bekannter Theile zu beschränken,

auf fünf Jahre, von jenem Tage an gerechnet, und für den Umfang des preußischen Staats ertheilt worden.

2. Dem Kaufmann Herrn J. H. F. Prillwitz in Berlin ist unter dem 31. Januar 1864 ein Patent
auf eine mechanische Vorrichtung zum Poliren oder Schleifen von Fellen und ähnlich geformten Gegenständen in der durch Zeichnung und Beschreibung nachgewiesenen Zusammensetzung und ohne Jemand in der Benutzung bekannter Theile zu beschränken,

auf fünf Jahre, von jenem Tage an gerechnet, und für den Umfang des preußischen Staats ertheilt worden.

— 57 —

1. Dem Schmiede- und Schlossermeister Mathias Schön zu Malstadt bei Saarbrücken ist unter dem 3. Februar 1864 ein Patent
auf eine durch Zeichnung und Beschreibung erläuterte mechanische Vorrichtung zum Biegen und Falzen von Blechen zu Ofenröhren, ohne Andere in der Benutzung bekannter Theile zu beschränken, auf fünf Jahre, von jenem Tage an gerechnet, und für den Umfang des preußischen Staats ertheilt worden.
Frankfurt a. d. O., den 17. Februar 1864. Königliche Regierung; Abtheilung des Innern.

(2) Die Küster- und Schullehrerstelle zu Münchhausen, in der Ephorie Dobrilugk, Königlichen Patronats, ist durch den Tod ihres bisherigen Inhabers erledigt und soll zum 1. April cr. besetzt werden.
Frankfurt a. d. O., den 15. Februar 1864. Königl. Regierung; Abtheilung für Kirchen- und Schulwesen.

(3) Die Cantor- und vierte Lehrerstelle in Seelow, zur Diöcese Frankfurt II. gehörig, Privat-Patronats, ist durch die Versetzung ihres zeitherigen Inhabers erledigt worden.
Frankfurt a. b. O., den 15. Februar 1864. Königl. Regierung; Abtheilung für Kirchen- und Schulwesen.

(4) In den zwischen Berlin und Eydtkuhnen coursirenden Salon-Wagen der Ostbahn-Courierzüge können mittelst Entfernung der Zwischen-Lehnen entsprechend auszustattende Schlafplätze hergerichtet werden, sofern die nöthigen unbesetzten Plätze dazu vorhanden.
Behufs Benutzung dieser Schlafvorrichtungen ist zu dem Fahrbillet I. Klasse für die betreffende Strecke ein s. g. Schlafbillet zum tarifmäßigen Preise derselben Klasse hinzuzulösen.
Der Verkauf der Schlafbillets erfolgt auf den Stationen: Berlin, Frankfurt a. O., Landsberg a. W., Kreuz, Schneidemühl, Bromberg, Warlubien (hier nur bei Zug II.), Czerwinsk (hier nur bei Zug I.), Dirschau, Elbing, Braunsberg, Königsberg, Insterburg und Eydtkuhnen, nach allen Halte-Stationen der Courierzüge vom Ersten März d. J. ab bis auf Weiteres.
Bromberg und Berlin, im Februar 1864.
Königliche Direktion der Ostbahn. Königliche Direktion der Niederschlesisch-Märkischen Eisenbahn.

(5) Bekanntmachung. Unter Bezugnahme auf unsere Bekanntmachung vom 27. Dezember 1862, laut welcher an Stelle des aus dem Staatsdienste ausgeschiedenen Ober-Hütten-Inspectors Sieber, die Direction des Königlichen Hütten-Amts zu Kupferhammer dem Neustadt E.-W. interimistisch dem Königl. Hütten-Inspector Förster zu Eisenspalterei daselbst übertragen war, bringen wir hiermit zur öffentlichen Kenntniß, daß höherer Bestimmung zufolge das Königliche Hüttenamt zu Kupferhammer nunmehr aufgehoben und die Leitung des Werks dem Königlichen Hüttenamt zu Eisenspalterei definitiv übertragen ist, weßhalb von jetzt ab alle den Kupferhammer betreffenden Eingaben und sonstigen Schriftstücke an das letztgenannte Hütten-Amt zu richten sind. Eine Veränderung in der bisherigen Kassen-Verwaltung ist hiermit nur insoweit verbunden, als die Quittungsleistung nicht mehr unter der Firma des Königlichen Hüttenamts zu Kupferhammer, sondern für beide Werke überall durch das Hütten-Betriebs-Kasse zu Eisenspalterei erfolgt, wogegen namentlich die Beamten dieselben bleiben, und auch die Receptur für kleinere Zahlungen auf Kupferhammer fortbesteht. Halle, den 8. Februar 1864. Königliches Ober-Berg-Amt.

(6) Bekanntmachung. Durch Urkunde vom heutigen Tage ist das Braunkohlen-Bergwerk Kell bei Trepplin im Kreise Lebus Bergrevier Cüstrin mit 1 Fundgrube und 1200 Maaßen gevierten Feldes an den Kaufmann Carl Caplick zu Frankfurt a. d. O. verliehen worden.
Halle, den 11. Februar 1864. Königl. Ober-Berg-Amt.

(7) Bekanntmachung. Durch Urkunde vom heutigen Tage ist das Braunkohlen-Bergwerk „Ruth" bei Elisstow, im Kreise Lebus, Bergrevier Cüstrin, mit 1 Fundgrube und 900 Maaßen und 48 Oelachter gevierten Feldes an den Stadtrath Bruno Graeser zu Frankfurt a. d. O. verliehen worden.
Halle, den 11. Februar 1864. Königliches Ober-Berg-Amt.

(8) Bekanntmachung. Vom 16. d. M. coursirt zwischen Forst und Zesnitz eine dritte tägliche Personenpost, welche aus Zesnitz um 8 Uhr Vormittags, aus Forst um 5 Uhr 45 Minuten Nachmittags zum Anschlusse an den Lokal-Personenzug von und nach Frankfurt abgelassen wird.
Frankfurt a. d. O., den 16. Februar 1864. Der Ober-Post-Director. gez. Hoppe.

(9) Bekanntmachung. Die Eröffnung des Communallandtages des Markgrafthums Niederlausitz ist auf den 3. April d. Js. festgesetzt worden, was wir hierdurch mit dem Bemerken zur öffentlichen Kenntniß bringen, daß die an denselben etwa zu richtenden Anträge wenigstens 14 Tage vorher bei der Landes-Expedition dieselbst eingereicht werden müssen.
Lübben, den 15. Februar 1864. Landes-Deputation des Markgrafthums Niederlausitz.

(10) Feuerkassenbeiträgeausschreiben der Land-Feuer-Societät der Neumark pro II. Semester 1863.

Im zweiten Halbjahr 1863 sind im Bereich der Land-Feuer-Societät der Neumark 42 Brände vorgekommen und zwar: in dem Kreise Soldin 2, Königsberg 5, Landsberg 3, Friedeberg 2, Arnswalde 1, Dramburg 1, Sternberg 6, Crossen 7, Züllichau-Schwiebus 7, Cottbus 8; sind 42.

Der Schivelbeiner Kreis ist von Bränden verschont geblieben.

Zwei dieser Brände sind durch Blitzschlag, vier durch Spiel kleiner Kinder mit Zündhölzern entstanden. In einem Falle ist die gerichtliche Untersuchung gegen den muthmaßlichen Brandstifter eingeleitet, jedoch noch nicht beendigt. Die Entstehungsart der übrigen Brände ist, obwohl mehrfach Prämien auf Entdeckung der Brandstifter ausgesetzt sind, bisher nicht ermittelt.

Es sind theils gänzlich eingeäschert, theils beschädigt worden:

Klasse	Wohn- häuser	Scheunen	Ställe	Neben- gebäude	Fabrik- gebäude	Einzelstehende Scheunen	Betrag der Entschädigung Thlr.	Sgr.	Pf.
I.	8	—	4	1	—	—	2,071	21	3
II.	8	5	9	2	2	—	4,444	—	1
III. A.	—	—	—	—	—	—	—	—	—
III. B.	111	65	84	8	—	2	50,700	—	3
IV.	—	2	1	—	—	—	550	—	—
Summa	127	72	98	11	2	2	57,765	21	7

57,765 Thlr. 21 Sgr. 7 Pf.

Die Nebenkosten betragen:
1) Prämien für Spritzen und Wasserwagen . . . 1,024 Thlr. — Sgr. — Pf.
2) Prämien für persönliche Thätigkeit . . . 11 „ — „ — „
3) Entschädigung für unversicherte Gegenstände 137 „ — „ — „
4) Abschätzungskosten bei Partialschäden . . 35 „ 10 „ — „
5) 30 Procent Bonification für eine neue Spritze 60 „ — „ — „
6) Meilengelder bei Abschätzung der Brand- schäden . . . . 105 „ 22 „ 6 „

1,373 „ 2 „ 6 „

Die Verwaltungskosten bestehen in:
a) Besoldungen . . . . 1,465 Thlr. — Sgr. — Pf.
b) Büreaubedürfnisse der General-Kasse . 1 „ — „ — „
c) Reisekosten . . . . 34 „ — „ — „
d) Druckkosten und Buchbinderlohn . . . 138 „ 17 „ 6 „
e) Portokosten und Mandatariengebühren . 11 „ 15 „ — „
f) Correvisionskosten . . . . 63 „ 2 „ 6 „
g) Zinsen von aufgenommenen Bankdarlehnen 2 „ 11 „ 6 „
h) Copialien für Kataster und Zu- und Ab- gangs-Nachweisungen . . . . 87 „ 20 „ — „
i) ad extraordinaria und auf Grund beson- derer Landtags-Beschlüsse . . . . . 57 „ 17 „ 6 „

1,860 „ 24 „ — „

Nach dem Beschluß des Communal-Landtages vom 21. November 1860 wird Behufs Erhöhung des Reservefonds der Societät ein Zuschlag von 15 Sgr. für je 10,000 Thlr. der Versicherung erhoben. Derselbe beträgt von 36,882,700 Thlr. . . . . . . 1,844 „ 4 „ 1 „

Es sind daher aufzubringen . . . . 62,843 Thlr. 22 Sgr. 2 Pf.

Transport 62,843 Thlr. 22 Sgr. 2 Pf.

Hiervon gehen ab:
a) Zinsen und Eintrittsgelder . . . . . 2,629 Thlr. 17 Sgr. 6 Pf.
b) das Guthaben nach dem letzten Beitragsausschreiben . . . . 19,092 „ — „ 10 „
c) die im Laufe des Semesters erfolgten Gutschreibungen nach Abzug der Zuschläge . 238 „ 18 „ 11 „
                                            21,959 „ 7 „ 3 „

Der Gesammtbedarf beträgt mithin nur . . . . 40,884 Thlr. 14 Sgr. 11 Pf.

Die Gesammt-Versicherung betrug am Semesterschluß (nach Abrechnung von 372,600 Thlr. beitragsfreie Hälfte für Kirchen und deren Thürme):	Es sind an Beiträgen ausgeschrieben worden:				
	pro 100 Th.		in Summa		
	Sgr.	Pf.	Thlr.	Sgr.	Pf.
Kl. I. 12,293,937½ Thlr.	1	4	5,463	29	2
„ II. 11,123,600 Thlr.	2	—	7,415	22	—
„ III.A. 412,075 Thlr.	4	—	549	13	—
„ III.B. 12,138,212½ Thlr.	7	4	29,671	5	7
„ IV. 542,275 Thlr.	10	8	1,928	2	8
36,510,100 Thlr.	—		45,028	12	5

45,028 Thlr. 12 Sgr. 5 Pf.

Es bleibt mithin zum nächsten Ausschreiben ein Guthaben von . . . . . 4,143 Thlr. 27 Sgr. 6 Pf.

An Beiträgen sind seit dem II. Semester 1854 jährlich durchschnittlich von 100 Thlr. Versicherung aufgebracht worden:

Klasse I. . . 2 Sgr. 8,31 Pf.
„ II. . . 4 „ 0,11 „
„ III. A. . . 11 „ 2,41 „
„ III. B. . . 14 „ 9,13 „
„ IV. . . 21 „ 5,03 „

Die im letzten Jahre (1863) aufgebrachten Beiträge betragen pro 100 Thlr. Versicherungssumme:
in Klasse I. . . 2 Sgr. 4 Pf.
„ II. . . 3 „ 6 „
„ III. A. . . 7 „ — „
„ III. B. . . 12 „ 10 „
„ IV. . . 18 „ 8 „

Die Gesammtversicherung betrug im I. Semester 1854 . . . . 25,236,200 Thlr.
sie beträgt jetzt . . . . 36,882,700 Thlr.
ist mithin in 10 Jahren gestiegen um . . . . 11,646,500 Thlr.
dieselbe betrug im I. Semester 1863 . . . . 36,127,250 Thlr.
beträgt jetzt . . . . 36,882,700 Thlr.
mehr . . 755,450 Thlr.

Arnswalde, den 2. Februar 1864.
Der General-Direktor der Neumärkischen Land-Feuer-Societät. Meyer.

(11) Pro 1864 sind im Soldiner Kreise fernerweit folgende Privatbeschälstationen errichtet:
1) bei dem Mühlenmeister Tschuschke zu Lippehne, welcher seinen Hengst — braun mit Stern, 8 Jahre alt, 5' 3" groß — für 3 Thlr. decken läßt;
2) bei dem Kolonisten Friedrich Winkel zu Groß-Fahlenwerder, welcher seinen Hengst — schwarzbraun ohne Abzeichen, 3 Jahre alt, 5' groß — gleichfalls für 3 Thlr. decken läßt.
Soldin, den 15. Februar 1864. Der Landrath von Cranach.

(12) Nachweisung der im Kreise Arnswalde pro 1864 angemeldeten Privat-Beschäler.

No.	Namen und Stand des Besitzers.	Wohnort.	Des Beschälers				Festgesetztes Deckgeld. Thlr. Sgr.
			Namen.	Alter. Jahr.	Größe. Fuß. Zoll.	Race, Farbe und Abzeichen.	
1	Wolgast, Gerichtsschulze	Schlagenthin	—	9	5 7	rothbraun mit Stern, Hinterfüße weiß gestiefelt, litthauische Race	2 10
2	W. Fiebelkorn, Gerichtsmann	Closterfelde	—	8	5 4	Grauschimmel	2 10
3	L. Splettstäßer, Lehnschulze	Zühlsdorf	—	12	5 5	schwarzbraun	3 10

Arnswalde, den 17. Februar 1864.   Königlicher Landrath. Meyer.

Hierzu zwei Außerordentliche Beilagen:
1) Regulativ für die Erhebung und Beauffichtigung der durch das Gesetz vom 30. Mai 1820 eingeführten Mahl- und Schlachtsteuer in der Stadt Landsberg a. W.;
2) Anweisung vom 18. Januar 1864 für das Verfahren bei Anfertigung der Flurbücher und Musterrollen für die Gemeinde- und selbstständigen Gutsbezirke in den sechs östlichen Provinzen des Staats behufs Unterverteilung und Erhebung der nach dem Gesetz vom 21. Mai 1861 veranlagten Grundsteuersummen.

Außerordentliche Beilage
zum Amtsblatt № 8. der Königlich Preuß. Regierung zu Frankfurt a. d. O.

Ausgegeben den 24. Februar 1864.

Bekanntmachung.

Durch den Erlaß des Königlichen Finanz-Ministeriums vom 8. Januar d. J., III. 26568, ist bestimmt, daß am 1. April dieses Jahres das bisher für die Stadt Landsberg a. W. gültige Mahl- und Schlachtsteuer-Regulativ außer Kraft und dafür das nachfolgende in Kraft tritt, was hierdurch mit dem Bemerken zur öffentlichen Kenntniß gebracht wird, daß Abdrücke des neuen Regulativs bei dem Königlichen Haupt-Steuer-Amt in Landsberg a. W. zu dem Preise von zwei Silbergroschen für das Exemplar zu haben sind.
Frankfurt a. d. O., den 25. Januar 1864.
Königliche Regierung; Abtheilung für indirekte Steuern.
IV. 453. (gez.) Philippi.

Regulativ
für die Erhebung und Beaufsichtigung der durch das Gesetz vom 30. Mai 1820 eingeführten Mahl- und Schlachtsteuer in der Stadt Landsberg a. W.

Erster Abschnitt.
Allgemeine Bestimmungen.
A. Oertliche Begrenzung der Steuerpflichtigkeit.
1. Stadtbezirk.

§. 1. Die Mahl- und Schlachtsteuer ruhet zunächst auf dem Stadtbezirke von Landsberg. Derselbe wird durch die nachstehend bezeichnete Linie begrenzt. Diese beginnt auf dem Deichwalle des Warthebruches in der Nähe des nordöstlichen Endes des sogenannten Debouchements-Kanales an dem Punkte, welcher durch eine Tafel als Grenze des engeren Mahl- und Schlachtsteuer-Bezirkes von Landsberg bezeichnet ist, und läuft von da ab am südlichen Rande des Deichwalles bis zu dem Punkte, welchem nordwestlich gegenüber, in der Nähe des südwestlichen Endes des Debouchements-Kanales auf dem Rundungswalle die überbaute Schleuse liegt. An diesem Punkte überschreitet die Linie im rechten Winkel den Deichwall und führt in grader Richtung weiter gehend zur südwestlichen Spitze des Rundungswalles, an dessen westlichem Rande sie sich von da ab bis zu dem Punkte entlang zieht, wo der Rundungswall mit dem Kahnbauerdamm sich vereinigt. Von hier folgt die Linie dem südlichen Rande des Kahnbauerdammes bis zu dem Punkte, welchem gerade nach Norden jenseits der Warthe die Stöckert'sche Maschinen-Bauanstalt gegenüber liegt. Hier den Kahnbauerdamm im rechten Winkel durchschneidend, geht die Linie in gerader Richtung weiter über die Warthe, über die Frankfurter Eisenbahn, die Wärterbude No. 70, beim Stadtbezirke zuweisend, und über die Cüstrin-Landsberger Chaussee zu dem Wege, welcher in der Nähe des Halbmeilensteines No. 17,50 von dieser Chaussee ab und bei dem Tischler Burghardt'schen Hause vorbei zu den Lehmbergen führt. Sie zieht sich am westlichen Rande dieses Weges weiter bis zum Kamine der Lehmberge und wendet sich von hier ab in gerader nordöstlicher Richtung über das sogenannte Dispositionsgrundstück bei dem jüdischen Begräbnißplatze vorbei, diesen einschließend, bis zur südöstlichen Ecke des alten Kugelfanges. Diesen anschließend läuft sie dann weiter in nordöstlicher Richtung bis zu der Tafel an der von Soldin herkommenden Straße, welche die Grenze des engeren mahl- und schlachtsteuerpflichtigen Bezirkes anzeigt. Von hier ab zieht sie sich in der Mitte der Schlucht, in welcher das Schilling'sche, dem engeren Stadtbezirke zufallende Vorwerk liegt, bis zu dem Punkte der Heinersdorfer

Straße, wo in diese der von Zanzin herkommende Weg einfällt, demnächst am westlichen Rande der Heinersdorfer Straße bis dahin, wo von dieser der Weg nach den Ziegeleien abgeht, darauf nach Ueberschreitung der Heinersdorfer Straße am westlichen Rande des nach den Ziegeleien führenden Weges bis dahin, wo von demselben der Weg nach der Bleiche abgeht, dann am nördlichen Rande des Letzteren bis zu der Brücke, welche über den aus dem Schützensee herkommenden Bach führt und von dieser dem Stadtbezirke zufallenden Brücke ab am westlichen Rande des nach Norden bei dem sonst Schwän'schen — jetzt Treitel'schen — Vorwerke vorbeigehenden Feldweges bis dahin, wo von diesem Feldwege in östlicher Richtung der Weg nach dem Treitel'schen Mühlen-Etablissement abgeht. Am nördlichen Rande dieses letzteren Weges läuft die Linie weiter bis zu dem eben erwähnten Etablissement, schließt dieses mit sämmtlichen Gebäuden und dem Garten ein, und zieht sich an der nördlichen Gartengrenze in gerader Richtung über das Cladow-Fließ zum Nummerstein 18,18 der von Landsberg nach Berlinchen führenden Kreischaussee. Von hier ab läuft sie in gerader südöstlicher Richtung, das Streblow'sche Weinbergs-Grundstück einschließend, über den von Wormsfelde kommenden Weg auf die nordwestliche Spitze des Kirchhofes, verfolgt dessen nördliche Grenze und erreicht die Friedeberger Chaussee bei Nummerstein 18,06. Hier überschreitet sie die Chaussee und zieht sich weiter in gerader südöstlicher Richtung bis zur Leow'schen Schanze, an deren nördlichen Seite und dann weiter in östlicher Richtung sie bis zu dem Punkte des von Lorenzdorf herkommenden Weges läuft, wo von diesem Wege derjenige nach der Sandgrube sich abzweigt. Von da läuft die Linie in südöstlicher Richtung hinter den Grundstücken des Gohlke, Friedrich Eichstädt und Stanke, dieselben dem Stadtbezirke zuweisend, bis zu der auf der Zechower Straße aufgestellten, die Grenze des engeren Steuerbezirkes anzeigenden Tafel und hier die Zechower Straße durchschneidend in gerader Richtung über die Eisenbahn zur Südspitze des Krummen-See's, von wo sie endlich weiter in gerader Richtung über die Warthe hinweg zu der Tafel auf dem Deichwalle, ihrem Anfangspunkte, zurückführt.

Alle Fahr- und Fußwege, sowie die Deichwälle, sind, soweit die Grenzlinie solche entlang geht, in den engeren Stadtbezirk mit eingeschlossen. Der Stadtbezirk begreift also:
1) die Stadt Landsberg a. W.,
2) die Brücken-Vorstadt,
3) die Mühlen-Vorstadt, den Kietz und die ganze Friedrichsstadt mit Einschluß des am äußersten Ende derselben belegenen Gasthofes zur Sonne am halben Meilensteine auf der Chaussee nach Weprih, ferner das Borchert'sche Haus und den Lehmgruben, den neuen Stöckert'schen Eisenhammer an der Warthe, das Schulz'sche und das Schilling'sche Vorwerk auf dem Wege nach Heinersdorf,
4) die Zantocher Vorstadt, den Otto'sche und das Krause'sche Hopfenbruch, die Scheunen am Lorenzdorfer Wege, das Gasthaus zu den drei Kronen, das Schönbach'sche Grundstück und die neu angelegte Ehrenberg'sche Bierhalle am Chausseeberge zwischen dem Ruthensteine No. 1793 und 1794, die Windmühle des Müllers Nicol, die neu angelegte Günther'sche Bierhalle an der Kreis-Chaussee nach Berlinchen, die Ferne-Mühle, den Weinberg des Quilitz, die Mahl- und Schneidemühlen des Kaufmanns Treitel einschließlich der Wohn- und Wirthschaftsgebäude, und die sogenannte Bleiche zwischen dem Schützen-See und dem Cladower Fließ.

In diesem Stadtbezirke haben alle Bewohner ohne Ausnahme die Mahl- und Schlachtsteuer zu entrichten.

2. Aeußerer Stadtbezirk.

§. 2. Alle jetzt vorhandenen oder künftig entstehenden Ortschaften und einzelnen Anlagen, deren Anfangspunkte von der letzten bewohnten Anlage des Stadtbezirkes (§. 1.) in gerader Richtung nicht über eine halbe Meile entfernt sind, bilden mit dem dazwischen liegenden Raume den äußeren Stadtbezirk, in welchem nur die §. 1. des Gesetzes vom 2. April 1852 zur Ergänzung des Mahl- und Schlachtsteuer-Gesetzes vom 30. Mai 1820 (Gesetz-Sammlung 1852 Seite 107) benannten Gewerbetreibenden neben der Klassensteuer oder klassificirten Einkommensteuer, die Mahl- und Schlachtsteuer zu entrichten haben.

Für jetzt sollen dahin gerechnet werden:
1) vor der Brücken-Vorstadt: a. die Wallmeister-Wohnung, b. Gürgenaue, c. Neusöft, d. Roßwiese und Colonie Eglofsstein, e. Kernein, f. die Kuhburg, g. Dorf Seidlitz, h. das Etablissement des Guthmann unweit der Kanalbrücke;
2) vor dem Zantocher Thor: a. Lorenzdorf, b. Zechow, c. die Windmühle des Mark bei Lorenzdorf, d. die Schäferei des Leo, e. die Hintermühle des Ueder, f. die Friedrichsmühle, g. das Vorwerk des Lindenthal an der Chaussee und die Schäferei des Krause, h. das Etablissement des Quilitz zum Landsberger Wappen an der Chaussee, i. das Braunkohlen-Bergwerks-Etablissement des

Paulsch und Genossen am Wormsfelder Wege zur linken Hand, k. das Etablissement des Draeger an der Chaussee nach Berlinchen, l. das Etablissement des Schubert daselbst;

3) vor dem Mühlenthore: a. das Dorf Heinersdorf, b. das Treitel'sche Vorwerk, c. das Domainen-Vorwerk Merzdorf, d. der Krebs'sche Gasthof auf der Straße nach Soldin, e. das Dorf Wepritz nebst allen dazu gehörigen Etablissements, f. die Kolonie Giesen, g. die Ziegeleien des Magistrats, des Sims I., Sims II., Pahl, Treitel, des Lehnschulzen Rogge und die Ziegelei des Runge in den Wepritzer Bergen, h. das Etablissement des Rehfeld bei Heinersdorff.

B. Beamte.
1. Zur Aufsicht.

§. 3. Beide Bezirke (§. 1. und 2.) mit allen in Bezug auf die Mahl- und Schlachtsteuer erlaubten und verbotenen Eingängen und Straßen stehen für die Mahl- und Schlachtsteuer unter Aufsicht der Steuerbeamten.

2. Zur Erhebung.

§. 4. Die Erhebung der Mahl- und Schlachtsteuer geschiehet allein durch das in der Richtstraße befindliche Haupt-Steuer-Amt.

C. Steuerstraßen.
a. Einhalten derselben.

§. 5. Der Transport aller Fleisch- und Backwaaren, ingleichen der Mühlenfabrikate, vom Eintritt in den Stadtbezirk (§. 1.) und beziehungsweise von den Mühlen ab bis zur erlangten schließlichen Abfertigung ist, gleichviel, ob dergleichen Gegenstände für den Stadtbezirk oder blos zum Durchgange bestimmt sind, nur auf den nachstehend (§. 6.) bezeichneten Steuerstraßen, und zwar ohne Abweichung, ohne Aufenthalt und ohne irgend eine Veränderung der Ladung zulässig.

Bei dem Transport von Vieh sind die im §. 69. und folgenden ertheilten Vorschriften zu befolgen.

b. Bezeichnung der Steuerstraßen.
A. Zu Lande.

§. 6. Die Steuerstraßen sind von der Grenze des Stadtbezirkes ab gerechnet:

1) der Weg von der Kanal-Brücke durch die große Poststraße zur Warthe-Brücke, von da durch die Brückstraße nach dem Marktplatze, die Haupt-Kirche links lassend, nach der Richtstraße und diese entlang,
2) der Weg von Zechow vom sogenannten Krause'schen Hopfenbruche an, die Zechower Straße entlang, nach dem Linden- und Parabeplatze und demnächst die Richtstraße entlang,
3) der Weg von Lorenzdorf bis zur Zechower Straße, dann wie ad 2,
4) die Chaussee von Stolzenberg nach dem Parabeplatz und der Richtstraße und dann wie ad 2,
5) die Kreis-Chaussee von Berlinchen durch die Bergstraße nach dem Neustädterplatz, über diesen bei dem Ebert'schen Etablissement links hinweg nach der Neustädter- und Richtstraße und dann wie ad 2,
6) der Weg von Heinersdorf bis zum Schulz'schen Vorwerke und am alten Kirchhofe links vorbei, sodann um die Ecke des Kluth'schen Etablissements links nach der Schleusenbrücke durch die Mühlen-Vorstadt und von da zum Haupt-Steuer-Amte,
7) der Weg von Merzdorf bei dem neuen Hospital vorbei nach der Schleusenbrücke und weiter wie ad 6,
8) die Staats-Chaussee-Straße von Wepritz durch die Friedrichsstadt, den Kietz, die Mühlen-Vorstadt und wie ad 6,
9) die Eisenbahn in beiden Richtungen von der Grenze des engeren Stadtbezirks ab bis zum Bahnhofe und von da durch die Bahnhofsstraße nach der Mühlen-Vorstadt bei dem Hospital, dann wie ad 6.

Es dürfen jedoch auf dieser Straße steuerpflichtige Gegenstände auf andere Weise als mit den Eisenbahnzügen, in den Stadtbezirk nicht eingebracht werden.

10) Von den im Stadtbezirk gelegenen Mühlen (§. 12.), soweit solche nicht an Steuerstraßen liegen, ist der Transport mahlsteuerpflichtiger Gegenstände auf dem nächsten zur Steuerstraße führenden Wege zu bewirken; von der Sommer-Mühle müssen dergleichen Transporte den von dieser Mühle kommenden bei der Schleusenbrücke in die Mühlen-Vorstadt einmündenden Weg einschlagen.

B. Zu Wasser.

Die Warthe in beiden Richtungen.

Schiffsgefäße, welche mit mahl- und schlachtsteuerpflichtigen Gegenständen beladen sind, dürfen innerhalb des Stadtbezirkes nur auf dem rechten Wartheufer zwischen der Brücke und dem Salz-Magazin anlegen, und

müssen die gedachten Gegenstände sodann durch die Brücken- und die vorstehend zu 1 bezeichnete Steuer-straße zur Waage-Expedition führen.
                c. Meldung und Gestellung bei dem Haupt-Steuer-Amte.
    §. 7. Bei dem Eingange mit mahl- und schlachtsteuerpflichtigen Gegenständen in den Stadtbezirk und bei deren zu erweisenden Ausgange aus demselben, ist vor der neben dem Haupt-Steuer-Amte in der Bieraber-Mühle befindlichen Waage-Expedition anzuhalten und es sind die ein- oder auszuführenden Gegenstände dieser Waage-Expedition nach Art und Gattung, Menge und Zahl der Frachtstücke genau anzugeben und mit den etwa dazu gehörigen Papieren zur Untersuchung und Abfertigung zu stellen; auch sind die hierbei erforderlichen Handleistungen nach Anweisung der Aufsichtsbeamten zu verrichten.
    §. 8. Auch solche von außerhalb kommende, der Mahl- und Schlachtsteuer unterworfene Gegenstände, welche für Steuerpflichtige des äußeren Stadtbezirks (§. 2.) bestimmt sind, müssen unmittelbar und ohne den mindesten Aufenthalt unterwegs auf der nächsten der beziehungsweise im §. 6. bestimmten Steuerstraßen zum Haupt-Steuer-Amte geführt und dort angemeldet werden. Vor erfolgter Versteuerung dürfen diese Gegenstände nicht in die Wohnungen der Empfänger aufgenommen oder innerhalb des innern oder äußeren Stadtbezirkes gewerbsweise verkauft, feilgehalten oder darin niedergelegt werden.
                D. Zeit für Eingang und Abfertigung.
        1. Bei dem Haupt-Steuer-Amte und der Waage-Expedition bei demselben.
    §. 9. Das Haupt-Steuer-Amt und die §. 7. gedachte Waage-Expedition sind täglich mit Ausschluß der Sonn- und Feiertage für die Abfertigungen geöffnet und zwar:
    a. in den Wintermonaten Oktober bis Februar einschließlich, Vormittags von 8 bis 12 Uhr und Nachmittags von 1 bis 5 Uhr;
    b. in den übrigen Monaten von Vormittags 7 bis 12 Uhr und Nachmittags von 2 bis 5 Uhr.
    Mühlenfabrikate, bei denen es zweifelhaft ist, welchem Steuersatze sie unterliegen, werden allgemein nur abgefertigt so lange das Tageslicht eine gründliche Revision zuläßt.
                2. Bestimmungen für die Abfertigungsstellen.
    §. 10. Nur innerhalb dieser Dienststunden (§. 9.) dürfen Gegenstände, welche der Abfertigung bei dem Haupt-Steuer-Amte, beziehungsweise der Waage-Expedition bedürfen, in den Stadtbezirk eingehen.
    Der Eingang derjenigen Gegenstände, welche einer solchen Abfertigung bedürfen, muß so zeitig erfolgen, daß dieselben vor Ablauf der Dienststunden bei dem Haupt-Steuer-Amte eintreffen. Es wird jedoch nachgelassen, daß an andern, als den Sonn- und Feiertagen, auch während der nach §. 9. für die Abfertigung geschlossenen Mittagsstunden sowie des Morgens eine Stunde vor Anfang der Dienststunden die Anfuhr zur Waage-Expedition auf der betreffenden Steuerstraße erfolgen darf.
    Die eingebrachten Gegenstände müssen in diesem Falle aber auf der Straße, unmittelbar vor der Waage-Expedition verbleiben, und es darf damit bis zum Beginn der Dienststunden überall keine Veränderung vorgenommen werden.
    Für die Abfuhr nach außerhalb hin gelten obige Bestimmungen gleichfalls, doch kann zum Transport dieser Gegenstände vom Haupt-Steuer-Amte oder der Waage-Expedition ab, wenn sie bereits abgefertigt worden, auch die Mittagsstunde und ebenso eine Stunde nach dem Schlusse des Haupt-Steuer-Amts benutzt werden.

Zweiter Abschnitt.
Mahlsteuer.

A. Aufsicht auf die Mühlen.
I. Deren Ausdehnung im Allgemeinen.

    §. 11. Sämmtliche im innern und äußeren Stadtbezirke (§§. 1. u. 2.) vorhandene und später noch entstehende Mühlen sind der Aufsicht der Steuerbehörde unterworfen, welche Aufsicht je nach Maaßgabe des durch die Mühle gewöhnlich geförderten Mahlgutes entweder eine besondere, oder eine allgemeine ist.
II. Nach Verschiedenheit der Mühlen.
                1. Mühlen unter besonderer Steuer-Controle.

    §. 12. Unter besonderer Steuer-Controle stehen:
    1) die Bierabe-Mühle, 2) die Ferne-Mühle, 3) die zwischen der Bierabe-Mühle und dem Warthe-Fluß belegene sogenannte Sommer-Mühle, 4) die Mühle des Treitel, 5) die an der Chaussee nach Stolzenberg belegene Windmühle des Nicol, 6) die Windmühle des Braun in der Mühlen-Vorstadt, sämmtlich im engern Stadtbezirke belegen.

§. 13. Außer diesen unter besonderer Aufsicht stehenden Mühlen, sind alle im äußern Stadtbezirk gelegenen Mühlen einer allgemeinen Aufsicht der Steuerbehörde unterworfen, jetzt namentlich: 1) die Friedrichsmühle des Krehder, 2) die Hintermühle, 3) die Windmühle der Weißmann zu Seydlitz, 4) die Windmühle des Schulz zu Wepritz, 5) die Windmühle des Marl zu Lorenzdorf.

3. Privat-Mühlen.

§. 14. Für Mühlen zum Privatgebrauch und für Malz-Schrootmühlen und Malz-Quetschmaschinen, so solche überhaupt gesetzlich zulässig sind, bestehen besondere Vorschriften, auf welche verwiesen wird.

4. Mühlen für andere Zwecke.

§. 15. Mühlen, welche nicht dazu eingerichtet und bestimmt sind, Mahlgut aus Körnern zu bereiten, dürfen dazu ohne Genehmhaltung der Steuerbehörde künftighin nicht eingerichtet und benutzt werden und stehen in dieser Hinsicht unter Aufsicht der Steuerbehörde.

5. Neu entstehende Mühlen.

§. 16. Neue Mühlen dürfen im engeren und äußeren Stadtbezirke nur mit Vorwissen der Steuerbehörde angelegt werden, welche vorher bestimmen wird, wie solche neue Anlagen in Bezug auf die Mahlsteuer zu behandeln sind.

B. Behandlung der unter besonderer Aufsicht stehenden Mühlen.

1. Allgemeine Bestimmungen.

1. Form der Steuer-Entrichtung.

§. 17. Von dem steuerpflichtigen Mahlgute, welches auf den im §. 12. genannten Mühlen bereitet werden soll, muß vorher die Körnersteuer nach §. 3. des Mahl- und Schlachtsteuer-Gesetzes vom 30. Mai 1820 bei dem Haupt-Steuer-Amte (§§. 4. und 29.) entrichtet werden.

2. Mahlscheine.

a. deren Erforderniß.

§. 18. Auf den unter besonderer Aufsicht stehenden Mühlen (§. 12.) muß alles Mahlgut mit genau damit übereinstimmenden Mahlscheinen versehen sein.

Diese werden ertheilt von der Waageexpedition bei dem Haupt-Steuer-Amte.

b. in Bezug auf Menge der Körner.

§. 19. Ueber mehr als 24 Centner und über weniger als ein viertel Centner, wird ein Mahlschein nicht ausgefertigt.

Wer gleichzeitig mehr, als 24 Centner zur Mühle bringen will, muß daher mehr als einen Schein nehmen.

Wer gleichzeitig über 3 Centner bis 24 Centner zur Mühle bringt, kann nach seiner Wahl mehrere Mahlscheine nehmen; den einzelnen Schein jedoch nicht über weniger als 3 Centner.

c. in Bezug auf die Körnergattung.

§. 20. Ueber Getreidearten, welche verschiedenen Steuersätzen unterliegen, werden verschiedene Mahlscheine ausgefertigt, also für Getreide zur Hauptsteuer nach dem Satze von 20 Sgr. vom Centner besondere, und für Getreide zur Hauptsteuer von 5 Sgr. vom Centner ebenfalls besondere.

Wer Körner von verschiedenen Steuersätzen in Vermischung mahlen lassen will, muß von dem Gemenge, auch wenn die Beimengung von Körnern zum ersten Satz nur gering wäre, den höhern Steuersatz entrichten.

Uebrigens muß, und zwar schon vor der Absendung zur Mühle:
a. rohes Getreide zu Branntweinschroot mindestens zum sechszehnten Theile mit gemälzten Körnern gemischt sein;
b. ingleichen alles nicht zum Brauen bestimmte und versteuerte Malz mindestens zum sechszehnten Theile mit ungemälztem Roggen; stärkere Mischung zu fordern, bleibt der Steuerbehörde vorbehalten.

Von der Vermischung zu b, bleibt jedoch dasjenige Malz befreit, welches erweislich als Branntweinschroot in Kartoffelbrennereien verwendet wird.

3. Transport zu und aus der Mühle.

§. 21. Getreide zur Mühle und Mahlgut aus der Mühle soll nur in den oben §§. 9. und 10. bestimmten Abfertigungsstunden zur Mühlenwaage-Expedition angenommen und von derselben verabfolgt werden.

Diejenige Getreidemenge, worauf ein Mahlschein lautet, muß zusammen zur Mühle und ebenso das bereitete Mahlgut zusammen aus der Mühle und zur Waage gehen.

Auch muß das Getreide jedenfalls denselben Tag und zwar, ist es in den Vormittagsstunden bis 11 Uhr versteuert, am Vormittage, und sonst am Nachmittage zur Mühle gebracht werden.

Es dürfen die Müller ältere Mahlscheine nicht annehmen, wenn die Waage-Expedition nicht in besonderen Fällen eine Ausnahme auf dem Mahlscheine ausdrücklich bewilligt hat.

4. Bezeichnung der Säcke.

§. 22. Die Säcke, in denen Mahlgut zur Mühle oder nach erfolgter Vermahlung aus der Mühle gebracht wird, müssen mit dem in großen schwarzen Buchstaben deutlich und vollständig ausgeschriebenen Namen und Wohnort des Mahlgastes bezeichnet sein.

Für die Befolgung dieser Vorschrift ist sowohl der Müller als der Mahlgast verantwortlich.

5. Gewichtsverhältniß des fertigen Mahlguts zu den Körnern.

§. 23. Bei der Verwiegung des fertigen Mahlgutes gelten die folgenden Sätze für das zurückkommende Mahlgut im Vergleiche zu den versteuerten Körnern und zwar ohne Rücksicht auf Anfeuchtung:

Von 1 Centner Weizen: geschrootet: 99 Pfund Schroot, gebeutelt: 84 Pfund Mehl und 11 Pfund Kleie u. s. w.

Von 1 Centner Roggen: geschrootet: 99 Pfund Schroot, gebeutelt: 86 Pfund Mehl, 11 Pfund Kleie u. s. w.

Von 1 Centner Gerste: geschrootet: 98 Pfund Schroot, gebeutelt: 83 Pfund Mehl, 12 Pfund Kleie u. s. w.

Von 1 Centner Hafer: geschrootet: 98 Pfund Schroot.

Mehr Schroot oder Mehl und Kleie, als diesen Sätzen entspricht, darf nicht vorhanden sein.

6. Transport des Mahlguts.

§. 24. Der betreffenden Mahlpost muß die Steuerquittung bis zum Bestimmungsorte beigefügt sein, damit das Mahlgut auf dem Transport zu jeder Zeit legitimirt ist. Der Führer desselben hat sich während des Transports auf das Verlangen der Aufsichtsbeamten der Revision unweigerlich zu unterwerfen.

II. Abfertigung zu den unter besonderer Controle stehenden Mühlen.

1. Steuerpflichtiges Mahlgut.

a. Anmeldung.

§. 25. Soll steuerpflichtiges Mahlgut für Bewohner des Stadtbezirks (§. 1.) oder für einen der im §. 1. des Gesetzes vom 2. April 1852 genannten Gewerbtreibenden des äußern Stadtbezirks (§. 2.) auf einer der unter besonderer Aufsicht stehenden Mühlen vermahlen werden, so ist das Mahlgut zur Mühlenwaage-Expedition (§. 7.) zu schaffen und es ist daselbst mündlich anzumelden:

  a. der Name des Eigenthümers der zur Mühle zu sendenden Körner,
  b. ihre Gattung und Menge, letztere nach Gewicht,
  c. die Zahl der Säcke, in welchen die Körner sich befinden, auch die leeren Beisäcke, falls dergleichen mit zur Mühle gehen sollen,
  d. was aus den Körnern bereitet werden und
  e. die Mühle, auf welcher die Vermahlung erfolgen soll.

b. Prüfung der Anmeldung.

§. 26. Die Uebereinstimmung des Mahlgutes mit der Anmeldung (§. 25.) wird dann auf der Waage-Expedition geprüft und das Gewicht durch Verwiegung festgestellt. Finden sich bei der Prüfung Unrichtigkeiten in Bezug auf Menge oder Gattung, so wird der Schuldige zur Verantwortung und Strafe gezogen.

c. Bezettelung.

§. 27. Nach dem Gewichtsbefunde wird von dem Beamten der Mühlenwaage-Expedition ein Waageschein ausgefertigt, an welchem sich eine Steuerquittung befindet, die jedoch vorerst unausgefüllt bleibt.

d. Versteuerung.

§. 28. Der Waageschein (§. 27.) wird dem Mahlgaste behändigt, um auf Grund desselben die Mahlsteuer bei dem Haupt-Steuer-Amte zu entrichten. (§§. 4. u. 17.)

Nach berichtigter Steuer empfängt der Mahlgast die vom Waagescheine abgetrennte Quittung (§. 27.) und befördert mit derselben das Getreide zur Mühle.

e. Verwiegung des fertigen Mahlguts.

§. 29. Das Mahlgut aus den nach §. 28. versteuerten Körnern muß mit den dazu gehörigen Mahlscheinen unmittelbar von der Mühle auf vorgeschriebenen Steuerstraßen (§. 6.) zur Mühlenwaage-Expedition (§. 18.) gelangen, woselbst es seiner Gattung nach geprüft, verwogen und mit dem Mahlscheine, auf welchem das Rückgewicht vermerkt werden, dem Steuerenden überlassen wird.

Findet sich mehr vor, als nach den im §. 23. vorgeschriebenen Sätzen vorgefunden werden darf, so tritt den Umständen nach blos Versteuerung des Ueberschusses, oder wenn das Gesammtgewicht an Schroot

— 7 —

oder Mehl, Kleie oder Abgang das auf dem Mahlschein angegebene Körnergewicht überschreitet, auch Strafverfahren ein.

2. Branntwein- und Braumalz-Schroot.

§. 30. Getreide zu Branntwein- und Braumalzschroot für Einwohner des Stadtbezirks (§. 1.) ist nach der Vorschrift in §. 25. der Mühlenwaage-Expedition, jedoch schriftlich anzumelden, welche dieser Anmeldung gemäß einen Mahlfreischein ertheilt, mit welchem die Körner zur Mühle gehen. Beim Rückgange des Schrootes aus der Mühle und beim ferneren Transport wird nach den §§. 24. und 29. verfahren mit der Maaßgabe jedoch, daß durch den Waagebeamten das Rückgewicht des Branntwein- oder Braumalz-Schrootes vor dessen Verabfolgung in das vorzulegende Schrootbuch des betreffenden Branntweinbrenners oder Bierbrauers eingetragen wird.

Hinsichtlich derjenigen Brauer, welche Malz auf Quetschmaschinen selbst bereiten, verbleibt es bei dem durch die desfallsigen Regulative bereits angeordneten Verfahren.

So lange als in Landsberg a. W. die Braumalzsteuer im Wege der Mahlsteuer erhoben wird, kommen die Bestimmungen des Regulativs vom 13. September 1861 (Amtsblatt für 1861 Seite 222.) zur Anwendung, mit der Maaßgabe jedoch, daß an Stelle der Vorschriften des Mahl- und Schlachtsteuer-Regulativs für Landsberg vom 4. Februar 1831 die des gegenwärtigen treten.

3. Landmahlgut.

§. 31. Das Mahlgut der zur Entrichtung der Mahlsteuer nicht verpflichteten Bewohner des äußern Stadtbezirks (§. 2.) und der weiter von der Stadt entlegenen Gegend wird Landmahlgut genannt.

§. 32. Soll Landmahlgut auf den im §. 12. genannten Mühlen vermahlen werden, so ist dasselbe der Mühlenwaage-Expedition anzumelden, welche es revidirt, verwiegt und darüber einen Mahlfreischein ertheilt, womit es zur Mühle geht.

Nach vollendeter Bereitung wird das Mahlgut mit dem Mahlfreischein wieder zur Waage gestellt und dort zurückverwogen; der Mahlfreischein aber, welcher die Mahlpost begleiten muß, wird dem Mahlgaste wieder behändigt.

In Betreff eines bei der Rückverwiegung ermittelten unzulässigen Mehrgewichts wird nach den Bestimmungen im §. 29. verfahren. Ergiebt sich ein Mindergewicht gegen die im §. 23. vorgeschriebenen Sätze, so ist davon die Eingangssteuer zu erheben.

Sowohl der Transport des Landmahlgutes von der Waage zur Mühle, als des fertigen Mahlgutes von der Mühle zur Waage, als endlich dessen Abfuhr durch den Stadtbezirk, muß auf den §. 6. vorgeschriebenen Steuerstraßen geschehen und ist den die Straßencontrole ausübenden Steuerbeamten (§. 3.) der Mahlfreischein auf Verlangen vorzuzeigen.

c. Behandlung der unter allgemeiner Aufsicht stehenden Mühlen.

1. Form der Steuer-Entrichtung.

§. 33. Von dem Getreide für die Bewohner des Stadtbezirks (§. 1.), welches auf Mühlen zum Vermahlen gelangt, die unter allgemeiner Aufsicht stehen (§. 13.), wird, sofern das Haupt-Steuer-Amt nicht in Fällen des Bedürfnisses unter besonders vorzuschreibenden Sicherungs-Maaßregeln Ausnahmen zuläßt, nicht die Körnersteuer erhoben, es unterliegen vielmehr die aus solchem Getreide bereiteten Mühlenfabrikate der Eingangssteuer nach §. 15. des Mahl- und Schlachtsteuer-Gesetzes vom 30. Mai 1820 und es kommen hinsichtlich der gedachten Fabrikate die §§. 5., 80., und 82. dieses Regulativs zur Anwendung.

Dagegen müssen die steuerpflichtigen Bewohner des äußern Stadtbezirks (§. 2.) vor Beschickung dieser Mühlen die Körnersteuer unter Beobachtung der §. 17. und folgende ertheilten Bestimmungen entrichten; jedoch kann die Ertheilung des Mahlscheins auf bloße Deklaration und ohne Gestellung der Körner und des Gemahls erfolgen.

2. Bezeichnung der Säcke.

§. 34. Was im §. 22. über die Bezeichnung der Säcke angeordnet worden, findet auch auf alles Mahlgut Anwendung, welches auf Mühlen, die unter allgemeiner Controle stehen, verarbeitet wird.

D. Pflichten der Müller, deren Mühlen unter besonderer Aufsicht stehen.

§. 35. Die Müller in den unter besonderer Aufsicht stehenden Mühlen (§. 12.) sind für die Befolgung der Vorschriften §§. 17. 18. und 20. bis 23. dieses Regulativs mit verhaftet, auch nach §. 16. Littr. c. des Mahl- und Schlachtsteuer-Gesetzes vom 30. Mai 1820 verbunden, die ihnen in Bezug auf den eigenthümlichen Betrieb ihrer Mühlen und deren Controle von der Steuerbehörde etwa noch besonders aufzuerlegenden Pflichten zu erfüllen.

Außerdem gelten für sie insbesondere noch die folgenden Bestimmungen:
1. Anzeige vorkommender Besitz-Veränderungen.

§. 36. Sobald eine Mühle durch Erbgang, Verkauf, Verpachtung oder auf irgend eine andere Weise an einen anderen Inhaber übergeht, so ist letzterer verpflichtet, davon sofort und bevor der Betrieb der Mühle für seine Rechnung beginnt, dem Haupt-Steuer-Amte Anzeige zu machen.

2. Abtheilung der Mühlenräume.

§. 37. In den Mühlenräumen, zu welchen für Bockwindmühlen auch der Platz unter den Mühlen und um dieselben in dem durch Pfähle bezeichneten Bereiche des Kehrbaums gehört, werden von den Mühleninhabern unter Beistimmung eines Oberbeamten, verschiedene Abtheilungen bestimmt und zwar so, wie der Raum diese Absonderung gestattet,

a. für steuerpflichtige Körner nach dem Satze von 20 Sgr. für den Centner,
b. für dergleichen nach dem Satze von 5 Sgr. für den Centner,
c. für Körner auf Freischeine,
d. für Fabrikate aus Körnern zu a,
e. für dergleichen aus Körnern zu b,
f. für die aus Körnern zu c,
g. für mit Beschlag belegtes Getreide und Mahlgut.

Der Müller ist verbunden, einen jeden der vorgedachten Räume mit einer ihn bezeichnenden Tafel versehen zu lassen und bei eigener Verantwortlichkeit dafür zu sorgen, daß unter keinen Umständen Getreide und Mahlgut an anderen, als an den, nach Vorstehendem dazu bestimmten Orten niedergelegt werde.

Mühlenbeschreibung.

§. 38. Ueber die innere Einrichtung der Mühle, die Zahl ihrer Gänge, zu welchen Gattungen von Mahlgut der eine oder der andere Gang etwa ausschließlich bestimmt ist, über die mit der Mühle im Zusammenhange stehenden Räume, über deren Abtheilungen nach den Bestimmungen im vorstehenden §. 37. ferner darüber, ob der Müller einen Handel mit Mühlenfabrikaten treibt, wo dies geschieht, und — wenn dies in der Mühlenanlage der Fall ist, — wo die Bestände aufbewahrt werden, hat der Müller eine kurze, durch eine einfache linearische Zeichnung verdeutlichte Beschreibung in zweien Exemplaren zu fertigen.

Diese Beschreibung ist von ihm zu unterzeichnen, vom Orts-Ober-Controleur zu prüfen und mit seiner Unterschrift zu versehen und kann in dem einen Exemplare an einem vom Ober-Controleur zu bestimmenden Orte in der Mühle anzuheften, während das zweite Exemplar dem Haupt-Steuer-Amte einzureichen ist.

Die Erneuerung dieser Beschreibung muß geschehen, so oft das Bedürfniß hierzu vom Bezirks-Ober-Controleur erkannt wird. Veränderungen gegen diese Beschreibung ist der Müller verpflichtet, vor deren Ausführung dem Haupt-Steuer-Amte schriftlich anzuzeigen.

§. 39. Für diejenigen Mühlen, deren innere Einrichtung die steuerliche Ueberwachung des Betriebes in anderer, als der bisherigen Art erforderlich macht, werden bezüglich der Mühlenbeschreibung besondere Bestimmungen vorbehalten, namentlich behält es für die Mühle des Treitel §. 12. No. 4. bei dem für dieselbe unter dem 30. November 1847 erlassenen Regulativ sein Bewenden.

Vergleichung des Mahlgutes mit den Mahlscheinen.

§. 40. Sobald die Körner zur Mühle gebracht werden, muß der Müller den Mahlschein einsehen, um sich zu überzeugen, ob dieselben der Gattung und Menge nach damit übereinstimmen.

Findet er hierbei irgend eine Abweichung, so muß er die Annahme des Mahlgutes versagen oder dasselbe sofort auf den für Confiskate bestimmten Platz zurückstellen und gleichzeitig dem Haupt-Steuer-Amte zur weiteren Untersuchung Anzeige erstatten.

§. 41. Fehlt auf den Säcken die §. 22. vorgeschriebene Bezeichnung, so muß er in gleicher Art wie §. 40. vorgeschrieben verfahren.

5. Verfahren mit den Mahlscheinen.

§. 42. Ist das zur Mühle gebrachte Getreide richtig befunden worden, so wird der Mahlschein dem Kropfe eines der zur Mahlpost gehörigen Säcke angebunden. Die Säcke, soweit sie zu einem und demselben Mahlscheine gehören, müssen, mit ihrer Bezeichnung (§. 22.) nach vorn, so lange stets zusammengestellt sein, als während der Bereitung selbst eine Trennung nicht nöthig ist.

Sobald das Getreide auf den Gang geschüttet ist, wird der Mahlschein an den Gang geheftet und bleibt dort während der Bereitung, welche durch Zwischenposten nicht unterbrochen werden darf. Ist das

Mahlgut fertig, so muß der Mahlschein wieder an den Kropf eines der dazu gehörigen Säcke befestigt werden, woran er bleibt, bis selbiges die Mühle verläßt.

Die unter den Mahlscheinen befindlichen mit I. II. III. IV. bezeichneten Abtheilungen werden bei den folgenden Handlungen abgeschnitten:
  a. die mit I. bezeichnete Abtheilung, sobald das Getreide zur Mühle gebracht, untersucht und der Gattung und Menge nach richtig befunden ist,
  b. die mit II. bezeichnete Abtheilung, sobald die Bereitung oder das Abmahlen anhebt und die erste Aufschüttung auf den Gang erfolgt,
  c. die mit III. bezeichnete Abtheilung, sobald die Bereitung vollendet ist, und
  d. die mit IV. bezeichnete Abtheilung, wenn das Mahlgut aus der Mühle abgelassen wird.

6. Dauer der Gültigkeit der Mahlscheine auf den Mühlen.

§. 43. Die Mahlscheine sind nur für längstens vier Tage gültig, so daß in den ersten drei Tagen von Ausstellung des Zettels an gerechnet, die Fabrikation vollendet und an dem folgenden Tage das Fabrikat aus der Mühle geschafft sein muß. Ausnahmsweise kann eine längere Gültigkeit der Mahlscheine dann nachgegeben werden, wenn Wasser- oder Windmangel eintritt und die Mühlen in Folge desselben mit Mahlgut überfüllt sind. Ist nicht schon bei Ausfertigung des Mahlscheines eine längere Frist bewilligt, so muß der Müller die durch unvermeidliche Umstände erforderlich werdende Verlängerung der viertägigen Frist unter Vorlegung des Mahlscheines bei dem Haupt-Steuer-Amte nachsuchen. Das Haupt-Amt prüft das Bedürfniß und vermerkt die Verlängerungsfrist auf dem Mahlscheine.

7. Eigenes Mahlgut der Müller.

§. 44. Für das eigene Mahlgut der Müller werden nur auf einen Tag gültige Mahlscheine ausgegeben, so daß am Tage der Ausstellung die Bereitung vollendet und das Mahlgut aus der Mühle geschafft sein muß. Für die Graupen- und Gries-Fabrikate, so wie für größere, zu den Windmühlen gelangenden Mahlposten kann jedoch eine Ausnahme hiervon auf gestellten besonderen Antrag in solchen Fällen gemacht werden, in welchen entweder die Mahlposten zu groß sind, um die Bereitung derselben in einem Tage bewirken zu können, oder anhaltende Windstille eintritt.

8. Getreidebestände der Müller.

§. 45. Die Getreidebestände der Müller durch eigene Gewinnung oder Ankauf müssen außerhalb der Mühle befindlich sein und unterliegen keiner besonderen Aufsicht, insofern sie nicht in mit dem Mühlenraume zusammenhängenden Räumen lagern.

Hat aber eine Lagerung in mit dem Mühlenraume zusammenhängenden Räumen statt, so sind die Getreidebestände des Müllers, von denen übrigens ohne Mahlscheine (§. 18.) niemals etwas im Mühlenraume selbst sich befinden darf, der Controle unterworfen, und in dieser Beziehung ist der Müller verpflichtet, ein richtiges Notizbuch nach Anweisung des Haupt-Steuer-Amtes über seine Getreidebestände zu führen und darin jeden Zu- und Abgang sofort anzuschreiben, auch den revidirenden Steuerbeamten dieselben nebst dem Notizbuche zur Revision jederzeit vorzuzeigen, und für die etwa nöthigen Ermittelungen ausreichende Hülfe zu beschaffen.

9. Mahlmetze.

§. 46. Wird der Mahllohn in Körnern durch die sogenannte Mahlmetze entrichtet, so muß diese, weil sie nicht mit versteuert wird, sondern erst bei der Besteuerung unterliegt, wenn der Müller sie vermahlen will, von den für das Mahlgast zu verarbeitenden Körnern abgesondert zur Waage-Expedition und zu den Mühlen gebracht werden. Bei der Rückverwiegung wird dann auf die Mahlmetze, welche, wenn der Müller sie in den Mühlenraum aufnehmen will, sofort nach der Ankunft in der Mühle in einen unter Mitverschluß der Steuer-Behörde stehenden Metzkasten gebracht werden muß, keine Rücksicht genommen.

Gedachter Kasten wird von Zeit zu Zeit nach vorgängiger Anzeige bei dem Haupt-Steuer-Amte in Gegenwart eines Steuerbeamten, geleert, und dessen Inhalt aus dem Mühlenraume geschafft.

10. Stein- und Staubmehl.

§. 47. Das Stein- und Staubmehl, sowie der sonstige Abfall von den Mühlenfabrikaten darf in der Mühle nicht aufbewahrt, muß vielmehr aus derselben entfernt werden. Auf den besonderen Wunsch des Müllers können die gedachten Abfälle in einen unter Mitverschluß der Steuerbehörde stehenden Kasten gebracht, und aus demselben von Zeit zu Zeit entfernt werden.

11. Mehlvorräthe.

§. 48. Mahlgut für den eigenen Bedarf der Müller oder für den Handel derselben mit Mühlenfabrikaten darf keinenfalls in den Mühlenräumen oder in den damit im Zusammenhange stehenden Räumen aufbewahrt werden.

12. Handel mit Mehl oder Mühlenfabrikaten.

§. 49. Müller, welche zugleich Mühlenfabrikate zum Verkauf oder zum Tausch bereiten, oder Bestellungen auf Mehl annehmen, oder überhaupt mit Mühlenfabrikaten Handel treiben, werden unter spezielle Steuer-Controle gestellt und gelten hierfür die in den §§. 88. bis einschließlich 91. gegebenen Vorschriften.

13. Mühlenrevision.

§. 50. Die Mühlen mit den dazu gehörigen Räumen (§. 37.) müssen für die Steuerbeamten in den Stunden von 6 Uhr Morgens bis 9 Uhr Abends stets geöffnet sein. Auch außer diesen Stunden ist den Beamten der Eintritt in die Mühle gestattet, so lange dieselbe im Gange ist.

Wird am Abende oder während der Nacht der Zugang der im Gange befindlichen Mühle geschlossen, so muß ein Klingelzug oder eine andere Vorrichtung vorhanden sein, durch welche die Steuerbeamten sich ankündigen.

Auf das von denselben gegebene Zeichen ist ihnen ungesäumt zu öffnen. Der Müller und seine Leute haben den Beamten jede des Dienstes wegen verlangte Auskunft zu ertheilen, auch die Vorkehrungen und Handleistungen willig zu beschaffen, welche für die Mühlenaufsicht der Beamten, einschließlich der von ihnen erforderlich zu erachtenden Verwiegungen nöthig sind.

§. 51. Das Haupt-Steuer-Amt hält für jede unter Steuer-Aufsicht stehende Mühle ein Revisionsbuch, in welches jede Revision und das Ergebniß derselben von den Beamten nach der Zeitfolge niedergeschrieben wird.

Dieses Buch wird an dem vom Ober-Controleur dazu bestimmten Orte in der Mühle niedergelegt und der Müller ist dafür verantwortlich, daß es jederzeit unbeschädigt vorhanden sei.

E. Pflichten der Müller, deren Mühlen unter allgemeiner Aufsicht stehen.

§. 52. Für die Inhaber der unter allgemeiner Aufsicht stehenden Mühlen gelten die Vorschriften §§. 22. 36. 37. 38. 50. und 51., der §. 37. jedoch mit der Beschränkung, daß die Abtheilung der Mühlenräume, zu welchen für die unter der Mühle und um dieselbe in dem durch Pfähle bezeichneten Bereiche des Kehrbaums befindlichen Raum gehört, nur nach den beiden Unterscheidungen:

a) für Körner und Mahlgut mit Mahlscheinen,
b) für dergleichen ohne Mahlschein,
c) für mit Beschlag belegtes Mahlgut

erforderlich ist.

In Ansehung des mit Mahlscheinen zur Mühle zu bringenden Mahlguts hat der Müller die Gattung zu prüfen, das Gewicht durch Verwiegung festzustellen, und den Waagenschein unter seiner Unterschrift auszufüllen, auch die Bestimmungen §§. 40. bis 43. zu beachten.

§. 53. Treibt der Inhaber solcher Mühlen Handel mit Mühlenfabrikaten, ohne in der Steuer fixirt zu sein, so ist derselbe den Vorschriften, welche in den §§. 17. und folgenden sowie in den §§. 35. und folgenden über die spezielle Mühlencontrole ertheilt sind, unterworfen.

Auch sonst hängt es von dem Ermessen der Steuerbehörde ab, diese Mühlen unter besondere Aufsicht (§. 12.) zu stellen oder diejenige Controle anzuordnen, welche sie den Umständen nach zur Sicherung des Steuer-Interesses für nothwendig hält.

Dritter Abschnitt.
Schlachtsteuer.

A. Im Stadtbezirke.

I. Gewerbliches Schlachten.

1. Anmeldung des Gewerbebetriebes.

§. 54. Jeder Schlächter hat dem Haupt-Steuer-Amte eine schriftliche Anzeige über den Zeitpunkt des Beginnes seines Gewerbes sowie zugleich darüber zu machen, wo seine Viehbestände sich befinden, wo die Schlachtungen geschehen, wo die Fleischbestände, und wo die Felle aufbewahrt werden sollen.

Er ist an eine genaue Beachtung seiner Angaben so lange gebunden, als solche nicht durch fernere schriftliche Anzeigen an das Haupt-Steuer-Amt abgeändert worden sind, oder das Haupt-Steuer-Amt nicht in besonderen Fällen eine Ausnahme ausdrücklich gestattet hat.

In gemeinschaftlichen Räumen als z. B. Scharren, Kellern und Eiskellern hat jeder Schlächter oder Händler mit Fleisch oder Fleischwaaren den ihm gehörigen Raum mit seinem Namen genau zu bezeichnen und daß dies geschehen sei, gleich bei der abzugebenden Anmeldung zu bemerken.

2. Angabe, ob nach Stücksätzen oder nach Gewicht versteuert werden soll.

§. 55. Acht Tage vor dem Eintritte eines jeden Kalenderviertelsjahres hat sich jeder Schlächter schriftlich zu erklären, ob er das zu schlachtende Vieh, nach dem Gewichte (§. 61.) oder ob und welche Gattungen desselben er nach dem Stücksatze (§. 60.) versteuern wolle. Diese Erklärung ist alsdann auf die Dauer des betreffenden Vierteljahrs für ihn verbindlich, so daß er in keinem Falle später die Wahl hat, ob er nach dem Stücksatz oder dem Gewichte versteuern will.

Von demjenigen Gewerbtreibenden, welcher in der bestimmten Frist keine Erklärung abgegeben hat, wird angenommen, daß er von der Zulassung zur Versteuerung nach Stücksätzen keinen Gebrauch machen wolle.

Wenn zwei oder mehrere Schlächter die eine oder andere Viehgattung gemeinschaftlich schlachten, so müssen sie sämmtlich über Gewichts- oder Stückversteuerung der betreffenden Viehgattung eine übereinstimmende Erklärung abgeben.

Der Anspruch auf die Versteuerung nach dem Stücksatze geht verloren:
1) wenn der Schlächter einzelne Viehstücke derjenigen Gattung, für welche er die Stückversteuerung gewählt hat, auf den Namen eines andern Schlächters, welcher nach Gewicht versteuert, oder
2) umgekehrt, wenn er ein Stück von einem Schlächter, der nach Gewicht versteuert, auf seinen Namen zur Stückversteuerung abfertigen läßt.

In beiden Fällen kann auch der nach dem Gewicht steuernde Schlächter, welcher dem nach dem Stücksatze steuernden behülflich gewesen ist, von der Stückversteuerung für die Zukunft ausgeschlossen werden, auch bleibt die Bestrafung der in solcher Handlung liegenden Defraudation vorbehalten.

3. Steuerbücher.

§. 56. Jedem Schlächter wird ein Schlacht-Revisions- und Versteuerungs-Buch von dem Haupt-Steuer-Amte für ein jedes Kalender-Vierteljahr unentgeldlich verabreicht. In dies Buch werden vom Haupt-Steueramte nach der demselben mündlich zu machenden Deklaration die Eintragungen bewirkt. Dasselbe muß in den Gewerbräumen an einem zum Schlachten zu bezeichnenden, vom Haupt-Steueramte auf dem Titelblatte zu bemerkenden Orte beständig so vorliegen, daß die revidirenden Beamten solches, insofern es nicht eben zur Hebestelle geschickt ist, sogleich zum Gebrauch empfangen können.

Sind die Gewerbräume in der Art örtlich getrennt, daß die Schlachtungen an einem anderen Orte erfolgen, als dem, wo die Fleischvorräthe aufbewahrt werden, oder daß die Fleischvorräthe sich an verschiedenen Orten befinden, so bestimmt das Haupt-Steuer-Amt, wo das Buch aufbewahrt werden soll, und es werden in den übrigen Räumen zur vollständigen Uebersicht der Bestände besondere Anschreibebogen niedergelegt, für welche in Bezug auf ihre gehörige Aufbewahrung die oben für die Steuerbücher selbst gegebenen Vorschriften gelten.

Diese Bücher und die Anschreibebogen müssen reinlich gehalten werden; sie müssen sorgfältig aufbewahrt werden, und es darf darin von Seiten des Schlächters nichts geschrieben oder gar radirt oder geändert werden.

Am Schlusse des Kalender-Vierteljahrs werden die Revisions- und Versteuerungs-Bücher gegen neue vertauscht, die zurückgegebenen aber nach erfolgter Revision den Schlächtern auf Verlangen wieder ausgehändigt. Sie müssen in diesem Falle von den Schlächtern noch ein Jahr lang aufbewahrt werden, um auf Erfordern vorgelegt werden zu können.

4. Erlaubniß zum Schlachten.

§. 57. Keine Schlachtung darf ohne vorher nachgesuchte, erhaltene und in das Steuerbuch eingetragene Erlaubniß der Steuerbehörde geschehen, und auch nicht anders, als genau nach dem Inhalte dieser Erlaubniß. Dafür ist nicht nur der Schlächter verhaftet, sondern auch derjenige, welcher für ihn die Schlachtung verrichtet.

Steuer-Hebestelle ist das Haupt-Steuer-Amt.

Ausnahmsweise und widerruflich kann denjenigen Schlächtern, welche die Steuer nach Stücksätzen entrichten, (§§. 55. 60.) gestattet werden, für den Fall, daß sie außerhalb der oben im §. 9. für das Haupt-Steueramt bestimmten Dienststunden oder an Sonn- und Festtagen wegen bringenden Fleischbedarfs Schlachtungen vorzunehmen genöthigt sind, die Erlaubniß zur Schlachtung an Sonn- und Festtagen in der Zeit von 11—12 Uhr Mittags auf dem Haupt-Steuer-Amte, an Wochentagen aber bei demjenigen Steuerbeamten, welcher dazu von dem Ober-Steuer-Controleur bestimmt und den Schlächtern durch Anschlag im Amtslokale namhaft gemacht werden soll, unter Vorlegung ihres Schlacht-Revisions- und Versteuerungsbuches nachzusuchen.

In solchem Falle wird der Steuerbetrag gleich deponirt, oder so lange gestundet, bis dessen Einzahlung in den nächsten Dienststunden erfolgen kann.

Wenn ein Schlächter sich jedoch in Zahlung der Steuer säumselig zeigt, so wird ihm die Vergünstigung einer Stundung für die Folge entzogen.

5. Schlachtzeit.

§. 58. Das Schlachten darf in der Regel nur von Sonnenaufgang bis Sonnenuntergang geschehen. Zum Schlachten außer dieser Zeit kann das Haupt-Steuer-Amt oder der Ober-Steuer-Controleur die Erlaubniß mit der Bestimmung der Stunde des Schlachtens ertheilen; es muß dann oder den revidirenden Steuerbeamten das Local, worin die Schlachtung geschehen soll, während der Schlachtung offen stehen.

6. Anmeldung und Versteuerung.

a) Schlachtanzeige.

§. 59. Vor jeder Schlachtung muß dem Haupt-Steuer-Amte die Zahl und Gattung des zu schlachtenden Viehes und überdies auch angezeigt werden, an welchem Tage und zu welcher Stunde, Vor- oder Nachmittags, geschlachtet werden soll. (§. 57.)

b) Abfertigungen.

aa) nach Stücksätzen.

§. 60. Wird nach Stücksätzen versteuert, so erfolgt die Versteuerung vor der Schlachtung.

Die Entrichtung der Steuer, die angezeigte Schlachtzeit und der Viehabgang wird in dem dem Haupt-Steuer-Amte vorzulegenden Steuerbuche bemerkt, und letzteres zurückgegeben.

bb) nach dem Gewichte.

§. 61. Bei einer Versteuerung nach dem Gewichte wird verfahren, wie im §. 59. bestimmt ist; die Gefälle-Entrichtung unterbleibt vorläufig, wogegen Sicherheit dafür gefordert werden kann.

Nach vollzogener Schlachtung wird das ausgeschlachtete Vieh mit dem Fleische, den Knochen und dem Fette, jedoch ohne Füße, Eingeweide und Darmfett, ungetheilt mit dem Steuerbuche zur Waage der Hebestelle gebracht, dort verwogen, und das Gewicht, so wie die nun danach zu erhebende Steuer in das Buch eingetragen.

Die verwogenen Viehstücke müssen eine von der Steuerbehörde durch einen Einschnitt an geeigneter Stelle oder auf andere Weise zu wählende Bezeichnung erhalten. Alles geschlachtete Vieh muß am Schlachttage, kleines Vieh, welches am Vormittage geschlachtet worden, noch am Vormittage zur Waage beim Hauptamte gebracht werden.

c) Gemeinschaftliches Schlachten.

§. 62. Wenn mehrere Schlächter ein Stück Vieh gemeinschaftlich schlachten, so muß derjenige, welcher die Versteuerung leistet, außer der im §. 59. vorgeschriebenen Meldung, auch noch angeben, wer die übrigen Theilnehmer sind, wo die Schlachtung und wo und zu welcher Stunde die Theilung des Stückes erfolgen soll.

Nur diejenigen Schlächter, welche eine gleiche Besteuerungsart (Stücksatz oder Gewicht) gewählt haben, können gemeinschaftlich Vieh schlachten.

Bevor die einzelnen Theilnehmer das Fleisch übernehmen, müssen sie den Zugang des Fleisches von dem Haupt-Steuer-Amt in ihre Steuerbücher eintragen lassen.

d) Kauf oder Tausch des Fleisches.

§. 63. 1. Kein Schlächter darf geschlachtetes Vieh ganz oder theilweise von einem andern Schlächter kaufen oder übernehmen, bevor nicht beide, sowohl derjenige, welcher im Stück geschlachtet hat, als derjenige, dem das geschlachtete Vieh ganz oder zum Theil abgelassen werden soll, selbst oder durch ihre Gewerbsgehülfen, mit ihren Schlachtversteuerungsbüchern sich bei dem Hauptsteueramte gemeldet und daselbst die resp. Ab- und Zuschreibung des Fleisches mit genauer Angabe des Gewichts in ihren Büchern nachgesucht und erhalten haben.

2. Bei Vermehrung des Fleischbestandes in dem Falle zu 1 darf der Zugang an Fleisch nicht in die Gewerbsräume des Schlächters aufgenommen werden, bevor die Anmeldung und Zuschreibung im Versteuerungsbuche bei dem Haupt-Steuer-Amte erfolgt ist.

3. Wer nach Stücksatz steuert und an einen nach Gewicht steuernden Schlächter ausgeschlachtete Viehstücke im Ganzen, zur Hälfte oder auch zum Viertel abläßt, muß solches vor der Abgabe dem Haupt-

Steuerämte anmelden. Ergiebt die zu veranlassende Gewichtsermittelung einen höheren Steuerbetrag, als der Stücksatz, so ist das Mehr nachzuversteuern.

4. Wer nach Gewicht steuert und an einen nach Stücksatz steuernden Schlächter ausgeschlachtete Viehstücke in vorgedachter Art ablassen will, hat dies vor der Abgabe gleichfalls anzumelden. Ergiebt die Gewichtsermittelung einen geringeren Steuerbetrag, als der Stücksatz, so ist die Differenz nachzuversteuern.

In beiden Fällen, No. 3 und 4, zahlt die Nachsteuer der Schlächter, der das Fleisch übernimmt.

II. Schlachten zum eigenen Bedarf. (Hausschlachtungen.)
1. Schlachtanzeige.

§. 64. Auf Schlachtungen zum eigenen Bedarf derjenigen Personen, welche nicht Schlächter sind, finden bezüglich der Schlachtzeit die Bestimmungen im §. 58. gleichmäßige Anwendung.

Wegen der Anmeldung zum Schlachten gilt die Vorschrift im §. 59., jedoch ist auch anzugeben:
 a) ob die Steuer nach dem Stücksatze, oder
 b) nach dem Gewicht,
entrichtet werden soll.

2. Abfertigung.

§. 65. Soll die Versteuerung nach Stücksätzen geschehen, so ertheilt das Haupt-Steuer-Amt, der Anmeldung gemäß, einen zugleich die Steuerquittung enthaltenden Schlachtversteuerungsschein. Wird die Versteuerung nach dem Gewichte vorgezogen, so wird nur der obere Theil des Schlachtscheines ausgefertigt, und dieser ausgehändigt, wobei die Abtragung der Steuer auf Erfordern durch ein Pfand sicher gestellt werden muß.

Bei letztgedachter Besteuerungsweise wird das ausgeschlachtete Stück Vieh zur Verwiegung gestellt (§. 61.), und nach dem ermittelten Gewichte die Steuer entrichtet gegen Rückempfang des durch Ausfüllung der Quittung vervollständigten Schlachtscheines, von welchem das Waage-Attest zurückbehalten wird.

Ist das zu schlachtende Vieh aus den Beständen der Steuernden und stehen diese unter Controle (§. 68.), so wird der Abgang in dem mit vorzulegenden Vieh-Controle-Buche vermerkt.

3. Obliegenheiten des Schlachtenden.

§. 66. Niemand darf eine solche Schlachtung (§§. 64. und 65.) verrichten, ohne vorher den Schlachtschein eingesehen zu haben, auch darf dieselbe nicht anders als genau nach Inhalt desselben, in Bezug auf Gattung des Viehes und Zeit und Ort der Schlachtung vorgenommen werden.

Sobald das Thier getödtet ist, muß der Schlachtende den Schlachtversteuerungsschein von oben nach unten zu bis über die Hälfte unverzüglich einreißen.

4. Aufbewahrung des Schlachtversteuerungs-Scheins.

§. 67. Den eingerissenen Schlachtschein (§§. 65., 66.) ist der Steuernde noch ein Jahr lang aufzubewahren und auf Erfordern vorzulegen verpflichtet.

III. Vieh-Controle.
1. Nachweis durch Versteuerungs- und Vieh-Controle-Bücher.

§. 68. Der Controle der Viehbestände sind unterworfen:
1) die Schlächter,
2) die Viehhändler, Viehmäster und diejenigen Gewerbtreibenden, die ihres Gewerbes wegen Vieh halten.

Sie wird geführt:
 bei den Schlächtern durch die Schlacht-, Revisions- und Versteuerungsbücher,
 bei den vorstehend unter No. 2 genannten Controlpflichtigen durch besondere Vieh-Controlebücher.

Für die Vieh-Controlebücher, welche von dem Haupt-Steuer-Amte geliefert und wenn sie voll geschrieben sind, gegen neue ausgetauscht werden, gelten gleichmäßig die Bestimmungen in dem §. 56.

In diesen Büchern wird jeder Zu- und Abgang an Vieh zu- und abgeschrieben und die Inhaber haften für die jederzeitige Richtigkeit ihres Viehbestandes nach dem Inhalte derselben. Sie haben sich daher zu überzeugen, ob die An- und Abschreibungen darin genau geschehen sind, im Falle des Irrthums aber sofort auf Abänderung anzutragen.

Ergiebt sich späterhin bei der Revision der Viehbestände durch die Beamten mehr oder weniger Vieh, als das Soll nach dem Buchabschlusse beträgt, so wird auf die Behauptung eines Irrthums in der An- oder Abschreibung keine Rücksicht genommen.

2. Eingang des Viehes.

§. 69. Das Einbringen des Viehes ist nur erlaubt:
1) in den Wintermonaten Oktober bis einschließlich Februar von 6 Uhr Morgens bis 10 Uhr Abends,
2) in den übrigen Monaten von 4 Uhr Morgens bis 10 Uhr Abends,

treten besondere Fälle ein, wo außer dieser Zeit Schlachtvieh eingeführt werden soll, so ist dazu die schriftliche Erlaubniß des Haupt-Steuer-Amts oder des Ober-Controleurs erforderlich.

Schlächter und der Viehcontrole unterliegende Personen innerhalb des Stadtbezirkes dürfen Schlachtvieh von außen nur allein auf den im §. 6. bezeichneten Steuerstraßen einführen.

3. Zu- und Abgangs-Anzeige.

§. 70. Jeder Vieh-Zugang, er entstehe:
a) durch Ankauf in der Stadt,
b) aus eigener Zuzucht, oder
c) durch Ankauf außerhalb des Stadtbezirks,

muß von den der Viehcontrole unterliegenden Personen mit Vorlegung des Schlachtrevisions- und Versteuerungs-, bezüglich des Vieh-Controle-Buches der Steuerbehörde angemeldet werden, und zwar muß zu a. und c. die Anmeldung und Eintragung geschehen sein, bevor das Vieh in das Haus aufgenommen wird, zu b. in den ersten 24 Stunden nach der Geburt des Viehes.

Die Anmeldung geschieht:
1) in den Abfertigungsstunden (§. 9.) dem Haupt-Steuer-Amte,
2) außer dieser Zeit demjenigen Beamten, welcher nach der Bestimmung im §. 57. die Erlaubniß zu Schlachtungen ausnahmsweise zu ertheilen befugt ist.

Erfolgt der Zugang durch Ankauf von einer andern der Vieh-Controle unterworfenen Person, so geschieht die Anmeldung, unter gleichzeitiger Vorlegung des eigenen und des Versteuerungs- oder Vieh-Controlebuches des Verkäufers.

Der Abgang durch Schlachten wird vorher bei Anmeldung zum Schlachten (§. 59.) mit Vorlegung des Steuer- oder Vieh-Controlebuches dem Haupt-Steuer-Amte angezeigt.

4. Abgang durch Verkauf.

§. 71. Der Abgang durch Verkauf oder sonstige Entäußerung wird dem Haupt-Steuer-Amte durch eine besondere Anmeldung angezeigt, auf Erfordern schriftlich, außerdem aber mündlich unter Vorlegung des Versteuerungs- bezüglich Vieh-Controlebuches. Derjenige, an den das Vieh gelangt, ist zuverlässig nachzuweisen.

Geschieht die Veräußerung nach außen, so wird nach erfolgter Anmeldung von dem richtigen Ausgang Ueberzeugung genommen und nachdem derselbe bescheinigt ist, die Abschreibung bewirkt.

5. Abgang durch Sterbefall.

§. 72. Der Viehabgang durch Sterbefall wird dem Haupt-Steuer-Amte sofort angemeldet und das gefallene Vieh demjenigen Beamten angezeigt werden, der dazu in Folge der eingereichten Abgangs-Anzeige beauftragt worden ist. Das krepirte Vieh muß hierauf unter amtlicher Aufsicht vergraben werden. Jede Tödtung eines erkrankten Stückes Vieh, sei es bei Schlächtern oder Privatpersonen, auch wenn das Fleisch nicht zum Verkauf oder zur eigenen Consumtion bestimmt ist, muß einer Schlachtung dem Haupt-Steuer-Amte vorher angemeldet werden. — Die Steuer wird erlassen, wenn das Fleisch unbrauchbar gefunden und gemäß der Anordnung des Haupt-Steuer-Amtes damit verfahren wird.

6. Austrieb zur Hütung oder Mast auf längere Zeit.

§. 73. Soll der Viehbestand oder ein Theil davon zur auswärtigen Hütung oder Mast auf länger als einen Tag gehen, so ist zuvor dem Haupt-Steuer-Amte davon schriftliche Anzeige zu machen, welches den Ausgang aus dem Stadtbezirke kontroliren und bescheinigen läßt, sodann aber den Abtrieb im Steuer-bezüglich Controlebuche bemerkt.

Hirten oder andere Personen, welche dergleichen Vieh auf die Weide treiben, müssen, wenn sie ihr eigenes Vieh mit in die Heerde aufnehmen wollen, davon dem Haupt-Steuer-Amte Anzeige machen, und ihr Vieh mit einem von der Marke des gezeichneten Schlächterviehes abweichenden Zeichen versehen; zugleich haben sie die Verpflichtung, den Aufsichtsbeamten die Ställe, in welche das Vieh eingetrieben wird, zu jeder Zeit, von 6 Uhr Morgens bis 9 Uhr Abends Behufs der Revision zu öffnen und ihnen beim

7. Täglicher Austrieb zur Hütung.

§. 74. Vieh, welches nur für den Tag zur Hütung ausgetrieben wird und des Abends zurückkehrt, wird in den Steuer- bezüglich Controlebüchern nicht an- und abgeschrieben.

Wer erklärt hat, seinen Viehbestand täglich zur Weide treiben zu lassen, darf ohne vorherige Anzeige nichts davon zurück behalten.

8. Veränderung des Viehbestandes durch Alter.

§. 75. Veränderungen des Viehbestandes, welche dadurch entstehen, daß ein Stück Vieh durch höheres Alter in eine andere steuerpflichtige Klasse rückt, werden nicht besonders angemeldet.

In vorkommenden Fällen berichtigen die Revisionsbeamten die Bücher durch Zu- und Abschreibungen.

In die Klasse der Stiere oder Fersen treten Kälber, sobald sie ein halbes Jahr alt geworden und dann die Kälberzähne nicht mehr vorhanden sind.

Schaaf- oder Ziegen-Lämmer, ingleichen Spanferkel, sind als solche nur den ersten Sommer, also bis zum 1. Oktober, anzunehmen; in außergewöhnlicher Zeit geborene, nur im ersten halben Jahre.

IV. Revision.

1. Der Gewerbsräume und Viehbestände.

§. 76. Die Beamten sind befugt, von Morgens 6 bis Abends 9 Uhr die angemeldeten Gewerbsräume der Schlächter zu revidiren. Auch außer dieser Zeit unterliegen die Räume, so lange darin gearbeitet und verkauft wird, dieser Revision.

Die Schlächter und deren Gehülfen sind verpflichtet, sich während der Revision ruhig und bescheiden zu verhalten, und den revidirenden Beamten diejenige Hülfe zu leisten oder leisten zu lassen, welche erforderlich ist, um die Revision gehörig vornehmen zu können.

Viehhändler, Viehmäster und alle übrige Gewerbetreibende, die ihres Gewerbes wegen Schlachtvieh halten, sind verpflichtet, den Beamten bei den abzuhaltenden Revisionen über den Ursprung oder den Verbleib ihres Viehes unter Vorlegung ihrer Vieh-Controlbücher Auskunft zu geben.

Auch sind die Beamten berechtigt, bei Schlachtungen zum eigenen Bedarf (§. 64.) von der Richtigkeit der Anmeldung und Versteuerung Ueberzeugung zu nehmen.

2. Der Fleischbestände.

§. 77. Bei Revision der Fleischbestände hat der Schlächter den Revisionsbeamten die vorhandenen Fleischbestände vorzulegen und genau anzugeben, auch hat er, wenn gegen das abgeschätzte Gewicht des in Stücken befindlichen Fleisches Widerspruch erhoben wird, dasselbe vorzulegen, damit die Revisionsvermerke richtig und in voller Uebereinstimmung mit dem vorhandenen Fleische in die Fleisch-Controle eingetragen werden können. Derselbe oder dessen Stellvertreter muß sich daher sofort davon überzeugen, ob die An- und Abschreibungen genau geschehen sind, im Falle des Irrthums aber auf Abänderung antragen.

Bei den Revisionen der gemeinschaftlich von den Fleischern zur Aufbewahrung des Fleisches benutzten Scharren oder Keller, wird das in diesen Räumen vorgefundene Fleisch von den Steuerbeamten als demjenigen gehörig betrachtet, mit dessen Namen der Platz, an dem sich das Fleisch befindet, versehen ist. (§. 54.)

B. Gewerbliches Schlachten im äußeren Stadtbezirk.

§. 78. Diejenigen Bewohner des äußern Stadtbezirks, welche nach §. 1. des Gesetzes vom 2. April 1852 zur Ergänzung des Mahl- und Schlachtsteuer-Gesetzes vom 30. Mai 1820 von dem Vieh, welches sie schlachten oder schlachten lassen, die Schlachtsteuer entrichten müssen, stehen in Absicht ihrer Vieh- und Fleisch-Bestände ebenfalls unter der besonderen Aufsicht der Beamten und es kommen hinsichtlich ihrer die §§. 54. bis incl. 63., 68 bis incl. 77. zur Anwendung.

Entnehmen Schlächter im äußeren Stadtbezirke Fleisch von Schlächtern aus der Stadt, so ist das Steuerbuch dem Haupt-Steuer-Amte vorzulegen, welches die Eintragung bewirkt und den Ausgang controlliren läßt.

Vierter Abschnitt.

Ein-, Aus- u. Durchgang von Mühlen-Fabrikaten, Back- u. Fleischwaaren.

A. Eingang.

1. Unversteuert.

§. 79. Wer mahl- und schlachtsteuerpflichtige Gegenstände in den Stadtbezirk bringt, muß dieselben ohne Unterschied sofort unaufgefordert auf den in dem §. 6. vorgeschriebenen Steuerstraßen der Waage-Expedition gestellen und dieselben nach Art und Menge bellariren, worauf sie nach erfolgter Revision entweder gegen Erlegung der Eingangssteuer die Abfertigung bei dem Haupt-Steuer-Amte erhalten, oder, wenn deren Gewicht zusammen unter ⁵/₁₀ Centner beträgt, frei abgelassen werden.

Gehen mahl- und schlachtsteuerpflichtige Gegenstände zu Wasser ein, so müssen solche dem Haupt-Steuer-Amte, bevor eine Ausladung erfolgt, unter Vorlage der etwa darüber vorhandenen Frachtbriefe angemeldet und damit so verfahren werden, wie es das Haupt-Steuer-Amt bestimmt.

Mahl- und schlachtsteuerpflichtige Gegenstände, welche die Eisenbahn-Passagiere unter ihrem Gepäck mit Zügen einbringen, welche nicht innerhalb der (§. 9.) bestimmten Dienststunden eintreffen, müssen bis zur Eröffnung dieser Dienststunden auf dem Eisenbahnhofe zurück bleiben. Der Besitzer hat den hierauf bezüglichen Anordnungen der daselbst anwesenden Steuer-Aufsichts-Beamten Folge zu leisten.

2. Versteuert mit Versendungsscheinen.

§. 80. Gehen mahl- und schlachtsteuerpflichtige Gegenstände mit Versendungsscheinen in den Stadtbezirk ein, um darin zu verbleiben, so sind dieselben unter Vorlegung des Versendungsscheines auf die im §. 79. beschriebene Weise der Waage-Expedition zu gestellen.

Werden von dieser die eingeführten Gegenstände mit dem zurückzubehaltenden Versendungsschein in Uebereinstimmung befunden, so werden sie steuerfrei abgefertigt.

Sind mahl- und schlachtsteuerpflichtige Gegenstände vom Auslande eingegangen, und ist davon an der Grenze die Eingangs-Abgabe entrichtet worden, so unterbleibt mit den nach der Allerhöchsten Verordnung vom 27. Oktober 1856 (Gesetz-Sammlung für 1856 Seite 911) eintretenden Ausnahmen die Versteuerung, wenn die Gegenstände mit dem von dem Grenz-Zoll-Amte angelegten Verschlusse und innerhalb der von demselben festgesetzten Frist eingehen, dieselben auch, sofern der Eingang über ein preußisches Grenz-Zoll-Amt stattgefunden hat, neben der Quittung über die Eingangs-Abgabe mit einem besonderen Versendungsschein versehen sind.

3. Für Gewerbetreibende des äußern Stadtbezirks.

§. 81. Mahl- und schlachtsteuerpflichtige Gegenstände, welche unversteuert oder versteuert mit Versendungsscheinen für Gewerbtreibende des äußern Stadtbezirks (§. 2.) von außerhalb eingehen, müssen, bevor sie anders wohin gelangen, nach den Vorschriften der §§. 79. u. 80. zur Abfertigung gestellt werden.

B. Durchgang.

a) Zu Lande. §. 82. Sollen Fleisch- oder Backwaaren, sowie Mühlenfabrikate durch den Stadtbezirk geführt werden, so müssen solche auf den in dem §. 6. vorgeschriebenen Steuerstraßen zum Haupt-Steuer-Amte gelangen, um dort weiter abgefertigt und aus dem Stadtbezirk amtlich begleitet zu werden.

Solche Gegenstände müssen, insofern nicht außergewöhnliche Umstände, als Schadhaftigkeit der Transportmittel und dergleichen, eine bei dem Haupt-Steuer-Amte nachzusuchende Ausnahme begründen, ohne Verzug durchgeführt werden.

Durchreisende, welche steuerpflichtige Gegenstände mit sich führen und im Stadtbezirke übernachten, müssen solche dem Haupt-Steuer-Amte anmelden und unter Umständen durch Pfand Sicherheit für die Steuer bestellen.

b) Beim Durchgange auf der Warthe bedarf es der Anmeldung nicht, wenn Kahnschiffer zur Tageszeit ohne anzulegen und ohne weitern Aufenthalt durchfahren. Anderenfalls ist, unter Beachtung der Anordnung im §. 6. unter B., die Anmeldung der steuerpflichtigen Gegenstände beim Haupt-Steuer-Amte sofort zu bewirken und dessen in jedem Falle besonders zu ertheilende Bestimmung zu befolgen.

C. Ausgang nach einer andern mahl- und schlachtsteuerpflichtigen Stadt.

§. 83. Wenn abgabenpflichtige Gegenstände, von welchen die Mahl- u. Schlachtsteuer in Landsberg bereits entrichtet ist, nach einer andern mahl- und schlachtsteuerpflichtigen Stadt gehen sollen, so giebt der Versender der Waage-Expedition dieselben nach Art, Menge und Zahl der Frachtstücke unter Anzeige des Bestimmungsortes, an, gestellt die Gegenstände selbst zur Revision und zum amtlichen Verschluß und läßt sich von dem Haupt-Steuer-Amte einen Versendungsschein ertheilen. Das Haupt-Steuer-Amt kann über die bereits wirklich geschehene Versteuerung der zu versendenden Gegenstände Nachweis verlangen, und wenn dieser nicht befriedigend geführt wird, die pfandweise Niederlegung der Steuer bis zur ausgemachten Sache fordern. Der mit amtlichem Verschluß wirklich erfolgte Ausgang wird von dem Beamten, welcher die Gegenstände aus dem Stadtbezirke begleitet, auf der Rückseite des Versendungsscheins bemerkt.

Auf Weizen- und Roggenmehl in Mengen von mehr als einem Centner werden in Gemäßheit der Allerhöchsten Bestimmungen vom 24. Oktober 1832 Versendungsscheine nicht ertheilt.

D. **Verkehr zwischen dem Stadtbezirke und dem äußern Stadtbezirk.**

§. 84. Mehl-, Back- und Fleischwaaren, welche die im äußern Stadtbezirk wohnenden Gewerbtreibenden (§. 2.) in den Stadtbezirk einführen, unterliegen der Entrichtung der Eingangssteuer und den Vorschriften des §. 79. ebenso, als wenn sie von anderen Personen eingeführt werden, ohne Rücksicht auf deren vorhergegangene Versteuerung.

Den Bewohnern des äußeren Stadtbezirkes kann nach Bedürfniß vom Haupt-Amte nachgegeben werden, Brot- und Kuchenteig, der zum Verbacken bei den Bäckern des Stadtbezirks bestimmt ist, desgleichen Fleisch zum Räuchern, steuerfrei einzubringen. Dergleichen Gegenstände sind aber der Waage-Expedition zur Ansicht und Verwiegung zu stellen, und die Eingangssteuer ist dafür zu deponiren. Beim Wiederausgange muß wiederholte Verwiegung eintreten, wonächst dem Einbringer, sofern sich keine Unrichtigkeiten herausstellen, das eingelegte Pfand gegen Rückgabe des beim Eingange ausgestellten Pfandscheines wieder ausgezahlt wird.

E. **Transport und Markt-Verkehr im innern Stadtbezirk.**

§. 85. Wer im innern Stadtbezirke Fuhrwerke oder Gepäck führt, ist verbunden, auf Erfordern der Steuerbeamten anzuhalten, die über die Ladung an ihn gerichteten Fragen aufrichtig und bescheiden zu beantworten und sich der nöthig befundenen Revision alsbald zu unterwerfen, oder Behufs der Revision den Beamten zum Haupt-Steuer-Amte zu folgen.

Namentlich haben Alle, welche hausiren oder auf Marktplätzen oder andern Verkaufsstellen steuerpflichtige Gegenstände feil bieten, über die geschehene Entrichtung der Gefälle auf Erfordern sich auszuweisen oder weiteres Einschreiten der Steuerbehörde zu gewärtigen.

Fünfter Abschnitt.
Controlirung der Gewerbtreibenden im innern Stadtbezirke und äußeren Stadtbezirke.

A. Allgemeine Bestimmungen.

1. **Anzeige des Beginns des Gewerbebetriebes und Anmeldung der Gewerbsräume.**

§. 86. Jeder im inneren oder äußeren Stadtbezirke wohnende Bäcker und Händler, mit Fleischwaaren, Backwaaren, Mehl, Graupen, Grütze, Gries, Nudeln, Stärke und Hirse, hat dem Haupt-Steuer-Amte den Beginn seines Gewerbes sogleich anzuzeigen und demselben, eine zweifache schriftliche Anmeldung seiner Gewerbsräume und der Aufbewahrungs-Orte seiner Bestände zu übergeben.

Diese Anmeldung ist für die Gewerbtreibenden so lange verbindlich, als sie solche durch eine anderweite schriftliche Anmeldung nicht abändern.

Die Gewerbsräume und die darin vorhandenen Vorräthe an mahl- und schlachtsteuerpflichtigen Waaren können der Aufsicht und Revision der Steuerbeamten unterworfen werden.

2. **Contobücher.**

§. 87. Sämmtliche im §. 86. gedachte Personen sind im Allgemeinen gebunden, auf Erfordern der Steuerbehörde über den Zu- und Abgang an steuerpflichtigen Gegenständen ein besonderes Buch nach der vom Haupt-Steuer-Amte zu ertheilenden Anweisung zu führen und alsdann die Vorschriften pünktlich zu beachten, welche jedem einzelnen in dieser Beziehung werden bekannt gemacht werden.

B. Besondere Bestimmungen für Müller, welche Mehlhandel treiben.

§. 88. Die für den Handel bestimmten Vorräthe an Mühlenfabrikaten dürfen weder in den Mühlenräumen selbst, noch in solchen Räumen aufbewahrt werden, welche mit jenen in Verbindung stehen, soweit dies nicht nach der Lokalität unvermeidlich und unter besonders vorzuschreibender Controle ausdrücklich nachgegeben ist.

§. 89. Ueber den Zugang und Abgang von Mühlenfabrikaten, die für den Handel des Müllers bestimmt sind, ist ein nach Anweisung des Haupt-Steuer-Amtes einzurichtendes Contobuch zu führen.

Jeder durch eigene Fabrikation entstehende Zugang ist, sobald das Fabrikat bereitet und aus der Mühle geschafft worden, unter Bezugnahme auf den betreffenden Mahlversteuerungsschein unverzüglich einzutragen.

Zugang fertiger Mühlenfabrikate von außen ist, sobald er erfolgt, zu buchen, und sind die empfangenen

Zugang durch Uebernahme versteuerter Mühlenfabrikate von anderen Mehlhändlern oder dritten Personen kann nur durch das Haupt-Steuer-Amt vermittelt werden, welches die Zu- resp. Abschreibung in den Büchern vermerkt und falls die Ueberlassung von Privat-Personen stattfindet, die erfolgte Versteuerung der zu überlassenden Mengen sich nachweisen läßt.

Bevor die Zuschreibung im Contobuche Seitens des Haupt-Steuer-Amtes nicht erfolgt ist, darf der Müller die Mühlenfabrikate in seine Behausung nicht aufnehmen.

§. 90. Jeder Verkauf resp. Abgang von einem halben Centner und darüber in einer Post ist unter namentlicher Angabe des Empfängers sofort im Conto-Buche abzuschreiben.

Kleinere Verkäufe werden täglich summarisch nach Gewicht abgeschrieben; diese summarische Abschreibung muß an jedem Tage spätestens um 6 Uhr Abends erfolgt sein.

Außerdem ist der Müller zu dieser Abschreibung während des Tages sofort verpflichtet, wenn es Behufs der Revision von den revidirenden Beamten verlangt wird.

Sechster Abschnitt.
Strafen.

§. 91. Wer es unternimmt, sich der schuldigen Mahl- und Schlachtsteuer durch Uebertretung der dafür gegebenen Bestimmungen zu entziehen, ist nach §. 17. des Gesetzes vom 30. Mai 1820 den Strafen der Steuer-Verkürzung §§. 60. bis einschließlich 65. der Steuer-Ordnung vom 8. Februar 1819 verfallen.

Müller, Bäcker, Schlächter und Andere, welche wissentlich oder durch Nichtbefolgung der sie betreffenden Vorschriften beabsichtigte Steuerumgehung befördern, verwirken dieselbe Strafe, und wird hierbei in Ansehung der Müller noch besonders auf den §. 2. des Ergänzungs-Gesetzes vom 2. April 1852 verwiesen.

§. 92. Andere Uebertretungen der in diesem Regulativ enthaltenen Vorschriften, werden nach §. 90. der Steuer-Ordnung vom 8. Februar 1819 mit einer Strafe von ein bis zehn Thalern geahndet.

Inhalts-Verzeichniß.
Erster Abschnitt. Allgemeine Bestimmungen.

A. Oertliche Begrenzung der Steuerpflichtigkeit.
   1. Stadtbezirk . . . . §. 1.
   2. Aeußerer Stadtbezirk . . . . §. 2.
B. Beamte.
   1. Zur Aufsicht . . . . §. 3.
   2. Zur Erhebung . . . . §. 4.
C. Steuerstraßen und Eingänge im Stadtbezirk.
   I. Steuerstraßen.
     a) Einhalten derselben . . . . §. 5.
     b) Bezeichnung der Steuerstraßen . . . . §. 6.
     c) Meldung bei dem Hauptsteuer-Amte . . . . . . §§. 7. 8.
D. Zeit für Eingang und Abfertigung.
   1. Bei dem Hauptsteuer-Amte und der Waage-Expedition . . . . . . §. 9.
   2. Bestimmungen für die Abfertigungsstellen . . . . §. 10.

Zweiter Abschnitt. Mahlsteuer.

A. Aufsicht auf die Mühlen.
   I. Deren Ausdehnung im Allgemeinen . . . . §. 11.
   II. Nach Verschiedenheit der Mühlen:
     1. Mühlen unter besonderer Aufsicht . . . . §. 12.
     2. Mühlen unter allgemeiner Aufsicht . . . . §. 13.
     3. Privatmühlen . . . . §. 14.
     4. Mühlen für andere Zwecke . . . . §. 15.
     5. Neu entstehende Mühlen . . . . §. 16.
B. Behandlung der unter besonderer Aufsicht stehenden Mühlen.

    2. Mahlscheine
        a) deren Erforderniß . . . . §. 18.
        b) in Bezug auf Menge der Körner . . . . . §. 19.
        c) in Bezug auf Körnergattung . . . . §. 20.
    3. Transport zu und aus der Mühle . . . . §. 21.
    4. Bezeichnung der Säcke . . . . §. 22.
    5. Gewichts-Verhältniß des fertigen Mahlgutes zu den Körnern §. 23.
    6. Transport des Mahlgutes . . . . §. 24.
 II. Abfertigung zu den unter besonderer Controle stehenden Mühlen.
    1. Steuerpflichtiges Mahlgut:
        a) Anmeldung . . . . §. 25.
        b) Prüfung der Anmeldung . . . . §. 26.
        c) Bezettelung . . . . §. 27.
        d) Versteuerung . . . . §. 28.
        e) Verwiegung des fertigen Mahlgutes . . . . §. 29.
    2. Branntwein und Braumalzschroot . . . . §. 30.
    3. Landgemahl . . . . §§. 31. 32.
C. Behandlung der unter allgemeiner Aufsicht stehenden Mühlen.
    1. Form der Steuer-Entrichtung . . . . §. 33.
    2. Bezeichnung der Säcke . . . . §. 34.
D. Pflichten der Müller, deren Mühlen unter besonderer Aufsicht stehen §. 35.
    1. Anzeige vorkommender Besitzveränderungen . . . §. 36.
    2. Abtheilung der Mühlenräume . . . . §. 37.
    3. Mühlenbeschreibung . . . . §§. 38. 39.
    4. Vergleichung des Mahlgutes mit den Mahlscheinen §§. 40. 41.
    5. Verfahren mit den Mahlscheinen . . . . §. 42.
    6. Dauer der Gültigkeit der Mahlscheine auf den Mühlen §. 43.
    7. Eigenes Mahlgut der Müller . . . . §. 44.
    8. Getreide-Bestände der Müller . . . . §. 45.
    9. Mahlmetze . . . . §. 46.
   10. Stein- und Staubmehl . . . . §. 47.
   11. Mehlvorräthe . . . . §. 48.
   12. Handel mit Mehl und Mühlenfabrikaten . . . . §. 49.
   13. Mühlenrevision . . . . §§. 50. 51.
E. Pflichten der Müller, deren Mühlen unter allgemeiner Aufsicht stehen §§. 52. 53.

Dritter Abschnitt. Schlachtsteuer.

 I. Gewerbliches Schlachten. A. im Stadtbezirk.
    1. Anzeige des Gewerbebetriebs und der Gewerbs-Räume §. 54.
    2. Angabe ob nach Stücksätzen oder Gewicht versteuert werden soll §. 55.
    3. Steuerbücher . . . . §. 56.
    4. Erlaubniß zum Schlachten . . . . §. 57.
    5. Schlachtzeit . . . . §. 58.
    6. Anmeldung und Versteuerung.
        a) Schlachtanzeige . . . . §. 59.
        b) Abfertigungen.
           aa. nach Stücksätzen . . . . §. 60.
           bb. nach Gewicht . . . . §. 61.
        c) gemeinschaftliches Schlachten . . . . . . §. 62.
        d) Kauf oder Tausch des Fleisches . . . . . §. 63.
II. Schlachten zum eigenen Bedarf (Hausschlachten).
    1. Schlachtzeit und Anzeige . . . . §. 64.
    2. Abfertigung . . . . §. 65.
    3. Obliegenheiten der Schlachtenden . . . . §. 66.
    4. Aufbewahrung des Schlachtscheines . . . . . . §. 67.

III. **Vieh-Controle.**
    1. Nachweis der Versteuerungsbücher der Schlächter . . . . §. 68.
    2. Eingang des Viehes . . . . §. 69.
    3. Zu- und Abgangs-Anzeige . . . . §. 70.
    4. Abgang durch Verkauf . . . . §. 71.
    5. Abgang durch Sterbefall . . . . §. 72.
    6. Austrieb zur Hütung oder Mast auf längere Zeit . . . . §. 73.
    7. Täglicher Austrieb zur Hütung . . . . §. 74.
    8. Veränderung des Viehbestandes durch Alter . . . . §. 75.
IV. **Revision.**
    1. Der Gewerbsräume und Viehbestände . . . . §. 76.
    2. Der Fleischbestände . . . . §. 77.
    B. Gewerbliches Schlachten im äußeren Stadtbezirk . . . . §. 78.

Vierter Abschnitt. Ein-, Aus- und Durchgang von Mühlenfabrikaten Back- und Fleischwaaren.

A. Eingang.
    1. Unversteuert . . . . §. 79.
    2. Versteuert mit Versendescheinen . . . . §. 80.
    3. Für Gewerbtreibende des äußern Stadtbezirkes . . . . §. 81.
B. Durchgang . . . . §. 82.
C. Ausgang nach einer andern mahl- und schlachtsteuerpflichtigen Stadt . §. 83.
D. Verkehr zwischen dem Stadtbezirk und dem äußeren Stadtbezirk . . §. 84.
E. Transport und Marktverkehr im äußeren und innern Stadtbezirk . . §. 85.

Fünfter Abschnitt. Controlirung der Gewerbtreibenden im äußeren Stadt-Bezirk und des Marktverkehrs.

A. Allgemeine Bestimmungen:
    1. Anzeige des Gewerbebetriebes . . . . §. 86.
    2. Contobücher . . . . §. 87.
B. Besondere Bestimmungen für Müller, welche Mehlhandel treiben . . §§. 88. 89. 90.

Sechster Abschnitt.

Strafen . . . . §§. 91. 92.

Zweite Außerordentliche Beilage
zum Amtsblatt № 8. der Königlich Preuß. Regierung zu Frankfurt a. d. O.

Ausgegeben den 24. Februar 1864.

Anweisung vom 18. Januar 1864
für das
Verfahren bei Anfertigung der Flurbücher und Mutterrollen für die Gemeinde- und selbstständigen Gutsbezirke in den sechs östlichen Provinzen des Staats behufs Untervertheilung und Erhebung der nach dem Gesetz vom 21. Mai 1861 veranlagten Grundsteuersummen.

A. Allgemeine Bestimmungen.

§. 1. Das Flurbuch soll sämmtliche Liegenschaften des Gemeinde- oder selbstständigen Gutsbezirks in ihrem natürlichen Zusammenhange und mit Bezeichnung ihres Flächeninhalts und Reinertrags übersichtlich nachweisen, zugleich in Verbindung mit der Mutterrolle, deren Grundlage es bildet, die Artikelnummern der letzteren und die Namen der Eigenthümer der einzelnen Liegenschaften enthalten.

Die Mutterrolle, auf das Flurbuch gegründet, hat den Zweck, die einzelnen Grundeigenthümern innerhalb desselben Gemeinde- oder selbstständigen Gutsbezirks gehörigen Liegenschaften ebenfalls mit Angabe ihres Flächeninhalts und Reinertrags und der darnach veranlagten Grundsteuer in besonderen Artikeln so genau und übersichtlich zusammen zu fassen, daß danach die Individualsteuer-Erhebung mit vollkommenster Sicherheit sowohl für die Staatskasse als für die Steuerpflichtigen selbst geordnet werden kann.

Dem Flurbuch und der Mutterrolle ist behufs Erleichterung der Uebersicht und ihrer Handhabung ein Verzeichniß der einzelnen Artikel beizufügen.

§. 2. Für jeden Gemeinde- und jeden selbstständigen Gutsbezirk ist ein besonderes Flurbuch und eine besondere Mutterrolle anzulegen.

Solche einzelnen Etablissements und Grundstücke, welche keinen besonderen Gemeinde- oder selbstständigen Gutsbezirk bilden, beziehungsweise einem solchen nicht angehören, sind bezüglich der Grundsteuererhebung, unbeschadet ihrer kommunalen Selbstständigkeit, nach der Bestimmung der Regierung einem benachbarten Gemeinde- oder selbstständigen Gutsbezirk zuzuschlagen und in das Flurbuch und die Mutter-

endlich mit den Namen ihrer Eigenthümer und in denjenigen Landestheilen, in welchen die allgemeine Hypothekenordnung gilt, soweit es ohne Schwierigkeiten und Weiterungen erreicht werden kann, mit ihrer Bezeichnung im Hypothekenbuch nachzuweisen.

Der Reinertrag der Liegenschaften wird nach Maßgabe derjenigen Einschätzungen nachgewiesen, welche behufs Ausführung der Hauptanweisung zum Grundsteuergesetz vom 21. Mai 1861 bewirkt worden sind.

§. 4. 1. Jedes Grundstück wird ohne Rücksicht darauf, ob die Zuschreibung im Hypothekenbuch bereits erfolgt ist oder nicht, in der Regel auf den Namen seines Eigenthümers in das Flurbuch und die Mutterrolle eingetragen, es mag das Eigenthum dem Staate, einer Gemeinde, Gemeindeabtheilung, Korporation, Genossenschaft, Stiftung oder einer anderen moralischen Person oder einem einzelnen Individuum zustehen.

2. Grundstücke, welche sich im gemeinschaftlichen Eigenthum mehrerer Miterben oder anderer Miteigenthümer befinden, werden im ersten Falle unter dem Kollektivnamen „die Erben", oder unter dem Namen des Mutters oder der Wittwe mit dem Zusatz „und Miterben"; im letzteren Falle unter dem Namen desjenigen Miteigenthümers, welcher den größten Antheil daran hat, mit dem Zusatz „und Miteigenthümer" eingetragen. Haben alle Miteigenthümer gleichen Antheil, so erfolgt die Eintragung mit dem Zusatze „und Miteigenthümer" auf denjenigen Namen, welcher in alphabetischer Ordnung der erste ist, wobei jedoch ein in dem Gemeinde- oder selbstständigen Gutsbezirk wohnender Miteigenthümer den auswärts wohnenden vorgeht (§. 39. zu d.).

3. Bei Gütern oder Grundstücken, welche im Prozeß befangen sind, wird ein ähnliches Verfahren (wie zu 2.) beobachtet, und der gegenwärtige Inhaber — event. unter Bemerkung des Prätendenten — aufgeführt (§. 39. zu d.).

4. Grundstücke, deren Eigenthümer nicht zu ermitteln sind, oder welche von ihren Eigenthümern aufgegeben oder verlassen worden, sind einstweilen und mit Vorbehalt späterer Aufklärung der bezüglichen Verhältnisse unter der Bezeichnung „Unbekannte Eigenthümer" einzutragen.

§. 5. Walten Streitigkeiten über Eigenthumsgrenzen ob, die nicht sogleich beseitigt werden können, so werden die streitigen Grenzen mit Berücksichtigung der Oertlichkeit in möglichst entsprechender Weise angenommen und die Grundstücke demgemäß, ohne daß dadurch die Rechte und Ansprüche der betreffenden Eigenthümer in irgend welcher Art berührt oder beeinträchtigt werden, in das Flurbuch und die Mutterrolle eingetragen.

Läßt sich in einzelnen Fällen nach den obwaltenden Verhältnissen eine Festsetzung der vorgedachten Art nicht herbeiführen, so sind die betreffenden Grundstücke als ein Ganzes zu behandeln und in das Flurbuch und die Mutterrolle als gemeinschaftliches Eigenthum der beiden oder mehreren Interessenten aufzuführen (§. 39. zu d.).

§. 6. Die der Gebäudesteuer unterliegenden Gebäudeflächen, Hofräume und unter einem Morgen großen Hausgärten (§. 1. zu a. des Grundsteuergesetzes vom 21. Mai 1861) sind, soweit die Unterlagen dazu vorliegen, oder ohne besonderen Zeit- und Kostenaufwand beschafft werden können, ihrem Besitzstande und Umfange nach einzeln festzustellen und demgemäß in die Flurbücher und Mutterrollen speziell mit aufzunehmen.

Wenn die vorbezeichneten Voraussetzungen nicht zutreffen, sind die gedachten Liegenschaften als ein Ganzes unter der Bezeichnung „Ungetrennte Hofräume und Hausgärten" aufzuführen (§. 39. zu e.).

§. 7. Mit Leitung der gesammten Aufnahmearbeiten innerhalb des landräthlichen Kreises wird ein Kommissarius beauftragt, welcher das Geschäft speciell zu überwachen, insbesondere dafür Sorge zu tragen hat, daß die Bestimmungen dieser Anweisung eine sorgfältige und sachgemäße Anwendung finden.

Demselben wird behufs Ausführung der in den §§. 11. bis 47. bezeichneten Arbeiten das erforderliche Personal an Feldmessern oder anderen geeigneten Personen beigegeben, an welche er die Geschäfte mit Berücksichtigung der dieserhalb ergehenden besonderen Weisungen zu vertheilen hat.

Der Kommissar hat ferner, mit Berücksichtigung der ihm dieserhalb zu ertheilenden besonderen Anweisung, die Reihenfolge zu bestimmen, in welcher die Flurbücher und Mutterrollen für die einzelnen Gemeinde- und selbstständigen Gutsbezirke bearbeitet werden sollen, auch dafür zu sorgen, daß die Karten, Schriftstücke und sonstigen Materialien, welche zur sachgemäßen und pünktlichen Durchführung der Geschäfte erforderlich sind, rechtzeitig herbeigeschafft werden.

Derselbe ist befugt, das Ermittelungsgeschäft (§§. 12. bis 18.) für einzelne Gemeinden oder selbstständige Gutsbezirke persönlich zu leiten.

Die speciellen Befugnisse und Pflichten des Kommissars und der demselben beigegebenen Feldmesser ꝛc.

§. 8. Die Gemeindevorstände beziehungsweise die Inhaber der selbstständigen Gutsbezirke haben außer Erfüllung der ihnen durch die Vorschriften im Abschnitt B. dieser Anweisung auferlegten, speziell erwähnten Verpflichtungen, das Aufnahmegeschäft nach Kräften zu fördern.

Insbesondere liegt ihnen ob, zu den örtlichen Feststellungen und Ermittelungen (§§. 16. bis 18.) geeignete, mit der Oertlichkeit und dem Besitzstande genau bekannte Persönlichkeiten zu gestellen, welche den Feldmesser 2c. während des Geschäfts zu begleiten und ihm jede erforderliche Auskunft zu ertheilen, beziehungsweise zu beschaffen haben.

B. Verfahren bei Ermittelung der Eigenthümer und Feststellung der Eigenthumsgrenzen.
a. Vorbereitung des Geschäfts.

§. 9. Der mit der Leitung des Geschäfts innerhalb des Kreises beauftragte Kommissar (§. 7.) hat zunächst von dem Gemeindevorstande beziehungsweise dem Inhaber des selbstständigen Gutsbezirks nach dem Muster A. ein genaues Namensverzeichniß aller Grundbesitzer im Gemeinde- oder Gutsbezirk aufstellen zu lassen.

§. 10. Um die Uebereinstimmung der Flurbücher und Mutterrollen mit den Hypothekenbüchern nach Möglichkeit herbeizuführen, sind, soweit es ohne unverhältnißmäßigen Zeit- und Kostenaufwand zu erreichen, Auszüge aus den Hypothekenbüchern des Gemeinde-, beziehungsweise selbstständigen Gutsbezirks herbeizuschaffen, welche die im Hypothekenbuch eingetragenen Namen der Grundeigenthümer, die Qualität der Besitzungen (ob Bauerngut, Häuslerstelle u. s. w.), sowie die bezüglichen Folien des Hypothekenbuchs, event. unter Beifügung der Bezeichnung der verschiedenen Volumina desselben u. s. w., nachweisen.

§. 11. Dem mit der Ermittelung der Eigenthümer, der Feststellung der Eigenthumsgrenzen u. s. w. beauftragten Feldmesser 2c. (§. 7.) sind bei der Ertheilung des Auftrags gegen Ausstellung einer Empfangsbescheinigung zu übergeben:

die Gemarkungskarten des betreffenden Gemeinde- oder selbstständigen Gutsbezirks und derjenigen anderweiten Gemarkungen, bei welchen etwa zu ersteren gehörige Grundstücke als Enklaven 2c. nachgewiesen sind; ferner die sämmtlichen über die Herstellung der Gemarkungskarte, die Einschätzung und die Flächeninhaltsberechnung 2c. des Gemeinde- oder selbstständigen Gutsbezirks verhandelten Akten; das Namensverzeichniß der Grundeigenthümer (§. 9.); der Auszug aus dem Hypothekenbuch (§. 10.); die etwa vorhandenen Separations- oder sonstigen Karten, Rezesse, Vermessungsregister, die bisherigen Grundsteuerrollen, sowie alle Schriftstücke, welche zur gründlichen und schnellen Erledigung des Geschäfts von Nutzen sein können.

Der Feldmesser 2c. hat die vorbezeichneten Schriftstücke und Karten einer genauen Durchsicht zu unterwerfen, sich über die Besitzverhältnisse im Allgemeinen zu informiren und aus den ersteren diejenigen Notizen zu entnehmen und übersichtlich zusammenzustellen, welche eine plan- und sachgemäße Durchführung der in den §§. 12. bis 18. bezeichneten Verhandlungen u. s. w. vorzubereiten geeignet sind.

b. Verfahren, wenn die Eigenthumsgrenzen in der Gemarkungskarte oder den sonst vorhandenen Karten bereits im Wesentlichen verzeichnet sind.

§. 12. Sind in der Gemarkungskarte beziehungsweise den vorhandenen sonstigen Karten die Eigenthumsgrenzen bereits im Wesentlichen verzeichnet, dergestalt, daß es hinsichtlich der gedachten Grenzen zur Herstellung der Uebereinstimmung der Karten mit der Wirklichkeit nur noch vereinzelter Nachtragsaufnahmen, außerdem aber nur noch der Ermittelung der gegenwärtigen Eigenthümer bedarf, so hat der Feldmesser 2c. zur Ermittelung der Eigenthümer und Feststellung der Eigenthumsgrenzen an einem geeigneten, möglichst innerhalb des Gemeinde- oder selbstständigen Gutsbezirks belegenen Orte einen Termin anzuberaumen und zu demselben sämmtliche Grundeigenthümer des Bezirks durch den Gemeindevorstand beziehungsweise den Inhaber des selbstständigen Gutsbezirks unter der Verwarnung vorladen zu lassen, daß, falls in Folge ihres Ausbleibens demnächst Nachtragsarbeiten nothwendig werden sollten, diese auf ihre Kosten ausgeführt werden würden.

In umfangreichen Gemeinden sind zu diesem Behufe entsprechende Abtheilungen zu bilden, für deren

Eigenthumsstücke in den angegebenen Grenzen auch jetzt noch bestehen, in wessen Besitz sich dieselben zur Zeit befinden, zu welchem Hauptgut sie gehören, wie sie im Hypothekenbuch bezeichnet sind u. s. w.

Das Ergebniß der bezeichneten Ermittelungen und Feststellungen ist in einer vom Feldmesser ꝛc. aufzunehmenden und von dem Gemeindevorstande beziehungsweise dem Inhaber des selbstständigen Gutsbezirks oder von deren Stellvertreter, und falls der Kommissar (§. 7.) an dem Geschäft Theil genommen hat, auch von diesem mit zu vollziehenden Verhandlung niederzulegen.

Der letzteren ist ein nach Anleitung des Musters E. aufzustellendes Verzeichniß der vorhandenen Besitzstücke beizufügen und in demselben alles dasjenige nachzuweisen, was zur richtigen Ausführung der späteren Arbeiten erforderlich ist.

In die Verhandlung ist zugleich die Erklärung des Gemeindevorstandes beziehungsweise des Inhabers des selbstständigen Gutsbezirks darüber aufzunehmen, daß die einzelnen Grundeigenthümer aufgefordert worden sind, dem Termin beizuwohnen (§. 12.).

§. 14. Beim Durchgehen der Gemarkungskarte (§. 13.) sind die Eigenthumsgrenzen nach den Angaben der Grundeigenthümer — soweit dies zur Erreichung der Deutlichkeit erforderlich — in der Karte mit (demnächst leicht wieder zu beseitigenden) geschlängelten Bleistiftlinien zu bezeichnen und, falls die Notizen darüber vorliegen (§. 10.), innerhalb der diesfälligen Komplexe die bezüglichen Hypothekennummern ebenfalls mit Bleistift zu vermerken.

Zugleich sind in Spalte 6 bis 9 des zu diesem Behufe bereits vorbereiteten Verzeichnisses der Besitzstücke (Muster E. zu §. 13.) die Nummern des betreffenden Blatts der Gemarkungskarte und der Flächenabschnitte u. s. w. mit Tinte einzutragen.

Sofern einzelnen Grundeigenthümern Antheile an ungetheilten Gemeinheiten oder an den hinsichtlich des Besitzstandes nicht getrennten Gebäudeflächen, Hofräumen und Hausgärten (§. 51.) zustehen, ist dies ebenfalls in der bezeichneten Spalte des Verzeichnisses zu bemerken.

Falls der gegenwärtige Eigenthümer noch nicht im Hypothekenbuche eingetragen ist, so ist dessen Name ꝛc. in Spalte 2 bis 4, der Name ꝛc. des eingetragenen Besitzers aber in Spalte 10 thunlichst unter Beifügung des Rechtstitels, auf welchem sich das Eigenthumsrecht des Ersteren gründet, zu vermerken.

§. 15. Ergiebt sich, daß die in der Karte verzeichneten Grenzen eine Veränderung erfahren, oder daß bei den in der Karte nachgewiesenen Besitzstücken Dismembrationen oder Abzweigungen stattgefunden haben, oder daß überhaupt einzelne Eigenthumsgrenzen in der Karte fehlen, so ist ein Vermerk hierüber in die Verhandlung (§. 13.) aufzunehmen.

Dasselbe muß geschehen, wenn sich hinsichtlich des Besitzstandes Bedenken ergeben, welche nach den vorliegenden Karten ꝛc. nicht aufgeklärt werden können.

§. 16. Wie die im §. 15. bezeichneten Differenzen und Bedenken in der zweckmäßigsten Weise zu erledigen, hat der Feldmesser ꝛc. sorgfältig zu prüfen, event. diejenigen etwa noch vorhandenen weiteren Materialien herbeizuschaffen, welche zur Behebung derselben zweckdienlich benutzt werden können.

Die ermittelten Dismembrationen, Abzweigungen, Grenzveränderungen u. s. w., welche weder in der Gemarkungskarte, noch in den sonst aufgefundenen oder vorhandenen Karten verzeichnet sind, und aus letzteren in erstere nicht übernommen werden können, sind gleich nach Beendigung des Termins unter Zuziehung der betreffenden Grundeigenthümer an Ort und Stelle durch Vermessung festzustellen.

Imgleichen sind an Ort und Stelle alle sonstigen Differenzen zu erledigen, welche auf anderem Wege nicht haben aufgeklärt werden können.

Ueber die erfolgte Vorladung hat der Gemeindevorstand beziehungsweise der Inhaber des selbstständigen Gutsbezirks, eine Bescheinigung auszustellen, welche den Vermessungsakten beizufügen ist.

§. 18. Nachdem die Vermessung (§. 17.) ausgeführt und darnach die Gemarkungskarte vervollständigt worden ist, hat der Feldmesser rc. zur speziellen Feststellung des Besitzstandes und, falls die Notizen darüber vorliegen (§. 10.), der Bezeichnung der Grundstücke im Hypothekenbuch, unter genauer Beachtung der in §§. 12. bis 14. gegebenen Vorschriften zu schreiten.

Ergiebt sich hierbei die Nothwendigkeit weiterer örtlicher Ermittelungen oder Vermessungen, so sind dieselben nach Anleitung der §§. 15. und 16. in der aufzunehmenden Verhandlung (§. 13.) zu vermerken und demnächst unverzüglich zu erledigen.

C. Verfahren bei den Vermessungen, der Vervollständigung der Gemarkungskarten, der Numerirung der Flächenabschnitte und den Flächeninhaltsberechnungen.

a. Vermessung.

§. 19. Die Nachtragungen in den Gemarkungskarten (§§. 15. bis 18.) sind der Regel nach

a. auf die im Felde vorhandenen in der Gemarkungskarte noch nicht verzeichneten Eigenthumsgrenzen beziehungsweise die stattgehabten Veränderungen der letzteren;

b. auf diejenigen Veränderungen, welche seit Herstellung der Gemarkungskarten in dem Umfange der grundsteuerpflichtigen Liegenschaften in Folge der Anlegung neuer Eisenbahnen, Chausseen, Wege, Hofräume u. s. w. eingetreten und im §. 10. des Grundsteuergesetzes vom 21. Mai 1861 näher bezeichnet sind*),

zu beschränken.

Soweit irgend thunlich, sind die Eigenthumsgrenzen aus den etwa vorhandenen Karten, Plänen, Rissen u. s. w. zu entnehmen.

§. 20. Neumessungen, unter gänzlicher Verwerfung der vorhandenen Gemarkungskarten, dürfen nur vorgenommen werden, wenn die Feststellung des Flächeninhalts der einzelnen Besitzstücke behufs Untervertheilung der Grundsteuer nach derjenigen Karte, welche der Ermittelung der Flächeninhalte behufs Feststellung der Grundsteuerhauptsumme zum Grunde gelegt hat, nicht mit genügender Sicherheit bewirkt werden kann, oder wenn die nachträgliche Aufmessung und Eintragung der in den Karten noch nicht verzeichneten beziehungsweise der etwa veränderten Eigenthumsgrenzen annähernd ebenso oder größere Kosten erfordern würde, als die Neumessung.

---

*) Die der Grundsteuer nicht unterworfenen Liegenschaften sind folgende:

I. Solche, für welche kein Reinertrag ermittelt werden.

1. Die dem Staate, (Circularerlaß vom 23. August 1861 IV. 1370), den Provinzen, den kommunalständischen Verbänden, den Kreisen, den Gemeinden oder zu selbstständigen Gutsbezirken gehörenden Grundstücke, insofern sie zu einem öffentlichen Dienste oder Gebrauche bestimmt sind, insonderheit also: Gassen, Plätze, Brücken, Eisenbahnen, Kunststraßen, Fahr- und Fußwege, Leinpfade, Bäche, Brunnen, schiffbare Ströme, Flüsse und Kanäle, Häfen, Werften, Ablagen, Kirchhöfe, Begräbnißplätze, Spaziergänge, Luft- und botanische Gärten, sowie lediglich zur Verpflanzung öffentlicher Plätze, Straßen und Anlagen bestimmten Baumschulen, u. a. auch

a) die im Eigenthum der Gemeinden befindlichen und allen Mitgliedern der Letzteren zur Benutzung gestatteten Sand- und Lehmgruben; (vergl. No. 7. des Circulare vom 11. Juli 1862, IV. 2980.);

b) die im Eigenthum der Gemeinden befindlichen und zur öffentlichen Benutzung gestatteten Flüsse, Bäche, Fließe, Gräben, Wirthschaftswege und Deiche (Circularerlaß vom 23. August 1861, IV. 1370 und No. 6. des Circulare

Zur Ausführung der Neumessung einer ganzen Gemarkung, oder eines oder mehrerer Theile einer solchen, welche zusammengenommen eine Fläche von 500 Morgen und darüber umfassen, ist die Genehmigung des Finanzministeriums einzuholen.

Haben, insbesondere nach Anfertigung der vorhandenen Gemarkungskarte, aus anderweiter Veranlassung Vermessungen stattgefunden und können die hieraus hervorgegangenen Karten den anzufertigenden Flurbüchern und Mutterrollen zweckmäßiger zum Grunde gelegt werden, als erstere, so kann eine neue Gemarkungskarte durch Kopirung der letzteren hergestellt werden.

§. 21. Für das Verfahren bei Ausführung der Vermessungen ꝛc. gelten, sofern durch diese Anweisung nicht etwas Anderes bestimmt wird, die Vorschriften der Spezialanweisung vom 24. August 1861 und des Cirkulars vom 11. Juli 1862, IVa. 2980.

Insbesondere ist bei der nachträglichen Aufnahme der Eigenthumsgrenzen behufs Vervollständigung der vorhandenen Gemarkungskarten die Bestimmung unter No. 15 des gedachten Cirkulares vom 11. Juli 1862, IVa. 2980. zu beachten, wonach die gewählten Messungslinien stets von einem in der Karte vorfindlichen festen Punkte ausgehend, sich mindestens noch an einen anderen solchen Punkt anschließen beziehungsweise auf demselben endigen müssen, und die ganze Länge der betreffenden Linie im Felde gemessen wird. Vermessungen, welche dieser Vorschrift nicht genügen, sind zur anderweiten Bearbeitung zurückzuweisen.

Die Vermessungsmanuale (Feldbücher) sind in geordneten, besonderen, mit der Aufschrift: "Nachtragsvermessungen behufs Untervertheilung der Grundsteuer" zu versehenden Heften zu führen und zu den Akten zu bringen.

Werden die ermittelten Eigenthumsgrenzen aus vorhandenen Karten, Plänen ꝛc. entnommen, so ist dies unter genauer Bezeichnung der letzteren zu den Akten zu vermerken.

b. Nachtragungen in den Gemarkungskarten und Auszeichnung der letzteren.

§. 22. Die in den Gemarkungskarten nachzutragenden Eigenthumsgrenzen sind:
  a. wenn die Nachtragung auf Grund vorhandener Karten, Pläne ꝛc. erfolgt, mit scharfen Linien,
  b. wenn dieselbe auf Grund örtlicher Aufnahme erfolgt, mit punktirten Linien (§. 19., Absatz 1. der Spezialanweisung vom 24. August 1861)
in schwarzer Tusche auszuziehen.

Werden Eigenthumsgrenzen ohne specielle Markirung durch die Mitte eines in der Gemarkungskarte verzeichneten, nicht öffentlichen Weges, Grabens oder eines Raines u. s. w. gebildet, so sind dieselben in der gedachten Mitte in der Karte mit punktirten Linien (wie zu b.) zu bezeichnen.

Die in den Gemarkungskarten mit blassen Tuschlinien verzeichneten Eigenthumsgrenzen (§. 19. Absatz 2. a. a. O.) sind, soweit sie gegenwärtig noch in Wirklichkeit bestehen, mit schwarzer Tusche scharf zu überziehen, im Uebrigen aber blaßschwarz zu durchkreuzen.

§. 23. Nachdem sämmtliche Eigenthumsgrenzen in der Gemarkungskarte vorschriftsmäßig ausgezogen worden, sind dieselben der Regel nach mit einem feinen schmalen Farbenstreifen von blassem, jedoch hinreichend sichtbarem, rothem Karmin zu begleiten.

Dieser Farbenstreifen ist nicht anzubringen an den Seiten von den in den Gemarkungskarten mit brauner beziehungsweise blauer Farbe (§. 6. No. 8. a. a. O.) angelegten öffentlichen Wegen, Eisenbahnen, Flüssen, Bächen, Gräben u. s. w., wenn die an beiden Seiten derselben belegenen Grundflächen einem und demselben Eigenthümer gehören.

Ist letzteres nicht der Fall, so sind beide Seiten mit dem fraglichen Farbenstreifen und zwar an der

In denjenigen Fällen, in denen, bei der Form der Besitzstücke, in den Gemarkungskarten die Eigenthumsgrenzen als solche ohnehin deutlich hervortreten, insbesondere, wenn der Umfang der Besitzstücke ein geringer, ihre Anzahl dagegen eine erhebliche ist, kann von der Anwendung der karminrothen Farbenstreifen behufs Bezeichnung der Eigenthumsgrenzen Abstand genommen werden. Die Bestimmung darüber, ob und inwieweit dies zulässig, steht dem Obergeometer beziehungsweise dem später an dessen Stelle tretenden technischen Oberbeamten zu.

Das Verfahren beim Coloriren der Eigenthumsgrenzen und der Grenzen der Kartenblätter ist durch das Muster F. verdeutlicht.

§. 24. In die auf Grund einer behufs der Untervertheilung der Grundsteuer ausnahmsweise ausgeführten Neumessung oder durch Kopirung in neuerer Zeit aufgenommener anderer Karten hergestellten neuen Gemarkungskarten (§. 20.) sind endlich die Einschätzungsresultate durch Entnahme derselben aus den vorhandenen alten Gemarkungskarten beziehungsweise den Einschätzungskoupons unter Anwendung von rothem Karmin (§. 6. No. 2. und 3. der Spezialanweisung vom 24. August 1861) einzutragen.

c. Numeriren der Flächenabschnitte.

§. 25. Die Numerirung der Grundstücke in der Gemarkungskarte erfolgt in der Art, daß
a) jeder von Gemarkungs-, Feldmarks-, Blatt-, Kultur- oder Eigenthumsgrenzen eingeschlossene Abschnitt eine besondere, mit arabischen Zahlzeichen einzuschreibende Nummer;
b) jeder innerhalb eines solchen Abschnitts noch vorhandene besondere Klassenabschnitt einen mit Zeichen des kleinen lateinischen Alphabets einzuschreibenden Buchstaben von mäßiger Größe erhält.

Beim Einschreiben der Buchstaben (zu b.) ist, sofern der Umfang des Abschnitts zu a. nicht ohne Weiteres in die Augen springt, die dem letzteren beigelegte Nummer jedesmal zu wiederholen.

Wenn der Flächeninhalt der Klassenabschnitte (zu b.) nach aliquoten Theilen des Abschnitts zu a. bestimmt worden, erhalten die ersteren keine Buchstabenbezeichnung.

Aus Abschnitten, deren Gestaltung von der Art ist, daß deren Zusammenfassung unter eine Nummer beziehungsweise unter einen Buchstaben die Uebersicht erschweren oder unmöglich machen würde, sind durch eine passende Zerlegung zwei, oder, falls es erforderlich, mehrere Abschnitte zu bilden.

Oeffentliche Wege, Gräben ꝛc. bilden als solche nur dann Abschnittsgrenzen, wenn sie von erheblicher Breite und Bedeutung sind.

Eisenbahnen, Chausseen, Landstraßen, Dorfstraßen, Flüsse u. s. w. bilden stets Abschnittsgrenzen.

Privatwege, Privatgräben, Gestelle, Raine u. dgl. m. sind, sofern nicht besondere Umstände ausnahmsweise ein Anderes zweckmäßig erscheinen lassen, mit den angrenzenden Abschnitten, sofern dieselben dem nämlichen Eigenthümer gehören, zu vereinigen.

Als Zeichen der Vereinigung sind die im §. 34. der Spezialanweisung vom 24. August 1861 angegebenen Pfeile anzuwenden.

§. 26. Die Abschnittsnummern (§. 25. zu a.) haben auf jedem Kartenblatt mit Eins, die Abschnittsbuchstaben (§. 25. zu b.) bei jeder neuen Nummer mit a. zu beginnen.

Der ersten Abschnittsnummer auf jedem Kartenblatt ist das Zeichen „No." vorzusetzen, die letzte Abschnittsnummer ist einfach zu unterstreichen.

Bei der Numerirung der Abschnitte ist im Allgemeinen die Reihenfolge derselben von Norden über Osten, Süden, Westen innezuhalten, mit der Maßgabe jedoch, daß zunächst die durch Eigenthumsgrenzen abgeschlossenen Komplexe, und in zweiter Linie die innerhalb der letzteren durch Flüsse, Eisenbahnen, Chausseen u. s. w gebildeten Gruppen der Abschnitte verfolgt werden, dergestalt, daß zunächst die innerhalb eines Besitzstücks oder einer solchen Gruppe belegenen Abschnitte sämmtlich numerirt sein müssen, ehe mit den Nummern in das angrenzende Besitzstück ꝛc. übergegangen wird.

§. 27. Grundstücke, welche als Enklaven oder zungenförmig vorspringende Spitzen zu einer anderen Gemarkung, als der sie nach ihren sonstigen Verhältnissen angehören, gezogen worden (§. 10. Absatz 1. und 2. der Anweisung für das Verfahren bei Herstellung der Gemarkungskarten ꝛc. vom 21. Mai 1861), sind, wie bisher, auf der Karte derjenigen Gemarkung, auf welcher sie zur Darstellung gelangen, in der durch die Lage gegebenen Folge der Abschnitte zu numeriren.

In gleicher Weise ist zu verfahren bei der Numerirung von Grundstücken eines Gemeindebezirks und eines selbstständigen Gutsbezirks u. s. w., welche wegen vermengter Lage zu einer Gemarkung vereinigt worden sind (§. 10. Abs. 3. a. a. O.).

§. 28. Gemarkungen, in Betreff deren bei der behufs Aufstellung des Einschätzungsregisters ausge-

gestellt worden (§§. 20. und 24.), sind unter Beachtung der sämmtlichen Vorschriften der §§. 25. bis 27. nach Ausführung der in den §§. 22. 23. und beziehungsweise 24. bezeichneten Arbeiten einer gänzlich neuen Numerirung zu unterwerfen.

Dabei sind die Nummern und Buchstaben mit blauer Farbe (Kobalt- oder Ultramarintusche) in die Gemarkungskarten einzuschreiben.

Eine gänzlich neue Numerirung ist dagegen nicht auszuführen, wenn bei der vorgedachten Numerirung nur einzelne der Vorschriften in den §§. 25. bis 27. nicht beachtet, die Vorschriften zu a. und b. im §. 25. aber im Wesentlichen berücksichtigt worden sind.

Ingleichen ist eine gänzlich neue Numerirung nicht vorzunehmen bei selbstständigen Gutsbezirken, welche für sich besondere Gemarkungen bilden, sofern dieselben nicht eine größere Zahl von Besitzstücken umfassen, bei deren vorhandener Numerirung die Vorschriften unter a. und b. im §. 25. nicht zur Anwendung gebracht sind.

§. 29. Kann die behufs Aufstellung des Einschätzungsregisters ausgeführte Numerirung der Abschnitte im Wesentlichen beibehalten werden, so ist nur eine Nachtragsnumerirung in Ansehung derjenigen Flächenabschnitte vorzunehmen, welche durch die nunmehr erforderliche Berücksichtigung aller Eigenthumsgrenzen (§§. 22. und 23.) beziehungsweise durch die in der Karte nachgetragenen Veränderungen (§. 19.) neu gebildet worden sind.

Wenn jedoch die Anzahl der früher unberücksichtigt gebliebenen Eigenthumsgrenzen 2c. eine erhebliche ist, dann ist eine gänzlich neue Numerirung (§. 28.) vorzunehmen.

Bei der Nachtragsnumerirung, welche ebenfalls mit blauer (Kobalt- oder Ultramarin-) Tusche in die Gemarkungskarten eingetragen wird, ist dergestalt zu verfahren, daß jeder neu gebildete, mit einer Nummer zu versehende (§. 25. zu a.) Flächenabschnitt eine Nummer in Bruchform erhält, in welcher im Nenner die Nummer des ursprünglichen Abschnitts (die Stammnummer), im Zähler die aus der Fortsetzung der Numerirung auf dem betreffenden Kartenblatt sich ergebende Nummer führt.

Sofern der ursprüngliche, mit einer Nummer versehene Abschnitt (§. 25. zu a.) in verschiedene Klassenabschnitte (§. 25. zu b.) zerfiel, sind die den letzteren beigelegten Buchstabenbezeichnungen neben der Nennernummer (Stammnummer) beizubehalten.

Andererseits erhalten sämmtliche Klassenabschnitte, in welche innerhalb der entstandenen Besitzstücke der Abschnitt (§. 25. zu a.) zerfällt, ein und dieselbe Zählernummer.

Neu angelegte und in den Gemarkungskarten nunmehr nachgetragene Wege, Chausseen, Eisenbahnen 2c. erhalten nicht für jeden, aus einem besonderen Abschnitt herstammenden Theil eine besondere, vielmehr nur im Ganzen, beziehungsweise je in einzelnen, angemessen zu bildenden Hauptabschnitten eine Nummer, deren Zähler nach Maßgabe der vorstehenden Vorschriften zu bestimmen, zu deren Nenner aber die Nummer eines derjenigen Abschnitte zu wählen ist, welche durch die bezügliche Nachtragung berührt worden.

Das Verfahren beim Numerieren ist durch das Musterblatt, Anlage F. zu §. 23., verdeutlicht.

d. Flächeninhaltsberechnung.

§. 30. Die nachträglichen Flächeninhaltsberechnungen sind der Regel nach nur auf diejenigen Abschnitte zu erstrecken, welche bei den im §. 19. bezeichneten Nachtragungen in den Gemarkungskarten berührt, beziehungsweise auf diejenigen, welche von solchen Eigenthumsgrenzen gebildet werden, die zwar bei der behufs Aufstellung des Einschätzungsregisters ausgeführten Berechnung in den Gemarkungskarten bereits vorhanden, dabei aber nicht berücksichtigt worden sind.

Die bei der nachträglichen Flächeninhaltsberechnung sich ergebenden Größen sind auf die bei der Flächeninhaltsberechnung zum Einschätzungsregister ermittelten, in letzterem nachgewiesenen Größen zu reduziren.

Sind aber bei der letztgedachten Flächeninhaltsberechnung die in der Gemarkungskarte bereits vorhanden gewesenen Eigenthumsgrenzen nicht berücksichtigt worden, und ist die Gemarkungskarte durch Kopirung einer Karte entnommen, welche zu einem Gemeinheitstheilungsverfahren gehört, so ist die Reduktion auf die bei letzterem festgestellten Flächeninhalte der Besitzstücke nach den hierfür bestehenden Grundsätzen zu bewirken, auch wenn hierbei die im Einschätzungsregister nachgewiesenen Flächeninhalte der betreffenden Abschnitte im Einzelnen nicht herauskommen.*)

Die Reduktion ist jedoch auch in Fällen dieser Art möglichst dergestalt zu kombiniren, daß eine Uebereinstimmung nach beiden Richtungen hin erzielt wird.

---

*) Die Gesammtfläche des Komplexes der berührten Abschnitte muß jedoch auch hierbei wieder zum Vorschein kommen, weil auch bei der Berechnung zum Einschätzungsregister eine Reduktion auf die aus dem Gemeinheitstheilungsver-

Ein gleiches Verfahren ist, soweit thunlich, auch bei der Berechnung nach denjenigen, durch Kopirung hergestellten Gemarkungskarten zu befolgen, deren Originalien einem Gemeinheitstheilungsverfahren nicht angehören.

§. 31. Die Flächeninhaltsberechnungen sind in der Regel zunächst unter Anwendung des der Gemarkungskarte zu Grunde liegenden, ursprünglichen (Normal-) Maßstabs auszuführen. Etwaige Veränderungen des letzteren, welche durch stattgehabte Veränderungen in der Ausdehnung der Karten herbeigeführt worden sind, werden durch die Reduktion berücksichtigt.

Nur wenn der ursprüngliche Maßstab ein ganz ungewöhnlicher ist, insbesondere in einem unbequemen Verhältniß zu den sonst gebräuchlichen Maßstäben steht, kann behufs der Berechnung ein angemessen zu wählender anderer Maßstab angenommen und darnach die Reduktion ausgeführt werden.

In der Regel ist es nicht gestattet, die Flächeninhalte neu gebildeter Abschnitte in der Weise zu ermitteln, daß einer oder mehrere derselben nach der Karte berechnet, und der sich ergebende Flächeninhalt behufs Ermittelung des Flächeninhalts des Reststücks von dem im Einschätzungsregister angegebenen Flächeninhalt des ursprünglichen ganzen Abschnitts in Abzug gebracht wird. Vielmehr ist jeder der neu gebildeten Abschnitte zu berechnen und demgemäß die Reduktion in der angegebenen Weise auszuführen.

§. 32. Wenn ausnahmsweise eine Neumessung behufs der Untervertheilung der Grundsteuer ausgeführt worden (§. 20. Absatz 1.), ist eine durchweg neue Flächeninhaltsberechnung, ohne Zurückführung der Ergebnisse derselben auf vorhandene Größenangaben, vorzunehmen.

Bei Gemarkungskarten, welche behufs der Untervertheilung der Grundsteuer durch Kopirung anderer Karten neu hergestellt worden (§. 20. Absatz 3.), ist zwar ebenfalls eine durchweg neue Flächeninhaltsberechnung zu bewirken, jedoch sind die Ergebnisse derselben auf die Angaben der zu der benutzten Karte gehörigen Flächenregister, Rezesse ꝛc. den hierfür bestehenden Grundsätzen gemäß zurückzuführen.

§. 33. Von jedem zur Berechnung gelangenden Flächenabschnitt ist eine doppelte Einzelberechnung auszuführen.

Das arithmetische Mittel aus beiden Einzelberechnungen ist der Reduktion (§§. 30. und 31.) zum Grunde zu legen, beziehungsweise bei Neumessungen (§. 32.) unverändert beizubehalten.

Die Ergebnisse der beiden Einzelberechnungen müssen unter sich bis auf die nachstehend bezeichneten Beträge, welche als Maxima anzusehen sind, übereinstimmen:

Bei Flächenabschnitten zur Größe von: Morgen.	Beim Maßstab der Karte von:				
	1:6000 Morgen.	1:5000 Morgen.	1:4000 Morgen.	1:3000 1:2500 Morgen.	1:2000 Morgen.
unter 1	0,02	0,02	0,02	0,02	0,01
1 bis 2	0,03 bis 0,04	0,03	0,03	0,03	0,02
2 — 3	0,05	0,04	0,03	0,03	0,03
3 — 4	0,06	0,05	0,04	0,03	0,03
4 — 5	0,07	0,05	0,04	0,03	0,03
5 — 6	0,08	0,05	0,05	0,04	0,04
6 — 8	0,08	0,05	0,05	0,05	0,05
8 — 18	0,08	0,06	0,06	0,06	0,06
18 — 21	0,08	0,07	0,07	0,07	0,07
21 — 24	0,08	0,08	0,08	0,08	0,08
24 — 27			0,09		
27 — 30			0,10		
30 — 33			0,11		
33 — 36			0,12		
u. s. w.			⅓ Prozent der Abschnittsgröße.		

§. 34. Das arithmetische Mittel der beiden Einzelberechnungen ist außerdem mit demjenigen Flächeninhalt zu vergleichen, welcher sich bei der behufs Aufstellung des Einschätzungsregisters ausgeführten Einzelberechnung nach der Karte ergeben hat.*)

Ergeben sich hierbei Differenzen, welche mehr als das Doppelte der im §. 33. bezeichneten betragen, so ist den Ursachen derselben näher nachzuforschen, und, sofern sie in der neuen Berechnung ihren Ursprung haben, die letztere zu berichtigen.

§. 35. Bei den durch Neumessung hergestellten und den sonstigen im §. 32. bezeichneten Gemarkungskarten ist eine Massenberechnung auszuführen.

Dieselbe hat den Zweck, die Einzelberechnung nochmals zu kontrolliren, insbesondere eine Sicherheit dafür zu erlangen, daß bei der Einzelberechnung (§. 33.) nicht einzelne Abschnitte oder Theile von Abschnitten zu berechnen übersehen worden sind.

Behufs der Massenberechnung wird eine entsprechende Anzahl von Abschnitten (Masse), welche einen geschlossenen und möglichst in sich abgerundeten Komplex bilden, zusammen genommen berechnet.

Die einzelnen Massen dürfen in der Regel
a) einerseits nicht mehr als 50 Abschnitte,
b) andererseits nicht mehr als

300 Morgen, wenn die Karte im Maßstabe 1 : 6000 oder 1 : 5000,
250　　　„　　„　　„　　„　　„　　1 : 4000,
200　　　„　　„　　„　　„　　„　　1 : 3000,
175　　　„　　„　　„　　„　　„　　1 : 2500,
150　　　„　　„　　„　　„　　„　　1 : 2000

gezeichnet ist, enthalten.

Das Ergebniß der Massenberechnung darf von dem arithmetischen Mittel der Einzelberechnungen (§. 33.) bei jeder einzelnen Masse höchstens um ⅔ Prozent abweichen. Ergeben sich größere Abweichungen, so ist die Massenberechnung zu prüfen, eventuell die Einzelberechnung zu untersuchen und zu berichtigen, wobei namentlich durch Berechnung kleinerer Massen dem Fehler nachzuforschen ist.

§. 36. Die Flächeninhaltsberechnungen sind in geordneten Heften, nach den Mustern G. und H., denen auf der Titelseite die Aufschrift „Untervertheilung der Grundsteuer" beizufügen ist, auszuführen.

Die Faktoren u. s. w., die zur Berechnung dienten, sowie deren Produkte sind in die Hefte deutlich einzuschreiben. Werden zur Flächeninhaltsberechnung Instrumente verwendet, welche den Inhalt unmittelbar ergeben, so sind die Faktoren selbstverständlich nicht einzutragen.

Bei der Aufschrift des Berechnungshefts ist anzugeben, welche Berechnungsmethode angewendet ist.

Die Vergleichung mit denjenigen Flächeninhalten, welche sich bei der behufs Aufstellung des Einschätzungsregisters ausgeführten Einzelberechnung ergeben haben (§. 34.), sowie die vorzunehmenden Reduktionen (§§. 30. und 31. beziehungsweise §. 32.) sind übersichtlich einzutragen.

Das Ergebniß der Nachrechnungen und Berichtigungen muß aus den Berechnungsheften deutlich ersichtlich sein und mit rother Dinte in letztere eingetragen werden.

§. 37. Beim Gebrauch des Polarplanimeters sind die in der Anlage I. zusammengestellten Vorschriften zu beachten.

D. Verfahren bei der Anfertigung der Artikelverzeichnisse, Flurbücher und Mutterrollen.

a. Anfertigung des Artikelverzeichnisses.

§. 38. Auf Grund des Verzeichnisses der Besitzstücke (Muster E. zu §. 13.) wird zunächst das Artikelverzeichniß (§. 1.) nach dem Muster J. aufgestellt.

In demselben ist: Name, Vorname, Stand und Wohnort sämmtlicher Grundbesitzer des Gemeinde- oder selbstständigen Gutsbezirks 2c. (§. 2.) und, soweit es ohne Schwierigkeiten und Weiterungen erreicht werden kann, die Bezeichnung der betreffenden Liegenschaften nach dem Hypothekenbuch, in der Reihenfolge der Artikel, auf welchen die Liegenschaften in die Mutterrolle (§. 48.) eingetragen werden sollen, nachzuweisen.

§. 39. Bei Bildung der Mutterrollenartikel ist als Regel davon auszugehen, daß die innerhalb der Gemeinde- oder selbstständigen Gutsbezirks beziehungsweise des Grundsteuererhebungsbezirks (§. 2.) belegenen, einem und demselben Eigenthümer gehörigen Liegenschaften — einschließlich der der Grundsteuer nicht unter-

---

*) D. h. nicht mit denjenigen Flächeninhalten, welche aus der Reduktion auf die vorhandenen Flächenangaben hervorgegangen sind.

liegenden Gebäudeflächen, Hofräume und unter einem Morgen großen Hausgärten — auf einem Artikel nachgewiesen werden.

Hierbei gelten die nachstehenden besonderen Vorschriften beziehungsweise von der gedachten Regel zu machenden Ausnahmen:
- a) Mehrere geschlossene Besitzungen eines und desselben Eigenthümers, welche auf verschiedenen Folien des Hypothekenbuches eingetragen sind, können, sofern dies von dem Eigenthümer gewünscht wird, oder anderweit besondere Nützlichkeitsgründe dafür sprechen und ein besonderer Zeit- und Kostenaufwand hiermit nicht verbunden ist, in Uebereinstimmung mit den Eintragungen im Hypothekenbuch auf verschiedenen Mutterrollenartikeln nachgewiesen werden.
- b) Unter gleichen Umständen (wie zu a.) können die für sich bewirthschafteten oder verpachteten größeren Abtheilungen (Vorwerke ꝛc.) einer und derselben umfangreichen, geschlossenen Besitzung, auch wenn für dieselbe nur ein Hypothekenfolium existirt, auf besonderen Mutterrollenartikeln eingetragen werden.
- c) Ungetheilte Gemeinheiten, welche nach ideellen Antheilen von verschiedenen Interessenten besessen werden, sind auf einem besonderen Mutterrollenartikel einzutragen, welcher von den übrigen Artikeln der betreffenden Interessenten getrennt gehalten wird.
- d) In gleicher Weise (wie zu c.) ist zu verfahren in den im §. 4. zu 2. und 3. und im zweiten Absatz des §. 5. bezeichneten Fällen.
- e) Nicht minder bei den hinsichtlich des Besitzstandes in den Karten ꝛc. nicht getrennten Gebäudeflächen, Hofräumen und unter einem Morgen großen Hausgärten. (§. 6. Absatz 2.)
- f) Die wegen ihrer Benutzung zu öffentlichen Zwecken ertraglosen Grundstücke (öffentliche Wege, Gewässer u. s. w.*), §. 4. zu c. und d. des Grundsteuergesetzes vom 21. Mai 1861) erhalten überhaupt keinen Mutterrollenartikel.

§. 40. Die Reihefolge der Mutterrollenartikel ist nach der den obwaltenden lokalen Verhältnissen vorzugsweise entsprechenden Ordnung zu bestimmen.

Soweit als thunlich ist dabei die Ordnung der Besitzungen im Hypothekenbuch zum Anhalt zu nehmen.

An das Ende der Reihefolge sind in der Regel zu stellen, sofern dergleichen vorhanden:
- a) die den ungetheilten Gemeinheiten gewidmeten Artikel (§. 39. zu c.);
- b) die etwa getrennt gebildeten Artikel der im §. 39. zu d. gedachten Art;
- c) die Artikel: „Ungetrennte Hofräume und Hausgärten" (§. 39. zu e.); ferner die den Liegenschaften
- d) der Gemeinden,
- e) der Kirchen, Pfarren, Schulen ꝛc.,
- f) dem Fiskus gewidmeten Artikel; endlich
- g) die Artikel mit den Liegenschaften unbekannter Eigenthümer. (§. 4 zu 4.)

§. 41. Die Artikel sind in der nach §. 40. bestimmten Reihefolge für jeden Gemeinde- oder selbstständigen Gutsbezirk mit Eins anfangend, fortlaufend zu numeriren.

Die diesfälligen Nummern (Artikelnummern) sind in Spalte 1. des Artikelverzeichnisses (§. 38.) einzutragen.

b. Anfertigung des Flurbuchs.

§. 42. Auf Grund der Gemarkungskarte (§. 22. der Hauptanweisung zum Grundsteuergesetz vom 21. Mai 1861), des Einschätzungsregisters (§. 43. a. a. O.), der über die Feststellung des Besitzstandes aufgenommenen Verhandlung und des dazu gehörigen Verzeichnisses der Besitzstücke (§. 13. dieser Anweisung), des Flächenberechnungsheftes (Anlage G. zu §. 36.) und des Artikelverzeichnisses (§. 38.) ist nunmehr das Flurbuch nach dem Muster K. anzufertigen.

§. 43. In das Flurbuch sind unter Ausfüllung der Spalten 2. bis 11. 13. 15. 16. und 17.**) sämmtliche den Gemeinde- oder selbstständigen Gutsbezirk bildenden Flächenabschnitte nach ihrer Nummer- und Buchstabenfolge auf der Karte (§§. 25. bis 29.) einzutragen.

Die zum Gemeinde- oder selbstständigen Gutsbezirk gehörigen, als Enklaven u. s. w. auf der Karte anderer Gemarkungen dargestellten Flächenabschnitte sind unter Beifügung der Namen und Nummern der bezüglichen Gemarkungen am Schluß des Flurbuchs aufzuführen.

Andererseits sind die Nummern derjenigen Flächenabschnitte, welche als Enklaven u. s. w. in die Gemarkungskarte des Gemeinde- oder selbstständigen Gutsbezirks mit aufgenommen sind, aber zu anderen

---

*) Es sind dies die in der Anweisung zu §. 19. unter L zu 1. und 2. aufgeführten Grundstücke.
**) Die Spalten 12. und 14. werden erst bei der Reinertragsberechnung (§. 61.) ausgefüllt.

derartigen Bezirken gehören, in Spalte 3. zwar in der Nummerfolge mit aufzuführen; jedoch sind hinsichtlich derselben die übrigen Spalten des Flurbuchs nicht auszufüllen, vielmehr mit dem Vermerk zu versehen: „gehören zum Gemeindebezirk (selbstständigen Gutsbezirk) N. N. No. . . ."

Die von einer Nachtragsnumerirung (§. 29.) berührten Flächenabschnitte sind nach Maßgabe der Stammnummern in die Reihefolge der Abschnitte einzustellen. Bei den Flächenabschnitten mit gleicher Stammnummer entscheidet die Zählernummer beziehungsweise der der Stammnummer angehängte Buchstabe die Reihefolge.

§. 44. Nach vorgängiger, sorgfältiger Kollationirung sämmtlicher Eintragungen mit den bezüglichen Unterlagen ist das Flurbuch in den Spalten 11. 13. 15. 16. und 17. nach Seiten und nach Blättern der Gemarkungskarte zu summiren und zu rekapituliren.

Soweit die behufs Unterverteilung der Grundsteuersummen nach Maßgabe der vorliegenden Anweisung ausgeführten Arbeiten keine Veränderungen (§. 19. zu b. und §. 20.) in dem Umfange oder dem Flächeninhalt der den Gemeinde- oder selbstständigen Gutsbezirk bildenden Liegenschaften zur Folge gehabt haben, muß der Abschluß des Flurbuchs mit dem Abschluß des Einschätzungsregisters (Muster 4. zu §. 43. der Hauptanweisung zum Grundsteuergesetz vom 21. Mai 1861), beziehungsweise mit dem Abschluß der Zusammenstellung nach Muster II. zum Cirkulare vom 12. Oktober 1862, IVa. 4142. und den Eintragungen in Spalte 13. 15. 17. 18. und 19. der Uebersicht nach Muster VI. zu demselben Cirkulare übereinstimmen.

Ist diese Uebereinstimmung nicht vorhanden und liegen die im §. 20. bezeichneten Fälle nicht vor, so sind die Unterschiede in einer zu den Akten zu bringenden nach Anleitung des Musters L. anzufertigenden übersichtlichen Zusammenstellung, nach Zugängen und Abgängen bei den einzelnen veränderten Flächenabschnitten geordnet, zu erläutern.

§. 45. Die auf der Titelseite des Formulars zum Flurbuch (§. 42.) befindliche Tafel ist bestimmt, den definitiven Klassifikationstarif aufzunehmen, daher ist nach erfolgter Feststellung des letzteren (nach Vorschrift des §. 50. der Hauptanweisung zum Grundsteuergesetz vom 21. Mai 1861) unausgefüllt zu lassen. (§. 60.)

Bei denjenigen Gemeinde- oder selbstständigen Gutsbezirken, deren Grundstücke in zwei verschiedenen Klassifikationsdistrikten liegen*), werden auf dem Titelblatt des Flurbuchs die diesfälligen Klassifikationstarife beide eingetragen, und zwar in der Weise, daß die Sätze des Tarifs für denjenigen Klassifikationsdistrikt, welchen in dem Gemeinde- oder selbstständigen Gutsbezirk die kleinere Zahl der Flächenabschnitte angehört, mit rother Dinte unter den schwarz einzuschreibenden Sätzen des Tarifs für den anderen Distrikt vermerkt werden.

Ferner ist in Fällen dieser Art den in Spalte 10. des Flurbuchs einzutragenden Klassenziffern von sämmtlichen Flächenabschnitten, welche in dem einen der beiden Klassifikationsdistrikte liegen, in Bruchform (mit schwarzer Dinte) der Buchstabe a $\left(\text{z. B. } \frac{3}{a}, \frac{6}{a}, \frac{8}{a}\right)$ beizufügen, hierzu jedoch ebenfalls stets derjenige Klassifikationsdistrikt zu wählen, welchem in dem Gemeinde- oder selbstständigen Gutsbezirk die kleinere Zahl der Flächenabschnitte angehört.

Die Klassenziffern der Flächenabschnitte des anderen Distrikts erhalten keine nähere Bezeichnung.

Das Vorhandensein derartiger Verhältnisse und die Bedeutung der Buchstabenbezeichnung und der mit rother Dinte bewirkten Eintragungen ist auf dem Titelblatt des Flurbuchs mit kurzen Worten zu vermerken.

§. 46. Die Spalte 1. des Flurbuchs ist zum Gebrauch für spätere Fortschreibungen bestimmt, und darf deshalb jetzt keine Eintragungen erhalten.

Behufs Gewinnung des erforderlichen Raums für die späteren, im Wege der Fortschreibung erfolgenden Nachtragungen der Formveränderungen ist im Flurbuch nach dem Abschluß eines jeden Kartenblatts, und stets vor der „Wiederholung nach Kulturarten und Klassen" eine entsprechende Anzahl Blätter freizulassen, deren Zahl etwa auf den zehnten Theil aller zu den Eintragungen des bezüglichen Kartenblatts verwendeten Blätter des Flurbuchs zu bemessen ist, jedoch niemals weniger als 8 betragen darf.

§. 47. Nach Aufstellung des Flurbuchs gemäß der Vorschriften in den §§. 42. bis 46 ist dasselbe nebst sämmtlichen Karten und den übrigen Unterlagen desselben vom Feldmesser ꝛc. dem Ausführungskommissar (§. 7.) zu übergeben, welcher die gesammten Arbeiten einer eingehenden Prüfung, insbesondere in

Bezug auf die Ermittelung und Feststellung des Besitzstandes, zu unterwerfen und die Beseitigung der etwa entdeckten Mängel und obwaltenden Bedenken herbeizuführen, eventuell dieselben selbst aufzuklären hat.

Zum Zeichen, daß dies geschehen, sind die Verhandlungen (§§. 13. 15. 16. 18.) und das Verzeichniß der Besitzstücke (Muster F. zu §. 13.) von dem Kommissar zu visiren.

Endlich ist die technische Prüfung der gesammten Arbeiten seitens des Obergeometers oder des später an dessen Stelle tretenden technischen Oberbeamten herbeizuführen.

c. Anfertigung der Mutterrollen.

§. 48. Nach Beseitigung der bei der Prüfung des Flurbuchs ꝛc. durch den Obergeometer ꝛc. (§. 47.) hervorgetretenen Mängel und Bedenken wird zur Anfertigung der Mutterrolle durch die hiermit besonders zu beauftragenden Arbeiter geschritten.

Die Aufstellung derselben erfolgt auf Grund des Artikelverzeichnisses (§. 38.) und des Flurbuchs (§. 42.) soweit nöthig unter Zuhandnahme der Gemarkungskarte nach Muster M.

§. 49. Auf jedem Artikel sind die zu demselben gehörigen Flächenabschnitte unter Ausfüllung der Spalten 2. bis 9. in der durch die Nummer- und Buchstabenfolge (§. 43.) gegebenen Ordnung einzutragen.

§. 50. Der Flächeninhalt und der Reinertrag der steuerfreien Liegenschaften*) (§. 4. zu a. und e. des Grundsteuergesetzes) vom 21. Mai 1861) wird in Spalte 9. und 10**) der Mutterrolle mit rother Dinte eingetragen.

Der Flächeninhalt der Gebäudeflächen, Hofräume und unter einem Morgen großen Hausgärten (§. 1. zu a. a. a. O.) werden, sofern nicht der Fall des zweiten Absatzes im §. 51. vorliegt, in Spalte 9. der Mutterrolle, und zwar, wenn die übrigen auf dem betreffenden Artikel eingetragenen oder zu dem betreffenden Besitzstück gehörigen Flächenabschnitte zur Kategorie der steuerpflichtigen Liegenschaften gehören, mit schwarzer, wenn sie zu den steuerfreien gehören, mit rother Dinte in der durch die Abschnittsnummern gegebenen Reihenfolge unter den übrigen Grundstücken mit nachgewiesen, und in die Gesammtfläche des Artikels mit aufgenommen. Die Spalte 10. „Reinertrag" bleibt bei den diesfälligen Abschnitten unausgefüllt.

§. 51. Steht dem Eigenthümer der auf einem Artikel eingetragenen Liegenschaften ein Theilnahmerecht an einer etwa vorhandenen, ungetheilten Gemeinheit zu, so ist am Schluß des ersteren ein Hinweis auf diejenigen Artikel einzutragen, auf welchen die Gemeinheit aufgeführt ist. (§. 39. zu c.)

In gleicher Weise ist auf die Gebäudes Antheilverhältniß an den etwa auf einem besonderen Artikel eingetragenen, hinsichtlich des Besitzstandes nicht getrennt aufgenommenen Gebäudeflächen, Hofräumen und unter einem Morgen großen Hausgärten hinzuweisen. (§. 6. Absatz 2 und §. 39. zu c.)

§. 52. Wenn die in dem Gemeinde- oder selbstständigen Gutsbezirke belegenen Liegenschaften eines und desselben Eigenthümers auf verschiedenen Artikeln nachgewiesen werden (§. 39. zu a. und b.), so ist dem Namen des Eigenthümers in der Ueberschrift des Artikels die besondere Bezeichnung des auf demselben eingetragenen Theils der gedachten Liegenschaften beizufügen.

Wenn die auf dem Artikel eingetragenen Liegenschaften auch im Hypothekenbuch unter einer Bezeichnung geführt werden, so ist die letztere, falls dieselbe ermittelt worden, in der Ueberschrift des Artikels an der hierfür vorgedruckten Stelle zu vermerken, und die Spalte 5. ganz unausgefüllt zu lassen.

Werden dagegen die auf dem Artikel eingetragenen Liegenschaften unter verschiedenen Bezeichnungen des Hypothekenbuchs geführt, so ist in der Ueberschrift des Artikels nur die Bezeichnung des Haupttheils der Liegenschaften, die hiervon abweichende Bezeichnung der übrigen Liegenschaften dagegen in Spalte 5. neben den betreffenden Flächenabschnitten zu vermerken.

Sind die auf dem Artikel nachgewiesenen Liegenschaften, wie beispielsweise diejenigen der Kirchen, Pfarren, Schulen, des Fiskus u. s. w., in das Hypothekenbuch gar nicht eingetragen, so ist an der für die Eintragung der Bezeichnung nach dem Hypothekenbuch bestimmten Stelle in der Ueberschrift des Artikels das Wort „ohne" einzuschreiben.

Hat sich die Feststellung der Bezeichnung der Liegenschaften auf dem Hypothekenbuch nicht erreichen lassen, oder ist der betreffende Gemeinde- oder selbstständige Gutsbezirk in denjenigen Landestheilen belegen, in welchen die allgemeine Hypothekenordnung nicht gilt, so ist sowohl die mehrgedachte Stelle in der Ueberschrift des Artikels, als die Spalte 5. unausgefüllt zu lassen.

§. 53. Die Spalte 2. der Mutterrolle ist nur bei denjenigen Flächenabschnitten auszufüllen, welche auf der Karte einer anderen Gemarkung als derjenigen, welcher der Gemeinde- oder Gutsbezirk angehört,

sind nach vollständiger Fertigstellung, je von einander getrennt, nach Gemeinde- beziehungsweise selbstständigen Gutsbezirken — bei umfangreichen Bezirken in eine entsprechende Anzahl von Bänden zerlegt — unter Aufsicht des Obergeometers oder des später an dessen Stelle tretenden technischen Oberbeamten in dauerhaftem Halblederband einzubinden.

Mit Rücksicht hierauf dürfen die betreffenden Formulare vor dem Einbinden nicht beschnitten werden.

Wenn das Artikelverzeichniß (zu a.), welchem eine entsprechende Anzahl leerer Formulare zum Gebrauch für spätere Fortschreibungen beizufügen ist, weniger als 20 Nummern enthält, ist dasselbe mit dem Flurbuch (zu b.) in einen Band zu bringen, und zwar demselben vorzuheften.

Sämmtliche übrigen Schriftstücke sind schon vom Feldmesser für jeden Gemeinde- oder selbstständigen Gutsbezirk in ein mit der Aufschrift:

„Regierungsbezirk N. N.
„Kreis N. N.
„Gemarkung N. N.
„No. . . .
„Untervertheilung der Grundsteuersumme im Gemeindebezirk (selbstständigen Gutsbezirk) N. N."
zu versehendes, geordnetes Aktenheft zu bringen, welches demnächst dem in der Circularverfügung vom 16. Dezember 1863, IVa. 4667. unter Nr. 2. erwähnten Aktenheft einzuverleiben ist.

c. Prüfung durch den Obergeometer.

§. 65. Die Prüfung der Vermessungs- und Berechnungsarbeiten durch den Obergeometer, oder den später an dessen Stelle tretenden, mit der oberen technischen Beaufsichtigung des ganzen Verfahrens zu beauftragenden Beamten erfolgt nach Maßgabe der diesfälligen Bestimmungen der Anlage A. zu §. 22. der Hauptanweisung zum Grundsteuergesetz vom 21. Mai 1861 und des Erlasses vom 24. August 1861, betreffend die Organisation des Vermessungswesens ꝛc.

Insbesondere sind zum Zeichen, daß die Arbeiten als richtig und vorschriftsmäßig anerkannt worden, die einzelnen Schriftstücke sämmtlich mit der Unterschrift des Obergeometers (in blauer Dinte) zu versehen.

Die Vervollständigung beziehungsweise Berichtigung mangelhafter Arbeiten kann entweder demjenigen, welcher die letzteren ausgeführt, unentgeltlich aufgegeben, oder auf dessen Kosten anderweit herbeigeführt werden.

Für gänzlich unbrauchbare Arbeiten wird weder eine Bezahlung gewährt, noch werden dieselben dem betreffenden Arbeiter zurückgegeben.

d. Bezahlung der Arbeiten.

§. 66. Wegen Bezahlung der Arbeiten ergeht besondere Bestimmung.

Berlin, den 18. Januar 1864.

Der Finanzminister.
v. Bodelschwingh.

Vorstehende Anweisung wird hiermit zur öffentlichen Kenntniß gebracht.
Frankfurt a. O., den 9. Februar 1864.

Königliche Regierung;
Abtheilung für direkte Steuern, Domainen und Forsten.
Koch.

Redigirt im Büreau der Königlichen Regierung.
Druck der Hofbuchdruckerei von Trowitzsch und Sohn in Frankfurt a. d. O.

Beilage
zum Amtsblatt
der Königlichen Regierung zu Frankfurt a/O.

Concession
zum Geschäftsbetriebe in den Königlich Preußischen Staaten für die Feuer- und Lebens-Versicherungs-Gesellschaft „Royal" in Liverpool.

Der unter der Firma: „Royal" in Liverpool domicilirten Feuer- und Lebensversicherungs-Gesellschaft, welche auf Grund des Gesellschafts-Vertrages vom 31. Mai 1845 und des Nachtrags vom 6. August 1858 besteht, wird die Concession zum Geschäftsbetriebe in den Königlich Preußischen Staaten, hiermit unter nachfolgenden Bedingungen ertheilt:

1. Jede Veränderung der bei der Zulassung gültigen Statuten muß bei Verlust der Concession angezeigt und, ehe nach derselben verfahren werden darf, von der Preußischen Staats-Regierung genehmigt werden.
   Die Verschmelzung mit einer anderen Versicherungs-Gesellschaft oder der Ankauf der Gesammt-Geschäfte einer anderen Versicherungs-Gesellschaft bedarf ebenfalls der Genehmigung der Preußischen Staatsregierung.

2. Die Veröffentlichung der Concession, der Statuten und der etwaigen Aenderungen derselben erfolgt in den Amtsblättern derjenigen Königlichen Regierungen, in deren Bezirken die Gesellschaft Geschäfte zu betreiben beabsichtigt, auf Kosten der Gesellschaft.

3. Die Gesellschaft hat wenigstens an einem bestimmten Orte in Preußen eine Haupt-Niederlassung mit einem Geschäfts-Locale und einem dort domicilirten Generalbevollmächtigten zu begründen.
   Derselbe ist verpflichtet, derjenigen Königlichen Regierung in deren Bezirk sein Wohnsitz belegen, in den ersten sechs Monaten eines jeden Geschäftsjahres neben dem Verwaltungsberichte und der Generalbilanz der Gesellschaft eine ausführliche Uebersicht der im verflossenen Jahre in Preußen betriebenen Geschäfte einzureichen.
   In dieser Uebersicht — für deren Aufstellung von der betreffenden Regierung nähere Bestimmungen getroffen werden können — ist das in Preußen befindliche Activum von dem übrigen Activum gesondert aufzuführen.
   Die Bilanz und die Uebersicht sind alljährlich durch den Staats-Anzeiger auf Kosten der Gesellschaft bekannt zu machen.
   Für die Richtigkeit der Bilanz und der Uebersicht, sowie der von ihm geführten Bücher, einzustehen, hat der Generalbevollmächtigte sich persönlich und erforderlichen Falls unter Stellung zulänglicher Sicherheit zum Vortheile sämmtlicher inländischer Gläubiger zu verpflichten. Außerdem muß derselbe auf amtliches Verlangen unweigerlich alle diejenigen Mittheilungen machen, welche sich auf den Geschäftsbetrieb der Gesellschaft oder auf den der Preußischen Geschäftsniederlassung beziehen, auch die zu diesem Behufe etwa nöthigen Schriftstücke, Bücher, Rechnungen rc. zur Einsicht vorlegen.

4. Durch den Generalbevollmächtigten und von dem inländischen Wohnorte desselben aus sind alle Verträge der Gesellschaft mit den Inländern abzuschließen.
   Die Gesellschaft hat wegen aller aus ihren Geschäften mit Inländern entstehenden Verbindlichkeiten, je nach Verlangen des inländischen Versicherten, entweder in dem Gerichtsstande des Generalbevollmächtigten oder in demjenigen des Agenten, welcher die Versicherung vermittelt hat, als Beklagte Recht zu nehmen und diese Verpflichtung in jeder für einen Inländer auszustellenden Versicherungspolice ausdrücklich auszusprechen.
   Sollen die Streitigkeiten durch Schiedsrichter geschlichtet werden, so müssen diese letzteren, mit Einschluß des Obmannes, Preußische Unterthanen sein.
   Die vorliegende Concession kann zu jeder Zeit, und ohne daß es der Angabe von Gründen bedarf, lediglich nach dem Ermessen der Preußischen Staats-Regierung zurückgenommen und für erloschen erklärt werden.
   Uebrigens ist durch diese Concession die Befugniß zum Erwerbe von Grundeigenthum in den Preußischen Staaten nicht gegeben, sondern dazu bedarf es in jedem einzelnen Falle der besonders nachzusuchenden landesherrlichen Erlaubniß.

Berlin, den 26. November 1863.

(L. S.)

Der Minister des Innern.
Graf Eulenburg.

I. A. 9498.

Von dem Königlichen Ministerium des Innern genehmigter

Auszug

aus den

Statuten der Feuer- und Lebens-Versicherungs-Gesellschaft „Royal" in Liverpool vom 31. Mai 1845 und Nachtrag zu denselben vom 6. August 1858.

Gegenwärtige Urkunde wurde am einunddreißigsten Mai anno Domini Ein Tausend Acht Hundert und fünf und vierzig abgeschlossen zwischen den Herren Josias Booker, Hugh James Sanderson und Charles Turner, Alle domicilirt in Liverpool in der Grafschaft Lancaster, und den verschiedenen anderen Personen, deren Namen und Siegel gegenwärtiger Urkunde beigefügt sind oder werden sollen, Erstenseits, und den Herren John Shaw Leigh von Childwall Hall in genannter Grafschaft, und Richard Benson Blundell Hollingshead Blundell von Ynysbroch in genannter Grafschaft (als Curatoren zu den unten näher angegebenen Zwecken) Anderseits.

Der Name der Gesellschaft.

§ 1. Die verschiedenen Personen, welche von Zeit zu Zeit Actien der Gesellschaft besitzen und welche hiernach Actionaire genannt werden, sollen eine Actien-Gesellschaft sein und bilden unter dem Namen »The Royal Insurance Company« mit der Berechtigung eines Directoriums, zu beliebiger Zeit den Namen der Gesellschaft zu wechseln oder zu ändern.

Das Geschäft derselben.

§ 2. Das Geschäft oder der Zweck der Gesellschaft soll sein, Versicherungen zu effectuiren auf Grundstücke oder Wohnhäuser, Mühlen, Fabriken, Theater, Lagerhäuser, Schuppen und andere Gebäulichkeiten irgend welcher Art (ohne Ausnahme), auf Schiffe, Lichter, Boote und alle Fahrzeuge irgend welcher Art in irgend einem Dock oder Hafen, Kanal oder Flusse, und auf die Ladungen oder Güter, oder an Bord solcher Schiffe, Lichter, Boote oder anderer Fahrzeuge, auf Güter und Waaren, Hausgeräthschaften und Möbel, Viehstand und Producte des Ackerbaues, Geräthschaften, Werkzeuge und alle Art von Hab und Gut gegen das Risico des Verlustes oder der Beschädigung durch Feuer, Sturm oder andere Unfälle, ferner Versicherungen von Leben oder von Anwartschaften der vereinigten Dauer von zwei oder von mehreren Lebensfristen, oder auf die Dauer einer oder mehrerer Lebensfristen, für irgend einen Zeitraum von Jahren absolut oder zufällig mit solcher Lebensfrist oder »fristen endend, und alle andern Assuranzen, ob in Verbindung mit dem Leben oder nicht, wie solche gesetzlich effectuirt werden dürfen, incl. von Vermächtnissen für Wittwen, Kinder und andere Personen, ferner Leibrenten für Lebenszeiten über eine Reihe von Jahren zu kaufen und zu verkaufen, oder zur Ueberlebensfälle, entweder augenblickliche, aufgeschobene, anwartschaftliche oder zufällige, und auf lebensanwartschaftliche und andere Besitzungen und Zugehörigkeiten, real und persönlich; ferner Geld vorzuschießen und auszuleihen, wie das Directorium es von Zeit zu Zeit für angemessen hält; überhaupt Geschäfte zu führen, wie sie unter der Benennung Feuer- und Lebens-Versicherung bekannt sind und begriffen werden, und Alles, was damit irgend wie zusammenhängt im vollsten Sinne und in der vollsten Bedeutung und bis zu der vollen Ausdehnung, die das Gesetz gestattet, und sollen solche Versicherungen, Käufe, Verkäufe, Anleihen, Geschäfte und geschäftlichen Handlungen nicht auf Personen und Eigenthum im vereinigten Königreiche von Großbritannien und Irland beschränkt werden, sondern sollen oder können auch nach dem Gutdünken der Directoren mit Bezug auf Personen wohnend oder auf Eigenthum belegen, in irgend einem andern Theile der Welt abgeschlossen werden.

Ihr Kapital.

§ 3. Das Kapital der Gesellschaft soll aus Zwei Millionen Pfund Sterling bestehen, die auf Hunderttausend Actien von je zwanzig Pfund Werth ertheilt sind, mit der Berechtigung dasselbe zu vermehren oder zu vermindern, wie es sub § 21 näher angegeben ist.

Geschäftliche Verwaltung ist den Directoren überlassen.

§ 4. Die Leitung der Angelegenheiten und Geschäfte der Gesellschaft soll gänzlich den Directoren derselben anvertraut werden, und soll die Zahl derselben weder fünfundzwanzig überschreiten, noch weniger als fünf sein.

Die Beamten der Gesellschaft.

§ 5. Die Beamten der Gesellschaft sollen sein: zwei General-Curatoren und ein oder mehrere Rechnungsrevisoren; ferner ein Secretair, ein Actuarius, ein Notar, ein Arzt, ein Wundarzt und ein oder mehrere Besichtiger.

Büreau.

§ 6. Die Gesellschaft hat ihr Geschäftslocal in der Stadt Liverpool mit oder ohne Filialen oder Agenten an irgend einem Orte innerhalb oder außerhalb des vereinigten Königreichs, wie weiter unten ausgeführt.

Abhaltung von Generalversammlungen. Außerordentliche Versammlungen von den Directoren oder auf Ersuchen der Actionaire zu berufen. Wenn von Actionairen berufen, gewisse Einzelheiten in öffentlicher Anzeige zu geben.

§ 7. Die Actionaire sollen sich wenigstens einmal im Jahre im Hauptbüreau der Gesellschaft oder an irgend einem andern geeigneten Orte innerhalb einer Meile von dem Rathhause von Liverpool versammeln, nämlich im Jahre Ein Tausend Acht Hundert sechsundvierzig und in jedem folgenden Jahre am letzten Freitage des Monats Juli, und zu jeder andern, in vorgeschriebener Weise anberaumten Zeit, und es soll jede solche Versammlung eine Generalversammlung, oder wenn zu irgend einer andern Zeit zusammenberufen, eine außerordentliche Versammlung genannt werden. Außerordentliche Versammlungen können zu jeder Zeit zu irgend einem demselben gutdünkenden Zwecke zusammenberufen werden, und jede solche Versammlung soll von den Directoren zusammenberufen werden (ausgenommen in Fällen, in welchen laut gegenwärtigen Paragraphen andere Personen zur Zusammenberufung von Versammlungen berechtigt sind), nämlich: Erstens, eine Majorität von Directoren kann zu jeder Zeit eine außerordentliche Versammlung zusammenberufen. Zweitens: Wenn zu irgend welcher Zeit durch Zufall oder irgend eine unvorhergesehene Ursache keine genügende Anzahl von Directoren vorhanden ist, um ein Directorium zu bilden, können acht oder mehrere Actionaire, die zusammen achthundert oder mehr Actien repräsentiren, die Generalversammlung zusammenberufen; und Drittens: Jede zwanzig oder mehr Actionaire (nicht Directoren), die zusammen viertausend oder mehr Actien repräsentiren, von denen Jeder (die Original-Actionaire ausgenommen) wenigstens zwölf Monate Actionair gewesen sein muß, können jederzeit durch eigenhändige Eingabe (die Unterschrift jedes Actionairs durch einen Notar oder Anwalt gehörig beglaubigt) das Directorium auffordern, eine außerordentliche Versammlung zusammenzurufen, zu irgend einem Zwecke, der auf Angelegenheiten und Geschäfte der Gesellschaft Bezug hat, vorausgesetzt, daß diese Aufforderung auf dem Hauptbüreau niedergelegt wird und genau ausdrückt, zu welchem Zwecke die außerordentliche Versammlung berufen werden soll; widrigenfalls die Directoren nicht gebunden sind, Notiz davon zu nehmen. Wenn aber eine legale Aufforderung abgegeben worden ist, und das Directorium eine solche Versammlung nicht innerhalb von achtundzwanzig Tagen nach Abgabe der Aufforderung anberaumt hat, dann haben die Actionaire, welche die Aufforderung zeichneten, oder eine competente Anzahl derselben Vollmacht, die gewünschte außerordentliche Versammlung zu beliebiger Zeit, jedoch nicht später als zwölf Tage nach Ablauf der genannten achtundzwanzig Tage, zusammenzurufen, mit der Bedingung, daß in jedem Falle, in dem laut gegenwärtigen Abschnittes eine außerordentliche Versammlung von Actionairen, die nicht Directoren sind, zusammenberufen wird, die Anzeige angiebt, je nach Umständen und mit Hinzufügung der in § 9 geforderten Einzelheiten, entweder das Nichtvorhandensein eines Directoriums, oder die Abgabe einer Requisition an das Directorium, wie vorhin gesagt, und daß in Folge derselben die Versammlung nicht berufen wurde; und in letzterem Falle sollen auf der Anzeige die Namen derjenigen Actionaire beigefügt werden, welche die Aufforderung zeichneten, oder wenigstens solche Anzahl derselben, wie zur Gültigkeit der Aufforderung erforderlich ist. Ferner mit der Bedingung, daß wenn das Directorium findet, daß der oben für die jährliche Generalversammlung anberaumte Tag in irgend einem Jahre Schwierigkeit oder Unannehmlichkeit bietet, solche Generalversammlung an irgend einem andern Tage (Sonntage ausgenommen), über den sich die Directoren einigen und den sie bestimmen, im Monat Juli oder August abgehalten werden soll.

Bekanntmachung und Anzeige von Versammlungen.

§ 9. Jede Generalversammlung und außerordentliche Versammlung, incl. deren Vertagungen resp. soll wenigstens zehn Tage und nicht mehr als einundzwanzig Tage vor dem zur Abhaltung derselben bestimmten Tage, von den Beamten der Gesellschaft durch Bekanntmachung in zwei oder mehreren in Liverpool veröffentlichten Zeitungen und durch Rundschreiben angezeigt werden. Und jede solche Bekanntmachung und jedes Rundschreiben soll Tag, Stunde und Ort der dadurch angekündigten Versammlung angeben, und wenn die Versammlung eine außerordentliche ist, so soll die Bekanntmachung oder das Rundschreiben auch den Zweck derselben angeben.

Geschäfte der General-, außerordentlichen und vertagten Versammlungen.

§ 10. Die zu verhandelnden Geschäfte einer Generalversammlung im Jahre Ein Tausend Acht Hundert sechsundvierzig, und in jedem folgenden Jahre, sollen bestehen aus der Ernennung von Directoren und Rechnungsrevisoren nach der unten angegebener Weise; aus der Prüfung und Erwägung der Rechnungen, Berichte, Angelegenheiten und anderer geschäftlicher Handlungen der Gesellschaft während des vorhergehenden Jahres, und aus solchen anderen gewöhnlichen Geschäfts-Angelegenheiten, Stoffen und Gegenständen, welche der Versammlung vorgelegt werden mögen; aber vor eine außerordentliche Versammlung sollen keine andere Angelegenheiten gebracht werden, als diejenigen, für welche selbige speciell zusammenberufen wurde, und bei einer vertagten Versammlung sollen keine andern Angelegenheiten zur Verhandlung gebracht werden, als solche, welche bei der Versammlung, in der die Vertagung stattfand, unerledigt blieben.

Protocoll der Verhandlungen bei Versammlungen von Actionairen.

§ 15. Ueber die Verhandlungen einer jeden Versammlung von Actionairen soll ein Protocoll geführt, in ein Buch eingetragen und aufbewahrt werden, gezeichnet von dem ordentlichen Vorsitzenden der Versammlung und von ihm mit dem Siegel der Gesellschaft besiegelt.

Entschädigung der Directoren und Revisoren.

§ 16. Jede Generalversammlung ist befugt, anzuordnen, daß solche Summen, wie die Actionaire festzusetzen für gut finden, aus den Fonds der Gesellschaft an die Directoren im Allgemeinen oder an irgend ein Directorium, an einen Ausschuß oder Sub-Ausschuß und an den Vorsitzenden und die stellvertretenden Vorsitzenden des Directoriums, an irgend einen Curator oder Beamten der Gesellschaft ausgezahlt werden, als Anerkennung für geleistete Dienste in treuer und sorgfältiger Ausführung ihrer betreffenden Amtspflichten und ebenso an irgend einen von den Actionairen ernannten Rechnungsrevisor für seine Mühe, die Rechnungen der Gesellschaft zu prüfen und für sonstige Erfüllung der Pflichten dieses Amtes, in Uebereinstimmung mit und wie vorgeschrieben in genannter Darlamentsacte; ebenso an irgend einen andern Rechnungsrevisor, der von den Directoren ernannt ist. Und ferner sind die bei irgend einer Generalversammlung anwesenden Actionaire befugt, den Belauf der gegenwärtigen Entschädigung von Directoren zu vermehren oder zu vermindern, wie es von Zeit zu Zeit vom Directorium anempfohlen wird; auch auf ähnlicher Empfehlung hin, die Zahl der Directoren zu ändern, ohne indeß die weiter unten angeführten Beschränkungen zu verletzen.

Entlassung der Curatoren.

§ 17. Irgend eine General-Versammlung kann einen General-Curator der Gesellschaft entlassen, oder ihn seines Amtes entsetzen.

Suspendiren der Gesetze unter gewissen Umständen.

§ 18. Irgend eine außerordentliche Versammlung, die von andern Personen als von den Directoren zusammenberufen wird, weil keine genügende Anzahl von Directoren vorhanden ist, ein Directorium zu bilden, soll volle Gewalt haben, alle bestehenden Gesetze, Statuten und Regulationen pro tempore zu suspendiren oder zu ändern, durch welche solche Versammlung abgehalten oder verhindert würde, unmittelbar Directoren, Rechnungsrevisoren und andere Beamte der Gesellschaft zu ernennen, deren Stellen dann eben vacant sind; und darauf hin all und jede Vacanz in den Büreaux der Directoren, Rechnungsrevisoren oder andern höheren Beamten zu besetzen.

Absetzung der Directoren und Revisoren.

§ 19. Irgend eine außerordentliche Versammlung kann irgend einen Director oder Rechnungsrevisor wegen Nachlässigkeit, schlechter Führung oder aus irgend einem andern hinreichenden Grunde seines Amtes entsetzen.

Neue Gesetze und Regulationen.

§ 20. Zwei aufeinanderfolgende außerordentliche Versammlungen oder die General-Versammlung nebst einer außerordentlichen Versammlung sollen Vollmacht haben, durch ihre übereinstimmenden Entscheidungen jedes Gesetz und jede Verordnung und Bestimmung für die Gesellschaft zu erlassen, wenngleich dieselben mit allen oder irgend einem bis dahin bestandenen Gesetz oder allen oder irgend einer Verordnung oder Bestimmung der Gesellschaft in Widerspruch stehen, oder auf die Aufhebung aller oder irgend eines der bis dahin bestandenen Gesetze oder aller oder irgend einer Verordnung oder Bestimmung der Gesellschaft gegründet sind, unter der Voraussetzung jedoch, daß diese neuen Gesetze, Verordnungen und Bestimmungen sich nicht bis auf die Abänderung der Zwecke der Gesellschaft erstrecken oder darauf hinausgehen, irgend welche der Actionaire von ihren Verbindlichkeiten in Betreff der von denselben für jede Actie des Kapitals der Gesellschaft zu zahlenden vollen Summe, oder von den ihnen durch die gegenwärtige Urkunde oder durch irgend eine zu derselben gehörende Ergänzungs-Urkunde auferlegten Pflichten zu befreien, resp. diese Verbindlichkeiten zu ermäßigen und sofern diese neuen Gesetze, Verordnungen und Bestimmungen nicht die Bestimmungen über den zu veranschlagenden verhältnißmäßigen Antheil der Actionaire an dem Gewinn und Verlust der Gesellschaft bewähren, oder gegen dieselben gerichtet sind oder die hier weiter unten für die Auflösung der Gesellschaft im Falle eintretender Verluste an Capital aufgeführten Verordnungen zu berühren oder abzuändern, und unter dem ferneren Vorbehalt, daß im Falle bei solchen Versammlungen resp. bei einer derselben die Ballotage verlangt wird, mindestens drei Viertel der Stimmen der bei jeder der Ballotagen oder bei der einzigen Ballotage mitstimmenden Actionaire für einen Beschluß zu Gunsten des Erlassens irgend welcher Gesetze, Verordnungen und Bestimmungen erforderlich sein sollen.

Das Kapital kann vermehrt oder vermindert werden.

§ 21. Zwei aufeinanderfolgende außerordentliche Versammlungen oder die General-Versammlung und eine außerordentliche Versammlung sollen volle Gewalt haben, durch übereinstimmende Beschlüsse bei denselben, das Kapital der Gesellschaft zu vermindern durch Verkleinerung des Betrages sämmtlicher Actien desselben in gleicher Rate oder Proportion, oder durch Beschränkung der Zahl der Actien, oder in anderer zu vereinbarender Weise. Ebenso das Kapital der Gesellschaft zu irgend einem, Fünf Millionen nicht übersteigenden Betrage zu erhöhen, und das so vermehrte Kapital durch Creirung einer ferneren Anzahl von Actien zu treten, die von den Directoren in einer weiter unten angegebenen Weise vertheilt werden sollen, oder durch Erhöhung des Betrages der gegenwärtigen Actien, mit der Bedingung, daß wenn bei solchen letztgenannten Versammlungen oder einer derselben eine Ballotage verlangt, wird wenigstens drei Viertel der Stimmen, der bei solchen Ballotagen oder der einzigen Ballotage stimmenden Actionaire erforderlich sind zu einem Beschlusse zu Gunsten solcher Verminderung oder Vermehrung des Kapitals. Aber das Kapital der Gesellschaft soll weder durch Verwandlung irgend welcher Anleihen in Kapital, noch auf irgend eine andere, als die hierin angegebene Weise vermehrt werden.

Eine Art der Auflösung der Gesellschaft.

§ 22. Zwei aufeinanderfolgende außerordentliche Versammlungen sollen volle Gewalt haben, durch ihre übereinstimmenden Beschlüsse die Gesellschaft aufzulösen, vorausgesetzt, daß eine solche Auflösung vorher vorgeschlagen oder gutgeheißen und empfohlen wurde von Drei Viertel der derzeitigen Directoren, welche bei einer zu dem Zwecke speciell zusammenberufenen Sitzung gegenwärtig sind; unter der Bedingung, daß wenn bei solchen außerordentlichen Versammlungen oder einer derselben eine Ballotage verlangt wird, wenigstens drei Viertel der Stimmen bei jeder Ballotage oder der einzigen Ballotage stimmenden Actionaire zu einem Beschlusse zu Gunsten der Auflösung der Gesellschaft erforderlich sind.

Ausschuß und Subausschuß von Directoren.

§ 25. Das Directorium kann sofort von Zeit zu Zeit wenigstens drei aus seiner Mitte ernennen, um einen Ausschuß zu bilden, und als solcher zur besseren Ueberwachung und Leitung der gewöhnlichen Geschäfte und Angelegenheiten der Gesellschaft zu handeln, und solcher anderen Geschäfte, wie demselben vom Directorium, das die Pflichten und die Art eines Sub-Ausschusses regulirt, übertragen werden.

Vorsitzender des Subausschusses.

§ 26. Der Sub-Ausschuß kann von Zeit zu Zeit einen aus seiner Mitte zum Vorsitzenden erwählen, und alle Fragen sollen im Sub-Ausschusse durch Abstimmung erledigt werden, bei der jedes Mitglied eine Stimme und der Vorsitzende noch eine entscheidende Stimme hat, und je drei Mitglieder eines Subausschusses sollen zur Erledigung von Geschäften competent sein.

Special-Ausschuß.

§ 27. Das Directorium hat die Macht, Einen oder Mehrere der Directoren zum Special-Ausschusse oder zu Special-Ausschüssen zu constituiren, um solche Angelegenheiten und Geschäfte, die ihm oder ihnen speciell übertragen wurden, zu untersuchen, darüber zu beschließen und zu handeln; und all und jede im Directorium ruhende Macht kann in jedem dazu ernannten Ausschusse niedargelegt, ihm übertragen und anvertraut werden, ausgenommen das Recht, die Actionaire zu Geldeinzahlungen aufzufordern, und wie anderweitig in obengenannter Parlaments-Acte und gegenwärtiger Urkunde verboten und eingeschränkt ist; und alle von solchen Ausschüssen resp. zur Erfüllung der Zwecke ihrer Ernennung, und nicht anders gefaßte Beschlüsse und Handlungen (mit erwähnter Ausnahme) sollen dieselbe Kraft und Wirkung haben, als wenn sie von dem Directorium ausgingen, und die Ernennung solcher verschiedenen Ausschüsse soll zu irgend einer Zeit ganz oder theilweise von dem Directorium widerrufen werden können, sowohl was dieselben bildenden Personen, als den Zweck der Ernennung anbetrifft; und solche Ausschüsse sollen in jeder Beziehung der Controlle und der Leitung des Directoriums unterworfen sein; und die Sitzungen und Verhandlungen solcher Ausschüsse sollen nach den in Gegenwärtigem für die Sitzungen und Verhandlungen des Directoriums enthaltenen Vorschriften geleitet werden, insofern sich diese Vorschriften auf die so gebildeten Ausschüsse anwenden lassen und nicht ausdrücklich durch den Wortlaut ihrer Ernennung umgestoßen werden.

Verhandlungen aufzunehmen und Protocoll zu bewahren.

§ 29. Das Directorium soll die Verhandlungen bei jeder Sitzung des Directoriums schriftlich aufnehmen lassen, und das Protocoll der Verhandlungen soll aufbewahrt und in ein Buch eingetragen werden, gezeichnet von dem Vorsitzenden und mit dem Siegel der Gesellschaft besiegelt.

Macht der Directoren, Geld auf Hypotheken-Obligationen zu borgen.

§ 31. Das Directorium hat das Recht, zu irgend einer Zeit oder von Zeit zu Zeit irgend eine Summe oder Summen Geldes zu borgen oder auf Zins aufzunehmen, und für solche Perioden und zu solchen Bedingungen, wie es für gut findet, auf Hypothekarische Sicherheit irgend welcher Ländereien, Pachtungen oder Erbbesitzungen der Gesellschaft, auf die Verschreibung der Gesellschaft und auf Wechsel oder Handbriefe der Directoren, worüber unten nähere Bestimmungen und Autorisation folgen, solche Namens der Gesellschaft auszustellen, anzugeben, zu ziehen, zu acceptiren und zu indossiren, vorausgesetzt, daß die auf solche Weise von Zeit zu Zeit geborgten Gelder für die Zahlung und Berichtigung von Forderungen und Verbindlichkeiten oder andere geschäftliche Zwecke der Gesellschaft nöthig sind, und daß der Totalbetrag der zu erborgenden Summen nie Einmal Hunderttausend Pfund übersteige; mit der Bestimmung, daß die solche Summe oder Summen vorstreckende Person nicht gebunden ist, über die näheren Umstände Erkundigung einzuziehen, ob solche Gelder erforderlich sind, und zu allen oder einem der oben angeführten Zwecke verwendet werden, noch irgend wie für die Nichtanwendung oder verkehrte Anwendung derselben verantwortlich ist.

Wechsel zu ziehen.

§ 32. Das Directorium oder je zwei oder mehrere der Directoren (die das Directorium von Zeit zu Zeit durch eine Resolution dazu autorisirt), haben das Recht, Wechsel oder Handbriefe im Namen und für Rechnung der Gesellschaft auszugeben oder zu acceptiren (in Uebereinstimmung mit den in letzten Paragraphen getroffenen Vorkehrungen), und jeder solcher Wechsel oder Handbrief soll ausgestellt oder acceptirt werden, (je nachdem) von und im Namen zweier Directoren; und es muß ausdrücklich gesagt werden, daß die Ausstellung oder das Accept von ihnen für die Gesellschaft geschieht, und jeder so ausgestellte oder acceptirte Wechsel oder Handbrief soll von dem Secretair oder einem andern dazu ernannten Beamten der Gesellschaft gegengezeichnet werden, und jeder, wie vorhin erwähnt, ausgestellte und von oder für die Gesellschaft empfangene Wechsel kann im Namen der Gesellschaft vom Secretair oder einem andern dazu ernannten Beamten indossirt werden; mit der Bestimmung, daß Nichts von dem vorhin angeführten dafür erachtet wird, genannten Secretair oder Beamten persönlich für solchen Wechsel oder Handbrief verantwortlich zu machen, noch dafür erachtet wird, die Directoren, welche denselben ausstellen oder acceptiren, persönlich verantwortlich zu machen anders als in ihrer Stellung als Actionaire der Gesellschaft.

Macht der Directoren, Schulden zu contrahiren.

§ 33. Das Directorium soll zu aller Zeit und von Zeit zu Zeit das Recht haben, Schulden zu contrahiren und andere Verbindlichkeiten einzugehen zu dem Zwecke, die nöthigen Geschäfte und Angelegenheiten der Gesellschaft fortzuführen, zu dirigiren, und zu leiten, sowie zu solchen andern Zwecken, für die in dieser Urkunde Vorkehrungen getroffen, Assuranzen zu effectuiren, gegen Verlust oder Beschädigung durch Feuer oder andere Unfälle, auf Leben und Anwartschaften, Jahresrenten zu gewähren und zu kaufen, und in anderer Weise jeden und alle in § 2. beschriebenen und einbegriffenen Zwecke und Absichten der Gesellschaft zu vollziehen und zu erfüllen, und dadurch die Gesellschaft sowohl um zu solchem Betrage zu binden, wie es das Directorium in seiner Discretion für gut hält, mit der Bestimmung, daß keine Assuranz und kein Risico auf ein einzelnes Leben je die Summe von Fünf Tausend Pfund übersteigt.

Drei Directoren oder dazu ernannte Beamten zeichnen Contracte.

§ 34. Das Directorium oder ein Sub-Ausschuß von zwei oder mehr Directoren oder — mit Unterordnung unter die genannte Parlaments-Acte — der Secretair oder anderer derzeitiger Beamter der Gesellschaft (wenn für die Zeit und soweit das Directorium durch ein Protocoll oder einen Beschluß des Secretairs oder andern ausgestellten zu dem Zweck autorisirt), und Niemand anders soll die Macht haben, Verluste zu ordnen und zu berichtigen, Schulden, Ansprüche und Forderungen an die Gesellschaft zu bezahlen, Anweisungen auf die Banquiers der Gesellschaft auszustellen, zu zeichnen, Quittungen und andere Löschungen für Geld, Fonds oder anderes Eigenthum, das für Rechnung der Gesellschaft empfangen wurde, zu geben; die Anvertrauung und Aufbewahrung selbiger Gelder, Fonds oder anderer Eigenthum zu haben, das Siegel der Gesellschaft zu gebrauchen, oder irgend einem Act oder irgend Documente, das zur Ausführung der Zwecke der Gesellschaft nöthig sein mag, beizufügen. Und das Directorium soll auch volle Gewalt und Autorität haben, Contracte oder Verträge Namens der Gesellschaft einzugehen und auszuführen, sofern solche Contracte und Verträge, (ausgenommen Kaufcontracte für irgend einen Gegenstand, für dessen Zahlung der Werth fünfzig Pfund nicht übersteigt oder irgend einen Dienst, der sich nicht über einen Zeitraum von sechs Monaten ausdehnt, und dessen Werth fünfzig Pfund nicht übersteigt, und ausgenommen Wechsel und Handbriefe) schriftlich abgefaßt sind, und wenigstens von zwei Directoren unterzeichnet, um derewillen dieselben eingegangen werden, unterschrieben und mit dem Siegel der Gesellschaft besiegelt sind; oder von einem Beamten der Gesellschaft, der Namens derselben durch ein Protocoll oder einen Beschluß des Directoriums, der auf den speciellen Fall Bezug hat, ausdrücklich dazu autorisirt worden, gezeichnet wurde. Und alle Namens der Gesellschaft eingegangenen Contracte für den Ankauf von Gegenständen, deren Werth die Summe von fünfzig Pfund nicht übersteigt, oder für Dienstleistungen, die sich nicht über einen Zeitraum von sechs Monaten hinausdehnen, und deren Werth fünfzig Pfund nicht übersteigt, können von dem Secretair oder einem andern Beamten der Gesellschaft, der dazu durch eine Nebenverordnung, die später in Uebereinstimmung mit genannter Parlaments-Acte erlassen wird, autorisirt wird, eingegangen werden und jeder Actionair verzichtet hiermit ausdrücklich, und entsagt allem Rechte und Ansprüche, irgend eine Police, Schein, Wechselbrief oder andere verwerthbare Caution, eine Acte oder ein Document irgend welcher Art, im Namen oder für die Gesellschaft zu zeichnen, zu vollziehen, auszustellen oder zu indossiren, oder eine Verbindlichkeit irgend welcher Art einzugehen, wodurch die Gesellschaft verpflichtet oder gebunden würde, oder wodurch es versucht würde, die Gesellschaft zu verpflichten und zu binden, es sei denn gesetzlich dazu ermächtigt. Und wird es hiermit ausdrücklich festgestellt, daß wenn irgend ein Actionair mit Wissen und Willen gegen diese Anordnung verstößt, er durch solche Handlung alle seine Actien und sein Interesse in der Gesellschaft verwirkt, ohne daß es dazu eines desfallsigen Beschlusses des Directoriums bedarf, und hat letzteres keine Gewalt, das so verwirkte zurückzuerstatten; mit dem Vorbehalte, daß Nichts in dem gegenwärtigen Paragraphen enthalten ist, das die genannte Parlaments-Acte verletzt.

Macht der Directoren in Bezug auf Assuranzen. Assuranzen werden effectuirt zu den Directoren angemessen erscheinenden Preisen.

§ 35. Alle Assuranzen, Jahres- und andere Renten, die von der Gesellschaft ertheilt und bewilligt werden, sollen zu solchen Raten und nach solchen Sätzen und Bedingungen bewilligt werden, wie das Directorium von Zeit zu Zeit in seiner absoluten Vollmacht für gut hält und angiebt, und bei Aufstellung der Tabellen von Zeit zu Zeit für Lebensversicherungen sollen bestimmte Prämienraten festgesetzt worden für Assuranzen, die mit der Gesellschaft abgeschlossen werden, für solche Fälle, wenn die Versicherten nicht wünschen an dem Gewinne des Fonds theilzunehmen, der wie weiter unten gebildet und „Lebensversicherungsfonds" genannt werden soll.

Bägliches Risico zu übernehmen.

§ 36. Es bleibt dem Directorium gänzlich überlassen, Anträge auf Assuranzen, Jahres- und andere Renten, Käufe und Darlehen anzunehmen oder zu verweigern, die von der Gesellschaft zu bewilligen sind, und Versicherungen zu solchen erhöhten Raten zu übernehmen, wie sie im Verhältnisse mit dem Extra-Risico auf das Leben von Personen, die mit chronischen Uebeln und andern Leiden behaftet sind, erscheinen, ob solche mit unmittelbarer Gefahr verknüpft sind oder nicht, und ebenso auf das Leben von Personen in andern gefährlichen Verhältnissen, oder Versicherungen zu effectuiren gegen Verlust oder Beschädigung durch Feuer, auf Gebäulichkeiten, Schiffe oder Waaren, auf welche die gewöhnlichen Assurantabellen der Gesellschaft nicht anwendbar sind und das Directorium, in Ausübung besagter Vollmacht, ist auch berechtigt, nachdem es eine Police ertheilt hat, auf das Ansuchen der darin interessirten Theile, irgend einer Person oder deren Leben oder Ueberleben eine solche Police effectuirt ist, die Erlaubniß zu gewähren, Reisen zu unternehmen, oder außerhalb des Bezirkes zu wohnen, oder Geschäfte zu unternehmen, welche die Bedingungen übertreten, die in solchen Policen gestellt sind, wenn der zu solcher Police Verpflichtete Theil sich verpflichtet, eine vermehrte oder Extra-Prämie zu bezahlen, die dann zu vereinbaren ist. Es soll ferner für genanntes Directorium, in Ausübung besagter Vollmacht gesetzlich sein, auf Ersuchen des oder der dabei interessirten Theile, eine Beschränkung der Anzahl oder des Betrages späterer Prämien zu gewähren, auf irgend eine von der Gesellschaft ertheilte Police, wenn irgend ein Theil der dadurch versicherten Summe abgetreten wird, oder die ganze oder ein Theil der anwartschaftlichen Vergütigung auf solche Police, oder die Zahlungstermine irgend einer von der genannten Gesellschaft ertheilten Police zu ändern, oder sich über die Prämie abzufinden, oder auf irgend eine andere Weise die Bestimmung solcher Police zu ändern, sei es in Betreff der Prämie, der Vergütigung oder des damit versicherten Geldbetrages oder wie sonst das Directorium für gut findet, nach Uebereinkunft mit den dabei interessirten Theilen; jedoch immer und nichts destoweniger mit der Bestimmung, daß die Macht und Autorität, welche dieser Paragraph ertheilt, unter solchen Nebenverordnungen und Regulativen steht, welche von Zeit zu Zeit zur Regelung der Gesellschaft in Kraft sein können.

Geldvorschüsse an den Eigner einer Police.

§ 37. Wenn irgend eine Person oder Personen, die im Besitze und berechtigt sind, zu irgend einer von der Gesellschaft gewährten Police oder zu dem Documente einer Lebensversicherung oder einer andern Versicherung auf die Sicherheit derselben oder derselben hin, Geld zu borgen wünschen, oder dem Directorium oder die irgend einen Theil des Vortheils derselben zu verkaufen wünschen, so hat das Directorium das Recht, aus dem Fonds und dem Besitzthum der Gesellschaft die Sicherheit der Police oder des Documents hin, irgend eine, aber der oder desselben nicht übersteigende Summe oder Summen Geldes auf Zins vorzuschießen oder zu leihen, oder jenachdem solche Police oder solches Document oder irgend einen Theil des Vortheiles derselben zu einem angemessenen Preise zu kaufen, und solche Police oder Document, oder Theil des Vortheiles derselben darauf zu annuliren, und zwar entweder durch Indossirung oder Bemerkung auf die Police oder das Document, durch welche die Bedingungen derselben für die Zukunft geändert werden, oder die Police oder das Document werden aufgegeben, und Neue an deren Statt gewährt, um das noch bleibende Interesse (wenn vorhanden) der Versicherten zu sichern, und hat das Directorium, wenn es dieses für gut hält, in den Bedingungen, welche auf der Rückseite geschrieben, einer solchen Police oder einem von der Gesellschaft ausgegangenen Documente beizufügen, ausdrücklich zu bemerken, zu welchem Preise es dieselben oder irgend einen Theil des Vortheiles derselben später zurückkaufen will.

Anwartschaftliche Vergütigungen auf Lebenspolicen zu kaufen.

§ 38. Wenn das Gesuch gestellt wird, von irgend einer Person oder Personen, welche zur Zeit desselben (zur Zufriedenheit des Directoriums) beweisen, daß sie im Empfange der Summe berechtigt sind, welche von Zeit zu Zeit des Gesuches nach der unten hin getroffenen Bestimmung als anwartschaftliche Vergütigung oder Vergütigungen auf irgend eine von der Gesellschaft ertheilte Lebenspolice bezahlt werden mag, wenn die Police dann erloschen wäre, und wenn solche Person oder Personen dann dem Directorium die Police vorzeigen, so soll das Directorium dann berechtigt sein, solcher Person oder Personen aus dem Fonds oder dem Eigenthume der Gesellschaft als Befriedigung oder Abtragung der zuerkannten Summe, solchen Betrag auszuzahlen, welcher sich nach Verschuung des Actuars oder eines andern Beamten der Gesellschaft als gegenwärtiger Belauf der zuerkannten Summe oder Summen ergiebt, und bei Auszahlung dieser Summe soll das dieselbe leistende Directorium von der oder den Personen eine Quittung erhalten, welche bestätigt, daß selbige als Ablösung der Summe oder Summen gilt, welche zur Zeit der Ertheilung der Quittung als anwartschaftliche Vergütigung oder Vergütigungen, wie vorhin gesagt, zuerkannt war oder waren auf solche Police; und das Duplicat dieser Quittung soll von solcher Person oder Personen auf die Rückseite besagter Policen geschrieben und gezeichnet werden, und wenn diese Quittungen ertheilt sind, soll die Gesellschaft und die Actionaire der Zahlung solcher Vergütigung oder Vergütigungen entledigt sein.

Nichtzahlung von Prämie verwirkt die Police.

§ 39. Wenn die Prämie auf irgend eine von der Gesellschaft ertheilte Lebensversicherung, oder eine Abschlagszahlung der Prämien nach Ablauf von dreißig Tagen nach dem Verfalltage oder im Falle von Feuerversicherungen nach Ablauf von fünfzehn Tagen, nicht bezahlt sind, so soll solche Assuranzpolice und alle darauf gemachten Zahlungen verwirkt sein, und die versicherte Person verwirkt und geht aller Ansprüche in Bezug auf solche Police an die Gesellschaft verlustig.

Die Verwirkung kann bei Seite gesetzt werden.

§ 40. Das Directorium hat das Recht, wenn es für angemessen hält, eine von demselben ertheilte Police, die verwirkt oder nichtig wurde, resp. zu jeder Zeit, innerhalb dreier Monate, nachdem dieselbe verwirkt oder kraftlos wurde, wieder zu bestätigen oder in Kraft treten zu lassen, bei Zahlung einer Strafe von zehn Schillingen für den versicherten Betrag von je hundert Pfunden, oder zu irgend einer Zeit nach Ablauf der drei Monate, bei Zahlung solcher Strafe oder erhöhten Prämie, welche das Directorium aufzuerlegen für gut hält, wobei in jedem Falle gebührende Berücksichtigung des zeitigen Gesundheitszustandes der versicherten Partei zu nehmen ist.

Zahlung von Prämien ist gültig, wenn sie innerhalb 30 oder 15 Tagen nach Ablauf gewisser Policen gemacht wird.

§ 41. Im Falle irgend eine Person, deren Leben von der Gesellschaft auf sieben Jahre oder mehr oder für die ganze Lebensdauer versichert wurde, innerhalb 30 nächstfolgender Tage, nachdem die die Versicherung betreffende Prämie fällig wird, stirbt aber, ehe die Prämie bezahlt ist, oder falls Gebäulichkeiten oder Waaren, die von der Gesellschaft wirklich oder in prospectu gegen Verlust oder Beschädigung durch Feuer für die Dauer von sieben oder mehr Jahren versichert wurden, innerhalb fünfzehn Tagen, nachdem die die Versicherung betreffende Prämie fällig und nicht bezahlt wurde, durch Feuer zerstört oder beschädigt werden, dann soll jede solche Versicherung trotzdem gültig und in Kraft sein, vorausgesetzt, daß die betreffende Prämie auf Lebensversicherungen innerhalb dreißig, und auf Versicherung gegen Feuersgefahr innerhalb fünfzehn Tage gezahlt werde.

Zahlungstermine versicherter Summen.

§ 42. Alle und jede Summe oder Summen, die auf eine von der Gesellschaft erlassene Police hin beansprucht werden, rücksichtlich einer Lebensversicherung, der Versicherung des Ueberlebens oder anderer Zufälle, sollen (Fälle ausgenommen, in denen das Directorium laut weiter unten angegebener Autorisation die Zahlung hinausschiebt), aus dem Fonds der Gesellschaft innerhalb dreier Monate gebührend bezahlt und berichtigt werden, und die Versicherung gegen Verlust oder Beschädigung durch Feuer betreffend, in solcher Weise und zu solchen Zeiten, wie dem Directorium gutdünkt, nachdem ein befriedigender Beweis des Ereignisses gegen das die Versicherung geschehen ist, (sei es Todesfall, Ueberleben oder anderer Zufälle, oder Beschädigung durch Feuer) im Hauptbüreau der Gesellschaft in Liverpool abgeliefert wurde; auch ist vor der Zahlung oder Berichtigung befriedigender Beweis und Information beizubringen, daß der beanspruchende Theil zum Empfange der Zahlung berechtigt ist; und alle solche Forderungen sollen im Hauptbüreau der Gesellschaft in Liverpool zahlbar sein, wenn in den genannten Policen kein anderer Zahler angegeben ist.

Die Directoren können versicherte Summen auszahlen, wenn auch die Police nicht vorgezeigt wird.

§ 43. Wenn beim Gesuche irgend einer Person oder von Personen, welche zur Zeit des Gesuches sich zur Zufriedenheit des Directoriums zum Empfange der in irgend einer Police verschriebenen und zahlbar gewordenen Summe gehörig berechtigt erweist oder erweisen, dieselben aber nicht im Stande sind, die Police vorzuzeigen oder solche vorgezeigt wird oder nicht, nicht im Stande sind, sich vollständig zu derselben legal berechtigt zu erweisen oder eine legale Quittung für die versicherte Summe zu ertheilen, so soll das Directorium — in allen und jedem Einzelnen der genannten Fälle, wenn dasselbe befriedigt ist, daß das Unvermögen die Police vorzuzeigen daher rührt, daß solche verloren ging oder verlegt wurde, und daß das Hinderniß, die legale Berechtigung solcher Person oder Personen oder deren Unvermögen, eine gesetzliche Quittung zu ertheilen, nicht auf deren wirklichen Recht auf die Police oder die Empfangsfähigkeit des Geldes erstreckt oder solche in Frage stellt — nach seinem Ermessen das Recht haben, die versicherte Summe oder Summen auszuzahlen, mit oder ohne persönliche Sicherstellung irgend einer Person oder von Personen, über deren Charakter und Ruf das genannte Directorium nach seinem Dafürhalten zufrieden gestellt ist.

Zahlung von versicherten Summen kann verschoben werden.

§ 44. Im Falle, Todesfälle durch die Pest oder irgend eine andere ansteckende Krankheit oder Epidemie oder durch Hungersnoth, feindlichen Einfall oder Bürgerkrieg, oder durch irgend ein schweres Unglück sich plötzlich mehren, und die flüssigen Fonds der Gesellschaft sich für die an sie gestellten Forderungen ungenügend erweisen, so hat das Directorium das Recht, die Zahlung der ganzen oder eines Theiles der fälligen Summe, die auf eine Police beansprucht wird, bis zu der Zeit hinauszuschieben, zu welcher die Fonds der Gesellschaft hinreichen, den an sie gestellten Forderungen gerecht zu werden.

Wenn verschoben, Zinsen auf versicherten Summen zu zahlen.

§ 45. Alle auf Policen zu beanspruchende Gelder, deren Zahlung in Uebereinstimmung mit eben zu diesem Zwecke gegebener Autorisation von dem Directorium über die Zahlungsfrist hinausgeschoben wurde, die oben für Zahlung der auf Policen reclamirten Summe festgesetzt, sollen Zinsen (wenn überhaupt) für den Zeitraum tragen, wie sie das Directorium zu gewähren für angemessen hält.

Assuranzen können mit andern Gesellschaften abgeschlossen werden.

§ 46. Wenn und so oft als das Directorium, laut der in Gegenwärtigem ertheilten Gewalt, eine Jahresrente für ein oder mehrere Leben oder eine solche für eine solche Anzahl Jahre, die beim Absterben einer oder mehrerer Personen erlischt, oder ein Interesse in einem oder mehreren Leben kauft, so ist dasselbe berechtigt, wenn es dies für zweckmäßig hält, aus dem Fonds oder Eigenthum der Gesellschaft eine oder mehrere Versicherungen auf das oder die Leben bei einer andern Gesellschaft oder Gesellschaften zu effectuiren und aufrechtzuhalten für irgend eine dem Directorium gutdünkende Summe oder Summen, die den für die gekaufte Jahresrente oder das Interesse bezahlten ganzen Betrag nicht übersteigt, und ebenso im Falle das Gesuch gestellt wird, ein oder mehrere Leben bei genannter Gesellschaft zu versichern, vollständig in dem Besitz einer oder mehrerer Personen übergegangen ist, soll das Directorium berechtigt sein, falls es nach seiner Ansicht angemessen ist, auf Gesuch der Person oder Personen, in deren Besitz die Nutznießung übergegangen ist, die Uebergabe oder Uebergaben der Police oder Policen solcher Versicherung oder Versicherungen anzunehmen und danach an deren Stelle ihm, ihr oder ihnen eine Police oder Policen zu ertheilen, jenen in jeder Hinsicht ähnlich, außer im Datum und im Namen des Empfängers, und dadurch ihn zu allem Nutzen und zu allen Vortheilen zu berechtigen, welche sich an die, wie vorhin erwähnt, aufgegebene Police oder Policen knüpfen, gerade so, als wenn die Police oder Policen für ihn ausgestellt und in Kraft erhalten wären, mit dem Vorbehalt, daß in Fällen, in welchen die durch eine Police gewährten Vortheile unter zwei oder mehrere Personen vertheilt werden sollen, das Directorium berechtigt sei, wenn es ihm gut dünkt, die Uebergabe solcher Police anzunehmen und an deren Stelle neue Policen zu ertheilen, nämlich so, daß jede, wie vorhin gesagt, interessirte Person eine Separat-Police nach Maßgabe ihres Interesses erhält.

Policen verwirkt durch Selbstmord. Die Directoren können Nachsicht haben.

§ 48. Wenn eine Person, die eine Versicherungspolice auf das eigene Leben effectuirt hat, den Tod durch eigene Hand findet, ob bei gesundem Verstande oder schwachsinnig, oder im Duell, oder durch den Arm der öffentlichen Gerechtigkeit, so soll die Police und alle so weit darauf geleisteten Zahlungen verwirkt sein, mit Ausnahme irgend eines bona fide Interesses einer andern Person in solcher Police, welches sechs Monate vor Eintritt des Todesfalles des Versicherten erlangt wurde, aber in jedem Falle solcher Verwirkung soll das Directorium die Freiheit haben, nach Gutdünken, und indem es die besondern Umstände jedes Falles in Erwägung zieht, entweder die ganze Summe, welche in Bezug auf die Police zahlbar geworden wäre, auszuzahlen, oder einen Theil desselben, wie es für angemessen hält.

Vom Beweise des Interesses in einer Police kann Abstand genommen werden.

§ 49. In jedem Falle, in welchem die auf oder für eine Versicherungspolice fällige Prämie oder Prämien gebührend bezahlt wurde, und das durch solche Police versicherte Geld nach den Bestimmungen derselben zahlbar geworden ist, soll das Directorium das Recht haben, wenn es für gut findet, dieses auszuzahlen, ohne den Beweis zu verlangen, daß die Person oder Personen, denen die Versicherung übermacht war, oder die Person oder Personen, welche das Geld reclamiren, ein gesetzliches Interesse in dem versicherten Leben hatten, und ungeachtet irgend welcher Angabe, Anzeige oder Beweisführung, daß solche Person oder Personen resp. durchaus kein derartiges Interesse hat, und die Gesellschaft folglich rechtlich die Auszahlung solches Geldes verweigern könnte.

Policen sind von zwei Directoren zu zeichnen.

§ 50. Alle von der Gesellschaft ertheilten Policen und andere Assuranz-Documente sollen von wenigstens zwei der Directoren gezeichnet und mit dem gehörigen Siegel der Gesellschaft besiegelt werden, und die Directoren, welche eine Police oder anderes Assuranz-Document zeichnen, sollen genanntes Siegel besdrücken lassen, und solche Police oder Assuranz-Document kann von dem Secretair contrasignirt werden, und wenn und so oft als in Uebereinstimmung mit einer in Gegenwärtigem zu dem Zwecke ertheilten Macht, irgendwie Veränderungen oder Abänderungen in den Stipulationen einer von der Gesellschaft erlassenen Police oder eines Assuranz-Documentes gemacht werden, so soll das Directorium ein Memorandum solcher Veränderung oder Abänderung auf die Rückseite der Police oder des Assuranz-Documentes schreiben lassen, und solches wenigstens von zwei der Directoren gezeichnet und mit dem gehörigen Siegel der Gesellschaft besiegelt, oder blos von dem Secretair gezeichnet werden, und das so bezeichnete und besiegelte oder blos gezeichnete Memorandum soll als Zeugniß der Abänderung gelten und für die Gesellschaft bindend und entscheidend sein, sowie für die durch solche Police versicherte Person oder Personen, und alle und jede Person, die durch, von, unter oder in Vertretung von ihr oder ihnen Ansprüche machen.

Macht der Directoren mit Bezug auf Capitalien. Fonds der Gesellschaft sind auf Real- oder Personal-Sicherheit anzulegen.

§ 51. Das Directorium soll durch Zinses-Zins solche Fonds oder solches Eigenthum jeglicher Art der Gesellschaft, die nicht unmittelbar für die allgemeinen Zwecke und Bestimmungen der Gesellschaft erforderlich sind, vermehren und verbessern und dieselben zu dem Zwecke aus- und anlegen in Staatspapieren von Großbritannien oder in Südeeuropa, in Stocks der Bank von England, der Ostindischen Compagnie oder der Südsee-Compagnie, oder in Bills für Lieferungen für die Flotte oder des Staatsfonds der India Bonds, oder auf Sicherheit von Land, Pachtungen oder Erbbestzungen in irgend welcher Art des Besitzes in Großbritannien oder Irland, oder auf lebenslängliche Besitzungen oder auf Interesse in irgend welchen Real- oder Personalbestzungen, oder als Collateral-sicherheit irgend welcher Assuranz (ob von dieser oder irgend einer anderen Lebensversicherungs-Gesellschaft) des Lebens oder deren Leben, von denen solche Interessen abhängen, oder auf Sicherheit von Jahresrenten für ein oder mehrere Leben oder Jahresrenten irgend welcher andern Art, oder auf irgend eine Lebensversicherungs-Police, oder auf Schuldscheine der Stadtgemeinde von Liverpool oder einer anderen Commune oder Curatoren der Liverpool- oder anderer Docks, oder auf die Sicherheit von Actien in irgend einer Dock-, Canal-, Eisenbahn-, Flußschifffahrts-, Wasser-, Gas- oder Brücken-Anlage, oder von Chaussee- oder Eisenbahngeldern, oder irgend welcher Communal- oder anderen Steuer auf Schiffe und Fahrzeuge, und überhaupt auf irgend eine besondere Sicherheit oder Sicherheiten, ob Real- oder Personal-, oder auf die Sicherheit über das Depositum von Rechtsdocumenten oder Beweisstücken der Berechtigung zu Real- oder Personal-Besitzungen, zu einem Rechtsspruche, zu Schuld- oder Dockverschreibungen, Connossementen, Wechseln oder Handverschreibungen oder anderes Gut, Mobilien oder Effecten rein persönlicher Natur, die dem Directorium genügend erscheinen und welche es zu acceptiren für gut hält.

Der Ankauf von persönlichem oder Real-Gut.

§ 52. Das Directorium soll berechtigt sein, von Zeit zu Zeit irgend einen Theil der Fonds der Gesellschaft oder deren Eigenthum jeder Art anzulegen oder zu verwenden auf den Ankauf von Land, Pachtungen und Erbbesitzungen in irgend einem Theile Großbritanniens oder Irlands gelegen, ob dasselbe der Gesellschaft verpfändet ist oder nicht, oder auf den Ankauf von Actien irgend welcher Dock-, Canal-, Eisenbahn-, Flußschifffahrts-, Wasser- oder Brücken-Anlagen, Gascompagnien, irgend einer öffentlichen Actiengesellschaft (Bankgesellschaften ausgenommen) und das genannte Directorium soll oder kann, wenn es für gut findet, sich eines derzeitigen Real- oder Personal-Besitzthums der Gesellschaft entäußern, dasselbe einziehen, verkaufen, übertragen, oder anderswie zu Geld machen lassen und das so erhaltene Geld in oben erwähnter Weise wieder aus- und anzulegen, und zwar von Zeit zu Zeit, wie es die Umstände erfordern; mit dem Vorbehalte, daß im Falle eines Ankaufes von angeführtem Realgute zunächst eine General- oder Special-Concession zu dem Zwecke von dem Ausschusse des Staatscollegiums für Handel, die laut genannter Parlamentsacte zu gewähren ist, erhalten wurde, wo eine solche Concession nöthig erscheint.

Baares Geld ist bei den Banquiers zu deponiren.

§ 53. Das Directorium soll den zeitigen Baarvorrath der Gesellschaft bei den Banquiers deponiren lassen, um dem Conto "The Royal Insurance Company" creditirt zu werden, oder wenn die derzeitigen Banquiers der Gesellschaft verweigern, ein Conto unter einem so allgemeinen Namen zu eröffnen, dann auf Rechnung von drei oder mehr derzeitigen Directoren der Gesellschaft; ferner soll das Directorium alle Urchequer oder andere Staatspapiere, India Bonds und alle andern verkäuflichen, geldwerthen Sicherheiten, die derzeitiges Eigenthum der Gesellschaft sind, bei den Banquiers der Gesellschaft für gleiche Rechnung aufbewahren lassen, oder an einem andern sichern Orte; und es soll alle Antheile der Gesellschaft an irgend welchen Staatspapieren, an Stock der Bank von England, sowie Actien der Ostindischen oder der Südsee-Compagnie, oder in irgend einer andern öffentlichen Gesellschaft sollen auf den Namen der Gesellschaft eintragen lassen, oder auf den Namen des Curators oder der Curatoren der Gesellschaft; und alles andere Eigenthum und Sicherheiten der Gesellschaft, besonders alles Realgut, Hypotheken und andere Privatsicherheiten sollen auf den Namen der Gesellschaft lauten, oder derjenigen Person oder Personen, die das Directorium von Zeit zu Zeit und für jeden einzelnen Fall für passend hält, Curator oder Curatoren für solches Eigenthum oder solche Sicherheit für die Gesellschaft zu sein, und zwar wenn es für gut hält, ohne in den Sicherheiten, Uebertragungs- und Assuranz-Documenten, dem Curator oder Curatoren oder Einem von ihnen über das betraute Gut Aufklärung zu geben, jedoch mit der Bestimmung, daß die Berechtigungsdocumente zu solchem Eigenthume oder zu solchen Sicherheiten resp. an einem sichern Orte niedergelegt und aufbewahrt werden, unter der Controle des Directoriums, und daß sie nicht in dem Verwahrsam des einzelnen Curators oder Curatoren gegeben werden, und das Directorium kann, wenn und so oft es ihm gut dünkt, einen speciellen Theil irgend welcher Fonds oder eines Eigenthums der Gesellschaft gänzlich von dem Curator oder deren Curatoren (ob General- oder Special-), auf dessen Namen selbe lauten, auf einen oder mehrere andere Curatoren übertragen lassen, und das Directorium soll, wann und wo es für gut findet von dem oder den Curatoren (ob General- oder Special-) Pfandverschreibungen vollziehen lassen, die auf Kosten der Gesellschaft ausgefertigt und vollzogen werden.

Bericht bei Generalversammlungen zu erstatten.

§ 55. Das Directorium soll vor jeder Generalversammlung einen Bericht, der bei solcher Generalversammlung vorzulegen ist, über die Geschäfte des verflossenen Jahres ausarbeiten lassen, welcher derselben vorgelesen werden soll, sammt der Bilanz, die laut genannter Parlamentsacte den Rechnungsrevisoren zu liefern ist, sowie der Bericht, welcher laut selbiger Acte von den Rechnungsrevisoren zu machen ist.

Jährlicher Bücherabschluß.

§ 56. Die Directoren sollen am und bis zum 31. December incl. des Jahres 1846 und am 31. December in jedem folgenden Jahre, so lange die Gesellschaft besteht, die Bücher abschließen lassen, und soll dann einen aufrichtigen getreuen und deutlichen Bericht- und Bilanzbogen machen, welcher den Belauf der ausstehenden Debet- und Creditposten der Gesellschaft zeigt, den Betrag und die Art ihres Kapitals und Eigenthums, den Betrag oder wahrscheinlichen Werth der ausstehenden zweifelhaften Schulden, die vom Directorium annähernd und nach bestem Wissen abgeschätzt werden, Gewinn und Verlust der Gesellschaft und alles Andere, was erforderlich ist, um den Stand der Gesellschafts-Angelegenheiten völlig getreu und klar darzuthun.

Bildung eines Ueberschuß-Fonds.

§ 57. Wenn das Directorium sich nicht veranlaßt sieht, zu einem entgegengesetzten Beschlusse zu kommen, so soll für den am 31. December des Jahres 1846 endenden Zeitraum seine Dividende gegeben werden, sondern der Gewinn incl. der Zinsen vom Kapital und solcher Theil desselben, der nicht nach solchem Beschlusse anders verwendet wird, soll zurückbehalten und zur Bildung eines Fonds verwandt werden, der Ueberschuß-Fonds genannt wird, und in jedem oder in irgend einem folgenden Jahre soll das Directorium, wenn es für gut findet, den ganzen oder einen Theil des Gewinnes bei Seite setzen, um den Ueberschuß-Fonds zu solcher Höhe und Ausdehnung zu bringen, zu vermehren und zu erhalten, wie das Directorium zur Zeit für gut findet; und dieser derzeitige Fonds soll sein, und wird hiermit zu einem Kapital-Reservefonds erklärt, der dazu dienen soll, unvorhergesehenen Vorfällen, Verlusten und außergewöhnlichen Forderungen an die Gesellschaft zu begegnen, und soll, so oft nach Ansicht des Directoriums Veranlassung da ist, dazu verwendet werden; ebenso zu einem Gewinn-Reservefonds dienen, um Gratificationen unter die Actionaire zu vertheilen, oder um irgend eine Zahlungsforderung oder Einzahlung auf Actien zu machen, wie weiter unten verordnet, oder um von Zeit zu Zeit irgend ein Deficit auszufüllen, das im Gewinne irgend eines Jahres eingetreten sein mag, und um, soweit es angeht, Schwankungen in den Dividenden späterer Jahre zu vermeiden. Für alle und jeden der angeführten Zwecke kann der Reserve-Fonds nach Gutdünken des Directoriums verwendet werden.

Separate Rechnung für Lebensversicherung.

§ 58. Das Directorium soll eine separate und abgesonderte Rechnung über den Ertrag der Prämien und des Nutzens führen lassen, der durch von der Gesellschaft ertheilten Policen für Versicherung von Leben und Anwartschaften oder in Bezug auf Renten erzielt wird, welcher der „Lebensversicherungs-Fonds" genannt werden soll, und es sollen diesem Fonds die Kosten und Auslagen für das Etablissement, die Einrichtung, Verwaltung und Führung des Geschäfts der Gesellschaft zur Last fallen (einschließlich der Kosten des Geschäftslocales, der Einrichtung und der Meublirung desselben), in solchem Verhältnisse und insoweit das genannte Directorium von Zeit zu Zeit für gut findet anzuordnen.

Siebenjährige oder andere periodische Berechnungen des Lebensfonds.

§ 59. Innerhalb sechs Monaten nach Ablauf der siebenjährigen Periode oder derjenigen von dem Directorium festgesetzten Periode von mehr oder weniger als sieben Jahr, von dem einunddreißigsten Tage des nächsten December an gerechnet und innerhalb sechs Monaten nach einer jeden folgenden siebenjährigen Periode, oder derjenigen sonstigen, wie vorerwähnten Periode, welche mit dem ein- unddreißigsten Tage des unmittelbar vorhergehenden December endet, oder sobald nachher, als es angemessen erscheint, hat das Directorium eine Berechnung des Betrages des Gewinnes aufstellen zu lassen, welcher bis zum Schluß der alsdann abgelaufenen Periode durch Anhäufung oder auf sonstige Weise dem „Lebens-Versicherungsfonds" erwachsen ist, und welcher Betrag, gemäß der vorhandenen Kenntniß der Principien und der bewährten Praxis der derzeitigen Lebens-Versicherungsgesellschaften nach der Ansicht des Registrators der Gesellschaft, oder derjenigen sonstigen Person, welche die gedachten Berechnungen aufgestellt hat, mit Sicherheit von dem genannten Fonds, ohne Nachtheil für die an demselben zu machenden Ansprüche und Forderungen, abgezweigt werden kann und es hat das genannte Directorium den Betrag, welcher nach der Bescheinigung des Registrators oder derjenigen sonstigen Person, die die Berechnung aufgestellt hat, mit Sicherheit von dem gedachten Fonds abgezweigt werden kann, einer General- oder außerordentlichen Versammlung zu dem Zwecke vorlegen zu lassen, um zu erklären, daß der bis zum Schluß der alsdann abgelaufenen Periode berechnete Betrag des Gewinns von dem genannten Fonds abzuzweigen ist.

Unter der Bedingung jedoch, daß wenn eine solche Versammlung, die, wie angegeben, aufgestellten Berechnungen und das Resultat derselben, sowie den zur Abzweigung von dem genannten Fonds vorgeschlagenen Betrag nicht genehmigen sollte, so die Angelegenheit dem genannten Directorium zurückzugeben ist, um dieselbe noch einmal in Erwägung zu ziehen und erforderlichen Falles eine anderweite oder neue Berechnung des Gewinnes aufstellen zu lassen. Und das genannte Directorium hat das Resultat dieser neuen Berathung einer andern General- oder außerordentlichen Versammlung zu dem Zweck vorlegen zu lassen, um zu erklären, daß der bis zum Schluß der zur Zeit abgelaufenen Periode der gedachten Revision gemäß berechnete Betrag des Gewinns von dem genannten Fonds abzuzweigen ist. Falls diese Versammlung das erhaltene Resultat nicht genehmigt, so ist die Ueberweisung der Angelegenheit an das Directorium zur nochmaligen Berathung und der Vorlegung der gewonnenen Resultate Seitens desselben vor eine von dem Directorium, zu dem Zweck, eine einzuberufende Versammlung so oft zu wiederholen, bis der Betrag des abzuzweigenden Gewinns von einer zu dem Zweck, um zu erklären, daß der bis zum Schluß der zur Zeit abgelaufenen Periode berechnete Betrag des Gewinns zu der vorerwähnten Abzweigung geeignet sei, einberufenen General- oder außerordentlichen Versammlung genehmigt und die Abzweigung desselben beschlossen worden ist.

Ein verhältnißmäßiger Theil des Lebensfonds den Versicherten, den Rest der Gesellschaft zu zahlen.

§ 60. Wenn nach der genannten Periode von sieben Jahren oder einer andern Periode vom nächstkommenden 31. December an gerechnet und nach jeder folgenden Periode von sieben Jahren, oder einer andern Periode, wie oben bemerkt eine General- oder außerordentliche Versammlung, die abgehalten wird, um den auf genannten „Lebens-Versicherungsfonds" bis zum Ende der beschlossenen Periode zum Beispiellegen, wie vorhin bemerkt, berechneten Gewinnbetrag festgestellt hat, soll das Directorium dazu schreiten, besagten Gewinn in solche Theile zu zerlegen und so zu verwenden, wie es durch irgend eine Resolution möglich beschließt; ein Theil oder mehrere Theile sollen den Actionairen als allgemeiner Gewinn zugewandt werden und der verbleibende Theil oder die verbleibenden Theile sollen als Gratification denjenigen von der Gesellschaft ertheilten Policen und Renten zugewandt werden, welche zu solchem Gewinne berechtigt sind, und welche nicht weniger als die drei, unmittelbar solcher Periode oder einer andern, nach Gutdünken des Directoriums festgesetzten Periode vorhergehenden Jahre bestanden haben, und zwar soll die Vertheilung unter die versicherten Personen oder durch genannte Policen versichert gewesene Personen, nach einer angemessenen Berechnung von Seiten der Gesellschaft geschehen, welche der Genehmigung des Directoriums unterworfen ist; und die so jeder solchen Police (wo die versicherte Summe zur Zeit der Vertheilung bezahlt wurde, oder zahlbar ist) zugewandte Summen sollen sofort nach der für Vertheilung ausgefertigten Gewinn des Lebens-Versicherungsfonds zu zahlen sein ohne Zins darauf; und anstatt der als Gratification zuzutheilenden Summe soll für jede Police (deren versicherte Summe zur Zeit der Vertheilung nicht schon bezahlt oder zahlbar geworden ist) dieser Betrag dazu dienen, der durch genannte Police versicherten Summe als anwartschaftliches Interesse beigefügt zu werden, wie nach der derzeitigen Versicherungstabellen der Gesellschaft das Leben einer oder mehrerer Personen versichert wurde, auf deren Leben genannte Police effectuirt wurde, wäre der Fall (der Police) zur Zeit als eine unmittelbar vorhergegangene Gratification zugetheilte Betrag am letzten Tage derjenigen Periode für die Gratification erklärt wurde, angewandt von der Gesellschaft eine Versicherung auf das Leben der Personen oder Person, auf deren Leben genannte Policen effectuirt wurden, zu laufen, und als wenn bei solchem Laufe des Lebens oder jedes einzelne der Leben zu einem Alter, das wirkliche Alter an dem Tage um fünf Jahre übersteigend, abgeschlossen worden wäre; mit dem Vorbehalte, daß wenn eine Person oder Personen, denen eine Gratification, wie oben angegeben, zuerkannt wurde, vor oder innerhalb dreier

Monate nach der Zuerkennung, beim Hauptbüreau in Liverpool schriftlich von seinem oder ihrem Wunsche, Zahlung der als unmittelbare Gratification zugetheilten Summe zu erhalten, Notiz giebt, dann das Directorium berechtigt ist, den Betrag der Gratification auszuzahlen, welcher Betrag durch den Actuarius der Gesellschaft zu ermitteln ist, aus dem, wie angegeben, ausgesetzten Gewinne des Lebens-Versicherungsfonds, aber ohne Zinsen; ferner mit dem Vorbehalte, daß wenn eine Person, der eine Gratification, wie angegeben, zuerkannt wurde, zu irgend einer Zeit nach der Zuerkennung schriftlich im Hauptbüreau der Gesellschaft in Liverpool den Wunsch zu erkennen giebt, ihre jährliche oder andere Prämie reducirt zu erhalten, oder eine Jahresrente anstatt der zuerkannten Summe wünscht, dann und in einem von beiden Fällen ist das Directorium berechtigt, entweder eine gleichwerthe Reduction im Betrage der jährlichen oder anderen Prämie, die von da auf solche Police zu zahlen, eintreten zu lassen, oder entweder eine unmittelbare oder eine spätere Jahresrente, sei es für das eigene oder das Leben irgend einer andern Person, die sie für gut findet, dazu zu bestimmen, zu gewähren. Jedes solche Aequivalent wird durch Berechnung zu solcher Rate und in solcher Weise ermittelt, wie das Directorium von Zeit zu Zeit für gut hält, für den Zweck anzunehmen, und ferner soll das Directorium völlig berechtigt sein, die genannte Gratification sowohl unter die Actionaire als unter die Versicherten in solcher Weise zu vertheilen und denselben zuzuwenden, wie dasselbe von Zeit zu Zeit für gut findet. Endlich noch mit dem Vorbehalte, daß die Genehmigung, Empfangnahme oder die Zuwendung irgend einer Gratification oder andern Gewinnes der Gesellschaft durch die Versicherten in oben angeführter Weise nie als bindend erachtet oder ausgelegt wird, die Versicherten als Actionaire oder Theilhaber in der Gesellschaft verbindlich zu machen.

Anwartschaftliche Vergütigungen können wieder abgezogen werden.

§ 61. Alle aus dem Gewinne des genannten Lebensversicherungsfonds auf irgend eine Police oder Policen als Gratificationen vertheilte Summen, die in Form anwartschaftlicher Vergütigungen durch andere Summen ersetzt werden, wie oben angeführt, sollen in den Lebensversicherungsfonds zurückfließen, wenn das Directorium solches für gut findet.

Gratificationen auf Policen können verwirkt werden.

§ 62. Die Summen, welche als Gratificationen den auf Policen versicherten Summen zugefügt sind, sollen denselben Regeln und Zufälligkeiten unterworfen sein, als die Summen, denen dieselben resp. zugefügt sind, und wenn solche Policen verwirkt oder nichtig werden, in Folge Nichtzahlung der betreffenden Prämien, oder aus anderem Grunde, dann soll die als anwartschaftliche Gratification solchen Policen resp. zugefügte Summe ebenfalls verwirkt sein, und nach Gutdünken des Directoriums dem Lebensversicherungsfonds oder dem Reservefonds zugefügt werden.

Bei der nächsten Vertheilung nicht reclamirte Summen sind verwirkt.

§ 63. Wenn die Summe, welche nach jeder wie oben angeführten Periode als unmittelbare Gratification auf eine von der Gesellschaft gewährte Police, die zur Zeit der Vertheilung abläuft, zuerkannt wurde, von der zum Empfange berechtigten Person oder Personen, nicht vor dem Ende der nächsten Periode reclamirt wird, dann soll die Summe in dem Falle der Gesellschaft verwirkt sein, und nach Gutdünken des Directoriums entweder dem Lebensversicherungsfonds oder dem Reservefonds zu Gute kommen.

Dividenden aus dem Reingewinn der Gesellschaft zahlbar.

§ 64. Das Directorium soll vorbehaltlich der Genehmigung einer Generalversammlung und mit Unterordnung unter in gegenwärtiger Urkunde enthaltenen Bestimmungen, von Zeit zu Zeit solche Dividenden oder Gratificationen feststellen, und zu solchen Zeiten und in solcher Weise zahlbar erklären, wie es nach seiner Ansicht gut und angemessen ist; und soll dieselben resp. in Verhältniß ihrer anerkannten Actien auszahlen lassen. Es sollen aber keine Dividenden oder Gratificationen aus oder von dem Kapitale der Gesellschaft oder einem Theil desselben gemacht und erklärt werden, und kein Actionair soll irgend eine Dividende, Gratification, oder Zinsen mit Bezug auf Actien, die er in Gesellschaft nicht halten darf, erhalten, oder so lange irgend welche Einzahlungen oder Forderungen auf irgend welche der Actien unbezahlt oder rückständig sind.

Das Directorium kann Zinsen zu einem geeignet scheinenden Prozentsatze auf berichtigte Zahlforderungen auf Actien aus dem Fonds der Gesellschaft zahlen.

§ 65. Das Directorium darf mit Bezug auf im Gesellschafts-Kapitale derzeitig gehaltene Actien, verwirkte Actien einbegriffen, den gesetzlich dazu berechtigten Personen aus den Generalfonds der Gesellschaft zu einem ihm gutdünkenden Prozentsatze, Zinsen zahlen, auf die Einzahlungen, die zur Zeit wirklich berichtet sind, ausschließlich desjenigen, was denselben, wie später angegeben, zugetheilt werden soll, wurde oder werden mag; mit der Bestimmung, daß solche Zinsen von der Zeit solcher Einzahlungen berechnet werden und jährlich oder halbjährlich zahlbar sind, wie es das Directorium von Zeit zu Zeit für angemessen hält.

Unverwendbares Kapital kann zurückgezahlt und wieder eingefordert werden.

§ 66. Wenn zu irgend einer Zeit das Directorium findet, daß es das ganze eingezahlte Kapital der Gesellschaft nicht vortheilhaft verwenden kann, so ist es berechtigt, einen Theil desselben den Actionairen nach Maßgabe ihrer resp. Actien zurückzuerstatten, und indem es eine Anzeige erläßt, wie sie weiter unten für Berichtigung einer Originaltheilzahlung verlangt wird, hat es Macht, das ganze oder einen Theil des zurückgegebenen Kapitals wieder einzufordern, in der früher mit Bezug auf Originalforderungen angegebenen Weise.

Anzeige von Dividenden.

§ 69. Das Directorium soll jede von ihm erklärte Dividende oder Gratification und alle zahlbar gewordenen Zinsen im Hauptbüreau der Gesellschaft oder an einem andern von ihm anzugebenden Orte auszahlen lassen, und soll den Actionairen von der für die Zahlung bestimmten Zeit und dem Orte durch Bekanntmachung oder Circular Anzeige machen lassen.

Zahlung der Besoldung der Directoren.

§ 72. Das Directorium soll sobald als möglich nach jeder jährlichen Versammlung der nach § 16 den Directoren, einem oder mehreren derselben, oder einem Sub-Ausschusse, Curator, Rechnungsrevisor, oder andern Beamten der Gesellschaft resp. eine Summe oder Summen als Besoldung notirt wurden, wie in genanntem Paragraphen angegeben, die so notirte Summe dem Sub-Ausschusse, Curator, Rechnungsrevisor oder andern Beamten der Gesellschaft aus den Fonds der Gesellschaft auszahlen lassen, und soll die so zur Zahlung an die Directoren, oder irgend welche denselben bestimmte Summe aus dem Fonds und dem Eigenthume der Gesellschaft den dazu berechtigten Personen so widmen und so zutheilen lassen, wie es von der General-Versammlung, vor welcher die Zahlung angeordnet, beschlossen wurde, oder in Ermangelung eines solchen Beschlusses, in der Weise, wie es das Directorium anordnet.

Die Directoren können sich selbst entschädigen.

§ 73. Das Directorium soll ferner volle Gewalt haben, von Zeit zu Zeit aus den Fonds und dem Eigenthume der Gesellschaft sich für seinen Zeitaufwand und für die Mühe, die Geschäfte der Gesellschaft zu besorgen, zu entschädigen, aber in der Zutheilung solcher Entschädigung soll sowohl auf die Tüchtigkeit, wie auf die Theilnahme an den Directionssitzungen resp. gebührende Rücksicht genommen werden und bei Feststellung dieser Theilnahme von Seiten jedes Directors soll sein Director als der Sitzung beiwohnend angesehen werden, wenn er nicht nach der Uhr der Gesellschaft binnen einer Viertelstunde nach der für den Anfang der Sitzung festgesetzten Zeit anwesend gewesen und geblieben ist, bis alle für die Sitzung vorliegenden Geschäfte verhandelt sind, es sei denn, der Vorsitzende gäbe ihm Erlaubniß, sich früher zurückzuziehen; jedoch mit dem Vorbehalte, daß der Betrag solcher Entschädigung für ein Jahr im ganzen zweitausend Pfund nicht übersteigt.

Besoldung von Rechnungsrevisoren durch Directoren.

§ 74. Das Directorium soll ferner volle Gewalt und Macht haben, wenn kein gegentheiliger Beschluß einer General-Versammlung vorhanden, und wenn auch für die Vorkehrung bei solcher General-Versammlung getroffen, irgend einen Rechnungsrevisor der Gesellschaft, sei er von den Actionairen, den Directoren oder von Beiden ernannt, solche Belohnung oder Entschädigung für seine Dienste und die Erfüllung seiner Amtspflichten zu geben, wie es nach Ermessen des Directoriums nöthig erscheint.

Der Secretair, Anwalt und andere Beamte werden von den Directoren ernannt.

§ 80. Der Secretair oder Actuarius soll, und ein Anwalt, Wundarzt, Arzt, Banquiers und Besichtiger der Gesellschaft und solche, und soviel Commis, Diener und andere Beamte, wie die Geschäfte der Gesellschaft sie erheischen, mögen von dem Directorium, wie die Gelegenheit erfordert, angestellt, beschäftigt, oder nach seinem Gutdünken entlassen werden; und es wird dem Secretair und Actuarius, Anwalte, Wundarzte, Arzte, den Besichtigern, Commis und Beamten aus dem Fonds oder dem Eigenthume der Gesellschaft solche Besoldung oder Entschädigung gewährt, wie es das Directorium für gut findet.

Local-Agenturen und Filiale können etablirt werden.

§ 81. Das Directorium kann von Zeit zu Zeit eine Person oder mehrere Personen separat oder eine Anzahl Personen zusammen, in irgend einer Stadt oder einem Marktflecken oder Orte Großbritanniens oder Irlands oder in irgend einer Besitzung Ihrer Majestät und irgend welchen fremden Ländern oder Staaten als Agenten oder als Local-Ausschuß oder Verwaltungsbehörde, als Filiale der Gesellschaft ernennen und etabliren, die solchen Bestimmungen und Regulativen unterworfen sind, wie sie das Directorium festzustellen für nöthig hält, und das Directorium kann nach Gefallen solchen Agenten oder solche Agenten, alle oder einzelne der Mitglieder eines Local-Ausschusses oder einer Verwaltungsbehörde jederzeit absetzen und denselben aus dem Fonds oder dem Eigenthume der Gesellschaft, solche Provision, Gehalt und Entschädigung für solche Mühe gewähren, wie dem Directorium gut dünkt.

Auflösung der Gesellschaft, wenn der Reservefonds und ein Viertel des unterzeichneten Kapitals erschöpft.

§ 92. Wenn zu irgend einer Zeit nach dem 31. December 1846 die Verluste der Gesellschaft (von drei Vierteln der bei einer, besonders für diesen Zweck anberaumten Sitzung anwesenden Actionaire, für festgestellt oder veranschlagt) hinreichen, den ganzen Reserve-Ueberschußfonds und alle Prämiengelder und disponiblen Fonds zu erschöpfen, und auch ein Viertel des unterzeichneten Capitals, dann soll das Directorium eine außerordentliche Versammlung der Actionaire zusammen berufen, und dieser Versammlung eine vollständige und allgemeine Aufstellung der Geschäfte und Angelegenheiten der Gesellschaft unterbreiten, und wenn es in der Versammlung verlangt wird, die Richtigkeit dieser Aufstellung durch Vorlegung seiner Bücher, Documente und Beweisstücke darthun und beweisen, darnach sollen jede zwanzig Actionaire, die nicht Directoren sind und zusammen mindestens ein Drittel des Capitals der Gesellschaft besitzen, berechtigt sein, schriftlich zu verlangen, daß die Gesellschaft aufgelöst werde, und soll die Gesellschaft darauf hin aufgelöst sein; es sei denn, daß eine solche Anzahl der in der Versammlung anwesenden Actionaire, die zusammen ein Drittel der Actien der Gesellschaft repräsentiren, den Wunsch ausdrücken, die Gesellschaft fortzuführen, und sofort schriftlich unternehmen, dieses zu thun, die Actien der anders gesinnten, bei der Versammlung anwesenden Actionaire zu den derzeitigen Werthe zu kaufen, die anders gesinnten Actionaire für bestehende Verbindlichkeiten und alle späteren Verluste der Gesellschaft schadlos zu halten, wobei dieser Werth und die Natur der Entschädigung in Falle einer Differenz durch schiedsrichterliche Entscheidung festgestellt wird, wie weiter unten angegeben. Nachdem solche Uebernahme-Erklärung gegeben, soll die Auflösung der Gesellschaft zu den nächstfolgenden dreißig Tage, oder für irgend eine Periode, über die man sich verständigt, verschoben werden, und wenn innerhalb dieser Pperiode der Kauf der Actien der anders gesinnten Actionaire in weiter unten angegebener Weise beendigt, so soll die Auflösung nicht stattfinden; der Ankauf vorgenannter Actien soll als für den Zweck dieser Verordnung vollendet angesehen werden, sobald die Actionaire, welche die Fortführung der Gesellschaft unternehmen der anders gesinnten Actionairen schriftlich Anzeige machen, daß sie bereit sind, das Kaufgeld für deren Actien zu zahlen, wie die dazu Berechtigten sich im Hauptbureau der Gesellschaft zum Empfange melden, und in Uebereinstimmung hiermit wirklich dasselbe erhalten haben, oder bezahlt haben, welche darum eingekommen sind, oder im Falle einer Differenz in Betreff des Betrages des Kaufgeldes sich erboten haben, den in Frage stehenden Betrag der schiedsrichterlichen Entscheidung zu unterwerfen und zu solcher Entscheidung geschritten sind, und der Bestimmung derselben Entscheidung nachkommen, oder davon abgefallen wurden, durch Vernachlässigung oder das Versehen der Gegenparteien; und die verkleinerte oder neu constituirte Gesellschaft soll in gleicher Weise und unter denselben Regulativen der Auflösung und Nicht-Weiterführung unterworfen sein von Zeit zu Zeit.

Abwickelung der Gesellschaft nach der Auflösung.

§ 93. Wenn die Gesellschaft aufgelöst wird, soll das Directorium mit möglichster Eile die Rechnungen und Geschäfte der Gesellschaft abwickeln, ordnen und zum Abschluß bringen, und um diese Abwickelung und Ordnung wirksam zu betreiben, aber zu keinem andern Zwecke, soll die Gesellschaft die Macht des Directoriums und die Wahl neuer Directoren, um Vacanzen auszufüllen, als fortbestehend angesehen werden; und nachdem die Forderungen und Ansprüche an die Gesellschaft berichtigt sind, soll das von den Fonds noch Uebrigbleibende unter die zur Zeit der Auflösung Actionaire seienden Personen vertheilt und denselben ausgezahlt werden, im Verhältnisse ihrer darauf bestehenden Berechtigung; ferner, und um die Abwickelung und den Schluß der Angelegenheiten der Gesellschaft zu fördern, können schlechte oder zweifelhafte Schulden oder Außenstände, die nicht gleich einzuziehen sind, irgend welchen Personen, außer den Directoren, in einem oder mehreren Theilen verkauft werden, und der Betrag unreclamirter Dividenden und unreclamirter Kapital-Actien soll vom Directorium in der früher für die Anlage des Kapitals vorgeschriebenen Weise angelegt werden, und die so angelegten Gelder und die Sicherheiten, auf welche selbige angelegt wurden, und die Anhäufungen des jährlichen Einkommens von demselben, sollen von Zeit zu Zeit vom Directorium ausbezahlt und auf die Person übertragen werden, welche dieselben reclamirt und sich dazu berechtigt erweist, und alle Streitigkeiten in Betreff Anspruchs darauf, sollen durch ein Schiedsgericht in weiter unten angegebener Weise entschieden werden. Wenn aber ein Anrecht auf alle oder irgend einen Theil dieser Gelder oder Geldanlagen innerhalb sechs Jahren von der Auflösung der Gesellschaft nicht begründet ist, so sollen die Gelder und Geldanlagen, auf die sein Anrecht bewiesen ist, als Theil des Kapitals der Gesellschaft verwandt werden, zum Besten der dann anerkannten Personen, unter welche der Rest des Kapitals vertheilbar ist oder vertheilt wurde, nach oben angegebenen Anordnungen, und der Ablauf der genannten Frist von sechs Jahren soll alle Personen abhalten und ihnen das Recht nehmen, diese Gelder und Geldanlagen oder einen Theil derselben zu reclamiren, sie mögen gesetzlich unpassend oder unfähig sein oder nicht.

Macht der Directoren im Allgemeinen. Die ganze Verwaltung des Geschäfts gehört dem Directorium.

§ 94. Mit Unterordnung unter die, und ohne Benachtheiligung der im Vorhergehenden den General- und außerordentlichen Versammlungen gegebenen Macht, soll das Directorium die gänzliche Leitung und Oberaufsicht über die Geschäfte und Angelegenheiten der Gesellschaft haben, und kein Actionair oder Actionaire, er oder sie seien denn vom Directorium ernannt, soll die Befugniß haben, sich irgend wie in diese Geschäfte und Angelegenheiten zu mischen, und in allen Fällen, die in gegenwärtiger Urkunde oder irgend einer Supplementar-Urkunde derselben, oder durch eine General- oder außerordentliche Versammlung nicht vorgesehen sind, soll das Directorium berechtigt sein, so zu handeln, wie es ihm für das Wohl der Gesellschaft am Besten scheint; und es hat ferner das Recht zu seiner eigenen besseren Führung in genannter Leitung und Oberaufsicht irgend welche ihm gut dünkende Statuten und Nebenverordnungen zu erlassen, vorausgesetzt, daß dieselben mit den Bestimmungen in genannter Parliaments-Acte einig gehen und mit den derzeitig bestehenden Gesetzen der Gesellschaft nicht unverträglich sind und denselben nicht widerstreiten; endlich ist es befugt, zu jeder Zeit alle so gemachten Statuten und Regulative oder einen Theil derselben abzuändern oder zu widerrufen.

Zahl, Wahl und Befähigung der Directoren, Revisoren und Curatoren.

§ 95. Die Zahl der Directoren soll bis zur Abänderung durch Beschluß einer General-Versammlung, wie weiter unten angegeben, fünf und zwanzig sein, und nie in irgend einem Jahre fünf und zwanzig überschreiten, noch weniger als fünf sein, wie in § 4. vorgeschrieben, und im Jahre 1846 und in jedem folgenden Jahre soll ein Drittel, oder die einem Drittel am nächsten kommende Anzahl der Directoren, und jeder Rechnungsrevisor der Gesellschaft am Tage der General-Versammlung, aber erst nach Schluß oder Vertagung derselben ausscheiden.

Befähigung der Directoren.

§ 96. Niemand soll zum Director oder Revisor der Gesellschaft erwählt oder ernannt werden können, der nicht zur Zeit der Wahl oder Ernennung in seinem eigenen Namen, im Falle eines Directors, nicht weniger als 500 Actien, und im Falle eines Rechnungsrevisors nicht weniger als 50 Actien hält, und in Liverpool oder innerhalb zwanzig Meilen davon wohnt.

Handlungen der Directoren oder anderer Beamten sind gültig, trotz Unregelmäßigkeit in deren Anstellung.

§ 108. Die Personen, welche derzeitig als Directoren, Rechnungsrevisoren, Curatoren, oder als andere Beamte der Gesellschaft in irgend einer besonderen Angelegenheit, oder in irgend einer die Gesellschaft betreffenden Sache handeln, sollen in jeder Hinsicht und zu jedem Zwecke, und trotz irgend welcher Unregelmäßigkeit in ihren Anstellungen erachtet und angenommen werden, zu handeln und sollen besitzen, dieselben Privilegien, Gerechtsame und Schadloshaltungen, als wenn sie de jure die Directoren, Revisoren, Curatoren oder andere Beamte der Gesellschaft wären; und solche Personen sollen nicht gehalten sein, zu beweisen, daß sie als solche in irgend einer andern Angelegenheit oder Sache, oder einem die Gesellschaft betreffenden Gegenstande, zur Zeit in Frage stehend, gehandelt haben, und alle Handlungen, Documente, Gegenstände und Geschäfte, welcher Art sie auch seien, welche anscheinend kraft oder unter dem Scheine der gegenwärtigen Urkunde enthaltenen Bestimmungen vollbracht, ausgeführt oder zugelassen werden, von den Personen, welche derzeitig als Directoren, Revisoren, Curatoren oder andere Beamte der Gesellschaft handeln, sollen in jeder Hinsicht gültig bindend und entscheidend sein für die Gesellschaft, für alle deren Actionaire und für alle Personen hierin, die unter ihnen ein Recht beanspruchen und für sämmtliche andere Personen, als wenn die Person oder Personen, welche wie oben gesagt, handeln, de jure die Directoren, Curatoren, oder andere Beamte der Gesellschaft gewesen wären; und die Gesellschaft soll eine unter den Bestimmungen gegenwärtiger Urkunde bestehende Gesellschaft sein und bleiben, obgleich die wie oben gesagt handelnden Personen oder einige von ihnen, nicht de jure Directoren, Revisoren, Curatoren oder andere Beamte der Gesellschaft sind.

Eigner von Actien.

§ 110. Die Person, in deren Namen irgend welche Actien auf der Liste der Actionaire eingetragen sind, soll in jeder Hinsicht im Sinne der gegenwärtigen Urkunde gesetzlicher und billiger Weise, als absoluter, einziger und nutznießender Eigner solcher Actien angesehen werden, und soll die einzige der Gesellschaft bekannte und von derselben anerkannte Person sein (jedoch mit Unterordnung unter das durch § 13. den dorin erwähnten Personen ertheilte Privilegium). Und die Gesellschaft soll in keinem Falle gebunden sein, Rücksicht zu nehmen oder eine besondere Anzeige zu berücksichtigen, von irgend einer Betreuung (trust) oder rechtlichen Belastung (aquitable charge) oder einem gesetzlichen Anrechte (lien) auf Actien haftend, oder einer Vergebung der Actien durch Vermächtniß, bis der Legat selbst Actionair, wie später angegeben worden ist.

Namen und Adressen der Actionaire sollen in das Registerbuch eingetragen werden.

§ 113. Die Namen und Adressen aller Personen oder Körperschaften, die Actionaire der Gesellschaft sind, und die ganze Anzahl der Actien, zu welchen solche Actionaire berechtigt sind, mit Unterscheidung jeder Actie durch ihre Nummer, und ebenso der Betrag der Einzahlung auf solche Actien soll von Zeit zu Zeit in ein Buch, das „Register der Actionaire" genannt wird, eingetragen werden, und jeder Actionair, der zu irgend einer Zeit seinen Namen oder Wohnort ändert, oder wenn ein Frauenzimmer heirathet, und die Bevollmächtigten eines Actionairs, der bankerott oder insolvent wird, und die persönlichen Repräsentanten oder Legaten eines verstorbenen Actionairs, sollen sofort nach einem der genannten Ereignisse im Hauptbüreau in Liverpool davon Anzeige machen, indem er seinen, oder sie ihren oder ihre Namen oder neuen Namen oder Wohnort und, wenn ein weiblicher Actionair heirathet, den Namen und Wohnort des Gatten angiebt. Und es soll dem Actionair oder der andern Person oder Personen, welche seine oder ihre Actien beaufsprachen, obliegen, in allen Fällen eine schriftliche Anzeige seines oder ihres Namens oder ihrer Namen und Wohnorte, sowie von den obengenannten andern Einzelnheiten im genannten Büreau abzugeben, und seinen Namen in die gehörigen Bücher der Gesellschaft eingetragen zu sehen; und wenn ein Actionair oder andere vorgenannte Person oder Personen dieses versäumt oder versäumen, so soll es den Directoren oder andern Beamten der Gesellschaft nicht zur Last fallen, wenn eine Anzeige an einen Actionair oder an andere vorgenannte Person oder Personen, an die falsche Adresse geht, ebenso wenig alle andern daraus entstehenden Folgen.

Nach vollständiger Registration sollen die Actionaire 18 Sch. einzahlen.

§ 114. Jeder Original-Actionair dieser Gesellschaft soll außer dem schon auf jede Actie gemachten Depositum von zwei Schillingen, den Directoren sofort nach der vollständigen Registration dieser Gesellschaft eine zweite Einzahlung von Achtzehn Schillingen für jede Actie machen, welche die effectiv von ihm auf jede ihm eigne Actie eingezahlte Summe auf Ein Pfund Sterling bringt. Das Directorium soll Macht haben gerichtlich für genannte Einzahlung, als ob es eine Schuld sei, zu belangen im Namen der Gesellschaft oder des oder der derzeitigen Curatoren in in gegenwärtiger Urkunde enthaltenen Stipulationen, oder im Namen irgend einer Person, die durch eine Urkunde oder Acte des Parlaments autorisirt wird, oder wie sonst das Directorium für gut hält.

Fernere Actieneinzahlung bis zu £ 20.

§ 115. Zuschläglich der von jedem Actionair, wie vorher gesagt, zu machenden, und sich zusammen auf £ 1 per Actie belaufenden Zahlungen soll das Directorium volle Macht haben, von jedem Actionair, und zu einer ihm gutdünkenden Zeit, die fernere Zahlung von £ 19 für jede ihm eigene Actie zu verlangen und dazu aufzufordern in Raten, die £ 5 per Actie für die einmalige Zahlung nicht übersteigen, vorbehaltlich, daß Anzeige von solcher Aufforderung, worin Zeit und Ort, wann und wo die verlangte Zahlung zu machen ist, angegeben wird, und welche das Wesentliche der weiter unten getroffenen Maßregel mit Bezug auf Verwirkung von Actien bei Nichtbefolgung der Zahlungs-Forderungen enthält, jedem Actionair wenigstens zwei Monate vor der für die Zahlung festgesetzten Zeit gemacht wird; und so soll nicht mehr als eine Zahlungsforderung auf einmal gemacht wird, und das Directorium soll Macht haben, im Namen der Gesellschaft oder im Namen solcher Personen, und in solcher Weise, die ihm gut scheint, für den Betrag solcher Forderung oder Einzahlung und Zinsen darauf zu £ 5 per annum, von der für die Zahlung bestimmten Zeit an berechnet, gerichtlich zu belangen, und solche einzuziehen von jeder Person die unterläßt, dieselbe zu berichten; ferner soll das Directorium Macht haben, wenn es für gut hält, die Verwirkung der solchen Personen eigenen Actien zu erzwingen, laut weiter unten getroffener Anordnung oder nach Gutdünken den einen oder den andern Weg einzuschlagen.

Einzahlungen innerhalb eines Monats zu berichten oder die Actien sind verwirkt.

§ 116. Wenn irgend ein Actionair oder die Executoren, Administratoren, Legaten oder nächsten Anverwandten eines verstorbenen Actionairs, oder die Bevollmächtigten eines Bankerotten oder insolventen Actionairs, oder das Curatel eines wahnsinnigen oder schwachsinnigen Actionairs sich weigert oder versäumt, einer Zahlungsforderung oder Einzahlung nachzukommen (die laut obiger Paragraphen erging) innerhalb eines Monats nach vom Directorium für die Zahlung festgesetzten Tage, so ist das Directorium berechtigt, zu erklären, daß die Actien des Actionairs, welcher oder wessen Executoren, Administratoren, Legaten oder nächsten Anverwandten, Bevollmächtigte oder Curatel sich, wie vorhin gesagt, weigern oder versäumen, und aller Nutzen und alle Vortheile derselben oder daran haftend, von da an die übrigen Actionaire verfallen, und sind diese Actien demgemäß verwirkt.

Actien können verkauft werden.

§ 118. Die Actionaire oder deren gesetzliche Stellvertreter sind berechtigt, durch gebührend gestempelte Documente alle ihre Actien oder irgend welche derselben zu verkaufen und zu übertragen, jedoch mit Unterwerfung unter die Genehmigung eines Directoriums oder Ausschußes des Directoriums, welche Genehmigung durch Indossirung des Uebertragungsdocumentes vom Secretair oder andern Beamten der Gesellschaft, der dazu vom Directorium ernannt wurde, bezeugt wird; und um die Genehmigung zu erhalten, soll der Uebertragung wünschende Actionair dem Directorium schriftlich von der beabsichtigten Uebertragung Anzeige machen, und soll diese Anzeige Namen, Wohnort, Stand und Gewerbe desjenigen, dem die Actie übertragen werden soll, sowie des derzeitigen Actionairs enthalten, und das Directorium soll nicht, es denke denn anders, gehalten sein, und es soll nicht von ihm verlangt werden, die Gründe anzugeben, weshalb es solche Uebertragung verweigert oder die Genehmigung vorenthält.

Wann die Verantwortlichkeit aufhört.

§ 128. Sobald Actien verwirkt oder in gehöriger Form einem neuen Actionair übertragen sind und ein Bericht darüber an das Registrationsbüreau gemacht ist, wie es die genannte Parlaments-Acte vorschreibt, dann und nicht eher soll die Verantwortlichkeit des früheren Actionairs mit Bezug auf diese Actien aufhören, und soll er allen späteren Reclamen, Forderungen und Verbindlichkeiten, und von da an aller Beachtung und Erfüllung der Klauseln, Bedingungen, Stipulationen und Verträge gegenwärtiger Urkunde mit Bezug auf solche Actien enthoben sein (ausgenommen insofern die genannte Parlaments-Acte anders vorschreibt).

Nachtrag.

Beschluß der General-Versammlung der Actionaire der Gesellschaft vom 6. August 1858, lautend:

Die General-Versammlung genehmigt die Empfehlung des Verwaltungsraths und erklärt hiermit, daß die Befähigung zu einem Director hinfort nicht auf dem Besitz von fünfhundert Actien, sondern von dreihundert Actien beruhen soll.

ROYAL
Feuer- und Lebens-Versicherungs-Gesellschaft in Liverpool.

Die Actionaire dieser Gesellschaft haften nicht nur bis zu dem Vollbetrage der von ihnen gezeichneten Actien, sondern auch mit ihrem ganzen Vermögen.

		£	s.	d.		Thlr.	Sgr.	Pf.
Das Grund-Capital der Gesellschaft beträgt		2,000,000.	—	—	=	13,333,333.	10	—
Reservefonds unabhängig von obigem	£	730,849.	15	4	= Thlr.	4,872,331.	23	6
Feuer-Versicherungs-Prämien-Reserve	£	148,247.	—	—	= Thlr.	988,313.	10	—
Netto-Betrag der Lebens-Versicherungs-Reserven	£	428,021.	8	9	= Thlr.	2,853,476.	7	6
Die jährliche Gesammteinnahme beläuft sich auf über	£	550,000.	—	—	= Thlr.	3,666,666.	20	—
Der Reinertrag aus dem Feuer-Versicherungs-Geschäft des Jahres 1862, exclusive desjenigen aus der Lebensbranche betrug	£	56,205.	7	3	= Thlr.	374,702.	12	6
An die Actionaire wurden aus dem Feuer-Versicherungs-Gewinn pro 1862 an Dividenden bezahlt	£	33,024.	5	—	= Thlr.	220,161.	20	—

Der ganze Gewinn aus der Lebens-Versicherungs-Branche wird für die nächste fünfjährige Gewinn-Vertheilung an die Versicherten reservirt.

		£	s.	d.		Thlr.	Sgr.	Pf.
Allein im Jahre 1862 vermehrte sich der Reservefonds um	£	104,056.	14	2	= Thlr.	693,711.	12	—
Während der 10 Jahre von 1852 bis 1861 inclusive betrug die Zunahme des Feuer-Versicherungs-Reservefonds	£	107,345.	8	5	= Thlr.	715,636.	5	—
Am 1. Januar 1852 beliefen sich alle angesammelten Fonds zusammen auf	£	372,679.	7 s.	7 d.				
Ab: eingezahltes Capital und Lebens-Versicherungs-Fonds	£	306,938.	—	1				
Feuer-Reservefonds exc. des Grund-Capitals	£	65,741.	7 s.	6 d.	= Thlr.	438,275.	25	—
Am 31. December 1861 betrugen alle angesammelten Fonds zusammen	£	818,669.	15 s.	11 d.				
Ab: eingezahltes Capital und Lebens-Versicherungs-Fonds	£	645,583.	—	—				
Bleibt Feuer-Versicherungs-Reservefonds excl. Grund-Capital	£	173,086.	15 s.	11 d.	= Thlr.	1,153,912.	—	—
Am 1. Januar 1852 betrug der Lebens-Versicherungs-Fonds	£	33,923.	—	1				
und am 31. December 1861	£	362,518.	—	—				
vermehrte sich somit in den 10 Jahren um	£	328,594.	19 s.	11 d.	= Thlr.	2,190,633.	10	—

Zu General-Bevollmächtigten für die Königlich Preußischen Staaten hat die Gesellschaft die Herren **Wilhelm Renowitzky** und **Baron von Zobeltitz-Eylegelberg** in Berlin ernannt. Büreau: Friedrichs-Straße Nr. 98.

Berlin, Druck von Gustav Schade, Marienstr. 10.

Amts-Blatt
der Königl. Preuß. Regierung zu Frankfurt a/O.

№ 9.   Frankfurt a. d. O., den 2. März.   1864.

Bekanntmachung wegen Ausreichung der neuen Zins-Coupons Serie III. zu den Schuldverschreibungen der Staatsanleihe von 1856.

Zu den Schuldverschreibungen der Staatsanleihe vom Jahre 1856 werden die neuen Coupons Serie III. No. 1—8 über die Zinsen für die vier Jahre 1864 bis 1867 nebst Talons vom 14. Dezember d. J. ab von der Kontrolle der Staatspapiere hierselbst, Oranienstraße No. 92. unten rechts, täglich in den Vormittagsstunden von 9 bis 1 Uhr, mit Ausnahme der Sonn- und Festtage und der drei letzten Tage jedes Monats, ausgereicht werden.

Die Coupons können bei der gedachten Kontrolle selbst in Empfang genommen oder durch Vermittelung der Königlichen Regierungs-Hauptkassen bezogen werden. Wer das Erstere wünscht, hat die Talons vom 6. Mai 1859 mittelst eines Verzeichnisses, zu welchem Formulare bei der Kontrolle und in Hamburg bei dem Preußischen Ober-Post-Amte unentgeltlich zu haben sind, bei der Kontrolle persönlich oder durch einen Beauftragten abzugeben. Genügt dem Einreicher eine numerirte Marke als Empfangs-Bescheinigung, so ist das Verzeichniß nur einfach einzureichen, wogegen dasselbe von denen, welche eine schriftliche Bescheinigung über die Abgabe der Talons zu erhalten wünschen, doppelt abzugeben ist. In dem letztgedachten Falle erhalten die Einreicher das eine Exemplar des Verzeichnisses mit einer Empfangsbescheinigung versehen, sofort zurück. Die Marke oder Empfangsbescheinigung ist bei der Ansreichung der neuen Coupons zurückzugeben.

In Schriftwechsel kann sich die Kontrolle der Staatspapiere nicht einlassen.

Wer die gedachten Talons an eine Regierungs-Hauptkasse befördern will, hat sie derselben mit einem doppelten Verzeichnisse einzureichen.

Das eine Exemplar des Verzeichnisses wird dann mit einer Empfangsbescheinigung versehen sogleich zurückgegeben, und ist demnächst bei Aushändigung der neuen Coupons wieder abzuliefern.

Formulare zu diesen Verzeichnissen sind bei den Regierungs-Hauptkassen und den von den Königlichen Regierungen in den Amtsblättern zu bezeichnenden Kassen unentgeltlich zu haben.

Des Einreichens der Schuldverschreibungen selbst bedarf es zur Erlangung der neuen Coupons nur dann, wenn die alten Talons abhanden gekommen sind. Die Dokumente sind in diesem Falle an die Kontrolle der Staatspapiere oder an eine Regierungs-Hauptkasse mittelst besonderer Eingabe einzureichen.

Die Beförderung der Talons oder der Schuldverschreibungen an die Regierungs-Hauptkassen (nicht an die Kontrolle der Staatspapiere) erfolgt durch die Post bis zum 1. August l. J. portofrei, wenn auf dem Couverte bemerkt ist:

„Talons (Schuldverschreibungen) zu . . . . Thlr. der Staatsanleihe von 1856 zum Empfange neuer Coupons."

Mit dem 1. August l. J. hört die Portofreiheit auf, und es werden von da ab die neuen Coupons den Einsendern auf ihre Kosten zugesandt.

Für solche Sendungen, die von Orten eingehen oder nach Orten bestimmt sind, welche außerhalb des Preußischen Postbezirks, aber innerhalb des deutschen Postvereinsgebiets liegen, kann eine Befreiung vom Porto nach den Vereinsbestimmungen nicht stattfinden.   Berlin, den 28. November 1863.

Haupt-Verwaltung der Staatsschulden.
von Wedell.   Gamet.   Löwe.   Meinecke.

Vorstehende Bekanntmachung wegen Ausreichung der neuen Zins-Coupons Serie III. zu den Schuldverschreibungen der Staatsanleihe von 1856 wird hiermit zur öffentlichen Kenntniß gebracht.

Formulare zu den in duplo einzureichenden Verzeichnissen der Talons zu den Schuldverschreibungen werden von der Regierungs-Hauptkasse, den Kreis-Steuer-Kassen zu Arnswalde, Calau, Cottbus, Crossen, Friedeberg, Guben, Königsberg, Landsberg, Luckau, Lübben, Soldin, Sorau, Spremberg, Zielenzig, Züllichau, den Steuer-Aemtern Bärwalde, Berlinchen, Cüstrin, Drossen, Drebkau, Dobrilugk, Driesen, Finsterwalde,

Fürstenwalde, Forst, Golßen, Lieberose, Letschin, Lübbenau, Lippehne, Müncheberg, Neudamm, Neuzelle, Pelz, Reppen, Neuwedell, Schönfließ, Schwiebus, Seelow, Senftenberg, Sommerfeld, Sonnenburg, Triebel, Bietz, Woldenberg, Zehden und den Rent-Aemtern Friedland und Lagow jedoch nur auf mündliches Ansuchen ausgegeben.

Zur besonderen Beachtung wird empfohlen, daß bestimmungsmäßig nur bis 1. August l. J. eine portofreie Beförderung der Talons resp. Schuldverschreibungen stattfindet.

Frankfurt a. d. O., den 5. Dezember 1863. Königliche Regierung. Frhr. v. Münchhausen.

Bekanntmachung.

Die alten Banknoten à 50 Thlr. auf gelbem Grunde mit blauen Randzeichnungen vom 31. Juli 1846 sind bereits seit mehreren Jahren aufgerufen, um sie außer Circulation zu setzen. Nichts destoweniger befindet sich noch ein beträchtlicher Theil im Umlaufe und fordern wir daher zur schleunigen Einreichung derselben an die Bankkassen auf, da aus der weiteren Zurückhaltung dem Inhaber Weiterungen und Nachtheile drohen. Berlin, den 24. Februar 1864. Königl. Preuß. Haupt-Bank-Direktorium.

Verordnungen und Bekanntmachungen der Königlichen Regierung zu Frankfurt a. d. O.

Mittels der Verordnung vom 12. September 1838 Amtsblatt No. 39. Seite 327. sind die Königlichen Forstkassen des diesseitigen Regierungs-Bezirks angewiesen worden, jedem Käufer oder Empfänger von Holz aus Königlichen Forsten bei Annahme der bezüglichen Zahlung ein Legitimationsattest neben dem gewöhnlichen Bezugsfolgezettel zu ertheilen. Diese Anweisung deklariren wir dahin, daß die Königlichen Forstkassen die vorgeschriebenen Legitimations-Atteste jedem Käufer oder Empfänger von Holz aus Königlichen Forsten, welcher bei der bezüglichen Zahlung ein solches verlangt, nicht aber auch solchen Käufern oder Empfängern von Holz, welche dergleichen gar nicht verlangt haben, zu ertheilen schuldig sind.

Frankfurt a. d. O., den 19. Februar 1864.

Polizei-Verordnung.

Auf Grund des §. 11. des Gesetzes über die Polizei-Verwaltung vom 11. März 1850 wird von der unterzeichneten Königlichen Regierung in Abänderung und resp. Ergänzung der Polizei-Verordnung für den Bromberger Canal vom 17. Mai 1859 (Außerordentliche Beilage zu No. 24. des Amtsblatts pro 1859) Nachstehendes festgesetzt:

Art. I. Der §. 24. der Polizei-Verordnung für den Bromberger Canal vom 17. Mai 1859 wird hierdurch aufgehoben.

Art. II. Durch die Schleusen darf fernerhin sowohl während der Tages- als auch während der Nachtzeit gefahren werden. An Sonn- und Festtagen ist das Durchschleusen nur in den durch die bezüglichen Polizei-Verordnungen nachgelassenen Stunden gestattet.

Art. III. Die im §. 20. der Polizei-Verordnung für den Bromberger Canal vom 17. Mai 1859 enthaltenen Bestimmungen hinsichtlich des Schließens und Oeffnens der Schützenthüren, der Auf- und Zumachen der Schleusenthore sowie des Auf- und Zuziehens der Zugbrücken durch die Schiffer und F.ßer, resp. die von ihnen zu lohnenden Leute finden auch auf das Schleusen bei Nacht Anwendung.

Art. IV. Das Nachtschleusen findet nur in ununterbrochener Fortsetzung der Tagesschleusungen statt und müssen diejenigen Schiffer und Flößer, welche davon Gebrauch machen wollen, solches am Tage vorher dem betreffenden Schleusenmeister anzeigen.

Art. V. Wer schon zur Tageszeit durchschleusen kann, darf solches nicht bis auf die Nachtzeit verschieben.

Art. VI. Zur Nachtschleusung werden die Schiffer und Flößer nicht nach der Zeit ihrer Anmeldung dazu, sondern nach der Reihenfolge zugelassen, in welcher sie vor der Schleuse ankommen oder angelegt haben.

Art. VII. Diejenigen Kähne und Flöße, welche des Nachts nicht durchgeschleust, sondern bei der Schleuse festgelegt werden sollen, dürfen nur da angelegt werden, wo der Schleusenmeister solches bestimmt.

Art. VIII. Die Bestimmungen des §§. 16. 17. 18. und 19. der Polizei-Verordnung für den Bromberger Canal vom 17. Mai 1859 finden auch auf die Schleusungen bei Nacht Anwendung.

Art. IX. Vorstehende Bestimmungen gelten sowohl für die Schleusen im Bromberger Canal als auch für die in der Brahe und Netze.

Art. X. Zuwiderhandlungen gegen die vorstehenden Bestimmungen werden mit einer Geldbuße bis zu zehn Thalern bestraft.

Bromberg, den 16. Februar 1864. Königliche Regierung; Abtheilung des Innern.

Bekanntmachung. Unter Bezugnahme auf unsere Polizei-Verordnung vom heutigen Tage, die Abänderung und resp. Ergänzung des §. 24. der Polizei-Verordnung für den Bromberger Canal vom 17. Mai 1859 hinsichts des Nachtschleusens betreffend, bringen wir hierdurch zur Kenntniß des betheiligten Publikums, daß die Kosten der Beleuchtung beim Durchschleusen während der Nachtzeit, welche bisher von den Schiffern und Flößern getragen, beziehungsweise dem betreffenden Schleusenmeister nach einem festen Satze erstattet werden, fortan aus der Staatskasse hergegeben werden sollen. Den Schleusenmeistern ist demnach sowohl die fernere Erhebung von Beleuchtungskosten als auch die Erhebung oder Annahme besonderer Belohnung für die in Folge des nächtlichen Schleusens vermehrte Mühwaltung untersagt. Auch haben die Schiffer und Flößer eine Abgabe für das nächtliche Schleusen nicht zu entrichten. Die zur Bedienung der Schleuse nöthigen Knechte werden, soweit dies nach den bestehenden Bestimmungen bisher der Fall war, nach wie vor auch bei den Nachtschleusungen durch die Schiffer oder Flößer gestellt und belohnt; für die bei den Schleusen zur Hilfeleistung beständig bereiten Arbeiter bewendet es bei dem bisherigen festen Satze, sofern ein solcher zur Anwendung kam.
  Bromberg, den 18. Februar 1864. Königl. Regierung; Abtheilung des Innern.

Personal-Chronik.

Es sind zu Forstpolizeianwälten: a) der Oberförster Rehfeldt zu Clodow für die Königl. Oberförsterei Clodow, b) der Oberförster von Werder zu Massin für die Königliche Oberförsterei Massin, c) der Oberförster Muß zu Zicher für die Königliche Oberförsterei Zicher, d) der Oberförster Feller zu Taubendorf für die Revier-Abtheilungen Jänschwalde, Klein-Heide und Düringsheide der Königlichen Oberförsterei Taubendorf, e) der Kreis-Secretair Zuleger zu Guben für den Belauf Schenkendorf und die Elchberge derselben Oberförsterei, und zu Stellvertretern der Forstpolizeianwälte: ad a. und b. der Syndikus a. D. John zu Landsberg a. d. W., ad c. der Bürgermeister Muttig zu Reudamm, und ad e. der Domainenrentmeister Reinitz zu Guben ernannt worden.
  Frankfurt a. d. O., den 22. Februar 1864. Der Regierungs-Präsident Frhr. v. Münchhausen.

Der von den Stadtverordneten getroffenen Wahl gemäß ist der Geometer Seidler als unbesoldeter Beigeordneter der Stadt Drossen bestätigt worden.

Es sind zu Feuer-Polizei-Commissarien resp. zu Stellvertretern im Kreise Lübben gewählt und als solche von uns bestätigt worden:
1) für den I. Bezirk: der Lehnschulze Bader zu Klein-Lubolz als Stellvertreter;
2) für den II. Bezirk: der Wirthschafts-Inspektor Spitzner zu Gr.-Leuthen als Commissarius;
3) für den III. Bezirk: a) der Rittergutsbesitzer Wallach auf Mittweide als Kommissarius, b) der Rittergutsbesitzer Ziemann auf Selbchel als Stellvertreter;
4) für den IV. Bezirk: der Rittergutsbesitzer, Hauptmann a. D. v. Zastrow auf Egligk als Kommissarius;
5) für den VI. Bezirk: der Gutspächter Mathow zu Mochow als Stellvertreter;
6) für den VII. Bezirk: a) der Standesherrliche Rent- und Polizei-Amtmann Ringl zu Schloß Lieberose als Kommissarius; b) der Braukrüger Schulze zu Speichrow als Stellvertreter;
7) für den VIII. Bezirk: a) der Lehnschulze Brandenburg zu Klein-Muckrow als Kommissarius, b) der Braukrüger Kuntzack zu Pinnow als Stellvertreter;
8) für den IX. Bezirk: der Gutsbesitzer v. d. Lühe zu Kuhnshof als Stellvertreter;
9) für den X. Bezirk: a) der Lehnschulze Lehmann zu Mixdorf als Commissarius, b) der Ziegeleibesitzer Mann zu Dammendorf als Stellvertreter.

In Stelle des zur Fahne einberufenen Reserve-Jägers Topp ist der Reserve-Jäger Hennig vom 1. März d. J. ab als Forstpolizei-Sergeant in Driesen angestellt.

Der für die Reviere Massin und Hohenwalde als Forst-Exekutor angestellte Exekutor Breetz in Ludwigsruhe ist auf sein Ansuchen vom 1. März cr. ab von seinem Dienste enthoben.

Der Rendant Hartmann hierselbst ist zum Geschäftsführer für die Mobiliar-Versicherung der Neumärkischen Land-Feuer-Societät bestellt worden, was ich hiermit zur öffentlichen Kenntniß bringe.
  Königsberg i. d. N., den 22. Februar 1864.
    Der Kreis-Feuer-Sozietäts-Direktor und Landrath von Humbert.

Vermischte Nachrichten.

(1) Die Kreis-Thierarzt-Stelle für den Soraner Kreis, mit welcher ein Gehalt von jährlich 100 Thlrn. verbunden, ist durch die erfolgte Versetzung des bisherigen Inhabers erledigt. Qualificirte Thierärzte

I. Klasse, welche sich um die gedachte Stelle bewerben wollen, haben sich unter Einreichung ihrer Zeugnisse binnen 6 Wochen bei uns zu melden.

      Frankfurt a. d. O., den 23. Februar 1864.   Königl. Regierung; Abtheilung des Innern.

(2) **Ortsbenennung.** Das von dem Gutsbesitzer Baeuerlein zu Auguftenaue auf der Münchberger Stadt-Feldmark im Lebufer Kreise errichtete Ziegelei-Etablissement wird mit unserer Genehmigung fortan den Namen „Elsenwalde" führen.

      Frankfurt a. d. O., den 23. Februar 1864.   Königl. Regierung; Abtheilung des Innern.

(3) **Patent-Ertheilung.** 1) Dem Zuckerfabrikanten Heinrich Frickenhaus zu Friedensau bei Ludwigshafen ist unter dem 8. Februar 1864 ein Patent

auf ein durch Zeichnung und Beschreibung nachgewiesenes Verfahren zur Scheidung der Zuckerrübensäfte auf fünf Jahre, von jenem Tage an gerechnet, und für den Umfang des preußischen Staats ertheilt worden.

2) Dem Kaufmann L. J. Lewinstein zu Berlin ist unter dem 8. Februar 1864 ein Patent

auf ein Verfahren zur Herstellung von Anilingrün

auf fünf Jahre, von jenem Tage an gerechnet, und für den Umfang des preußischen Staats ertheilt worden.

      Frankfurt a. d. O., den 22. Februar 1864.   Königliche Regierung; Abtheilung des Innern.

(4) Die Küster- und Schullehrer-Stelle in Groß-Cammin, zur Diöcese Cüstrin gehörig, Privat-Patronats, ist durch den Tod ihres zeitherigen Inhabers erledigt worden.

      Frankfurt a. d. O., den 23. Februar 1864.   Königl. Regierung; Abtheilung für Kirchen- und Schulwesen.

(5) Die Küster- und Schullehrer-Stelle in Oppelhain, zur Diöcese Liebenwerda gehörig, Königlichen Patronats, ist durch den Tod ihres zeitherigen Inhabers erledigt worden.

      Frankfurt a. d. O., den 24. Februar 1864.   Königl. Regierung; Abtheilung für Kirchen- und Schulwesen.

(6) Die Küster- und Schullehrer-Stelle in Welzow, zur Diöcese Calau gehörig, Privat-Patronats, ist durch den Tod ihres zeitherigen Inhabers erledigt worden. Der Bewerber muß der wendischen Sprache mächtig sein.

      Frankfurt a. d. O., den 24. Februar 1864.   Königl. Regierung; Abtheilung für Kirchen- und Schulwesen.

(7) **Bekanntmachung.** Unter Bezugnahme auf unsere Bekanntmachung vom 27. Dezember 1862, laut welcher an Stelle des aus dem Staatsdienste ausgeschiedenen Ober-Hütten-Inspectors Sieber, die Direction des Königlichen Hütten-Amts zu Kupferhammer bei Neustadt a. W. interimistisch dem Königl. Hütten-Inspector Förster zu Eisenspalterei daselbst übertragen war, bringen wir hiermit zur öffentlichen Kenntniß, daß höherer Bestimmung zufolge das Königliche Hüttenamt zu Kupferhammer nunmehr aufgehoben und die Leitung des Werks dem Königlichen Hüttenamt zu Eisenspalterei definitiv übertragen ist, weshalb von jetzt ab alle den Kupferhammer betreffenden Eingaben und sonstigen Schriftstücke an das letztgenannte Hütten-Amt zu richten sind. Eine Veränderung in der bisherigen Kassen-Verwaltung ist hiermit nur insoweit verbunden, als die Quittungsleistung nicht mehr unter der Firma des Königlichen Hüttenamts zu Kupferhammer, sondern für beide Werke überall durch die Hütten-Betriebs-Kasse zu Eisenspalterei erfolgt, wogegen namentlich die Beamten dieselben bleiben, und auch die Receptur für kleinere Zahlungen auf Kupferhammer fortbesteht.   Halle, den 8. Februar 1864.   Königliches Ober-Berg-Amt.

(8) Zu den zwischen Berlin und Eydtkuhnen courfirenden Salon-Wagen der Ostbahn-Courierzüge können mittelst Entfernung der Zwischen-Lehnen entsprechend auszustattende Schlafplätze hergerichtet werden, sofern die nöthigen unbesetzten Plätze dazu vorhanden.

Behufs Benutzung dieser Schlafvorrichtungen ist zu dem Fahrbillet I. Klasse für die betreffende Strecke ein s. g. Schlafbillet zum tarifmäßigen Preise derselben Klasse hinzuzulösen.

Der Verkauf der Schlafbillets erfolgt auf den Stationen: Berlin, Frankfurt a. O., Landsberg a. W., Kreuz, Schneidemühl, Bromberg, Warlubien (hier nur bei Zug II.), Cgerwinsk (hier nur bei Zug I.), Dirschau, Elbing, Braunsberg, Königsberg, Insterburg und Eydtkuhnen, nach allen Halte-Stationen der Courierzüge vom Ersten März d. J. ab bis auf Weiteres.

Bromberg und Berlin, im Februar 1864.

Königliche Direktion der Ostbahn.   Königliche Direktion der Niederschlesisch-Märkischen Eisenbahn.

(9)   **Königliche Niederschlesisch-Märkische Eisenbahn.**

Bei unseren Güterkassen zu Berlin, Breslau und Liegnitz werden aus dem Jahre 1863 noch verschiedene von den Absendern nicht abgehobene Nachnahme-Beträge asservirt. Wir fordern die berechtigten Empfänger hierdurch auf, diese Beträge gegen Rückgabe der ihnen ertheilten Bescheinigungen bis spätestens ultimo Juni cr. abzuheben, da nach Ablauf dieser Frist anderweit über dieselben verfügt werden wird.

Berlin, den 25. Februar 1864.   Königliche Direktion der Niederschlesisch-Märkischen Eisenbahn.

(10) Bekanntmachung. Bei der in Folge unserer Bekanntmachung vom 23. v. M. am 14. d. M. stattgefundenen öffentlichen Verloosung von Rentenbriefen der Provinz Brandenburg sind folgende Apoints gezogen worden:

Litt. A. zu 1000 Thlr.

die Nummern: 155. 235. 253. 543. 613. 791. 800. 1888. 1709. 1760. 2096. 2401. 2591. 2625. 3052. 3729. 3896. 3944. 4300. 4383. 4609. 4671. 4757. 4851. 5039. 5475. 5576. 5619. 5866. 6428. 6917. 7025. 7279. 8004. 8063.

Litt. B. zu 500 Thlr.

die Nummern: 308. 522. 566. 657. 671. 1170. 1287. 1574. 1913. 2090. 2264. 2956. 3007. 3122. 3143. 3608.

Litt. C. zu 100 Thlr.

die Nummern: 14. 126. 988. 1478. 1558. 2447. 2921. 3099. 3118. 3489. 3490. 3754. 3778. 3925. 4187. 4665. 4819. 4858. 5009. 5090. 5322. 5646. 5685. 5761. 5790. 5803. 5868. 6770. 6774. 6982. 7360. 7384. 7394. 7406. 7560. 7741. 7995. 8223. 8292. 8584. 8766.

Litt. D. zu 25 Thlr.

die Nummern: 47. 180. 218. 513. 809. 912. 1453. 1770. 1790. 2230. 2259. 2670. 2746. 3120. 3377. 3627. 3853. 4456. 4497. 4535. 4661. 4879. 5912. 6103. 6144. 6192. 6475. 6687. 6756. 6775. 6946. 6985. 7023. 7027.

Litt. E. zu 10 Thlr.

die Nummern: 6. 59. 87. 117. 122. 142. 154. 165. 190. 223. 254. 265. 289. 307. 310. 335. 345. 363. 393. 396. 400. 407. 420. 426. 477. 530. 544. 549. 568. 581. 586. 600. 635. 650. 707. 719. 722. 750. 773. 786. 839. 860. 867. 935. 938. 962. 963. 994. 1012. 1016. 1027. 1058. 1074. 1082. 1084. 1088. 1100. 1107. 1119. 1132. 1167. 1197. 1220. 1241. 1269. 1270. 1277. 1292. 1296. 1405. 1408. 1416. 1419. 1498. 1500. 1525. 1557. 1582. 1589. 1591. 1627. 1670. 1724. 1725. 1742. 1744. 1750. 1756. 1763. 1820. 1861. 1865. 1893. 1939. 1998. 2000. 2001. 2025. 2035. 2038. 2071. 2089. 2095. 2130. 2153. 2168. 2169. 2172. 2199. 2201. 2208. 2228. 2229. 2302. 2351. 2370. 2388. 2399. 2406. 2457. 2462. 2480. 2521. 2522. 2523. 2540. 2543. 2563. 2570. 2581. 2600. 2635. 2639. 2720. 2728. 2753. 2755. 2762. 2764. 2807. 2812. 2856. 2914. 2921. 2937. 2940. 2942. 2951. 2966. 2995. 3035. 3047. 3053. 3055. 3068. 3107. 3110. 3154. 3164. 3187. 3195. 3201. 3204. 3221. 3231. 3249. 3273. 3282. 3287. 3294. 3305. 3323. 3349. 3353. 3434. 3476. 3494. 3508. 3538. 3563. 3564. 3591. 3600. 3611. 3674. 3698. 3756. 3758. 3759. 3770. 3787. 3821. 3857. 3874. 3883. 3885. 3898. 3944. 3953. 3955. 3956. 3963. 3991. 4009. 4077. 4128. 4151. 4160. 4189. 4190. 4194. 4195. 4196. 4202. 4212. 4246. 4248. 4272. 4281. 4285. 4322. 4323. 4339. 4389. 4396. 4474. 4475. 4493. 4500. 4503. 4532. 4570. 4571. 4576. 4584. 4585. 4697. 4705. 4749. 4763. 4772. 4777. 4785. 4805. 4814. 4843. 4878. 4883. 4888. 4926. 4938. 4954. 5013. 5081. 5085. 5089. 5090. 5095. 5096. 5104. 5185. 5199. 5218. 5222. 5235. 5257. 5363. 5407. 5426. 5469. 5529. 5538. 5569. 5594. 5596. 5604. 5606. 5613. 5630. 5632. 5633. 5684. 5712. 5721. 5746. 5763. 5765. 5800. 5824. 5827. 5919. 5970. 6006. 6021. 6084. 6114. 6125. 6135. 6146. 6201. 6206. 6239. 6240. 6253. 6265. 6275. 6281. 6314. 6334. 6378. 6393. 6408. 6415. 6439. 6487. 6507. 6523. 6540. 6576. 6578. 6601. 6652. 6654. 6671. 6673. 6711. 6798. 6805. 6830. 6845. 6855. 6872. 6876. 6937. 6946. 6971. 6975. 6980. 7030. 7068. 7083. 7086. 7096. 7104. 7132. 7149. 7174. 7179. 7185. 7191. 7252. 7253. 7288. 7294. 7324. 7357. 7370. 7373. 7419. 7420. 7441. 7443. 7455. 7468. 7547. 7570. 7576. 7583. 7597. 7612. 7622. 7630. 7633. 7644. 7646. 7663. 7691. 7710. 7728. 7738. 7754. 7761. 7823. 7866. 7926. 7935. 7984. 8031. 8041. 8059. 8069. 8079. 8159. 8186. 8240. 8244. 8297. 8300. 8337. 8352. 8355. 8367. 8415. 8425. 8466. 8477. 8488. 8526. 8533. 8534. 8593. 8611. 8614. 8631. 8643. 8657. 8661. 8684. 8686. 8707. 8709. 8723. 8768. 8776. 8789. 8831. 8866. 8901. 8909. 8918. 8922. 8945. 8966. 8974. 8975. 8985. 8994. 9005. 9041. 9048. 9064. 9069. 9070. 9077. 9082. 9087. 9090. 9107. 9121. 9126. 9127. 9140. 9147. 9155. 9156. 9161. 9166. 9172. 9179. 9182. 9188. 9190. 9200. 9209. 9218. 9219. 9242. 9259. 9264. 9269. 9273. 9277. 9278. 9279. 9288. 9293. 9308. 9315. 9317. 9318. 9319. 9320. 9326. 9342. 9345. 9348. 9352. 9354. 9363. 9364. 9375. 9378. 9381. 9384. 9394. 9440. 9450. 9472. 9483.

Die Inhaber der vorbezeichneten Rentenbriefe werden aufgefordert, gegen Quittung und Einlieferung der Rentenbriefe in coursfähigem Zustande und der dazu gehörigen Coupons Serie II. No. 12 bis 16 den Nennwerth der Ersteren bei der hiesigen Rentenbank-Kasse, Alte Jakobstraße No. 106, vom 1. April l. J.

Vom 1. April l. J. ab hört die Verzinsung der obigen Rentenbriefe auf. Diese selbst verjähren ?
dem Schlusse des Jahres 1874 zum Vortheil der Anstalt.
  Endlich bemerken wir, daß den Inhabern von ausgeloosten und gekündigten Rentenbriefen gestattet
die zu realisirenden Rentenbriefe — unter Beifügung einer ordnungsmäßigen Quittung — mit der Post
die Rentenbank-Kasse portofrei einzusenden und die Uebersendung des Geldbetrages auf gleichem Wege, jed?
auf Gefahr und Kosten des Empfängers, in Antrag zu bringen.   Berlin, den 16. November 1863.
      Königliche Direktion der Rentenbank für die Provinz Brandenburg. (gez.) Heyder.
  (11) Bekanntmachung. Nach Maßgabe der Bestimmungen des Betriebs-Reglements und der B?
schriften des Tarifs wird M i l c h auf der Ostbahn vom 1. März d. J. ab auch mit den Persone?
zügen als gewöhnliches Frachtgut ohne Frachterhöhung befördert werden.
  Bromberg, den 24. Februar 1864.   Königliche Direction der Ostbahn.
  (12) Bekanntmachung. Das correspondirende Publikum wird davon in Kenntniß gesetzt, daß ?
unweit Spremberg gelegene Post-Expedition Heldemühl den Ortsnamen „Gosda" erhalten hat.
  Frankfurt a. d. O., den 20. Februar 1864.   Der Ober-Post-Direktor. H o p p e.
  (13) Bekanntmachung. Vom 1. März d. J. an wird zwischen Alt-Glietzen und Freienwalde a. ?
eine tägliche Botenpost coursiren und zwar:
  aus Alt-Glietzen um 3½ Uhr Nachmittags, in Freienwalde a. O. um 5 Uhr Nachmittags, zum Anschlu?
an die letzte Personenpost nach Neustadt E.-W.;
  aus Freienwalde a. O. um 11½ Uhr Abends, nach Ankunft der letzten Personenpost aus Neustadt E.-W?
in Alt-Glietzen um 1 Uhr früh.
  Frankfurt a. d. O., den 27. Februar 1864.   Der Ober-Post-Direktor. gez. H o p p e.
  (14) Nachweisung der im Kreise Sorau im Jahre 1864 etablirten Privat-Beschäl-Stationen.

Laufende No.	Ort der Beschäl-Station.	Stationsherr.	Nationale des Privat-Beschälers.	Festgesetz- tes Deckgeld. Thl.	Bemerkungen
1	Roßdorf	Nerlich, Karl, Bauer	braun mit Stern, 5 Jahr alt, 5' 1" groß	1½	ist gekört.
2	Reinswalde	Schulz, Gottlieb, Bauer	Fuchs mit Stern, schmale Blesse, rechter Hinterfuß gestiefelt, linker Hinterfuß gefesselt, 11½ Jahr alt, 5' 2½" groß	1	desgl.
3	do.	derselbe	braun ohne Abzeichen, 3½ Jahr alt, 5' 3½" groß	1½	desgl.
4	Tauchel	v. Herford, Ritter- gutsbesitzer	braun ohne Abzeichen, 10 Jahr alt, 5' 8" groß	2⅓	desgl.
5	do.	derselbe	dunkelbraun, linke Hinterkrone und Ballen weiß, 15 Jahr alt, 5' 3½" groß	2⅓	desgl.

  Sorau, den 22. Februar 1864.   Königlicher Landrath. v. Lessing.
  (15) Bekanntmachung. Nach §. 11. der Vorschriften für die Königliche Bau-Akademie vom
18. März 1855 können Stabrende des Baufaches, welche die Prüfungen für den Preußischen Staatsdienst
nicht ablegen wollen, auch zu Ostern in die Bau-Akademie eintreten. Die desfallsige Meldung muß bi?
zum 1. April schriftlich bei dem Unterzeichneten erfolgen, derselben auch Zeugnisse und Zeichnungen, aus
denen hervorgeht, daß der Aufzunehmende hinreichende Kenntnisse und Uebung besitzt, um den Unterricht mit
Erfolg benutzen zu können, beigefügt werden. Von Baugewerksmeistern wird nur die Vorlegung ihres
Meisteratteftes gefordert.
  Die Vorschriften für die Königliche Bau-Akademie vom 18. März 1855 sind im Secretariat der
Anstalt käuflich zu haben.   Berlin, den 20. Februar 1864.
      Der Geheime Ober-Bau-Rath und Direktor der Königl. Bau-Akademie. Busse.

Amts-Blatt
der Königl. Preuß. Regierung zu Frankfurt a/O.

№ 10.   Frankfurt a. d. O., den 9. März.   1864.

Gesetz-Sammlung für die Königlichen Preußischen Staaten pro 1864.

No. 4. enthält: (No. 5815.) Gesetz wegen Aufhebung der Lex Anastasiana in den Landestheilen des gemeinen Rechts. Vom 1. Februar 1864.

(No. 5816.) Gesetz zur Verbesserung des Kontrakten- und Hypothekenwesens im Bezirk des Justiz-Senats zu Ehrenbreitstein. Vom 2. Februar 1864.

(No. 5817.) Gesetz, betreffend die Einführung der Konkurs-Ordnung vom 8. Mai 1855 (Gesetz-Sammlung S. 321) und des Gesetzes über die Befugniß der Gläubiger zur Anfechtung der Rechtshandlungen zahlungsunfähiger Schuldner außerhalb des Konkurses vom 9. Mai 1855 (Gesetz-Sammlung S. 429) in dem Bezirk des Justiz-Senats zu Ehrenbreitstein. Vom 3. Februar 1864.

(No. 5818.) Bekanntmachung der Ministerial-Erklärung vom 29. Januar 1864, betreffend die Erweiterung des am 12./20. September 1827 zwischen der Fürstlich Hohenzollern-Sigmaringen-schen Regierung einerseits und der Großherzoglich Badenschen Regierung andererseits geschlossenen Vertrages über die gegenseitigen Jurisdiktions-Verhältnisse. Vom 14. Februar 1864.

(No. 5819.) Allerhöchster Erlaß vom 8. Februar 1864, betreffend die Aufhebung des §. 41 des Revidirten Reglements der Feuersozietät für das platte Land des Herzogthums Sachsen vom 21. August 1863.

No. 5. enthält: (No. 5820.) Allerhöchster Erlaß vom 25. Januar 1864, betreffend die Verleihung der fiskalischen Vorrechte für den Bau und die Unterhaltung einer Chaussee von Lötzen über Grahmen, Milken und Groß-Konopken bis zur Johannisburger Kreisgrenze in der Richtung auf Arys, im Regierungsbezirk Gumbinnen.

(No. 5821.) Allerhöchster Erlaß vom 1. Februar 1864, betreffend die Verleihung der fiskalischen Vorrechte an die Gemeinde Sindorf, im Kreise Bergheim des Regierungs-Bezirks Cöln, zum chausseemäßigen Bau und zur Unterhaltung des Kommunalweges von Sindorf nach Horrem.

(No. 5822.) Statut für die Genossenschaft zur Senkung des Keppel-Schlaplow-Dleck- und Remerow-Sees im Neustettiner Kreise. Vom 8. Februar 1864.

(No. 5823.) Bekanntmachung, betreffend die Allerhöchste Genehmigung des Nachtrages zu dem Gesellschaftsstatut der unter der Firma „Massener Gesellschaft für Kohlenbergbau" zu Dortmund bestehenden Aktiengesellschaft wegen Erhöhung ihres Grundkapitals um 300,000 Thaler. Vom 19. Februar 1864.

(No. 5824.) Bekanntmachung, betreffend die Allerhöchste Genehmigung der Abänderung des Statuts der Aktiengesellschaft „Thubalkain für Bergbau und Hüttenbetrieb zu Adenau. Vom 20. Februar 1864.

Verordnungen und Bekanntmachungen der Königlichen Regierung zu Frankfurt a. d. O.

Der Herr Minister des Innern hat auf Grund des §. 2 Alinea 4 der Städte-Ordnung vom 30. Mai 1853 die Einverleibung der von dem Domainen-Fiskus an die Stadt-Kommune Seelow zur Vergrößerung des städtischen Kirchhofs veräußerten Parzelle von 1 Morgen 41 □Ruthen in den Kommunal-Verband der Stadt Seelow mittelst Erlasses vom 23. Februar d. J. genehmigt.

Frankfurt a. d. O., den 2. März 1864.

Bekanntmachung des Königlichen Appellations-Gerichts zu Frankfurt a. d. O.

Der Kreisgerichts-Deputation zu Arnswalde ist vom 1. April d. J. ab innerhalb ihres Bezirks die volle Competenz der Kreisgerichte in allen Civilsachen mit den in der allgemeinen Verfügung vom 8. October 1855 (Justiz-Ministerial-Blatt S. 334) bezeichneten Einschränkungen beigelegt worden.

Frankfurt a. d. O., den 4. März 1864.

Personal-Chronik.

An Stelle des aus dem Kreise verzogenen Rittergutsbesitzers Sieburg ist der Standesherr von Suermerow auf Groß-Leuthen zum stellvertretenden Vorsitzenden des Schauamtes für die Körung der Privat-Deckhengste für den Lübbener Kreis gewählt und bestätigt worden.

Im Arnswalder Kreise ist der Lehnschulzengutsbesitzer Stapenow zu Regenthin zum Feuer-Polizei-Kommissarius für den 4. Bezirk und der Rittergutsbesitzer Major a. D. von Germar auf Stolzenfelde zum Stellvertreter des Feuer-Polizei-Kommissarius für den 9. Bezirk erwählt und bestätigt worden.

Der Rathmann Gustav Krüger zu Fürstenwalde ist zum außergerichtlichen Auktions-Commissarius für die Stadt Fürstenwalde und die benachbarten Ortschaften, soweit dieselben im Lebuser Kreise und innerhalb des durch die Ortschaften Klembaum, Petershagen, Briesen, Hoken und die Stadt Müllrose begrenzten Bezirks belegen sind, bestellt worden, was hiermit zur öffentlichen Kenntniß gebracht wird.

Der praktische Arzt, Wundarzt und Geburtshelfer Dr. David Grünefeldt ist von Berent nach Landsberg a. d. W. gezogen.

Der Thierarzt I. Klasse Carl Friedrich Luckmann zu Luckau ist gestorben.

Die Berufung des bisher provisorisch angestellten Lehrers Gottlob Schützka zum 2. Lehrer an der Schule zu Werben, Diöcese Cottbus, ist bestätigt.

Die Berufung des bisher provisorisch angestellten Lehrers Johann Gottlieb Krüger zum Lehrer an der evangelischen Stadtschule in Schwiebus, Diöcese Züllichau, ist bestätigt.

Der Förster Schwochow zu Kehloug, Oberförsterei Braschen ist gestorben; der Forstaufseher Regel zu Hermsdorf, Oberförsterei Sorau, wird vom 1. April ab unter Ernennung zum Förster nach Kehloug versetzt und der forstversorgungsberechtigte Jäger Johann Friedrich Eduard Krause als Forstaufseher zu Hermsdorf zunächst auf sechsmonatliche Probe angestellt.

Personal-Veränderungen für den Monat Februar 1864.

A. Bei dem Königlichen Appellations-Gericht zu Frankfurt a. d. O.

Der Gerichts-Assessor Binder ist aus dem Departement des Kammergerichts und der Referendarius Kuntze aus dem des Appellationsgerichts zu Marienwerder in das diesseitige Departement versetzt. Der Dr. juris Schmitt ist zum Auskultator ernannt und der Referendarius Freund auf seinen Antrag aus dem Justizdienste entlassen.

B. Bei den Kreisgerichten im Departement.

Seine Majestät der König haben den Kreisgerichts-Rath Kaßner zu Forst zum Direktor des Kreisgerichts in Neumarkt und den Kreisrichter Oehler zu Herzberg zum Direktor des Kreisgerichts in Guben zu ernennen geruht. Der Gerichts-Assessor Calsow ist zum Kreisrichter bei der Kreisgerichts-Deputation zu Arnswalde, der Büreau-Assistent Lindenberg zu Müncheberg zum Sekretair bei den dortigen Gerichts-Commissionen, der Civil-Supernumerar Aktuarius I. Klasse Schulz daselbst zum Büreau-Assistenten bei dem Kreisgerichte zu Frankfurt a. d. O., der Bote und Executor Becker zu Züllichau zum ersten Gerichtsdiener und der Hülfsbote Alkmann zu Spremberg zum Boten und Executor bei dem Kreisgerichte zu Züllichau ernannt. Der Gefängniß-Oberaufseher Geldner zu Cottbus ist in gleicher Eigenschaft an das Kreisgericht zu Landsberg a. d. W. versetzt. Der Gefängniß-Oberaufseher Leberecht zu Landsberg a. d. W. ist pensionirt und der Kreisgerichts-Direktor Tannen zu Zielenzig ist gestorben.

In der Stadt Frankfurt a. d. O. sind folgende Schiedsmänner gewählt resp. wieder gewählt und bestätigt worden: für den Bezirk 1. der bisherige Schiedsmann Kaufmann Becker, für den Bezirk 2. der bisherige Schiedsmann Kaufmann Helm, für den Bezirk 3. der bisherige Schiedsmann Kreisgerichtsrath a. D. Aschenborn, für den Bezirk 4. der bisherige Schiedsmann Kaufmann Jowig, für den Bezirk 5. der bisherige Schiedsmann Kanzleirath Salice, für den Bezirk 6. der bisherige Schiedsmann Apotheker Stelzner, für den Bezirk 7. der Opilius Bredemeyer, für den Bezirk 8. der Spediteur Kaiser, für den Bezirk 9. der bisherige Schiedsmann Rentier Arnold, für den Bezirk 10. der bisherige Schiedsmann Kaufmann H. Thonke.

Für den 24. ländlichen Bezirk des Kreises Sorau ist der Forstkassen-Rendant **Schütz** zu Pförten als Schiedsmann gewählt und bestätigt worden.

In der Stadt Lieberose ist der bisherige Schiedsmann Schuhmacher Karl Rich daselbst als Schiedsmann wieder gewählt und bestätigt worden.

Der Staatsanwalts-Gehülfe Schlick zu Spremberg ist aus dem Justiz-Dienste entlassen.

Der bisherige Stations-Aufseher Laurisch in Wellmitz ist definitiv als solcher bei der Niederschlesisch-Märkischen Eisenbahn angestellt worden.

Vermischte Nachrichten.

(1) Die Küster- und Schullehrer-Stelle in Beelitz, zur I. Sternberger Diöcese gehörig, Privat-Patronats, ist durch die Versetzung ihres zeitherigen Inhabers erledigt worden.

Frankfurt a. d. O., den 2. März 1864. Königl. Regierung; Abtheilung für Kirchen- und Schulwesen.

(2) Die Küster- und Schullehrer-Stelle in Mehlen, zur Diöcese Guben gehörig, Privat-Patronats, ist durch die Versetzung ihres zeitherigen Inhabers erledigt worden.

Frankfurt a. d. O., den 26. Februar 1864. Königl. Regierung; Abtheilung für Kirchen- und Schulwesen.

(3) In den zwischen Berlin und Eydtkuhnen courfirenden Salon-Wagen der Ostbahn-Courierzüge waren mittelst Entfernung der Zwischen-Lehnen entsprechend auszustattende Schlafplätze hergerichtet worden, sofern die nöthigen unbesetzten Plätze dazu vorhanden.

Behufs Benutzung dieser Schlafvorrichtungen ist zu dem Fahrbillet I. Klasse für die betreffende Strecke ein s. g. Schlafbillet zum tarifmäßigen Preise derselben Klasse hinzuzulösen.

Der Verkauf der Schlafbillets erfolgt auf den Stationen: Berlin, Frankfurt a. O., Landsberg a. W., Kreuz, Schneidemühl, Bromberg, Barlubien (hier nur bei Zug II.), Eierwinst (hier nur bei Zug I.), Dirschau, Elbing, Braunsberg, Königsberg, Insterburg und Eydtkuhnen, nach allen Halte-Stationen der Courierzüge vom Ersten März d. J. ab bis auf Weiteres.

Bromberg und Berlin, im Februar 1864.

Königliche Direktion der Ostbahn. Königliche Direktion der Niederschlesisch-Märkischen Eisenbahn.

(4) Bekanntmachung. Durch Urkunde vom heutigen Tage ist das Braunkohlen-Bergwerk „Balbaus" bei Boosen, im Kreise Lebus, Bergrevier Cüstrin mit 1 Fundgrube und 1195 Maaßen 108 □-Lachter gevierten Feldes an den Kaufmann Carl Caplick zu Frankfurt a. d. O. verliehen worden.

Halle, den 18. Februar 1864. Königliches Ober-Berg-Amt.

(5) Bekanntmachung. Durch Urkunde vom heutigen Tage ist das Braunkohlen-Bergwerk „Arthur", bei Trepplin, im Kreise Lebus, Bergrevier Cüstrin, mit 1 Fundgrube und 1200 Maaßen gevierten Feldes an den Kaufmann Carl Caplick zu Frankfurt a. d. O. verliehen worden.

Halle, den 18. Februar 1864. Königliches Ober-Berg-Amt.

(6) Bekanntmachung. Durch Urkunde vom heutigen Tage ist das Braunkohlen-Bergwerk „Ende" bei Trepplin, im Kreise Lebus, Bergrevier Cüstrin, mit 1 Fundgrube und 1200 Maaßen gevierten Feldes an den Kaufmann Carl Caplick zu Frankfurt a. d. O. verliehen worden.

Halle, den 18. Februar 1864. Königliches Ober-Berg-Amt.

(7) Bekanntmachung. Den betheiligten Grundbesitzern wird hierdurch bekannt gemacht, daß der Feuerversicherungsgesellschaft Thuringia in Erfurt gestattet worden ist, Gebäude und andere Baulichkeiten auf Grundstücken, welche an die Rentenbank für die Provinz Brandenburg Renten zu entrichten haben, gegen Feuersgefahr zu versichern. Berlin, den 2. März 1864.

Königliche Direktion der Rentenbank für die Provinz Brandenburg. (gez.) Hepher.

(8) Bekanntmachung. Pro 1864 ist im Sold'ner Kreise fernerweit eine Privat-Beschäl-Station bei dem Holzbauer Martin Haase zu Mitzelsfelde errichtet, welcher einen Hengst — Schimmel, 4 Jahre alt, 5' 3" groß — für 3 Thlr. decken läßt.

Soldin, den 24. Februar 1864. Königlicher Landrath. von Cranach.

(9) Bekanntmachung. Pro 1864 ist fernerweit eine Privat-Beschäl-Station bei dem Bauer W. Schröder zu Neuenburg errichtet, welcher seinen Hengst — schwarz mit Stern, 5' 6" groß und 5 Jahre alt —

(10) Nachweisung der bei der am 27. Februar 1864 durch das Schau-Amt Landsberger Kreises abgehaltenen Körung der Privat-Deckhengste.
A. Für tauglich befundene, B. für unbrauchbar erklärte Beschäler.

Laufende No.	Ort der Beschäl-Station.	Stationsherr.	National des Privat-Beschälers.	Festge- setztes Deckgeld. Thl. Sgr. Pf.	Bemer- kungen.
		A. Für tauglich befundene Beschäler.			
1	Borkow	Heese, Wilhelm, Bauer	schwarz mit Stern, beide Hinterfüße weiß, 10 Jahr alt, 5' 4" groß	2 15 —	
2	Vollbchener Holländer	Dohrmann, Ludwig, Eigenthümer	schwarzbraun und 4 weiße Füße, 17 Jahr alt, 5' 2" groß,	2 15 —	
3	Balz	Neumann, Albrecht, Eigenthümer	Grauschimmel, 7 Jahr alt, 6' 4" groß.	3 — —	
4	Berkenwerder	Sidling, Ludwig	hirschbraun, am linken Hinterfuß einen weißen Ring, 7 Jahr alt, 5' 4" groß,	2 15 —	
5	Ludwigsthal	Lehmann, Julius, Eigenthümer	Rothschimmel, 6 Jahr alt, 5' 3" groß,	2 7 6	
6	Marwitz	Issland, Gutsbesitzer	Schimmel, 5 Jahr alt, 5' 4" groß	4 — —	
7	Gr. Gisenaue	Lehmann, Schulze	Schimmel, 5 Jahr alt, 5' 4" groß.	2 20 —	

B. Für unbrauchbar erklärte Beschäler: Keine.

Landsberg a. d. W., den 27. Februar 1864. Der Landraths-Amts-Verweser Jacob.

(11) Lectionsplan der Königl. Preuß. staats- und landwirthschaftlichen Akademie zu Eldena bei Greifswald für das Sommer-Semester 1864.

Die Vorlesungen an der hiesigen Königl. Academie beginnen im nächsten Sommer-Semester am 11. April und werden sich auf die nachbenannten Unterrichtsgegenstände beziehen:
1) Ein- und Anleitung zum academischen Studium, 2) Staatswirthschaftslehre, Direktor Professor Dr. Baumstark; 3) Landwirthschaftsrecht, Professor Dr. Haeberlin; 4) Geschichte der Landwirthschaft, 5) Allgemeiner Acker- und Pflanzenbau, 6) Praktische Uebungen im Bonitiren des Bodens, Professor Dr. Sequin; 7) Besonderer Acker- und Pflanzenbau, 8) Wiesenbau, 9) Praktische landwirthschaftliche Demonstrationen, Oekonomie-Rath Dr. Rohde, 10) Obstbaumzucht mit Demonstrationen und Uebungen, academischer Gärtner Zarnack; 11) Allgemeine Thier- und Pferdezucht, 12) Pferdekenntniß und Huf- beschlag, 13) Lehre von den äußeren Krankheiten der Haussäugethiere, Departements-Thierarzt Dr. Fürsten- berg; 14) Forstwirthschaftliche Produktionslehre, 15) Forstwirthschaftliche Excursionen, Forstmeister Wiese, 16) Bodenkunde, 17) Organische Experimental-Chemie, 18) Uebungen im chemischen Laboratorium, 19) Physik, Professor Dr. Trommer; 20) Pflanzensystematik und Anleitung zum Bestimmen der Pflanzen, 21) Pflanzenphysiologie, 22) Botanische Excursionen, Dr. Jessen; 23) Feldmessen und Nivelliren, Pro- fessor Dr. Grupert; 24) Landwirthschaftliche Baukunst II. Theil, 25) Wege- und Wasserbau, academischer Baumeister Müller; 26) Düngerlehre, 27) Mineralogie und Gesteinslehre, 28) Analytische Chemie, 29) Repetitorium der anorganischen Chemie, Dr. Scholz.

Gedruckte Nachrichten über die Akademie sind von dem Unterzeichneten zu beziehen.

Eldena, im Februar 1864.
Der Geheime Regierungs-Rath und Direktor der Königl. staats- und landwirthschaftlichen Academie.
Dr. E. Baumstark.

Redigirt im Büreau der Königlichen Regierung.
Druck der Hofbuchdruckerei von Trowitzsch u. Sohn in Frankfurt a. d. O.

Amts-Blatt
der Königl. Preuß. Regierung zu Frankfurt a/O.

№ 11.   Frankfurt a. d. O., den 16. März.   1864.

Gesetz-Sammlung für die Königlichen Preußischen Staaten pro 1864.

No. 6. enthält: (No. 5825.) Gesetz über die Aktiengesellschaften, bei welchen der Gegenstand des Unternehmens nicht in Handelsgeschäften besteht. Vom 15. Februar 1864.
(No. 5826.) Privilegium für die Stadt Düren, im Regierungsbezirk Aachen, zur Ausgabe von 90,000 Thalern Stadt-Obligationen. Vom 25. Januar 1864.
(No. 5827.) Statut der Genossenschaft für die Melioration der Grundstücke am Samica-Bache zwischen dem Reischler und Jeseritzer See im Fraustädter und Kostener Kreise. Vom 15. Februar 1864.
(No. 5828.) Allerhöchster Erlaß vom 15. Februar 1864, betreffend die zinsbare Anlegung der bei der Warthebruchs-Deichkasse eingehenden Strafgelder.

Nach einer Mittheilung des Herzoglich Sächsischen Staats-Ministeriums zu Gotha sollen innerhalb drei Jahren, vom 12. September 1862 an gerechnet, die sämmtlichen, auf Grund des Gesetzes vom 30. September 1847 ausgegebenen Herzoglich Sachsen-Gothaischen Kassen-Anweisungen bei der Staats-Kasse daselbst eingereicht und gegen baare Zahlung umgetauscht werden. Demgemäß ist durch Bekanntmachung des Herzoglichen Staats-Ministeriums vom 12. September d. J. der Schlußtermin der Außerkurssetzung der bezeichneten Kassen-Anweisungen auf den 12. September 1865 bestimmt, dergestalt, daß dieselben nach Ablauf dieses Termins, bis zu welchem sie nach wie vor bei allen öffentlichen Kassen des Herzogthums in Zahlung verwendet werden können, völlig werthlos werden und gegen deren Entwerthung auch eine Berufung auf die Rechtswohlthat der Wiedereinsetzung in den vorigen Stand nicht stattfindet.

Berlin, den 31. Oktober 1862.

Der Finanz-Minister.   Ministerium für Handel, Gewerbe ꝛc.
Im Auftrage: (gez.) Horn.   Im Auftrage: (gez.) Delbrück.
An die Königliche Regierung zu Frankfurt a. O.   F. M. L 13263. — M. f. H. IV. 10292.

Verordnungen und Bekanntmachungen der Königlichen Regierung zu Frankfurt a. d. O.

I. Polizei-Verordnung.

Da es in neuerer Zeit wiederholt vorgekommen, daß Besitzer der Ufer der öffentlichen Flüsse unseres Verwaltungsbezirks den Vorschriften der §§. 237. ff. Tit. 9. Th. I. und §. 61. und 62. Tit. 15. Th. II. L. R. zuwider, Pflanzungen und Wasserbauten innerhalb des Strombettes ohne strompolizeiliche Genehmigung ausgeführt haben, so verordnen wir hiermit auf Grund des §. 11. des Gesetzes vom 11. März 1850. über die Polizei-Verwaltung. G. S. pro 1852 S. 265, für den Umfang des Regierungs-Bezirks Frankfurt und des im Regierungsbezirk Potsdam gelegenen, unserer Verwaltung unterstellten Theiles des Oberstromes was folgt:

§. 1. Innerhalb des Bettes öffentlicher Flüsse dürfen Pflanzungen und Wasserbauten erst nach eingeholter strompolizeilicher Genehmigung ausgeführt werden.

Diese Genehmigung ist bei dem, mit der Wahrnehmung der Strompolizei betrauten Königlichen Wasserbaubeamten, resp. den Wasserbauinspectoren zu Crossen und Frankfurt und dem Wasserbaumeister zu Cüstrin nachzusuchen.

Als Flußbett im Sinne dieser Verordnung gilt die gesammte Grundfläche, welche der Strom bis zum Austreten aus seinen Ufern bei hohen Wasserständen bedeckt.

§. 2. Zuwiderhandlungen gegen die im §. 1. alin. 1. getroffene Bestimmung werden, vorbehaltlich der Wiederbeseitigung der ohne Genehmigung hergestellten Pflanzungen oder Bauten mit Geldbuße von Einem bis zu Zehn Thalern oder verhältnißmäßiger Gefängnißstrafe geahndet.

II. Dem Kaufmann C. G. Thom zu Sorbin ist, als bestellten Unteragenten auf Grund der §§. 1. und 7. des über die Beförderung von Auswanderern unter dem 7. Mai 1853 ergangenen Gesetzes, die Erlaubniß ertheilt worden, Verträge mit Auswanderern zu vermitteln, welche deren Beförderung von Hamburg nach sämmtlichen Häfen Amerika's, mit Ausschluß von Brasilien und nach Australien zum Zwecke haben.
Frankfurt a. d. O., den 2. März 1864.

III. Da die gegenwärtigen Verhältnisse eine sorgfältige und strenge Controle der das Preußische Jade-Gebiet betretenden Fremden erheischen, so ist die Anordnung getroffen worden, daß Reisenden der Eintritt in dieses Gebiet nur dann gestattet sein soll, wenn sie mit den vorschriftsmäßigen, den Zweck des Besuchs des Jade-Gebiets in unzweideutiger Weise bezeugenden polizeilichen Legitimations-Dokumenten versehen sind. Reisende, welche dieser Vorschrift nicht genügen, haben ihre Zurückweisung an der Gränze zu gewärtigen.
Berlin, den 7. März 1864.   Der Minister des Innern. hes Gr. Eulenburg.

Zur Nachachtung wird vorstehende Bekanntmachung des Herrn Ministers des Innern hierdurch zur öffentlichen Kenntniß gebracht.   Frankfurt a. d. O., den 10. März 1864.

IV. Das Königl. Ober-Präsidium der Provinz Brandenburg hat auf Grund des §. 1 des Gesetzes vom 14. April 1856 die Einverleibung der an den Halbhäusler Bellack und an den Kossäthen Kreßner zu Drenzig, im Steinberger Kreise durch Vertrag vom 10. Februar cr. veräußerten Parzellen der fiskalischen Dorfstraße daselbst zum Flächeninhalt von resp. 2 und 3 QRuthen in den Communal-Verband der Gemeinde Drenzig mittelst Rescripts vom 20. November v. J. genehmigt.
Frankfurt a. d. O., den 5. März 1864.

Personal-Chronik.

Der Regierungs-Civil-Supernumerar Bock hierselbst ist auf seinen Antrag vom 1. Juni cr. ab aus seiner hiesigen Stellung und dem Königlichen Staatsdienste entlassen worden.
Frankfurt a. d. O., den 9. März 1864.   Der Regierungs-Präsident Frhr. v. Münchhausen.

Der praktische Arzt, Wundarzt und Geburtshelfer Dr. Karl Alexander Julius Simon zu Landsberg a. W. ist zum Kreis-Wundarzt des Kreises Landsberg a. W. ernannt worden.

Der Thierarzt I. Klasse Carl Adolph Naumann hat sich in Zielenzig als praktischer Thierarzt niedergelassen.

Der praktische Arzt, Wundarzt und Geburtshelfer Dr. Hermann Rudolph Alexander Hohfeld hat sich in Bütz niedergelassen.

Der Gutsbesitzer Hager zu Zehden ist zum Vorsitzenden und der Gutsbesitzer Ney zu Niederwutzen zum Stellvertreter des Vorstandes der Entwässerungs-Corporation des Zehdener Bruches auf 3 Jahre gewählt, resp. wiedergewählt, und sind die Wahlen unsererseits bestätigt worden.

Es sind versetzt worden: der Ober-Post-Kassen-Buchhalter Crusius in Frankfurt a. d. O., als commissarischer Rendant der Ober-Post-Kasse nach Münster, der Ober-Post-Kassen-Buchhalter Ruthe von Gumbinnen nach Frankfurt a. d. O., der Post-Expedient Haupt von Sorau nach Fürstenwalde, der Post-Expedient Siewesand von Fürstenwalde nach Luckau, der Post-Expedient Hingmann von Schönfließ nach Zielenzig und der Post-Expediteur Kolshorn von Breitebruch nach Schönfließ. Es sind angestellt worden die Postexpedienten-Anwärter Kneiff und Prechnow als Postexpedienten bei dem Post-Amte zu Frankfurt a. O., der frühere Kaufmann Welche als Post-Expediteur in Breitebruch, der inv. Sergeant Jaschkowitz als Briefträger bei dem Post-Amte in Sorau, der inv. Sergeant Marggraf als Bahnhofs-Post-Begleiter bei dem Post-Amte in Frankfurt a. O. und der frühere Waldhornist Bartsch als Büreaudiener bei der Post-Expedition in Forst. Die Verwaltung der neu eingerichteten Post-Expeditionen in Alt-Carbe und Happeldorf ist beziehungsweise dem früheren Forstbeamten Werth und dem bisherigen Kaufmann v. Gualtieri übertragen worden. Der Post-Expediteur Naumann in Zielenzig und der Briefträger Sprang in Sorau sind freiwillig aus dem Postdienste geschieden.

Vermischte Nachrichten.

(1) Bekanntmachung. Es wird hierdurch nachträglich zur öffentlichen Kenntniß gebracht, daß dem Bauführer G. Koch und dem Zimmermeister H. Walsleben zu Frankfurt a/O. unter dem 11. März 1861 ein Patent auf eine Vorrichtung zum gleichmäßigen Aufziehen der Klappen an Zugbrücken in der durch Zeichnung und Beschreibung nachgewiesenen Zusammensetzung
auf fünf Jahre, von jenem Tage an gerechnet, und für den Umfang des preußischen Staats ertheilt worden ist.

— 75 —

(2) Der im Kalender auf den 26. und 27. April cr. angesetzte diesjährige Pferde-, Vieh- und Krammarkt in Bärwalde wird schon, und zwar der Pferdemarkt am 25. und der Vieh- und Krammarkt am 26. desselben Monats abgehalten werden.
 Frankfurt a. d. O., den 10. März 1864. Königliche Regierung; Abtheilung des Innern.

(3) Die 5. Lehrerstelle an der Mädchenschule in Soldin, zur Diöcese Soldin gehörig, Privat-Patronats, ist durch die Versetzung ihres zeitherigen Inhabers erledigt worden.
 Frankfurt a. d. O., den 12. März 1864. Königl. Regierung; Abtheilung für Kirchen- und Schulwesen.

(4) Die Küster- und Schullehrer-Stelle in Breesen, zur I. Sternberger Diöcese gehörig, Königlichen Patronats, ist durch den Tod ihres zeitherigen Inhabers erledigt worden.
 Frankfurt a. d. O., den 8. März 1864. Königl. Regierung; Abtheilung für Kirchen- und Schulwesen.

(5) Die Küster- und Schullehrer-Stelle in Hildesheim, zur Diöcese Sternberg II. gehörig, Privat-Patronats, ist durch den Tod ihres zeitherigen Inhabers erledigt worden.
 Frankfurt a. d. O., den 12. März 1864. Königl. Regierung; Abtheilung für Kirchen- und Schulwesen.

(6) Die Vacanz der Kreis-Wundarztstelle des Mogilnoer Kreises wird hierdurch nochmals zur öffentlichen Kenntnißnahme und zur Bewerbung um dieselbe abermals eine Frist von 6 Wochen bestimmt.
 Bromberg, den 3. März 1864. Königl. Regierung; Abtheilung des Innern.

(7) **Wiederholter Aufruf gekündigter Kur- und Neumärkischer Pfandbriefe.**
Von den durch unsere Bekanntmachung vom 6. Januar d. J. für den Fälligkeits-Termin Johannis 1864 aufgekündigten Pfandbriefen sind die in dem nachstehenden Verzeichniß aufgeführten noch nicht eingeliefert worden. Wir fordern daher die Inhaber wiederholt auf, gedachte Pfandbriefe nebst Talons und denjenigen Zinscoupons, welche auf einen späteren als den vorbezeichneten Fälligkeits-Termin lauten, an unsere Hauptkasse oder an eine unserer Provinzial-Ritterschafts-Kassen einzuliefern. Ueber die Einlieferung wird Recognition ertheilt, und diese demnächst im Fälligkeits-Termin durch Verabfolgen der Valuta eingelöst werden. Sollte die Einlieferung der Pfandbriefe bei einer der Provinzial-Ritterschafts-Kassen bis zum 14 Juli d. J. oder bei der Haupt-Kasse bis zum 14 August d. J. nicht erfolgen, so werden die säumigen Inhaber nach Vorschrift der Allerhöchsten Ordre vom 15. Februar 1858 und des Regulativs vom 7. Dezember 1848 (Gesetz-Sammlung 1858 S. 37, 1849 S. 76) mit den in dem Pfandbrief ausgedrückten Rechten, insbesondere mit dem der Special-Hypothek präcludirt und mit ihren Ansprüchen auf die bei dem Credit-Institut zu deponirende Valuta verwiesen werden.
 Berlin, den 8. März 1864. Kur- und Neumärksche Haupt-Ritterschafts-Direktion.
  Frhr. von Monteton. Graf Haseler. v. Lützow.

Verzeichniß gekündigter und einzuliefernder Kur- und Neumärkischer Pfandbriefe.

			Betrag					Betrag	
		Provinz.	Gold.	Courant.	Nummer.	G u t.	Provinz.	Gold.	Courant.
	G u t.		ℳ	ℳ				ℳ	ℳ

Durch Baarzahlung des Nennwerths einzulösende Pfandbriefe.

(8). Nachweisung der bei der am 25. Februar 1864 durch das Schauamt des Crossener Kreises abgehaltenen Körung der Privat-Deckhengste für tauglich befundenen Beschäler.

Laufende No.	Ort der Beschäl-Station.	Stationsherr.	Nationale des Privat-Beschälers.	Festgesetztes Deckgeld. Thlr.
1	Gruuow	Krüger Mieblke	braun, ohne Abzeichen, 5′ 5″ groß, 5 Jahr alt	1⅓
2	do.	do.	Fuchs, Unter Hinterballen und Krone weiß, 5′ 4″ groß, 5 Jahr alt	1½
3	do.	Ganzbauer Christ. Schober	Goldfuchs, Stern, beide Hinterfüße weiß, 5′ 3″ groß, 9 Jahr alt	1⅓
4	do.	do.	Apfelschimmel, 5′ 1″ groß, 6 Jahr alt	1⅔
5	Grubzow	Ganzhüfner Gottl. Zimmanick	braun, 5′ 4″ groß, 9 Jahr alt	1⅙
6	Merzwiese	Lehnschulze Schulz	Brandfuchs, Stern und Schnibbe, Unter Vorder- und Unter Hinterfessel weiß, 5′ 5″ 2″′ groß, 4 Jahr alt	1⅙
7	Groß-Blumberg	Gärtner Johann Hilemit	dunkelbraun, 5′ 8″ groß, 5 Jahr alt	1½

Der Dunkelfuchs-Hengst der Halbbauerwittwe Schübt (Grube) in Tschausdorf, der schwarzbraune Hengst des Gottlieb Schulz (Henschke) in Neuendorf, der Schimmel-Hengst des Mühlenbesitzers Wittwer in Blumberger Rollmühle und der Dunkelfuchs-Hengst des Kossathbesitzer Hendrich bei Sommerfeld sind sämmtlich zur Bedeckung für unbrauchbar befunden worden.

Crossen, den 25. Februar 1864. Der Landrath v. Rheinbaben.

(9) Königliche Niederschlesisch-Märkische Eisenbahn.

Bier, welches in Fässern zur Aufgabe gelangt, wird beim Transport auf der diesseitigen Eisenbahn fortan zum Frachtsatze der ermäßigten Klasse A. tarifirt werden.

Berlin, den 9. März 1864. Königliche Direktion der Niederschlesisch-Märkischen Eisenbahn.

(10) Bekanntmachung. Von jetzt an wird die Karjolpost von Zellin nach Bärwalde i. d. N. wieder um 5 Uhr Nachmittags abgefertigt werden.

Frankfurt a. d. O., den 10. März 1864. Der Ober-Post-Direktor. gez. Hoppe.

(11) Bekanntmachung. Die erste Personenpost von Seelow nach Cüstrin wird von jetzt an — statt wie bisher um 4¼ Uhr früh schon um 4½ Uhr früh aus Seelow abgefertigt werden.

Frankfurt a. d. O., den 9. März 1864. Der Ober-Post-Director. gez. Hoppe.

(12) Bekanntmachung. Vom 16. d. M. an wird die Personenpost aus Schwerin a. d. W. nach Cüstrin aus Schwerin a. W. um 8½ Uhr Vormittags, aus Vietwerder um 10 Uhr 35 Min. Vorm., aus Sonnenburg um 12 Uhr 5 Min. Nachm. abgehen und in Cüstrin um 3 Uhr 25 Min. Nachm. zum Anschluß an den Eilzug nach Berlin eintreffen.

Frankfurt a. d. O., den 10. März 1864. Der Ober-Post-Direktor. gez. Hoppe.

Beilage
zum Amtsblatt
der Königlichen Regierung zu Frankfurt a. d. O.

Concession
zum
Geschäftsbetriebe in den Kgl. Preuß. Staaten für die Nord-Britische und mercantile Versicherungs-Gesellschaft (North British and Mercantile Insurance Company) zu Edinburg und London.

Der unter der Firma:

"Nord Britische und mercantile Versicherungs-Gesellschaft"
("North British and Mercantile Insurance Company")

in Edinburg und London domicilirten Actien-Gesellschaft, welche sich gründet auf die Statuten vom 2. November 1809, den Nachtrag vom 4. Mai 1824, das Königliche Privilegium vom 6. Februar 1824 und die Parlaments-Acten vom 3. Juli 1860 und 30. Juni 1862 wird die Concession zum Geschäftsbetriebe in den Königlich Preußischen Staaten hiermit unter nachfolgenden Bedingungen ertheilt:

1. Jede Veränderung der bei der Zulassung gültigen Statuten muß bei Verlust der Concession angezeigt und, ehe nach derselben verfahren werden darf, von der Preußischen Staatsregierung genehmigt werden.
   Die Verschmelzung mit einer anderen Versicherungs-Gesellschaft oder der Ankauf der Gesammt-Geschäfte einer anderen Versicherungs-Gesellschaft bedarf, ebenfalls der Genehmigung der Preußischen Staatsregierung.
2. Die Veröffentlichung der Concession, der Statuten bezüglich eines vom Polizei-Präsidium hierselbst zu bestimmenden Auszugs und der etwaigen Aenderungen derselben erfolgt in den Amtsblättern derjenigen Königlichen Regierungen, in deren Bezirken die Gesellschaft Geschäfte zu betreiben beabsichtigt, auf Kosten der Gesellschaft.
3. Die Gesellschaft hat wenigstens an einem bestimmten Orte in Preußen eine Haupt-Niederlassung mit einem Geschäfts-Locale und einem dort domicilirten Generalbevollmächtigten zu begründen.
   Derselbe ist verpflichtet, derjenigen Königlichen Regierung in deren Bezirk sein Wohnsitz belegen, in den ersten sechs Monaten eines jeden Geschäftsjahres neben dem Verwaltungsberichte und der Generalbilanz der Gesellschaft eine ausführliche Uebersicht der im verflossenen Jahre in Preußen betriebenen Geschäfte einzureichen.
   In dieser Uebersicht — für deren Aufstellung von der betreffenden Regierung nähere Bestimmungen getroffen werden können — ist das in Preußen befindliche Aktivum von den übrigen Aktiviuen gesondert aufzuführen.
   Die Bilanz und die Uebersicht sind alljährlich durch den Staats-Anzeiger auf Kosten der Gesellschaft bekannt zu machen. Für die Richtigkeit der Bilanz und der Uebersicht, sowie der von ihm geführten Bücher einzustehen, hat der Generalbevollmächtigte sich persönlich und erforderlichen Falles unter Stellung zulänglicher Sicherheit zum Vortheile sämmtlicher inländischer Gläubiger zu verpflichten. Außerdem muß derselbe auf amtliches Verlangen unweigerlich alle diejenigen Mittheilungen machen, welche sich auf den Geschäftsbetrieb der Gesellschaft und der in den Preußischen Geschäftsniederlassung beziehen, auch die zu diesem Behufe etwa nöthigen Schriftstücke, Bücher, Rechnungen zc. zur Einsicht vorlegen.
4. Durch den Generalbevollmächtigten und von dem inländischen Wohnorte desselben aus sind alle Verträge der Gesellschaft mit den Inländern abzuschließen.
   Die Gesellschaft hat wegen aller aus ihren Geschäften mit Inländern entstehenden Verbindlichkeiten, je nach Verlangen des inländischen Versicherten, entweder in dem Gerichtsstande des Generalbevollmächtigten oder in denjenigen des Agenten, welcher die Geschäftsvermittlung gehabt hat, als Beklagte Recht zu nehmen, und diese Verpflichtung in jeder für einen Inländer auszustellenden Versicherungspolice ausdrücklich auszusprechen. Sollen die Streitigkeiten durch Schiedsrichter geschlichtet werden, so müssen diese letzteren, mit Einschluß des Obmannes, Preußische Unterthanen sein.
   Die vorliegende Concession kann zu jeder Zeit, und ohne daß es der Angabe von Gründen bedarf, lediglich nach dem Ermessen der Preußischen Staatsregierung zurückgenommen und für erloschen erklärt werden.
   Uebrigens ist durch diese Concession die Befugniß zum Erwerbe von Grundeigenthum in den Preuß. Staaten nicht gegeben, sondern dazu bedarf es in jedem einzelnen Falle der besonders nachzusuchenden landesherrlichen Erlaubniß.

Berlin, den 4. Dezember 1863. (L. S.)

Der Minister für Handel, Gewerbe und öffentliche Arbeiten:
(gez.) Graf v. Itzenplitz.

Der Minister des Innern:
(gez.) Graf zu Eulenburg.

M. f. H. rc. IV. 9797. M. d. J. I. A. 9341.

Extract
aus dem Theilnehmungs- (Gesellschafts-) Vertrag vom 3. April 1824.

Zu Edinburg am 3. April 1824, in Gegenwart der Raths- und Gerichts-Lords, erschienen Bevollmächtigte der nachbenannten und bezeichneten Parteien und reichten den unterschriebenen Theilnehmungsvertrag mit dem Wunsche ein, daß derselbe in Ihrer Lordschaft Bücher gesetzmäßig eingetragen werden möge. Die gedachten Lords fanden diesen Wunsch begründet und verordneten, daß also mit dem Vertrage geschähe, dessen Inhalt folgender ist:

Die nachbenannten Personen haben in Anbetracht, daß Versicherungen gegen Verluste durch Feuer nützlich für das Gemeinwesen und vortheilhaft für die betreffenden Individuen sind, daß bis jetzt in Schottland keine Versicherungs-Gesellschaft auf einer breiten und volksthümlichen Grundlage gebildet worden ist, und in der Ueberzeugung, daß eine solche Gesellschaft, welche einen beträchtlichen Theil der angesehenen Gutsbesitzer, sowie Kaufleute und begüterten Leute in den verschiedenen Theilen des Landes in sich faßt, geeignet ist, durch ihr Beispiel und ihren Einfluß diese Art des Schutzes in ausgedehnterem Maaße nützlich zu machen, als dies je der Fall gewesen, demgemäß beschlossen, unter sich eine Versicherungs-Gesellschaft gegen Verluste und Schaden durch Feuer unter Festsetzung und unter den Bedingungen der unterschriebenen Artikel zu bilden.

I. Die gedachte Gesellschaft oder das Theilnehmungs-Geschäft soll unter dem Namen

„**Nordbritische Versicherungs-Gesellschaft**"

bekannt sein und soll ihren Anfang haben von und nach dem 11. November 1809, ohne Rücksicht auf die am Schluß enthaltenen Daten*) u. s. w.

14. Es soll in der Macht der Präsidenten und Directoren liegen, solche Nebenverordnungen, Vorschriften und Einrichtungen zu treffen, welche sie für die Führung des gedachten Geschäfts für angemessen erachten und sollen sie dieselben in die Gesellschaftsbücher eintragen, vorausgesetzt, daß solche Nebenverordnungen, Vorschriften und Einrichtungen mit den Artikeln dieses Vertrages im Einklange stehen, und dieselben behufs der Zustimmung oder Verwerfung der ersten General-Versammlung der Gesellschaft vorgelegt werden.

17. Vom Martinstag des Jahres 1809 ab und so lange die bei der gedachten Gesellschaft Versicherten die festgesetzten Prämien ihrer Versicherung an die Gesellschaft zu der, in der oder den Policen festzusetzenden Zeit, regelrecht zahlen oder zahlen lassen und die zeitigen Präsidenten und Directoren der Gesellschaft oder die zeitige beschlußfähige Anzahl derselben diese Prämien anzunehmen geneigt sind, sollen das Grundkapital oder die Fonds der Gesellschaft verpflichtet und gehalten sein, den gedachten Versicherten, ihren Erben, Vollstreckern und Nachfolgern allen Schaden und Verlust zu vergüten, welchen sie an dem in der gedachten Police bezüglich Policen zu erwähnenden Eigenthum erleiden und der nicht die darin versicherte Summe oder Summen, welche darin nach Maßgabe der den gedachten Policen gleichzeitig beigegebenen gedruckten Bedingungen zu bezeichnen sind, übersteigt; wobei besonders bemerkt wird, daß es hierdurch ausdrücklich vereinbart und erklärt wird und daß der wahre Inhalt und die Bedeutung dieses Artikels ist, daß das Grundvermögen und die Fonds der Gesellschaft allein für die Ansprüche auf dieselben aufzukommen haben, welche auf Grund der ertheilten Versicherungspolice oder Policen, oder irgend welches Contracts oder der Contracte, welche durch die zeitigen Präsidenten und Directoren oder die beschlußfähige Anzahl derselben eingegangen sind, erhoben werden können. Kein Mitglied oder Theilnehmer der Gesellschaft soll für irgend welche Forderungen an die Gesellschaft in irgend welcher Beziehung oder irgend einem Vorwande, über seinen Antheil an dem Grundkapital oder den Fonds der Gesellschaft hinaus verbindlich sein u. s. w.

Extract
aus dem Theilnehmungs- (Gesellschafts-) Vertrag vom 4. Mai 1824.

Sämmtliche Parteien dieser Urkunde, welche in der Schluß-Klausel derselben genannt und bezeichnet sind, haben in fernerer Erwägung, daß in Folge des sehr günstigen Standes des besagten Unternehmens die Directoren nach reiflicher Ueberlegung es in den Jahren 1822 und 1823 für vortheilhaft erachteten, die Geschäfte auf Ver-

---

*) oder mit andern Worten: der thatsächlich schon am 11. November 1809 geschlossene Gesellschaftsvertrag wurde durch diesen Vertrag (am 3. April 1824) behufs Erlangung eines Königlichen Privilegii formell legalisirt.

sicherungen des Lebens, Ueberlebender, Ausstattungen und auf die Ertheilung und den Ankauf von Renten auszudehnen, wie durch den Vertrag vorgesehen war, und demgemäß diese Ausdehnung den Eigenthümern anempfohlen, worauf dieselbe denn auch in der am 25. April 1823 abgehaltenen Versammlung, welche zuvor nach den Vorschriften des Theilnehmungsvertrages bekannt gemacht war, auf Grund des einstimmigen Beschlusses der in dieser Versammlung anwesenden und vertretenen Mitglieder wirklich erfolgte

genehmigt, gebilligt und bestätigt, den vorbesagten Theilnehmungsvertrag in allen seinen Bestimmungen, Artikeln und Klauseln; ebenso wie auch sämmtliche Verhandlungen und Beschlüsse der Directoren und Eigenthümer der besagten Gesellschaft und Corporation sämmtliche Nebenverordnungen, Festsetzungen und Anordnungen behufs deren Ausführung, welche von Zeit zu Zeit gegeben und erlassen und jetzt beobachtet werden u. s. w.

Acte,

betreffend die Verbesserung und Erweiterung der Verwaltungs-Rechte der Corporation der Nordbritischen Versicherungs-Gesellschaft vom 3. Juli 1860.

Nachdem durch Theilnehmungs-Vertrag vom 2. November 1809 und folgenden Tagen, welcher in die Raths- und Sessionsbücher unter dem 3. April 1824 von Neuem eingetragen ist, die in demselben genannten und bestimmten Personen sich entschlossen eine Gesellschaft zu bilden, welche am 11. November 1809 unter dem Namen und der Bezeichnung:

„Die Nordbritische Versicherungs-Gesellschaft"

zur Versicherung gegen Verluste und Schaden durch Feuer ins Leben trat, mit der Berechtigung, später ihre Geschäfte dahin zu erweitern, daß auch das Leben, Ueberlebende und Ausstattungen versichert und daß Leibrenten bewilligt und angekauft werden könnten, welches Recht demgemäß von der gedachten Gesellschaft auch ausgeübt wurde u. s. w.

Da es endlich angemessen erscheint, daß die Zahl und der Nominalwerth der Actien des Corporations-Capitals geändert und der Corporation das Recht zugestanden werde, ihre Geschäfte nach Ost-Indien, nach Ihrer Majestät Colonien, den abhängigen Staaten und anderweit außerhalb des Reichs auszudehnen und Capital-Anlagen in jenen Ländern zu machen, und daß die Rechte der Directoren, welche die Geschäfte der Corporation verwalten und leiten, verbessert und erweitert werden, diese verschiedenen Zwecke aber ohne die Autorität des Parlaments nicht erreicht werden können: so möge es aus diesen Gründen Ew. Majestät gefallen dies zu beschließen, möge es beschlossen werden durch der Königin erhabenste Majestät durch und mit dem Rath und der Zustimmung der geistlichen und weltlichen Lords und Gemeinen, welche in dem gegenwärtigen Parlament versammelt sind und durch die Autorität desselben wie folgt:

1. Diese Acte soll für alle Zwecke bezeichnet werden:

„die Nordbritische Versicherungs-Gesellschafts-Acte von 1860."

3. Die folgenden Worte und Ausdrücke, bezeichnen die ihnen hiermit gegebenen Begriffe, wenn nicht der Gegenstand oder der Zusammenhang einer derartigen Auslegung etwa entgegen steht: das Wort „Ländereien" bezeichnet Ländereien, Häuser, Pachtungen, erbliche Lehngüter jeder Art, die Ausdrücke: „Gesellschaft" und „die Corporation" bezeichnen die Nordbritische Versicherungsgesellschaft;

Die Ausdrücke „die Directoren" und „das Directorium" bezeichnen die zeitigen ordentlichen Directoren der Gesellschaft zu Edinburg, die Worte „Geschäftsführer" und „Secretair" bezeichnen den zeitigen Geschäftsführer resp. Secretair der Gesellschaft zu Edinburg. Die Worte „Actionair" und „Mitglied" bezeichnen einen Actionär der Gesellschaft und ein Mitglied der Corporation der Nordbritischen Versicherungs-Gesellschaft, zugleich auch seinen gesetzlichen Vertreter. Bezüglich eines solchen Actionairs oder Mitgliedes werden Ausdrücke, welche eigentlich nur auf eine Person anwendbar sind, als auf eine Gesellschaft und Corporation, angewendet, angesehen werden.

4. Zweck und Geschäft dieser Corporation besteht darin, Versicherungen abzuschließen oder zu bewirken gegen Verlust und Schaden durch Feuer an Häusern, Speichern und andern Gebäuden, Hausgeräthen, Gütern, kaufmännischen Waaren, Schiffen und Fahrzeugen, welche im Hafen oder im Dock liegend im Bau begriffen sind oder schiffbare Kanäle befahren, landwirthschaftlichen Inventarien und allem andern Grund- und beweglichen Eigenthum nach dem Gutachten der Directoren ebenso Versicherungen abzuschließen oder zu bewirken auf das Leben und für Ueberlebende, zu kaufen und zu verkaufen, directe, zufällige und aufgeschobene Jahresrenten, Leibrenten, anwartschaftliche, zufällige und hintenangesetzte Rechte und Interessen, Ausstattungen zu bewilligen, für Wittwen zu

sorgen, Geldanlagen zu machen, Darlehne zu gewähren, kurz alle Geschäfte einer Feuer- und Lebensversicherungs-, Anwartschafts- oder Bürgschaftsgesellschaft auszuführen.

Die Corporation ist berechtigt diese Geschäfte auf das vereinigte Königreich von Großbritannien und Irland, auf Ost-Indien, Ihrer Majestät Colonien und abhängige Staaten außerhalb des Reiches und auf fremde Länder und Staaten zu übertragen.

5. Die Directoren dürfen von Zeit zu Zeit bestimmen, in welchem Verhältniß sämmtliche Ausgaben der Corporation, den verschiedenen Abtheilungen, resp. der Lebens- und Feuerversicherungs-Geschäfte aufzuerlegen sind, und (nach Zustimmung der Actionaire in einer jährlichen oder einer außerordentlichen General-Versammlung) in welchem Verhältniß der reine Gewinn oder der Ueberschuß, welcher bei der Lebensversicherung hervortreten mag (nach Abzug der Kosten), zur Vertheilung unter diejenigen Personen zu verwenden ist, welche bei der zur Theilnahme berechtigten Abtheilung versichert sind. Auch setzen sie fest und bestimmen die Regeln, den Modus, die Bedingungen und die Perioden einer solchen Vertheilung.

13. Die Bücher der Corporation sollen zum Abschluß gebracht werden am 31. December jeden Jahres. Eine regelmäßige General-Versammlung der Mitglieder der Actionaire der Corporation soll jährlich stattfinden, dieselbe wird am ersten Montag des Monats März zu derjenigen Stunde abgehalten, welche von den zeitigen Directoren festgesetzt wird.

Dieser Versammlung ist vorzulegen ein Bericht oder Auszug über den Stand der Geschäfte der Corporation, während des Jahres, welches mit dem 31. December seine Endschaft erreicht. Dieser Bericht oder Auszug über die Geschäfte der Corporation muß vor der General-Versammlung zunächst noch durch die Directoren oder deren beschlußfähige Anzahl ordnungsmäßig geprüft, festgestellt und unterzeichnet werden.

22. Dem Directorium steht gesetzlich zu, von Zeit zu Zeit eine Anzahl von Personen, oder eine bestimmte Person oder Personen zu ernennen, welche wohnen oder sich aufhalten an einem Ort oder in Orten von Großbritaunien oder Irland, Ost-Indien, Ihrer Majestät Colonien oder Besitzungen außerhalb des Reiches oder in einem fremden Lande oder Staate, gleichviel ob sie Actionaire sind oder nicht, um Sub-Directionen oder Agenten für die Corporation zu bilden oder zu sein, in der Absicht alle oder einen der Gegenstände, Zwecke oder Geschäfte derselben bei oder in solchen Plätzen oder anders zu verfolgen oder zu befördern, ferner solche oder so viele Secretaire, Inspectoren, Gehülfen, andere Beamte zu ernennen, welche unter einer oder für eine solche locale Subdirection arbeiten als die Directoren es für angemessen erachten; ferner aufzustellen und zu erlassen, Vorschriften, Nebenverordnungen und Festsetzungen für die Führung und Leitung solcher Localverwaltungen, resp. für die Agenten, Secretaire, Inspectoren, Gehülfen, Beamten oder einen von ihnen ferner sie für ihre betreffenden Dienste, nach dem Maaßstabe und in der Weise zu bezahlen, wie dies den Directoren angemessen erscheint, ferner von Zeit zu Zeit zu entlassen und zu ernennen Local-Verwaltungen oder eins der Mitglieder derselben, oder Agenten, Secretaire, Inspectoren, Gehülfen und Beamte, endlich anzuvertrauen oder zu übertragen, jeder oder einer solchen Local-Verwaltung oder einem Agenten alle oder irgend eins der Rechte der Directoren mit denjenigen Einschränkungen, welche sie in diesem Falle für nöthig und rathsam halten.

23. Die zeitigen Directoren haben das Recht zu behalten oder zu ernennen einen Geschäftsführer, Secretair, Rechnungsbeamten, Kassirer und solche andere Verwaltungs-Beamte, Gehülfen, Agenten oder andere, welche ihnen für die eigene Leitung und Geschäftsführung der Corporation nothwendig erscheinen.

24. Alle Quittungen über Versicherungs-Prämien oder andere jährliche oder periodische Zahlungen an die Corporation werden unterzeichnet von zwei Verwaltungsbeamten im Namen der Corporation oder der Person oder Personen, welche besonders durch Protokoll der Directoren zur Unterzeichnung ermächtigt sind. Alle Hypotheken und andere Versicherungen von Grund- und beweglichem Vermögen und Eigenthum, alle Versicherungs-Policen, Verschreibungen, Verträge und andere Urkunden oder formelle Schriften, welche durch die Corporation zu vollziehen sind, müssen durch zwei Directoren, dem Geschäftsführer und dem Secretair unterzeichnet und vollzogen werden.

27. Die Directoren haben zu veranlassen, daß die Bücher und Rechnungen der Corporation in derjenigen Form geführt werden, welche ihnen am passendsten erscheint, um eine sorgfältige und klare Uebersicht über die Geschäfte der Corporation zu erhalten, insbesondere, daß die Fonds und Geschäfte der Corporation in den beiden bestimmten Abtheilungen der Feuer- und Lebens-Versicherung getrennt von einander geführt werden.

28. Das Capital der Corporation, soweit dasselbe nicht in Anspruch genommen wird, um die unmittelbaren Aufforderungen an die Corporation und die Ausgaben derselben zu befriedigen, kann von den Directoren ausgeliehen und angelegt werden, entweder im Namen der Corporation oder von Bevollmächtigten, welche von den Directoren für die Corporation ernannt werden, durch Ankauf von Ländereien oder Interessen an Ländereien, Lehnsabgaben, Grundzinsen und Grundrenten, durch Verleihung auf Sicherheiten oder Hypothekeu von Ländereien in Großbritannien oder Irland, durch Ankauf oder Beleihung von Actien und Policen der Gesellschaft, öffentlichen oder Staatspapieren von Großbritannien oder Irland, oder irgend einer andern

erblichen oder beweglichen Grund- oder persönlichen Sicherheit, in deren Besitz oder Anwartschaft sich Jemand befindet in irgend einem Theile von Großbritannien oder Irland, wie es den Directoren recht und angemessen erscheint, oder auf Hypotheken oder Sicherheiten für irgend welche Leistungen, Abgaben und anderen Besitz, welche entstehen oder sich befinden in dem vereinigten Königreich, ferner ist anzunehmen von einer Person oder Corporation eine Hypothek von oder eine andere Sicherheit auf solche Ländereien oder solche Leistungen, Abgaben oder anderes Eigenthum als eine Sicherheit für die Rückzahlung des von Zeit zu Zeit fälligen und von der Corporation herrührenden Geldes mit der Berechtigung, für die Directoren zu leihen und vorzuschießen der Corporation gehöriges Geld auf Hypothek oder Sicherheit von Ländereien, oder Interesse von Ländereien, oder anderem Grundeigenthum in Ost-Indien oder in den britischen Colonien und abhängigen Staaten, innerhalb deren die Directoren es für geeignet erachtet haben mögen, eine Agentur oder eine Geschäftsabtheilung zu errichten, ebenso zu leihen und vorzuschießen, solches Geld auf die Sicherheit von Staatspapieren solcher Länder, in deren Besitz oder Anwartschaft sich Jemand befindet, oder auf Hypotheken, Schuldverschreibungen oder Prioritäts-Actien einer Eisenbahn-Gesellschaft des vereinigten Königreiches, welche auf ihre gewöhnlichen Actien oder Uebertragungen der Corporation Dividende bezahlt, oder auf eine ostindische Eisenbahn-Gesellschaft, welche durch den Staat garantirt ist, wenn sie den zeitigen Directoren sicher und rathsam erscheint.

29. Es soll gesetzlich für die Corporation sein, von Zeit zu Zeit aus den der Corporation gehörenden Geldern Renten zu kaufen auf das Leben einer Person oder von Personen, wo es auch sei, oder auf Jahre, welche nach den Sterbefällen einer oder mehrerer Personen zu bestimmen sind, mit oder ohne Ueberlebenschaft, mit oder ohne Recht der Ablösung von Seiten des Verleihers, welche jedoch herrühren oder gesichert sein müssen durch irgend welche Ländereien innerhalb des vereinigten Königreichs von Großbritannien und Irland in jeglicher Beschaffenheit oder Eigenschaft, sei es als einfaches freies Lehn oder als Sicherheit oder unter Anwartschaft oder für irgend ein geringeres oder anderes Vermögen.

34. Das es mit Unzuträglichkeiten verbunden sein würde, wenn alle Uebertragungen von Actien und Ueberweisungen von Policen nach den Formen eines jeden einzelnen Landes ausgeführt werden sollten, so sollen deshalb alle Uebertragungen von Actien und alle Ueberweisungen von Policen der Corporation gültig und wirksam sein, wenn sie angefertigt und aufgestellt sind nach dem gewöhnlichen Modus der Anfertigung und Ausstellung derartiger Documente, sei es in Schottland oder in England, oder in den Landen, wo sie ausgestellt werden sollen. Jede solche Uebertragung kann in der folgenden Form geschehen.

„Ich _____ zu _____ übertrage hierdurch in Ansehung der Summen von _____, welche mir gezahlt ist durch _____ zu _____ dem Genannten _____ Actie (oder Actien) des incorporirten Unternehmens „die Nordbritische Versicherungs-Gesellschaft," welche unter meinem Namen in den Büchern der Gesellschaft zum Besitz des genannten _____ sowie seiner Vollstrecker, Verwalter und Bevollmächtigten unter denselben Bedingungen, unter denen ich dieselbe zur Zeit der Ausstellung dieses inne gehabt habe, und ich der genannte _____ willige hierdurch ein, die genannte Actie (oder Actien) unter denselben Bedingungen zu übernehmen."

(Folgt die bescheinigende Klausel je nach der Gesetzes-Form) u. s. w.

Acte,
die Autorisation der „Nordbritischen Versicherungs-Gesellschaft" zur Vermehrung ihres Grundkapitals und andere Zwecke betreffend, vom 30. Juni 1862.

Nachdem die Nordbritische Versicherungs-Gesellschaft (in der vorliegenden Acte Corporation genannt), als eine Feuer- und Lebens-Versicherungs-Gesellschaft durch einen Theilnehmungs-Vertrag vom 2. November 1809 und folgenden Tagen errichtet, und unter dem Namen die „Nordbritische-Versicherungs-Gesellschaft," durch Königliches Privilegium vom 6. Februar 1824 incorporirt war,

da ferner in Folge eines bedeutenden Brandes in London im Sommer des Jahres 1861 die größeren Feuer-Versicherungs-Gesellschaften gleichzeitig sich vereinigten, die Prämien für Feuers-Gefahr der Londoner Waaren auf einen hohen Betrag zu erhöhen, da ferner verschiedene Kaufleute und Andere, welche große kaufmännische Geschäfte in London betrieben, der Meinung waren, daß die Erhöhung der Prämie durch die Umstände nicht gerechtfertigt sei, und es daher für wünschenswerth hielten, daß eine neue Feuer-Versicherungs-Gesellschaft in London errichtet würde, und sie demgemäß eine neue Versicherungs-Gesellschaft mit Anderen errichteten unter dem Namen „The Mercantile fire Insurance Company" (Mercantile Feuer-Versicherungs-Gesellschaft), mit einem bedeutenden gezeichneten Kapital, dessen Actien zum großen Theil von Londoner Kaufleuten übernommen wurden;

da ferner die neue Gesellschaft specielle Tarife der Feuer-Versicherungs-Prämien bei Feuersgefahr für Londoner Waaren festftellte, welche unter die durch die größeren Feuer-Versicherungs-Gesellschaften in dieser Weise gesteigerten Tarife beträchtlich heruntergingen, woraus das Publicum einen großen Vortheil zog, da ferner die Corporation und die neue Gesellschaft, als sie in Verbindung mit einander getreten waren, zu der Ueberzeugung kamen, daß insofern, als die Corporation Willens war, die durch die neue Gesellschaft festgesetzten speziellen Tarife für Gefahren bei den Londoner Kaufwaaren zu adoptiren, kann die Zwecke beider Theile besser würden, erreicht werden, wenn, anstatt, daß die neue Gesellschaft als ein besonderes Unternehmen bestehen bliebe, das Capital der Corporation verdoppelt, die Actien des neu hinzugekommenen Capitals durch die Actionaire und deren Gesellschaft übernommen und die Geschäfte der neuen Gesellschaft der Corporation übertragen werden würden;

da ferner die Corporation und die neue Gesellschaft demgemäß übereinkamen, ihre gegenseitigen Interessen zu verbinden und die neue Gesellschaft darin willigte, daß ihre Geschäfte der Corporation übertragen würden, und Anordnung zu ihrer eigenen Auflösung und Abwickelung ihrer Geschäfte und dafür traf, daß von ihr Actien der Corporation genommen wurden;

da endlich der Zweck dieser Acte ohne die Ermächtigung des Parlaments nicht erreicht werden kann, so möge es aus diesen Gründen Ew. Majeftät gefallen, sie zu beftätigen, möge sie beftätigt werden durch der Königin erhabenste Majeftät, durch den und mit dem Rath und der Zustimmung der geiftlichen und weltlichen Lords und der Gemeinen, welche im gegenwärtigen Parlament versammelt sind, und durch die Ermächtigung derselben wie folgt:

1. Diese Acte soll für alle Zwecke heißen: The North British and Mercantile Insurance Company's Act 1862. (Nordbritische und Mercantile Versicherungs-Gesellschafts-Acte 1862.)

2. Die folgenden Worte und Ausdrücke in der vorliegenden Acte haben folgende Bedeutung, wenn sie nicht durch den Gegenstand oder den Inhalt ausgeschlossen ist: der Ausdruck „Generalhof" bezeichnet die Haupt-Verwaltung oder das ganze Directorium der Corporation; der Ausdruck „EdinburgerVerwaltung" bezeichnet diejenigen Directoren, deren Versammlung zum Zweck der Leitung der Corporations-Geschäfte in Edinburg, der Ausdruck „Londoner Verwaltung" diejenigen Directoren, deren Versammlung zum Zweck der Leitung der Corporations-Geschäfte in London abgehalten werden müssen.

3. An und nach dem dritten Mittwoch, nach Erlaß dieser Acte soll die Corporation ftatt der „Nordbritische Versicherungs-Gesellschaft" die Nordbritische und Mercantile Versicherungs-Gesellschaft heißen, auch sollen die angeführten Theilnehmungs-Verträge, das königliche Privilegium, „die Acte von 1860" und alle andern Parlaments-Acte, Königlichen Privilegien und Verträge, alle Policen, Vergleiche, Verpflichtungen und andere Inftrumente jeglicher Art, in welchem die Corporation bei oder mit ihrem ursprünglichen Namen die „Nordbritische Versicherungs-Gesellschaft" genannt oder in Bezug genommen ist, so angesehen werden und dieselbe Wirkung haben, als wäre sie darin bei oder mit ihrem durch diese Acte beigelegten Namen, die „Nordbritische und Mercantile Versicherungs-Gesellschaft" genannt und in Bezug genommen.

9. Von Erlaß dieser Acte ab und später soll das Stammcapital der Corporation 2 Millionen Pfund betragen, getheilt in 40,000 Actien zu je 50 Pfd.

10. Das Capital der Corporation, das Eigenthum daran und die Actien der Theilnehmer sind und sollen angesehen werden als perfönliches oder bewegliches Eigenthum und nicht als Grund oder erbliches Vermögen, in welcher Weise dasselbe auch angelegt sein mag und ungeachtet aller Rechte auf Grundvermögen, welche die Corporation erwerben oder besitzen mag, unter der Bedingung, daß nach Erlaß dieser Acte Niemand berechtigt sein soll, eine gegenwärtige oder zukünftige Actie des Corporations-Capitals zu übertragen, wenn er nicht die Genehmigung entweder der Edinburger oder der Londoner Verwaltung zu dieser Uebertragung erhielt.

11. Die verschiedenen Personen, welche von Zeit zu Zeit die Inhaber der Actien des neuen Stammcapitals der Corporation von 2 Millionen Pfund nach Maßgabe dieser Acte sind, sollen zusammen die Actionaire der Corporation bilden, den Pflichten und Verbindlichkeiten der Actionaire der Corporation unterworfen und im Verhältniß der Beträge, welche von Zeit zu Zeit wirklich eingezahlt werden, oder nach Maßgabe dieser Acte auf ihre betreffenden Actien als eingezahlt angesehen werden sollen, zu den Rechten und Privilegien der Actionaire der Corporation berechtigt sein.

15. Die Zahl der Actien, welche die Directoren zu Gunften der Corporation übernehmen und halten dürfen, soll 1600 Actien zu je 50 Pfd. und nicht mehr betragen.

16. Ausgenommen nur diejenigen Fälle, welche durch diese Acte anderweitig ausdrücklich angesehen sind, sollen die Corporation und der Generalhof gleiche Rechte, Machtvollkommenheiten, Befugnisse, Pflichten, Verpflichtungen und Verbindlichkeiten in Bezug auf das Stammcapital der Corporation von 2 Millionen Pfund, die Actien, die Actionäre und ihre gesetzliche Vertreter haben, welche, falls diese Acte nicht ergangen wäre, die Corporation ihre Directoren; Subdirectoren nach der Acte von 1860 in Bezug auf das Stammcapital der Corporation von 1 Million Pfund, die Actien, die Inhaber dieser Actien und ihre gesetzlichen Vertreter haben würden. Die

Bestimmungen der Abschnitte 6—9 incl. 11 und 12, 34—36 incl. und 45 gelten entsprechend für die Corporation, den Generalhof, das Stammcapital der Corporation von 2 Millionen Pfund, deren Actien, Inhaber dieser Actien und ihrer gesetzlichen Vertreter.

17. Die Anzahl der Directoren der Corporation soll 24 betragen, diese sollen den Generalhof bilden, 12 von ihnen und ihre betreffenden Nachfolger sollen die Verwaltung zu Edinburg, die andern 12 von ihnen und ihre betreffenden Nachfolger die Verwaltung zu London bilden.

18. Die Eigenschaft eines Directors wird dadurch bedingt, daß er 40 Actien zu je 50 Pfd. des Stammcapital der Corporation übernimmt.

23. Der Generalhof soll die Oberaufsicht und das Recht der Controlle haben über die Vorgänge in der Londoner und Edinburger Verwaltung und soll allein das Recht haben, von Zeit zu Zeit die Hauptprincipien zu reguliren, nach welchen, und die Plätze an welchen die Geschäfte der Corporation ausgeführt werden sollen, die bestehenden Nebenverordnungen zu ändern und aufzuheben und (mit Zustimmung der Actionaire) neue zu geben und überhaupt die bestehenden Regeln für den allgemeinen Geschäftsbetrieb der Corporation zu ändern oder zu verbessern.

30. Die Edinburger und Londoner Verwaltungen sollen hinsichtlich aller Geschäfte und Gegenstände innerhalb ihres Verwaltungs-Bezirks (deren Grenzen, wo es nöthig ist, vom Generalhof zu bestimmen sind) alle Rechte der Corporation ausüben, ausgenommen diejenigen, welche den General-Versammlungen der Actionaire und dem Generalhof zustehen.

35. Von Zeit zu Zeit wird eine außerordentliche General-Versammlung der Actionaire entweder in Edinburg oder in London abgehalten werden, je nachdem dies von den Actionairen oder Directoren, welche den General-Geschäftsführer um Berufung der Versammlung ersuchen, gewünscht wird.

37. Die angeführten Theilnehmungsverträge, das königliche Privilegium und die Acte von 1860, soweit dieselben unmittelbar vor dem Erlaß dieser Acte in Kraft waren, ausgenommen nur insofern einer der Artikel, Klauseln oder Vorschriften derselben im Widerspruch oder unvereinbar mit den Vorschriften dieser Acte ist, sollen in voller Kraft und Wirkung sein und bleiben.

38. Keine der Bestimmungen dieser Acte soll die Corporation von Beachtung der Vorschriften einer allgemeinen Acte entbinden, welche während der gegenwärtigen oder einer zukünftigen Session des Parlaments ergeht, und welche sich auf Versicherungs-Gesellschaften, welche vor ihrem Erlaß schon bestanden, bezieht.

☞ **Bitte die letzte Seite zu beachten.** ☜

North British and Mercantile,
Feuer- und Lebens-Versicherungs-Gesellschaft
in
London und Edinburg,
gegründet im Jahre 1809,

versichert gegen **Feuerschaden** unter festen und billigen Prämien. Sie vergütet jeden Schaden, der durch Feuer, Blitzschlag, Gasexplosion oder beim Retten versicherter Gegenstände entstanden. Sie gewährt den landwirthschaftlichen und Fabrik-Etablissements besondere Vortheile, und stellt die Rechte der Hypotheken-Gläubiger auf jede Weise sicher.

Sie versichert **Kapitalien** und **Renten** mit oder ohne Gewinn-Antheil auf den Todes- und Lebensfall, so wie auf bestimmte Zeit. Sie übernimmt Versicherungen auf das Leben **dritter** Personen und endlich gehört ihre Tabelle für **Kinderversorgung** zu der billigsten.

Für die Solidität der Gesellschaft giebt deren langes Bestehen, das bedeutende Actien-Kapital und endlich der überaus große Reservefonds die sicherste Bürgschaft.

Das Actien-Kapital beträgt Thlr. 13,333,000,
der jährliche Umsatz do. „ 2,816,000,
der Reservefonds do. „ 14,152,000.

Laut vorstehender Concessionsurkunde ist die Gesellschaft zum Betrieb für das Königreich Preußen zugelassen, und hat die Verpflichtung übernommen, sich in allen Streitigkeiten dem Urtheile der Preußischen Gerichte zu unterwerfen.

Das Domizil des General-Bevollmächtigten für Preußen befindet sich in Berlin, doch sind über das ganze Königreich in jedem bedeutenderen Orte Agenten angestellt, die bereitwillig über alles Nähere Auskunft ertheilen und Versicherungsanträge vermitteln.

Von Plätzen, an welchen noch keine Agenten ernannt sind, werden Offerten zur Uebernahme der Agentur gern angenommen.

Bureau in Berlin,   **Reinach,**
Börse, Neue Friedrichstraße, Eingang Thorweg.   General-Bevollmächtigter.

Amts-Blatt
der Königl. Preuß. Regierung zu Frankfurt a. O.

№ 12.   Frankfurt a. d. O., den 23. März.   1864.

Bekanntmachung.

Die in viele Blätter aufgenommene telegraphische Nachricht aus Altona vom 17. Februar d. J., daß der General-Feldmarschall Freiherr von Wrangel Freiwillige, welche den Feldzug der alliirten Armee mitzumachen wünschen, an das Kriegs-Ministerium gewiesen habe, ist falsch. Inländern, welche später einem auf dem Kriegsschauplatz befindlichen Truppentheil überwiesen zu werden wünschen, bleibt es überlassen, sich bei dem betreffenden Ersatz-Bataillon resp. der Ersatz-Escadron, zum freiwilligen Eintritt zu melden. Eine directe Antwort auf die vielen, dem Kriegs-Ministerium vorliegenden bezüglichen Gesuche wird nicht erfolgen.
— Berlin, den 7. März 1864.   Kriegs-Ministerium; Allgemeines Kriegs-Departement.
v. Gliszinski.   v. Bose.

Bekanntmachung.

Die alten Banknoten à 50 Thlr. auf gelbem Grunde mit blauen Randzeichnungen vom 31. Juli 1846 sind bereits seit mehreren Jahren aufgerufen, um sie außer Circulation zu setzen. Nichts destoweniger befindet sich noch ein beträchtlicher Theil im Umlaufe und fordern wir daher zur schleunigen Einreichung derselben an die Bankkassen auf, da aus der weiteren Zurückhaltung dem Inhaber Welterungen und Nachtheile drohen.   Berlin, den 24. Februar 1864.   Königl. Preuß. Haupt-Bank-Direktorium.

Verordnungen und Bekanntmachungen der Königlichen Regierung zu Frankfurt a. d. O.

I. Nach einer Mittheilung des Evangelischen Ober-Kirchenraths haben Seine Majestät der König für das laufende Jahr wiederum die Abhaltung einer Kirchen- und Haus-Collecte für die dringendsten Nothstände der evangelischen Landeskirche zu genehmigen geruht, deren Einsammlung nach den von der genannten Behörde getroffenen Bestimmungen in der Zeit von Ostern bis Pfingsten dieses Jahres erfolgen wird. Behufs Förderung der Zwecke dieser Sammlung bestimme ich hierdurch ausdrücklich, daß so wenig innerhalb der obengedachten Zeit, als nahe an derselben, anderweitige Haus-Collecten, sie mögen zu sich bereits genehmigt sein oder nicht, innerhalb der Provinz abgehalten werden dürfen.
Potsdam, den 11. März 1864.   Ober-Präsidium der Provinz Brandenburg.   (gez.) v. Jagow.
An die Königliche Regierung zu Frankfurt a. d. O.   O. P. 1432.

Zur Nachachtung wird vorstehende Bekanntmachung des Herrn Ober-Präsidenten hierdurch zur öffentlichen Kenntniß gebracht.   Frankfurt a. d. O., den 17. März 1864.

II. Nachdem die unter der Firma „North-Britische und merkantile Versicherungs-Gesellschaft" (North Britisch and Mercantile Insurance Company) zu Edinburg und London domicilirte Actien-Gesellschaft die Genehmigung zum Geschäftsbetriebe in den diesseitigen Staaten erhalten, werden die bezügliche Concession vom 4. December v. J. und die Statuten der Gesellschaft in der in diesem Stücke des Amtsblatts angeschlossenen Beilage zur öffentlichen Kenntniß gebracht.
Frankfurt a. d. O., den 14. März 1864.

III. Das Königliche Ober-Präsidium der Provinz Brandenburg hat auf Grund des §. 1 des Gesetzes vom 14. April 1856 die Einverleibung der durch Vertrag vom 4. d. M. an den Maurermeister Kalke zu Dorf-Kienitz, Kreis Lebus, veräußerten Parzelle der fiskalischen Dorfaue daselbst von 128 □Rth. Flächeninhalt in den Communal-Verband dieser Gemeinde mittelst Rescripts vom 7. December v. J. genehmigt.
Frankfurt a. d. O., den 18. März 1864.

IV. Mittelst Rescripts vom 7. December v. J. hat das Königliche Ober-Präsidium der Provinz Brandenburg auf Grund des §. 1 des Gesetzes vom 14. April 1856 die Einverleibung der durch Vertrag vom 4. d. M. an den Gastwirth und Brauereibesitzer Erdmann zu Dorf Kienitz veräußerten Parzelle der fiskalischen Dorfaue daselbst von 88 □Ruthen Flächeninhalt in den Communalverband dieser Gemeinde

V. Uebersicht von dem Zustande der Kriegsschulden-Kasse des Markgrafthums Niederlausitz bei dem Rechnungsschlusse des Jahres 1862.

Nachdem die Revision der Rechnung der Kriegsschulden-Kasse des Markgrafthums Niederlausitz für das Jahr 1862 erfolgt ist, werden die Resultate derselben hiermit bekannt gemacht:

I. Einnahme.

Es ist eingekommen:

1) Baarbestand aus dem Jahre 1861	14 Thlr.	21 Sgr.	8 Pf.
2) Kriegsschulden-ver.Reste aus Vorjahren	3 „	28 „	1 „
3) erhaltene verzinsliche Vorschüsse	23,150 „	— „	— „
4) neu aufgenommene verzinsliche Kapitalien zur Deckung gekündigter Briefschulden	42,400 „	— „	— „
5) Allerhöchst bewilligter Zuschuß zur Tilgung und Verzinsung der Kriegsschulden pro 1862	3,433 „	25 „	— „
6) Zuschlag zur Klassen- und klassifizirten Einkommensteuer pro 1862, unter dem jedoch 5409 Thlr. Landarmenbeiträge sich befinden	18,349 „	14 „	2 „
zusammen	87,351 Thlr.	28 Sgr.	11 Pf.

Wird dieser Summe der am Schlusse des Jahres 1862 verbliebene Einnahme-Rest mit . . . . — „ — „ 1 „

hinzugesetzt, so stellt sich die Soll-Einnahme pro 1862 von . . . 87,351 Thlr. 29 Sgr. — Pf. heraus.

II. Ausgabe.

An Ausgaben sind geleistet:

1) Rückzahlungen zu viel erhobener Kriegsschuldensteuer	4 Thlr.	17 Sgr.	1 Pf.
2) rückständige Zinsen pro 1861 und Vorjahre von ausstehenden Kriegsschulden	468 „	28 „	7 „
3. laufende Zinsen von dergleichen	9,541 „	26 „	9 „
4) Agio für Gold und Conventionsgeld von den im Laufe des Jahres gezahlten Zinsen und Kapitalien	39 „	15 „	— „
5) an die Landes-Ober-Steuer-Kasse die mit dem Zuschlage zur Klassen- und klassifizirten Einkommensteuer unter der Einnahme nachgewiesenen Landarmenbeiträge	5,409 „	— „	— „
zusammen	15,461 Thlr.	27 Sgr.	5 Pf.
Werden hierzu die in nicht abgehobenen Zinsen bestehenden Restausgaben mit	506 „	1 „	3 „
gerechnet, so ergiebt sich eine Sollausgabe von	15,967 Thlr.	28 Sgr.	8 Pf.

III. Abschluß.

Die Einnahme beträgt:

	Soll	Ist	Rest
nach Vorstehendem	87,351 Thlr. 29 Sgr. — Pf.	87,351 Thlr. 28 Sgr. 11 Pf.	— Thlr. — Sgr. 1 Pf.
die Ausgabe dagegen	15,967 „ 28 „ 8 „	15,461 „ 27 „ 5 „	506 „ 1 „ 3 „
mithin ergiebt sich ein Ueberschuß von	71,384 Thlr. — Sgr. 4 Pf.	71,890 Thlr. 1 Sgr. 6 Pf.	
und ein Vorschuß von			506 Thlr. 1 Sgr. 2 Pf.

Von dem baaren Ueberschusse von . . . . 71,890 Thlr. 1 Sgr. 6 Pf.
sind zur Tilgung der Schulden verwendet worden
a) zur Amortisation der Briefschulden . . . . . 49,475 Thlr.
b) zur Erstattung erhaltener Vorschüsse . . . . 22,400 „
 71,875 „ — „ — „
bleiben 15 Thlr. 1 Sgr. 6 Pf.

welche der Kriegsschulden-Kasse als baarer Bestand verblieben sind.

Am Schlusse des Jahres 1861 verblieb ein Schuldenquantum von . . 293,162 Thlr. 15 Sgr. — Pf.
und im Laufe des Jahres 1862 sind zur Deckung gekündigter Briefschulden
an Kapitalien neu aufgenommen . . . . 42,400 Thlr.
sowie an Vorschuß zur Deckung der Ausgaben . . . . . . 23,150 „

Transport	359,712 Thlr.	15 Sgr.	— Pf.
Davon sind im Laufe des Jahres zurückgezahlt worden	71,875	"	"	"
so daß am Schlusse des Jahres 1862 an Schulden verbleiben	286,837 Thlr.	13 Sgr.	— Pf.
Aus dem Jahre 1861 wurden dergleichen übernommen	293,162	" 15	—
folglich sind im Laufe des Jahres 1862 getilgt	6,325 Thlr.	— Sgr.	— Pf.
Nach dem Amortisationsplan sollten in dem gedachten Jahre abgetragen werden	4,119	" 7	1
es sind also pro 1862 gegen den Amortisationsplan mehr getilgt	2,205 Thlr.	22 Sgr.	11 Pf.

Dieser Mehrbetrag wird, wie folgt, gebildet:
1) Die außeretatsmäßigen Einnahmen, welche vorstehend ad I. No. 1 u. 2 nachgewiesen worden, betragen ...... 18 Thlr. 19 Sgr. 9 Pf.
die außeretatsmäßigen Ausgaben ad II. No. 1 dagegen ...... 4 " 17 " 1 "
bleibt eine Mehreinnahme von ...... 14 Thlr. 2 Sgr. 8 Pf.

2) An Zuschlag zur Klassen- und klassifizirten Einkommensteuer und Zuschuß aus der Staatskasse sind berechnet ...... 21,783 Thlr. 9 Sgr. 2 Pf.
Davon die mit erhobenen Landarmenbeiträge von 5,409 " " " "
bleiben 16,374 Thlr. 9 Sgr. 2 Pf.
Nach dem Tilgungsplan sollen pro 1862 an Klassen- und Einkommensteuer-Zuschlägen aufkommen 15,128 " 17 " 4 "
es sind mithin mehr aufgekommen ...... 1,245 Thlr. 21 Sgr. 10 Pf.

3) Die gezahlten Zinsen und das Agio von den in Gold und Conventionsgeld zu gewährenden Kapitalien und Zinsen betragen ...... 10,048 Thlr. 10 Sgr. 4 Pf.
nach dem Tilgungsplan sollen pro 1862 gezahlt werden 11,009 " 10 " 3 "
mithin sind gegen den Tilgungsplan weniger verausgabt ...... 960 " 29 " 11 "
und gegen denselben Plan überhaupt erspart ...... 2,220 Thlr. 24 Sgr. 5 Pf.
Davon sind zur Tilgung verwendet obige ...... 2,205 " 22 " 11 "
und als Baarbestand verblieben 15 Thlr. 1 Sgr. 6 Pf.

Frankfurt a. d. O., den 9. März 1864.

Bekanntmachung des Königlichen Appellations-Gerichts zu Frankfurt a. d. O.

In Lohsa sollen fortan für den aus den Ortschaften des Kreises Hoyerswerda: Bärwalde, Dreiweibern, Driewitz, Drehna, Rieste, Lippen, Lieschen, Lohsa, Merzdorf, Mützen, Mortka, Katzen mit Geislitz und Kolpen, Rauben, Schöpsdorf, Uhyst und Weiß-Cölm mit Ziegling und Kolonie Reido, gebildeten Bezirk alljährlich acht Gerichtstage von je zweitägiger Dauer, einschließlich der Hin- und Rückreise der Gerichtspersonen, abgehalten werden.

Frankfurt a. d. O., den 12. März 1864.

Personal-Chronik.

An Stelle des aus dem Kreise verzogenen Kreisdeputirten und Rittmeisters a. D. von Schlieben ist der Rittergutsbesitzer Schütze auf Mockrow zum Mitgliede des Schauamtes für die Körung der Privat-Deckhengste für den Spremberger Kreis gewählt und bestätigt worden.

Der praktische Arzt, Wundarzt und Geburtshelfer Dr. Paul Albert Boerner ist von Landsberg a. W. nach Berlin und der Ober-Stabs-Arzt a. D. Dr. Alexander Tillich von Landsberg a. W. nach Lieberose gezogen.

Der invalide Sergeant vom Leib-Grenadier-Regiment (1. Brandenburgischen) No. 8 Johann Rudolph Karl Witzel ist vom 1. März d. J. ab definitiv als Kreisbote des Landsberger Kreises angestellt worden.

Der Thierarzt erster Klasse Johann Adolph Köhler ist von Cottbus nach Luckau gezogen.

Die Berufung des bisher provisorisch angestellten Lehrers Johann Ludwig Ferdinand Grabe zum 2. Lehrer in Friedebergsbruch, Diöcese Friedeberg, ist bestätigt.

Für folgende ländliche Bezirke des Kreises Lübben sind nachbenannte Schiedsmänner gewählt und bestätigt worden: für den Bezirk 2 der Königl. Domainen-Rentmeister Ulfich zu Lübben, für den Bezirk 3 der Schulzenbauer Eisner zu Kuschkow, für den Bezirk 4 der Branntwg.-Gutsbesitzer August Schmidt zu Biebersdorf.

Vermischte Nachrichten.

(1) Die Küster- und Schullehrer-Stelle in Pinnow, zur Diöcese Sternberg II. gehörig, Privat-Patronats, ist durch den Abgang ihres zeitherigen Inhabers erledigt worden.
 Frankfurt a. d. O., den 16. März 1864. Königl. Regierung; Abtheilung für Kirchen- und Schulwesen.

(2) Folgendes Rescript des Ministers für Handel, Gewerbe und öffentliche Arbeiten, betreffend die Behandlung der Mittheilungen, Vorladungen u. s. w., welche nach dem Gesetze über die Verhältnisse der Mitelgenthümer eines Bergwerks vom 12. Mai 1851 und der dazu ergangenen Instruktion vom 6. März 1852 von den gewerkschaftlichen Repräsentanten und Grubenvorständen an einzelne Gewerke gegen Post-Insinuationsschein zu versenden sind, wird hierdurch zur Kenntniß gebracht.
 Halle, den 12. März 1864. Königliches Ober-Berg-Amt.

„Nach dem Gesetze über die Verhältnisse der Mitelgenthümer eines Bergwerks vom 12. Mai 1851 und der dazu ergangenen Instruktion vom 6. März 1852 sind die gewerkschaftlichen Repräsentanten und Grubenvorstände öfters genöthigt, an einzelne Gewerke Mittheilungen, Vorladungen u. s. w. zu erlassen, deren Versendung in gewissen Fällen gegen Post-Insinuationsschein stattfinden soll. Mit Rücksicht auf diese Vorschrift werden die Postanstalten darauf aufmerksam gemacht, daß dergleichen, von den legitimirten gewerkschaftlichen Repräsentanten oder Grubenvorständen zur Beförderung gegen Insinuationsschein eingelieferte Schreiben nach Maßgabe der Instruktion über die postamtliche Insinuation außergerichtlicher Verfügungen — Anlage 3. zum Abschnitt V. Abtheilung 1. der Postdienst-Instruktion und der Dienst-Instruktion für Postexpedieure — zu behandeln sind. Insbesondere ist dabei wegen Sicherstellung der davon zu entrichtenden Beträge an Porto, Insinuationsgebühr, Bestellgeld und Botenlohn das Erforderliche den Bestimmungen im §. 10 der genannten Instruktion entsprechend — verzusehen.

Ihre Legitimation haben die gewerkschaftlichen Repräsentanten und Grubenvorstände durch Vorzeigung einer von dem betreffenden Ober-Berg-Amte ausgefertigten Legitimationsbescheinigung zu führen.
 Berlin, den 26. Februar 1864.
 Der Minister für Handel, Gewerbe und öffentliche Arbeiten. (gez.) Graf v. Itzenplitz.

(3) Bekanntmachung. Auf der Ostbahn sind vom 20. dieses Monats ab die Frachtartikel: „Bier in Fässern, Butter und Schmalz" aus der Normalklasse in die ermäßigte Tarifklasse A. versetzt, was wir hierdurch zur allgemeinen Kenntniß bringen. Bromberg, den 10. März 1864. Königliche Direction der Ostbahn.

(4) Nachweisung einer im Sternberger Kreise nachträglich pro 1864 etablirten Privat-Beschäl-Station.

Laufende No.	Ort der Beschäl-Station.	Stationsherr.	Nationale des Privat-Beschälers.	Fest-gesetztes Deckgeld. Thlr.
1	Görlitz a. O.	Kleinbürger Martin Klitzke	schwarzbraun ohne Abzeichen, 5 Fuß 2 Zoll groß, 4 Jahre alt	3

Drossen, den 5. März 1864.   Der Landrath v. d. Hagen.

(5) Bekanntmachung. Vom 1. April d. J. an wird die Personenpost von Königsberg i. d. N. nach Mohrin — statt wie bisher um 5 Uhr Nachmittags — schon um 2½ Uhr Nachmittags abgelassen werden.
 Frankfurt a. d. O., den 19. März 1864. Der Ober-Post-Director. gez. Hoppe.

(6) Bekanntmachung. Vom 1. April d. J. an besteht zu Vorbamm eine Zweig-Post-Expedition der Post-Expedition Driesen mit der Benennung „Driesen Bahnhof".
Bei dieser Post-Expedition besteht Annahme- und Ausgabe-Dienst mit vollen Dienststunden, auch wird die tägliche Personenpost nach Birnbaum von dort abgefertigt werden.
 Frankfurt a. d. O., den 21. März 1864. Der Ober-Post-Director. gez. Hoppe.

Redigirt im Büreau der Königlichen Regierung.
Druck der Hofbuchdruckerei von Trowitzsch u. Sohn in Frankfurt a. d. O.

Amts-Blatt
der Königl. Preuß. Regierung zu Frankfurt a/O.

№ 13.   Frankfurt a. d. O., den 30. März.   1864.

Bekanntmachung.

In der am heutigen Tage öffentlich bewirkten Verloosung von Schuldverschreibungen der 4½ prozentigen Staats-Anleihe aus dem Jahre 1848 sind die in der Anlage bezeichneten Nummern gezogen worden.

Dieselben werden den Besitzern hiermit zum 1. Oktober d. J. mit dem Bemerken gekündigt, daß die in den ausgeloosten Nummern verschriebenen Kapitalbeträge vom 1. Oktober d. J. ab täglich, mit Ausschluß der Sonn- und Festtage und der drei letzten Tage jeden Monats, in den Vormittagsstunden von 9 bis 1 Uhr entweder bei der Staatsschulden-Tilgungskasse hierselbst, Oranienstraße No. 94., oder bei einer der Königlichen Regierungs-Hauptkassen gegen Quittung und Rückgabe der Schuldverschreibungen ohne Zinscoupons aber mit Talons baar in Empfang zu nehmen sind.

Formulare zu den Quittungen werden von den gedachten Kassen unentgeltlich verabreicht.

Die Staatsschulden-Tilgungskasse kann sich in einen Schriftwechsel mit den Inhabern der Schuldverschreibungen über die Zahlungsleistung nicht einlassen.

Zugleich werden die Inhaber der in der Anlage bezeichneten, nicht mehr verzinslichen Schuldverschreibungen der Anleihe aus dem Jahre 1848, sowie der Anleihen aus den Jahren 1850, 1852, 1853, 1854, 1855A, 1857 und 1859, welche in den bisherigen Verloosungen (mit Ausschluß der am 15. September d. J. stattgehabten) gezogen, aber bis jetzt noch nicht realisirt sind, an die Erhebung ihrer Kapitalien erinnert.

In Betreff der am 15. September v. J. ausgeloosten und zum 1. April d. J. gekündigten Schuldverschreibungen wird auf das an dem ersten Tage bekannt gemachte Verzeichniß Bezug genommen, welches der verloosten Regierungs-Hauptkassen, den Kreis-, den Steuer- und den Forstkassen, den Kämmerei- und anderen größeren Kommunal-Kassen, sowie auf den Bureaux der Landräthe und Magistrate zur Einsicht offen liegt.

Berlin, den 14. März 1864.

Haupt-Verwaltung der Staatsschulden.
von Wedell.   Samet.   Löwe.   Meinecke.

Vorstehende Bekanntmachung wird hierdurch mit dem Bemerken zur allgemeinen Kenntniß gebracht, daß die verloosten Staatsschuldverschreibungen unserer Hauptkasse mittelst Schreiben, worin dieselben nach Littern, Nummern und Kapitalbeträgen verzeichnet werden müssen, zum 1. Oktober d. J. einzureichen sind.

Die Hauptkasse wird demnächst den Interessenten ein Quittungs-Formular über den Kapitalbetrag zur Vollziehung übersenden und nach deren Rückempfang Zahlung leisten.

Frankfurt a. d. O., den 26. März 1864.   Königliche Regierung. Frhr. v. Münchhausen.

Verordnungen und Bekanntmachungen der Königlichen Regierung zu Frankfurt a. d. O.

I. Den Ständen des Sorauer Kreises ist auf Grund der Allerhöchsten Cabinets-Ordre vom 11. Februar 1861 die Befugniß ertheilt, für die Benutzung der fertigen Kreis-Chaussee-Strecke Forst-Pförten das Chausseegeld nach dem, der Allerhöchsten Ordre vom 29. Februar 1840 beigegebenen Tarife — Gesetz-Sammlung Seite 95—101 — für die interimistische Hebestelle Marienhahn auf die Entfernung von 1½ Meilen zu erheben.   Frankfurt a. d. O., den 21. März 1864.

II. Mittelst Rescripts des Herrn Ministers der geistlichen, Unterrichts- und Medicinal-Angelegenheiten vom 21. v. Mts. ist der Tagpreis eines Blutegels für die Zeit vom 1. April bis ultimo September d. J. auf 2 Sgr. 4 Pf. festgesetzt worden, was hiermit zur öffentlichen Kenntniß gebracht wird.

Frankfurt a. d. O., den 23. März 1864.

III. Mit Bezug auf die Bekanntmachung der Herren Ressort-Minister vom 25. Dezember v. J. — vorjähriges Amtsblatt No. 1. — wird hierdurch zur öffentlichen Kenntniß gebracht, daß die freie Stadt Bremen dem unter den Zollvereinsstaaten getroffenen Abkommen, wegen Einführung der Gewerbelegitimationskarten, beigetreten ist, und daß demgemäß fortan Preußische Gewerbetreibende in dem Bremischen Staate und Bremische Gewerbtreibende in Preußen über die Befugniß zum Gewerbebetriebe sich in gleicher Weise durch die Gewerbe-Legitimationskarten ausweisen können, wie dies für die Angehörigen der Zollvereinsstaaten, nach der neueren Einrichtung bestimmt ist. Frankfurt a. d. O., den 21. März 1864.

Personal-Chronik.

Der praktische Arzt, Wundarzt und Geburtshelfer Dr. Friedrich August Barlow ist von Sohnenburg nach Spandau gezogen.

Die Berufung des Friedrich Wilhelm Seelig zum Hilfs-Lehrer an der Stadtschule in Woldenberg, Diöcese Friedeberg, ist bestätigt.

Die Berufung des August Theodor Rademacher zum 2. Lehrer in Tschetzschnow, Diöcese Frankfurt I., ist bestätigt.

Der Mädchenlehrer an der Nebenschule in Finsterwalde, Friedrich Wilhelm Alexander Marquardt, ist zum 2. Lehrer an der Schule in Nehesdorf, Diöcese Dobrilugk, berufen.

Der bisher provisorisch angestellte Lehrer Karl Friedrich Wilhelm Thieme ist zum 4. Lehrer in Ortwig, II. Frankfurter Diöcese, berufen.

Vermischte Nachrichten.

(1) Patent-Ertheilung. Dem Maschinenfabrikanten Rudolph Alfred Wens in Berlin ist unter dem 4. März 1864 ein Patent

auf eine Bewegungs-Uebertragung für Straßenlocomotiven in der durch Zeichnung und Beschreibung nachgewiesenen ganzen Zusammensetzung und ohne Jemand in Anwendung bekannter Theile derselben zu beschränken,

auf fünf Jahre, von jenem Tage an gerechnet, und für den Umfang des preußischen Staats ertheilt worden.
Frankfurt a. d. O., den 15. März 1864. Königl. Regierung; Abtheilung des Innern.

(2) Der diesjährige, im Kalender auf den 28. April d. J. angesetzte Viehmarkt in Driesen wird erst am 2. Mai cr. abgehalten werden.

Frankfurt a. d. O., den 26. März 1864. Königl. Regierung; Abtheilung des Innern.

(3) Königliche Niederschlesisch-Märkische Eisenbahn. Zwischen Frankfurt a. d. O. und den Stationen des Mitteldeutschen Eisenbahn-Verbandes Weimar, Erfurt, Eisenach, Cassel und Frankfurt a. M. und zwar von und nach den letztgenannten beiden Stationen sowohl über Wolfenbüttel-Kreiensen, als über Erfurt ist ein directer Personen- und Gepäck-Verkehr in I. und II. Wagenklasse eingeführt. Die Billet-Ausgabe für diesen Verkehr beginnt in Frankfurt a. d. O. mit dem 1. April d. J. In Berlin erfolgt die Beförderung der Reisenden und des Gepäcks auf Grund der Billets durch bereitgehaltenes Fuhrwerk. Die Billets haben eine fünftägige Gültigkeit und zwar auf der diesseitigen Bahn für alle fahrplanmäßigen Züge.

Berlin, den 21. März 1864. Königl. Direction der Niederschlesisch-Märkischen Eisenbahn.

(4) Bekanntmachung. Vom 1. April d. J. ab findet zwischen der Station der Stargard-Posener Eisenbahn Posen via Berlin einerseits und der Station der Berlin-Anhaltischen Eisenbahn Leipzig andererseits eine directe Expedition und Beförderung von Gütern ausschließlich des Reisegepäcks, der Equipagen und Fuhrwerke sowie der Thiere zum Theil mit ermäßigten Frachtsätzen statt.

Exemplare des für diesen Verkehr gültigen Tarifes und Reglements sind bei der Güter-Expedition zu Posen, bei der Güter-Expedition der Niederschlesisch-Märkischen Eisenbahn zu Berlin und der Güter-Expedition der Berlin-Anhaltischen Eisenbahn zu Leipzig zum Preise von 2 Sgr. 6 Pf. käuflich zu haben.

Breslau, Bromberg und Berlin, im März 1864.
Königl. Direktion der Oberschlesischen Eisenbahn. — Königl. Direktion der Ostbahn. — Königl. Direktion der Niederschlesisch-Märkischen Eisenbahn. — Direktion der Berlin-Anhaltischen Eisenbahn-Gesellschaft.

(5) Bekanntmachung. Vom 1. April d. J. an tritt zu Liebthal im Crossener Kreise eine Post-Expedition II. Klasse in Wirksamkeit, welche mit der Post-Expedition zu Naumburg a. B. durch eine tägliche Botenpost mit unbeschränkter Beförderung verbunden sein wird.

Diese Post wird abgefertigt:
aus Naumburg a. B. um 6 Uhr früh,
aus Liebthal um 5 Uhr 30 Minuten Nachmittags.

Frankfurt a. d. O., den 27. März 1864. Der Ober-Post-Director. gez. Hoppe.

Amts-Blatt
der Königl. Preuß. Regierung zu Frankfurt a/O.

№ 14.   Frankfurt a. d. O., den 6. April   1864.

Gesetz-Sammlung für die Königlichen Preußischen Staaten pro 1864.

No. 7. enthält: (No. 5829.) Allgemeiner Vertrag zwischen Preußen, Oesterreich, Belgien, Brasilien, Chili, Dänemark, Spanien, Frankreich, Großbritannien, Hannover, Italien, Oldenburg, Peru, Portugal, Rußland, Schweden und Norwegen, der Türkei und den freien Hansestädten, betreffend die Ablösung des Scheldezolles. Vom 16. Juli 1863.
(No. 5830.) Allerhöchster Erlaß vom 1. Februar 1864 nebst Tarif, nach welchem die Abgaben für die Benutzung des Erftkanals zwischen der Stadt Neuß und dem Rheine zu entrichten sind.
(No. 5831.) Statut der Wiesengenossenschaft zu Ohlweiler, Kreis Simmern. Vom 15. Februar 1864.

Bekanntmachung.

Es ist vielfach die Ansicht verbreitet, daß die auf den Inhaber lautenden Staatsschuldverschreibungen, welche mit einer Namensaufschrift versehen sind, deshalb unveräußlich seien. Um den Nachtheilen möglichst zu begegnen, welche hieraus für den Verkehr mit Staatspapieren erwachsen, und um diejenigen vor Verlusten zu bewahren, welche meinen, durch ihre Namensaufschrift das Papier dem freien Verkehre entzogen zu haben, sehen wir uns zu der Erklärung veranlaßt, daß wir die bloße Namensaufschrift, ohne sonstigen, das Eigenthum bezeichnenden Vermerk, nach den bestehenden gesetzlichen Vorschriften nicht für genügend erachten, die Außerkurssetzung einer auf den Inhaber lautenden Staatsschuldverschreibung zu bewirken, und daß wir dem entsprechend verfahren.

Wir bemerken schließlich, daß auch die Preußische Bank und die Königliche Seehandlung, mit uns übereinstimmend, in der bloßen Namensaufschrift kein Hinderniß finden, Papiere der gedachten Art ohne vorgängige Wiederinkurssetzung oder Umschreibung zu erwerben.

Berlin, den 17. März 1864.

Haupt-Verwaltung der Staatsschulden.
von Wedell.   Gamst.   Löwe.   Meinecke.

Verordnungen und Bekanntmachungen der Königlichen Regierung zu Frankfurt a. d. O.

I. Bekanntmachung.

In der heut notariell verhandelten vom 6. Januar 1864 an diesem Tage stattgehabten General-Versammlung der Strom-Fahrzeug-Versicherungs-Gesellschaft zu Landsberg a. d. W. ist beschlossen worden, den ersten Nachtrag zu §. 7 des Statutes der Gesellschaft vom 15. März/15. Juli 1856 wie folgt abzuändern:

§. 7. Grenzen, innerhalb welcher Schadenvergütigungen geleistet werden:
a) auf der Warthe von Kolo bis zu deren Ausmündung in die Oder,
b) auf der Drage von Hochzeit bis zu deren Ausmündung in die Netze,
c) auf der Küddow von Schneidemühl bis zu deren Ausmündung in die Netze,
d) auf der Netze vom Bromberger Kanal ab bis zu deren Ausmündung in die Warthe,
e) auf der Brahe von Bromberg bis zu deren Ausmündung in die Weichsel,
f) auf der Weichsel von Neustadt bis Danzig und auf der zur Zeit bestehenden Fahrstraße (Haff) und Elbing-Fluß, bis Elbing,
g) auf der Oder von Ratibor bis zu deren Ausmündung ins Papenwasser,
h) auf der Elbe von Betschen bis Harburg und Altona, einschließlich der Harburger Elbe,

i) auf der Spree von und inclusive des Schwielochs-See's bis zu deren Ausmündung in die Havel,
k) auf der Havel von Mecklenburg-Strelitz bis zu deren Ausmündung in die Elbe,
l) auf der Saale von Neuenburg bis zu deren Ausmündung in die Elbe,
m) auf der Narew von Romca und Augustowo bis zum Einflusse in die Weichsel,
n) auf dem Bug von Brisz-Literski bis zum Einflusse in die Narew,
o) auf dem Pregel, der Memel, weiter genannt Riemen, einschließlich der dazu gehörigen Verbindungs-gewässer von Kowno bis Königsberg i. Pr.

Auch erstreckt sich die Garantie der Gesellschaft, mit Ausschluß des Haffs auf sämmtliche Kanäle, welche vorgenannte Gewässer verbinden oder berühren.

Erforderliche Einführung von Zusatz-Prämien, Wiederhebung derselben, sowie Ausdehnung und Einschränkung der Versicherungs-Grenzen hängt von den Beschlüssen der General-Versammlung ab.

Ausgefertigt zum Zweck der Einholung der höhern Bestätigung.
Landsberg a. d. W., den 17. Februar 1864.
Der Vorstand der Strom-Fahrzeug-Versicherungs-Gesellschaft.

Vorstehender (dritter) Nachtrag zu dem im Amtsblatte für 1856 Seite 240 flg. abgedruckten Statute der Strom-Fahrzeug-Versicherungs-Gesellschaft zu Landsberg a. d. W., der unterm heutigen Tage unsere Bestätigung erhalten hat, wird hierdurch zur öffentlichen Kenntniß gebracht.
Frankfurt a. d. O., den 21. März 1864.

11. Das Königliche Ober-Präsidium der Provinz Brandenburg hat auf Grund des §. 1 im Gesetze vom 14. April 1856 die Vereinigung derjenigen Parzelle der fiskalischen Dorfaue zu Alt-Bischofsee von 2 □Ruthen Flächeninhalt, welche an die Gemeinden Alt- und Neu-Bischofsee veräußert und am 23. Januar cr. übergeben worden, mit dem Communal-Verband Alt-Bischofsee durch Rescript vom 13. November v. J. genehmigt. Frankfurt a. d. O., den 18. März 1864.

Personal-Chronik.

Des Königs Majestät haben mittelst Allerhöchster Ordre vom 19. v. Mts. den Regierungs-Assessor Jacobs zum Landrathe des Kreises Landsberg zu ernennen geruht. Demgemäß ist die Verwaltung dieses Amtes dem nunmehrigen Landrath Jacobs unterm 1. April cr. definitiv übertragen worden.

Des Königs Majestät haben Allergnädigst geruht, dem Pächter des Neuzelleschen Stifts-Vorwerks Steinsdorf, Oberamtmann Carl Friedrich Müller den Charakter als Amtsrath zu verleihen.

Der Prediger Eberhard Stephan Andreas Krickau, bisher zu Petershain, ist zum Oberpfarr-Adjunkten cum spe succedendi bei den Evangelischen Gemeinden der Parochie Lübbenau — Dioeces Calau bestellt worden.

In der am 25. November a. pr. stattgefundenen Deichamts-Sitzung des Deichverbandes oberhalb Fürstenberg ist a) der Rentmeister Hammerschmidt zu Neuzelle zum Deichhauptmann, b) der Amtmann Cochius zu Wellmitz zu dessen Stellvertreter, auf die Dauer von zwölf Jahren, und zwar vom 1. Januar 1864 bis dahin 1876 gewählt resp. wiedergewählt und sind diese Wahlen bestätigt worden.

Unter Bezugnahme auf unsere Amtsblatt-Bekanntmachung vom 1. v. M. bringen wir hiermit nachträglich zur öffentlichen Kenntniß, daß im Kreise Spremberg a) für den 1. Bezirk: der Rittergutsbesitzer Premier-Lieutenant v. Villeneuve auf Gleißdorf, b) für den 2. Bezirk: der Rittergutsbesitzer Dr. philosophiae Schacht auf Breslau, als Feuerpolizei-Commissarien ernannt und bestätigt worden sind.

Der praktische Arzt, Wundarzt und Geburtshelfer Dr. Carl Theodor Oswald Hüller ist von Driburg nach Cottbus gezogen.

Die Berufung des Lehrers Carl Gustav Gombe zum dritten Lehrer an der Bürger-Knaben-Schule in Cottbus ist bestätigt.

Die Berufung des Johann Friedrich Ernst Schilling zum vierten Lehrer an der Elementarschule der kurzen Vorstadt zu Cüstrin ist bestätigt.

Die Berufung des Lehrers August Richter in Sandow zum 5. Lehrer an der Bürger-Töchterschule zu Cottbus ist bestätigt.

Die Berufung des Schulamts-Candidaten Martin Friedrich Wilhelm Prochnow zum Collaborator an der Stadtschule in Friedeberg i. d. N. ist bestätigt.

Der Schulamts-Candidat Carl Friedrich Wilhelm Kempin ist zum zweiten Lehrer in Schwanenhöfel, II. Frankfurter Diöcese, berufen.

Der auf Probe angestellte fortversorgungsberechtigte Jäger Johann Feodor Karl Krüger ist zum Forstaufseher ernannt und ihm die Forstschutzbeamtenstelle zu Krieban, Oberförsterei Christianstadt, vom 1. März d. J. ab definitiv übertragen.

Für den dritten Bezirk der Stadt Sorau ist der bisherige Schiedsmann Gellermeister Hoffmann daselbst als Schiedsmann wiederum gewählt und bestätigt worden.

Der Lokomotivführer Rudolph Eduard Wrzyn in Landsberg ist zum Königlichen Eisenbahn-Monteur und der Buchhalter und com. Güter-Expedient Julius Maaß ebendaselbst zum Königlichen Eisenbahn-Güter-Expedienten ernannt worden.

Vermischte Nachrichten.

(1) Ortsbenennung. Das dem Gutsbesitzer Richard Franz gehörige, in der Zerbower Feldmark, Sternberger Kreises, belegene Etablissement wird mit unserer Genehmigung fortan den Namen „Franzenshof" führen. Frankfurt a. d. O., den 18. März 1864. Königliche Regierung; Abtheilung des Innern.

(2) Der im Kalender auf den 26. und 27. April d. J. angesetzte diesjährige zweite Kram- und Viehmarkt in Sommerfeld wird erst am 3. und 4. Mai cr. — am ersten Tage zugleich Viehmarkt — abgehalten werden. Frankfurt a. d. O., den 2. April 1864. Königl. Regierung; Abtheilung des Innern.

(3) Der im Kalender auf den 27. April angesetzte diesjährige zweite Krammarkt in Woldenberg wird erst am 8. Juni b. J. — mit Tages vorher stattfindendem Viehmarkte — abgehalten werden. Frankfurt a. d. O., den 2. April 1864. Königl. Regierung; Abtheilung des Innern.

(4) Der diesjährige, im Kalender auf den 22. April angesetzte zweite Krammarkt in Soldin wird erst am 29. desselben Monats — mit Tages vorher stattfindendem Vieh- und Pferdemarkte — abgehalten werden. Frankfurt a. d. O., den 24. März 1864. Königl. Regierung; Abtheilung des Innern.

(5) Die zweite Schullehrer-Stelle in Fichtwerder, zur Diöcese Landsberg a. d. W. gehörig, Königlichen Patronats, ist durch die Versetzung ihres zeitherigen Inhabers erledigt worden. Frankfurt a. d. O., den 23. März 1864. Königl. Regierung; Abtheilung für Kirchen- und Schulwesen.

(6) Wiederbesetzung der Kreiswundarztstelle des Kreises Czarnikau. Die mit einem Gehalte von 100 Thlr. jährlich verbundene Kreiswundarztstelle des Czarnikau'er Kreises ist erledigt und soll anderweit besetzt werden. Qualificirte Bewerber können sich unter Einreichung ihrer Zeugnisse binnen 4 Wochen bei uns melden. Bromberg, den 29. März 1864. Königliche Regierung; Abtheilung des Innern.

(7) Nachweisung der im Kreise Spremberg im Jahre 1864 etablirten Privat-Beschäl-Stationen.

Laufende No.	Ort der Beschäl-Station.	Stationsherr.	Rationale des Privat-Beschälers.	Festgesetztes Deckgeld. Thlr.	Bemerkungen.
1	Byhlow	Ganzbauergutsbesitzer Christian Peschke	Kirschbraun mit Stern und kleiner Schnippe, rechter Hinterfuß weiß gefesselt, 8 Jahr alt, 5' 3" groß	1½	ist gekört.

Spremberg, den 12. März 1864. Der Landrath v. Poncet.

(8) Bekanntmachung. Vom 1. April d. J. ab findet zwischen der Station der Stargard-Posener Eisenbahn Posen via Berlin einerseits und der Station der Berlin-Anhaltischen Eisenbahn Leipzig andererseits eine direkte Expedition und Beförderung von Gütern ausschließlich des Reisegepäcks, der Equipagen und Fuhrwerke sowie der Thiere zum Theil mit ermäßigten Frachtsätzen statt.
Exemplare des für diesen Verkehr gültigen Tarifes und Reglements sind bei der Güter-Expedition zu Posen, bei der Güter-Expedition der Niederschlesisch-Märkischen Eisenbahn zu Berlin und der Güter-Expedition der Berlin-Anhaltischen Eisenbahn zu Leipzig zum Preise von 2 Sgr. 6 Pf. käuflich zu haben.
Breslau, Bromberg und Berlin, im März 1864.
Königl. Direktion der Oberschlesischen Eisenbahn. — Königl. Direktion der Ostbahn. — Königl. Direktion der Niederschlesisch-Märkischen Eisenbahn. — Direktion der Berlin-Anhaltischen Eisenbahn-Gesellschaft.

Königliche Niederschlesisch-Märkische Eisenbahn. Bei unseren Güterkassen zu Berlin, Breslau und Liegnitz werden aus dem Jahre 1863 noch verschiedene von den Absendern nicht abgehobene Nachnahme-Beträge asservirt. Wir fordern die berechtigten Empfänger hiermit auf, diese Beträge gegen Rückgabe der ihnen ertheilten Bescheinigungen bis spätestens ultimo Juni cr. abzuheben, da nach Ablauf dieser Frist anderweit über dieselben verfügt werden wird.

Berlin, den 25. Februar 1864. Königl. Direction der Niederschlesisch-Märkischen Eisenbahn.

Amts-Blatt
der Königl. Preuß. Regierung zu Frankfurt a. O.

№ 15.   Frankfurt a. d. O., den 13. April.   1864.

Gesetz-Sammlung für die Königlichen Preußischen Staaten pro 1864.

No. 8. enthält: (No. 5832.) Gesetz wegen Verhütung des Zusammenstoßens der Schiffe auf See. Vom 22. Februar 1864.

(No. 5833.) Allerhöchster Erlaß vom 15. Februar 1864 nebst Tarif, nach welchem das Brückengeld auf dem Peene-Uebergange bei Jarmen zu entrichten ist.

(No. 5834.) Allerhöchster Erlaß vom 15. Februar 1864, betreffend die Verleihung der fiskalischen Vorrechte für den Bau und die Unterhaltung der Kreis-Chausseen im Kreise Zauch-Belzig des Regierungs-Bezirks Potsdam: a) von Belzig über Wiesenburg und Reetz bis zur Grenze des I. Jerichowschen Kreises gegen Coburg; b) von Belzig über Dahnsdorf dicht an Niemegk vorbei nach Treuenbrietzen; c) von Brück über Claistow nach Baumgartenbrück mit einer Zweig-Chaussee von Claistow nach Lehnin.

(No. 5835.) Allerhöchster Erlaß vom 15. Februar 1864, betreffend die Verleihung der fiskalischen Vorrechte für den Bau und die Unterhaltung einer Kreis-Chaussee von Drebkau bis zur Cottbuser Kreisgrenze gegen Cottbus zum Anschluß an die Chaussee von Cottbus bis zur Calauer Kreisgrenze.

(No. 5836.) Bekanntmachung, betreffend die Allerhöchste Genehmigung der Abänderung des Statuts der unter der Firma „Cöln-Müsener Bergwerks-Aktienverein" mit dem Sitze zu Cöln bestehenden Aktiengesellschaft. Vom 23. Februar 1864.

(No. 5837.) Bekanntmachung der Ministerial-Erklärung vom 27. Februar 1864, betreffend eine Uebereinkunft zwischen der Königlich Preußischen und der Kaiserlich Königlich Oesterreichischen Regierung zur Beförderung des Sicherheitsdienstes im Grenzgebiete beider Staaten und wegen gegenseitiger Hülfsleistung bei Elementar-Ereignissen. Vom 9. März 1864.

(No. 5838.) Bekanntmachung, betreffend die Allerhöchste Genehmigung der unter der Firma „Rheinischer Aktienverein für Zuckerfabrikation" mit dem Sitze zu Cöln errichteten Aktiengesellschaft. Vom 29. Februar 1864.

(No. 5839.) Bekanntmachung, betreffend die unterm 25. Januar 1864. erfolgte Allerhöchste Genehmigung eines Statut-Nachtrages der Neuen Berliner Hagel-Assecuranz-Gesellschaft. Vom 4. März 1864.

(No. 5840.) Allerhöchster Erlaß vom 7. März 1864, betreffend die Verleihung der Städte-Ordnung für die Rheinprovinz vom 15. Mai 1856 an die Gemeinde Linnich, Regierungs-Bezirk Aachen.

Bekanntmachung.

Es hat sich herausgestellt, daß die im Verlage von F. Streit in Coburg erscheinende Zeitschrift „die Frist" lediglich ein Abdruck der in demselben Verlage herausgegebenen durch meinen Erlaß vom 30. März d. J. für den Preußischen Staat auf Grund des §. 52. des Gesetzes über die Presse vom 12. Mai 1851 verbotenen Wochenschrift des Nationalvereins ist. Das für die Wochenschrift des Nationalvereins ergangene Verbot gilt demnach auch für die Zeitschrift „die Frist", worauf unter Hinweisung auf die Straf-Bestimmung im §. 53. a. a. O. aufmerksam gemacht wird.

Berlin, den 29. März 1864.   Der Minister des Innern. Graf zu Eulenburg.

General-Verfügung.

Nach dem Gesetze über die Verhältnisse der Miteigenthümer eines Bergwerks vom 12. Mai 1851 und der dazu ergangenen Instruktion vom 6. März 1852 sind die gewerkschaftlichen Repräsentanten und Gruben-vorstände öfters genöthigt, an einzelne Gewerke Mittheilungen, Vorladungen u. s. w. zu erlassen, deren

Versendung in gewissen Fällen gegen Post-Insinuationsschein stattfinden soll. Mit Rücksicht auf diese Vorschrift werden die Post-Anstalten darauf aufmerksam gemacht, daß dergleichen, von den legitimirten gewerkschaftlichen Repräsentanten oder Grubenvorständen zur Beförderung gegen Insinuationsschein eingelieferte Schreiben, nach Maßgabe der Instruktion über die postamtliche Insinuation außergerichtlicher Verfügungen — Anlage 3 zu Abschn. V. Abth. 1 der Postdienst-Instruktion und der Dienst-Instruktion für Post-Expediteure — zu behandeln sind. Insbesondere ist dabei wegen Sicherstellung der davon zu entrichtenden Beträge an Porto, Insinuations-Gebühr, Bestellgeld und Botenlohn das Erforderliche — den Bestimmungen in §. 10 der genannten Instruktion entsprechend — vorzusehen.

Ihre Legitimation haben die gewerkschaftlichen Repräsentanten und Grubenvorstände durch Vorzeigung einer von dem betreffenden Ober-Bergamte ausgefertigten Legitimations-Bescheinigung zu führen.

Berlin, den 26. Februar 1864.

Der Minister für Handel, Gewerbe und öffentliche Arbeiten. gez. Graf von Itzenplitz.

Bekanntmachung.

Die alten Banknoten à 50 Thlr. auf gelbem Grunde mit blauen Randzeichnungen vom 31. Juli 1846 sind bereits seit mehreren Jahren aufgerufen, um sie außer Circulation zu setzen. Nichts destoweniger befindet sich noch ein beträchtlicher Theil im Umlaufe und fordern wir daher zur schleunigen Einreichung derselben an die Bankkassen auf, da aus der weiteren Zurückhaltung dem Inhaber Weiterungen und Nachtheile drohen. Berlin, den 24. Februar 1864. Königl. Preuß. Haupt-Bank-Direktorium.

Verordnungen und Bekanntmachungen der Königlichen Regierung zu Frankfurt a. d. O.

I. Bei der Mobilmachung eines Theils des Garde-Corps und des 3. Armee-Corps sind viele, in der Heimath nöthige Grundgesessene der Fahne eingezogen worden, und kämpfen jetzt in Schleswig.

Die Angehörigen solcher Soldaten sind vielfach zur genügenden Fortstellung der betreffenden Wirthschaften außer Stande, Reklamationen von Mannschaften mobiler Truppen in der Regel unstatthaft, und, wenn sie wegen Dringlichkeit der Verhältnisse auch versucht werden möchten, nicht so schnell durchzuführen, daß der Reklamirte noch zur Saatbestellung seiner Felder heimkehren könnte.

Unter diesen Umständen wenden wir uns an den patriotischen Sinn und die Nächstenliebe der Bezirks-Eingesessen, in dem festen Vertrauen, daß in den Städten die Polizei-Dirigenten und Bürger, und auf dem platten Lande die Rittergutsbesitzer, Königl. Domainen-Beamten, Ortsschulzen und Nachbarn es als eine Ehrenpflicht erkennen werden,

für alle Wirthschaftsbedürfnisse und zunächst für die Frühjahrs- und Saatbestellung von Grundstücken, deren Eigenthümer in Schleswig kämpfen und dort die vaterländischen Fahnen mit neuem Ruhm schmücken, durch Rath und That kräftigst zu sorgen.

Frankfurt a. d. O., den 6. April 1864.

II. Bekanntmachung.

Indem ich nicht verfehle hierdurch zur öffentlichen Kenntniß zu bringen, daß die unter dem Allerhöchsten Protectorate Sr. Maj. des Königs stehende National-Dank-Stiftung für Veteranen ihren Jahres- und Rechenschaftsbericht pro 1862 unterm 11. März cr. erstattet und heute ausgegeben hat, erlaube ich mir zugleich hieran die ergebenste Bitte zu knüpfen, dieser Stiftung, deren Zweck es ist, den hülfsbedürftigen Veteranen aus den Kriegesjahren bis 1815 den Dank der Nation für die Hingebung und treue Anhänglichkeit zu zollen, womit sie einst in einer großen Zeit ihr Blut und Leben dem Könige und Vaterlande zum Opfer brachten, — die bisherige liebevolle Theilnahme auch ferner zuzuwenden und die Mittel derselben durch patriotische Gaben wo möglich dergestalt zu vermehren, daß die Stiftung bald in den Stand gesetzt wird, allen in Sorgen und Noth lebenden alten Kriegern fortlaufende Unterstützungen zuwenden zu können.

Wenngleich es mit dem tiefgefühltesten Dank anzuerkennen ist, daß die Mittel zuflossen, im Jahre 1862 schon viel Thränen zu trocknen und manche kummervolle Noth zu mildern, so reicht dies doch noch Alles nicht hin, um allen gerechten Anforderungen entsprechen zu können. Auch der durch die Allerhöchste Cabinets-Ordre vom 11. August 1852 gebildete, und durch das Gesetz vom 10. März 1863 erheblich erhöhte Staats-Fonds zur Unterstützung hülfsbedürftiger Veteranen kann allen alten Kriegern fortlaufende Unterstützungen noch nicht gewähren, weshalb die hin und wieder laut werdende Ansicht, daß nunmehr die Hülfe des National-Danks nicht mehr nöthig sei, ganz unbegründet ist.

Die National-Dank-Stiftung hat Ende 1861 mit einem Bestande von 228,361 Thlr. 29 Sgr. abgeschlossen, sie hatte sich im Jahre 1862 einer Jahres-Einnahme von 108,298 Thlr. 7 Sgr. 2 Pf. zu erfreuen, wovon 77,741 Thlr. 24 Sgr. 5 Pf. zu Unterstützungen verwendet worden sind. Die letztere Summe zerfällt wieder in lebenslänglich fortlaufende Unterstützungen in jährlichen Abstufungen von 36 Thlr. bis 8 Thlr. == 28,749 Thlr. 1 Sgr., in einmalige außerordentliche Unterstützungen 46,269 Thlr. 25 Sgr. 4 Pf. und in 2722 Thlr. 28 Sgr. 1 Pf., welche zu sonstigen Unterstützungs-Zwecken, nämlich für verabreichte Naturalien, Bekleidungsstücke, Speisung der Veteranen bei festlichen Gelegenheiten, Wohnungs-Miethe, Geschenke zu goldenen Hochzeiten, für Heizungs-Material und an Begräbnißkosten ausgegeben worden sind. Ende des Jahres 1862 ist mit einem Bestande von 244,168 Thlr. 16 Sgr. 11 Pf. abgeschlossen worden.

Es sind dies nun zwar Resultate, wie solche andere Privat-Wohlthätigkeits-Institute schwerlich aufzuweisen haben dürften, der Umfang der Fürsorge des National-Danks hat sich aber im Jahre 1862 noch auf eine Zahl von 42,130 hülfsbedürftigen Veteranen erstreckt, wovon bis jetzt nur 21,130 Mann haben bedacht werden können. Hieraus ergiebt sich also, wie viel noch zu thun übrig bleibt und meine Bitte um thatkräftige Hülfe und Unterstützung wird gewiß um so mehr nachsichtiger aufgenommen werden, als die alten Veteranen aus der Zeit bis 1815 mit dem zunehmenden Alter immer hülfloser und hinfälliger werden.

Möge der große und erhebende Gedanke des National-Danks und die hohe patriotische Bedeutung dieser Liebes-Stiftung des Preußischen Volkes immer mehr und mehr erkannt werden und sich recht viel offene Herzen und Hände finden, die dazu beitragen helfen, allen denen die Sorgen und Mühen des Lebens-Abends zu erleichtern, welche einst berufen waren, für die Ehre und den Ruhm unseres theuren Königs und des geliebten Vaterlandes zu kämpfen. Gottes reichster Segen wird solchen Gaben theilnehmender Liebe und Fürsorge gewiß in hohem Grade zu Theil werden. Invalidenhaus Berlin, den 29. März 1864.

Der Präsident des Kuratoriums des National-Danks für Veteranen. gez. von Maliczewski.

Vorstehende Bekanntmachung wird hierdurch zur allgemeinen Kenntniß gebracht.

Frankfurt a. d. O., den 2. April 1864.

III. Das Königliche Ober-Präsidium der Provinz Brandenburg hat auf Grund des §. 1 des Gesetzes vom 14. April 1856 die Abzweigung der von dem Kossäthen Graß in Radbusch an den Büdner Grogotich in Kahnsdorf veräußerten Ackerparzelle von 165 □Rth. von dem Communal-Verband der Gemeinde Radbusch und deren Einverleibung in den Communal-Verband der Gemeinde Kahnsdorf mittelst Rescripts vom 28. Juli v. J. genehmigt. Frankfurt a. d. O., den 29. März 1864.

IV. P o l i z e i - V e r o r d n u n g.

Auf Grund des Gesetzes über die Polizei-Verwaltung vom 11. März 1850 §. 11. verordnen wir Nachstehendes:

§. 1. Die durch die Amtsblatt-Verordnungen vom 28. Juli 1812, 13. Oktober 1816, 12. September 1838, 7. April 1847 und 9. Oktober 1857 angeordnete Confiscation des legitimationslos nach den Städten eingebrachten Holzes und Wildprets findet ferner nicht statt.

§. 2. Niemand darf Holz oder Wildpret ohne Ursprungs-Attest nach den Städten einbringen.

§. 3. Wer gegen die §. 2. angebrachte Bestimmung verstößt, verfällt für jeden Contraventionsfall in eine Polizei-Strafe bis zu 10 Thlr. und im Unvermögensfall in verhältnißmäßige Gefängnißstrafe.

Frankfurt a. d. O., den 6. April 1864.

V. Der Frankfurt-Leipziger Aktien-Chaussee-Bau-Gesellschaft ist auf Grund der Allerhöchsten Cabinets-Ordre vom 20. November 1854 — Gesetz-Sammlung de 1854 Seite 635 — gestattet worden, auf der nunmehr vollständig fertig gewordenen Chausseestrecke von Nummerstein 7,00 bis 9,00 in der bei Nummerstein 8,06 unweit Bieberßdorff errichteten Hebestelle das Chausseegeld nach dem, der Allerhöchsten Cabinets-Ordre vom 29. Februar 1840 beigegebenen Tarife — Gesetz-Sammlung de 1840 Seite 95—100 — für 2 Meilen von jetzt an zu erheben, was mit Bezug auf unsere Bekanntmachung vom 16. April 1860 — Amtsblatt de 1860 Seite 144 — zur Kenntniß des Publikums gebracht wird.

Frankfurt a. d. O., den 4. April 1864.

VI. Die Nachprüfung provisorisch angestellter Lehrer wird am 6. und 7. l. Mts. am Seminar zu Altdöbern mit den dazu besonders einberufenen Lehrern abgehalten werden.

Frankfurt a. d. O., den 5. April 1864.

VII. Verfügung, das Verfahren bei Erhebung der Schifffahrtabgaben von Holzflößen auf den Wasserstraßen zwischen der Oder und Elbe betreffend.

Um die Erhebung der Abgabe von Holzflößen für das Befahren der Wasserstraßen zwischen der Oder und Elbe nach dem Tarife vom 5. Mai 1862 zu erleichtern, wird unter Bezugnahme auf die Vorschriften unter 7 bis 12 der Anweisung zur Ausführung des gedachten Tarifs vom 12. Mai 1862 (Central-Blatt von 1862 Seite 125) Folgendes bestimmt:

1) Die **Länge** der Holzflöße ist nur bis auf ganze Fuße genau zu vermessen. Ueberschießende Zolle bleiben bei der Vermessung und bei der Berechnung der Oberfläche unberücksichtigt.
2) Die **Breite** der Holzflöße ist bis auf Zolle genau zu vermessen. Behufs Berechnung der Oberfläche werden aber nur ganze und halbe Fuße in Rechnung gestellt, und zu diesem Zwecke überschießende Maaße von 1 und 2 Zoll nicht berücksichtigt, von 3 bis 9 Zoll für einen halben, von 10 und 11 Zoll für einen ganzen Fuß gerechnet. Es werden also z. B. für eine Breite von 5 Fuß 10 Zoll bis 6 Fuß 2 Zoll immer 6 Fuß, und für eine Breite von 6 Fuß 3 Zoll bis 6 Fuß 9 Zoll immer 6½ Fuß angesetzt.
3) In der Anmeldung (Form. 5) ist die Länge der Holzflöße nur nach ganzen Fußen anzugeben, die Breite nach Fußen und Zollen in Uebereinstimmung mit den wirklichen Maaßen, ohne Reduktion auf ganze oder halbe Fuße.

Vorstehende Bestimmungen kommen mit dem 15. April d. J. zur Anwendung.

Berlin, den 19. März 1864.   Der Finanz-Minister.

Vorstehender Erlaß wird hierdurch zur öffentlichen Kenntniß gebracht.

Frankfurt a. d. O., den 10. April 1864.

Personal-Chronik.

Seine Majestät der König haben Allergnädigst geruht, den Titular-Forstmeister Schulz hierselbst zum Forstmeister mit dem Range der Regierungs-Räthe zu ernennen.

Der Stadt-Secretair Pasche zu Spremberg ist zum zweiten Stellvertreter des Polizei-Anwalts I. zu Spremberg, soweit der Bezirk desselben zum Kreise Spremberg gehört, und des Polizei-Anwalts II. ebendaselbst ernannt worden.

Frankfurt a. d. O., den 5. April 1864.   Der Regierungs-Präsident Frhr. v. Münchhausen.

Der Hülfsprediger Carl Friedrich Gustav Koestler, bisher zu Arnimshain, ist zum Pfarrer bei den Evangelischen Gemeinden der Parochie Straupitz — Diöces Lübben — bestellt worden.

Der Reservejäger Petz ist vom 1. April d. J. ab als Forstpolizei-Sergeant in Königsberg i. d. N. stationirt worden.

Der invalide Gefreite vom 2. Bataillon (Spremberg) 2. Brandenburgischen Landwehr-Regiments No. 12., Friedrich Wilhelm Schwarz, ist vom 1. April d. J. ab definitiv als Kreisbote des Spremberger Kreises angestellt worden.

Den von den Stadtverordneten getroffenen Wahlen gemäß sind bestätigt worden:
 als **Bürgermeister**: in Arnswalde der Bürgermeister Berg; als **unbesoldeter Beigeordneter**: in Neuwedell der Apotheker Ammon; als **unbesoldete Senatoren**: in Calau die Senatoren Beyer und Richter; als **unbesoldete Rathmänner**: in Neuwedell der Ackerbürger Braatz und der Vorwerksbesitzer Bogs, in Gossen der Schuhmachermeister Simsch, in Liebenau der Rathmann Seybel.

Der Lehrer Wilhelm Freibank ist zum zweiten Lehrer an der Schule in Neu-Anspach, Diöcese Friedeberg i. d. N., berufen.

Dem Königl. Domainen-Pächter Herrn von Rosenstiel zu Gorgast ist die Polizei-Verwaltung des Domainen-Amtes Gorgast übertragen und es ist derselbe am 24. März 1864 als Polizeiverwalter vereidigt.

Dem bisherigen Verwalter der Kreis-Steuer-Einnehmer-Stelle zu Friedeberg, Burow, ist diese Stelle definitiv verliehen worden.

Vermischte Nachrichten.

(1) **Bekanntmachung.** Die Pfarrstelle zu Kohlow in der Diöces Sternberg I., Privat-Patronats, ist durch den Tod des Predigers Ahlisch erledigt worden.

(2) Die Pfarrstelle zu Radach, Diöces Sonnenburg, Privat-Patronats, ist durch den Tod des Predigers Kühler erledigt worden.

(3) Die Küster- und Schullehrer-Stelle in Schaumburg, zur Diöcese Cüstrin gehörig, Königlichen Patronats, ist durch die Emeritirung ihres zeitherigen Inhabers erledigt worden.

Frankfurt a. d. O., den 31. März 1864.   Königl. Regierung; Abtheilung für Kirchen- und Schulwesen.

(4) **Bekanntmachung**, die im Ostertermine 1864 zu Merseburg ausgeloosten Steuer-Kredit-Kassen-Scheine betreffend.

Bei der heute erfolgten Verloosung der im Jahre 1764, so wie der, anstatt der früheren unverwechselten und unverlosbaren Steuerscheine, im Jahre 1836 ausgefertigten Steuer-Kredit-Kassen-Scheine sind nachstehende Nummern, deren Realisirung im Michaelistermine 1864 erfolgen soll, gezogen worden:

1) von den Steuer-Kredit-Kassen-Scheinen aus dem Jahre 1764:
von Lit. A. à 1000 Thaler: No. 433. 799. 977. 1917. 2067. 2216. 2269. 2388. 2754. 3049. 3104. 3450. 3619. 3769. 4172. 4577. 4608. 5758. 6165. 6227. 6516. 6547. 6563. 6764. 6969. 7505. 7508. 8037. 8175. 8302. 8394. 8757. 8835. 8861. 9115. 9117. 9231. 9720. 10279. 10451. 10701. 10724. 10756. 10985. 11076. 11277. 11853. 12344. 13087. 13089. 13248. 13768. 14528. 14623.
von Lit. B. à 500 Thaler: No. 177. 181. 304. 378. 600. 641. 776. 1016. 1894. 2408. 2437. 2595. 2786. 3110. 3349. 3464. 3825. 4533. 4955. 5708. 5866. 6190. 6357. 6505. 7045. 7771. 7774. 7845. 7860. 7948.
von Lit. D. à 100 Thaler: No. 176. 421. 532. 980. 1941. 2147. 2296. 3136. 3292. 3413. 3504. 3520. 3616. 3634. 3672. 4051. 4174. 4247. 4587. 5217. 5580. 5786. 6053. 6482. 6544.

2) von den Steuer-Kredit-Kassen-Scheinen aus dem Jahre 1836:
von Lit. A. à 1000 Thaler: No. 61. 82. 137. 142. 173. 230.
von Lit. B. à 500 Thaler: No. 1. 46.
von Lit. C. à 200 Thaler: No. 80. 153.
von Lit. E. à 50 Thaler: No. 2.

Außerdem werden von den unverzinslichen Kammer-Kredit-Kassen-Scheinen Lit E. à 47 Thaler die Scheine No. 268. 283. 1342. 1523. 1581. und 1653. zur Zahlung im Michaelistermine 1864 ausgesetzt.

Die Inhaber der vorverzeichneten verloosten und resp. zur Zahlung ausgesetzten Scheine werden hierdurch aufgefordert, die Kapitalien gegen Rückgabe der Scheine und der zu den verzinslichen Scheinen gehörenden Talons und Coupons mit dem Eintritt des Michaelistermins 1864, wo die Verzinsung der jetzt ausgeloosten Steuer-Kredit-Kassen-Scheine aufhört, bei der hiesigen Regierungs-Haupt-Kasse zu erheben.

Merseburg, den 1. April 1864.

Im Auftrage der Königlichen Haupt-Verwaltung der Staatsschulden, der Regierungs-Präsident Rothe.

(5) Bekanntmachung. Vom 1. April d. J. ab findet zwischen der Station der Stargard-Posener Eisenbahn Posen via Berlin einerseits und der Station der Berlin-Anhaltischen Eisenbahn Leipzig andererseits eine direkte Expedition und Beförderung von Gütern ausschließlich des Reisegepäcks, der Equipagen und Fuhrwerke sowie der Thiere zum Theil mit ermäßigten Frachtsätzen statt.

Exemplare des für diesen Verkehr gültigen Tarifes und Reglements sind bei der Güter-Expedition zu Posen, bei der Güter-Expedition der Niederschlesisch-Märkischen Eisenbahn zu Berlin und der Güter-Expedition der Berlin-Anhaltischen Eisenbahn zu Leipzig zum Preise von 2 Sgr. 6 Pf. käuflich zu haben.

Breslau, Bromberg und Berlin, im März 1864.

Königl. Direktion der Oberschlesischen Eisenbahn. — Königl. Direktion der Ostbahn. — Königl. Direktion der Niederschlesisch-Märkischen Eisenbahn. — Direktion der Berlin-Anhaltischen Eisenbahn-Gesellschaft.

(6) Königliche Ostbahn. Für den Transport derjenigen Ausstellungs-Gegenstände, welche für die am 19., 20. und 21. Mai d. J. in Posen stattfindende landwirthschaftliche Ausstellung bestimmt sind, finden auf der Ostbahn die nachstehenden Erleichterungen resp. Frachtermäßigungen statt:

1) Die Beförderung der Schauthiere und sonstigen Ausstellungs-Gegenstände erfolgt für den Hin-Transport zu den tarifmäßigen Frachtsätzen und unter den Bestimmungen des Betriebs-Reglements mit der Maßgabe, daß Sämereien und sonstige Produkte der Landwirthschaft auch als Einzelgut zum niedrigsten Frachtsatze (Klasse B. Wagenladung) berechnet werden.
2) Der Rücktransport der unverkauft gebliebenen Gegenstände erfolgt frachtfrei, wenn die Rücksendung an den ursprünglichen Absender nach der Versandt-Station erfolgt.
3) Den Begleitern des Viehes ist die Benutzung der III. Wagenklasse resp. der Viehwagen gegen Lösung eines Billets zur IV. Wagenklasse gestattet.

Es haben die Ausstellungs-Gegenstände jedoch nur dann Anspruch auf die gedachte Fracht-Ermäßigung, wenn dieselben auf dem Frachtbriefe den Vermerk „zur Ausstellung nach Posen" und die Adresse „an das Ausstellungs-Comitee" tragen, beziehungsweise — beim Rücktransport — von diesem als Versender aufgegeben werden.

Sämmtliche Transport-Erleichterungen beginnen 4 Wochen vor dem Anfange der Ausstellung und enden 4 Wochen nach dem Schlusse derselben.

Bromberg, den 4. April 1864.

Königliche Direction der Ostbahn.

(7) Bekanntmachung. Aus Anlaß der Ministerial-Rescripte vom 9. Juli 1859 und 12. Januar 1860 (Ministerialblatt der inneren Verwaltung de 1859 Seite 212 und de 1860 Seite 101) haben wir — zugleich in Rücksicht des öffentlichen Interesses überhaupt, wie auch insbesondere zur Förderung des

Detentionszweckes — mit höherer Genehmigung das bisherige Verfahren bezüglich der Ertheilung der Reiserouten und Verabreichung der Zehrgelder an die aus den diesseitigen Landarmen-Anstalten zu entlassenden Detinirten einer Aenderung unterworfen, und im Wesentlichen folgende, mit dem 1. Juli d. J. in Kraft tretende Bestimmungen getroffen.

Von den betreffenden Individuen werden mit den bisherigen (rothen) Zwangs-Reiserouten nur solche heimathsberechtigte Personen nach ihrer Heimath entlassen:
a) die unter Polizei-Aufsicht stehen, b) diejenigen, welche in ihrer Heimath Verpflichtungen gegen Angehörige zu erfüllen haben, c) alle Minderjährigen, d) solche Individuen, in Bezug auf welche etwa andere zureichende besondere Gründe obwalten.

Alle anderen Detinirten werden künftig mit (gelben) Reiserouten entlassen, welche zwar ein bestimmtes Reiseziel angeben, — bei Heimathsberechtigten den Heimathsort — aber nicht unbedingt nöthigen, dieser Reiseroute zu folgen, sofern unterwegs Arbeit gefunden wird.

Die Reiserouten, welche bisher im Gebrauch waren, haben im Text eine entsprechende Abänderung erfahren. In Verbindung hiermit werden die den Detinirten bei ihrer Entlassung zu gewährenden Zehrgelder resp. Ueberverdienstgelder nicht ferner sogleich in Folle ausgezahlt, sondern es tritt eine stationsweise Verabreichung ein, dergestalt, daß die Detinirten das Zehrgeld für den ersten Tag durch die Inspektion der betreffenden Landarmen-Anstalt, für jeden folgenden Tag, jedoch nur dann, wenn bis dahin die Reiseroute ohne Unterbrechung und ohne Abweichung von der Tour befolgt war, durch die Polizeibehörde des betreffenden Stationsortes ausgehändigt erhalten. Die erfolgte Zahlung wird jedesmal in der Reiseroute vermerkt, was nie nicht zu versäumen bitten.

Die Polizeibehörden der in der Provinz Brandenburg belegenen Stationsorte liquidiren die gezahlten Zehrgelder bei der Landarmenhaus-Inspektion vierteljährlich zur Erstattung.

Das Zehrgeld wird auf fünf Silbergroschen für jeden Marschtag bis zum Bestimmungsorte festgesetzt, jedoch mit der Maßgabe, daß, wenn letzterer nach der Wahl der entlassenen heimathlosen Personen über sechs Marschtage entfernt sein sollte, jedenfalls nur für diese Zahl, also im Ganzen 1 Thaler an Zehrgeld gezahlt wird. — Rücksichtlich der Auszahlung der Ueberverdienstgelder enthält die Reise-Route einen, den concreten Fall entsprechenden Zusatz.

Indem wir diese Bestimmungen hierdurch zur öffentlichen Kenntniß bringen, ersuchen wir die sämmtlichen Polizeibehörden der Provinz Brandenburg, danach sich künftig zu achten.

Berlin, den 14. März 1864.   Ständische Landarmen-Direktion der Kurmark.

(8) Nachtrags-Nachweisung
von den im Jahre 1864 im Kreise Cottbus etablirten Privat-Beschäl-Stationen.

Laufende No.	Ort der Beschäl-Station.	Besitzer des Beschälers.	Rationale des Privat-Beschälers.	Festgesetztes Deckgeld. Thlr.	Bemerkungen.
1	Comptendorf	Rittergutsbesitzer und Ritterschafts-Rath von Berndt.	lichtbraun mit Stern und damit zusammenhängender schmaler Blesse, und halber Schnuppe, linker Vorderfuß und beide Hinterfüße weiß gefesselt, 13 Jahr alt, 5′ 6″ groß.	2	gekört.

Cottbus, den 31. März 1864.   Der Königliche Landrath von Werdeck.

(9) Bekanntmachung. Die Personenpost von Cottbus nach Sommerfeld wird — statt wie bisher um 5¾ Uhr Nachmittags — von jetzt an während der Dauer des Chausseebaues zwischen Pförten und Sommerfeld schon um 5½ Uhr Nachmittags abgefertigt werden.

Frankfurt a. d. O., den 9. April 1864.   Der Ober-Post-Direktor. gez. Hoppe.

Amts-Blatt
der Königl. Preuß. Regierung zu Frankfurt a./O.

№ 16.   Frankfurt a. d. O., den 20. April.   1864.

Gesetz-Sammlung für die Königlichen Preußischen Staaten pro 1864.

No. 9, enthält: (No. 5841.) Bekanntmachung der Ministerial-Erklärung vom 8. Februar 1864, betreffend die Fortdauer der mit Sachsen wegen gegenseitiger Rechtshülfe geschlossenen Uebereinkunft vom 14. Oktober/30. November 1839. Vom 20. März 1864.

(No. 5842.) Allerhöchster Erlaß vom 22. Februar 1864, betreffend die Verleihung der fiskalischen Vorrechte für den Bau und die Unterhaltung der Kreis-Chausseen: 1) von Krotoschin über Kobierno, Kolonie Rosenfeld nach Roszki, als Knotenpunkt, und von dort bis zur Kreisgrenze bei Glogowo in der Richtung auf Raszkow; 2) von Roszki über Kozminer Deutsch-Hauland, Cegleina nach dem Vorwerk Magiella; 3) von der Krotoschin-Kobyliner Chaussee in Kuflinow nach dem Städtchen Pogorzella und 4) von Kozmin über Hundsfeld, Skalow, Goszjesewo und Wieszowies nach Kuflinow, sämmtlich im Kreise Krotoschin, Regierungsbezirk Posen.

(No. 5843.) Privilegium wegen Emission von 4½prozentigen Prioritäts-Obligationen II. Serie der Rheinischen Eisenbahn-Gesellschaft zum Betrage von 2,000,000 Thalern. Vom 29. Februar 1864.

(No. 5844.) Allerhöchster Erlaß vom 7. März 1864, betreffend die Abänderung der sub No. I. 1. a. und b. des Tarifs vom 4. Mai 1857 gegebenen Vorschriften über die Erhebung des Hafengeldes in Stettin.

(No. 5845.) Bekanntmachung, betreffend die Allerhöchste Genehmigung der Abänderung des am 24. Mai 1851 bestätigten Statuts der Wittstock-Zerniker Chausseebau-Gesellschaft zu Wittstock. Vom 19. März 1864.

No. 10. enthält: (No. 5846.) Allerhöchster Erlaß vom 13. April 1863, betreffend die Genehmigung der Anlage einer Eisenbahn von Deutz resp. Cöln nach Soest.

(No. 5847.) Konzessions- und Bestätigungs-Urkunde für die Cöln-Soester Eisenbahngesellschaft. Vom 16. November 1863.

(No. 5848.) Bekanntmachung, betreffend die Allerhöchste Bestätigung der Abänderungen des Statuts der unter der Firma „Bergbaugesellschaft Neu-Essen zu Essen" bestehenden Aktiengesellschaft. Vom 28. März 1864.

Verordnungen und Bekanntmachungen der Königlichen Regierung zu Frankfurt a. d. O.

I. Der Herr Minister des Innern hat mittelst Rescripts vom 4. d. Mts. auf Grund des §. 2 Alinea 4 der Städte-Ordnung vom 30. Mai 1853 genehmigt, daß folgende von der Stadt Cottbus zur Erbauung eines neuen Gymnasial-Gebäudes käuflich erworbene Grundstücke, als:
 a) ein Theilstück von 120 □Ruthen, von der Kossäthen-Nahrung No. 9 zu Brunschwig-Gasse abgetrennt,
 b) ein Theilstück von 140 □Ruthen, von der Kossäthen-Nahrung No. 8 ebendaselbst abgetrennt, und
 c) eine Parzelle von 124 □Ruthen, von der Büdner-Nahrung No. 91 zu Brunschwig am Berge abgetrennt,
von den Gemeindebezirken Brunschwig-Gasse, bezeichentlich Brunschwig am Berge abgetrennt und mit dem Stadtbezirke Cottbus vereinigt werden.   Frankfurt a. d. O., den 9. April 1864.

II. Auf Grund des §. 1 des Gesetzes vom 14. April 1856 hat das Königliche Ober-Präsidium der Provinz Brandenburg die Einverleibung einer Parzelle von der fiskalischen Dorfstraßenaue zu Zorndorf im Umfange von 1 □Ruthe 106 □Fuß, welche durch Vertrag vom 23. b. M. an den Tischlermeister Buchholz zu Zorndorf veräußert worden, in den Communal-Verband der hasigen Gemeinde mittelst Rescripts vom 3. Dezember v. J. genehmigt.   Frankfurt a. d. O., den 7. April 1864.

III. Zu dem im Verlage der Aug. Hirschwald'schen Buchhandlung in Berlin erschienenen „Handbuch der Sanitäts-Polizei" von Dr. Poppenhain ist ein Supplementband herausgegeben worden. Unter Bezugnahme und Hinweis auf unsere Amtsblatts-Bekanntmachung vom 24. Dezember 1859 — I. No. 1867. Dezember 1859 — bringen wir solches hierdurch zur öffentlichen Kenntniß und empfehlen den Herren Landräthen, den Medizinal-Beamten und Polizei-Behörden auch die Anschaffung dieses Supplementbandes.
Frankfurt a. d. O., den 11. April 1864.

IV. Der bisher von der Stadt Lübben für Benutzung der Spreebrücke am Gubener Thore daselbst erhobene Brückenzoll wird hinfort nicht mehr erhoben, was hiermit zur öffentlichen Kenntniß gebracht wird.
Frankfurt a. d. O., den 18. April 1864.

Personal-Chronik.

Von dem unterzeichneten Consistorium sind die Candidaten:
1) Friedrich Louis Hermann Eduard aus Berlin, 2) Carl Daniel Doyé aus Cöpenick, 3) Carl Wilhelm Eduard Rüger aus Arnswalde, 4) Ernst Wilhelm Hugo Rasse aus Crossen a. O., 5) Reinhold Rudolf Traugott Schoenbrunner aus Berlin, 6) Emil Heinrich Ludwig Snethlage aus Berlin, 7) Carl Gustav Adolf Stüler aus Assen zum Predigtamte erklärt worden.
für wahlfähig zum Predigtamte erklärt worden.
Berlin, den 11. April 1864. Königliches Consistorium der Provinz Brandenburg.

Dem Regierungs-Assessor Kühnemann ist die Verwaltung des Stempelfiscals hierselbst übertragen.
Der Militair-Anwärter Wallmuth ist zum Regierungs-Secretariats-Assistenten ernannt worden.
Der Civil-Supernumerar Bintig hierselbst ist zum Assistenten der Regierungs-Haupt-Kasse ernannt worden.
Frankfurt a. d. O., den 11. April 1864. Der Regierungs-Präsident Frhr. v. Münchhausen.

Der Graf von Finckenstein auf Reitwein ist zum ritterschaftlichen Deputirten des Deichverbandes des Ober-Oberbruchs und der Landrath des Lebuser Kreises von der Marwitz auf Friedersdorf zum Stellvertreter desselben gewählt und sind diese Wahlen Höheren Orts bestätigt worden.
Bei der am 30. v. M. stattgehabten Neuwahl des Deichhauptmanns, sowie des Stellvertreters desselben für den Deichverband der Ober-Niederung unterhalb Fürstenberg ist a) zum Deichhauptmann der Ober-Amtmann John auf Ziltendorf, b) zum Stellvertreter der Lehnschulzengutsbesitzer Schulz daselbst auf die Dauer von 12 Jahren wiedergewählt worden.

Der praktische Arzt, Wundarzt und Geburtshelfer Dr. Marcus Levin Braun ist von Wronke nach Guben gezogen.

In dem Hebeammen-Lehr-Institut für die Niederlausitz zu Lübben sind nachstehend benannte Frauen, als:
1) die verehelichte Häusler Marie Elisabeth Krahl aus Tschernowitz, 2) die verwittwete Auguste Engel zu Calau, 3) die verehelichte Zimmermann Johanna Jentsch aus Stößritz, 4) die verehelichte Häusler und Drechsler Marie Batzke aus Straupitz, 5) die verehelichte Tagelöhner Anna Marie Killan aus Welchow, 6) die verehelichte Fleischermeister Therese Zimmermann geb. Gestaut aus Beeskow, 7) die verehelichte Gärtner Christiane Schrib, geb. Schickedanz aus Gruhno, 8) die verehelichte Schneidermeister Emilie Kunze aus Finsterwalde, 9) die verehelichte Schneider Christiane Heinze aus Sorau, 10) die verehelichte Müller Sabine Henriette Peters aus Kirchhain, 11) die verehelichte Musikus Emilie Schneider aus Guben,
während des geburtshülflichen Lehr-Cursus pro 1863/64 unterrichtet, in der abgehaltenen öffentlichen Prüfung wohlbestanden und demgemäß als Hebeammen approbirt worden.

Die Berufung des bisherigen Küster und Lehrer Reber in Mehlen zum Schullehrer in Potuschel, Diöcese Forst, ist bestätigt.

Der bisher provisorisch angestellte Lehrer Christian Friedrich Fix ist zum zweiten Lehrer in Benau, Diöcese Sorau, berufen.

Der Oberförster Feller hat seit dem 1. April d. J. seinen Wohnsitz von Taubendorf nach Jänischwalde verlegt.

Personal-Veränderungen für den Monat März 1864.

A. Bei dem Königlichen Appellations-Gericht zu Frankfurt a. d. O.
Der Gerichts-Assessor Sehfarth ist in das Departement des Kammergerichts versetzt und der Rechts-Kandidat Milferstaedt ist zum Auskultator ernannt.

B. Bei den Kreisgerichten im Departement.

Seine Majestät der König haben dem Boten und Exekutor Müller zu Cottbus bei der auf seinen Antrag erfolgten Versetzung in den Ruhestand das allgemeine Ehrenzeichen zu verleihen geruht. Der Gefangenwärter Moal zu Spremberg ist zum Gefängniß-Oberaufseher bei dem Kreisgerichte zu Cottbus, der Bote und Exekutor Jankowsky zu Senftenberg zum Gefangenwärter bei dem Kreisgerichte zu Spremberg, der Hülfsbote Hering zu Neudamm zum Boten und Exekutor bei dem Kreisgerichte zu Zielenzig und der Hülfsbote Fischer zu Guben zum Boten und Exekutor bei den Gerichts-Kommissionen in Senftenberg ernannt. Der Kreisrichter Lochmann zu Pförten ist an die Gerichts-Deputation zu Forst mit der Funktion als Dirigent derselben versetzt. Der Bote und Exekutor Ewald zu Crossen ist gestorben.

Der Staats-Anwalt von Lentzke zu Landsberg a. d. W. ist vom 1. Juli cr. ab mit Pension in den Ruhestand versetzt.

Der bisherige Lademeister Seefeld in Guben ist definitiv als solcher bei der Niederschlesisch-Märkischen Eisenbahn angestellt worden.

Vermischte Nachrichten.

(1) Bekanntmachung. Die Oberpfarrstelle zu Driesen, Diöces Friedeberg i. b. N., Königlichen Patronats, ist durch den Tod des Oberpredigers Cotten erledigt worden.

(2) Der Herr Minister des Innern hat dem Polizei-Sergeanten Helmrich zu Landsberg a. d. W. für die von ihm bewirkte Rettung des Knaben Erdmann vom Tode des Ertrinkens die Erinnerungs-Medaille verliehen.

Frankfurt a. d. O., den 15. April 1864.   Königl. Regierung; Abtheilung des Innern.

(3) Die 2. Lehrerstelle an der Schule in Damm, zur Diöcese Cüstrin gehörig, Königlicher Collatur, ist durch die Versetzung ihres zeitherigen Inhabers erledigt worden.

Frankfurt a. d. O., den 13. April 1864.   Königl. Regierung; Abtheilung für Kirchen- und Schulwesen.

(4) Königliche Niederschlesisch-Märkische Eisenbahn. Für den Transport der zu der vom 19. bis 21. Mai d. J. in Posen stattfindenden landwirthschaftlichen Ausstellung bestimmten Gegenstände finden die nachstehenden Erleichterungen resp. Frachtermäßigungen statt:

1) Für landwirthschaftliche Geräthe, Werkzeuge x. und Thiere wird auf dem Hin-Transport der volle tarifmäßige Frachtsatz erhoben.
2) Sämereien und sonstige Produkte der Landwirthschaft werden auch als Einzelgut zum Frachtsatze der ermäßigten Klasse B. in Wagenladungen befördert, wenn die dazu gehörigen Frachtbriefe den Vermerk: „zur Ausstellung nach Posen" tragen und „an das Ausstellungs-Comitee" dortselbst gerichtet sind.
3) Der Rücktransport der unverkauft gebliebenen Ausstellungs-Gegenstände erfolgt auf derselben Route und nach der Absende-Station frachtfrei, wenn
   a) dem auszustellenden Frachtbriefe der Original-Frachtbrief über den Hin-Transport beigefügt ist,
   b) auf demselben von dem Ausstellungs-Comitee bescheinigt ist, daß die Gegenstände auf der Ausstellung gewesen und unverkauft geblieben sind, und
   c) wenn die ad 2 bezeichneten Gegenstände von dem Ausstellungs-Comitee als Versender aufgegeben werden.
4) Den Viehbegleitern ist die Benutzung der III. Wagenklasse resp. der Viehwagen gegen Lösung eines Billets zur IV. Wagenklasse gestattet.

Diese Transport-Erleichterungen beginnen frühestens 4 Wochen vor dem Anfange der Ausstellung und enden 4 Wochen nach dem Schlusse derselben.

Berlin, den 9. April 1864.   Königliche Direktion der Niederschlesisch-Märkischen Eisenbahn.

(5) Königliche Niederschlesisch-Märkische Eisenbahn. Der §. 3 alinea 1, 2, 3, und §. 25 des Betriebs-Reglements für die Preußischen Staats- und unter Staats-Verwaltung stehenden Eisenbahnen vom 17. Februar 1862 sind aufgehoben; an ihre Stelle treten folgende Bestimmungen:

§. 3. Dokumente, Gold- und Silberwaaren, Edelsteine, echte Perlen, Pretiosen, baare Gelder, Gemälde und andere Kunstgegenstände, sowie alle Güter, rücksichtlich deren das Interesse an der rechtzeitigen Lieferung, beziehungsweise der durch verspätete Lieferung entstehende Schaden den im §. 25 vorgesehenen Satz übersteigt, sind von der Beförderung im Bereins-Berkehr durchweg ausgeschlossen.

Auch die vorstehend benannten Gegenstände werden, soweit sie nicht postzwangspflichtig sind, zur Beförderung angenommen.

Welche sonstigen Gegenstände auf einzelnen Verkehrsstrecken von der Beförderung ausgeschlossen sind, wird öffentlich bekannt gemacht.

§. 25. Der von der Eisenbahn zu leistende Ersatz des durch Versäumung der Lieferungszeit entstandenen, von dem Entschädigungsberechtigten nachzuweisenden Schadens, soll, im Fall die Versäumniß nicht mehr als 24 Stunden beträgt, den Betrag der halben Fracht, und im Falle längerer Versäumniß als 24 Stunden den Betrag der ganzen Fracht nicht übersteigen.

Will der Versender einen darüber hinausgehenden Schadenersatz durch Declaration eines bestimmten Betrages, als der Höhe seines Interesses an der rechtzeitigen Lieferung, sich sichern, so hat er das Gut zum Transport im Localverkehr der Verwaltung der Absendestation unter den für diese erlassenen reglementarischen Bestimmungen aufzugeben. (Siehe §. 3.)

Die Angabe eines bestimmten Betrages als des Interesses der rechtzeitigen Ablieferung erfolgt durch Eintragung in die dazu bestimmte Rubrik des Frachtbriefes. Dieselbe muss Behufs ihrer Gültigkeit in der gedachten Rubrik mit Buchstaben eingetragen und mit dem schriftlichen Visum der Versandt-Güter-Expedition versehen sein.

Hat der Versender einen bestimmten Betrag als das Interesse der rechtzeitigen Ablieferung in dieser Form ausdrücklich angegeben, so ist die Eisenbahn, welche in diesem Falle einen besonderen, im Tarif festzustellenden Zuschlag zu den Frachtgeldern erheben darf, auch über den Betrag der Fracht hinaus bis höchstens zu dem Betrage der declarirten Summe den nachgewiesenen Schaden zu vergüten verpflichtet.

Berlin, den 9. April 1864.   Königliche Direktion der Niederschlesisch-Märkischen Eisenbahn.

(6) **Bekanntmachung.** Auf der Ostbahn wird der Artikel: „Seife, mit Ausschluß der Toilette-Seife, vom 21. d. M. ab zum Frachtsatze der ermäßigten Klasse II.A. des Gütertarifs befördert, was wir hierdurch zur allgemeinen Kenntniß bringen.

Bromberg, den 15. April 1864.   Königliche Direktion der Ostbahn.

(7) Nachtrags-Nachweisung von der im Lübbener Kreise pro 1864 mit Genehmigung des Kreis-Schau-Amtes noch etablirten Privat-Beschälstationen.

Laufende No.	Ort der Beschäl-Station	Des Beschälers Besitzer.	Nationale.	Fest-gesetztes Deckgeld. Thlr.	Bemerkung.
1.	Lübben	Premier-Lieuten. a. D. von Letzer Lübben, den 13. April 1864.	Musfat-Schimmel, 6 Jahr alt, 5 Fuß 9 Zoll groß	3	Bei der heutigen nachträglichen Körung genehmigt. Der Landrath von Houwald.

Redigirt im Büreau der Königlichen Regierung.
Druck der Hofbuchdruckerei von Krewitsch u. Sohn in Frankfurt a. d. O.

Amts-Blatt
der Königl. Preuß. Regierung zu Frankfurt a./O.

№ 17.   Frankfurt a. d. O., den 27. April   1864.

Gesetz-Sammlung für die Königlichen Preußischen Staaten pro 1864.

No. 11. enthält: (No. 5849.) Gesetz, betreffend die Abänderung des §. 13, Zusatz 213, des Ostpreußischen Provinzialrechts. Vom 10. März 1864.

(No. 5850.) Privilegium wegen Ausgabe auf den Inhaber lautender Obligationen der Stadt Kempen im Betrage von 50,000 Thalern. Vom 29. Februar 1864.

(No. 5851.) Allerhöchster Erlaß vom 14. März 1864, betreffend die Anwendbarkeit der dem Chausseegeld-Tarife vom 29. Februar 1840 angehängten zusätzlichen Vorschriften in Beziehung auf die Straßen von Dortmund nach Dorstfeld, und von Dortmund nach Körne.

(No. 5852.) Bekanntmachung, betreffend die Allerhöchste Genehmigung der unter der Firma: „Aktiengesellschaft Charlottenhütte" mit dem Sitze zu Niederschelden im Kreise Siegen errichteten Aktiengesellschaft. Vom 2. April 1864.

Verordnungen und Bekanntmachungen der Königlichen Regierung zu Frankfurt a. d. O.

I. Bekanntmachung, den Ankauf von Remonten pro 1864 betreffend.

Zum Ankaufe von Remonten im Alter von drei bis einschließlich sechs Jahren sind im Bezirke der Königlichen Regierung zu Frankfurt a. d. O. und den angrenzenden Bereichen für dieses Jahr nachstehende, Morgens 8 Uhr beginnende Märkte anberaumt worden, und zwar:

den 23. Mai in Züllichau,	den 4. Oktober in Zirke,
„ 25. Mai in Grünberg,	„ 6. „ „ Driesen,
„ 30. Mai in Luckau,	„ 7. „ „ Friedeberg,
„ 1. Juni in Torgau,	„ 8. „ „ Landsberg a. d. W.
„ 18. Juli in Angermünde,	„ 11. „ „ Cüstrin,
„ 17. August in Pyritz,	„ 13. „ „ Reetschin,
„ 23. September in D.-Crone,	„ 15. „ „ Wriezen.

Die von der Militair-Commission erkauften Pferde werden zur Stelle abgenommen und sofort baar bezahlt. Pferde, deren Mängel den Kauf gesetzlich rückgängig machen und Krippensetzer, welche sich als solche innerhalb der ersten 10 Tage herausstellen, sind vom Verkäufer gegen Erstattung des Kaufpreises und der sämmtlichen Unkosten zurückzunehmen.

Mit jedem Pferde sind eine neue rindlederne Trense mit haltbarem Gebisse, eine Gurthalfter und zwei hanfene Stricke ohne besondere Vergütung zu übergeben.   Berlin, den 12. März 1864.
Kriegs-Ministerium; Abtheilung für das Remonte-Wesen.   (gez.) v. Schütz. Menzel. Hartrott.

Mit Bezug auf vorstehende Bekanntmachung wird hierdurch zur öffentlichen Kenntniß gebracht, daß der diesjährige Remonte-Ankauf wieder wie früher stattfindet und die Remonte-Ankaufs-Commission aus dem Oberst Sadersdorf à la suite des Neumärkischen Dragoner-Regiments No. 3. als Präses, dem Premier-Lieutenant von Oheimb vom 2. Schlesischen Husaren-Regiment No. 6. als erstem, und dem Seconde-Lieutenant Beneckendorf und Hindenberg vom 2. Garde-Dragoner-Regiment als zweitem Hilfsoffizier bestehen wird.   Frankfurt a. d. O., den 2. April 1864.

II. Bekanntmachung, die Aufnahme in das evangelische Lehrerinnen-Seminar zu Droyßig betreffend.

Zu Anfang September d. Js. findet bei dem evangelischen Lehrerinnen-Seminar zu Droyßig bei Zeitz, im Regierungsbezirk Merseburg, eine neue Aufnahme von Jungfrauen statt, welche sich für den Lehrerinnen-Beruf ausbilden wollen.

Das genannte Seminar nimmt Zöglinge aus allen Provinzen der Monarchie auf. Der Cursus ist zweijährig.

Das Seminar hat den Zweck, auf dem Grund des evangelischen Bekenntnisses christliche Lehrerinnen für den Dienst an Elementar- und Bürgerschulen auszubilden, wobei nicht ausgeschlossen wird, daß die in ihm vorgebildeten Lehrerinnen nach ihrem Austritt Gelegenheit erhalten, in Privatverhältnissen für christliche Erziehung und für Unterricht thätig zu werden.

Der Unterricht des Seminars und die Uebung in der mit demselben verbundenen Töchterschule erstrecken sich auf alle für diesen Beruf erforderlichen Kenntnisse und Fertigkeiten, den Unterricht in der französischen Sprache und in Handarbeiten mit eingeschlossen.

Die Zöglinge des Seminars wohnen in dem für diesen Zweck vollständig eingerichteten Anstaltsgebäude. Das Leben in der Anstalt ruht auf dem Grund des Wortes Gottes und christlicher Gemeinschaft.

Für den Unterricht, volle Beköstigung, Wohnung, Bett und Bettwäsche, Heizung und Beleuchtung, so wie für ärztliche Pflege und Medicin wird eine in monatlichen Raten voraus zu zahlende Pension von 65 Thalern jährlich entrichtet. Zeitweise Abwesenheit aus der Anstalt entbindet nicht von der Fortzahlung der Pension.

Es sind Fonds vorhanden zur Unterstützung für würdige und dürftige Zöglinge; eine solche kann jedoch in der Regel erst vom zweiten Jahr des Aufenthalts ab gewährt werden.

Die Zulassung zu dem Seminar erfolgt auf Vorschlag der betreffenden Königlichen Regierung, resp. des Königlichen Provinzial-Schul-Collegiums in Berlin, durch mich unter Vorbehalt einer vierteljährigen Probezeit.

Die Zulassung zu der diesjährigen Aufnahme ist bis spätestens zum 1. Juni bei derjenigen Königlichen Regierung, in deren Verwaltungsbezirk die Bewerberin wohnt, unter Einreichung folgender Schriftstücke und Zeugnisse nachzusuchen:

1) Geburts- und Taufschein, wobei bemerkt wird, daß die Bewerberin am 1. Oktober d. Js. nicht unter 17 Jahr alt sein darf.
2) Ein Zeugniß eines Königlichen Kreis-Physikus über normalen Gesundheitszustand, namentlich daß die Bewerberin nicht an Brustschwäche, Kurzsichtigkeit, Schwerhörigkeit, sowie an anderen die Ausübung des Lehramts behindernden Gebrechen leidet, auch in ihrer körperlichen Entwickelung soweit vorgeschritten ist, um den Aufenthalt im Seminar ohne Gefährdung ihrer Gesundheit übernehmen zu können. Zugleich ist ein Zeugniß über stattgefundene Impfung vorzulegen.
3) Ein Zeugniß der Ortspolizeibehörde über die sittliche Führung der Aspirantin; ein eben solches von ihrem Seelsorger über ihr Leben in der Kirche und in der christlichen Gemeinschaft.
4) Ein von der Bewerberin selbst verfaßter Lebenslauf, aus welchem ihr bisheriger Lebensgang zu ersehen und auf die Entwickelung ihrer Neigung zum Lehrberuf zu schließen ist. Dieses Schriftstück gilt zugleich als Probe der Handschrift.
5) Eine Erklärung der Eltern oder Vormünder, daß dieselben das Pensionsgeld von 65 Thalern jährlich auf zwei Jahre zu zahlen sich verpflichten.

Im Fall von der Bewerberin auf Unterstützung Anspruch gemacht wird, ist ein von der Ortsbehörde ausgestelltes Armuthszeugniß beizubringen, aus welchem die Vermögensverhältnisse der Bewerberin und ihrer Angehörigen genau zu ersehen sind.

Zur Aufnahme in das Seminar sind, mit Ausnahme der Ausbildung in der Musik, diejenigen Kenntnisse und Fertigkeiten erforderlich, wie sie in dem Regulativ vom 2. Oktober 1854 für die Vorbildung der Seminar-Präparanden bezeichnet sind; außerdem Fertigkeit in weiblichen Handarbeiten. Ein Anfang im Verständniß der französischen Sprache, sowie im Klavierspiele, Gesang und Zeichnen sind erwünscht.

Berlin, den 4. April 1864.

Der Minister der geistlichen, Unterrichts- und Medicinal-Angelegenheiten. In Vertr.: (gez.) Lehnert.

Unter Bezugnahme auf die vorstehende Bekanntmachung werden die Herren Superintendenten und Schulinspektoren veranlaßt, die an uns gerichteten Gesuche derjenigen Jungfrauen in ihren Aufsichtsbezirken, welche anfangs September b. Js. in das evangelische Lehrerinnen-Seminar zu Droßig aufgenommen zu werden und sich für den Beruf als Lehrerinnen auszubilden wünschen, um Zulassung zur Vorprüfung für die Aufnahme entgegen zu nehmen und unter Anschluß der erforderlichen Schriftstücke und Zeugnisse bis zum 1. Juni cr. an uns einzureichen. Der Termin zur Vorprüfung ist auf den 23. Juni b. Js. festgesetzt und wird die Citation der zu derselben angemeldeten und zugelassenen Examinanden seiner Zeit erfolgen. Frankfurt a. d. O., den 13. April 1864.

III. Bekanntmachung, die diesjährige Aufnahme in das evangelische Gouvernanten-Institut zu Droyßig betreffend.

In der unter der unmittelbaren Leitung des Ministers der geistlichen ꝛc. Angelegenheiten stehenden Bildungs-Anstalt für evangelische Gouvernanten und Lehrerinnen an höheren Töchter-schulen zu Droyßig bei Zeitz, im Regierungsbezirk Merseburg, beginnt im September d. Js. ein neuer Cursus, zu welchem der Zutritt einer Anzahl junger Damen offen steht.

Der Cursus dauert drei Jahre. Die Entlassung der Zöglinge erfolgt nach einer vor einer Königlichen Kommission bestandenen Prüfung und mit einem von der ersteren ausgestellten Qualificationszeugniß für den Beruf als Erzieherinnen und Lehrerinnen in Familien und in höheren Töchterschulen.

Die Hauptaufgabe der Anstalt ist, für den höheren Lehrerinnenberuf geeignete evangelische Jungfrauen zunächst in christlicher Wahrheit und in christlichem Leben selbst so zu begründen, daß sie befähigt und geneigt werden, die ihnen später anzuvertrauenden Kinder in christlichem Glauben und in der christlichen Liebe zu erziehen.

Sodann sollen sie theoretisch und praktisch mit einer guten und einfachen Unterrichts- und Erziehungs-methode bekannt gemacht werden, in welcher letzteren Beziehung sie in dem mit dem Gouvernanten-Institut verbundenen Töchter-Pensionat lehrend und erziehend beschäftigt werden. Ein besonderes Gewicht wird auf die Ausbildung in der französischen und englischen Sprache, sowie in der Musik gelegt.

Der Unterricht in Geschichte, Literatur und in sonstigen zur allgemeinen Bildung gehörigen Gegenständen findet seine volle Vertretung unter vorzugsweiser Berücksichtigung der Zwecke weiblicher Bildung, weshalb jede Verflachung zu vermeiden und die nothwendige Vertiefung des Gemüthslebens zu erzielen gesucht wird.

Die Einrichtung der Anstalt bietet zur Betheiligung an häuslichen Arbeiten, soweit diese das Gebiet auch der körperlichen Pflege und Erziehung angehen, geordnete Gelegenheit.

Die Zöglinge zahlen eine in monatlichen Raten voraus zu entrichtende Pension von 105 Thaler jährlich, wofür sie den gesammten Unterricht, volle Beköstigung, Bett und Bettwäsche, Heizung und Beleuchtung, sowie ärztliche Pflege und Medicin für vorübergehendes Unwohlsein frei haben. Für die Anstalten ist ein besonderer Arzt angenommen.

Ermäßigung oder Erlaß der Pension kann nicht stattfinden.

Die Meldungen zur diesjährigen Aufnahme sind spätestens bis zum 10. Juli d. Js. unmittelbar an mich einzureichen. Denselben ist beizufügen:

1) Der Geburts- und Taufschein, wobei bemerkt wird, daß die Aufzunehmenden das 17. Lebensjahr erreicht haben müssen.
2) Ein Zeugniß der Ortspolizeibehörde über die sittliche Führung; ein eben solches von dem Ortsgeist-lichen und Seelsorger über das Leben der Aspirantin in der Kirche und christlichen Gemeinschaft. In demselben ist zugleich ein Urtheil über die Kenntnisse der Aspirantin in den christlichen Religionswahr-heiten und in der biblischen Geschichte nach Maßgabe des Regulativs vom 2. Oktober 1854 auszusprechen.
3) Ein Zeugniß des betreffenden Königl. Kreis-Physikus über normalen Gesundheitszustand, namentlich daß die Bewerberin nicht an Gebrechen leidet, welche sie an der Ausübung des Erziehungs- und Lehr-berufs hindern werden, und daß sie in ihrer körperlichen Entwickelung genügend vorgeschritten ist, um einen dreijährigen Aufenthalt in dem Institut ohne Gefährdung für ihre Gesundheit übernehmen zu können.
4) Eine Erklärung der Eltern oder Vormünder, oder sonst glaubhaft geführter Nachweis, daß das Pen-sionsgeld von 105 Thalern jährlich auf drei Jahre gezahlt werden soll.
5) Ein selbstgeschriebener Lebenslauf, aus welchem der bisherige Bildungsgang der Aspirantin zu ersehen und auf die Entwickelung ihrer Neigung zu dem erwählten Beruf zu schließen ist.
6) Die aus den zuletzt besuchten Schulen und Bildungs-Anstalten erhaltenen Zeugnisse.
7) Außerdem hat sich die Bewerberin bei einem von ihr zu wählenden Direktor oder Lehrer einer höheren öffentlichen Unterrichts-Anstalt, oder bei einem Königlichen Schulrath einer Prüfung zu unter-werfen und ein Zeugniß desselben über ihre Kenntnisse in der deutschen, englischen und französischen Sprache und Literatur, sowie in den Realgegenständen beizubringen. Diesem Zeugniß sind die schriftlich angefertigten und censirten Prüfungsarbeiten beizufügen. Hinsichtlich der erlangten musikalischen Aus-bildung genügt, wenn nicht das Zeugniß eines Musikverständigen beigebracht werden kann, die eigene Angabe über die seither betriebenen Studien.

Fertigkeit in den gewöhnlichen weiblichen Handarbeiten wird vorausgesetzt.

Jungfrauen, welchen es Ernſt iſt, in einer wohlgeordneten chriſtlichen Gemeinſchaft ſich zu einem würdigen Lebenslauf vorzubereiten, werden dazu in der Bildungs-Anſtalt zu Droßig eine Gelegenheit finden, die auch weniger wohlhabenden einen lohnenden Beruf ſichert.

In das mit dem Gouvernanten-Inſtitut verbundene Penſionat für evangeliſche Töchter höherer Stände können ebenfalls als Zöglinge vom 10.—16. Lebensjahre Aufnahme finden. Dieſelben ſind bei dem Königlichen Seminar-Direktor Kritzinger in Droßig anzumelden, von welchem auch ausführliche Programme über das Penſionat bezogen werden können. Berlin, den 4. April 1864.

Der Miniſter der geiſtlichen, Unterrichts- und Medicinal-Angelegenheiten. In Vertr.: (gez.) Lehnert.

Vorſtehende Bekanntmachung wird mit dem Hinzufügen veröffentlicht, daß, falls die Prüfung bei einem Königlichen Schulrath nachgeſucht wird, das Geſuch bis zum 15. Juni cr. an uns einzureichen iſt.

Frankfurt a. d. O., den 13. April 1864.

Perſonal-Chronik.

Se. Majeſtät der König haben dem Oberförſter Ewald zu Hohenwalde den Königlichen Kronen-Orden vierter Klaſſe Allergnädigſt zu verleihen geruht.

Der bisherige Schulamts-Candidat Guſtav Otto Ehlau iſt als ordentlicher Lehrer an dem Gymnaſium zu Landsberg a. d. W. angeſtellt worden.

Der Regierungs-Rath Rubloff iſt von Oppeln an das hieſige Regierungs-Collegium verſetzt worden.

Der Regierungs-Aſſeſſor Ramm iſt von Arnsberg zur hieſigen Königlichen Regierung verſetzt worden.

Der Domainen-Rentmeiſter Hauſabowsky zu Croſſen iſt vom 1. Mai cr. ab, zum Polizei-Anwalt für den Bezirk des Königlichen Kreisgerichts zu Croſſen und der Kreis-Sekretair Kühn daſelbſt zum Stellvertreter des Polizei-Anwalts für dieſen Bezirk, beide mit Ausſchluß 1) derjenigen Geſchäfte, welche den Stadtbezirk Croſſen angehen, ſowie 2) derer, welche auf den Commiſſions-Gerichtstagen zu Bobersberg verhandelt werden und 3) der Forſtſtrafſachen der Königlichen Forſtreviere Groſchen und Croſſen; der ꝛc. Hauſabowsky außerdem zum Stellvertreter des Forſtpolizeianwalts für das letztere Revier, ſoweit daſſelbe zum Bezirke des Kreisgerichts Croſſen gehört, ernannt worden. Die Polizei-Anwaltſchaft für den Croſſener Stadtbezirk verbleibt dem Bürgermeiſter Lorenz und die Stellvertretung in derſelben dem Syndikus Buſche zu Croſſen.

Frankfurt a. d. O., den 18. April 1864. Der Regierungs-Präſident Frhr. v. Münchhauſen.

Der Oberſtabsarzt a. D. Dr. Alexander Otto Ferdinand Tillich hat ſich als praktiſcher Arzt, Wundarzt und Geburtshelfer in Lieberoſe niedergelaſſen.

Die Berufung des Predigtamts-Candidaten Albert Leopold Otto Rentſch zum erſten Lehrer an der höheren Töchterſchule in Landsberg a. d. W. iſt beſtätigt.

Der Lehrer Karl Heinrich Guſtav Kunow, früher in Schützenſorge, iſt zum Schullehrer in Stuttgardt, Diöceſe Sonnenburg, berufen.

Die Berufung des Lehrers Gottfried Robert Lorenz zum Küſter und Lehrer in Kurtſchow, Diöceſe Croſſen, iſt beſtätigt.

Der Lehrer Chriſtian Wilhelm Schulze iſt zum 1. Lehrer in Damm, Diöceſe Cüſtrin, berufen.

Die Berufung des Lehrers Carl Julius Auguſt Goehling aus Lipke zum Küſter- und Lehrer-Adjunkten in Görsdorf, Diöceſe Müncheberg, iſt beſtätigt.

Für den 7. ländlichen Bezirk des Kreiſes Croſſen iſt der Lieutenant von Hill zu Groß-Blumberg als Schiedsmann gewählt und beſtätigt worden.

Vermiſchte Nachrichten.

(1) Des Königs Majeſtät haben mittelſt Allerhöchſter Ordre vom 19. v. Mts. dem Haupt-Steuer-Amts-Diener Johann Friedrich Schulz hierſelbſt das Verdienſt-Ehrenzeichen für Rettung aus Gefahr in Gnaden zu verleihen geruht.

Frankfurt a. d. O., den 18. April 1864. Königl. Regierung; Abtheilung des Innern.

(2) Patent-Ertheilung. Dem Mechaniker Hermann Adalbert Baumgaertel in Chemnitz iſt unter dem 9. April 1864 ein Patent

auf eine Vorrichtung an Wagenthüren, zur Verhütung des Einklemmens der Kleidungsſtücke, ſo wie der Beſchädigung der Fahrenden, in der durch Modell und Beſchreibung nachgewieſenen Zuſammenſetzung,

auf fünf Jahre, von jenem Tage an gerechnet, und für den Umfang des preußiſchen Staats ertheilt worden.

Frankfurt a. d. O., den 19. April 1864. Königl. Regierung; Abtheilung des Innern.

(3) Die Küster- und Schullehrer-Stelle in Roebnitz, zur Diöcese Crossen gehörig, Königl. Patronats, wird durch die Emeritirung ihres zeitherigen Inhabers zum 1. Juli d. J. erledigt.
Frankfurt a. d. O., den 22. April 1864. Königl. Regierung; Abtheilung für Kirchen- und Schulwesen.

(4) Die Küster- und Schullehrer-Stelle in Schabewitz, zur Diöcese Liebenwerda gehörig, Königl. Patronats, ist durch die Versetzung ihres zeitherigen Inhabers erledigt worden.
Frankfurt a. d. O., den 18. April 1864. Königl. Regierung; Abtheilung für Kirchen- und Schulwesen.

(5) Die Küster- und Schullehrer-Stelle in Alt-Golßen, zur Diöcese Luckau gehörig, Privat-Patronats, ist durch die Versetzung ihres zeitherigen Inhabers erledigt worden.
Frankfurt a. d. O., den 18. April 1864. Königl. Regierung; Abtheilung für Kirchen- und Schulwesen.

(6) Die Küster- und vierte Lehrer-Stelle in Triebel, zur Diöcese Sorau gehörig, magistratualischen Patronats, ist durch den Tod ihres zeitherigen Inhabers erledigt worden.
Frankfurt a. d. O., den 14. April 1864. Königl. Regierung; Abtheilung für Kirchen- und Schulwesen.

(7) Königliche Niederschlesisch-Märkische Eisenbahn. Für den Transport der zu der vom 19. bis 21. Mai d. J. in Posen stattfindenden landwirthschaftlichen Ausstellung bestimmten Gegenstände finden die nachstehenden Erleichterungen resp. Frachtermäßigungen statt:
1) Für landwirthschaftliche Geräthe, Werkzeuge ꝛc. und Thiere wird auf dem Hin-Transport der volle tarifmäßige Frachtsatz erhoben.
2) Sämereien und sonstige Produkte der Landwirthschaft werden auch als Einzelgut zum Frachtsatze der ermäßigten Klasse B. in Wagenladungen befördert, wenn die dazu gehörigen Frachtbriefe den Vermerk: „zur Ausstellung nach Posen" tragen und „an das Ausstellungs-Comitee" dortselbst gerichtet sind.
3) Der Rücktransport der unverkauft gebliebenen Ausstellungs-Gegenstände erfolgt auf derselben Route und nach der Absende-Station frachtfrei, wenn
   a) dem auszustellenden Frachtbriefe der Original-Frachtbrief über den Hin-Transport beigefügt ist,
   b) auf demselben von dem Ausstellungs-Comitee bescheinigt ist, daß die Gegenstände auf der Ausstellung gewesen und unverkauft geblieben sind, und
   c) wenn die ad 2 bezeichneten Gegenstände von dem Ausstellungs-Comitee als Versender aufgegeben werden.
4) Den Viehbegleitern ist die Benutzung der III. Wagenklasse resp. der Viehwagen gegen Lösung eines Billets zur IV. Wagenklasse gestattet.
Diese Transport-Erleichterungen beginnen frühestens 4 Wochen vor dem Anfange der Ausstellung und enden 4 Wochen nach dem Schlusse derselben.
Berlin, den 9. April 1864. Königliche Direktion der Niederschlesisch-Märkischen Eisenbahn.

(8) Königliche Niederschlesisch-Märkische Eisenbahn. Der §. 3 alinea 1, 2, 3, und §. 25 des Betriebs-Reglements für die Preußischen Staats- und unter Staats-Verwaltung stehenden Eisenbahnen vom 17. Februar 1862 sind aufgehoben; an ihre Stelle treten folgende Bestimmungen:

§. 3. Dokumente, Gold- und Silberwaaren, Edelsteine, echte Perlen, Pretiosen, baare Gelder, Gemälde und andere Kunstgegenstände, sowie alle Güter, rücksichtlich deren die Interesse an der rechtzeitigen Lieferung, beziehungsweise der durch verspätete Lieferung entstehende Schaden die im §. 25 vorgesehenen Sätze übersteigt, sind von der Beförderung im Vereins-Verkehr durchweg ausgeschlossen.
Auch die vorstehend benannten Gegenstände werden, soweit sie nicht postzwangspflichtig sind, zur Beförderung angenommen.
Welche sonstigen Gegenstände auf einzelnen Verkehrsstrecken von der Beförderung ausgeschlossen sind, wird öffentlich bekannt gemacht.
§. 25. Der von der Eisenbahn zu leistende Ersatz des durch Versäumung der Lieferungszeit entstandenen, von dem Entschädigungsberechtigten nachzuweisenden Schadens, soll, im Fall die Versäumniß nicht mehr als 24 Stunden beträgt, den Betrag der halben Fracht, und im Falle längerer Versäumniß als 24 Stunden den Betrag der ganzen Fracht nicht übersteigen.
Will der Versender einen darüber hinausgehenden Schadenersatz durch Declaration eines bestimmten Betrages, als der Höhe seines Interesses an der rechtzeitigen Lieferung, sich sichern, so hat er das Gut zum Transport im Localverkehr der Verwaltung der Absendestation unter den für diese erlassenen reglementarischen

Die Angabe eines bestimmten Betrages als des Interesses der rechtzeitigen Ablieferung erfolgt durch Eintragung in die dazu bestimmte Rubrik des Frachtbriefes. Dieselbe muss Behufs ihrer Gültigkeit in der gedachten Rubrik mit Buchstaben eingetragen und mit dem schriftlichen Visum der Versandt-Güter-Expedition versehen sein.

Hat der Versender einen bestimmten Betrag als das Interesse der rechtzeitigen Ablieferung in dieser Form ausdrücklich angegeben, so ist die Eisenbahn, welche in diesem Falle einen besonderen, im Tarif festzustellenden Zuschlag zu den Frachtgeldern erheben darf, auch über den Betrag der Fracht hinaus bis höchstens zu dem Betrage der declarirten Summe den nachgewiesenen Schaden zu vergüten verpflichtet.

Berlin, den 9. April 1864. Königliche Direktion der Niederschlesisch-Märkischen Eisenbahn.

(9) Königliche Niederschlesisch-Märkische Eisenbahn. Zur Vermeidung von Irrthümern werden die Bestimmungen der §§. 13 und 27 des Gütertarifs der Niederschlesisch-Märkischen Eisenbahn vom 1. März 1862 hierdurch dahin ergänzt, daß die Ladegebühren von 2 Pf. pro Ctr. bei Gütern der ermäßigten Tarif-Klassen auch dann, jedoch nur zum einfachen Betrage, zur Erhebung kommen, wenn im Transit-Verkehr eine Umladung dadurch veranlaßt wird, daß die Wagen fremder Bahnen conventionsmäßig nicht bis zum Bestimmungsorte des Gutes durchlaufen dürfen.

Berlin, den 18. April 1864. Königliche Direktion der Niederschlesisch-Märkischen Eisenbahn.

(10) Bekanntmachung. In der Zeit vom 25. März bis 1. Mai d. J. wird die Personen-Post von Kriescht nach Döllensradung — statt wie gewöhnlich um 3¾ Uhr — schon um 2¾ Uhr früh abgefertigt werden. Während des angegebenen Zeitraums soll die Anmeldung und Einschreibung von unterwegs sich meldenden Personen in Beaulieu, am Hause des Wallmeister Moritz und am Hause des Kossäthen Lehmann gestattet sein.

Frankfurt a. d. O., den 21. April 1864. Der Ober-Post-Direktor. In Vertr.: gez. Rend.

— 101 —

Amts-Blatt
der Königl. Preuß. Regierung zu Frankfurt a/O.

№ 18.   Frankfurt a. d. O., den 4. Mai.   1864.

Gesetz-Sammlung für die Königlichen Preußischen Staaten pro 1864.

No. 12. enthält: (No. 5853.) Verordnung, betreffend die Feststellung einer Endfrist für die Annahme der Oesterreichischen Zwanzig- und Zehnkreuzerstücke bei den Königlichen Kassen in den Hohenzollernschen Landen. Vom 11. April 1864.
(No. 5854.) Allerhöchster Erlaß vom 7. März 1864, betreffend die Verleihung der fiskalischen Vorrechte für den Bau und die Unterhaltung einer Gemeinde-Chaussee von Schendorf an der Cöln-Jülicher Staatsstraße über Hammersbach nach Moderath an der Cöln-Dürener Bezirksstraße.
(No. 5855.) Privilegium wegen Ausgabe auf jeden Inhaber lautender Obligationen der Stadt Insterburg zum Betrage von 100,000 Thalern. Vom 12. März 1864.
(No. 5856.) Bekanntmachung, betreffend die von beiden Häusern des Landtages ertheilte Genehmigung zu der Verordnung vom 20. September 1863 wegen Abänderung des Zolltarifs. Vom 11. April 1864.

Verordnungen und Bekanntmachungen der Königlichen Regierung zu Frankfurt a. d. O.

I. Die Bequemlichkeit und Erleichterung, welche dem Handelsverkehre in Getreide aus der Anwendung der Proportional-Waagen erwachsen, hat von vielen Seiten den Wunsch veranlaßt, daß dergleichen Hülfsapparate nach Preußischem Maaße und Gewichte gefertigt und zur Eichung und Stempelung zugelassen werden möchten.

Die in Folge dessen von der Königlichen Normal-Eichungs-Commission in meinem Auftrage angestellten umfassenden Versuche zur Ermittelung des Verhältnisses, in welchem das Preußische Scheffelmaaß und das Gewicht eines Scheffels Getreide zu verjüngen seien, damit in dem Gewichte der gefüllten Kornschaale das Gewicht eines Scheffels der gewogenen Getreidesorte richtig sich repräsentirt finde, haben überzeugend dargethan, daß das Gewicht einer Menge Weizen oder Roggen, welche den Inhalt eines Gemäßes von $1/192$ des kubischen Inhalts des Preußischen Scheffels füllt, genau den 200sten Theil des Gewichts des ganzen Scheffels der betreffenden Getreidesorte anzeigt.

Auf Grund dieser Thatsache und da auch die über die Einführung einer Preußischen Proportional-Getreidewaage vernommenen Organe des Handelsstandes das angegebene Verjüngungs-Verhältniß als zutreffend anerkannt und eine danach construirte Wiegevorrichtung als im Getreideverkehr willkommen bezeichnet haben, ist die Königliche Normal-Eichungs-Commission beauftragt worden, dergleichen Apparate mit den zugehörigen Gewichten anzufertigen und mit dem Eichungs-Stempel versehen zum Verkauf vorräthig zu halten.

Es werden demnach nunmehr dem betheiligten Publikum diese Proportional-Getreidewaagen, deren Richtigkeit durch das darauf befindliche Stempelzeichen amtlich beglaubigt ist, zur Benutzung übergeben. Hierbei wird jedoch ausdrücklich bemerkt, daß es auch fernerhin lediglich von dem freien Willen der Betheiligten abhängig bleibt, inwieweit sie bei dem Abschluß eines Handelsgeschäfts sich einer solchen Waage bedienen wollen, und daß durch die Einführung der Proportional-Waage die Befugniß zur ferneren Anwendung der noch mehrfach gebräuchlichen Holländischen Getreidewaage nicht berührt wird.

In Betreff der Benutzung des Apparats wird noch Folgendes bemerkt:
1. Die Vorrichtung dient zunächst nur zum Wiegen von Roggen und Weizen, während sie für Gerste nicht ganz so sichere Resultate liefert, auf Hafer aber gar keine Anwendung findet. Die Kornschaale repräsentirt jedoch nur einen solchen Scheffel Getreide, welcher mittelst eines flachen Streichbrettes, dessen unterer zum Abstreichen zu benutzender Rand eine Abrundung nach einem Kreisbogen von $3/4$ Zoll Radius hat,

2. Der zugehörige Gewichtssatz besteht aus 10 Gewichtsstücken, die eine doppelte Bezeichnung haben. Die größeren Zahlen oberhalb der Köpfe der einzelnen Stücke repräsentiren Pfunde nach dem Verjüngungs-Verhältnisse von 1 zu 200, während die kleineren Zahlen unterhalb der Köpfe die wirkliche Schwere in Assen des Münzgewichtes ausdrücken.

3. Von den beiden Schaalen, welche, ineinandergeschoben, die Umhüllung des in einem runden Holzkasten enthaltenen Gewichtssatzes bilden, ist die eine als berjüngter Scheffel am oberen verstärkten Rande gestempelt. Diese dient, als die eigentliche Kornschaale, zur Aufnahme des Getreides, wogegen die andere Schaale zur Aufnahme der Gewichte bestimmt ist.

4. Die Füllung der Kornschaale muß auf einmal geschehen, es muß also eine nachträgliche Zufüllung von Korn gänzlich vermieden werden. Zu dem Ende bildet man mit beiden Händen einen muldenförmigen Raum, der soviel Getreide faßt, wie zur Füllung der Schaale mit einer kleinen Anhäufung erforderlich ist, hält dieses Getreide etwa ½ Zoll über dem oberen Rande der Kornschaale und läßt es mittelst plötzlichen Oeffnens der Hände durch eine drehende Bewegung derselben hineinfallen, wobei jede Erschütterung der Kornschaale sorgfältig vermieden werden muß.

5. Das Abstreichen mittelst des runden Streichholzes, welches sich in einer Höhlung des Holzkastens befindet, erfolgt demnächst in der gewöhnlichen Weise, indem man das Streichholz, ohne Drehung desselben, über den oberen Rand der Schaale langsam in gerader Richtung fortführt.

Die Führung und Stempelung der Preußischen Proportional-Getreidewaagen ist für jetzt ausschließlich der Königlichen Normal-Eichungs-Kommission vorbehalten. Letztere verabfolgt den vollständigen Apparat, welcher eine Einrichtung, um ihn bequem in der Tasche tragen zu können, erhalten hat, für den Preis von 5 Thlr. 20 Sgr. einschließlich der Stempelgebühren. Auf besonderes Verlangen wird dieselbe auch Getreidewaagen, welche eine stationaire Aufstellung erhalten sollen, anfertigen und verabfolgen.

Die Königliche Regierung hat das betheiligte Publikum durch Bekanntmachung dieser Verfügung im Amtsblatte auf die neue Einrichtung aufmerksam zu machen. Berlin, den 17. April 1864.
Der Minister für Handel, Gewerbe und öffentliche Arbeiten. Graf v. Itzenplitz.
An die Königliche Regierung zu Frankfurt. IV. 10943.

Das vorstehende Rescript wird hiermit zur öffentlichen Kenntniß gebracht.
Frankfurt a. d. O., den 27. April 1864.

II. Nachdem die Wahrnehmung gemacht worden ist, daß die im §. 2 des Organisationsplans für die Provinzial-Gewerbeschulen vom 5. Juni 1850 enthaltenen Vorschriften über das, für die Aufnahme in diese Schulen erforderliche Maaß der Kenntniß in der Deutschen Sprache nicht überall gleichmäßig zur Anwendung gebracht werden, und nicht durchweg den, im Interesse der gewerblichen Bildung zu stellenden Anforderungen entsprechen, bestimme ich hierdurch, daß vom Schluße des Sommer-Semesters d. J. ab, an die Stelle der Festsetzungen unter 2 und 3 a. a. O. die folgenden treten sollen:

2) daß er eine leserliche Handschrift schreibe,
3) daß er ein ihm vorgetragenes einfaches Thema mündlich und schriftlich ohne wesentliche Verstöße gegen die Grammatik wieder zu geben im Stande sei.

Die Königliche Regierung beauftrage ich, hiervon die Direktoren der Provinzial-Gewerbeschulen Ihres Bezirks in Kenntniß zu setzen, und diese Verfügung durch Ihr Amtsblatt zu veröffentlichen.
Berlin, den 18. April 1864.
Der Minister für Handel, Gewerbe und öffentliche Arbeiten. gez. Graf v. Itzenplitz.
An die Königliche Regierung zu Frankfurt. IV. 2826.

Das vorstehende Rescript des Herrn Ministers für Handel, Gewerbe und öffentliche Arbeiten wird hiermit zur öffentlichen Kenntniß gebracht. Frankfurt a. d. O., den 26. April 1864.

III. Durch Rescript vom 6. Juli 1863 hat das Königliche Ober-Präsidium der Provinz Brandenburg genehmigt, daß die an die Gemeinde Hohenwalde veräußerte und am 15. d. M. übergebene Parzelle der fiskalischen Dorfaue daselbst zum Flächeninhalte von 22,34 □-Ruthen in den Kommunal-Verband der Gemeinde Hohenwalde einverleibt werde. Frankfurt a. d. O., den 25. April 1864.

IV. Das Königliche Ober-Präsidium der Provinz Brandenburg hat mittelst Rescripts vom 18 d. M. auf Grund des §. 1 des Gesetzes vom 14. April 1856 genehmigt, daß die früher zum Lehnschulzengute in Ratzdorf gehörig gewesenen s. g. Lehmwiesen mit den darauf erbauten Gebäuden aus dem Gemeinde-Verbande von Ratzdorf ausgesondert und in den Verband der Dorfgemeinde Ober-Sennin einverleibt werden.

V. Die in unserer Bekanntmachung vom 18. v. M. — I. C. c. 356. 64. — bezeichnete Fläche der durch Vertrag vom 4. März cr. an den Gastwirth und Brauereibesitzer Erdmann zu Dorf Kienitz veräußerten, in den Communal-Verband der Gemeinde Kienitz mit Genehmigung des Königlichen Ober-Präsidii der Provinz Brandenburg einverleibten Parzelle der fiscalischen Dorfaue daselbst beträgt nur 88 ☐Fuß, was hierdurch berichtigend mitgetheilt wird. Frankfurt a. d. O., den 21. April 1864.

VI. Wir bringen hiermit zur öffentlichen Kenntniß, daß von heute ab die hiesige Haupt-Instituten- und Kommunal-Kasse aufgelöst ist und die Geschäfte derselben der Regierungs-Haupt-Kasse hierselbst übertragen sind. Wer also Gelder von der Haupt-Instituten-Kasse zu erheben oder Zahlungen an dieselbe zu leisten hat, hat sich von jetzt ab an die Regierungs-Haupt-Kasse zu wenden; die Quittungen über die zu erhebenden Gelder müssen daher auch auf die Regierungs-Haupt-Kasse lauten.
Frankfurt a. d. O., den 2. Mai 1864.

VII. Die im Verlage von Johann Urban Kern in Breslau erschienene Schrift: „Gesetze und Verordnungen, betreffend die Dampfkessel- und Dampf-Maschinen-Polizei im Preußischen Staate. Nach amtlichen Quellen zusammengestellt zum Gebrauch für Beamte und Industrielle. Preis 10 Sgr." ist zweckmäßig bearbeitet, und wird ihrer Brauchbarkeit wegen hiermit empfohlen. Frankfurt a. d. O., den 27. April 1864.

VIII. Bekanntmachung, die Beiträge zum Domainen-Feuerschäden-Fonds pro 1. Mai 1864/65 betreffend.

Mit Bezugnahme auf den §. 20 des Regulativs vom 29. April 1826, wegen Einrichtung des Domainen-Feuerschäden-Fonds, und den 20sten Zusatz zum §. 21 desselben, wonach die fixirten Beiträge zu diesem Fonds für das Rechnungs-Jahr vom 1. Mai 1864/65 mit zwei Dritttheilen zum 1. Mai und mit einem Dritttheil am 1. Dezember d. J. eingesandt werden sollen, werden die Theilnehmer des diesseitigen Domainen-Feuerschäden-Verbandes darauf aufmerksam gemacht, daß, wenn die Einzahlung dieser Beiträge an die Regierungs-Hauptkasse hierselbst nicht spätestens bis zum 15. Mai d. J., resp. bis zum 15. Dezember d. J., erfolgt sein sollte, wider die Säumigen unverzüglich die Einziehung im Wege der Exekution veranlaßt werden wird.
Frankfurt a. d. O., den 2. Mai 1864.

Personal-Chronik.

Der Prediger Johann Georg Heinrich Schwellow, bisher zu Mahlow, ist zum Pfarradjunkten cum spe succedendi bei den Gemeinden der Parochie Horno — Diöcese Spremberg — bestellt worden.

Den von den Stadtverordneten getroffenen Wahlen gemäß sind bestätigt worden: als unbesoldeter Beigeordneter: in Driesen der Rathmann Rabicke; als Kämmerer: in Sessen der Kaufmann W. Wetzke, in Soldin der Kontroleur Brandt; als unbesoldete Rathsherren: in Cüstrin der Buchhändler Friedrich Albert Massute, in Luckau der Lotterieeinnehmer Friedrich Noack, in Soldin der Rathsherr Wendeler, in Züllichau der Rentier Theodor Neumann; als unbesoldeter Senator: in Lübben der Rentier Paschke; als unbesoldete Rathmänner: in Göritz Rentier Büttner, in Königswalde der Fleischermeister Kriesel und Wolschke, in Triebel Rathmann Rasch.

Der Bauführer Paul Heinrich Benjamin Bahr aus Bromberg ist unterm 11. April 1864 als solcher vereidigt worden.

Dem Lehrer Fellmann in Landsberg a. d. W. ist höheren Orts der Cantor-Titel verliehen worden.

Der Lehrer Martin Perko in Kirchhain ist zum Küster und Lehrer in Jänickendorff — Diöcese Fürstenwalde — berufen.

In der Stadt Lübbenau ist der Kaufmann Wilhelm Hahn daselbst als Schiedsmann wiederum gewählt und bestätigt worden.

Der Staats-Anwalt Bartels zu Luckau ist in gleicher Eigenschaft an das Königliche Kreis- und Schwurgericht zu Landsberg a. d. W. versetzt.

Verzeichniß der seit dem 1. Januar 1864 beim Oberbergamte zu Halle eingetretenen Personalveränderungen.

Bei dem Oberbergamte zu Halle ist der Direktor, Berghauptmann Freiherr von Hövel in gleicher Eigenschaft an das Oberbergamt zu Bonn versetzt, und in dessen Stelle der seitherige Direktor des Oberbergamts zu Breslau, Berghauptmann Dr. Huyssen getreten.

Der Berg-Assessor Temme ist zur Beschäftigung beim oberbergamtlichen Collegium eingetreten. Zu Bergreferendarien sind der Eleve Schröder und die Expectanten Leopold und Richter ernannt. Der Registrator Wolter ist unter Verleihung des Titels „Kanzleirath" pensionirt. Der Oberbergamts-Büreau-Assistent Rehmiz ist zum Oberbergamts-Sekretair und der Diätar Brauer zum Oberbergamts-Büreau-Assistenten befördert.

Bei der Berginspektion zu Rüdersdorf ist der Kassenrendant von Rüts unter Beilegung des Charakters als „Rechnungsrath" pensionirt und der Bergfaktor Lind zum Kassenrendanten ernannt.

Der bisherige Stations-Assistent II. Klasse Albert Hanckel in Guben ist zum Stations-Assistenten I. Klasse bei der Niederschlesisch-Märkischen Eisenbahn ernannt worden.

Seine Majestät der König haben geruht, den bisherigen kommissarischen Büreau-Vorsteher bei der Ober-Post-Direktion in Frankfurt a. d. O., Post-Inspektor Reuß, zum Post-Rathe zu ernennen.

Die Post-Expedienten Walther, John und Neumann zu Frankfurt a. d. O. sind in die Klasse der Post-Assistenten eingerückt.

Es sind als Post-Expedienten etatsmäßig angestellt worden: der Post-Expedienten-Anwärter Behrendt bei der Post-Expedition in Müncheberg, der Post-Expedienten-Anwärter Schmidt bei der Post-Expedition in Driesen, der Post-Expedienten-Anwärter Dreeck bei dem Post-Amte in Crossen, der Post-Expedienten-Anwärter Zeckfein bei dem Post-Amte in Frankfurt a. d. O.

Es ist übertragen worden die Verwaltung der Post-Expeditionen zweiter Klasse: in Tamsel dem Oekonomen Eporleder, in Schönfeld bei Guben dem Kaufmann Thiede, in Liebthal dem Protokollführer Kannegießer, in Wellmitz dem Post-Expeditions-Gehülfen Schwarzmeier, unter Ernennung zu Post-Expedienten.

Der Wagenmeister Robus ist von Züllichau nach Schwiebus und der Wagenmeister Kubenz von Schwiebus nach Züllichau versetzt worden.

Es sind angestellt worden: der Rentamtsdiener Andree als Büreaudiener bei der Post-Expedition in Forst, der Invalide Sergeant Hoffmann als Briefträger und Wagenmeister bei der Post-Expedition in Sonnenburg, der Militair-Invalide Schäfer als Briefträger und Wagenmeister bei der Post-Expedition in Calau, der invalide Feldwebel Georgi und der invalide Sergeant Steinisch als Post-Conducteure bei dem Post-Amte in Frankfurt a. d. O., der invalide Unteroffizier Kabilinsky als Büreaudiener bei dem Post-Amte in Landsberg a. d. W., der invalide Sergeant Pohle als Bahnhofs-Post-Begleiter bei dem Post-Amte in Cüstrin, der Militair-Invalide Buchholz als Büreaudiener bei der Post-Expedition in Soldin und der invalide Unteroffizier Stein als Briefträger und Wagenmeister bei der Post-Expedition in Müncheberg.

Der Post-Expediteur Urban in Tamsel und der Briefträger und Wagenmeister Weniger in Müncheberg sind aus dem Postdienste geschieden.

Vermischte Nachrichten.

(1) **Bekanntmachung.** In Gemäßheit der Bestimmungen §§. 39, 41, 46 und 47 des Gesetzes vom 2. März 1850 über die Errichtung von Rentenbanken (Ges.-Samml. do 1850 S. 119/120) wird am **11. Mai d. J. Vormittags 10 Uhr** in unserem Geschäftslokale, Alte Jacobsstraße No. 106. hierselbst, die halbjährlich vorzunehmende Verloosung von Rentenbriefen, sowie die Vernichtung früher ausgelooster und eingelieferter Rentenbriefe nebst Coupons unter Zuziehung der von der Provinzial-Vertretung gewählten Abgeordneten und eines Notars stattfinden.

(3) Verwaltungs-Uebersicht der Haupt-Sparkasse des Markgrafenthums Niederlausitz am Schlusse des Jahres 1863.

	Am Schlusse des Jahres 1862: Rl. Sgr. Pf.	Am Schlusse des Jahres 1863: Rl. Sgr. Pf.	Mithin im Jahre 1863 mehr: Rl. Sgr. Pf.	Mithin im Jahre 1863 weniger: Rl. Sgr. Pf.
I. Die Provinzial-Sparkasse der Niederlausitz besitzt:				
A. Kapitalien, welche ausgeliehen sind:				
1. gegen Hypothekar. Sicherheit innerhalb der 6 Kreise der Niederlausitz, und zwar:				
a. auf 106 Rittergüter	1263505 14 6	1358890 24 6	95385 10 —	—
b. auf 729 städtische Besitzungen	386834 14 4	453335 14 4	66501 — —	—
c. auf 933 kleinere ländliche Besitzungen	355684 16 10	387818 16 10	32134 — —	—
d. an 12 Corporationen	69971 13 1	179669 1 4	109697 18 3	—
2. gegen Faustpfänder, nach Vorschrift des Regulativs vom 7. Februar 1840	21940 — —	20610 — —	—	1330 — —
B. Staats- u. Landespapiere und zwar:				
1. Pfandbriefe	168475 — —	168475 — —	—	—
2. Kurmärkische Schuldverschreibungen	1350 — —	1350 — —	—	—
3. Preuß. freiwillige Anleihe de 1848	50 — —	50 — —	—	—
4. Preuß. Staats-Anleihe de 1850	52200 — —	52200 — —	—	—
5. Preuß. Staats-Anleihe de 1852	4000 — —	4000 — —	—	—
6. Preuß. Staats-Prämien-Anleihe de 1855	3000 — —	3000 — —	—	—
7. Rentenbriefe	118250 — —	85250 — —	—	33000 — —
8. Stamm-Actien der Niederschles.-Märkischen Eisenbahn	69700 — —	69000 — —	—	700 — —
9. Cöln-Mindener Eisenbahn-Prioritäts-Obligationen IV. Emission	64000 — —	67100 — —	3100 — —	—
10. Obligationen der Kur- und Neumärk. Haupt-Ritterschafts-Direction	90000 — —	30000 — —	—	60000 — —
C. Baare Geldbestände, mit Einschluß der an die Neben-Sparkassen zu Rückzahlungen gemachten Vorschüsse	70217 20 9	41978 26 3	—	28238 24 6
D. Disponible Fonds, und zwar:				
1. Guthaben u. discontirte Baarbestände beim Agenten in Berlin	33949 28 —	33928 2 4	—	21 25 8
2. Discontirte Baarbestände bei der Preuß. Hypotheken-, Credit- u. Bank-Anstalt ic. in Berlin	—	54000 — —	54000 — —	—
E. Noch einzuziehende Zinsen, u. zwar:				
1. von Hypotheken- u. Faustpfand-Kapitalien	1496 2 1	489 2 3	—	1006 29 10
2. von den Coupons der Kapitalien sub B. 2.—7. und 9.	2471 20 7	2172 20 7	—	299 — —
F. Forderungen für Kosten-Vorschüsse und Portoauslage	134 17 6	78 29 —	—	55 18 6
G. Vorschüsse an die Kriegsschuldenkasse	6900 — —	16150 — —	9250 — —	—
Summa	2784130 27 8	3029546 17 5	370067 28 3	124652 8 6
II. Sämmtliche Einlagen der Interessenten bei der Provinzial-Sparkasse der Niederlausitz, mit Einschluß der berechneten Zinsen, betragen	2605668 1 5	2836843 12 1	231175 10 8	—
Es verbleibt, mithin als Reservefond ein Ueberschuß von	178462 26 3	192703 5 4	14240 9 1	—

Erläuterungen.

Ad I. *A.* 1. An Hypotheken-Kapitalien sind im Jahre 1863 neu ausgeliehen .... 334,850 Thlr. 10 Sgr. — Pf.
Dagegen sind in diesem Jahre zurückgezahlt worden .... 31,132 „ 11 „ 9 „
           Die ausgeliehene Summe ist sonach gewachsen um 303,717 Thlr. 28 Sgr. 3 Pf.
und zwar: a) bei den Rittergütern um .... 95,385 Thlr. 10 Sgr. — Pf.
       b) bei den städtischen Besitzungen um .... 66,501 „ — „ —„
       c) bei den kl. ländlichen Besitzungen um .... 32,134 „ 18 „ 3 „
       d) bei den Corporationen um 109,697 „ 18 „ 3 „
              Sind wie oben 303,717 Thlr. 28 Sgr. 3 Pf.

Ad I. *A.* 2. An Faustpfand-Kapitalien sind im Jahre 1863 neu ausgeliehen .... 25,530 Thlr. — Sgr. — Pf.
Dagegen sind in diesem Jahre zurückgezahlt .... 26,860 „ — „ —„
Die Summe der Faustpfand-Kapitalien hat sich daher vermindert um .... 1,330 Thlr. — Sgr. — Pf.

Ad I. *B.* 7. Rentenbriefe waren am Rechnungsschlusse 1862 vorhanden .... 118,250 Thlr. — Sgr. — Pf.
Davon sind im Laufe des Jahres 1863 realisirt worden .... 33,000 „ — „ — „
              Es verbleiben am Rechnungsschlusse 1863 85,250 Thlr. — Sgr. — Pf.

Ad I. *B.* 8. Stamm-Aktien der Niederschlesisch-Märkischen Eisenbahn waren 1862 verblieben .... 69,700 Thlr. — Sgr. — Pf.
Davon sind im Jahre 1863 verloost und eingezogen.......................... 700 „ — „ — „
              Verbleiben am Rechnungsschlusse 1863 69,000 Thlr. — Sgr. — Pf.

Ad I. *B.* 9. Cöln-Mindener Eisenbahn-Prioritäts-Aktien waren am Rechnungsschlusse 1862 vorhanden .... 64,000 Thlr. — Sgr. — Pf.
Im Laufe des Jahres 1863 sind angekauft worden .... 3,100 „ — „ — „
              Sind am Rechnungsschlusse 1863 67,100 Thlr. — Sgr. — Pf.

Ad I. *B.* 10. Obligationen der Kur- und Neumärkischen Haupt-Ritterschafts-Direktion waren am Rechnungsschlusse 1862 vorhanden .... 90,000 Thlr. — Sgr. — Pf.
Im Jahre 1863 sind davon realisirt worden .... 60,000 „ — „ — „
              Verbleiben am Rechnungsschlusse 1863 30,000 Thlr. — Sgr. — Pf.

Ad II. Sämmtliche Einlagen der Interessenten betrugen am Schlusse des Jahres 1862 2,605,668 Thlr. 1 Sgr. 5 Pf. auf 35,057 Quittungsbücher.
Hinzugetreten sind im Jahre 1863:
       a) durch neue Einlagen...... 502,879 „ 28 „ 1 „ 4,826 „
       b) durch Zinsenzuschreibung 87,636 „ 29 „ 10 „
              Sind 3,196,184 Thlr. 29 Sgr. 4 Pf. auf 39,883 Quittungsbücher.
Dagegen sind im Jahre 1863 an Einlagen und Zinsen zurückgenommen...... 359,341 „ 17 „ 3 „ 2,367 „
Und daher am Schlusse des Jahres 1863 verblieben .... 2,836,843 Thlr. 12 Sgr. 1 Pf. auf 37,516 Quittungsbücher.

Lübben, den 25. Februar 1864.   Landes-Deputation des Markgrafthums Niederlausitz.

(4) **Königliche Niederschlesisch-Märkische Eisenbahn.** Der §. 3 alinea 1, 2, 3, und §. 25 des Betriebs-Reglements für die Preußischen Staats- und unter Staats-Verwaltung stehenden Eisenbahnen vom 17. Februar 1862 sind aufgehoben; an ihre Stelle treten folgende Bestimmungen:

§. 3. Dokumente, Gold- und Silberwaaren, Edelsteine, echte Perlen, Pretiosen, baare Gelder, Gemälde und andere Kunstgegenstände, sowie alle Güter, rücksichtlich deren das Interesse an der rechtzeitigen Lieferung, beziehungsweise der durch verspätete Lieferung entstehende Schaden die im §. 25 vorgesehenen Sätze übersteigt, sind von der Beförderung im Vereins-Verkehr durchweg ausgeschlossen.

Auch die vorstehend benannten Gegenstände werden, soweit sie nicht postzwangspflichtig sind, zur Beförderung angenommen.

Welche sonstigen Gegenstände auf einzelnen Verkehrsstrecken von der Beförderung ausgeschlossen sind, wird öffentlich bekannt gemacht.

Die Angabe eines bestimmten Betrages als des Interesses der rechtzeitigen Ablieferung erfolgt durch Eintragung in die dazu bestimmte Rubrik des Frachtbriefes. Dieselbe muss Behufs ihrer Gültigkeit in der gedachten Rubrik mit Buchstaben eingetragen und mit dem schriftlichen Visum der Versandt-Güter-Expedition versehen sein.

Hat der Versender einen bestimmten Betrag als das Interesse der rechtzeitigen Ablieferung in dieser Form ausdrücklich angegeben, so ist die Eisenbahn, welche in diesem Falle einen besonderen, im Tarif festzustellenden Zuschlag zu den Frachtgeldern erheben darf, auch über den Betrag der Fracht hinaus bis höchstens zu dem Betrage der declarirten Summe den nachgewiesenen Schaden zu vergüten verpflichtet.

Berlin, den 9. April 1864.   Königliche Direktion der Niederschlesisch-Märkischen Eisenbahn.

(5) Oberschlesische, Breslau-Posen-Glogau'er, Stargard-Posener Eisenbahn. Auf Anordnung des Herrn Ministers für Handel, Gewerbe und öffentliche Arbeiten tritt für die §§. 3 und 25 des Betriebs-Reglements für die Preußischen Staats- und unter Staats-Verwaltung stehenden Eisenbahnen vom 17. Februar 1862, unter Aufhebung ihres bisherigen Wortlautes, folgende Fassung in Kraft:

§. 3. Dokumente, Gold- und Silberwaaren, Edelsteine, echte Perlen, Pretiosen, Platina, baare Gelder, Gemälde und andere Kunstgegenstände, sowie alle Güter, rücksichtlich deren das Interesse an der rechtzeitigen Lieferung, beziehungsweise der durch verspätete Lieferung entstehende Schaden die im §. 25 vorgesehenen Sätze übersteigt, sind von der Beförderung im Vereinsverkehr durchweg ausgeschlossen.

Auch die vorstehend benannten Gegenstände werden, soweit sie nicht postzwangspflichtig sind, zur Beförderung angenommen.

Welche sonstigen Gegenstände auf einzelnen Verkehrsstrecken von der Beförderung ausgeschlossen sind, wird öffentlich bekannt gemacht.

§. 25. Der von der Eisenbahn zu leistende Ersatz des durch Versäumung der Lieferungszeit entstandenen, von dem Entschädigungsberechtigten nachzuweisenden Schadens, soll, im Fall die Versäumniß nicht mehr als 24 Stunden beträgt, den Betrag der halben Fracht, und im Falle längerer Versäumniß als 24 Stunden den Betrag der ganzen Fracht nicht übersteigen.

Will der Versender einen darüber hinausgehenden Schadenersatz durch Declaration eines bestimmten Betrages, als der Höhe seines Interesses an der rechtzeitigen Lieferung, sich sichern, so hat er das Gut zum Transport im Lokalverkehr der Verwaltung der Absendestation unter den für diese erlassenen reglementarischen Bestimmungen aufzugeben (Siehe §. 3).

Die Angabe eines bestimmten Betrages als des Interesses der rechtzeitigen Ablieferung erfolgt durch Eintragung in die dazu bestimmte Rubrik des Frachtbriefes. Dieselbe muss Behufs ihrer Gültigkeit in der gedachten Rubrik mit Buchstaben eingetragen und mit dem schriftlichen Visum der Versandt-Güter-Expedition versehen sein.

Hat der Versender einen bestimmten Betrag als das Interesse der rechtzeitigen Ablieferung in dieser Form ausdrücklich angegeben, so ist die Eisenbahn, welche in diesem Falle einen besonderen, im Tarif festzustellenden Zuschlag zu den Frachtgeldern erheben darf, auch über den Betrag der Fracht hinaus bis höchstens zu dem Betrage der declarirten Summe den nachgewiesenen Schaden zu vergüten verpflichtet.

Die mit der vorschriftsmäßigen Rubrik zur Eintragung der Declaration des Interesses rechtzeitiger Ablieferung versehenen neuen Frachtbrief-Formulare sind auf allen Stationen zu den bisher üblichen Preisen käuflich zu haben, und müssen fortan bei Sendungen mit Interesse-Declarationen ausschließlich zur Anwendung gebracht werden. Bei Sendungen ohne Interesse-Declarationen werden bis auf Weiteres auch noch die bisher gebräuchlichen Frachtbrief-Formulare angenommen.

Breslau, den 22. April 1864.   Königliche Direktion der Oberschlesischen Eisenbahn.

(6) **Bekanntmachung.** Am Tage vor dem Pfingstfeste, d. i. Sonnabend den 14. Mai cr., wird ein Extrazug von Königsberg i. Pr. und Danzig nach Berlin mit Personenbeförderung in I., II. und III. Wagenklasse abgelassen werden.

Abfahrt von Königsberg i. Pr. 4 Uhr 35 Minuten Morgens,
„ „ Danzig 7 „ 38 „
„ „ Dirschau 9 „ 18 „ Vormittags,
„ „ Bromberg 12 „ 39 „ Mittags,
„ „ Kreuz 4 „ 23 „ Nachmittags,
„ „ Frankfurt a. d. O. 8 „ 11 „ Abends,
Ankunft in Berlin circa 10 „ — „

Der Extrazug hält auf allen denjenigen Stationen der Ostbahn, auf welchen die Eilzüge halten und nimmt auf diesen Stationen — excl. Frankfurt a. d. O. — Passagiere, jedoch nur nach Berlin auf.

Die für den Extrazug zur Verausgabung kommenden Billets sind zugleich für die Rücktour gültig und ist der Preis derselben gegen die gewöhnlichen Tarifsätze bedeutend ermäßigt, indem derselbe für die Fahrbillets I. und II. Wagenklasse die Hälfte der Tarifsätze für die Courierzüge, für die Fahrbillets III. Wagenklasse die Hälfte des gewöhnlichen Tarifsatzes mit einem Zuschlage von 6 Pfennigen pro Meile der einfachen Tour nach Berlin beträgt.

Die Rückfahrt von Berlin kann vom 15. Mai ab bis einschließlich den 21. Mai cr. — mit Ausnahme der Courierzüge — mit jedem fahrplanmäßigen Zuge, welcher Personen der betreffenden Wagenklasse befördert, geschehen. Die Billets müssen zur Rückfahrt in Berlin der Billet-Expedition zur Abstempelung vorgelegt werden und sind nur für den auf diese Weise abgestempelten Zug gültig. Freigewicht für Gepäck wird nicht gewährt. Bromberg und Berlin, im April 1864.

Königliche Direktion der Ostbahn.   Königliche Direktion der Niederschlesisch-Märkischen Eisenbahn.

(7) **Königliche Niederschlesisch-Märkische Eisenbahn.** Zur Vermeidung von Irrthümern werden die Bestimmungen der §§. 13 und 27 des Gütertarifs der Niederschlesisch-Märkischen Eisenbahn vom 1. März 1862 hierdurch dahin ergänzt, daß die Ladegebühren von 2 Pf. pro Ctr. bei Gütern der ermäßigten Tarifklassen auch dann, jedoch nur zum einfachen Betrage, zur Erhebung kommen, wenn im Transit-Verkehr eine Umladung dadurch veranlaßt wird, daß die Wagen fremder Bahnen conventionsmäßig nicht bis zum Bestimmungsorte des Gutes durchlaufen dürfen.

Berlin, den 18. April 1864.   Königliche Direktion der Niederschlesisch-Märkischen Eisenbahn.

Amts-Blatt
der Königl. Preuß. Regierung zu Frankfurt a/O.

№ 19.   Frankfurt a. d. O., den 11. Mai.   1864.

Kronprinz-Stiftung.
An den Feldmarschall Freiherrn von Wrangel.

Es ist mein Wunsch, an dem Geburtstag unseres Königs und Kriegsherrn, den ich in diesem Jahre fern von seiner Majestät und meiner Familie, aber in der Mitte unseres Heeres im Angesicht des Feindes begehe, der dankbaren Anerkennung einen bleibenden Ausdruck zu geben, welche die freudige Hingebung unserer braven Waffengefährten verdient.

Die Kronprinzessin schließt sich diesem Gedanken von Herzen an. In unserer beider Namen ersuche ich deshalb Sie, Herr Feldmarschall, den Führer auf der Bahn der Ehre und Pflicht, die beifolgende Summe von Tausend Thalern zur Gründung einer Stiftung für die mittellosen Hinterbliebenen der in diesem Kriege gefallenen Kameraden, so wie für die erwerbsunfähig heimkehrenden zu verwenden.

Hauptquartier Kolbing, den 17. März 1864.   Friedrich Wilhelm, Kronprinz.

Aufruf.

Nachdem Seine Majestät der König die von der Kronprinzessin und mir ins Leben gerufene Stiftung Allergnädigst bestätigt und derselben die Benennung „Kronprinz-Stiftung" beizulegen geruht haben, bringe ich deren Zweck und Plan hiermit zur allgemeinen Kenntniß.

Zweck der Kronprinz-Stiftung ist, für die Hinterbliebenen der Gefallenen und für die, welche ganz oder theilweis erwerbsunfähig aus dem Kriege heimkehren, zu sorgen, so wie es das Andenken der Todten, das Leiden der Verwundeten, die Ehre des Landes erfordert.

Zunächst durch Geld, doch nicht durch Geld allein soll dies geschehen, denn die Tapferen, die ihre Gesundheit verloren und ihr Leben wagten, sollen nicht das drückende Gefühl der Abfindung durch Almosen haben, sondern empfinden, daß ihnen eine lebendigere Theilnahme nicht fehlt.

Mein Aufruf ergeht daher nicht blos an alle, die es können, zu geben, sondern auch an Stadt- und Landgemeinden, an Einzelne und an Körperschaften, Anstellungen anzumelden, welche sie den dazu Geeigneten verleihen wollen, oder sich bereit zu erklären, die Fürsorge für einen oder mehrere ganz Erwerbsunfähige, vielleicht gar der Pflege Bedürftige zu übernehmen.

Die Stiftung wird diese Anerbietungen prüfen, die Würdigsten und Hülfsbedürftigsten wählen, den Wünschen der Wohlthäter, die etwa auf bestimmte Personen oder Truppentheile gerichtet sind, gerecht werden und ihrerseits danach streben, möglichst Vielen Häuslichkeiten zu gründen, in denen sie den Rest ihrer vor dem Vaterlande geopferten Kräfte für sich selbst nutzbringend verwenden können und vor dem Müßiggang bewahrt werden.

Die Stiftung überwacht die Leistung des Versprochenen, aber auch dessen gute Anwendung; sie entzieht es dem Unwürdigen.

Das Kriegsministerium führt die Verwaltung, empfängt die Beisteuer und Anmeldungen und entscheidet.

Hesselsgaard, den 18. April 1864.   Friedrich Wilhelm, Kronprinz.

Bekanntmachungen des Königlichen Schul-Collegiums der Provinz Brandenburg.

Die diesjährige Aufnahme-Prüfung für das Schullehrer-Seminar zu Neuzelle wird am 30. Juni und 1. Juli d. J. Statt finden. Diejenigen Präparanden, welche zur Prüfung notirt sind, haben sich am 29. Juni b. J. bei dem Herrn Seminar-Direktor Spieker zu Neuzelle zu melden. Es wird zugleich bemerkt, daß jeder neu aufgenommene Seminarist verpflichtet ist, ein jährliches Kostgeld von 50 Thlr. zu zahlen und daß nur diejenigen Seminaristen, welche bei erwiesener Dürftigkeit sich durch Fleiß, Betragen und gute Anlagen für das Schulfach auszeichnen, nach einem längern Aufenthalt in der Anstalt darauf rechnen können, nach Maßgabe der vorhandenen Mittel eine Erleichterung in der Kostgeldzahlung zu erlangen.

Berlin, den 7. Mai 1864.   Königliches Provinzial-Schul-Collegium.

Wir bringen hierdurch zur öffentlichen Kenntniß, daß wir den nächsten Termin zur Prüfung von nicht in einem Seminar vorgebildeten Schulamts-Aspiranten auf den 9. und 10. Juni d. J. in dem Seminar zu Neuzelle anberaumt haben. Diejenigen Elementarlehrer, welche sich dieser Prüfung zu unterziehen wünschen, haben sich spätestens bis zum 21. Mai d. J. unter Einreichung der in der Bekanntmachung vom 17. März 1855 (Amtsblatt der Königl. Regierung zu Frankfurt a. d. O. de 1855 No. 16 S. 130) aufgeführten Zeugnisse und eines selbstverfaßten Lebenslaufs bei dem unterzeichneten Provinzial-Schul-Collegium zu melden, wobei bemerkt wird, daß später eingehende Meldungen für den vorgedachten Termin nicht berücksichtigt werden können. Berlin und Frankfurt a. d. O., den 28. April 1864.
Königliches Provinzial-Schul-Collegium.   Königliche Regierung, Abtheilung für Kirchen- und Schulwesen.

Verordnungen und Bekanntmachungen der Königlichen Regierung zu Frankfurt a. d. O.

I. Bekanntmachung, den Ankauf von Remonten pro 1864 betreffend.

Zum Ankaufe von Remonten im Alter von drei bis einschließlich sechs Jahren sind im Bezirke der Königlichen Regierung zu Frankfurt a. d. O. und den angrenzenden Bereichen für dieses Jahr nachstehende, Morgens 8 Uhr beginnende Märkte anberaumt worden, und zwar:

den 23. Mai in Züllichan,	den 4. Oktober in Zirke,
„ 25. Mai in Grünberg,	„ 6. „ „ Driesen,
„ 30. Mai in Lucau,	„ 7. „ „ Friedeberg,
„ 1. Juni in Torgau,	„ 8. „ „ Landsberg a. d. W.
„ 18. Juli in Angermünde,	„ 11. „ „ Cüstrin,
„ 17. August in Pyritz,	„ 13. „ „ Letschin,
„ 23. September in D.-Crone,	„ 15. „ „ Wrietzen.

Die von der Militair-Commission erkauften Pferde werden zur Stelle abgenommen und sofort baar bezahlt. Pferde, deren Mängel den Kauf gesetzlich rückgängig machen und Krippensetzer, welche sich als solche innerhalb der ersten 10 Tage herausstellen, sind vom Verkäufer gegen Erstattung des Kaufpreises und der sämmtlichen Unkosten zurückzunehmen.

Mit jedem Pferde sind eine neue rindlederne Trense mit haltbarem Gebisse, eine Gurthalfter und zwei hanfene Stricke ohne besondere Vergütung zu übergeben.   Berlin, den 12. März 1864.
Kriegs-Ministerium; Abtheilung für das Remonte-Wesen.   (gez.) v. Schütz. Menzel. Hartrott.

Mit Bezug auf vorstehende Bekanntmachung wird hierdurch zur öffentlichen Kenntniß gebracht, daß der diesjährige Remonte-Ankauf wieder wie früher stattfindet und die Remonte-Ankaufs-Commission aus dem Oberst Sackersdorf à la suite des Neumärkschen Dragoner-Regiments No. 3. als Präses, dem Premier-Lieutenant von Oheimb vom 2. Schlesischen Husaren-Regiment No. 6. als erstem, und dem Seconde-Lieutenant Beneckendorf von Hindenberg vom 2. Garde-Dragoner-Regiment als zweitem Hülfsofficier bestehen wird.   Frankfurt a. d. O., den 2. April 1864.

II. Es ist von uns häufig wahrgenommen worden, daß den Unglücklichen, die in Geisteskrankheit verfallen sind, besonders wenn selbige der mittellosen Klasse der Bevölkerung angehören, sowohl Seitens der Angehörigen und Vormünder, als auch Seitens der Gemeinden und Behörden nicht immer die erforderliche Fürsorge Behufs Einleitung eines rechtzeitigen Heilverfahrens gewidmet wird.

Während Privat-Personen, Gemeinden und Behörden es sich angelegen sein lassen, solche Irre, die durch Tob- und Zerstörungs-Sucht gemeingefährlich sind, möglichst bald in die Irren-Anstalt zu Sorau unterzubringen, um in Folge dessen der Verpflichtung und Sorge für deren Ueberwachung und Verpflegung

besserten Irren-Heil- und Pflege-Anstalt zu Sorau rechtzeitig zu benutzen — entnehmen, welche Verantwortlichkeit sie durch ein solches Verfahren auf sich laden. — Andrerseits erhellt aber auch aus obigen Angaben, daß es kein besseres Mittel giebt, von den Gemeinden, beziehentlich von den Landarmenfonds, die große Kosten-Last der Verpflegung unheilbarer orts- oder landarmer Irren abzuwenden, als die möglichst schnelle Anwendung des passenden Heilverfahrens in der Irren-Anstalt, indem dadurch die Zahl der Unheilbaren auf weniger als ein Drittheil oder Viertheil der Gesammtzahl aller Geisteskranken allmählig gebracht werden kann.

Hieraus aber werden alle Behörden und Beamten, welche zu der Aufnahme eines Geisteskranken in die Irren-Heil- und Pflege-Anstalt zu Sorau mitzuwirken berufen sind, insbesondere auch die Herren Aerzte und Geistlichen ersehen, wie sie es sich zur angelegentlichsten Pflicht zu machen haben:
 1) die Angehörigen und Vormünder solcher Unglücklichen möglichst zu belehren, daß die Seelenstörungen erfahrungsgemäß in der Regel nur in der ersten Zeit ihres Bestehens heilbar sind und die methodische Behandlung derselben um so mehr Hoffnung eines günstigen Erfolges gewährt, je zeitiger dieselbe nach dem Ausbruche des Uebels eingeleitet und je früher der Kranke seinen bisherigen Verhältnissen entzogen und einer Heil-Anstalt übergeben wird;
 2) in Anbetracht dieser Erfahrung, namentlich in frischen Fällen d. h. bei heilbaren Kranken, alle das Aufnahmegesuch betreffenden Geschäfte möglichst zu beschleunigen;
 3) in Fällen, wo solche Unglückliche, selbst wenn sie voraussichtlich unheilbar sind, außer ihrer Krankheit durch die Unguust äußerer Umstände oder gar durch unangemessene, selbst lieblose Behandlung u. s. w. doppelt zu leiden haben, durch Rath und That dahin zu wirken, daß denselben die Wohlthat der Anstalt sobald als möglich zu Theil werde; erforderlichen Falls aber bei gänzlicher Verwahrlosung eines solchen Unglücklichen, oder in allen Fällen, wo Gefahr für das Publikum oder den Kranken selbst droht, von Amtswegen die schleunige Aufnahme nachzusuchen;
 4) dagegen streng darüber zu wachen, daß in Fällen von offenbarer Unheilbarkeit, wo weder Hülflosigkeit noch Gemein-Gefährlichkeit die fürsorgliche Aufnahme des Kranken in die Anstalt erfordert, kein Mißbrauch von der Wohlthat der Anstalt gemacht und dieselbe ihrer vorzugsweisen Bestimmung — nämlich: Wiederherstellung heilbarer Irren und zweckmäßige Ueberwachung und Verpflegung unheilbarer gemeingefährlicher Geisteskranken — entrückt werde. Frankfurt a. d. O., den 23. April 1864.

III. Der Königliche Ober-Präsident der Provinz Brandenburg hat auf Grund §. 1 des Gesetzes vom 14. April 1856 die Einverleibung einer Parzelle von der fiskalischen Dorfaue zu Groß-Mantel, Kreis Königsberg, im Umfange von 54,7 Quadratruthen, welche durch Vertrag vom 16. d. Mts. an den Bauergutsbesitzer Carl Friedrich Behrend daselbst veräußert worden, in den Communal-Verband der dortigen Gemeinde mittelst Rescripts vom 25. März 1862 genehmigt.

Frankfurt a. d. O., den 28. April 1864.

IV. Mit Hinweisung auf den §. 1. der bei den Gemeindebehörden sich befindenden Anweisung d. d. Berlin, den 30. August 1828,

betreffend die Controlirung und Erhebung der Tabacksteuer,

wird hierdurch in Erinnerung gebracht, daß alle die Personen, welche im Laufe dieses Jahres eine Grundfläche von 6 und mehr Quadratruthen mit Taback bepflanzen, gesetzlich verpflichtet sind, vor Ablauf des Monats Juli cr. die bepflanzten Grundstücke einzeln nach ihrer Lage und Größe in Morgen und Quadratruthen demjenigen Steuer-Amte genau und wahrhaft anzumelden, in dessen Bezirk die Anpflanzung erfolgt ist.

Anpflanzungen unter sechs Quadratruthen sind zwar gesetzlich von der Anmeldung befreit, indessen scheint dieselbe doch räthlich, weil — wenn die Anpflanzung später zu 6 Ruthen oder darüber vermessen wird, und die Anmeldung erfolgt ist — nur eine Ordnungsstrafe, dagegen wenn sie nicht bewirkt ist, die Defraudationsstrafe eintritt.

Schließlich wird noch ausdrücklich darauf aufmerksam gemacht, daß auf eine weitere specielle Aufforderung zur rechtzeitigen Einreichung der Tabacksteuer-Declarationen durch die Steuer-Aemter oder Gemeinde-Beamten nicht zu rechnen, auch von den Tabackspflanzern nicht außer Acht zu lassen ist, sich zur Legitimation über die rechtzeitige Abgabe ihrer Declarationen mit den deshalb steueramtlich zu ertheilenden Bescheinigungen zu versehen und daß namentlich die alleinige Anmeldung bei der Ortsbehörde nicht genügt, den Anpflanzer von den gesetzlichen Folgen zu befreien, wenn derselbe nicht dafür Sorge trägt, daß die Anmeldung wirklich rechtzeitig bei den Steuerbehörden eingereicht wird, indem das Gesetz vom 29. März 1828 §. 5 die Anmeldung bei der Steuerbehörde, nicht aber bei der Gemeindebehörde vorschreibt.

Frankfurt a. d. O., den 3. Mai 1864.

Personal-Chronik.

Der commissarische Kämmerer, Aktuarius Spornitz zu Sonnenburg ist zum Stellvertreter des Polizeianwalts daselbst ernannt worden. Frankfurt a. d. O., den 3. Mai 1864.

Der Regierungs-Präsident. In Vertretung: Frhr. v. Schlotheim.

Der Oberförster-Candidat und Lieutenant im reitenden Feldjäger-Korps Emil Moy Carl Schliekmann zu Reuhaus, im Kreise Soldin, ist unter dem 26. April d. J. als Feldmesser vereidigt worden.

Die Berufung des Predigtamts-Candidaten und Rektors Ludwig Nürnberg in Bernstein zum Rektor an der Stadtschule in Reetz, Diöcese Arnswalde, ist bestätigt.

Die Berufung des Lehrers Karl August Wilhelm Behnke zum Küster und Lehrer in Spechtsdorf, Diöcese Arnswalde, ist bestätigt.

Der Küster und Lehrer Johann Friedrich Carl Stein in Beelitz ist zum 2. Lehrer in Bärwalde, I. Königsberger Diöcese, berufen.

Der bisher provisorisch angestellte Lehrer Franz Kritsch ist zum dritten Lehrer an der römisch-katholischen Schule in Renzelle berufen.

Der Lehrer Carl Robert Holtsch ist zum Schullehrer in Neu-Mahlisch, II. Frankfurter Diöcese, berufen.

Die Berufung des Lehrers Carl August Horn zu Poluschel, zum Küster- und Lehrer-Adjunkten in Roßdorf, Diöcese Sorst, ist bestätigt.

In der Stadt Driesen ist der bisherige Schiedsmann Kaufmann Gustav Robert Labisch als Schiedsmann wiederum gewählt und bestätigt worden.

Vermischte Nachrichten.

(1) Patent-Ertheilung. Dem Ingenieur Victor Rack in Erdmannsdorf ist unter dem 23. April d. J. ein Patent

auf eine Vorrichtung zum Auflockern und Reinigen von Werg, soweit dieselbe für neu und eigenthümlich erkannt ist,

auf fünf Jahre, von jenem Tage an gerechnet, und für den Umfang des preußischen Staats ertheilt worden.

Frankfurt a. d. O., den 6. Mai 1864. Königliche Regierung; Abtheilung des Innern.

(2) Patent-Ertheilung. Dem Gräflich Stollberg'schen Maschinenfabrik-Director Eduard Haenel in Magdeburg ist unter dem 28. April d. J. ein Patent

auf einen Schützenzug für Krisselräder, soweit derselbe nach vorgelegter Zeichnung und Beschreibung als neu und eigenthümlich erkannt ist,

auf fünf Jahre, von jenem Tage an gerechnet, und für den Umfang des preußischen Staats ertheilt worden.

Frankfurt a. d. O., den 7. Mai 1864. Königliche Regierung; Abtheilung des Innern.

(3) Die Küster- und Schullehrer-Stelle in Zane, zur Diöcese Lübben gehörig, Privat-Patronats, ist durch den Tod ihres zeitherigen Inhabers erledigt worden.

Frankfurt a. d. O., den 4. Mai 1864. Königl. Regierung; Abtheilung für Kirchen- und Schulwesen.

(4) Bekanntmachung. Der hiesige Roßmarkt wird in diesem Jahre nicht, wie in den Kalendern angegeben worden, am 17. und 18. sondern am 13. und 14. Juni stattfinden, was wir hiermit zur öffentlichen Kenntniß bringen.

Bromberg, den 2. Mai 1864. Königl. Regierung; Abtheilung des Innern.

(5) **Bekanntmachung.** Durch Urkunde vom heutigen Tage ist das Braunkohlen-Bergwerk „Bach" bei Ziebingen im Kreise Sternberg, Bergrevier Cüstrin, mit 1 Fundgrube und 1200 Maaßen gevierten Feldes an den Gruben-Direktor Hillgenberg zu Müncheberg verliehen worden.
Halle, den 25. April 1864.   Königliches Ober-Berg-Amt.

(6) **Bekanntmachung.** Durch Urkunde vom heutigen Tage ist das Braunkohlen-Bergwerk „Baath" bei Treplin, im Kreise Lebus, Bergrevier Cüstrin, mit 1 Fundgrube, 453 Maaßen und 30½ Quadrat-Lachter gevierten Feldes an den Kaufmann Carl Caplick zu Frankfurt a. d. O. verliehen worden.
Halle, den 24. April 1864.   Königliches Ober-Berg-Amt.

(7) **Königliche Niederschlesisch-Märkische Eisenbahn.** Für den Verband-Güter-Verkehr zwischen Hamburg und Berlin einerseits und Wien, Gänserndorf und Ollmütz andererseits via Oderberg kommt vom 10. d. Mts. ab ein neuer Tarif nebst Reglement in Anwendung, wovon Exemplare zum Preise von 1 Sgr. bei unseren Güter-Expeditionen in Berlin und Breslau käuflich zu haben sind.
Berlin, den 7. Mai 1864.   Königl. Direktion der Niederschlesisch-Märkischen Eisenbahn.

(8) **Königliche Niederschlesisch-Märkische Eisenbahn.** Für die zu der in der Zeit vom 21 bis 24. d. M. in Frankfurt a. d. O. stattfindenden landwirthschaftlichen Ausstellung bestimmten Gegenstände finden diejenigen Transport-Erleichterungen statt, welche für die nach unserer Bekanntmachung vom 9. April cr. zur landwirthschaftlichen Ausstellung in Posen gelangenden Gegenstände bewilligt sind.
Jedoch beginnen dieselben frühestens 3 Wochen vor dem Anfang der Ausstellung und enden 3 Wochen nach deren Schlusse.
Berlin, den 2. Mai 1864.   Königliche Direktion der Niederschlesisch-Märkischen Eisenbahn.

(9) **Bekanntmachung.** Am Tage vor dem Pfingstfeste, d. i. Sonnabend den 14. Mai cr., wird ein Extrazug von Königsberg i. Pr. und Danzig nach Berlin mit Personenbeförderung in I., II. und III. Wagenklasse abgelassen werden.

Abfahrt von	Königsberg i. Pr.	4 Uhr 35 Minuten	Morgens,
„ „	Danzig	7 „ 38 „	„
„ „	Dirschau	9 „ 18 „	Vormittags,
„ „	Bromberg	12 „ 39 „	Mittags,
„ „	Kreuz	4 „ 23 „	Nachmittags,
„ „	Frankfurt a. d. O.	8 „ 11 „	Abends,
Ankunft in Berlin circa		10 „ — „	„

Der Extrazug hält auf allen denjenigen Stationen der Ostbahn, auf welchen die Eilzüge halten und nimmt auf diesen Stationen — excl. Frankfurt a. d. O. — Passagiere, jedoch nur nach Berlin auf. Die für den Extrazug zur Ausgabe kommenden Billets sind zugleich für die Rückfahrt gültig und ist der Preis derselben gegen die gewöhnlichen Tarifsätze bedeutend ermäßigt, indem derselbe für die Fahrbillets I. und II. Wagenklasse die Hälfte des Tarifsatzes für die Courierzüge, für die Fahrbillets III. Wagenklasse die Hälfte des gewöhnlichen Tarifsatzes mit einem Zuschlage von 6 Pfennigen pro Meile der einfachen Tour nach Berlin beträgt.
Die Rückfahrt von Berlin kann vom 15. Mai ab bis einschließlich der 21. Mai cr. — mit Ausnahme der Courierzüge — mit jedem fahrplanmäßigen Zuge, welcher Personen der betreffenden Wagenklasse befördert, geschehen. Die Billets müssen zur Rückfahrt in Berlin der Billet-Expedition zur Abstempelung vorgelegt werden und sind nur für den auf diese Weise abgestempelten Zug gültig. Freigewicht für Gepäck wird nicht gewährt.   Bromberg und Berlin, im April 1864.
Königliche Direktion der Ostbahn.   Königliche Direktion der Niederschlesisch-Märkischen Eisenbahn.

(10) **Bekanntmachung. Königliche Ostbahn.** Für den Transport derjenigen Ausstellungs-Gegenstände, welche für die in der Zeit vom 21. bis 24. d. M. in Frankfurt a. O. stattfindende landwirthschaftliche Ausstellung bestimmt sind, finden auf der Ostbahn die nachstehenden Erleichterungen resp. Frachtermäßigungen statt:
1) Die Beförderung der Schaamthiere und sonstigen Ausstellungs-Gegenstände erfolgt für den Hin-Transport zu den tarifmäßigen Frachtsätzen und unter den Bestimmungen des Betriebs-Reglements, mit der Maßgabe, daß Sämereien und sonstige Produkte der Landwirthschaft auch als Einzelgut zum niedrigsten Frachtsatze (Klasse B. Wagenladung) berechnet werden.
2) Der Rücktransport der unverkauft gebliebenen Gegenstände erfolgt gegen Vorzeigung des Frachtbriefes für den Hintransport und auf Grund einer Bescheinigung des Ausstellungs-Comitees, daß die Ge-

genstände auf der Ausstellung gewesen und unverkauft geblieben, frachtfrei, wenn die Rücksendung an den ursprünglichen Absender nach der Versandt-Station erfolgt.

3) Den Begleitern des Viehs ist die Benutzung der III. Wagenklasse resp. der Viehwagen gegen Lösung eines Billets zur IV. Wagenklasse gestattet.

Es haben die Ausstellungs-Gegenstände jedoch nur dann Anspruch auf die gedachte Fracht-Ermäßigung, wenn dieselben auf dem Frachtbriefe den Vermerk „zur Ausstellung nach Frankfurt a. O." und die Adresse „an das Ausstellungs-Comitee" tragen, beziehungsweise — beim Rücktransport — von diesem als Versender aufgegeben werden. Sämmtliche Transport-Erleichterungen treten sofort in Kraft und enden 3 Wochen nach dem Schlusse der Ausstellung. Bromberg, den 3. Mai 1864. Königliche Direction der Ostbahn.

(11) Bekanntmachung. Die Bestimmungen in den §§. 3 und 25 des Betriebs-Reglements für die Staats- und unter Staats-Verwaltung stehenden Eisenbahnen vom 17. Februar 1862 sind aufgehoben.

Es werden an deren Stelle fortan die hierunter folgenden Bestimmungen maaßgebend sein; von ihnen treten die mit lateinischen Lettern gedruckten Zusätze für den Local- und inneren Verbands-Verkehr der Staats- und unter Staats-Verwaltung stehenden Eisenbahnen untereinander, gleichfalls als besonderes Reglement in Kraft:

§. 3. Documente, Gold- und Silberwaaren, Edelsteine, echte Perlen, Pretiosen, Platina, baare Gelder, Gemälde und andere Kunstgegenstände, sowie alle Güter, rücksichtlich deren das Interesse an der rechtzeitigen Lieferung, beziehungsweise der durch verspätete Lieferung entstehende Schaden die im §. 25 vorgesehenen Sätze übersteigt, sind von der Beförderung im Vereinsverkehr durchweg ausgeschlossen.

Auch die vorstehend benannten Gegenstände werden, soweit sie nicht postzwangspflichtig sind, zur Beförderung angenommen.

Welche sonstigen Gegenstände auf einzelnen Verkehrsstrecken von der Beförderung ausgeschlossen sind, wird öffentlich bekannt gemacht.

§. 25. Der von der Eisenbahn zu leistende Ersatz des durch Versäumung der Lieferungszeit entstandenen, von den Entschädigungsberechtigten nachzuweisenden Schadens, soll, im Fall die Versäumniß nicht mehr als 24 Stunden beträgt, den Betrag der halben Fracht; und im Falle längerer Versäumniß als 24 Stunden den Betrag der ganzen Fracht nicht übersteigen.

Will der Versender einen darüber hinausgehenden Schadensersatz durch Declaration eines bestimmten Betrages, als der Höhe seines Interesses an der rechtzeitigen Lieferung, sich sichern, so hat er das Gut zum Transport in der Localerlehre der Verwaltung der Absendestation unter den für diese erlassenen reglementarischen Bestimmungen aufzugeben. (Siehe §. 3.)

Die Angabe eines bestimmten Betrages als des Interesses der rechtzeitigen Ablieferung erfolgt durch Eintragung in die dazu bestimmte Rubrik des Frachtbriefes. Dieselbe muss Behufs ihrer Gültigkeit in der gedachten Rubrik mit Buchstaben eingetragen und mit dem schriftlichen Visum der Versandt-Güter-Expedition versehen sein.

Hat der Versender einen bestimmten Betrag als das Interesse der rechtzeitigen Ablieferung in dieser Form ausdrücklich angegeben, so ist die Eisenbahn, welche in diesem Falle einen besonderen, im Tarif festzustellenden Zuschlag zu den Frachtgeldern erheben darf, auch über den Betrag der Fracht hinaus bis höchstens zu dem Betrage der declarirten Summe den nachgewiesenen Schaden zu vergüten verpflichtet.

Bromberg, den 29. April 1864. Königliche Direktion der Ostbahn.

(12) Königliche Niederschlesisch-Märkische Eisenbahn.

Bei unseren Güterkassen zu Berlin, Breslau und Liegnitz werden aus dem Jahre 1863 noch verschiedene von den Absendern nicht abgehobene Nachnahme-Beträge offerirt. Wir fordern die berechtigten Empfänger hierdurch auf, diese Beträge gegen Rückgabe der ihnen ertheilten Bescheinigungen bis spätestens ultimo Juni cr. abzuheben, da nach Ablauf dieser Frist anderweit über dieselben verfügt werden wird.

Berlin, den 25. Februar 1864. Königl. Direktion der Niederschlesisch-Märkischen Eisenbahn.

(13) Bekanntmachung. Am 1. d. M. ist in Podelzig eine Station für Posten, Beichaisen und Extraposten eingerichtet worden. Die Reisenden, welche von Podelzig aus die Personenposten nach Wriezen und Seelow benutzen wollen, können mithin für die Folge auf sicheres Weiterkommen rechnen.

Frankfurt a. d. O., den 3. Mai 1864. Der Ober-Post-Direktor. (gez.) Hoppe.

Redigirt im Büreau der Königlichen Regierung.
Druck der Hofbuchdruckerei von Trowitzsch u. Sohn in Frankfurt a. d. O.

Amts-Blatt
der Königl. Preuß. Regierung zu Frankfurt a/O.

№ 20. Frankfurt a. d. O., den 18. Mai. 1863.

Bekanntmachung, betreffend die Ersatzleistung für die präkludirten Kassen-Anweisungen von 1835 und Darlehnskassenscheine.

Durch unsere wiederholt veröffentlichten Bekanntmachungen sind die Besitzer von Kassenanweisungen von 1835 und von Darlehnskassenscheinen von 1848 aufgefordert, solche behufs der Ersatzleistung an die Kontrolle der Staatspapiere hierselbst, Oranienstraße 92., oder an eine der Königlichen Regierungs-Haupt-Kassen einzureichen.

Da dessenungeachtet ein großer Theil dieser Papiere nicht eingegangen ist, so werden die Besitzer derselben nochmals an deren Einreichung erinnert.

Zugleich werden diejenigen Personen, welche dergleichen Papiere nach dem Ablaufe des auf den 1. Juli 1855 festgesetzt gewesenen, durch das Gesetz vom 15. April 1857 unwirksam gemachten Präklusivterminus an uns, die Kontrolle der Staatspapiere oder die Provinzial-, Kreis- oder Lokal-Kassen abgeliefert und den Ersatz dafür noch nicht empfangen haben, wiederholt veranlaßt, solchen bei der Kontrolle der Staatspapiere oder bei einer der Regierungs-Hauptkassen gegen Rückgabe der ihnen ertheilten Empfangscheine oder Bescheide in Empfang zu nehmen. Berlin, den 21. April 1863.

Haupt-Verwaltung der Staatsschulden.
v. Wedell. Gamel. Löwe. Meinecke.

128. Verordnungen und Bekanntmachungen der Königlichen Regierung zu Frankfurt a. d. O.

Tarif, nach welchem das Fährgeld für das Uebersetzen über die Oder bei Alt-Rüdnitz im Kreise Königsberg i. d. N., Regierungs-Bezirk Frankfurt, zu erheben ist.

		Sgr.	Pf.
	Es wird entrichtet für das Uebersetzen:		
I.	Von Personen, einschließlich dessen, was sie tragen:		
	a) wenn die gewöhnliche Ueberfahrt abgewartet wird, für jede Person	—	6
	b) für eine besondere unverzügliche Ueberfahrt mittelst eines Kahnes, welche auf Verlangen geschehen muß, wird von den übersetzenden Personen zusammen wenigstens entrichtet, wenn nicht die Abgabe, nach dem Satze zu a. von dem Einzelnen erhoben, mehr beträgt.	3	
	Wer zu einem Fuhrwerke gehört, wofür die Abgabe zu III. gezahlt wird, oder Thiere, wofür die Abgabe zu II. entrichtet wird, reitet, führt, oder treibt, ist, wenn die gewöhnliche Ueberfahrt abgewartet wird, frei. Beträgt jedoch die Abgabe zu II. weniger als 6 Pfennige, so sind im Ganzen 6 Pfennige zu zahlen.		
II.	Von Thieren:		
	a) für ein Pferd oder einen Maulesel	1	6
	für ein Stück Rindvieh oder einen Esel	1	
	b) für eine Ziege, ein Fohlen, Kalb, Schaf, Schwein oder ein anderes kleines Stück Vieh, welches frei geführt oder getrieben wird		3
	c) für Federvieh, welches getrieben wird, für jede 10 Stück		3
	Wenn Federvieh in geringerer Zahl als 10 Stück oder auf einem Fuhrwerke, oder in einem Tragkorbe übergesetzt wird, so wird dafür keine besondere Abgabe erhoben.		
III.	Vom Fuhrwerke, neben der Abgabe für das Gespann zu II.		
	a) für ein beladenes b. H. für ein solches, worauf sich außer dessen Zubehör und außer dem Futter für höchstens 3 Tage an anderen Gegenständen mehr als zwei Centner befinden	3	
	b) für ein unbeladenes	1	6
	c) für einen Handwagen, Handschlitten, Handkarren, beladen oder unbeladen		9
IV.	Von unbeladenen Gegenständen wird die Abgabe erhoben, welche die Personen, das Fuhrwerk und die Thiere betreffen würde, wodurch sie zur Fährstelle gebracht worden sind.		

Allgemeine Bestimmungen:

Die vorgeschriebenen Sätze sind bei jedem Wasserstande, ohne Rücksicht auf dessen Höhe zu entrichten. Bei vorhandener Eisbahn, für deren gehörigen Zustand von dem Hebungsberechtigten zu sorgen ist, wird nur die Hälfte der vorgeschriebenen Sätze bezahlt. Bruchpfennige werden vollen Pfennigen gleich gerechnet.

Befreiungen. Frei vom Fährgelde sind:

1) Equipagen und Thiere, welche den Hofhaltungen des Königlichen Hauses oder den Königlichen Gestüten angehören;
2) Kommandirte Militairs, einberufene Rekruten, Fuhrwerke und Thiere, welche der Armee oder den Truppen auf dem Marsche angehören, Kriegsvorspann und Kriegslieferungsfuhren;
3) Oeffentliche Beamte und deren Fuhrwerke und Thiere bei Dienstreisen, wenn sie sich gehörig legitimiren; Steuer- und Polizei-Beamte in Uniform, auch ohne besondere Legitimation;
4) Transporte, die für unmittelbare Rechnung des Staates geschehen;
5) Ordinaire Posten, einschließlich der Schnell-, Karriol-, Reit- und Fußbotenposten, nebst Beiwagen, ingleichen die öffentlichen Kouriere und Estafetten und alle von Postbeförderungen leer zurückkehrende Wagen und Pferde;
6) Hülfsfuhren bei Feuersbrünsten und ähnlichen Nothständen.

Berlin, den 14. März 1864.

(gez.) **Wilhelm.**

Vorstehender Tarif wird hierdurch zur öffentlichen Kenntniß gebracht.

Frankfurt a. d. O., den 13. Mai 1864.

Bekanntmachung des Königlichen Schul-Collegiums der Provinz Brandenburg.

Wir bringen hiermit zur öffentlichen Kenntniß, daß mit dem 1. Juli d. J. ein neues evangelisches Schullehrer-Seminar zu Drossen für den Regierungsbezirk Frankfurt eröffnet werden wird.

Der Termin der Aufnahmeprüfung ist von uns auf den 16. und 17. Juni d. J. festgesetzt worden, zu welchem die Aspiranten, welche von uns für zulassungsfähig erklärt worden sind, in Drossen sich bei dem Direktor der Anstalt am 15. Juni Nachmittags einzufinden haben.

Die übrigen Bedingungen der Aufnahme sind aus der hier folgenden Nachricht von dem Königlichen evangelischen Schullehrer-Seminar zu Drossen zu ersehen.

1) Das Schullehrer-Seminar zu Drossen hat die Aufgabe, Lehrer für Volksschulen, zunächst im Regierungsbezirk Frankfurt a. d. O., theoretisch und praktisch auszubilden.
2) Die Dauer der Bildungszeit ist auf drei Jahre, die Zahl der Zöglinge auf neunzig festgesetzt.
3) Die Aufnahme neuer Zöglinge erfolgt einmal im Jahre, zu Ostern, in dem laufenden Jahre jedoch ausnahmsweise erst am 1. Juli.
4) Diejenigen, welche die Aufnahme nachsuchen, haben bis zum 1. Juni d. J. mit dem betreffenden Gesuche bei uns einzureichen:
   a. einen von ihnen selbst abgefaßten und geschriebenen Lebenslauf, welcher — außer den nöthigen Personal-Nachrichten — den Gang ihrer Bildung und Vorbereitung für das Schulamt darstellt,
   b. ihren Tauf- und Confirmationsschein,
   c. ein Zeugniß ihres Seelsorgers über ihre sittliche und religiöse Befähigung zum Schulamt und ein Zeugniß über ihre untadelhafte Führung,
   d. ein ärztliches Gesundheitsattest, in welchem auch die an ihnen erfolgte Impfung der Schutzblattern bescheinigt sein muß,
   e. ein Attest über die in den letztverflossenen zwei Jahren erneuerte Pocken-Impfung,
   f. ein Bildungszeugniß, welches sich über die Fähigkeit, den Fleiß und die Fortschritte des Präparanden bestimmt ausspricht,
   g. eine schriftliche Erklärung ihrer Eltern oder Vormünder, wie viel sie an Kostgeld auf die ganze Dauer der Bildungszeit zu zahlen im Stande sind.
5) Es können nur solche junge Leute zugelassen werden, welche die Jahre der Bildungsfähigkeit noch nicht überschritten, aber bereits ein Alter von 18 Jahren erreicht haben, oder doch einem solchen Alter sehr nahe stehen. Schulamts-Präparanden, welche bei der Ersatz-Aushebung für das laufende Jahr bereits gelost haben, müssen sich vor ihrer Aufnahme in das Seminar über ihre Militairverhältnisse ausweisen.
6) Ueber ihre Aufnahme in das Seminar entscheidet der Ausfall der Aufnahme-Prüfung, welcher den Geprüften sobald als möglich bekannt gemacht werden soll.

7) Abgesehen davon, daß auf die allgemeine Bildung des Präparanden Gewicht gelegt wird, müssen an denselben hinsichtlich seiner Kenntnisse und Fertigkeiten die Forderungen gestellt werden, welche das Regulativ vom 2. Oktober 1854 näher bezeichnet.

8) Bei sämmtlichen Zöglingen wird das erste Halbjahr als Probezeit betrachtet, und die Anstalt behält sich vor, Zöglinge, welche sich bei näherer Kenntniß als ungeeignet für den Lehrstand erweisen, blos aus diesem Grunde zu entlassen.

9) Sämmtliche Seminaristen wohnen in der Anstalt und haben für Wohnung, Heizung, Licht und Beköstigung jährlich 50 Thaler in Quartalsraten zu 12 Thlr. 15 Sgr. vorauszuzahlen. Für Brot jedoch, für Kleidung, Wäsche, Bücher, Schul und alle übrigen Bedürfnisse hat jeder Zögling aus eigenen Mitteln zu sorgen. — Jeder Seminarist hat ein Bett oder eine Matratze mit zwei wollenen Decken, nebst den erforderlichen Bezügen mitzubringen. Bettstellen liefert die Anstalt.

10) Die bei der Aufnahme versprochenen Zahlungen, auf welche die Anstalt mit Bestimmtheit rechnen muß, sind pünktlich zu leisten und können nachträgliche Gesuche um Erlaß des Kostgeldes nicht berücksichtigt werden.

11) Seminaristen, welche durch Fleiß, Fortschritte, untadelhaftes Verhalten gute Hoffnungen erwecken, werden bei der Verleihung der von der Anstalt abhängenden Unterstützungen nach Maßgabe ihrer Bedürftigkeit und der vorhandenen Mittel berücksichtigt. Ganze oder halbe Freistellen können in der Regel erst vom dritten Halbjahr ab gewährt werden.

12) Jeder Seminarist hat bei seiner Aufnahme eine schriftliche Erklärung auszustellen, durch welche er sich verpflichtet, jede ihm von der Königlichen Regierung zu Frankfurt a. d. O. übertragene Lehrerstelle anzunehmen und wenigstens drei Jahre lang zu verwalten, im Weigerungsfalle aber für jedes Halbjahr seiner Bildungszeit zehn Thaler und den Betrag der etwa genossenen Unterstützungen an den Seminar-Fonds zurückzuzahlen.

13) Diejenigen Zöglinge, welche in der Abgangsprüfung das Erforderliche leisten, haben die Aussicht einer baldigen Anstellung im Bezirk der Königlichen Regierung zu Frankfurt, und werden nach Maßgabe ihres im Seminar bewiesenen Wohlverhaltens und ihrer erlangten Tüchtigkeit von der Königlichen Regierung bei Besetzung der von ihr abhängigen Schulstellen gern besonders berücksichtigt werden.

Berlin, den 6. Mai 1864.
Königliches Provinzial-Schul-Collegium.

Personal-Chronik.

Se. Majestät der König haben dem Hegemeister Pohl zu Loppow, Oberförsterei Massin, das Allgemeine Ehrenzeichen Allergnädigst zu verleihen geruht.

Der Prediger Gottfried Wilhelm Robert Jordan, bisher zu Ueckermünde, ist zum Pfarrer der Parochie Mellentin, Diöces Golbin, bestellt worden.

Der Thierarzt I. Klasse Oswald Scharfenberg hat sich in Friedeberg niedergelassen.

Der Kreis-Wundarzt Dr. Zimmermann in Frankfurt a. O. ist von dem Königlichen Ministerium der geistlichen, Unterrichts- und Medicinal-Angelegenheiten als praktischer Arzt und Wundarzt approbirt worden.

Personal-Veränderungen für den Monat April 1864.

A. Bei dem Königlichen Appellations-Gericht zu Frankfurt a. d. O.

Der Referendarius Peper ist aus dem Departement des Appellationsgerichts zu Halberstadt in das hiesseitige versetzt. Der Gerichts-Assessor Gustav Schulze ist gestorben.

B. Bei den Kreisgerichten im Departement.

Der Büreau-Assistent Daeseler zu Spremberg ist zum Sekretair, Kontroleur und Sporteleinhebe bei dem Kreisgerichte zu Friedeberg ernannt und der Sekretair, Kontroleur und Sporteleinhebe Zimmermann zu Friedeberg ist als Sekretair an das Kreisgericht zu Guben versetzt.

Vermischte Nachrichten.

(1) Die Corrector-Stelle an der Knabenschule in Zielenzig, zur Diöces Sternberg I. gehörig, städtischen Patronats, ist durch die Versetzung ihres seitherigen Inhabers erledigt worden.

Frankfurt a. d. O., den 10. Mai 1864.
Königl. Regierung, Abtheilung für Kirchen- und Schulwesen.

(2) Königl. Niederschlesisch-Märkische Eisenbahn. Um dem Publikum den Besuch der in Frankfurt a. d. O. stattfindenden Thierschau und Ausstellung landwirthschaftlicher Gegenstände zu erleichtern, lassen wir am Montag den 23. Mai und am Dienstag den 24. Mai c. einen Extrazug von hier nach Frankfurt abgehen.

— 118 —

Derselbe verläßt Berlin um 7 Uhr 15 Minuten Morgens, hält in Fürstenwalde und geht von dort ab 8 Uhr 23 Minuten. Ankunft in Frankfurt 9 Uhr 12 Minuten Vormittags.

Zu dem Zuge, welcher Wagen I., II. und III. Klasse führt, werden in Berlin und Fürstenwalde Billets nach Frankfurt zu dem einfachen Fahrpreise ausgegeben, welche bis zum 28. Mai cr. zur ungezeichneten Rückreise mit allen Local- und Personen-Zügen berechtigen.

Freigewicht für Gepäck wird auf diese Billets nicht gewährt.

  Berlin, den 11. Mai 1864.   Königliche Direction der Niederschlesisch-Märkischen Eisenbahn.

 (3) **Königliche Niederschlesisch-Märkische Eisenbahn.**

Für den Verband-Güter-Verkehr zwischen Hamburg und Berlin einerseits und Wien, Gänserndorf und Olmütz andererseits via Oderberg kommt vom 10. d. Mts. ab ein neuer Tarif nebst Reglement in Anwendung, wovon Exemplare zum Preise von 1 Sgr. bei unseren Güter-Expeditionen in Berlin und Breslau käuflich zu haben sind.

  Berlin, den 7. Mai 1864.   Königl. Direction der Niederschlesisch-Märkischen Eisenbahn.

 (4) **Bekanntmachung.** Mit dem 20. d. Mts. tritt für Steinkohlen-Transporte in ganzen Wagenladungen aus dem Waldenburger Kohlenrevier via Frankfurt a. d. O. nach den sämmtlichen Stationen der Ostbahn ein ermäßigter Frachttarif in Kraft.

Die Fracht beträgt bis Frankfurt a. d. O. 14 Sgr. 1 Pf. pro Tonne à 4 Ctr.; von Frankfurt a. d. O. ab 1 Pf. pro Centner und Meile neben einer festen Expeditionsgebühr von 1 Thlr. pro 100 Centner.

  Bromberg, den 12. Mai 1864.   Königliche Direction der Ostbahn.

 (5) **Bekanntmachung.** Den betheiligten Grundbesitzern wird hierdurch bekannt gemacht, daß der Feuer-Versicherungs-Gesellschaft „Northern-Assurance-Company zu Aberdeen" gestattet worden ist, Gebäude und andere Baulichkeiten auf Grundstücken, von welchen an die Rentenbank für die Provinz Brandenburg Renten zu entrichten sind, gegen Feuersgefahr zu versichern.   Berlin, den 11. Mai 1864.

  Königliche Direction der Rentenbank für die Provinz Brandenburg. (gez.) Heyder.

 (6) **Bekanntmachung.** Die nachstehende Verhandlung: Geschehen Berlin, den 11. Mai 1864. Auf Grund der §§. 46, 47 und 48 des Rentenbankgesetzes vom 2. März 1850 wurden an ausgelooseten Rentenbriefen der Provinz Brandenburg, welche nach dem von dem mitunterzeichneten Provinzial-Rentmeister vorgelegten Verzeichnisse gegen Baarzahlung zurückgegeben sind, und zwar:

  40 Stück Litt. A. à 1000 Thlr. . . . . 40,000 Thlr.
  19 Stück Litt. B. à 500 Thlr. . . . . 9,500 Thlr.
  33 Stück Litt. C. à 100 Thlr. . . . . 3,300 Thlr.
  28 Stück Litt. D. à 25 Thlr. . . . .   700 Thlr.
 421 Stück Litt. E. à 10 Thlr. . . . . 4,210 Thlr.

Überhaupt 541 Stück über . . . . 57,710 Thlr.
nebst den von den betreffenden Fälligkeitsterminen dieser Rentenbriefe ab laufenden Zins-Coupons in Gegenwart der Unterzeichneten durch Feuer vernichtet.

  v.   g.   u.
 C. Gabrielli, als Abgeordneter des Provinzial-Landtages.   Moll, Justizrath und Notar.
     a.   u.   s.
  Küsel, Provinzial-Rentmeister.   Poblotzki, Buchhalter.
wird hierdurch zur öffentlichen Kenntniß gebracht.   Berlin, den 12. Mai 1864.

  Königliche Direction der Rentenbank für die Provinz Brandenburg. (gez.) Heyder.

 (7) **Bekanntmachung.** Das Gasthaus der Wittwe Bleiber in Steinkirchen, 1/4 Meile von Röben und 3/4 Meilen von der Haltestelle in Rogow entfernt, ist zur Haltestelle behufs Meldung und Aufnahme der unterwegs den dort vorbeifahrenden Posten zutretenden Reisenden bestimmt worden.

  Frankfurt a. d. O., den 11. Mai 1864.   Der Ober-Post-Director. gez. Hoppe.

 (8) **Bekanntmachung.** Die Personenpost zwischen Calau und Senftenberg wird von jetzt an cursiren: aus Calau 10 Uhr Vormittags, durch Altdöbern 11 Uhr 15—25 Minuten Vormittags, in Senftenberg 12 Uhr 55 Minuten Nachmittags, aus Senftenberg 1 Uhr 30 Minuten Nachmittags, durch Altdöbern 3 Uhr — 3 Uhr 10 Minuten Nachmittags, in Calau 4 Uhr 25 Minuten Nachmittags.

  Frankfurt a. d. O., den 21. April 1864.   Der Ober-Post-Director. gez. Hoppe.

Redigirt im Büreau der Königlichen Regierung.
Druck der Hofbuchdruckerei von Trowitzsch u. Sohn in Frankfurt a. d. O.

Amts-Blatt
der Königl. Preuß. Regierung zu Frankfurt a/O.

№ 21. Frankfurt a. d. O., den 25. Mai. **1864.**

Gesetz-Sammlung für die Königlichen Preußischen Staaten pro 1864.

No. 13. enthält: (No. 5857.) Vertrag mit der Herzoglich Anhaltischen Regierung wegen Erweiterung der Eisenbahnverbindung zwischen Preußen und Anhalt. Vom 30. Januar 1864.
(No. 5858.) Konzessions- und Bestätigungs-Urkunde für die Magdeburg-Halberstädter Eisenbahngesellschaft, betreffend verschiedene Erweiterungen ihres Unternehmens und den fünften Nachtrag zu ihrem Gesellschafts-Statut. Vom 13. April 1864.

No. 14. enthält: (No. 5859.) Allerhöchster Erlaß vom 21. März 1864, betreffend die Ausdehnung der von dem Usedom-Wolliner Kreise durch den Erlaß vom 16. Februar 1857 für den Chausseebau vom Golmberge nach Usedom und bis zur Peene bei Carnin bewilligten Rechte auf die an Stelle der letzteren Chaussee genehmigte Chausseestrecke von Usedom bis zur Peene bei Zecherin.
(No. 5860.) Statut für den Verband zur Regulirung des Obrzhcko- oder faulen Obra-Flusses in den Kreisen Grünberg, Bomst und Züllichau-Schwiebus. Vom 4. April 1864.
(No. 5861.) Bekanntmachung der Ministerial-Erklärung vom 3. Dezember 1862, betreffend die mit der Großherzoglich Sachsen-Weimar-Eisenachischen und der Herzoglich Sachsen-Coburg- und Gothaischen Regierung vereinbarte Modifikation der wegen Verwendung der Abgabe von der Thüringischen Eisenbahn in dem Staatsvertrage vom 19. April 1844 enthaltenen Bestimmungen. Vom 27. April 1864.
(No. 5862.) Bekanntmachung der Ministerial-Erklärung vom 22. Januar 1864, betreffend die mit der Fürstlich Reuß-Planischen Regierung vereinbarte Modifikation der wegen Verwendung der Abgabe von der Weißenfels-Geraer Eisenbahn in dem Staatsvertrage vom 2. April 1857 enthaltenen Bestimmungen. Vom 27. April 1864.

No. 15. enthält: (No. 5863.) Verordnung, betreffend die zeitweise Herabsetzung der Hafenabgaben für ausländische Schiffe. Vom 25. April 1864.
(No. 5864.) Allerhöchster Erlaß vom 25. April 1864, betreffend die zeitweise Ermäßigung der von ausländischen Schiffen in Preußischen Häfen zu entrichtenden Hafenabgaben.
(No. 5865.) Allerhöchster Erlaß vom 21. März 1864, betreffend die Verleihung der fiskalischen Vorrechte an den Neu-Vorpommerschen Kommunal-Landtag in Bezug auf den Bau und die Unterhaltung der Chausseen im Greifswalder Kreise, 1) von Lissan über Lentschow und Murchin nach Relzow zum Anschluß an die Anklam-Greifswalder Staatsstraße, und 2) von Schwemmort über Johannishof und Liebenow nach Murchin zum Anschluß an die Chaussee zu 1).
(No. 5866.) Privilegium wegen Ausfertigung auf den Inhaber lautender Kreis-Obligationen des Greifswalder Kreises im Betrage von 70,000 Thalern. Vom 21. März 1864.
(No. 5867.) Privilegium wegen Ausgabe auf jeden Inhaber lautender Graudenzer Stadt-Obligationen zum Betrage von 85,000 Thalern. Vom 26. März 1864.

Bekanntmachung des Königlichen Schul-Collegiums der Provinz Brandenburg.

Wir bringen hiermit zur öffentlichen Kenntniß, daß mit dem 1. Juli d. J. ein neues evangelisches Schullehrer-Seminar zu Drossen für den Regierungsbezirk Frankfurt eröffnet werden wird.
Der Termin der Aufnahmeprüfung ist von uns auf den 16. und 17. Juni d. J. festgesetzt worden, zu welchem die Aspiranten, welche von uns für zulassungsfähig erklärt worden sind, in Drossen sich bei dem Direktor der Anstalt am 15. Juni Nachmittags einzufinden haben.
Die übrigen Bedingungen der Aufnahme sind aus der hier folgenden Nachricht von dem Königlichen evangelischen Schullehrer-Seminar zu Drossen zu ersehen.

1) Das Schullehrer-Seminar zu Drossen hat die Aufgabe, Lehrer für Volksschulen, zunächst im Regierungsbezirk Frankfurt a. d. O., theoretisch und praktisch auszubilden.
2) Die Dauer der Bildungszeit ist auf drei Jahre, die Zahl der Zöglinge auf neunzig festgesetzt.
3) Die Aufnahme neuer Zöglinge erfolgt einmal im Jahre, zu Ostern, in dem laufenden Jahre jedoch ausnahmsweise erst am 1. Juli.
4) Diejenigen, welche die Aufnahme nachsuchen, haben bis zum 1. Juni d. J. mit dem betreffenden Gesuche bei uns einzureichen:
   a. einen von ihnen selbst abgefaßten und geschriebenen Lebenslauf, welcher — außer den nöthigen Personal-Nachrichten — den Gang ihrer Bildung und Vorbereitung für das Schulamt darstellt,
   b. ihren Tauf- und Confirmationsschein,
   c. ein Zeugniß ihres Seelsorgers über ihre sittliche und religiöse Befähigung zum Schulamte und ein Zeugniß über ihre untadelhafte Führung,
   d. ein ärztliches Gesundheitsattest, in welchem auch die an ihnen erfolgte Impfung der Schutzblattern bescheinigt sein muß,
   e. ein Attest über die in den letztverflossenen zwei Jahren erneuerte Pocken-Impfung,
   f. ein Bildungszeugniß, welches sich über die Fähigkeit, den Fleiß und die Fortschritte des Präparanden bestimmt ausspricht,
   g. eine schriftliche Erklärung ihrer Eltern oder Vormünder, wie viel sie an Kostgeld auf die ganze Dauer der Bildungszeit zu zahlen im Stande sind.
5) Es können nur solche junge Leute zugelassen werden, welche die Jahre der Bildungsfähigkeit noch nicht überschritten, aber bereits ein Alter von 18 Jahren erreicht haben, oder doch einem solchen Alter sehr nahe stehen. Schulamts-Präparanden, welche bei der Ersatz-Aushebung für das stehende Heer bereits geloost haben, müssen sich vor ihrer Aufnahme in das Seminar über ihre Militairverhältnisse ausweisen.
6) Ueber ihre Aufnahme in das Seminar entscheidet der Ausfall der Aufnahme-Prüfung, welcher den Geprüften sobald als möglich bekannt gemacht werden soll.
7) Abgesehen davon, daß auf die allgemeine Bildung des Präparanden Gewicht gelegt wird, müssen an denselben hinsichtlich seiner Kenntnisse und Fertigkeiten die Forderungen gestellt werden, welche das Regulativ vom 2. October 1854 näher bezeichnet.
8) Bei sämmtlichen Zöglingen wird das erste Halbjahr als Probezeit betrachtet, und die Anstalt behält sich vor, Zöglinge, welche sich bei näherer Kenntniß als ungeeignet für den Lehrstand erweisen, blos aus diesem Grunde zu entlassen.
9) Sämmtliche Seminaristen wohnen in der Anstalt und haben für Wohnung, Heizung, Licht und Beköstigung jährlich 50 Thaler in Quartalraten zu 12 Thlr. 15 Sgr. vorauszuzahlen. Für Brot jedoch, für Kleidung, Wäsche, Bücher, Arznei und alle übrigen Bedürfnisse hat jeder Zögling aus eigenen Mitteln zu sorgen.
   Jeder Seminarist hat ein Bett oder eine Matratze mit zwei wollenen Decken, nebst den erforderlichen Bezügen mitzubringen. Bettstellen liefert die Anstalt.
10) Die bei der Aufnahme versprochenen Zahlungen, auf welche die Anstalt mit Bestimmtheit rechnen muß, sind pünktlich zu leisten und können nachträgliche Gesuche um Erlaß des Kostgeldes nicht berücksichtigt werden.
11) Seminaristen, welche durch Fleiß, Fortschritte, untadelhaftes Verhalten gute Hoffnungen erwecken, werden bei der Vertheilung der von der Anstalt abhängenden Unterstützungen nach Maßgabe ihrer Bedürftigkeit und der vorhandenen Mittel berücksichtigt. Ganze oder halbe Freistellen können in der Regel erst vom dritten Halbjahr ab gewährt werden.
12) Jeder Seminarist hat bei seiner Aufnahme eine schriftliche Erklärung auszustellen, durch welche er sich verpflichtet, jede ihm von der Königlichen Regierung zu Frankfurt a. d. O. übertragene Lehrerstelle anzunehmen und wenigstens drei Jahre lang zu verwalten, im Weigerungsfalle aber für jedes Halbjahr seiner Bildungszeit zehn Thaler und den Betrag der etwa genossenen Unterstützungen an den Seminar-Fonds zurückzuzahlen.
13) Diejenigen Zöglinge, welche in der Abgangsprüfung das Erforderliche leisten, haben die Aussicht einer baldigen Anstellung im Bezirk der Königlichen Regierung zu Frankfurt, und werden nach Maßgabe ihres im Seminar bewiesenen Wohlverhaltens und ihrer erlangten Tüchtigkeit von der Königlichen Regierung bei Besetzung der von ihr abhängigen Schulstellen gern besonders berücksichtigt werden.

Berlin, den 6. Mai 1864.   Königliches Provinzial-Schul-Collegium.

Verordnungen und Bekanntmachungen der Königlichen Regierung zu Frankfurt a. d. O.

I. Das Regiments-Kommando des Neumärkischen Dragoner-Regiments No. 3, soll zwei Invaliden zum Genuß einer jährlichen Pension von 24 Thlr. in Vorschlag bringen, welche aus einer Stiftung des verstorbenen Rittmeisters von Lippe-Lipski fließen; diese Pensionen werden vom 1. Oktober dieses Jahres ab in halbjährlichen Raten à 12 Thlr. disponibel.

Berechtigt zum Genuß der Pensionen sind vorläufig nur solche invalide Krieger aus den Jahren 1813—1815, die während dieser Zeit in dem damaligen „Neumärkischen Dragoner-Regiment No. 6." gestanden haben.

Alle Invaliden, die in diese Kategorie gehören, werden demnach hiermit aufgefordert, ihre Ansprüche, unter Einsendung ihrer Dienstpapiere, und Bescheinigungen ihrer Landraths-Aemter über Bedürftigkeit, Führung und Höhe der ihnen schon zufließenden Pensionen durch die Königlichen Landwehr-Bataillons-Kommandos in deren Bezirk sie wohnen, dem unterzeichneten Regiments-Kommando spätestens bis 10. Juni dieses Jahres zugehen zu lassen.   Treptow a. R., den 7. Mai 1864.

Das Kommando des Königlichen Neumärkischen Dragoner-Regiments No. 3.

Vorstehendes wird hierdurch zur öffentlichen Kenntniß gebracht.

Frankfurt a. d. O., den 13. Mai 1864.

II. Der Kaufmann Theodor Brandt zu Soldin hat die Agentur zur Vermittelung von Verträgen mit Auswanderern zum Zweck deren Beförderung von Hamburg resp. Bremen nach sämmtlichen Häfen Amerikas, mit Ausnahme von Brasilien, und nach Australien niedergelegt und um Rückzahlung der mit 300 Thlr. bestellten Caution nachgesucht.

Gemäß §. 14 des Reglements, betreffend die Geschäftsführung der zur Beförderung von Auswanderern concessionirten Personen ꝛc. vom 6. September 1853 (Amtsblatt 1853 Seite 318) machen wir dies Behufs Anmeldung etwaiger Ansprüche an die Caution binnen 12 Monaten bekannt, mit dem Bemerken, daß, wenn Ansprüche nicht innerhalb dieser Frist angemeldet werden, die Rückgabe der Caution erfolgen wird.

Frankfurt a. d. O., den 14. Mai 1864.

III. Die verschiedenartige, zum Theil mangelhafte Fassung, in der bisher von Privat-Patronen die Vocationen für Küster und Schullehrer ausgefertigt und uns zur Bestätigung eingereicht worden sind, hat uns veranlaßt, das unterstehende Schema zu dergleichen Vocationen für Küster und für Schullehrer an Stadt- und Landschulen aufzustellen und den Patronaten resp. Collatoren als Formular für die zur Bestätigung einzureichenden Bestallungen zu empfehlen. Wir dürfen erwarten, daß diese Vorschrift bei der Ausfertigung solcher Bestallungen künftig beobachtet werde.   Frankfurt a. d. O. den 9. Mai 1864.

Schema zur Vocation für einen (Küster und) Schullehrer.

Nachdem durch den Tod (die Emeritirung, die Versetzung, die Entlassung) des bisherigen (Küsters und) Schullehrers N. N. die (Küsterstelle an der Kirche und) Lehrerstelle an der Schule zu N. N. in der Parochie N. N. erledigt worden ist, so berufen wir (berufe ich), kraft des uns (mir) zustehenden Vocationsrechtes, mit Genehmigung der Königlichen Regierung zu Frankfurt a. d. O. den N. N. bisher (Küster und) Schullehrer (Schulamts-Candidaten) zu N. N., zum (Küster an der Kirche und) Lehrer an der Schule zu N. N. und machen (mache) es ihm zur Pflicht, seines ihm von Gott anvertrauten Amtes bei der (Kirche und) Schule jederzeit nach bestem Vermögen gewissenhaft wahrzunehmen, die hier darüber ertheilten Vorschriften und Weisungen genau zu beobachten, insbesondere Seiner Königlichen Majestät von Preußen unterthänig, treu und gehorsam zu sein, seinen Vorgesetzten die gebührende Achtung und Folgsamkeit zu beweisen, mit der Gemeine in Frieden und Eintracht zu leben, (seinen Dienst in der Kirche andächtig und sorgfältig zu verrichten) die Schuljugend im Christenthum und in allen ihm im Lehrplan vorgeschriebenen Kenntnissen mit allem Fleiß zu unterrichten, sie zur Treue gegen den König, zur Vaterlandsliebe und zu aller guten Sitte zu erziehen und anzuleiten, der Jugend und der Gemeine durch einen gottseligen und ehrbaren Wandel ein gutes Beispiel zu geben und sich überhaupt jederzeit so zu verhalten, wie es einem christlichen (Kirchenbeamten und) Lehrer eignet und gebührt.

Dagegen soll der N. N. die mit seinem Amte verbundenen Rechte, Einkünfte und Nutzungen genießen und nöthigenfalls darin geschützt werden.

Das Verzeichniß sämmtlicher der (Küster- und) Schulstelle zu N. N. zustehenden Einkünfte ist dieser Vocation beizufügt.

Sollte der N. N. sein Amt aufgeben und eine andere Stelle annehmen wollen, so hat er drei Monate vorher dies dem Patronat anzuzeigen und bei der Königlichen Regierung durch den Superintendenten seine Entlassung nachzusuchen, auch nicht früher, als bis ihm dieselbe ertheilt ist, seine Stelle zu verlassen.

— 122 —

Der Schullehrer-Wittwen-Societät muß der N. N. als Mitglied beitreten und zur Wittwen-Kasse die geordneten Beiträge pünktlich leisten.
Urkundlich ist diese Vocation von uns (mir) durch eigenhändige Unterschrift und Beidrückung unseres (meines) Siegels vollzogen worden.   N. N., den   ten   18
(Siegel.)   (Unterschrift.)
Vocation für den N. N. als (Küster und) Schullehrer zu N. N.

Personal-Chronik.

Seine Majestät der König haben Allergnädigst geruht, dem Regierungs-Secretair Hoffmüller hieselbst den Character als Kanzlei-Rath zu verleihen.

Der Bürgermeister Rhode zu Driesen ist zum Stellvertreter des Forstpolizeianwalts für die Oberförsterei Sublathfließ und der Stadtsecretair Müller zu Driesen zum Stellvertreter des Polizeianwalts für den Bezirk der Kreisgerichts-Deputation zu Driesen ernannt worden.
Frankfurt a. d. O., den 18. Mai 1864.   Der Regierungs-Präsident.   Frhr. v. Münchhausen.

Der bisherige Pfarramts-Verweser zu Wirsitz, Gustav Carl Ferdinand Menzel, ist zum Evangelischen Pfarrer zu Kalkwitz und Bischdorf — Diöces Calau — bestellt worden.

In dem Königl. Hebammen-Institut hierselbst sind nachbenannte Frauen, als: 1) Frau Wilhelmine Sommer aus Zechin, 2) Frau Caroline Brüggemann aus Sandow, 3) Frau Caroline Engelin aus Kloppitz, 4) Frau Charlotte Rabeck aus Kötzig, 5) unverehel. Caroline Gundlach aus Neu-Anspach, 6) unverehel. Marie Winter aus Drahia, 7) Frau Louise Schilling aus Stärpel, 8) unverehel. Pauline Kalliste aus Blankfeld, 9) unverehel. Anna Rosine Tschammer aus Glauchow, 10) Frau Johanna Lüderitz aus Landsberg a. W., 11) Frau Henriette Gehlte aus Antoinettenlust, 12) Frau Auguste Wothe aus Leopoldsfahrt, 13) Frau Marie Hesse aus Gorgast, 14) Frau Sophie Knospe aus Ober-Görlsdorf, 15) Frau Auguste Roehl aus Verneuchen, 16) Frau Louise Marie Christiane Mittelstädt aus Zehden während des abgehaltenen geburtshülflichen Lehrkursus pro 1863—64 unterrichtet und nach wohlbestandener Prüfung als Hebammen approbirt worden.

Der Küster und Lehrer Johann Christian Friedrich Klinkott in Alt-Golßen ist zum Küster und Lehrer in Münchhausen, Diöcese Dobrilugk, berufen.

Vermischte Nachrichten.

(1) Die Küster- und Lehrer-Stelle in Schönberg, Diöcese Friedeberg i. b. N., Privat-Patronats, ist durch Versetzung ihres zeitherigen Inhabers erledigt.
Frankfurt a. d. O., den 23. Mai 1864.   Königl. Regierung; Abtheilung für Kirchen- und Schulwesen.

(2) Königliche Niederschlesisch-Märkische Eisenbahn. Der Artikel „Brod" wird auf der diesseitigen Eisenbahn fortan zum Tarifsatze der ermäßigten Klasse A. befördert werden.
Berlin, den 17. Mai 1864.   Königliche Direktion der Niederschlesisch-Märkischen Eisenbahn.

(3) Königliche Niederschlesisch-Märkische Eisenbahn.
Für den Verband-Güter-Verkehr zwischen Hamburg und Berlin einerseits und Wien, Gänserndorf und Dürnkrut andererseits via Oderberg kommt vom 10. d. Mts. ab ein neuer Tarif nebst Reglement in Anwendung, wovon Exemplare zum Preise von 1 Sgr. bei unseren Güter-Expeditionen in Berlin und Breslau käuflich zu haben sind.
Berlin, den 7. Mai 1864.   Königl. Direktion der Niederschlesisch-Märkischen Eisenbahn.

(4) Bekanntmachung, betreffend die Ausloosung von Rentenbriefen der Provinz Brandenburg. Bei der in Folge unserer Bekanntmachung vom 24. April cr. am 11. d. M. stattgefundenen öffentlichen Verloosung von Rentenbriefen der Provinz Brandenburg sind folgende Apoints gezogen worden:
Litt. A. zu 1000 Thlr. die Nummern: 167. 274. 742. 894. 945. 955. 1041. 2008. 2195. 2290. 2299. 3554. 3814. 3928. 4411. 4424. 4592. 4863. 4902. 4950. 4972. 5767. 5824. 5906. 6589. 7005. 7026. 7086. 7300. 7515. 7872. 8142. 8166.
Litt. B. zu 500 Thlr. die Nummern: 318. 383. 460. 779. 1509. 1627. 1660. 1686. 2096. 2163. 2233. 2305. 2345. 3494. 3518.
Litt. C. zu 100 Thlr. die Nummern: 192. 651. 695. 804. 959. 1280. 1391. 1421. 1755. 1905. 1932. 2014. 2018. 2196. 2304. 2406. 2764. 2780. 2872. 3149. 3268. 3555. 4368. 4779. 4902. 5900. 6286. 6414. 6534. 6925. 6939. 6988. 7779. 8083. 8109.

— 128 —

Litt. D. zu 25 Thlr. die Nummern: 98. 208. 272. 399. 801. 870. 1044. 1202. 1230. 2024. 2236. 3134. 3192. 3485. 3742. 3985. 4033. 4074. 4161. 4209. 4446. 4692. 4747. 5269. 5584. 5674. 6079. 6346. 6353. 6396. 8590. 6945.
Litt. E. zu 10 Thlr. die Nummern: 15. 59. 74. 76. 112. 126. 141. 143. 150. 152. 182. 191. 202. 226. 240. 273. 274. 309. 326. 367. 373 375. 394. 446. 479. 508. 521. 538. 552. 569. 636. 642. 648. 660. 720. 723. 725. 789. 803. 817. 823. 851. 871. 878. 886. 900. 910. 912. 918. 924. 943. 966. 975. 977. 982. 1026. 1049. 1050. 1071. 1097. 1104. 1109. 1128. 1130. 1138. 1175. 1196. 1210. 1213. 1228. 1249. 1310. 1327. 1330. 1354. 1357. 1410. 1414. 1441. 1444. 1484. 1514. 1541. 1551. 1567. 1583. 1645. 1650. 1660. 1663. 1665. 1689. 1695. 1719. 1727. 1741. 1775. 1779. 1813. 1835. 1869. 1885. 1890. 1898. 1904. 2009. 2011. 2080. 2087. 2116. 2126. 2145. 2181. 2189. 2202. 2210. 2216. 2217. 2218. 2256. 2284. 2289. 2298. 2301. 2323. 2332. 2335. 2349. 2352. 2381. 2448. 2454. 2467. 2477. 2493. 2515. 2531. 2537. 2565. 2613. 2626. 2628. 2631. 2672. 2690. 2702. 2760. 2804. 2871. 2884. 2964. 3007. 3030. 3113. 3121. 3210. 3223. 3315. 3337. 3354. 3358. 3406. 3470. 3512. 3542. 3568. 3576. 3586. 3621. 3632. 3699. 3707. 3733. 3746. 3783. 3789. 3804. 3824. 3826. 3899. 3901. 3910. 3933. 3942. 3949. 3969. 4013. 4014. 4055. 4060. 4067. 4101. 4169. 4187. 4207. 4288. 4376. 4446. 4455. 4479. 4482. 4495. 4496. 4507. 4530. 4551. 4591. 4699. 4608. 4618. 4639. 4682. 4707. 4735. 4762. 4764. 4775. 4797. 4798. 4820. 4827. 4855. 4860. 4904. 4918. 4935. 4956. 4975. 4986. 5009. 5018. 5082. 5091. 5136. 5190. 5271. 5292. 5299. 5330. 5365. 5177. 5378. 5382. 5386. 5448. 5507. 5509. 5523. 5524. 5527. 5581. 5575. 5584. 5592. 5599. 5618. 5664. 5680. 5693. 5699. 5704. 5708. 5723. 5731. 5744. 5760. 5764. 5769. 5771. 5778. 5792. 5801. 5812. 5841. 5877. 5896. 5913. 5916. 5920. 5949. 5955. 5973. 5981. 5989. 5990. 6011. 6015. 6024. 6142. 6143. 6168. 6180. 6193. 6204. 6223. 6228. 6241. 6243. 6258. 6329. 6330. 6447. 6473. 6818. 6644. 6691. 6695. 6701. 6707. 6733. 6734. 6741. 6771. 6786. 6795. 6807. 6812. 6840. 6880. 6891. 6898. 6909. 6931. 6964. 6967. 6996. 7018. 7023. 7060. 7061. 7066. 7079. 7085. 7137. 7141. 7163. 7189. 7201. 7230. 7256. 7304. 7306. 7352. 7379. 7392. 7428. 7459. 7499. 7523. 7548. 7608. 7609. 7614. 7626. 7674. 7675. 7693. 7707. 7724. 7792. 7796. 7814. 7859. 7873. 7899. 7951. 8000. 8022. 8035. 8048. 8050. 8055. 8056. 8060. 8092. 8101. 8111. 8122. 8123. 8166. 8180. 8225. 8247. 8250. 8257. 8266. 8277. 8278. 8288. 8295. 8323. 8325. 8327. 8334. 8356. 8360. 8372. 8383. 8417. 8424. 8448. 8450. 8431. 8498. 8511. 8523. 8537. 8538. 8546. 8590. 8603. 8609. 8647. 8650. 8655. 8666. 8670. 8682. 8704. 8726. 8807. 8832. 8834. 8837. 8815. 8851. 8853. 8854. 8876. 8896. 8899. 8902. 8940. 8964. 8967. 8976. 9012. 9016. 9023. 9028. 9033. 9040. 9046. 9054. 9055. 9058. 9094. 9114. 9115. 9117. 9125. 9137. 9157. 9178. 9197. 9219. 9221. 9225. 9239. 9250. 9252. 9265. 9267. 9280. 9282. 9295. 9303. 9311. 9313. 9328. 9346. 9361. 9386. 9388. 9390. 9399. 9401. 9413. 9421. 9423. 9424. 9425. 9427. 9435. 9437. 9439. 9441. 9442. 9452. 9455. 9465. 9476. 9484. 9486. 9492. 9496. 9498. 9502. 9511. 9518.

Die Inhaber der vorbezeichneten Rentenbriefe werden aufgefordert, gegen Quittung und Einlieferung der Rentenbriefe in coursfähigem Zustande und den dazu gehörigen Coupons Serie II, No. 13 bis 16 den Rennwerth der Ersteren bei der hiesigen Rentenbank-Kasse, Alte Jakobstraße No. 106, vom 1. Oktober d. J. ab in den Wochentagen von 9 bis 1 Uhr in Empfang zu nehmen.
Vom 1. Oktober d. J. ab hört die Verzinsung der ausgeloosten Rentenbriefe auf.
Zugleich wird hiermit bekannt gemacht, daß von den früher verloosten Rentenbriefen der Provinz Brandenburg, seit deren Fälligkeit bereits zwei Jahre und darüber verflossen sind, folgende zur Einlösung bei der Rentenbank-Kasse noch nicht präsentirt worden sind, und zwar aus den Fälligkeitsterminen:
a) am 1. April 1856: Litt. D. No. 1532 über 25 Thlr.;
b) am 1. Oktober 1858: Litt. E. No. 1669 über 10 Thlr.;
c) am 1. April 1859: Litt. A. No. 4658 über 1000 Thlr. — Litt. C. No. 3190 über 100 Thlr. — Litt. E. No. 63. 439. 1110. 1129. 3260. 3771. 3928. 4567. 4867. 6030. 7205 à 10 Thlr.;
d) am 1. Oktober 1859: Litt. A. No. 231. 3165. 3220 à 1000 Thlr. — Litt. B. No. 5 über 500 Thlr. — Litt. C. No. 1356. 1867. 3367 à 100 Thlr. — Litt. E. No. 43. 329. 671. 866. 993. 1044. 1358. 1968. 2465. 2691. 2932. 3144. 3358. 3641. 3966. 4569. 5162. 5176. 5391. 5392. 5693. 7422. 7454. 7563. 7582. 7942. 8125. 8483 à 10 Thlr.;
e) am 1. April 1860: Litt. C. No. 6384 über 100 Thlr. — Litt. D. No. 1269. 1400. 1984. 2704. 2754. 6035 à 25 Thlr. — Litt. E. No. 24. 71. 115. 462. 913. 1506. 1897. 2431. 2670. 2872.

3298. 3355. 3375. 3613. 3625. 3967. 4116. 4451. 4541. 4687. 4714. 4941. 5128. 5826. 6123. 6348. 6583. 6817. 6930. 7064. 7564. 8098. 8143. 8598 à 10 Thlr.;

f) am 1. Oktober 1860: Litt. A. No. 1675 à 1000 Thlr. — Litt. C. No. 4900. 5034 à 100 Thlr. — Litt. D. No. 343. 5610 à 25 Thlr. — Litt. E. No. 370. 499. 593. 596. 641. 678. 865. 903. 1038. 1039. 1080. 1966. 2049. 2085. 2163. 2466. 2471. 2483. 2567. 2878. 2934. 2992. 3072. 3153. 3170. 3636. 3723. 3779. 3802. 4615. 4744. 5286. 6475. 5840. 6219. 6234. 6263. 6550. 6596. 6935. 6965. 7287. 7336. 7546. 7834. 7863. 7953. 7998. 8229. 8270. 8535. 8542. 8646. 8708 à 10 Thlr.;

g) am 1. April 1861: Litt. A. No. 6073 über 1000 Thlr. — Litt. B. No. 141 über 500 Thlr. — Litt. C. No. 339. 741. 5215. 5701 à 100 Thlr. — Litt D. No. 328. 940. 2051. 6224 à 25 Thlr. — Litt. E. No. 3. 167. 218. 341. 367. 525. 770. 1066. 1070. 1526. 1624. 1856. 1990. 2240. 2339. 2358. 2373. 2461. 2599. 2671. 2833. 2933. 3350 3418. 3596. 3773. 3864. 3680. 3965. 4064. 4183. 4308. 4520. 4522. 4572. 5004. 5181. 5236. 5255. 5284. 5321. 5620. 5621. 5717. 5876. 6182. 6338. 6638. 6791. 7028. 7331. 7434. 7472. 7543. 7809. 7944. 8264. 8349. 8388. 8432. 8437. 8459. 8460. 8536. 8570. 8571 à 10 Thlr.;

h) am 1. Oktober 1861: Litt. A. No. 3458 über 1000 Thlr. — Litt. B. No. 2011. 3044 à 500 Thlr. — Litt. C. No. 3421. 4358. 6203. 6563 à 100 Thlr. — Litt. D. No. 180. 1617. 2376. 3094. 4101. 5285 à 25 Thlr. — Litt. E. No. 4. 29. 501. 575. 597. 702. 850. 1028. 1145. 1360. 1515. 1516. 1547. 1596. 1611. 1793. 1834. 1975. 2195. 2490. 2669. 2829. 3076. 3116. 3407. 3421. 3462. 3479. 3553. 3614. 3626. 3796. 3831. 3832. 3842. 3887. 4368. 4817. 5094. 5127. 5178. 5228. 5285 5316. 5342. 5345. 5379. 5403. 5408. 5415. 5465. 5546. 5658. 5682. 5977. 6518. 6564. 6657. 6804. 6813. 6861. 6929. 6982. 7203. 7413. 7432. 7580. 7611. 7798. 7871. 8442. 8592. 8653. 8724. 8803. 9061 à 10 Thlr.;

i) am 1. April 1862: Litt. A. No. 1124. 4044. 6587 à 1000 Thlr. — Litt. B. No. 1584. 3028. à 500 Thlr. — Litt. C. No. 467. 1186. 3718. 6334 à 100 Thlr. — Litt. D. No. 1003. 2092. 4728. 5128 à 25 Thlr. — Litt. E. No. 1. 84. 88. 230. 287. 342. 354. 419. 443. 463. 559. 665. 677. 686. 795. 853. 1030. 1118. 1212. 1223. 1236. 1237. 1497. 1509. 1538. 1565. 1598. 1600. 1605. 2187. 2292. 2597. 2620. 2629. 2954. 3059. 3202. 3459. 3463. 3541. 3598. 3772. 3820. 3876. 3968. 4091. 4186. 4390. 4995. 5348. 5390. 5416. 5427. 5454. 5456. 5490. 5611. 5822. 5828. 6138. 6152. 6218. 6264. 6551. 6677. 6777. 6868. 6965. 7099. 7111. 7228. 7483. 7835. 7862. 7937. 7971. 7933. 8063. 8089. 8091. 8124. 8128. 8269. 8391. 8441. 8457. 8556. 8591. 8625. 8710. 8773. 8905. 6924. 8948 à 10 Thlr.

Die Inhaber dieser Rentenbriefe werden wiederholt aufgefordert, den Nominalwerth derselben nach Abzug des Betrages der von den mit abzuliefernden Coupons etwa fehlenden Stücke auf unserer Kasse in Empfang zu nehmen.

Wegen der Verjährung der ausgeloosten Rentenbriefe machen wir auf die Bestimmung des Gesetzes über die Errichtung von Rentenbanken vom 2. März 1850 §. 44 aufmerksam.

Endlich bemerken wir, daß den Inhabern von ausgeloosten und getündigten Rentenbriefen gestattet ist, die zu realisirenden Rentenbriefe — unter Beifügung einer ordnungsmäßigen Quittung — mit der Post an die Rentenbank-Kasse portofrei einzusenden und zu beantragen, daß die Uebersendung des Geldbetrages auf gleichem Wege, jedoch auf Gefahr und Kosten des Empfängers, erfolge.

Berlin, den 12. Mai 1864.

Königliche Direction der Rentenbank für die Provinz Brandenburg. (gez.) Heyder.

(5) Bekanntmachung. Der Berliner-Platz in der Luckauer Vorstadt zu Cottbus ist zur Posthalte-Stelle bestimmt. Es können dort Personen, die mit den dort vorbeifahrenden Posten reisen wollen, vom Postillon eingeschrieben und aufgenommen werden, soweit dazu die Hauptwagen oder Beichaisen Raum bieten.

Frankfurt a. d. O., den 17. Mai 1864. Der Ober-Post-Direktor. gez. Hoppe.

(6) Bekanntmachung. Die dritte tägliche Personen-Post von Königsberg i. d. N. nach Angermünde wird — statt wie bisher um 3¼ Uhr Nachmittags — von jetzt an schon um 3 Uhr Nachmittags aus Königsberg i. d. N. abgefertigt werden.

Frankfurt a. d. O., den 18. Mai 1864. Der Ober-Post-Direktor. gez. Hoppe.

Redigirt im Büreau der Königlichen Regierung.
Druck der Hofbuchdruckerei von Trowitzsch u. Sohn in Frankfurt a. d. O.

Amts-Blatt
der Königl. Preuß. Regierung zu Frankfurt a/O.
№ 22.   Frankfurt a. d. O., den 1. Juni.   1864.

Verordnungen und Bekanntmachungen der Königlichen Regierung zu Frankfurt a. d. O.

Der Königliche Regierungs-Referendarius E. Doehl, Decernent im Königlichen Polizei-Präsidium zu Berlin, hat ein Werk, unter dem Titel: „Die Veterinair-Polizei des Preußischen Staates" herausgegeben, welches in übersichtlicher, systematisch geordneter Form Belehrung giebt über die einzelnen ansteckenden Viehkrankheiten, deren Natur, Kennzeichen, Vorbeugungs- und Heilmittel, die in Betreff derselben gültigen allgemein gesetzlichen und polizeilichen Anordnungen, die bei einem epizootischen Auftreten dieser Seuchen in Kraft tretenden Absperrungs- und Aufsichts-Maßregeln, die Bestimmungen über Einführung und Quarantaine der vom Vieh herrührenden Handels-Produkte, sowie der Verordnungen über den Vieh-Verkehr überhaupt. Die Kreis-Medicinal-Beamten, Polizei-Behörden, Thierärzte, Landwirthe und Vieh-Besitzer werden hierdurch auf das genannte Werk mit dem Bemerken aufmerksam gemacht, daß dasselbe zum Preise von 1 Thlr. 20 Sgr. aus der Verlags-Buchhandlung von Eduard Doering in Potsdam zu beziehen ist.

Frankfurt a. d. O., den 25. Mai 1864.

Aufforderung zur Stiftung eines Kranken-Pensionats am Kurort Marienbad in Böhmen für Unbemittelte aus dem Civil- und Militairstande.

Die Heilquelle zu Marienbad gewährt jährlich Tausenden von Hülfsbedürftigen Kräftigung und Wiederherstellung ihrer Gesundheit. Es steht auch unzweifelhaft fest, daß das Trinken des Marienbader frisch aus der Quelle geschöpften Mineralwassers viel erfolgreicher und heilsamer auf den kranken menschlichen Körper einwirkt, als bei dem mehr oder weniger entfernt versendeten. Nicht minder ist im ersten Falle dessen Heilkraft durch die Lage Marienbads in hoher und waldreicher Gebirgsgegend, wo der Kranke, von allen Berufsgeschäften zurückgezogen, in reiner und freier Gebirgsluft lebt und die dort überall einheimische strenge Diät die Einwirkung des Brunnens unterstützt, auf das Wesentlichste gefördert. Endlich aber ist Marienbad noch besonders für Alle ein wohlthätiger Aufenthaltsort, denen durch Moorbäder, zu denen sich in der nächsten Umgebung ein sehr geeignetes Material vorfindet, geholfen werden kann.

Es erscheint also wünschenswerth, daß auch von den weniger bemittelten, entfernt von Marienbad wohnenden Kranken recht viele dort möchten Hülfe suchen können, insbesondere ist dies im Interesse der unbemittelten Kranken aus den gebildeteren Verhältnissen zu wünschen, da jetzt durch den Bau der Eisenbahnen nach den böhmischen Kurorten die Reise dahin so wesentlich erleichtert wird. Wie viele pflichttreue Beamten würden ihrem Amte, wie viele tüchtige Geschäftsführer ihrer Stellung, wie viele unbemittelte strebsame Künstler, Gelehrte und Militairs würden dem Vaterlande und ihrer Familie erhalten werden, wenn es ihnen möglich gemacht würde, sich in Folge des erforderlichen geringeren Kostenaufwandes einer Heilcur an Ort und Stelle, in Marienbad, zu unterziehen. Am nächsten liegt für den Augenblick die Erinnerung an die braven in Schleswig-Holstein kämpfenden Krieger, die durch schwere Verwundungen und Ueberanstrengungen geschwächt, selbst noch nach Verlauf einiger Jahre, den Segen neuer Kräftigung durch die wiederholte Benutzung der Moorbäder empfangen würden. Welch' eine unendliche Wohlthat würde es für diejenigen unbemittelten Offiziere sein, die einzelne Gliedmaßen verloren haben oder bei denen edlere Theile verletzt sind, wenn man ihnen gleichfalls eine möglichst häufige Wiederholung dieser Badekur für ihre ganze Lebensdauer sicherte: nach ärztlichen Aussprüchen die heilsamste Linderung ihrer oft schweren Leiden.

Um diese verschiedenen Zwecke zu ermöglichen, ist hier in einem Kreise von Männern und Frauen der Vorsatz entstanden:

„in Marienbad ein Kranken-Pensionat in einem eigenen, dazu zu erbauenden Hause zu gründen,
„welches die Bestimmung erhielte, theils hülfsbedürftigen Beamten und Privatpersonen,
„theils unbemittelteren Militairs und Künstlern den Aufenthalt an diesem für die verschieden-
„artigsten Leiden so segensreichen Kurorte durch die Sicherstellung von Wohnungen, Bädern u. s. w.
„zu halben Preisen zu ermöglichen und zu erleichtern.

Das Pensionatshaus soll auf einer für 5000 fl. bereits erworbenen, neben dem evangelischen Bethause belegenen geräumigen Baustelle erbaut werden und außer einigen für das Bedürfniß des Bethauses nöthigen Wohnungsräumen, sechszehn zur Aufnahme von männlichen Kranken aller christlichen Konfessionen bestimmte einsitzige Wohnzimmer enthalten, so daß, wenn man annimmt, daß jedes dieser Wohnzimmer während der vier Sommermonate viermal von einem Kranken benutzt werden kann, dadurch die zur allmäligen Unterbringung einer bedeutenden Anzahl von Kranken erforderliche Räumlichkeit gewährt wird. Von den dort Wohnenden soll:

I. Für die Wohnung und Bedienung bis dahin, daß größere Stiftungsfonds dieselbe ganz unentgeltlich zu gewähren gestatten, vorläufig nur ein bestimmter geringer Preis von 2 bis 2½ fl. pro Woche entrichtet werden.

II. Alle Arten von Bädern sollen, wie bereits bemerkt, den Kranken zu halben Preisen bewilligt werden.

III. In dem Hause würde zugleich ein für dessen Bewohner bestimmtes Versammlungs- und Speisezimmer eingerichtet und außerdem für eine einfache im Preise bestmöglichst ermäßigte und kurzgemäße Beköstigung Sorge getragen werden. Auch ist

IV. unentgeltlicher ärztlicher Beistand bereits zugesagt für Alle, die davon Gebrauch machen wollen.

Bei der warmen Theilnahme, die von den dortigen Behörden für das Unternehmen an den Tag gelegt worden, darf man auch noch, sowie die Stiftung erst in's Leben getreten ist, auf verschiedene andere Vergünstigungen, wie z. B. Erlaß der Kurtaxe u. s. w. rechnen.

Als Beitrag zur ersten Begründung der Stiftung sind bereits von Sr. Maj. dem König allergnädigst 1000 Thlr. in Aussicht gestellt. Außerdem hat die Verwaltungsbehörde des evangelischen Bethauses einen bedeutenden Beitrag für die Folge zugesagt. Auch ist aus verschiedenen Gegenden Deutschlands Hoffnung zur Unterzeichnung zu Stellen von 250—300 Thlr. gegeben. Ferner sind aus dem Ertrage des zu diesem Zwecke von Fräulein Elfriede von Mühlenfels herausgegebenen Marienbader Gedenkbuches 1000 fl. eingegangen. Frau Doctorin Abel aus Wildenstein, in der Oberpfalz, machte ein hochherziges Geschenk von 500 fl., wie auch der Herr Major Graf von Hacke in Potsdam 85 Thlr. dafür gesammelt hat, und sind diese Beträge, wie auch eine aus den Sammlungen des evangelischen Bethauses entnommene Summe zum Ankauf der Baustelle bereits mit verwandt.

Nicht minder kann aber das Unternehmen auf den ferneren gewichtigen Beistand des Herrn Landraths von Kröcher auf Binzelberg, bei Stendal, als Königl. Preuß. Commissarius für die Verwaltung des Bethauses rechnen, von dem bereits 1863 der Ankauf der Baustelle zu benanntem Zweck gemacht ward.

Indeß bedürfen wir noch allseitiger reichlicher Gaben, wenn wir diese segensreiche Stiftung in's Leben rufen wollen, in der auch eine verhältnißmäßige Anzahl Kranker aus den verschiedenen deutschen Bundesstaaten Aufnahme finden, wenn von dort aus das Zustandekommen des Unternehmens durch Mitwirkung gefördert ist. Vertrauensvoll wenden wir uns daher an alle edle Menschenfreunde, insbesondere aber an alle diejenigen, die jemals in Marienbad Kräftigung und Wiederherstellung fanden, mit der Bitte, uns zu unserem Vorhaben freundlich Beistand zu gewähren, damit das Unternehmen rasch vorwärts schreite und insbesondere der Bau des Hauses noch im Laufe dieses Sommers kann in Angriff genommen werden.

Auch an die geehrten Königlichen und Communalbehörden, Corporationen, Eisenbahn- und Fabrikverwaltungen richten wir die Bitte, uns durch zu gewährende Mittel bei Ausführung unseres Unternehmens gütigst unterstützen zu wollen, und rechnen wir um so gewisser auf deren wohlwollendes Entgegenkommen, als die verehrlichen Behörden, Communen, Corporationen und Verwaltungen durch ihre Beiträge sich das Anrecht auf eine verhältnißmäßige Benutzung des Krankenpensionats für ihre Beamten und Angehörigen sichern werden.

„Die Kosten des Baues und der Einrichtung würden etwa dahin zu stehen kommen, daß derjenige, der die Summe von 250—300 Thalern für diesen Zweck sammelt oder schenkt, auf ewige Zeiten, „alljährlich, unter den nachträglich noch festzustellenden Modalitäten, über ein eingerichtetes Zimmer „zur Benutzung eines Kranken auf vier Wochen in der Kurzeit, verfügen kann, und böte gerade „dieses Verhältniß den geehrten Behörden und Verwaltungen die geeignete Gelegenheit, die Vor„sorge für ihre Untergebenen nicht blos in der Gegenwart, sondern auch für spätere Jahre „hin auszuüben."

Se. Majestät der König haben geruht, der von uns beabsichtigten Stiftung zu gestatten, daß sie, zur Erinnerung an den Hochseligen König Friedrich Wilhelm IV., der selbst mehrere Male an der Heilquelle Marienbads Erholung suchte und fand, den Namen „Friedrich-Wilhelms-Stiftung" führen dürfe. Möge demnach jeder, der unser Unternehmen unterstützt, das Bewußtsein in sich tragen, daß er nicht blos zur Begründung eines ächt christlichen, für geeignete, den gebildeteren Ständen angehörige Kranke, auf immerwährende Zeiten bestimmten Instituts, das Seine gethan, sondern daß er auch zugleich das Andenken eines hochherzigen Königs, an dieser von ihm wiederholt und gern besuchten Stelle, ehren helfe.

Zur Empfangnahme der Beiträge haben sich der Herr Geheime Commerzienrath A. Mendelssohn, Jägerstraße 51., der Banquier Herr M. A. Wagner, Brüderstraße 6., und der Herr Hofbanquier Helft, Unter den Linden 52., bereit erklärt und wird die kleinste Gabe dankbar empfangen, und darüber öffentlich Rechenschaft abgelegt werden; auch sind bei Letzterem Programme vorräthig und zu erhalten. Bei dem unterzeichneten Mitgliede des Gründungs-Comittee's, Bauvrath Cantian, Ziegelstraße 6., ist der Plan des Kranken-Pensionats einzusehen, sowie derselbe jederzeit bereit sein wird, jede genauere Auskunft über diese Angelegenheit zu geben. Berlin, den 10. März 1864.

Berathender Vorstand für Berlin:
Dr. v. Arnim, Geh. Sanitätsarzt und Leibarzt. Landräthin v. Bärenfels-Warnow. v. Blücher, Major a. D. E. Cantian, Bauvrath und Stadtältester. Gustav Fürst, Commerzienrath und Fabrikbesitzer. Krausnick, Wirklicher Geheimer Ober-Regierungs-Rath u. Ober-Bürgermeister a. D. Baronin v. Lauer. Elfriede v. Mühlenfels. v. Oppen, General-Major a. D.

Außerdem haben nachfolgende Personen ihre Theilnahme dem Unternehmen zugesagt:
v. Alvensleben, Generallieutenant und Commandant. E. Becker, Professor und Historien-Maler. Bod, Kunsthändler. Dr. Couard, Prediger. E. Daege, Professor bei der Akademie der Künste. Dorn, Justizrath. Dr. Ehrenberg, Geh. Medicinalrath. Gaedler, Geheimer Admiralitätsrath a. D. Hedemann, Bürgermeister. Hering, General-Lieutenant. Hoyner, Geheimer Ober-Tribunals-Rath. Dr. Hoffmann, General-Superintendent. Dr. Kessel, Major a. D. Kiß, Professor und Bildhauer. Krech, Professor und Director beim Friedrich-Gymnasium. Lehnert, Unterstaatssecretair. Manakopf, Oberst a. D. Müllenstefen, Prediger. Dr. Pertz, Geh. Regierungs-Rath und Ober-Bibliothekar. E. Prätorius, Commerzienrath. Dr. Ranke, Director beim Friedrich-Wilhelms-Gymnasium. Remy, Prof. und Historienmaler. v. Roon, Kriegsminister. J. Schraber, Prof. und Historienmaler. Graf Sedlnitzky, Wirkl. Geh. Rath. Seydel, Ober-Bürgermeister. Dr. Snethlage, Ober-Hofprediger. Dr. A. Sommer. Sonnenschmidt, Ober-Tribunalsrath. Stahn, Consistorialrath. Dr. Straß, Rechtsanwalt und Kreis-Justizrath. Dr. Sydow, Prediger. Winkelmann, Buchhändler. Zahn, Professor und Mitglied der Akademie zu Neapel.

Personal-Chronik.

Der Bürgermeister Landsby zu Berlinchen ist an Stelle des Oberförsters Thoma zum Forstpolizeianwalt für die Königliche Oberförsterei Neuhaus und der Stadtsecretair Stange zu Berlinchen an Stelle des Bürgermeisters Landsby zum Stellvertreter des Forstpolizeianwalts für diese Oberförsterei; sowie ferner: der Oberförster Gronau zu Marienwalde zum Forstpolizeianwalt für die Königliche Oberförsterei Marienwalde an Stelle des Bürgermeisters Millerstädt zu Woldenberg, und der letztere zum Stellvertreter des Forstpolizeianwalts für die Oberförsterei Marienwalde ernannt worden.

Der Controleur Lange bei der Instituten- und Kommunal-Kasse hierselbst ist auf seinen Antrag vom 1. Juli cr. ab in den Ruhestand versetzt worden.

Frankfurt a. d. O., den 23. Mai 1864. Der Regierungs-Präsident. Frhr. v. Münchhausen.

Vermischte Nachrichten.

(1) Patent-Ertheilung. Dem Maschinenfabrikbesitzer Wilhelm Schmidt in Berlin ist unter dem 9. Mai 1864 ein Patent
auf eine durch Modell und Beschreibung nachgewiesene Jacquard-Maschine in ihrer ganzen Zusammensetzung und ohne Jemand in der Benutzung bekannter Theile zu beschränken,
auf fünf Jahre, von jenem Tage an gerechnet, und für den Umfang des Preußischen Staats ertheilt worden.
Frankfurt a. d. O., den 17. Mai 1864. Königliche Regierung; Abtheilung des Innern.

(2) Bekanntmachung. Im Anschlusse an unsere Bekanntmachung vom 15. Februar d. J. benachrichtigen wir das Publikum, daß die zu Gunsten der nach Schleswig &c. ausgerückten Preußischen Truppentheile gesammelten Beiträge-Gegenstände auch auf der Berlin-Hamburger Eisenbahn frachtfrei befördert werden, wenn durch Versender oder Empfänger eine Königliche Militair-, Civil- oder eine Communal-Behörde ist, und wenn auf dem Frachtbriefe glaubhaft bescheinigt wird, daß die qu. Sendungen aus wohlthätigen Gaben für die ausgerückten Preußischen Truppen bestehen. Auf Eilgut-Sendungen findet diese

Ueberführungskosten vom Hamburger nach dem Altonaer Bahnhofe (1¼ Sgr. pro Ctr.) bei der Aufgabe bezahlt werden.

Auf den Holsteinschen und Schleswigschen Bahnen werden dagegen die vollen tarifmäßigen Frachtkosten berechnet. — Bromberg, den 18. Mai 1864. Königliche Direktion der Ostbahn.

(3) Bekanntmachung. Die Versendung von Chemikalien in kleineren Quantitäten (cfr. §. 3 des Betriebs-Reglements für die Staats- und unter Staats-Verwaltung stehenden Eisenbahnen vom 17. Februar 1862 wird auf der Ostbahn vom 10. Juni d. J. ab, — statt wie bisher einmal — zweimal wöchentlich in jeder Richtung und zwar an den nachbenannten Tagen stattfinden:

1. in der Richtung Frankfurt a. d. O. — Eydtkuhnen:
von Station Frankfurt a. d. O. bis incl. Driesen jeden Mittwoch und Sonntag,
„ „ Kreuz „ „ Nakel „ Donnerstag und Montag,
„ „ Bromberg „ „ Pelplin „ Freitag und Dienstag,
„ „ Dirschau „ „ Kobbelbude „ Sonnabend und Mittwoch,
„ „ Königsberg „ „ Eydtkuhnen „ Sonntag und Donnerstag;

2. in der Richtung Eydtkuhnen — Frankfurt a. d. O.:
von Station Eydtkuhnen bis incl. Löwenhagen jeden Freitag und Sonntag,
„ „ Königsberg „ „ Simonsdorf „ Sonnabend und Montag,
„ „ Dirschau „ „ Kolomierz „ Sonntag und Dienstag,
„ „ Bromberg „ „ Filehne „ Montag und Mittwoch,
„ „ Kreuz „ „ Frankfurt a. d. O. „ Dienstag und Donnerstag;

3. in der Richtung Bromberg — Thorn: jeden Freitag und Dienstag,
4. in der Richtung Thorn — Bromberg: jeden Montag und Mittwoch;
5. in der Richtung Dirschau — Danzig: jeden Sonnabend und Mittwoch;
6. in der Richtung Danzig — Dirschau: jeden Sonnabend und Montag.

Bromberg, den 20. Mai 1864. Königliche Direktion der Ostbahn.

(4) Bekanntmachung. Gemäß Vereinbarung mit den betreffenden Verwaltungen des Norddeutschen Eisenbahn-Verbandes tritt vom 1. Juni d. J. ab ein gemeinschaftlicher Special-Tarif für Westphälische Steinkohlen und Kokes in Wagenladungen von mindestens 100 Centnern, welche von den Stationen der Cöln-Mindener Eisenbahn: Oberhausen, Berg und Jörbek, Essen, Gelsenkirchen, Herne, Dortmund und Hamm via Berlin nach den Ostbahn-Stationen Lebus, Podelzig, Cüstrin, Bietz, Landsberg a. W., Zantoch, Friedeberg, Driesen und Kreuz befördert werden sollen, in Wirksamkeit.

Nach diesem Tarif betragen die Transportkosten, neben einer Expeditionsgebühr von 2 Thlr. für jede 100 Centner, a) für Steinkohlen 1 Pfennig, dagegen b) für Kokes 1¼ Pfennig, pro Centner und Meile der ganzen Beförderungsstrecke.

Für die Ueberführung der Kohlen und Kokes auf der Verbindungsbahn in Berlin werden außerdem an Ueberfuhrkosten pro Wagenladung bis 200 Centner 22½ Sgr. erhoben.

Der Tarif selbst kann auf sämmtlichen obengenannten Ostbahn-Stationen eingesehen werden.

Bromberg, den 24. Mai 1864. Königliche Direktion der Ostbahn.

(5) Bekanntmachung. Vom 27. d. Mts. ab wird auf der Ostbahn „Brod" zum Tarifsatze der ermäßigten Klasse A, befördert.

Bromberg, den 19. Mai 1864. Königliche Direktion der Ostbahn.

(6) Königliche Niederschlesisch-Märkische Eisenbahn. Der Artikel „Brod" wird auf der diesseitigen Eisenbahn fortan zum Tarifsatze der ermäßigten Klasse A, befördert werden.

Berlin, den 17. Mai 1864. Königliche Direktion der Niederschlesisch-Märkischen Eisenbahn.

(7) Bekanntmachung. Die Personenpost von Berlinchen nach Dölly wird vom 1. Juni cr. bereits um 4¾ Uhr früh — statt wie bisher um 5 Uhr früh, — abgelassen werden.

Frankfurt a. d. O., den 30. Mai 1864. Der Ober-Post-Direktor gez. Hoppe.

(8) Bekanntmachung. Zur Preußischen Gesetz-Sammlung ist ein sehr übersichtliches Haupt-Register, welches die Jahrgänge von 1806 bis einschließlich 1863 gemeinsam umfaßt, erschienen. Dasselbe wird zum Preise von einem Thaler 10 Sgr. pro Exemplar ohne jede Nebenkosten durch die Königlichen Post-Anstalten innerhalb des gesammten Preußischen Postbezirks auf Bestellung geliefert.

Berlin, den 24. Mai 1864. Debits-Comtoir der Gesetz-Sammlung.

Amts-Blatt
der Königl. Preuß. Regierung zu Frankfurt a/O.

№ 23.   Frankfurt a. d. O., den 8. Juni.   1864.

Gesetz-Sammlung für die Königlichen Preußischen Staaten pro 1864.

No. 16. enthält: (No. 5868.) Statut für den Deichverband der Alten Binnen-Nehrung. Vom 18. April 1864.
(No. 5869.) Statut für den Deichverband der Neuen Binnen-Nehrung. Vom 18. April 1864.
(No. 5870.) Allerhöchster Erlaß vom 18. April 1864, betreffend die Verleihung der fiskalischen Vorrechte für den Bau und die Unterhaltung der Kreis-Chausseen im Kreise Gumbinnen: 1) von Gumbinnen über Walterkehmen bis zur Goldaper Kreisgrenze in der Richtung auf Goldap, 2) von Gumbinnen über Kemmersdorf bis zur Darkehmer Kreisgrenze in der Richtung auf die Haupt-Kehmen-Darkehmer Staatsstraße, 3) von dem Dorfe Canneplauen an der Tilsit-Gumbinner Staats-Chaussee über Brackupönen und Mingstimmen bis zur Pillkaller Kreisgrenze in der Richtung auf die Pillkallen-Tilsiter Staatsstraße.
(No. 5871.) Privilegium wegen Ausfertigung auf den Inhaber lautender Kreis-Obligationen des Gumbinner Kreises im Betrage von 80,000 Thalern. Vom 18. April 1864.
(No. 5872.) Allerhöchster Erlaß vom 16. Mai 1864, betreffend die einstweilige Ermäßigung des Hafengeldes in Pillau und des Pregelmündungsgeldes.

Bekanntmachung.

Die am 1. Juli d. J. fälligen Zinsen der Staatsschuldscheine, der Staatsanleihen von 1856 und 1859 und der Neumärkischen Schuldverschreibungen können bei der Staatsschulden-Tilgungskasse hierselbst, Oranienstraße 94, unten links, schon vom 16. d. M. ab in den Wochentagen von 9 bis 1 Uhr Vormittags, mit Ausschluß der drei letzten Werktage jedes Monats, gegen Ablieferung der betreffenden Coupons in Empfang genommen werden.

Von den Regierungs-Hauptkassen werden diese Coupons vom 20. d. M. ab, an jedem Wochentage mit Ausnahme der Tage vom 15. bis incl. 19. jedes Monats, eingelöst werden.

Die Coupons müssen nach den einzelnen Schuldengattungen geordnet, und es muß ihnen ein, die Stückzahl und den Betrag der verschiedenen Apoints enthaltendes, aufgerechnetes und unterschriebenes Verzeichniß beigefügt sein.   Berlin, den 1. Juni 1864.
Haupt-Verwaltung der Staatsschulden.
v. Wedell.   Gamp.   Löwe.   Meineke.

Verordnungen und Bekanntmachungen der Königlichen Regierung zu Frankfurt a. d. O.

I. Mit Bezugnahme auf die Bekanntmachungen vom 27. September 1852, 6. Dezember ejd., vom 4. Mai 1853 und vom 25. Oktober 1859, Amtsblatt pro 1852 S. 374 und 454, pro 1853 S. 158, pro 1858 S. 396, wird ferner „die Versicherungs-Gesellschaft Thuringia zu Erfurt" als eine solche bezeichnet, bei welcher gleichfalls die Versicherung der Gebäude gegen Feuersgefahr auf Grundstücken erfolgen kann, welche dem Domainen-Fiskus rentenpflichtig sind.
Frankfurt a. d. O., den 28. Mai 1864.

II. Das als außerordentliche Beilage zu No. 8. des diesjährigen Amtsblattes abgedruckte Mahl- und Schlachtsteuer-Regulativ für die Stadt Landsberg a. W., erhält zu dem Paragraphen 6. nachstehende Zusätze:

Zu No. 9. mahl- und schlachtsteuerpflichtige der Steuer-Controle noch unterworfene Gegenstände, welche als Eisenbahn-Frachtgut von oder zu dem Bahnhofe gehen, können von der Güterausgabe-Expedition ab durch die Eisenbahnstraße oder durch die Mühlenstraße, dann durch diese über den Mühlenplatz, der Steuer-Waageexpedition und dem Hauptsteuer-Amte oder auf dem umgekehrten Wege, der Güterausgabe-Expedition zugeführt werden. In Betreff aller übrigen von oder zu dem Eisenbahnhofe gehenden mahl- und schlachtsteuerpflichtigen Gegenstände, verbleibt es lediglich bei der Bestimmung No. 9.

— 130 —

Zu No. 10. Es wird gestattet, daß Transporte mahlsteuerpflichtiger Gegenstände von der Sommer-Mühle ab auch den Weg über die Eisenbahn, durch die Eisenbahnstraße bis zur Mühlenstraße, dann durch diese und über den Mühlenplatz zur Steuer-Waageexpedition u. b. dem Haupt-Steuer-Amte einschlagen dürfen.
 Frankfurt a. d. O., den 27. Mai 1864.

Personal-Chronik.

 Se. Majestät der König haben dem Forstmeister Müller in Lübben den Königlichen Kronen-Orden 3. Klasse Allergnädigst zu verleihen geruht.
 Von dem unterzeichneten Consistorium sind die Candidaten: 1) Alfred Bernhard Carstädt aus Blindow, 2) Carl Wilhelm Otto Gombert aus Görig, 3) Ernst Friedrich Hohlfeld aus Forst, 4) Friedrich Ulrich Kühne aus Wolterstorf, 5) Johann Rudolf Maximilian Leitsmann aus Forst, 6) Martin Feodor Schulz aus Crossen a. O., 7) Hermann Paul Worst aus Guben, 8) Theodor Richard Friedrich Zornack aus Havelberg, für wahlfähig zum Predigtamte erklärt worden.
 Berlin, den 30. Mai 1864.   Königliches Consistorium der Provinz Brandenburg.

 Der bisherige Landrath des Kreises Lauban, Regierungsrath Derz, ist Allerhöchsten Orts, der von den Stadtverordneten getroffenen Wahl gemäß, als erster Bürgermeister der Stadt Frankfurt a. d. O., unter Verleihung des Titels „Oberbürgermeister", bestätigt worden.
 Ferner sind den von den Stadtverordneten getroffenen Wahlen gemäß bestätigt: als unbesoldete Beigeordnete: in Bärwalde der bisherige Beigeordnete Busse, in Zehdn der Rentier Ferdinand Becker.
 An Stelle des Bürgermeisters a. D. Wenger, welcher die Function als Vorsitzender bei der Kreis-Prüfungs-Commission für Handwerker in Driesen niedergelegt hat, ist dieser Vorsitz dem Bürgermeister Rhode daselbst übertragen worden.
 Der practische Arzt, Wundarzt und Geburtshelfer Dr. Johann Heinrich Stoßmeister ist von Neubamm nach Frankfurt a. d. O. gezogen.
 Im Laufe des Monats Mai d. J. sind die nachstehenden Berufungen zu Lehrern, resp. Küstern und Lehrern erfolgt: 1) Gustav Müller, als 4. Lehrer an der Realschule in Lübben, 2) Friedr. Emil Kielbach, als Rektor an der Stadtschule in Bernstein, Kreis Soldin, 3) Friedr. Herm. Adolph Baumgart, als Küster und Lehrer in Güstebiese, Kreis Königsberg I., 4) Friedr. Wilhelm Huber, als Küster und Lehrer in Steinitz, Kreis Calau, 5) Joh. Friedr. Wilh. Downagl, als Küster und Lehrer in Pinnow, Kreis Guben, 6) Carl Theodor Woller, als Küster und Lehrer in Cremlin, Kreis Soldin, 7) Carl Samuel Moritz Rennert, als 3. Lehrer an der Stadtschule in Gassen, Kreis Sorau, 8) Carl Friedrich Lehmann, als Lehrer in Schönfeld, Kreis Friedeberg, 9) Carl August Schmidt, als Lehrer in Muckrow, Kreis Sorau, 10) August König, als römisch-katholischer Küster und Lehrer in Jordan, Archipresbyteriat Schwiebus.
 Dem Küster und Lehrer Rättig in Alt-Rüdnitz, Diöcese Königsberg I., ist höhern Orts der Cantor-Titel verliehen worden.
 Der Ober-Steuer-Controleur Aumann in Soldin und der Ober-Steuer-Controleur Giese in Arnswalde sind zu Steuer-Inspektoren ernannt.

Personal-Veränderungen für den Monat Mai 1864.

A. Bei dem Königlichen Appellations-Gericht zu Frankfurt a. d. O.

 Seine Majestät der König haben dem Appellationsgerichts-Rath Schulz den Charakter als Geheimer Justiz-Rath zu verleihen geruht. Die Referendarien Roestel und Chlau sind zu Gerichts-Assessoren und die Rechts-Candidaten Fritz, Kampffe, von Koeller, Graf von Königsmarck, Schulze, Saehsich und Wünsche zu Auskultatoren ernannt. Die Gerichts-Assessoren Hellmann und Roemer sind, Ersterer aus dem Departement des Kammergerichts, Letzterer aus dem des Ostpreußischen Tribunals in das diesseitige Departement versetzt.

B. Bei den Kreisgerichten im Departement.

 Seine Majestät der König haben Allergnädigst geruht, den Kreisgerichts-Rath Wettich zu Langensalza zum Direktor des Kreisgerichts in Aktenzig, sowie den Kreisrichter Vorberg in Arnswalde zum Stadt- und Kreisgerichts-Rath bei dem Stadt- und Kreisgericht in Magdeburg und die Kreisrichter Roßmih in Sorau, Patschke in Cüstrin, Voigt in Lübbenau und Lochmann zu Forst zu Kreisgerichts-Räthen zu ernennen; den Rechtsanwalten und Notaren Plettig in Guben, Massow in Friedeberg i. d. N. und von Hertzberg in Zielenzig den Charakter als Justizrath, dem Kreisgerichts-Depositalkassen-Rendanten Byer in Frankfurt und dem Kreisgerichts-Sekretair und Depositalkassen-Rendanten Jacobi in Cottbus den Charakter als Rechnungs-Rath und dem Kreisgerichts-Sekretair Eisermann zu Königsberg den Charakter als Kanzlei-Rath zu verleihen.

Zu Büreau-Assistenten sind ernannt: die Civil-Supernumerare, Aktuarien I. Klasse Rübiger zu Züllichau bei dem Kreisgericht in Crossen, Plettig zu Crossen und Zeglin zu Lieberose bei dem Kreisgericht in Spremberg, Raack zu Lübbenau bei den Gerichts-Commissionen daselbst, Uding zu Pletensig bei dem Kreisgericht in Lübben, Steffen und Braun zu Landsberg a. d. W. bei dem Kreisgerichte daselbst, Troeger zu Finsterwalde bei den Gerichts-Commissionen daselbst, Reier zu Peitz bei der dortigen Gerichts-Commission, Arlt zu Woldenberg bei dem Kreisgerichte in Soldin, Krentel zu Friedeberg i. d. N. bei dem Kreisgerichte daselbst, und Kobbelt zu Neuzelle bei dem Kreisgerichte in Sorau.

Versetzt sind: der Büreau-Assistent Gohlke zu Reetz an das Kreisgericht in Friedeberg i. d. N., der Büreau-Assistent Beetz zu Neuwedell zugleich als Sportel-Receptor an die Gerichts-Commission in Reetz, der Büreau-Assistent Jentsch zu Lübben an die Gerichts-Deputation in Forst, und der Bote und Exekutor Bieber zu Lübben an das Kreisgericht in Crossen.

Der Bote, Exekutor und Gefangenwärter Koeppe zu Neuwedell ist pensionirt.

Für den ersten Bezirk der Stadt Soldin ist der Kaufmann Moritz Simon daselbst als Schiedsmann gewählt und bestätigt worden.

Für den zweiten Bezirk der Stadt Sommerfeld ist der Tuchfabrikant Friedrich Wilhelm August Senftleben daselbst als Schiedsmann gewählt und bestätigt worden.

In der Stadt Müllrose ist der Apotheker Ludwig als Schiedsmann gewählt und bestätigt worden.

Personal-Veränderungen bei der Königl. Ostbahn.

In die Stelle des am 1. Juni von Friedeberg versetzten Stations-Vorstehers von Warnsdorf ist der Stations-Vorsteher Kulinski getreten. Die Bauschreiber Marherr zu Landsberg und Pastowski zu Cüstrin sind zu Königlichen Betriebs-Sekretairen ernannt.

Personal-Veränderungen bei der Königl. Niederschlesisch-Märkischen Eisenbahn.

Der bisherige Telegraphist Schnirch in Frankfurt a. d. O. ist definitiv als solcher angestellt worden.

Der bisherige Lademeister Bellée in Frankfurt a. O. ist definitiv als solcher angestellt worden.

Vermischte Nachrichten.

(1) Bekanntmachung. Das Diaconat zu Woldenberg in der Diöces Friedeberg in der Neumark, Privat-Patronats, ist durch den Tod des Predigers Siegert erledigt worden.

(2) Die Rektorstelle an der Stadtschule zu Sorau, die zweite Lehrerstelle an der Töchterschule in Fürstenwalde, beide Privat-Patronats, sind erstere durch den Tod, letztere durch Versetzung, die Küster- und Lehrerstelle in Tornow, Diöcese Landsberg a. d. W., Königlichen Patronats, durch Emeritirung des Inhabers erledigt.

Frankfurt a. d. O., den 6. Juni 1864. Königl. Regierung; Abtheilung für Kirchen- und Schulwesen.

(3) Die Organisten- und Lehrerstelle zu Drehkau, Diöcese Calau, die Küster- und Lehrerstelle in Luboty, Diöcese Lübben, beide Privat-Patronats, sowie die Lehrerstellen in Kietz, Diöcese Friedeberg i. d. N., und in Biebersdorf, Diöcese Lübben, beide Königlichen Patronats, sind durch den Tod, die Lehrerstelle in Klinge, Diöcese Cottbus, Privat-Patronats, durch die Versetzung des bisherigen Inhabers erledigt.

Frankfurt a. d. O., den 30. Mai 1864. Königl. Regierung; Abtheilung für Kirchen- und Schulwesen.

(4) Der Knecht Friedrich Kutschel zu Louterwühle, der Gärtnersohn Wilhelm Horn zu Gunersdorfer Sorge, sowie der Schütze Ulbrich mit den Gemeinde-Mitgliedern von Corritten, haben mit Eifer und Umsicht beim Löschen des am 17. Mai cr. im Jagen 60, Belaufs Corritten des Königl. Lagower Forstreviers ausgebrochenen Waldbrandes Hülfe geleistet. Wir nehmen gern Veranlassung, dies hierdurch öffentlich belobigend anzuerkennen. Frankfurt a. d. O., den 27. Mai 1864.

Königliche Regierung; Abtheilung für direkte Steuern, Domainen und Forsten.

(5) Bekanntmachung. Durch Urkunde vom heutigen Tage ist das Braunkohlen-Bergwerk „August Hoffnung" bei Leimnitz, im Kreise Schwiebus-Züllichau, Bergrevier Guben, mit 1 Fundgrube und 1200 Maaßen g-vierten Feldes an die Fabrikbesitzer Adolph Eckerl und August Frankenstein zu Schwiebus verliehen worden. Halle, den 27. Mai 1864. Königliches Ober-Berg-Amt.

(6) Bekanntmachung. Unter Bezugnahme auf unsere Bekanntmachung vom 7. September 1853, ersuchen wir das betheiligte Publikum, Beschwerden, Reklamationen und Anträge, welche sich auf die Beförderung der Güter auf der Ostbahn beziehen, zunächst an den zur Beaufsichtigung dieses Transportzweiges von uns berufenen Obergüterverwalter Perrin hierselbst zu richten, und erst wenn bei diesem ohne Erfolg Abhülfe nachgesucht ist, sich an die unterzeichnete Behörde zu wenden.

Die Nichtbeachtung dieses Zustammenzuges würde für die Betheiligten unerwünschte Verzögerungen zur Folge haben. Bromberg, den 6. October 1863. Königliche Direction der Ostbahn.

(7) Extrazüge von Berlin und Königsberg i. Pr. nach Danzig. Mittwoch den 22. d. Mts. werden Extrazüge von Berlin und Königsberg nach Danzig mit Personen-Beförderung in I., II. und III. Wagenklasse abgelassen werden.

Abfahrt von Berlin . . . . . . 6 Uhr 8 Minuten Morgens.
„ „ Frankfurt a. O. . . . 8 „ 9 „ „
„ „ Kreuz . . . . . . 12 „ 27 „ Mittags.
„ „ Bromberg . . . . . 4 „ 25 „ Nachmittags.
Abfahrt von Königsberg . . . . 2 Uhr 5 Minuten Nachmittags.
„ „ Dirschau . . . . 8 „ 35 „ Abends.
Ankunft in Danzig . . . . . . 9 Uhr 23 Minuten Abends.

Der Extrazug von Berlin hält auf den Stationen Cöpenick, Erkner, Fürstenwalde und Frankfurt a. O. der Niederschlesisch-Märkischen Eisenbahn, beide Züge aber auf allen denjenigen Stationen der betreffenden Strecke der Ostbahn, auf welchen die Eilzüge halten, und nimmt auf denselben Passagiere, jedoch nur nach Danzig, auf. Die für die Extrazüge zur Herausgabe kommenden Billets sind zugleich für die Rücktour gültig, und ist der Preis derselben auf die Hälfte der gewöhnlichen Personenzugs-Tarifsätze ermäßigt, indem für die Billets zur Retour der Satz der einfachen Tour nach Danzig zur Erhebung kömmt. Die Rückfahrt von Danzig kann vom 23. d. Mts. ab bis einschließlich den 30. d. Mts. — mit Ausnahme der Courierzüge — mit jedem fahrplanmäßigen Zuge, welcher Personen der betreffenden Wagenklasse befördert, angetreten werden. Die Billets müssen zur Rückfahrt in Danzig der Billet-Expedition zur Abstempelung vorgelegt werden und sind nur für den auf diese Weise abgestempelten Zug gültig. Freigewicht für Gepäck wird nicht gewährt. Bromberg und Berlin, den 3. Juni 1864.
Königliche Direction der Ostbahn. Königliche Direction der Niederschlesisch-Märkischen Eisenbahn.

(8) Königlich Niederschlesisch-Märkische Eisenbahn. Vom 15. d. M. ab findet eine directe Expedition und Beförderung von Gütern ausschließlich des Reisegepäcks, der Equipagen, Fuhrwerke und Thiere zwischen den Stationen Sommerfeld, Sorau und Bunzlau einerseits und den Stationen Dresden und Leipzig andererseits statt. Der für diesen Verkehr gültige Tarif, sowie das Reglement können bei unsern Güter-Expeditionen zu Sommerfeld, Sorau und Bunzlau eingesehen werden.

Berlin, den 4. Juni 1864. Königliche Direction der Niederschlesisch-Märkischen Eisenbahn.

(9) Königliche Niederschlesisch-Märkische Eisenbahn. Gemäß Vereinbarung mit den betreffenden Verwaltungen des Norddeutschen Eisenbahn-Verbandes tritt vom 1. Juni cr. ab ein gemeinschaftlicher Special-Tarif für Westphälische Steinkohlen und Coaks in Wagenladungen von mindestens 100 Ctr., welche von den Stationen der Cöln-Mindener Bahn: Oberhausen, Berge-Borbeck, Essen, Gelsenkirchen, Herne, Dortmund und Hamm, nach den diesseitigen Stationen: Cöpenick, Erkner, Fürstenwalde, Briesen und Frankfurt a. O. in Kraft. Nach diesem Tarif betragen die Transportkosten neben einer Expeditionsgebühr von 2 Thlr. für jede 100 Ctr.: a) für Steinkohle 1 Pf., b) für Coaks 1¼ Pf. pro Centner und Meile der ganzen Beförderungsstrecke.

Für den Transport der Kohlen und Coaks auf der hiesigen Verbindungsbahn wird außerdem eine Ueberfuhr-Gebühr von 22½ Sgr. pro Wagenladung bis 200 Ctr. erhoben.

Der Tarif selbst kann bei den Güter-Expeditionen der obengenannten Stationen der diesseitigen Eisenbahn eingesehen werden.

Berlin, den 30. Mai 1864. Königliche Direction der Niederschlesisch-Märkischen Eisenbahn.

Hierzu eine außerordentliche Beilage, betreffend das Regulativ für die Erhebung und Beaufsichtigung der durch das Gesetz vom 30. Mai 1820 eingeführten Mahl- und Schlachtsteuer in der Stadt Guben.

Außerordentliche Beilage
zum Amtsblatt № 23. der Königlich Preuß. Regierung zu Frankfurt a. d. O.

Ausgegeben den 8. Juni 1864.

Bekanntmachung.

Durch den Erlaß des Königlichen Finanz-Ministeriums vom 26. April d. J., III. 8168, ist bestimmt, daß am 1. Juli dieses Jahres das bisher für die Stadt Guben gültige Mahl- und Schlachtsteuer-Regulativ außer Kraft und an dessen Stelle das nachfolgende in Kraft tritt. Dies wird hierdurch mit dem Bemerken zur öffentlichen Kenntniß gebracht, daß Abdrücke des neuen Regulativs bei dem Königlichen Steuer-Amt in Guben zu dem Preise von zwei Silbergroschen für das Exemplar zu haben sind.

Frankfurt a. d. O., den 18. Mai 1864.

IV. 2440.   Königliche Regierung; Abtheilung für indirekte Steuern.

Regulativ
für die Erhebung und Beaufsichtigung der durch das Gesetz vom 30. Mai 1820 eingeführten Mahl- und Schlachtsteuer in der Stadt Guben.

Erster Abschnitt.
Allgemeine Bestimmungen.

A. Oertliche Begrenzung der Steuerpflichtigkeit.

1. Stadtbezirk.

§. 1. Die Mahl- und Schlachtsteuer ruhet zunächst auf dem Stadtbezirke von Guben. Derselbe wird durch eine Linie begrenzt, welche auf der in östlicher Richtung von Guben nach Crossen führenden Post-Straße an der Stelle beginnt, an welcher in südöstlicher Richtung die Karrengasse abgeht. Auf der Seite dieses Weges, welche der Stadt abgewendet ist, läuft sie bis zum Kieleschen Wege, verfolgt diesen in derselben Weise und durchschneidet die nach Schergeln, Pohlow und Groß-Bösitz führenden Communications-Wege, läuft an dem Kleckebuscher Vorwerke, dasselbe von dem inneren Stadtbezirke ausschließend, vorüber, überschreitet die von Guben nach Schöneich führende Fahrstraße, biegt 50 Schritte nördlich von dem Punkte, wo der von Guben nach Schöneich führende Fahrweg in den Kieleschen Weg trifft, in südwestlicher Richtung von letzterem ab, und zieht sich über den Lubstfluß durch die Wiesen bis auf den tiefen Wiesenweg. Auf der äußeren Seite dieses Weges läuft die Grenzlinie zunächst in südlicher Richtung bis an das linke Ufer des Lubstflusses, dann in südlicher und südwestlicher Richtung durch die Scheibenwiesen, wo der Weg die Bezeichnung Luchweg annimmt, bis auf die von Guben nach Sommerfeld führende Straße und folgt dieser, nachdem sie die Straße durchschnitten hat, eine Strecke von 110 Schritten in der Richtung nach Guben bis zu dem Wege, welcher in westlicher Richtung von dieser Straße abgeht. Auf der südlichen Seite dieses Weges läuft sie an der Schmachtenhagenschen Dorfstätte vorüber bis zur Niederschlesisch-Märkischen Eisenbahn, überschreitet dieselbe und geht dann an der Seite der Eisenbahn über die von Guben nach Forst und Pförten führenden Wege über den Neiße-Fluß und Communications-Weg von Guben nach Kaltenborn bis zu dem Wege, welcher von Guben nach Sprucke führt. Hier verläßt die Grenzlinie den Schlehenweg, folgt in westlicher Richtung dem Wege nach Sprucke auf der gegen Süden gekehrten Seite bis zu der Stelle, an welcher nordwestlich der Weg nach dem Vorwerke Bethania abführt, und geht dann auf diesem bis an das rechte Ufer des schwarzen Fließes. Diesem Wasser folgt sie bis dahin, wo dasselbe in östlicher Richtung zur Klostermühle fließt, überschreitet es, und geht in nordwestlicher Richtung auf die Brücke, welche sich auf der von Guben nach Cottbus führenden Chaussee beim ersten Chaussee-Hause befindet.

Sie durchschneidet diese Straße und geht an ihrer Seite in der Richtung nach Süden bis zu der Stelle, an der die von Guben nach Frankfurt a. O. führende Straße sich in nördlicher Richtung abzweigt, indem sie das an der nördlichen Seite der Straße der Klostermühle gegenüber belegene und zu derselben gehörige Gebäude in den steuerpflichtigen Bezirk einschließt. Die Grenzlinie folgt der Frankfurter Straße, ohne sie zu überschreiten, eine Strecke von 950 Schritten, geht dann in östlicher Richtung, die Straße und hierauf das schwarze Fließ, sowie die Eisenbahn überschreitend, dem Feldwege zu, welcher von Guben nach Bommerts Kalkofen vorüber nach dem Kupferhammer führt, durchschneidet diesen Weg, folgt dem linken Ufer der Neisse, stromabwärts 250 Schritte, überspringt dann die Neisse in östlicher Richtung, geht bis zur Eichholzgasse. Auf der westlichen Seite dieser Gasse läuft die Grenzlinie eine Strecke von 110 Schritten, durchschneidet sie dann in östlicher Richtung und zieht sich längs der Umzäunung des Weinlandes bis zur Viehtrifft, auf deren östlicher Seite sie 100 Schritte in der Richtung auf Guben geht, sodann zieht sie sich, das Weingelände umfassend, in östlicher Richtung fort, durchschneidet den Weg von Guben nach Buderose und den von Guben nach Lahmo führenden Communicationsweg und läuft dann an der Seite dieses Weges, das Fuhrmannsche Etablissement vom steuerpflichtigen Bezirk ausschließend, auf einer Strecke von 175 Schritten. Hiernächst umschließt sie, in südöstlicher Richtung fortziehend, die Weinberge, bis sie die Straße, welche aus der Crossener Vorstadt nach dem Dorfe Germersdorf führt, an dem Punkte berührt, wo zwei Feldwege von ihr ablaufen. An der nördlichen Seite des in östlicher Richtung zuerst abgehenden Feldweges läuft nun die Grenzlinie bis zu der Stelle, wo der Weg von der Lehmgrubengasse getroffen wird, folgt dann dieser Gasse auf ihrer östlichen Seite in südlicher Richtung, die Weinberge einschließend, durchschneidet die Rennstraße und trifft dann in südwestlicher Richtung auf die von Guben nach Crossen führende Poststraße an der als Anfangspunkt der Grenzlinie bezeichneten Stelle.

Der Stadtbezirk begreift also jetzt:
1) die Stadt Guben,
2) die Crossener Vorstadt mit Einschluß der dazu gehörigen Weinberge und der in denselben befindlichen einzelnen bebauten Anlagen,
3) die Werdersche Vorstadt und mit dieser a. die Neustadt, b. das Möhnertsche Vorwerk,
4) die Kloster-Vorstadt, einschließend a. das Königliche Rentamt, b. die Amtsfreiheit, c. die Cockerillsche Spinnerei (Winkel), d. den Bahnhof der Niederschlesisch-Märkischen Eisenbahn, e. die Eisengießerei von Gleich No. 4880, f. Wolffermanns Vorwerk, g. den Gasthof zum „grünen Tisch", h. die Klostermühle (jetzt Schlessche Fabrik).

In diesem Stadtbezirke haben alle Bewohner ohne Ausnahme die Mahl- und Schlachtsteuer zu entrichten.

2. Aeußerer Stadtbezirk.

§. 2. Alle jetzt vorhandenen oder künftig entstehenden Ortschaften und einzelne Anlagen, deren Anfangspunkte von der letzten bewohnten Anlage des Stadtbezirkes (§. 1.) in gerader Richtung nicht über eine halbe Meile entfernt sind, bilden mit dem dazwischen liegenden Raume den äußeren Stadtbezirk, in welchem nur die §. 1. des Gesetzes vom 2. April 1852 zur Ergänzung des Mahl- und Schlachtsteuer-Gesetzes vom 30. Mai 1820 (Gesetz-Sammlung 1852 Seite 107) benannten Gewerbetreibenden neben der Klassensteuer oder klassificirten Einkommensteuer, die Mahl- und Schlachtsteuer zu entrichten haben.

Für jetzt sollen dahin gerechnet werden:
1) vor dem Crossener Thore: a. das Kämmerei-Vorwerk nebst Schäferei, b. das Dorf Mückenberg mit dem Vorwerk Grund, c. das Vorwerk Einbecke, d. das Kleindienstsche Etablissement, e. das Vorwerk Choenne, f. die neuen Häuser, g. der Kühsche Kalkofen, h. Fuhrmanns Etablissement, i. das Dorf Germersdorf;
2) vor dem Kloster-Thore: a. das Vorwerk Bethania, b. Sprucke nebst Mühle und Schäferei, c. das Dorf Kaltenborn, d. das Dorf Denlowitz nebst Mühle, e. das Dorf Reichenbach mit Ulrichs Etablissements, f. der Kupferhammer und die Walke, g. das Dorf Grunewald nebst Vorwerk, h. das Dorf Groß-Breesen nebst Wassermühle und Fabrik-Gebäude;
3) vor dem Werder-Thore: a. Dorf und Rittergut Schönfließ, b. Dorf Groß-Gösitz nebst Mühle, c. die beiden Antheile des Kleckebuscher Vorwerks, d. Dorf Schenkendorf mit den dazu gehörigen Etablissements, e. das Dorf Gubinchen.

In dem äußeren halbmeiligen Steuerbezirk haben die Mahl- und Schlachtsteuer nur zu entrichten:
1) die im §. 1a. des Gesetzes vom 2. April 1852 gedachten Gewerbetreibenden,
2) die §. 1b. des erwähnten Gesetzes bezeichneten Personen.

B. Beamte.
1. Zur Aufsicht.

§. 3. Beide Bezirke (§. 1. und 2.) mit allen in Bezug auf die Mahl- und Schlachtsteuer erlaubten und verbotenen Eingängen und Straßen stehen für die Mahl- und Schlachtsteuer unter Aufsicht der Steuerbeamten.

2. Zur Erhebung.

§. 4. Die Erhebung der Mahl- und Schlachtsteuer geschiehet allein durch das in der Königsstraße befindliche Steuer-Amt.

C. Steuerstraßen.
a. Einhalten derselben.

§. 5. Der Transport aller Fleisch- und Backwaaren, ingleichen der Mühlenfabrikate, vom Eintritt in den Stadtbezirk (§. 1.) und beziehungsweise von den Mühlen ab bis zur erlangten schließlichen Abfertigung ist, gleichviel, ob dergleichen Gegenstände für den Stadtbezirk oder blos zum Durchgange bestimmt sind, nur auf den nachstehend (§. 6.) bezeichneten Steuerstraßen, und zwar ohne Abweichung, ohne Aufenthalt und ohne irgend eine Veränderung der Ladung zulässig.

Bei dem Transport von Vieh sind die im §. 69. und folgenden ertheilten Vorschriften zu befolgen.

b. Bezeichnung der Steuerstraßen.

§. 6. Die Steuerstraßen sind von der Grenze des Stadtbezirkes ab gerechnet:

A. Zu Lande.

1) Durch die Kloster-Vorstadt:
 a. die Cottbuser Chaussee und die ehemalige Frankfurter Poststraße bis zu ihrer Vereinigung gleich bei Rademachers, jetzt Gustins Tabagie No. 488, von da ab in gerader Richtung zur Kloster-Vorstadt, durch dieselbe über die Ongel-Neisse-Brücke, durch die Fortsetzung der Kloster-Vorstadt über die große Neisse-Brücke durch das Klosterthor in gerader Richtung über den Markt nach der Herrengasse und am Ende derselben rechts abgehend die Königsstraße entlang zum Steueramte;
 b. die Wege von Kaltenborn und Sprucke von der Eisenbahn ab nach der Klostervorstadt an der Gasanstalt vorbei nach der Ongel-Neisse-Brücke in die Straße zu a. und dann wie diese;
 c. die Eisenbahn in beiden Richtungen von der Grenze des Stadtbezirkes ab zum Bahnhofe und von da ab der Weg, welcher gerade auf die zu a. gedachte Steuerstraße führt, und dann diese.

Es dürfen jedoch auf dieser Straße steuerpflichtige Gegenstände auf andere Weise als mit den Eisenbahnzügen in den Stadtbezirk nicht eingebracht werden.

2) Durch die Werder-Vorstadt:
 a. die Poststraße von Pförten und Forst von der Eisenbahn ab gerade durch die Werdersche Vorstadt über die Juritzbrücke, den Zündel-Platz durch das Werdersche Thor den Anfang der Königsstraße berührend zum Steuer-Amte;
 b. die Poststraße von Sommerfeld nach der Werderschen Vorstadt und durch dieselbe bis zu ihrer Vereinigung mit der Straße zu a., dann wie diese;
 c. die Wege von Schöneich und Groß-Gösitz, welche sich in der Gegend des Krahlschen Wohnhauses No. 700m. vereinigen, bei dem Heinrich Doeringschen Etablissement 700cL links zwischen Mehnerts Vorwerk 870 und Raschkes Wohnhaus hindurch über die Lubst-Brücke bis in die Straße zu a., dann wie diese.

Wenn die vorstehend zu c. bezeichnete Steuerstraße durch den Austritt des Lubst-Flusses

d. die Wege von Einbeck und Buberose bis zu ihrer Vereinigung in der Gegend des Heinzeschen Wohnhauses No. 558b., sodann in gerader Richtung den Steinweg des Osterberges hinunter, bei dem Bäckermeister Felgeschen Wohnhause No. 497 in die Straße zu u. a., und dann wie diese.

B. Zu Wasser.

Die Reise stromaufwärts, dann auf dem Lubstfluß bis zur Jungfern-Brücke.

Schiffsgefäße, welche mit mahl- und schlachtsteuerpflichtigen Gegenständen beladen sind, dürfen innerhalb des Stadtbezirkes nur bei der Jungfern-Brücke anlegen und müssen die gedachten Gegenstände sodann durch die Stadtgrabenstraße, Klosterthor, Klosterstraße über den Markt durch die Herren- und Königsstraße zum Steuer-Amt geführt werden.

c. Meldung und Gestellung bei dem Steuer-Amte.

§. 7. Bei dem Eingange mit mahl- und schlachtsteuerpflichtigen Gegenständen in den Stadtbezirk und bei deren zu erweisenden Ausgange aus demselben, ist vor der bei dem Steuer-Amte befindlichen Waage-Expedition anzuhalten und es sind die ein- oder auszuführenden Gegenstände dieser Waage-Expedition nach Art und Gattung, Menge und Zahl der Frachtstücke genau anzugeben und mit den etwa dazu gehörigen Papieren zur Untersuchung und Abfertigung zu stellen; auch sind die hierbei erforderlichen Handleistungen nach Anweisung der Aufsichtsbeamten zu verrichten.

§. 8. Auch solche von außerhalb kommende, der Mahl- und Schlachtsteuer unterworfene Gegenstände, welche für Steuerpflichtige des äußeren Stadtbezirks (§. 2.) bestimmt sind, müssen unmittelbar und ohne den mindesten Aufenthalt unterwegs auf der nächsten der beziehungsweise im §. 6. bestimmten Steuerstraßen zum Steuer-Amte geführt und dort angemeldet werden. Vor erfolgter Versteuerung dürfen diese Gegenstände nicht in die Wohnungen der Empfänger aufgenommen oder innerhalb des innern oder äußern Stadtbezirkes gewerbsweise verkauft, feilgehalten oder darin niedergelegt werden.

D. Zeit für Eingang und Abfertigung.

1. Bei dem Steuer-Amte und der Waage-Expedition bei demselben.

§. 9. Das Steuer-Amt und die §. 7. gedachte Waage-Expedition sind täglich mit Ausschluß der Sonn- und Feiertage für die Abfertigungen geöffnet und zwar:
a. In den Wintermonaten Oktober bis Februar einschließlich, Vormittags von 8 bis 12 Uhr und Nachmittags von 1 bis 5 Uhr;
b. in den übrigen Monaten von Vormittags 7 bis 12 Uhr und Nachmittags von 2 bis 5 Uhr.

Mühlenfabrikate, bei denen es zweifelhaft ist, welchem Steuersatze sie unterliegen, werden allgemein nur abgefertigt so lange das Tageslicht eine gründliche Revision zuläßt.

2. Bestimmungen für die Abfertigungsstellen.

§. 10. Nur innerhalb dieser Dienststunden (§. 9.) dürfen Gegenstände, welche der Abfertigung bei dem Steuer-Amte, beziehungsweise der Waage-Expedition bedürfen, in den Stadtbezirk eingehen.

Der Eingang derjenigen Gegenstände, welche einer solchen Abfertigung bedürfen, muß so zeitig erfolgen, daß dieselben vor Ablauf der Dienststunden bei dem Steuer-Amte eintreffen. Es wird jedoch nachgelassen, daß an anderen, als den Sonn- und Feiertagen, auch während der nach §. 9. für die Abfertigung geschlossenen Mittagsstunde vom Morgens eine Stunde vor Anfang der Dienststunden die Anfuhr zur Waage-Expedition auf der betreffenden Steuerstraße erfolgen darf.

Die eingebrachten Gegenstände müssen in diesem Falle aber auf der Straße, unmittelbar vor der Waage-Expedition verbleiben, und es darf damit bis zum Beginn der Dienststunden überall keine Veränderung vorgenommen werden.

Für die Abfuhr nach außerhalb hin gelten obige Bestimmungen gleichfalls, doch kann zum Transport dieser Gegenstände vom Steuer-Amte oder der Waage-Expedition ab, wenn sie bereits abgefertigt worden, auch die Mittagsstunde und ebenso auch eine Stunde nach dem Schlusse des Steuer-Amts benutzt werden.

Zweiter Abschnitt.

Mahlsteuer.

A. Aufsicht auf die Mühlen.
I. Deren Ausdehnung im Allgemeinen.

§. 11. Sämmtliche im innern und äußeren Stadtbezirke (§§. 1. u. 2.) vorhandene und später noch entstehende Mühlen sind der Aufsicht der Steuerbehörde unterworfen, welche Aufsicht je nach Maaßgabe des durch die Mühle gewöhnlich geförderten Mahlgutes entweder eine besondere, oder eine allgemeine ist.

II. Nach Verschiedenheit der Mühlen.
1. Mühlen unter besonderer Aufsicht.

§. 12. Unter besonderer Steuer-Controle steht:
die im Stadtbezirk belegene Wassermühle des Seybel und Pochhammer.

2. Mühlen unter allgemeiner Aufsicht.

§. 13. Alle im äußern Stadtbezirk belegenen Mühlen sind einer allgemeinen Aufsicht der Steuerbehörde unterworfen, jetzt namentlich:
1) die Mühle des Richter zu Deutowitz, 2) die Mühle des Löffler zu Germersdorf, 3) die Mühle des Mühle zu Groß-Bösitz, 4) die Mühle des Gutsbesitzers von Ploetz zu Schöneich, 5) die Mühle des Groche zu Sprucke.

3. Privat-Mühlen.

§. 14. Für Mühlen zum Privatgebrauch und für Malz-Schrootmühlen und Malz-Quetschmaschinen, soweit solche überhaupt gesetzlich zulässig sind, bestehen besondere Vorschriften, auf welche verwiesen wird.

4. Mühlen für andere Zwecke.

§. 15. Mühlen, welche nicht dazu eingerichtet und bestimmt sind, Mahlgut aus Körnern zu bereiten, dürfen dazu ohne Genehmhaltung der Steuerbehörde künftighin nicht eingerichtet und benutzt werden und stehen in dieser Hinsicht unter Aufsicht der Steuerbehörde.

5. Neu entstehende Mühlen.

§. 16. Neue Mühlen dürfen im engeren und äußeren Stadtbezirke nur mit Vorwissen der Steuerbehörde angelegt werden, welche vorher bestimmen wird, wie solche neue Anlagen in Bezug auf die Mahlsteuer zu behandeln sind.

B. Behandlung der unter besonderer Aufsicht stehenden Mühlen.
1. Allgemeine Bestimmungen.
a. Form der Steuer-Entrichtung.

§. 17. Von dem steuerpflichtigen Mahlgute, welches auf den im §. 12. genannten Mühlen bereitet werden soll, muß vorher die Körnersteuer nach §. 3. des Mahl- und Schlachtsteuer-Gesetzes vom 30. Mai 1820 bei dem Steuer-Amte (§§. 4. und 29.) entrichtet werden.

2. Mahlscheine.
a. deren Erforderniß.

§. 18. Auf den unter besonderer Aufsicht stehenden Mühlen (§. 12.) muß alles Mahlgut mit genau damit übereinstimmenden Mahlscheinen versehen sein.
Diese werden ertheilt von der Waagsexpedition bei dem Steuer-Amte.

b. in Bezug auf Menge der Körner.

§. 19. Ueber mehr als 24 Centner und über weniger als ein viertel Centner, wird ein Mahlschein nicht ausgefertigt.
Wer gleichzeitig mehr, als 24 Centner zur Mühle bringen will, muß daher mehr als einen Schein nehmen.
Wer gleichzeitig über 3 Centner bis 24 Centner zur Mühle bringt, kann nach seiner Wahl mehrere Mahlscheine nehmen; den einzelnen Schein jedoch nicht über weniger als 3 Centner.

c. in Bezug auf die Körnergattung.

§. 20. Ueber Getreidearten, welche verschiedenen Steuersätzen unterliegen, werden verschiedene Mahlscheine ausgefertigt, also für Getreide zur Hauptsteuer von 20 Sgr. vom Centner besondere, und für Getreide zur Hauptsteuer von 5 Sgr. vom Centner ebenfalls besondere.
Wer Körner von verschiedenen Steuersätzen in Vermischung mahlen lassen will, muß von dem Gemenge, auch wenn die Beimengung von Körnern zum ersten Satz nur gering wäre, den höhern Steuersatz entrichten.
Uebrigens muß, und zwar schon vor der Absendung zur Mühle:
a. rohes Getreide zu Branntweinschroot mindestens zum sechszehnten Theile mit gemälzten Körnern gemischt sein;
b. ingleichen alles nicht zum Brauen bestimmte und versteuerte Malz mindestens zum sechszehnten Theile mit ungemälztem Roggen; stärkere Mischung zu fordern, bleibt der Steuerbehörde vorbehalten.
Von der Vermischung zu b. bleibt jedoch dasjenige Malz befreit, welches erweislich als Branntweinschroot in Kartoffelbrennereien verwendet wird.

3. Transport zu und aus der Mühle.

§. 21. Getreide zur Mühle und Mahlgut aus der Mühle soll nur in den oben §§. 9. und 10. bestimmten Abfertigungsstunden zur Waage-Expedition angenommen und von derselben verabfolgt werden.

Diejenige Getreidemenge, worauf ein Mahlschein lautet, muß zusammen zur Mühle und ebenso das bereitete Mahlgut zusammen aus der Mühle und zur Waage gehen.

Auch muß das Getreide jedenfalls denselben Tag und zwar, ist es in den Vormittagsstunden bis 11 Uhr versteuert, am Vormittage, und sonst am Nachmittage zur Mühle gebracht werden.

Es dürfen die Müller ältere Mahlscheine nicht annehmen, wenn die Waage-Expedition nicht in besonderen Fällen eine Ausnahme auf dem Mahlscheine ausdrücklich bewilligt hat.

4. Bezeichnung der Säcke.

§. 22. Die Säcke, in denen Mahlgut zur Mühle oder nach erfolgter Vermahlung aus der Mühle gebracht wird, müssen mit dem in großen schwarzen Buchstaben deutlich und vollständig ausgeschriebenen Namen und Wohnort des Mahlgastes bezeichnet sein.

Für die Befolgung dieser Vorschrift ist sowohl der Müller als der Mahlgast verantwortlich.

5. Gewichtsverhältniß des fertigen Mahlguts zu den Körnern.

§. 23. Bei der Verwiegung des fertigen Mahlgutes gelten die folgenden Sätze für das zurückkommende Mahlgut im Vergleiche zu den versteuerten Körnern und zwar ohne Rücksicht auf Anfeuchtung:

Von 1 Centner Weizen: geschrootet: 99 Pfund Schroot, gebeutelt: 84 Pfund Mehl und 11 Pfund Kleie u. s. w.

Von 1 Centner Roggen: geschrootet: 99 Pfund Schroot, gebeutelt: 86 Pfund Mehl, 11 Pfund Kleie u. s. w.

Von 1 Centner Gerste: geschrootet: 98 Pfund Schroot, gebeutelt: 83 Pfund Mehl, 12 Pfund Kleie u. s. w.

Von 1 Centner Hafer: geschrootet: 98 Pfund Schroot.

Mehr Schroot oder Mehl und Kleie, als diesen Sätzen entspricht, darf nicht vorhanden sein.

6. Transport des Mahlguts.

§. 24. Der betreffenden Mahlpost muß die Steuerquittung bis zum Bestimmungsorte beigefügt sein, damit das Mahlgut auf dem Transport zu jeder Zeit legitimirt ist. Der Führer desselben hat sich während des Transports auf das Verlangen des Aufsichtsbeamten der Revision unweigerlich zu unterwerfen.

II. Abfertigung zu den unter besonderer Controle stehenden Mühlen.

1. Steuerpflichtiges Mahlgut.

a. Anmeldung.

§. 25. Soll steuerpflichtiges Mahlgut für Bewohner des Stadtbezirks (§. 1.) oder für einen der im §. 1. des Gesetzes vom 2. April 1852 genannten Gewerbtreibenden des äußern Stadtbezirks (§. 2.) auf einer der unter besonderer Aufsicht stehenden Mühlen vermahlen werden, so ist das Mahlgut zur Waage-Expedition (§. 7.) zu schaffen und es ist daselbst mündlich anzumelden:

a. der Name des Eigenthümers der zur Mühle zu sendenden Körner,
b. ihre Gattung und Menge, letztere nach Gewicht,
c. die Zahl der Säcke, in welchen die Körner sich befinden, auch der leeren Beisäcke, falls dergleichen mit zur Mühle gehen sollen,
d. was aus den Körnern bereitet werden und
e. die Mühle, auf welcher die Vermahlung erfolgen soll.

b. Prüfung der Anmeldung.

§. 26. Die Uebereinstimmung des Mahlgutes mit der Anmeldung (§. 25.) wird dann auf der Waage-Expedition geprüft und das Gewicht durch Verwiegung festgestellt. Finden sich bei der Prüfung Unrichtigkeiten in Bezug auf Menge oder Gattung, so wird der Schuldige zur Verantwortung und Strafe gezogen.

c. Bezettelung.

§. 27. Nach dem Gewichtsbefunde wird von dem Beamten der Waage-Expedition ein Waageschein ausgefertigt, an welchem sich eine Steuerquittung befindet, die jedoch vorerst unausgefüllt bleibt.

d. Versteuerung.

§. 28. Der Waageschein (§. 27.) wird dem Mahlgaste behändigt, um auf Grund desselben die Mahlsteuer bei dem Steuer-Amte zu entrichten. (§§. 4. u. 17.)

Nach berichtigter Steuer empfängt der Mahlgast die vom Waagescheine abgetrennte Quittung (§. 27.) und wird bemerkt mit derselben das Getreide zur Mühle.

e. Verwiegung des fertigen Mahlguts.

§. 29. Das Mahlgut und nach §. 28. versteuerten Körnern muß mit den dazu gehörigen Mahlscheinen unmittelbar von der Mühle auf den vorgeschriebenen Steuerstraßen (§. 6.) zur Waage-Expedition (§. 18.) gelangen, woselbst es seiner Gattung nach geprüft, verwogen und mit dem Mahlscheine, auf welchem das Rückgewicht vermerkt worden, dem Steuerraum überlassen wird.

— 7 —

Findet sich mehr vor, als nach den im §. 23. vorgeschriebenen Sätzen vorgefunden werden darf, so tritt den Umständen nach blos Versteuerung des Ueberschusses, oder wenn das Gesammtgewicht an Schroot oder Mehl, Kleie oder Abgang das auf dem Mahlschein angegebene Körnergewicht überschreitet, auch Strafverfahren ein.

2. Branntwein- und Braumalz-Schroot.

§. 30. Getreide zu Branntwein- und Braumalzschroot für Einwohner des Stadtbezirks (§. 1.) ist nach der Vorschrift in §. 25. der Waage-Expedition, jedoch schriftlich anzumelden, welche dieser Anmeldung gemäß einen Mahlfreischein ertheilt, mit welchem die Körner zur Mühle gehen. Beim Rückgange des Schrootes aus der Mühle und beim ferneren Transport wird nach den §§. 24. und 29. verfahren mit der Maaßgabe jedoch, daß durch den Waagebeamten das Rückgewicht des Branntwein- oder Braumalz-Schrootes vor dessen Verabfolgung in das vorzulegende Schrootbuch des betreffenden Branntweinbrenners oder Bierbrauers eingetragen wird.

Hinsichtlich derjenigen Brauer, welche Malz auf Quetschmaschinen selbst bereiten, verbleibt es bei dem durch die desfallsigen Regulative bereits angeordneten Verfahren.

So lange als in Guben die Braumalzsteuer im Wege der Mahlsteuer erhoben wird, kommen die Bestimmungen des Regulativs vom 3. März 1862 (Amtsblatt für 1862 No. 11. Seite 60) zur Anwendung, mit der Maaßgabe jedoch, daß an Stelle der Vorschriften des Mahl- und Schlachtsteuer-Regulativs für Guben vom 1. September 1821 die des gegenwärtigen treten.

3. Landmahlgut.

§. 31. Das Mahlgut der zur Entrichtung der Mahlsteuer nicht verpflichteten Bewohner des äußern Stadtbezirks (§. 2.) und der weiter von der Stadt entlegenen Gegend wird Landmahlgut genannt.

§. 32. Soll Landmahlgut auf der im §. 12. genannten, im engeren Stadtbezirk belegenen Mühle des Seydel und Pochhammer vermahlen werden, so ist dasselbe der Waage-Expedition anzumelden, welche es zuwiegt und darüber einen Mahlfreischein ertheilt, womit es zur Mühle geht und der in derselben befindlichen Steuer-Expedition vorgezeigt wird.

Nach vollendeter Bereitung wird das Mahlgut mit dem Mahlfreischein dieser Steuer-Expedition zur Rückverwiegung gestellt und von dieser das Weitere in Bezug auf Ausbegleitung aus dem Stadtbezirk angeordnet.

In Betreff eines bei der Rückverwiegung ermittelten unzulässigen Mehrgewichts wird nach den Bestimmungen §. 29. verfahren. Ergiebt sich ein Mindergewicht gegen die im §. 23. vorgeschriebenen Sätze, so ist davon die Eingangssteuer zu erheben.

c. Behandlung der unter allgemeiner Aufsicht stehenden Mühlen.

1. Form der Steuer-Entrichtung.

§. 33. Von dem Getreide für die Bewohner des Stadtbezirks (§. 1.), welches auf Mühlen zum Vermahlen gelangt, die unter allgemeiner Aufsicht stehen (§. 13.), wird, sofern das Steuer-Amt nicht in Fällen des Bedürfnisses unter besonders vorzuschreibenden Sicherungs-Maaßregeln Ausnahmen zuläßt, nicht die Körnersteuer erhoben, es unterliegen vielmehr die aus solchem Getreide bereiteten Mühlenfabrikate der Eingangssteuer nach §. 15. des Mahl- und Schlachtsteuer-Gesetzes vom 30. Mai 1820 und es kommen hinsichtlich der gedachten Fabrikate die §§. 5., 80. und 82. dieses Regulativs zur Anwendung.

Dagegen müssen die steuerpflichtigen Bewohner des äußern Stadtbezirks (§. 2.) vor Beschickung dieser Mühlen die Körnersteuer unter Beobachtung der §§. 17. und folgende ertheilten Bestimmungen entrichten; jedoch kann die Ertheilung des Mahlscheins auf bloße Deklaration und ohne Gestellung der Körner und des Gemahls erfolgen.

2. Bezeichnung der Säcke.

§. 34. Was im §. 22. über die Bezeichnung der Säcke angeordnet worden, findet auch auf alles Mahlgut Anwendung, welches auf Mühlen, die unter allgemeiner Controle stehen, verarbeitet wird.

D. Pflichten der Müller, deren Mühlen unter besonderer Aufsicht stehen.

§. 35. Die Müller in den unter besonderer Aufsicht stehenden Mühlen (§. 12.) sind für die Befolgung der Vorschriften §§. 17. 18. und 20. bis 23. dieses Regulativs mit verhaftet, auch nach §. 16. Littr. c. des Mahl- und Schlachtsteuer-Gesetzes vom 30. Mai 1820 verbunden, die ihnen in Bezug auf den eigenthümlichen Betrieb ihrer Mühlen und deren Controle von der Steuerbehörde etwa noch besonders aufzuerlegenden Pflichten zu erfüllen.

Außerdem gelten für sie insbesondere auch die folgenden Bestimmungen:

1. Anzeige vorkommender Besitz-Veränderungen.

§. 36. Sobald eine Mühle durch Erbgang, Verkauf, Verpachtung oder auf irgend eine andere Weise an einen anderen Inhaber übergeht, so ist letzterer verpflichtet, davon sofort und bevor der Betrieb der Mühle für seine Rechnung beginnt, dem Steuer-Amte Anzeige zu machen.

2. Abtheilung der Mühlenräume.

§. 37. In den Mühlenräumen, zu welchen für Bockwindmühlen auch der Platz unter den Mühlen und um dieselben in dem durch Pfähle bezeichneten Bereiche des Kehrraums gehört, werden von den Mühleninhabern unter Bestimmung eines Oberbeamten, verschiedene Abtheilungen bestimmt und zwar so, wie der Raum diese Absonderung gestattet,

   a. für steuerpflichtige Körner nach dem Satze von 20 Sgr. für den Centner,
   b. für dergleichen nach dem Satze von 5 Sgr. für den Centner,
   c. für Körner auf Freischeine,
   d. für Fabrikate aus Körnern zu a,
   e. für dergleichen aus Körnern zu b,
   f. für die aus Körnern zu c,
   g. für mit Beschlag belegtes Getreide und Mahlgut.

Der Müller ist verbunden, einen jeden der vorgedachten Räume mit einer ihn bezeichnenden Tafel versehen zu lassen und bei eigener Verantwortlichkeit dafür zu sorgen, daß unter keinen Umständen Getreide und Mahlgut an anderen, als an den, nach Vorstehendem dazu bestimmten Orten niedergelegt werde.

Mühlenbeschreibung.

§. 38. Ueber die innere Einrichtung der Mühle, die Zahl ihrer Gänge, zu welchen Gattungen von Mahlgut der eine oder der andere Gang etwa ausschließlich bestimmt ist, über die mit der Mühle im Zusammenhange stehenden Räume, über deren Abtheilung nach den Bestimmungen im vorstehenden §. 37. ferner darüber, ob der Müller einen Handel mit Mühlenfabrikaten treibt, wo dies geschieht, und — wenn dies in der Mühlenanlage der Fall ist, — wo die Bestände aufbewahrt werden, hat der Müller eine kurze, durch eine einfache lineare Zeichnung verdeutlichte Beschreibung in zweien Exemplaren zu fertigen.

Diese Beschreibung ist von ihm zu unterzeichnen, dem Orts-Ober-Controleur zu prüfen und mit seiner Unterschrift zu versehen und dann in dem einen Exemplare an einem vom Ober-Controleur zu bestimmenden Orte in der Mühle anzuheften, während das zweite Exemplar dem Steuer-Amte einzureichen ist.

Die Erneuerung dieser Beschreibung muß geschehen, so oft das Bedürfniß hierzu vom Bezirks-Ober-Controleur erkannt wird. Veränderungen gegen diese Beschreibung ist der Müller verpflichtet, vor deren Ausführung dem Steuer-Amte schriftlich anzuzeigen.

§. 39. Für diejenigen Mühlen, deren innere Einrichtung die steuerliche Ueberwachung des Betriebes in anderer, als der bisherigen Art erforderlich macht, werden bezüglich der Mühlenbeschreibung und in jeder anderen Beziehung besondere Bestimmungen vorbehalten, namentlich behält es für die Mühlen des Seydel und Pochhammer §. 12. bei dem für dieselben unter dem 31. Januar 1844 erlassenen Regulativ sein Bewenden.

Vergleichung des Mahlgutes mit den Mahlscheinen.

§. 40. Sobald die Körner zur Mühle gebracht werden, muß der Müller den Mahlschein einsehen, um sich zu überzeugen, ob dieselben der Gattung und Menge nach damit übereinstimmen.

Findet er hierbei irgend eine Abweichung, so muß er die Annahme des Mahlgutes versagen oder dasselbe sofort auf den Confiskate bestimmten Platz zurückstellen und gleichzeitig dem Steuer-Amte zur weiteren Untersuchung Anzeige erstatten.

§. 41. Fehlt auf den Säcken die §. 22. vorgeschriebene Bezeichnung, so muß er in gleicher Art wie §. 40. vorgeschrieben verfahren.

5. Verfahren mit den Mahlscheinen.

§. 42. Ist das zur Mühle gebrachte Getreide richtig befunden worden, so wird der Mahlschein dem Kropfe eines der zur Mahlpost gehörigen Säcke angebunden. Die Säcke, soweit sie zu einem und demselben Mahlscheine gehören, müssen, mit ihrer Bezeichnung (§. 22.) nach vorn, so lange stets zusammengestellt sein, als während der Bereitung selbst eine Trennung nicht nöthig ist.

Sobald das Getreide auf den Gang geschüttet ist, wird der Mahlschein an den Gang geheftet und bleibt dort während der Bereitung, welche durch Zwischenposten nicht unterbrochen werden darf. Ist das Mahlgut fertig, so muß der Mahlschein wieder an den Kropf eines der dazu gehörigen Säcke befestigt werden, woran er bleibt, bis selbiger die Mühle verläßt.

Die unter den Mahlscheinen befindlichen, mit I. II. III. IV. bezeichneten Abtheilungen werden, bei den folgenden Handlungen abgeschnitten:
    a. die mit I. bezeichnete Abtheilung, sobald das Getreide zur Mühle gebracht, untersucht und der Gattung und Menge nach richtig befunden ist,
    b. die mit II. bezeichnete Abtheilung, sobald die Bereitung oder das Abmahlen anhebt und die erste Aufschüttung auf den Gang erfolgt,
    c. die mit III. bezeichnete Abtheilung, sobald die Bereitung vollendet ist, und
    d. die mit IV. bezeichnete Abtheilung, wenn das Mahlgut aus der Mühle abgelassen wird.

6. Dauer der Gültigkeit der Mahlscheine auf den Mühlen.

§. 43. Die Mahlscheine sind nur für längstens vier Tage gültig, so daß in den ersten drei Tagen von Ausstellung des Zettels an gerechnet, die Fabrikation vollendet und an dem folgenden Tage das Fabrikat aus der Mühle geschafft sein muß. Ausnahmsweise kann eine längere Gültigkeit der Mahlscheine dann nachgegeben werden, wenn Wasser- oder Windmangel eintritt und die Mühlen in Folge desselben mit Mahlgut überfüllt sind. Ist nicht schon bei Ausfertigung des Mahlscheines eine längere Frist bewilligt, so muß der Müller die durch unvermeidliche Umstände erforderlich werdende Verlängerung der viertägigen Frist unter Vorlegung des Mahlscheines bei dem Steuer-Amte nachsuchen. Das Steuer-Amt prüft das Bedürfniß und bemerkt die Verlängerungsfrist auf dem Mahlscheine.

7. Eigenes Mahlgut der Müller.

§. 44. Für das eigene Mahlgut der Müller werden nur auf einen Tag gültige Mahlscheine ausgegeben, so daß am Tage der Ausstellung die Bereitung vollendet und das Mahlgut aus der Mühle geschafft sein muß. Für die Graupen- und Gries-Fabrikate, so wie für größere, zu den Windmühlen gelangenden Mahlposten kann jedoch eine Ausnahme hiervon auf gestellten besonderen Antrag in solchen Fällen gemacht werden, in welchen entweder die Mahlposten zu groß sind, um die Bereitung derselben in einem Tage bewirken zu können, oder anhaltende Windstille eintritt.

8. Getreidebestände der Müller.

§. 45. Die Getreidebestände der Müller durch eigene Gewinnung oder Ankauf müssen außerhalb der Mühle befindlich sein und unterliegen keiner besonderen Aufsicht, insofern sie nicht in mit dem Mühlenraume zusammenhängenden Räumen lagern.

Hat aber eine Lagerung in mit dem Mühlenraume zusammenhängenden Räumen statt, so sind die Getreidebestände des Müllers, von denen übrigens ohne Mahlscheine (§. 18.) niemals etwas im Mühlenraume selbst sich befinden darf, der Controle unterworfen, und in dieser Beziehung ist der Müller verpflichtet, ein richtiges Notizbuch nach Anweisung des Steuer-Amtes über seine Getreidebestände zu führen und darin jeden Zu- und Abgang sofort aufzuschreiben, auch den revidirenden Steuerbeamten dieselben nebst dem Notizbuche zur Revision jederzeit vorzuzeigen, und für die etwa nöthigen Ermittelungen ausreichende Hülfe zu beschaffen.

9. Mahlmetze.

§. 46. Wird der Mahllohn in Körnern durch die sogenannte Mahlmetze entrichtet, so muß diese, weil sie nicht mit versteuert wird, sondern erst dann der Besteuerung unterliegt, wenn der Müller sie vermahlen will, von den für den Mahlzins zu verarbeitenden Körnern abgesondert zur Waage-Expedition und zu den Mühlen gebracht werden. Bei der Rückverwiegung wird dann auf die Mahlmetze, welche, wenn der Müller sie in den Mühlenraum aufnehmen will, sofort nach der Ankunft in der Mühle in einen unter Mitverschluß der Steuer-Behörde stehenden Metzkasten gebracht werden muß, keine Rücksicht genommen.

Gedachter Kasten wird von Zeit zu Zeit nach vorgängiger Anzeige bei dem Steuer-Amte in Gegenwart eines Steuerbeamten geleert, und dessen Inhalt aus dem Mühlenraume geschafft.

10. Stein- und Staubmehl.

§. 47. Das Stein- und Staubmehl, sowie der sonstige Abfall von den Mühlenfabrikaten darf in der Mühle nicht aufbewahrt, muß vielmehr aus derselben entfernt werden. Auf den besonderen Wunsch des

Müllers können die gedachten Abfälle in einen unter Mitverschluß der Steuerbehörde stehenden Kasten gebracht, und aus demselben von Zeit zu Zeit entfernt werden.

11. Mehlvorräthe.

§. 48. Mahlgut für den eigenen Bedarf der Müller oder für den Handel derselben mit Mühlenfabrikaten darf keinenfalls in den Mühlenräumen oder in den damit im Zusammenhange stehenden Räumen aufbewahrt werden.

12. Handel mit Mehl oder Mühlenfabrikaten.

§. 49. Müller, welche zugleich Mühlenfabrikate zum Verkauf oder zum Tausch herstellen, oder Bestellungen auf Mehl annehmen, oder überhaupt mit Mühlenfabrikaten Handel treiben, werden unter spezielle Steuer-Controle gestellt und gelten hierfür die in den §§. 88. bis einschließlich 91. gegebenen Vorschriften.

13. Mühlenrevision.

§. 50. Die Mühlen mit den dazu gehörigen Räumen (§. 37.) müssen für die Steuerbeamten in den Stunden von 6 Uhr Morgens bis 9 Uhr Abends stets geöffnet sein. Auch außer diesen Stunden ist den Beamten der Eintritt in die Mühle gestattet, so lange dieselbe im Gange ist.

Wird am Abende oder während der Nacht der Zugang der im Gange befindlichen Mühle geschlossen, so muß ein Klingelzug oder eine andere Vorrichtung vorhanden sein, durch welche die Steuerbeamten sich ankündigen.

Auf das von denselben gegebene Zeichen ist ihnen ungesäumt zu öffnen. Der Müller und seine Leute haben den Beamten jede des Dienstes wegen verlangte Auskunft zu ertheilen, auch die Vorkehrungen und Handleistungen willig zu beschaffen, welche für die Mühlenaufsicht der Beamten, einschließlich der von ihnen erforderlich zu erachtenden Verwiegungen nöthig sind.

§. 51. Das Steuer-Amt hält für jede unter Steuer-Aufsicht stehende Mühle ein Revisionsbuch, in welches jede Revision und das Ergebniß derselben von den Beamten nach der Zeitfolge niedergeschrieben wird.

Dieses Buch wird an dem vom Ober-Controleur dazu bestimmten Orte in der Mühle niedergelegt und der Müller ist dafür verantwortlich, daß es jederzeit unbeschädigt vorhanden sei.

E. Pflichten der Müller, deren Mühlen unter allgemeiner Aufsicht stehen.

§. 52. Für die Inhaber der unter allgemeiner Aufsicht stehenden Mühlen gelten die Vorschriften §§. 22. 36. 37. 38. 50. und 51., der §. 37. jedoch mit der Beschränkung, daß die Abtheilung der Mühlenräume, zu welchen für die Bockwindmühlen auch der unter Mühle und um dieselbe in dem durch Pfähle bezeichneten Bereiche des Kehrbaums befindliche Raum gehört, nur nach den beiden Unterscheidungen:
   a) für Körner und Mahlgut mit Mahlscheinen,
   b) für dergleichen ohne Mahlschein,
   c) für mit Beschlag belegtes Mahlgut
erforderlich ist.

In Ansehung des mit Mahlscheinen zur Mühle zu bringenden Mahlguts hat der Müller die Gattung zu prüfen, das Gewicht durch Verwiegung festzustellen, und den Waageschein unter seiner Unterschrift auszufüllen, auch die Bestimmungen §§. 40. bis 43. zu beachten.

§. 53. Treibt der Inhaber solcher Mühlen Handel mit Mühlenfabrikaten, ohne in der Steuer fixirt zu sein, so ist derselbe den Vorschriften, welche in den §§. 17. und folgenden sowie in den §§. 35. und folgenden über die spezielle Mühlencontrole ertheilt sind, unterworfen.

Auch sonst hängt es von dem Ermessen der Steuerbehörde ab, diese Mühlen unter besondere Aufsicht (§. 12.) zu stellen oder diejenige Controle anzuordnen, welche sie den Umständen nach zur Sicherung des Steuer-Interesses für nothwendig hält.

Dritter Abschnitt. Schlachtsteuer.

A. Im Stadtbezirke.

I. Gewerbliches Schlachten.   1. Anmeldung des Gewerbsbetriebes.

§. 54. Jeder Schlächter hat dem Steuer-Amte eine schriftliche Anzeige über den Zeitpunkt des Beginnes seines Gewerbes sowie zugleich darüber zu machen, wo seine Viehbestände sich befinden, wo die Schlachtungen geschehen, wo die Fleischbestände, und wo die Felle aufbewahrt werden sollen.

Er ist an eine genaue Beachtung seiner Angaben so lange gebunden, als solche nicht durch fernere schriftliche Anzeigen an das Steuer-Amt abgeändert worden sind, oder das Steuer-Amt nicht in besonderen Fällen eine Ausnahme ausdrücklich gestattet hat.

In gemeinschaftlichen Räumen als z. B. Scharren, Kellern und Eiskellern hat jeder Schlächter oder Händler mit Fleisch oder Fleischwaaren den ihm gehörigen Raum mit seinem Namen genau zu bezeichnen und daß dies geschehen sei, gleich bei der abzugebenden Anmeldung zu bemerken.

2. Angabe, ob nach Stücksätzen oder nach Gewicht versteuert werden soll.

§. 55. Acht Tage vor dem Eintritte eines jeden Kalenderviertaljahres hat sich jeder Schlächter schriftlich zu erklären, ob er das zu schlachtende Vieh, nach dem Gewichte (§. 61.) oder ob und welche Gattungen desselben er nach dem Stücksatze (§. 60.) versteuern wolle. Diese Erklärung ist alsdann auf die Dauer des betreffenden Vierteljahrs für ihn verbindlich, so daß er in keinem Falle später die Wahl hat, ob er nach dem Stücksatz oder dem Gewichte versteuern will.

Von demjenigen Gewerbtreibenden, welcher in der bestimmten Frist keine Erklärung abgegeben hat, wird angenommen, daß er von der Zulassung zur Versteuerung nach Stücksätzen keinen Gebrauch machen wolle.

Wenn zwei oder mehrere Schlächter die eine oder andere Viehgattung gemeinschaftlich schlachten, so müssen sie sämmtlich über Gewichts- oder Stückversteuerung der betreffenden Viehgattung eine übereinstimmende Erklärung abgeben.

Der Anspruch auf die Versteuerung nach dem Stücksatze geht verloren:
1) wenn der Schlächter einzelne Viehstücke derjenigen Gattung, für welche er die Stückversteuerung gewählt hat, auf den Namen eines anderen Schlächters, welcher nach Gewicht versteuert, übernimmt,
2) umgekehrt, wenn er ein Stück von einem Schlächter, der nach Gewicht versteuert, auf seinen Namen zur Stückversteuerung abfertigen läßt.

In beiden Fällen kann auch der nach dem Gewichte steuernde Schlächter, welcher dem nach dem Stücksatze steuernden behülflich gewesen ist, von der Stückversteuerung für die Zukunft ausgeschlossen werden, auch bleibt die Bestrafung der in solcher Handlung liegenden Defraudation vorbehalten.

3. Steuerbücher.

§. 56. Jedem Schlächter wird ein Schlacht-Revisions- und Versteuerungs-Buch von dem Steuer-Amte für ein jedes Kalender-Vierteljahr unentgeldlich verabreicht. In dies Buch werden vom Steuer-Amte nach der demselben mündlich zu machenden Deklaration die Eintragungen bewirkt. Dasselbe muß in den Gewerbräumen an einem vom Schlächter zu bezeichnenden, vom Steuer-Amte auf dem Titelblatte zu bemerkenden Orte beständig so vorliegen, daß die revidirenden Beamten solches, insofern es nicht eben zur Hebestelle geschickt ist, sogleich zum Gebrauch empfangen können.

Sind die Gewerbräume in der Art örtlich getrennt, daß die Schlachtungen an einem anderen Orte erfolgen, als dem, wo die Fleischvorräthe aufbewahrt werden, oder daß die Fleischvorräthe sich an verschiedenen Orten befinden, so bestimmt das Steuer-Amt, wo das Buch aufbewahrt werden soll, und es werden in den übrigen Räumen zur vollständigen Uebersicht der Bestände besondere Anschreibebogen niedergelegt, für welche in Bezug auf ihre gehörige Aufbewahrung die oben für die Steuerbücher selbst gegebenen Vorschriften gelten.

Diese Bücher und die Anschreibebogen müssen reinlich gehalten werden; sie müssen sorgfältig aufbewahrt werden, und es darf darin von Seiten des Schlächters nichts geschrieben oder gar radirt oder geändert werden.

Am Schlusse des Kalender-Vierteljahrs werden die Revisions- und Versteuerungs-Bücher gegen neue vertauscht, die zurückgegebenen aber nach erfolgter Revision den Schlächtern auf Verlangen wieder ausgehändigt. Sie müssen in diesem Falle von den Schlächtern noch ein Jahr lang aufbewahrt werden, um auf Erfordern vorgelegt werden zu können.

4. Erlaubniß zum Schlachten.

§. 57. Keine Schlachtung darf ohne vorher nachgesuchte, erhaltene und in das Steuerbuch eingetragene Erlaubniß der Steuerbehörde geschehen, und auch nicht anders, als genau nach dem Inhalte dieser Erlaubniß. Dafür ist nicht nur der Schlächter verhaftet, sondern auch derjenige, welcher für ihn die Schlachtung verrichtet.

Steuer-Hebestelle ist das Steuer-Amt.

Ausnahmeweise und widerruflich kann denjenigen Schlächtern, welche die Steuer nach Stücksätzen entrichten, (§§. 55. 60.) gestattet werden, für den Fall, daß sie außerhalb der oben im §. 9. für das

— 12 —

Steuer-Amt bestimmten Dienststunden oder an Sonn- und Festtagen wegen dringenden Fleischbedarfs Schlachtungen vorzunehmen genöthigt sind, die Erlaubniß zur Schlachtung an Sonn- und Festtagen in der Zeit von 11—12 Uhr Mittags auf dem Steuer-Amte, an Werktagen aber bei demjenigen Steuerbeamten, welcher dazu von dem Ober-Steuer-Controleur bestimmt und den Schlächtern durch Anschlag im Amtslokale namhaft gemacht werden soll, unter Vorlegung ihres Schlacht-Revisions- und Versteuerungsbuches nachzusuchen.

In solchem Falle wird der Steuerbetrag gleich deponirt, oder so lange gestundet, bis dessen Einzahlung in den nächsten Dienststunden erfolgen kann.

Wenn ein Schlächter sich jedoch in Zahlung der Steuer säumselig zeigt, so wird ihm die Vergünstigung einer Stundung für die Folge entzogen.

5. Schlachtzeit.

§. 58. Das Schlachten darf in der Regel nur von Sonnenaufgang bis Sonnenuntergang geschehen. Zum Schlachten außer dieser Zeit kann das Steuer-Amt oder der Ober-Steuer-Controleur die Erlaubniß mit der Bestimmung der Stunde des Schlachtens ertheilen; es muß dann aber dem revidirenden Steuerbeamten das Local, worin die Schlachtung geschehen soll, während der Schlachtung offen stehen.

6. Anmeldung und Versteuerung.

a) Schlachtanzeige.

§. 59. Vor jeder Schlachtung muß dem Steuer-Amte die Zahl und Gattung des zu schlachtenden Viehes und überdies auch angezeigt werden, an welchem Tage und zu welcher Stunde, Vor- oder Nachmittags, geschlachtet werden soll. (§. 57.)

b) Abfertigungen,
aa) nach Stücksätzen.

§. 60. Wird nach Stücksätzen versteuert, so erfolgt die Versteuerung vor der Schlachtung.

Die Entrichtung der Steuer, die angezeigte Schlachtzeit und der Viehabgang wird in dem dem Steuer-Amte vorzulegenden Steuerbuche bemerkt, und letzteres zurückgegeben.

bb) nach dem Gewichte.

§. 61. Bei einer Versteuerung nach dem Gewichte wird verfahren, wie im §. 59. bestimmt ist; die Gefälle-Entrichtung unterbleibt vorläufig, wogegen Sicherheit dafür gefordert werden kann.

Nach vollzogener Schlachtung wird das ausgeschlachtete Vieh mit dem Fleische, den Knochen und dem Fette, jedoch ohne Häute, Eingeweide und Darmfett, ungetheilt mit dem Steuerbuche zur Waage der Hebestelle gebracht, dort verwogen, und das Gewicht, so wie die nun danach zu erhebende Steuer in das Buch eingetragen.

Die verwogenen Viehstücke müssen eine von der Steuerbehörde durch einen Einschnitt an geeigneter Stelle oder auf andere Weise zu wählende Bezeichnung erhalten. Alles geschlachtete Vieh muß am Schlachttage, kleines Vieh, welches am Vormittage geschlachtet worden, noch am Vormittage zur Waage beim Steuer-Amte gebracht werden.

c) Gemeinschaftliches Schlachten.

§. 62. Wenn mehrere Schlächter ein Stück Vieh gemeinschaftlich schlachten, so muß derjenige, welcher die Versteuerung leistet, außer der im §. 59. vorgeschriebenen Meldung, auch noch angeben, wer die übrigen Theilnehmer sind, wo die Schlachtung und wo und zu welcher Stunde die Theilung des Stückes erfolgen soll.

Nur diejenigen Schlächter, welche eine gleiche Besteuerungsart (Stücksatz oder Gewicht) gewählt haben, können gemeinschaftlich Vieh schlachten.

Bevor die einzelnen Theilnehmer das Fleisch übernehmen, müssen sie den Zugang des Fleisches von dem Steuer-Amt in ihre Steuerbücher eintragen lassen.

d) Kauf oder Tausch des Fleisches.

§. 63. 1. Kein Schlächter darf geschlachtetes Vieh ganz oder theilweise von einem andern Schlächter kaufen oder übernehmen, bevor nicht beide, sowohl derjenige, welcher im Stück geschlachtet hat, als derjenige, dem das geschlachtete Vieh ganz oder zum Theil abgelassen werden soll, selbst oder durch ihre Gewerbsgehülfen, mit ihren Schlachtversteuerungsbüchern sich bei dem Steuer-Amte gemeldet und daselbst die resp. Ab- und Zuschreibung des Fleisches mit genauer Angabe des Gewichts in ihren Büchern nachgesucht und erhalten haben.

— 13 —

2. Bei Vermehrung des Fleischbestandes in dem Falle zu 1 darf der Zugang an Fleisch nicht in die Gewerbsräume des Schlächters aufgenommen werden, bevor die Anmeldung und Zuschreibung im Versteuerungsbuche bei dem Steuer-Amte erfolgt ist.

3. Wer nach Stückfatz steuert und an einen nach Gewicht steuernden Schlächter ausgeschlachtete Viehstücke im Ganzen, zur Hälfte oder auch zum Viertel abläßt, muß solches vor der Abgabe dem Steueramte anmelden. Ergiebt die zu veranlassende Gewichtsermittelung einen höheren Steuerbetrag, als der Stücksatz, so ist das Mehr nachzuversteuern.

4. Wer nach Gewicht steuert und an einen nach Stückfatz steuernden Schlächter ausgeschlachtete Viehstücke in vorgedachter Art ablassen will, hat dies vor der Abgabe gleichfalls anzuzeigen. Ergiebt die Gewichtsermittelung einen geringeren Steuerbetrag, als der Stücksatz, so ist die Differenz nachzuversteuern.

In beiden Fällen, No. 3 und 4, zahlt die Nachsteuer der Schlächter, der das Fleisch übernimmt.

II. Schlachten zum eigenen Bedarf. (Hausschlachtungen.)

1. Schlachtanzeige.

§. 64. Auf Schlachtungen zum eigenen Bedarf derjenigen Personen, welche nicht Schlächter sind, finden bezüglich der Schlachtzeit die Bestimmungen im §. 58. gleichmäßige Anwendung.

Wegen der Anmeldung zum Schlachten gilt die Vorschrift im §. 59., jedoch ist auch anzugeben:
a) ob die Steuer nach dem Stücksatze, oder
b) nach dem Gewicht,
entrichtet werden soll. In Bezug auf sonstigen Viehabgang findet die Vorschrift §. 72. Anwendung.

2. Abfertigung.

§. 65. Soll die Versteuerung nach Stücksätzen geschehen, so ertheilt das Steuer-Amt, der Anmeldung gemäß, einen zugleich die Steuerquittung enthaltenden Schlachtversteuerungsschein. Wird die Versteuerung nach dem Gewichte vorgezogen, so wird nur der obere Theil des Schlachtscheines ausgefertigt, und dieser ausgehändigt, wobei die Abtragung der Steuer auf Erfordern durch ein Pfand sicher gestellt werden muß.

Bei letztgedachter Besteuerungsweise wird das ausgeschlachtete Stück Vieh zur Verwiegung gestellt (§. 61.) und nach dem ermittelten Gewichte die Steuer entrichtet gegen Rückempfang des durch Ausfüllung der Quittung vervollständigten Schlachtscheines, von welchem das Waage-Attest zurückbehalten wird.

Ist das zu schlachtende Vieh aus den Beständen der Steuernden und stehen diese unter Controle (§. 68.), so wird der Abgang in dem vorliegenden Vieh-Control-Buche vermerkt.

3. Obliegenheiten des Schlachtenden.

§. 66. Niemand darf eine solche Schlachtung (§§. 64. und 65.) verrichten, ohne vorher den Schlachtschein eingesehen zu haben, auch darf dieselbe nicht anders als genau nach Inhalt desselben, in Bezug auf Gattung des Viehes und Zeit und Ort der Schlachtung vorgenommen werden.

Sobald das Vieh getödtet ist, muß der Schlachtende den Schlachtversteuerungsschein von oben nach unten zu bis über die Hälfte unverzüglich einreißen.

4. Aufbewahrung des Schlachtversteuerungs-Scheins.

§. 67. Den eingerissenen Schlachtschein (§§. 65., 66.) ist der Steuernde noch ein Jahr lang aufzubewahren und auf Erfordern vorzulegen verpflichtet.

III. Vieh-Controle.

1. Nachweis durch Versteuerungs- und Vieh-Controle-Bücher.

§. 68. Der Controle der Viehbestände sind unterworfen:
1) die Schlächter,
2) die Viehhändler, Viehmäster und diejenigen Gewerbtreibenden, die ihres Gewerbes wegen Vieh halten.

Sie wird geführt:
bei den Schlächtern durch die Schlacht-, Revisions- und Versteuerungsbücher,
bei den vorstehend unter Nr. 2 gedachten Controlpflichtigen durch besondere Vieh-Controlebücher.

Für die Vieh-Controlebücher, welche von dem Steuer-Amte geliefert und wenn sie vollgeschrieben sind, gegen neue umgetauscht werden, gelten gleichmäßig die Bestimmungen in dem §. 56.

In diesen Büchern wird jeder Zu- und Abgang an Vieh zu- und abgeschrieben und die Inhaber haften für die jederzeitige Richtigkeit ihres Viehbestandes nach dem Inhalte derselben. Sie haben sich daher zu überzeugen, ob die An- und Abschreibungen darin genau geschehen sind, im Falle des Irrthums aber sofort auf Abänderung anzutragen.

Ergiebt sich späterhin bei der Revision der Viehbestände durch die Beamten mehr oder weniger Vieh, als das Soll nach dem Buchabschlusse beträgt, so wird auf die Behauptung eines Irrthums in der An- oder Abschreibung keine Rücksicht genommen.

2. Eingang des Viehes.

§. 69. Das Einbringen des Viehes ist nur erlaubt:
1) in den Wintermonaten Oktober bis einschließlich Februar von 6 Uhr Morgens bis 10 Uhr Abends,
2) in den übrigen Monaten von 4 Uhr Morgens bis 10 Uhr Abends.

treten besondere Fälle ein, wo außer dieser Zeit Schlachtvieh eingeführt werden soll, so ist dazu die schriftliche Erlaubniß des Steuer-Amts oder des Ober-Controleurs erforderlich.

Schlächter und der Viehcontrole unterliegende Personen innerhalb des Stadtbezirks dürfen Schlachtvieh von außen nur allein auf den im §. 6. bezeichneten Steuerstraßen einführen.

3. Zu- und Abgangs-Anzeige.

§. 70. Jeder Vieh-Zugang, er entstehe:
a) durch Ankauf in der Stadt,
b) aus eigener Zuzucht, oder
c) durch Ankauf außerhalb des Stadtbezirks,

muß von den der Viehcontrole unterliegenden Personen mit Vorlegung des Schlachtrevisions- und Versteuerungs-, bezüglich des Vieh-Controle-Buches der Steuerbehörde angemeldet werden, und zwar muß zu a. und c. die Anmeldung und Eintragung geschehen sein, bevor das Vieh in das Haus aufgenommen wird, zu b. in den ersten 24 Stunden nach der Geburt des Viehes.

Die Anmeldung geschieht:
1) in den Abfertigungsstunden (§. 9.) dem Steuer-Amte,
2) außer dieser Zeit demjenigen Beamten, welcher nach der Bestimmung im §. 57. die Erlaubniß zu Schlachtungen ausnahmsweise zu ertheilen befugt ist.

Erfolgt der Zugang durch Ankauf von einer andern der Vieh-Controle unterworfenen Person, so geschieht die Anmeldung, unter gleichzeitiger Vorlegung des eigenen und des Versteuerungs- oder Vieh-Controlebuches des Verkäufers.

Der Abgang durch Schlachten wird vorher bei Anmeldung zum Schlachten (§. 59.) mit Vorlegung des Steuer- oder Vieh-Controlebuches dem Steuer-Amte angezeigt.

4. Abgang durch Verkauf.

§. 71. Der Abgang durch Verkauf oder sonstige Entäußerung wird dem Steuer-Amte durch eine besondere Anmeldung angezeigt, auf Erfordern schriftlich, außerdem aber mündlich unter Vorlegung des Versteuerungs- bezüglich Vieh-Controlebuches. Derjenige, an den das Vieh gelangt, ist zuverlässig nachzuweisen.

Geschieht die Veräußerung nach außen, so wird nach erfolgter Anmeldung von dem richtigen Ausgang Ueberzeugung genommen und nachdem derselbe bescheinigt ist, die Abschreibung bewirkt.

5. Abgang durch Sterbefall.

§. 72. Der Viehabgang durch Sterbefall muß dem Steuer-Amte sofort angemeldet und das gefallene Vieh demjenigen Beamten vorgezeigt werden, der dazu in Folge der eingereichten Abgangs-Anzeige beauftragt worden ist. Das krepirte Vieh muß hierauf unter amtlicher Aufsicht vergraben werden. Jede Tödtung eines Stückes Vieh, auch wenn das Fleisch wegen Erkrankung des Viehes nicht zum Verkauf oder zur eigenen Consumtion bestimmt ist, muß wie eine Schlachtung, dem Steuer-Amte vorher angemeldet werden. — Die Steuer wird erlassen, wenn das Fleisch unbrauchbar gefunden und gemäß der Anordnung des Steuer-Amtes damit verfahren wird.

6. Austrieb zur Hütung oder Mast auf längere Zeit.

§. 73. Soll der Viehbestand oder ein Theil davon zur auswärtigen Hütung oder Mast auf länger als einen Tag gehen, so ist zuvor dem Steuer-Amte davon schriftliche Anzeige zu machen, welches den Ausgang aus dem Stadtbezirke kontroliren und bescheinigen läßt, sodann aber den Abtrieb im Steuerbezüglich im Controlebuche bemerkt.

Hirten oder andere Personen, welche dergleichen Vieh auf die Weide treiben, müssen, wenn sie ihr eigenes Vieh mit in die Heerde aufnehmen wollen, davon dem Steuer-Amte Anzeige machen, und ihr Vieh mit einem von der Marke des gezeichneten Schlächterviehes abweichenden Zeichen versehen; zugleich haben sie die Verpflichtung, den Aufsichtsbeamten die Ställe, in welche das Vieh eingetrieben wird, zu jeder Zeit, von 6 Uhr Morgens bis 9 Uhr Abends Behufs der Revision zu öffnen und ihnen beim Zählen des Viehes behülflich zu sein.

7. Täglicher Austrieb zur Hütung.

§. 74. Vieh, welches nur für den Tag zur Hütung ausgetrieben wird und des Abends zurückkehrt, wird in den Steuer- bezüglich Controlebüchern nicht aus- und abgeschrieben.

Wer erklärt hat, seinen Viehbestand täglich zur Weide treiben zu lassen, darf ohne vorherige Anzeige nichts davon zurück behalten.

8. Veränderung des Viehbestandes durch Alter.

§. 75. Veränderungen des Viehbestandes, welche dadurch entstehen, daß ein Stück Vieh durch höheres Alter in eine andere steuerpflichtige Klasse rückt, werden nicht besonders angemeldet.

In vorkommenden Fällen berichtigen die Revisionsbeamten die Bücher durch Zu- und Abschreibungen.

In die Klasse der Stiere oder Färsen treten Kälber, sobald sie ein halbes Jahr alt geworden und dann die Kälberzähne nicht mehr vorhanden sind.

Schaaf- und Ziegen-Lämmer, ingleichen Spanferkel, sind als solche nur den ersten Sommer, also bis zum 1. Oktober, anzunehmen; in außergewöhnlicher Zeit geborene, nur im ersten halben Jahre.

IV. Revision.

1. Der Gewerbsräume und Viehbestände.

§. 76. Die Beamten sind befugt, von Morgens 6 bis Abends 9 Uhr die angemeldeten Gewerbsräume der Schlächter zu revidiren. Auch außer dieser Zeit unterliegen die Räume, so lange darin gearbeitet und verkauft wird, dieser Revision.

Die Schlächter und deren Gehülfen sind verpflichtet, sich während der Revision ruhig und bescheiden zu verhalten, und den revidirenden Beamten diejenige Hülfe zu leisten oder leisten zu lassen, welche erforderlich ist, um die Revision gehörig vornehmen zu können.

Viehhändler, Viehmäster und alle übrige Gewerbetreibende, die ihres Gewerbes wegen Schlachtvieh halten, sind verpflichtet, den Beamten bei den abzuhaltenden Revisionen über den Ursprung oder den Verbleib ihres Viehes unter Vorlegung ihrer Vieh-Controlbücher Auskunft zu geben.

Auch sind die Beamten berechtigt, bei Schlachtungen zum eigenen Bedarf (§. 64.) von der Richtigkeit der Anmeldung und Versteuerung Ueberzeugung zu nehmen.

2. Der Fleischbestände.

§. 77. Bei Revision der Fleischbestände hat der Schlächter den Revisionsbeamten die vorhandenen Fleischbestände vorzulegen und genau anzugeben, auch hat er, wenn gegen das abgeschätzte Gewicht des in Stücken befindlichen Fleisches Widerspruch erhoben wird, dasselbe vorzunehmen, damit die Revisionsvermerke richtig und in voller Uebereinstimmung mit dem vorhandenen Fleische in die Fleisch-Controle eingetragen werden können. Derselbe oder dessen Stellvertreter muß sich dabei sofort davon überzeugen, ob die Zu- und Abschreibungen genau geschehen sind, im Falle des Irrthums aber auf Abänderung antragen.

Bei den Revisionen der gemeinschaftlich von den Fleischern zur Aufbewahrung des Fleisches benutzten Scharren oder Keller, wird das in diesen Räumen vorgefundene Fleisch von den Steuerbeamten als demjenigen gehörig betrachtet, mit dessen Namen der Platz, an dem sich das Fleisch befindet, verzeichnet ist. (§. 54.)

B. Gewerbliches Schlachten im äußeren Stadtbezirk.

§. 78. Diejenigen Bewohner des äußern Stadtbezirks, welche nach §. 1. des Gesetzes vom 2. April 1852 zur Ergänzung des Mahl- und Schlachtsteuer-Gesetzes vom 30. Mai 1820 von dem Viehe, welches sie schlachten oder schlachten lassen, die Schlachtsteuer entrichten müssen, stehen in Absicht ihrer Vieh- und Fleisch-Bestände ebenfalls unter der besonderen Aufsicht der Beamten und es kommen hinsichtlich ihrer die §§. 54. bis incl. 63., 68. bis incl. 77. zur Anwendung.

Entnehmen Schlächter im äußern Stadtbezirk Fleisch von Schlächtern aus der Stadt, so ist das Steuerbuch dem Steuer-Amte vorzulegen, welches die Eintragung bewirkt und den Ausgang controliren läßt.

Vierter Abschnitt.
Ein-, Aus- u. Durchgang von Mühlen-Fabrikaten, Back- u. Fleischwaaren.
A. Eingang.
1. Unversteuert.

§. 79. Wer mahl- und schlachtsteuerpflichtige Gegenstände in den Stadtbezirk bringt, muß dieselben ohne Unterschied sofort unaufgefordert auf den in dem §. 6. vorgeschriebenen Steuerstraßen der Waage-Expedition gestellen und dieselben nach Art und Menge deklariren, worauf sie nach erfolgter Revision entweder gegen Erlegung der Eingangssteuer die Abfertigung bei dem Steuer-Amte erhalten, oder, wenn deren Gewicht zusammen unter ¹⁄₁₀ Centner beträgt, frei abgelassen werden.

Gehen mahl- und schlachtsteuerpflichtige Gegenstände zu Wasser ein, so müssen solche dem Steuer-Amte, bevor eine Ausladung erfolgt, unter Vorlage der etwa darüber vorhandenen Frachtbriefe angemeldet und damit so verfahren werden, wie es das Steuer-Amt bestimmt.

Mahl- und schlachtsteuerpflichtige Gegenstände, welche die Eisenbahn-Passagiere unter ihrem Gepäck mit Zügen einbringen, welche nicht innerhalb der (§. 9.) bestimmten Dienststunden eintreffen, müssen bis zur Eröffnung dieser Dienststunden auf dem Eisenbahnhofe zurück bleiben. Der Besitzer hat den hierauf bezüglichen Anordnungen der daselbst anwesenden Steuer-Aufsichts-Beamten Folge zu leisten.

2. Versteuert mit Versendungsscheinen.

§. 80. Gehen mahl- und schlachtsteuerpflichtige Gegenstände mit Versendungsscheinen in den Stadtbezirk ein, um darin zu verbleiben, so sind dieselben unter Vorlegung des Versendungsscheines auf die im §. 79. beschriebene Weise der Waage-Expedition zu gestellen.

Werden von dieser die eingeführten Gegenstände mit dem zurückzuhaltenden Versendungsschein in Uebereinstimmung befunden, so werden sie steuerfrei abgefertigt.

Sind mahl- und schlachtsteuerpflichtige Gegenstände vom Auslande eingegangen, und ist davon an der Grenze die Eingangs-Abgabe entrichtet worden, so unterbleibt mit Bezug nach der Allerhöchsten Verordnung vom 27. Oktober 1856 (Gesetz-Sammlung für 1856 Seite 911.) eintretenden Ausnahmen, die Versteuerung, wenn die Gegenstände mit dem von dem Grenz-Zoll-Amte angelegten Verschlusse und innerhalb der von demselben festgesetzten Frist eingehen, dieselben auch, sofern der Eingang über ein preußisches Grenz-Zoll-Amt stattgefunden hat, neben der Quittung über die Eingangs-Abgabe mit einem besonderen Versendungsschein versehen sind.

3. Für Gewerbtreibende des äußern Stadtbezirks.

§. 81. Mahl- und schlachtsteuerpflichtige Gegenstände, welche unversteuert oder versteuert mit Versendungsscheinen für Gewerbtreibende des äußern Stadtbezirks (§. 2.) von außerhalb eingehen, müssen, bevor sie anders wohin gelangen, nach den Vorschriften der §§. 79. u. 80. zur Abfertigung gestellt werden.

B. Durchgang.

§. 82. a) Eingang zu Lande. Sollen Fleisch- oder Backwaaren, sowie Mühlenfabrikate durch den Stadtbezirk geführt werden, so müssen solche auf den in dem §. 6. vorgeschriebenen Steuerstraßen zum Steuer-Amte gelangen, und dort weiter abgefertigt und aus dem Stadtbezirk amtlich begleitet zu werden.

Solche Gegenstände müssen, insofern nicht außergewöhnliche Umstände, als Schadhaftigkeit der Transportmittel und dergleichen, eine bei dem Steuer-Amte nachzusuchende Ausnahme begründen, ohne Verzug durchgeführt werden.

Durchreisende, welche steuerpflichtige Gegenstände mit sich führen und im Stadtbezirke übernachten, müssen solche dem Steuer-Amte anmelden und unter Umständen durch Pfand Sicherheit für die Steuer bestellen.

b) Eingang auf der Neiße. Beim Eingange auf der Neiße bedarf es der Anmeldung nicht, wenn Kahnschiffer zur Tageszeit ohne anzulegen und ohne jeden Aufenthalt durchfahren. Anderenfalls ist, unter Beachtung der Anordnung im §. 6., unter B., die Anmeldung der steuerpflichtigen Gegenstände beim Steuer-Amte sofort zu bewirken und dessen in jedem Falle besonders zu ertheilende Bestimmung zu befolgen.

C. Ausgang nach einer andern mahl- und schlachtsteuerpflichtigen Stadt.

§. 83. Wenn abgabenpflichtige Gegenstände, von welchen die Mahl- und Schlachtsteuer in Guben bereits entrichtet ist, nach einer anderen mahl- und schlachtsteuerpflichtigen Stadt gehen sollen, so giebt der Versender, der Waage-Expedition dieselben nach Art, Menge und Zahl der Frachtstücke unter Anzeige des Bestimmungsortes, an, gestellt die Gegenstände selbst zur Revision und zum amtlichen Verschluß und läßt sich von dem Steuer-Amte einen Versendungsschein ertheilen. Das Steuer-Amt kann über die bereits wirklich geschehene Versteuerung der zu versendenden Gegenstände Nachweis verlangen, und wenn dieser nicht befriedigend geführt wird, die pfandweise Niederlegung der Steuer bis zur ausgemachten Sache fordern. Der mit amtlichem Verschluß wirklich erfolgte Ausgang wird von dem Beamten, welcher die Gegenstände aus dem Stadtbezirke begleitet, auf der Rückseite des Versendungsscheines bemerkt.

Auf Weizen- und Roggenmehl in Mengen von mehr als einem Centner werden in Gemäßheit der Allerhöchsten Bestimmungen vom 24. Oktober 1832 Versendungsscheine nicht ertheilt.

D. Verkehr zwischen dem Stadtbezirke und dem äußern Stadtbezirk.

§. 84. Mehl, Back- und Fleischwaaren, welche die im äußern Stadtbezirk wohnenden Gewerbtreibenden (§. 2.) in den Stadtbezirk einführen, unterliegen der Entrichtung der Eingangssteuer und den Vorschriften des §. 79. ebenso, als wenn sie von anderen Personen eingeführt werden, ohne Rücksicht auf deren vorhergegangene Versteuerung.

Den Bewohnern des äußeren Stadtbezirkes kann nach Bedürfniß vom Steuer-Amte nachgegeben werden, Brot- und Kuchenteig, der zum Verbacken bei den Bäckern des Stadtbezirks bestimmt ist, desgleichen Fleisch zum Räuchern, steuerfrei einzubringen. Dergleichen Gegenstände sind aber der Waage-Expedition zur Aufsicht und Verwiegung zu stellen, und die Eingangssteuer ist dafür zu deponiren. Beim Wiederausgange muß wiederholte Verwiegung eintreten, wonächst dem Einbringer, sofern sich keine Unrichtigkeiten herausstellen, das eingelegte Pfand gegen Rückgabe des beim Eingange ausgestellten Pfandscheines wieder ausgezahlt wird.

E. Transport und Markt-Verkehr im innern Stadtbezirk.

§. 85. Wer im innern Stadtbezirke Fuhrwerke oder Gepäck führt, ist verbunden, auf Erfordern der Steuerbeamten anzuhalten, die über die Ladung an ihn gerichteten Fragen aufrichtig und bescheiden zu beantworten und sich die darin befindenen Revision alsbald zu unterwerfen, oder Behufs der Revision den Beamten zum Steuer-Amte zu folgen.

Namentlich haben Alle, welche hausiren oder auf Marktplätzen oder andern Verkaufsstellen steuerpflichtige Gegenstände feil bieten, über die geschehene Entrichtung der Gefälle auf Erfordern sich auszuweisen oder weiteres Einschreiten der Steuerbehörde zu gewärtigen.

Fünfter Abschnitt.
Controlirung der Gewerbtreibenden im innern Stadtbezirke und äußeren Stadtbezirke.

A. Allgemeine Bestimmungen.

1. Anzeige des Beginns des Gewerbsbetriebes und Anmeldung der Gewerbsräume.

§. 86. Jeder im inneren oder äußeren Stadtbezirke wohnende Bäcker und Händler, mit Fleischwaaren, Backwaaren, Mehl, Graupen, Grütze, Gries, Nudeln, Stärke und Hirse, hat dem Steuer-Amte den Beginn seines Gewerbes sogleich anzuzeigen, und demselben eine zweifache schriftliche Anmeldung seiner Gewerbsräume und der Aufbewahrungs-Orte seiner Bestände zu übergeben.

Diese Anmeldung ist für die Gewerbtreibenden so lange verbindlich, als sie solche durch eine anderweite schriftliche Anmeldung nicht abändern.

Die Gewerbsräume und die darin vorhandenen Vorräthe an mahl- und schlachtsteuerpflichtigen Waaren können der Aufsicht und Revision der Steuerbeamten unterworfen werden.

2. Contobücher.

§. 87. Sämmtliche im §. 86. gedachte Personen sind im Allgemeinen verbunden, auf Erfordern der Steuerbehörde über den Zu- und Abgang an steuerpflichtigen Gegenständen ein besonderes Buch nach der vom Steuer-Amte zu ertheilenden Anweisung zu führen und alsdann die Vorschriften pünktlich zu beachten, welche jedem einzelnen in dieser Beziehung werden bekannt gemacht werden.

B. Besondere Bestimmungen für Müller, welche Mehlhandel treiben.

§. 88. Die für den Handel bestimmten Vorräthe an Mühlenfabrikaten dürfen weder in den Mühlenräumen selbst, noch in solchen Räumen aufbewahrt werden, welche mit jenen in Verbindung stehen, soweit

3

— 18 —

dies nicht nach der Lokalität unvermeidlich und unter besonders vorzuschreibender Controle ausdrücklich nachgegeben ist.

§. 89. Ueber den Zugang und Abgang von Mühlenfabrikaten, die für den Handel des Müllers bestimmt sind, ist ein nach Anweisung des Steuer-Amtes einzurichtendes Contobuch zu führen.

Jeder durch eigene Fabrikation entstehende Zugang ist, sobald das Fabrikat bereitet und aus der Mühle geschafft worden, unter Bezugnahme auf den betreffenden Mahlversteuerungsschein unverzüglich einzutragen.

Zugang fertiger Mühlenfabrikate von außen ist, sobald er erfolgt, zu buchen, und sind die empfangenen Steuerquittungen als Beläge beim Conto-Buche aufzubewahren.

Zugang durch Uebernahme versteuerter Mühlenfabrikate von anderen Mehlhändlern oder dritten Personen kann nur durch das Steuer-Amt vermittelt werden, welches die Zu- resp. Abschreibung in den Büchern vermerkt und falls die Ueberlassung von Privat-Personen stattfindet, die erfolgte Versteuerung der zu überlassenden Mengen sich nachweisen läßt.

Bevor die Zuschreibung im Contobuche Seitens des Steuer-Amtes nicht erfolgt ist, darf der Müller die Mühlenfabrikate in seine Behausung nicht aufnehmen.

§. 90. Jeder Verkauf resp. Abgang von einem halben Centner und darüber in einer Post ist unter namentlicher Angabe des Empfängers sofort im Conto-Buche abzuschreiben.

Kleinere Verkäufe werden täglich summarisch nach Gewicht abgeschrieben; diese summarische Abschreibung muß an jedem Tage spätestens um 6 Uhr Abends erfolgt sein.

Außerdem ist der Müller zu dieser Abschreibung während des Tages sofort verpflichtet, wenn es Behufs der Revision von den revidirenden Beamten verlangt wird.

Sechster Abschnitt.
Strafen.

§. 91. Wer es unternimmt, sich der schuldigen Mahl- und Schlachtsteuer durch Uebertretung der dafür gegebenen Bestimmungen zu entziehen, ist nach §. 17. des Gesetzes vom 30. Mai 1820 den Strafen der Steuer-Verkürzung §§. 60. bis einschließlich 65. der Steuer-Ordnung vom 8. Februar 1819 verfallen.

Müller, Bäcker, Schlächter und Andere, welche wissentlich oder durch Nichtbefolgung der sie betreffenden Vorschriften beabsichtigte Steuerumgehung befördern, verwirken dieselbe Strafe, und wird hierbei in Ansehung der Müller noch besonders auf den §. 2. des Ergänzungs-Gesetzes vom 2. April 1852 verwiesen.

§. 92. Andere Uebertretungen der in diesem Regulativ enthaltenen Vorschriften, werden nach §. 90. der Steuer-Ordnung vom 8. Februar 1819 mit einer Strafe von ein bis zehn Thalern geahndet.

Inhalts-Verzeichniß.

Erster Abschnitt.
Allgemeine Bestimmungen.

A. Oertliche Begrenzung der Steuerpflichtigkeit.
   1. Stadtbezirk . . . . . . §. 1.
   2. Aeußerer Stadtbezirk . . . §. 2.
B. Beamte.
   1. Zur Aufsicht . . . . . . §. 3.
   2. Zur Erhebung . . . . . . §. 4.
C. Steuerstraßen und Eingänge im Stadtbezirk.
   I. Steuerstraßen.
     a) Einhalten derselben . . §. 5.
     b) Bezeichnung der Steuerstraßen . . . . . . §. 6.
     c) Meldung bei b. Steuer-Amte . . . . . . §§. 7. 8.

D. Zeit für Eingang und Abfertigung.
   1. Bei dem Steuer-Amte und der Waage-Expedition . . §. 9.
   2. Bestimmungen für die Abfertigungsstellen . . . §. 10.

Zweiter Abschnitt.
Mahlsteuer.

A. Aufsicht auf die Mühlen.
   I. Deren Ausdehnung im Allgemeinen . . . . . . §. 11.
   II. Nach Verschiedenheit der Mühlen:
     1. Mühlen unter besonderer Aufsicht . . . . §. 12.
     2. Mühlen unter allgemeiner Aufsicht . . . §. 13.

3. Privatmühlen	§. 14.
4. Mühlen für andere Zwecke	§. 15.
5. Neu entstehende Mühlen	§. 16.

B. Behandlung der unter besonderer Aufsicht stehenden Mühlen.
  I. Allgemeine Bestimmungen.
    1. Form der Steuerentrichtung . . . . §. 17.
    2. Mahlscheine
      a) deren Erforderniß . §. 18.
      b) in Bezug auf Menge der Körner . §. 19.
      c) in Bezug auf Körnergattung . . §. 20.
    3. Transport zu und aus der Mühle . §. 21.
    4. Bezeichnung der Säcke §. 22.
    5. Gewichts-Verhältniß des fertigen Mahlgutes zu den Körnern §. 23.
    6. Transport des Mahlgutes §. 24.
  II. Abfertigung zu den unter besonderer Controle stehenden Mühlen.
    1. Steuerpflichtiges Mahlgut:
      a) Anmeldung . . . §. 25.
      b) Prüfung der Anmeldung . . . §. 26.
      c) Bezettelung . . . §. 27.
      d) Versteuerung . . §. 28.
      e) Verwiegung des fertigen Mahlgutes . . §. 29.
    2. Branntwein- und Braumalzschrot §. 30.
    3. Landgemahl §§. 31. 32.

C. Behandlung der unter allgemeiner Aufsicht stehenden Mühlen.
  1. Form der Steuer-Entrichtung . . . §. 33.
  2. Bezeichnung der Säcke §. 34.

D. Pflichten der Müller, deren Mühlen unter besonderer Aufsicht stehen . §. 35.
  1. Anzeige vorkommender Besitzveränderungen §. 36.
  2. Abtheilung der Mühlenräume §. 37.
  3. Mühlenbeschreibung §§. 38. 39.
  4. Vergleichung des Mahlgutes mit den Mahlscheinen §§. 40. 41.
  5. Verfahren mit den Mahlscheinen §. 42.

  6. Dauer der Gültigkeit der Mahlscheine auf den Mühlen §. 43.
  7. Eigenes Mahlgut d. Müller §. 44.
  8. Getreide-Bestände der Müller §. 45.
  9. Mahlmetze §. 46.
  10. Stein- und Staubmehl §. 47.
  11. Mehlvorräthe §. 48.
  12. Handel mit Mehl und Mühlenfabrikaten §. 49.
  13. Mühlenrevision §§. 50. 51.

E. Pflichten der Müller, deren Mühlen unter allgemeiner Aufsicht stehen §§. 52. 53.

Dritter Abschnitt.
Schlachtsteuer.

I. Gewerbliches Schlachten. A. Im Stadtbezirk.
  1. Anzeige des Gewerbebetriebs und der Gewerbs-Räume §. 54.
  2. Angabe ob nach Stücksätzen oder Gewicht versteuert werden soll §. 55.
  3. Steuerbücher §. 56.
  4. Erlaubniß zum Schlachten §. 57.
  5. Schlachtzeit §. 58.
  6. Anmeldung und Versteuerung.
    a) Schlachtanzeige . . . §. 59.
    b) Abfertigungen
      aa. nach Stücksätzen . §. 60.
      bb. nach Gewicht . . §. 61.
    c) gemeinschaftl. Schlachten . §. 62.
    d) Kauf oder Tausch des Fleisches §. 63.

II. Schlachten zum eigenen Bedarf (Hausschlachten).
  1. Schlachtzeit und Anzeige . §. 64.
  2. Abfertigung §. 65.
  3. Obliegenheiten der Schlachtenden §. 66.
  4. Aufbewahrung d. Schlachtscheines §. 67.

III. Vieh-Controle.
  1. Nachweis d. Versteuerungsbücher der Schlächter §. 68.
  2. Eingang des Viehes . . §. 69.
  3. Zu- und Abgangs-Anzeige §. 70.
  4. Abgang durch Verkauf §. 71.
  5. Abgang durch Sterbefall §. 72.
  6. Austrieb zur Hütung oder Mast auf längere Zeit §. 73.
  7. Täglicher Austrieb zur Hütung §. 74.

       8. Veränderung des Viehbe-
         standes durch Alter . . . . §. 75.
IV. Revision.
    1. Der Gewerbsräume und
       Viehbestände . . . . §. 76.
    2. Der Fleischbestände . . . . §. 77.
B. Gewerbliches Schlachten im
    äußeren Stadtbezirk . . . . §. 78.

Vierter Abschnitt.
Ein-, Aus- und Durchgang von Mühlenfabrikaten, Back- und Fleischwaaren.

A. Eingang.
    1. Unversteuert . . . . §. 79.
    2. Versteuert mit Versende-
       scheinen . . . . §. 80.
    3. Für Gewerbtreibende des
       äußern Stadtbezirks . . . §. 81.
B. Durchgang . . . . §. 82.
C. Ausgang nach einer andern mahl-
    u. schlachtsteuerpflichtigen Stadt §. 83.

D. Verkehr zwischen dem Stadtbe-
    zirk und dem äußeren Stadt-
    bezirk . . . . §. 84.
E. Transport und Marktverkehr im
    äußeren und innern Stadtbezirk §. 85.

Fünfter Abschnitt.
Controlirung der Gewerbtreibenden im äußeren Stadt-Bezirk und des Marktverkehrs.

A. Allgemeine Bestimmungen:
    1. Anzeige des Gewerbebetrie-
       bes . . . . §. 86.
    2. Contobücher . . . . §. 87.
B. Besondere Bestimmungen für
    Müller, welche Mehl-Handel
    treiben . . . . §§. 88. 89. 90.

Sechster Abschnitt.
Strafen . . . . §§. 91. 92.

Amts-Blatt
der Königl. Preuß. Regierung zu Frankfurt a/O.

№ 24. Frankfurt a. d. O., den 15. Juni. 1864.

Gesetz-Sammlung für die Königlichen Preußischen Staaten pro 1864.

No. 17. enthält: (No. 5973.) Allerhöchster Erlaß vom 2. Mai 1864, betreffend die Verleihung der fiskalischen Vorrechte für den Bau und die Unterhaltung einer Chaussee im Kreise Ostprignitz des Regierungsbezirks Potsdam, von Wittstock über Freienstein nach Meyenburg, an die Stadt Wittstock.

(No. 5874.) Allerhöchster Erlaß vom 2. Mai 1864, betreffend die Verleihung der fiskalischen Vorrechte für den Bau und die Unterhaltung einer Chaussee von Zülz nach Krappitz im Neustädter und Oppelner Kreise, Regierungsbezirk Oppeln, an die Bauunternehmer, den Kreis Neustadt und den Kammerherrn Grafen v. Sebert-Thoß auf Dobrau, und zwar an jeden für die von ihm zu erbauende Strecke.

(No. 5875.) Bekanntmachung der Ministerial-Erklärung, betreffend die Etappen-Konvention mit dem Großherzogthum Oldenburg. Vom 15. Mai 1864.

(No. 5876.) Bekanntmachung der Ministerial-Erklärung vom 5. März 1864, betreffend die Erweiterung des zwischen Preußen, Hannover und Braunschweig am 9. Juli 1859 über die Regulirung der Aller und Ohre (Gesetz-Sammlg für 1860 S. 33.) abgeschlossenen Vertrages. Vom 17. Mai 1864.

Von dem Lieutenant und Ingenieur-Geographen Wolff zu Berlin ist unter Mitwirkung der hiesigen Königlichen Regierung eine Niveau- (Höhen-) Karte nebst Beschreibung (Hypsographie) vom diesseitigen Regierungs-Bezirk herausgegeben worden, wovon ich das Publikum, insbesondere die Bezirks-Insassen mit dem Bemerken in Kenntniß setze, daß dieses seiner Gemeinnützigkeit wegen empfehlenswerthe Werk in der hiesigen Buchhandlung von G. Härnecker und Comp. am Markt im Leinwandhause zu dem festgesetzten Ladenpreise von 1 Thlr. pro Exemplar zu haben ist.

Frankfurt a. d. O., den 2. Juni 1864. Der Regierungs-Präsident. Frhr. v. Münchhausen.

Verordnungen und Bekanntmachungen der Königlichen Regierung zu Frankfurt a. d. O.

I. Des Königs Majestät haben mittelst Allerhöchster Ordre vom 26. März d. J. dem Verwaltungs-Ausschusse des Cölner Central-Dombau-Vereins die Genehmigung zur Veranstaltung einer mit Geldtreffern verbundenen Lotterie behufs Beschaffung reichlicherer Mittel für den Ausbau der Thürme des Doms in Cöln nach einem Plane, zufolge dessen 500,000 Loose à 1 Thaler ausgegeben werden sollen, zu ertheilen geruht, welches hierdurch zur öffentlichen Kenntniß gebracht wird.

Frankfurt a. d. O., den 8. Juni 1864.

II. Auf den Antrag des Verwaltungsrathes der Allgemeinen Versicherungs-Gesellschaft für See-, Fluß- und Landtransport in Dresden ist, wie hierdurch zur öffentlichen Kenntniß gebracht wird, höheren Orts genehmigt worden, daß der Artikel 4. der Concessions-Urkunde vom 12. September 1861, abgedruckt in der außerordentlichen Beilage zu No. 49. des diesseitigen Amtsblattes für 1861, die nachstehende ver-

Recht zu nehmen, und diese Verpflichtung in jeder für einen Inländer auszustellenden Versicherungs-Police ausdrücklich auszusprechen. Sollten die Streitigkeiten ɛc."
Frankfurt a. d. O., den 4. Juni 1864.

Personal-Chronik.

Der Kreis-Steuer-Einnehmer, Rechnungs-Rath Kaerger in Züllichau ist vom 1. d. M. ab pensionirt und f. [seine] Stelle von demselben Zeitpunkte ab dem bisherigen Ober-Steuer-Controleur, Steuer-Einnehmer Müller aus Schwiebus übertragen worden.

Seine Majestät der König haben dem Rechnungs-Rath Kaerger bei seinem Ausscheiden aus dem Staatsdienste den rothen Adlerorden dritter Klasse mit der Schleife zu verleihen geruht.

Der Bürgermeister Otto zu Dreblau ist zum Polizeianwalt für die zum Bezirk der Königlichen Gerichts-Commission zu Dreblau gehörigen Ortschaften, mit Ausschluß von Greisenhain und Rissen vom 1. Juli cr. ab, ernannt worden.

Der Regierungs-Assessor Fromm ist zur hiesigen Regierung versetzt worden.
Frankfurt a. d. O., den 8. Juni 1864. Der Regierungs-Präsident. Frhr. v. Münchhausen.

Der bisherige Pfarrverweser der Parochie Apfe, in der Diöcese Friedeberg, Wilhelm Ernst Abel, ist zum Pfarrer dieser Parochie bestellt worden.

Der forstversorgungsberechtigte Jäger Grunow ist als Förster zu Steinsdorf, in der Oberförsterei Neuzelle angestellt.

Vom 1. Juli d. J. ab wird der Oberförster Oehme zu Dammendorf nach Falkenhagen, im Regierungsbezirke Potsdam, und der Oberförster Brehmer zu Zirke, im Regierungsbezirke Posen, auf die Oberförsterstelle zu Dammendorf versetzt.

Vom 1. Juli d. J. ab sind zu Rechtsanwälten und zu Notaren im Departement des Königlichen Appellationsgerichts hierselbst ernannt: 1) der bisherige Kreisrichter Riebe in Hoyerswerda bei dem Königlichen Kreisgericht zu Frankfurt a. d. O. mit Anweisung seines Wohnsitzes daselbst, 2) der bisherige Kreisrichter Reincke in Regenwalde bei dem Königlichen Kreisgerichte zu Spremberg mit Anweisung seines Wohnsitzes daselbst, 3) der bisherige Kreisrichter Kupfer in Bütow bei dem Königlichen Kreisgerichte zu Luckau mit Anweisung seines Wohnsitzes in Finsterwalde.

Der Staatsanwalts-Gehülfe Braun zu Schweidnitz ist zum Staatsanwalt bei den Königlichen Kreis-Gerichten zu Crossen und Züllichau mit Anweisung seines Amtssitzes in Crossen vom 1. Juli cr. ab ernannt worden.

Vermischte Nachrichten.

(1) Königliche Niederschlesisch-Märkische Eisenbahn. Die Versendung von Chemikalien in kleineren Quantitäten (§. 3 des Betriebs-Reglements für die Preußischen Staats- und unter Staats-Verwaltung stehenden Eisenbahnen vom 17. Februar 1862) findet auf der Niederschlesisch-Märkischen Eisenbahn vom 10 d. Mts. ab an den nachbenannten Tagen statt:

I. in der Richtung von Berlin nach Breslau beziehungsweise Görlitz:
    von Station Berlin bis Sorau Mittwoch, Freitag, Sonntag,
    von Station Sorau (Görlitz) bis Breslau Donnerstag, Sonnabend, Montag,
II. in der Richtung von Breslau nach Berlin resp. Görlitz:
    von Station Breslau nach Sorau (Görlitz) Dienstag, Donnerstag,
    von Station Görlitz nach Sorau Dienstag, Donnerstag,
    von Station Sorau nach Berlin Mittwoch, Freitag.

Berlin, den 9. Juni 1864. Königl. Direktion der Niederschlesisch-Märkischen Eisenbahn.

(2) Königliche Niederschlesisch-Märkische Eisenbahn. Gemäß Vereinbarung mit den betreffenden Verwaltungen des Norddeutschen Eisenbahn-Verbandes tritt vom 1. Juni cr. ab ein gemeinschaftlicher Special-Tarif für Westphälische Steinkohlen und Coaks in Wagenladungen von mindestens 100 Ctr., welche von den Stationen der Cöln-Mindener Bahn: Oberhausen, Berge-Borbeck, Essen, Gelsenkirchen, Herne, Dortmund und Hamm, nach den diesseitigen Stationen: Cöpenick, Erkner, Fürstenwalde, Briesen und Frankfurt a. d. O. in Kraft. Nach diesem Tarif betragen die Transportkosten neben einer Expeditionsgebühr von 2 Thlr. für jede 100 Ctr.: a) für Steinkohle 1 Pf., b) für Coaks 1¼ Pf. pro Centner und Meile der ganzen Beförderungsstrecke.

Für den Transport der Kohlen und Coals auf der hiesigen Verbindungsbahn wird außerdem eine Ueberfuhr-Gebühr von 22½ Sgr. pro Wagenladung bis 200 Ctr. erhoben.

Der Tarif selbst kann bei den Güter-Expeditionen der obengenannten Stationen der diesseitigen Eisenbahn eingesehen werden.

Berlin, den 30. Mai 1864. Königliche Direktion der Niederschlesisch-Märkischen Eisenbahn.

(3) Königliche Niederschlesisch-Märkische Eisenbahn. Vom 15. d. M. ab findet eine directe Expedition und Beförderung von Gütern ausschließlich des Reisegepäcks, der Equipagen, Fuhrwerke und Thiere zwischen den Stationen Sommerfeld, Sorau und Bunzlau einerseits und den Stationen Dresden und Leipzig andererseits statt. Der für diesen Verkehr gültige Tarif, sowie das Reglement können bei unsern Güter-Expeditionen zu Sommerfeld, Sorau und Bunzlau eingesehen werden.

Berlin, den 4. Juni 1864. Königliche Direktion der Niederschlesisch-Märkischen Eisenbahn.

(4) Königliche Niederschlesisch-Märkische Eisenbahn. Blei in Blöcken und Mulden wird auf der diesseitigen Eisenbahn fortan zu dem Frachtsatz der ermäßigten Klasse B. unseres Tarifs befördert werden.

Berlin, den 7. Juni 1864. Königliche Direktion der Niederschlesisch-Märkischen Eisenbahn.

(5) Bekanntmachung. Unter Bezugnahme auf unsere Bekanntmachung vom 7. September 1863 ersuchen wir das betheiligte Publikum, Beschwerden, Reklamationen und Aufträge, welche sich auf die Beförderung der Güter auf der Ostbahn beziehen, zunächst an den zur Beaufsichtigung dieses Transportzweiges von uns berufenen Obergüterverwalter Perrin hierselbst zu richten, und erst wenn bei diesem ohne Erfolg Abhülfe nachgesucht ist, sich an die unterzeichnete Behörde zu wenden.

Die Nichtbeachtung dieses Instanzenzuges würde für die Betheiligten unerwünschte Verzögerungen zur Folge haben. Bromberg, den 6. October 1863. Königliche Direktion der Ostbahn.

(6) Extrazüge von Berlin und Königsberg i. Pr. nach Danzig.

Mittwoch den 22. d. Mts. werden Extrazüge von Berlin und Königsberg nach Danzig mit Personenbeförderung in I., II. und III. Wagenklasse abgelassen werden.

Abfahrt von Berlin . . . . . 6 Uhr 8 Minuten Morgens,
    " " Frankfurt a. O. . 8 " 9 "
    " " Kreuz . . . . . . 12 " 27 " Mittags,
    " " Bromberg . . . 4 " 25 " Nachmittags.
Abfahrt von Königsberg . . . 2 " 5 Minuten Nachmittags.
    " " Dirschau . . 8 " 35 " Abends.
Ankunft in Danzig . . . . . 9 " 23 Minuten Abends.

Der Extrazug von Berlin hält auf den Stationen Cöpenick, Erkner, Fürstenwalde und Frankfurt a. O. der Niederschlesisch-Märkischen Eisenbahn, beide Züge aber auf allen denjenigen Stationen der betreffenden Strecke der Ostbahn, auf welchen die Eilzüge halten, und nimmt auf denselben Passagiere, jedoch nur nach Danzig, auf. Die für die Extrazüge zur Verausgabung kommenden Billets sind zugleich für die Rücktour gültig, und ist der Preis derselben auf die Hälfte der gewöhnlichen Personenzugs-Tariffsätze ermäßigt, indem für die Billets nur der Satz der einfachen Tour nach Danzig zur Erhebung kommt. Die Rückfahrt von Danzig kann vom 23. d. Mts. ab bis einschließlich den 30. d. Mts. — mit Ausnahme der Courierzüge — mit jedem fahrplanmäßigen Zuge, welcher Personen der betreffenden Wagenklasse befördert, angetreten werden. Die Billets müssen zur Rückfahrt in Danzig der Billet-Expedition zur Abstempelung vorgelegt werden und sind nur für den auf diese Weise abgestempelten Zug gültig. Freigewicht für Gepäck wird nicht gewährt. Bromberg und Berlin, den 3. Juni 1864.

Königliche Direktion der Ostbahn. Königliche Direktion der Niederschlesisch-Märkischen Eisenbahn.

(7) Bekanntmachung. Vom 1. Juli cr. ab soll für den Bezirk der hiesigen Ober-Post-Direktion eine Ermäßigung des Landbriefbestellgeldes in der Art eintreten, daß anstatt der bisherigen Sätze von 1 Sgr. und 2 Sgr. künftig nur ½ Sgr. und 1 Sgr., mithin die Hälfte jener Sätze für die betreffenden Bestellungs-Gegenstände erhoben wird. Diese Ermäßigung beschränkt sich jedoch auf die bei den Post-Anstalten mit den Postbeförderungs-Gelegenheiten von weiterher eingegangenen Gegenstände, während das Bestellgeld für diejenigen Gegenstände, welche durch die Landbriefträger der Post-Anstalt, bei welcher sie aufgeliefert sind, auch bestellt werden, wie bisher zur Erhebung gelangt.

Frankfurt a. d. O., den 5. Juni 1864. Der Ober-Post-Direktor. (gez.) Hoppe.

(8) Bekanntmachung. Vom 15. d. M. wird die tägliche Personenpost von Königsberg i. d. N. nach Soldin — statt wie bisher um 2½ Uhr — erst um 3 Uhr Nachmittags, die nach Mohrin — statt

3 Uhr — erst um 3¼ Uhr Nachmittags und die von Schönfließ nach Bahn — statt wie bisher um 4 Uhr 10 Minuten — erst um 4 Uhr 40 Minuten Nachmittags abgefertigt werden.

Frankfurt a. d. O., den 8. Juni 1864.   Der Ober-Post-Direktor. (gez.) Hoppe.

(9) Von den auf Grund des Allerhöchsten Privilegii vom 9. Oktober 1858 ausgegebenen Kreis-Obligationen 1. Serie von 89,500 Thaler sind planmäßig die nachgenannten Obligationen zur Tilgung im Jahre 1864 ausgeloost worden: 1) 18 Stück Litt. E. zu 50 Thlr. No. 8. 13. 19. 22. 26. 42. 44. 47. 56. 58. 70. 80. 81. 82. 86. 95. 104. und 128., 2) 36 Stück Litt. F. zu 25 Thlr. No. 3. 7. 10. 11. 13. 17. 18. 19. 20. 21. 22. 27. 29. 31. 36. 38. 40. 42. 43. 46. 47. 48. 53. 54. 59. 60. 61. 63. 65. 69. 71. 72. 73. 74. 76. und 79. Die Inhaber dieser Kreis-Obligationen werden aufgefordert, vom 1. Juli 1864 ab den Nennwerth derselben nebst den bis dahin fälligen Zinsen gegen Rückgabe derselben der Zins-Coupons No. 10. nebst Talons bei der Kreis-Communal-Kasse in Crossen zu erheben. Von dem Verfalltage ab tragen diese Obligationen keine Zinsen mehr. Schließlich wird noch bemerkt, daß von den im Jahre 1860 gekündigten Obligationen immer noch nicht die Beträge von Litt. C. No. 27. von 200 Thlr, Litt. D. No. 44. 48. 77. und 114. à 100 Thlr., Litt. E. No. 38 und 72. à 50 Thlr. und Litt. F. No. 15. von 25 Thlr. abgehoben worden sind, es werden daher die Inhaber derselben zur Vermeidung noch größerer Zins-Verluste wiederholt aufgefordert, die qu. Obligationen nebst den Zins-Coupons No. 5—10 und Talons ungesäumt an die Kreis-Communal-Kasse in Crossen einzureichen. Da mit dem 1. Juli cr. der letzte Zins-Coupon 1. Serie der Kreis-Obligationen vom 1. Juli 1859 abgegeben wird, so werden die Inhaber gedachter Obligationen hierdurch aufgefordert, behufs der Aushändigung der 2. Serie qu. Coupons die Talons unter Beifügung eines doppelten Verzeichnisses, welches 1) Namen, 2) Stand, 3) Wohnort, 4) No., 5) Litt., 6) Betrag der Obligation, sowie die Unterschrift der Inhaber enthält, portofrei vom 1. Juli b. J. ab an die Kreis-Communal-Kasse in Crossen einzureichen. Es werden Ihnen demnächst die neuen Coupons unter Beifügung eines Exemplars des Verzeichnisses übersandt werden, und ist letzteres sodann quittirt der Kreis-Communal-Kasse portofrei wieder zurückzuschicken.

Crossen, den 20. Dezember 1863.

     Der Vorsitzende der Commission für den Chausseebau. v. Rheinbaben.

Amts-Blatt
der Königl. Preuß. Regierung zu Frankfurt a/O.

№ 25.   Frankfurt a. d. O., den 22. Juni.   1864.

Verordnungen und Bekanntmachungen der Königlichen Regierung zu Frankfurt a. d. O.

I. Das Königliche Ober-Präsidium der Provinz Brandenburg hat auf Grund des §. 1. des Gesetzes vom 14. April 1856 die Einverleibung einer, an den Eigenthümer und Schmidt Radtke zu Sammenthin veräußerten, zur fiskalischen Dorfstraße in Sammenthin gehörigen Parzelle, zum Flächeninhalt von 8½ □Rth., in den Communal-Verband der Gemeinde Sammenthin mittelst Rescripts vom 8. März cr. genehmigt.
Frankfurt a. d. O., den 11. Juni 1864.

II. Das Königliche Ober-Präsidium der Provinz Brandenburg hat auf Grund des Gesetzes vom 14. April 1856 die Einverleibung eines, von dem Rittergute Cabel abgezweigten und durch den Schulter Halle daselbst käuflich erworbenen Gartengrundstücks von 171 □Ruthen Flächeninhalt in den Communal-verband der Dorfgemeinde Cabel mittelst Rescripts vom 2. d. Mts. genehmigt.
Frankfurt a. d. O., den 11. Juni 1864.

III. Mittelst Rescripts vom 7. d. Mts. hat der Herr Ober-Präsident der Provinz Brandenburg auf Grund des §. 1. des Gesetzes vom 14. April 1856 genehmigt, daß die vom Rittergutsbesitzer Ferdinand Richter zu Tornitz, Kreis Calau, durch die Verträge vom 5. April 1854 und 3. Dezember 1863 erworbenen, dem Büdner Christian Schütz und den Matthes Schütz'schen Eheleuten gehörig gewesenen, resp. 56 und 28 □Ruthen großen Hof- und Baustellen, vom Gemeindebezirk Tornitz abgezweigt und dem selbstständigen Gutsbezirk Tornitz einverleibt werden.
Frankfurt a. d. O., den 14. Juni 1864.

IV. Der Herr Ober-Präsident der Provinz Brandenburg hat durch Rescript vom 8. d. Mts. auf Grund des §. 1. des Gesetzes vom 14. April 1856 genehmigt, daß das vom Rittergutsbesitzer Leo Rabeborn zu Scabo, Kreis Calau, an den Schulter Johann Pischan daselbst veräußerte, an der Dorfstraße gelegene Tagelöhnerhaus No. 1. nebst Stall, Scheune und Backofen, sowie dabei befindlichen Garten, vom selbstständigen Gutsbezirk Scabo abgetrennt und dem Verbande der Dorfgemeinde Scabo einverleibt werde.
Frankfurt a. d. O., den 13. Juni 1864.

V. Polizei-Verordnung.

Zum Schutz der Deiche, der dazu gehörigen Uferbedeckungen und der Hauptgräben in den Niederungen an der Oder und deren Nebenflüssen, mit Ausschluß der Niederungen des Ober- und Nieder-Oberbruchs, des Warthe- und des Netze-Bruchs wird auf Grund der §§. 11. und 12. des Gesetzes über die Polizei-Verwaltung vom 11. März 1850 (Gesetz-Sammlung pro 1850 Seite 265) für den diesseitigen Verwaltungs-Bezirk nachstehende polizeiliche Verordnung erlassen.

§. 1. Mit Geldbuße von 10 Sgr. bis zu 10 Thalern oder verhältnißmäßiger Gefängnißstrafe (cfr. §. 335. des Strafgesetzbuchs) wird bestraft:
1) wer unbefugt die Deiche und die dazugehörigen Banquets, namentlich aber die Böschungen der Deiche und die Uferbedeckungen betritt;
2) wer auf den Deichen, deren Banquets und den Uferbedeckungen Vieh hütet, fährt, treibt oder herumtreiben läßt, wer auf denselben unbefugt reitet oder mit Wagen oder Schubkarren fährt;
3) wer unbefugt den Deichkörper und die Uferbedeckungen als Ablagerungsplatz oder auf ähnliche Art benutzt;
4) wer die Deiche und Hauptgräben und ihre Zubehörungen, namentlich also den Deichkörper selbst, das Deichbanquet, die Schleusen und Durchlässe, die Pflanzungen am Fuße des Deiches, an den Böschungen und Auf- und Abfahrten, die Deichpegel und Wasserstandsmarken, die Stationspfähle, Barrieren und Wachthäuser, die aufgestellten Bau- und Vertheidigungsmaterialien, als Faschinen, Steinhaufen und dergleichen, die Bau-Utensilien, die Graben-Böschungen, die Grabenschleusen und Brücken in irgend einer Weise beschädigt;

5) wer die Hauptgräben behufs der Durchfahrt mit Faschinen zuwirft oder sonst in irgend einer Weise die Vorfluth hemmt;
6) wer unbefugt die Deiche und Grabenschleusen und die Deichbarrièren öffnet oder schließt;
7) wer sich eines Verstoßes gegen die, in den Statuten des betreffenden Deichverbandes und im §. 19. und 20. der darin in Bezug genommenen allgemeinen Bestimmungen für künftig zu erlassende Deichstatute vom 14. November 1853 enthaltenen Vorschriften über die im Binnenlande und im Vordeiche geltenden Nutzungs-Beschränkungen schuldig macht, nach welchen

a) die Grundstücke am innern Rande des Deichs oder des Deichbanquets auf eine bestimmte Breite vom Fuße desselben ab weder geackert, noch bepflanzt, sondern nur als Gräserei benutzt, auch im Vorland eine Ruthe breit vorlängs des Deichfußes nicht geackert oder sonst von der Rasendecke entblößt werden darf;
b) Stein-, Sand-, Torf- und Lehmgruben, Teiche, Brunnen, Gräben oder sonstige künstliche Vertiefungen des Erdreichs innerhalb 20 Ruthen vom inneren Fuße des Deiches ab nicht angelegt, auch Fundamente zu neuen Gebäuden innerhalb 5 Ruthen von da ab nicht eingegraben;
c) die Borde der Hauptgräben, 2 Fuß breit unbeackert und mit dem Weidevieh verschont bleiben;
d) innerhalb 3 Fuß von jedem solcher Grabenborde Bäume und Hecken nicht gepflanzt werden dürfen;
e) der Auswurf aus den Hauptgräben von den Eigenthümern der anliegenden Grundstücke binnen einer bestimmten Frist bis auf eine Ruthe Entfernung vom Graben fortgeschafft werden muß;
f) Binnenverwaltungen und Quellteiche in der Niederung ohne Genehmigung des Deichhauptmanns nicht angelegt oder verändert werden dürfen.

§. 2. Sofern die oben gerügten Zuwiderhandlungen und Unterlassungen durch die begleitenden Umstände den Thatbestand eines Vergehens oder Verbrechens darstellen, tritt die in den Strafgesetzen bestimmte strengere Ahndung ein.

Außerdem geht in allen Fällen die Verpflichtung zum Ersatz des verursachten Schadens resp. zur Wiederherstellung des früheren Zustandes neben der Strafe her.

Bei Pfändungen sind die Vorschriften der §§. 413 bis 465 Tit. 14. Thl. I. A. L. R. zu beobachten.

Frankfurt a. d. O., den 11. Juni 1864.

VI. In der Stadt Frankfurt a. d. O. ist für diese Stadt und den Lebuser Kreis eine Kreis-Prüfungs-Commission, Behufs Abnahme der Schiefer- und Ziegel-Dachdecker-Gesellen-Prüfungen unter dem Vorsitze des Stadtraths Graefer zu Frankfurt a. d. O. errichtet worden.

Frankfurt a. d. O., den 16. Juni 1864.

Personal-Chronik.

Seine Majestät der König haben Allergnädigst geruht, dem Ober-Regierungs-Rath Dr. Meyß hierselbst, die von demselben zum 1. Juli cr. beantragte Entlassung aus dem activen Staatsdienste zu bewilligen und haben ihm bei dieser Gelegenheit nicht nur den Kronen-Orden zweiter Klasse zu verleihen, sondern auch zu gestatten geruht, daß der Herr Meyß fernerhin bei dem hiesigen Regierungs-Collegio als Ehrenmitglied anerkannt bleibe.

Der Revierförster, Oberförster-Candidat Vogelgesang zu Forsthaus Spiegel ist vom 1. Juli cr. ab zum Stellvertreter des Forst-Polizei-Anwalts für die Oberförsterei Massin, sowie der Oberförster von Werder zu Massin zum ersten und der Revierförster Vogelgesang zum zweiten Stellvertreter des Polizei-Anwalts zu Landsberg a. d. W. für die auf den Forstgerichtstagen in Pyrehne zur Verhandlung kommenden Forstrügensachen aus dem zum Bezirk der Forstgerichtstags-Commission gehörenden Privatforsten ernannt worden.

Der Criminal-Polizei-Inspektor Schulz hierselbst ist zum Polizei-Anwalt für den hiesigen Stadtbezirk und der interimistische Polizei-Commissarius, Premier-Lieutenant Salbach hierselbst, zum Stellvertreter des Polizei-Anwalts für den hiesigen Stadtbezirk ernannt worden.

Frankfurt a. d. O., den 16. Juni 1864.   Der Regierungs-Präsident. Frhr. v. Münchhausen.

Vermischte Nachrichten.

(1) Patent-Ertheilungen. 1. Dem Kaufmann J. H. F. Prillwitz in Berlin ist unter dem 20. Mai 1864 ein Patent

auf einen Mechanismus zum Reguliren von Uhrwerken, soweit derselbe nach vorgelegter Zeichnung und Beschreibung als neu und eigenthümlich erkannt ist,

auf fünf Jahre, von jenem Tage an gerechnet, und für den Umfang des preußischen Staats ertheilt worden.

2. Dem Kaufmann J. H. F. Prüßwitz in Berlin ist unter dem 20. Mai 1864 ein Patent
auf Vorrichtungen an Flechtmaschinen zur Erzielung reiner Kanten in der durch Zeichnung und
Beschreibung nachgewiesenen Ausführung, und ohne Jemand in der Benutzung bekannter Theile
zu beschränken,

auf fünf Jahre, von jenem Tage an gerechnet, und für den Umfang des preußischen Staats ertheilt worden.

3. Dem Königlichen Commerzien-Rath Borsig ist unterm 21. Mai 1864 ein Patent
auf eine Blasrohr-Einrichtung für Eisenbahn- und Straßen-Lokomotiven, in der durch Zeichnung
und Beschreibung nachgewiesenen ganzen Zusammensetzung und ohne Jemand in Anwendung
bekannter Theile derselben zu beschränken,

auf fünf Jahre, von jenem Tage an gerechnet, und für den Umfang des preußischen Staats ertheilt worden.

4. Dem Maschinen-Fabrikanten Friedrich Wilhelm Thiele zu Frankfurt a. M. ist unter dem 28. Mai
1864 ein Patent
auf ein locomobiles Sägegatter, in der durch Zeichnung und Beschreibung nachgewiesenen
Zusammensetzung,

auf fünf Jahre, von jenem Tage an gerechnet, und für den Umfang des preußischen Staats ertheilt worden.

Frankfurt a. d. O., den 13. Juni 1864.   Königl. Regierung; Abtheilung des Innern.

(2) Das auf der Schwachenwalder Feldmark im Arnswalder Kreise belegene, dem Gutsbesitzer
Stubbendorf gehörige Etablissement wird mit unserer Genehmigung fortan den Namen „Hermannsthal"
führen.   Frankfurt a. d. O., den 13. Juni 1864.   Königl. Regierung; Abtheilung des Innern.

(3) Dem Lehrer Boche in Gelbin ist die Erlaubniß zur Unterweisung von Seminar-Präparanden
ertheilt worden.

Frankfurt a. d. O., den 14. Juni 1864.   Königl. Regierung; Abtheilung für Kirchen- und Schulwesen.

(4) Die Ortsgerichte und die Gemeinde-Mitglieder von Costebrau haben mit Eifer und Umsicht beim
Löschen des am 17. Mai d. Js. in dem zur Königlichen Oberförsterei Grünhaus gehörigen Unterforst Costebrau, Jagen 30 ausgebrochenen Waldbrandes Hülfe geleistet.

Wir nehmen gern Veranlassung, dies hierdurch öffentlich belobigend anzuerkennen.

Frankfurt a. d. O., den 16. Juni 1864.

Königliche Regierung; Abtheilung für direkte Steuern, Domainen und Forsten.

(5) Bekanntmachung. Zu den Vorschriften in No. 29. Seite 10 des Ostbahn-Tarifs vom 1. März
1862 werden fortan die nachfolgenden zusätzlichen Bestimmungen zur Anwendung kommen:

„Es ist dem Versender gestattet, in offenen Wagen verladene Güter der ermäßigten Classen und der
Spezial-Tarife mit eigenen Decken (Wagenplahnen) bestmöglichst zu schützen.

Wegen solcher von den Versendern gelieferten eigenen Decken gelten die folgenden Vorschriften:
1) Nur solche Decken sollen zugelassen werden, die mit einer dauerhaften und deutlichen Bezeichnung des
   Namens des Eigenthümers und seines Wohnorts (Eisenbahn-Station) versehen sind.
2) Die Decken der Versender werden sowohl bei Versendung der betreffenden Güter, als auch bei ihrer
   Rücksendung frachtfrei befördert, und zwar nach Maaßgabe der für die frachtfreie Zurückbeförderung
   der leeren Säcke und Emballagen, welche innerhalb der letzten 3 Monate gefüllt die Bahn passirt
   haben, gültigen Tarif-Vorschriften.
3) Diese Decken sollen auf den Bestimmungs-Stationen dem Empfänger der Sendung mit überliefert
   werden, und ist daher in den betreffenden Frachtbriefen von den Ausstellern resp. von der Abgangs-
   Station in den Frachtkarten zu vermerken:

Die Nichtbeachtung dieses Instanzenzuges würde für die Betheiligten unerwünschte Verzögerungen zur Folge haben. Bromberg, den 6. Oktober 1863. Königliche Direktion der Ostbahn.

(7) **Königliche Niederschlesisch-Märkische Eisenbahn.** Zu No. 29. des Güter-Tarifs der Niederschlesisch-Märkischen Eisenbahn vom 1. März 1860 treten fortan folgende Zusatz-Vorschriften:

„Es ist den Versendern gestattet, in offenen Wagen verladene Güter der ermäßigten Klassen und der Spezial-Tarife mit eigenen Decken (Wagenplanen) bestmöglichst zu schützen.

Wegen solcher von den Versendern gelieferten eigenen Decken gelten die folgenden Bestimmungen:

1) Nur solche Decken der Eigenthümer sollen zugelassen werden, die mit einer dauerhaften und deutlichen Bezeichnung des Namens des Eigenthümers und seines Wohnortes (Eisenbahn-Station) versehen sind.
2) Die eigenen Decken der Versender, welche zum Schutze der Ladung dienen, werden bei Versendung der betreffenden Güter an den Empfänger, sowie bei ihrer Rücksendung durch den Empfänger an den Eigenthümer frachtfrei befördert, und zwar nach Maßgabe der für die frachtfreie Zurückbeförderung der leeren Säcke und Emballagen, welche innerhalb der letzten drei Monate gefüllt die Bahn passirt haben, gültigen Tarif-Vorschriften.
3) Diese eigenen Decken sollen auf den Bestimmungs-Stationen dem Empfänger der Sendung mit überliefert werden und ist daher in den betreffenden Frachtbriefen und Frachtkarten von den Ausstellern resp. von der Abgangs-Expedition zu vermerken:
"nebst Stück eigenen Decken zum Schutze der Ladung."
4) Behufs Rücksendung der Decken hat der Empfänger einen auf die Adresse des Eigenthümers lautenden Frachtbrief beizugeben.
5) Eine Gewähr für unbeschädigte oder reparaturfreie Rücklieferung dieser Decken übernimmt die Eisenbahn-Verwaltung nicht. Will sich der Versender eine Entschädigung für Verlust oder Beschädigung sichern oder die Einhaltung der reglementsmäßigen Lieferfrist beanspruchen, so hat er die Decken als Frachtgut aufzugeben."

Berlin, den 12. Juni 1864. Königliche Direktion der Niederschlesisch-Märkischen Eisenbahn.

(8) **Königliche Niederschlesisch-Märkische Eisenbahn.** Vom 15. d. M. ab findet eine direkte Expedition und Beförderung von Gütern ausschließlich des Reisegepäcks, der Equipagen, Fuhrwerke und Thiere zwischen den Stationen Sommerfeld, Sorau und Bunzlau einerseits und den Stationen Dresden und Leipzig andrerseits statt. Der für diesen Verkehr gültige Tarif, sowie das Reglement können bei unsern Güter-Expeditionen zu Sommerfeld, Sorau und Bunzlau eingesehen werden.

Berlin, den 4. Juni 1864. Königliche Direktion der Niederschlesisch-Märkischen Eisenbahn.

(9) **Königliche Niederschlesisch-Märkische Eisenbahn.** Die Versendung von Chemikalien in kleineren Quantitäten (§. 3 des Betriebs-Reglements für die Preußischen Staats- und unter Staats-Verwaltung stehenden Eisenbahnen vom 17. Februar 1862) findet auf der Niederschlesisch-Märkischen Eisenbahn vom 10 d. Mts. ab an den nachbenannten Tagen statt:

I. in der Richtung von Berlin nach Breslau beziehungsweise Görlitz:
  von Station Berlin bis Sorau Mittwoch, Freitag, Sonntag,
  von Station Sorau (Görlitz) bis Breslau Donnerstag, Sonnabend, Montag.
II. in der Richtung von Breslau nach Berlin resp. Görlitz:
  von Station Breslau nach Sorau (Görlitz) Dienstag, Donnerstag,
  von Station Görlitz nach Sorau Dienstag, Donnerstag,
  von Station Sorau nach Berlin Mittwoch, Freitag.

Berlin, den 9. Juni 1864. Königl. Direktion der Niederschlesisch-Märkischen Eisenbahn.

(10) **Königliche Niederschlesisch-Märkische Eisenbahn.** Blei in Blöcken und Mulden wird auf der diesseitigen Eisenbahn fortan zu dem Frachtsatz der ermäßigten Klasse B. unseres Tarifs befördert werden.

Berlin, den 7. Juni 1864. Königliche Direktion der Niederschlesisch-Märkischen Eisenbahn.

Amts-Blatt
der Königl. Preuß. Regierung zu Frankfurt a/O.

№ 26.   Frankfurt a. d. O., den 29. Juni.   1864.

Bekanntmachung, betreffend die 10te Verloosung der Staatsanleihe von 1856 und die 4te der fünfprozentigen Staatsanleihe von 1859.

In der am heutigen Tage öffentlich bewirkten Verloosung von Schuldverschreibungen der 4½ prozentigen Staatsanleihe aus dem Jahre 1856 und der fünfprozentigen Staatsanleihe aus dem Jahre 1859 sind die in der Anlage verzeichneten Nummern gezogen worden.

Dieselben werden den Besitzern mit der Aufforderung gekündigt, die darin verschriebenen Kapitalbeträge vom 2. Januar k. J. ab in den Vormittagsstunden von 9 bis 1 Uhr entweder bei der Staatsschulden-Tilgungskasse hierselbst, Oranienstraße No. 94., oder bei einer der Regierungs-Hauptkassen gegen Quittung und Rückgabe der Schuldverschreibungen mit den dazu gehörigen, erst nach dem 2. Januar k. J. fälligen Zinscoupons nebst Talons baar in Empfang zu nehmen.

Der Geldbetrag der etwa fehlenden, unentgeltlich mitabzuliefernden Zinscoupons wird von dem zu zahlenden Kapitale zurückbehalten.

Formulare zu den Quittungen werden von den gedachten Kassen unentgeltlich verabreicht. Die Staatsschulden-Tilgungskasse kann sich in einen Schriftwechsel mit den Inhabern der Schuldverschreibungen über die Zahlungsleistung nicht einlassen.

Zugleich werden die Inhaber der in der Anlage bezeichneten, nicht mehr verzinslichen Schuldverschreibungen der gedachten beiden Staatsanleihen, welche in den bisherigen Verloosungen (mit Ausschluß der am 11. Dezember v. J. stattgehabten) gezogen, aber bis jetzt noch nicht realisirt sind, an die Erhebung ihrer Kapitalien erinnert.

In Betreff der am 11. Dezember v. J. ausgeloosten und zum 1. Juli d. J. gekündigten Schuldverschreibungen wird auf das an einem früheren Tage bekannt gemachte Verzeichniß Bezug genommen, welches bei den Regierungs-Hauptkassen, den Kreis-, den Steuer- und den Forstkassen, den Kämmerei- und anderen Communalkassen, sowie auf den Büreaus der Landräthe und Magistrate zur Einsicht offen liegt.

Berlin, den 18. Juni 1864.   Haupt-Verwaltung der Staatsschulden.
    v. Wedell.   Löwe.   Meinecke.

Vorstehende Bekanntmachung wird hierdurch mit dem Bemerken zur allgemeinen Kenntniß gebracht, daß die verloosten Staatsschuldverschreibungen unserer Hauptkasse mittelst Schreibens, worin dieselben nach Altern, Nummern und Kapitalbeträgen verzeichnet werden müssen, zum 2. Januar k. J. einzureichen sind.

Die Hauptkasse wird demnächst den Interessenten ein Quittungsformular über den Kapitalbetrag zur Vollziehung übersenden und nach deren Rückempfang Zahlung leisten.

Frankfurt a. d. O., den 22. Juni 1864.   Königliche Regierung.   Frhr. v. Münchhausen.

Verordnungen und Bekanntmachungen der Königlichen Regierung zu Frankfurt a. d. O.

Polizei-Verordnung.

Auf Grund des §. 11 des Gesetzes über die Polizei-Verwaltung vom 11. März 1850 wird hiermit folgende Polizei-Verordnung erlassen:

„Die Durchfuhr von Streu aus der Sawisch'er Forst, im Kreise Crossen, durch die Räbsker Königlichen Forsten wird hiermit bei 2 bis 10 Thaler Geld-, im Unvermögensfalle entsprechender Gefängnißstrafe untersagt.   Frankfurt a. d. O., den 27. Juni 1864.

Bekanntmachung des Königlichen Appellations-Gerichts zu Frankfurt a. d. O.

Es wird hiermit zur öffentlichen Kenntniß gebracht, daß die Erntferien bei den Gerichten vom 21. Juli bis zum 31. August stattfinden. Während der Ferienzeit ruht in Gemäßheit der Ferien-Ordnung vom 16. April 1850 der Betrieb aller nicht schleunigen Sachen, sowohl in Bezug auf die Abfassung der

Erkenntnisse als auf die Dekretur und die Abhaltung der Termine. Die Parteien und Rechts-Anwalte haben sich daher während der Ferien in dergleichen Sachen aller Anträge und Gesuche zu enthalten. Schleunige Anträge und Gesuche müssen als solche bezeichnet und als „Feriensache" bezeichnet werden. Gehen andere Anträge und Gesuche ein, so werden sie zwar präsentirt und in das Journal eingetragen, die Gerichte sind jedoch nicht verpflichtet, dieselben während der Ferien zu erledigen.

Frankfurt a. d. O., den 16. Juni 1864.

Personal-Chronik.

Der Stadt-Sekretair Paschke zu Spremberg ist, mit Zustimmung des Königlichen Regierungs-Präsidii zu Liegnitz, zum zweiten Stellvertreter des Polizei-Anwalts I. zu Spremberg auch für die Geschäfte aus den im Kreise Hoyerswerda belegenen Ortschaften des Polizeianwalts-Bezirks, soweit dieselben nicht auf den Kommissionsgerichtstagen zu Lohsa verhandelt werden, ernannt worden.

Frankfurt a. d. O., den 20. Juni 1864. Der Regierungs-Präsident. Frhr. v. Münchhausen.

Der Predigtamts-Candidat Carl Friedrich Wilhelm Staeglich ist zum Pfarrer der Parochie Mablow — Diöces Cottbus — bestellt worden.

Den von den Stadtverordneten getroffenen Wahlen gemäß sind bestätigt worden: als Bürgermeister: in Lippehne der Bürgermeister Strehz; als unbesoldete Rathsherren: in Königsberg i. d. N. der Kaufmann R. Brust, in Zielenzig der Posthalter Herzberg; als unbesoldete Senatoren: in Lübben der Webermeister Carl Baetschmidt, in Peitz der Kaufmann Christoph Kirchner und der Fleischermeister Emanuel Roerich; als unbesoldete Rathmänner: in Bärwalde der Kaufmann Martin Friedrich Faehlmeicher und der Fleischermeister Carl Wilhelm Wilde, in Golßen der Schuhmachermeister Wilhelm Nitsche.

Der Bauführer Paul Emil Hoffmann aus Peitz ist unter dem 18. Juni 1864 als solcher vereidigt worden.

Der praktische Arzt, Wundarzt und Geburtshelfer Dr. Carl Richard Ferdinand Wesche hat sich in Frankfurt a. d. O. niedergelassen.

Der Kreisthierarzt Friedrich Wilhelm August Johann Neithardt ist von Carthaus, Regierungs-Bezirk Danzig, in gleicher Eigenschaft nach Sorau versetzt worden.

Dem Oberförster von Etzel zu Neu-Sternberg, im Regierungsbezirke Königsberg, ist die Oberförsterstelle zu Hangelsberg vom 1. Juli d. J. ab übertragen.

Die durch die Pensionirung des Forstmeisters Müller zu Lübben erledigte Forstinspektorstelle ist vom 1. Juli d. J. ab dem Oberförster Erdmann zu Hangelsberg unter Ernennung zum Forstinspektor übertragen und wird derselbe seinen Wohnsitz in Frankfurt a. d. O. nehmen.

Für den ersten ländlichen Bezirk des Kreises Sternberg ist der Maurermeister Julius Miegel zu Ziebingen als Schiedsmann gewählt und bestätigt worden.

Der Kreisrichter Epener zu Cüstrin ist zum Staatsanwalte bei den Königlichen Kreisgerichten zu Lucken und Lübben, mit Anweisung seines Amtssitzes in Luckau vom 1. Juli cr. ab ernannt worden.

Der Telegraphist Neuhoff in Guben ist zum Königlichen Eisenbahn-Stations-Assistenten 2. Klasse ernannt worden.

Die zur Zeit bei den Feldposten beschäftigten Post-Secretaire Munk aus Cüstrin, Wellandt aus Landsberg a. d. W. und Mahling aus Frankfurt a. d. O. sind zu Post-Commissarien ernannt worden.

Es sind versetzt worden: der Post-Expedient Rättig von Sorau N.-L. nach Berlin, der Post-Expedient Schmarr von Berlin nach Sorau N.-L., und der Post-Expediteur Hiller von Herzberg, Regierungsbezirk Cösslin, nach Beeskow.

Es ist übertragen worden die Verwaltung der Post-Expeditionen zweiter Klasse: in Ludwigslust dem früheren Erbleher Stedelmüller, in Gusow dem Post-Expeditionsgehülfen Schneider, unter Ernennung zu Post-Expediteuren.

Der invalide Sergeant Behmler ist bei dem Post-Amte in Frankfurt a. d. O. als Post-Conducteur angestellt worden.

Vermischte Nachrichten.

(1) Die Lehrerstelle in Degeln, Diöcese Guben, und eine Elementar-Lehrerstelle an der Stadtschule in Zielenzig, Diöcese Sternberg I., beide Privat-Patronats, sind, erstere durch Emeritirung, letztere durch Abgang des bisherigen Inhabers, sowie die 7. Lehrerstelle in Leitschin, Diöcese Frankfurt II., Königl. Patronats, durch die Versetzung des bisherigen Inhabers erledigt.

Frankfurt a. d. O., den 27. Juni 1864. Königl. Regierung; Abtheilung für Kirchen- und Schulwesen.

— 148 —

(2) Wir erkennen hierdurch gern belobigend an, daß bei dem Löschen des am 10. d. Mts. in dem Schutzbezirke Nebesdorf, der Oberförsterei Grünhaus, entstandenen Waldbrandes sich die herbeigeeilten Einwohner aus Nebesdorf, Nebesdorfer Pechhütte, Drosig't und Deutsch-Sornow, unter der Leitung des betreffenden Forstschutzbeamten und des Gensd'armen Schulz aus Finsterwalde, besonders eifrig und anstrengend thätig gezeigt haben. Frankfurt a. d. O., den 24. Juni 1864.
Königl. Regierung; Abtheilung für directe Steuern, Domainen und Forsten.

(3) Bekanntmachung. Denjenigen Rentenpflichtigen, welche ihre an die Rentenbank zu entrichtenden Renten mit dem 31. März d. J. durch Kapitalzahlung ganz oder theilweise abgelöset haben, wird hierdurch bekannt gemacht, daß die von uns in Gemäßheit des §. 27. des Rentenbankgesetzes vom 2. März 1850 ausgefertigten Entlastungsquittungen den betreffenden Kreis-Steuer-Kassen zugesandt worden sind, um solche, soweit sie die Ablösung voller Renten betreffen, den zuständigen Gerichten Behufs Löschung des Vermerks der Rentenpflicht im Hypothekenbuche und demnächstiger Aushändigung an die Interessenten zuzustellen, in Fällen der Ablösung von Theilrenten dagegen, denjenigen unmittelbar auszureichen, welche die Kapitalszahlung geleistet haben. Berlin, den 2. Juni 1864.
Königliche Direktion der Rentenbank für die Provinz Brandenburg. gez. Heyder.

(4) Bekanntmachung. Mit dem 1. Juli d. J. treten auf der Ostbahn folgende Tarifänderungen ein:
1) Die nach Nr. 14. Seite 6 des Tarifs vom 1. März 1862 bestimmte Abfertigungsgebühr für solche Güter, welche auf dem Transporte Behufs der Zollabfertigung Seitens der Eisenbahn-Verwaltung der Zollbehörde vorgeführt werden, ohne daß gegenüber eine Entladung zu erfordern, wird auf die Hälfte, d. i. auf 1 Pf., für jeden angefangenen Centner ermäßigt.
2) Die in No. 25. des gedachten Tarifs für den Fall nicht rechtzeitiger Entladung vorgesehene Conventionalstrafe (Standgeld) wird, statt wie bisher von der Tragfähigkeit des Wagens, von der wirklichen Ladung (dem Effectivgewicht) mit dem Minimalsatze von 20 Cgr. pro Tonne berechnet.
Bromberg, den 20. Juni 1864. Königliche Direktion der Ostbahn.

(5) Königliche Ostbahn. Für die von der Messe zu Frankfurt a. d. O. Rückreisenden werden wir am Donnerstag den 7. Juli, und Sonnabend den 9. Juli einen Extra-Personenzug auf der Strecke Frankfurt-Kreuz gehen lassen.
Der Extrazug wird von Station Frankfurt a. d. O. 9 Uhr 30 Minuten Abends abfahren und auf Station Kreuz 1 Uhr 43 Minuten Nachts ankommen.
Derselbe hält auf bezeichneter Strecke auf allen Stationen, auf welchen unsere Personenzüge halten und nimmt dort nach den Stationen bis incl. Kreuz Passagiere in allen 4 Wagenklassen auf.
Außerdem befördert der Extrazug auch Eilgut, jedoch lediglich von Station Frankfurt a. d. O.
Bromberg, den 20. Juni 1864. Königliche Direktion der Ostbahn.

(6) Bekanntmachung. Vom 27. d. M. ab werden auf der Ostbahn gereinigte Kälber-, Rinder- und Schweinehaare (nicht Schweineborsten) fest verpackt, zum Tarifsatze der ermäßigten Klasse A. befördert.
Bromberg, den 21. Juni 1864. Königliche Direktion der Ostbahn.

(7) Königliche Niederschlesisch-Märkische Eisenbahn. Der zwischen der Königlichen Niederschlesisch-Märkischen Eisenbahn und der Niederschlesischen Zweigbahn für die 1., 2. und 3. Wagenklasse seither bestandene directe Personen- und Gepäck-Verkehr wird vom 15. Juli d. J. ab zwischen den Stationen der Königlichen Niederschlesisch-Märkischen Eisenbahn Berlin, Sorau, Kohlfurt, Bunzlau und Görlitz einerseits, und den Stationen der Niederschlesischen Zweigbahn Sagan, Sprottau und Glogau andererseits auch auf die 4. Wagenklasse, soweit diese von den verschiedenen Zügen mitgeführt wird, ausgedehnt, was hierdurch zur Kenntniß des Publikums gebracht wird.
Berlin, den 22. Juni 1864. Königliche Direktion der Niederschlesisch-Märkischen Eisenbahn.

(8) Königliche Niederschlesisch-Märkische Eisenbahn. Gereinigte Rinder- und Kälberhaare in fester Verpackung, desgleichen gereinigte Schweinehaare (nicht Schweineborsten) werden auf der diesseitigen Eisenbahn fortan zum Tarifsatze der ermäßigten Klasse A. befördert werden.
Berlin, den 20. Juni 1864. Königliche Direktion der Niederschlesisch-Märkischen Eisenbahn.

(9) Königliche Niederschlesisch-Märkische Eisenbahn. Die Artikel „grobe Eisenwaaren und Eisengußwaaren" werden auf der diesseitigen Eisenbahn fortan zum Tarifsatze der ermäßigten Klasse B. befördert werden.
Berlin, den 21. Juni 1864. Königliche Direktion der Niederschlesisch-Märkischen Eisenbahn.

(10) Königliche Niederschlesisch-Märkische Eisenbahn. Die Bestimmung No. 3. des Personengeld-Tarifes der Königlichen Niederschlesisch-Märkischen Eisenbahn vom 1. März 1862 ist aufgehoben. An ihre

„Kinder unter 10 Jahren werden zu ermäßigten Fahrpreisen befördert, nämlich 2 auf ein Billet in jeder Wagenklasse, eins in I. Wagenklasse auf ein Billet II. Klasse, in II. Wagenklasse auf ein Billet III. Klasse und eins in III. Klasse auf ein Billet IV. Klasse. In der IV. Klasse hat ein Kind ohne Begleitung den vollen Preis zu zahlen. Bei Zügen, welche nur Wagen I. und II. Klasse führen, erfolgt die Beförderung eines Kindes in II. Klasse gegen Lösung eines zu den gewöhnlichen Personenzügen gültigen Billets III. Klasse.

In den drei letzten Wagenklassen werden ein Kind und ein Erwachsener auf ein Billet der nächst höheren Klasse befördert.

Für Kinder, welche noch getragen werden müssen und ihre Stelle auf dem Platze ihrer Angehörigen finden, erfolgt keine Zahlung.

Finden Zweifel über das Alter der Kinder statt, so entscheidet der Ausspruch des bei der Revision anwesenden obersten Beamten.

Berlin, den 16. Juni 1864. Königliche Direktion der Niederschlesisch-Märkischen Eisenbahn.

(11) **Königliche Niederschlesisch-Märkische Eisenbahn.** Zu No. 29. des Güter-Tarifs der Niederschlesisch-Märkischen Eisenbahn vom 1. März 1862 treten fortan folgende Zusatz-Vorschriften:

„Es ist den Versendern gestattet, in offenen Wagen verladene Güter der ermäßigten Klassen und der Spezial-Tarife mit eigenen Decken (Wagenplanen) bestmöglichst zu schützen.

Wegen solcher von den Versendern gelieferten eigenen Decken gelten die folgenden Bestimmungen:

1) Nur solche Decken der Eigenthümer sollen zugelassen werden, die mit einer dauerhaften und deutlichen Bezeichnung des Namens des Eigenthümers und seines Wohnortes (Eisenbahn-Station) versehen sind.
2) Die eigenen Decken der Versender, welche zum Schutze der Ladung dienen, werden bei Versendung der betreffenden Güter an den Empfänger, sowie bei ihrer Rücksendung durch den Empfänger an den Eigenthümer frachtfrei befördert, und zwar nach Maßgabe der für die frachtfreie Zurückbeförderung der leeren Säcke und Emballagen, welche innerhalb der letzten drei Monate gefüllt die Bahn passirt haben, gültigen Tarif-Vorschriften.
3) Diese eigenen Decken sollen auf den Bestimmungs-Stationen dem Empfänger der Sendung mit überliefert werden und ist daher in den betreffenden Frachtbriefen und Frachtkarten von den Ausstellern resp. von der Abgangs-Expedition zu vermerken:

„nebst Stück eigenen Decken zum Schutze der Ladung."

4) Behufs Rücksendung der Decken hat der Empfänger einen auf die Adresse des Eigenthümers lautenden Frachtbrief beizugeben.
5) Eine Gewähr für unbeschädigte oder reparaturfreie Rücklieferung dieser Decken übernimmt die Eisenbahn-Verwaltung nicht. Will sich der Versender eine Entschädigung für Verlust oder Beschädigung sichern oder die Einhaltung der reglementsmäßigen Lieferfrist beanspruchen, so hat er die Decken als Frachtgut aufzugeben."

Berlin, den 12. Juni 1864. Königliche Direktion der Niederschlesisch-Märkischen Eisenbahn.

(12) **Königliche Niederschlesisch-Märkische Eisenbahn.** Die Versendung von Chemikalien in kleineren Quantitäten (§. 3 des Betriebs-Reglements für die Preußischen Staats- und unter Staats-Verwaltung stehenden Eisenbahnen vom 17. Februar 1862) findet auf der Niederschlesisch-Märkischen Eisenbahn vom 10 b. Mts. ab an den nachbenannten Tagen statt:

I. in der Richtung von Berlin nach Breslau beziehungsweise Görlitz:
von Station Berlin bis Sorau Mittwoch, Freitag, Sonntag,

Amts-Blatt
der Königl. Preuß. Regierung zu Frankfurt a/O

№ 27.   Frankfurt a. d. O., den 6. Juli.   1864.

Gesetz-Sammlung für die Königlichen Preußischen Staaten pro 1864.

No. 18. enthält: (No. 5877.) Privilegium wegen Ausgabe auf den Inhaber lautender Hypothekenbriefe der Ersten Preußischen Hypotheken-Aktiengesellschaft. Vom 2. Mai 1864.
 (No. 5878.) Bekanntmachung, betreffend die Allerhöchste Genehmigung der unter der Firma: „Erste Preußische Hypotheken-Aktiengesellschaft" mit dem Sitze zu Berlin errichteten Aktiengesellschaft. Vom 14. Mai 1864.
 (No. 5879.) Bekanntmachung, betreffend die Allerhöchste Genehmigung der Erhöhung des Grundkapitals der Aktiengesellschaft „Flora" zu Cöln. Vom 21. Mai 1864.
 (No. 5890.) Genehmigungs-Urkunde, betreffend eine Abänderung der Statuten der Cöln-Mindener Eisenbahngesellschaft. Vom 23. Mai 1864.

No. 19. enthält: (No. 5881.) Statut für den Verband zur Melioration des südlichen Randow- und unteren Welsethales. Vom 18. Mai 1864.

No. 20. enthält: (No. 5882.) Privilegium wegen Ausgabe auf den Inhaber lautender Hypothekenbriefe der Preußischen Hypotheken-Aktienbank. Vom 18. Mai 1864.
 (No. 5983.) Bekanntmachung, betreffend die Allerhöchste Genehmigung der unter der Firma: „Preußische Hypotheken-Aktienbank" mit dem Sitze zu Berlin errichteten Aktiengesellschaft.

No. 21. enthält: (No. 5884.) Verordnung, betreffend das Verbot der Zahlungsleistung mittelst ausländischer Banknoten und ähnlicher Werthzeichen. Vom 18. Mai 1864.
 (No. 5885.) Allerhöchster Erlaß vom 18. Mai 1864, betreffend die Genehmigung eines Regulativs über die Bildung Westpreußischer Pfandbriefe ohne die Bezeichnung der Spezial-Hypothek.

No. 22. enthält: (No. 5686.) Allerhöchster Erlaß vom 25. April 1864, betreffend die Verleihung der fiskalischen Vorrechte für die Unterhaltung der auf den Kreis Höxter übergegangenen Strecken der Cöln-Berliner und der Brakel-Steinheimer Staatsstraßen.
 (No. 5887.) Allerhöchster Erlaß vom 25. April 1864, betreffend die Verleihung der fiskalischen Vorrechte für den Ausbau und die Unterhaltung der Straßen im Kreise Ragnit, Regierungsbezirk Gumbinnen: 1) von Coussalmen an der Tilsit-Gumbinner Staatsstraße über Lobellen und Neu-Eggleinen bis zur Pluttauer Kreisgrenze in der Richtung auf Laetzehen, 2) von Lengwethen an der zu 1. bezeichneten Staatsstraße nach dem bei Szillen zu errichtenden Bahnhofe der Insterburg-Tilsiter Eisenbahn, 3) von Kraupischken an derselben Staatsstraße bis zur Insterburger Kreisgrenze in der Richtung auf Seßlaken.
 (No. 5888.) Privilegium wegen Ausfertigung auf den Inhaber lautender Kreis-Obligationen des

No. 23. enthält: (No. 5893.) **Allerhöchster Erlaß** vom 2. Mai 1864, betreffend die Verleihung der fiskalischen Vorrechte für den Bau und die Unterhaltung einer Kommunal-Chaussee von Remnabe, an der Sprockhövel-Krengeldanzer Straße, über Blankenstein nach Hattingen, im Regierungs-bezirk Arnsberg.
  (No. 5894.) **Statut** des Entwässerungsverbandes des großen und kleinen Wons-Sees und des Niedlitzer Bruches in den Kreisen Johannisburg und Lötzen. Vom 23. Mai 1864.
  (No. 5895.) **Allerhöchster Erlaß** vom 23. Mai 1864, betreffend einige Aenderungen des Deich-statuts für den Alten-Rosenburger Deichverband vom 28. August 1856.
  (No. 5896.) **Allerhöchster Erlaß** vom 25. Mai 1864, betreffend die Erweiterung des Meliorations-projekts des Linkuhnen-Seckenburger Entwässerungsverbandes.
  (No. 5897.) **Allerhöchster Erlaß** vom 13. Juni 1864, betreffend die Errichtung von Kreis-Synoden in den Provinzen Brandenburg, Schlesien und Sachsen.
  (No. 5898.) **Allerhöchster Erlaß** vom 15. Juni 1864, betreffend die Bildung von Kreis-Synodal-kassen in den sechs östlichen Provinzen der Monarchie.
  (No. 5899.) **Bekanntmachung**, betreffend die Allerhöchste Genehmigung der unter der Firma: „Berliner Immobilien-Aktiengesellschaft" mit dem Sitze zu Berlin errichteten Aktiengesellschaft. Vom 17. Juni 1864.

Bekanntmachung.

Auf Grund des §. 3. des Zollgesetzes vom 23. Januar 1838 (Gesetz-Sammlung Seite 34) und in Folge besonderer Allerhöchster Ermächtigung Sr. Majestät des Königs vom 22. d. Mts. wird hiermit bis auf Weiteres und vorläufig bis zum 1. September d. J. die Ausfuhr von Schießpulver und anderer Kriegs-munition aus den Preußischen Seehäfen unter Hinweisung auf die in den §§. 1. und folgende des Zoll-strafgesetzes vom 23. Januar 1838 (Gesetz-Sammlung Seite 78) angedroheten Strafen verboten.
  Berlin, den 30. Juni 1864.   Der Finanz-Minister v. Bodelschwingh.

Verordnungen und Bekanntmachungen der Königlichen Regierung zu Frankfurt a. d. O.
  I. **Tarif**, nach welchem das Fährgeld bei der Fähranstalt über die Netze zu Breitenhofsbruch, im Kreise Friedeberg, Regierungs-Bezirk Frankfurt, zu erheben ist.
  Es wird entrichtet für das Uebersetzen:

	Sgr.	Pf.
I. Von Personen, einschließlich dessen, was sie tragen, für jede Person	—	3
Wer zu einem Fuhrwerke gehört, wofür die Abgabe zu III. gezahlt wird, oder ein Thier, für welches die Abgabe zu II. entrichtet wird, reitet, führt oder treibt, ist frei.		
II. Von Thieren:		
a) für ein Pferd oder einen Maulesel	—	6
b) für ein Stück Rindvieh oder einen Esel	—	4
c) für ein Fohlen, Kalb, Schaaf, Schwein, eine Ziege oder ein anderes kleines Stück Vieh, welches frei geführt oder getrieben wird	—	3
d) für Federvieh, welches getrieben wird, für jede 10 Stück	—	3
Wenn Federvieh in geringerer Zahl als 10 Stück oder auf einem Fuhrwerke, oder in einem Trägekorbe übergesetzt wird, so wird dafür keine besondere Abgabe erhoben.		
III. Vom Fuhrwerke, neben der Abgabe für das Gespann zu II.:		
a) für ein beladenes	1	6
b) für ein unbeladenes	—	9
Als beladen wird ein Fuhrwerk angesehen, worauf sich außer dessen Zubehör und außer dem Futter für höchstens 3 Tage, an anderen Gegenständen mehr als zwei Centner befinden.		
c) für einen Handwagen, Handschlitten, Handkarren, beladen oder unbeladen	—	2
IV. Von unbelebten Gegenständen wird die Abgabe erhoben, welche die Personen, das Fuhrwerk und die Thiere betreffen würde, wodurch sie zur Fährstelle gebracht worden sind.		

Allgemeine Bestimmungen.
  Die vorgeschriebenen Sätze sind bei jedem Wasserstande, ohne Rücksicht auf dessen Höhe, zu entrichten.
  Bei vorhandener Eisbahn, für deren gehörigen Zustand von dem Hebungsberechtigten zu sorgen ist, wird nur die Hälfte der vorgeschriebenen Sätze bezahlt. Bruchpfennige werden vollen Pfennigen gleich gerechnet.

Befreiungen. Frei vom Fährgelde sind:
1) Equipagen und Thiere, welche den Hofhaltungen des Königlichen Hauses oder den Königlichen Gestüten angehören.
2) Kommandirte Militairs, einberufene Rekruten, Fuhrwerke und Thiere, welche der Armee oder den Truppen auf dem Marsche angehören, Kriegsvorspann und Kriegslieferungsfuhren.
3) Oeffentliche Beamte und deren Fuhrwerke und Thiere bei Dienstreisen, wenn sie sich gehörig legitimiren, Steuer- und Polizeibeamte in Uniform auch ohne besondere Legitimation, Pfarrer und Kirchendiener in ihrer Parochie und Leichenfuhren.
4) Transporte, die für unmittelbare Rechnung des Staates geschehen.
5) Ordinaire Posten, einschließlich der Schnell-, Rett- und Faßbotenposten, nebst Beiwagen, ingleichen die öffentlichen Kourire und Estaffetten und alle von Postbeförderungen leer zurückkehrende Wagen und Pferde.
6) Hülfsfuhren bei Feuersbrünsten und ähnlichen Nothständen, Armen- und Arrestantenfuhren.
Berlin, den 4. April 1864. (gez.) Wilhelm.

Vorstehender Tarif wird hierdurch zur öffentlichen Kenntniß gebracht.
Frankfurt a. d. O., den 30. Juni 1864.

II. Der Königliche Ober-Präsident der Provinz Brandenburg hat auf Grund des §. 1. des Gesetzes vom 14. April 1856: 1) die Abtrennung des, bisher zur Büdnerstelle Band I. No. 27. des Hypothekenbuchs von Grünrade gehörig gewesenen Stück Landes, von 1 Morgen 146 ☐Ruthen Größe, von dem Verbande der Dorfgemeinde Grünrade und die Einverleibung dieses Grundstücks in den selbstständigen Gutsbezirk von Grünrade, und 2) die Abtrennung einer Landparzelle von 1 Morgen 146 ☐Ruthen Größe von dem Gutsbezirk in Grünrade und die Einverleibung derselben in den Verband der dortigen Dorfgemeinde mittelst Rescripts vom 22. v. M. genehmigt. Frankfurt a. d. O., den 24. Juni 1864.

III. Am 1. Oktober d. J. wird in der Königlichen Central-Turn-Anstalt hierselbst wiederum ein sechsmonatlicher Cursus für Civil-Eleven beginnen.

Zu demselben können außer solchen Schulmännern, welchen der Turn-Unterricht an Gymnasien, Real- und höheren Bürgerschulen und an Schullehrer-Seminarien übertragen werden soll, auch solche Elementarlehrer zugelassen werden, welche dazu geeignet sind, für die Ausbreitung des Turnens in weiteren Kreisen thätig zu sein.

Der gesammte Unterricht in der Anstalt wird unentgeltlich ertheilt, und können in dazu geeigneten Fällen auch einzelnen Eleven Unterstützungen gewährt werden.

Die Anmeldungen zum Eintritt sind an die betreffenden Königlichen Provinzial-Schul-Collegien resp. Regierungen vor dem 1. August d. J. zu richten und ist denselben ein ärztliches Attest beizufügen, daß der Körperzustand und die Gesundheitsbeschaffenheit des Bewerbers die Ausbildung im Turnen gestattet.
Berlin, den 22. Juni 1864.
Der Minister der geistlichen, Unterrichts- und Medizinal-Angelegenheiten. (gez.) von Mühler.

Vorstehende Bekanntmachung wird hierdurch veröffentlicht und den event. Anmeldungen bis zu dem bestimmten Termine entgegen gesehen. Frankfurt a. d. O., den 29. Juni 1864.

Bekanntmachung des Königlichen Appellations-Gerichts zu Frankfurt a. d. O.

Es wird hiermit zur öffentlichen Kenntniß gebracht, daß die Ernteferien bei den Gerichten vom 21. Juli bis zum 31. August stattfinden. Während der Ferienzeit ruht in Gemäßheit der Ferien-Ordnung vom 16. April 1850 der Betrieb aller nicht schleunigen Sachen, sowohl in Bezug auf die Abfassung der Erkenntnisse als auf die Dekretur und die Abhaltung der Termine. Die Parteien und Rechts-Anwalte haben sich daher während der Ferien in dergleichen Sachen aller Anträge und Gesuche zu enthalten. Schleunige Anträge und Gesuche müssen als solche begründet und als „Feriensache" bezeichnet werden. Gehen andere Anträge und Gesuche ein, so werden sie zwar präsentirt und in das Journal eingetragen, die Gerichte sind jedoch nicht verpflichtet, dieselben während der Ferien zu erledigen.
Frankfurt a. d. O., den 16. Juni 1864.

Personal-Chronik.

Seine Majestät der König haben geruht, dem Regierungs- und Landes-Oeconomie-Rath Cassow hierselbst den Charakter als Geheimer Regierungs-Rath Allergnädigst zu verleihen.

Seine Majestät der König haben Allergnädigst geruht, dem Controleur Lange bei der früheren Justiz- tuten- und Kommunal-Kasse hierselbst bei seiner Versetzung in den Ruhestand, den Charakter als Rechnungs- Rath zu verleihen. Frankfurt a. d. O., den 29. Juni 1864.

Der Regierungs-Präsident. In Vertretung: Frhr. v. Schlotheim.

Die Lehrer Ziegler und Scheibe zu Landsberg a. d. W. sind an der Vorschule des Gymnasiums und der Realschule daselbst als Lehrer angestellt worden.

Zu Wegepolizei-Commissarien im Landsberger Kreise sind 1) der Rittergutsbesitzer Honig auf Gralow für den 10. Bezirk, 2) der Königliche Oberamtmann Dietz zu Amt Himmelstädt für den 2. Bezirk erwählt und bestätigt worden.

Nachweisung der im Monat Juni 1864 erfolgten Berufungen in Lehrer- resp. Küster- und Lehrer- Stellen: 1) Dr. Carl Emil Franke, zum wissenschaftlichen Lehrer an der Raths- und Friedrichsschule in Cüstrin, 2) Friedrich Lehmann, zum Elementarlehrer an derselben Schule in Cüstrin, 3) August Vogt, zum Conrektor und Lehrer an der Knabenschule in Schönfließ, Ephorie Königsberg II., 4) Heinrich Louis Schüller, zum vierten Lehrer an der Mädchenschule in Finsterwalde, Ephorie Dobrilugk, 5) Herrmann Trüstedt, zum Mädchenlehrer an der Nebenschule in Finsterwalde, Ephorie Dobrilugk, 6) Carl Moritz Kochrübe, zum Lehrer an der Elementar-Knabenschule in Friedeberg i. d. N., 7) Carl Friedrich Hellwiz, zum fünften Mädchenlehrer in Friedeberg i. d. N., 8) Ernst Julius Knetsch, zum Küster und Lehrer in Beelitz, Ephorie Sternberg I., 9) Paul Rudolph Lichterfeld, zum Küster und Lehrer in Alt-Bleffin, Ephorie Königs- berg II., 10) August Rosenthal, zum Küster und Lehrer in Schaumburg, Ephorie Cüstrin, 11) Bernhard Traugott Bammler, zum Küster und Lehrer in Groß-Cammin, Ephorie Cüstrin, 12) August Eichner, zum Küster und Lehrer in Etenzig, Ephorie Frankfurt I., 13) August Ferdinand Ambroz, zum Lehrer in Vogel- sang, Ephorie Guben, 14) Gottfried Stein, zum Lehrer in Nußdorf, Ephorie Crossen.

Der Forstaufseher Carl August Alexander Müller zu Kunzendorf, Oberförsterei Sorau, ist vom 1. Juli d. J. ab zum Förster ernannt.

Der Förster Hennig zu Reppener Theerofen, Oberförsterei Reppen, ist am 26. Mai d. J. verstorben. Vom 1. Juli d. J. ab tritt der Hegemeister Pohl zu Loppow, Oberförsterei Massin, in den Ruhestand, werden der Hegemeister Bogen zu Spiegel, Oberförsterei Massin, nach Loppow, die Förster Teschner zu Junkerfeld, Oberförsterei Neubrück, nach Reppener Theerofen und Schrottw zu Althütte, Belauf Mohr- werder, Oberförsterei Marienwalde, nach Junkerfeld versetzt, der Oberförster-Kandidat Vogelgesang II. als interimistischer Revierförster zu Spiegel und der forstversorgungsberechtigte Jäger Johann Gottlieb August Ziegler zur Forstaufseher zunächst auf sechsmonatliche Probe zu Althütte angestellt.

Personal-Veränderungen für den Monat Juni 1864.

A. Bei dem Königlichen Appellations-Gericht zu Frankfurt a. d. O.

Der Referendarius Toussaint ist zum Gerichts-Assessor und die Auskultatoren Mertens und Kullmann sind zu Referendarien ernannt. Der Gerichts-Assessor Verblos ist in das Departement des Königlichen Kammergerichts versetzt.

B. Bei den Kreisgerichten im Departement.

Seine Majestät der König haben dem Rechts-Anwalt und Notar Uschner zu Lübben den Charakter als Justizrath, sowie dem Kreisgerichts-Sekretair Boehmer zu Sonnenburg den Charakter als Kanzleirath zu verleihen geruht. Der Staats-Anwalts-Gehülfe Doering ist zum Kreisrichter bei dem Kreisgerichte zu Spremberg mit der Funktion bei der Deputation zu Hoyerswerda, der Gerichts-Assessor Frenzel zum Kreis- richter bei dem Kreisgerichte in Cüstrin, der Hülfsbote Fenske zum Boten und Exekutor bei dem Kreisgericht in Cottbus, der Hülfsbote Pilz zum Boten und Exekutor bei dem Kreisgericht zu Frankfurt a. d. O. und der Hülfsbote Münch zu Kietz zum Boten, Exekutor und Gefangenwärter bei der Gerichts-Commissionen in Neuwedell ernannt. Der Kreisrichter Rudolph zu Märkisch-Friedland ist an das Kreisgericht in Königs- berg i. d. N. und der Kreisrichter Wehmann zu Driesen als Stadtrichter an das Stadtgericht in Berlin versetzt. Der Rechtsanwalt und Notar Baath zu Zielenzig, der erste Gerichtsdiener Kleiz zu Luckau und der Bote und Exekutor Kennert zu Driesen sind gestorben.

Der Gerichts-Assessor Ziebarth zu Spremberg ist mit Verwaltung der Gehülfen-Stelle bei der Ober- Staats-Anwaltschaft zu Frankfurt a. d. O. und der Gerichts-Assessor Goetze zu Berlin mit Verwaltung der Staats-Anwalts-Gehülfen-Stelle zu Spremberg, beides vom 1. August cr. ab, beauftragt.

Der Diätarius Gustav Adolph Henne bei der Niederschlesisch-Märkischen Eisenbahn ist zum Materialien- Verwalter der Werkstätte zu Frankfurt ernannt worden.

Vermischte Nachrichten.

(1) **Patent-Ertheilungen.** 1. Dem Direktor der Zuckerfabrik Renkersdorf bei Beuthen a. d. O., Franz Lehmann daselbst, ist unter dem 1. Juni 1864 ein Patent
auf eine durch Zeichnung und Beschreibung nachgewiesene, in ihrer Zusammensetzung als neu anerkannte Vorrichtung zum Waschen und Knochenkohlen,
auf fünf Jahre, von jenem Tage an gerechnet, und für den Umfang des preußischen Staats ertheilt worden. 2. Dem Ingenieur Friedrich Hendel und dem Kaufmann Wilhelm Sed zu München ist unter dem 12. Juni 1864 ein Patent
auf eine in Beschreibung und Zeichnung dargelegte, für neu und eigenthümlich erkannte Getreideschälmaschine, ohne Beschränkung Anderer in der Anwendung bekannter Theile derselben,
auf fünf Jahre, von jenem Tage an gerechnet, und für den Umfang des preußischen Staats ertheilt worden. 3. Dem Georg Vollmer, Theilhaber der Firma Wer und Söhne in Chemnitz, ist unter dem 12. Juni 1864 ein Patent
auf einen für neu und eigenthümlich erachteten, durch Zeichnungen und Beschreibung erläuterten Strumpfwirkerstuhl, ohne Jemand in der Benutzung bekannter Theile zu beschränken,
auf fünf Jahre, von jenem Tage an gerechnet, und für den Umfang des preußischen Staats ertheilt worden. 4. Dem Kaufmann C. F. Wappenhans in Berlin sind unterm 14. Juni 1864 zwei Patente und zwar
auf je eine in Beschreibung und Zeichnung dargelegte für neu und eigenthümlich erachtete Nähmaschine zum Benähen der Kanten von Knopflöchern,
auf fünf Jahre, von jenem Tage an gerechnet, und für den Umfang des preußischen Staats ertheilt worden.

Frankfurt a. d. O., den 23. Juni 1864. Königl. Regierung; Abtheilung des Innern.

(2) Die Küster- und Lehrerstelle in Hälse, und die Lehrerstelle in Bahlow, beide in der Diöcese Cüstrin, Königlichen Patronats, sowie die Küster- und Lehrerstelle in Renischen, Diöcese Züllichau, und die zweite Lehrerstelle an der Mädchenschule in Crossen, Diöcese Crossen, beide Privat-Patronats, sind sämmtlich durch Versetzung erledigt.

Frankfurt a. d. O., den 4. Juli 1864. Königl. Regierung; Abtheilung für Kirchen- und Schulwesen.

(3) Der Dorfrichter Föhst in Guschau hat durch Umsicht und die angestrengteste Arbeit dem weiteren Umsichgreifen des am 1. d. M. im Rothstocker Revier Jagen 14. Abtheilung a. ausgebrochenen Waldbrandes vorgebeugt. Wir können nicht versagen, demselben dafür unsere Anerkennung auszusprechen.

Frankfurt a. d. O., den 8. Juni 1864.
Königl. Regierung; Abtheilung für directe Steuern, Domainen und Forsten.

(4) **Königliche Ostbahn.** Für die von der Messe zu Frankfurt a. d. O. Rückreisenden werden wir am Donnerstag den 7. Juli, und Sonnabend den 9. Juli einen Extra-Personenzug auf der Strecke Frankfurt-Kreuz gehen lassen.

Der Extrazug wird von Station Frankfurt a. d. O. 9 Uhr 30 Minuten Abends abfahren und auf Station Kreuz 1 Uhr 43 Minuten Nachts ankommen.

Derselbe hält auf bezeichneter Strecke auf allen Stationen, auf welchen unsere Personenzüge halten und nimmt dort nach den Stationen bis incl. Kreuz Passagiere in allen 4 Wagenklassen auf.

Außerdem befördert der Extrazug auch Eilgut, jedoch lediglich von Station Frankfurt a. d. O.

Bromberg, den 20. Juni 1864. Königliche Direktion der Ostbahn.

(5) **Bekanntmachung.** An Stelle der in II. ad 3. des Tarifs der Ostbahn vom 1. März 1862 enthaltenen Vorschriften über die Beförderung von Kindern unter 10 Jahren treten vom 1. Juli cr. ab folgende Bestimmungen:

„Kinder unter 10 Jahren werden zu ermäßigten Fahrpreisen befördert, nämlich 2 auf ein Billet in jeder Wagenklasse, eins in I. Wagenklasse, in II. Klasse, in II. Wagenklasse auf ein Billet III. Klasse und eins in III. Klasse auf ein Billet IV. Klasse. In der IV. Klasse hat ein Kind ohne Begleitung den vollen Preis zu zahlen. Bei Zügen, welche nur Wagen I. und II. Klasse führen, erfolgt die Beförderung eines Kindes in II. Klasse gegen Lösung eines zu den gewöhnlichen Personenzügen gültigen Billets III. Klasse.

In den drei letzten Wagenklassen werden ein Kind und ein Erwachsener auf ein Billet der nächst höheren Klasse befördert.

Für Kinder, welche noch getragen werden müssen und ihre Stelle auf dem Platze ihrer Angehörigen finden, erfolgt keine Zahlung.

Finden Zweifel über das Alter der Kinder statt, so entscheidet der Ausspruch des bei der Revision anwesenden obersten Beamten."

Bromberg, den 20. Juni 1864. Königliche Direktion der Ostbahn.

(6) **Bekanntmachung.** Für den Transport derjenigen Ausstellungs-Gegenstände, welche für die in der Zeit vom 24. bis 27. August d. J. in Danzig stattfindende landwirthschaftliche Ausstellung bestimmt sind, finden auf der Ostbahn die nachstehenden Erleichterungen, resp. Frachtermäßigungen statt:

1) Die Beförderung der Schauthiere und sonstigen Ausstellungs-Gegenstände erfolgt für den Hin-Transport zu den tarifmäßigen Frachtsätzen und unter den Bestimmungen des Betriebs-Reglements, mit der Maßgabe, daß Sämereien und sonstige Produkte der Landwirthschaft auch als Einzelgut zum niedrigsten Frachtsatze (Klasse B. Wagenladung) berechnet werden.

2) Der Rücktransport der unverkauft gebliebenen Gegenstände erfolgt gegen Vorzeigung des Frachtbriefes für den Hin-Transport und auf Grund einer Bescheinigung des Ausstellungs-Comittees, daß die Gegenstände auf der Ausstellung gewesen und unverkauft geblieben, frachtfrei, wenn die Rücksendung an den ursprünglichen Absender nach der Versandt-Station erfolgt.

3) Den Begleitern des Viehs ist die Benutzung der III. Wagenklasse, resp. der Viehwagen gegen Lösung eines Billets zur IV. Wagenklasse gestattet.

Es haben die Ausstellungs-Gegenstände jedoch nur dann Anspruch auf die gedachte Fracht-Ermäßigung, wenn dieselben auf dem Frachtbriefe den Vermerk: „zur Ausstellung nach Danzig" und die Adresse: „an das Ausstellungs-Comittee" tragen, beziehungsweise — beim Rücktransport — von diesem als Versender aufgegeben werden.

Sämmtliche Transport-Erleichterungen beginnen 4 Wochen vor dem Anfange der Ausstellung und enden 4 Wochen nach dem Schlusse derselben.

Bromberg, den 28. Juni 1864. Königliche Direktion der Ostbahn.

(7) **Königliche Niederschlesisch-Märkische Eisenbahn.** Die Artikel „grobe Eisenwaaren und Eisengußwaaren" werden auf der diesseitigen Eisenbahn fortan zum Tarifsatz der ermäßigten Klasse B. befördert werden.

Berlin, den 21. Juni 1864. Königliche Direktion der Niederschlesisch-Märkischen Eisenbahn.

(8) **Königliche Niederschlesisch-Märkische Eisenbahn.** Die Bestimmung No. 3. des Personengeld-Tarifes der Königlichen Niederschlesisch-Märkischen Eisenbahn vom 1. März 1862 ist aufgehoben. An ihre Stelle tritt folgende Bestimmung:

„Kinder unter 10 Jahren werden zu ermäßigten Fahrpreisen befördert, nämlich 2 auf ein Billet in jeder Wagenklasse, eins in I. Wagenklasse auf ein Billet II. Klasse, in II. Wagenklasse auf ein Billet III. Klasse und eins in III. Klasse auf ein Billet IV. Klasse. In der IV. Klasse hat ein Kind ohne Begleitung den vollen Preis zu zahlen. Bei Zügen, welche nur Wagen I. und II. Klasse führen, erfolgt die Beförderung eines Kindes in II. Klasse gegen Lösung eines zu den gewöhnlichen Personenzügen gültigen Billets III. Klasse.

In den drei letzten Wagenklassen werden ein Kind und ein Erwachsener auf ein Billet der nächst höhern Klasse befördert.

Für Kinder, welche noch getragen werden müssen und ihre Stelle auf dem Platze ihrer Angehörigen finden, erfolgt keine Zahlung.

Finden Zweifel über das Alter der Kinder statt, so entscheidet der Ausspruch des bei der Revision anwesenden obersten Beamten."

Berlin, den 16. Juni 1864. Königliche Direktion der Niederschlesisch-Märkischen Eisenbahn.

(9) **Königliche Niederschlesisch-Märkische Eisenbahn.** Gereinigte Kinder- und Kälberhaare in fester Verpackung, desgleichen gereinigte Schweinehaare (nicht Schweineborsten) werden auf der diesseitigen Eisenbahn fortan zum Tarifsatz der ermäßigten Klasse A. befördert werden.

Berlin, den 20. Juni 1864. Königliche Direktion der Niederschlesisch-Märkischen Eisenbahn.

Amts-Blatt
der Königl. Preuß. Regierung zu Frankfurt a/O.

№ 28.   Frankfurt a. d. O., den 13. Juli.   1864.

Gesetz-Sammlung für die Königlichen Preußischen Staaten pro 1864.

No. 24. enthält: (No. 5900.) Allerhöchster Erlaß vom 30. Mai 1864, betreffend die Genehmigung des Statuts des landschaftlichen Kreditverbandes der Provinz Sachsen.
(No. 5901.) Allerhöchster Erlaß vom 30. Mai 1864, betreffend die Verleihung der fiskalischen Vorrechte für den Bau und die Unterhaltung der Chaussee im Kreise Sangerhausen des Regierungsbezirks Merseburg von Stolberg über Breitenstein bis zur Anhalt-Bernburgischen Landesgrenze gegen Friedrichshöhe, mit einer Abzweigung nach dem Chausseehause am Auerberge auf der Harzgerode-Stolberger Chaussee, an den Grafen zu Stolberg-Stolberg.

Verordnungen und Bekanntmachungen der Königlichen Regierung zu Frankfurt a. d. O.

I. Das Königliche Ober-Präsidium der Provinz Brandenburg hat mittelst Rescripts vom 6. April c. auf Grund des §. 1. des Gesetzes vom 14. April 1856 die Einverleibung der 4½ Quadrat-Ruthen flächenraum umfassenden, zur fiskalischen Dorfstraße in Darrmietzel, Amts Quartschen gehörigen Parzelle, welche der Schmiedemeister Carl Buchholz zu Darrmietzel durch Vertrag vom 8. Juni cr. erworben, in den Dorfgemeinde-Verband von Darrmietzel genehmigt. Frankfurt a. d. O., den 2. Juli 1864.

II. Die öffentliche allgemeine Schutzpocken-Impfung ist auch im Jahre 1863 in allen Kreisen des Regierungs-Bezirks nach den Vorschriften des von uns unterm 16. November 1852 erlassenen Regulativs zur Ausführung gekommen und hat das günstige Ergebniß geliefert, daß überhaupt 28,118 Neugeborene mit vollständigem Erfolge geimpft worden sind. Wir nehmen dieserhalb gern Veranlassung, die bei dieser wohlthätigen Sanitäts-Angelegenheit bewiesene erfolgreiche Thätigkeit der Impfärzte, sowie die fördernde Mitwirkung der Kreis- und Ortsbehörden hierdurch belobigend anzuerkennen.
Die Anzahl der in den einzelnen Kreisen mit Erfolg Geimpften ist folgende: 1) Kreis Arnswalde 1439. 2) Kreis Calau 1220. 3) Kreis Cottbus 1716. 4) Kreis Crossen 1599. 5) Kreis Friedeberg 1597. 6) Kreis Guben 1440. 7) Kreis Königsberg i. Neum. 2657. 8) Kreis Landsberg 2397. 9) Kreis Lebus 2731. 10) Kreis Lübben 879. 11) Kreis Laclau 1740. 12) Kreis Soldin 1480. 13) Kreis Sorau 1940. 14) Kreis Spremberg 547. 15) Kreis Sternberg 2509. 16) Kreis Züllichau 1279. 17) Stadt Frankfurt 958. Summa 28,118. Frankfurt a. d. O., den 30. Juni 1864.

III. Auf Grund der §§. 6. und 8. des Gesetzes über die Polizei-Verwaltung vom 11. März 1850 wird als Termin zur Eröffnung der niedern Jagd im laufenden Jahre der „24. August" hierdurch festgesetzt. Frankfurt a. d. O., den 9. Juli 1864.

Personal-Chronik.

Der Apotheker Höber in Dresden ist zum Stellvertreter des Polizeianwalts für den Bezirk der Kreis-Gerichts-Commission zu Dresden ernannt worden. Frankfurt a. d. O., den 4. Juli 1864.
Der Regierungs-Präsident. In Vertretung: Frhr. v. Schlotheim.

Der Predigtamts-Candidat Johannes Christian Robert Zimmermann ist zum Pfarr-Adjunkten cum spe succedendi zu Bahren — Diöces Cottbus — bestellt worden.

Der Seminar-Direktor Fritze, bisher in Bütow, und der Seminarlehrer Menzel, bisher in Köpenick, sind in gleicher Eigenschaft bei dem Königlichen Schullehrer-Seminar in Drössen angestellt worden.

Der praktische Arzt, Wundarzt und Geburtshelfer Dr. Florian Gustav Meyer ist von Niemegk, Regierungs-Bezirk Potsdam, nach Frankfurt a. d. O. gezogen.

Von den Ständen des Cottbuser Kreises ist der frühere Kreisverordnete Rittergutsbesitzer Lieutenant v. Mosch auf Schlichow anstatt des außer Wirksamkeit getretenen Kreisverordneten v. Pannwitz zu Müschen wieder gewählt und diese Wahl von uns bestätigt worden.

Für den ersten Bezirk der Stadt Bobersberg ist der Bürgermeister Grunewald daselbst als Schiedsmann wiederum gewählt und bestätigt worden.

Vermischte Nachrichten.

(1) Der der Stadt Sommerfeld neben den daselbst bestehenden 4 Viehmärkten vom Jahre 1863 ab ausschließlich für den Mittwoch vor Maria Himmelfahrt bewilligte fünfte Roß- und Viehmarkt wird im laufenden Jahre am 10. August abgehalten werden.

Frankfurt a. d. O., den 2. Juli 1864.   Königl. Regierung; Abtheilung des Innern.

— (2) Patent-Ertheilungen. 1. Dem Maschinen-Fabrikanten Heinrich Bernhard Heß in Leipzig ist unterm 29. Juni d. J. ein Patent

auf eine in Beschreibung und Zeichnung dargelegte Einrichtung an Nähmaschinen zur Umschaltung der Bewegungsrichtung des Stoffschiebers, ohne Beschränkung Anderer in der Anwendung bekannter Theile,

auf fünf Jahre, von jenem Tage an gerechnet, und für den Umfang des preußischen Staats ertheilt worden.

2. Dem Maschinen-Fabrikanten J. Pintus in Brandenburg a. H. ist unter dem 24. Juni 1864 ein Patent

auf eine Radial-Dreschmaschine in der durch Beschreibung und Zeichnung nachgewiesenen ganzen Zusammensetzung ohne Beschränkung Anderer in der Anwendung bekannter Theile,

auf fünf Jahre, von jenem Tage an gerechnet, und für den Umfang des preußischen Staats ertheilt worden.

3. Dem Fabrikbesitzer R. Kowalsky in Danzig ist unter dem 27. Juni 1864 ein Patent

auf eine mechanische Vorrichtung zum Formen von Vorderblättern für Stiefel, in dem durch Zeichnung und Beschreibung nachgewiesenen Zusammenhang und ohne Jemand in der Benutzung bekannter Theile zu beschränken,

auf fünf Jahre, von jenem Tage an gerechnet, und für den Umfang des preußischen Staats ertheilt worden.

Frankfurt a. d. O., den 6. Juli 1864.   Königl. Regierung; Abtheilung des Innern.

(3) Bekanntmachung. Durch Urkunde vom heutigen Tage ist das Braunkohlen-Bergwerk „Alwin" bei Marwitz im Kreise Landsberg, Bergrevier Cüstrin, mit 1 Fundgrube und 850 Maaßen 64 Lachter gevierten Feldes an die Frau Grubenbesitzerin Charlotte Pauline Kolke geb. Tritlin zu Genain verliehen worden.   Halle, den 23. Juni 1864.   Königliches Ober-Berg-Amt.

(4) Bekanntmachung. Durch Urkunde vom heutigen Tage ist das Braunkohlen-Bergwerk „Guter Anfang" bei Lieskau im Kreise Spremberg, Bergrevier Guben, mit 1 Fundgrube und 1009 Maaßen 190 Quadrat-Lachter gevierten Feldes an den Gruben-Inspektor Carl Nöggerath zu Muskau verliehen worden.

Halle, den 22. Juni 1864.   Königliches Ober-Berg-Amt.

(5) Bekanntmachung. Vom 15. d. Mts. ab werden auf der Ostbahn für die Dauer der Gültigkeit des gegenwärtigen Fahrplans der sämmtlichen Personen- und gemischten Züge Tagesbillets zu ermäßigten Fahrpreisen in Zweiter und Dritter Wagenklasse eingeführt und zwar:

a) von Frankfurt nach Reppen und Pobelzig; b) von Landsberg, Cüstrin und Pobelzig nach Frankfurt; c) von Cüstrin, Bleg, Hansdorf, Friedeberg und Driesen nach Landsberg; d) von Cüstrin nach Pobelzig; e) von Schneidemühl, Miasteczko, Bialosliwe, Osiek, Nakel, Kotomierz, Terespol, Laskowitz, Gorlitschen, Czerwinsk, Thorn und Schultz nach Bromberg; f) von Czerwinsk, Halpin, (für diese beiden Stationen jedoch nur in zweiter Wagenklasse), Dirschau, Hohenstein, Praust, Simonsdorf, Marienburg, Altfelde, Grünau, Elbing nach Danzig; g) von Danzig nach Dirschau und Marienburg; h) von Simonsdorf nach Dirschau und Marienburg; i) von Dirschau nach Marienburg; k) von Marienburg nach Dirschau; l) von Marienburg, Altfelde, Grünau, Güttzlshofen und Schöblitten nach Elbing; m) von Elbing, Güldenboden, Schöblitten, Mühlhausen, Braunsberg, Heiligenbeil, Wollitnik, Ludwigsort, Robbelbude, Löwenhagen, Ludenau, Laplau, Wehlau, Norkitten und Insterburg nach Königsberg; n) von Königsberg nach Ludwigsort, Löwenhagen und Lindenau; o) von Wehlau, Norkitten, Gumbinnen und Jurdschen nach Insterburg; p) von Bromberg und Schultz nach Thorn und q) von Bromberg nach Schultz.

Die Billets haben nur für den Kalendertag (d. h. Antritt der Hin- und Rückreise muß auf demselben Tag fallen), übrigens zu jedem fahrplanmäßigen Zuge, welcher die betreffende Wagenklasse führt, für die zweite Wagenklasse, somit auch zu den Courierzügen, sofern derselbe in der bezüglichen Bestimmungsstation anhält, Gültigkeit, und bedürfen einer Abstempelung Seitens der Billet-Expedition vor Antritt der Rückfahrt nicht, dagegen sind dieselben beim Einsteigen dem Zugbeamten vorzuzeigen. Freigepäck wird nicht gewährt.

Bromberg, den 5. Juli 1864.   Königliche Direktion der Ostbahn.

(6) **Bekanntmachung.** An Stelle der in 2. und 3. des Tarifs der Ostbahn vom 1. März 1862 enthaltenen Vorschriften über die Beförderung von Kindern unter 10 Jahren treten vom 1. Juli cr. ab folgende Bestimmungen:

„Kinder unter 10 Jahren werden zu ermäßigten Fahrpreisen befördert, nämlich 2 auf ein Billet in jeder Wagenklasse, eins in I. Wagenklasse auf ein Billet II. Klasse, in II. Wagenklasse auf ein Billet III. Klasse und eins in III. Klasse auf ein Billet IV. Klasse. In der IV. Klasse hat ein Kind ohne Begleitung den vollen Preis zu zahlen. Bei Zügen, welche nur Wagen I. und II. Klasse führen, erfolgt die Beförderung eines Kindes in II. Klasse gegen Lösung eines zu den gewöhnlichen Personenzügen gültigen Billets III. Klasse.

In den drei letzten Wagenklassen werden ein Kind und ein Erwachsener auf ein Billet der nächst höheren Klasse befördert.

Für Kinder, welche noch getragen werden müssen und ihre Stelle auf dem Platze ihrer Angehörigen finden, erfolgt keine Zahlung.

Finden Zweifel über das Alter der Kinder statt, so entscheidet der Ausspruch des bei der Revision anwesenden obersten Beamten."

Bromberg, den 20. Juni 1864.   **Königliche Direktion der Ostbahn.**

(7) **Bekanntmachung.** Im allgemeinen Verkehrs-Interesse soll vom 15. d. M. ab für den direkten Güter-Verkehr (des sperrigen Guts, Eilguts, der Güter der Normalklasse und der ermäßigten Klassen A. und B.) zwischen Stationen der Ostbahn und den Stationen Fürstenwalde und Berlin der Niederschlesisch-Märkischen Eisenbahn und darüber hinaus, auch für die Strecke Berlin-Frankfurt a. d. O., der Lokal-Güter-Tarif der Ostbahn mit seinen Klassifikations- und Frachtbestimmungen als einheitlicher Tarif dergestalt in Wirksamkeit treten, als ob die bezeichnete Strecke eine Fortsetzung der Ostbahn bildete.

Im Fall wegen abweichender Klassifikation zwischen den für die unterzeichneten Verwaltungen bestehenden Lokal-Tarifen die Interessenten ein vorteilhafteres Resultat finden sollten, statt des oben bezeichneten direkten Tarifs die Gütersendungen zu den Sätzen der beiderseitigen Lokal-Tarife — im unterbrochenen Verkehr — befördern zu lassen, so muß diese Transportweise durch einen entsprechenden schriftlichen Vermerk des Versenders im Frachtbriefe ausdrücklich verlangt werden. Es findet alsdann in Frankfurt a. d. O. Umexpedition statt.

Im Uebrigen finden die Frachtsätze des neuen Tarifs auch auf direkte Güter-Sendungen im Verkehr der Stationen Eywald und Erkner, resp. Briesen mit Ostbahn-Stationen insoweit Anwendung, als die Tarif-Sätze für die entfernteren Stationen Berlin, beziehungsweise Fürstenwalde, billiger sind als die zusammengestoßenen Frachtsätze nach den gültigen Lokal-Tarifen beider Verwaltungen. Bei den bestehenden Vereins-Special-Tarifen zwischen Stationen beider unterzeichneten Verwaltungen und den in deren Bereiche geltenden noch billigeren Special-Tarif, behält es sein Bewenden.

Exemplare des Tarifs, zum Preise vom 1 Sgr. pro Stück, können bei den Stationen Berlin und Fürstenwalde, sowie auf allen Stationen der Ostbahn käuflich bezogen werden.

Bromberg und Berlin, den 4. Juli 1864.

Königliche Direktion der Ostbahn.   **Königliche Direktion der Niederschlesisch-Märkischen Eisenbahn.**

(8) **Bekanntmachung.** Versorgungsberechtigte Militärpersonen, welche die zu ihrer Versorgung im Civildienste eine Beschäftigung als Landbriefträger, Packetträger x. bei vorkommender Erledigung solcher Stellen, annehmen wollen, werden hierdurch aufgefordert, bei der Post-Anstalt ihres Wohnortes, oder bei der dem letzteren zunächst gelegenen Post-Anstalt, unter Vorlegung des Civil-Versorgungsscheins, eines ärztlichen Attestes über ihren Gesundheitszustand und einer Bescheinigung der Ortspolizei-Behörde über ihr moralisches Verhalten, sich zu melden.

Durch die Uebernahme einer solchen Beschäftigung geht der versorgungsberechtigte Militär-Invalide seines Anspruchs auf etwaige Anstellung als Post-Unterbeamter (als Briefträger, Wagenmeister Büreaudiener u. s. w.) nicht verlustig.

Frankfurt a. d. O., den 2. Juli 1864.   Der Ober-Post-Direktor. (gez.) **Hoppe.**

(9)   **Bekanntmachung,**
betreffend die Ausloosung der Rentenbriefe der Provinz Brandenburg.

Bei der in Folge unserer Bekanntmachung vom 24. April c. am 11. d. Mts. stattgefundenen öffentlichen Verloosung von Rentenbriefen der Provinz Brandenburg sind folgende Apoints gezogen worden:

— 154 —

Litt. A. zu 1000 Thlr. die Nummern: 167. 274. 742. 894. 945. 955. 1041. 2008. 2195. 2290. 2299. 3554. 3814. 3928. 4411. 4424. 4592. 4863. 4902. 4950. 4972. 5767. 5824. 5906. 6589. 7005. 7026. 7086. 7300. 7515. 7872. 8142. 8166.

Litt. B. zu 500 Thlr. die Nummern: 318. 383. 460. 779. 1509. 1627. 1660. 1686. 2096. 2163. 2233. 2305. 2345. 3494. 3518.

Litt. C. zu 100 Thlr. die Nummern: 192. 651. 695. 804. 959. 1280. 1391. 1421. 1755. 1905. 1932. 2014. 2018. 2196. 2304. 2406. 2764. 2780. 2872. 3149. 3268. 3555. 4368. 4779. 4902. 5900. 6286. 6414. 6534. 6825. 6939. 6988. 7779. 8083. 8109.

Litt. D. zu 25 Thlr. die Nummern: 98. 208. 272. 399. 801. 870. 1044. 1202. 1230. 2024. 2236. 3134. 3192. 3485. 3742. 3985. 4033. 4074. 4161. 4208. 4446. 4692. 4747. 5269. 5584. 5674. 6079. 6346. 6353. 6396. 6890. 6945.

Litt. E. zu 10 Thlr. die Nummern: 15. 58. 74. 76. 112. 126. 141. 143. 150. 152. 182. 191. 202. 226. 240. 273. 274. 309. 326. 357. 373. 375. 394. 445. 479. 508. 521. 538. 552. 569. 636. 642. 648. 660. 720. 723. 725. 789. 803. 817. 823. 851. 871. 878. 896. 900. 910. 912. 918. 924. 943. 966. 975. 977. 982. 1026. 1049. 1050. 1071. 1087. 1104. 1109. 1128. 1130. 1138. 1175. 1196. 1210. 1213. 1228. 1249. 1310. 1327. 1330. 1354. 1357. 1410. 1434. 1441. 1444. 1484. 1514. 1541. 1551. 1567. 1583. 1645. 1650. 1660. 1663. 1665. 1688. 1695. 1719. 1727. 1741. 1775. 1779. 1813. 1835. 1869. 1885. 1890. 1898. 1904. 2009. 2011. 2080. 2087. 2116. 2126. 2145. 2181. 2189. 2202. 2210. 2216. 2217. 2218. 2256. 2284. 2289. 2298. 2301. 2323. 2332. 2335. 2349. 2352. 2381. 2448. 2454. 2467. 2477. 2493. 2515. 2531. 2537. 2565. 2613. 2626. 2628. 2631. 2672. 2690. 2702. 2760. 2804. 2871. 2884. 2964. 3007. 3030. 3113. 3121. 3210. 3223. 3315. 3337. 3354. 3356. 3406. 3470. 3512. 3542. 3568. 3576. 3586. 3621. 3632. 3699. 3707. 3733. 3746. 3783. 3789. 3804. 3824. 3826. 3899. 3901. 3910. 3933. 3942. 3949. 3969. 4013. 4014. 4055. 4060. 4067. 4101. 4169. 4187. 4207. 4288. 4376. 4446. 4455. 4479. 4482. 4495. 4498. 4507. 4530. 4551. 4591. 4599. 4608. 4618. 4639. 4682. 4707. 4735. 4762. 4784. 4775. 4797. 4798. 4820. 4927. 4855. 4860. 4904. 4918. 4935. 4956. 4975. 4986. 5009. 5018. 5082. 5091. 5136. 5190. 5271. 5292. 5299. 5330. 5365. 5377. 5378. 5382. 5386. 5448. 5507. 5509. 5523. 5524. 5527. 5561. 5575. 5581. 5592. 5599. 5618. 5664. 5680. 5690. 5699. 5704. 5708. 5723. 5731. 5744. 5760. 5764. 5769. 5771. 5776. 5792. 5804. 5812. 5844. 5877. 5896. 5913. 5916. 5920. 5949. 5955. 5973. 5981. 5989. 5990. 6011. 6015. 6024. 6142. 6143. 6168. 6180. 6193. 6204. 6223. 6228. 6241. 6243. 6258. 6329. 6330. 6447. 6473. 6618. 6644. 6691. 6695. 6701. 6707. 6733. 6734. 6741. 6771. 6786. 6795. 6807. 6812. 6840. 6880. 6891. 6898. 6903. 6931. 6964. 6967. 6996. 7018. 7023. 7060. 7061. 7066. 7079. 7085. 7137. 7141. 7163. 7189. 7201. 7230. 7256. 7304. 7306. 7352. 7379. 7382. 7428. 7459. 7499. 7523. 7548. 7608. 7609. 7614. 7626. 7674. 7675. 7693. 7707. 7724. 7792. 7796. 7814. 7859. 7873. 7899. 7951. 8000. 8022. 8035. 8048. 8050. 8055. 8058. 8060. 8092. 8101. 8111. 8122. 8123. 8166. 8180. 8225. 8247. 8250. 8257. 8266. 8277. 8278. 8288. 8295. 8323. 8325. 8327. 8354. 8356. 8360. 8372. 8383. 8417. 8424. 8448. 8450. 8451. 8498. 8511. 8523. 8537. 8538. 8546. 8590. 8603. 8609. 8647. 8650. 8655. 8666. 8670. 8682. 8704. 8726. 8807. 8832. 8934. 8837. 8845. 8851. 8853. 8854. 8876. 8896. 8899. 8902. 8940. 8964. 8967. 8976. 9012. 9016. 9023. 9028. 9033. 9040. 9046. 9054. 9055. 9058. 9094. 9114. 9115. 9117. 9125. 9137. 9157. 9178. 9197. 9219. 9221. 9225. 9289. 9250. 9252. 9265. 9267. 9280. 9282. 9295. 9303. 9311. 9313. 9328. 9346. 9361. 9386. 9398. 9390. 9399. 9401. 9413. 9421. 9423. 9424. 9425. 9427. 9435. 9437. 9439. 9441. 9442. 9452. 9453. 9465. 9476. 9484. 9486. 9492. 9496. 9498. 9502. 9511. 9518.

Die Inhaber der vorbezeichneten Rentenbriefe werden aufgefordert, gegen Quittung und Einlieferung der Rentenbriefe in coursfähigem Zustande und den dazu gehörigen Coupons Serie II. No. 13 bis 16 den Nennwerth der Ersteren bei der hiesigen Rentenbank-Kasse, Alte Jakobstraße No. 106, vom 1. Oktober d. J. ab in den Wochentagen von 9 bis 1 Uhr in Empfang zu nehmen.

Vom 1. Oktober d. J. ab hört die Verzinsung der ausgeloosten Rentenbriefe auf.

Zugleich wird hiermit bekannt gemacht, daß von den früher verloosten Rentenbriefen der Provinz Brandenburg, seit deren Fälligkeit bereits zwei Jahre und darüber verflossen sind, folgende zur Einlösung bei der Rentenbank-Kasse noch nicht präsentirt worden sind, und zwar aus den Fälligkeitsterminen:

— 155 —

a) am 1. April 1856: Litt. D. No. 1532 über 25 Thlr.;
b) am 1. Oktober 1858: Litt. E. No. 1660 über 10 Thlr.;
c) am 1. April 1859: Litt. A. No. 4658 über 1000 Thlr. — Litt. C. No. 3190 über 100 Thlr. — Litt. E. No. 63. 439. 1110. 1129. 3260. 3771. 3928. 4587. 6030. 7205 à 10 Thlr.;
d) am 1. Oktober 1859: Litt. A. No. 231. 3165. 3220 à 1000 Thlr. — Litt. B. No. 5 über 500 Thlr. — Litt. C. No. 1356. 1867. 3367 à 100 Thlr. — Litt. E. No. 43. 329. 671. 866. 993. 1044. 1358. 1968. 2465. 2691. 2932. 3144. 3358. 3641. 3966. 4569. 5162. 5176. 5391. 5392. 5693. 7422. 7454. 7563. 7582. 7942. 8125. 8483 à 10 Thlr.;
e) am 1. April 1860: Litt. C. No. 6384 über 100 Thlr. — Litt. D. No. 1268. 1400. 1984. 2704. 2754. 6035 à 25 Thlr. — Litt. E. No. 24. 71. 115. 462. 913. 1506. 1887. 2481. 2670. 2872. 3298. 3355. 3375. 3613. 3625. 3967. 4116. 4451. 4541. 4687. 4714. 4941. 5128. 5826. 6123. 6348. 6583. 6817. 6930. 7064. 7564. 8098. 8143. 8598 à 10 Thlr.;
f) am 1. Oktober 1860: Litt. A. Nr. 1675 à 1000 Thlr. — Litt. C. No. 4900. 5034 à 100 Thlr. — Litt. D. No. 343. 5610 à 25 Thlr. — Litt. E. No. 370. 499. 593. 596. 641. 678. 865. 903. 1038. 1039. 1080. 1966. 2049. 2085. 2163. 2466. 2471. 2483. 2567. 2878. 2934. 2992. 3072. 3153. 3170. 3636. 3723. 3779. 3802. 4615. 4744. 5286. 5475. 5840. 6219. 6234. 6263. 6550. 6396. 6935. 6989. 7287. 7336. 7546. 7834. 7863. 7953. 7998. 8229. 8270. 8535. 8542. 8646. 8708 à 10 Thlr.;
g) am 1. April 1861: Litt. A. No. 6073 über 1000 Thlr. — Litt. B. No. 141 über 500 Thlr. — Litt. C. No. 339. 741. 5215. 5701 à 100 Thlr. — Litt. D. No. 328. 940. 2051. 6224 à 25 Thlr. — Litt. E. Nr. 3. 167. 218. 341. 367. 525. 770. 1066. 1070. 1526. 1624. 1856. 1990. 2240. 2339. 2358. 2373. 2461. 2599. 2671. 2833. 2933. 3350. 3418. 3596. 3773. 3864. 3880. 3965. 4064. 4183. 4308. 4520. 4522. 4572. 5004. 5181. 5236. 5255. 5284. 5321. 5620. 5621. 5717. 5876. 6182. 6536. 6638. 6791. 7028. 7331. 7434. 7472. 7543. 7809. 7944. 8264. 8349. 8388. 8432. 8437. 8459. 8460. 8536. 8570. 8571 à 10 Thlr.;
h) am 1. Oktober 1861: Litt. A. Nr. 3458 über 1000 Thlr. — Litt. B. No. 2011. 8044 à 500 Thlr. — Litt. C. No. 3421. 4358. 6203. 6563 à 100 Thlr. — Litt. D. No. 1180. 1617. 2376. 3094. 4101. 5285 à 25 Thlr. — Litt. E. No. 4. 29. 501. 575. 597. 702. 850. 1028. 1145. 1360. 1515. 1516. 1547. 1596. 1611. 1793. 1834. 1975. 2195. 2490. 2669. 2829. 3076. 3116. 3407. 3421. 3462. 3479. 3553. 3614. 3626. 3796. 3831. 3832. 3842. 3887. 4368. 4817. 5094. 5127. 5178. 5228. 5285. 5316. 5342. 5345. 5379. 5403. 5408. 5415. 5465. 5546. 5658. 5682. 5977. 6518. 6564. 6657. 6804. 6813. 6661. 6929. 6982. 7203. 7413. 7432. 7580. 7611. 7796. 7874. 8442. 8592. 8633. 8724. 8808. 9061 à 10 Thlr.;
i) am 1. April 1862: Litt. A. Nr. 1124. 4044. 6587 à 1000 Thlr. — Litt. B. No. 1584. 3028 à 500 Thlr. — Litt. C. No. 467. 1186. 3718. 6334 à 100 Thlr. — Litt. D. No. 1003. 2092. 4728. 5128 à 25 Thlr. — Litt. E. No. 1. 84. 88. 230. 287. 342. 354. 419. 443. 463. 559. 665. 677. 686. 795. 853. 1030. 1118. 1212. 1223. 1286. 1237. 1497. 1509. 1538. 1565. 1596. 1600. 1605. 2187. 2292. 2597. 2620. 2629. 2954. 3059. 3202. 3459. 3463. 3541. 3598. 3772. 3820. 3876. 3968. 4091. 4186. 4390. 4995. 5348. 5390. 5416. 5427. 5454. 5456. 5490. 5661. 5822. 5828. 6138. 6152. 6218. 6264. 6551. 6677. 6777. 6868. 6965. 7099. 7111. 7228. 7483. 7836. 7862. 7937. 7971. 7933. 8063. 8088. 8091. 8124. 8128. 8269. 8391. 8441. 8457. 8556. 8591. 8625. 8710. 8773. 8905. 6924. 8948 à 10 Thlr.

Die Inhaber dieser Rentenbriefe werden wiederholt aufgefordert, den Nominalwerth derselben nach Abzug des Betrages der von den mit abzuliefernden Coupons etwa fehlenden Stücke auf unserer Kasse in Empfang zu nehmen.

Wegen der Verzinsung der ausgeloosten Rentenbriefe machen wir auf die Bestimmung des Gesetzes über die Errichtung von Rentenbanken vom 2. März 1850 §. 44 aufmerksam.

Endlich bemerken wir, daß den Inhabern von ausgeloosten und gekündigten Rentenbriefen gestattet ist, die zu realisirenden Rentenbriefe — unter Beifügung einer ordnungsmäßigen Quittung — mit der Post an die Rentenbank-Kasse postfrei einzusenden und zu beantragen, daß die Uebersendung des Geldbetrages auf gleichem Wege, jedoch auf Gefahr und Kosten des Empfängers, erfolge. —

Berlin, den 12. Mai 1864.

Königliche Direction der Rentenbank für die Provinz Brandenburg. (gez.) Heyder.

(10) Uebersicht von den Resultaten der Verwaltung der ständischen Städte-Feuer-Societät der Kur- und Neumark und der Niederlausitz für das Jahr 1863.

Im Laufe des Jahres 1863 wurden erledigt 3743 Anträge, resp. auf neue Versicherungen, auf Erhöhung bereits bestehender Gebäude-Versicherungen, sowie auf die Löschung eingegangener oder aus der Societät ausscheidender Gebäude. Der beitragspflichtige Gebäudewerth gestaltete sich demnach folgend:

	pro I. Semester 1863 Thlr.	pro II. Semester 1863 Thlr.	Gegen das Jahr 1862 Zugang Thlr.	Abgang Thlr.
In Klasse I.	31,921,575	33,038,000	2,534,050	—
" " II.	32,437,575	32,859,000	1,295,400	—
" " III.	6,687,200	6,855,525	172,200	—
" " IV.	2,350,575	2,364,725	23,925	—
in Summa	73,396,925	75,117,250	4,025,575	—
also mehr gegen 1862			4,025,575	—

Der unter der Versicherungs-Summe der 75,117,250 Thlr. am Jahresschlusse mit befindliche Werth der Kirchen und Thürme, von welchem Feuer-Societäts-Beiträge erhoben werden, beläuft sich auf 976,425 Thlr.

Dazu die nach §. 44. des Reglements beitragsfreie Hälfte dieses Gebäudewerths mit ebenfalls . . . . 976,425 "

ergeben sich als Gesammt-Versicherungssumme der Kirchen und Thürme alt. 1863 . . 1,952,850 Thlr.

Die Zahl der Feuerbrünste im Societäts-Bezirke betrug 131, und zwar im I. Semester 56, im II. Semester 75. Von diesen Bränden, welche sich in 67 Städten auf Gebäude von 241 Societäts-Genossen erstreckten, sind nur für 121 Entschädigungen zu gewähren gewesen.

Ganz eingeäschert wurden 9 Wohnhäuser, 2 Mühlen, 2 Fabrikgebäude, 50 Seiten-, Quer- und Stallgebäude, 73 Scheunen, 1 Remise, 1 Schuppen; in Summa 138 Gebäude. Theilweise Beschädigungen erlitten 1 Kirche nebst Thurm, 1 Schulhaus, 1 Rathhaus, 74 Wohnhäuser, 17 Fabrikgebäude, 84 Seiten-, Quer- und Stadtgebäude, 31 Scheunen, 1 Remise, 1 Schuppen, 1 Keller-Ueberbau, Summa 212 Gebäude.

Verursacht sind 2 Schadensfälle durch Gewitter, 6 durch vorsätzliche, 11 durch muthwillige Brandstiftung, 2 durch Verwahrlosung, 1 durch fehlerhaften Bauart, 1 durch Explosion, von 102 Fällen ist angezeigt, daß die zur Ermittelung der Entstehungs-Ursache des Feuers eingeleiteten Untersuchungen ohne Erfolg geblieben sind und in 6 Fällen fehlen noch die betreffenden Berichte. Von den wegen vorsätzlicher Brandstiftung zur Untersuchung gezogenen Personen sind verurtheilt: eine Mannsperson zu 20 Jahr Zuchthausstrafe, eine Mannsperson zu 3 Jahr Zuchthausstrafe. Wegen ihres jugendlichen Alters wurden drei Knaben wegen Brandstiftung zur von den betreffenden Lehrern gestopft und bei sechs Kindern ist wegen des jugendlichen Alters derselben vom strafrechtlichen Verfahren Abstand genommen worden. Als der fahrlässigen Brandstiftung überführt, wurden verurtheilt eine Mannsperson zu 1 Woche Gefängniß und eine Mannsperson zu 2 Thlr. Geldbuße.

In Folge der obenerwähnten 121 Brandschäden, für welche die Societät aufzukommen hat, sind festgestellt und beziehungsweise auszuschreiben gewesen:

	Vergütigungen			Feuer-Societäts-Beiträge vom Hundert der Versicherungs-Summe		
	für total abgebrannte Gebäude Thlr. Sgr. Pf.	für partiell beschädigte Gebäude Thlr. Sgr. Pf.	in Summa Thlr. Sgr. Pf.	im I. Semester 1863 Sgr. Pf.	im II. Sgr. Pf.	Summa Sgr. Pf.
In der I. Klasse	2,700 — —	14,617 5 1	17,317 5 1	— 8	— 8	1 4
" " II. "	13,475 — —	20,460 10 6	33,935 10 6	2 —	2 —	4 —
" " III. "	7,500 — —	14,835 8 —	22,335 8 —	3 4	3 4	6 8
" " IV. "	18,000 — —	5,679 6 5	23,679 6 5	9 4	9 4	18 8
Summa	41,675 — —	55,592 — —	97,267 — —			

— 187 —

Der sub Littr. A. beigefügte Extract aus der Rechnung vom laufenden Verwaltungs-Fonds für das Jahr 1863 besagt das Nähere über die diesfälligen Einnahmen und über die vorstehend speziell erwähnten Ausgaben. Den Betrag der Verwaltungskosten und den Vermögens-Bestand der Societät am Schluß des Jahres 1863 ergiebt dagegen der sub Littr. B. angeschlossene Extract aus der Rechnung vom eisernen Bestands-Fonds. Die Vereinfachung der vorliegenden Uebersicht gegen die früheren diesfälligen Veröffentlichungen gründet sich auf höhere Anerdnung. — Berlin, den 24. Juni 1864.

Ständische Städte-Feuer-Societäts-Direction der Kur- und Neumark und der Niederlausitz.

A. Extract aus der Rechnung der Ständischen Städte-Feuer-Societät der Kur- und Neumark und der Niederlausitz vom laufenden Verwaltungs-Fonds für das Jahr 1863.

Einnahme.	Soll. Thlr. Sgr. Pf.	Ist. Thlr. Sgr. Pf.	Rest. Thlr. Sgr. Pf.
A. Bestand aus der vorigen Rechnung	50,320 28 6	50,320 28 6	
B. Aus Rechnungs-Erinnerungen			
C. An Einnahme-Resten	1,329 22 5	1,325 7 5	
D. Aus dem laufenden Rechnungsjahre:			
I. An Beiträgen der Associirten	85,932 12 10	85,818 20 7	113 22 3
II. An Beiträgen der Nicht-Associirten	932 28 8	105 29 9	826 28 11
III. An wieder eingezogenen Brandvergütigungsgeldern	5 — —	5 — —	
IV. An erstatteten Mandatariengebühren	3 16 —		3 16 —
V. An erworbenen Documenten und eingezogenen Kapitalien			
VI. An Zinsen	499 12 —	499 12 —	
VII. An Strafgeldern			
VIII. An zufälligen Einnahmen			
IX. An durchlaufenden Posten	136,000 — —	136,000 — —	
Summa	275,024 — 5	274,075 8 3	944 7 2

Bemerkung. Bei Abtheilung C. sind 4 Thlr. 15 Sgr. in Ausfall gekommen.

Ausgabe.			
A. An wieder erstattetem Vorschuß			
B. Aus Rechnungs-Erinnerungen			
C. An Ausgabe-Rückständen	27,645 12 3	22,641 11 —	5,004 1 3
D. Aus dem laufenden Rechnungsjahr:			
I. a) An Brandvergütigungsgeldern, Spritzen- und Wasserwagenprämien, Abschätzungskosten	98,583 20 —	75,757 19 —	22,826 1 —
b. für Nebenbeschädigungen	1,126 1 8	1,114 21 8	11 10
II. An zurückgezogenen event. wieder zu verausgabenden Brandvergütigungsgeldern			
III. An restituirten Feuer-Societäts-Beiträgen	14 15 6	14 15 6	
IV. An Diäten und Reisekosten einschließlich 1672 Thlr. 22 Sgr. 6 Pf. für außerordentliche bau- und feuerpolizeiliche Revisionen an ständische Deputirte	1,828 14 6	1,828 14 6	
V. An Mandatariengebühren, Kosten-Vorschüssen	25 3 —	25 3 —	
VI. Für erworbene Documente etc.			
VII. An Zinsen für aufgenommene Darlehne			
VIII. An außerordentlichen Ausgaben	5 15 —	5 15 —	
IX. An durchlaufenden Posten	136,000 — —	136,000 — —	
Summa	265,228 21 11	237,387 9 8	27,841 12 3
Die Einnahme beträgt		274,075 8 3	
Bleibt Bestand		36,687 28 7	

B. **Extract**
aus der Rechnung der Ständischen Städte-Feuer-Societät der Kur- und Neumark und der Niederlausitz
vom eisernen Bestandsfonds für das Jahr 1863.

Einnahme.	Soll. Thlr. Sgr. Pf.	Ist. Thlr. Sgr. Pf.	Rest. Thlr. Sgr. Pf.
A. Bestand aus der vorigen Rechnung	226,662 27 8	226,662 27 8	— — —
B. Aus Rechnungs-Erinnerungen	— — —	— — —	— — —
C. An Einnahmeresten	23 6 6	— 28 —	22 5 —
D. Aus dem laufenden Rechnungsjahr			
I. An Zinsen	9,820 24 6	9,820 24 6	— — —
II. An erstatteten Gerichts- 2c. Kosten	— 2 —	— 2 —	— — —
III. An erstatteten Vorschüssen	— — —	— — —	— — —
IV. An erworbenen Dokumenten und eingezogenen Kapitalien	42,808 — —	42,808 — —	— — —
V. An außerordentlichen Einnahmen	34,23 10	34,23 10	— — —
VI. An durchlaufenden Posten	10,800 — —	10,800 — —	— — —
Summa	290,149 24 6	290,127 16 —	22 5 —

Bemerkung. Bei Abtheilung C. sind 3 Sgr. 6 Pf. in Ausfall gekommen.

Ausgabe.			
A. An erstatteten Rechnungs-Vorschuß	— — —	— — —	— — —
B. Aus Rechnungs-Erinnerungen	— — —	— — —	— — —
C. An Ausgaberesten	75 — —	— — —	75 — —
D. Aus dem laufenden Rechnungsjahr			
I. An Verwaltungskosten	8,880 24 11	8,880 24 11	— — —
Hierunter befinden sich fixirte Gehälter 5,500 Thlr., Gebühren der technischen Mitglieder der Orts-Revisions-Commissionen 1364 Thlr. 28 Sgr. und Pensionen 800 Thlr.			
II. An Gerichtskosten	— — —	— — —	— — —
III. An Vorschüssen	— — —	— — —	— — —
IV. Für erworbene und an verauslagten Dokumenten	42,453 3 —	42,453 3 —	— — —
V. An durchlaufenden Posten	10,800 — —	10,800 — —	— — —
Summa	62,205 27 11	62,133 27 11	75 — —
Die Einnahme beträgt		290,127 16 —	
Mithin Bestand		227,993 18 1	

wovon 226,915 Thlr. in Staatspapieren und Hypotheken zinstragend angelegt sind.

(11) Am 10. Juni c. Nachmittags gegen halb 4 Uhr ist in dem Schutzbezirk Rehesdorf I. Jagen 93 c. des Königlichen Forstreviers Grünhaus ein Waldbrand ausgebrochen, dessen Entstehen anscheinend einer absichtlichen Brandstiftung zuzuschreiben ist. Wir sichern demjenigen, welcher den Brandstifter entdeckt und solche Beweismittel beibringt, daß der Urheber des Waldbrandes in die gesetzliche Strafe verurtheilt werden kann, eine Prämie von 25 Thlr. hiermit zu.

Frankfurt a. d. O., den 11. Juli 1864.

Königl. Regierung; Abtheilung für directe Steuern, Domainen und Forsten.

Amts-Blatt
der Königl. Preuß. Regierung zu Frankfurt a/O.

№ 29.   Frankfurt a. d. O., den 20. Juli.   1864.

Bekanntmachungen des Königlichen Schul-Collegiums der Provinz Brandenburg.

Wir bringen hiermit zur öffentlichen Kenntniß, daß mit dem 1. Oktober d. J. ein neuer Cursus in dem Schullehrer-Seminar zu Oranienburg beginnt und die Prüfung der Aspiranten auf den 8., 9. und 10. August d. J. von uns anberaumt worden ist.

Diejenigen, welche die Aufnahme in das gedachte Seminar nachzusuchen beabsichtigen, werden aufgefordert, bis zum 1. August d. J. mit dem betreffenden Gesuche a) einen von ihnen selbst abgefaßten und geschriebenen Lebenslauf, welcher — außer den nöthigen Personal-Nachrichten — den Gang ihrer Bildung und Vorbereitung für das Schulamt darstellt, b) ihren Tauf- und Confirmationsschein, c) ein Zeugniß ihres Seelsorgers über ihre sittliche und religiöse Befähigung zum Schulamte und ein Zeugniß über ihre untadelhafte Führung, d) ein ärztliches Gesundheitsattest, in welchem auch die an ihnen erfolgte Impfung der Schutzblattern bescheinigt sein muß, e) ein Attest über die in den letztverflossenen zwei Jahren erneuerte Pocken-Impfung, f) ein Bildungszeugniß, welches sich über die Fähigkeit, den Fleiß und die Fortschritte des Präparanden bestimmt ausspricht, g) eine schriftliche Erklärung ihrer Eltern oder Vormünder, wie viel sie an Kostgeld auf die ganze Dauer der Bildungszeit zu zahlen im Stande sind, an den Herrn Seminar-Direktor Dr. Cröger in Oranienburg einzureichen und dessen weitere Anweisung zu gewärtigen.

Wegen der übrigen Bedingungen der Aufnahme wird auf die in dem Amtsblatt der Königlichen Regierung zu Potsdam de 1861 Stück 35 Seite 268 und in dem Amtsblatt der Königlichen Regierung zu Frankfurt a. d. O. de 1861 Stück 35 Seite 205 veröffentlichte Nachricht Bezug genommen.

Berlin, den 11. Juli 1864.   **Königliches Provinzial-Schul-Collegium.**

Die diesjährige öffentliche Prüfung in dem Schullehrer-Seminar zu Neuzelle wird am 21. September d. J. abgehalten werden.

Wir laden die Herren Superintendenten, Schulinspektoren und Prediger zur Theilnahme an dieser Prüfung mit dem Bemerken ein, daß die Entlassungs-Prüfung der zu Michaelis d. J. abgehenden Seminaristen unmittelbar vor der öffentlichen Prüfung, und zwar am 19. und 20. September d. J. stattfinden soll, und daß den Herren Superintendenten, Schulinspektoren und Predigern, welche sich von den Verhältnissen des Seminars näher zu unterrichten wünschen, der Zutritt zu den Prüfungen gern gestattet werden wird.

Berlin, den 12. Juli 1864.   **Königliches Provinzial-Schul-Collegium.**

Verordnungen und Bekanntmachungen der Königlichen Regierung zu Frankfurt a. d. O.

Es ist zu unserer Kenntniß gekommen, daß die in den schiffbaren Strömen unseres Verwaltungs-Bezirks zur Sicherung der Schifffahrt und Flößerei ausgelegten Bojen und andere Sicherheitszeichen häufig muthwilliger oder fahrlässiger Weise zerstört werden. Zur Warnung vor solchem Frevel wird auf die dagegen in unseren Amtsblatts-Bekanntmachungen vom 31. Juli und 19. Oktober 1837 — Amtsblatt Seite 259 — und vom 26. Juli 1839 — Amtsblatt Seite 274 — angedrohten Strafen und ferner darauf aufmerksam gemacht, daß

nach Artikel 302 des Strafgesetzbuches die vorsätzliche Zerstörung, Wegschaffung oder Unbrauchbarmachung der Schifffahrtszeichen mit Zuchthaus bis zu zehn Jahren, und fahrlässige Handlungen derselben Art, wenn dadurch ein Schaden entstanden, oder ein Mensch das Leben verloren, mit Gefängniß bis zu 6 Monaten resp. von 2 Monaten bis zu 2 Jahren bestraft werden.

Unsere Unterbehörden sind angewiesen, die zu ihrer Kenntniß gelangenden Uebertretungen der bezeichneten Strafgesetze unnachsichtlich zu verfolgen, und dürfen wir in Anbetracht der gemeinschädlichen Natur jener Handlungen wohl erwarten, daß das Publikum den Behörden bei Ermittelung und Verfolgung der Thäter möglichsten Vorschub leisten werde.

Unter Beibehaltung der Bestimmung unserer Amtsblatts-Verordnung vom 19. Oktober 1837, vergemäß demjenigen, welcher eine Contravention der bezeichneten Art zur Anzeige bringt, die Hälfte der eingehenden Geldstrafe als Denuncianten-Antheil zugebilligt ist, sichern wir demjenigen, dessen gleichartige Anzeige die Einleitung eines Strafverfahrens ermöglicht, noch außerdem eine Belohnung bis zu fünf Thalern zu, die wir uns in besonderen Fällen nach unserem Ermessen noch zu erhöhen vorbehalten.

Frankfurt a. d. O., den 29. Juni 1864.

Mit Bezug auf den §. 6. unserer Bekanntmachung vom 1. Januar d. Js. — Amtsblatt der hiesigen Königlichen Regierung No. 1. Seite 5 und 6 wird hierdurch veröffentlicht, daß die zweite Prüfung der sich zum einjährigen Militairdienst meldenden jungen Leute am 28. September d. Js. früh 8 Uhr stattfinden wird, an welchem Tage sich die Gemeldeten ohne vorherige Aufforderung im hiesigen Regierungs-Gebäude einzufinden haben.

Die Anmeldung zu dieser Prüfung, sowie die Einreichung der in jenem Amtsblatts-Erlasse vorgeschriebenen Zeugnisse muß 4 Wochen vorher und spätestens bis zum 28. August d. Js erfolgen.

Frankfurt a. d. O., den 16. Juli 1864.

Königl. Departements-Commission zur Prüfung der Freiwilligen für den einjährigen Militairdienst.

v. Pelchrzim.   Frhr. v. Thermo.

Personal-Chronik.

Für den Bezirk der Kreisgerichts-Deputation zu Seelow, mit Ausschluß des Stadtbezirks Seelow, ist der Rent- und Polizei-Amtmann Bauer zu Gusow zum Polizeianwalt und der Bürgermeister Hoffmann zu Seelow zum Stellvertreter des Polizeianwalts ernannt worden. Frankfurt a. d. O., den 13. Juli 1864.

Der Regierungs-Präsident. In Vertretung: Frhr. v. Schlotheim.

Dem Königlichen Kreis-Sekretair Matusch zu Seelow ist die Funktion als Vorsitzender der Kreis-Prüfungs-Commission für Handwerker daselbst übertragen worden.

Der praktische Arzt, Wundarzt und Geburtshelfer Dr. Friedrich Blanck zu Letschin ist gestorben.

Vermischte Nachrichten.

(1) Ortsbenennung. Das von dem Rittergutsbesitzer von Salviati auf Trebus, im Lebuser Kreise, auf der Dominial-Feldmark daselbst neu errichtete Vorwerk wird mit unser Genehmigung fortan den Namen „Birkengrund" führen.

Frankfurt a. d. O., den 11. Juli 1864.   Königl. Regierung; Abtheilung des Innern.

(2) Die Küster- und Lehrer-Stellen zu Friedrichshorst, in der Diöcese Friedeberg i. d. N., und zu Hanswerder, in der Diöcese Solbin, sind, erstere durch Emeritirung, letztere durch Versetzung, sowie die dritte Lehrerstelle zu Golzow, Diöcese Frankfurt II., ebenfalls durch Versetzung erledigt. Die genannten drei Stellen sind Königlichen Patronats. Die dritte Lehrerstelle an der Stadtschule in Sternberg, Diöcese Sternberg II., Privat-Patronats, ist durch den Tod des Inhabers zur Erledigung gekommen.

Frankfurt a. d. O., den 18. Juli 1864.   Königl. Regierung; Abtheilung für Kirchen- und Schulwesen.

(3) Die Küster- und Lehrer-Stelle zu Dobristroh, Diöcese Calau, Königlichen Patronats, ist durch die Emeritirung ihres bisherigen Inhabers erledigt.

Frankfurt a. d. O., den 11. Juli 1864.   Königl. Regierung; Abtheilung für Kirchen- und Schulwesen.

(4) Aufkündigung Kur- und Neumärkischer Pfandbriefe.

Die in dem beigefügten Verzeichniß aufgeführten Pfandbriefe sollen in dem nächsten Zinstermin „Weihnachten b. Js." von dem Ritterschaftlichen Credit-Institut eingelöset werden.

Wir fordern daher die Inhaber auf, gedachte Pfandbriefe nebst Talons und denjenigen Zinscoupons, welche auf einen späteren als den vorbezeichneten Fälligkeits-Termin lauten, unverzüglich an unsere Haupt-Kasse oder an eine unserer Provinzial-Ritterschafts-Kassen einzuliefern. Ueber die Einlieferung wird Recognition ertheilt und diese demnächst im Fälligkeits-Termin bei derjenigen Kasse, bei welcher die Einlieferung erfolgt ist, durch Verabfolgen der Valuta eingelöset werden. Diejenigen Inhaber gekündigter Pfandbriefe, welche dieselben nicht bis zum 1. September b. Js. einliefern, haben zu gewärtigen, daß alsdann diese Pfandbriefe auf ihre Kosten nochmals aufgerufen werden; diejenigen aber, welche weiterhin die Einlieferung bei einer der Provinzial-Ritterschafts-Kassen bis zum 14. Januar k. Js. oder bei unserer Haupt-Kasse bis zum 14. Februar k. Js. nicht bewirken, haben zu erwarten, daß sie nach Vorschrift der Allerhöchsten Ordre vom 15. Februar 1858 und des Regulativs vom 7. Dezember 1848 (Gesetz-Sammlung 1858 S. 37,

1849 S. 76) mit den in dem Pfandbriefe ausgedrückten Rechten insbesondere mit dem der Special-Hypothek präkludirt und mit ihren Ansprüchen auf die bei dem Credit-Institut zu deponirende Valuta werden verwiesen werden.

Falls die zum Umtausch gekündigten Pfandbriefe (Lit. B. des Verzeichnisses) bei der Haupt-Ritterschafts-Kasse eingeliefert werden, wird die unterzeichnete Haupt-Direktion von ihrer Befugniß, gegen die Einlieferung zunächst Recognitionsschein zu ertheilen, zur B.quemlichkeit der Inhaber bis auf Weiteres keinen Gebrauch machen, vielmehr gegen Einlieferung der gekündigten Pfandbriefe sofort die Ersatz-Pfandbriefe aushändigen.

Auch erfolgt die Einziehung der auf Umtausch gekündigten Pfandbriefe und die Aushändigung der Ersatz-Pfandbriefe immer kostenfrei für den Pfandbriefs-Inhaber, sofern er dabei nicht selbst etwas versäumt.

Berlin, den 9. Juli 1864.   Kur- und Neumärksche Haupt-Ritterschafts-Direktion.
Frhr. v. Monteton.   Graf v. Haeseler.   v. Klützow.

Verzeichniß gekündigter und einzuliefernder Kur- und Neumärkscher Pfandbriefe.

Nummer.	Gut.	Provinz.	Betrag. Gold. Thlr.	Cour. Thlr.	Nummer.	Gut.	Provinz.	Betrag. Gold. Thlr.	Cour. Thlr.
\multicolumn{10}{c}{A. Durch Baarzahlung des Nennwerths einzulösende Pfandbriefe.}										
50301	Bruchhagen	Ukermark	—	400	51234	Carlshof	Neumark	—	500
50752	Sophienhof	Neumark	—	200	52770	Silberberg	„	—	500
\multicolumn{10}{c}{B. Durch Umtausch einzulösende Pfandbriefe.}										
30904	Herrendorf	Neumark	—	50	47598				
38732	Voltenhagen	„	—	1000	bis				
38741	„	„	—	200	47602	Fürsten-			
46301	Fürsten-					werder ꝛc.	Ukermark	—	1000
	werder ꝛc.	Ukermark	—	800	50677	Marienhof	Neumark	—	300
46302	„	„	—	800					

(5) **Bekanntmachung.** Im allgemeinen Verkehrs-Interesse soll vom 15. d. M. ab für den direkten Güter-Verkehr (des sperrigen Guts, Eilguts, der Güter der Normalklasse und der ermäßigten Klassen A. und B.) zwischen Stationen der Ostbahn und den Stationen Fürstenwalde und Berlin der Niederschlesisch-Märkischen Eisenbahn und darüber hinaus, auch für die Strecke Berlin-Frankfurt a. d. O., der Lokal-Güter-Tarif der Ostbahn mit seinen Klassifikations- und Frachtbestimmungen als einheitlicher Tarif hergestalt in Wirksamkeit treten, als ob die bezeichnete Strecke eine Fortsetzung der Ostbahn bildete.

Im Fall wegen abweichender Klassifikation zwischen den für die unterzeichneten Verwaltungen bestehenden Lokal-Tarifen die Interessenten es vortheilhafter finden sollten, statt des oben bezeichneten direkten Tarifs die Gütersendungen zu den Sätzen der beiderseitigen Lokal-Tarife — im unterbrochenen Verkehr — befördern zu lassen, so muß diese Transportweise durch einen entsprechenden schriftlichen Vermerk des Versenders im Frachtbriefe ausdrücklich verlangt werden. Es findet alsdann in Frankfurt a. d. O. Umexpedition statt.

Im Uebrigen finden die Frachtsätze des neuen Tarifs auch auf direkte Güter-Sendungen im Verkehr der Stationen Cöpenick und Erkner, resp. Briesen mit Ostbahn-Stationen insoweit Anwendung, als die Tarif-Sätze für die entfernteren Stationen Berlin, beziehungsweise Fürstenwalde, billigere sind als die zusammengestoßenen Frachtsätze nach den gültigen Lokal-Tarifen beider Verwaltungen. Bei den bestehenden Vereins-Special-Tarifen zwischen den unterzeichneten Verwaltungen und den in deren Bereiche geltenden noch billigeren Special-Tarifen behält es sein Bewenden.

Exemplare des Tarifs, zum Preise von 1 Sgr. pro Stück, können auf den Stationen Berlin und Fürstenwalde, sowie auf allen Stationen der Ostbahn käuflich bezogen werden.

a) von Frankfurt nach Lebus und Podelzig; b) von Landsberg, Cüstrin und Podelzig nach Frankfurt; c) von Cüstrin, Pletz, Zantoch, Friedeberg und Driesen nach Landsberg; d) von Cüstrin nach Podelzig; e) von Schneidemühl, Miasteczko, Bialosliwe, Osiek, Nakel, Kolomierz, Terespol, Laskowitz, Warlubien, Czerwinsk, Thorn und Schultz nach Bromberg; f) von Czerwinsk, Pelplin, (für diese beiden Stationen jedoch nur in zweiter Wagenklasse), Dirschau, Hohenstein, Praust, Simonsdorf, Marienburg, Altfelde, Grunau, Elbing nach Danzig; g) von Danzig nach Dirschau und Marienburg; h) von Simonsdorf nach Dirschau und Marienburg; i) von Dirschau nach Marienburg; k) von Marienburg nach Dirschau; l) von Marienburg, Altfelde, Grunau, Güldenboden und Schlobitten nach Elbing; m) von Elbing, Güldenboden, Schlobitten, Mühlhausen, Braunsberg, Heiligenbeil, Wolittnik, Ludwigsort, Robbelbude, Löwenhagen, Lindenau, Topiau, Wehlau, Norkitten und Insterburg nach Königsberg; n) von Königsberg nach Ludwigsort, Löwenhagen und Lindenau; o) von Wehlau, Norkitten, Gumbinnen und Judschen nach Insterburg; p) von Bromberg und Schultz nach Thorn und q) von Bromberg nach Schultz.

Die Billets haben nur für den Kalendertag (d. h. Antritt der Hin- und Rückreise muß auf demselben Tag fallen), übrigens zu jedem fahrplanmäßigen Zuge, welcher die betreffende Wagenklasse führt, für die zweite Wagenklasse, somit auch zu dem Courierzuge, sofern derselbe auf der bezüglichen Bestimmungsstation anhält, Gültigkeit, und bedürfen einer Abstempelung Seitens der Billet-Expedition vor Antritt der Rückfahrt nicht, dagegen sind dieselben beim Einsteigen dem Zugbeamten vorzuzeigen. Freigepäck wird nicht gewährt.

Bromberg, den 5. Juli 1864.   Königliche Direktion der Ostbahn.

(7) Bekanntmachung. Vom 21. d. Mts. ab findet auch auf der Ostbahn im Verkehr mit den Schlesischen Bahnen für Sendungen von Schlesischen Coals in Wagenladungen aus Oberschlesischen und Niederschlesischen Grubenrevieren via Frankfurt a. d. O. resp. via Kreuz nach Ostbahn-Stationen der bestehende betreffende Steinkohlen-Special-Tarif mit der Maßgabe Anwendung, daß für die Tonne Coals, dem geringeren Gewicht entsprechend, nur $^4/_7$tel des Frachtsatzes pro Tonne Steinkohlen erhoben werden.

Für Transporte von Coals in Wagenladungen, welche auf den Stationen Elbing, Königsberg und Danzig zur Versendung gelangen, wird von demselben Zeitpunkte ab lediglich der Steinkohlenfrachtsatz, nach Maßgabe der für die Steinkohlen-Transporte von dort bestehenden — auf Gewichtseinheit gegründeten — Special-Tarife berechnet werden.

Bromberg, den 14. Juli 1864.   Königliche Direktion der Ostbahn.

(8) Königliche Niederschlesisch-Märkische Eisenbahn. Mit dem 1. August d. Js. wird eine direkte Personen- und Gepäck-Beförderung zwischen der Station Waltersdorf der Niederschlesischen Zweigbahn einerseits und den Stationen Berlin, Frankfurt und Görlitz der Niederschlesisch-Märkischen Eisenbahn andererseits für alle Wagenklassen ins Leben treten, was hierdurch zur Kenntniß des Publikums gebracht wird.

Berlin, den 16. Juli 1864.   Königliche Direktion der Niederschlesisch-Märkischen Eisenbahn.

(9) Uebersicht der Verwaltungs-Resultate der Ständischen Land-Feuer-Sozietät der Kurmark und Niederlausitz für das Jahr 1863.

Am Schlusse des Jahres 1863 betrug das Versicherungs-Kapital für den ganzen Verwaltungs-Bezirk in der

      I. Klasse ... 33,269,075 Thlr.
     II.   „   ... 31,035,100 „
     III.   „   ... 33,478,775 „
     IV.   „   ... 240,225 „
           zusammen ... 98,023,175 Thlr.

am Ende des Jahres 1862 dagegen in Klasse I. ... 31,091,200 Thlr.
                                        II. ... 30,128,725 „
                                       III. ... 33,080,650 „
                                       IV. ... 228,375 „
                                    zusammen ... 94,528,950 Thlr.

wonach im Jahre 1863 eine Erhöhung stattgefunden hat um .... 3,494,225 Thlr.

Die Zahl der im Jahre 1863 im Sozietätsbezirke vorgekommenen Brände beträgt 235; nämlich im Westprignitzer Kreise 5, Ostprignitzer Kreise 3, Westhavelländer Kreise 5, Osthavelländer Kreise 4, Ruppiner Kreise 8, Oberbarnimer Kreise 8, Niederbarnimer Kreise 11, Teltower Kreise 15, Lebuser Kreise 33, Zauch-Belziger Kreise 12, Jüterbogk-Luckenwalder Kreise 8, Prenzlauer Kreise 10, Angermünder Kreise 8, Templiner Kreise 10, Beeskow-Storkower Kreise 17, Luckauer Kreise 12, Gubener Kreise 10, Calauer Kreise 12, Lübbener Kreise 19, Sorauer Kreise 22, Spremberger Kreise 3; sind obige 235.

Von diesen 235 Bränden sind 497 Eigenthümer betroffen, auch sind dadurch gänzlich zerstört beziehungsweise beschädigt worden 1,235 bei unserer Sozietät versicherte Gebäude und zwar: a. Wohnhäuser 377, b. Scheunen 269, c. Ställe 481, d. verschiedene andere Gebäude 94, darunter 3 Kirchen nebst Thürmen und 3 Schulhäuser, e. Ziegeleigebäude 1, f. Mühlen- und Fabrikgebäude 13; sind obige 1,235.

An Brandentschädigungsgeldern haben wir festgesetzt für Gebäude in der

		Thlr.	Sgr.	Pf.
I.	Versicherungsklasse	22,532	3	—
II.	„	70,243	23	10
III.	„	255,072	22	7
IV.	„	6,108	28	4
	Summa	353,957 Thlr.	15 Sgr.	— Pf.

Hierzu treten als nachträglich bewilligt aus Veranlassung des Brandes a. zu Hegermühle im Oberbarnimer Kreise am 21./22. Januar 1861 für die II. Klasse 50 Thlr., b. zu Gabsdorf im Teltower Kreise am 8. März 1862 für die II. Klasse 220 Thlr.; c. zu Werchow im Calauer Kreise am 4. December 1862 für die II. Klasse 4 Thlr. 14 Sgr. 2 Pf., d. zu Dolgelin im Lebuser Kreise am 6. Juli 1862 für die III. Klasse 125 Thlr.; zusammen . 399 „ 14 „ 2 „

Summa der Brandentschädigungsgelder 354,356 Thlr. 29 Sgr. 2 Pf.

Ferner fallen der Sozietät in Folge der oben verzeichneten 235 Brände zur Last Spritzen-Prämien 6,901 Thlr. Hierzu nachträglich festgesetzt: pro 1860: 15 Thlr., pro 1861: 46 Thlr., pro 1862: 75 Thlr.; = 136 Thlr.
Summa 7,037 „ — „ — „

Wasserwagen-Prämien 2,013 Thlr. Hierzu nachträglich festgesetzt: pro 1861: 10 Thlr., pro 1862: 27 Thlr.; = 37 Thlr. Summa. 2,050 „ — „ — „

Pertinenzschäden-Vergütigungen . . . . 4,679 „ 15 „ — „

Außerdem hat die Sozietät aufzubringen Verwaltungskosten: a. für die General-Direktion 4,544 Thlr. 3 Sgr., b. für die Kreis-Direktionen 5,275 Thlr., c. Remunerationen der Kreiskassen-Rendanten 2,134 Thlr. 4 Sgr. 5 Pf., d. Ortserhebergebühren 3,268 Thlr. 16 Sgr. 9 Pf., e. Reisekosten 672 Thlr. 7 Sgr. 6 Pf.; zusammen . . . . . . 15,894 „ 1 „ 8 „

Extraordinaria . . . . 1,499 „ 6 „ 7 „

Summa aller Ausgaben für das Jahr 1863 385,516 Thlr. 22 Sgr. 5 Pf.

Hiervon ist in Abzug zu bringen: 1) der Zinsen-Ueberschuß des eisernen Bestands-Fonds pro 1863 mit 2,278 Thlr. 7 Sgr. 4 Pf., 2) das Eintrittsgeld für 4,493,350 Thlr. erhöhte beziehungsweise neue Versicherungen, 1 Sgr. 4 Pf. pro 100 Thlr., mit 1,997 Thlr. 1 Sgr. 4 Pf., 3) wieder eingezogene Brandentschädigungs-Gelder ꝛc. 391 Thlr. 16 Sgr. 10 Pf.;
zusammen 4,666 „ 25 „ 6 „

so daß eine Gesammt-Ausgabe verbleibt von . . . . 380,849 Thlr. 26 Sgr. 11 Pf.

Zur Deckung dieses Betrages haben wir ausgeschrieben: pro I. Halbjahr 1863 für Gebäude der I. Versicherungsklasse 2 Sgr., II. Versicherungsklasse 4 Sgr., III. Versicherungsklasse 10 Sgr., IV. Versicherungsklasse 20 Sgr., für 100 Thlr. der Versicherungssumme,

also in Klasse			Thlr.	Sgr.	Pf.
I.	für	32,246,825 Thlr. . . .	21,497	26	6
II.	„	30,590,075 „	40,786	23	—
III.	„	33,243,075 „	110,810	7	6
IV.	„	242,650 „	1,617	20	—
zusammen für		96,322,625 Thlr. . . .	174,712	17	—

und pro II. Halbjahr 1863 für Gebäude der I. Versicherungsklasse 2 Sgr. 8 Pf., II. Versicherungsklasse 5 Sgr. 4 Pf., III. Versicherungsklasse 13 Sgr. 4 Pf., IV. Versicherungsklasse 26 Sgr. 8 Pf., für 100 Thlr. der Versicherungssumme, also in Klasse

			Thlr.	Sgr.	Pf.
I.	für	33,269,075 Thlr. . . .	29,572	15	4
II.	„	31,035,100 „	55,173	15	4
III.	„	33,478,775 „	148,794	16	8
IV.	„	240,225 „	2,135	10	—

	Transport	235,675 Thlr.	27 Sgr.	4 Pf.
Hierzu pro 1. Semester 1863 obige		174,712 „	17 „	— „
	Summa	410,388 Thlr.	14 Sgr.	4 Pf.
Die Gesammt-Ausgabe beträgt nur		380,849 „	26 „	11 „
	also weniger . .	29,538 Thlr.	17 Sgr.	5 Pf.

Die unserer General-Kasse zugefügten Defekte betragen 32,847 Thlr. 9 Sgr. 2 Pf. Zur Deckung dieser Summe sind in Gemäßheit des Beschlusses des Kommunal-Landtags der Kurmark vom 9. Februar 1863 schon die nach unserer Verwaltungs-Uebersicht vom 8. Oktober v. J. von den Societäts-Genossen für das Jahr 1862 über den Bedarf aufgebrachten 28,207 Thlr. 19 Sgr. 10 Pf. und außerdem die aus den Vermögensstücken des Defektors im Jahre 1863 eingezogenen 343 Thlr. 19 Sgr., zusammen 28,551 Thlr. 8 Sgr. 10 Pf. zur Verwendung gekommen, so daß nur noch . . 4,296 „ — „ 4 „ zu decken bleiben. Dieser Rest wird aus dem obigen Ueberschusse des Jahres 1863 entnommen, so daß von dem letzteren verbleiben .... 25,242 Thlr. 17 Sgr. 1 Pf. welcher Betrag den Societäts-Genossen im Jahre 1864 bei Erlaß der Feuerkassengelder-Ausschreiben als Guthaben angerechnet wird.

Im Jahre 1862 sind an Feuerkassen-Beiträgen ausgeschrieben worden für Gebäude der I. Versicherungsklasse 3 Sgr. 4 Pf., II. Versicherungsklasse 6 Sgr. 8 Pf., III. Versicherungsklasse 16 Sgr. 8 Pf., IV. Versicherungsklasse 1 Thlr. 3 Sgr. 4 Pf. pro 100 Thlr. der Versicherungssumme, wogegen im Jahre 1863 ausgeschrieben werden mußten beziehungsweise 4 Sgr. 8 Pf. — 9 Sgr. 4 Pf. — 23 Sgr. 4 Pf. — 1 Thlr. 16 Sgr. 8 Pf., also mehr beziehungsweise 1 Sgr. 4 Pf. — 2 Sgr. 8 Pf. — 6 Sgr. 8 Pf. — 13. Sgr. 4 Pf.

Dies ungünstige Ergebniß ist besonders dadurch herbeigeführt worden, daß in Folge des Brandes zu Wußwergl im Lübbener Kreise am 16. April 17,602 Thlr. 7 Sgr. 10 Pf., Garret im Zauch-Belziger Kreise am 14. Juli 20,370 Thlr. 16 Sgr. 11 Pf., Diehlo im Gubener Kreise am 11. August 14,557 Thlr. 23 Sgr., Woltersdorf im Jüterbogk-Luckenwalder Kreise am 3. November 20,189 Thlr. 5 Sgr. 2 Pf., Dyrotz im Osthavelländischen Kreise am 14. November 12,151 Thlr. 7 Sgr., und ebendaselbst am 13. Dezember 9,229 Thlr. 2 Sgr. 8 Pf. vergütigt werden mußten.

Von den im Laufe des Jahres 1863 stattgefundenen Bränden sind 20 durch Gewitter, 7 vorsätzlich, 2 durch Fahrlässigkeit, 4 durch unzurechnungsfähige Kinder verursacht worden. In 202 Fällen war die Entstehungsursache nicht zu ermitteln.

Wegen Brandstiftung ist 1 Person zum Tode verurtheilt, 1 Person mit 15, 1 Person mit 12, und 1 Person mit 10 Jahren Zuchthaus bestraft worden, und 2 Personen haben sich der Bestrafung durch Selbstmord entzogen.

Dem Büdner Christian Jacob in Dahnsdorf, Zauch-Belziger Kreises, haben wir für Ermittelung eines Brandstifters eine Prämie von 25 Thlr. bewilligt.

Im Interesse unserer Societät haben sich bei Löschung von Bränden die nachstehend genannten Personen so ungewöhnlich thätig gezeigt, daß wir gern Veranlassung nehmen, dies hiermit öffentlich belobigend anzuerkennen. 1) Administrator Prlem zu Priort, 2) Dachdeckergesell Beeskow zu Nauen, 3) Schornsteinfegergesell Pannier ebendaselbst, im Osthavelländischen Kreise; 4) Feuerwehrmann Wustrack zu Wriezen, im Oberbarnimer Kreise; 5) Bauersohn Carl Schmidt zu Brusendorf, 6) Bauersohn Wilhelm Wendt ebendaselbst, 7) Arbeiter Wilhelm Hornack zu Mittenwalde, im Teltower Kreise; 8) Maurergesell Harz zu Riesdorf, im Jüterbogk-Luckenwalder Kreise; 9) Zimmergesell Johann Koch zu Alt-Thymen, im Templiner Kreise; 10) Stellmachermeister Gerlach zu Reichenwalde, im Beeskow-Storkower Kreise; 11) Schornsteinfegergesell August Rasch zu Triebel, im Sorauer Kreise.   Berlin, den 25. Juni 1864.

Ständische General-Direktion der Land-Feuer-Societät der Kurmark und der Niederlausitz. Graf v. Haeseler.

Amts-Blatt
der Königl. Preuß. Regierung zu Frankfurt a/O.

№ 30. Frankfurt a. d. O., den 27. Juli. 1864.

Gesetz-Sammlung für die Königlichen Preußischen Staaten pro 1864.

No. 25. enthält: (No. 5902.) Allerhöchster Erlaß vom 20. Juni 1864, betreffend die Genehmigung eines Prisen-Reglements, sowie der Bestimmungen über das Verfahren in Prisensachen.

No. 26. enthält: (No. 5903.) Uebereinkunft zwischen Preußen und den Niederlanden, betreffend die Herstellung einer Eisenbahn von Venlo nach Bleisen und nach Kempen. Vom 14. März 1864.

(No. 5904.) Uebereinkunft zwischen Preußen und den Niederlanden, betreffend die Herstellung einer Eisenbahn von Cleve nach Nymwegen. Vom 14. März 1864.

(No. 5905.) Allerhöchster Erlaß vom 18. Mai 1864, betreffend die Verleihung der fiskalischen Vorrechte für den Bau und die Unterhaltung der Kreis-Chausseen: 1) von Paffenheim bis zur Neidenburger Kreisgrenze in der Richtung auf Jedwabno, 2) von Orteisburg über Olschienen und Friedrichsfelde nach Friedrichshoff, im Kreise Orteisburg, Regierungsbezirk Königsberg.

(No. 5906.) Allerhöchster Erlaß vom 8. Juni 1864, betreffend die Errichtung einer Handelskammer zu Lauban.

(No. 5907.) Allerhöchster Erlaß vom 8. Juni 1864, betreffend die Verleihung der fiskalischen Vorrechte an den Kreis Rybnik, Regierungsbezirk Oppeln, für den Bau und die Unterhaltung einer Chaussee von Loslau über Nieder-Radlin bis zur Chaussee der Hohrgruben-Gewerkschaft bei Birtultau.

(No. 5908.) Privilegium wegen Ausfertigung auf den Inhaber lautender Kreis-Obligationen des Rybniker Kreises im Betrage von 19,000 Thalern. Vom 8. Juni 1864.

Verordnungen und Bekanntmachungen der Königlichen Regierung zu Frankfurt a. d. O.

I. Der Herr Minister des Innern hat mittelst Rescripts vom 4. Juli cr. die Vereinigung des bisher zum Gemeindebezirk Alt-Forst gehörigen, von der Commune daselbst durch Vertrag vom 13. Mai cr. an die Stadtgemeinde zu Forst überlassenen Wegegrundstücks mit dem Stadtbezirk Forst genehmigt. Frankfurt a. d. O., den 18. Juli 1864.

II. Der Königliche Ober-Präsident der Provinz Brandenburg hat auf Grund des §. 1 des Gesetzes vom 14. April 1856: 1) die Einverleibung der bisher zur Clossower Domainen-Feldmark gehörigen, an der südwestlichen Seite des Kirchhofes belegenen Fläche von 144 □Ruthen, sowie eines am Zelliner Wege belegenen Stück Landes von 1/2 Morgen Flächeninhalt, in den Communal-Verband der Gemeinde zu Clossow und dagegen 2) die Abtrennung des neuen Begräbnißplatzes der Gemeinde Clossow und eines daran grenzenden Gemeindestücks, von zusammen 2 Morgen Fläche, von dem Gemeindebezirk Clossow und die Einverleibung desselben in den domainenfiskalischen Guts-Verband mittelst Rescripts vom 30. November 1863 genehmigt. Frankfurt a. d. O., den 15. Juli 1864.

Personal-Chronik.

Von dem unterzeichneten Consistorium sind die Candidaten: 1) Heinrich Albert Benjamin Baber aus Schwanebeck, 2) Maximilian Franz Bethe aus Mneiau, 3) Rudolph Wilhelm Christian Heinrichs aus Flechtingen, 4) Carl Friedrich Wilhelm August Lenz aus Linum, 5) Carl August Müller aus Freienwalde a. O., 6) Georg Wilh. Im Heinrich Albrecht Richter aus Tammendorf, 7) Carl Eduard Hugo Schulz aus Lebus, 8) Johannes Albrecht Theodor Ziemendorff aus Berlin, für wahlfähig zum Predigtamte erklärt worden. Berlin, den 19. Juli 1864. Königliches Consistorium der Provinz Brandenburg.

Für den X. Bezirk des Kreises Cottbus ist der bisherige Stellvertreter, Schulze Pant aus Dorf Burg, als Feuer-Polizei-Commissarius und als Stellvertreter desselben der Schulze Huber aus Babow gewählt und bestätigt worden.

Der Lehrschulze Huber zu Tauer ist an Stelle des früheren Wege-Polizei-Commissarius Richter aus Jeschkendorf als solcher für den III. Bezirk im Kreise Cottbus erwählt und bestätigt worden.

Der praktische Arzt, Wundarzt und Geburtshelfer Dr. Friedrich Wilhelm Gaertner ist von Bärwalde nach Lieschen gezogen.

Der bisherige Gerichts-Assessor Mitscherly in Merseburg ist vom 1. August d. J. ab zum Rechts-Anwalt bei dem ..... und ..... Notar bei dem ..... Departement ernannt worden.

Die Post-Expedienten Jakob in Landsberg a. W. und Bach in Forst i. d. L. sind in die Klasse der Post-Assistenten eingereiht.

Es sind als Post-Expedienten etatsmäßig angestellt worden: die Post-Expedienten-Anwärter Strempel bei der Post-Expedition in Forst i. d. L., Namonki bei dem Post-Amte in Sorau, Prick bei dem Post-Amte in Landsberg a. W., und Trauzett Richter bei dem Post-Amte in Guben.

Zu Post-Expedienten sind ernannt worden: die Post-Expedienten-Anwärter Melcher in Cüstrin, Albert Richter in Peitz, Rinow in Sonnenburg und die Post-Expediteure Otto in Neuwedell und Liebert in Züllichau.

Es sind versetzt worden: der Post-Expedient Wolff von Lemahr nach Cottbus, der Post-Expediteur Riedel von Sonnenburg nach Bärwalde d. b. N., der Briefträger Scheidemann von Sorau nach Cüstrin und der Briefträger Vester von Cöslin nach Landsberg a. W.

Die Verwaltung der Post-Expedition in Linaezig ist dem bisherigen Stadt-Sekretair Seifert, unter Ernennung zum Post-Expediteur, übertragen worden.

Der bisherige Landbriefträger Conradt in Sorau ist bei dem dortigen Post-Amte als Stadtbriefträger angestellt worden. Der Post-Expediteur Taubert in Frankfurt a. O. und der Bureaubeamte Kablinsky in Landsberg a. W. sind freiwillig aus dem Postdienste geschieden.

Vermischte Nachrichten.

(1) Des Königs Majestät haben mittelst Allerhöchster Ordre vom 8. d. M. dem Cossäthen Gottlob Krehlow zu Ehren, Kreis Crossen, das Verdienst-Ehrenzeichen für Rettung aus Gefahr in Gnaden zu verleihen geruht.

Frankfurt a. d. O., den 22. Juli 1864.   Königl. Regierung, Abtheilung des Innern.

(2) Patent-Ertheilungen. 1. Dem Rittergutsbesitzer L. J. Meyer auf Kriescht bei Bettschau ist unter dem 12. Juli 1864 ein Patent

auf eine Kartoffel-Legemaschine in der durch Beschreibung und Zeichnung nachgewiesenen ganzen Zusammensetzung, ohne Beschränkung Anderer in der Anwendung bekannter Theile,

auf fünf Jahre, von jenem Tage an gerechnet, und für den Umfang des preußischen Staats ertheilt worden.

2. Dem Richts-Consulenten Obermüller zu Heidenheim, im Königreich Württemberg ist unter dem 12. Juli 1864 ein Patent

auf eine nach den vorgelegten Zeichnungen nebst Beschreibung für neu und eigenthümlich erkannte Muster-Webmaschine für Schuharbeit, und ohne Jemand in der Verwendung bekannter einzelner Theile zu beschränken,

auf fünf Jahre, von jenem Tage an gerechnet, und für den Umfang des preußischen Staats ertheilt worden.

Frankfurt a. d. O., den 20. Juli 1864.   Königl. Regierung, Abtheilung des Innern.

(3) Die im diesjährigen Amtsblatte No. 29. pag. 130 bekannt gemachte Berufung des Conrectors Friedrich Emil Rudloff zum Rektor an der Stadtschule in Bernstein, Diöcese Soldin, ist rückgängig und deshalb die Stelle wieder vacant geworden.

Frankfurt a. d. O., den 15 Juli 1864.   Königl. Regierung, Abtheilung für Kirchen- und Schulwesen.

(4) Die Küster- und Lehrerstelle zu Ruten, Diöcese Pyritz, und die dritte Lehrerstelle an der Schule zu Coswig, Diöcese Luckau, beide Privat-Patronats, sind durch Besetzung erledigt.

Frankfurt a. d. O., den 25. Juli 1864.   Königl. Regierung, Abtheilung für Kirchen- und Schulwesen.

(5) Bekanntmachung. Im allgemeinen Verkehrs-Interesse soll vom 15. d. M. ab für den directen Güterverkehr (die sperrigen Güter, Eilguts, der Güter der Normalklasse und der ermäßigten Klassen A. und B.) zwischen Stationen der Ostbahn und den Stationen Fürstenwalde und Berlin der Niederschlesisch-Märkischen Eisenbahn und darüber hinaus, auch für die Strecke Berlin-Frankfurt a. d. O., der Local-Gütertarif der Ostbahn mit seinen Klassifikations- und Frachtbestimmungen als einheitlicher Tarif dergestalt in Wirksamkeit treten, als ob die bezeichnete Strecke eine Fortsetzung der Ostbahn bildete.

Im Fall einer übersichtlichen Klassifikation zwischen den für die unterzeichneten Verwaltungen bestehenden Lokal-Tarifen die Interessenten es vortheilhafter finden sollten, statt des oben bezeichneten direkten Tarifs die Gütersendungen zu den Sätzen der beiderseitigen Lokal-Tarife — im unterbrochenen Verkehr — befördern zu lassen, so muß bei diesen Transportweise durch einen entsprechenden schriftlichen Vermerk des Versenders im Frachtbriefe ausdrücklich verlangt werden. Es findet alsdann in Frankfurt a. d. O. Umexpedition statt.

Im Uebrigen finden die Frachtsätze des neuen Tarifs auch auf die die Güter-Sendungen im Verkehr der Stationen Cöpenick und Erkner, resp. Briefen mit Ostbahn-Stationen insoweit Anwendung, als die Tarif-Sätze für die entfernteren Stationen Berlin, beziehungsweise Fürstenwalde, billiger sind als die zusammengestellten Frachtsätze nach den gültigen Lokal-Tarifen beider Verwaltungen. Bei den bestehenden Partial-Special-Tarifen zwischen Stationen beider unterzeichneten Verwaltungen und den, in deren Bereiche geltenden noch billigeren Special-Tarifen behält es sein Bewenden.

Exemplare des Tarifs, zum Preise von 1 Sgr. pro Stück, können auf den Stationen Berlin und Fürstenwalde, sowie auf allen Stationen der Ostbahn käuflich bezogen werden.

Bromberg und Berlin, den 4. Juli 1864.

Königliche Direktion der Ostbahn.   Königliche Direktion der Niederschlesisch-Märkischen Eisenbahn.

(6)   **Feuerkassen-Gelder-Ausschreiben**

für die Land-Feuer-Societät der Kurmark Brandenburg, des Markgrafthums Niederlausitz und der Distrikte Jüterbog und Belzig für das I. Halbjahr 1864.

Für das I. Halbjahr 1864 sind von den Societäts-Mitgliedern aufzubringen: a) Vergütigungsgelder für Gebäudeschäden aus Veranlassung von 97 Bränden 97,050 Thlr. 9 Sgr. 7 Pf., b) Spritzen-Prämien 2,459 Thlr., c) Wessetwagen-Prämien 775 Thlr., d) Prämienschäden-Vergütigungen 1,452 Thlr. 8 Sgr. 8 Pf., e) Extraordinairen 759 Thlr. 1 Sgr. 8 Pf., f) Verwaltungskosten 6,168 Thlr. 18 Sgr. 6 Pf.;

Summa 103,623 Thlr. 8 Sgr. 5 Pf.

Hiervon kommen in Abzug: a) an Zinsen des eisernen Bestands-Fonds 1,333 Thlr. 18 Sgr. 9 Pf., b) an Eintrittsgeldern 866 Thlr. 24 Sgr. 8 Pf., c) an extraordinairen Einnahmen 501 Thlr. 18 Sgr. 8 Pf., d) der auf die bei der General-Kasse verübten Defekte anderweit eingezogene Betrag von 160 Thlr. 17 Sgr. 8 Pf., e) das den Societäts-Mitgliedern nach dem letzten Ausschreiben vom 15. Januar d. Js. verbliebene Guthaben von 25,242 Thlr. 17 Sgr. 1 Pf.; zusammen . . . . 28,105 „ 6 „ 10 „

so daß noch aufzubringen bleiben . . . . 80,518 Thlr. 1 Sgr. 7 Pf.

Zur Deckung dieser Summe werden für Gebäude der I. Klasse 1 Sgr., II. Klasse 2 Sgr., III. Klasse 5 Sgr., IV. Klasse 10 Sgr., für 100 Thlr. Versicherung ausgeschrieben, und sind demnach aufzubringen für

Gebäude der   I. Klasse von 34,015,350 Thlr. Versicherungskapital   11,348 Thlr. 13 Sgr. 6 Pf.
       II.   „   „   31,322,975   „   „   20,881 „ 29 „ 6 „
      III.   „   „   33,624,950   „   „   56,041 „ 17 „ 6 „
      IV.   „   „   249,325   „   „   831 „ 2 „ 6 „

zusammen von 99,242,600 Thlr.   84,103 Thlr. 3 Sgr. — Pf.

also gegen obige Bedarfsumme von . . . . 80,518 „ 1 „ 7 „

mehr   3,585 Thlr. 1 Sgr. 5 Pf.

welcher Betrag bei Erlaß des nächsten Ausschreibens für das II. Halbjahr 1864 den Societäts-Genossen als Guthaben angerechnet werden wird.

Die Mitglieder unserer Societät werden hierdurch veranlaßt, die von ihnen zu leistenden Beiträge nach Maßgabe der besonderen Aufforderung der betreffenden Kreis-Feuer-Societäts-Direktionen ungesäumt zu entrichten.   Berlin, den 13. Juli 1864.

Ständische General-Direktion der Land-Feuer-Societät der Kurmark und der Niederlausitz.

Graf Haeseler.

(7)   **Feuerkassen-Gelder-Ausschreiben**

für die zu einer Versicherungs-Societät verbundenen Städte der Kur- und Neumark, der Niederlausitz und der Aemter Senftenberg und Finsterwalde, pro I. Semester 1864.

Zu den reglementsmäßigen Vergütigungen für 69 Immobiliar-Brandschäden, von welchen der Societäts-Bezirk in den Monaten Januar bis mit Juni 1864 betroffen wurde, sind erforderlich:

43,308 Thlr. 24 Sgr. 1 Pf.

	Transport	43,308 Thlr.	24 Sgr.	1 Pf.
Die Kosten für Nebenbeschädigungen und für örtliche Schadensfeststellungen während dieses Zeitraums betragen		345	15	9
	Mithin Saldo	43,044 Thlr.	9 Sgr.	10 Pf.
Die Ueberschüsse aus den Feuerkassen-Gelder-Ausschreiben bis ult. Dezember 1863 und die Zinsen von den bei der Königlichen Hauptbank belegt gewesenen Kassenbeständen betragen		9,879	23	6
Es bleiben daher für das erste Halbjahr 1864 von den Societäts-Genossen aufzubringen		33,764 Thlr.	16 Sgr.	4 Pf.

Zu diesem Behuf werden ausgeschrieben: vom Hundert der Versicherungssumme der Gebäude I. Klasse 8 Pf., II. Klasse 2 Sgr., III. Klasse 3 Sgr. 4 Pf., IV. Klasse 9 Sgr. 4 Pf.,

mithin von 34,637,525 Thlr. Versicherungswerth in Klasse	I.	. . .	7,697 Thlr.	6 Sgr.	10 Pf.
„ 33,618,700 „ „ „ „	II.	. . .	22,412 „	14 „	— „
„ 6,877,650 „ „ „ „	III.	. . .	7,641 „	25 „	— „
„ 2,309,075 „ „ „ „	IV.	. . .	7,180 „	20 „	4 „
überhaupt von 77,441,950 Thlr. Versicherungswerth			44,932 Thlr.	6 Sgr.	2 Pf.
Die Recepturgebühren à 2 Prozent betragen			898 „	19 „	4 „
		Verbleiben	44,033 Thlr.	16 Sgr.	10 Pf.

zur diesseitigen Verrechnung beziehungsweise Gutschreibung auf die Feuerkassen-Beiträge pro II. Semester 1864.

Die Magisträte und resp. Obrigkeiten der associirten Städte wollen hiernach die von den letzteren aufzubringenden Feuerkassen-Beiträge ungesäumt einheben und binnen 4 Wochen — §. 46. des revidirten Reglements — an unsere Hauptkasse hierselbst abführen lassen. Berlin, den 12. Juli 1864.

Ständische Städte-Feuer-Societäts-Direktion der Kur- und Neumark und der Niederlausitz.

(8) **Aufkündigung Schlesischer Pfandbriefe.**

Den Inhabern schlesischer Pfandbriefe machen wir bekannt, daß die Verzeichnisse derjenigen Pfandbriefe, welche in dem nächsten Zinstermine, Weihnachten 1864, von der Landschaft eingelöst werden sollen und also schon jetzt eingeliefert werden müssen, bei den schlesischen Landschafts-Kassen und bei den Börsen zu Breslau und Berlin aufgehängt, auch mit den drei schlesischen Regierungs-Amtsblättern ausgereicht worden sind. Wir fordern die Inhaber auf, gedachte Pfandbriefe nebst denjenigen Zinskoupons, welche auf einen späteren als den vorbezeichneten Fälligkeitstermin lauten, unverzüglich an uns oder an eine der Fürstenthumslandschaften einzuliefern und dagegen die für sie auszufertigenden Einzahlungsrekognitionen in Empfang zu nehmen, gegen deren Rückgabe im Fälligkeitstermine die Valuta verausfolgt werden wird. Gegen die säumigen Inhaber wird nach Vorschrift der Regulative vom 7. Dezember 1848, 11. Mai 1849 und 22. November 1858 (Gef.-Samml. 1849 S. 77, 182; 1858 S. 584) verfahren werden.

Breslau, am 15. Juli 1864. Schlesische General-Landschafts-Direktion.

Amts-Blatt
der Königl. Preuß. Regierung zu Frankfurt a/O.

№ 31.   Frankfurt a. d. O., den 3. August.   1864.

Verordnungen und Bekanntmachungen der Königlichen Regierung zu Frankfurt a. d. O.

I. **Polizei-Verordnung.** Auf Grund des §. 11. des Gesetzes über die Polizei-Verwaltung vom 11. März 1850 wird hiermit folgende polizeiliche Verordnung erlassen:

„Die in No. 26. des Regierungs-Amtsblatts pro 1864 erlassene Polizei-Verordnung vom 27. v. M. betreffend das Verbot der Durchfuhr von Streu aus der Sawloß'er Forst, im Kreise Crossen, durch die Rädnitzer Königlichen Forsten wird hiermit wieder aufgehoben."

Frankfurt a. d. O., den 25. Juli 1864.

II. Die an nachbezeichnete Personen veräußerten, bisher zur fiskalischen Dorfaue in Altenkirchen gehörigen Grundstücken und zwar: 1) eine Parzelle von 4 □Ruthen Größe an den Bauer Gesche sen., 2) zwei Parzellen von resp. 9 und 9 □Ruthen Größe an den Bauer Gesche jun., 3) eine Parzelle von 11 □Ruthen Größe an den Büdner Viert, 4) drei Parzellen von resp. 2, 4 und 8 □Ruthen Größe an den Büdner Rubin, sind, laut der auf Grund des §. 1. des Gesetzes vom 14. April 1856 ertheilten Genehmigung des Königlichen Ober-Präsidenten der Provinz Brandenburg vom 20. Juli d. J., in den Communal-Verband der Gemeinde Altenkirchen aufgenommen worden.

Frankfurt a. d. O., den 26. Juli 1864.

Mit Bezug auf den §. 6. unserer Bekanntmachung vom 1. Januar d. Js. — Amtsblatt der hiesigen Königlichen Regierung No. 1. Seite 5 und 6 — wird hierdurch veröffentlicht, daß die zweite Prüfung der sich zum einjährigen Militairdienst meldenden jungen Leute am 28. September d. Js. früh 8 Uhr stattfinden wird, an welchem Tage sich die Gemeldeten ohne vorherige Aufforderung im hiesigen Regierungs-Gebäude einzufinden haben.

Die Anmeldung zu dieser Prüfung, sowie die Einreichung der in jenem Amtsblatts-Erlasse vorgeschriebenen Zeugnisse muß 4 Wochen vorher und spätestens bis zum 28. August d. Js. erfolgen.

Frankfurt a. d. O., den 16. Juli 1864.

Königl. Departements-Commission zur Prüfung der Freiwilligen für den einjährigen Militairdienst.

v. Pelchrzim.   Frhr. v. Thermo.

Personal-Chronik.

Den von den Stadtverordneten getroffenen Wahlen gemäß sind bestätigt worden: als besoldeter Forstrath in Frankfurt a. O. der bisherige Königliche Oberförster Schäfer; als unbesoldete Rathmänner: in Lebus der Stellmachermeister Haacke und der Ackerbürger Joseph; in Neudamm der Tuchmachermeister Preuße sen. und der Kaufmann Jahn; als unbesoldeter Senator in Sonnewalde der Oeconom Wahn.

Für den ersten Bezirk der Stadt Züllichau ist der Kaufmann und Stadtverordnetenvorsteher Rudolph Neumann als Schiedsmann wiederum gewählt und bestätigt worden.

Vermischte Nachrichten.

(1) **Patent-Ertheilung.** Dem Techniker August Schön in Ruhrort ist unter dem 21. Juli 1864 ein Patent

auf eine als neu und eigenthümlich erkannte Kurbelvorrichtung zur Umgehung der todten Punkte in der durch Zeichnung und Beschreibung nachgewiesenen Zusammensetzung

auf fünf Jahre, von jenem Tage an gerechnet, und für den Umfang des preußischen Staats ertheilt worden.

Frankfurt a. d. O., den 26. Juli 1864.   Königl. Regierung; Abtheilung des Innern.

(2) Die zweite Lehrerstelle in Tuchebandt, Diözese Frankfurt II., Privat-Patronats, ist durch den Abgang des bisherigen Inhabers erledigt.

Frankfurt a. d. O., den 1. August 1864.   Königl. Regierung; Abtheilung für Kirchen- und Schulwesen.

§ 42. Der Verwaltungsrath berathet und entscheidet innerhalb der Bestimmungen der Statuten selbstständig über alle Angelegenheiten der Gesellschaft, soweit solche nicht in die Competenz der Generalversammlung gewiesen sind (§ 33).

Im Speciellen kommen dem Verwaltungsrathe folgende Befugnisse und Pflichten zu:
1. er wählt und entläßt den Special-Director, sowie die übrigen Angestellten auf Vorschlag des Directors;
2. er wählt dasjenige Mitglied, das neben dem Präsidenten und dem Special-Director in der Direction zu sitzen hat und bezeichnet für dasselbe auch einen Suppleanten, beides auf ein Jahr;
3. er wählt innerhalb oder außerhalb seiner Mitte einen Protocollführer;
4. er setzt sämmtliche Gehalte und Cautionen fest;
5. er bestimmt die Grundsätze, nach welchen die disponibeln Fonds anzulegen sind;
6. er fixirt principiell die Höhe der für Rechnung und Gefahr der Gesellschaft auf Einem Fahrzeuge zu übernehmenden Versicherungsbeträge.

Die Marimalsumme, welche die Gesellschaft auf Einem Fahrzeuge für eigene Rechnung in Versicherung behalten darf, soll jedoch in keinem Falle mehr als 1 pCt. des Gesellschafts-Capitals betragen.

7. er bestimmt die allgemeinen Bedingungen, nach welchen Versicherungs- und Rückversicherungs-Verträge abgeschlossen werden sollen;
8. er entscheidet über die Errichtung und Aufhebung von Agenturen und wählt die betreffenden Agenten;
9. er stellt die Rechnungsabschlüsse auf, legt der Generalversammlung die Jahresrechnung und den Geschäftsbericht vor und unterbreitet derselben seinen begutachtenden Antrag über die Höhe der Dividende;
10. er erläßt die erforderlichen Reglements für sich selbst, für die Direction, die Agenten und so weit nöthig für einzelne Beamte der Gesellschaft, und sorgt für die genaue Durchführung der Bestimmungen gegenwärtiger Statuten;
11. er übt die Oberaufsicht über die Geschäftsführung der Direction;
12. er entscheidet über die Erwerbung oder Miethe der für die Gesellschaft erforderlichen Localitäten.

§ 43. Der Verwaltungsrath ist überhaupt berechtigt, über alles was die Gesellschaftsinteressen beschlägt, Verträge oder Vergleiche abzuschließen, die Gesellschaft nach Außen und vor Gericht zu vertreten, eines oder mehrere seiner Mitglieder, oder den Special-Director oder auch dritte Personen für bestimmte Geschäfte mit den erforderlichen Instructionen und zutreffendenfalls Vollmachten zu versehen.

§ 44. Für alle Beschlüsse der Generalversammlung ist der Verwaltungsrath das vollziehende Organ.

§ 45. Ueber die Verhandlungen des Verwaltungsrathes wird ein Protocoll geführt, dessen Richtigkeit von dem Präsidenten oder einem Vicepräsidenten und dem Protocollführer zu bescheinigen ist. Ebenso sind alle Ausfertigungen, welche im Namen des Verwaltungsrathes erlassen werden, von dem Präsidenten oder einem Vicepräsidenten und dem Protocollführer zu unterzeichnen.

§ 46. Als Publikationsorgane der Gesellschaft werden vorläufig bezeichnet: 1. Der „Landbote", 2. Die „Neue Zürcherzeitung", 3. Der „Bund", 4. Die „Basler Nachrichten", 5. Die „Eisenbahn- und Handelszeitung". Eine Abänderung oder Vermehrung dieser Publikationsmittel bleibt dem Verwaltungsrathe vorbehalten.

C. Die Direction.

§ 47. Die Direction besteht aus dem Präsidenten des Verwaltungsrathes resp. in dessen Verhinderung einem der beiden Vicepräsidenten, ferner einem Mitgliede des Verwaltungsrathes oder, dessen Suppleanten (§ 42) und dem Specialdirector.

§ 48. Die Direction besorgt und leitet die laufenden Geschäfte und vollzieht die Beschlüsse des Verwaltungsrathes. Sie erstattet dem letztern in jeder ordentlichen Sitzung einen umfassenden Geschäftsbericht, berichtet die Rechnungsabschlüsse, die Bilanz und den Bericht an die Generalversammlung vor und macht dem Verwaltungsrathe über die Organisation des Geschäftsbetriebes und die Anstellung des nöthigen Personals die geeigneten Vorschläge.

Die Pflichten und Competenzen der Direction und ihrer einzelnen Mitglieder ꝛc. werden vom Verwaltungsrathe durch Reglement oder einzelne Beschlüsse festgesetzt.

§ 49. Sämmtliche Documente, welche von der Direction unter der Firma der Gesellschaft ausgehen, sind, mit Ausnahme der Policen, von dem Specialdirector zu unterzeichnen und von dem Präsidenten oder in dessen Verhinderung von dem nach § 42 von dem Verwaltungsrathe bezeichneten Mitgliede der Direction zu contrasigniren. Die Policen dagegen tragen die alleinige Unterschrift des Specialdirectors. In dessen Verhinderung unterzeichnet ein von dem Verwaltungsrathe zu bezeichnender Stellvertreter desselben.

Die Obligationen der Actionaire und alle allfällig als Real-Cautien hinterlegten Werthtitel, sowie auch sämmtliche der Gesellschaft gehörenden Werthpapiere und Documente, werden unter doppeltem Verschluß zu welchem der jeweilige Präsident des Verwaltungsrathes den einen und ein Mitglied der Direction den andern Schlüssel verwahrt.

IV. Jahresrechnung, Gewinn, Reservefond.

§ 50. Die Jahresrechnung wird alljährlich auf den 31. December abgeschlossen, das erste Mal auf den 31. December 1864.

Die Rechnungen und Bilanz müssen jedes Jahr bis spätestens Ende März vom Verwaltungsrathe genehmigt sein und den Rechnungsrevisoren zur Durchsicht und Prüfung offen stehen.

Bei Feststellung der Jahres-Bilanz sollen:
  a. alle diejenigen Prämien, auf welchen noch ein Risico haftet, als noch nicht erworben, nicht zu den wirklichen Activen der Gesellschaft gerechnet werden;
  b. die am 31. December noch nicht regulirten Entschädigungsansprachen mit ihren vollen Beträgen unter die Passiven der Gesellschaft gebracht werden.

Die Kosten der Organisation und der ersten Einrichtung sollen nicht als laufende Ausgaben in die erste Jahresrechnung aufgenommen, sondern auf die ersten 5 Geschäftsjahre mit je 20 pCt. repartirt werden.

§ 51. Der nach Abzug der Passiven sich ergebende Ueberschuß der Activen bildet den Reingewinn der Gesellschaft. Von diesem Reinertrage wird zuerst den Actionairen der auf ihren Actien einbezahlte Betrag bis zu 4 pCt. verzinset. Von dem alsdann sich ergebenden Rest sollen: 25 pCt. dem Reservefond einverleibt werden, bis derselbe die Höhe von 50 pCt. des einbezahlten Actiencapitals erreicht hat, oder im Falle einmal in Anspruch genommen, wieder auf diese Höhe gebracht ist; 10 pCt. dem Verwaltungsrathe; 5 pCt. dem Director als Tantieme zufallen und 60 pCt. als Dividende an die Actionaire vertheilt werden.

Zins und Dividenden werden den Actionairen je am 30. April und zwar zum ersten Male am 30. April 1865 ausbezahlt.

§ 52. Der Reservefond soll gleich den Baareinzahlungen der Actien zinstragend angelegt werden; seine Erträgnisse fließen den allgemeinen Einnahmen zu. Er ist zunächst dazu bestimmt, Verluste zu decken, welche durch die Prämien und die gewöhnlichen Einnahmen nicht bestritten werden können.

Hat der Reservefond die Höhe von 50 pCt. des eingezahlten Actiencapitals erreicht; so bestimmt die Generalversammlung, ob und welche fernern Beträge demselben zufließen sollen.

V. Auflösung und Liquidation der Gesellschaft.

§ 53. Die Generalversammlung der Actionaire kann die Auflösung der Gesellschaft und deren Liquidation vor Ablauf der durch die Statuten festgesetzten Dauer beschließen, wenn ein Rechnungsabschluß den Verlust des Reservefonds und der auf den Actien einbezahlten 20 pCt. ausweist.

Dagegen muß die Auflösung und Liquidation der Gesellschaft erfolgen, wenn bei einem Rechnungsabschlusse sich der Verlust des Reservefonds und 40 pCt. des gezeichneten Actiencapitals herausstellt.

§ 54. Bei Ablauf der Gesellschaftsdauer des § 5 und in den Fällen der Auflösung der Gesellschaft nach § 53 wählt die Generalversammlung eine Liquidations-Commission von wenigstens 3 Mitgliedern und bestimmt deren Aufgabe, Vollmachten und Gratification; diese Commission soll binnen 8 Tagen nach ihrer Constituirung den Actionairen von der bevorstehenden Auflösung der Gesellschaft schriftliche Anzeige machen.

§ 55. Die Liquidations-Commission hat sich der Abschließung neuer Geschäfte zu enthalten. Sie soll alle noch laufenden Risicos rückversichern und erst nach Ablauf aller Risicos und nach Deckung sämmtlicher Passiven den Rest der allfällig sich ergebenden Activen, auf jede Actie gleichmäßig vertheilt, den Actionairen verabfolgen lassen. Die von den Lezteren deponirten Obligationen oder an deren Stelle geleisteten Cautionen werden an die Eigenthümer zurückgegeben.

VI. Erledigung von Streitigkeiten.

§ 56. Alle Streitigkeiten, die sich zwischen den Actionairen und dem Verwaltungsrathe, sowie zwischen der Gesellschaft und einzelnen Actionairen oder unter Mitgliedern des Verwaltungsrathes oder zwischen dem Verwaltungsrathe und dem Spezialdirector über Angelegenheiten der Gesellschaft erheben, sollen durch ein Schiedsgericht am Sitze der Gesellschaft entschieden werden.

Jede der beiden Parteien wählt zwei Schiedsrichter und diese ernennen einen Obmann. Können sich die vier Schiedsrichter über die Wahl des Obmanns nicht einigen, so ist die Civilabtheilung des h. Obergerichtes in Zürich um dessen Bezeichnung anzugehen.

Bleibt eine der beiden Parteien mit der Bestellung ihrer Schiedsrichter länger als 14 Tage, von der Unterzeichnung des Compromißvertrages an gerechnet, im Verzuge, so hat auf Verlangen der Gegenpartei ebenfalls die Civilabtheilung des h. Obergerichtes in Zürich die Schiedsrichter zu ernennen.

Der Ausspruch des Schiedsgerichtes soll den Bestimmungen des zürcherischen Civil-Gesetzbuches entsprechen, für beide Theile rechtsverbindlich sein und unter keinen Umständen vor die staatlichen Gerichte gezogen werden. Winterthur, den 30. Mai 1863.

Bank in Winterthur.	Blum-Bühler.	Ernst Rieter & Co.
G. H. Biedermann & Co.	Ed. Bühler.	G. H. Forrer & Co.
Hch. Biedermann-Brown.	Bühler-Haggenmacher.	Forrer & Locher.
Jb. & Anb. Biedermann & Co.	J. H. Bühler & Söhne.	Frey, Ziegler & Co.

(2) **Patent-Ertheilungen.** 1. Dem Ober-Steuer-Controleur Traugott Gläser zu Brieg und dem Maschinenfabrikanten Ernst Hofmann zu Breslau ist unter dem 20. Juli d. J. ein Patent auf eine Einrichtung an den für Brennereien bestimmten Control-Apparaten zur selbstthätigen Registrirung der erzeugten Branntweinstärke, in der durch Zeichnung und Beschreibung nachgewiesenen Zusammensetzung und ohne Jemand in der Benutzung bekannter Theile zu beschränken, auf fünf Jahre, von jenem Tage an gerechnet, und für den Umfang des preußischen Staats ertheilt worden.

2. Dem Ingenieur August Schulz in Buckau bei Magdeburg ist unterm 15. Juli 1864 ein Patent auf eine hydraulische Presse, insoweit dieselbe als neu und eigenthümlich erkannt worden ist, auf fünf Jahre, von jenem Tage an gerechnet, und für den Umfang des preußischen Staats ertheilt worden.

3. Dem Ingenieur Hermann Simon in Gotha ist unter dem 26. Juli 1864 ein Patent auf ein als neu und eigenthümlich erkanntes Instrument zum Zeichnen convergenter Linien und Kreisbogen, in deren Mittelpunkt jene Linien zusammenlaufen, in der durch Zeichnung und Beschreibung nachgewiesenen Zusammensetzung, auf fünf Jahre, von jenem Tage an gerechnet, und für den Umfang des preußischen Staats ertheilt worden.

4. Dem Mechanikus J. Ghafon (Firma C. Hummel) in Berlin ist unterm 28. Juli 1864 ein Patent auf eine Zeigerwaage zum Verwiegen des Passagier-Gepäcks auf Eisenbahnen in ihrer ganzen, durch vorgelegte Zeichnung und Beschreibung nachgewiesenen Zusammensetzung, auf fünf Jahre, von jenem Tage an gerechnet, und für den Umfang des preußischen Staats ertheilt worden.

Frankfurt a. d. O., den 5. August 1864.   Königl. Regierung; Abtheilung des Innern.

(3) Die städtischen Behörden zu Schwiebus haben aus freiem Entschluß die Gehälter von fünf Lehrern an der dortigen Schule verbessert und, um die Ueberfüllung der Schulklassen zu verhindern, zwei neue Lehrerstellen mit je 200 Thlr. Gehalt fundirt. Die hierdurch zu wiederholtem Male dargethane thätige Fürsorge, welche die bezeichneten Behörden dem Gedeihen des Schulwesens ihrer Stadt widmen, veranlaßt uns, vorstehendes mit unserer beifälligen Anerkennung zur öffentlichen Kenntniß zu bringen.

Frankfurt a. d. O., den 29. Juli 1864.   Königl. Regierung; Abtheilung für Kirchen- und Schulwesen.

(4) Am 13. Mai d. J. Abends von 6 bis 9 Uhr haben in den Jagen 43 und 82 der Königlichen Broschen'r Forst an fünf Stellen auf der Südseite des von Grafchen nach Merzwiese führenden Weges Waldbrände stattgefunden, welche augenscheinlich von ruchloser Hand angestiftet sind.

Da trotz aller angestellten Nachforschungen die Ermittelung des Brandstifters nicht gelungen, so setzen wir hiermit auf den zur gerichtlichen Verurtheilung geeigneten Nachweis des Thäters eine Prämie von „**Einhundert Thalern**" aus.   Frankfurt a. d. O., den 1. August 1864.

Königl. Regierung; Abtheilung für directe Steuern, Domainen und Forsten.

(5) **Königliche Ostbahn.** Vom 7. August cr. ab werden die Courierzüge der Ostbahn, außer den zur Zeit bestehenden Haltestationen, einstweilen und vorbehaltlich des Widerrufs auch in Ludwigsort anhalten. Abfahrt von Ludwigsort: Zug I. Mittags 12 Uhr 34 Minuten und Zug II. Nachmittags 4 Uhr 26 Minuten.

Ebenso werden bis auf Weiteres die Eilzüge auch auf den Haltestellen Tamsel, Döllens-Rabung und Düringshof nach Bedürfniß halten. Die Eilzüge passiren:

	Zug III.		Zug IV.
Tamsel	Mittags 12 Uhr 20 Minuten	Nachmittags	5 Uhr 12 Minuten
Döllens-Rabung	„ 12 „ 49 „	„	4 „ 45 „
Düringshof	„ 12 „ 59 „	„	4 „ 37 „

Bromberg, den 26. Juli 1864.   Königliche Direktion der Ostbahn.

(6) **Königlich Niederschlesisch-Märkische Eisenbahn.** Nach unserer Bekanntmachung vom 7. Mai d. J. ist vom 10. desselben Monats ab für den Verband-Güter-Verkehr zwischen Hamburg und Berlin einerseits und Wien, Gänserndorf und Ollmütz andererseits ein neuer Tarif eingeführt worden.

Die Klassification dieses Tarifes findet vom 10. September d. J. ab auch Anwendung: a) auf Güter, welche bis zu Wasser in Frankfurt a. d. O. eingegangen sind und von da über Görlitz nach Oesterreich auf directe Frachtbriefe befördert werden, b) auf Güter, welche auf directe Frachtbriefe von Berlin über Görlitz nach Oesterreich befördert werden.

Berlin, den 28. Juli 1864.   Königliche Direktion der Niederschlesisch-Märkischen Eisenbahn.

Redigirt im Büreau der Königlichen Regierung.
Druck der Hofbuchdruckerei von Trowitzsch u. Sohn in Frankfurt a. d. O.

Beilage
zum Amtsblatt der Königlichen Regierung zu Frankfurt.

Zu № 19. Concession
zum Geschäftsbetriebe in den Königlich Preußischen Staaten für den Schweizerischen Lloyd, Transport-Versicherungs-Gesellschaft in Winterthur.

Der unter der Firma: „Schweizerischer Lloyd, Transport-Versicherungs-Gesellschaft in Winterthur" in Winterthur domicilirten Actien-Gesellschaft zur Versicherung gegen die Schäden und Verluste, welche Güter und Fahrzeuge auf Transporten zur See, auf Flüssen oder zu Lande treffen können, wird die Concession zum Geschäftsbetriebe in den Königlich Preußischen Staaten auf Grund der Statuten vom 30. Mai 1863 hiermit unter nachfolgenden Bedingungen ertheilt:

1) Jede Veränderung der Gesellschafts-Statuten ist anzuzeigen und bei Verlust der ertheilten Concession der Genehmigung des Ministeriums für Handel, Gewerbe und öffentliche Arbeiten zu unterbreiten.

2) Die Concession, die Statuten und etwaige Aenderungen derselben sind in den Amtsblättern derjenigen Bezirks-Regierungen, in deren Bezirke die Gesellschaft Geschäfte betreiben will, auf Kosten der Gesellschaft zu veröffentlichen.

3) Die Gesellschaft hat wenigstens in einem der Preußischen Orte, in welchen sie Geschäfte betreibt, einen dort domicilirten, zur Haltung eines Geschäftslocals verpflichteten Generalbevollmächtigten zu bestellen und wegen aller aus ihren Geschäften mit Inländern entstehenden Verbindlichkeiten, je nach der Wahl der Versicherten, entweder bei dem Gericht jenes Ortes, oder im Gerichtsstande des Versicherung vermittelnden Agenten Recht zu nehmen. Die bezügliche Verpflichtung ist in jede für Inländer auszustellende Police aufzunehmen. Sollen die Streitigkeiten durch Schiedsrichter geschlichtet werden, so müssen diese Letztern mit Einschluß des Obmannes Inländer sein.

4) Der Regierung, in deren Bezirk die Geschäftsniederlassung sich befindet, ist in den ersten 3 Monaten jedes Geschäftsjahres von dem Generalbevollmächtigten außer der Generalbilanz eine Specialbilanz der hiesigen Geschäftsniederlassung für das verflossene Jahr einzureichen und ist in dieser Bilanz das in Preußen befindliche Activum von dem übrigen Activum gesondert aufzuführen.

Der betreffenden Regierung bleibt überlassen, über Aufstellung dieser Bilanz besondere Bestimmung zu treffen.

5) Der Generalbevollmächtigte hat sich zum Vortheil sämmtlicher inländischer Gläubiger der Gesellschaft persönlich und erforderlichen Falls unter Stellung hinlänglicher Sicherheit zu verpflichten, für die Richtigkeit der einzureichten Bilanz einzustehen.

6) Der Generalbevollmächtigte ist verpflichtet, die von der Gesellschaft ausgehenden oder bereits ausgegangenen, auf den Geschäftsbetrieb sich beziehenden Schriftstücke, namentlich Instructionen, Tarife, Geschäftsanweisungen, auf Erfordern des ad 1 genannten Ministeriums oder der Bezirks-Regierungen vorzulegen, auch alle in Bezug auf die Gesellschaft und die Niederlassung zu gebende sonstige Auskunft zu beschaffen und resp. die betreffenden Papiere vorzulegen.

Die vorliegende Concession kann zu jeder Zeit, und ohne daß es der Angabe von Gründen bedarf, lediglich nach dem Ermessen der Preußischen Staatsregierung zurückgenommen und für erloschen erklärt werden.

Uebrigens ist durch diese Concession die Befugniß zum Erwerbe von Grundeigenthum in den Preußischen Staaten nicht gegeben, sondern dazu bedarf es in jedem einzelnen Falle der besonders nachzusuchenden landesherrlichen Erlaubniß.

Berlin, den 3. Juni 1864.

(L. S.)

Der Minister für Handel, Gewerbe und öffentliche Arbeiten.
(gez.) Gr. v. Itzenplitz.

Statuten
der
Schweizerischen Lloyd
Transport-Versicherungs-Gesellschaft
in
Winterthur.

Der Regierungsrath
hat
in Anwendung des § 22 des privatrechtlichen Gesetzbuches und nach Einsicht eines Antrages der Direction der Finanzen und der Handelskammer
beschlossen:

I. Den von der Actiengesellschaft „Schweizerischer Lloyd Transport-Versicherungs-Gesellschaft in Winterthur" vorgelegten vom 30. Mai 1863 datirten Statuten wird mit Vorbehalt der sämmtlichen die Actiengesellschaften betreffenden Bestimmungen des privatrechtlichen Gesetzbuches die Genehmigung des Regierungsrathes ertheilt.

II. Von den Statuten sollen zwei Exemplare auf Stempelpapier ausgefertigt und mit den Originalunterschriften versehen werden. Das eine Doppel ist im Archiv der Handelskammer aufzubewahren, das andere der Gesellschaft zuzustellen.

III. Gegenwärtiger Beschluß soll sämmtlichen Abschriften oder Abdrücken der Statuten beigesetzt und nebst letztern in das Amtsblatt eingerückt werden.

IV. Mittheilung an die Transport-Versicherungs-Gesellschaft „Schweizerischer Lloyd" in Winterthur und an die Direction der Finanzen.

Actum Zürich den 16. Juni 1863.

Vor dem Regierungsrathe
Der erste Staatsschreiber:
Keller.

I. Name, Zweck, Sitz und Dauer der Gesellschaft.

§ 1. Unter der Firma „Schweizerischer Lloyd Transport-Versicherungs-Gesellschaft" ist von den Unterzeichneten eine Actien-Gesellschaft gegründet worden.

§ 2. Der Zweck der Gesellschaft ist: Versicherung gegen die Schäden und Verluste, welche Güter oder Fahrzeuge auf dem Transporte zur See, auf Flüssen oder zu Land treffen können.

§ 3. Die Gesellschaft ist nicht verpflichtet im Falle der Ablehnung einer angebotenen Versicherung Gründe für dieselbe anzugeben.

§ 4. Der Sitz und die Verwaltung befindet sich in Winterthur. Soweit nicht die gegenwärtigen Statuten Abweichungen enthalten, kommen die Bestimmungen der zürcherischen Gesetzgebung, insbesondere diejenigen über Actien-Gesellschaften und Versicherungsverträge zur Anwendung.

§ 5. Die Dauer der Gesellschaft ist auf 50 Jahre vom Tage der Ertheilung der durch die zürcherische Gesetzgebung vorgeschriebenen Genehmigung des hohen Regierungsrathes an festgesetzt. Zwei Jahre vor Ablauf dieses Zeitraums hat die Generalversammlung über Fortsetzung oder Aufhebung der Gesellschaft zu entscheiden.

Die Gesellschaft beginnt ihre Geschäftsthätigkeit mit dem 1. September 1863.

§ 6. Die Gesellschaft besteht aus den nach § 8 in das Actienregister eingetragenen Actionairen.

II. Gesellschafts-Capital, Actien und Actionaire.

§ 7. Das Gesellschafts-Capital besteht in Fünf Millionen Franken, eingetheilt in 1000 Actien von je Fr. 5000.

Die sämmtlichen Actien sind gezeichnet und die Gesellschaft ist damit constituirt.

§ 8. Die Actien lauten nicht auf den Inhaber, sondern sind rein persönlich. Dieselben werden unter fortlaufenden Nummern auf den Namen des Eigenthümers ausgestellt, von dem Präsidenten des Verwaltungsrathes und dem Spezial-Director unterzeichnet und in das hierfür bestimmte Actienregister eingetragen. Den Actien selbst werden jährliche Coupons für Zins und Dividende auf eine Reihe von 25 Jahren nebst Talon beigegeben.

§ 9. Das Eigenthum an einem Actien-Titel schließt die Anerkennung der Statuten in sich.

§ 10. Die Actien sind nicht theilbar und die Gesellschaft anerkennt für jede Actie nur einen einzigen Eigenthümer. Hat Actien, die im Eigenthum von Handelsfirmen mit mehreren Antheilhabern stehen, haften diese Letzteren solidarisch, und es ist nur Einer der Antheilhaber stimmberechtigt.

§ 11. Jeder Actionair hat sowohl bei der ersten Actienzeichnung als auch bei jedem spätern Actienerwerb und ebenso bei allfälligem Domicilwechsel der Direction seinen Wohnort und seine Adresse genau anzugeben, oder aber für seine sämmtlichen Geschäftsbeziehungen zu der Gesellschaft einen Bevollmächtigten in Winterthur zu bezeichnen, der für ihn rechtsverbindlich zu handeln berechtigt ist. Wird diese Vorschrift nicht erfüllt, so tritt an die Stelle der statutengemäß vorgeschriebenen Mittheilungen an den Actionair (§§ 17 u. 25) die Publication durch die in § 46 bezeichneten öffentlichen Blätter.

§ 12. Kein Actionair ist über den Nominalbetrag seiner Actien hinaus haftpflichtig.

§ 13. Ohne Genehmigung des Verwaltungsrathes darf kein Actionair mehr als 20 Actien erwerben. Bei Ueberschreitung dieser Anzahl steht es dem Verwaltungsrathe frei, entweder die Anerkennung des Mehrbetrages, ohne zu Ausgabe von Gründen verpflichtet zu sein, zu verweigern, oder von dem Uebernehmer für den Mehrbetrag Personal- oder Real-Cautionen zu verlangen. Bei Corporationen und Bankinstituten ist der Verwaltungsrath ausnahmsweise berechtigt (aber nicht verpflichtet) von einer weitern Caution auch bei einer größeren Actienzahl abzusehen.

§ 14. Durch die Zeichnung oder anderweitigen Erwerb einer Actie haftet der Actionair persönlich der Gesellschaft für den ganzen Betrag derselben.

Auf jede Actie sind 20 pCt. des Nennwerthes in zwei Raten, nämlich: 10 pCt. am 1. August 1863 und 10 pCt. am 1. October gl. J. in Baar einzubezahlen.

Für die restirenden 80 pCt., welche vorläufig nicht einbezahlt werden, hat jeder Actionair für je eine Actie eine Obligation auszustellen. Diese Obligationen werden bei der Verwaltung deponirt und dürfen von der Gesellschaft weder an dritte verkauft, noch sonst auf irgend eine Weise veräußert werden.

§ 15. Bei der ersten Einzahlung von 10 pCt., für welche Interims-Quittungen ausgestellt werden, müssen gleichzeitig Obligationen für die übrigen 90 pCt. unterzeichnet werden. Bei Leistung der zweiten Einzahlung von 10 pCt. werden die Obligationen für 90 pCt. gegen solche von 80 pCt. ausgetauscht und gegen diese letztern und Rückgabe der Interims-Quittungen die definitiven Actien ausgehändigt.

§ 16. Einzahlungen über die in § 14 festgesetzten 20 pCt. pr. Actie können nur verlangt werden, insofern dieselben zur Deckung von Verlusten und Ausgaben nothwendig sind, welche die baarmal vorhandenen Mittel der Gesellschaft übersteigen. In einem solchen Falle hat der Verwaltungsrath sofort die Generalversammlung einzuberufen, um sich bei derselben über die Nothwendigkeit der weitern Einzahlung auszuweisen.

Es sollen jedoch innerhalb 2 Monaten nicht mehr als 20 pCt. des Actienbetrages eingefordert werden.

Der Betrag solcher Einzahlungen über die ersten 20 pCt. hinaus wird an dem Betrage der entsprechenden deponirten Obligation abgeschrieben und auf dem Actientitel vorgemerkt.

§ 17. Die Actionaire sind zu allen Einzahlungen schriftlich aufzufordern. Die Einzahlung hat innerhalb 14 Tagen nach geschehener Aufforderung (oder Publication im Falle des § 11) zu geschehen. Erfolgt die Einzahlung binnen dieser Frist nicht, so hat der Verwaltungsrath das Recht, entweder den im Verzug befindlichen Actionair auf dem Rechtswege zur Zahlung anzuhalten, oder aber die betreffenden Actien als entkräftet auszuschreiben, und an deren Stelle neue Titel für Rechnung der Gesellschaft auszugeben. Für einen allfälligen Minderertrag, sowie für den Betrag der erlaufenen Kosten bleibt der bisherige Actionair, selbst nach geschehener Annullirung der Actien, der Gesellschaft gegenüber dennoch haftbar; ein sich ergebender Ueberschuß dagegen wird zugewiesen.

§ 18. Bei verspäteten Einzahlungen wird der Verzugszins zu 5 pCt. und zudem eine Conventionalbuße von Fr. 10 pr. Actie berechnet.

§ 19. Die Uebertragung der Actien unterliegt der Genehmigung des Verwaltungsrathes. Derselbe ist nicht verpflichtet, für die Verweigerung einer Uebertragung Gründe anzugeben.

Die Ablehnung einer Uebertragung ist jedoch nicht statthaft, wenn der Uebernehmer für den nicht einbezahlten Betrag der Actien eine dem Verwaltungsrathe genügend erscheinende Personal- oder Realcaution leistet. Die von dem Cedenten für den nicht einbezahlten Theil der Actien ausgestellten Obligationen (§ 14) sind denselben nach Genehmigung und Deponirung gleichlautender Obligationen von Seite des Cessionars auszuhändigen. Mit dem Tage, an welchem die Uebertragung der Actie an den neuen Eigenthümer in Kraft getreten, hören alle Rechte und Pflichten des Cedenten als Actionair der Gesellschaft auf.

Die Uebertragung wird sowohl in dem Actienregister als auf dem Actientitel selbst durch die Direction vorgemerkt; für dieselbe ist eine Gebühr von Fr. 5 per Actie zu entrichten, für deren Bezahlung sich die Gesellschaft an den Cedenten hält.

§ 20. Wenn ein Actionair in Concurs geräth oder mit seinen Creditoren einen außergerichtlichen Nachlaßvertrag abschließt, so ist der Verwaltungsrath berechtigt, von ihm, resp. von der Concursmasse unter Ansetzung einer Präclusivfrist zu verlangen, daß entweder ein neuer von dem Verwaltungsrathe zu genehmigender Uebernehmer (§ 19) bezeichnet oder für die nach § 14 deponirten Obligationen genügende Personal- oder Realcaution geleistet werde.

Erfolgt während der angesetzten Frist weder das Eine noch das Andere, so sind die Actien des betreffenden Actionairs als entkräftet anzuschreiben und an deren Stelle neue Titel auszugeben. Der Erlös dieser Ersatz-Titel, sowie die Obligation des Actionairs dienen zunächst zur Tilgung der erlaufenen Kosten und zum Ersatz des Mindererlöses beim allfälligen Verkauf unter Pari. Der Rest des Erlöses und der Obligation wird dem Actionair oder dessen Rechtsnachfolgern gegen Auslieferung des Actien-Titels verabfolgt.

§ 21. Beim Tode eines Actionairs haben dessen Erben oder Rechtsnachfolger dem Verwaltungsrathe Kenntniß davon zu geben, und binnen 4 Monaten vom Todestage an gerechnet einen Uebernehmer, dessen Genehmigung ebenfalls dem Verwaltungsrathe unterliegt (§ 19), zu bezeichnen. Ist nach Ablauf dieser Frist kein neuer Uebernehmer bezeichnet oder dieser von dem Verwaltungsrathe nicht genehmigt, so findet ohne Weiteres der Verkauf der Actie statt. Der Erlös derselben wird zunächst zur Tilgung der ergangenen Kosten verwendet, der Rest fällt den Erben des verstorbenen Actionairs zu.

Im Falle über den Nachlaß eines mit Tod abgegangenen Actionairs der Concurs eintritt oder ein außergerichtliches Accommodement vereinbart wird, so kommen die Bestimmungen des § 20 zur Anwendung.

§ 22. Die Amortisation von verlorenen oder auf andere Weise dem Eigenthümer abhanden gekommenen Actien, Coupons, Talons rc. geschieht auf Kosten des Gesuchstellers nach den jeweiligen Bestimmungen und Vorschriften der zürcherischen Gesetzgebung.

III. Organe der Gesellschaft.

§ 23. Die Organe der Gesellschaft sind:
a. Die Generalversammlung.
b. Der Verwaltungsrath.
c. Die Direction.

A. Generalversammlung.

§ 24. Die Generalversammlung der Actionaire vertritt die Gesellschaft; ihre statutengemäßen Beschlüsse haben für alle Actionaire rechtsverbindliche Kraft.

Die ordentliche Generalversammlung tritt alljährlich einmal und zwar im Monat April in Winterthur zusammen.

Eine außerordentliche Generalversammlung findet statt entweder auf besondern Beschluß des Verwaltungsrathes oder auf das der Direction schriftlich eingereichte Verlangen von wenigstens 50 Actionairs, die zusammen wenigstens 150 Actien repräsentiren. In diesem letztern Falle hat der Verwaltungsrath die Generalversammlung innerhalb 6 Wochen vom Tage der Einreichung des Begehrens an, einzuberufen.

§ 25. Die Einladungen zu einer Generalversammlung haben schriftlich durch den Verwaltungsrath zu erfolgen und zwar spätestens 4 Wochen vor der Versammlung und unter Angabe der zur Verhandlung kommenden Geschäfte. Vorbehalten bleiben die Bestimmungen des § 11 über Publikation.

§ 26. Stimmberechtigt in der Generalversammlung sind diejenigen, auf welche der Namen die Actien in den Registern der Gesellschaft 8 Tage vor Abhaltung der Versammlung eingetragen sind.

§ 27. Das Stimmrecht wird von einem Actionair entweder persönlich oder durch Uebertragung an einen andern Stimmberechtigten ausgeübt, welch Letzterer sich jedoch durch eine schriftliche, dem Bureau der Generalversammlung einzureichende Vollmacht über sein Mandat auszuweisen hat.

Handelsfirmen können sich durch ihre Procuraträger, Gemeinden, Corporationen und öffentliche Institute oder Anstalten durch ihre gesetz- oder statutengemäßen Vertreter, Bevormundete durch ihre Vormünder vertreten lassen, auch wenn die Vertreter selbst nach § 26 nicht stimmberechtigt sind.

Mitglieder der Direction dürfen kein Mandat zur Vertretung in der Generalversammlung annehmen.

§ 28. In der Generalversammlung berechtigen: 1 Actie zu 1 Stimme, 2 Actien zu 2 Stimmen, 3 Actien zu 3 Stimmen, 4—6 Actien zu 4 Stimmen, 7—10 Actien zu 5 Stimmen, und je weitere 5 Actien zu 1 Stimme mehr, ohne Rücksicht darauf, ob das Stimmrecht für eigene oder auch für vertretene Actien ausgeübt wird. Kein anwesender Actionair darf jedoch mehr als 15 Stimmen auf sich vereinigen.

§ 29. Zur Beschlußfähigkeit der Generalversammlung ist die Anwesenheit von wenigstens 30 Actionairen erforderlich, die zusammen wenigstens 100 Actien repräsentiren.

Kommt keine nach vorstehenden Bedingungen beschlußfähige Versammlung zu Stande, so ist unter Angabe dieses Grundes innerhalb 4 Wochen eine neue Generalversammlung einzuberufen, welche an jene Beschränkungen nicht mehr gebunden ist, sondern ihre Beschlüsse rechtsgültig mit einfacher Mehrheit der vertretenen Stimmen faßt.

§ 30. Alle Beschlüsse und Wahlen erfolgen, soweit nicht die gegenwärtigen Statuten selbst Abweichungen enthalten, mit absoluter Stimmenmehrheit.

Bei Stimmengleichheit entscheidet der Präsident.

§ 31. Handelt es sich: 1. um Abänderung der Statuten; 2. um Auflösung der Gesellschaft, so ist für die Beschlußfähigkeit der Generalversammlung ad 1 die Vertretung von wenigstens 900 Actien, ad 2 die Vertretung von wenigstens ⅔ der ausgegebenen Actien erforderlich.

§ 32. Der Präsident oder im Verhinderungsfalle einer der Vice-Präsidenten des Verwaltungsrathes führt auch in der Generalversammlung den Vorsitz.

Der Protokollführer wird von dem Verwaltungsrathe bestellt.

Die Stimmenzähler wählt die Versammlung in einer von ihr zu bestimmenden Anzahl durch offenes Handmehr aus der Mitte der Anwesenden.

§ 33. In die Competenz der Generalversammlung fallen:
1. Prüfung und Genehmigung des Geschäftsberichtes des Verwaltungsrathes, sowie der Jahresrechnung.
2. Wahl von drei Rechnungs-Revisoren und dreier Suppleanten, die alljährlich aus der Zahl der Actionaire ernannt werden sollen, mit dem Auftrage, die nächste Jahresrechnung zu prüfen und der Versammlung schriftlichen Bericht und Antrag zu hinterbringen.
3. Festsetzung der Dividende.
4. Wahl der Mitglieder in den Verwaltungsrath.
5. Berathung und Beschlußfassung über Anträge des Verwaltungsrathes.
6. Abänderung der Statuten.
7. Auflösung der Gesellschaft.

§ 34. Sämmtliche Wahlen werden durch Scrutinium vorgenommen; bei Abstimmungen entscheidet die Versammlung darüber, ob Scrutinium oder offenes Handmehr stattfinden soll.

§ 35. Anträge von einzelnen Actionairen müssen dem Verwaltungsrathe wenigstens 3 Wochen vor Abhaltung der Generalversammlung zur Prüfung eingereicht und von demselben der Letztern mit seinem Gutachten vorgelegt werden.

Solche Anträge, die erst in der Generalversammlung gestellt werden, können zwar Gegenstand der Diskussion sein, dagegen jedenfalls erst in der nächsten Versammlung zur Abstimmung gebracht werden.

§ 36. Die Protocolle der Generalversammlung werden von dem Präsidenten, dem Protocollführer und dem Stimmenzählern unterzeichnet.

B. Verwaltungsrath.

§ 37. Die oberste Leitung und die Vertretung der Gesellschaft werden einem von der Generalversammlung zu erwählenden Verwaltungsrathe von 9 Mitgliedern übertragen, die aus ihrer Mitte je für ein Jahr einen Präsidenten und zwei Vice-Präsidenten ernennen.

§ 38. Der Verwaltungsrath ist für die erste Amtsdauer von 4 Jahren von den unterzeichneten Gründern der Gesellschaft bestellt worden.

Nach Verfluß der ersten zwei Jahre kommen die vier zuletzt gewählten Mitglieder, nach weitern zwei Jahren die vier übrigen Mitglieder und der Präsident in Erneuerung, so daß von je zwei zu zwei Jahren 4 resp. 5 Mitglieder des Verwaltungsrathes in Austritt fallen.

Gebrüder Geilinger.	J. Keller-Blum.	J. C. Sulzberger z. gr. Christoff.
Gulinger & Blum.	Dr. jur. H. Näf.	Gebrüder Sulzer.
Gebr. Greuter & Rieter.	L. Reinhart.	Heinr. von Sulzer-Wart.
J. Hof.	J. J. Rieter & Co.	L. Theilung-Röderer.
M. Hez & Co.	Rieter Ziegler & Co.	Gebrüder Vollart.
Imhorf Brunner & Co.	Jb. Scheuchzer.	Waeffler-Egli & Co.
F. Imhoof & Co.	Schmid & Boßhardt.	Ziegler-Greutr.
Conr. Keller, Bankdirector.	Schmid Friedrich & Co.	

Gemäß § 38 vorstehender Statuten wurde der Verwaltungsrath bestellt aus:

Herrn Nationalrath Waeffler-Egli, Präsident, in Winterthur,
vom Hause Waeffler-Egli & Co.
Herrn S. Vollart, I. Vice-Präsident, in Winterthur,
vom Hause Gebrüder Vollart.
Herrn Dr. jur. H. Näf, II. Vice-Präsident, in Winterthur.
Herrn Egg-Greuter, in Winterthur,
vom Hause Gebr. Greuter & Rieter.
Herrn L. Reinhart, in Winterthur,
vom Hause L. Reinhart & Co. in Havre.
Herrn Conr. Keller, in Winterthur,
Director der Bank in Winterthur.
Herrn J. Keller-Blum, in Winterthur.
Herrn Th. Ziegler-Bühler, in Winterthur,
vom Hause Rieter, Ziegler & Co.
Herrn Nationalrath J. H. Fierz, in Zürich,
vom Hause Heinrich Fierz in Zürich.

Für die Uebereinstimmung des vorstehenden Abdruckes der Statuten des Schweizerischen Lloyd, Transport-Versicherungs-Gesellschaft mit den im Archive der Gesellschaft liegenden Original-Statuten:

Schweizerischer Lloyd Transport-Versicherungs-Gesellschaft.

Der Präsident.   Der Protocollführer.   Der Spezialdirector.
Waeffler-Egli.   Dr. H. Näf.   E. Lengstorf.

Der unterzeichnete öffentliche und beeidigte Notar der Stadt Winterthur bezeugt hiermit amtlich:
1. Die Richtigkeit des auf pag. 3 vorstehenden Abdruckes von dem Originalbeschlusse des h. Regierungsrathes des Cantons Zürich datirt 16. Juni 1863, welcher auch wörtlich gleichlautend mit dem im Amtsblatte für den Canton Zürich vom Jahr 1863 in Nr. 58 erschienenen Beschluß;
2. Die Richtigkeit des vornen auf pag. 5 bis und mit 20 enthaltenen Abdruckes der Statuten des Schweizerischen Lloyd Transport-Versicherungs-Gesellschaft in Winterthur von dem dem Notar vergewiesenen, im Archiv der benannten Gesellschaft aufbewahrten Originalactenstücke, auf welchem auch die auf pag. 20 dieses Abdruckes bezeichneten Unterschriften im Original sich befinden, welcher Abdruck auch gleichlautend ist mit den im Amtsblatt für den Canton Zürich vom Jahr 1863 in Nr. 58 erschienenen Statuten;
3. Die Aechtheit der auf pag. 22 enthaltenen Unterschriften der Herren Waeffler-Egli, Dr. H. Näf und E. Lengstorf, sämmtlich wohnhaft in Winterthur.

Winterthur, den 23. März 1864.

Der öffentliche und beeidigte Notar der Stadt.
(L. S.)   gez. Friedrich Sybler.

Auf Grund des Art. 3 der Concessions-Bedingungen ist Herr H. J. Dünnwald zu Berlin zum General-Bevollmächtigten ernannt.
Als Organe für die Bekanntmachungen in Preußen hat die Anstalt folgende Berliner Zeitungen gewählt:
1) die „Deutsche Versicherungs-Zeitung,"
2) die „Berliner Börsen-Zeitung,"
3) die „Bank- und Handels-Zeitung,"
4) den „Preußischen Staats-Anzeiger."

Druck von A. Paul & Comp. in Berlin, Kronenstraße Nr. 21.

Amts-Blatt
der Königl. Preuß. Regierung zu Frankfurt a./O.

№ 33.   Frankfurt a. d. O., den 17. August   1864.

Verordnungen und Bekanntmachungen der Königlichen Regierung zu Frankfurt a. d. O.

I. Auf Grund des §. 3 des Zollgesetzes vom 23. Januar 1838 (Gesetz-Sammlung Seite 34) und in Folge besonderer Allerhöchster Ermächtigung Sr. Majestät des Königs vom 1. d. Mts. wird hiermit bis auf Weiteres und vorläufig bis zum 1. Januar 1865 die Ausfuhr von Waffen und Munitions-Gegenständen über die Preußische Grenze nach Gallizien unter Hinweisung auf die in den §§. 1. und folgende des Zollstrafgesetzes vom 23. Januar 1838 (Gesetz-Sammlung Seite 78) angedrohten Strafen verboten.

Berlin, den 9. August 1864.   Der Finanz-Minister.

Vorstehende Bekanntmachung wird hierdurch mit dem Bemerken zur öffentlichen Kenntniß gebracht, daß die zur Anfertigung von Munition sich eignenden Stoffe, nämlich Blei, Schwefel und Salpeter von dem Verbote der Ausfuhr ausgenommen bleiben sollen.   Frankfurt a. d. O., den 16. August 1864.

II. Allgemeine Verfügung vom 16. Juli 1864, betreffend die Gebühren der practischen Aerzte und Wundärzte für Geschäfte bei den Gerichten.

Medicinaltaxe vom 21. Juni 1815, (Gesetz-S. S. 109); Verfügung vom 17. September 1832, (Jahrb. Band 40. S. 278.)

Von den Gerichten ist mehrfach unter Bezugnahme auf das Rescript vom 17. September 1832 angenommen worden,

daß practische Aerzte und Wundärzte für Geschäfte bei den Gerichten in allen Fällen nur diejenigen Gebühren fordern können, welche nach dem V. Abschnitt der Medicinal-Taxe vom 21. Juni 1815 den gerichtlichen Aerzten 2c. bewilligt werden.

Diese Ansicht kann jedoch der Justiz-Minister im Einverständnisse mit dem Herrn Minister der geistlichen, Unterrichts- und Medicinal-Angelegenheiten nur für die Fälle als richtig anerkennen, in welchen der Arzt 2c. die Stelle eines gerichtlichen Arztes versieht oder denselben vertritt. Eine solche Vertretung findet nicht bloß dann statt, wenn sie für alle oder für gewisse Functionen der Medicinalbeamten allgemein angeordnet ist, sondern auch dann, wenn die Zuziehung oder das Gutachten eines practischen Arztes 2c. in einzelnen Fällen für nothwendig oder zweckmäßig erachtet wird, in denen nach der Natur des Geschäfts und nach den bestehenden Vorschriften, die Zuziehung eines Medicinalbeamten in der Regel erforderlich und daher von Amtswegen und nicht lediglich auf den Antrag der Parteien zu veranlassen ist. Ein solcher Fall kann auch eintreten, wenn bei einer zeitigen Verhinderung oder einer zu großen Entfernung des Medicinalbeamten dessen Zuziehung erhebliche Schwierigkeiten veranlassen würde.

Wird dagegen der practische Arzt oder Wundarzt nur deswegen zugezogen, weil er aus Veranlassung seiner ärztlichen Praxis ausschließlich oder vorzugsweise geeignet ist, die Auskunft zu ertheilen oder ein sachverständiges Gutachten abzugeben, so sind seine Gebühren nicht nach Abschnitt V., sondern nach den vorhergehenden Abschnitten der Medicinaltaxe festzustellen. In dem letzteren Falle ist bei der Festsetzung und Anweisung der Gebühren auf Staatskassen ausdrücklich anzugeben, daß der liquidirende Arzt oder Wundarzt nicht die Stelle eines gerichtlichen Arztes vertreten habe.

Berlin, den 16. Juli 1864.   Der Justizminister gez. Graf zur Lippe.

An sämmtliche Gerichtsbehörden. — I. 2455.

Vorstehendes Rescript wird hierdurch zur öffentlichen Kenntniß gebracht.

Frankfurt a. d. O., den 9. August 1864.

III. Der Geheime Regierungsrath und Direktor der Königlichen Normal-Eichungs-Commission Brix zu Berlin hat gegenwärtig eine dritte, nach den neuesten Bestimmungen umgearbeitete Auflage der von ihm verfaßten Schrift „Der Alkoholometer und dessen Anwendung zur richtigen Bestimmung der Stärke, des Werthes, der Mischungsverhältnisse und des Quartinhaltes weingeistiger Flüssigkeiten", im Verlage von Ernst und Korn (Gropius'sche Buch- und Kunsthandlung) in Berlin herausgegeben 2c. und darin eine

Tafel V. „zur Bestimmung des wahren Volumens weingeistiger Flüssigkeiten aus den scheinbaren Volumen bei verschiedenen Wärmegraden" aufgenommen. Diese Tafel ist dazu bestimmt, die an dem Spiritushandel Betheiligten in den Stand zu setzen, bei ihren Kaufabschlüssen der durch den Wechsel der Temperatur veranlaßten Aenderung des Quartinhalts der Waare Rechnung zu tragen.

Das betreffende Publikum wird auf jene neue Auflage der qu. Schrift hierdurch aufmerksam gemacht. Der Ladenpreis derselben beträgt 20 Sgr., wird aber bei Abnahme von mindestens 100 Exemplaren auf 15 Sgr. ermäßigt werden. Frankfurt a. d. O., den 8. August 1864.

IV. Wir sehen uns veranlaßt, darauf aufmerksam zu machen, daß nach §. 15 der für den diesseitigen Regierungs-Bezirk geltenden Fischerei-Polizei-Ordnung vom 3. Juli 1858 — Amtsblatt de 1858 S. 268 — die Fischerei auf unausgewachsene Fische und Samenfische verboten ist, und daß, wenn solche mit anderen gefangen werden, sie mit gehöriger Vorsicht ins Wasser zurückzuwerfen sind. Wer diesen Bestimmungen zuwiderhandelt, wird nach §. 17. a. a. O. mit Geldbuße bis zu 10 Thalern, im Unvermögensfalle mit 1 bis 8 Tagen Gefängniß bestraft. Frankfurt a. b. O., den 11. August 1864.

V. Nachdem die unter der Firma: „Schweizerischer Lloyd, Transport-Versicherungs-Gesellschaft in Winterthur" zu Winterthur domicilirte Aktien-Gesellschaft die Genehmigung zum Geschäftsbetriebe in den diesseitigen Staaten erhalten, werden die bezügliche Concession vom 3. Juni d. Js. und die Statuten der Gesellschaft in der diesem Stücke des Amtsblatts angeschlossenen Beilage zur öffentlichen Kenntniß gebracht. Frankfurt a. d. O., den 13. August 1864.

Personal-Chronik.

Der Oberförster von Etzel zu Hangelsberg ist zum Forst-Polizei-Anwalt für die Königliche Oberförsterei Hangelsberg ernannt worden.

Frankfurt a. d. O., den 16. August 1864. Der Regierungs-Präsident. Frhr. v. Münchhausen.

Zu Stelle des verstorbenen stellvertretenden Wege-Distrikts-Commissarius für den ersten ländlichen Bezirk des Soldiner Kreises, Gutsbesitzer Zelgermann zu Wolterstorf, ist der Gutsbesitzer Köppen aus Ringenwalde als solcher gewählt und bestätigt worden.

Die auf Probe angestellten forstversorgungsberechtigten Jäger Friedrich Wilhelm Arnold zu Fehrow, Oberförsterei Tauer, und Karl Ludwig Erdmann Binder zu Zohlow, Oberförsterei Reppen, sind zu Forstaufsehern ernannt und ihnen die innehabenden Forstschutzbeamten-Stellen definitiv übertragen.

Der Staatsanwalt Graf von Westarp zu Cottbus ist Allerhöchst zum Landrath des Kreises Dramburg ernannt.

Vermischte Nachrichten.

(1) Die Physikatsstelle für den Kreis Landsberg mit dem Wohnsitze zu Landsberg a. d. W. ist durch den freiwilligen Rücktritt des bisherigen Inhabers zur Erledigung gekommen. Aerzte, welche die Physikatsprüfung bestanden haben und sich um diese Stelle bewerben wollen, werden aufgefordert, sich binnen sechs Wochen unter Einreichung 1) der Approbation als Arzt, Wundarzt und Geburtshelfer, 2) des Fähigkeitszeugnisses für die Verwaltung einer Physikatsstelle, 3) eines curriculum vitae, 4) etwaiger sonstiger Ausweise über die bisherige ärztliche Thätigkeit, bei der unterzeichneten Regierung zu melden.

Frankfurt a. d. O., den 10. August 1864. Königl. Regierung; Abtheilung des Innern.

(2) Die Küster- und Lehrer-Stelle in Gruhno, Diöcese Dobrilugk, und die zweite Lehrer-Stelle in Sophienthal, Diöcese Frankfurt II., beide Königlichen Patronats, sind, erstere durch den Tod, letztere durch die Entlassung des bisherigen Inhabers, sowie die Conrector-Stelle in Schönfließ, Diöcese Königsberg II., Privat-Patronats, durch den Abgang des bisherigen Inhabers erledigt.

Frankfurt a. d. O., den 15. August 1864. Königl. Regierung; Abtheilung für Kirchen- und Schulwesen.

(3) Bekanntmachung. Die Schifffahrts-Schleuse zu Rothebude am Weichsel-Haff-Kanal muß wegen nothwendiger Baulichkeiten vom 1. Oktober d. J. ab auf mindestens 6 Wochen für jeden Verkehr geschlossen werden, wovon das schifffahrttreibende Publikum hierdurch in Kenntniß gesetzt wird.

Danzig, den 6. August 1864. Königl. Regierung; Abtheilung des Innern.

(4) Königlich Niederschlesisch-Märkische Eisenbahn. Nach unserer Bekanntmachung vom 7. Mai d. J. ist vom 10. desselben Monats ab für den Verband-Güter-Verkehr zwischen Hamburg und Berlin einerseits und Wien, Gänserndorf und Olmütz andererseits ein neuer Tarif eingeführt worden.

Die Klassification dieses Tarifes findet vom 10. September d. J. ab auch Anwendung: a) auf Güter, welche von Stettin zu Wasser in Frankfurt a. d. O. eingegangen sind und von da über Görlitz nach Oester-

reich auf direkte Frachtbriefe befördert werden, b) auf Güter, welche auf direkte Frachtbriefe von Berlin über Görlitz nach Oesterreich befördert werden.
Berlin, den 28. Juli 1864.   Königliche Direktion der Niederschlesisch-Märkischen Eisenbahn.
(5) Bekanntmachung. Durch Urkunde vom heutigen Tage ist das Braunkohlen-Bergwerk „Julie" bei Blumberg, im Kreise Landsberg a. W., Bergrevier-Cüstrin, mit 1 Fundgrube und 1200 Maaßen gevierten Feldes an den Bergwerksbesitzer Wilhelm Eisenmann zu Berlin verliehen worden.
Halle, den 30. Juli 1864.   Königliches Ober-Berg-Amt.
(6) Bekanntmachung. Durch Urkunde vom heutigen Tage ist die Vereinigung der Braunkohlen-Bergwerke Pauline, Marienshoffnung, Gottlieb, Alte Fritz, Reil, Ende, Arthur, Baath und Baldauf, im Kreise Lebus, Bergrevier Cüstrin, zu einem untrennbaren Ganzen unter dem Namen „Carlsgruben" bei Trepplin genehmigt worden.
Halle, den 1. August 1864.   Königliches Ober-Berg-Amt.
(7) Bekanntmachung. Durch Urkunde vom heutigen Tage ist das Braunkohlen-Bergwerk „Amalia" bei Göhren, im Kreise Crossen, Bergrevier Guben mit 1 Fundgrube und 1200 Maaßen gevierten Feldes an den Kaufmann und Fabrikbesitzer A. Fischer zu Sommerfeld verliehen worden.
Halle, den 30. Juli 1864.   Königliches Ober-Berg-Amt.
(8) Lectionsplan der Königl. staats- und landwirthschaftlichen Akademie zu Eldena bei Greifswald für das Winter-Semester 1864/65.

Die Vorlesungen an der hiesigen Königlichen Akademie beginnen im nächsten Winter-Semester am 15. Oktober und werden sich auf die nachbenannten Unterrichtsgegenstände beziehen: 1) Ein- und Anleitung zum akademischen Studium, 2) Volks- und staatswirthschaftliche Staatskunde von Preußen, 3) Darstellung der Verfassung und Behörden-Organisation von Preußen, Direktor Professor Dr. Baumstark; 4) Encyclopädische Einleitung in das Landwirthschaftsrecht, Professor Dr. Haeberlin; 5) Geschichte der Landwirthschaft, 6) Landwirthschaftliche Betriebslehre und Buchführung, 7) Landwirthschaftliches Praktikum und Conservatorium, Professor Dr. Segnitz; 8) Rindviehzucht, 9) Schaafzucht, 10) Ueber den Eldenaer Wirthschaftsbetrieb nebst praktischer Anleitung zum Wirthschaftsbetriebe, 11) Praktische landwirthschaftliche Demonstrationen, Oekonomie-Rath Dr. Rhode; 12) Pflege der Gesundheit der sämmtlichen Hausthiere und Lehre von den Krankheiten der Haussäugethiere, 13) Anatomie und Physiologie der Haussäugethiere, Departements-Thierarzt Dr. Fürstenberg; 14) Landschaftsgärtnerei, akademischer Gärtner Zarnack; 15) Forstwirthschaftliche Betriebslehre, akademischer Forstmeister Wiese; 16) Anorganische Experimental-Chemie, 17) Anleitung zu chemischen Untersuchungen im chemischen Laboratorium, 18) Landwirthschaftliche Technologie und praktische Demonstrationen in technisch-ökonomischen Fabriken, Professor Dr. Trommer; 19) Geognosie, 20) Anleitung zum Bestimmen landwirthschaftlich-technisch wichtiger Fossilien, 21) Analytische Chemie und Repetitorium der anorganischen Chemie, Assistent Dr. Schez; 22) Naturgeschichte der landwirthschaftlich schädlichen Thiere und Lehre von den Krankheiten der Pflanzen, 23) Pflanzengeographie, 24) Mikroskopische Uebungen in der Pflanzen-Anatomie, Dr. Jessen; 25) Landwirthschaftliche Baukunst 1. Theil, akademischer Baumeister Müller; 26) Praktische Stereometrie, ebene Trigonometrie und einzelne Hauptstücke aus der praktischen Arithmetik, 27) Mechanik und Maschinenlehre, Professor Dr. Grunert.   Eldena, im August 1864.
Der Direktor der Königl. staats- und landwirthschaftlichen Akademie.
Geheime Regierungs-Rath Dr. E. Baumstark.
(9)   Königliche landwirthschaftliche Akademie Proskau in Schlesien.
(Eröffnet im Herbst 1847 und bis zum Schluß des Sommer-Semesters 1864 von 915 Studirenden besucht.)
Verzeichniß der Vorlesungen, praktischen Uebungen und Erläuterungen im Winter-Semester 1864—65.
Beginn am 15. Oktober.

I. Ueber das Studium und Leben an landwirthschaftlichen Akademien, im Anfange des Semesters: Direktor, Landes-Oekonomie-Rath Settegast. II. Philosophische Propädeutik: Professor Dr. Heinzel. III. Volkswirthschaftslehre: Regierungs-Assessor Beutner. IV. Landwirthschaftliche Disciplinen: A. Aus dem Gebiete der allgemeinen Wirthschafts- und Betriebslehre: 1) Landwirthschaftliche Betriebslehre: Direktor Settegast; 2) Uebungen im Entwerfen von landwirthschaftlichen Ertragsanschlägen und Wirthschaftsplänen: Lehrer der Landwirthschaft Funke; 3) Landwirthschaftliche Buchführung: Rendant Schneider; 4) Landwirthschaftliches Praktikum und Conservatorium: Direktor Settegast; 5) Anleitung zur Verschönerung der Landgüter: Garten-Inspektor Hannemann. B. Aus dem Gebiete der Produktionslehre: 6) Allgemeiner Acker- und Pflanzenbau: Administrator Leisewitz; 7) Wiesenbau: Derselbe; 8) Gemüse- und Weinbau:

Garten-Inspektor Hannemann; 9) Landwirthschaftliche Maschinen- und Geräthekunde: Lehrer der Landwirthschaft Funke; 10) Praktische landwirthschaftliche Demonstrationen: Administrator Leisewitz; 11) Allgemeine Thierproduktionslehre: Lehrer der Landwirthschaft Funke; 12) Schafzucht und Wollkunde: Direktor Settegast; 13) Unterweisung im Classificiren und Zutheilen der Schafe, im Bonitiren und Sortiren der Wolle: Derselbe; 14) Rindviehzucht: Lehrer der Landwirthschaft Funke; 15) Pferdezucht: Departements-Thierarzt Lüthens; 16) Schweinezucht: Derselbe. V. Forstwirthschaftliche Disciplin: Forsttaxation und Forstbenutzung: Königl. Oberförster Wagner. VI. Naturwissenschaftliche Disciplinen: 1) Unorganische Chemie: Professor Dr. Krocker; 2) Physik, Meteorologie: Derselbe; 3) Analytische Chemie und Uebungen in landwirthschaftlich-chemischen Arbeiten im Laboratorium: Derselbe; 4) Analytische Chemie, privatim: Dr. Dietrich; 5) Anatomie und Physiologie der Pflanzen: Professor Dr. Heinzel; 6) Orktognosie und Geognosie: Derselbe; 7) Naturgeschichte der wirbellosen Thiere: Derselbe. VII. Thierheilkunde: Anatomie und Physiologie der Hausthiere: Departements-Thierarzt Lüthens. VIII. Baukunst: Landwirthschaftliche Baukunde: Baumeister Engel. IX. Mathematische Disciplin: Mechanik und Maschinenlehre: Derselbe.

Lehrhilfsmittel. Der Unterricht wird, wie aus dem Lehrplane erhellt, durch Demonstrationen, praktische Uebungen und Excursionen erläutert. Hierzu dient zunächst die gesammte Gutswirthschaft mit circa 4000 Morgen Areal, aus mannigfaltigsten Bodenarten und Grundstücken bestehend und von 4 Vorwerken aus in 9 Rotationen bewirthschaftet. Werthvolle Viehbestände, verschiedenen Racen angehörig, tragen zur Veranschaulichung der Lehre von der Thierzucht bei. Die technischen Betriebsanlagen der Gutswirthschaft, wie Brennerei, Brauerei, Ziegelei, erläutern die technologischen Vorträge.

Als weitere Lehrhilfsmittel dienen die Versuchswirthschaft, von dem Lehrer der Landwirthschaft geleitet; der botanische Garten; die Provinzial-Baumschule; das chemische und pflanzenphysiologische Laboratorium, beide für praktische Arbeiten der Studirenden eingerichtet; eine umfassende Sammlung von Modellen landwirthschaftlicher Maschinen und Geräthen; die reiche Woll- und Vließ-Sammlung; das zoologische Cabinet; die Bibliothek und das Lesezimmer. Zur Erläuterung der forstwirthschaftlichen Vorträge dient das 20,000 Morgen umfassende Forstrevier.

Praktische Curse und Praktikanten-Station. Junge Männer, welche die Absicht haben, sich besonders mit dem Schäfereiwesen vertraut zu machen, um später die Leitung von Schäfereien als Geschäft zu betreiben, erhalten Gelegenheit, sich für den erwählten Beruf gründlich auszubilden. Für die complete Erlernung der Spiritus- und bairischen Bier-Fabrikation in besonderen Cursen ist Vorsorge getroffen.

Zur Erlernung der praktischen Landwirthschaft ist durch die mit der Akademie in Verbindung gebrachte Praktikanten-Station Gelegenheit geboten. Angehende Landwirthe finden gegen Entrichtung einer Pension in dem Hause des Administrators in Proskau und des Wirthschafts-Inspektors auf dem Departement Schlimnitz Aufnahme; sie werden von ihren Lehrherren mit dem Betriebe der Landwirthschaft vertraut gemacht und in der Akademie während eines vollen Semesters praktisch beschäftigt.

Aufnahme der Akademiker. Honorar-Zahlung. Sonstige Einrichtungen der Akademie. Die Aufnahme erfolgt nach schriftlicher oder mündlicher Anmeldung beim Direktor. Die Akademie verlangt von den Studirenden Reife des Urtheils und Kenntnisse in dem Maße, um akademischen Vorträgen ohne Schwierigkeit folgen und daraus den rechten Nutzen ziehen zu können. Vorausgegangene wenigstens einjährige praktische Thätigkeit im Landwirthschaftsbetriebe ist ferner zum Verständniß der Vorträge erforderlich. Der Cursus ist zweijährig, der Studirende verpflichtet sich bei seinem Eintritt jedoch nur für das laufende Semester. Gegen ein monatlich zu entrichtendes Lehr-Honorar können junge Landwirthe, deren Verhältnisse ihnen den Aufenthalt an der Akademie während eines vollen Semesters nicht gestatten, als Hospitanten zugelassen werden.

Es beträgt das Eintrittsgeld 6 Thaler, das Studien-Honorar für das erste Semester 40 Thaler, für das zweite 30 Thaler, für das dritte 20 Thaler, für das vierte und jedes folgende Semester 10 Thaler. Bei erwiesener Bedürftigkeit des Akademikers kann das Studien-Honorar ganz oder zur Hälfte erlassen werden.

Beim Schluß eines jeden Semesters finden Abgangsprüfungen statt. Um zur Prüfung zugelassen zu werden, muß der Studirende vier Semester auf der Akademie absolvirt haben. Die Zeit seines Studiums an einer andern Hochschule kommt dabei in Anrechnung.

Beim Beginn eines jeden Winter-Semesters werden den Akademikern Preis-Aufgaben gestellt. Zur Concurrenz an der Lösung der gestellten Preis-Aufgabe werden alle diejenigen Studirenden zugelassen, welche im Semester der Verkündigung die Akademie besuchen. Die beste Arbeit erhält den Preis von 100 Thalern, die nächstbeste mit dem Accessit von 25 Thalern, die drittbeste eine lobende Erwähnung.

Die Gesammtkosten des Aufenthaltes an der Akademie mit Einschluß des Studien-Honorars betragen unter Voraussetzung einer mäßigen Sparsamkeit im ersten Jahre ca. 300 Thlr., im zweiten Jahre ca. 250 Thlr.

Bei größerer Einschränkung genügt es, mit 200 Thalern jährlich auszukommen. Logis und Kost nehmen die Akademiker nach freier Wahl in Privathäusern und den Speisewirthschaften des Orts Proskau.

Der akademische landwirthschaftliche Verein, von den Studirenden gegründet, beschäftigt sich mit der Erörterung und Besprechung von Fragen landwirthschaftlichen oder allgemein wissenschaftlichen Inhalts. Die Lehrer der Akademie nehmen als Gäste daran Theil.

Nähere Nachrichten über die Akademie, deren Einrichtungen und Lehr-Hülfsmittel enthält die bei Wiegandt und Hempel in Berlin, neu erschienene und für den Preis von 15 Sgr. durch alle Buchhandlungen zu beziehende Schrift: „Die Königliche landwirthschaftliche Akademie Proskau"; auch ist der unterzeichnete Director gern bereit, auf Anfragen weitere Auskunft zu ertheilen.

Proskau, im Juli 1864. Der Director, Königliche Landes-Oeconomie-Rath Settegast.

(10) Feuerkassen-Beiträge-Ausschreiben der Land-Feuer-Societät der Neumark pro I. Semester 1864.

Im ersten Halbjahr 1864 sind im Bereich der Land-Feuer-Societät der Neumark 49 Brände vorgekommen, und zwar: in den Kreisen Soldin 4, Königsberg 8, Landsberg 4, Friedeberg 4, Arnswalde 3, Dramburg 4, Sternberg 6, Crossen 9, Züllichau-Schwiebus 1, Cottbus 6; sind 49. Hierzu tritt 1 am 31. Dezember 1863 im Crossener Kreise stattgefundener Brand, welcher erst im I. Semester cr. zur Liquidation kommen konnte, so daß die Zahl der im I. Semester d. J. zu vergütigenden Brandschäden 50 beträgt.

3 Brände sind durch Blitzschlag, 2 durch bauliche Mängel entstanden. Bei 26 Bränden hat die gerichtliche Untersuchung kein Resultat ergeben und in 18 Fällen ist die gerichtliche Untersuchung noch nicht beendigt. In 9 Fällen sind Prämien auf Ermittelung der Brandstifter ausgesetzt, jedoch ist bisher keine derselben zur Auszahlung gelangt.

Es sind theils eingeäschert, theils beschädigt worden:

Klasse.	Wohn-häuser.	Scheunen.	Ställe.	Neben-Gebäude.	Abgebrannte Scheunen.	Wind-mühlen.	Betrag der Entschädigung.		
							Thlr.	Sgr.	Pf.
I.	5	—	5	—	—	—	3,279	18	7
II.	5	7	4	—	—	—	4,615	20	7
III.A.	1	2	—	—	—	—	950	—	—
III.B.	30	26	37	7	1	—	21,792	9	6
IV.	7	1	—	1	—	1	850	—	—
Summa	41	36	46	8	1	1	31,487	18	8

31,487 Thlr. 18 Sgr. 8 Pf.

Die Nebenkosten betragen: 1) Prämien für Spritzen und Wasserwagen 912 Thlr., 2) Prämien für persönliche Thätigkeit 28 Thlr., 3) Entschädigung für unversicherte Gegenstände 203 Thlr. 20 Sgr., 4) Abschätzungskosten bei Partialschäden 59 Thlr. 20 Sgr., 5) 30 pCt. Bonifikation für 4 neue Spritzen 244 Thlr. 7 Sgr. 6 Pf., 6) Mekengelder bei Abschätzung der Brandschäden 157 Thlr. 15 Sgr.; zusammen

1,612 „ 2 „ 6 „

Die Verwaltungskosten bestehen in: 1) Besoldungen 1,600 Thlr. 10 Sgr., 2) Büreaubedürfnisse der General-Kasse 11 Thlr. 15 Sgr. 3 Pf., 3) Reisekosten 388 Thlr. 11 Sgr. 6 Pf., 4) Druckkosten und Buchbinderlohn 223 Thlr. 25 Sgr. 6 Pf., 5) Torrevisionskosten 106 Thlr. 12 Sgr., 6) Prozeßkosten und Mandatariengebühren 52 Thlr. 15 Sgr. 4 Pf., 7) Zinsen von aufgenommenen Bankdarlehnen 2 Thlr. 7 Sgr. 6 Pf., 8) Kopialien für Kataster und Zu- und Abgangs-Nachweisungen 68 Thlr. 27 Sgr. 6 Pf., 9) ad extraordinaria 12 Thlr. 2 Sgr.; zusammen

2,466 „ 6 „ 7 „

Nach dem Kommunal-Landtags-Beschluß vom 25. November 1863 Behufs Erhöhung des Reservefonds der Societät Zuschlag von 1 Thlr. pro 10,000 Thlr. der Versicherungssumme. Derselbe beträgt für 37,631,215 Thlr.

3,763 „ 3 „ 10 „

Es sind daher aufzubringen

39,329 Thlr. 1 Sgr. 7 Pf.

Transport 39,329 Thlr. 1 Sgr. 7 Pf.

Hiervon gehen ab: a. Zinsen und Eintrittsgelder 2358 Thlr. 19 Sgr. 6 Pf., b) das Guthaben nach dem letzten Beitragsausschreiben 4,143 Thlr. 27 Sgr. 6 Pf., c. die im Laufe des Semesters erfolgten Gutschreibungen nach Abzug der Zuschläge 3 Thlr. 12 Sgr. 11 Pf.; zusammen . . . . . . 6,505 „ 29 „ 11 „

Der Gesammtbedarf beträgt mithin nur . . . . 32,823 Thlr. 1 Sgr. 8 Pf.

Hiervon gehen ferner ab die erhobenen Beiträge für im Laufe des Semesters genommene Mobiliar-Versicherung mit . . . . 59 „ 5 „ 11 „

Ein regelmäßiger Beitrag für die Mobiliar-Versicherung kann erst im II. Semester 1864 erhoben werden, da die Versicherungen überhaupt erst im I. Semester cr. begonnen haben und die Beiträge für dasselbe sofort eingezogen sind.

Es bleiben also aufzubringen . . . . 32,763 Thlr. 25 Sgr. 9 Pf.

Die Gesammt-Versicherung betrug am Semesterschluß nach Abrechnung von 371,462½ Thlr. beitragsfreie Hälfte für Kirchen und deren Thürme.	Es sind an Beiträgen ausgeschrieben worden					
	pro 100 Thlr.		in Summa.			
	Sgr.	Pf.	Thlr.	Sgr.	Pf.	
Klasse I. 12,715,575 Thlr.	1	4	5,651	11	—	
„ II. 11,281,087½ Thlr.	2	—	7,520	21	9	
„ III.A. 417,825 Thlr.	4	—	557	3	—	
„ III.B. 12,296,875 Thlr.	7	4	30,059	—	10	
„ IV. 548,450 Thlr.	10	8	1,950	1	4	
37,259,812½ Thlr.	—	—	45,738	7	11	45,738 „ 7 „ 11 „

Es bleibt mithin zum nächsten Ausschreiben ein Guthaben von . . . . 12,974 Thlr. 12 Sgr. 2 Pf. welches zur Gewährung von Vorschüssen für die im II. Semester vorkommenden Brände asservirt wird.

An Beiträgen sind seit II. Semester 1854 jährlich durchschnittlich von 100 Thlr. Versicherung aufgebracht worden: in Klasse I. 2 Sgr. 8,₀ Pf., in Klasse II. 4 Sgr. 0,₂ Pf., in Klasse III.A. 11 Sgr. 0,₀ Pf., in Klasse III.B. 14 Sgr. 0,₇ Pf., in Klasse IV. 21 Sgr. 5,₀ Pf.

Die im letzten Jahre, II. Semester 1863 und I. Semester 1864 aufgebrachten Beiträge betragen pro 100 Thlr. Versicherung: in Klasse I. 2 Sgr. 8 Pf., in Klasse II. 4 Sgr., in Klasse III.A. 8 Sgr., in Klasse III.B. 14 Sgr. 8 Pf., in Klasse VI. 21 Sgr. 4 Pf.

Die Gebäude-Versicherung betrug im II. Semester 1854: 25,591,850 Thlr., sie beträgt jetzt: 37,631,275 Thlr.; ist mithin in 10 Jahren gestiegen um 12,039,925 Thlr. Dieselbe betrug im II. Semester 1863: 36,882,700 Thlr., dieselbe beträgt jetzt: 37,631,275 Thlr.; mehr: 748,575 Thlr.

In die seit 1. Januar 1864 errichtete Mobiliar-Versicherung sind im I. Semester eingetreten 20 Mitglieder mit einer Gesammtversicherungssumme von 229,150 Thlr. Seit dem 1. Juli sind Mobiliar-Versicherungen abgeschlossen resp. angemeldet im Betrage von 34,000 Thlr.

Arnswalde, den 2. August 1864.

Der General-Direktor der Neumärkischen Land-Feuer-Societät. Meyer.

Amts-Blatt
der Königl. Preuß. Regierung zu Frankfurt a/O.

№ 34.   Frankfurt a. d. O., den 24. August.   **1864.**

Gesetz-Sammlung für die Königlichen Preußischen Staaten pro 1864.

No. 28. enthält: (No. 5911.) Privilegium wegen Ausgabe auf den Inhaber lautender Obligationen der Stadt Minden im Betrage von 60,000 Thalern. Vom 8. Juni 1864.

No. 29. enthält: (No. 5912.) Statut für den Verband zur Entwässerung des Thales der faulen Obra oberhalb der Hammermühle bei Bomst. Vom 27. Juni 1864.

(No. 5913.) Bekanntmachung, betreffend die Allerhöchste Genehmigung der unter der Firma: „Görlitzer gemeinnützige Aktien-Baugesellschaft" mit dem Sitze zu Görlitz errichteten Aktiengesellschaft. Vom 16. Juli 1864.

(No. 5914.) Bekanntmachung, betreffend die Allerhöchste Genehmigung der unter der Firma: „Königsberger gemeinnützige Aktien-Baugesellschaft" mit dem Sitze zu Königsberg errichteten Aktiengesellschaft. Vom 18. Juli 1864.

Bekanntmachung wegen Ausreichung der neuen Zins-Coupons Serie V. zu den Schuldverschreibungen der freiwilligen Staats-Anleihe vom Jahre 1848.

Zu den Schuldverschreibungen der freiwilligen Staats-Anleihe vom Jahre 1848 werden die neuen Coupons Serie V. No. 1—8. über die Zinsen für die vier Jahre vom 1. Oktober 1864 bis dahin 1868 nebst Talons vom 19. Septbr. d. J. ab von der Kontrolle der Staatspapiere hierselbst, Oranienstraße No. 92, unten rechts, täglich in den Vormittagsstunden von 9 bis 1 Uhr, mit Ausnahme der Sonn- und Festtage und der drei letzten Tage jedes Monats, ausgereicht werden. Die Coupons können bei der gedachten Kontrolle selbst in Empfang genommen oder durch Vermittlung der Königlichen Regierungs-Haupt-Kassen bezogen werden. Wer das Erstere wünscht, hat die Talons vom 13. März 1860 mittelst eines Verzeichnisses, zu welchem Formulare bei der Kontrolle und in Hamburg bei dem Preußischen Ober-Post-Amte unentgeltlich zu haben sind, bei der Kontrolle persönlich oder durch einen Beauftragten abzugeben. Genügt dem Einreicher eine numerirte Marke als Empfangsbescheinigung, so ist das Verzeichniß nur einfach einzureichen, wogegen dasselbe von denen, welche eine schriftliche Bescheinigung über die Abgabe der Talons zu erhalten wünschen, doppelt abzugeben ist. In dem letztgedachten Falle erhält der Einreicher das eine Exemplar des Verzeichnisses mit einer Empfangsbescheinigung versehen sofort zurück. Die Marke oder Empfangsbescheinigung ist bei der Ausreichung der neuen Coupons zurückzugeben.

In Schriftwechsel kann sich die Kontrolle der Staatspapiere nicht einlassen.

Wer die gedachten Talons an eine Regierungs-Haupt-Kasse befördern will, hat sie derselben mit einem doppelten Verzeichnisse einzureichen. Das eine Exemplar des Verzeichnisses wird dann mit einer Empfangsbescheinigung versehen sogleich zurückgegeben und ist demnächst bei der Aushändigung der neuen Coupons wieder abzuliefern. Formulare zu diesen Verzeichnissen sind bei den Regierungs-Haupt-Kassen und den von den Königlichen Regierungen in den Amtsblättern zu bezeichnenden Kassen unentgeltlich zu haben.

Des Einreichens der Schuldverschreibungen selbst bedarf es zur Erlangung der neuen Coupons nur dann, wenn die alten Talons abhanden gekommen sind. Die Dokumente sind in diesem Falle an die Kontrolle der Staatspapiere oder an eine Regierungs-Haupt-Kasse mittelst besonderer Eingabe einzureichen. Die Beförderung der Talons oder der Schuldverschreibungen an die Regierungs-Haupt-Kassen (nicht an die Kontrolle der Staatspapiere erfolgt durch die Post bis zum 1. Mai k. J. portofrei, wenn auf der Couverte bemerkt ist: „Talons (Schuldverschreibungen) zu ... Thlr. der Staats-Anleihe von 1848 zum Empfange neuer Coupons." Mit dem 1. Mai k. J. hört die Portofreiheit auf und es werden von da ab die neuen Coupons den Einsendern auf ihre Kosten zugesandt. Für solche Sendungen, die von Orten eingehen oder nach Orten bestimmt sind, welche außerhalb des Preußischen Postbezirks, aber innerhalb des deutschen Postvereinsgebiets liegen, kann eine Befreiung vom Porto nach den Vereinsbestimmungen nicht stattfinden.

Berlin, den 13. August 1864.   Königl. Haupt-Verwaltung der Staatsschulden.   (gez.) Meinicke.

Vorstehende Bekanntmachung wegen Ausreichung der neuen Zinscoupons Ser. V. zu den Schuldverschreibungen der freiwilligen Staats-Anleihe vom Jahre 1848 wird hiermit zur öffentlichen Kenntniß gebracht. Formulare zu den in duplo einzureichenden Verzeichnissen der Talons zu den Schuldverschreibungen werden von der Regierungs-Haupt-Kasse, den Kreis-Steuer-Kassen zu Arnswalde, Calau, Cottbus, Crossen, Friedeberg, Guben, Königsberg, Landsberg, Luckau, Lübben, Soldin, Sorau, Spremberg, Zielenzig, Züllichau, den Steuer-Aemtern Bärwalde, Berlinchen, Cüstrin, Dresen, Dreßlau, Döbrilugk, Driesen, Finsterwalde, Fürstenwalde, Forst, Golßen, Liebenose, Petschin, Lübbenau, Lippehne, Müncheberg, Neudamm, Reppelle, Peitz, Reppen, Reuwedell, Schörfliß, Schwiebus, Seelow, Senftenberg, Sommerfeld, Sonnenburg, Triebel, Vietz, Woldenberg, Zehden, und den Rent-Aemtern Friedland und Lagow jedoch nur auf mündliches Ansuchen ausgegeben. Zur besonderen Achtung wird empfohlen, die Talons baldigst einzureichen, da bei verspäteter Einreichung die portofreie Beförderung derselben und der neuen Zinscoupons nicht stattfindet.

Frankfurt a. d. O., den 20. August 1864.   Königliche Regierung.   Frhr. v. Münchhausen.

Verordnungen und Bekanntmachungen der Königlichen Regierung zu Frankfurt a. d. O.

I. Nach einer Mittheilung der Königlich Belgischen Regierung wird nächstens eine Ausstellung von Hohlgläsern Kunstgegenstände in Mecheln stattfinden. Um den diesseitigen Künstlern die Betheiligung an dieser Ausstellung zu erleichtern, soll für diejenigen Gegenstände, welche zur Ausstellung gesandt werden, beim Wiedereingange die Zollfreiheit zugestanden werden. Die Betheiligten haben zu dem Ende die zu versendenden Gegenstände dem Hauptamte des Versendungsortes vorzuführen, welches dieselben auf Grund spezieller Revision und Verzeichnung und, soweit thunlich, unter Anlegung eines Bleies oder Siegels zum Ausgange abfertigt. Der Wiedereingang muß über dasselbe Hauptamt erfolgen.

Berlin, den 11. August 1864.   Der Finanz-Minister. Im Auftrage gez. Henning.
An die Königliche Regierung zu Frankfurt a. O. III. 16,162.

Vorstehender Erlaß wird hierdurch zur öffentlichen Kenntniß gebracht.

Frankfurt a. O., den 17. August 1864.

II. Schauordnung für das sogenannte Landwehr- auch Limberger Fließ von der Kunersdorf-Limberger Grenze unterhalb der Limberger Mühle bis zur Einmündung in die Schlischola.

Zur Herstellung der Vorfluth im Landwehr-Fließ — von der Kunersdorf-Limberger Grenze bis zur Einmündung in die Kischschola — in und an den Feldmarken der Gemeinden Kunersdorf, Müllersdorf, Krieschow und Saabow, sowie des Rittergutes Krieschow und des ehemaligen Rittergutes Müllersdorf haben wir in Gemäßheit der §§. 25. und 73. der Feldpolizei-Ordnung vom 1. November 1847, des Gesetzes über die Benutzung der Privatflüsse vom 28. Februar 1843, und des Gesetzes über die Polizei-Verwaltung vom 11. März 1850, insbesondere des §. 11. ibid. nachstehende Polizei-Verordnung zur Nachachtung für die Betheiligten aufgestellt.

§. 1. Normal-Breite. Die Normalbreite der Sohle des Fließes wird auf eine Ruthe mindestens durchgängig festgestellt.

Normal-Tiefe. Ueber die Normal-Tiefe des Fließes werden nähere Festsetzungen der Erfahrung vorbehalten.

Ufer. Die Uferränder werden nach Befinden des Schauamts in der Weise ausgeglichen, daß eine Erhöhung der niedrigen Uferstellen bis zur ungefähren Höhe der höher belegenen eintritt.

§. 2. Räumung. Die Räumung liegt ob, sofern und so lange nicht im Rechtswege die Verpflichtung eines Andern nachgewiesen wird: 1) auf der Strecke durch die Kunersdorfer Hütung den Besitzern der anstoßenden Pläne; dies gilt für das Fließ in seinem seitherigen Laufe, wie von den zu seiner Berichtigung an die Stelle desselben tretenden Durchstichen. An der Schulzenwiese räumt die ganze Gemeinde Kunersdorf gemeinschaftlich; 2) auf der Dominialflur Krieschow, von der Kunersdorfer Grenze bis zur Grenze von Müllersdorf, räumt das Dominium Krieschow allein; 3) von der Grenze mit Müllersdorf räumen die anstoßenden Besitzer, jeder soweit sein Eigenthum reicht, bis zur Mitte des Fließes. Die anliegende Rolle weist die jetzigen Besitzer der anstoßenden Grundstücke nach.

§. 3. Die Räumung erfolgt, wenn der Wasserstand es zuläßt, in der Regel unmittelbar nach beendeter Heuernte im Monat Juli jeden Jahres; ist dies wegen des Wasserstandes unausführbar, so kann das Schauamt dieselbe in der Zeit nach der Grummet-Ernte im Monat September, oder, wenn auch dies nicht angänglich, auf eine andere passende Zeit verlegen, außerdem auch in dringenden Fällen außerordentliche ganze oder partielle Räumungen nach Bedürfniß anordnen. Räumungen bis zur Mitte des Fließes müssen von den gegenüberliegenden Besitzern gleichzeitig stattfinden. cfr. §. 9.

§. 4. Bei der Räumung, welche in Gemäßheit der Bestimmung des Schauamts (§. 9.) unbedingt zu erfolgen hat, muß alles Kraut, Sand, Schlamm, Einwuchs und Eintrieb entfernt werden. In der Fluß-böschung dürfen Bäume, Sträucher, gar nicht geduldet werden, auf dem Rande nur, soweit sie zur Befestigung des Ufers erforderlich sind. Der Ausraum muß sogleich mindestens 3 Fuß vom Flußrande und bis zur Schau des nächstfolgenden Jahres auseinandergebreitet oder ganz entfernt werden, sofern nicht das Schauamt ausdrücklich bestimmt, daß derselbe auf dem Uferrande Behufs Erhöhung desselben liegen bleiben soll.

§. 5. Furthen und Brücken. Durch das Landwehrfließ geht im Kunersdorfer Felde eine Furth, deren Benutzung dem Ortspfarrer zu Kriechow namentlich zusteht; diese muß auch ferner offen gehalten und bei etwaiger Verlegung des Flußlaufes angemessen hergestellt werden. Die Erhaltung der Brücke auf dem Wege von Kriechow nach Müllersdorf steht rechtmäßig fest und ist dieserhalb nichts zu bestimmen.

§. 6. Das Schauamt. Die Erhaltung der Ordnung im Fließe liegt dem Schauamte ob, dasselbe besteht:
A. aus dem Kreislandrath als Vorsitzenden. Außerdem
B. 1) für die Strecke von der Limberg-Kunersdorfer Grenze bis zur Brücke auf dem Wege von Kriechow nach Müllersdorf: aus den jedesmaligen Inhabern der Ortspolizei-Obrigkeit über Müllersdorf, Kunersdorf und Kriechow, sowie den Schulzen oder in deren Stellvertretung je einem Gerichtsmann von Kunersdorf, Müllersdorf und Kriechow, 2) für die Strecke von der gedachten Brücke bis zur Einmündung in die Zschschola aus den jedesmaligen Inhabern der Ortspolizei-Obrigkeit über Müllersdorf, Kriechow und Baabow, sowie den Schulzen — oder in deren Stellvertretung je einem Gerichtsmann — von Müllersdorf, Kriechow und Baabow. Außerdem steht dem Besitzer des Ritterguts Kriechow frei, wann und so lange er die ortspolizei-obrigkeitlichen Rechte nicht selbst ausübt, an den Verhandlungen des Schauamts mit berathender, oder ohne entscheidende Stimme Theil zu nehmen. Dem Kreislandrath steht frei, sich jederzeit durch ein anderes Mitglied des Schauamtes, und zwar in der Regel durch einen der Inhaber einer Polizei-Obrigkeit, vertreten zu lassen.

§. 7. Die Beschlüsse des Schauamts werden nach einfacher Stimmenmehrheit der Anwesenden gefaßt, und zwar in der Art, daß außer dem Vorsitzenden jedes Mitglied nur in den Angelegenheiten desjenigen Distrikts Stimme hat, für welchen es nach §. 6. als Vertreter berufen ist; bei Stimmengleichheit entscheidet die Stimme des Vorsitzenden. Die Sitzungen des Schauamts werden vom Vorsitzenden, so oft das Bedürfniß es erfordert, anberaumt. Für die gewöhnliche Correspondenz des Schauamts genügt die Unterschrift des Vorsitzenden.

§. 8. Die Verrichtungen des Amts geschehen unentgeltlich, wird jedoch eine Nachschau erforderlich, so hat ein jeder, durch dessen Säumigkeit dieselbe veranlaßt wird, dem mit derselben vom Schauamte beauftragten Ortsschulzen eine Gratifikation von 10 Sgr. zu entrichten, welche nöthigenfalls im Wege der administrativen Execution durch die Ortspolizei-Obrigkeit auf Requisition des Schauamts eingezogen wird.

§. 9. Die Zeit der Räumung wird vom Schauamte bestimmt (§. 3.); letzteres kündigt die Räumung drei Tage zuvor dem Ortsschulzen genau an und wird dieselbe durch die Schulzen in den Gemeinden sogleich ortsüblich bekannt gemacht; derjenige Besitzer des Ritterguts Kriechow und des ehemaligen Ritterguts Müllersdorf, welcher die ortspolizei-obrigkeitlichen Rechte nicht selbst ausübt, erhält die Ankündigung unmittelbar durch das Schauamt.

§. 10. Das Schauamt steht unter der Aufsicht der Königlichen Regierung.

§. 11. Schau. Am achten Tage nach dem Datum des Ausschreibens der Räumung Seitens des Schauamts findet regelmäßig die Schau durch das Schauamt statt. Dieselbe beginnt Morgens 7 Uhr am untern Ende bei der Einmündung des Limberger Fließes in die Zschschola, und wird um 9 Uhr von der Brücke am Kriechow-Müllersdorfer Wege ab bis zum andern Ende an der Limberg-Kunersdorfer Grenze fortgesetzt. Auf Beschluß des Schauamts können auch außerordentliche Schauen anberaumt werden.

§. 12. Ueber den Befund der Schau, mangelhafte Räumung u. s. w. wird ein Protokoll aufgenommen; darin wird auch bestimmt, ob, wann und durch wen etwa, in Folge vorgefundener Mängel eine erforderliche Nachschau stattfinden soll. Auch wird dem Säumigen eine Frist zur Nachholung des Versäumten gestellt, nach deren fruchtlosen Ablauf die Ausführung auf Rechnung des Verpflichteten erfolgt, die so entstehenden Kosten werden im Executionswege durch die Ortspolizei-Obrigkeit auf Requisition des Schauamts eingezogen.

§. 13. Bei Gelegenheit der Schau erfolgt auch die Berichtigung der Rolle der Räumungspflichtigen (§. 2.) mit Rücksicht auf Besitzänderungen; die neuen Besitzer haben sich deshalb am Schautermin beim Schauamte zu melden. Ob die Rolle durch Aufnahme der Hypothekennummern der betheiligten Grundstücke, sowie die Angabe der Länge jeder den einzelnen Räumungspflichtigen zufallenden Strecke oder sonst in geeigneter Weise zu vervollständigen, bleibt dem Schauamte überlassen.

§. 14. Strafen. Alle Zuwiderhandlungen gegen die Bestimmungen der gegenwärtigen Verordnung werden mit Geldstrafe von 10 Sgr. bis 10 Thlr. event. verhältnißmäßiger Gefängnißstrafe belegt. Außerdem wird die Herstellung des reglementsmäßigen Zustandes auf Kosten der Contravenienten oder Renitenten in der Art bewirkt, wie es der §. 12. dieses Reglements näher bezeichnet.

Frankfurt a. d. O., den 15. August 1864.

III. Rolle der Räumungspflichtigen des Landwehrfließes im Cottbusser Kreise geführt durch das Schauamt zu §. 3 und 14 der Schauordnung.

I. Oberschau von der Limberger Grenze bis zur Brücke auf dem Wege von Krieschow nach Millersdorf.
  A. In der Feldmark Kunersdorf: 1) Kossäth Schmidt zu Kunersdorf, 2) Kossäth Peschenz daselbst, 3) Kossäth Muschick daselbst, 4) Kossäth Schabow daselbst, 5) Büdner Höse daselbst, 6) Kossäth Konter daselbst, 7) Kossäth Garch daselbst, 8) Büdner Borrock daselbst, 9) Büdner Lucas daselbst, 10) Büdner Kreße daselbst, 11) Halbhüfner Baddack daselbst, 12) Halbhüfner Leder daselbst, 13) Hüfner Borrock daselbst, 14) Hüfner Onitz daselbst, 15) Büdner Kaunick daselbst, 16) Büdner Nowka daselbst, 17) Büdner Supra daselbst, 18) Büdner Krüger daselbst, 19) für die Schulzenwiese die Gemeinde Kunersdorf.
  B. In der Rittergutsflur Krieschow von der Kunersdorfer bis zur Millersdorfer Grenze auf beiden Ufern: das Rittergut Krieschow.
  C. Von der Millersdorfer Grenze bis zur Brücke auf dem Wege von Millersdorf nach Krieschow: a) auf dem rechten Ufer: 1) Kossäth Plater zu Millersdorf, 2) Kossäth Böttcher daselbst, 3) Kossäth Schulze daselbst, 4) Kossäth Graßul daselbst, 5) Büdner Lischke daselbst, 6) Büdner Kammoth daselbst, 7) Wittwe Twarz daselbst, 8) Bauer Kochan daselbst, 9) Bauer Noack daselbst, 10) Bauer Brafina daselbst, 11) Bauer Neumann daselbst, 12) Bauer Graßul daselbst, 13) Kossäth Gurrmann gen. Branske daselbst, 14) Kossäth Lucas daselbst, 15) Halbbauer Gurrmann'sche Erben daselbst, 16) Dörfft von Röckritz daselbst, 17) Fräulein Schilalowsky daselbst, 18) Büdner Mroß daselbst, 19) Häusler Lehmann daselbst, 20) Häusler Reinzack daselbst, 21) Halbbauer Mathes Gurrmann daselbst, 22) Schankwirth Melde daselbst;
  b) auf dem linken Ufer: 1) das Rittergut Krieschow, 2) Kolonist Stephan zu Krieschow, 3) Kolonist Jamil daselbst, 4) Kolonist Kempösch daselbst, 5) Vorwerkspächter Krüger zu Millersdorf als Antheilsbesitzer in Krieschow, 6) Kolonist Neumann zu Krieschow.

II. Unterschau von der Brücke auf dem Krieschow-Millersdorfer Wege bis an den Einfluß des Fließes in die Tschikola.
  a) auf dem rechten Ufer, in der Feldmark Millersdorf: 1) Büdner Rothe jetzt Bauer Christian Gurrmann, zu Millersdorf, 2) Büdner Hannuschka daselbst, 3) Büdner Krüger daselbst, 4) Büdner Ragorra daselbst, 5) Büdner Kugel daselbst, 6) Bauer Kugel daselbst, 7) Bauer Kochan daselbst, 8) Bauer Noack daselbst.
  In der Feldmark Baabow: 1) Schänker Krüger zu Krieschow, 2) Bauer Mußick zu Baabow, 3) Büdner Schorz daselbst, 4) Halbbauer Pank daselbst, 5) Schulze Buder daselbst, 6) Schänker Krüger zu Krieschow, 7) Kossäth Churig zu Baabow, 8) Fräulein Schilalowsky zu Millersdorf, 9) Büdner Supra zu Kunersdorf, 10) Kossäth Tschwan zu Baabow, 11) Halbbauer Pank daselbst, 12) Halbbauer Koalik daselbst, 13) Schulze Buder daselbst, 14) Büdner Schorz daselbst, 15) Fräulein Schilalowsky zu Millersdorf, 16) Büdner Limberg zu Baabow, 17) Kossäth Schulcher daselbst, 18) Ausgedinger Kugel zu Millersdorf, 19) Halbbauer Konrad zu Baabow, 20) Großbauer Mußick daselbst, 21) Halbbauer Rußa daselbst, 22) Kossäth Churig daselbst, 23) Halbbauer Koalik daselbst, 24) Bauer Krüger zu Kolkwitz, 25) Schänker Reeka zu Baabow, 26) Bauer Limberg daselbst, 27) Bauer Krüger zu Kolkwitz, 28) Großbauer Tschwan zu Baabow, 29) Großbauer Schneider, gen. Newik, zu Baabow, 30) Kossäth Tschwan daselbst, 31) Halbbauer Koalik daselbst, 32) Büdner Gurrmann zu Millersdorf, 33) Schulze Buder zu Baabow, 34) Häusler Buttler zu Dublitz, 35) Bauer Limberg zu Baabow, 36) Fräulein Schilalowsky zu Millersdorf, 37) Kossäth Lublok zu Baabow, 38) Schänker Reeka daselbst, 39) Halbbauer Pank daselbst, 40) Büdner Schorz daselbst, 41) Großbauer Tschwan daselbst, 42) Großbauer Mathes Schneider zu Ruben, 43) Bauer Mußick zu Baabow, 44) Bauer Krüger zu Kolkwitz;
  b) auf dem linken Ufer: das Rittergut Krieschow.

IV. Bekanntmachung.

Zur Beseitigung von Zweifeln, welche hinsichtlich der Höhe der nach §. 14. des Regulativs über die Anlage von Dampfkesseln vom 31. August 1861 bei locomobilen Dampfkesseln anzuwendenden Wasserdruckprobe mitstehenden sind, finden wir uns veranlaßt, dem nachstehenden Ministerial-Erlaß vom 20. Oktober 1862, nach welchem auch die locomobilen Dampfkessel jederzeit dem dreifachen Wasserdruck zu unterwerfen sind, hierdurch zur öffentlichen Kenntniß zu bringen.

Frankfurt a. d. O., den 17. August 1864.
Die Königliche Regierung.

Halle, den 30. Juli 1864.
Königliches Ober-Berg-Amt.

Die Dampfkessel von Locomobilen sind den Locomotivkesseln und Schiffsdampfkesseln, bei welchen nach §. 14. des Regulativs vom 31. August 1861 die Druckprobe mit dem zwölffachen Druck für ausreichend erachtet ist, nicht beizurechnen, und daher noch jener Bestimmung der Probe mit dem dreifachen Druck zu unterziehen. Der in dem Bericht vom 26. August cr. für die Gleichstellung der Locomobil- und Locomotivkessel, bezüglich der Probe geltend gemachte Umstand, daß die Bauart beider übereinstimme, bedingt weder eine andere Auslegung der vollkommen klaren Bestimmung des §. 14, noch erheischt er eine Aenderung desselben im Sinne der Einführung jener Gleichstellung. Denn der Grund, aus welchem bei den im §. 14. erwähnten Locomotiv- und Schiff-Dampfkesseln die Probe mit dem zweifachen Drucke für genügend erachtet worden ist, liegt nicht sowohl in der Construktionsart dieser Kessel, als vielmehr — wie dies die Circular-Verfügung vom 31. August v. J. bereits ausdrücklich hervorgehoben hat — darin, daß dieselben einer ununterbrochenen Aufsicht unterworfen sind, und daß die Wartung vorzugsweise geschulten und verläßlichen Personen anvertraut wird, welche überdies unter der unausgesetzten Controlle von kundigen und erfahrenen Technikern stehen. Da diese Voraussetzungen bei Locomobil-Kesseln nicht vorhanden sind, würde sich eine gleiche Behandlung rücksichtlich der Probe wie bei jenen Kesseln nicht rechtfertigen lassen.

Berlin, den 20. Oktober 1862. Ministerium für Handel, Gewerbe und öffentliche Arbeiten.
Im Auftrage: (gez.) Delbrück.

An die Königliche Regierung zu Stralsund. IV. 9677. — III. 11072.

Personal-Chronik

In der am 11. Juni d. J. stattgehabten Deichamts-Sitzung des Sternberger Deichverbandes ist 1) der zeitige Stellvertreter des Deichhauptmanns, Oberamtmann Richter zu Görtz zum Deichhauptmann, 2) der bisherige Deich-Inspektor, Wasserbau-Inspektor Heuff in Frankfurt a. d. O., zum Deich-Inspektor für die sechsjährige Periode bis zum 1. Juli 1870 gewählt resp. wiedergewählt, und sind diese Wahlen unsererseits bestätigt worden.

Auf Grund der im Lehrerinnen-Seminar zu Droyßig abgelegten Prüfungen sind: 1) die Schulamts-Candidatin Emilie Zickte aus Reitz für ein Lehramt an einer höheren Töchterschule; die Schulamts-Candidatinnen 2) Marie Bauer aus Wilhelmsthal, 3) Olga de Couvenant aus Braunschweig und 4) Minna Grun aus Krnswalde, für ein Elementar-Lehramt als wahlfähig erklärt worden.

Die auf Probe angestellten forstversorgungsberechtigten Jäger Friedrich Wilhelm Arnold zu Zschow, Oberförsterei Lauer, und Karl Ludwig Erdmann Binder zu Zoblow, Oberförsterei Reppen, sind zu Forstaufsehern ernannt und ihnen die innehabenden Forstschutzbeamtenstellen definitiv übertragen.

Der forstversorgungsberechtigte Jäger Johann Mathias Julius Ernst zu Forsthaus St. Kähnte ist zum Forstläufer ernannt und ihm die Forstschutzbeamtenstelle für den Belauf Gindols, Oberförsterei Guntersberg, definitiv übertragen.

In der Stadt Crossen sind für den ersten Bezirk der Rathsherr Eisermann, für den zweiten Bezirk der Kaufmann Zenke als Schiedsmänner wiederum gewählt und bestätigt worden.

Vermischte Nachrichten

(1) Die Küster- und Lehrerstelle zu Clausdorf, Diöcese Soldin, Königlichen Patronats, ist durch die Entlassung des bisherigen Inhabers erledigt.

Frankfurt a. d. O., den 22. August 1864. Königl. Regierung; Abtheilung für Kirchen- und Schulwesen.

(2) Bekanntmachung. Die Schifffahrts-Schleuse zu Rothebude am Weichsel-Haff-Kanal muß wegen nothwendiger Baulichkeiten vom 1. October d. J. ab auf mindestens 6 Wochen für jeden Verkehr geschlossen werden, wovon das schifffahrttreibende Publikum hierdurch in Kenntniß gesetzt wird.

Danzig, den 6. August 1864. Königl. Regierung; Abtheilung des Innern.

(3) Bekanntmachung. Durch Urkunde vom heutigen Tage ist die Vereinigung der Braunkohlen-Bergwerke Vaterland, Fritz und Muth, im Kreise Lebus, Bergrevier Cüstrin, zu einem untrennbaren Ganzen unter dem Namen „Vaterland" bei Frankfurt a. d. O., genehmigt worden.

Halle, den 30. Juli 1864.
Königliches Ober-Berg-Amt.

(4) **Bekanntmachung.** Durch Urkunde vom heutigen Tage sind der Gewerkschaft des Braunkohlen-Bergwerks "Prinz Regent" bei Straußdorf, im Kreise Spremberg, Bergrevier Guben, 400 Maaßen geviertes Feldes als Zubehör der genannten Zeche nachverliehen worden.

Halle, den 8. August 1864.   Königliches Ober-Berg-Amt.

(5) **Bekanntmachung.** Vom 1. September d. J. ab tritt zwischen den Stationen: 1) Hamburg, Berlin, Stettin einerseits und Warschau und Alexandrowo andererseits, 2) Bromberg, Elbing, Königsberg, Thorn und Danzig einerseits, und Warschau, Sosnowice und Granica andererseits, 3) Frankfurt a. d. O. einerseits und Warschau andererseits, via Alexandrowo, 4) Hamburg, Berlin, Stettin einerseits und Sosnowice andererseits, 5) Breslau und Kattowitz einerseits, Warschau und Sosnowice andererseits, via Sosnowice, ein directer Verband-Güter-Verkehr, unter Ausschluß des Reisegepäcks, der Equipagen und Fahrwerke, sowie der Thiere, ins Leben.

Der Tarif und das die näheren Bedingungen enthaltende Verbands-Reglement sind auf den oben genannten Stationen einzusehen, beziehungsweise zum Preise von 2½ Sgr. für ein Exemplar käuflich zu haben.

Berlin, Stettin, Breslau, Bromberg und Warschau, den 14. August 1864.

Direction der Berlin-Hamburger Eisenbahn. — Königl. Direction der Niederschlesisch-Märkischen Eisenbahn. — Direktorium der Berlin-Stettiner Eisenbahn. — Königl. Direction der Oberschlesischen Eisenbahn. — Königl. Direction der Ostbahn. — Direction der Warschau-Wiener und Warschau-Bromberger Eisenbahn.

(6) **Königliche Niederschlesisch-Märkische Eisenbahn.** Wir bringen hierdurch zur öffentlichen Kenntniß, daß vom 10. Oktober d. J. ab die ermäßigten Frachtsätze II.B. und II.C. des directen Gütertarifs zwischen Berlin und Hamburg einer- und Wien, Gänserndorf und Olmütz andererseits, via Breslau, vom 10. Mai 1864, mit Ausnahme der Artikel: Baumwolle, rohes Kupfer, Maschinen und Maschinentheile, für welche sie bei Sendungen in jedem Gewichte gelten, nur bei Sendungen von mindestens 100 Centnern in Anwendung kommen.

Berlin, den 19. August 1864.   Königliche Direction der Niederschlesisch-Märkischen Eisenbahn.

(7) Die Herren Mitglieder des Stiftungs-Vereins der Klein-Glienicker Waisen-Anstalt für die Provinz Brandenburg werden zu der auf Sonnabend, den 24. September d. J. Nachmittags 3 Uhr im hiesigen Civilwaisenhause, Neue Königsstraße No. 61., anberaumten statutenmäßigen Haupt-Versammlung hierdurch ergebenst eingeladen.

Potsdam, den 8. August 1864.   Das Waisen-Amt der Klein-Glienicker Waisen-Anstalt für die Provinz Brandenburg.

(8) **Waldau, Königliche Preußische landwirthschaftliche Akademie bei Königsberg i. Pr.**

Vorlesungen, Uebungen und Demonstrationen im Winter-Semester 1864/65.

I. Ueber das Studium und Leben auf landwirthschaftlichen Akademien im Anfange des Semesters: Director, Oekonomie-Rath Wagener. II. Volkswirthschaftslehre: Administrator Freiherr Dr. von der Goltz. III. Landwirthschaftliche Disciplinen: Landwirthschaftlicher Betriebslehre, Allgemeiner Acker- und Pflanzenbau, Wollkunde, Demonstrationen in der Wollkunde: Director, Oekonomie-Rath Wagener; Uebungen im Entwerfen von landwirthschaftlichen Ertragsanschlägen und Wirthschaftsplänen; Versuchsfeld-Dirigent Pietrusky; Allgemeine Thier- und Rindviehzucht, landwirthschaftliche Buchführung, Demonstrationen in der Gutswirthschaft: Administrator Freiherr Dr. von der Goltz; Pferdezucht: Thierarzt Neumann; Düngerlehre II. Theil: Dr. Heiden privatim; Gartenbau: Institutsgärtner Strauß. IV. Forstwirthschaftliche Disciplin: Forstwirthschaftslehre: Oberförster Gebauer. V. Naturwissenschaftliche Disciplinen: Unorganische Chemie, Physik, Uebungen im chemischen Laboratorium: Professor Dr. Ritthausen; Repetitorium in der anorganischen Chemie: Dr. Heiden privatim; Landwirthschaftliche Mineralogie, Anatomie und Physiologie der Pflanzen, Landwirthschaftliche Zoologie, Fortsetzung in der systematischen Botanik und Repetition über einzelne Kapitel aus allen Gebieten der Botanik: Professor Dr. Körnike. VI. Thierheilkunde: Anatomie und Physiologie der Hausthiere, innere Krankheiten der Hausthiere: Thierarzt Neumann. VII. Baukunde: Landwirthschaftliche Baukunde: Baumeister Kinzel. VIII. Mathematische Disciplin: Theoretische Anleitung zum Feldmessen und Nivelliren: Baumeister Kinzel.

Das Winter-Semester beginnt am 15. Oktober cr. Das Studien-Honorar beträgt für zwei Jahre 100 Thaler und kann im Falle der Bedürftigkeit ganz oder zur Hälfte erlassen werden. Nähere Nachrichten über die Akademie, deren Einrichtungen und Lehr-Hülfsmittel enthält der Mentzel- v. Lengerke'sche landwirthschaftliche Kalender, auch ist der unterzeichnete Director gern bereit, über dieselbe weitere Auskunft zu ertheilen.

Waldau, im August 1864.   Der Director, Königliche Oekonomie-Rath. (gez.) E. Wagener.

— Hierzu eine außerordentliche Beilage, betreffend das Regulativ für die Erhebung und Beaufsichtigung der durch das Gesetz vom 30. Mai 1820 eingeführten Mahl- und Schlachtsteuer in der Stadt Cottbus.

Redigirt im Büreau der Königlichen Regierung.
Druck der Hofbuchdruckerei von Kreutsch u. Sohn in Frankfurt a. d. O.

Außerordentliche Beilage
zum Amtsblatt № 34. der Königlich Preuß. Regierung in Frankfurt a. d. O.
Ausgegeben den 24. August 1864.

Bekanntmachung.

Durch den Erlaß des Königlichen Finanz-Ministeriums vom 9. August cr., III. 15,122, ist bestimmt, daß am 1. Oktober dieses Jahres das bisher für die Stadt Cottbus gültige Mahl- und Schlachtsteuer-Regulativ außer Kraft und an dessen Stelle das nachfolgende in Kraft tritt. Dies wird hierdurch mit dem Bemerken zur öffentlichen Kenntniß gebracht, daß Abdrücke des neuen Regulativs bei dem Haupt-Steuer-Amt in Cottbus zu dem Preise von zwei Silbergroschen für das Exemplar zu haben sind.

Frankfurt a. d. O., den 13. August 1864.

IV. 4088. Königliche Regierung; Abtheilung für indirekte Steuern.

Regulativ
für die Erhebung und Beaufsichtigung der durch das Gesetz vom 30. Mai 1820 eingeführten Mahl- und Schlachtsteuer in der Stadt Cottbus.

Erster Abschnitt.
Allgemeine Bestimmungen.

A. Oertliche Begrenzung der Steuerpflichtigkeit.

1. Stadtbezirk.

§. 1. Die Mahl- und Schlachtsteuer ruhet zunächst auf dem Stadtbezirke von Cottbus. Derselbe wird durch eine Linie begrenzt, welche am Berliner-Thore, das Thor-Controlhaus einschließend, beginnt, sodann sich hinter diesem Thor-Controlhause in südlicher Richtung bis zu dem nach Norden fließenden Stadtgraben zieht, ihn überschreitet und an seinem stadtseitigen Ufer bis zu seiner ersten Biegung dicht vor der städtischen Töchterschule fortläuft — die Töchterschule ausschließend, — geht die Linie hier über den Stadtgraben und die Promenade, deren äußerem Rande sie nunmehr bis zu dem Anker gegenüber gelegenen Sandower Vorstadt folgt. Dem Anker gegenüber gelangt die Linie wiederum zum Stadtgraben, überschreitet ihn und zieht sich auf dessen nach der Stadt hin gelegenem Uferrande bis zur Einmündung in die Spree, demnächst auf dem stadtseitigen Uferrande der Spree bis zum Mühlengraben, sodann auf dem stadtseitigen Uferrande dieses Grabens bis dahin, wo der Stadtgraben bei der Mathesius'schen Fabrik in den Mühlengraben einmündet, die ganze Mühlen-Insel sowie die darauf befindliche Amtsmühle ausschließend. Von hier folgt die Linie wiederum dem Stadtgraben auf dessen stadtseitigem Rande, bis zu dem am Berliner Thore gelegenen Hause No. 77, verläßt sodann denselben, geht um die Häuser No. 77., 153. und 76., solche einschließend, herum und vereinigt sich am Berliner-Thore mit dem Anfangspunkte.

Der Stadtbezirk umfaßt also jetzt:
1) die eigentliche Stadt Cottbus,
2) die gesammte Neustadt bis zur Balte'schen Fabrik.

In diesem Stadtbezirke haben alle Bewohner ohne Ausnahme die Mahl- und Schlachtsteuer zu entrichten.

2. Aeußerer Stadtbezirk.

§. 2. Alle jetzt vorhandenen oder künftig entstehenden Ortschaften und einzelne Anlagen, deren Anfangspunkte von der letztbewohnten Anlage des Stadtbezirkes (§. 1.) in gerader Richtung nicht über eine halbe Meile entfernt sind, bilden mit den dazwischen liegenden Räumen den äußeren Stadtbezirk, in welchem nur die §. 1. des Gesetzes vom 2. April 1852 zur Ergänzung des Mahl- und Schlachtsteuer-Gesetzes vom 30. Mai 1820 (Gesetz-Sammlung 1852 Seite 107) genannten Gewerbetreibenden neben der Klassensteuer oder klassificirten Einkommensteuer, die Mahl- und Schlachtsteuer zu entrichten haben.

— 2 —

Für jetzt sollen dahin gerechnet werden:
1) vor dem Berliner Thore: a. die Berliner Vorstadt, b. die Amtsvorstadt Brunschwig, Brunschwig am Berge, Brunschwig in der Gasse nebst Rittergut Brunschwig, c. die Windmühle auf dem Bonaventenberg, d. das Kämmereidorf Ströbitz, e. das Amtsdorf Sielow;
2) vor dem Spremberger Thore: a. die Spremberger Vorstadt, b. das Dorf Ostrow, c. die sogenannte Metze, d. das Centralgefängniß, e. die Tabagie Bellevue, f. die Tabagie Neuholland, g. die Markgrafenmühle nebst allen dazu gehörigen Baulichkeiten, h. die Papiermühle, i. das Etablissement des Metzger, k. die Wassermühle des Vogel bei Madlow am Priorgraben, l. das Vorwerk Ottilienhof, m. die Kolonie Sachsendorf;
3) vor dem Mühlen-Thore: a. die Amtsmühle, b. die Tabagie Wachsbleiche, c. alle auf der Mühlen-Insel gelegenen Häuser und Etablissements;
4) vor dem Sandower Thore: a. die Sandower Vorstadt, b. das Amtsdorf Sandow, c. das Schießhaus, d. das Dorf Branitz nebst Schlößchen und dabei gelegenen Weinberghäusern, e. die Kämmereidörfer Dissenchen, Merzdorf und Saßpow, f. die Graupenmühle am Spreewehr, g. das Amtsdorf Schmellwitz.

B. Beamte.
1. Zur Aufsicht.

§. 3. Beide Bezirke (§§. 1. und 2.) mit allen in Bezug auf die Mahl- und Schlachtsteuer erlaubten und verbotenen Eingängen und Straßen stehen für die Mahl- und Schlachtsteuer unter Aufsicht der Steuerbeamten.

2. Zur Erhebung.

§. 4. Die Erhebung der Mahl- und Schlachtsteuer erfolgt durch das am Landgerichtsplatze belegene Haupt-Steuer-Amt resp. die damit verbundene Mahl- und Schlachtsteuer-Expedition und durch die Thor-Expeditionen am Berliner, Spremberger und Sandower Thore in so weit als letztere nach §§. 59. u. 82. dazu befugt sind.

C. Stadteingänge und Steuerstraßen.
a. Einhalten derselben.

§. 5. Der Transport aller Fleisch- und Backwaaren, ingleichen der Mühlenfabrikate, vom Eintritt in den Stadtbezirk (§. 1.) und beziehungsweise von den Mühlen ab bis zur erlangten schließlichen Abfertigung ist, gleichviel, ob dergleichen Gegenstände für den Stadtbezirk oder blos zum Durchgange bestimmt sind, nur auf den nachstehend (§. 6.) bezeichneten Steuerstraßen, und zwar ohne Abweichung, ohne Aufenthalt und ohne irgend eine Veränderung der Ladung zulässig.

Bei dem Transport von Vieh sind die im §. 71. und folgenden ertheilten Vorschriften zu beachten.

b. Bezeichnung der Steuerstraßen.

§. 6. Die Stadt-Eingänge und Steuerstraßen sind von der Grenze des engeren Stadt-Bezirkes ab gerechnet:
1) bis zur Berliner Thor-Expedition die Berlinerstraße, von da bis zum Haupt-Steuer-Amt, die Berlinerstraße über den Markt an der Oberkirche vorbei und dann über den Landgerichtsplatz;
2) bis zur Spremberger Thor-Expedition die Dresdnerstraße, von da bis zum Haupt-Steuer-Amt die Sprembergerstraße bis zur Mühlenstraße und dann diese;
3) bis zur Sandower Thor-Expedition von der Spreebrücke ab die Brückstraße, von da bis zum Haupt-Steuer-Amt die Sandowerstraße und dann über den Landgerichtsplatz;
4) für den Verkehr des Gemahles zwischen der Mahl- und Schlacht-Steuer-Expedition des Haupt-Steuer-Amtes und der Amtsmühle, das Mühlenthor;
5) für Gemahl von der Amtsmühle, welches nicht zum Verbleib im Stadtbezirk (§. 1.) bestimmt ist:
   a. für die am rechten Spreeufer gelegenen Ortschaften längs der Schloßmauer bis zur Spreebrücke und dann diese,
   b. für die Orte Brunschwig am Berge und die in dieser Richtung gelegenen Ortschaften längs der Schloßmauer bis zur Spreebrücke und dann die Spreestraße,
   c. das Gemahl aller übrigen Ortschaften muß da, wo die Grenzlinie des Stadtbezirkes den Weg nach dem Neustädterplatz durchschneidet, über diese Grenzlinie ein- und ausgehen und von hier ab den Weg über den Neustädterplatz und am Mühlendamm entlang nach und von der Amtsmühle einhalten;
6) für den Verkehr zwischen Sandow und Brunschwig am Berge die Spreestraße.

c. Meldung und Vorführung bei den Abfertigungsstellen.

§. 7. Wer mahl- und schlachtsteuerpflichtige Gegenstände in den Stadtbezirk einführen oder deren Ausgang aus denselben nachweisen will, ist verpflichtet vor den Thor-Expeditionen unaufgefordert anzuhalten. Die ein- oder auszuführenden Gegenstände sind der Abfertigungsstelle nach Art, Gattung, Menge und Zahl der Frachtstücke genau anzusagen und mit den etwa dazu gehörigen Papieren zur Untersuchung und Abfertigung zu stellen, auch die hierbei erforderlichen Handleistungen nach Anleitung der Abfertigungs-Beamten vom Anmeldenden zu verrichten oder verrichten zu lassen, es mag eine Steuerentrichtung bei Thor-Expeditionen erfolgen können, oder nicht.

§. 8. Steuerpflichtige Gegenstände, welche für Bewohner des vor den Thoren belegenen Theiles des Stadtbezirkes (§. 1.) oder für Steuerpflichtige im äußeren Stadtbezirke (§. 2.) eingehen, sind gleichfalls auf den §. 6. bezeichneten Steuerstraßen zu den Thor-Expeditionen zu führen und wie §. 7. vorgeschrieben zur Abfertigung zu gestellen. Vor erfolgter Versteuerung dürfen dieselben nicht in die Wohnungen oder Gehöfte der Empfänger aufgenommen, anderwelt niedergelegt oder gewerbsweise verkauft oder feil gehalten werden.

D. Zeit für Eingang und Abfertigung.

1. Bei dem Haupt-Steuer-Amte und der Mahl- und Schlacht-Steuer-Expedition bei demselben.

§. 9. Das Haupt-Steuer-Amt und die damit verbundene Mahl- und Schlacht-Steuer-Expedition sind täglich mit Ausschluß der Sonn- und Feiertage für die Abfertigungen geöffnet und zwar:
a. in den Wintermonaten Oktober bis Februar einschließlich, Vormittags von 8 bis 12 Uhr und Nachmittags von 1 bis 5 Uhr;
b. in den übrigen Monaten von Vormittags 7 bis 12 Uhr und Nachmittags von 2 bis 5 Uhr.

2. Bei den Thor-Expeditionen.

§. 10. Die Thor-Expeditionen geben die Abfertigungen, welche sie innerhalb ihrer Befugniß §§. 59. und 82. schließlich ertheilen können:
a. in den Wintermonaten Oktober bis Februar einschließlich, von 6 Uhr Morgens bis 10 Uhr Abends;
b. in den übrigen Monaten von 4 Uhr Morgens bis 10 Uhr Abends.

3. Allgemeine Bestimmungen für die Abfertigungsstellen.

§. 11. Nur innerhalb dieser Dienststunden (§§. 9. u. 10.) dürfen Gegenstände, je nachdem solche der Abfertigung bei dem Haupt-Steuer-Amte, oder nur bei einer Thor-Expedition bedürfen, in den Stadtbezirk eingehen. Der Eingang muß so zeitig erfolgen, daß die Gegenstände vor Ablauf der Dienststunden bei dem Haupt-Steuer-Amte, beziehungsweise der Mahl- und Schlachtsteuer-Expedition, wenn hier die Abfertigung erfolgt, eintreffen. Jedoch kann während der nach §. 9. für die Abfertigung geschlossenen Mittagszeit und des Morgens eine Stunde vor Anfang der Dienststunden der Eingang bis zur Thor-Abfertigungsstelle erfolgen in so weit als dadurch der Verkehr nicht gehemmt wird. Die steuerpflichtigen Gegenstände müssen aber daselbst unverändert bis zum Beginn der Dienststunden verbleiben.

Mühlenfabrikate, bei denen es zweifelhaft ist, zu welchem Steuersatze sie gehören, können nur abgefertigt werden, so lange das Tageslicht ihre gründliche Revision zuläßt.

E. Allgemeine Controle beim Eingang in den Stadtbezirk.

§. 12. Ein Jeder, der sich mit Fuhrwerk oder anderen Transportmitteln, mit Behältnissen oder Geträge in den Stadtbezirk begiebt, ist, auch wenn er keine mahl- und schlachtsteuerpflichtigen Gegenstände oder Vieh transportirt, verpflichtet, bei den Abfertigungsstellen an den Thoren anzuhalten, sobald er von dem Aufsichtsbeamten dazu aufgefordert wird. Derselbe ist sodann verpflichtet, über die transportirten Gegenstände die verlangte Auskunft zu geben und dieselben sowie auch die Transportmittel und deren Behältnisse

II. Nach Verschiedenheit der Mühlen.
1. Mühlen unter besonderer Steuer-Controle.

§. 14. Unter besonderer Steuer-Controle stehet allein die Amtsmühle vor dem Mühlenthore.

2. Mühlen unter allgemeiner Aufsicht.

§. 15. Außer dieser unter besonderer Aufsicht stehenden Mühle sind alle im äußeren Stadtbezirke belegenen Mühlen einer allgemeinen Aufsicht der Steuerbehörde unterworfen, jetzt namentlich:
1) die Graupen-Mühle am großen Spree-Wehr, 2) die Markgrafenmühle, 3) die Wassermühle des Vogel bei Mablow am Priorgraben, 4) die Windmühle auf dem Banaslenberg.

3. Privat-Mühlen.

§. 16. Für Mühlen zum Privatgebrauch und für Malz-Schrootmühlen und Malz-Quetschmaschinen, soweit solche überhaupt gesetzlich zulässig sind, bestehen besondere Vorschriften, auf welche verwiesen wird.

4. Mühlen für andere Zwecke.

§. 17. Mühlen, welche nicht dazu eingerichtet und bestimmt sind, Mahlgut aus Körnern zu bereiten, dürfen dazu ohne Genehmhaltung der Steuerbehörde künftighin nicht eingerichtet und benutzt werden und stehen in dieser Hinsicht unter Aufsicht der Steuerbehörde.

5. Neu entstehende Mühlen.

§. 18. Neue Mühlen dürfen im engeren und äußeren Stadtbezirke nur mit Vorwissen der Steuerbehörde angelegt werden, welche vorher bestimmen wird, wie solche neue Anlagen in Bezug auf die Mahlsteuer zu behandeln sind.

B. Behandlung der unter besonderer Aufsicht stehenden Mühlen.
1. Allgemeine Bestimmungen.
1. Form der Steuer-Entrichtung.

§. 19. Von dem steuerpflichtigen Mahlgute, welches auf den im §. 14. genannten Mühlen bereitet werden soll, muß vorher die Körnersteuer nach §. 3. des Mahl- und Schlachtsteuer-Gesetzes vom 30. Mai 1820 bei dem Haupt-Steuer-Amte (§§. 4. und 31.) entrichtet werden.

2. Mahlscheine.
a. deren Erforderniß.

§. 20. Auf den unter besonderer Aufsicht stehenden Mühlen (§. 14.) muß alles Mahlgut mit genau damit übereinstimmenden Mahlscheinen versehen sein. Diese werden ertheilt von der Mahl- und Schlachtsteuer-Expedition bei dem Haupt-Steuer-Amte.

b. in Bezug auf Menge der Körner.

§. 21. Ueber mehr als 24 Centner und über weniger als ein viertel Centner wird ein Mühlschein nicht ausgefertigt. Wer gleichzeitig mehr als 24 Centner zur Mühle bringen will, muß daher mehr als einen Schein nehmen. Wer gleichzeitig über 3 Centner bis 24 Centner zur Mühle bringt, kann nach seiner Wahl mehrere Mahlscheine nehmen; der einzelne Schein jedoch nicht über weniger als 3 Centner.

c. in Bezug auf die Körnergattung.

§. 22. Ueber Getreidearten, welche verschiedenen Steuersätzen unterliegen, werden verschiedene Mahlscheine ausgefertigt, also für Getreide zur Hauptsteuer nach dem Satze von 20 Sgr. vom Centner besondere, und für Getreide zur Hauptsteuer von 5 Sgr. vom Centner ebenfalls besondere.

Wer Körner von verschiedenen Steuersätzen in Vermischung mahlen lassen will, muß von dem Gemenge, auch wenn die Beimengung von Körnern zum ersten Satz nur gering wäre, den höhern Steuersatz entrichten. Uebrigens muß, und zwar schon vor der Absendung zur Mühle:
a. rohes Getreide zu Branntweinschroot mindestens zum sechzehnten Theile mit gemälzten Körnern gemischt sein;
b. ingleichen alles nicht zum Brauen bestimmte und versteuerte Malz mindestens zum sechzehnten Theile mit ungemälztem Roggen; stärkere Mischung zu fordern, bleibt der Steuerbehörde vorbehalten.

Von der Vermischung zu b. bleibt jedoch dasjenige Malz befreit, welches erweislich als Branntweinschroot in Kartoffelbrennereien verwendet wird.

3. Transport zu und aus der Mühle.

§. 23. Getreide zur Mühle und Mahlgut aus der Mühle soll nur in den oben §. 9. bestimmten Abfertigungsstunden zur Mühlenwaage-Expedition angenommen und von derselben verabfolgt werden.

Diejenige Getreidemenge, worauf ein Mahlschein lautet, muß zusammen zur Mühle und ebenso das bereitete Mahlgut zusammen aus der Mühle und zur Waage gehen.

Auch muß das Getreide jedenfalls denselben Tag und zwar, ist es in den Vormittagsstunden bis 11 Uhr versteuert, am Vormittage, und sonst am Nachmittage zur Mühle gebracht werden.

Es dürfen die Müller ältere Mahlscheine nicht annehmen, wenn die Mahl- und Schlachtsteuer-Expedition nicht in besonderen Fällen eine Ausnahme auf dem Mahlscheine ausdrücklich bewilligt hat.

4. Bezeichnung der Säcke.

§. 24. Die Säcke, in denen Mahlgut zur Mühle oder nach erfolgter Vermahlung aus der Mühle gebracht wird, müssen mit dem in großen schwarzen Buchstaben und vollständig ausgeschriebenen Namen und Wohnort des Mahlgastes bezeichnet sein. Für die Befolgung dieser Vorschrift ist sowohl der Müller als der Mahlgast verantwortlich.

5. Gewichtsverhältniß des fertigen Mahlguts zu den Körnern.

§. 25. Bei der Verwiegung des fertigen Mahlgutes gelten die folgenden Sätze für das zurückzugebende Mahlgut im Vergleiche zu den versteuerten Körnern und zwar ohne Rücksicht auf Anfeuchtung:

Von 1 Centner Weizen: geschrootet: 99 Pfund Schroot, gebeutelt: 84 Pfund Mehl und 11 Pfund Kleie u. s. w.
Von 1 Centner Roggen: geschrootet: 99 Pfund Schroot, gebeutelt: 85 Pfund Mehl, 11 Pfund Kleie u. s. w.
Von 1 Centner Gerste: geschrootet: 98 Pfund Schroot, gebeutelt: 83 Pfund Mehl, 12 Pfund Kleie u. s. w.
Von 1 Centner Hafer: geschrootet: 98 Pfund Schroot.

Mehr Schroot oder Mehl und Kleie, als diesen Sätzen entspricht, darf nicht vorhanden sein.

6. Transport des Mahlguts.

§. 26. Der betreffenden Mahlpost muß die Steuerquittung bis zum Bestimmungsorte beigefügt sein, damit das Mahlgut auf dem Transport zu jeder Zeit legitimirt ist. Der Führer desselben hat sich während des Transports auf das Verlangen des Aufsichtsbeamten der Revision unweigerlich zu unterwerfen.

II. Abfertigung zu den unter besonderer Controle stehenden Mühlen.

1. Steuerpflichtiges Mahlgut.

a. Anmeldung.

§. 27. Soll steuerpflichtiges Mahlgut für Bewohner des Stadtbezirks (§. 1.) oder für einen der in §. 1. des Gesetzes vom 2. April 1852 genannten Gewerbtreibenden des äußern Stadtbezirks (§. 2.) auf einer der unter besonderer Aufsicht stehenden Mühlen vermahlen werden, so ist das Mahlgut zur Mahl- und Schlachtsteuer-Expedition (§. 9.) zu schaffen und es ist daselbst mündlich anzumelden:

a. der Name des Eigenthümers der zur Mühle zu sendenden Körner,
b. ihre Gattung und Menge, letztere nach Gewicht,
c. die Zahl der Säcke, in welchen die Körner sich befinden, auch der leeren Beisäcke, falls dergleichen mit zur Mühle gehen sollen,
d. was aus den Körnern bereitet werden und
e. die Mühle, auf welcher die Vermahlung erfolgen soll.

b. Prüfung der Anmeldung.

§. 28. Die Uebereinstimmung des Mahlgutes mit der Anmeldung (§. 27.) wird dann auf der Mahl- und Schlachtsteuer-Expedition geprüft und das Gewicht durch Verwiegung festgestellt. Finden sich bei der Prüfung Unrichtigkeiten in Bezug auf Menge oder Gattung, so wird der Schuldige zur Verantwortung gezogen.

c. Bezettelung.

§. 29. Nach dem Gewichtsbefunde wird von dem Beamten der Mahl- und Schlachtsteuer-Expedition ein Waageschein ausgestellt, an welchem sich eine Steuerquittung befindet, die jedoch vorerst unausgefüllt bleibt.

d. Versteuerung.

§. 30. Der Waageschein (§. 29.) wird dem Mahlgaste behändigt, und auf Grund desselben die Mahlsteuer bei der Mahl- und Schlachtsteuer-Expedition entrichtet. Nach berichtigter Steuer empfängt der Mahlgast die vom Waagescheine abgetrennte Quittung (§. 29.) und befördert mit derselben das Getreide zur Mühle.

e. Verwiegung des fertigen Mahlguts.

§. 31. Das Mahlgut aus den nach §. 30. versteuerten Körnern muß mit den dazu gehörigen Mahlscheinen unmittelbar von der Mühle auf den vorgeschriebenen Steuerstraßen (§. 6.) zur Mahl- und Schlachtsteuer-Expedition (§§. 4. 19. 30.) gelangen, woselbst es seiner Gattung nach geprüft, verwogen und mit dem Mahlscheine, auf welchem das Rückgewicht vermerkt worden, dem Steuernden überlassen wird.

Findet sich mehr vor, als nach den im §. 25. vorgeschriebenen Sätzen vorgefunden werden darf, so tritt den Umständen nach blos. Versteuerung des Ueberschusses, oder wenn das Gesammtgewicht an Schroot oder Mehl, Kleie oder Abgang das auf dem Mahlschein angegebene Körnergewicht überschreitet, auch Strafverfahren ein.

2. Branntwein- und Braumalz-Schroot.

§. 32. Getreide zu Branntwein- und Braumalzschroot für Einwohner des Stadtbezirks (§. 1.) ist nach der Vorschrift im §. 27. der Mahl- und Schlachtsteuer-Expedition, jedoch schriftlich, anzumelden, welche dieser Anmeldung gemäß einen Mahlfreischein ertheilt, mit welchem die Körner zur Mühle gehen. Beim Rückgange des Schroots aus der Mühle und beim ferneren Transport wird nach den §§. 26. und 31. verfahren, mit der Maaßgabe jedoch, daß durch den Beamten der Mahl- und Schlachtsteuer-Expedition das Rückgewicht des Branntwein- oder Braumalz-Schrootes vor dessen Verabfolgung in das vorzulegende Schrootbuch des betreffenden Branntweinbrenners oder Bierbrauers eingetragen wird.

Hinsichtlich derjenigen Brauer, welche Malz auf Quetschmaschinen selbst bereiten, verbleibt es bei dem durch die desfallsigen Regulative bereits angeordneten Verfahren.

So lange als in Cottbus die Braumalzsteuer im Wege der Mahlsteuer erhoben wird, kommen die Bestimmungen des Regulativs vom 9. Mai 1835 zur Anwendung, mit der Maaßgabe jedoch, daß an Stelle der Vorschriften des Mahl- und Schlachtsteuer-Regulativs für Cottbus vom 1. September 1821 die des gegenwärtigen treten.

3. Landmahlgut.

§. 33. Das Mahlgut der zur Entrichtung der Mahlsteuer nicht verpflichteten Bewohner des äußern Stadtbezirks (§. 2.) und der weiter von der Stadt entlegenen Gegend wird Landmahlgut genannt.

§. 34. Soll Landmahlgut auf der, im §. 14. genannten Mühle vermahlen werden, so ist dasselbe der Mahl- und Schlachtsteuer-Expedition anzumelden, welche es revidirt, verwiegt und darüber einen Mahlfreischein ertheilt, womit es zur Mühle geht.

Nach vollendeter Bereitung wird das Mahlgut mit dem Mahlfreischein wieder zur Waage gestellt und dort zurück verwogen. Der Mahlfreischein aber, welcher die Mahlpost begleiten muß, wird dem Mahlgaste wieder behändigt.

In Betreff eines bei der Rückverwiegung ermittelten unzulässigen Mehrgewichts wird nach den Bestimmungen §. 31. verfahren. Ergiebt sich ein Mindergewicht gegen die im §. 25. vorgeschriebenen Sätze, so ist davon die Eingangssteuer zu erheben.

Sowohl der Transport des Landmahlguts von der Waage zur Mühle, als des fertigen Mahlgutes von der Mühle zur Waage, als endlich dessen Abfuhr durch den Stadtbezirk, muß auf den §. 6. vorgeschriebenen Steuerstraßen geschehen, und ist den die Straßencontrole ausübenden Steuerbeamten (§. 3.) der Mahlfreischein auf Verlangen vorzuzeigen.

C. Behandlung der unter allgemeiner Aufsicht stehenden Mühlen.

Allgemeine Bestimmungen.

§. 35. Von dem Getreide für die Bewohner des Stadtbezirks (§. 1.), welches auf Mühlen zum Vermahlen gelangt, die unter allgemeiner Aufsicht stehen (§. 15.), wird, sofern das Haupt-Steuer-Amt in Cottbus nicht in Fällen des Bedürfnisses unter besonders vorzuschreibenden Sicherungs-Maaßregeln Ausnahmen zuläßt, nicht die Körnersteuer erhoben, es unterliegen vielmehr die aus solchem Getreide bereiteten Mühlenfabrikate der Eingangssteuer nach §. 16. des Mahl- und Schlachtsteuer-Gesetzes vom 30. Mai 1820 und es kommen hinsichtlich der gedachten Fabrikate die §§. 5., 84., 86. und folgende dieses Regulativs zur Anwendung. Dagegen müssen die steuerpflichtigen Bewohner des äußern Stadtbezirks (§. 2.) vor Beschickung dieser Mühlen die Körnersteuer unter Beobachtung der §§. 19. und folgende ertheilten Bestimmungen entrichten.

Bezeichnung der Säcke.

§. 36. Was im §. 22. über die Bezeichnung der Säcke angeordnet worden, findet auch auf alles Mahlgut Anwendung, welches auf Mühlen, die unter allgemeiner Controle stehen, verarbeitet wird.

D. Pflichten der Müller, deren Mühlen unter besonderer Aufsicht stehen.

§. 37. Die Müller in den unter besonderer Aufsicht stehenden Mühlen (§. 14.) sind für die Befolgung der Vorschriften §§. 19. 20. und 22. bis 25. dieses Regulativs mit verhaftet, auch nach §. 16. Litt. c. des Mahl- und Schlachtsteuer-Gesetzes vom 30. Mai 1820 verbunden, die ihnen in Bezug auf den eigenthümlichen Betrieb ihrer Mühlen und deren Controle von der Steuerbehörde etwa noch besonders aufzuerlegenden Pflichten zu erfüllen. Außerdem gelten für sie insbesondere noch die folgenden Bestimmungen:

1. Anzeige vorkommender Besitz-Veränderungen.

§. 38. Sobald eine Mühle durch Erbgang, Verkauf, Verpachtung oder auf irgend eine andere Weise an einen anderen Inhaber übergeht, so ist letzterer verpflichtet, davon sofort und bevor der Betrieb der Mühle für seine Rechnung beginnt, dem Haupt-Steuer-Amte Anzeige zu machen.

2. Abtheilung der Mühlenräume.

§. 39. In den Mühlenräumen, zu welchen für Bockwindmühlen auch der Platz unter den Mühlen und um dieselben in dem durch Pfähle bezeichneten Bereiche des Kehrraums gehört, werden von den Mühleninhabern unter Beistimmung eines Oberbeamten, verschiedene Abtheilungen bestimmt und zwar so, wie der Raum diese Absonderung gestattet,
    a. für steuerpflichtige Körner nach dem Satze von 20 Sgr. für den Centner,
    b. für dergleichen nach dem Satze von 5 Sgr. für den Centner,
    c. für Körner auf Freischeine,
    d. für Fabrikate aus Körnern zu a,
    e. für dergleichen aus Körnern zu b,
    f. für die aus Körnern zu c,
    g. für mit Beschlag belegtes Getreide und Mahlgut.

Der Müller ist verbunden, einen jeden der vorgedachten Räume mit einer ihn bezeichnenden Tafel versehen zu lassen und bei eigener Verantwortlichkeit dafür zu sorgen, daß unter keinen Umständen Getreide und Mahlgut an anderen, als an den, nach Vorstehendem dazu bestimmten Orten niedergelegt werde.

Mühlenbeschreibung.

§. 40. Ueber die innere Einrichtung der Mühle, die Zahl der Gänge, zu welchen Gattungen von Mahlgut der eine oder der andere Gang etwa ausschließlich bestimmt ist, über die mit der Mühle im Zusammenhange stehenden Räume, über deren Abtheilungen nach den Bestimmungen im vorstehenden §. 39, ferner darüber, ob der Müller einen Handel mit Mühlenfabrikaten treibt, wo dies geschieht, und — wenn dies in der Mühlenanlage der Fall ist, — wo die Bestände aufbewahrt werden, hat der Müller eine kurze, durch eine einfache linearische Zeichnung verdeutlichte Beschreibung in zweien Exemplaren zu fertigen.

Diese Beschreibung ist von ihm zu unterzeichnen, vom Orts-Ober-Controleur zu prüfen und mit seiner Unterschrift zu versehen und dann in dem einen Exemplare an einem vom Ober-Controleur zu bestimmenden Orte in der Mühle anzuheften, während das zweite Exemplar dem Haupt-Steuer-Amte einzureichen ist. Die Erneuerung dieser Beschreibung muß geschehen, so oft das Bedürfniß hierzu dem Bezirks-Ober-Controleur erkannt wird. Veränderungen gegen diese Beschreibung ist der Müller verpflichtet, vor deren Ausführung dem Haupt-Steuer-Amte schriftlich anzuzeigen.

§. 41. Für diejenigen Mühlen, deren innere Einrichtung die steuerliche Ueberwachung des Betriebes in anderer, als der bisherigen Art erforderlich macht, werden bezüglich der Mühlenbeschreibung besondere Bestimmungen vorbehalten.

Vergleichung des Mahlgutes mit den Mahlscheinen.

§. 42. Sobald die Körner zur Mühle gebracht werden, muß der Müller den Mahlschein einsehen, um sich zu überzeugen, ob dieselben der Gattung und Menge nach damit übereinstimmen.

Findet er hierbei irgend eine Abweichung, so muß er die Annahme des Mahlgutes versagen oder dasselbe sofort auf den für Confiscate bestimmten Platz zurückstellen und gleichzeitig dem Haupt-Steuer-Amte zur weiteren Untersuchung Anzeige machen.

§. 43. Fehlt auf den Säcken die §. 24. vorgeschriebene Bezeichnung, so muß er in gleicher Art wie §. 42. vorgeschrieben, verfahren.

5. Verfahren mit den Mahlscheinen.

§. 44. Ist das zur Mühle gebrachte Getreide richtig befunden worden, so wird der Mahlschein dem Kropfe eines der zur Mahlpost gehörigen Säcke angebunden.

Die Säcke, soweit sie zu einem und demselben Mahlscheine gehören, müssen, mit ihrer Bezeichnung (§. 24.) nach vorn, so lange stets zusammengestellt sein, als während der Bereitung selbst eine Trennung nicht nöthig ist.

Sobald das Getreide auf den Gang geschüttet ist, wird der Mahlschein an den Gang geheftet und bleibt dort während der Bereitung, welche durch Zwischenposten nicht unterbrochen werden darf. Ist das Mahlgut fertig, so muß der Mahlschein wieder an den Kropf eines der dazu gehörigen Säcke befestigt werden, woran er bleibt, bis selbiges die Mühle verläßt.

Die unter den Mahlscheinen befindlichen mit I. II. III. IV. bezeichneten Abtheilungen werden bei den folgenden Handlungen abgeschnitten:

a. die mit I. bezeichnete Abtheilung, sobald das Getreide zur Mühle gebracht, untersucht und der Gattung und Menge nach richtig befunden ist,
b. die mit II. bezeichnete Abtheilung, sobald die Bereitung oder das Abmahlen anhebt und die erste Aufschüttung auf den Gang erfolgt,
c. die mit III. bezeichnete Abtheilung, sobald die Bereitung vollendet ist, und
d. die mit IV. bezeichnete Abtheilung, wenn das Mahlgut aus der Mühle abgelassen wird.

6. Dauer der Gültigkeit der Mahlscheine auf den Mühlen.

§. 45. Die Mahlscheine sind nur für längstens vier Tage gültig, so daß in den ersten drei Tagen von Ausstellung des Zettels an gerechnet, die Fabrikation vollendet und an dem folgenden Tage das Fabrikat aus der Mühle geschafft sein muß. Ausnahmsweise kann eine längere Gültigkeit der Mahlscheine dann nachgegeben werden, wenn Wasser- oder Windmangel eintritt und die Mühlen in Folge desselben mit Mahlgut überfüllt sind. Ist nicht schon bei Ausfertigung des Mahlscheines eine längere Frist bewilligt, so muß der Müller die durch unvermeidliche Umstände erforderlich werdende Verlängerung der viertägigen Frist unter Vorlegung des Mahlscheines bei dem Haupt-Steuer-Amte nachsuchen. Das Haupt-Steuer-Amt prüft das Bedürfniß und vermerkt die Verlängerungsfrist auf dem Mahlscheine.

7. Eigenes Mahlgut der Müller.

§. 46. Für das eigene Mahlgut der Müller werden nur auf einen Tag gültige Mahlscheine ausgegeben, so daß am Tage der Ausstellung die Bereitung vollendet und das Mahlgut aus der Mühle geschafft sein muß. Für die Grupen- und Gries-Fabrikate, so wie für größere, zu den Windmühlen gelangende Mahlposten kann jedoch eine Ausnahme hiervon auf gestellten besonderen Antrag in solchen Fällen gemacht werden, in welchen entweder die Mahlposten zu groß sind, um die Bereitung derselben in einem Tage bewirken zu können, oder anhaltende Windstille eintritt.

8. Getreidebestände der Müller.

§. 47. Die Getreidebestände der Müller durch eigene Gewinnung oder Ankauf müssen außerhalb der Mühle befindlich sein und unterliegen keiner besonderen Aufsicht, insofern sie nicht in mit dem Mühlenraume zusammenhängenden Räumen lagern.

Hat aber eine Lagerung in mit dem Mühlenraume zusammenhängenden Räumen statt, so sind die Getreidebestände des Müllers, von denen übrigens ohne Mahlschein (§. 2L) niemals etwas im Mühlenraume selbst sich befinden darf, der Controle unterworfen, und in dieser Beziehung ist der Müller verpflichtet, ein richtiges Notizbuch nach Anweisung des Haupt-Steuer-Amtes über seine Getreidebestände zu führen, und darin jeden Zu- und Abgang sofort anzuschreiben, auch den revidirenden Steuerbeamten dieselbe nebst dem Notizbuche zur Revision jederzeit vorzuzeigen, und für die etwa nöthigen Ermittelungen ausreichende Hülfe zu beschaffen.

9. Mahlmetze.

§. 48. Wird der Mahllohn in Körnern durch die sogenannte Mahlmetze entrichtet, so muß diese, weil sie nicht mit versteuert wird, sondern erst bei der Besteuerung unterliegt, wenn der Müller sie verwahlen will, von den für den Mahlgast zu verarbeitenden Körnern abgesondert zur Mahl- und Schlachtsteuer-Expedition und zu den Mühlen gebracht werden. Bei der Rückverwiegung wird dann auf die Mahlmetze, welche, wenn der Müller sie in den Mühlenraum aufnehmen will, sofort nach der Ankunft in der Mühle in einen unter Mitverschluß der Steuer-Behörde stehenden Metzkasten gebracht werden muß, keine Rücksicht genommen.

Gedachter Kasten wird von Zeit zu Zeit nach vorgängiger Anzeige bei dem Haupt-Steuer-Amte in Gegenwart eines Steuerbeamten geleert, und dessen Inhalt aus dem Mühlenraume geschafft.

10. Stein- und Staubmehl.

§. 49. Das Stein- und Staubmehl, sowie der sonstige Abfall von den Mühlenfabrikaten darf in der Mühle nicht aufbewahrt, muß vielmehr aus derselben entfernt werden. Auf den besonderen Wunsch des Müllers können die gedachten Abfälle in einen unter Mitverschluß der Steuerbehörde stehenden Kasten gebracht, und aus demselben von Zeit zu Zeit entfernt werden.

11. Mehlvorräthe.

§. 50. Mahlgut für den eigenen Bedarf der Müller oder für den Handel derselben mit Mühlenfabrikaten darf keinenfalls in den Mühlenräumen oder in den damit im Zusammenhange stehenden Räumen aufbewahrt werden.

12. Handel mit Mehl oder Mühlenfabrikaten.

§. 51. Müller, welche zugleich Mühlenfabrikate zum Verkauf oder zum Tausch bereiten, oder Bestellungen auf Mehl annehmen, oder überhaupt mit Mühlenfabrikaten Handel treiben, werden unter spezielle Steuer-Controle gestellt und gelten hierfür die in den §§. 93. bis einschließlich 95. gegebenen Vorschriften.

13. Mühlenrevision.

§. 52. Die Mühlen mit den dazu gehörigen Räumen (§. 39.) müssen für die Steuerbeamten in den Stunden von 6 Uhr Morgens bis 9 Uhr Abends stets geöffnet sein. Auch außer diesen Stunden ist den Beamten der Eintritt in die Mühle gestattet, so lange dieselbe im Gange ist. Wird am Abend oder während der Nacht der Zugang der im Gange befindlichen Mühle geschlossen, so muß ein Klingelzug oder eine andere Vorrichtung vorhanden sein, durch welche die Steuerbeamten sich ankündigen. Auf das von denselben gegebene Zeichen ist ihnen ungesäumt zu öffnen. Der Müller und seine Leute haben den Beamten jede des Dienstes wegen verlangte Auskunft zu ertheilen, auch die Vorkehrungen und Handleistungen willig zu beschaffen, welche für die Mühlenaufsicht der Beamten, einschließlich der von ihnen erforderlich zu erachtenden Verwiegungen nöthig sind.

§. 53. Das Haupt-Steuer-Amt hält für jede unter Steuer-Aufsicht stehende Mühle ein Revisionsbuch, in welches jede Revision und das Ergebniß derselben von den Beamten nach der Zeitfolge niedergeschrieben wird. Dieses Buch wird an dem vom Ober-Controleur dazu bestimmten Orte in der Mühle niedergelegt und der Müller ist dafür verantwortlich, daß es jederzeit unbeschädigt vorhanden sei.

E. Pflichten der Müller, deren Mühlen unter allgemeiner Aufsicht stehen.

§. 54. Für die Inhaber der unter allgemeiner Aufsicht stehenden Mühlen gelten die Vorschriften §§. 24. 38. 39. 40. 52. und 53., der §. 39. jedoch mit der Beschränkung, daß die Abtheilung der Mühlenräume, zu welchen für die Bockwindmühlen auch der unter der Mühle und um dieselbe in dem durch Pfähle bezeichneten Bereiche des Lehrbaums befindliche Raum gehört, nur nach den beiden Unterscheidungen:
a) für Körner und Mahlgut mit Mahlscheinen,
b) für dergleichen ohne Mahlschein,
c) für mit Beschlag belegtes Mahlgut
erforderlich ist.

In Ansehung des mit Mahlscheinen zur Mühle zu bringenden Mahlguts hat der Müller die Gattung zu prüfen, das Gewicht durch Verwiegung festzustellen, und den Waagescheln unter seiner Unterschrift auszufüllen, auch die Bestimmungen §§. 42. bis 45. zu beachten.

§. 55. Treibt der Inhaber solcher Mühlen Handel mit Mühlenfabrikaten, ohne in der Steuer fixirt zu sein, so ist derselbe den Vorschriften, welche in den §§. 19. und folgenden sowie in den §§. 37. und folgenden über die spezielle Mühlencontrole ertheilt sind, unterworfen.

Auch sonst hängt es von dem Ermessen der Steuerbehörde ab, diese Mühlen unter besondere Aufsicht (§. 14.) zu stellen, oder diejenige Controle anzuordnen, welche sie den Umständen nach zur Sicherung des Steuer-Interesses für nothwendig hält.

Dritter Abschnitt.
Schlachtsteuer.

A. Im Stadtbezirke.
I. Gewerbliches Schlachten.

1. Anmeldung des Gewerbebetriebes und Anzeige der Gewerberäume.

§. 56. Jeder Schlächter hat dem Haupt-Steuer-Amte eine schriftliche Anzeige über den Zeitpunkt des Beginnes seines Gewerbes sowie zugleich darüber zu machen, wo seine Viehbestände sich befinden, wo die Schlachtungen geschehen, wo die Fleischbestände und wo die Felle aufbewahrt werden.

Er ist an eine genaue Beachtung seiner Angabe so lange gebunden, als solche nicht durch fernere schriftliche Anzeigen an das Haupt-Steuer-Amt abgeändert worden sind, oder das Haupt-Steuer-Amt nicht in besonderen Fällen einer Ausnahme ausdrücklich gestattet hat.

In gemeinschaftlichen Räumen als z. B. Scharren, Kellern und Eiskellern hat jeder Schlächter oder Händler mit Fleisch oder Fleischwaaren den ihm gehörigen Raum mit seinem Namen genau zu bezeichnen und daß dies geschehen sei, gleich bei der abzugebenden Anmeldung zu bemerken.

2. Angabe, ob nach Stückzahl oder nach Gewicht versteuert werden soll.

§. 57. Acht Tage vor dem Eintritte eines jeden Kalendervierteljahres hat sich jeder Schlächter schriftlich zu erklären, ob er das zu schlachtende Vieh, nach dem Gewichte (§. 83.) oder ob und welche Gattungen desselben er nach dem Stücksatz (§. 62.) versteuern wolle.

Diese Erklärung ist alsdann auf die Dauer des betreffenden Vierteljahrs für ihn verbindlich, so daß er in keinem Falle später die Wahl hat, ob er nach dem Stücksatz oder dem Gewichte versteuern will. Von demjenigen Gewerbtreibenden, welcher in der bestimmten Frist keine Erklärung abgegeben hat, wird angenommen, daß er von der Zulassung zur Versteuerung nach Stücksätzen keinen Gebrauch machen wolle.

Wenn zwei oder mehrere Schlächter die eine oder andere Viehgattung gemeinschaftlich schlachten, so müssen sie sämmtlich über Gewichts- oder Stückversteuerung der betreffenden Viehgattung eine übereinstimmende Erklärung abgeben.

Der Anspruch auf die Versteuerung nach dem Stücksatze geht verloren:
1) wenn der Schlächter einzelne Viehstücke derjenigen Gattung, für welche er die Stückversteuerung gewählt hat, auf den Namen eines anderen Schlächters, welcher nach Gewicht versteuert, oder
2) umgekehrt, wenn er ein Stück von einem Schlächter, der nach Gewicht versteuert, auf seinen Namen zur Stückversteuerung abfertigen läßt.

In beiden Fällen kann auch der nach dem Gewichte steuernde Schlächter, welcher dem nach dem Stücksatze steuernden behülflich gewesen ist, von der Stückversteuerung für die Zukunft ausgeschlossen werden, auch bleibt die Bestrafung der in solcher Handlung liegenden Defraudation vorbehalten.

3. Steuerbücher.

§. 58. Jedem Schlächter wird ein Schlacht-Revisions- und Versteuerungs-Buch von dem Haupt-Steuer-Amte für ein jedes Kalender-Vierteljahr unentgeltlich verabreicht. In dies Buch werden vom Haupt-Steuer-Amte nach der demselben mündlich zu machenden Deklaration die Eintragungen bewirkt. Dasselbe muß in den Gewerbsräumen an einem vom Schlächter zu bezeichnenden, vom Haupt-Steuer-Amte auf dem Titelblatte zu bemerkenden Orte beständig so vorliegen, daß die revidirenden Beamten solches, insofern es nicht eben zur Hebestelle geschickt ist, sogleich zum Gebrauche erhalten empfangen können.

Sind die Gewerberäume in der Art örtlich getrennt, daß die Schlachtungen an einem anderen Orte erfolgen, als dem, wo die Fleischvorräthe aufbewahrt werden, oder daß die Fleischvorräthe sich an verschiedenen Orten befinden, so bestimmt das Haupt-Steuer-Amt, wo dies Buch aufbewahrt werden soll, und es werden in den übrigen Räumen zur vollständigen Uebersicht der Bestände besondere Anschreibebogen niedergelegt, für welche in Bezug auf ihre gehörige Aufbewahrung die oben für die Steuerbücher selbst gegebenen Vorschriften gelten.

Diese Bücher und die Anschreibebogen müssen reinlich gehalten werden; sie müssen sorgfältig aufbewahrt werden, und es darf darin von Seiten des Schlächters nichts geschrieben oder gar radirt oder geändert werden.

Am Schlusse des Kalender-Vierteljahrs werden die Revisions- und Versteuerungs-Bücher gegen neue vertauscht, die zurückgegebenen aber nach erfolgter Revision den Schlächtern auf Verlangen wieder ausgehändigt. Sie müssen in diesem Falle von dem Schlächter noch ein Jahr lang aufbewahrt werden, um auf Erfordern vorgelegt zu werden können.

4. Erlaubniß zum Schlachten.

§. 59. Keine Schlachtung darf ohne vorher nachgesuchte, erhaltene und in das Steuerbuch eingetragene Erlaubniß der Steuerbehörde geschehen, und auch nicht anders, als genau nach dem Inhalte dieser Erlaubniß. Dafür ist nicht nur der Schlächter verhaftet, sondern auch derjenige, welcher für ihn die Schlachtung verrichtet.

Steuer-Hebestelle ist das Haupt-Steuer-Amt; jedoch können die §§. 4. und 10. gedachten Thor-Expeditionen die Anmeldung annehmen, die Abfertigung ertheilen und die Steuer erheben, wenn ein einzelnes Stück des Schweines, Kalb, Schaf- und Ziegenviehes nach Stücksatz versteuert werden soll.

Für diejenigen Fälle, in welchen die Abfertigung bei den Thor-Expeditionen hiernach nicht schließlich erfolgen darf, kann ausnahmsweise denjenigen Schlächtern, welche die Steuer nach Stücksatz entrichten (§§. 57. 62.) gestattet werden, wenn sie außerhalb der im §. 9. für das Haupt-Steuer-Amt bestimmten Dienststunden oder an Sonn- und Festtagen wegen eintretenden Fleischbedarfs Schlachtungen vorzunehmen genöthigt sind, die Erlaubniß zur Schlachtung bei derjenigen Thor-Expedition, welche dazu von dem Ober-

Steuer-Controleurs bestimmt und den Schlächtern durch Anschlag im Amtslokale namhaft gemacht werden soll, unter Vorlegung ihres Schlacht-Revisions- und Versteuerungsbuches nachzusuchen.

In solchem Falle wird der Steuerbetrag entweder gleich deponirt, oder so lange gestundet, bis dessen Einzahlung in den nächsten Dienststunden bei dem Haupt-Steuer-Amte erfolgen kann. Wenn ein Schlächter sich jedoch in Zahlung der Steuer saumselig zeigt, so wird ihm die Vergünstigung einer Stundung für die Folge entzogen.

5. Schlachtzeit.

§. 60. Das Schlachten darf in der Regel nur von Sonnenaufgang bis Sonnenuntergang geschehen. Zum Schlachten außer dieser Zeit kann das Haupt-Steuer-Amt oder der Ober-Steuer-Controleur die Erlaubniß mit der Bestimmung der Stunde des Schlachtens ertheilen; es muß dann aber den revidirenden Steuerbeamten das Lokal, worin die Schlachtung geschehen soll, während der Schlachtung offen stehen.

6. Anmeldung und Versteuerung.

a) Schlachtanzeige.

§. 61. Vor jeder Schlachtung muß dem Haupt-Steuer-Amte oder falls die Thor-Expedition nach §. 59. die Anmeldung anzunehmen befugt ist, derselben die Zahl und Gattung des zu schlachtenden Viehes und überdies auch angezeigt werden, an welchem Tage und zu welcher Stunde, Vor- oder Nachmittags, geschlachtet werden soll.

b) Abfertigungen.

aa) nach Stücksätzen.

§. 62. Wird nach Stücksätzen versteuert, so erfolgt die Versteuerung vor der Schlachtung.

Die Entrichtung der Steuer, die angezeigte Schlachtzeit und der Viehabgang wird in dem, der Steuerhebestelle (§. 50.) vorzulegenden Steuerbuche bemerkt, und letzteres zurückgegeben.

bb) nach dem Gewichte.

§. 63. Bei einer Versteuerung nach dem Gewichte wird verfahren, wie im §. 61. bestimmt ist; die Gefälle-Entrichtung unterbleibt vorläufig, wogegen Sicherheit dafür gefordert werden kann. Nach vollzogener Schlachtung wird das ausgeschlachtete Vieh mit den Fleische, den Knochen und dem Fette, jedoch ohne Füße, Eingeweide und Darmfett, ungetheilt mit dem Steuerbuche zur Waage der Mahl- und Schlachtsteuer-Expedition gebracht, dort verwogen, und das Gewicht, so wie die nun danach zu erhebende Steuer in das Buch eingetragen.

Die verwogenen Viehstücke müssen eine von der Steuerbehörde durch einen Einschnitt an geeigneter Stelle oder auf andere Weise zu wählende Bezeichnung erhalten. Alles geschlachtete Vieh muß am Schlachttage, kleines Vieh, welches am Vormittage geschlachtet worden, noch am Vormittage zur Waage gebracht werden.

c) Gemeinschaftliches Schlachten.

§. 64. Wenn mehrere Schlächter ein Stück Vieh gemeinschaftlich schlachten, so muß derjenige, welcher die Versteuerung leistet, außer im §. 61. vorgeschriebenen Meldung auch noch angeben, wer die übrigen Theilnehmer sind, wo die Schlachtung und wo und zu welcher Stunde die Theilung des Stückes erfolgen soll. Nur diejenigen Schlächter, welche eine gleiche Besteuerungsart (Stücksatz oder Gewicht) gewählt haben, können Vieh gemeinschaftlich schlachten.

Bevor die einzelnen Theilnehmer das Fleisch übernehmen, müssen sie den Zugang des Fleisches von dem Haupt-Steuer-Amt in ihre Steuerbücher eintragen lassen.

d) Kauf oder Tausch des Fleisches.

§. 65. 1. Kein Schlächter darf geschlachtetes Vieh ganz oder theilweise von einem andern Schlächter kaufen oder übernehmen, bevor nicht derjenige, sowohl Seitens desjenigen, welcher ein Stück geschlachtet hat, als derjenige, dem das geschlachtete Vieh ganz oder zum Theil abgelassen werden soll, selbst oder durch ihre Gewerbsgehülfen, mit ihren Schlachtsteuerungsbüchern sich bei dem Haupt-Steuer-Amte gemeldet und daselbst die resp. Ab- und Zuschreibung des Fleisches mit genauer Angabe des Gewichts in ihren Büchern nachgesucht und erhalten haben.

2. Bei Vermehrung des Fleischbestandes in dem Falle zu 1 darf der Zugang an Fleisch nicht in die Gewerbsräume des Schlächters aufgenommen werden, bevor die Anmeldung und Zuschreibung im Versteuerungsbuche bei dem Haupt-Steuer-Amte erfolgt ist.

3. Wer nach Stücksatz steuert und an einen nach Gewicht steuernden Schlächter ausgeschlachtete Viehstücke im Ganzen, zur Hälfte oder auch zum Viertel abläßt, muß solches vor der Abgabe dem Haupt-Steueramte anmelden. Ergiebt die zu veranlassende Gewichtsermittelung einen höheren Steuerbetrag, als der Stücksatz, so ist das Mehr nachzuversteuern.

4. Wer nach Gewicht steuert und an einen nach Stücksatz steuernden Schlächter ausgeschlachtete Viehstücke in vorgedachter Art ablassen will, hat dies vor der Abgabe gleichfalls anzumelden. Ergiebt die Gewichtsermittelung einen geringeren Steuerbetrag, als der Stücksatz, so ist die Differenz nachzuversteuern.

In beiden Fällen, No. 3 und 4, zahlt die Nachsteuer der Schlächter, der das Fleisch übernimmt.

II. Schlachten zum eigenen Bedarf. (Hausschlachtungen.)

1. Schlachtanzeige.

§. 66. Auf Schlachtungen zum eigenen Bedarf derjenigen Personen, welche nicht Schlächter sind, finden bezüglich der Schlachtzeit die Bestimmungen im §. 60. gleichmäßige Anwendung. Wegen der Anmeldung zum Schlachten gilt die Vorschrift im §. 61., jedoch ist auch anzugeben:
a) ob die Steuer nach dem Stücksatze, oder
b) nach dem Gewicht
entrichtet werden soll.

In Bezug auf sonstigen Viehabgang findet die Vorschrift §. 75. Anwendung.

2. Abfertigung.

§. 67. Soll die Versteuerung nach Stücksätzen geschehen, so ertheilt die Steuerhebestelle, der Anmeldung gemäß, einen zugleich die Steuerquittung enthaltenden Schlachtversteuerungsschein. Wird die Versteuerung nach dem Gewichte vorgezogen, so wird nur bei diesem Theile des Schlachtscheines ausgefertigt, und dieser ausgehändigt, wobei die Abtragung der Steuer auf Erfordern durch ein Pfand sicher gestellt werden muß.

Bei letztgedachter Besteuerungsweise wird das ausgeschlachtete Stück Vieh zur Verwiegung gestellt (§. 63.), und nach dem ermittelten Gewichte die Steuer entrichtet gegen Rückempfang des durch Ausfüllung der Quittung vervollständigten Schlachtscheines, von welchem das Waage-Attest zurückbehalten wird.

Ist das zu schlachtende Vieh aus den Beständen der Steuernden und stehen diese unter Controle §. 70.), so wird der Abgang in dem mit vorzulegenden Vieh-Control-Buche vermerkt.

3. Obliegenheiten der Schlachtenden.

§. 68. Niemand darf eine solche Schlachtung (§§. 66. und 67.) verrichten, ohne vorher den Schlachtschein eingesehen zu haben, auch darf dieselbe nicht anders als genau nach Inhalt desselben, in Bezug auf Gattung des Viehes und Zeit und Ort der Schlachtung vorgenommen werden.

Sobald das Vieh getödtet ist, muß der Schlachtende den Versteuerungsschein von oben nach unten zu bis über die Hälfte unverzüglich einreißen.

4. Aufbewahrung des Schlachtversteuerungs-Scheins.

§. 69. Den eingerissenen Schlachtschein (§§. 67., 68.) ist der Steuernde noch ein Jahr lang aufzubewahren und auf Erfordern vorzulegen verpflichtet.

III. Vieh-Controle.

1. Nachweis durch Versteuerungs- und Vieh-Controle-Bücher.

§. 70. Der Controle der Viehbestände sind unterworfen:
1) die Schlächter,
2) die Viehhändler, Viehmäster und diejenigen Gewerbtreibenden, die ihres Gewerbes wegen Vieh halten.

Sie wird geführt:
bei den Schlächtern durch die Schlacht-, Revisions- und Versteuerungsbücher,
bei den vorstehend unter No. 2 genannten Controlpflichtigen durch besondere Vieh-Controlebücher.

Für die Vieh-Controlebücher, welche von dem Haupt-Steuer-Amte geliefert und wenn sie vollgeschrieben sind, gegen neue umgetauscht werden, gelten gleichmäßig die Bestimmungen in dem §. 58.

In diesen Büchern wird jeder Zu- und Abgang an Vieh zu- und abgeschrieben und die Inhaber haften für die jederzeitige Richtigkeit ihres Viehbestandes nach dem Inhalte derselben. Sie haben sich daher zu überzeugen, ob die An- und Abschreibungen darin genau geschehen sind, im Falle des Irrthums aber sofort auf Abänderung anzutragen.

Ergiebt sich späterhin bei den Revisionen der Viehbestände durch die Beamten mehr oder weniger Vieh, als das Soll nach dem Buchabschlusse beträgt, so wird auf die Behauptung eines Irrthums in der An- oder Abschreibung keine Rücksicht genommen.

2. Eingang des Viehes.

§. 71. Das Einbringen des Viehes ist nur erlaubt:
1) in den Wintermonaten Oktober bis einschließlich Februar von 6 Uhr Morgens bis 10 Uhr Abends,
2) in den übrigen Monaten von 4 Uhr Morgens bis 10 Uhr Abends.

Treten besondere Fälle ein, wo außer dieser Zeit Schlachtvieh eingeführt werden soll, so ist dazu die schriftliche Erlaubniß des Haupt-Steuer-Amts oder des Ober-Controleurs erforderlich.

Schlächter und der Viehcontrole unterliegende Personen innerhalb des Stadtbezirkes dürfen Schlachtvieh von außen nur allein auf den im §. 6. bezeichneten Steuerstraßen einführen.

3. Zugangs-Anzeige.

§. 72. Jeder Vieh-Zugang, er entstehe:
 a) durch Ankauf in dem Stadtbezirk,
 b) aus eigener Zucht, oder
 c) durch Ankauf außerhalb des Stadtbezirks,

muß von den der Viehcontrole unterliegenden Personen mit Vorlegung des Schlachtrevisions- und Versteuerungs-, bezüglich des Vieh-Controle-Buches der Steuerhebestelle angemeldet werden.

Erfolgt der Zugang durch Ankauf im Stadtbezirk oder aus eigener Zucht, so muß die Anmeldung bei dem Haupt-Steuer-Amte in den §. 9. gedachten Abfertigungsstunden erfolgen und zwar: im ersteren Falle bevor das Vieh in das Haus aufgenommen wird, im letzteren Falle innerhalb der ersten 24 Stunden nach der Geburt des Viehes. Erfolgt der Zugang durch Ankauf von einer der Vieh-Controle unterworfenen Person, so muß bei der Anmeldung auch deren Vieh-Versteuerungs- resp. Controlebuch mit vorgelegt werden.

Erfolgt der Zugang durch Ankauf außerhalb des Stadtbezirkes und Einbringen in demselben, so muß das Vieh der Expedition des Eingangsthores unter Niederlegung eines Pfandes und gegen Lösung eines Anmeldescheines angemeldet werden, welcher letztere dem Haupt-Steuer-Amte mit dem Revisions- und Versteuerungsbuche zur Anschreibung in Zugang vorzulegen ist.

In allen vorgedachten Fällen des Zuganges bedarf es der Anmeldung bei dem Haupt-Steuer-Amte nicht, wenn das Vieh sofort geschlachtet werden soll und gleichzeitig die Versteuerung nach §. 59, bei den Thorexpeditionen zulässig ist, in diesem Falle kann die Anmeldung unter Vorlage des Versteuerungs- resp. des Viehcontrolbuches bei der Thorexpedition allein erfolgen.

4. Abgangs-Anzeige.

a. Abgang durch Schlachten.

§. 73. Der Abgang durch Schlachten wird vorher bei der Anmeldung zum Schlachten (§. 61.) mit Vorlegung des Versteuerungs- resp. Vieh-Controlebuches der zuständigen Steuerhebestelle (§. 59.) angemeldet.

b. Abgang durch Verkauf.

§. 74. Der Abgang durch Verkauf oder sonstige Entäußerung wird dem Haupt-Steuer-Amte durch eine besondere Anmeldung angezeigt, auf Erfordern schriftlich, außerdem aber mündlich unter Vorlegung des Versteuerungs- bezüglich Vieh-Controlebuches.

Derjenige, an den das Vieh gelangt, ist zuverlässig nachzuweisen. Geschieht die Veräußerung nach außen, so wird nach erfolgter Anmeldung von dem richtigen Ausgang Ueberzeugung genommen und nachdem derselbe bescheinigt ist, die Abschreibung bewirkt.

c. Abgang durch Sterbefall.

§. 75. Der Viehabgang durch Sterbefall muß dem Haupt-Steuer-Amte sofort angemeldet und das gefallene Vieh demjenigen Beamten vorgezeigt werden, der dazu in Folge der eingereichten Abgangs-Anzeige beauftragt worden ist. Das krepirte Vieh muß hierauf unter amtlicher Aufsicht vergraben werden. Jede Tödtung eines Stück Viehes, sei es bei Schlächtern oder Privatpersonen, auch wenn das Fleisch wegen Erkrankung des Viehes nicht zum Verkauf oder zur eigenen Consumtion bestimmt ist, muß wie eine Schlachtung dem Haupt-Steuer-Amte vorher angemeldet werden. Die Steuer wird erlassen, wenn das Fleisch unbrauchbar gefunden und gemäß der Anordnung des Haupt-Steuer-Amtes damit verfahren wird.

5. Austrieb zur Hütung und Mast auf längere Zeit.

§. 76. Soll der Viehbestand oder ein Theil davon zu auswärtiger Hütung oder Mast auf länger als einen Tag gehen, so ist zuvor dem Haupt-Steuer-Amte davon schriftliche Anzeige zu machen, welches den Ausgang aus dem Stadtbezirke kontroliren und bescheinigen läßt, sodann aber den Abtrieb im Steuerbezüglich im Control-Buche bemerkt.

Hirten oder andere Personen, welche dergleichen Vieh auf die Weide treiben, müssen, wenn sie ihr eigenes Vieh mit in die Heerde aufnehmen wollen, davon dem Steuer-Amte Anzeige machen, und ihr Vieh mit einem von der Marke des gezeichneten Schlächterviehes abweichenden Zeichen versehen; zugleich haben sie die Verpflichtung, den Aufsichtsbeamten die Ställe, in welche das Vieh eingetrieben wird, zu jeder Zeit, von 6 Uhr Morgens bis 9 Uhr Abends, Behufs der Revision zu öffnen und ihnen beim Zählen des Viehes behülflich zu sein.

6. Täglicher Austrieb zur Hütung.

§. 77. Vieh, welches nur für den Tag zur Hütung ausgetrieben wird und des Abends zurückkehrt, wird in den Steuer- bezüglich Controlebüchern nicht an- und abgeschrieben, es muß jedoch bei dem Aus- und Eingange derjenigen Thorexpedition, an der es vorüber gehet, angemeldet werden, welche von der Uebereinstimmung des Aus- und Eintriebes Ueberzeugung zu nehmen hat. Wer erklärt hat, seinen Viehbestand täglich zur Weide treiben zu lassen, darf ohne vorherige Anzeige nichts davon zurück behalten.

7. Veränderung des Viehbestandes durch Alter.

§. 78. Veränderungen des Viehbestandes, welche dadurch entstehen, daß ein Stück Vieh durch höheres Alter in eine andere steuerpflichtige Klasse rückt, werden nicht besonders angezeigt. In vorkommenden Fällen berichtigen die Revisionsbeamten die Bücher durch Zu- und Abschreibungen.

In die Klasse der Stiere oder Farsen treten Kälber, sobald sie ein halbes Jahr alt geworden und kann die Kälberzähne nicht mehr vorhanden sind. Schaaf- und Ziegen-Lämmer, ingleichen Spanferkel, sind als solche nur den ersten Sommer, also bis zum 1. Oktober, anzunehmen; in außergewöhnlicher Zeit geborene, nur im ersten halben Jahre.

IV. Revision.

1. Der Gewerberäume und Viehbestände.

§. 79. Die Beamten sind befugt, von Morgens 6 bis Abends 9 Uhr die angemeldeten Gewerberäume der Schlächter zu revidiren. Auch außer dieser Zeit unterliegen die Räume, so lange darin gearbeitet und verkauft wird, dieser Revision.

Die Schlächter und deren Gehülfen sind verpflichtet, sich während der Revision ruhig und bescheiden zu verhalten, und den revidirenden Beamten diejenige Hülfe zu leisten oder leisten zu lassen, welche erforderlich ist, um die Revision gehörig vornehmen zu können. Viehhändler, Viehmäster und alle übrigen Gewerbtreibende, die ihres Gewerbes wegen Schlachtvieh halten, sind verpflichtet, den Beamten bei den abzuhaltenden Revisionen über den Ursprung oder den Verbleib ihres Viehes unter Vorlegung ihrer Vieh-Controlebücher Auskunft zu geben. Auch sind die Beamten berechtigt, bei Schlachtungen zum eigenen Bedarf (§. 66.) von der Richtigkeit der Anmeldung und Versteuerung Ueberzeugung zu nehmen.

2. Der Fleischbestände.

§. 80. Bei Revision der Fleischbestände hat der Schlächter den Revisionsbeamten die vorhandenen Fleischbestände vorzulegen und genau anzugeben, auch hat er, wenn gegen das abgeschätzte Gewicht des in Stücken befindlichen Fleisches Widerspruch erhoben wird, dasselbe vorzulegen, damit die Revisionsvermerke richtig und in voller Uebereinstimmung mit dem vorhandenen Fleische in die Fleisch-Controle eingetragen werden können. Derselbe oder dessen Stellvertreter muß sich sofort davon überzeugen, ob die An- und Abschreibungen genau geschehen sind; im Falle des Irrthums aber auf Abänderung antragen.

Bei den Revisionen der gemeinschaftlich von den Fleischern zur Aufbewahrung des Fleisches benutzten Scharren oder Keller, wird das in diesen Räumen vorgefundene Fleisch von den Steuerbeamten als demjenigen gehörig betrachtet, mit dessen Namen der Platz, an dem sich das Fleisch befindet, versehen ist. (§. 56.)

B. Gewerbliches Schlachten im äußeren Stadtbezirk.

§. 81. Diejenigen Bewohner des äußern Stadtbezirks, welche nach §. 1. des Gesetzes vom 2. April 1852 zur Ergänzung des Mahl- und Schlachtsteuer-Gesetzes vom 30. Mai 1820 von dem Viehe, welches sie schlachten oder schlachten lassen, die Schlachtsteuer entrichten müssen, stehen in Hinsicht ihrer Vieh- und

Fleisch-Bestände ebenfalls unter der besonderen Aufsicht der Beamten und es kommen hinsichtlich ihrer die §§. 56. bis incl. 65. und §§. 70. bis incl. 80. zur Anwendung.

Entnehmen Schlächter im äußeren Stadtbezirke Fleisch von Schlächtern aus der Stadt, so ist das Steuerbuch dem Haupt-Steuer-Amte vorzulegen, welches die Eintragung bewirkt und den Ausgang controliren läßt.

Vierter Abschnitt.
Ein-, Aus- u. Durchgang von Mühlen-Fabrikaten, Back- u. Fleischwaaren.

A. Eingang.
1. Unversteuert.

Anmeldung und Versteuerung bei den Thor-Expeditionen.

§. 82. Wer mahl- und schlachtsteuerpflichtige Gegenstände in den Stadtbezirk einbringt, muß dieselben ohne Unterschied des Gewichts sofort unaufgefordert auf den im §. 6. unter No. 1. bis 4. vorgeschriebenen Steuerstraßen den Thor-Expeditionen §. 4. gestellen und wie §. 7. vorgeschrieben deklariren. Es erhalten daselbst Mühlenfabrikate, Back- und Fleischwaaren jeder Art bis zum Gewicht von 2 Ctr. nach erfolgter Revision und gegen Erlegung der Eingangssteuer die schleunigste Abfertigung. Theilungen größerer Transporte zu dem Zwecke, um die Abfertigung bei den Thor-Expeditionen zu erlangen, sind verboten.

Anmeldung und Versteuerung von solchen Gegenständen, welche am Thore nicht schleunigst abgefertigt werden.

§. 83. Gehen größere Transporte oder Schroot zur Branntwein- und Bierbereitung ein, so verweiset der Thor-Controleur die Transporte zur Abfertigung an die Mahl- und Schlachtsteuer-Expedition des Haupt-Steuer-Amtes. Derselbe kann die eingehenden Gegenstände unter amtlichen Verschluß legen, oder zur Mahl- und Schlachtsteuer-Expedition begleiten, auch für die Höhe der Steuer Sicherheit bestellen lassen. Er ertheilt einen Anmeldeschein, in welchem zugleich die Sicherheitsleistung, der angelegte Verschluß und die Zeit des Einganges vermerkt werden.

Der Einbringer hat sich zu überzeugen, ob seine Angabe in dem Anmeldescheine richtig übernommen sei, etwaige Abweichung muß er sogleich berichtigen lassen; die spätere Behauptung eines Irrthums kann nicht berücksichtigt werden. Mit diesem Anmeldescheine sind die Gegenstände sofort und ohne Aufenthalt zur Mahl- und Schlachtsteuer-Expedition zu bringen, woselbst die Revision, Verwiegung und Versteuerung erfolgt und der Thoranmeldeschein erledigt zurückgegeben wird, gegen dessen Vorzeigung und Aushändigung das eingelegte Pfand bei der Thor-Expedition einzulösen ist.

Das eingegangene Schroot zur Bier- und Branntweinbereitung stehet auch ferner unter der Seitens des Haupt-Steuer-Amtes vorzuschreibenden Controle und kann unter Verschluß genommen werden.

In Betreff Erhebung der Braumalzsteuer im Wege der Mahlsteuer wird auf §. 32. verwiesen.

2. Versteuert mit Versendescheinen.

§. 84. Gehen mahl- und schlachtsteuerpflichtige Gegenstände mit Versendescheinen in den Stadtbezirk ein, um darin zu verbleiben, so sind dieselben unter Vorlegung des Versendescheines der Thor-Expedition in der §. 82. angeordneten Weise anzumelden und nach hier bescheinigtem Eingange der Mahl- und Schlachtsteuer-Expedition zu gestellen. Werden von dieser die eingeführten Gegenstände mit dem zurückzuhaltenden Versendescheine in Uebereinstimmung befunden, so werden sie steuerfrei abgefertigt.

Sind mahl- und schlachtsteuerpflichtige Gegenstände vom Auslande eingegangen, und ist davon an der Gränze die Eingangs-Abgabe entrichtet worden, so unterbleibt bei den nach der Allerhöchsten Verordnung vom 27. October 1856 (Gesetz-Sammlung für 1856 Seite 911) eintretenden Ausnahmen die Versteuerung, wenn die Gegenstände mit dem von dem Gränz-Zoll-Amte angelegten Verschlusse und innerhalb der von demselben festgesetzten Frist eingehen, dieselben auch, sofern der Eingang über ein preußisches Gränz-Zoll-Amt stattgefunden hat, neben der Quittung über die Eingangs-Abgabe mit einem besonderen Versendungsscheine versehen sind.

3. Für Gewerbetreibende des äußern Stadtbezirks.

§. 85. Mahl- und schlachtsteuerpflichtige Gegenstände, welche unversteuert oder nach §. 84. mit Versendescheinen oder vom Auslande an Gewerbetreibende des äußern Stadtbezirks (§. 2.) von außerhalb eingehen, müssen, bevor sie anders wohin gelangen, gleichfalls nach den Vorschriften der §§. 82. bis einschließlich 84. angemeldet und zur Abfertigung gestellt werden.

B. Durchgang.

§. 86. Sollen Fleisch- und Backwaaren, ingleichen Mühlenfabrikate unversteuert durch den Stadt-bezirk gehen, so werden sie Seitens der Thor-Expedition, welcher sie anzumelden und zu gestellen sind, nach §. 83. abgefertigt. Sie müssen, sofern ein Aufenthalt in der Stadt nicht bei dem Haupt-Steuer-Amte oder dem Ober-Steuer-Controleur angemeldet und demnächst verstattet worden ist, ohne Aufenthalt durchgeführt werden.

Vom Thor-Controleur des Ausgangsthores wird der angelegte Verschluß untersucht, abgenommen und das bei dem Eingange gestellte Pfand nach richtigem Befunde zurückgegeben. Bei Durchreisenden, welche steuerpflichtige Gegenstände mit sich führen und in dem Stadtbezirk übernachten, wird der betreffende Thor-Controleur diesen Aufenthalt auf dem nach §. 83. zu ertheilenden Anmeldeschein bemerken.

Verschlossene Packete und Kisten, die zur Post befördert werden sollen, erhalten die Abfertigung nach Vorschrift §. 83. Der Einbringer hat den empfangenen Anmeldeschein von der Postbehörde abstempeln zu lassen und erhält nur gegen Rückgabe des auf diese Weise erledigten Anmeldescheines das eingelegte Pfand zurück.

C. Ausgang nach einer andern mahl- und schlachtsteuerpflichtigen Stadt.

§. 87. Wenn abgabenpflichtige Gegenstände, von welchen die Mahl- und Schlachtsteuer entrichtet ist, nach einer anderen mahl- und schlachtsteuerpflichtigen Stadt gehen sollen, so entnimmt der Versender bei der Mahl- und Schlachtsteuer-Expedition einen Versendungsschein, stellt die Waaren zur Anlegung des amtlichen Verschlusses und giebt dieselben ihrer Art und Gattung nach, sowie die Menge, und Zahl der Frachtstücke und die Bestimmungsorte an.

Die Mahl- und Schlachtsteuer-Expedition kann über die geschehene Versteuerung der zu versendenden Gegenstände Nachweis verlangen, und, wenn dieser nicht befriedigend geführt wird, die Niederlegung der Steuer pfandweise bis zur ausgemachten Sache fordern.

Von der Expedition des Ausgangs-Thores wird der mit amtlichem Verschluß wirklich erfolgte Ausgang nach richtigem Befunde auf der Rückseite des Versendungsscheines bemerkt.

Auf Weizen- und Roggenmehl in Mengen von mehr als einem Centner werden in Gemäßheit der Allerhöchsten Bestimmung vom 24. Oktober 1832 Versendungsscheine nicht ertheilt.

D. Verkehr zwischen der Stadt und dem vor den Thoren belegenen Stadtbezirke.

§. 88. Wer aus den vor den Thoren belegenen Theilen des Stadtbezirkes mahl- oder schlachtsteuer-pflichtige Gegenstände in die Stadt bringen will, muß solche beim Eingange der Thor-Expedition zur Ansicht und Verwiegung stellen und derselben die geschehene Versteuerung nachweisen. Geschieht dieser Nachweis genügend, so wird der Gegenstand steuerfrei eingelassen und der Eingang auf dem beigebrachten Steuer-Ausweise bemerkt.

Ist letzterer zweifelhaft, so wird der Gegenstand mit Anmeldeschein an das Haupt-Steuer-Amt zu dessen näherer Untersuchung und Bestimmung gewiesen. Kann die Steuer-Entrichtung auch dort nicht zuverlässig dargethan werden, so wird die Eingangssteuer erhoben, und derjenige, von welchem der Gegenstand kommt, in Anspruch genommen, weil er unversteuertes Gut nicht besitzen durfte.

Sollen steuerpflichtige Gegenstände aus der Stadt in den vor dem Thore belegenen Stadtbezirk gehen, um wieder zurückzukommen, so muß zum steuerfreien Wiedereingange ein- für allemal, oder in jedem einzelnen Falle zuvor die Erlaubniß des Haupt-Steuer-Amtes nachgesucht werden.

Ist diese ertheilt, so werden die Gegenstände bei dem Ausgange dem Thor-Controleur zur Ansicht und Verwiegung gestellt und von ihm in eine besondere Anschreibung eingetragen; bei der Rückkunft wird ebenso verfahren und der Gegenstand steuerfrei eingelassen, sofern er für den, welcher ausgegangen war, erkannt wird.

E. Verkehr zwischen dem Stadtbezirke und dem äußern Stadtbezirk.

§. 89. Mehl-, Back- und Fleischwaaren, welche die im äußern Stadtbezirk wohnenden Gewerbtrei-benden (§. 2.) in den Stadtbezirk einführen, unterliegen der Entrichtung der Eingangssteuer nach den obigen Regeln (§. 82, 83. 84.) ebenso, als wenn sie von andern Personen eingeführt werden, mithin ohne Rück-sicht auf deren vorhergegangene Versteuerung, deren Nachweis gefordert werden kann.

Den Bewohnern des äußeren Stadtbezirkes kann nach Ausweis des Bedürfnisses von dem Haupt-Steuer-Amte nachgegeben werden, Brot- und Kuchenteig, welcher zum Verbacken bei den Bäckern des Stadt-bezirks bestimmt ist, oder Fleisch und Fleischwaaren, welche in der Stadt geräuchert werden sollen, steuer-frei einzubringen. Die Gegenstände müssen jedoch der betreffenden Thor-Expedition zur Verwiegung gestellt und sodann die Eingangsgefälle nach dem ermittelten Gewichte niedergelegt werden. Bei dem Wiederaus-gange der Gegenstände muß wiederholte Verwiegung derselben bei der nämlichen Thor-Expedition eintreten, wonächst dem Einbringer, wenn sich keine Unrichtigkeiten herausstellen, das eingelegte Pfand gegen Zurück-lassung des bei dem Eingange erhaltenen Pfandscheines zurückgegeben wird.

F. **Transport und Markt-Verkehr im innern Stadtbezirk.**

§. 90. Wer im innern Stadtbezirke Fuhrwerke oder Gepäck führt, ist verbunden, auf Erfordern der Steuerbeamten anzuhalten, die über die Ladung an ihn gerichteten Fragen aufrichtig und bescheiden zu beantworten und sich der nöthig befundenen Revision alsbald zu unterwerfen, oder Behufs der Revision den Beamten zum Haupt-Steuer-Amte zu folgen. Namentlich haben Alle, welche hausiren oder auf Marktplätzen oder andern Verkaufsstellen steuerpflichtige Gegenstände feilbieten, über die geschehene Entrichtung der Gefälle auf Erfordern sich auszuweisen, oder weiteres Einschreiten der Steuerbehörde zu gewärtigen.

Fünfter Abschnitt.
Controlirung der Gewerbtreibenden im innern und äußern Stadtbezirke.

A. Allgemeine Bestimmungen.

1. Anzeige des Beginns des Gewerbebetriebs und Anmeldung der Gewerbsräume.

§. 91. Jeder im inneren oder äußeren Stadtbezirke wohnende Bäcker und Händler, mit Fleischwaaren, Backwaaren, Mehl, Graupen, Grütze, Gries, Nudeln, Stärke und Hirse, hat dem Haupt-Steuer-Amte den Beginn seines Gewerbes sogleich anzuzeigen und demselben eine zweifache schriftliche Anmeldung seiner Gewerbsräume und der Aufbewahrungs-Orte seiner Bestände zu übergeben. Diese Anmeldung ist für die Gewerbtreibenden so lange verbindlich, als sie solche durch eine anderweite schriftliche Anmeldung nicht abändern. Die Gewerbsräume und die darin vorhandenen Vorräthe an mahl- und schlachtsteuerpflichtigen Waaren können der Aufsicht und Revision der Steuerbeamten unterworfen werden.

2. Contobücher.

§. 92. Sämmtliche im §. 91. gedachte Personen sind im Allgemeinen verbunden, auf Erfordern der Steuerbehörde über den Zu- und Abgang an steuerpflichtigen Gegenständen ein besonderes Buch nach der vom Steuer-Amte zu ertheilenden Anweisung zu führen und alsdann die Vorschriften pünktlich zu beachten, welche jedem einzelnen in dieser Beziehung werden bekannt gemacht werden.

B. Besondere Bestimmungen für Müller, welche Mehlhandel treiben.

§. 93. Die für den Handel bestimmten Vorräthe an Mühlenfabrikaten dürfen weder in den Mühlenräumen selbst, noch in solchen Räumen aufbewahrt werden, welche mit jenen in Verbindung stehen, soweit dies nicht nach der Lokalität unvermeidlich und unter besonders vorzuschreibender Controle ausdrücklich nachgegeben ist.

§. 94. Ueber den Zu- und Abgang von Mühlenfabrikaten, die für den Handel des Müllers bestimmt sind, ist ein nach Anweisung des Haupt-Steuer-Amtes einzurichtendes Contobuch zu führen. Jeder durch eigene Fabrikation entstehende Zugang ist, sobald das Fabrikat bereitet und aus der Mühle geschafft worden, unter Bezugnahme auf den betreffenden Mahlversteuerungsschein unverzüglich einzutragen.

Zugang fertiger Mühlenfabrikate von außen ist, sobald er erfolgt, zu buchen, und sind die empfangenen Steuerquittungen als Beläge beim Conto-Buche aufzubewahren.

Zugang durch Uebernahme versteuerter Mühlenfabrikate von anderen Mehlhändlern oder dritten Personen kann nur durch das Haupt-Steuer-Amt vermittelt werden, welches die Zu- resp. Abschreibung in den Büchern vermerkt und falls die Ueberlassung von Privat-Personen stattfindet, die erfolgte Versteuerung der zu überlassenen Mengen sich nachweisen läßt. Bevor die Zuschreibung im Contobuche Seitens des Haupt-Steuer-Amtes nicht erfolgt ist, darf der Müller die Mühlenfabrikate in seine Behausung nicht aufnehmen.

§. 95. Jeder Verkauf resp. Abgang von einem halben Centner und darüber in einer Post ist unter namentlicher Angabe des Empfängers sofort im Conto-Buche abzuschreiben. Kleinere Verkäufe werden täglich summarisch nach Gewicht abgeschrieben; diese summarische Abschreibung muß an jedem Tage spätestens um 6 Uhr Abends erfolgt sein. Außerdem ist der Müller zu dieser Abschreibung während des Tages sofort verpflichtet, wenn es Behufs der Revision von den revidirenden Beamten verlangt wird.

Sechster Abschnitt.
Strafen.

§. 96. Wer es unternimmt, sich der schuldigen Mahl- und Schlachtsteuer durch Uebertretung der dafür gegebenen Bestimmungen zu entziehen, ist nach §. 17. des Gesetzes vom 30. Mai 1820 den Strafen der Steuer-Verkürzung §§. 60. bis einschließlich 65. der Steuer-Ordnung vom 8. Februar 1819 verfallen.

Müller, Bäcker, Schlächter und Andere, welche wissentlich oder durch Nichtbefolgung der sie betreffenden Vorschriften beabsichtigte Steuerumgehung befördern, verwirken dieselbe Strafe, und wird hierbei in Ansehung der Müller noch besonders auf den §. 2. des Ergänzungs-Gesetzes vom 2. April 1852 verwiesen.
§. 97. Andere Uebertretungen der in diesem Regulativ enthaltenen Vorschriften, werden nach §. 90. der Steuer-Ordnung vom 8. Februar 1819 mit einer Strafe von ein bis zehn Thalern geahndet.

Inhalts-Verzeichniß.

Erster Abschnitt.
Allgemeine Bestimmungen.

A. Oertliche Begrenzung der Steuerpflichtigkeit.
  1. Stadtbezirk . . . . §. 1.
  2. Aeußerer Stadtbezirk. . . . §. 2.
B. Beamte.
  1. Zur Aufsicht . . . . §. 3.
  2. Zur Erhebung . . . . §. 4.
C. Steuerstraßen und Eingänge in den Stadtbezirk.
  a) Einhalten derselben . . §. 5.
  b) Bezeichnung der Steuerstraßen . . . . §. 6.
  c) Meldung u. Vorführung bei b. Abfertigungsstellen §§. 7. 8.
D. Zeit für den Eingang und Abfertigung.
  1. Bei b. Haupt-Steuer-Amte und der Mahl- u. Schlacht-Steuer-Expedition . . . . . §. 9.
  2. Bei den Thor-Expeditionen §. 10.
  3. Allgemeine Bestimmungen für die Abfertigungsstellen §. 11.
E. Allgemeine Controle bei dem Eingang in den Stadtbezirk . . §. 12.

Zweiter Abschnitt.
Mahlsteuer.

A. Aufsicht auf die Mühlen.
  I. Ausdehnung im Allgemeinen §. 13.
  II. Nach Verschiedenheit der Mühlen:
    1. Mühlen unter besonderer Steuer-Controle . . . . §. 14.
    2. Mühlen unter allgemeiner Aufsicht . . . . §. 15.
    3. Privatmühlen . . . . . . §. 16.
    4. Mühlen für andere Zwecke . . . . §. 17.
    5. Neu entstehende Mühlen §. 18.
B. Behandlung der unter besonderer Aufsicht stehenden Mühlen.
  I. Allgemeine Bestimmungen.
    1. Form der Steuerentrichtung . . . . §. 19.
    2. Mahlscheine
      a) deren Erforderniß §. 20.
      b) in Bezug auf Menge der Körner . . . . §. 21.
      c) in Bezug auf Körnergattung . . . . . §. 22.
    3. Transport zu und aus der Mühle . . . . . . §. 23.
    4. Bezeichnung der Säcke §. 24.
    5. Gewichts-Verhältniß des fertigen Mahlgutes zu den Körnern . . §. 25.
    6. Transport des Mahlgutes . . . . §. 26.
  II. Abfertigung zu den unter besonderer Controle stehenden Mühlen.
    1. Steuerpflichtiges Mahlgut:
      a) Anmeldung . . . . §. 27.
      b) Prüfung der Anmeldung . . . . §. 28.
      c) Bezettelung . . . . §. 29.
      d) Versteuerung . . . §. 30.
      e) Verwiegung des fertigen Mahlgutes . . §. 31.
    2. Branntwein- und Braumalzschroot . . . . . §. 32.
    3. Landgemahl . . . . . . §§. 33. 34.
C. Behandlung der unter allgemeiner Aufsicht stehenden Mühlen.
  Allgemeine Bestimmungen . . §. 35.
  Bezeichnung der Säcke . . . §. 36.
D. Pflichten der Müller, deren Mühlen unter besonderer Aufsicht stehen . . . §. 37.
  1. Anzeige vorkommender Besitzveränderungen . . . . . §. 38.
  2. Abtheilung der Mühlenräume . . . . §. 39.
  3. Mühlenbeschreibung . . §§. 40. 41.
  4. Vergleichung des Mahlgutes mit den Mahlscheinen §§. 42. 43.
  5. Verfahren mit den Mahlscheinen . . . . §. 44.
  6. Dauer der Gültigkeit der Mahlscheine auf den Mühlen §. 45.

7. Eigenes Mahlgut b. Müller §. 46.
8. Getreide-Bestände der Müller .... §. 47.
9. Mahlmetze .... §. 48.
10. Stein- und Staubmehl .. §. 49.
11. Mehlvorräthe .... §. 50.
12. Handel mit Mehl und Mühlenfabrikaten .... §. 51.
13. Mühlenrevision ...... §§. 52. 53.
E. Pflichten der Müller, deren Mühlen unter allgemeiner Aufsicht stehen .... §§. 54. 55.

Dritter Abschnitt.
Schlachtsteuer.

A. Im Stadtbezirk. I. Gewerbliches Schlachten.
1. Anzeige des Gewerbebetriebs §. 56.
2. Anzeige der Versteuerungsweise .... §. 57.
3. Steuerbücher .... §. 58.
4. Erlaubniß zum Schlachten §. 59.
5. Schlachtzeit .... §. 60.
6. Anmeldung und Versteuerung.
  a) Schlachtanzeige .... §. 61.
  b) Abfertigungen
    aa. nach Stücksätzen . §. 62.
    bb. nach Gewicht .. §. 63.
  c) gemeinschaftl. Schlachten .... §. 64.
  d) Kauf oder Tausch des Fleisches .... §. 65.
II. Schlachten zum eigenen Bedarf (Hausschlachten).
1. Schlachtanzeige ...... §. 66.
2. Abfertigung .... §. 67.
3. Obliegenheiten der Schlachtenden .... §. 68.
4. Aufbewahrung b. Schlachtversteuerungsscheines . §. 69.
III. Vieh-Controle.
1. Nachweis b. Versteuerungs- und Vieh-Controlbücher . §. 70.
2. Eingang des Viehes ... §. 71.
3. Zugangs-Anzeige ..... §. 72.
4. Abgangs-Anzeige
  a) Abgang durch Schlachten §. 73.
  b) Abgang durch Verkauf . §. 74.
  c) Abgang durch Sterbefall §. 75.
5. Austrieb zur Hütung oder Mast auf längere Zeit .. §. 76.

6. Täglicher Austrieb zur Hütung .... §. 77.
7. Veränderung des Viehbestandes durch Alter .... §. 78.
IV. Revision.
1. Der Gewerbsräume und Viehbestände .... §. 79.
2. Der Fleischbestände .... §. 80.
B. Gewerbliches Schlachten im äußeren Stadtbezirk ..... §. 81.

Vierter Abschnitt.
Ein-, Aus- und Durchgang von Mühlenfabrikaten, Back- und Fleischwaaren.

A. Eingang. 1. Unversteuert
  Anmeldung bei den Thor-Expeditionen .... §. 82.
  Anmeldung bei dem Haupt-Steuer-Amte .... §. 83.
2. Versteuert mit Versendescheinen .... §. 84.
3. Für Gewerbtreibende des äußern Stadtbezirkes ... §. 85.
B. Durchgang .... §. 86.
C. Ausgang nach einer andern mahl- u. schlachtsteuerpflichtigen Stadt §. 87.
D. Verkehr zwischen der Stadt und dem vor den Thoren belegenen Stadtbezirke .... §. 88.
E. Verkehr zwischen dem Stadtbezirke und dem äußeren Stadtbezirke .... §. 89.
F. Transport und Marktverkehr im innern Stadtbezirke .... §. 90.

Fünfter Abschnitt.
Controlirung der Gewerbtreibenden im innern und äußeren Stadt-Bezirk.

A. Allgemeine Bestimmungen:
1. Anzeige des Beginnes des Gewerbebetriebes ..... §. 91.
2. Contobücher .... §. 92.
B. Besondere Bestimmungen für Müller, welche Mehl-Handel treiben .... §§. 93. 94. 95.

Sechster Abschnitt.
Strafen .... §§. 96. 97.

Redigirt im Büreau der Königlichen Regierung.
Druck der Hofbuchdruckerei von Trowitzsch u. Sohn in Frankfurt a. d. O.

Amts-Blatt
der Königl. Preuß. Regierung zu Frankfurt a/O.

№ 35.   Frankfurt a. d. O., den 31. August   1864.

Verordnungen und Bekanntmachungen der Königlichen Regierung zu Frankfurt a. d. O.

Die nächste Prüfung pro schola et rectoratu, zu welcher die angemeldeten Predigt- und Schulamts-Candidaten besonders werden berufen werden, ist von uns auf den 12. September cr. Vormittags 8 Uhr anberaumt worden. Frankfurt a. d. O., den 20. August 1864.

Personal-Chronik.

Im Kreise Crossen sind als Wege- und Feuer-Polizei-Distrikts-Commissarien: 1) der Gutsbesitzer Fournier zu Baudach für den 10. Bezirk, 2) der Polizei-Verwalter Mertens in Pöhren als Stellvertreter im 5. Bezirk gewählt und bestätigt worden.

Im Kreise Sternberg sind nachfolgende Feuerpolizei-Distrikts-Commissarien an Stelle der aus ihren Bezirken verzogenen gewählt und bestätigt worden: 1) für den 5. Distrikt der Rittergutsbesitzer Oberamtmann Lorth zu Groß-Kirschbaum als Commissarius und zu dessen Stellvertreter der Rittergutsbesitzer von Darfuß-Falkenburg zu Limbow; 2) für den 10. Distrikt der Königliche Domainenpächter Augustin zu Rampitz als Stellvertreter des Commissarius Grafen von Finkenstein zu Ziebingen; 3) für den 11. Distrikt der Graf von Preponcher-Sedlnitzky zu Döbbernitz als Commissarius und zu dessen Stellvertreter der Amtmann Penther zu Wildenhagen; 4) für den 14. Distrikt der Gutspächter Hermann Busch zu Starnwitz als Commissarius; 5) für den 19. Distrikt der Mühlenbesitzer Hertzberg zu Reppen als Commissarius und zu dessen Stellvertreter der Bauergutsbesitzer Schwarz zu Drenzig.

Den von den Stadtverordneten getroffenen Wahlen gemäß sind bestätigt worden: als unbesoldete Rathsherren: in Sommerfeld der Fabrikbesitzer Schubert, in Königsberg der praktische Arzt Dr. Schweber; als unbesoldeter Rathmann in Lübbenau der Postalter Peschke; als unbesoldete Senatoren: in Sorau der Kaufmann Müller, in Finsterwalde der Tuchmachermeister Seybel und der Tuchfabrikant Schaefer.

Der praktische Arzt, Wundarzt und Geburtshelfer Dr. Schüler hat seinen Wohnsitz von Cüstrin nach Letschin verlegt.

Der praktische Arzt, Wundarzt und Geburtshelfer Dr. med. et chir. Johann August Otto Sensius hat sich in Berlinchen niedergelassen.

Personal-Veränderungen für den Monat Juli 1864.

A. Bei dem Königlichen Appellations-Gericht zu Frankfurt a. b. O.

Der Referendarius Kuntze ist zum Gerichts-Assessor ernannt und der Auskultator von Massow ist aus dem Departement des Appellations-Gerichts zu Naumburg in das diesseitige versetzt. Der Gerichts-Assessor Gottlieb Richard Karl Lorenz ist gestorben.

B. Bei den Kreisgerichten im Departement.

Der Kreisgerichts-Direktor Calow zu Sorau ist in gleicher Eigenschaft an das Kreisgericht zu Gleiwitz und der Kreisgerichts-Direktor Quade in Gleiwitz an das Kreisgericht zu Sorau versetzt. Der Gerichts-Assessor Dürfeld ist zum Kreisrichter bei dem Kreisgericht in Friedeberg i. b. N. mit der Funktion bei der Deputation in Arnswalde, der Bote und Exekutor Tabbert zu Friedeberg i. b. N. zum ersten Gerichtsdiener des dortigen Kreisgerichts, der Bote und Exekutor Miersch zu Frankfurt a. b. O. zum ersten Gerichtsdiener bei dem Kreisgericht in Luckau und der Hülfsbote Schorien zu Lübben zum Gefangenwärter bei dem Kreisgerichte in Cüstrin ernannt. Der Gefangenwärter Klatte in Cüstrin ist als Bote und Exekutor an die Gerichts-Kommissionen zu Bärwalde versetzt. Der erste Gerichtsdiener, Botenmeister Bleß zu Friedeberg i. b. N. und der Bote und Exekutor Seelandt zu Bärwalde sind pensionirt.

Es sind versetzt worden: die Post-Secretaire Witt von Frankfurt a. b. O. nach Rawicz, Wilcke von Glogau nach Königsberg i. b. N., Ponitz von Königsberg i. b. N. nach Frankfurt a. b. O., die Post-Expedienten Bellack von Sommerfeld nach Sonnenburg, Deyer von Luckau nach Cöln und der Post-Expebiteur Röstel von Bernstein nach Griesen i. b. M. Der Post-Expedient Luhmann in Neudamm ist in die Klasse der Post-Assistenten eingerückt.

Es sind angestellt worden: der Post-Expedient Rabehl bei der Post-Expedition in Schwiebus, der Post-Expedient Minow bei dem Post-Amte in Cöslin, der Packetbesteller Lesch bei dem Post-Amte in Crossen, und der Invalide Sergeant Hennig als Büreaudiener bei der Post-Expedition in Schwiebus.

Die Verwaltung der neu eingerichteten Post-Expedition in Zinnitz ist dem Gastwirth Soll daselbst übertragen worden.

Der Post-Expediteur von Ritterholm in Griesen i. b. M. ist aus dem Postdienste geschieden. Der Post-Expediteur Gleßner in Cöslin, Lange Vorstadt, ist verstorben.

Vermischte Nachrichten.

(1). Patent-Ertheilung. Dem Agenten Max Wirth in Frankfurt a. M. ist unter dem 11. August 1864 ein Patent

auf ein durch Zeichnungen und Beschreibung erläutertes Verfahren, Tafelglas herzustellen, ohne Jemand in der Benutzung bekannter Theile zu beschränken,

auf fünf Jahre, von jenem Tage an gerechnet, und für den Umfang des preußischen Staats ertheilt worden.
Frankfurt a. d. O., den 17. August 1864. Königl. Regierung; Abtheilung des Innern.

(2). Bekanntmachung. Wiederbesetzung der Kreisthierarztstelle des Choblziesener Kreises. Die mit einem Gehalte von 100 Thlr. verbundene Kreisthierarztstelle des Choblziesener Kreises ist erledigt und soll anderweit besetzt werden. Qualifizirte Thierärzte I. Klasse, welche sich um die Stelle bewerben wollen, haben sich unter Einreichung ihrer Zeugnisse in 6 Wochen bei uns zu melden.
Bromberg, den 23. August 1864. Königliche Regierung. Abtheilung des Innern.

(3). Bekanntmachung. Königliche Ostbahn. Sonntag den 4. September cr., wird ein Extrazug von Landsberg a. d. W. nach Tamsel und zurück nach Landsberg a. d. W. mit Personen-Beförderung in II. und III. Wagenklasse abgelassen werden.

Abfahrt von Landsberg a. W. Mittags 12 Uhr | Rückfahrt von Tamsel . . . . Abends 10 Uhr
" Vietz " 12 " 42 Min. | " Vietz " 10 " 22 Min.
Ankunft in Tamsel . . . . " 1 " 2 " | " Landsberg a. W. " 11 " 4 "

Der Extrazug nimmt nur Passagiere nach Tamsel, indeß nicht allein von Station Landsberg a. d. W. sondern auch von der Zwischenstation Vietz auf.

Der Preis für die Fahrbillets, welche für die Hin- und Rücktour gültig sind, ist auf die Hälfte der tarifmäßigen Personenzugs-Sätze ermäßigt, wobei jedoch Freigewicht für Gepäck nicht gewährt wird.

Für die Rückfahrt müssen die Billets sorgfältig aufbewahrt werden, da nur auf Grund derselben die Benutzung des Extrazuges auf der Rücktour gestattet wird.
Bromberg, den 23. August 1864. Königliche Direktion der Ostbahn.

(4). Bekanntmachung. Königliche Ostbahn. Vom 1. September cr. ab werden die Eilzüge (Züge III. und IV.) vorbehaltlich des Widerrufes auch auf den Haltestellen Gurkow und Alt-Carbe nach Bedürfniß halten. Es treten in Folge dessen in den Ankunfts- und Abgangszeiten der Eilzüge auf den Stationen der Bahnstrecke Podelzig-Driesen geringe Aenderungen von wenigen Minuten ein, worüber die auf den Stationen ausgehängten und daselbst verkäuflichen berichtigten Fahrpläne das Nähere ergeben.
Bromberg, den 23. August 1864. Königliche Direktion der Ostbahn.

(5). Königliche Niederschlesisch-Märkische Eisenbahn. Der Artikel „Rohschwefel" wird auf der diesseitigen Eisenbahn fortan zum Tarifsatze der ermäßigten Klasse B. befördert werden.
Berlin, den 24. August 1864. Königliche Direktion der Niederschlesisch-Märkischen Eisenbahn.

(6). Bekanntmachung. Nach §. 11. der Vorschriften für die Königliche Bau-Akademie zu Berlin vom 18. März 1855 muß die Meldung zur Aufnahme in diese Anstalt bis zum 8. Oktober cr. schriftlich bei dem unterzeichneten Direktor erfolgen, und die Befähigung zugleich durch Einreichung der in §. 12. resp. 14. gedachten Vorschriften, so wie in dem Nachtrage vom 1. November 1859 geforderten Zeugnisse und Zeichnungen nachgewiesen werden.

Die Vorschriften vom 18. März 1855 sind bei dem Kanzlei-Rath Roehl im Bau-Akademie-Gebäude käuflich zu haben.
Berlin, den 25. August 1864.
Der Geheime Ober-Bau-Rath und Direktor der Königl. Bau-Akademie. Busse.

Redigirt im Büreau der Königlichen Regierung.
Druck der Hofbuchdruckerei von Trowitzsch u. Sohn in Frankfurt a. d. O.

Amts-Blatt
der Königl. Preuß. Regierung zu Frankfurt a/O.

№ 36.　　Frankfurt a. d. O., den 7. September.　　1864.

Gesetz-Sammlung für die Königlichen Preußischen Staaten pro 1864.

No. 30. enthält: (No. 5915.) Freundschafts-, Handels- und Schifffahrts-Vertrag zwischen Preußen und Japan. Vom 24. Januar 1861.

(No. 5916.) Bekanntmachung, betreffend die Allerhöchste Genehmigung des neu redigirten Statuts der unter dem Namen: „Georg von Giesche'sche Erben" bestehenden und in Breslau domizilirten Bergwerksgesellschaft. Vom 17. Juni 1864.

No. 31. enthält: (No. 5917.) Konzessions- und Bestätigungs-Urkunde für die Berlin-Görlitzer Eisenbahngesellschaft. Vom 18. Mai 1864.

(No. 5918.) Allerhöchster Erlaß vom 27. Juni 1864, betreffend die Genehmigung des mit der Bergisch-Märkischen Eisenbahngesellschaft abgeschlossenen Vertrages wegen käuflicher Uebertragung der Aachen-Düsseldorfer und Ruhrort-Kreis-Gladbacher Eisenbahn.

No. 32. enthält: (No. 5919.) Allerhöchster Erlaß vom 11. Mai 1863, betreffend die Anlage einer Eisenbahn von Haan über Opladen nach Cöln.

(No. 5920.) Allerhöchster Erlaß vom 27. Juni 1864, betreffend die Verleihung der fiskalischen Vorrechte für den von dem Kreise Strehlen beabsichtigten Bau und die Unterhaltung der Chausseen: a) von der Brieg-Strehlener Chaussee bei Wolfelwitz bis zur Strehlen-Grottkauer Kreisgrenze bei Ober-Schreibendorf, b) von der Münsterberg-Strehlener Kreisgrenze bei Mittel-Schreibendorf bei Poln. Jaegel bis zur Grenze des Grottkauer Kreises.

(No. 5921.) Nachtrag zum Statute des Neumärker Deichverbandes vom 30. April 1856. Vom 6. Juli 1864.

(No. 5922.) Allerhöchster Erlaß vom 13. Juli 1864, betreffend die Verleihung der fiskalischen Vorrechte für den Bau und die Unterhaltung der Chaussee von Altmark nach Marienburg, im Kreise Stuhm, Regierungsbezirk Marienwerder.

(No. 5923.) Bekanntmachung, betreffend die Allerhöchste Genehmigung der unter der Firma: „Bonner gemeinnützige Aktien-Baugesellschaft" mit dem Sitze zu Bonn errichteten Aktiengesellschaft. Vom 16. Juli 1864.

(No. 5924.) Allerhöchster Erlaß vom 20. Juli 1864, betreffend die Verleihung der fiskalischen Vorrechte für den Bau und die Unterhaltung der Kreis-Chausseen: a) von Lübben über Radensdorf, Neu-Zauche, Strauple, Butzen und Lamsfeld nach Lieberose; b) von der Chaussee zu u. bei Lamsfeld über Goyatz, Schlabel und Gr.-Leine zum Anschluß an die Frankfurt-Leipziger Aktien-Chaussee bei Birkenhainchen; c) von Lieberose in nördlicher Richtung über Friedland bis zur Breslau-Kreisgrenze gegen Bahrendorf und in südlicher Richtung bis zur Kottbuser Kreisgrenze gegen Preilack.

(No. 5925.) Allerhöchster Erlaß vom 20. Juli 1864, betreffend die Verleihung der fiskalischen Vorrechte für den Bau und die Unterhaltung des Landkreises Königsberg im gleichnamigen Regierungsbezirke auszuführenden Chausseen: 1) von Schmeckentrug, an der Königsberg-Labiauer Staats-Chaussee, über Knöppelsdorf nach Schaaken, 2) von dem Wangen-Görkenschen Kreuzwege an die Straße zu 1. über Görken nach Neuendorf.

(No. 5926.) Bekanntmachung über die unterm 6. Juli 1864 erfolgte Allerhöchste Genehmigung der Statuten der Preußischen Hagelversicherungs-Aktiengesellschaft zu Berlin. Vom 25. Juli 1864.

(No. 5927.) Bekanntmachung, betreffend die Allerhöchste Genehmigung der unter der Firma: „Breslauer Börsen-Aktienverein" mit dem Sitze zu Breslau errichteten Aktiengesellschaft. Vom

No. 33. enthält: (No. 5928.) Bekanntmachung der Ministerial-Erklärung vom 4. Juli 1864, betreffend die mit der freien Hansestadt Bremen abgeschlossene Etappen-Konvention. Vom 19. August 1864.
No. 34. enthält: (No. 5929.) Allerhöchster Erlaß vom 4. Juli 1864, betreffend die Verleihung der fiskalischen Vorrechte an den Kreis Rössel, Regierungsbezirk Königsberg, in Bezug auf den Bau und die Unterhaltung einer Chaussee von der Königsberg-Warschauer Straße bei Lautern über Kesiten und Elsau nach Seeburg und weiter bis zur Allensteiner Kreisgrenze in der Richtung auf Wartenburg.
(No. 5930.) Privilegium wegen Ausfertigung auf den Inhaber lautender Kreisobligationen des Rösseler Kreises im Betrage von 30,000 Thalern. Vom 4. Juli 1864.
(No. 5931.) Allerhöchster Erlaß vom 11. Juli 1864, betreffend die Verleihung der fiskalischen Vorrechte für den von den Kreisen Kosten und Fraustadt im Regierungsbezirk Posen beschlossenen Bau und die Unterhaltung der Kreis-Chausseen 1) von Gräz über Kosten und Jerka nach Kunowo zum Anschluß an die Gostyn-Dolziger Chaussee, und 2) von Lissa über Storchnest, Wohnowice und Kriewen nach Jerka.
(No. 5932.) Privilegium wegen Ausfertigung auf den Inhaber lautender Kreisobligationen des Kostener Kreises im Betrage von 150,000 Thalern. Vom 11. Juli 1864.
(No. 5933.) Privilegium wegen Emission auf den Inhaber lautender Obligationen vierter Serie über eine Anleihe der Stadt Elberfeld von Einhundert zwanzig Tausend Thalern. Vom 13. Juli 1864.

Bekanntmachung. Zwischen den Verwaltungen des Deutsch-Oesterreichischen Telegraphen-Vereins ist folgender Nachtrag zu §. 15 sub 4 des Reglements für die telegraphische Correspondenz im Deutsch-Oesterreichischen Telegraphen-Verein vereinbart worden:
„Waarenmerke, in Chiffern geschrieben, gelten bis zu fünf Chiffern als ein Wort und der etwaige Ueberschuß wieder als ein Wort."
Diese Nachtrags-Bestimmung tritt sowohl für den Vereins-Verkehr, als auch für den, nur zwischen Preußischen Stationen sich bewegenden Verkehr vom 1. September c. ab in Kraft.
Berlin, den 31. August 1864.
Der Minister für Handel, Gewerbe und öffentliche Arbeiten. gez. Graf von Itzenplitz.

Verordnungen und Bekanntmachungen der Königlichen Regierung zu Frankfurt a. d. O.

I. Mittelst Allerhöchster Kabinets-Ordre vom 28. Juni d. J. haben des Königs Majestät zu genehmigen geruht, daß der §. 11 des Reglements über die Gewährung von Unterstützungen für Militair-Familien während des Kriegszustandes vom 13. August 1855 dahin abgeändert werde, daß auch an den Orten, wo die Erlaubniß zum Einsammeln von Raff- und Leseholz nicht ertheilt werden kann, sondern auch in den Fällen, wo die Ertheilung dieser Erlaubniß nicht den Verhältnissen entsprechend befunden wird, die Brennmaterialien-Unterstützung in hartem Knüppelholz, oder dem ortsüblichen Surrogate, eventuell in Gelde zu gewähren ist. Diesen Allerhöchsten Erlaß bringen wir hierdurch zur öffentlichen Kenntniß.
Frankfurt a. d. O., den 31. August 1864.

II. Seitens des Herrn Ministers der geistlichen, Unterrichts- und Medicinal-Angelegenheiten ist nachstehend abgedrucktes „Reglement über die Lehr- und Servirzeit, sowie über die Prüfung der Apotheker-Lehrlinge und Apotheker-Gehülfen" erlassen worden, welches hierdurch mit nachstehenden näheren Bestimmungen über die Ausführung desselben zur öffentlichen Kenntniß, namentlich zur genauesten Nachachtung von Seiten der Herren Kreis-Physiker und Apotheker, gebracht wird:
1) Die Vorschriften über die wissenschaftliche Vorbildung der Lehrlinge §§. 3. und 4. des Reglements treten für die Annahme neuer Lehrlinge sofort in Kraft.
2) Für die bereits angenommenen Lehrlinge verbleibt es hinsichtlich der Dauer der Lehrzeit bei den mit dem Principal abgeschlossenen Verträgen. In Betreff der nach ihrem gegenwärtigen Contract zu vierjähriger Lehrzeit verpflichteten Lehrlinge ist es für den Fall, daß ein Lehrling das jetzt verlangte Vorbildungsziel erreicht hat, dem Lehrherrn gestattet, den Lehrling auch schon nach drei- resp. dritthalbjähriger Lehrzeit zur Gehülfenprüfung zu präsentiren.
3) Die Bestimmungen der §§. 7—15. des Reglements treten vom 1. Januar 1865, diejenigen der §§. 17. 18. ibid. vom 1. Oktober 1865 ab in Kraft, so daß alsdann nur Gehülfen, welche den daselbst vorgeschriebenen Bedingungen genügt haben, zur Staats-Prüfung werden zugelassen werden.
Frankfurt a. d. O., den 31. August 1864.

Reglement
über die Lehr- und Servirzeit, sowie über die Prüfung der Apothekerlehrlinge und Apothekergehülfen.
Von den Lehrlingen.

§. 1. Jeder Apothekenbesitzer ist befugt, Lehrlinge anzunehmen und Gehülfen zu halten.

§. 2. In der Regel darf ein Apotheker nur so viel Lehrlinge annehmen, als er Gehülfen hat. Neben einem Gehülfen zwei Lehrlinge, oder neben zwei Gehülfen drei Lehrlinge u. s. f. anzunehmen, ist in keinem Falle gestattet. Ausnahmsweise kann einem Apotheker, dessen Geschäftsumfang so gering ist, daß er einen Gehülfen nicht zu salariren vermag, und der als ein geschickter, wissenschaftlich gebildeter und thätiger Mann bekannt ist, von der betreffenden Königlichen Regierung gestattet werden, einen Lehrling auch ohne einen Gehülfen zu halten.

§. 3. Wer die Apothekerkunst erlernen will, muß die wissenschaftliche Befähigung eines Schülers der Secunda eines Gymnasiums, oder einer Realschule I. Ordnung, oder der Prima einer Realschule II. Ordnung, oder das Abgangszeugniß der Reife von einer höheren Bürgerschule besitzen und den Nachweis dieser Befähigung durch ein Zeugniß darüber, daß er mindestens ein halbes Jahr den Unterricht in einer der genannten Schulklassen mit Erfolg genossen hat, zu führen im Stande sein. Für den Fall, daß der Aspirant bisher eine öffentliche Schule nicht besucht hat, muß er sich durch den Director eines Gymnasiums, oder durch eine Gymnasial-Prüfungs-Commission in Bezug auf die bezeichnete wissenschaftliche Qualification prüfen und das betreffende Zeugniß ausstellen lassen. Das Attest eines Privatlehrers genügt zu diesem Zweck nicht.

§. 4. Vor Eintritt in eine Apotheke als Lehrling hat sich der qualificirte Aspirant bei dem betreffenden Kreis-Physikus unter Vorlage
a) seines Schulzeugnisses (§. 3.),
b) des von ihm selbst geschriebenen Lebenslaufes, und
c) seines Vaccinations- und Revaccinations-Scheins

persönlich zu melden. Nach Prüfung dieser Atteste ist der Kreis-Physikus ermächtigt, dem Aspiranten das Befähigungs-Zeugniß zum Lehrling der Apothekerkunst auszufertigen. Ohne dies amtliche Zeugniß darf kein Lehrling in einer Apotheke angenommen werden.

§. 5. Die Dauer der Lehrzeit wird auf drei Jahre festgesetzt. Nur denjenigen Lehrlingen, welche vor ihrem Eintritt in die Lehre den Nachweis geführt haben, daß sie ein ganzes Jahr den Unterricht der Prima eines Gymnasiums oder einer Realschule I. Ordnung genossen, oder welche bereits die Reife zum Abgang auf die Universität erlangt haben, wird auf den Antrag ihres Lehrherrn ausnahmsweise ein Nachlaß von einem halben Jahre seitens der Königlichen Regierung bewilligt werden.

§. 6. Der Lehrherr ist verpflichtet, für die Ausbildung der Lehrlinge durch praktische Anweisung und Uebung in der pharmaceutischen Technik, sowie durch gründlichen theoretischen Unterricht in der Pharmacie und den Hülfswissenschaften Sorge zu tragen. Zu diesem Zweck muß derselbe mit den, dem Stande der Wissenschaft entsprechenden Lehrmitteln versehen sein. Zu Dienstleistungen und Arbeiten, welche mit dem Apothekergeschäft nicht in Beziehung stehen, dürfen Lehrlinge nicht verwendet werden. Es muß denselben außer den täglichen Arbeitsstunden geeignete Zeit zum Privatstudium und im Sommer zu botanischen Excursionen vergönnt bleiben. Der Lehrherr hat darauf zu halten, daß jeder Lehrling sich ein systematisch geordnetes Herbarium der von ihm gesammelten Pflanzen anlegt. Ueber die im Laboratorium unter Aufsicht des Lehrherrn oder Gehülfen ausgeführten pharmaceutischen Arbeiten, zu welchen dem Lehrling, unter Umständen auch nur des Unterrichts wegen, besondere Gelegenheit gegeben werden muß, hat derselbe ein Journal mit kurzer Beschreibung der vorgenommenen Operationen und der Theorie des betreffenden chemischen Prozesses anzulegen und aufzubewahren.

§. 7. Die Aufsicht auf den Gang der Bildung der Lehrlinge liegt dem Kreis-Physikus ob. Um diese wirksam zu führen, hat der Kreis-Physikus die Lehrlinge in den Apotheken seines Kreises wenigstens einmal jeden Jahres im Beisein und unter Beistand des Lehrherrn über ihre Kenntnisse und Fortschritte in der Botanik, Physik, Chemie und pharmaceutischen Technik zu prüfen und sich davon zu überzeugen, ob dieselben mit dem Verständniß der lateinischen Sprache genügend vertraut geblieben sind, ihr Herbarium in Ordnung gehalten und ihr Laborations-Journal (§. 6.) vorschriftsmäßig geführt haben. Ueber den Ausfall der Prüfung wird von dem Kreis-Physikus ein bei den Physikats-Akten verbleibendes kurzes, von dem Lehrherrn mit zu unterschreibendes Protokoll aufgenommen. Der Kreis-Physikus hat hierbei sowohl den Lehrherrn, als auch den Lehrling auf die der Förderung und Nachhülfe besonders bedürftigen Unterrichts-Gegenstände aufmerksam zu machen und wie dies geschehen, im Protokoll zu vermerken. Sollte sich bei wiederholter derartiger

Prüfung eine auffallende Untüchtigkeit des Lehrlings oder eine Vernachlässigung desselben Seitens des Lehrherrn herausstellen, so hat der Kreis-Physikus hierüber an die vorgesetzte Königliche Regierung zur weiteren Veranlassung zu berichten.

§. 8. Wenn der Lehrling die festgesetzte Lehrzeit zur Zufriedenheit seines Principals zurückgelegt hat, so ist er von Letzterem bei dem Kreis-Physikus zur Prüfung als Gehülfe anzumelden.

§. 9. Die Gehülfen-Prüfung wird vor einer Kommission abgelegt, welche aus dem Kreis-Physikus, als Vorsitzendem, dem Lehrherrn und einem zweiten Apotheker, der selbst Lehrlinge oder Gehülfen ausgebildet hat, besteht. Den hinzuzuziehenden Apotheker wählt der Kreis-Physikus vorbehaltlich der Genehmigung der vorgesetzten Königlichen Regierung.

§. 10. Ueber den Gang der Prüfung nimmt der Kreis-Physikus ein Protokoll auf. Derselbe ist berechtigt, über die Auswahl der einzelnen Prüfungsgegenstände zu entscheiden und auch, soweit es ihm von seinem Standpunkt geeignet scheint, mitzuprüfen. Der Lehrherr des Examinanden hat nur in den Gegenständen zu prüfen, welche ihm durch den Kreis-Physikus, im Einverständniss mit dem hinzugezogenen Apotheker, bezeichnet werden.

§. 11. Die Gehülfen-Prüfung zerfällt in einen praktischen und in einen mündlichen Abschnitt.

a) Der Hauptzweck des praktischen Prüfungs-Abschnittes ist, zu ermitteln, ob dem Examinanden die Funktion eines Receptarius anvertraut werden darf. Zu dem Ende hat der Lehrling drei Recepte zu verschiedenen Arzneiformen zu lesen, regelrecht anzufertigen (resp. zu dispensiren) und zu taxiren. Wo es die Umstände gestatten, bleibt es der Kommission überlassen, dem Examinanden ausserdem noch ein leicht darzustellendes pharmaceutisches Präparat (in mässigem Umfange) bereiten zu lassen.

b) Die mündliche Prüfung wird mit der Vorlage einiger Drogen und chemischen Präparate, zur pharmakologischen Bestimmung und einer Anzahl frischer oder eingelegter Pflanzen, zur Erkennung und terminologischen Demonstration eingeleitet. Demnächst hat Examinand mindestens zwei Artikel aus der lateinischen Landes-Pharmacopöe zu übersetzen. Hieran ist in angemessener Weise die Prüfung in den Grundlehren der Botanik, Physik und pharmaceutischen Chemie anzuknüpfen. Schliesslich hat sich der Examinand über seine Bekanntschaft mit den Bestimmungen, welche für das Verhalten und die Wirksamkeit des Gehülfen in einer Apotheke maßgebend sind, auszuweisen.

§. 12. Der ganze Prüfungs-Akt ist während eines Tages zu absolviren. Die mündliche Prüfung darf in der Regel die Zeit von 3 Stunden nicht überschreiten.

§. 13. Im Fall die Kommission die Leistungen des Geprüften für genügend erklärt hat, ist der Kreis-Physikus ermächtigt, dem Lehrling das Zeugniss als Apotheker-Gehülfe auszustellen, worauf der Lehrherr demselben das übliche Dimissions-Attest zu ertheilen hat. Die von den Mitgliedern der Kommission unterschriebenen Prüfungs-Verhandlung wird zu den Physikats-Akten genommen. Können sich der Kreis-Physikus und der als Examinator zugezogene Apotheker über den Ausfall der Prüfung nicht einigen, so ist mittelst gemeinschaftlichen Berichts unter Vorlegung der Prüfungs-Verhandlung und der schriftlichen Arbeiten die Entscheidung der vorgesetzten Königlichen Regierung einzuholen.

§. 14. Das Nichtbestehen der Prüfung hat die Verlängerung der Lehrzeit um ein halbes Jahr zur Folge, nach welcher Frist die Gehülfen-Prüfung wiederholt werden muss. Wer auch nach der zweiten Wiederholung nicht besteht, wird zur Prüfung nicht wieder zugelassen.

§. 15. Die aus der Prüfung entstandenen Kosten fallen dem Examinanden zur Last. Der Kreis-Physikus und der als Examinator zugezogene Apotheker erhalten ausser den etwanigen reglementsmässigen Reisekosten jeder drei Thaler an Gebühren.

Von den Apotheker-Gehülfen.

§. 16. Der Gehülfe steht zu dem Apothekenbesitzer, seinem Principal, in dem persönlichen Vertrags-Verhältniss eines ihm für den Geschäftsbetrieb dienenden und ist dessen Anordnungen pünktlichen Gehorsam schuldig. Der Apothekenbesitzer darf dem Gehülfen das Dispensiren von Arzneimitteln in der Officin (das Receptiren) und die Anfertigung von pharmaceutischen Präparaten im Laboratorium (das Defectiren) selbstständig überlassen, ist aber für die Arbeit des Gehülfen verantwortlich. Während kurzer zufälliger Abwesenheit des Apothekenbesitzers ist der Gehülfe dessen Stellvertreter. Bei längerer Entfernung vom Geschäft (Reisen) aber ist der Apotheker, falls sein Gehülfe nicht bereits die Approbation als Apotheker erlangt haben sollte, verpflichtet, einen approbirten Apotheker als seinen Stellvertreter anzunehmen und dies dem Kreis-Physikus anzuzeigen.

— 191 —

§. 17. Der Gehülfe, welcher die Approbation als Apotheker noch nicht erlangt hat, ist verpflichtet, die als Lehrling erworbene pharmaceutische Ausbildung durch Uebung und Privatstudium zu vervollständigen. Hierzu ist er von dem Principal anzuhalten und mit Anweisung zu versehen. Das während der Lehrzeit begonnene Laborations-Journal (§. 6.) hat er ordnungsmäßig fortzusetzen, mit Erlaubniß des Principals botanische Excursionen zu machen und sein Herbarium zu erweitern. Der Gehülfe muß den Lehrlingen in allen Beziehungen mit gutem Beispiel vorangehen und in der Unterweisung derselben den Principal gewissenhaft unterstützen.

§. 18. Die Servirzeit eines Gehülfen wird auf drei Jahre festgesetzt, von welcher Zeit ein Nachlaß nicht stattfindet. Das Militair-Dienstjahr als einjähriger freiwilliger Pharmaceut in einer Militair-Dispensir-Anstalt wird dem Gehülfen als ein halbes Jahr auf die Servirzeit in einer Civil-Apotheke in Anrechnung gebracht.

§. 19. Behufs Zulassung zur Ablegung der pharmaceutischen Staatsprüfung haben die Gehülfen nach Absolvirung der dreijährigen Servirzeit (§. 18:) noch drei Semester hindurch dem Studium der pharmaceutischen Wissenschaften an einer der Preußischen Universitäten obzuliegen. Bei länger als drei Jahre fortgesetzter Servirzeit ist für jedes überzählige Servirjahr der Erlaß eines Studien-Semesters gestattet. Es sind folglich nach vier Servirjahren mindestens noch zwei Semester, nach fünf Servirjahren noch ein Semester des pharmaceutischen Studiums erforderlich, wogegen Gehülfen, welche sechs Jahre und darüber vorwurfsfrei conditionirt haben, auch sich über ein fleißiges Privatstudium genügend ausweisen, ohne vorgängiges Universitäts-Studium zur Staats-Prüfung werden zugelassen werden.

Berlin, den 11. August 1864.

Der Minister der geistlichen, Unterrichts- und Medicinal-Angelegenheiten. v. Mühler.

III. Bekanntmachung, den Ankauf von Remonten pro 1864 betreffend.

Zum Ankaufe von Remonten im Alter von drei bis einschließlich sechs Jahren sind im Bezirke der Königlichen Regierung zu Frankfurt a. d. O. und den angrenzenden Bereichen für dieses Jahr nachstehende, Morgens 8 Uhr beginnende Märkte abgeräumt worden, und zwar:

den 23. Mai in Züllichau,	den	4. Oktober in Zirke,
„ 25. Mai in Grünberg,	„	6. „ Driesen,
„ 30. Mai in Luckau,	„	7. „ Friedeberg,
„ 1. Juni in Torgau,	„	8. „ Landsberg a. d. W.
„ 16. Juli in Angermünde,	„	11. „ Cüstrin,
„ 17. August in Pyritz,	„	13. „ Zeischin,
„ 23. September in D. Crone,	„	15. „ Wriezen.

Die von der Militair-Commission erkauften Pferde werden an Stelle abgenommen und sofort baar bezahlt. Pferde, deren Mängel den Kauf gesetzlich rückgängig machen und Krippensetzer, welche sich als solche innerhalb der ersten 10 Tage herausstellen, sind vom Verkäufer gegen Erstattung des Kaufpreises und der sämmtlichen Unkosten zurückzunehmen.

Mit jedem Pferde sind eine neue rindsberne Trense mit haltbarem Gebisse, eine Gurtholfter und zwei hanfene Stricke ohne besondere Veräußerung zu übergeben. Berlin, den 12. März 1864.

Kriegs-Ministerium; Abtheilung für das Remonte-Wesen. (gez.) v. Schd... Menzel Hartrott.

Mit Bezug auf vorstehende Bekanntmachung wird hierdurch zur öffentlichen Kenntniß gebracht, daß der diesjährige Remonte-Ankauf wieder wie früher stattfindet und die Remonte-Ankaufs-Commission aus dem Oberst Eckersdorf à la suite des Neumärkischen Dragoner-Regiments No. 3. als Präses, dem Premier-Lieutenant von Ohetmb vom 2. Schlesischen Husaren-Regiment No. 6. als erstem, und dem Seconde-Lieutenant Benedendorf von Hindenberg vom 2. Garde-Dragoner-Regiment als zweitem Hülfsofficier bestehen wird. Frankfurt a. d. O., den 2. April 1864.

IV. Der Herr Ober-Präsident der Provinz Brandenburg hat durch Erlaß vom 22. d. Mts. dem Conventualen der barmherzigen Brüder, Frater Innocentius Hoffmann, die Erlaubniß ertheilt, in den Städten der Provinz Brandenburg innerhalb der nächsten 3 Monate, vom 22. d. M. ab gerechnet, zur Vollendung und Ausstattung des Krankenhauses des barmherzigen Brüder-Ordens zu Steinau a. O. milde Beiträge einzusammeln.

Solches wird hierdurch mit dem Bemerken zur Kenntniß der betreffenden Polizei-Verwaltungen gebracht, daß der zc. Hoffmann Seitens des Herrn Ober-Präsidenten mit der erforderlichen Legitimation versehen worden ist. Frankfurt a. d. O., den 29. August 1864.

— 192 —

V. Das Königliche Ober-Präsidium der Provinz Brandenburg hat auf Grund des §. 1. des Gesetzes vom 14. April 1856 die Abzweigung einer bisher zum Rittergute Cafel gehörigen Parzelle von 5½ □Ruthen Größe von dem Gutsbezirk, und die Einverleibung desselben in den Communal-Verband zu Cafel, mittelst Rescripts vom 23. d. M. genehmigt. Frankfurt a. d. O., den 29. August 1864.

VI. Indem wir mit Bezug auf unsere Amtsblatt-Bekanntmachung vom 28. Januar cr. hierdurch zur öffentlichen Kenntniß bringen, daß auch im diesseitigen Verwaltungs-Bezirk und zwar in Vietz bei Landsberg a. W. vier Personen von der Trichinenkrankheit befallen sind, von denen Eine bereits verstorben, auch das wirkliche Vorhandensein von Trichinen in dem genossenen Schweinefleisch durch mikroskopische Untersuchung constatirt ist, mahnen wir wiederholt zur größten Vorsicht beim Genusse von rohem ꝛc. Schweinefleisch und bringen zugleich die Beachtung unserer vorgedachten Verordnung den Aerzten ꝛc. hierdurch in Erinnerung. Frankfurt a. d. O., den 25. August 1864.

Personal-Chronik.

Der Stadtsecretair Mantz zu Forst ist an die Stelle des auf seinen Antrag hiervon entbundenen Beigeordneten Rüdiger, zum Stellvertreter des Polizei-Anwalts für Forst und die zum Bezirk der Kreisgerichts-Deputation daselbst gehörigen Ortschaften ernannt worden.

Der Oberförster Brehmer zu Dammendorf ist an die Stelle des von dort versetzten Oberförsters Oehme zum Forst-Polizei-Anwalt für das Königliche Forstrevier Dammendorf ernannt worden.

Frankfurt a. d. O., den 30. August 1864. Der Regierungs-Präsident. Frhr. v. Münchhausen.

Nachweisung der im Monat August 1864 erfolgten Berufungen in Lehrer- resp. Küster- und Lehrer-Stellen. 1) Friedrich Picker, zum vierten Lehrer in Mohrin, Ephorie Königsberg I.; 2) Wilhelm Zibelius, zum Lehrer in Sommerfeld, Ephorie Crossen; 3) August Eduard Fenger, zum Lehrer in Schwiebus, Ephorie Züllichau; 4) Friedrich Wilhelm Gustav Bieger, zum Lehrer in Schönhöhe, Ephorie Cottbus; 5) Julius Hermann Alexander Luck, zum zweiten Lehrer in Rosenthal, Ephorie Königsberg II.; 6) Ernst Louis Hinze, zum Küster und Lehrer in Breesen, Ephorie Sternberg I.; 7) Eugen Ludwig Nau, zum Küster und Lehrer in Lubiath, Ephorie Friedeberg i. d. N.

In der Stadt Kirchhain ist der Kaufmann Wolter als Schiedsmann wiederum gewählt und bestätigt worden.

Für den zweiten ländlichen Bezirk des Kreises Sternberg ist der Mühlenmeister Grunbmann zu Matschdorf als Schiedsmann gewählt und bestätigt worden.

Vermischte Nachrichten.

(1) Die Oberpfarrstelle zu Sonnewalde, in der Diöces Sonnewalde, Privat-Patronats, ist durch den Tod des Superintendenten und Oberpfarrers Zschieschke erledigt.

(2) Der im Kalender auf den 10. Oktober d. J. angesetzte diesjährige vierte Kram-, Vieh- und Pferdemarkt in Schwiebus ist auf den 3. desselben Monats verlegt worden.

Frankfurt a. d. O., den 29. August 1864. Königl. Regierung; Abtheilung des Innern.

(3) Der im Kalender auf den 10. Oktober d. J. angesetzte Kram- und Viehmarkt in Zellin a. O. wird schon am 3. desselben Monats abgehalten werden.

Frankfurt a. d. O., den 29. August 1864. Königliche Regierung; Abtheilung des Innern.

(4) Patent-Ertheilungen. 1. Dem Königlichen Fabriken-Commissarius J. G. Hoffmann in Berlin ist unter dem 15. August cr. ein Patent
 auf eine Rostconstruction für Feuerungen in der durch Beschreibung und Zeichnung nachgewiesenen Zusammensetzung, ohne Beschränkung Anderer in der Anwendung bekannter Theile
auf fünf Jahre, von jenem Tage an gerechnet, und für den Umfang des preußischen Staats ertheilt worden.

2. Dem Ingenieur Carl Reinhard Jahns in Berlin ist unter dem 15. August cr. ein Patent
 auf eine durch Zeichnung und Beschreibung erläuterte Meßtischbewegung, soweit dieselbe als neu und eigenthümlich erkannt ist,
auf fünf Jahre, von jenem Tage an gerechnet, und für den Umfang des preußischen Staats ertheilt worden.

3. Dem Maschinen-Fabrikanten C. Schlickeysen in Berlin ist unter dem 27. August 1864 ein Patent
 auf eine, in ihrer Zusammensetzung für neu und eigenthümlich erachtete mechanische Vorrichtung zum Graben, Heben und Abführen von Torf oder Thon, ohne Beschränkung Anderer in der Benutzung bekannter Theile,
auf fünf Jahre, von jenem Tage an gerechnet, und für den Umfang des preußischen Staats ertheilt worden.

4. Dem Ingenieur Wilhelm Bauer zu München ist unter dem 29. August 1864 ein Patent auf einen selbstthätigen Regulator für Schiffs-Dampfmaschinen in der durch Zeichnung und Beschreibung nachgewiesenen Zusammensetzung,

auf fünf Jahre, von jenem Tage an gerechnet, und für den Umfang des preußischen Staats ertheilt worden.

Frankfurt a. d. O., den 2. September 1864. Königliche Regierung; Abtheilung des Innern.

(5) Theilweise Sperre der „Hohen Brücke" bei Zossen.

Die im Zuge der Berlin-Cottbuser Chaussee belegene „Hohe Brücke" bei Zossen muß wegen eines auszuführenden Reparaturbaues vom 12. September d. J. ab bis zur Beendigung des Baues zur Hälfte der Breite nach gesperrt werden.

Indem wir dies zur Kenntniß des betheiligten Publikums bringen, bemerken wir noch, daß während des Baues hinsichtlich der Passage der Brücke folgende Beschränkungen eintreten müssen:
1) Frachtwagen mit einer Ladung von mehr als 70 Centnern, sowie zwei aneinander gebundene Wagen dürfen die Brücke nicht passiren;
2) die gesetzlich zulässige Breite der Ladung von neun Fuß darf in keinem Falle überschritten werden.

Potsdam, den 30. August 1864. Königliche Regierung; Abtheilung des Innern.

(6) Bekanntmachung, betreffend die Ausloosung von Rentenbriefen der Provinz Brandenburg.

Bei der in Folge unserer Bekanntmachung vom 24. April cr. am 11. d. Mts. stattgefundenen öffentlichen Verloosung von Rentenbriefen der Provinz Brandenburg sind folgende Apoints gezogen worden:

Litt. A. zu 1000 Thlr. die Nummern: 167. 274. 742. 894. 945. 955. 1041. 2008. 2195. 2290. 2299. 3554. 3814. 3928. 4411. 4424. 4592. 4863. 4902. 4950. 4972. 5767. 5824. 5906. 6589. 7055. 7026. 7086. 7300. 7515. 7872. 8142. 8166.

Litt. B. zu 500 Thlr. die Nummern: 318. 383. 460. 779. 1509. 1627. 1660. 1686. 2096. 2168. 2233. 2305. 2345. 3494. 3518.

Litt. C. zu 100 Thlr. die Nummern: 192. 651. 695. 804. 959. 1280. 1391. 1421. 1755. 1905. 1932. 2014. 2018. 2196. 2304. 2406. 2764. 2780. 2872. 3149. 3268. 3555. 4368. 4779. 4902. 5900. 6286. 6414. 6534. 6825. 6939. 6988. 7779. 8083. 8109.

Litt. D. zu 25 Thlr. die Nummern: 98. 208. 272. 399. 801. 870. 1044. 1202. 1239. 2024. 2236. 3134. 3192. 3485. 3742. 3985. 4033. 4074. 4161. 4208. 4446. 4692. 4747. 5269. 5584. 5674. 6079. 6346. 6353. 6396. 6390. 6945.

Litt. E. zu 10 Thlr. die Nummern: 15. 58. 74. 76. 112. 126. 141. 143. 150. 152. 182. 191. 202. 226. 240. 273. 274. 309. 326. 357. 373. 375. 394. 446. 479. 508. 521. 538. 552. 560. 636. 642. 648. 660. 720. 723. 725. 789. 803. 817. 823. 851. 871. 878. 896. 900. 910. 912. 918. 924. 943. 966. 975. 977. 982. 1026. 1049. 1050. 1071. 1087. 1104. 1109. 1128. 1130. 1138. 1175. 1196. 1210. 1213. 1228. 1249. 1310. 1327. 1330. 1354. 1357. 1410. 1434. 1441. 1444. 1484. 1514. 1541. 1551. 1567. 1583. 1645. 1650. 1660. 1663. 1665. 1688. 1695. 1719. 1727. 1741. 1775. 1779. 1813. 1835. 1869. 1885. 1890. 1898. 1904. 2009. 2011. 2080. 2087. 2116. 2126. 2145. 2181. 2189. 2202. 2210. 2216. 2217. 2218. 2256. 2284. 2289. 2298. 2301. 2323. 2332. 2335. 2349. 2352. 2381. 2448. 2454. 2467. 2477. 2493. 2515. 2531. 2537. 2565. 2613. 2626. 2628. 2631. 2672. 2690. 2702. 2760. 2804. 2871. 2884. 2964. 3007. 3030. 3113. 3121. 3210. 3223. 3315. 3337. 3354. 3358. 3406. 3470. 3512. 3542. 3568. 3576. 3586. 3621. 3632. 3699. 3707. 3733. 3746. 3789. 3789. 3804. 3824. 3826. 3899. 3901. 3910. 3933. 3942. 3949. 3999. 4013. 4014. 4055. 4060. 4067. 4101. 4169. 4187. 4207. 4288. 4376. 4446. 4455. 4479. 4482. 4495. 4498. 4507. 4530. 4551. 4591. 4599. 4608. 4618. 4639. 4682. 4707. 4735. 4762. 4764. 4775. 4797. 4798. 4820. 4827. 4855. 4860. 4904. 4918. 4935. 4956. 4975. 4986. 5009. 5018. 5082. 5091. 5136. 5190. 5271. 5292. 5299. 5330. 5365. 5377. 5378. 5382. 5436. 5448. 5507. 5509. 5523. 5524. 5527. 5561. 5575. 5581. 5592. 5599. 5618. 5664. 5680. 5690. 5699. 5704. 5708. 5723. 5731. 5744. 5760. 5764. 5769. 5771. 5776. 5792. 5804. 5812. 5844. 5877. 5896. 5913. 5916. 5920. 5949. 5955. 5973. 5981. 5989. 5990. 6011. 6015. 6024. 6142. 6143. 6168. 6180. 6193. 6204. 6229. 6228. 6241. 6243. 6258. 6329. 6330. 6447. 6473. 6818. 6644. 6691. 6695. 6701. 6707. 6733. 6734. 6741. 6771. 6786. 6795. 6807. 6812. 6940. 6880. 6894. 6898.

6903. 8931. 6964. 6967. 6996. 7018. 7023. 7060. 7061. 7066. 7079. 7085. 7137. 7141. 7163.
7189. 7201. 7230. 7256. 7304. 7306. 7352. 7379. 7382. 7428. 7459. 7490. 7523. 7548. 7608.
7609. 7614. 7626. 7674. 7675. 7693. 7707. 7724. 7792. 7798. 7814. 7859. 7873. 7899. 7951.
8000. 8022. 8035. 8048. 8050. 8055. 8058. 8060. 8092. 8101. 8111. 8122. 8123. 8166. 8180.
8225. 8247. 8250. 8257. 8266. 8277. 8278. 8289. 8295. 8323. 8325. 8327. 8354. 8356. 8360.
8372. 8383. 8417. 8424. 8448. 8450. 8451. 8498. 8511. 8523. 8537. 8538. 8546. 8590. 8603.
8609. 8647. 8650. 8655. 8666. 8670. 8682. 8704. 8726. 8807. 8832. 8834. 8837. 8845. 8851.
8853. 8854. 8876. 8896. 8899. 8902. 8940. 8964. 8967. 8976. 9012. 9016. 9023. 9028. 9033.
9040. 9046. 9054. 9055. 9058. 9094. 9114. 9115. 9117. 9125. 9137. 9157. 9178. 9197. 9219.
9221. 9225. 9239. 9250. 9252. 9265. 9267. 9280. 9282. 9295. 9303. 9311. 9313. 9328. 9346.
9361. 9386. 9388. 9390. 9399. 9401. 9413. 9421. 9423. 9424. 9425. 9427. 9435. 9437. 9439.
9441. 9442. 9452. 9455. 9465. 9476. 9484. 9486. 9492. 9496. 9498. 9502. 9511. 9518.

Die Inhaber der vorbezeichneten Rentenbriefe werden aufgefordert, gegen Quittung und Einlieferung der Rentenbriefe in coursfähigem Zustande und den dazu gehörigen Coupons Serie II. No. 13 bis 16 den Rennwerth der Ersteren bei der hiesigen Rentenbank-Kasse, Alte Jakobsstraße No. 106, vom 1. Oktober d. J. ab in den Wochentagen von 9 bis 1 Uhr in Empfang zu nehmen.

Vom 1. Oktober d. J. ab hört die Verzinsung der ausgeloosten Rentenbriefe auf.

Zugleich wird hiermit bekannt gemacht, daß von den früher verloosten Rentenbriefen der Provinz Brandenburg, seit deren Fälligkeit bereits zwei Jahre und darüber verflossen sind, folgende zur Einlösung bei der Rentenbank-Kasse noch nicht präsentirt worden sind, und zwar aus den Fälligkeitsterminen:

a) am 1. April 1858: Litt. D. No. 1532 über 25 Thlr.;
b) am 1. Oktober 1858: Litt. E. No. 1669 über 10 Thlr.;
c) am 1. April 1859: Litt. A. No. 4658 über 1000 Thlr. — Litt. C. No. 3190 über 100 Thlr. — Litt. E. No. 63. 439. 1110. 1129. 3260. 3771. 3928. 4567. 4867. 6030. 7205 à 10 Thlr.;
d) am 1. Oktober 1859: Litt. A. No. 231. 3165. 3220 à 1000 Thlr. — Litt. B. No. 5 über 500 Thlr. — Litt. C. No. 1356. 1867. 3367 à 100 Thlr. — Litt. E. No. 43. 329. 671. 866. 993. 1044. 1358. 1968. 2465. 2691. 2932. 3144. 3358. 3641. 3966. 4569. 5162. 5176. 5391. 5392. 5693. 7422. 7454. 7563. 7582. 7942. 8125. 8483 à 10 Thlr.;
e) am 1. April 1860: Litt. C. No. 6384 über 100 Thlr. — Litt. D. No. 1268. 1400. 1984. 2704. 2754. 6035 à 25 Thlr. — Litt. E. No. 24. 71. 115. 462. 913. 1506. 1827. 2481. 2670. 2872. 3298. 3355. 3375. 3613. 3625. 3967. 4116. 4451. 4541. 4687. 4714. 4941. 5128. 5826. 6123. 6348. 6583. 6817. 6930. 7064. 7364. 8098. 8143. 8598 à 10 Thlr.;
f) am 1. Oktober 1860: Litt. A. Nr. 1675 à 1000 Thlr. — Litt. C. No. 4900. 5034 à 100 Thlr. — Litt. D. No. 343. 5610 à 25 Thlr. — Litt. E. No. 370. 499. 593. 596. 641. 678. 865. 903. 1038. 1039. 1080. 1966. 2049. 2085. 2163. 2466. 2471. 2483. 2567. 2878. 2934. 2992. 3072. 3153. 3170. 3636. 3723. 3779. 3802. 4615. 4744. 5266. 5475. 5840. 6219. 6234. 6263. 6550. 6596. 6935. 6965. 7237. 7336. 7546. 7834. 7861. 7953. 7998. 8229. 8270. 8535. 8542. 8646. 8708 à 10 Thlr.;
g) am 1. April 1861: Litt. A. No. 6073 über 1000 Thlr. — Litt. B. No. 141 über 500 Thlr. — Litt. C. No. 339. 741. 5215. 5701 à 100 Thlr. — Litt. D. No. 328. 940. 2051. 6224 à 25 Thlr. — Litt. E. No. 3. 167. 218. 341. 367. 525. 770. 1066. 1070. 1526. 1624. 1856. 1990. 2240. 2339. 2358. 2373. 2461. 2599. 2671. 2883. 2933. 3350. 3418. 3596. 3773. 3864. 3880. 3965. 4064. 4183. 4308. 4520. 4522. 4572. 5004. 5181. 5236. 5255. 5264. 5321. 5620. 5621. 5717. 5876. 6182. 6338. 6638. 6791. 7028. 7331. 7434. 7472. 7543. 7809. 7944. 8264. 8349. 8388. 8432. 8437. 8459. 8460. 8536. 8570. 8571 à 10 Thlr.;
h) am 1. Oktober 1861: Litt. A. No. 3458 über 1000 Thlr. — Litt. B. No. 2011. 3044 à 500 Thlr. — Litt. C. No. 3421. 4358. 6203. 6563 à 100 Thlr. — Litt. D. No. 1180. 1617. 2376. 3094. 4101. 5285 à 25 Thlr. — Litt. E. No. 4. 29. 501. 575. 597. 702. 850. 1028. 4145. 1860. 1515. 1516. 1547. 1596. 1611. 1793. 1834. 1975. 2193. 2496. 2669. 2829. 3076. 3116. 3407. 3421. 3462. 3479. 3553. 3814. 3626. 3798. 3831. 3832. 3842. 3887. 4568. 4817. 5094. 5127. 5178. 5228. 5285. 5316. 5342. 5345. 5379. 5403. 5408. 5415. 5465. 5546. 5658. 5682. 5977.

6518. 6564. 6657. 6604. 6813. 6861. 6929. 6982. 7203. 7413. 7482. 7580. 7611. 7798. 7871. 8442. 8592. 8653. 8724. 8803. 9061 à 10 Thlr.

i) am 1. April 1862: Litt. A. Nr. 1121. 4044. 6587 à 1000 Thlr. — Litt. B. No. 1584. 2028. à 500 Thlr. — Litt. C. No. 467. 1186. 3718. 6334 à 400 Thlr. — Litt. D. Nr. 1006. 2092. 4728. 5128 à 25 Thlr. — Litt. E. No. 1. 84. 88. 230. 287. 342. 354. 419. 443. 463. 559. 665. 677. 686. 795. 853. 1030. 1116. 1212. 1223. 1236. 1237. 1497. 1509. 1538. 1565. 1598. 1600. 1603. 2187. 2292. 2597. 2020. 2629. 2954. 3050. 3202. 3459. 3463. 3541. 3595. 3772. 3820. 3876. 3969. 4091. 4186. 4390. 4905. 5345. 5390. 5416. 5427. 5454. 5456. 5490. 5611. 5822. 5828. 6139. 6152. 6218. 6264. 6451. 6677. 6777. 6858. 6985. 7099. 7144. 7228. 7483. 7836. 7862. 7937. 7971. 7993. 8069. 8084. 8094. 8124. 8128. 8269. 8391. 8441. 8457. 8536. 8591. 8625. 8710. 8772. 4905. 8924. 8948 à 10 Thlr.

Die Inhaber dieser Rentenbriefe werden wiederholt aufgefordert, den Nominalwerth derselben nach Abzug des Betrages der von den nicht abzuliefernden Coupons etwa fehlenden Stücke auf unserer Kasse in Empfang zu nehmen.

Wegen der Verführung der ausgeloosten Rentenbriefe machen wir auf die Bestimmung des Gesetzes über die Errichtung von Rentenbanken vom 2. März 1850 §. 44 aufmerksam.

Endlich bemerken wir, daß den Inhabern von ausgeloosten und gekündigten Rentenbriefen gestattet ist, die zu realisirenden Rentenbriefe — unter Beifügung einer ordnungsmäßigen Quittung — mit der Post an die Rentenbank-Kasse portofrei einzusenden und zu beantragen, daß die Uebersendung des Geldbetrages auf gleichem Wege, jedoch auf Gefahr und Kosten des Empfängers, erfolge.

Berlin, den 12. Mai 1864.

Königliche Direction der Rentenbank für die Provinz Brandenburg. (gez.) Heyder.

(7) Königliche Niederschlesisch-Märkische Eisenbahn. Wir bringen hierdurch zur öffentlichen Kenntniß, daß vom 10. Oktober d. J. ab die ermäßigten Frachtsätze II.B. und II.C. des direkten Gütertarifs zwischen Berlin und Hamburg einer- und Wien, Gänserndorf und Olmütz andererseits, via Breslau, vom 10. Mai 1864, mit Ausnahme der Artikel: Baumwolle, rohes Kupfer, Maschinen und Maschinentheile, für welche sie bei Sendungen in jedem Gewichte gelten, nur bei Sendungen von mindestens 100 Centnern in Anwendung kommen.

Berlin, den 19. August 1864. Königliche Direktion der Niederschlesisch-Märkischen Eisenbahn.

(8) Königliche Niederschlesisch-Märkische Eisenbahn. Der Artikel „Rohschwefel" wird auf der diesseitigen Eisenbahn fortan zum Tarifsatze der ermäßigten Klasse B. befördert werden.

Berlin, den 24. August 1864. Königliche Direktion der Niederschlesisch-Märkischen Eisenbahn.

(9) Wiederholter Aufruf gekündigter Kur- und Neumärkischer Pfandbriefe. Von den durch unsere Bekanntmachung vom 9. Juli d. J. für den Fälligkeits-Termin Weihnachten 1864 aufgekündigten Pfandbriefen sind b i e in dem nachstehenden Verzeichniß aufgeführten noch nicht eingeliefert worden. Wir fordern daher die Inhaber wiederholt auf, gedachte Pfandbriefe nebst Talons und bei jenigen Zinscoupons, welche auf einen späteren als den vorbezeichneten Fälligkeits-Termin lauten, an unsere Haupt-Kasse oder an eine unserer Provinzial-Ritterschafts-Kassen einzuliefern. Ueber die Einlieferung wird Recognition ertheilt, und diese demnächst im Fälligkeits-Termin durch Verabfolgen der Valuta eingelöst werden. Sollte die Einlieferung der Pfandbriefe bei einer der Provinzial-Ritterschafts-Kassen bis zum 14. Januar 1865 oder bei der Haupt-Kasse bis zum 14. Februar 1865 nicht erfolgen, so werden die sämmtlichen Inhaber nach Vorschrift der Allerhöchsten Ordre vom 15. Februar 1858 und des Regulativs vom 7. Dezember 1848 (Gesetz-Sammlung 1858 S. 37, 1849 S. 76) mit den in dem Pfandbrief ausgedrückten Rechten, insbesondere mit dem der Special-Hypothek präcludirt und mit ihren Ansprüchen auf die bei dem Credit-Institut zu deponirende Valuta verwiesen werden.

Falls die zum Umtausch gekündigten Pfandbriefe (Lit. B. des Verzeichnisses) bei der Haupt-Ritterschafts-Kasse eingeliefert werden, wird die unterzeichnete Haupt-Direktion von ihrer Befugniß, gegen die Einlieferung zunächst Recognitionsschein zu ertheilen, zur Bequemlichkeit der Inhaber bis auf Weiteres keinen Gebrauch machen, vielmehr gegen Einlieferung der gekündigten Pfandbriefe sofort die Ersatz-Pfandbriefe

Verzeichniß gekündigter und einzuliefernder Kur- und Neumärkischer Pfandbriefe.

Nummer.	Gut.	Provinz.	Betrag.		Nummer.	Gut.	Provinz.	Betrag.	
			Gold. Thl.	Cour. Thl.				Gold. Thl.	Cour. Thl.
Durch Umtausch einzulösende Pfandbriefe.									
30904	Herrendorf	Neumark	—	50	47598				
38732	Boltenhagen	do.	—	1000	bis				
46301	Fürstenwerder ıc.	Ukermark	—	800	47602	Fürstenwerder ıc.	Ukermark	—	1000
46302	do.	do.	—	800	50677	Marienhof	Neumark	—	300

(10) **Bekanntmachung.** Vom 1. September d. J. an wird die Personen-Post aus Döllens-Radung um 5 Uhr Nachmittags nach Kriescht, nach Ankunft des Eilzuges aus Eydtkuhnen, und die Personen-Post aus Kriescht um 10½ Uhr Vormittags nach Döllens-Radung, zum Anschluß an den Eilzug aus Berlin, nach Eydtkuhnen abgefertigt werden.

Frankfurt a. d. O., den 30. August 1864. Der Ober-Post-Direktor. In Vertr.: (gez.) Rend.

Amts-Blatt
der Königl. Preuß. Regierung zu Frankfurt a/O.

№ 37.   Frankfurt a. d. O., den 14. September.   1864.

Bekanntmachung.

Die am 1. Oktober d. J. fälligen Zinsen von Staatsschuldverschreibungen können vom 15. d. Mts. ab, mit Ausschluß der Sonn- und Festtage und der drei letzten Werktage jedes Monats, bei der Staatsschulden-Tilgungskasse hierselbst, Oranienstraße No. 94. unten links, Vormittags von 9 bis 1 Uhr gegen Ablieferung der Coupons in Empfang genommen werden.

Von den Regierungs-Hauptkassen werden diese Coupons vom 20. d. Mts. ab an jedem Wochentage, mit Ausnahme der Tage vom 15. bis 19. jedes Monats, eingelöst werden.

Die Coupons müssen nach den einzelnen Schuldengattungen geordnet, und es muß ihnen ein, die Stückzahl und den Betrag der verschiedenen Appoints enthaltendes, aufgerechnetes und unterschriebenes Verzeichniß beigefügt sein.

Berlin, den 2. September 1864.   Haupt-Verwaltung der Staatsschulden. von Wedell.

Verordnungen und Bekanntmachungen der Königlichen Regierung zu Frankfurt a. d. O.

Der Königliche Ober-Präsident der Provinz Brandenburg hat auf Grund des §. 1. des Gesetzes vom 14. April 1856 die Einverleibung einer von dem Königlichen Forst-Fiskus an die Gemeinde Schönhöhe zur Vergrößerung ihres Begräbnißplatzes veräußerten, im Jagen 230 des Forstreviers Tauer belegenen Forstparzelle von 22½ ☐Ruthen Flächeninhalt, in den Verband der Dorfgemeinde Schönhöhe, mittelst Rescripts vom 23. v. M. genehmigt. Frankfurt a. d. O., den 3. September 1864.

Personal-Chronik.

Der Regierungs-Assessor Fromm ist von hier an das Regierungs-Collegium in Bromberg und der Regierungs-Assessor Wendt von Gumbinnen zur hiesigen Regierung versetzt worden.

Der Kammergerichts-Referendar Meyer und der Appellationsgerichts-Auskultator von Klewitz sind zu Regierungs-Referendarien ernannt worden und werden bei der hiesigen Königlichen Regierung beschäftigt.

Frankfurt a. d. O., den 10. Septbr. 1864.   Der Regierungs-Präsident. Frhr. v. Münchhausen.

Im Kreise Guben sind zu Feuer-Polizei-Commissarien gewählt worden: 1) im 8. Distrikt in Stelle des verzogenen Oberförsters Füller zu Taubendorf der Lehnschulze Heiling zu Gastrose und als Stellvertreter desselben der Lehnschulze Apelt zu Schlagedorf; 2) im 11. Distrikt in Stelle des verstorbenen Rittmeisters von Plötz in Schönelche der Rentier Oswald Eccardt in Guben; 3) im 13. Distrikt als Stellvertreter in Stelle des ausgeschiedenen Gutsbesitzers Zietzschmann der Rittergutsbesitzer Lieutenant Graf Finckenstein auf Zehsdy.

Der praktische Arzt, Wundarzt und Geburtshelfer Dr. Theodor Eduard Hoffmann hat sich in Friedeberg i. d. N. niedergelassen.

Personal-Veränderungen für den Monat August 1864.
A. Bei dem Königlichen Appellations-Gericht zu Frankfurt a. d. O.

Seine Majestät der König haben dem Appellationsgerichts-Rath Richter die erbetene Entlassung aus dem Justizdienste mit Pension zu ertheilen geruht. Der Gerichts-Assessor Chlau ist gestorben.

B. Bei den Kreisgerichten im Departement.

Der Hülfsbote Hackert zu Müncheberg ist zum Boten und Exekutor beim Kreisgerichte zu Friedeberg i. d. N. ernannt. Der Rechtsanwalt Justizrath Plettig in Guben ist gestorben.

Für den 11. ländlichen Bezirk des Kreises Lebus ist der Rentamtmann Schumann in Neuhardenberg

Für den 20. Bezirk des Kreises Sorau ist der Rittergutsbesitzer von Bubbenbrock auf Klein-Kölzig als Schiedsmann gewählt und bestätigt worden.

Der Güter-Expedient Zanek zu Sorau ist zum Königlichen Eisenbahn-Güter-Expeditions-Vorsteher ernannt worden.

Vermischte Nachrichten.

(1) **Bekanntmachung.** Die Predigerstelle an der Schloß- und Kloster-Kirche zu Sorau, Privat-Patronats, ist durch den Tod des Predigers Haustein erledigt.

(2) Der Herr Minister des Innern hat dem Schiffseigner August Jarius zu Alt-Bleßiner Kornhäuser, im Kreise Königsberg i. d. N. für die von ihm bewirkte Rettung des Knaben Ferdinand Schmallandt aus der Gefahr des Ertrinkens die Erinnerungs-Medaille verliehen.

Frankfurt a. d. O., den 8. September 1864. Königl. Regierung; Abtheilung des Innern.

(3) Die Küster- und Lehrerstelle zu Schönewalde, Diöcese Sonnewalde, Privat-Patronats, ist durch die Emeritirung des bisherigen Inhabers erledigt.

Frankfurt a. d. O., den 12. Septbr. 1864. Königl. Regierung; Abtheilung für Kirchen- und Schulwesen.

(4) **Bekanntmachung.** Am 29. Juli cr. Nachmittags ist in dem Schutzbezirke Schlepzig, Jagen 60 des Königlichen Forstreviers Görnichen, ein Waldbrand ausgebrochen, dessen Entstehen anscheinend einer absichtlichen Brandstiftung zuzuschreiben ist. Wir sichern demjenigen, welcher den Brandstifter entdeckt und solche Beweismittel beibringt, daß der Urheber des Waldbrandes in die gesetzliche Strafe verurtheilt werden kann, eine Prämie von 50 Thlr. hiermit zu. Frankfurt a. d. O., den 2. September 1864.

Königliche Regierung; Abtheilung für direkte Steuern, Domainen und Forsten.

(5) **Bekanntmachung.** Durch Urkunde vom heutigen Tage ist die Vereinigung der Braunkohlen-Bergwerke Lord und Gustav bei Tschernow, Herrmannsglück und Rudolph bei Spudlow im Kreise Sternberg, Bergrevier Cüstrin, zu einem unzertrennlichen Ganzen unter dem Namen Lord bei Tschernow genehmigt worden. Halle, den 25. August 1864. Königliches Ober-Berg-Amt.

Rubizirt im Büreau der Königlichen Regierung.
Druck der Hofbuchdruckerei von Trowitzsch u. Sohn in Frankfurt a. d. O.

Amts-Blatt
der Königl. Preuß. Regierung zu Frankfurt a/O.

№ 38. Frankfurt a. d. O., den 21. September. **1864.**

Wir bringen hiermit zur öffentlichen Kenntniß, daß wir zur Prüfung von Lehrerinnen im Regierungsbezirk Frankfurt einen Termin auf den 18., 19. und 20. Oktober d. J. anberaumt haben.

Diejenigen Personen, welche sich dieser Prüfung zu unterziehen wünschen, haben sich spätestens bis zum 8. Oktober d. J. unter Einreichung 1) eines selbstverfaßten und geschriebenen Lebenslaufes, 2) des Taufscheins, 3) des Schulzeugnisses oder sonstiger Zeugnisse über die erlangte Vorbildung, 4) der Bescheinigung des Seelsorgers über die sittliche Befähigung für das Lehrfach, bei dem unterzeichneten Provinzial-Schul-Collegium zu melden, worauf sie weiter werden beschieden werden.

Berlin und Frankfurt a. d. O., den 7. September 1864.

Königliches Provinzial-Schul-Collegium. | Königliche Regierung; Abtheilung für Kirchen- und Schulwesen.

Verordnungen und Bekanntmachungen der Königlichen Regierung zu Frankfurt a. d. O.

I. Bekanntmachung, den Ankauf von Remonten pro 1864 betreffend.

Zum Ankaufe von Remonten im Alter von drei bis einschließlich sechs Jahren sind im Bezirke der Königlichen Regierung zu Frankfurt a. d. O. und den angrenzenden Bereichen für dieses Jahr nachstehende, Morgens 8 Uhr beginnende Märkte anberaumt worden, und zwar:

den 23. Mai in Züllichau,	den 4. Oktober in Zirke,
„ 25. Mai in Grünberg,	„ 6. „ „ Driesen,
„ 30. Mai in Luckau,	„ 7. „ „ Friedeberg,
„ 1. Juni in Torgau,	„ 8. „ „ Landsberg a. d. W.
„ 18. Juli in Angermünde,	„ 11. „ „ Cüstrin,
„ 17. August in Pyritz,	„ 13. „ „ Letschin,
„ 23. September in D.-Crone,	„ 15. „ „ Wriezen.

Die von der Militair-Commission erkauften Pferde werden zur Stelle abgenommen und sofort baar bezahlt.

Pferde, deren Mängel den Kauf gesetzlich rückgängig machen und Krippensetzer, welche sich als solche innerhalb der ersten 10 Tage herausstellen, sind vom Verkäufer gegen Erstattung des Kaufpreises und der sämmtlichen Unkosten zurückzunehmen.

Mit jedem Pferde sind eine neue rindlederne Trense mit haltbarem Gebiß, eine Gurthalfter und zwei hanfene Stricke ohne besondere Vergütung zu übergeben. Berlin, den 12. März 1864.

Kriegs-Ministerium; Abtheilung für das Remonte-Wesen.   (gez.) v. Schütz. Menzel. Hartrott.

Mit Bezug auf vorstehende Bekanntmachung wird hierdurch zur öffentlichen Kenntniß gebracht, daß der diesjährige Remonte-Ankauf wieder wie früher stattfindet und die Remonte-Ankaufs-Commission aus dem Oberst Saderdorf à la suite des Neumärkischen Dragoner-Regiments No. 3, als Präses, dem Premier-Lieutenant von Ohrimb vom 2. Schlesischen Husaren-Regiment No. 6. als erstem, und dem Seconde-Lieutenant Benckendorf von Hindenberg vom 2. Garde-Dragoner-Regiment als zweitem Hülfsofficier bestehen wird.   Frankfurt a. d. O., den 2. April 1864.

II. Das Königliche Ober-Präsidium der Provinz Brandenburg hat auf Grund des §. 1. des Gesetzes vom 14. April 1856 mittelst Rescripts vom 2. d. M. genehmigt, daß die von dem bisher zu Richnow, Kreis Soldin, gehörigen, im Hypothekenbuche dieses Orts unter No. 19. verzeichneten Grundstücke, welche der Rittergutsbesitzer, Ritterschafts-Rath von Kitzing auf Dieckow durch Kauf erworben hat, diejenigen 9 Morgen Acker, welche jetzt noch im Besitze des Herrn von Kitzing befindlich und im unmittelbaren Anschluß an das Rittergut Dieckow gelegen sind, von dem Bezirke der Landgemeinde zu Richnow abgezweigt und dem Verbande des Rittergutes Dieckow einverleibt werden.

Frankfurt a. d. O., den 9. September 1864.

III. Das Königliche Ober-Präsidium der Provinz Brandenburg hat auf Grund des §. 1. des Gesetzes vom 14. April 1856 die Einverleibung derjenigen Parzelle der fiscalischen Dorfstraße zu Zerbow von 6 ☐Ruthen Flächen-Inhalt, welche mittelst Vertrages vom 2. v. M. an den Gutsbesitzer Stubenrauch daselbst veräußert worden ist, in den selbstständigen Gutsbezirk von Zerbow durch Rescript vom 22. Juni cr. genehmigt. Frankfurt a. d. O., den 12. September 1864.

IV. Das Königliche Ober-Präsidium der Provinz Brandenburg hat auf Grund des §. 1. des Gesetzes vom 14. April 1856 die Einverleibung der zur Schulrotation in Hangelsberg abgetretenen fiscalischen Forstfläche von 1 Morgen 84 ☐Ruthen in den Communalverband von Hangelsberg mittelst Rescripts vom 1. September c. genehmigt. Frankfurt a. d. O., den 12. September 1864.

V. Die Uebergangsstelle zu Buttlar, auf der Grenze zwischen Thüringen und Kurhessen, welche nach unserer Bekanntmachung vom 23. Dezember 1843 IV. No. 7361. (No. 1. Seite 1 des Amtsblattes pro 1844) den, zur Abfertigung des, mit dem Anspruche auf Steuervergütung nach andern Vereinsstaaten übergehenden inländischen Branntweins befugten Steuerstellen vom 1. Januar 1844 ab wieder hinzugetreten ist, mithin von diesem Zeitpunkte an wiederum zu den unter No. 2. der Bekanntmachung wegen Bewilligung einer Steuervergütung auf die entrichtete Maischsteuer von dem im Inlande erzeugten, nach andern Zollvereinsstaaten ausgehenden Branntwein vom 12. Dezember 1841 (Seite 392 No. 110. des Amtsblatts de 1841) genannten Steuerstellen gehörte, wird zufolge Rescripts des Herrn Finanz-Ministers Excellenz vom 9. d. M. III. 18,546. aufgehoben und werden deren Amtsverrichtungen vom 1. k. M. ab auf die Steuer-Receptur in Geisa übergehen, was hierdurch zur Kenntniß des gewerbtreibenden Publikums gebracht wird. Frankfurt a. d. O., den 13. September 1864.

Bekanntmachung des Königlichen Appellations-Gerichts zu Frankfurt a. d. O.

Die Vorschrift des §. 23. Tit. 5. Thl. II. der Allgemeinen Gerichts-Ordnung, wonach den anwesenden Verwandten, Hauswirthen und Hausgenossen eines Verstorbenen die Verpflichtung zur sofortigen Anzeige eines Todesfalls bei den Gerichten des Orts obliegt, wenn sie sich gegen die Erben oder die Gläubiger des Verstorbenen außer Verantwortung setzen wollen, wird hiermit in Erinnerung gebracht.
Frankfurt a. d. O., den 12. September 1864.

Personal-Chronik.

Des Königs Majestät haben mittelst Allerhöchster Ordre vom 23. v. M. die Wahl des Landraths Jacobs zu Landsberg a. d. W. zum Kreis-Feuer-Societäts-Direktor des Landsberger Kreises zu bestätigen geruht.

Vermischte Nachrichten.

(1) **Bekanntmachung.** Die Oberpfarrstelle zu Züllichau, in der Diöces Züllichau, Königlichen Patronats, wird durch die Emeritirung ihres zeitigen Inhabers zum 1. Januar k. J. vacant.

(2) In der Stadt Calau wird am 28. und 29. Oktober d. J. Viehmarkt abgehalten werden. (Bekanntmachung vom 26. Januar d. J. Amtsblatt No. 5. Seite 39.)
Frankfurt a. d. O., den 13. September 1864. Königliche Regierung; Abtheilung des Innern.

(3) Der diesjährige, im Kalender auf den 10. Oktober d. J. angesetzte Kram-, Vieh- und Pferdemarkt zu Alt-Lyppe bei Landsberg a. d. W. ist auf den 17. desselben Monats verlegt worden.
Frankfurt a. d. O., den 16. September 1864. Königl. Regierung; Abtheilung des Innern.

(4) **Königliche Niederschlesisch-Märkische Eisenbahn.** Wir bringen hierdurch zur öffentlichen Kenntniß, daß vom 10. Oktober d. J. ab die ermäßigten Frachtsätze II.B. und II.C. des direkten Gütertarifs zwischen

Amts-Blatt
der Königl. Preuß. Regierung zu Frankfurt a/O.

№ 39. Frankfurt a. d. O., den 28. September. 1864.

Bekanntmachung.

In der am heutigen Tage öffentlich bewirkten Verloosung von Schuldverschreibungen der 4½ prozentigen Preußischen Staatsanleihen der Jahre 1848, 1854, 1855A., 1857 und 1859 sind die in der Anlage verzeichneten Nummern gezogen worden.

Dieselben werden den Besitzern mit dem Bemerken gekündigt, daß die in den ausgeloosten Nummern verschriebenen Kapitalbeträge vom 1. April l. J. ab täglich, mit Ausschluß der Sonn- und Festtage und der zu den monatlichen Kassen-Revisionen nöthigen Zeit, in den Vormittagsstunden von 9 bis 1 Uhr entweder bei der Staatsschulden-Tilgungskasse hierselbst, Oranienstraße No. 94., oder bei einer der Königlichen Regierungs-Hauptkassen gegen Quittung und Rückgabe der Schuldverschreibungen mit den dazu gehörigen erst nach dem 1. April 1865 fälligen Zins-Coupons nebst Talons baar in Empfang zu nehmen sind.

Der Geldbetrag der etwa fehlenden, unentgeltlich mit abzuliefernden Zins-Coupons wird von dem zu zahlenden Kapitale zurückbehalten.

Formulare zu den Quittungen werden von den gedachten Kassen unentgeltlich verabfolgt.

Die Staatsschulden-Tilgungskasse kann sich in einen Schriftwechsel mit den Inhabern der Schuldverschreibungen über die Zahlungsleistung nicht einlassen.

Zugleich werden die Inhaber der in der Anlage bezeichneten, nicht mehr verzinslichen Schuldverschreibungen der Anleihen aus den Jahren 1848, 1850, 1852, 1853, 1854, 1855A., 1857 und 1859, welche in den früheren Verloosungen (mit Ausschluß der am 14. März d. J. stattgehabten) gezogen aber bis jetzt noch nicht realisirt sind, an die Erhebung ihrer Kapitalien erinnert.

In Betreff der am 14. März d. J. ausgeloosten und zum 1. Oktober cr. gekündigten Schuldverschreibungen der Staatsanleihe von 1848 wird auf das an dem ersteren Tage bekannt gemachte Verzeichniß Bezug genommen, welches bei den Regierungs-Hauptkassen, den Kreis-, den Steuer- und den Postkassen, den Kämmerei- und anderen größeren Communal-Kassen sowie auf dem Bureau der Bauhöfe und Magistrate zur Einsicht offen liegt. Berlin, den 10. September 1864.

Haupt-Verwaltung der Staatsschulden.
von Webell. Löwe.

Vorstehende Bekanntmachung wird hierdurch mit dem Bemerken zur allgemeinen Kenntniß gebracht, daß die verloosten Schuldverschreibungen unserer Haupt-Kasse mittelst Schreibens, worin dieselben nach Littern, Nummern und Kapitalbeträgen verzeichnet werden müssen, zum 1. April l. J. einzureichen sind.

Die Haupt-Kasse wird demnächst den Interessenten ein Quittungs-Formular über den Kapital-Betrag zur Vollziehung übersenden und nach deren Rückempfang Zahlung leisten.

Frankfurt a. d. O., den 19. Septbr. 1864. Königliche Regierung. Frhr. v. Münchhausen.

Die Schuldverschreibungen können übrigens schon vom 1. März l. J. ab zur Prüfung bei den gedachten Kassen vorgelegt werden, auch werden dort Quittungs-Formulare unentgeltlich verabfolgt.

Von den bereits früher verloosten und gekündigten Serien und zwar: aus der ersten Verloosung (1856) von Ser. 1,279 und 1,328, aus der dritten Verloosung (1858) von Ser. 789, aus der vierten Verloosung (1859) von Ser. 267, aus der fünften Verloosung (1860) von Ser. 339, 834 und 837, aus der sechsten Verloosung (1861) von Ser. 1, 9, 264, 362, 379, 572, 848, 1,086, 1,159, 1,306, 1,485, aus der siebenten Verloosung (1862) von Ser. 442, 500, 1,215 und 1,479, aus der achten Verloosung (1863) von Ser. 144, 184, 241, 315, 446, 477, 502, 551, 660, 748, 851, 935, 1,402 und 1,454, aus der neunten Verloosung (1864) von Ser. 74, 96, 136, 148, 299, 312, 371, 398, 528, 556, 589, 742, 746, 804, 805, 1,089, 1,095 und 1,406, sind viele Schuldverschreibungen bis jetzt noch nicht realisirt, es werden daher die Inhaber derselben zur Vermeidung weiteren Zinsverlustes an die baldige Erhebung ihrer Kapitalien hierdurch von Neuem erinnert.

In einen Schriftwechsel über die Prämien-Auszahlung kann die Staatsschulden-Tilgungskasse sich nicht einlassen. Berlin, den 15. September 1864.

Haupt-Verwaltung der Staatsschulden.
von Wedell. Löwe.

Vorstehende Bekanntmachung wird hierdurch mit dem Bemerken zur allgemeinen Kenntniß gebracht, daß die verloosten Schuldverschreibungen unserer Haupt-Kasse mittelst Schreibens, worin dieselben nach Serien, Nummern und Kapitalbeträgen verzeichnet werden müssen, einzureichen sind.

Die Haupt-Kasse wird demnächst den Interessenten ein Quittungs-Formular über den Kapitalbetrag zur Vollziehung übersenden und nach deren Rückempfang Zahlung leisten.

Frankfurt a. d. O., den 22. Septbr. 1864. Königliche Regierung. Frhr. v. Münchhausen.

Bekanntmachung.

Auf Grund des §. 62. der Allerhöchsten Bankordnung vom 5. Oktober 1846 wird eine Versammlung der Meistbetheiligten der Bank, Behufs Berathung über Abänderung der Schlußbestimmung im § 6. der Bank-Ordnung, den Zinsfuß für Lombard-Darlehne betreffend,

"auf Freitag den 21. Oktober dieses Jahres, Nachmittags 5½ Uhr"

hierdurch von mir einberufen.

Die Versammlung findet im hiesigen Bankgebäude statt. Die Meistbetheiligten werden zu derselben durch besondere der Post zu übergebende Anschreiben eingeladen werden.

Berlin, den 18. September 1864.

Der Minister für Handel, Gewerbe und öffentliche Arbeiten, Chef der Preuß'schen Bank.
Graf von Itzenplitz.

Bekanntmachungen des Königlichen Ober-Präsidiums der Provinz Brandenburg.

Bekanntmachung, den diesjährigen Kommunal-Landtag der Kurmark betreffend.

Der nächste Kommunal-Landtag der Kurmark wird am 15. November d. J. zu Berlin eröffnet werden. Die verwaltenden Behörden der ständischen Institute, sowie die Kreise und Gemeinden haben diejenigen Gegenstände, welche sie auf diesem Kommunal-Landtage zur Sprache zu bringen beabsichtigen, bei dem Herrn Vorsitzenden, Ritterschafts-Direktor von Winterfeld auf Kuhrow bei Prenzlau, anzumelden, die Königlichen Behörden aber sich wegen dieser Gegenstände an mich zu wenden.

Potsdam, den 21. September 1864.

Der Ober-Präsident der Provinz Brandenburg, Wirkliche Geheime Rath v. Jagow.

Bekanntmachung, den diesjährigen Kommunal-Landtag der Neumark betreffend.

Der nächste Kommunal-Landtag der Neumark wird am 15. November d. J. in Cüstrin eröffnet werden. Die verwaltenden Behörden der ständischen Institute, sowie der Kreise und der Gemeinden haben diejenigen Gegenstände, welche sie auf diesem Kommunal-Landtage zur Sprache zu bringen beabsichtigen, bei dem Herrn Vorsitzenden des Landtages, Landes-Direktor Baron von der Goltz auf Kriltzig bei Schievelbein, anzumelden, die Königlichen Behörden aber wegen dieser Gegenstände sich an mich zu wenden.

Potsdam, den 21. September 1864.

Der Ober-Präsident der Provinz Brandenburg, Wirkliche Geheime Rath von Jagow.

Verordnungen und Bekanntmachungen der Königlichen Regierung zu Frankfurt a. d. O.

I. Das Königliche Ober-Präsidium der Provinz Brandenburg hat auf Grund des §. 1. des Gesetzes vom 14. April 1856 die Einverleibung einer an den Bauer Rable zu Sammerthin veräußerten fiskalischen Dorfstreiheits-Parzelle von 3 □Ruthen Flächen-Inhalt in den Kommunal-Verband der Gemeinde Sammerthin mittelst Rescripts vom 25. Juni cr. genehmigt. Frankfurt a. d. O., den 16. September 1864.

II. Das Königliche Ober-Präsidium der Provinz Brandenburg hat auf Grund des §. 1. des Gesetzes vom 14. April 1856 die Enteignung einer an den Stellmacher Ferdinand Hilf zu Groß-Muckrow veräußerten 22¾ □Ruthen Flächen-Inhalt umfassenden Parzelle der fiskalischen Dorfaue in den Communal-Verband der Gemeinde Groß-Muckrow mittelst Rescripts vom 9. Juni cr. genehmigt.
Frankfurt a. d. O., den 16. September 1864.

Personal-Chronik.

Der Superintendent Gustav Hermann Strumpf, bisher zu Sorbin, ist zum Oberpfarrer zu Landsberg a. d. W. und zum Superintendenten der Diöcese Landsberg a. d. W. bestellt worden.

Dem bisherigen Pächter der Königlichen Domaine Neuenhagen, Franz Ludwig Steinlein zu Freienwalde a. d. O., ist von des Herrn Finanz-Ministers Excellenz der Character „Königlicher Oberamtmann" verliehen worden.

Zum Stellvertreter des Commissarius im 10. Feuer- und Wegepolizei-Distrikt Kreises Crossen ist der Gutspächter Kuhlow in Neu-Beutnitz gewählt und bestätigt worden.

Der im 2. Bau-Polizei-Distrikt des Kreises Guben gewählte Commissarius Rentier Oswald Eccarde in Guben, hat die Wahl abgelehnt, was hiermit, in Verfolg unserer Bekanntmachung vom 5. d. M. in No. 37. des Regierungs-Amtsblatts zur öffentlichen Kenntniß gebracht wird.

Der Apotheker Ernst Waldemar Rudolph Hübler hat die privilegirte Apotheke des ec. Morgen zu Pesth käuflich erworben.

In der Stadt Triebel ist der Seifensiedermeister Hartmuth als Schiedsmann wiederum gewählt und bestätigt worden.

In der Stadt Lebus ist der Zimmermeister Rudolph als Schiedsmann gewählt und bestätigt worden.

Für den achten Bezirk des Kreises Lebus ist der Lehngutsbesitzer Templin in Dahmsdorf als Schiedsmann gewählt und bestätigt worden.

Für den zehnten ländlichen Bezirk des Kreises Lebus ist der Gutspächter Wehmer in Dolgelin als Schiedsmann wiederum gewählt und bestätigt worden.

Für den zwölften ländlichen Bezirk des Kreises Lebus ist der Rent- und Polizei-Amtmann Bauer in Gusow als Schiedsmann wiederum gewählt und bestätigt worden.

Für den neunten ländlichen Bezirk des Kreises Lebus ist der Lehngutsbesitzer Fitting in Neuentempel als Schiedsmann gewählt und bestätigt worden.

Für den siebenten ländlichen Bezirk des Kreises Cottbus ist der Schmiedemeister Trunte zu Sielow als Schiedsmann wiederum gewählt und bestätigt worden.

Für den fünfzehnten ländlichen Bezirk des Kreises Sternberg ist der Gutspächter Busch zu Alt-Limmritz als Schiedsmann gewählt und bestätigt worden.

Für den zweiten Bezirk der Stadt Züllichau ist der Kaufmann Bornitz daselbst als Schiedsmann gewählt und bestätigt worden.

Der bisherige Kreisrichter Rathmann zu Stendal ist zum Staats-Anwalt ernannt und als solcher bei dem Königlichen Kreisgericht zu Cottbus angestellt.

Dem Kämmerer Mädel in Fürstenfelde ist die Verwaltung der dortigen Post-Expedition unter Ernennung zum Post-Expediteur, übertragen worden.

Es sind angestellt worden bei dem Post-Amte in Frankfurt a. d. O.: der invalide Sergeant Wolff als Post-Conducteur, der invalide Sergeant Schlinke als Postbegleiter, der invalide Unteroffizier Döring als Bureaudiener und der invalide Sergeant Paul als Post-Conducteur.

Der Briefträger Sommer ist von Frankfurt a. d. O. nach Fürstenwalde versetzt worden.

Der Post-Expediteur Sala in Fürstenfelde ist freiwillig aus dem Postdienste geschieden; der Wagenmeister Görlitz und der Bureaudiener Zimmermann in Frankfurt a. d. O. sind mit Pension in den Ruhestand getreten; der Ober-Briefträger Wendt in Fürstenwalde ist verstorben.

Vermischte Nachrichten.

(1) Patent-Ertheilungen. 1. Dem Herrn Wm. Ball zu Hannover ist unter dem 2. September b. J. ein Patent
auf Oefen zum Schmelzen von Erzen und Metall in der durch Zeichnung und Beschreibung nachgewiesenen Ausführung und ohne Jemand in der Benutzung bekannter Theile zu beschränken,
auf fünf Jahre, von jenem Tage an gerechnet, und für den Umfang des preußischen Staats ertheilt worden.
2. Dem Herrn Eduard Friedrich Pastor jun. zu Burtscheid ist unterm 1. September 1864 ein Patent
auf die von demselben in Beschreibung und Zeichnung vorgelegte Vorrichtung von Krempelmaschinen zur Entfernung von Kletten aus der Wolle, soweit solche für neu und eigenthümlich erkannt ist,
auf fünf Jahre, von jenem Tage an gerechnet, und für den Umfang des preußischen Staats ertheilt worden.
3. Dem Königlichen Obrist-Lieutenant und Führer des 11. Aufgebots im 1. Brandenburgischen Landwehr-Regiment No. 8. André zu Priorsberg bei Neuzelle ist unter dem 31. August 1864 ein Patent
auf einen Pflug zum Ausheben der Runkelrüben in der durch Beschreibung und Zeichnung nachgewiesenen Zusammensetzung ohne Beschränkung Anderer in der Anwendung bekannter Theile desselben,
auf fünf Jahre, von jenem Tage an gerechnet, und für den Umfang des preußischen Staats ertheilt worden.
4. Den Mechanikern Jean M. Ruffieux und Peter Wellekens zu Aachen ist unter dem 10. September 1864 ein Patent
auf Hülfsmittel an den Scheuerbanken für Nähnadeln zur Beförderung des Scheuerns derselben in der durch Zeichnung und Beschreibung nachgewiesenen Ausführung und ohne Jemand in der Benutzung bekannter Theile zu beschränken,
auf fünf Jahre, von jenem Tage an gerechnet, und für den Umfang des preußischen Staats ertheilt worden.
5. Dem Berg-Assessor und Berg-Geschworenen Friedrich Wilhelm Bleeß zu Neunkirchen im Kreise Siegen ist unter dem 9. September 1864 ein Patent
auf eine als neu und eigenthümlich erkannte Universal-Kuppelung für Wellenleitungen in der durch Modell, Zeichnung und Beschreibung nachgewiesenen Zusammensetzung
auf fünf Jahre, von jenem Tage an gerechnet, und für den Umfang des preußischen Staats ertheilt worden.
Frankfurt a. d. O., den 15. September 1864. Königliche Regierung; Abtheilung des Innern.

(2) Die Parochie Lipke wird von 1. Oktober d. J. ab von der Diöcese Friedeberg i. d. N., zu welcher dieselbe bis dahin gehört, abgezweigt und geht mit diesem Termine zur Diöcese Landsberg a. d. W. über.
Frankfurt a. d. O., den 19. Septbr. 1864. Königl. Regierung; Abtheilung für Kirchen- und Schulwesen.

Amts-Blatt
der Königl. Preuß. Regierung zu Frankfurt a/O.

№ 40. Frankfurt a. d. O., den 5. Oktober. 1864.

Bekanntmachung wegen Ausreichung der neuen Zins-Coupons Serie V. zu den Schuldverschreibungen der freiwilligen Staats-Anleihe vom Jahre 1848.

Zu den Schuldverschreibungen der freiwilligen Staats-Anleihe vom Jahre 1848 werden die neuen Coupons Serie V. No. 1—8. über die Zinsen für die vier Jahre vom 1. Oktober 1864 bis dahin 1868 nebst Talons vom 19. Septbr. b. J. ab von der Kontrolle der Staatspapiere hierselbst, Oranienstraße No. 92. unten rechts, täglich in den Vormittagsstunden von 9 bis 1 Uhr, mit Ausnahme der Sonn- und Festtage und der drei letzten Tage jedes Monats, ausgereicht werden. Die Coupons können bei der gedachten Kontrolle selbst in Empfang genommen oder durch Vermittlung der Königlichen Regierungs-Haupt-Kassen bezogen werden. Wer das Erstere wünscht, hat die Talons vom 13. März 1860 mittelst eines Verzeichnisses, zu welchem Formulare bei der Kontrolle und in Hamburg bei dem Preußischen Ober-Post-Amte unentgeltlich zu haben sind, bei der Kontrolle persönlich oder durch einen Beauftragten abzugeben. Genügt dem Einreicher eine numerirte Marke als Empfangsbescheinigung, so ist das Verzeichniß nur einfach einzureichen, wogegen dasselbe von denen, welche eine schriftliche Bescheinigung über die Abgabe der Talons zu erhalten wünschen, doppelt abzugeben ist. In dem letztgedachten Falle erhalten die Einreicher das eine Exemplar des Verzeichnisses mit einer Empfangsbescheinigung versehen sofort zurück. Die Marke oder Empfangsbescheinigung ist bei der Ausreichung der neuen Coupons zurückzugeben.

In Schriftwechsel kann sich die Kontrolle der Staatspapiere nicht einlassen.

Wer die gedachten Talons an eine Regierungs-Haupt-Kasse befördern will, hat sie derselben mit einem doppelten Verzeichnisse einzureichen. Das eine Exemplar des Verzeichnisses wird dann mit einer Empfangsbescheinigung versehen sogleich zurückgegeben und ist demnächst bei Aushändigung der neuen Coupons wieder abzuliefern. Formulare zu diesen Verzeichnissen sind bei den Regierungs-Haupt-Kassen und den von den Königlichen Regierungen in den Amtsblättern zu bezeichnenden Kassen unentgeltlich zu haben.

Des Einreichens der Schuldverschreibungen selbst bedarf es zur Erlangung der neuen Coupons nur dann, wenn die alten Talons abhanden gekommen sind. Die Dokumente sind in diesem Falle an die Kontrolle der Staatspapiere oder an eine Regierungs-Haupt-Kasse mittelst besonderer Eingabe einzureichen. Die Beförderung der Talons oder der Schuldverschreibungen an die Regierungs-Haupt-Kassen, (nicht an die Kontrolle der Staatspapiere erfolgt durch die Post bis zum 1. Mai l. J. portofrei, wenn auf dem Couverte bemerkt ist: „Talons (Schuldverschreibungen) zu ... Thlr. der Staats-Anleihe von 1848 zum Empfange neuer Coupons." Mit dem 1. Mai l. J. hört die Portofreiheit auf und es werden von da ab die neuen Coupons den Einsendern auf ihre Kosten zugesandt. Für solche Sendungen, die von Orten eingehen oder nach Orten bestimmt sind, welche außerhalb des Preußischen Postbezirks, aber innerhalb des deutschen Postvereinsgebiets liegen, kann eine Befreiung vom Porto nach den Vereinsbestimmungen nicht stattfinden.

Berlin, den 13. August 1864. Königl. Haupt-Verwaltung der Staatsschulden. (gez.) Meinike.

Vorstehende Bekanntmachung wegen Ausreichung der neuen Zinscoupons Ser. V. zu den Schuldverschreibungen der freiwilligen Staats-Anleihe vom Jahre 1848 wird hiermit zur öffentlichen Kenntniß gebracht. Formulare zu den in duplo einzureichenden Verzeichnissen der Talons zu den Schuldverschreibungen werden von der Regierungs-Haupt-Kasse, den Kreis-Steuer-Kassen zu Arnswalde, Calau, Cottbus, Crossen, Friedeberg, Guben, Königsberg, Landsberg, Luckau, Lübben, Soldin, Sorau, Spremberg, Zielenzig, Züllchau, den Steuer-Aemtern Bärwalde, Berlinchen, Cüstrin, Dressen, Dreblau, Dobrilugk, Driesen, Finsterwalde, Fürstenwalde, Forst, Golzen, Lieberose, Leitschin, Lübbenau, Lippehne, Müncheberg, Neudamm, Reuzelle, Pelz, Reppen, Neuwedell, Schönfließ, Schwiebus, Seelow, Senftenberg, Sommerfeld, Sonnenburg, Triebel, Bietze, Woldenberg, Zehden, und den Rent-Aemtern Friedland und Lagow jedoch nur auf mündliches Ansuchen ausgegeben. Zur besonderen Achtung wird empfohlen, die Talons baldigst einzureichen, da bei verspäteter Einreichung die portofreie Beförderung derselben und der neuen Zinscoupons nicht stattfindet.

Frankfurt a. d. O., den 20. August 1864. Königliche Regierung. Frhr. v. Münchhausen.

Verordnungen und Bekanntmachungen der Königlichen Regierung zu Frankfurt a. d. O.

I. Durch das Rescript des Herrn Ministers der geistlichen, Unterrichts- und Medizinal-Angelegenheiten vom 27. v. Mts. ist der Taxpreis eines Bintegels für die Zeit vom 1. Oktober d. J. bis ultimo März k. J. auf 2 Sgr. festgesetzt worden, was hiermit zur öffentlichen Kenntniß und Beachtung gebracht wird.

Frankfurt a. d. O., den 28. September 1864.

II. Die diesjährige Wiederholungs-Prüfung provisorisch angestellter Elementar-Lehrer und Schulamts-Candidaten, welche in dem Seminar zu Neuzelle ihre erste Prüfung bestanden haben, wird am 15. und 16. November d. J. ebendaselbst stattfinden und werden die Anmeldungen zu derselben durch die Herren Superintendenten und Schulinspektoren bis praeclus. zum 24. Oktober d. J. erwartet.

Frankfurt a. d. O., den 26. September 1864.

Personal-Chronik.

Der Ober-Regierungs-Rath Wunderlich ist von der Königl. Regierung in Coblenz hierher versetzt und sind ihm die Dirigentengeschäfte der hiesigen Regierungs-Abtheilung für Kirchen- und Schulwesen übertragen worden.

Der Regierungs-Rath Hoyer ist von der Königl. Regierung in Stettin an das hiesige Regierungs-Kollegium versetzt worden.

Der Domainen-Rentmeister Ulsch zu Lübben ist an Stelle des Stadtsecretairs Gerber daselbst zum Vertreter des Polizei-Anwalts für Lübben und die zum Bezirk des Königlichen Kreisgerichts daselbst gehörigen Ortschaften ernannt worden.

Frankfurt a. d. O., den 30. Septbr. 1864.   Der Regierungs-Präsident. Frhr. v. Münchhausen.

Der bisherige Hülfsprediger Gustav Adolph Schenck ist zum Pfarrer der Parochie Glambeck, Superintendentur Arnswalde, bestellt worden.

Den von den Stadtverordneten getroffenen Wahlen gemäß sind bestätigt worden: als unbesoldete Stadträthe: in Guben der Rechts-Anwalt Gersdorf, der Rentier Kempe, in Frankfurt a. d. O. der Kaufmann Herrman; als unbesoldete Rathmänner: in Fürstenwalde der Kaufmann Harenburg, in Bobersberg der bisherige Stadtverordneten-Vorsitzende Brose, der Fleischermeister Stein.

Die Rechts-Anwalte und Notare Braun in Hellsberg und von Frankenberg in Lauenburg sind vom 1. Oktober d. J. ab unter Beilegung des Notariats im Departement des Königlichen Appellationsgerichts Frankfurt a. d. O. als Rechts-Anwalte an das Kreisgericht zu Guben mit Anweisung ihres Wohnsitzes daselbst versetzt worden.

Personal-Veränderungen für den Monat September 1864.

A. Bei dem Königlichen Appellations-Gericht zu Frankfurt a. d. O.

Den Gerichts-Assessoren Lucanus und Korn ist die erbetene Entlassung aus dem Justizdienste ertheilt.

B. Bei den Kreisgerichten im Departement.

Seine Majestät der König haben dem Kreisgerichts-Sekretair Schütz zu Seelow bei der auf seinen Antrag erfolgten Versetzung in den Ruhestand den Charakter als Kanzleirath zu verleihen geruht.

Der Gerichts-Assessor Cautian ist zum Kreisrichter bei dem Kreisgerichte in Friedeberg i. d. N. mit der Funktion bei der Gerichts-Deputation zu Driesen, der Gerichts-Assessor Rintelen zum Kreisrichter bei dem Kreisgerichte in Cüstrin mit der Funktion bei der Gerichts-Commission zu Reubamm, der Gerichts-Assessor Kolshorn zum Kreisrichter bei dem Kreisgerichte zu Soldin mit der Funktion bei der Gerichts-Commission in Bernstein, der Gerichts-Assessor Schaede zum Kreisrichter bei dem Kreisgerichte zu Spremberg mit der Funktion bei den Gerichts-Commissionen in Senftenberg und der Hülfsbote Weisle zu Fürstenberg zum Boten und Exekutor bei den Kreisgerichts-Commissionen zu Schwiebus ernannt.   Der Bote und Exekutor Gorn zu Königsberg i. d. N. ist an die Kreisgerichts-Deputation in Driesen versetzt.

Dem Rechtsanwalt Justizrath Pohle zu Guben ist die erbetene Entlassung von seinen Aemtern als Rechtsanwalt und Notar ertheilt worden.   Der Kreisgerichtsrath Scholle in Sonneburg und der Kreisgerichts-Sekretair Lurck in Cottbus sind gestorben.

Für den 3. ländlichen Bezirk des Kreises Lebus ist der Gerichtsschulze Hutzel in Biegen als Schiedsmann wiederum gewählt und bestätigt worden.

Für den 7. Bezirk des Kreises Lebus ist der Kaufmann Hempel in Heinersdorf als Schiedsmann wiederum gewählt und bestätigt worden.

Für den neunten ländlichen Bezirk des Kreises Züllichau-Schwiebus ist der emeritirte Lehrer Schulz zu Meesichen als Schiedsmann gewählt und bestätigt worden.

Vermischte Nachrichten.

(1) Der im Kalender auf den 26. Oktober d. J. angesetzte Krammarkt in der Stadt Königsberg i. b. N. ist auf den 2. November cr. verlegt worden. Am Tage vorher wird Vieh- und Pferdemarkt daselbst abgehalten werden.
    Frankfurt a. d. O., den 26. September 1864.   Königl. Regierung; Abtheilung des Innern.

(2) Die Küster- und Lehrerstelle zu Troschin, Diöcese Königsberg II., Privat-Patronats, und die Lehrerstelle zu Hennersdorf, Diöcese Dobrilugk, Königlichen Patronats, kommen, erstere durch Emeritirung, letztere durch Versetzung, zur Erledigung.
    Frankfurt a. d. O., den 26. Septbr. 1864.   Königl. Regierung; Abtheilung für Kirchen- und Schulwesen.

(3) Bekanntmachung, die im Michaelistermine 1864 zu Merseburg ausgeloosten Steuer-Kredit-Kassen-Scheine betreffend.

Bei der heute erfolgten Verloosung der im Jahre 1764, sowie der, anstatt der früheren unverwechselten und unverloosbaren Steuerscheine im Jahre 1836 ausgefertigten Steuer-Kredit-Kassen-Scheine, sind nachstehende Nummern, deren Realisirung im Oster-Termine 1865 erfolgen soll, gezogen worden:

1) von den Steuer-Kredit-Kassen-Scheinen aus dem Jahre 1764:

von Litt. A. à 1000 Thaler: No. 162. 412. 476. 560. 638. 702. 1059. 1156. 1403. 2112. 2508. 3407. 3432. 4341. 4523. 5319. 5635. 5877. 6445. 6509. 6999. 7070. 7031. 7447. 7653. 7844. 7913. 8079. 8118. 8152. 8238. 8693. 8793. 8837. 8873. 6914. 8946. 10409. 10748. 10958. 11071. 11243. 11799. 11812. 12107. 12370. 12746. 12821. 13061. 13244. 13541. 13958. 14007. 14056. 14402. 14679.

von Litt. B. à 500 Thaler: Nr. 1675. 1727. 2102. 2182. 2310. 2313. 2485. 2532. 2644. 2989. 3020. 3642. 3819. 3890. 3977. 4216. 4501. 4523. 4613. 4950. 5252. 5514. 5540. 6539. 6570. 6839. 7307. 7557.

von Litt. D. à 100 Thaler: Nr. 76. 267. 652. 776. 808. 902. 1791. 2094. 2141. 2230. 2492. 2600. 2679. 3023. 3199. 3366. 3424. 3817. 4448. 4648. 5007. 5150. 5209. 5332. 5544. 6648.

2) von den Steuer-Kredit-Kassen-Scheinen aus dem Jahre 1836:

von Litt. A. à 1000 Thaler: No. 27. 30. 78. 147. 168. 281.
von Litt. B. à 500 Thaler: No. 73. 120.
von Litt. C. à 200 Thaler: No. 131. 173.
von Litt. D. à 100 Thaler: No. 7. 56.

Außerdem wurden von den unverzinslichen Kammer-Kredit-Kassen-Scheinen Litt. E. à 47 Thaler die Scheine No. 1655. 1801. 2853. 2854. 2855. und 2898. zur Zahlung im Ostertermine 1865 ausgesetzt.

Die Inhaber der vorverzeichneten verloosten und resp. zur Zahlung ausgesetzten Scheine werden hierdurch aufgefordert, die Kapitalien gegen Rückgabe der Scheine und der zu den verzinslichen Scheinen gehörenden Talons und Coupons mit dem Eintritt des Ostertermins 1865, wo die Verzinsung der jetzt ausgeloosten Steuer-Kredit-Kassen-Scheine aufhört, bei der hiesigen Regierungs-Haupt-Kasse zu erheben.

    Merseburg, den 24. September 1864.

Im Auftrage der Königlichen Haupt-Verwaltung der Staatsschulden, der Regierungs-Präsident Rothe.

(4) Bekanntmachung. Durch Urkunde vom heutigen Tage ist die Vereinigung der Braunkohlen-Bergwerke Eintracht, Falkenwalde und Komet im Kreise Königsberg i. b. N., Bergrevier Cüstrin, zu einem ungetrennlichen Ganzen unter dem Namen „Komet" bei Bärwalde genehmigt worden.
    Halle, den 13. September 1864.   Königliches Ober-Berg-Amt.

(5) Bekanntmachung. Zur Preußischen Gesetz-Sammlung ist im Laufe dieses Jahres ein Haupt-Register, welches die Jahrgänge von 1806 bis einschließlich 1863 gemeinsam umfaßt, erschienen. Dasselbe wird zum Preise von Einem Thaler 10 Sgr. pro Exemplar ohne jede Nebenkosten durch die Königlichen Post-Anstalten innerhalb des gesammten Preußischen Postbezirks auf Bestellung geliefert.
    Berlin, den 28. September 1864.   Debits-Comtoir der Gesetz-Sammlung.

(6) Ueber die Verwaltung des Neumärkischen Landarmenwesens pro 1863 werden folgende Nachrichten zur öffentlichen Kenntniß gebracht:

	Corrigenden		Pfleglinge		Kinder unter 14 Jahr.	Summa.
	männliche.	weibliche.	männliche.	weibliche.		
I. Es befanden sich im Landarmenhause am Schlusse des Jahres 1862	111	26	25	17	10	189
und im Jahre 1863 sind eingeliefert worden	177	40	23	24	14	278
Summa	288	66	48	41	24	467
Der Abgang beträgt	170	48	21	17	14	270
Es verblieben daher am Schlusse des Jahres 1863	118	18	27	24	10	197

Im Durchschnitt haben sich in der Anstalt täglich 178 Personen befunden, von denen 153 arbeitsfähig waren. Diese haben in 305 Arbeitstagen verdient: 1) bei der Maschinenspinnerei 300 Thlr., 2) bei der Wollfabrikation an Arbeitslohn 1320 Thlr., 3) bei dem Holzverkaufsgeschäft 233 Thlr. 22 Sgr. 10 Pf., 4) bei auswärtigen Arbeiten gegen Tagelohn 4075 Thlr. 14 Sgr. 8 Pf., 5) bei der Rothflechterei 95 Thlr. 15 Sgr., 6) beim Federnreißen 64 Thlr. 29 Sgr. 3 Pf., 7) bei der Landwirthschaft der Anstalt 25 Thlr. 28 Sgr. 9 Pf., 8) bei der Oeconomie- und anderen häuslichen Arbeiten 1598 Thlr. 24 Sgr. 11 Pf.
Summa 7714 Thlr. 15 Sgr. 5 Pf.
Der Reingewinn durch den Fabrikbetrieb der Anstalt hat im Jahre 1863 betragen 703 " — " — "
Summa des Verdienstes 8417 Thlr. 15 Sgr. 5 Pf.

II. Die Kosten der Verpflegung und Bekleidung einschließlich der allgemeinen Kosten der Administration haben im Jahre 1863 betragen für die im Durchschnitt täglich Verpflegten: 125 gesunde Corrigenden 10447 Thlr. 14 Sgr. 1 Pf., 4 arbeitsunfähige Corrigenden incl. 2 Kinder 334 Thlr. 9 Sgr. 7 Pf., 28 gesunde Pfleglinge 2591 Thlr. 25 Sgr. 7 Pf., 10 arbeitsunfähige Pfleglinge incl. 5 Kinder 922 Thlr. 2 Sgr. 9 Pf., 11 Kranke 1069 Thlr. 24 Sgr. 3 Pf.; zusammen für 178 Personen 15355 Thlr. 16 Sgr. 3 Pf.; und für einen Corrigenden mit Einschluß der Verwaltungskosten 83 Thlr. 17 Sgr. 4 Pf., für einen Corrigenden mit Ausschluß derselben 36 Thlr. 29 Sgr. 7 Pf., für einen Pfleglling mit Einschluß der Verwaltungskosten 92 Thlr. 6 Sgr. 3 Pf., für einen Pfleglling mit Ausschluß derselben 44 Thlr. 18 Sgr. 4 Pf., für einen Kranken mit Einschluß der Verwaltungskosten 97 Thlr. 7 Sgr. 7 Pf., für einen Kranken mit Ausschluß derselben 49 Thlr. 19 Sgr. 8 Pf.

III. In der Irren-Anstalt zu Sorau befanden sich am Schlusse des Jahres 1862 für Rechnung des Neumärkischen Landarmen-Verbandes 53 Geisteskranke, im Jahre 1863 sind eingeliefert worden 11 Geisteskranke; Summa 64 Geisteskranke. Davon sind entlassen 3, gestorben 3, in Summa 6; es verblieben also am Schlusse des Jahres 1863 in der Anstalt 58 Geisteskranke.
An Verpflegungs-, Transport- und Ausstattungskosten für Geisteskranke sind pro 1863 7697 Thlr. 28 Sgr. 10 Pf. gezahlt worden.

IV. An Armen-Unterstützungen und Kur- und Verpflegungskosten sind gezahlt worden 2972 Thlr. 17 Sgr. 7 Pf., und für Beförderung des Taubstummen-Unterrichts 406 Thlr. 16 Sgr.

	Baar und in zinstragenden Dokumenten.			Werth der Natural-Bestände.		
	Thlr.	Sgr.	Pf.	Thlr.	Sgr.	Pf.
V. Der Abschluß des Vermögens-Zustandes des Neumärkischen Landarmenfonds ergab am Schlusse des Jahres 1862 einen Bestand von	65,352	18	4	6,643	14	11
und weiset am Schlusse des Jahres 1863 einen Bestand nach von	66,753	8	11	6,957	17	5

Außerdem gehört zu dem Vermögen des Neumärkischen Landarmen-Fonds noch der Werth der Grundstücke und Gebäude, sowie das gesammte Inventarium der Landarmen-Anstalt.

Landsberg a. d. W., den 17. September 1864. Ständische Landarmen-Direction der Neumark.

Amts-Blatt
der Königl. Preuß. Regierung zu Frankfurt a. O.

№ 41.   Frankfurt a. d. O., den 12. Oktober.   1864.

Gesetz-Sammlung für die Königlichen Preußischen Staaten pro 1864.

No. 35. enthält: (No. 5934.) Allerhöchster Erlaß vom 29. Juli 1864, betreffend die Verleihung der fiskalischen Vorrechte für den Bau und die Unterhaltung einer Kreis-Chaussee von der Oder-Schiffbrücke bei Krappitz, im Kreise Oppeln, nach Ober-Glogau, im Kreise Neustadt, Regierungsbezirk Oppeln.

(No. 5935.) Allerhöchster Erlaß vom 4. August 1864, betreffend die Abänderung einiger Bestimmungen des Reisekosten-Regulativs für die Armee vom 28. Dezember 1848.

(No. 5936.) Allerhöchster Erlaß vom 12. August 1864, betreffend die Verleihung der fiskalischen Vorrechte für den Bau und die Unterhaltung einer Chaussee von Jakobs-Grube, im Kreise Beuthen, bis zur Pleßer Kreisgrenze, zum Anschluß an die über Emanuelsegen nach Kobier führende Chaussee.

(No. 5937.) Bestätigungs-Urkunde eines Nachtrages zu den Statuten der Berlin-Stettiner Eisenbahngesellschaft wegen Erhöhung des Stammaktien-Kapitals derselben um 1,100,000 Thaler. Vom 14. August 1864.

(No. 5938.) Allerhöchster Erlaß vom 21. August 1864, betreffend die Genehmigung eines Nachtrages zu dem Statute der Berlin-Anhaltischen Eisenbahn-Gesellschaft.

(No. 5939.) Allerhöchster Erlaß vom 24. August 1864, betreffend die Genehmigung des Reglements über die Bildung und Verwaltung des Emeritenfonds für die evangelischen Geistlichen der Provinz Preußen.

(No. 5940.) Allerhöchster Erlaß vom 24. August 1864, betreffend die Genehmigung des Reglements über die Bildung und Verwaltung des Emeritenfonds für die evangelischen Geistlichen der Provinz Sachsen.

(No. 5941.) Allerhöchster Erlaß vom 4. September 1864, betreffend einige Abänderungen der Bundes-Kartellkonvention vom 10. Februar 1831. (Gesetz-Samml. für 1831 S. 41.)

No. 36. enthält: (No. 5942.) Verordnung über die Einrichtung und Verwaltung des Landarmen- und Korrigendenwesens in dem Herzogthum Schlesien und der Grafschaft Glatz. Vom 15. Sept. 1864.

(No. 5943.) Verordnung über die Einrichtung und Verwaltung des Landarmen- und Korrigendenwesens im Markgrafthum Oberlausitz. Vom 15. September 1864.

(No. 5944.) Bekanntmachung, betreffend die Allerhöchste Genehmigung des Nachtrages zu dem Statut der Kaufmannschaft zu Berlin vom 2. März 1820. Vom 16. September 1864.

(No. 5945.) Bekanntmachung, betreffend die Allerhöchste Genehmigung der unter der Firma: „Rheinische Beleuchtungs-Aktiengesellschaft in Bonn" mit dem Sitze zu Bonn errichteten Aktiengesellschaft. Vom 17. September 1864.

No. 37. enthält: (No. 5946.) Privilegium wegen Ausfertigung von auf den Inhaber lautenden Kreis-Obligationen des Ueckermünder Kreises im Betrage von 25,000 Thlr. Vom 14. August 1864.

(No. 5947.) Allerhöchster Erlaß vom 26. August 1864, betreffend die Verleihung der fiskalischen Vorrechte für den Bau und die Unterhaltung einer Gemeinde- und Forst-Chaussee von Dormagen an der Cöln-Rhymwegener Staatsstraße über Horrem, Delhoven, Knechtstetten, Anstel, Butzheim und Nettesheim nach der Cöln-Venloer Bezirksstraße bei Rommerskirchen.

(No. 5948.) Konzessions- und Bestätigungs-Urkunde für die Bergisch-Märkische Eisenbahngesellschaft zur Anlage einer Eisenbahn von Haan nach Cöln, nebst Zweigbahn von Ohlig nach Solingen. Vom 4. September 1864.

In Abänderung der bezüglichen Festsetzungen der §§. 6. und 7. der durch Ordre vom 18. Dezember 1856 genehmigten Bestimmungen, betreffend die Aufnahme von Knaben in das Kadetten-Korps verordne Ich Folgendes:
1) Die Aufnahme der etatsmäßigen Kadetten kann bereits mit dem vollendeten 10. Lebensjahre stattfinden.
2) Pensionaire dürfen dagegen, wie etatsmäßige Kadetten, nur bis zu dem vollendeten 15. und nicht mehr bis zu dem vollendeten 16. Lebensjahre aufgenommen werden.
3) Diese Maßregeln treten mit dem 1. Mai 1865 ins Leben und zwar die ad 1. unter Berücksichtigung der bereits pränotirten Knaben.
Das Kriegs-Ministerium hat hiernach das Weitere zu veranlassen.

Schloß-Babelsberg, den 16. September 1864.   (gez.) **Wilhelm**.
An das Kriegs-Ministerium.   (gegz.) von Roon.

Verordnungen und Bekanntmachungen der Königlichen Regierung zu Frankfurt a. d. O.

I. Der Königliche Ober-Präsident der Provinz Brandenburg hat auf Grund des §. 1. des Gesetzes vom 14. April 1856 die Einverleibung a) der an den Gärtner Gottlieb Huffert zu Krauschow, im Züllichau-Schwiebus'er Kreise, veräußerten Parzelle der dortigen fiskalischen Dorfaue von 8 □Ruthen, b) der beiden an die Bauerwittwe König, Dorothea geb. Häusler daselbst veräußerten, bei Krauschow belegenen fiskalischen Landparzellen von resp. 110 und 33 □Ruthen, c) der an den Bauer Christian Häusler daselbst veräußerten, bei Krauschow belegenen fiskalischen Landparzelle von 160 □Ruthen, d) der beiden an den Lehnschulzen und Rittergutsbesitzer Steinbart daselbst veräußerten, bei Krauschow belegenen fiskalischen Landparzellen von resp. 124 und 105 □Ruthen, e) der an den Bauer Johann Gottlieb Hennig daselbst veräußerten, bei Krauschow belegenen fiskalischen Landparzelle von 107 □Ruthen Flächen-Inhalt in den Communal-Verband der Gemeinde Krauschow mittelst Reskripts vom 23. April d. J. genehmigt.
Frankfurt a. d. O., den 30. September 1864.

II. Zur Wahl der Abgeordneten für die Gewerbesteuer-Klasse A I. haben wir einen Termin am Freitag den 4. k. M. Morgens 9 Uhr im Sitzungszimmer der Regierungs-Abtheilung des Innern anberaumt.
Frankfurt a. d. O., den 11. Oktober 1864.

III. Die Deklaration des diesjährigen Weingewinnes betreffend.
Das weinbautreibende Publikum wird unter Hinweisung auf die Bekanntmachung vom 17. Oktober 1851 (Seite 347 des Amtsblatts des 1851) darauf aufmerksam gemacht, daß die Deklarationslisten über den diesjährigen Weingewinn spätestens bis zum 1. Dezember d. J. der Ortsbehörde zu übergeben sind.
Eine weitere spezielle Aufforderung zur Abgabe dieser Deklarationen durch die Steuer- oder Gemeinde-Beamten findet nicht statt und bezüglich des Transportes von Trauben zur Kelterung, eher Weiterbereitung, oder von Most, aus einem Weinsteuerbezirke in den andern, oder nach Orten, wo kein Weinbau betrieben wird, gelten auch ferner die Bestimmungen der vorgedachten Bekanntmachung vom 17. Oktober 1851.
Frankfurt a. d. O., den 3. Oktober 1864.

Personal-Chronik.

Se. Majestät der König haben Allergnädigst geruht, dem Cantor und Lehrer Schultze zu Sachsendorf, Diöcese Frankfurt II., den rothen Adler-Orden IV. Klasse zu verleihen.

Im Kreise Königsberg sind nachfolgende Personen zu Feuer-Polizei-Commissarien ernannt und bestätigt worden: 1) im Bezirk IIIa. der Domainen-Amtsrath Stiel zu Grüneberg für den aus dem Kreise verzogenen Lehnschulzen Ehlert, 2) im Bezirk IIIb. der Rittergutsbesitzer Borchart in Klemzow für den Oberamtmann Krahmer in Klein-Wubiser, 3) im Bezirk IXb. der Gutsbesitzer Wendt in Alt-Blähen für den Kaufmann Tißmer in Kletz.

Nachweisung der im Monat September 1864 erfolgten Berufungen in Lehrer- resp. Küster- und Lehrer-Stellen: 1) Matthäus Koppeny, zum vierten Lehrer und Turnlehrer in Colau, 2) Carl August Emil Goehler, zum Küster und Lehrer in Gräben, Ephorie Sternberg II., 3) Emil Thiele, zum Küster und Lehrer in Groß-Luboly, Ephorie Lübben, 4) Friedrich Julius Reinhard Selfegang, zum Küster und Lehrer in Radorf-Scharnhorst, Ephorie Landsberg a. W., 5) Carl Nacht, zum Küster- und Lehrer in Oppelhayn, Ephorie Elsterwerda, 6) Albert Richter, zum Küster und Lehrer in Dürrenselchow, Ephorie Königsberg I., 7) Carl August Apel, zum provisorischen Lehrer in Schwiebus, Ephorie Züllichau, 8) Traugott Schulz, zum provisorischen vierten Lehrer in Triebel, Ephorie Sorau.

Die Versetzung des Rechtsanwalts und Notars Brünn zu Heilsberg an das Königliche Kreisgericht zu Guben ist wieder zurückgenommen worden.

Für den ersten Bezirk der Stadt Landsberg a. d. W. ist der Schlossermeister Kuhn daselbst als Schiedsmann wiederum gewählt bestätigt worden.

Für den zweiten Bezirk der Stadt Soran ist der Tuchfabrikant Rudolph Gradnik daselbst als Schiedsmann wiederum gewählt und und bestätigt worden.

Für den 10. ländlichen Bezirk des Kreises Züllichau ist der Bauergutsbesitzer Berthold Kubahle zu Mittwalde als Schiedsmann gewählt und bestätigt worden.

Für den 13. Bezirk des Kreises Lebus ist der Gutsbesitzer Albert Muth in Hohenjehsar als Schiedsmann gewählt und bestätigt worden.

Vermischte Nachrichten.

(1) Patent-Ertheilungen. Dem Johann Schmidt und dem Maschinenfabrikanten F. Haack in Berlin ist unterm 16. September 1864 ein Patent

auf einen Haspel für Zwirnerei in der durch Modell, Zeichnung und Beschreibung nachgewiesenen Zusammensetzung und ohne Jemand in der Benutzung bekannter Theile zu beschränken,

auf fünf Jahre, von jenem Tage an gerechnet, und für den Umfang des preußischen Staats ertheilt worden.

2. Dem Techniker Rudolph Brecht in Berlin ist unter dem 17. September 1864 ein Patent

auf eine als neu und eigenthümlich erkannte Universal-Kuppelung in der durch Zeichnung und Beschreibung nachgewiesenen Art der Ausführung,

auf fünf Jahre, von jenem Tage an gerechnet, und für den Umfang des preußischen Staats ertheilt worden.

3. Dem Ingenieur Carl Kayser zu Breslau ist unter dem 22. September 1864 ein Patent

auf eine mechanische Vorrichtung zur Erzeugung einer hin- und hergehenden Bewegung bei Pumpwerken in der durch Zeichnung und Beschreibung nachgewiesenen Zusammensetzung, ohne Jemand in der Benutzung der bekannten Theile zu beschränken,

auf fünf Jahre, von jenem Tage an gerechnet, und für den Umfang des preußischen Staats ertheilt worden.

Frankfurt a. d. O., den 28. September 1864. Königliche Regierung; Abtheilung des Innern.

(2) Die Küster- und Lehrerstelle zu Brandt, Diöcese Friedeberg, und die zweite Lehrerstelle zu Alt-Lüstrinchen, Diöcese Königsberg i., beide Königlichen Patronats, sind durch Versetzung der bisherigen Inhaber erledigt.

Frankfurt a. d. O., den 10. Oktbr. 1864. Königl. Regierung; Abtheilung für Kirchen- und Schulwesen.

(3) Bekanntmachung. Mit dem 15. Oktober cr. tritt zwischen den Preußischen Stationen Berlin, Frankfurt a. d. O., Kreuz, Bromberg, Danzig, Königsberg, Stettin und Posen einerseits und den Russischen Stationen St. Petersburg, Pskoff, Ostroff, Dünaburg, Wilna, Grodno, Bialystock und Riga andrerseits eine direkte Personen-Beförderung in erster und zweiter Wagenklasse und eine direkte Gepäck-Beförderung ein. Für Personen, welche in Rußland in den ersten und in Preußen in der zweiten Wagenklasse fahren wollen, werden ebenfalls direkte Billets verausgabt. Kinder unter 10 Jahren werden gegen Lösung von Kinderbillets zu ermäßigten Fahrpreisen befördert. Kinder, welche noch getragen werden müssen und ihre Stelle auf dem Platze ihrer Angehörigen finden, werden frei befördert. Die Billets haben eine Gültigkeit auf 6 Kalendertage, und kann die Fahrt während dieser Zeit auf jeder beliebigen Station, wo der Zug fahrplanmäßig hält, unterbrochen werden, jedoch ist dem Stations-Vorstand bei Vermeidung der Ungültigkeit des Billets das letztere sofort, jedenfalls aber vor Abgang des Zuges, zur Prolongation vorzulegen. Auf jedes Billet wird ein Freigewicht von 50 Zollpfund oder 60 Pfund russisch gewährt. Die Ausantwortung des Gepäcks auf einer Zwischen-Station kann nur dann verlangt werden, wenn dasselbe auf Verlangen dahin expedirt ist. Bei Wiederantritt der Fahrt ist das Gepäck wieder vorschriftsmäßig zur Beförderung aufzugeben. Auf den Zwischenstationen kann die Weiterexpedirung des Gepäcks nur nach Stationen verlangt werden, welche mit derselben in direktem Gepäck-Verkehr stehen. Bei den zollamtlichen Revisionen des Gepäcks auf den Grenzstationen Eydtkuhnen und Wirballen ist die Gegenwart der Reisenden nothwendig. Inconvenienzen, welche aus der Nichtbeachtung dieser Bestimmungen entstehen, haben die Passagiere selbst zu vertreten. Bromberg, Berlin, Breslau, Stettin, den 10. Oktober 1864.

Königliche Direktion der Ostbahn. — Königliche Direktion der Niederschlesisch-Märkischen Eisenbahn. Königliche Direktion der Oberschlesischen Eisenbahn. — Direktorium der Berlin-Stettiner Eisenbahn-Gesellschaft.

(4) **Bekanntmachung.** Wir haben eine neue vollständige Auflage des Tarifs der Ostbahn und der Tarifvorschriften vom 1. März 1862 unter Berücksichtigung der bis ultimo August d. J. eingetretenen Abänderungen und Ergänzungen veranlaßt. Exemplare dieses neu aufgelegten Tarifs können zum Preise von 5 Sgr. für das Exemplar bei sämmtlichen Ostbahn-Stations-Kassen käuflich bezogen werden.

Bromberg, den 15. September 1864.   Königliche Direktion der Ostbahn.

Amts-Blatt
der Königl. Preuß. Regierung zu Frankfurt a/O.

№ 42.   Frankfurt a. d. O., den 19. Oktober.   1864.

Gesetz-Sammlung für die Königlichen Preußischen Staaten pro 1864.

No. 39. enthält: (No. 5949.) Privilegium wegen Ausfertigung auf den Inhaber lautender Kreis-Obligationen des Bomster Kreises im Betrage von 48,000 Thalern. Vom 2. September 1864.
(No. 5950.) Privilegium wegen Ausfertigung auf den Inhaber lautender Kreis-Obligationen des Ortelsburger Kreises im Betrage von 50,000 Thalern. Vom 4. September 1864.
(No. 5951.) Bekanntmachung, betreffend die Allerhöchste Genehmigung der unter der Firma: „Bochumer Bergwerks-Aktiengesellschaft" mit dem Sitze zu Bochum errichteten Aktiengesellschaft. Vom 5. Oktober 1864.
(No. 5952.) Allerhöchster Erlaß vom 7. Oktober 1864, betreffend den §. 6. der Bankordnung vom 5. Oktober 1846. (Gesetz-Sammlung für 1846 S. 435.)

Verordnungen und Bekanntmachungen der Königlichen Regierung zu Frankfurt a. d. O.

I. Der Herr Minister des Innern hat gemäß §. 2. Alinea 4. der Städte-Ordnung vom 30. Mai 1853 die Einverleibung der bisher zu den Domainen-Amte Sonnenburg gehörigen, mittelst Vertrages vom 10. März d. J. an den Mühlenmeister Habermann zu Sonnenburg veräußerten Grundstücks von 1 Morgen Flächeninhalt in den Communal-Verband der Stadt Sonnenburg mittelst Erlasses vom 4. d. M. genehmigt.
Frankfurt a. d. O., den 11. Oktober 1864.

II. **Nachweisung**
der im III. Quartal 1864 aus dem Regierungsbezirk Frankfurt des Landes Verwiesenen.

| Vor- | Zu- | Alter | Größe | | Farbe der | | Besondere Kennzeichen |
Namen							
		Jahr.	Fuß.	Zoll.	Haare.	Augen.	
Otto Wilhelm	Leitner, Uhrmacher-Gehülfe aus Mitthau in Kurland.	23	5	3 Zoll 2 Str.	braun	hell-grau	keine.
Alfred August Karl Friedrich	Knaths, Maschinenbauer aus Anhalt-Cöthen.	21	5	3	blond	grau	das erste Glied des rechten Zeigefingers ist krumm.
Franz	Pötter, Fleischergeselle aus Immenhausen in Kurhessen.	25	5	2	hell-blond	blau-grau	

Frankfurt a. d. O., den 8. Oktober 1864.

Personal-Chronik.

Se. Majestät der König haben Allergnädigst geruht, dem praktischen Arzte, Wundarzte und Geburtshelfer Dr. Johann Wilhelm Butterlin zu Schwiebus den Charakter als Sanitäts-Rath zu verleihen.
Der Kämmerer Ritz zu Zielenzig ist an Stelle des Bürgermeisters Moh zum Vertreter des Polizei-Anwalts für Zielenzig und die zu den dortigen Kreisgericht gehörigen Ortschaften ernannt worden.
Der Domainen-Rentmeister Ulsch zu Lübben ist an Stelle des Bürgermeisters Sachsendröder, zum Vertreter des Forst-Polizeianwalts für die im Gerichtsbezirk Lübben belegenen Forsten der Standesherrschaft Straupitz ernannt worden.
Frankfurt a. d. O., den 11. Oktbr. 1864.   Der Regierungs-Präsident. Frhr. v. Münchhausen.
Der bisherige Hülfsprediger Friedrich Wilhelm Julius Dames ist zum Pfarr-Adjunkten cum spe succedendi für die Parochie Leuthen, in der Diöcese Sorau, bestellt worden.

Der Predigtamts-Candidat Otto Alexander Oscar Paech ist zum Pfarrer bei den Evangelischen Gemeinden der Parochie Petershayn — Diöces Calau — bestellt worden.

Der ordentliche Lehrer Plücker, bisher an der höheren Töchterschule in Bromberg, ist in gleicher Eigenschaft an dem Gymnasium zu Landsberg a. d. W. angestellt worden.

Der ordentliche Lehrer Grauß, bisher an dem Gymnasium zu Burg, ist in gleicher Eigenschaft an dem Gymnasium mit Realklassen zu Landsberg a. d. W. angestellt worden.

Der Feldmesser Franz Hugo Einsberg aus Flammersfeld, im Kreise Altenkirchen d. s Regierungsbezirks Coblenz, gegenwärtig in Lübben, ist unter dem 8. October b. Js. als solcher vereidet worden.

Der Königliche Assistenz-Arzt Dr. Hermann Leinweber ist von Woldenberg nach Landsberg a. d. W. versetzt.

Der praktische Arzt, Wundarzt und Geburtshelfer Dr. Hugo Eduard Klamroth ist von Prümlenau nach Sochu gezogen.

Der Wundarzt I. Klasse Carl Jacob Joseph Ständer hat sich in Groß-Rüdersdorf niedergelassen.

Der Wundarzt I. Klasse, Gustav Alexander Wilhelm Ronczkowsky ist von Landsberger-Holländer nach Blumenthal verzogen.

Der Thierarzt I. Klasse Oswald Scharfenberg ist von Arksberg i. d. N. nach Landsberg a. d. W. verzogen.

Der Apotheker Gustav Karl Heinrich Roth hat die privilegirte Apotheke zu Christianstadt käuflich erworben.

Der Unter-Actuar Kühn zu Zielin ist als Stellvertreter des Domainenbeamten, Amtsraths Methes in der Polizei-Verwaltung des Domainen-Amtes Zellin am 23. September cr. verpflichtet worden, was hiermit zur öffentlichen Kenntniß gebracht wird.

Der Staatsanwalts-Gehülfe Lessendorff in Frankfurt a. d. O. ist zum Staatsanwalt ernannt und an das Kreisgericht zu Burg versetzt.

Amtliche Nachrichten.

(1) Des Königs Majestät haben mittelst Allerhöchster Ordre vom 19. September dem Polizei-Sergeanten Helmrich zu Landsberg a. d. W. das Verdienst-Ehrenzeichen für Rettung aus Gefahr in Gnaden zu verleihen geruht.

Frankfurt a. d. O., den 11. October 1864.   Königliche Regierung; Abtheilung des Innern.

(2) Patent-Ertheilungen. 1. Dem Maschinenbauer Wilhelm Wickert zu Aachen ist unter dem 4. October 1864 ein Patent

auf eine nach der vorgelegten Beschreibung und Zeichnung für neu und eigenthümlich erkannte Vorrichtung an Nähmaschinen zur Selbstregulirung der Fadenspannung,

auf fünf Jahre, von jenem Tage an gerechnet, und für den Umfang des preußischen Staats ertheilt worden.

2. Dem Ingenieur Heinrich Schred in Berlin ist unter dem 4. October 1864 ein Patent

auf eine Kuppelung für Wellen mit gleicher Winkelgeschwindigkeit, deren Drehungsachsen einander schneiden, in der durch Zeichnung und Beschreibung angegebenen Zusammensetzung und ohne Jemand in der Benutzung bekannter Theile zu beschränken,

auf fünf Jahre, von jenem Tage an gerechnet, und für den Umfang des preußischen Staats ertheilt worden.

Frankfurt a. d. O., den 15. October 1864.   Königl. Regierung; Abtheilung des Innern.

(3) Bekanntmachung. „Grobe Eisengußwaaren- und Eisenwaaren" werden vom 21. b. M. ab auf der Ostbahn und im directen Verkehre der Stationen Berlin und Fürstenwalde sowie der übrigen Stationen der Strecke Berlin-Frankfurt a. d. O. mit Ostbahn-Stationen nach Maßgabe der Bekanntmachung vom 4. Juli d. J. zum Satze der ermäßigten Klasse B. des Ostbahn-Tarifs befördert.

Bromberg, den 13. October 1864.   Königliche Direction der Ostbahn.

(1) Bekanntmachung. Mit dem 15. October cr. tritt zwischen den Preußischen Stationen Berlin, Frankfurt o. d. O., Kreuz, Bromberg, Danzig, Königsberg, Stettin und Posen einerseits und den Russischen Stationen St. Petersburg, Pskoff, Ostroff, Dünaburg, Wilna, Grodno, Bialystok, Kowno und Riga andrerseits eine directe Personen-Beförderung in erster und zweiter Wagenklasse und eine directe Gepäck-Beförderung ein. Für Personen, welche in Rußland in der ersten und in Preußen in der zweiten Wagenklasse fahren wollen, werden ebenfalls directe Billets herausgegeben. Kinder unter 10 Jahren werden gegen Lösung von Kinderbillets zu ermäßigten Fahrpreisen befördert. Kinder, welche noch getragen werden müssen und ihre Stelle auf dem Platze ihrer Angehörigen finden, werden frei befördert. Die Billets haben eine Gültigkeit auf 6 Kalendertage, und kann die Fahrt während dieser Zeit auf jeder beliebigen Station

— 215 —

wo der Zug fahrplanmäßig hält, unterbrochen werden, jedoch ist dem Stations-Vorstand bei Vermeidung der Ungültigkeit des Billets das letztere sofort, jedenfalls aber vor Abgang des Zuges, zur Prolongation vorzulegen. Auf jedes Billet wird ein Freigewicht von 50 Zollpfund oder 60 Pfund russisch gewährt. Die Auantwortung des Gepäcks auf einer Zwischen-Station kann nur dann verlangt werden, wenn dasselbe auf Verlangen dahin expedirt ist. Bei Wiederantritt der Fahrt ist das Gepäck wieder vorschriftsmäßig zur Beförderung aufzugeben. Auf den Zwischenstationen kann die Weiterexpedirung des Gepäcks nur nach Stationen verlangt werden, welche mit derselben in direktem Gepäck-Verkehr stehen. Bei den zollamtlichen Revisionen des Gepäcks auf den Grenzstationen Eydtkuhnen und Wirballen ist die Gegenwart der Reisenden nothwendig. Inconvenienzen, welche aus der Nichtbeachtung dieser Bestimmungen entstehen, haben die Passagiere selbst zu vertreten. Bromberg, Berlin, Breslau, Stettin, den 10. October 1864.
Königliche Direktion der Ostbahn. — Königliche Direktion der Niederschlesisch-Märkischen Eisenbahn.
Königliche Direktion der Oberschlesischen Eisenbahn. — Direktorium der Berlin-Stettiner Eisenbahn-Gesellschaft.

(5) Bekanntmachung. Zu Sommerfeld wird am 15. October cr. eine Telegraphen-Station mit beschränktem Tagesdienste (cfr. §. 4. des Reglements für die telegraphische Correspondenz im Deutsch-Oesterreichischen Telegraphen-Verein) eröffnet werden.
Berlin, den 11. October 1864. Königliche Telegraphen-Direktion.

(6) Uebersicht vom Zustande der Klein-Glienicker Waisen-Anstalt für die Provinz Brandenburg am Schlusse des Jahres 1863.
In Gemäßheit des §. 47 des Grundgesetzes für unsere Anstalt bringen wir den wesentlichen Inhalt des in der diesjährigen Haupt-Versammlung der Mitglieder des Stiftungs-Vereines am 24. v. M. erstatteten Verwaltungs-Berichts hierdurch zur öffentlichen Kenntniß.
In die Anstalt wurden seit ihrer Gründung aufgenommen 237 Zöglinge, und aus derselben entlassen 193 Zöglinge, es blieben also im Bestande 44 Zöglinge.
Von den ausgeschiedenen Zöglingen gingen 27 in höhere Lehranstalten über, 30 widmeten sich dem Kaufmannsstande, 16 wurden Lehrer, 90 Handwerker, 10 widmeten sich dem Forstfach, 7 der Landwirthschaft, 8 dem Büreaudienst und 5 dem Militairstande.
Hinsichtlich des Gedeihens der Anstalt ergab der Bericht, daß dasselbe in allen Beziehungen ein erfreuliches gewesen ist. Die Lehrer wie die Waisenmutter haben die ihnen obliegenden Pflichten mit Treue und Gewissenhaftigkeit erfüllt, und das Betragen sowie der Fleiß der Zöglinge ist im Allgemeinen lobend anzuerkennen gewesen. Der Gesundheits-Zustand der letzteren war im Laufe des Jahres 1863 sehr zufriedenstellend, erst im Beginn des Jahres 1864 stellten sich Masern und Halsaffectionen ein, einige Zöglinge wurden auch von der Diphteritis befallen, worauf trotz sorgsamer Pflege und gewissenhafter ärztlicher Behandlung ein strebsamer und von guter Gesinnung beseelter Knabe erlegen ist. Dieser erste Todesfall, welchen die Anstalt seit ihrem Bestehen zu beklagen hat, rief innige Betrübniß und Trauer und somit auch eine allgemeine herzliche Theilnahme hervor, die sich auch beim Begräbniß offenbarte.
Durch die Mitglieder des Waisen-Amtes wurde die Anstalt an 133 Tagen inspicirt, auch erfreute sich dieselbe durch öfteren Besuch fremder Herren der öffentlichen Theilnahme.
Die übliche öffentliche Prüfung der Zöglinge hat auch im Jahre 1863 stattgefunden und ein zufriedenstellendes Resultat geliefert; ebenso sind die vaterländischen und kirchlichen Feste, sowie die Gedächtnißfeier für den verewigten Stifter in gewohnter Weise begangen worden.
Die sonntäglichen Kirchenbesuche sowie die wöchentlichen Abendandachten haben erfreuliche Erfolge sichtbar gemacht.
Ueber den Vermögens- und Kassen-Zustand der Anstalt gaben die von dem Kreisgerichts-Rath Wolff und Rechnungsrath Ruhl revidirten Rechnungen folgende Nachricht:

A. Anstalts-Kasse. Am Schlusse des Jahres 1862 war ein Bestand verblieben von incl. 67,800 Thlr. Obl. 89,232 Thlr. 7 Sgr. 11 Pf.
dazu die Einnahme des Jahres 1863: a) an Zinsen 5261 Thlr. 17 Sgr. 6 Pf., b) an Beiträgen 405 Thlr. 15 Sgr. 3 Pf., c) Insgemein 136 Thlr. 16 Sgr. 7 Pf., d) Kapitalien-Verkehr incl. 4700 Thlr. Obl. 7109 Thlr. 18 Sgr. 3 Pf., e) Neben-Fonds 190 Thlr. 15 Sgr.
zusammen „ 4,700 „ „ 13,103 „ 22 „ 7 „
Summa incl. 92,500 Thlr. Obl. 101,336 Thlr. — Sgr. 6 Pf.

—   216   —

Transport incl. 92,500 Thlr. Obl. 101,336 Thlr. — Sgr. 6 Pf.

Dagegen hat die Ausgabe betragen für: a) allgemeine Verwaltungs-Kosten 597 Thlr. 5 Sgr. 4 Pf., b) Unterricht und Erziehung 762 Thlr. 2 Sgr., c) Beköstigung 2105 Thlr. 28 Sgr. 5 Pf., d) Bekleidung 795 Thlr. 11 Sgr. 8 Pf., e) Insgemein 1683 Thlr. 24 Sgr. 3 Pf., f) Kapitalien-Verkehr incl. 500 Thlr. Obl. 2505 Thlr., g) Neben-Fonds 84 Thlr. 15 Sgr.

Summa incl.   500 „   „ 8,533 „ 26 „ 8 „

es ergiebt sich mithin ein Bestand von . . . . . incl. 92,000 Thlr. Obl. 92,802 Thlr. 3 Sgr. 10 Pf.

Die Kosten für einen Zögling haben ausschließlich der Zinsen von dem für das Grundstück aufgewendeten Kapital 96 Thlr. 24 Sgr. 11 Pf., also 4 Thlr. 28 Sgr. 3 Pf. mehr als in dem vorangegangenen Jahre betragen, was durch die gesteigerten Preise der ersten Lebensbedürfnisse erklärt wurde.

Dem Stamm-Kapital sind 4569 Thlr. 28 Sgr. 11 Pf. einschließlich des Stiftungs-Kapitals für die Ober-Land-Forstmeister von Reuß'sche Jubilar-Stiftung und 1268 Thlr. 9 Sgr. mehr als die statutarische Verpflichtung verlangt, zugeführt worden.

B. Zimmermeister Craay'sche Stiftung. Am Schlusse des Jahres 1862 betrug der Bestand incl. 5500 Thlr. Obl. 6038 Thlr. 1 Sgr. 2 Pf.

Die Einnahme pro 1863 hat betragen: a) an Pacht und Miethe 800 Thlr., b) an Zinsen 255 Thlr., c) Insgemein 8 Thlr.; zusammen . . . . incl. 5500 Thlr. Obl. 7101 Thlr. 1 Sgr. 2 Pf.

Die Ausgabe dagegen hat betragen: 1) an Renten 103 Thlr., 2) Baukosten 105 Thlr. 27 Sgr., 3) Erziehungskosten 600 Thlr., 4) Verwaltungskosten 53 Thlr. 4 Sgr. 6 Pf.

sind . . . . 862 „ 1 „ 6 „

mithin bleibt Bestand incl. 5500 Thlr. Obl. 6238 Thlr. 29 Sgr. 8 Pf.

Zur Ertheilung der Decharge über die Rechnungen wurde das Waisenamt ermächtigt.

Die der Versammlung vorgelegten, im Wesentlichen mit den vorangehenden Etats übereinstimmenden, nur beim Besoldungs-Titel abweichenden Etats-Entwürfe für das Jahr 1865 wurden, nachdem die Stiftungs-Versammlung mit der beantragten Erhöhung der Gehälter, und zwar des Lehrers Eisfeldt auf jährlich 450 Thlr., des Lehrers Thomas auf jährlich 200 Thlr. und der Oekonomin und Waisenmutter Fräulein Dörrien, auf 200 Thlr. jährlich sich einverstanden erklärt, auch für die genannten Beamten pro 1863 an extraordinairen Remunerationen resp. 30 Thlr., 20 Thlr. und 20 Thlr. bewilligt hatte, genehmigt und durch Unterschrift anerkannt.

Behufs der neuen Constituirung des Waisen-Amtes in Gemäßheit des §. 48. der Grund-Verfassung schieden aus dem Amte der Geheime Ober-Rechnungs-Rath Giesecke als Vorsitzender und Se. Excellenz der Wirkliche Geheime Rath und Chef-Präsident der Ober-Rechnungs-Kammer Herr Dr. von Bötticher als Stellvertreter des Vorsitzenden; beide wurden jedoch einstimmig wiedergewählt.

Das Waisen-Amt besteht demnach aus den

Mitgliedern: Stellvertretern:
1) Herrn Geheimen Ober-Rechnungs-Rath Giesecke   1) Sr. Excellenz dem Königl. Wirklichen Geheimen
   als Vorsitzenden,   Rath und Chef-Präsidenten der Ober-Rechnungs-
2) Herrn Kreisgerichts-Rath Wolff,   Kammer Herrn Dr. von Bötticher,
3) Herrn Hofprediger Griffon,   2) Herrn Ober-Rechnungs-Kammer-Director Billaume,
4) Herrn General-Director Lenné,   3) Herrn Schulvorsteher Bröstke,
5) Herrn Stadtrath und Stadtältesten Fähnrich,   4) Herrn Geheimen Post-Rath und Ober-Post-
                                                      Director Bulde,
                                                   5) Herrn Rittergutsbesitzer von Türk,

dem Geschäftsführer Herrn Landrentmeister Herter, unter dessen Adresse alle schriftlichen Zuwendungen und Gelder erbeten werden.

Potsdam, den 10. Oktober 1864.

Das Waisen-Amt der Klein-Glienicker Waisen-Anstalt für die Provinz Brandenburg.

Redigirt im Büreau der Königlichen Regierung.

Druck der Hofbuchdruckerei von Trowitzsch u. Sohn in Frankfurt a. d. O.

Amts-Blatt
der Königl. Preuß. Regierung zu Frankfurt a/O.

№ 43. Frankfurt a. d. O., den 26. Oktober. **1864.**

Gesetz-Sammlung für die Königlichen Preußischen Staaten pro 1864.

No. 39. enthält: (No. 5953.) Statut, betreffend die Stiftung des Düppeler Sturm-Kreuzes. Vom 18. Oktober 1864.

(Nr. 5954.) Allerhöchster Erlaß nebst Tarif vom 26. September 1864, betreffend die für das Befahren des Klodnitz-Kanals, sowie für die Benutzung des Schiffsbauplatzes und der Lagerplätze an demselben zu erhebende Abgabe.

Verordnungen und Bekanntmachungen der Königlichen Regierung zu Frankfurt a. d. O.

I. Nach einer amtlichen Mittheilung der Kaiserlich-Königlich Oesterreichischen Statthalterei in Prag vom 10. d. M. ist die Rinderpest im Königreich Böhmen und zwar im Romadler Meierhofe bei Jungbunzlau zum Ausbruch gekommen.

Die Königlichen Regierungen zu Breslau und zu Liegnitz, deren Verwaltungsbezirke zunächst von der Einschleppung des Rinderpest-Contagiums bedroht sind, haben sich daher genöthigt gesehen, für ihre Departements die, durch § 2. der Allerhöchsten Cabinets-Ordre vom 27. März 1836 (Gesetz-Sammlung 1836 pag. 173) verordneten Schutzmaßregeln bereits in Wirksamkeit treten zu lassen.

Indem wir dies hiermit zur öffentlichen Kenntniß bringen, fordern wir unter Hinweisung auf die außerordentlichen Beilagen zu No. 23 und 24 unseres Amtsblatts vom Jahre 1856 die Viehbesitzer, die sämmtlichen Thierärzte und die betreffenden Behörden auf, dem Gesundheitszustand des Rindviehes schon jetzt ihre besondere Aufmerksamkeit zuzuwenden und irgendwie verdächtige Erkrankungen unter demselben bei der Behörde ohne Verzug zur Anzeige zu bringen. Frankfurt a. d. O., den 24. Oktober 1864.

II. Das Preis-Verzeichniß der Königl. Landesbaumschule zu Sans-Souci für 1864/65, auf welches das Publikum im Interesse der Baumzucht hierdurch aufmerksam gemacht wird, liegt bei sämmtlichen Königlichen Landraths-Aemtern, dem Königlichen Rent-Amte zu Sonnenburg und den Königlichen Domainen-Aemtern zur Einsicht offen. Frankfurt a. d. O., den 19. Oktober 1864.

Personal-Chronik.

Der Regierungs-Kanzlist Baron von Weleczek ist auf seinen Antrag vom 1. Januar k. J. ab in den Ruhestand versetzt worden.

Der bisherige Kanzlei-Diätar Pasch ist vom 1. Januar k. J. ab zum Regierungs-Kanzlisten ernannt worden.

Frankfurt a. d. O., den 18. Oktbr. 1864. Der Regierungs-Präsident. Frhr. v. Münchhausen.

Von dem unterzeichneten Consistorium sind die Candidaten: 1) Ferdinand Wilhelm Oskar Aeplinius aus Halberstadt, 2) August Eduard Wilhelm Medenwald aus Groß-Neuendorf, 3) Wilhelm Reinhold Carl Rühnick aus Brandenburg, 4) Theodor Erasmus Siebert aus Berlin, 5) Heinrich Otto Uhlmann aus Freiersdorf, 6) Walther Hermann Rudolf Braune aus Wleistock, für wahlfähig zum Predigtamte erklärt worden. Berlin, den 10. Oktober 1864. Königl. Konsistorium der Provinz Brandenburg.

Der praktische Arzt, Wundarzt und Geburtshelfer Dr. F. Nathanson ist von Finsterwalde nach Berlin verzogen.

Der Rechnungsführer Wuischack zu Sommerfeld ist zum außergerichtlichen Auktions-Commissarius für die dortige Stadt und den zwölfmeiligen Umkreis derselben innerhalb des Crossener Kreises bestellt worden, was hierdurch zur öffentlichen Kenntniß gebracht wird.

Der Rechtsanwalt und Notar von François in Hohenszweida ist unter Beibehaltung des Notariats im diesseitigen Departement vom 1. Dezember d. J. ab an das Königliche Kreisgericht in Guben mit Anweisung seines Wohnsitzes daselbst versetzt worden.

Für den zwölften Bezirk des Kreises Cottbus ist der Rentamts-Aktuarius Helge zu Sergen als Schiedsmann gewählt und bestätigt worden.

In der Stadt Cottbus ist für den Spremberger Stadt- und Vorstadt-Bezirk der *********** Siehr daselbst als Schiedsmann gewählt und bestätigt worden.

In der Stadt Bärwalde i. d. N. ist der Kaufmann W. Eichberg als Schiedsmann wiederum gewählt und bestätigt worden.

Vermischte Nachrichten.

(1) Der im Kalender auf den 22. und 23. November d. Js. in Sommerfeld angesetzte Krammarkt — am ersten Tage zugleich Viehmarkt — wird erst am 23. und 24. desselben Monats abgehalten werden.
Frankfurt a. d. O., den 20. Oktober 1864.   Königl. Regierungs-Abtheilung des Innern.

(2) Die Lehrstelle in Marienspring, Diöcese Landsberg a. d. W., und die Küster- und Lehrerstelle in Hohen-Grape, Diöcese Sonnin, erstere Königlichen Patronats, letztere Privat-Patronats, sind durch Versetzung erledigt.
Frankfurt a. O., den 24. Oktober 1864.   Königl. Regierung; Abtheilung für Kirchen- und Schulwesen.

(3) Bekanntmachung. „Grobe Eisenguß- und Eisenwaaren" werden vom 27. d. M. ab im Preußisch-Russischen Verbands-Güter-Verkehre via Eydtkuhnen auf den diesseitigen Bahnen des Verbandes zu den Sätzen der ermäßigten Klasse I.B. befördert.
Bromberg, Berlin, Breslau, Stettin, den 21. Oktober 1864.
Königliche Direktion der Ostbahn. — Königliche Direktion der Niederschlesisch-Märkischen Eisenbahn. — Direktion der Berlin-Hamburger Eisenbahn-Gesellschaft. — Königl. Direktion der Oberschlesischen Eisenbahn. — Direktorium der Berlin-Stettiner Eisenbahn-Gesellschaft.

(4) Ueber die Verwaltung des Kurmärkischen Landarmenwesens auf das Jahr 1863.

Unter Bezugnahme auf unsere Bekanntmachung vom 21. September d. J. (48. Stück des Amtsblatts der Königlichen Regierung zu Potsdam im 1863 und außerordentliche Beilage zum 43. Stück des Amtsblatts pro 1863 der Königlichen Regierung zu Frankfurt a. d. O.) werden über die Verwaltung des Kurmärkischen Landarmen-Fonds und insbesondere der Landarmenhäuser zu Strausberg und Prenzlau, des Landarmen- und Invalidenhauses zu Wittstock und der Land-Irren-Anstalt zu Neu-Ruppin folgende Nachrichten zur öffentlichen Kenntniß gebracht:

	Männer.	Weiber.	Kinder.	Summa.
I. Im Landarmenhause zu Strausberg befanden sich am Schlusse des Jahres 1862	461	65	116	642
und im Jahre 1863 sind eingeliefert worden	485	105	29	619
Summa	946	170	145	1261
Der Abgang beträgt	540	105	29	674
Es verblieben daher am Schlusse des Jahres 1863	406	65	116	587

Die 116 Kinder — nämlich 71 Knaben und 45 Mädchen — befanden sich in der von dem eigentlichen Correctionshause zwar völlig abgesonderten, rücksichtlich der Verwaltung jedoch damit verbundenen, Provinzial-Schul- und Erziehungs-Anstalt.

Im Durchschnitt haben sich in der Gesammt-Anstalt täglich 605 Personen und darunter 111 Schulkinder befunden. Von den übrigen 494 waren durchschnittlich 444 arbeitsfähig. Diese haben in 305 Arbeitstagen verdient: 1) bei der Maschinenspinnerei 1885 Thlr. 14 Sgr. 3 Pf., 2) bei der Leinwand-Fabrikation Nichts, 3) bei der Tuchweberei 179 Thlr., 4) bei der Kuhhaarspinnerei 986 Thlr. 15 Sgr. 11 Pf., 5) beim Weben baumwollener Zeuge 1998 Thlr. 4 Sgr., 6) bei der Schneiderei und Schuhmacherei 619 Thlr. 17 Sgr. 11 Pf., 7) beim Federnreißen, Pantinenmachen, Nähen ec. 640 Thlr. 17 Sgr. 5 Pf., 8) bei der Beschäftigung von Häuslingen außerhalb der Anstalt 6029 Thlr. 14 Sgr. 8 Pf., 9) bei den Oeconomie- und andern häuslichen Arbeiten 5693 Thlr. 10 Sgr.; Summa 18332 Thlr. 4 Sgr. 2 Pf. Der Arbeitsverdienst der Kinder beträgt 198 Thlr. 25 Sgr. 11 Pf.

II. Im Landarmenhause zu Prenzlau befanden sich am Schlusse des
Jahres 1862 . . . .
im Jahre 1863 sind eingeliefert worden . . . .

	Männer	Weiber	Summa
	282	41	323
	319	44	363
Summa	601	85	686
Der Abgang beträgt	330	47	377
Es verblieben daher am Schlusse des Jahres 1863.	271	38	309

Im Durchschnitt haben sich in der Anstalt täglich 294 Personen befunden, worunter 255 arbeitsfähig
waren. Diese haben in 305 Arbeitstagen verdient: 1) bei der Maschinenspinnerei 845 Thlr. 4 Sgr. 2 Pf.,
2) bei der Leinwandfabrikation Nichts, 3) bei der Tuchweberei Nichts, 4) bei der Düngepulver-Fabrikation
22 Thlr., 5) bei der Schneiderei und Schuhmacherei 365 Thlr. 5 Sgr., 6) für die Beschäftigung von
Häuslingen außerhalb der Anstalt 5662 Thlr. 15 Sgr., 7) beim Federnreißen, Pantinenmachen, Strumpfstricken, Kälberhaarspinnen rc. 889 Thlr. 8 Sgr. 6 Pf., 8) bei der Oekonomie und andern häuslichen Arbeiten 3253 Thlr. 10 Sgr.; Summa 11037 Thlr. 9 Sgr. 8 Pf.

III. A. In der für Corrigenden, Hospitaliten, Blinde und
Blödsinnige bestimmten Abtheilung des Landarmen- und Inv.-Arbeits-
hauses bei Wittstock befanden sich am Schlusse des Jahres 1862
im Jahre 1863 sind incl. Corrigenden eingeliefert worden . . .

	Hospitaliten	Blödsinnige	Kinder	Summa
	242	155	17	414
	78	31	5	114
Summa	320	186	22	528
Der Abgang beträgt	84	46	2	132
Bleibt am Schlusse des Jahres Bestand	236	140	20	396

Unter den 376 Erwachsenen befanden sich 245 Männer und 131 Weiber, und unter 20 Kindern
17 Knaben und 3 Mädchen.

Im Durchschnitt haben sich in der Anstalt täglich 376 Pflegelinge incl. 13 Blinde und darunter 145
Kranke und Arbeitsunfähige befunden. Die übrigen 231 Personen haben durch Federnreißen, Strumpfstricken,
Wollspinnen, Strohdeckenflechten, bei der Schneiderei und Schuhmacherei rc. und durch Beschäftigung außerhalb der Anstalt gegen Tagelohn 1653 Thlr. 4 Sgr. 4 Pf., sowie bei den Oekonomie- und anderen häuslichen Arbeiten 2087 Thlr. 13 Sgr. 9 Pf., Summa 3740 Thlr. 18 Sgr. 1 Pf. verdient.

B. Die Zahl der Invaliden incl. der aus dem Invalidenhause bei Wittstock beurlaubten und der aus der
Landarmen-Haupt-Kasse entschädigten betrug am Schlusse des Jahres 1862: 21; der Abgang im Jahre 1863
beträgt 2; es blieben daher am Schlusse des Jahres in Bestand 19, einschließlich deren Frauen und Kinder.

IV. In der Land-Irren-Anstalt zu Neu-Ruppin befanden sich am
Schlusse des Jahres 1862 in vier verschiedenen Verpflegungsklassen
im Jahre 1863 sind aufgenommen worden . . . .

	Männer	Weiber	Summa
	97	56	153
	37	36	73
Summa	134	92	226
Davon sind:			
1) als geheilt entlassen	21	19	40
2) als gebessert entlassen	2	2	4
3) ungeheilt aus der Anstalt zurückgenommen	—	—	—
4) gestorben	6	3	9
5) nach anderen Anstalten transferirt	7	9	16
	36	33	69
Es sind also im Jahre 1863 überhaupt abgegangen und am Schlusse desselben darin verblieben.	98	59	157

Die Durchschnittszahl der in der Anstalt verpflegten Personen betrug im Jahre 1863
täglich 161. Zur Arbeit konnten 108 verwendet werden und sie haben: 1) durch Flachs- und Heedespinnen
8 Thlr. 15 Sgr., 2) durch Federnreißen 56 Thlr. 10 Sgr., 3) durch Strohdeckenflechten 141 Thlr. 27 Sgr.,
4) durch andere Handarbeiten 221 Thlr. 21 Sgr. 9 Pf., zusammen 428 Thlr. 13 Sgr. 9 Pf. baar verdient, sodann auch noch durch Ersparniß an Ausgaben für verschiedene Verrichtungen in der Anstalt und
Ackerbau 424 Thlr. 10 Sgr., im Ganzen also 852 Thlr. 23 Sgr. 9 Pf. eingebracht.

V. Die Kosten der Verpflegung und Bekleidung einschließlich der allgemeinen Kosten der Administration der Anstalten haben im Jahre 1863 betragen für

Zahl der im Durchschnitt täglich Verpflegten.		Thl.	Sgr.	Pf.
	A. In der Anstalt zu Straußberg.			
494	Detinirte (incl. 1 interimistischen Domestiken)	33,802	13	9
111	Kinder	7,905	27	1
	B. In der Anstalt zu Prenzlau.			
294	Detinirte (incl. 3 interimistische Domestiken)	21,423	3	8
	C. In der Anstalt zu Wittstock.			
10	Invaliden, incl. der Beurlaubten }	21,958	23	11
376	Hospitaliten, Blödsinnige, Blinde ꝛc. }			
	D. In der Anstalt zu Neu-Ruppin.			
161	Geisteskranke	18,119	28	2
1,446	zusammen	103,210	6	7

Diese Kosten, jedoch in Betreff der Anstalten zu Straußberg und Prenzlau mit Ausschluß der Transport-, Arznei- und Begräbnißkosten, haben für eine Person pro anno durchschnittlich betragen:

	incl.			excl.		
	\multicolumn{6}{c}{der allgemeinen Kosten}
	Thl.	Sgr.	Pf.	Thl.	Sgr.	Pf.
1) in der Anstalt zu Straußberg:						
für einen gesunden arbeitsfähigen Detinirten	64	19	6	33	21	1
für einen Kranken	73	19	10	42	21	5
für ein Kind	68	6	1	37	7	8
2) in der Anstalt zu Prenzlau:						
für einen gesunden arbeitsfähigen Detinirten	69	3	11	31	11	10
für einen Kranken	75	26	6	38	4	5
3) in der Anstalt zu Wittstock:						
für einen Invaliden, incl. der mit Geldentschädigung beurlaubten	60	14	—			
für einen Hospitaliten oder Blödsinnigen	56	23	9			
4) in der Anstalt zu Neu-Ruppin:						
für einen Geisteskranken durchschnittlich	112	16	5			

VI. An Armen-Unterstützungen, Kur-, Verpflegungs- und Detentionskosten sind gezahlt 4,976 Thlr. 4 Sgr. 1 Pf., an Invaliden-Verpflegungsgeldern außer den sub V. C. für Invaliden angegebenen Kosten aus der Landarmen-Hauptkasse direkt noch 517 Thlr., sowie zur Beförderung des Taubstummen-Unterrichts 300 Thlr.; zusammen also 5,793 Thlr. 4 Sgr. 1 Pf.

	Baar und in zinstragenden Dokumenten.			Werth der Natural-Bestände in den Anstalten.		
VII. Der Abschluß des Vermögensbestandes des Kurmärkischen Landarmen-Fonds ergab am Schlusse des Jahres 1862 einen Bestand von	134,292	24	2	13,049	6	10
und weiset am Schlusse des Jahres 1863 einen Bestand von	109,352	26	2	10,822	21	6

nach. Außerdem gehört zu dem Vermögen des Kurmärkischen Landarmenfonds noch der Werth der Grundstücke und der Gebäude, sowie das gesammte Inventarium der genannten vier Anstalten.

Berlin, den 25. September 1864.   Ständische Landarmen-Direktion der Kurmark.
         Scharnweber.   Jacobi.   Friedrich.

(5) **Bekanntmachung.** Vom 1. November d. J. ab wird, gegen Einziehung der Kariolpost von Drehna nach Luckau, die Post-Expedition in Drehna mit der in Zinnitz durch eine täglich zweimalige Botenpost verbunden werden, welche sich in Zinnitz an die Personenposten zwischen Calau und Luckau anschließen wird.

Frankfurt a. d. O., den 22. Oktober 1864.   Der Ober-Post-Direktor. gez. Hoppe.

— 221 —

Amts-Blatt
der Königl. Preuß. Regierung zu Frankfurt a/O.
№ 44.   Frankfurt a. d. O., den 2. November.   1864.

Gesetz-Sammlung für die Königlichen Preußischen Staaten pro 1864.

No. 40. enthält: (No. 5955.) Privilegium zur Ausgabe auf den Inhaber lautender Rettwiger Stadtobligationen zum Betrage von 75,000 Thalern. Vom 26. August 1864.
(No. 5936.) Allerhöchster Erlaß vom 26. September 1864, betreffend die Genehmigung der von der Generalversammlung des landschaftlichen Kredit-Vereins für die Provinz Posen im Jahre 1858 gefaßten Beschlüsse.

Bekanntmachung. Die Chausseen: 1) von Züllichau bis zur Kreisgrenze in der Richtung auf Unruhstadt und 2) von Schwiebus bis zur Kreisgrenze in der Richtung auf Meseritz, im Regierungsbezirk Frankfurt a. d. O., sind in das Verzeichniß derjenigen Straßen, auf denen der Gebrauch von Radfelgen unter 4 Zoll Breite in Folge des §. 1. der Verordnung vom 17. März 1839 für alles gewerbsmäßig betriebene Frachtfuhrwerk verboten ist, aufgenommen worden.   Berlin, den 15. Oktober 1864.
Der Minister für Handel, Gewerbe und öffentliche Arbeiten.

Die Bekanntmachung vom 2. Juni cr. — Amtsblatt de 1864 Seite 133 — die von dem Lieutenant und Ingenieur-Geographen Wolff zu Berlin unter Mitwirkung der hiesigen Königlichen Regierung herausgegebene Niveau- (Höhen-) Karte nebst Beschreibung (Hypsographie) vom diesseitigen Regierungs-Bezirk betreffend, wird mit dem Bemerken in Erinnerung gebracht, daß dieses seiner Gemeinnützigkeit wegen empfehlenswerthe Werk in der hiesigen Buchhandlung von G. Harnecker und Comp. am Markt im Leinwandhause zu dem festgesetzten Ladenpreise von 1 Thlr. pro Exemplar zu haben ist.
Frankfurt a. d. O., den 22. Oktbr. 1864.   Der Regierungs-Präsident.   Frhr. v. Münchhausen.

Verordnungen und Bekanntmachungen der Königlichen Regierung zu Frankfurt a. d. O.

Das Königliche Ober-Präsidium der Provinz Brandenburg hat auf Grund des §. 1. des Gesetzes vom 14. April 1856 die Einverleibung der bisher zum Königlichen Domainen-Vorwerke Klein-Wublser gehörigen, laut Vertrag vom 11. Oktober cr. an a) den Eigenthümer und Küßer Julius Puhle, b) den Schneidermeister Wilhelm Krätze, c) den Eigenthümer und Schmiedemeister August Bensch, sämmtlich zu Klein-Wublser veräußerten Parzellen, zum Flächen-Inhalte von zusammen $35^{101}/_{144}$ □Ruthen, in den Communal-Verband der Dorfgemeinde Klein-Wublser, Kreis Königsberg, mittelst Rescripts vom 26. Februar cr. genehmigt.   Frankfurt a. d. O., den 24. Oktober 1864.

Personal-Chronik.

Des Königs Majestät haben mittelst Allerhöchsten Erlasses vom 19. v. Mts. dem Küster und Lehrer Knappe zu Mehsau, Diöcese Züllichau, das Allgemeine Ehrenzeichen zu verleihen geruht.
Der Regierungs-Referendarius Graf von Kaniz ist bei der hiesigen Regierung eingetreten.
Der Regierungs-Assessor von Itzenplitz ist der hiesigen Regierung zur Beschäftigung überwiesen worden.
Frankfurt a. d. O., den 28. Oktober 1864.   Der Regierungs-Präsident Frhr. v. Münchhausen.
Der von den Stadtverordneten getroffenen Wahl gemäß ist der Gerichts-Assessor Richard Carl Adalbert Prüfer als Syndicus der Stadt Landsberg a. d. W. bestätigt worden.
Der praktische Arzt, Wundarzt und Geburtshelfer Dr. Franz Albert Lüttkemüller ist von Dreblau nach Finsterwalde gezogen.
Der praktische Arzt, Wundarzt und Geburtshelfer Dr. Friedrich Rudolph Albrecht hat sich in Dreblau niedergelassen.

— 222 —

Der Apotheker Carl Eduard Moritz Ernst Ruppnow hat die privilegirte Apotheke in Schlaben käuflich erworben.

Nachweisung der im Monat Oktober 1864 erfolgten Berufungen in Lehrer- resp. Küster- und Lehrer-Stellen: 1) Wilhelm Jähne, zum Küster und Lehrer in Atterwasch, Ephorie Guben; 2) Ernst Otto Theodor Redlich, zum Lehrer in Grapkow, Ephorie Crossen, 3) August Theodor Schulz, zum Küster und Lehrer in Tornow, Ephorie Landsberg a. d. W.; 4) Carl Friedrich Wilhelm Süß, zum Lehrer in Jägersburg, Ephorie Arnswalde; 5) Johann Sykora, zum Lehrer in Merzdorf, Ephorie Cottbus; 6) Johann Carl August Gast, zum Lehrer in Cobbeln, Ephorie Guben; 7) Christian Friedrich Julius Cullies, zum Küster und Schullehrer-Adjunkt in Sachsendorf, Ephorie Frankfurt II.; 8) Johann Christian Müller, zum Küster und Lehrer in Tornow, Ephorie Crossen; 9) Johann Georg Gottlieb Schuster, zum ersten Lehrer in Sandow, Ephorie Cottbus; 10) Wilhelm Eduard Grüger, zum Lehrer in Zielenzig, Ephorie Sternberg I.; 11) Wilhelm Zöllner, zum Lehrer in Zielenzig, Ephorie Sternberg I.; 12) Ernst Gottlieb Herold, zum Lehrer in Crossen; 13) Emil Fischer, zum provisorischen Hilfslehrer in Woldenberg, Ephorie Friedeberg i. d. N.; 14) Theodor Förster, zum provisorischen Lehrer in Crossen.

Personal-Veränderungen im Bereiche der Königlichen Intendantur 3. Armee-Corps.

I. Ernennungen: 1) von Schwedler, Intendantur-Assessor zum Militair-Intendantur-Rath ernannt, 2) Leste, Intendantur-Rath zum Militair-Intendanten des 1. Armee-Corps ernannt, 3) Zander, Gerichts-Assessor und 4) Alle, Gerichts-Assessor zu Militair-Intendantur-Assessoren ernannt, 5) Joachimi, überzähliger Intendantur-Sekretair zum etatsmäßigen Intendantur-Sekretair ernannt.

II. Versetzungen: 1) Techow, Intendantur-Referendar von der Intendantur des 1. Armee-Corps und 2) Schulz, Intendantur-Referendar von der Intendantur des 2. Armee-Corps zur Provinzial-Intendantur des 3. Armee-Corps versetzt, 3) Gütling, Proviantamts-Assistent in Spandau nach Königsberg i. Pr. versetzt.

Vermischte Nachrichten.

(1). Die Küster- und Lehrerstelle in Seese, Diöcese Calau, Privat-Patronats, ist durch den Tod des bisherigen Inhabers erledigt.

Frankfurt a. d. O., den 31. Oktober 1864. Königl. Regierung; Abtheilung für Kirchen- und Schulwesen.

(2) Bekanntmachung. In Gemäßheit der Bestimmungen §§. 39. 41. 46. und 47. des Gesetzes vom 2. März 1850 über die Errichtung von Rentenbanken (Gesetz-Sammlung de 1850 Seite 119/120 wird am 12. November d. J. Vormittags 10 Uhr in unserem Geschäfts-Lokale, Alte Jakobsstraße No. 106. hierselbst, die halbjährlich vorzunehmende Verloosung von Rentenbriefen, sowie die Vernichtung früher ausgelooster und eingelieferter Rentenbriefe nebst Coupons unter Zuziehung der von der Provinzial-Vertretung gewählten Abgeordneten und eines Notars stattfinden. Berlin, den 25. Oktober 1864.

Königliche Direktion der Rentenbank für die Provinz Brandenburg. (gez.) Hebber.

(3) Bekanntmachung. Vom heutigen Tage bis zum 1. Januar k. J. wird auf der Ostbahn der Frachtsatz für Kartoffel-Transporte in Wagenladungen von mindestens 100 Centnern, welche von diesseits belegenen Stationen nach Elbing und den weiter östlich belegenen Ostbahn-Stationen befördert werden sollen, ausnahmsweise auf Einen Pfennig pro Centner und Meile neben einer festen Expeditionsgebühr von 1 Thlr. pro 100 Ctnr. ermäßigt. Der Transport erfolgt im Uebrigen unter den Bedingungen des Betriebs-Reglements und der allgemeinen Tarif-Vorschriften.

Bromberg, den 25. Oktober 1864. Königliche Direktion der Ostbahn.

(4) Bekanntmachung. „Glycerin" wird vom 1. November d. J. ab auf der Ostbahn, und außerdem im Verkehre der Stationen der Strecke Berlin-Frankfurt a. d. O. mit Stationen der Ostbahn und deren Anschlußbahnen, nach Maßgabe der Bekanntmachung vom 4. Juli d. J., zum Satze der ermäßigten Klasse A. des Ostbahn-Tarifs befördert.

Bromberg, den 27. Oktober 1864. Königliche Direktion der Ostbahn.

(5) Bekanntmachung. Zu Arnswalde wird am 1. November cr. eine Telegraphen-Station mit beschränktem Tagesdienste (cfr. §. 4. des Reglements für die telegraphische Correspondenz im Deutsch-Oesterreichischen Telegraphen-Verein) eröffnet werden.

Berlin, den 28. Oktober 1864. Königliche Telegraphen-Direktion.

Hierzu eine außerordentliche Beilage, enthaltend das Regulativ für die Erhebung und Beaufsichtigung der durch das Gesetz vom 30. Mai 1820 eingeführten Mahl- und Schlachtsteuer in der Stadt Königsberg i. N.

Redigirt im Büreau der Königl. Regierung.
Druck der Hofbuchdruckerei von Trowitzsch u. Sohn in Frankfurt a. d. O.

Außerordentliche Beilage
zum Amtsblatt № 44. der Königlich Preuß. Regierung in Frankfurt a. d. O.

Ausgegeben den 2. November 1864.

Bekanntmachung.

Durch den Erlaß des Königlichen Finanz-Ministeriums vom 13. Oktober d. J. III. 20,002. ist bestimmt, daß am 1. Dezember 1864 das bisher für die Stadt Königsberg i. N. gültige Mahl- und Schlachtsteuer-Regulativ außer Kraft und an dessen Stelle das nachfolgende in Kraft tritt. Dies wird hierdurch mit dem Bemerken zur öffentlichen Kenntniß gebracht, daß Abdrücke des neuen Regulativs bei dem Königl. Steuer-Amt in Königsberg i. N. zu dem Preise von zwei Silbergroschen für das Exemplar zu kaufen sind.

Frankfurt a. d. O., den 20. Oktober 1864.

IV. 5401. Königliche Regierung, Abtheilung für indirekte Steuern.

Regulativ
für die Erhebung und Beaufsichtigung der durch das Gesetz vom 30. Mai 1820 eingeführten Mahl- und Schlachtsteuer in der Stadt Königsberg i. N.

Erster Abschnitt.
Allgemeine Bestimmungen.

A. Oertliche Begrenzung und Steuerpflichtigkeit.

1. Stadtbezirk.

§. 1. Die Mahl- und Schlachtsteuer ruhet zunächst auf dem Stadtbezirke von Königsberg i. N. Derselbe wird durch eine Linie begrenzt, welche mit wenigen Abweichungen die Stadtmauer bildet. Dieselbe fängt am Bernikower Thore an und folgt der Stadtmauer bis zum Schwedter Thore. Hier verläßt sie das Thor, nimmt das Thorwärterhaus und nach Durchschneidung der Straße jenseits der Brücke die sogenannte Schwedter Mühle auf, kehrt dann zum Thore zurück und läuft wieder längst der Stadtmauer bis zum Königlichen Militair-Lazareth, schließt dieses ein und folgt dann der Stadtmauer bis zum Bieradener Thore. Nachdem sie hier die außerhalb des Thores belegene Bieradener Mühle nebst Wohngebäude aufgenommen, geht sie längst der Stadtmauer bis zu ihrem Ausgangspunkt am Bernikower Thore zurück.

Der Stadtbezirk umfaßt also jetzt:
1) Alle innerhalb der die Stadt umgebenden Mauer belegenen Besitzungen.
2) Die vor dem Bieradener Thore belegene Wassermühle nebst Wohngebäude.
3) Die vor dem Schwedter Thore belegene Mühle.
4) Das Königliche Militair-Lazareth.

2. Aeußerer Stadtbezirk.

§. 2. Alle jetzt vorhandenen oder künftig entstehenden Ortschaften und einzelne Anlagen, deren Anfangspunkte von der letztbewohnten Anlage des Stadtbezirkes (§. 1.) in gerader Richtung nicht über eine halbe Meile entfernt sind, bilden mit dem dazwischen liegenden Raume den äußeren Stadtbezirk, in welchem nur die §. 1. des Gesetzes vom 2. April 1852 zur Ergänzung des Mahl- und Schlachtsteuer-Gesetzes vom 30. Mai 1820 (Gesetz-Sammlung 1852 Seite 107) genannten Gewerbetreibenden neben der Klassensteuer oder klassifizirten Einkommensteuer, die Mahl- und Schlachtsteuer zu entrichten haben.

Für jetzt sollen dahin gerechnet werden:
1) die vor dem Bornikower Thore belegenen vorstädtischen Besitzungen,
2) die vorstädtischen Besitzungen vor dem Bieradener Thore, ausschließlich der Bieradener Mühle,

3) die vorstädtischen Besitzungen vor dem Schwedter Thore, ausschließlich der Schwedter Mühle,
4) die in der Feldmark der Stadt Königsberg belegenen Besitzungen: a. Kabell, b. Röhl, c. Frohnhöfer, d. Schmidt, e. Wahlberg, f. Nicolai, g. Steinkrug, h. Marienhof, i. Toussaint, k. Grenzhof (Krüger), l. Quandt, m. die Ziegelei von Mahlow, n. Lindhof (Rechenberg),
5) das Dorf Bernikow,
6) das Vorwerk Favorit,
7) die Mühlen: a. die Graupen- oder Walkmühle, b. die Gutenmühle, c. die Windmühle des Hallang, d. die Windmühle des Werner, hinter dem Dorfe Bernikow.

B. Beamte.
1. Zur Aufsicht.
§. 3. Beide Bezirke (§§. 1. und 2.) mit allen in Bezug auf die Mahl- und Schlachtsteuer erlaubten und verbotenen Eingängen und Straßen stehen für die Mahl- und Schlachtsteuer unter Aufsicht der Steuerbeamten.

2. Zur Erhebung.
§. 4. Die Erhebung der Mahl- und Schlachtsteuer erfolgt durch das im Rathhause am Markt belegene mit der Waage-Expedition verbundene Steuer-Amt und durch die Thor-Expeditionen am Bernikower, Schwedter und Vieradener Thore in so weit als letztere nach §§. 59. u. 82. dazu befugt sind.

C. Stadteingänge und Steuerstraßen.
a. Einhalten derselben.
§. 5. Der Transport aller Fleisch- und Backwaaren, ingleichen der Mühlenfabrikate, vom Eintritt in den Stadtbezirk (§. 1.) und beziehungsweise von den Mühlen ab bis zur erlangten schließlichen Abfertigung ist, gleichviel, ob dergleichen Gegenstände für den Stadtbezirk oder bloß zum Durchgange bestimmt sind, nur auf den nachstehend (§. 6.) bezeichneten Steuerstraßen, und zwar ohne Abweichung, ohne Aufenthalt und ohne irgend eine Veränderung der Ladung zulässig.

Bei dem Transport von Vieh sind die im §. 71. und folgenden ertheilten Vorschriften zu beachten.

b. Bezeichnung der Steuerstraßen.
§. 6. Die Stadt-Eingänge und Steuerstraßen sind von der Grenze des engeren Stadt-Bezirkes ab gerechnet:
1) Das Bernikower Thor und von da die Bernikower- und Königsstraße am Markt vorbei in die Rathhausgasse zum Steueramte,
2) die Schwedter Chaussee bis zur Thor-Expedition und von da ab die Schwedterstraße durch die Rathhausgasse zum Steueramte,
3) die Straße an der Vieradener Mühle vorbei bis zur Thor-Expedition und von da ab die Vieradenerstraße durch die Rathhausgasse zum Steueramte.

c. Meldung und Vorführung bei den Abfertigungsstellen.
§. 7. Wer mahl- und schlachtsteuerpflichtige Gegenstände in den Stadtbezirk einführen oder deren Ausgang aus denselben nachweisen will, ist verpflichtet vor den Thor-Expeditionen unaufgefordert anzuhalten. Die ein- oder auszuführenden Gegenstände sind der Abfertigungsstelle nach Art, Gattung, Menge und Zahl der Frachtstücke genau anzusagen und mit den etwa dazu gehörigen Papieren zur Untersuchung und Abfertigung zu stellen, auch ist hierbei erforderlichen Handleistungen nach Anleitung der Abfertigungs-Beamten vom Anmeldenden zu verrichten oder verrichten zu lassen, es mag eine Steuerentrichtung bei Thor-Expeditionen erfolgen können, oder nicht.

§. 8. Steuerpflichtige Gegenstände, welche für Bewohner des vor den Thoren belegenen Theiles des Stadtbezirkes (§. 1.) oder für Steuerpflichtige im äußeren Stadtbezirke (§. 2.) eingehen, sind gleichfalls auf den §. 6. bezeichneten Steuerstraßen zu den Thor-Expeditionen zu führen und wie §. 7. vorgeschrieben zur Abfertigung zu gestellen. Vor erfolgter Versteuerung dürfen dieselben nicht in die Wohnungen oder Gehöfte der Empfänger aufgenommen, anderweit niedergelegt oder gewerbsweise verkauft oder feil gehalten werden.

D. Zeit für Eingang und Abfertigung.
1. Bei dem Steuer-Amte und der Waage-Expedition.
§. 9. Das Steuer-Amt und die damit verbundene Waage-Expedition sind täglich mit Ausschluß der Sonn- und Feiertage für die Abfertigungen geöffnet und zwar:

a. in den Wintermonaten Oktober bis Februar einschließlich, Vormittags von 8 bis 12 Uhr und Nachmittags von 1 bis 5 Uhr;
b. in den übrigen Monaten Vormittags von 7 bis 12 Uhr und Nachmittags von 2 bis 5 Uhr.

2. Bei den Thor-Expeditionen.

§. 10. Die Thor-Expeditionen geben die Abfertigungen, welche sie innerhalb ihrer Befugniß §§. 59. und 82. schließlich ertheilen können:

a. in den Wintermonaten Oktober bis Februar einschließlich, von 6 Uhr Morgens bis 10 Uhr Abends;
b. in den übrigen Monaten von 4 Uhr Morgens bis 10 Uhr Abends.

3. Allgemeine Bestimmungen für die Abfertigungsstellen.

§. 11. Nur innerhalb dieser Dienststunden (§§. 9. u. 10.) dürfen Gegenstände, je nachdem solche der Abfertigung bei dem Steuer-Amte oder nur bei einer der Thor-Expeditionen bedürfen, in den Stadtbezirk eingehen. Der Eingang muß so zeitig erfolgen, daß die Gegenstände vor Ablauf der Dienststunden bei dem Steuer-Amte, beziehungsweise der Waage-Expedition, wenn hier die Abfertigung erfolgt, eintreffen. Jedoch kann während der nach §. 9. für die Abfertigung geschlossenen Mittagszeit und des Morgens eine Stunde vor Anfang der Dienststunden der Eingang bis zur Thor-Abfertigungsstelle erfolgen in so weit als dadurch der Verkehr nicht gehemmt wird. Die steuerpflichtigen Gegenstände müssen aber daselbst unverändert bis zum Beginn der Dienststunden verbleiben.

Mühlenfabrikate, bei denen es zweifelhaft ist, zu welchem Steuersatze sie gehören, können nur abgefertigt werden, so lange das Tageslicht ihre gründliche Revision zuläßt.

E. Allgemeine Controle beim Eingang in den Stadtbezirk.

§. 12. Ein Jeder, der sich mit Fuhrwerk oder anderen Transportmitteln, mit Behältnissen oder Geträge in den Stadtbezirk begiebt, ist, auch wenn er keine mahl- und schlachtsteuerpflichtigen Gegenstände oder Vieh transportirt, verpflichtet, bei den Abfertigungsstellen an den Thoren anzuhalten, sobald er von dem Aufsichtsbeamten dazu aufgefordert wird. Derselbe ist sodann verpflichtet, über die transportirten Gegenstände die verlangte Auskunft zu geben und dieselben sowie auch die Transportmittel und deren Behältnisse Behufs deren Revision offen zu legen und zugänglich zu machen.

Zweiter Abschnitt.
Mahlsteuer.

A. Aufsicht auf die Mühlen.

I. Deren Ausdehnung im Allgemeinen.

§. 13. Sämmtliche im innern und äußeren Stadtbezirke (§§. 1. und 2.) vorhandene und später noch entstehende Mühlen sind der Aufsicht der Steuerbehörde unterworfen, welche Aufsicht je nach Maaßgabe des durch die Mühle gewöhnlich geförderten Mahlgutes entweder eine besondere, oder eine allgemeine ist.

II. Nach Verschiedenheit der Mühlen.

1. Mühlen unter besonderer Steuer-Controle.

§. 14. Unter besonderer Steuer-Controle stehen:
1) die Bieradener Mühle vor dem Bieradener Thore, 2) die Schwedter Mühle vor dem Schwedter Thore.

2. Mühlen unter allgemeiner Aufsicht.

§. 15. Außer diesen unter besonderer Aufsicht stehenden Mühlen sind alle im äußeren Stadtbezirke belegenen Mühlen einer allgemeinen Aufsicht der Steuerbehörde unterworfen, jetzt namentlich:
1) Die Gutemühle, 2) die Graupenmühle, 3) die Windmühle des Hallang vor dem Bernikower Thore, 4) die Windmühle des Bauergutsbesitzers Werner hinter dem Dorfe Bernikow.

3. Privat-Mühlen.

§. 16. Für Mühlen zum Privatgebrauch auch für Malz-Schrootmühlen und Malz-Quetschmaschinen, soweit solche überhaupt gesetzlich zulässig sind, bestehen besondere Vorschriften, auf welche verwiesen wird.

4. Mühlen für andere Zwecke.

§. 17. Mühlen, welche nicht dazu eingerichtet und bestimmt sind, Mahlgut aus Körnern zu bereiten, dürfen dazu ohne Genehmhaltung der Steuerbehörde künftighin nicht eingerichtet und benutzt werden und stehen in dieser Hinsicht unter Aufsicht der Steuerbehörde.

5. Neu entstehende Mühlen.

§. 18. Neue Mühlen dürfen im engeren und äußeren Stadtbezirke nur mit Verwilligung der Steuerbehörde angelegt werden, welche vorher bestimmen wird, wie solche neue Anlagen in Bezug auf die Mahlsteuer zu behandeln sind.

B. Behandlung der unter besonderer Aufsicht stehenden Mühlen.
1. Allgemeine Bestimmungen.
1. Form der Steuer-Entrichtung.

§. 19. Von dem steuerpflichtigen Mahlgute, welches auf den im §. 14. genannten Mühlen bereitet werden soll, muß vorher die Körnersteuer nach §. 3. des Mahl- und Schlachtsteuer-Gesetzes vom 30. Mai 1820 bei dem Steuer-Amte (§§. 4. und 31.) entrichtet werden.

2. Mahlscheine.
a. deren Erforderniß.

§. 20. Auf den unter besonderer Aufsicht stehenden Mühlen (§. 14.) muß alles Mahlgut mit genau damit übereinstimmenden Mahlscheinen versehen sein. Diese werden ertheilt von der Waage-Expedition bei dem Steuer-Amte.

b. in Bezug auf Menge der Körner.

§. 21. Ueber mehr als 24 Centner und über weniger als ein viertel Centner, wird ein Mahlschein nicht ausgefertigt. Wer gleichzeitig mehr als 24 Centner zur Mühle bringen will, muß daher mehr als einen Schein nehmen. Wer gleichzeitig über 3 Centner bis 24 Centner zur Mühle bringt, kann nach seiner Wahl mehrere Mahlscheine nehmen; den einzelnen Schein jedoch nicht über weniger als 3 Centner.

c. in Bezug auf die Körnergattung.

§. 22. Ueber Getreidearten, welche verschiedenen Steuersätzen unterliegen, werden verschiedene Mahlscheine ausgefertigt, also für Getreide zur Hauptsteuer nach dem Satze von 20 Sgr. vom Centner besonders, und für Getreide zur Nebensteuer von 5 Sgr. vom Centner ebenfalls besonders.

Wer Körner von verschiedenen Steuersätzen in Vermischung mahlen lassen will, muß von dem Gemenge, auch wenn die Beimengung von Körnern zum ersten Satz nur gering wäre, den höhern Steuersatz entrichten. Uebrigens muß, und zwar schon vor der Absendung zur Mühle:

a. rohes Getreide zu Branntweinschroot mindestens zum sechszehnten Theile mit gemälzten Körnern gemischt sein;

b. ingleichen alles nicht zum Brauen bestimmte und versteuerte Malz mindestens zum sechszehnten Theile mit ungemälztem Roggen; stärkere Mischung zu fordern, bleibt der Steuerbehörde vorbehalten.

Von der Vermischung zu b. bleibt jedoch dasjenige Malz befreit, welches erweislich als Branntweinschroot in Kartoffelbrennereien verwendet wird.

3. Transport zu und aus der Mühle.

§. 23. Getreide zur Mühle und Mahlgut aus der Mühle soll nur in den oben §. 9. bestimmten Abfertigungsstunden zur Waage-Expedition angenommen und von derselben verabfolgt werden.

Diejenige Getreidemenge, worauf ein Mahlschein lautet, muß zusammen zur Mühle und ebenso das bereitete Mahlgut zusammen aus der Mühle und zur Waage geben.

Auch muß das Getreide jedenfalls denselben Tag und zwar, ist es in den Vormittagsstunden bis 11 Uhr versteuert, zur Vormittags, und sonst am Nachmittage zur Mühle gebracht werden.

Es dürfen die Müller ältere Mahlscheine nicht annehmen, wenn die Waage-Expedition nicht in besonderen Fällen eine Ausnahme auf dem Mahlscheine ausdrücklich bewilligt hat.

4. Bezeichnung der Säcke.

§. 24. Die Säcke, in denen Mahlgut zur Mühle oder nach erfolgter Vermahlung aus der Mühle gebracht wird, müssen mit dem in großen schwarzen Buchstaben und vollständig ausgeschriebenen Namen und Wohnort des Mahlgastes bezeichnet sein. Für die Befolgung dieser Vorschrift ist sowohl der Müller als der Mahlgast verantwortlich.

5. Gewichtsverhältniß des fertigen Mahlguts zu den Körnern.
Rückverwiegungssätze:

§. 25. Bei der Verwiegung des fertigen Mahlgutes gelten die folgenden Sätze für das zurückkommende Mahlgut im Vergleiche zu den versteuerten Körnern und zwar ohne Rücksicht auf Anfeuchtung:

Von 1 Centner Weizen: geschrootet: 99 Pfund Schroot, gebeutelt: 84 Pfund Mehl und 11 Pfund Kleie u. s. w.

Von 1 Centner Roggen: geschrootet: 99 Pfund Schroot, gebeutelt: 86 Pfund Mehl, 11 Pfund Kleie u. s. w.
Von 1 Centner Gerste: geschrootet: 98 Pfund Schroot, gebeutelt: 83 Pfund Mehl, 12 Pfund Kleie u. s. w.
Von 1 Centner Hafer: geschrootet: 98 Pfund Schroot.
Mehr Schroot oder Mehl und Kleie, als diesen Sätzen entspricht, darf nicht vorhanden sein.

6. Transport des Mahlguts.

§. 26. Der betreffenden Mahlpost muß die Steuerquittung bis zum Bestimmungsorte beigefügt sein, damit das Mahlgut auf dem Transport zu jeder Zeit legitimirt ist. Der Führer desselben hat sich während des Transports auf das Verlangen des Aufsichtsbeamten der Revision unweigerlich zu unterwerfen.

II. Abfertigung zu den unter besonderer Controle stehenden Mühlen.

1. Steuerpflichtiges Mahlgut.

a. Anmeldung.

§. 27. Soll steuerpflichtiges Mahlgut für Bewohner des Stadtbezirks (§. 1.) oder für einen der im §. 1. des Gesetzes vom 2. April 1852 genannten Gewerbtreibenden des äußern Stadtbezirks (§. 2.) auf einer der unter besonderer Aufsicht stehenden Mühlen vermahlen werden, so ist das Mahlgut zur Waage-Expedition (§. 9.) zu schaffen und es ist daselbst mündlich anzumelden:
a. der Name des Eigenthümers der zur Mühle zu sendenden Körner,
b. ihre Gattung und Menge, letztere nach Gewicht,
c. die Zahl der Säcke, in welchen die Körner sich befinden, auch der leeren Beisäcke, falls dergleichen mit zur Mühle gehen sollen,
d. was aus den Körnern bereitet werden und
e. die Mühle, auf welcher die Vermahlung erfolgen soll.

b. Prüfung der Anmeldung.

§. 28. Die Uebereinstimmung des Mahlgutes mit der Anmeldung (§. 27.) wird dann auf der Waage-Expedition geprüft und das Gewicht durch Verwiegung festgestellt. Finden sich bei der Prüfung Unrichtigkeiten in Bezug auf Menge oder Gattung, so wird der Schuldige zur Verantwortung gezogen.

c. Besettelung.

§. 29. Nach dem Gewichtsbefunde wird von dem Beamten der Waage-Expedition ein Waageschein ausgefertigt, an welchem sich eine Steuerquittung befindet, die jedoch vorerst unausgefüllt bleibt.

d. Versteuerung.

§. 30. Der Waageschein (§. 29.) wird dem Mahlgaste behändigt, und auf Grund desselben die Mahlsteuer bei dem Steuer-Amte entrichtet.
Nach berichtigter Steuer empfängt der Mahlgast die vom Waagescheine abgetrennte Quittung (§. 29.) und befördert mit derselben das Getreide zur Mühle.

e. Verwiegung des fertigen Mahlguts.

§. 31. Das Mahlgut aus den nach §. 30. versteuerten Körnern muß mit den dazu gehörigen Mahlschelnen unmittelbar von der Mühle auf den vorgeschriebenen Steuerstraßen (§. 6.) zur Waage-Expedition (§§. 4. 19. 30.) gelangen, woselbst es seiner Gattung nach geprüft, verwogen und mit dem Mahlschein, auf welchem das Rückgewicht vermerkt werden, dem Steuernden überlassen wird.
Findet sich mehr vor, als nach den im §. 25. vorgeschriebenen Sätzen vorgefunden werden darf, so tritt den Umständen nach blos Versteuerung des Ueberschusses, oder, wenn das Gesammtgewicht an Schroot oder Mehl, Kleie oder Abgang, das auf dem Mahlschein angegebene Körnergewicht überschreitet, auch Strafverfahren ein.

So lange als in Königsberg i. N. die Branmalzsteuer im Wege der Mahlsteuer erhoben wird, kommen die Bestimmungen des Regulativs vom 23. Juni 1846 zur Anwendung, mit der Maaßgabe jedoch, daß an Stelle der Vorschriften des Mahl- und Schlachtsteuer-Regulativs für Königsberg i. N. vom 20. März 1832 die des gegenwärtigen treten.

3. Landmahlgut.

§. 33. Das Mahlgut der zur Entrichtung der Mahlsteuer nicht verpflichteten Bewohner des äußern Stadtbezirks (§. 2.) und der weiter von der Stadt entlegenen Gegend wird Landmahlgut genannt.

§. 34. Das Landgemahl, welches auf den im §. 14. genannten Mühlen vermahlen werden soll, kann auf von der Steuerbehörde vorzuschreibende Bescheinigungen der Ortsbehörde ohne vorhergegangene steueramtliche Abfertigung in dieselben aufgenommen werden, der Mühlenbesitzer ist aber verpflichtet, bevor irgend ein Akt der Mahlbereitung begonnen wird und noch am Tage der Annahme solches der nächstgelegenen Thor-Expedition in derselben Weise, wie im §. 27. in Bezug auf steuerpflichtiges Gemahl vorgeschrieben ist, unter Uebergabe der ortsobrigkeitlichen Bescheinigung verantwortlich anzumelden und darüber einen Mahlfreischein zu lösen. Am Tage des Ausgangs des Gemahls aus der Mühle ist der Mahlfreischein nebst der ortsobrigkeitlichen Bescheinigung an die Thor-Expedition zurück zu liefern.

Landgemahl, welches nicht mit ortsobrigkeitlicher Bescheinigung versehen ist, muß, ehe dasselbe in die Mühlen-Räume gebracht wird, bei der Thor-Expedition ein- und zurückgewogen werden und wird erst nach der Einwaage der Mahlfreischein von derselben ertheilt.

In Betreff eines bei der Rückverwiegung ermittelten unzulässigen Mehrgewichts wird nach den Bestimmungen §. 31. verfahren. Ergiebt sich ein Mindergewicht gegen die im §. 25. vorgeschriebenen Sätze, so ist davon die Eingangssteuer zu erheben.

Gehet das fertige Landgemahl durch die Stadt, so finden die Vorschriften §. 86. Anwendung.

C. Behandlung der unter allgemeiner Aufsicht stehenden Mühlen.

Allgemeine Bestimmungen.

§. 35. Von dem Getreide für die Bewohner des Stadtbezirks (§. 1.), welches auf Mühlen zum Vermahlen gelangt, die unter allgemeiner Aufsicht stehen (§. 15.), wird, sofern das Steuer-Amt in Königsberg i. N. nicht in Fällen des Bedürfnisses unter besonders vorzuschreibenden Sicherungs-Maaßregeln Ausnahmen zuläßt, nicht die Körnersteuer erhoben, es unterliegen vielmehr die aus solchem Getreide bereiteten Mühlenfabrikate der Eingangssteuer nach §. 15. des Mahl- und Schlachtsteuer-Gesetzes vom 30. Mai 1820 und es kommen hinsichtlich der gedachten Fabrikate die §§. 5., 84., 86. und folgende dieses Regulativs zur Anwendung.

Dagegen müssen die steuerpflichtigen Bewohner des äußern Stadtbezirks (§. 2.) vor Beschickung dieser Mühlen die Körnersteuer unter Beobachtung der §§. 19. und folgende ertheilten Bestimmungen entrichten. Jedoch kann die Ertheilung des Mahlscheines auf bloße Declaration und ohne Gestellung der Körner und des Gemahls erfolgen.

Bezeichnung der Säcke.

§. 36. Was im §. 22. über Bezeichnung der Säcke angeordnet worden, findet auch auf alles Mahlgut Anwendung, welches auf Mühlen, die unter allgemeiner Controle stehen, verarbeitet wird.

D. Pflichten der Müller, deren Mühlen unter besonderer Aufsicht stehen.

§. 37. Die Müller in den unter besonderer Aufsicht stehenden Mühlen (§. 14.) sind für die Befolgung der Vorschriften §§. 19., 20. und 22. bis 25. dieses Regulativs mit verhaftet, auch nach §. 18. Littr. c. des Mahl- und Schlachtsteuer-Gesetzes vom 30. Mai 1820 verbunden, die ihnen in Bezug auf den eigen-

c. für Körner auf Freischeine,
d. für Fabrikate aus Körnern zu a,
e. für dergleichen aus Körnern zu b,
f. für die aus Körnern zu c,
g. für mit Beschlag belegtes Getreide und Mahlgut.

Der Müller ist verbunden, einen jeden der vorgedachten Räume mit einer ihn bezeichnenden Tafel versehen zu lassen und bei eigener Verantwortlichkeit dafür zu sorgen, daß unter keinen Umständen Getreide und Mahlgut an anderen, als an den, nach Vorstehendem dazu bestimmten Orten niedergelegt werde.

Mühlenbeschreibung.

§. 40. Ueber die innere Einrichtung der Mühle, die Zahl der Gänge, zu welchen Gattungen von Mahlgut der eine oder der andere Gang etwa ausschließlich bestimmt ist, über die mit der Mühle in Zusammenhange stehenden Räume, über deren Abtheilungen nach den Bestimmungen im vorstehenden §. 39. ferner darüber, ob der Müller einen Handel mit Mühlenfabrikaten treibt, wo dies geschieht, und — wenn dies in der Mühlenanlage der Fall ist, — wo die Bestände aufbewahrt werden, hat der Müller eine kurze, durch eine einfache linearische Zeichnung verdeutlichte Beschreibung in zweien Exemplaren zu fertigen.

Diese Beschreibung ist von ihm zu unterzeichnen, vom Orts-Ober-Controleur zu prüfen und mit seiner Unterschrift zu versehen und dann in dem einen Exemplare an einem vom Ober-Controleur zu bestimmenden Orte in der Mühle anzuheften, während das zweite Exemplar dem Steuer-Amte einzureichen ist.

Die Erneuerung dieser Beschreibung muß geschehen, so oft das Bedürfniß hierzu vom Bezirks-Ober-Controleur erkannt wird. Veränderungen gegen diese Beschreibung ist der Müller verpflichtet, vor deren Ausführung dem Steuer-Amte schriftlich anzuzeigen.

§. 41. Für diejenigen Mühlen, deren innere Einrichtung die steuerliche Ueberwachung des Betriebes in anderer, als der bisherigen Art erforderlich macht, werden bezüglich der Mühlenbeschreibung besondere Bestimmungen vorbehalten.

Vergleichung des Mahlgutes mit den Mahlscheinen.

§. 42. Sobald die Körner zur Mühle gebracht werden, muß der Müller den Mahlschein einsehen, um sich zu überzeugen, ob dieselben der Gattung und Menge nach damit übereinstimmen.

Findet er hierbei irgend eine Abweichung, so muß er die Annahme des Mahlgutes versagen oder dasselbe sofort den für Confiscate bestimmten Platz zurückstellen und gleichzeitig dem Steuer-Amte zur weiteren Untersuchung Anzeige erstatten.

§. 43. Fehlt auf den Säcken die §. 24. vorgeschriebene Bezeichnung, so muß er in gleicher Art wie §. 42. vorgeschrieben, verfahren.

5. Verfahren mit den Mahlscheinen.

§. 44. Ist das zur Mühle gebrachte Getreide richtig befunden worden, so wird der Mahlschein dem Kropfe eines der zur Mahlpost gehörigen Säcke angebunden.

Die Säcke, soweit sie zu einem und demselben Mahlscheine gehören, müssen, mit ihrer Bezeichnung (§. 24.) nach vorn, so lange stets zusammengestellt sein, als während der Bereitung selbst eine Trennung nicht nöthig ist.

Sobald das Getreide auf den Gang geschüttet ist, wird der Mahlschein an den Gang geheftet und bleibt dort während der Bereitung, welche durch Zwischenposten nicht unterbrochen werden darf. Ist das Mahlgut fertig, so muß der Mahlschein wieder an den Kropf eines der dazu gehörigen Säcke befestigt werden, woran er bleibt, bis selbiges die Mühle verläßt.

Die unter den Mahlscheinen befindlichen mit I. II. III. IV. bezeichneten Abtheilungen werden bei den folgenden Handlungen abgeschnitten:
a. die mit I. bezeichnete Abtheilung, sobald das Getreide zur Mühle gebracht, untersucht und der Gattung und Menge nach richtig befunden ist.
b. die mit II. bezeichnete Abtheilung, sobald die Bereitung oder das Abmahlen anhebt und die erste Aufschüttung auf den Gang erfolgt.
c. die mit III. bezeichnete Abtheilung, sobald die Bereitung vollendet ist, und
d. die mit IV. bezeichnete Abtheilung, wenn das Mahlgut aus der Mühle abgelassen wird.

6. Dauer der Gültigkeit der Mahlscheine auf den Mühlen.

§. 45. Die Mahlscheine sind nur für längstens vier Tage gültig, so daß in den ersten drei Tagen von Ausstellung des Zettels an gerechnet, die Fabrikation vollendet und an dem folgenden Tage das

Fabrikat aus der Mühle geschafft sein muß. Ausnahmsweise kann eine längere Gültigkeit der Mahlscheine dann nachgegeben werden, wenn Wasser- oder Windmangel eintritt, und die Mühlen in Folge desselben mit Mahlgut überfüllt sind. Ist nicht schon bei Ausfertigung des Mühlscheines eine längere Frist bewilligt, so muß der Müller die durch unvermeidliche Umstände erforderlich werdende Verlängerung der viertägigen Frist unter Vorlegung des Mahlscheines bei dem Steuer-Amte nachsuchen. Das Steuer-Amt prüft das Bedürfniß und vermerkt die Verlängerungsfrist auf dem Mahlscheine.

7. Eigenes Mahlgut der Müller.

§. 46. Für das eigene Mahlgut der Müller werden nur auf einen Tag gültige Mahlscheine ausgegeben, so daß am Tage der Ausstellung die Bereitung vollendet und das Mahlgut aus der Mühle geschafft sein muß. Für die Graupen- und Grieß-Fabrikate, so wie für größere, zu den Windmühlen gehörende Mahlposten kann jedoch eine Ausnahme hiervon auf gestellten besonderen Antrag in solchen Fällen gemacht werden, in welchen entweder die Mahlposten zu groß sind, um die Bereitung derselben in einem Tage bewirken zu können, oder anhaltende Windstille eintritt.

8. Getreidebestände der Müller.

§. 47. Die Getreidebestände der Müller durch eigene Gewinnung oder Ankauf müssen außerhalb der Mühle befindlich sein und unterliegen keiner besonderen Aufsicht, insofern sie nicht in mit dem Mühlenraume zusammenhängenden Räumen lagern.

Hat aber eine Lagerung in mit dem Mühlenraume zusammenhängenden Räumen statt, so sind die Getreidebestände des Müllers, von denen übrigens ohne Mahlschein (§. 21.) niemals etwas im Mühlenraume selbst sich befinden darf, der Controle unterworfen, und in dieser Beziehung ist der Müller verpflichtet, ein richtiges Notizbuch nach Anweisung des Steuer-Amtes über seine Getreidebestände zu führen und darin jeden Zu- und Abgang sofort anzuschreiben, auch bei revidirenden Steuerbeamten dieselbe nebst dem Notizbuche zur Revision jederzeit vorzulegen, und für die etwa nöthigen Ermittelungen ausreichende Hülfe zu beschaffen.

9. Mahlmetze.

§. 48. Wird der Mahllohn in Körnern durch die sogenannte Mühlmetze entrichtet, so muß diese, weil sie nicht mit versteuert wird, sondern erst bei der Besteuerung unterliegt, wenn der Müller sie vermahlen will, von den für den Mahlgast zu verarbeitenden Körnern abgesondert zur Gauge-Expedition und zu den Mühlen gebracht werden. Bei der Rückbewegung wird dann auf die Mahlmetze, welche, wenn der Müller sie in den Mühlenraum aufnehmen will, sofort nach der Ankunft in der Mühle in einen unter Mitverschluß der Steuer-Behörde stehenden Mehlkasten gebracht werden muß, keine Rücksicht genommen. Gedachter Kasten wird von Zeit zu Zeit nach vorgängiger Anzeige bei dem Steuer-Amte in Gegenwart eines Steuerbeamten geleert, und dessen Inhalt aus dem Mühlenraume geschafft.

10. Stein- und Staubmehl.

§. 49. Das Stein- und Staubmehl, sowie der sonstige Abfall von den Mühlenfabrikaten darf in der Mühle nicht aufbewahrt, muß vielmehr aus derselben entfernt werden. Auf den besonderen Wunsch des Müllers können die gedachten Abfälle in einen unter Mitverschluß der Steuerbehörde stehenden Kasten gebracht, und aus demselben von Zeit zu Zeit entfernt werden.

11. Mehlvorräthe.

§. 50. Mahlgut für den eigenen Bedarf der Müller oder für den Handel derselben mit Mühlenfabrikaten darf keinenfalls in den Mühlenräumen oder in den damit im Zusammenhange stehenden Räumen aufbewahrt werden.

12. Handel mit Mehl oder Mühlenfabrikaten.

§. 51. Müller, welche zugleich Mühlenfabrikate zum Verkauf oder zum Tausch bereiten, oder Bestellungen auf Mehl annehmen, oder überhaupt mit Mühlenfabrikaten Handel treiben, werden unter spezielle Steuer-Controle gestellt und gelten hierfür die in den §§. 93. bis einschließlich 95. gegebenen Vorschriften.

13. Mühlenrevision.

§. 52. Die Mühlen mit den dazu gehörigen Räumen (§. 39.) müssen für die Steuerbeamten in den Stunden von 6 Uhr Morgens bis 9 Uhr Abends stets geöffnet sein. Auch außer diesen Stunden ist den Beamten der Eintritt in die Mühle gestattet, so lange dieselbe im Gange ist. Wird am Abend oder während der Nacht der Zugang der im Gange befindlichen Mühle geschlossen, so muß ein Klingelzug oder eine andere Vorrichtung vorhanden sein, durch welche die Steuerbeamten sich ankündigen. Auf das von denselben gegebene Zeichen ist ihnen ungesäumt zu öffnen. Der Müller und seine Leute haben den Beamten jede des Dienstes wegen verlangte Auskunft zu ertheilen, auch die Vorkehrungen und Handleistungen willig zu beschaffen, welche für die Mühlenaufsicht der Beamten, einschließlich der von ihnen erforderlich zu erachtenden Verwiegungen nöthig sind.

§. 53. Das Steuer-Amt hält für jede unter Steuer-Aufsicht stehende Mühle ein Revisionsbuch, in welches jede Revision und das Ergebniß derselben von den Beamten nach der Zeitfolge niedergeschrieben wird. Dieses Buch wird an dem vom Ober-Controleur dazu bestimmten Orte in der Mühle niedergelegt und der Müller ist dafür verantwortlich, daß es jederzeit unbeschädigt vorhanden sei.

E. **Pflichten der Müller, deren Mühlen unter allgemeiner Aufsicht stehen.**

§. 54. Für die Inhaber der unter allgemeiner Aufsicht stehenden Mühlen gelten die Vorschriften §§. 24. 38. 39. 40. 52. und 53., der §. 39. jedoch mit der Beschränkung, daß die Abtheilung der Mühlenräume, zu welchen für die Bockwindmühlen auch der unter der Mühle und um dieselbe in dem durch Pfähle bezeichneten Bereiche des Kehrbaums befindliche Raum gehört, nur nach den beiden Unterscheidungen:
  a) für Körner und Mahlgut mit Mahlscheinen,
  b) für dergleichen ohne Mahlschein,
  c) für mit Beschlag belegtes Mahlgut
erforderlich ist.

In Ansehung des mit Mahlscheinen zur Mühle zu bringenden Mahlguts hat der Müller die Gattung zu prüfen, das Gewicht durch Verwiegung festzustellen, und den Waageschein unter seiner Unterschrift auszufüllen, auch die Bestimmungen §§. 42. bis 45. zu beachten.

§. 55. Treibt der Inhaber solcher Mühlen Handel mit Mühlenfabrikaten, ohne in der Steuer fixirt zu sein, so ist derselbe den Vorschriften, welche in den §§. 19. und folgenden sowie in den §§. 37. und folgenden über die spezielle Mühlencontrole ertheilt sind, unterworfen.

Auch sonst hängt es von dem Ermessen der Steuerbehörde ab, diese Mühlen unter besondere Aufsicht (§. 14.) zu stellen oder diejenige Controle anzuordnen, welche sie den Umständen nach zur Sicherung des Steuer-Interesses für nothwendig hält.

Dritter Abschnitt.
Schlachtsteuer.

A. Im Stadtbezirke.

I. Gewerbliches Schlachten.

1. Anmeldung des Gewerbebetriebes und Anzeige der Gewerberäume.

§. 56. Jeder Schlächter hat dem Steuer-Amte eine schriftliche Anzeige über den Zeitpunkt des Beginnes seines Gewerbes sowie zugleich darüber zu machen, wo seine Viehbestände sich befinden, wo die Schlachtungen geschehen, wo die Fleischbestände und wo die Felle aufbewahrt werden sollen.

Er ist an eine genaue Beachtung seiner Angabe so lange gebunden, als solche nicht durch fernere schriftliche Anzeigen an das Steuer-Amt abgeändert worden sind, oder das Steuer-Amt nicht in besonderen Fällen eine Ausnahme ausdrücklich gestattet hat.

In gemeinschaftlichen Räumen als z. B. Scharren, Kellern und Eiskellern hat jeder Schlächter oder Händler mit Fleisch oder Fleischwaaren den ihm gehörigen Raum mit seinem Namen genau zu bezeichnen und daß dies geschehen sei, gleich bei der abzugebenden Anmeldung zu bemerken.

2. Angabe, ob nach Stücksätzen oder nach Gewicht versteuert werden soll.

Anzeige der Versteuerungsweise.

§. 57. Acht Tage vor dem Eintritte eines jeden Kalendervierteljahres hat sich jeder Schlächter schriftlich zu erklären, ob er das zu schlachtende Vieh, nach dem Gewichte (§. 63.) oder ob und welche Gattungen desselben er nach dem Stücksatze (§. 62.) versteuern wolle.

Diese Erklärung ist alsdann auf die Dauer des betreffenden Vierteljahrs für ihn verbindlich, so daß er in keinem Falle später die Wahl hat, ob er nach dem Stücksatz oder dem Gewichte versteuern will. Von demjenigen Gewerbtreibenden, welcher in der bestimmten Frist keine Erklärung abgegeben hat, wird angenommen, daß er von der Zulassung zur Versteuerung nach Stücksätzen keinen Gebrauch machen wolle.

Wenn zwei oder mehrere Schlächter die eine oder andere Viehgattung gemeinschaftlich schlachten, so müssen sie sämmtlich über Gewichts- oder Stückversteuerung der betreffenden Viehgattung eine übereinstimmende Erklärung abgeben.

Der Anspruch auf die Versteuerung nach dem Stücksatze geht verloren:
1) wenn der Schlächter einzelne Viehstücke derjenigen Gattung, für welche er die Stückversteuerung gewählt hat, auf den Namen eines anderen Schlächters, welcher nach Gewicht versteuert, oder
2) umgekehrt, wenn er ein Stück von einem Schlächter, der nach Gewicht versteuert, auf seinen Namen zur Stückversteuerung abfertigen läßt.

In beiden Fällen kann auch der nach dem Gewichte steuernde Schlächter, welcher dem nach dem Stücksatze steuernden behülflich gewesen ist, von der Stückversteuerung für die Zukunft ausgeschlossen werden, auch bleibt die Bestrafung der in solcher Handlung liegenden Defraudation vorbehalten.

8. Steuerbücher.

§. 58. Jedem Schlächter wird ein Schlacht-Revisions- und Versteuerungs-Buch von dem Steuer-Amte für ein jedes Kalender-Vierteljahr unentgeltlich verabreicht. In dies Buch werden vom Steuer-Amte nach der demselben mündlich zu machenden Declaration die Eintragungen bewirkt. Dasselbe muß in den Gewerberäumen an einem vom Schlächter zu bezeichnenden, vom Steuer-Amte auf dem Titelblatte zu bemerkenden Orte beständig so vorliegen, daß die revidirenden Beamten solches, insofern es nicht eben zur Hebestelle geschickt ist, sogleich zum Gebrauch empfangen können.

Sind die Gewerberäume in der Art örtlich getrennt, daß die Schlachtungen an einem anderen Orte erfolgen, als dem, wo die Fleischvorräthe aufbewahrt werden, oder daß die Fleischvorräthe sich an verschiedenen Orten befinden, so bestimmt das Steuer-Amt, wo das Buch aufbewahrt werden soll, und es werden in den übrigen Räumen zur vollständigen Uebersicht der Bestände besondere Anschreibebogen niedergelegt, für welche in Bezug auf ihre gehörige Aufbewahrung die oben für die Steuerbücher selbst gegebenen Vorschriften gelten.

Diese Bücher und die Aufschreibebogen müssen reinlich gehalten werden; sie müssen sorgfältig aufbewahrt werden, und es darf darin von Seiten des Schlächters nichts geschrieben oder gar radirt oder geändert werden.

Am Schlusse des Kalender-Vierteljahrs werden die Revisions- und Versteuerungs-Bücher gegen neue vertauscht, die zurückgegebenen aber nach erfolgter Revision den Schlächtern auf Verlangen wieder ausgehändigt. Sie müssen in diesem Falle von dem Schlächter noch ein Jahr lang aufbewahrt werden, um auf Erfordern vorgelegt werden zu können.

4. Erlaubniß zum Schlachten.

§. 59. Keine Schlachtung darf ohne vorher nachgesuchte, erhaltene und in das Steuerbuch eingetragene Erlaubniß der Steuerbehörde geschehen, und auch nicht anders, als genau nach dem Inhalte dieser Erlaubniß. Dafür ist nicht nur der Schlächter verhaftet, sondern auch derjenige, welcher für ihn die Schlachtung verrichtet.

Steuer-Hebestelle ist das Steuer-Amt; jedoch können die Thor-Expeditionen am Schöneber- und Vernikower Thore die Anmeldung annehmen, die Abfertigung ertheilen und die Steuer erheben, wenn ein einzelnes Stück des Schweine-, Kalb-, Schaf- und Ziegenviehes nach Stücksatz versteuert werden soll.

Für diejenigen Fälle, in welchen die Abfertigung bei den Thor-Expeditionen hiernach nicht schlechthin erfolgen darf, kann ausnahmsweise denjenigen Schlächtern, welche die Steuer nach Stücksatz entrichten, (§§. 57. 62.) gestattet werden, wenn sie außerhalb der im §. 9. für das Steuer-Amt bestimmten Dienststunden oder an Sonn- und Festtagen wegen dringenden Fleischbedarfs Schlachtungen vorzunehmen genöthigt sind, die Erlaubniß zur Schlachtung bei derjenigen Thor-Expedition, welche dazu von dem Steuer-Controleur bestimmt und den Schlächtern durch Anschlag im Amtslokale namhaft gemacht werden soll, unter Vorlegung ihres Schlacht-Revisions- und Versteuerungsbuches nachzusuchen.

In solchem Falle wird der Steuerbetrag entweder gleich deponirt, oder so lange gestundet, bis dessen Einzahlung in den nächsten Dienststunden bei dem Steuer-Amte erfolgen kann. Wenn ein Schlächter sich jedoch in Zahlung der Steuer säumig zeigt, so wird ihm die Vergünstigung einer Stundung für die Folge entzogen.

5. Schlachtzeit.

§. 60. Das Schlachten darf in der Regel nur von Sonnenaufgang bis Sonnenuntergang geschehen. Zum Schlachten außer dieser Zeit kann das Steuer-Amt oder der Ober-Steuer-Controleur die Erlaubniß mit der Bestimmung der Stunde des Schlachtens ertheilen; es muß dann aber dem revidirenden Steuerbeamten das Local, worin die Schlachtung geschehen soll, während der Schlachtung offen stehen.

6. Anmeldung und Versteuerung.
a) Schlachtanzeige.

§. 61. Vor jeder Schlachtung muß bei dem Steuer-Amte oder der Thor-Expedition, sofern diese nach §. 59. die Anmeldung anzunehmen befugt ist, die Zahl und Gattung des zu schlachtenden Viehes und überdies auch angezeigt werden, an welchem Tage und zu welcher Stunde, Vor- oder Nachmittags, geschlachtet werden soll.

b) Abfertigungen.
aa) nach Stückfätzen.

§. 62. Wird nach Stückfätzen versteuert, so erfolgt die Versteuerung vor der Schlachtung. Die Entrichtung der Steuer, die angezeigte Schlachtzeit und der Viehabgang wird in dem, bei der Steuerhebestelle (§. 59.) vorzulegenden Steuerbuche bemerkt, und letzteres zurückgegeben.

bb) nach dem Gewichte.
Abfertigung nach dem Gewichte.

§. 63. Bei einer Versteuerung nach dem Gewichte wird verfahren, wie im §. 61. bestimmt ist; die Gefälle-Entrichtung unterbleibt vorläufig, wogegen Sicherheit dafür gefordert werden kann. Nach vollzogener Schlachtung wird das ausgeschlachtete Vieh mit dem Fleische, den Knochen und dem Fette, jedoch ohne Füße, Eingeweide und Darmfell, ungetheilt, mit dem Steuerbuche zur Waage-Expedition gebracht, dort gewogen, und das Gewicht, so wie die nun danach zu erhebende Steuer in das Buch eingetragen.

Die verwogenen Viehstücke müssen eine von der Steuerbehörde durch einen Einschnitt an geeigneter Stelle oder auf andere Weise zu wählende Bezeichnung erhalten. Alles geschlachtete Vieh muß am Schlachttage, kleines Vieh, welches am Vormittage geschlachtet worden, noch am Vormittage zur Waage gebracht werden.

c) Gemeinschaftliches Schlachten.

§. 64. Wenn mehrere Schlächter ein Stück Vieh gemeinschaftlich schlachten, so muß derjenige, welcher die Versteuerung leistet, außer der im §. 61. vorgeschriebenen Meldung, auch noch angeben, wer die übrigen Theilnehmer sind, wo die Schlachtung und wo und zu welcher Stunde die Theilung des Stückes erfolgen soll. Nur diejenigen Schlächter, welche eine gleiche Besteuerungsart (Stücksatz oder Gewicht) gewählt haben, können Vieh gemeinschaftlich schlachten.

Bevor die einzelnen Theilnehmer das Fleisch übernehmen, müssen sie den Zugang des Fleisches von dem Steuer-Amt in ihre Steuerbücher eintragen lassen.

d) Kauf oder Tausch des Fleisches.
Fleischübertragungen.

§. 65. 1. Kein Schlächter darf geschlachtetes Vieh ganz oder theilweise von einem andern Schlächter kaufen oder übernehmen, bevor nicht beide, sowohl derjenige, welcher ein Stück geschlachtet hat, als derjenige, dem das geschlachtete Vieh ganz oder zum Theil abgelassen werden soll, selbst oder durch ihre Gewerbsgehülfen, mit ihren Schlachtversteuerungsbüchern sich bei dem Steuer-Amte gemeldet und daselbst die resp. Ab- und Zuschreibung des Fleisches mit genauer Angabe des Gewichts in ihren Büchern nachgesucht und erhalten haben.

2. Bei Vermehrung des Fleischbestandes in dem Falle zu 1 darf der Zugang an Fleisch nicht in die Gewerbsräume des Schlächters aufgenommen werden, bevor die Anmeldung und Zuschreibung im Versteuerungsbuche bei dem Steuer-Amte erfolgt ist.

3. Wer nach Stücksatz steuert und einen nach Gewicht steuernden Schlächter ausgeschlachtete Viehstücke im Ganzen, zur Hälfte oder auch zum Viertel abläßt, muß solche vor der Abgabe dem Steueramte anmelden. Ergiebt die zu veranlassende Gewichtsermittelung einen höheren Steuerbetrag, als der Stücksatz, so ist das Mehr nachzuversteuern.

4. Wer nach Gewicht steuert und an einen nach Stücksatz steuernden Schlächter ausgeschlachtete Viehstücke in vorgedachter Art ablassen will, hat dies vor der Abgabe gleichfalls anzumelden. Ergiebt die Gewichtsermittelung einen geringeren Steuerbetrag, als der Stücksatz, so ist die Differenz nachzuversteuern.

In beiden Fällen zahlt die Nachsteuer der Schlächter, der das Fleisch übernimmt.

Schlachten zum eigenen Bedarf. (Hausschlachtungen.)
1. Schlachtanzeige.

§. 66. Auf Schlachtungen zum eigenen Bedarf derjenigen Personen, welche nicht Schlächter sind,

finden bezüglich der Schlachtzeit die Bestimmungen im §. 60. gleichmäßige Anwendung. Wegen der Anmeldung zum Schlachten gilt die Vorschrift im §. 61., jedoch ist auch anzugeben:
a) ob die Steuer nach dem Stücksatze, oder
b) nach dem Gewicht
entrichtet werden soll.
In Bezug auf sonstigen Viehabgang findet die Vorschrift §. 75. Anwendung.

2. Abfertigung.

§. 67. Soll die Versteuerung nach Stücksätzen geschehen, so ertheilt die Steuerhebestelle, der Anmeldung gemäß, einen zugleich die Steuerquittung enthaltenden Schlachtversteuerungsschein. Wird die Versteuerung nach dem Gewichte vorgezogen, so wird nur der obere Theil des Schlachtscheines ausgefertigt, und dieser ausgehändigt, wobei die Abtragung der Steuer auf Erfordern durch ein Pfand sicher gestellt werden muß.

Bei letztgedachter Besteuerungsweise wird das ausgeschlachtete Stück Vieh zur Verwiegung gestellt (§. 63.), und nach dem ermittelten Gewichte die Steuer entrichtet gegen Rückempfang des durch Ausfüllung der Quittung vervollständigten Schlachtscheines, von welchem das Waage-Attest zurückbehalten wird.

Ist das zu schlachtende Vieh aus den Beständen der Steuernden und stehen diese unter Controle (§. 70.), so wird der Abgang in dem mit vorzulegenden Vieh-Control-Buche vermerkt.

3. Obliegenheiten der Schlachtenden.

§. 68. Niemand darf eine solche Schlachtung (§§. 66. und 67.) verrichten, ohne vorher den Schlachtschein eingesehen zu haben, auch darf dieselbe nicht anders als genau nach Inhalt desselben, in Bezug auf Gattung des Viehes und Zeit und Ort der Schlachtung vorgenommen werden.

Sobald das Vieh getödtet ist, muß der Schlachtende den Versteuerungsschein von oben nach unten zu bis über die Hälfte unverzüglich einreißen.

4. Aufbewahrung des Schlachtversteuerungs-Scheins.

§. 69. Den eingerissenen Schlachtschein (§§. 67., 68.) ist der Steuernde noch ein Jahr lang aufzubewahren und auf Erfordern vorzulegen verpflichtet.

III. Vieh-Controle.

1. Nachweis durch Versteuerungs- und Vieh-Controle-Bücher.

§. 70. Der Controle der Viehbestände sind unterworfen:
1) die Schlächter,
2) die Viehhändler, Viehmäster und diejenigen Gewerbetreibenden, die ihres Gewerbes wegen Vieh halten.

Sie wird geführt:
bei den Schlächtern durch die Schlacht-, Revisions- und Versteuerungsbücher,
bei den vorstehend unter No. 2 genannten Controlpflichtigen durch besondere Vieh-Controlebücher.

Für die Vieh-Controlebücher, welche von dem Steuer-Amte geliefert und wenn sie vollgeschrieben sind, gegen neue umgetauscht werden, gelten gleichmäßig die Bestimmungen in dem §. 58.

In diesen Büchern wird jeder Zu- und Abgang an Vieh zu- und abgeschrieben und die Inhaber haften für die jederzeitige Richtigkeit ihres Viehbestandes nach dem Inhalte derselben. Sie haben sich daher zu überzeugen, ob die Zu- und Abschreibungen darin genau geschehen sind, im Falle des Irrthums aber sofort auf Abänderung anzutragen.

Ergiebt sich späterhin bei der Revision der Viehbestände durch die Beamten mehr oder weniger Vieh, als das Soll nach dem Buchabschlusse beträgt, so wird auf die Behauptung eines Irrthums in der An- oder Abschreibung keine Rücksicht genommen.

2. Eingang des Viehes.

§. 71. Das Einbringen des Viehes ist nur erlaubt:
1) in den Wintermonaten Oktober bis einschließlich Februar von 6 Uhr Morgens bis 10 Uhr Abends,
2) in den übrigen Monaten von 4 Uhr Morgens bis 10 Uhr Abends.

Treten besondere Fälle ein, wo außer dieser Zeit Schlachtvieh eingeführt werden soll, so ist dazu die schriftliche Erlaubniß des Steuer-Amts oder des Ober-Controleurs erforderlich.

Schlächter und der Viehcontrole unterliegende Personen innerhalb des Stadtbezirkes dürfen Schlachtvieh von außen nur allein auf den im §. 6. bezeichneten Steuerstraßen einführen.

3. Zugangs-Anzeige.

§. 72. Jeder Vieh-Zugang, er entstehe:
a) durch Ankauf in dem Stadtbezirk,
b) aus eigener Zucht, oder
c) durch Ankauf außerhalb des Stadtbezirks,

muß von den der Viehcontrole unterliegenden Personen mit Vorlegung des Schlachtrevisions- und Versteuerungs-, bezüglich des Vieh-Controle-Buches der Steuerhebestelle angemeldet werden.

Erfolgt der Zugang durch Ankauf im Stadtbezirk oder aus eigener Zucht, so muß die Anmeldung bei dem Steuer-Amte in den §. 9. gedachten Abfertigungsstunden erfolgen und zwar: im ersteren Falle bevor das Vieh in das Haus aufgenommen wird, im letzteren Falle innerhalb der ersten 24 Stunden nach der Geburt des Viehes. Erfolgt der Zugang durch Ankauf von einer der Vieh-Controle unterworfenen Person, so muß bei der Anmeldung auch deren Vieh-Versteuerungs- resp. Controlebuch mit vorgelegt werden.

Erfolgt der Zugang durch Ankauf außerhalb des Stadtbezirkes und Einbringen in denselben, so muß das Vieh der Expedition des Eingangsthores unter Niederlegung eines Pfandes und Lösung eines Anmeldescheines angemeldet werden, welcher letztere dem Steuer-Amte mit dem Revisions- und Versteuerungsbuche zur Anschreibung in Zugang vorzulegen ist.

In allen vorgedachten Fällen des Zuganges bedarf es der Anmeldung bei dem Steuer-Amte nicht, wenn das Vieh sofort geschlachtet werden soll und gleichzeitig die Versteuerung nach §. 59. bei den Thorexpeditionen zulässig ist, in diesem Falle kann die Anmeldung unter Vorlage des Versteuerungs- resp. des Viehcontrolbuches bei der Thorexpedition allein erfolgen.

4. Abgangs-Anzeige.

a. Abgang durch Schlachten.

§. 73. Der Abgang durch Schlachten wird vorher bei der Anmeldung zum Schlachten (§. 61.) mit Vorlegung des Versteuerungs- resp. Vieh-Controlebuches der zuständigen Steuerhebestelle (§. 59.) angemeldet.

b. Abgang durch Verkauf.

§. 74. Der Abgang durch Verkauf oder sonstige Entäußerung wird dem Steuer-Amte durch eine besondere Anmeldung angezeigt, auf Erfordern schriftlich, außerdem aber mündlich unter Vorlegung des Versteuerungs- bezüglich Vieh-Controlebuches.

Derjenige, an den das Vieh gelangt, ist zuverlässig nachzuweisen. Geschieht die Veräußerung nach außen, so wird nach erfolgter Anmeldung von dem richtigen Ausgang Ueberzeugung genommen und nachdem derselbe bescheinigt ist, die Abschreibung bewirkt.

c. Abgang durch Sterbefall.

§. 75. Der Viehabgang durch Sterbefall muß dem Steuer-Amte sofort angemeldet und das gefallene Vieh demjenigen Beamten vorgezeigt werden, der dazu in Folge der eingerichteten Abgangs-Anzeige beauftragt worden ist. Das krepirte Vieh muß hierauf unter amtlicher Aufsicht vergraben werden. Jede Tödtung eines Stück Viehes, sei es bei Schlächtern oder Privatpersonen, auch wenn das Fleisch wegen Erkrankung des Viehes nicht zum Verkauf oder zur eigenen Consumtion bestimmt ist, muß wie eine Schlachtung dem Steuer-Amte vorher angemeldet werden. Die Steuer wird erlassen, wenn das Fleisch unbrauchbar gefunden und gemäß der Anordnung des Steuer-Amtes damit verfahren wird.

5. Austrieb zur Hütung und Mast auf längere Zeit.

§. 76. Soll der Viehbestand oder ein Theil davon zu auswärtiger Hütung oder Mast auf länger als einen Tag gehen, so ist zuvor dem Steuer-Amte davon schriftliche Anzeige zu machen, welches den Ausgang aus dem Stadtbezirke kontroliren und bescheinigen läßt, sodann aber den Abtrieb im Steuerbezüglich im Control-Buche bemerkt.

Hirten oder andere Personen, welche dergleichen Vieh auf die Weide treiben, müssen, wenn sie ihr eigenes Vieh mit in die Heerde aufnehmen wollen, davon dem Steuer-Amte Anzeige machen, und ihr Vieh mit einem von der Marke des Stadtbezirks abweichenden Zeichen versehen; zugleich haben sie die Verpflichtung, den Aufsichtsbeamten die Ställe, in welche das Vieh eingetrieben wird, zu jeder Zeit, von 6 Uhr Morgens bis 9 Uhr Abends Behufs der Revision zu öffnen und ihnen beim Zählen des Viehes behülflich zu sein.

6. Täglicher Austrieb zur Hütung.

§. 77. Vieh, welches nur für den Tag zur Hütung ausgetrieben wird und des Abends zurückkehrt, wird in den Steuer- bezüglich Controlebüchern nicht an- und abgeschrieben, es muß jedoch, bei dem Aus- und Eingange derjenigen Thorexpedition, an der es vorüber gehet, angemeldet werden, welche von der Uebereinstimmung des Aus- und Eintriebes Ueberzeugung zu nehmen hat. Wer erklärt hat, seinen Viehbestand täglich zur Weide treiben zu lassen, darf, ohne vorherige Anzeige, nichts davon zurückbehalten.

Veränderung des Viehbestandes durch Alter.

§. 78. Veränderungen des Viehbestandes, welche dadurch entstehen, daß ein Stück Vieh durch höheres Alter in eine andere steuerpflichtige Klasse rückt, werden nicht besonders angegeben. In vorkommenden Fällen berichtigen die Revisionsbeamten die Bücher durch Zu- und Abschreibungen.

In die Klasse der Stiere oder Färsen treten Kälber, sobald sie ein halbes Jahr alt geworden, und wann die Kälberzähne nicht mehr vorhanden sind. Schaaf- und Ziegen-Lämmer, ingleichen Spanferkel, sind als solche nur den ersten Sommer, also bis zum 1. Oktober, anzunehmen; in außergewöhnlicher Zeit geborene, nur im ersten halben Jahre.

IV. Revision.

1. Der Gewerbsräume und Viehbestände.

§. 79. Die Beamten sind befugt, von Morgens 6 bis Abends 9 Uhr die angemeldeten Gewerbsräume der Schlächter zu revidiren. Auch außer dieser Zeit unterliegen die Räume, so lange darin gearbeitet und verkauft wird, dieser Revision.

Die Schlächter und deren Gehülfen sind verpflichtet, sich, während der Revision, ruhig und bescheiden zu verhalten, und den revidirenden Beamten diejenige Hülfe zu leisten oder leisten zu lassen, welche erforderlich ist, um die Revision gehörig vornehmen zu können. Viehhändler, Viehmäster und alle übrigen Gewerbetreibenden, die, ihres Gewerbes wegen, Schlachtvieh halten, sind verpflichtet, den Beamten bei der abzuhaltenden Revision über den Ursprung oder den Verbleib ihres Viehes unter Vorlegung ihrer Vieh-Controlebücher Auskunft zu geben. Auch sind die Beamten berechtigt, bei Schlachtungen zum eigenen Bedarf (§. 66.) von der Richtigkeit der Anmeldung und Versteuerung Ueberzeugung zu nehmen.

2. Der Fleischbestände.

§. 80. Bei Revision der Fleischbestände hat der Schlächter den Revisionsbeamten die vorhandenen Fleischbestände vorzulegen und genau anzugeben, auch hat er, wenn gegen das abgeschätzte Gewicht, des in Stücken befindlichen Fleisches, Widerspruch erhoben wird, dasselbe vorzulegen, damit die Revisionsvermerke richtig und in voller Uebereinstimmung mit dem vorhandenen Fleische in die Fleisch-Controle eingetragen werden können. Derselbe oder dessen Stellvertreter muß sich daher sofort davon überzeugen, ob die Zu- und Abschreibungen genau geschehen sind, im Falle des Irrthums aber auf Abänderung antragen.

Bei den Revisionen der gemeinschaftlich von den Fleischern zur Aufbewahrung des Fleisches benutzten Schatten oder Keller, wird das in diesen Räumen vorgefundene Fleisch von den Steuerbeamten als demjenigen gehörig betrachtet, mit dessen Namen der Platz, an dem sich das Fleisch befindet, versehen ist. (§. 56.)

3. Gewerbliches Schlachten im äußeren Stadtbezirk.

§. 81. Diejenigen Bewohner des äußern Stadtbezirks, welche nach §. 1. des Gesetzes vom 2. April 1852 zur Ergänzung des Mahl- und Schlachtsteuer-Gesetzes vom 30. Mai 1820 von dem Vieh, welches sie schlachten oder schlachten lassen, die Schlachtsteuer entrichten müssen, stehen in Hinsicht ihrer Vieh- und Fleisch-Bestände ebenfalls unter der besonderen Aufsicht der Beamten und es kommen hinsichtlich ihrer die §§. 61 bis incl. 85. und §§. 70. bis incl. 80. zur Anwendung.

Entnehmen Schlächter im äußeren Stadtbezirk Fleisch von Schlächtern aus der Stadt, so ist das Steuerbuch dem Steueramte vorzulegen, welches die Eintragung bewirkt und den Ausgang controlirt.

Vierter Abschnitt.

Ein-, Aus- u. Durchgang von Mühlen-Fabrikaten, Back- u. Fleischwaaren.

A. Eingangs.

1. Unversteuert.

Anmeldung und Versteuerung bei den Thor-Expeditionen.

§. 82. Wer mahl- und schlachtsteuerpflichtige Gegenstände in den Stadtbezirk einbringt, muß dieselben ohne Unterschied des Gewichtes sofort unausgefordert auf den §. 6. vorgeschriebenen Steuerstraßen den Thor-Expeditionen §. 4. gestellen und wie §. 7. vorgeschrieben bellotiren." Es erhalten bei den Expeditionen am Bernikower und Schwedter Thore Mühlenfabrikate, Back- und Fleischwaaren, jeder Art bis zum Gewicht von 2 Centnern, bei der Expedition am Bieradener Thore aber dergleichen Gegenstände bis zum Gewicht von sechsundzwanzig Pfund nach erfolgter Revision und Erlegung der Eingangssteuer die schließliche Abfertigung. Theilungen größerer Transporte zu dem Zwecke, um die Abfertigung bei den Thor-Expeditionen zu erlangen, sind verboten.

Anmeldung und Versteuerung von solchen Gegenständen, welche am Thore nicht schließlich abgefertigt werden.

§. 83. Gehen größere Transporte oder Schroot zur Branntwein- und Bierbereitung ein, so verweiset der Thor-Controleur die Transporte zur Abfertigung an die Waage-Expedition des Steuer-Amtes. Derselbe kann die eingehenden Gegenstände unter amtlichen Verschluß legen, oder zur Waage-Expedition begleiten, auch für die Höhe der Steuer Sicherheit bestellen lassen. Er ertheilt einen Anmeldeschein, in welchem zugleich die Sicherheitsleistung, der angelegte Verschluß und die Zeit des Eingangs vermerkt werden.

Der Einbringer hat sich zu überzeugen, ob seine Angabe in dem Anmeldescheine richtig übernommen sei; etwaige Abweichung muß er sogleich berichtigen lassen; die spätere Behauptung eines Irrthums kann nicht berücksichtigt werden. Mit diesem Anmeldescheine sind die Gegenstände sofort und ohne Aufenthalt zur Waage-Expedition zu bringen, woselbst die Revision, Verwiegung und Versteuerung erfolgt, und der Thoranmeldeschein erhellt zurückgegeben wird, gegen dessen Vorzeigung und Aushändigung das eingelegte Pfand bei der Thor-Expedition einzulösen ist.

Das eingegangene Schroot zur Bier- und Branntweinbereitung stehet auch ferner unter der Seitens des Steuer-Amtes vorzuschreibenden Controle und kann unter Verschluß genommen werden.

In Betreff Erhebung der Branmalzsteuer im Wege der Mahlsteuer wird auf §. 32. verwiesen.

2. Versteuert mit Versendbescheln.

§. 84. Gehen mahl- und schlachtsteuerpflichtige Gegenstände mit Versendbeschein in den Stadtbezirk ein, um darin zu verbleiben, so sind biese unter Vorlegung des Versendbescheines der Thor-Expedition in der §. 82. angeordneten Weise anzumelden und nach hier bescheinigtem Eingange der Waage-Expedition zu gestellen.

Werden von dieser die eingeführten Gegenstände mit dem zurückzubehaltenden Versendbescheine in Übereinstimmung befunden, so werden sie steuerfrei abgefertigt.

Sind mahl- und schlachtsteuerpflichtige Gegenstände vom Auslande eingegangen, und ist davon an der Grenze die Eingangs-Abgabe entrichtet worden, so unterbleibt mit dem nach der Allerhöchsten Verordnung vom 27. Oktober 1856 (Gesetz-Sammlung für 1856 Seite 911) eintretenden Ausnahmen die Versteuerung, wenn die Gegenstände mit dem bei dem Grenz-Zoll-Amte angelegten Verschlusse und innerhalb der von demselben festgesetzten Frist eingehen, dieselben auch, sofern der Eingang über ein preußisches Grenz-Zoll-Amt stattgefunden hat, neben der Quittung über die Eingangs-Abgabe mit einem besonderen Versendungsscheine versehen sind.

3. Für Gewerbetreibende des äußern Stadtbezirks.

§. 85. Mahl- und schlachtsteuerpflichtige Gegenstände, welche unversteuert oder nach §. 84. mit Versendscheinen oder dem Auslande für Gewerbetreibende des äußern Stadtbezirks (§. 2.) von außerhalb eingehen müssen, bevor sie anders wohin gelangen, gleichfalls nach den Vorschriften der §§. 82. bis einschließlich 84. angemeldet und zur Abfertigung gestellt werden.

B. Durchgang.

§. 86. Sollen Fleisch- und Backwaaren, ingleichen Mühlenfabrikate unversteuert durch den Stadtbezirk gehen, so werden sie Seitens der Thor-Expedition, welcher sie anzumelden und zu gestellen sind, nach §. 83. abgefertigt. Sie müssen, sofern ein Aufenthalt in der Stadt nicht bei dem Steuer-Amte oder dem Ober-Steuer-Controleur angemeldet und demnächst bestattet worden ist, ohne Aufenthalt durchgeführt werden.

Vom Thor-Controleur des Ausgangsthores wird der angelegte Verschluß untersucht, abgenommen und das bei dem Eingange gestellte Pfand nach richtigem Befunde zurückgegeben. Bei Durchreisenden, welche steuerpflichtige Gegenstände mit sich führen und in dem Stadtbezirk übernachten, wird der betreffende Thor-Controleur die den Aufenthalt nach §. 83. zu ertheilenden Anmeldeschein bemerken.

Verschlossene Packete und Kisten, die zur Post befördert werden sollen, erhalten die Abfertigung nach Vorschrift §. 83. Der Einbringer hat den empfangenen Anmeldeschein von der Postbehörde abstempeln zu lassen und erhält nur gegen Rückgabe des auf diese Weise erledigten Anmeldescheines das eingelegte Pfand zurück.

C. **Ausgang nach einer andern mahl- und schlachtsteuerpflichtigen Stadt.**

§. 87. Wenn abgabenpflichtige Gegenstände, von welchen die Mahl- und Schlachtsteuer entrichtet ist, nach einer anderen mahl- und schlachtsteuerpflichtigen Stadt gehen sollen, so entnimmt der Versender bei der Waage-Expedition einen Versendungsschein, stellt die Waaren zur Anlegung des amtlichen Verschlusses und giebt dieselben ihrer Art und Gattung nach, sowie die Menge und Zahl der Frachtstücke und die Bestimmungsorte an.

Das Steuer-Amt kann über die geschehene Versteuerung der zu versendenden Gegenstände Nachweis verlangen, und, wenn dieser nicht befriedigend geführt wird, die Niederlegung der Steuer pfandweise bis zur ausgemachten Sache fordern.

Von der Expedition des Ausgangs-Thores wird der mit amtlichem Verschluß wirklich erfolgte Ausgang nach richtigem Befunde auf der Rückseite des Versendungsscheines bemerkt.

Auf Weizen- und Roggenmehl in Mengen von mehr als einem Centner werden in Gemäßheit der Allerhöchsten Bestimmung vom 24. Oktober 1832 Versendungsscheine nicht ertheilt.

D. **Verkehr zwischen der Stadt und dem vor den Thoren belegenen Stadtbezirke.**

§. 88. Wer aus den vor den Thoren belegenen Theilen des Stadtbezirkes mahl- oder schlachtsteuerpflichtige Gegenstände in die Stadt bringen will, muß solche beim Eingange der Thor-Expedition zur Ansicht und Anmeldung stellen und der geschehenen Versteuerung nachweisen.

Geschieht dieser Nachweis genügend, so wird der Gegenstand steuerfrei eingelassen und der Eingang auf dem beigebrachten Steuer-Ausweise bemerkt.

Ist letzterer zweifelhaft, so wird der Gegenstand mit Anmeldeschein an das Steuer-Amt zu dessen näherer Untersuchung und Bestimmung gewiesen. Kann der Steuer-Entrichtung auch dort nicht zuverlässig dargethan werden, so wird die Eingangssteuer erhoben, und derjenige, von welchem der Gegenstand kömmt, in Anspruch genommen, weil er unversteuertes Gut nicht besitzen durfte.

Sollen steuerpflichtige Gegenstände aus der Stadt in den vor dem Thore belegenen Stadtbezirk gehen, um wieder zurückzukommen, so muß zum steuerfreien Wiedereingange ein- für allemal, oder in jedem einzelnen Falle zuvor die Erlaubniß des Steuer-Amtes nachgesucht werden.

Ist diese ertheilt, so werden die Gegenstände bei dem Ausgange dem Thor-Controleur zur Ansicht und Verwiegung gestellt und von ihm in eine besondere Anschreibung eingetragen; bei der Rückkunft wird ebenso verfahren und der Gegenstand steuerfrei eingelassen, sofern er für den, welcher ausgegangen war, erkannt wird.

E. **Verkehr zwischen dem Stadtbezirke und dem äußern Stadtbezirk.**

§. 89. Mehl-, Back- und Fleischwaaren, welche die im äußern Stadtbezirk wohnenden Gewerbtreibenden (§. 2.) in den Stadtbezirk einführen, unterliegen der Entrichtung der Eingangssteuer nach den obigen Regeln (§. 82. 83. 84.) ebenso, als wenn sie von anderen Personen eingeführt werden, mithin ohne Rücksicht auf deren vorhergegangene Versteuerung, deren Nachweis gefordert werden kann.

Den Bewohnern des äußeren Stadtbezirkes kann nach Ausweis des Bedürfnisses von dem Steuer-Amte nachgegeben werden, Brot- und Kuchenteig, welcher zum Verbacken bei den Bäckern des Stadtbezirks bestimmt ist, oder Fleisch und Fleischwaaren, welche in der Stadt geräuchert werden sollen, steuerfrei einzubringen. Die Gegenstände müssen jedoch der betreffenden Thor-Expedition zur Verwiegung gestellt und sodann die Eingangsgefälle nach dem ermittelten Gewichte niedergelegt werden. Bei dem Wiederausgange der Gegenstände muß wiederholte Verwiegung derselben bei der nämlichen Thor-Expedition eintreten, wonächst dem Einbringer, wenn sich keine Unrichtigkeiten herausstellen, das eingelegte Pfand gegen Zurücklassung des bei dem Eingange erhaltenen Pfandscheines zurückgegeben wird.

F. **Transport und Markt-Verkehr im innern Stadtbezirk.**

§. 90. Wer im innern Stadtbezirke Fuhrwerke oder Gepäck führt, ist verbunden, auf Erfordern der Steuerbeamten anzuhalten, die über die Ladung an ihn gerichteten Fragen aufrichtig und bescheiden zu beantworten und sich der nöthig befundenen Revision alsbald zu unterwerfen, oder Behufs der Revision den Beamten zum Steuer-Amte zu folgen. Namentlich haben Alle, welche hausiren oder auf Marktplätzen oder andern Verkaufsstellen steuerpflichtige Gegenstände feilbieten, über die geschehene Entrichtung der Gefälle auf Erfordern sich auszuweisen, oder weiteres Einschreiten der Steuerbehörde zu gewärtigen.

Fünfter Abschnitt.
Controlirung der Gewerbtreibenden im innern und äußern Stadtbezirke.

A. Allgemeine Bestimmungen.
1. Anzeige des Beginns des Gewerbebetriebes und Anmeldung der Gewerberäume.

§. 91. Jeder im inneren oder äußeren Stadtbezirke wohnende Bäcker und Händler, mit Fleischwaaren, Backwaaren, Mehl, Graupen, Grütze, Gries, Nudeln, Stärke und Hirse, hat dem Steuer-Amte den Beginn seines Gewerbes sogleich anzuzeigen und demselben eine zweifache schriftliche Anmeldung seiner Gewerberäume und der Aufbewahrungs-Orte seiner Bestände zu übergeben. Diese Anmeldung ist für die Gewerbetreibenden so lange verbindlich, als sie solche durch eine anderweite schriftliche Anmeldung nicht abändern. Die Gewerberäume und die darin vorhandenen Vorräthe an mahl- und schlachtsteuerpflichtigen Waaren können der Aufsicht und Revision der Steuerbeamten unterworfen werden.

2. Contobücher.

§. 92. Sämmtliche im §. 91. gedachte Personen sind im Allgemeinen verbunden, auf Erfordern der Steuerbehörde über den Zu- und Abgang an steuerpflichtigen Gegenständen ein besonderes Buch nach der vom Steuer-Amte zu ertheilenden Anweisung zu führen und alsdann die Vorschriften pünktlich zu beachten, welche jedem einzelnen in dieser Beziehung werden bekannt gemacht werden.

B. Besondere Bestimmungen für Müller, welche Mehlhandel treiben.

§. 93. Die für den Handel bestimmten Vorräthe an Mühlenfabrikaten dürfen weder in den Mühlenräumen selbst, noch in solchen Räumen aufbewahrt werden, welche mit jenen in Verbindung stehen, soweit dies nicht nach der Lokalität unvermeidlich und unter besonders vorzuschreibender Controle ausdrücklich nachgegeben ist.

§. 94. Ueber den Zu- und Abgang von Mühlenfabrikaten, die für den Handel des Müllers bestimmt sind, ist ein nach Anweisung des Steuer-Amtes einzurichtendes Contobuch zu führen. Jeder durch eigene Fabrikation entstehende Zugang ist, sobald das Fabrikat bereitet und aus der Mühle geschafft worden, unter Bezugnahme auf den betreffenden Mahlversteuerungsschein unverzüglich einzutragen. Zugang fertiger Mühlenfabrikate von außen ist, sobald er erfolgt, zu buchen, und sind die empfangenen Steuerquittungen als Belege beim Conto-Buche aufzubewahren. Zugang durch Uebernahme versteuerter Mühlenfabrikate von anderen Mehlhändlern oder dritten Personen kann nur durch das Steuer-Amt vermittelt werden, welches die Zu- resp. Abschreibung in den Büchern bewirkt und falls die Ueberlassung von Privat-Personen stattfindet, die erfolgte Versteuerung der zu überlassenden Mengen sich nachweisen läßt. Bevor die Zuschreibung im Contobuche Seitens des Steuer-Amtes nicht erfolgt ist, darf der Müller die Mühlenfabrikate in seine Behausung nicht aufnehmen.

§. 95. Jeder Verkauf resp. Abgang von einem halben Centner und darüber ist unter namentlicher Angabe des Empfängers sofort im Control-Buche abzuschreiben. Kleinere Verkäufe werden täglich summatisch nach Gewicht abgeschrieben; diese summarische Abschreibung muß an jedem Tage spätestens um 6 Uhr Abends erfolgt sein. Außerdem ist der Müller zu dieser Abschreibung während des Tages sofort verpflichtet, wenn es Behufs der Revision von den revidirenden Beamten verlangt wird.

Sechster Abschnitt.
Strafen.

§. 96. Wer es unternimmt, sich der schuldigen Mahl- und Schlachtsteuer durch Uebertretung der dafür gegebenen Bestimmungen zu entziehen, ist nach §. 17. des Gesetzes vom 30. Mai 1820 den Strafen der Steuer-Verkürzung §§. 60. bis einschließlich 66. der Steuer-Ordnung vom 8. Februar 1819 verfallen.

Müller, Bäcker, Schlächter und Andere, welche wissentlich oder durch Nichtbefolgung der sie betreffenden Vorschriften beabsichtigte Steuerumgehung befördern, verwirken dieselbe Strafe, und wird hierbei in Ansehung der Müller noch besonders auf den §. 2. des Ergänzungs-Gesetzes vom 2. April 1852 verwiesen.

§. 97. Andere Uebertretungen der in diesem Regulativ enthaltenen Vorschriften, werden nach §. 90. der Steuer-Ordnung vom 8. Februar 1819 mit einer Strafe von ein bis zehn Thalern geahndet.

Inhalts-Verzeichniß.

Erster Abschnitt.
Allgemeine Bestimmungen.

A. Oertliche Begrenzung der Steuerpflichtigkeit.
   1. Stadtbezirk . . . . §. 1.
   2. Aeußerer Stadtbezirk . . §. 2.
B. Beamte.
   1. Zur Aufsicht . . . . . . §. 3.
   2. Zur Erhebung . . . . . §. 4.
C. Steuerstraßen und Eingänge in den Stadtbezirk.
   a) Einhalten derselben . . §. 5.
   b) Bezeichnung der Steuerstraßen . . . . . . §. 6.
   c) Meldung u. Vorführung bei d. Abfertigungsstellen §§. 7. u. 8.
D. Zeit für den Eingang und Abfertigung
   1. Bei dem Steuer-Amte und der Waage-Expedition . . §. 9.
   2. Bei den Thor-Expeditionen §. 10.
   3. Allgemeine Bestimmungen für die Abfertigungsstellen §. 11.
E. Allgemeine Controle bei dem Eingang in den Stadtbezirk . §. 12.

Zweiter Abschnitt.
Mahlsteuer.

A. Aufsicht auf die Mühlen.
   I. Ausdehnung im Allgemeinen §. 13.
   II. Nach Verschiedenheit der Mühlen:
    1. Mühlen unter besonderer Steuer-Controle . . §. 14.
    2. Mühlen unter allgemeiner Aufsicht . . §. 15.
    3. Privatmühlen . . . . §. 16.
    4. Mühlen für andere Zwecke . . . . . §. 17.
    5. Neu entstehende Mühlen §. 18.
B. Behandlung der unter besonderer Aufsicht stehenden Mühlen.
   I. Allgemeine Bestimmungen.
    1. Form der Steuerentrichtung . . . . . §. 19.
    2. Mahlscheine
     a) deren Erforderniß . §. 20.
     b) in Bezug auf Menge der Körner . . . §. 21.
     c) in Bezug auf Körnergattung . . . . §. 22.
    3. Transport zu und aus der Mühle . . . . §. 23.
    4. Bezeichnung der Säcke §. 24.

    5. Gewichts-Verhältniß des fertigen Mahlgutes zu den Körnern . . §. 25.
    6. Transport des Mahlgutes . . . . . . §. 26.
   II. Abfertigung an den unter besonderer Controle stehenden Mühlen.
    1. Steuerpflichtiges Mahlgut:
     a) Anmeldung . . . §. 27.
     b) Prüfung der Anmeldung . . . . . §. 28.
     c) Baarzettelung . . §. 29.
     d) Versteuerung . . §. 30.
     e) Verpflegung des fertigen Mahlgutes . §. 31.
    2. Branntwein- und Braumalzschroot . . . §. 32.
    3. Landgemahl . . . §§. 33. 34.
C. Behandlung der unter allgemeiner Aufsicht stehenden Mühlen.
   Allgemeine Bestimmungen . §. 35.
   Bezeichnung der Säcke . §. 36.
D. Pflichten der Müller, deren Mühlen unter besonderer Aufsicht stehen.
   Pflichten der Müller . . §. 37.
   1. Anzeige vorkommender Besitzveränderungen . . §. 38.
   2. Abtheilung der Mühlenräume . . . . . §. 39.
   3. Mühlenbeschreibung §§. 40. 41.
   4. Vergleichung des Mahlgutes mit den Mahlscheinen §§. 42. 43.
   5. Verfahren mit der Mahlscheinen . . . . §. 44.
   6. Dauer der Gültigkeit der Mahlscheine auf den Mühlen §. 45.
   7. Eigenes Mahlgut d. Müller §. 46.
   8. Getreide-Bestände der Müller . . . . §. 47.
   9. Mahlmetze . . . . §. 48.
   10. Stein- und Staubmehl §. 49.
   11. Mehlvorräthe . . §. 50.
   12. Handel mit Mehl und Mühlenfabrikaten §§. 51. 52. 53.
   13. Mühlenrevision
E. Pflichten der Müller, deren Mühlen unter allgemeiner Aufsicht stehen §§. 54. 55.

Dritter Abschnitt.
Schlachtsteuer.

A. Im Stadtbezirk. I. Gewerbliches Schlachten.
   1. Anzeige des Gewerbebetriebs §. 56.

2. Anzeige der Versteuerungs-
     weise . . . . §. 57.
  3. Steuerbücher . . . . §. 58.
  4. Erlaubniß zum Schlachten §. 59.
  5. Schlachtzeit . . . . §. 60.
  6. Anmeldung und Versteuerung.
     a) Schlachtanzeige . . . . §. 61.
     b) Abfertigungen
        aa. nach Stücksätzen . §. 62.
        bb. nach Gewicht . . §. 63.
     c) gemeinschaftl. Schlach-
        ten . . . . §. 64.
     d) Kauf oder Tausch des
        Fleisches . . . . §. 65.
II. Schlachten zum eigenen Bedarf (Haus-
    schlachtungen).
  1. Schlachtanzeige . . . . . . §. 66.
  2. Abfertigung . . . . §. 67.
  3. Obliegenheiten der Schlach-
     tenten . . . . §. 68.
  4. Aufbewahrung d. Schlacht-
     versteuerungsscheines . . . §. 69.
III. Vieh-Controle.
  1. Nachweis d. Versteuerungs-
     und Vieh-Controlbücher . . §. 70.
  2. Eingang des Viehes . . . . §. 71.
  3. Zugangs-Anzeige . . . . . §. 72.
  4. Abgangs-Anzeige
     a) Abgang durch Schlachten §. 73.
     b) Abgang durch Verkauf . §. 74.
     c) Abgang durch Sterbefall §. 75.
  5. Austrieb zur Hütung oder
     Mast auf längere Zeit . . §. 76.
  6. Täglicher Austrieb zur
     Hütung . . . . §. 77.
  7. Veränderung des Viehbe-
     standes durch Alter . . . . §. 78.
IV. Revision.
  1. Der Gewerbsräume und
     Viehbestände . . . . §. 79.
  2. Der Fleischbestände . . . . §. 80.
B. Gewerbliches Schlachten im
   äußeren Stadtbezirk . . . . . . §. 81.

Vierter Abschnitt.

Ein-, Aus- und Durchgang von Mühlenfabrikaten, Back- und Fleischwaaren.

A. Eingang. 1. Unversteuert
   Anmeldung bei den Thor-
   Expeditionen . . . . . . §. 82.
   Anmeldung bei d. Steuer-
   Amte . . . . §. 83.
   2. Versteuert mit Versende-
      scheinen . . . . §. 84.
   3. Für Gewerbtreibende des
      äußern Stadtbezirkes . . . §. 85.
B. Durchgang . . . . §. 86.
C. Ausgang nach einer andern mahl-
   u. schlachtsteuerpflichtigen Stadt §. 87.
D. Verkehr zwischen der Stadt und
   dem vor den Thoren belegenen
   Stadtbezirke . . . . §. 88.
E. Verkehr zwischen dem Stadtbe-
   zirke und dem äußeren Stadt-
   bezirke . . . . §. 89.
F. Transport und Marktverkehr im
   innern Stadtbezirke . . . . . . §. 90.

Fünfter Abschnitt.

Controlirung der Gewerbtreibenden im innern und äußeren Stadt-Bezirk.

A. Allgemeine Bestimmungen:
   1. Anzeige des Beginnes des
      Gewerbebetriebes . . . . . §. 91.
   2. Contobücher . . . . §. 92.
B. Besondere Bestimmungen für
   Müller, welche Mehl-Handel
   treiben . . . . §§. 93. 94. 95.

Sechster Abschnitt.

Strafen . . . . §§. 96. 97.

Redigirt im Büreau der Königlichen Regierung.
Druck der Hofbuchdruckerei von Trowitzsch u. Sohn in Frankfurt a. d. O.

— 19 —

Vierter Abschnitt.

(Ein-, Aus- und Durchgang von Mobiliereffekten, Vieh- und Kleidwaaren.

A. Eingang. 1. Hausrauch
  ausnahme bei ? zu 2 ? zr
  Expeditionen . . . . . §. 62.
  Behandlung bei d. Eintr.
  Amts . . . . §. 63.
2. Steckreuzt mit Zertents
  theilen . . . . §. 64.
3. Zur Gewerbsteich des
  Eigent Stanfstagl . . §. 65.
B. Ausgang . . . . §. 66.
C. Ausgang nach einer außern mobil.
  u. je höchtsteurpflichtig Staat §. 67.
D. Verehrt zwischen der Stadt und
  dem der Ustern belegenen
  Stanfsstadt . . . . . . §. 68.
E. Verehrt zwischen dem Stadt-
  girls und dem äußern Stadt-
  bezirk . . . . §. 69.
F. Transport und Verbrauch im
  innern Stadtbezirke . §. 70.

Fünfter Abschnitt.

Controllirung der Steuerrichtbaren im innern und äußeren Stadtbezirke.

A. Allgemeine Bestimmungen:
  1. Ausläge des Personals des
     Steueramtes . . . . §. 71.
  2. Controllbehör . . . . §. 72.
B. Besondere Bestimmungen für
  Solche, welche Akiel-Artikel
  treiben . . . . . . §§. 73. 74. 75.

Sechster Abschnitt.

Strafen . . . . . . §§. 66. 67.

2. Ansätze der Verzeuerung:
   weile . . . . . . §. 57.
   b. Zweilbücher . . . . §. 58.
   4. Erlaubniß zum Schlachten §. 59.
   5. Herrat . . . . . . §. 60.
   C. Ausgeben und Verbrauchung.
     a) Schlachtvieh . . . §. 61.
     b) Fleischwaren
        aa. nach Stücken . §. 62.
        bb. nach Gewicht . §. 63.
        c) Gemeinschaftl. Schlach-
           ten . . . . . §. 64.
        d) Haut oder Talch des
           Schlachs . . . §. 65.
II. Schlachten zum eigenen Bedarf (Haus-
     Schlachtungen.)
     1. Schlachsanzeige . . . §. 66.
     2. Untersuchung . . . §. 67.
     3. Ellfleuschtellen der Schlach-
        tungen . . . . §. 68.
     4. Verzeuerung d. Schlach-
        verkaufuusscheines . §. 69.
III. Vieh-Controle.
     1. Nachweis d. Verzeuerungen
        und Stückenvertälbücher . §. 70.
     2. Eingang des Viehes. §. 71.
     3. Internen Straßen . §. 72.
     4. Ausgange Straßen
        a) In ganz und b Schlachten §. 73.
        b) Abgang durch Verfall . §. 74.
        c) Abgang durch Einsellt-
           ellung zur Zirchrund oder
           Weil auf später Zeit . §. 76.
     6. Ausgaben bewirkte zur
        Eintrug . . . . . §. 77.
        Verauberung des Vieh-
        bauses durch Alter.
IV. Verzollen.
     1. Der Viehverstemme und
        Stückebrauen . . . §. 79.
     2. De Flichhöchsbauen . §. 80.
B. Gemeinschaftes Schlachten im
  äußern Stadtbezirk . . §. 81.

Druck der Hofbuchdruckerei von Carl Naujoth & Cohn in Frankfurt a. d. O.

Amts-Blatt
der Königl. Preuß. Regierung zu Frankfurt a. O.

№ 45.   Frankfurt a. d. O., den 9. November.   1864.

Verordnungen und Bekanntmachungen der Königlichen Regierung zu Frankfurt a. d. O.

I. Das Königliche Ober-Präsidium der Provinz Brandenburg hat die Einverleibung derjenigen Parzelle der fiskalischen Dorfaue zu Lohs von 32 □Ruthen Flächen-Inhalt, welche mittelst Vertrages vom 18. v. Mts. an den Häusler Gottlieb Schneider zu Lohs veräußert worden ist, in den Verband der Dorfgemeinde zu Lohs, Kreis Sorau, auf Grund des §. 1. des Gesetzes vom 14. April 1856 mittelst Rescripts vom 2. Juli cr. genehmigt.   Frankfurt a. d. O., den 29. Oktober 1864.

II. Das Königliche Ober-Präsidium der Provinz Brandenburg hat mittelst Rescripts vom 2. Juli cr. auf Grund des §. 1. des Gesetzes vom 14. April 1856 die Einverleibung der 24 □Ruthen Flächenraum umfassenden, zur fiskalischen Dorfaue zu Woltersdorf, Kreis Königsberg i. d. N., gehörigen Parzelle, welche der Bauergutsbesitzer August Engel daselbst durch Vertrag vom 24. Oktober cr. erworben, in den Dorfgemeinde-Verband von Woltersdorf genehmigt.   Frankfurt a. d. O., den 2. November 1864.

III. Mit Bezug und Hinweis auf unsere Amtsblatt-Bekanntmachung vom 29. August cr. bringen wir anderweit hierdurch zur Kenntniß der betreffenden Polizei-Verwaltungen, daß die dem Conventualen der barmherzigen Brüder, Frater Janocentius Hoffmann, Seitens des Herrn Ober-Präsidenten ertheilte Legitimation zur Einsammlung milder Beiträge Behufs Vollendung und Ausstattung des Krankenhauses des barmherzigen Bruderordens zu Steinau a. O. bis zum 31. Dezember d. J. verlängert worden ist.   Frankfurt a. d. O., den 1. November 1864.

IV. Es ist zu unserer Kenntniß gekommen, daß an verschiedenen Orten unseres Verwaltungs-Bezirks, sowohl in Städten wie auf dem Lande, die Ortsbehörden den Privatpersonen, welche die Ertheilung der in unserer Amtsblatt-Verordnung vom 12. Juni 1820 (Amtsblatt Jahrgang 1820 S. 180) vorgeschriebenen Atteste nachsuchen, Gebühren abzufordern pflegen.

Wir finden uns, da es an der gesetzlichen Berechtigung zur Erhebung solcher Gebühren fehlt, veranlaßt, dieselbe hierdurch allgemein zu untersagen.   Frankfurt a. d. O., den 24. Oktober 1864.

V. Auf Grund der §§. 6 u. 11. des Gesetzes über die Polizei-Verwaltung vom 11. März 1850 verordnen wir hiermit: Das sogenannte Belern — ein unbefugtes rasch hinter einander erfolgendes Anschlagen des Klöppels an das Glockenhaus — wird bei einer Geldstrafe bis zu 3 Thlr., oder verhältnißmäßiger Gefängnißstrafe untersagt.   Frankfurt a. d. O., den 26. Oktober 1864.

VI. Statistische Erhebungen. Das Publikum machen wir vorläufig darauf aufmerksam, daß im laufenden Jahre am 3. Dezember die alle 3 Jahre wiederkehrenden statistischen Erhebungen beginnen werden.

Insbesondere haben wir hervor, daß den neueren Anordnungen gemäß das Alter der Bevölkerung nicht, wie bisher, nach den zurückgelegten Lebensjahren, sondern nach dem Kalender-Jahr der Geburt des Einzelnen ermittelt werden soll, und bringen wir diese Abänderung schon jetzt zur allgemeinen Kenntniß, um zur Erleichterung des Zählungsgeschäfts am Tage der stattfindenden Volkszählung die Bewohner auf die veränderte Angabe rechtzeitig vorzubereiten.   Frankfurt a. d. O., den 8. November 1864.

Personal-Chronik

Der Prediger Carl August Hermann Heinrich Heinrichs, bisher zu Lübben, ist zum Archidiakonus bei der Evangelischen Gemeinde der Domkirche zu Soldin — Diöcese Soldin — bestellt worden.

Im Kreise Sorau sind zu Wegepolizei-Distrikts-Commissarien ernannt und bestätigt worden: 1) im 9. Bezirk in Stelle des Rittergutsbesitzers Trierenberg zu Klein-Kölzig der Inspektor von Oppen zu Culm, 2) im 16. Bezirk in Stelle des Rittergutsbesitzers von Wiedebach zu Culm der Rittergutsbesitzer Freiherr von Budenbrod zu Klein-Kölzig.

Der Assistenz-Arzt a. D., Wundarzt 1. Classe und Geburtshelfer Carl Bernhard Danziger hat sich in Liebenau niedergelassen.

Zum Verwalter der gutsherrlichen Polizei des Fiskus über die Ortschaften Brieskow, Ober-, Unter- und Neu-Lindow ist der Gutsbesitzer August Ferdinand Preger zu Kaisermühl bestellt worden.

Im Kreise Lübben sind folgende Schiedsmänner gewählt und bestätigt worden: für den I. ländlichen Bezirk der Bauer und Mühlengutsbesitzer Christian Poeschle zu Neuzauche, für den V. ländlichen Bezirk der Bauergutsbesitzer Carl Ringt zu Schloß Lieberose, für den VI. ländlichen Bezirk der Kaufmann Heinrich Welse zu Straupitz, für den VII. ländlichen Bezirk der Schankwirth Friedrich Jasch zu Dolgen.

Der Gerichts-Assessor Voigt zu Berlin ist aus dem Departement des Königlichen Kammergerichts in das des Königlichen Appellationsgerichts hierselbst versetzt und der Königlichen Staats-Anwaltschaft zu Luckau zur Beschäftigung überwiesen.

Der Postsecretair Röhricht in Frankfurt a. d. O., früher Vorsteher der Feldpost-Expedition der Reserve-Artillerie, ist zum Post-Commissarius ernannt worden.

Es sind versetzt worden: der Ober-Postsekretair Matthias von Frankfurt a. d. O. nach Minden, der Ober-Postsekretair Naumann von Liegnitz nach Frankfurt a. d. O., der Post-Expedient Minow von Cüstrin nach Vedelitz, der Post-Expedient Otto von Neuwedell nach Driesen, die Post-Expediteure Wilhelm von Leitersdorf nach Neuwedell, Petzold von Petershagen nach Zielba und Blotzmann von Ziebingen nach Cüstrin, Lange-Vorstadt.

Es ist übertragen worden die Verwaltung der Post-Expeditionen zweiter Klasse: in Leitersdorf dem bisherigen Lehrer Rehfeld, in Petershagen dem Post-Expeditions-Gehilfen für den Ort Georgi, in Günters-berg, Regierungsbezirk Frankfurt a. d. O., dem früheren Post-Coadjutor Hartung, in Ziebingen dem seit-herigen Lehrer Lange, in Alt-Reetz dem Apotheker Schraber, in Bobersberg dem Kämmerer Rubel und in Kienitz dem ehemaligen Postwärter-Gehilfen Rubert, unter Ernennung zu Post-Expediteuren.

Die Verwaltung der Hilfs-Post-Anstalt in Christianstadt ist in Stelle des aus dem Postdienste geschiedenen Postwärters Arends dem Apotheker Roth daselbst übertragen worden.

Es sind angestellt worden: der invalide Sergeant Schneider als Briefträger bei dem Post-Amte in Frankfurt a. d. O., der invalide Unteroffizier Hoppe als Post-Conducteur bei dem Post-Amte in Guben, der invalide Unteroffizier Künner als Post-Coadjutor bei dem Post-Amte in Frankfurt a. d. O. und der Militair-Invalide Fehlisch als Postwärter bei der Post-Expedition in Müncheberg.

Es sind freiwillig aus dem Postdienste geschieden: die Post-Expediteure Bahr in Müllrose, Haase in Podelzig, Hildebrand in Bobersberg und der Post-Conducteur Sehwier in Frankfurt a. d. O.

Der Postwärter Gosse in Kienitz ist in Folge Umwandlung der dortigen Hilfs-Post-Anstalt in eine Post-Expedition II. Klasse aus dem Postdienste getreten und der Briefträger Stein in Müncheberg ist aus demselben entlassen worden.

Vermischte Nachrichten.

(1) Die sechste Lehrerstelle in Schwiebus, Diöcese Züllichau, Privat-Patronats, ist durch den Tod des bisherigen Inhabers erledigt.

Frankfurt a. d. O., den 7. Novbr. 1864. Königl. Regierung; Abtheilung für Kirchen- und Schulwesen.

(2) Dem Candidaten der Theologie Bernhard Theodor Wilhelm Gruber zu Fürstenfelde, ist die Erlaubniß zur Errichtung und Leitung einer Knaben-Privat-Schule zu Fürstenfelde ertheilt worden.

Frankfurt a. d. O., den 1. Novbr. 1864. Königl. Regierung; Abtheilung für Kirchen- und Schulwesen.

(3) Bekanntmachung. Vom 10. November cr. ab wird der Preis für die Benutzung der Schlafvorrichtungen, welche nach unserer Bekanntmachung vom 12. Februar cr. in den zwischen Berlin und Eydtkuhnen coursirenden Salonwagen der Ostbahn-Courierzüge eingerichtet sind, versuchsweise und bis auf Weiteres dahin ermäßigt, daß, statt eines Schlaf-Billets I. Klasse, ein solches III. Klasse für die betreffende Strecke zuzulösen ist. Bromberg und Berlin, den 1. November 1864.

Königliche Direktion der Ostbahn.   Königliche Direktion der Niederschlesisch-Märkischen Eisenbahn.

Hierzu eine außerordentliche Beilage, betreffend die Bekanntmachung des revidirten General-Tableau der Normal-Markorte, Preis-Bezirke und Normal-Preise für die im Frankfurter Regierungs-Bezirk ablös-lichen Dienste, Abgaben und Leistungen nach den Ablösungs-Gesetzen vom 2. März 1850, 15. April 1857 und 19. März 1860.

Beilage
zum Amtsblatt der Königlichen Regierung zu Frankfurt a. d. O.

Bekanntmachung des Königlichen Polizei-Präsidiums zu Berlin.

Nachdem des Königs Majestät mittelst Allerhöchster Cabinets Ordre vom 6. Juli d. J. das Statut der neubegründeten Preußischen Hagel-Versicherungs Actien Gesellschaft zu Berlin vom 15. März d. J. genehmigt haben, wird dasselbe nebst der Beglaubigung des Herrn Ministers für die landwirthschaftlichen Angelegenheiten nachstehend zur öffentlichen Kenntniß gebracht.
Berlin, den 3. August 1864.
Königliches Polizei-Präsidium.

Statut
der Preußischen Hagel-Versicherungs-Actien-Gesellschaft zu Berlin.

I. Firma, Domicil, Zweck, Dauer und Forum der Gesellschaft.

§ 1. **Firma und Domicil.** Mit Vorbehalt der landesherrlichen Genehmigung tritt eine Actien Gesellschaft (mit kaufmännischen Rechten und Pflichten) unter der Firma:
Preußische Hagel-Versicherungs-Actien-Gesellschaft
zusammen, mit dem Domicil in Berlin.

§ 2. **Zweck.** Die Gesellschaft hat den Zweck, Versicherungen gegen Hagelschäden zu übernehmen.

§ 3. **Dauer. Geschäfts Eröffnung.** Die Dauer der Gesellschaft wird auf Fünfzig Jahre bestimmt, angerechnet vom Tage der landesherrlichen Genehmigung ihres Statuts, insofern die Auflösung derselben in dem durch § 60. vorgesehenen Falle oder nach Maßgabe der bestehenden Gesetze nicht früher erfolgt. Auf Beschluß der General Versammlung und mit landesherrlicher Genehmigung kann diese Dauer verlängert oder abgekürzt werden.

Die Thätigkeit der Gesellschaft beginnt (wenn das Grund-Capital gezeichnet und) nach erfolgter landesherrlicher Genehmigung des Statuts sobald die Einzahlung des ersten Zehntels des Grund-Capitals dem Königlichen Polizei-Präsidium nachgewiesen ist.

§ 4. **Forum.** Das Forum der Gesellschaft ist das Königliche Stadtgericht zu Berlin. Wegen der auf die Versicherungsverträge bezüglichen Ansprüche kann die Gesellschaft auch vor den Gerichten des Orts belangt werden, wo der Versicherungs-Vertrag unterzeichnet wurde.

II. Vom Grund-Capitale, von den Actien und den Actionairen.

§ 5. **Grund Capital.** Das Grund-Capital der Gesellschaft ist vorläufig 750,000 Thaler in 1500 Stück auf den Namen lautende Actien zu 500 Thalern, dasselbe kann auf Beschluß der General Versammlung (§ 28.) mit Genehmigung der Königlichen Ministerien bis auf 4000 Stück Actien im Betrage von 2 Millionen Thalern erhöht werden.

§ 6. Bei Erhöhung des Grund-Capitals sind die am Ende dieses Statuts genannten Gründer der Gesellschaft, beziehentlich deren Erben, sofern sie zur Zeit der erfolgenden Erhöhung des Grund-Capitals noch Actionaire der Gesellschaft sind, berechtigt, so viel Actien zum Nominalwerthe derselben zu

§ 7. **Einzahlung der Actien.** Auf jede Actie sind 20 Procent des Nominalbetrages, also Einhundert Thaler für eine Actie, baar einzuzahlen. Für den Rest von 80 Procent des Nominalbetrages jeder Actie, also Vierhundert Thaler, hat jeder Actionair vier Solawechsel à 100 Thaler nach dem Formular Litt. A. (siehe am Schlusse) auszustellen. Diese Solawechsel sind einen Monat vor Ablauf der in den Exemplaren angegebenen Präsentationsfrist zu erneuern. Der Verwaltungsrath ist verpflichtet, die Sicherheit derselben bei jedem Jahresschlusse zu prüfen und ev. mt. deren Einzahlung (§ 15.) zu veranlassen. Auswärtige Actionaire haben in Berlin Wechsel Domicil zu erwählen. Alle Insinuationen erfolgen gültigerweise an die in diesem Domicile wohnenden, von den Actionairen zu bestimmenden Personen nach Maßgabe der §§ 20. und 21. Theil I. Titel 7. der Allgemeinen Gerichts-Ordnung und in Ermangelung der Bestimmung der Person auf dem Secretariate des Stadtgerichts zu Berlin. Actionaire, welche in einem Lande wohnen, in welchem die Allgemeine Deutsche Wechselordnung nicht gilt, haben einen der Direction genehmen, wechselfähigen, selbstschuldnerischen Bürgen zu stellen, der in einem Lande wohnt, in welchem jene Wechselordnung Geltung hat. Der Verwaltungsrath ist verpflichtet, die Direction mit Einziehung der Wechsel der Actionaire zu beauftragen, sobald und soweit die angemeldeten Schäden dies nothwendig machen. Der Aussteller ist verpflichtet, die nach Solawechseln schuldigen Beträge einen Monat nach Präsentation oder erfolgter Aufforderung baar einzuzahlen.

§ 8. **Form der Actien.** Die Actien lauten auf bestimmte Inhaber und werden nach dem Formulare der Beilage Litt. B. mit laufender Nummer auf den Namen des Besitzers und mit der Unterschrift eines Mitgliedes der Verwaltungsraths und eines Mitgliedes der Direction ausgefertigt. Auf denselben sind die §§ 7., 9., 10., 12. bis incl. 19. des Statuts mit abzudrucken. Den Actien sind Dividendenscheine (Formular C.) für 5 Jahre, nebst einer Anweisung (Formular D.) auf neue Dividendenscheine, beigegeben.

§ 9. **Actienbuch.** Jede Actie erhält in einem, von der Direction zu führenden Actienbuche ein Folium, auf welchem der Name, Stand und Wohnort des jedesmaligen Inhabers, so wie alle Eigenthums Veränderungen eingetragen werden. Nur die aus dem Actienbuche ersichtlichen Inhaber der Actien gelten als Actionaire der Gesellschaft. Für jede Uebertragung einer Actie ist ein Thaler Umschreibegebühren zu entrichten. Die geschehene Eintragung des Besitzwechsels einer Actie muß auf letzterer selbst vermerkt werden. Der Uebertragungs-Vermerk ist mit den Unterschriften eines Mitgliedes

§ 10. **Untheilbarkeit der Actien.** Eine Actie ist untheilbar. Sie kann nur auf eine Person, nicht auf eine Firma ausgestellt werden. Geht durch Erbschaft oder auf andere Weise eine Actie in den Besitz mehrerer Personen oder einer Firma über, so kommen die Bestimmungen des § 14. zur Geltung.

§ 11. **Höchste Zahl der Actien in einer Hand.** Ein einzelner Actionair darf nicht mehr als hundert Stück Actien besitzen.

§ 12. **Wirkungen des Actienbesitzes.** Jeder Actionair erhält von dem baar eingezahlten Betrage seiner Actie 5 Procent als bevorzugte Dividende nach den näheren Bestimmungen der §§ 55. und 56. des Statuts im voraus jährlich und participirt an dem Mehrgewinn oder an dem Verluste der Gesellschaft, im Verhältniß seiner Actienzahl, nach Maßgabe der §§ 55. und 56. Ueber den Nominalbetrag der Actie hinaus kann er unter keinerlei Umständen für die Verpflichtungen oder Verbindlichkeiten der Gesellschaft in Anspruch genommen werden. Das eingezahlte Capital kann unter keiner Bedingung zurückgefordert werden.

§ 13. **Ertheilung und Besitzwechsel der Actien.** Ueber die Gewährung der Actien an die ersten Zeichner bestimmen die Gründer der Gesellschaft, über die Gewährung von Actien bei Erhöhung des Grund-Capitals hat der Verwaltungsrath der Gesellschaft zu entscheiden. Die Genehmigung des Verwaltungsraths ist auch bei dem Uebergange der Actien an neue Eigenthümer erforderlich. Findet die Genehmigung des Ueberganges einer Actie statt, so hat der neue Eigenthümer über den nicht baar eingezahlten Betrag der Actie neue Solawechsel auszustellen und erst am Tage der Einlieferung derselben bei der Gesellschaft, tritt der Uebergang der Actie an den neuen Eigenthümer in Kraft, der frühere Actionair erhält dagegen seine Solawechsel zurück, und es hören von Tage des Ueberganges der Actie an seinen Besitznachfolger ab, alle seine Rechte und Pflichten als Actionair der Gesellschaft auf.

§ 14. **Vererbung der Actien.** Stirbt ein Actionair, so haben die Erben innerhalb der nächsten sechs Monate das Recht, der Gesellschaft einen neuen Actionair vorzuschlagen. Verweigert dieselbe den Uebergang der Actie auf den Vorgeschlagenen, so haben die Erben das Recht, binnen anderweiten drei Monaten, vom Tage der ihnen bekannt gemachten Ablehnung des ersten Vorschlages an, einen andern Actionair vorzuschlagen. Verweigert die Gesellschaft den Uebergang auch auf diesen neuen Vorgeschlagenen, oder erfolgt ein solcher Vorschlag nicht innerhalb der bezeichneten Frist, so ist die Gesellschaft befugt, die Actie für Rechnung der Erben durch einen vereideten Makler an der Börse zu Berlin verkaufen zu lassen.

Es steht jedoch den Erben frei, diese Maßregel durch Einlösung der Solawechsel des Verstorbenen abzuwenden, in welchem Falle deren Betrag bis zum statutenmäßigen Eintritt der Fälligkeit mit 4 Procent pro Anno verzinst wird.

§ 15. **Gezwungener Verkauf der Actien bei Vermögensverfall des Actionairs.** Wenn ein Actionair, nach der ersten diesfallsigen Aufforderung der Gesellschaft, oder wird der Uebergang der Actie an den Vorgeschlagenen nicht genehmigt, so ist die Gesellschaft befugt, die betreffende Actie für Rechnung des Actionairs oder seines Rechtsnachfolgers wie oben § 14. angezeigt, verkaufen zu lassen.

§ 16. **Desgleichen bei unterlassener Nachzahlung.** Kommt ein Actionair nach erfolgter Präsentation oder Aufforderung seinen laut Solawechsel Litt. A. übernommenen Zahlungsverpflichtungen zur festgesetzten Frist nicht nach und bleibt die Wechselklage erfolglos, so wird ebenfalls nach Maßgabe des § 15. gegen ihn verfahren.

§ 17. **Desgleichen bei unterlassener oder verweigerter Ausstellung neuer Solawechsel.** Das im §? vorgeschriebene Verfahren findet auch auf diejenigen Actionair Anwendung, welche die im § 7. vorgeschriebene Einsetzung erneuerter Solawechsel an die Gesellschaft binnen der von ihr festgesetzten Frist unterlassen oder verweigern.

§ 18. **Annullirung der Actien.** Wenn in den drei den §§ 14., 15., 16. und 17. bezeichneten Fällen des Verkaufs von Actien die letzteren sammt ihren Dividendenscheinen binnen vier Wochen nach der deshalb erlassenen Aufforderung abgeliefert werden, so ist die Gesellschaft berechtigt, die betreffenden Actien durch dreimalige, von vierzehn zu vierzehn Tagen erfolgende Bekanntmachung in den Gesellschaftsblättern (§ 62.) als ungültig zu erklären und an Stelle solcher annullirter Actien neue Actien mit neuen Nummern und auf den Namen des neuen Eigenthümers lautend, auszufertigen.

§ 19. **Mortificirung der Actien.** Geht eine Actie verloren, oder wird eine solche vernichtet, so ist dieselbe auf Antrag des Berechtigten nach den ges. lichen Bestimmungen zu mortificiren. Es wird hierauf auf Grund des rechtskräftigen Amortifications-Erkenntnisses eine neue Actie unter neuer Nummer ausgestellt und letztere dem im Actienbuche verzeichneten Eigenthümer der mortificirten Actien gegen Erlegung der Stempel- und Unterschreibgebühren (§ 9.) behändigt.

Eine Mortification der Dividendenscheine oder Talons findet nicht statt. Wenn Dividendenscheine als verloren, gestohlen oder vernichtet angemeldet sind, so werden sie nach Ablauf von 4 Jahren vom Tage ihrer Fälligkeit, wenn sie inzwischen nicht präsentirt werden, dem Anmeldenden ausbezahlt. Der Betrag solcher Dividendenscheine, welche binnen 4 Jahren nicht zur Einlösung präsentirt werden und deren Verlust nicht angemeldet ist, verfallen dem Reservefond der Actionaire. — Hinsichts der Talons wird auf die Bestimmungen im Formular D. verwiesen.

III. **Von der Mitbetheiligung der Versicherten.**

§ 20. **Mitbetheiligung.** Die Versicherten empfangen die Hälfte desjenigen jährlichen Reingewinnes der Gesellschaft welcher übrig bleibt, nachdem von den Jahres-Einnahmen alle Hagelschäden-Vergütungen, Verwaltungskosten und andere Auslagen, der Beitrag zum Reserve-Fond (§ 55.) und die bevorzugte Dividende des einbezahlten Grund-Capitals, von

letztere nicht zur Deckung jenes Betrages aus, so hat der Versicherte den fehlenden Betrag auf Aufforderung der Direktion binnen 14 Tagen baar zu ergänzen.

Der nach Ablauf der fünfjährigen Versicherungs-Periode eines Versicherten verbleibende Bestand seines Reserve-Antheils wird demselben baar ausbezahlt.

Setzt jedoch ein Versicherter seine Versicherung nicht fünf Jahre hindurch fort, so verliert er seine Eigenschaft als Mitbetheiligter und seinen Antheil an der Nachschuß Reserve, welcher zu Gunsten der anderen Versicherten verfällt.

Jeder Versicherte hat das Recht, den ordentlichen General-Versammlungen beizuwohnen, jedoch nur bei der Wahl der Revisions-Commission mitzustimmen.

IV. Organisation der Gesellschaft.

§ 21. **Organe.** Die Organe der Gesellschaft sind:
a) die General-Versammlung der Actionaire und der Mitglieder;
b) der Verwaltungs-Rath;
c) die Direction.

A. Von der General-Versammlung.

§ 22. **Ordentliche und außerordentliche General-Versammlung.** Alljährlich findet regelmäßig im Monat December am Sitze der Gesellschaft eine ordentliche General-Versammlung statt, die erste nach Ablauf des ersten Rechnungsjahres. Außerordentliche General-Versammlungen können und müssen zusammenberufen werden:
a) wenn der Verwaltungsrath es für erforderlich hält;
b) wenn die Direction darauf anträgt;
c) wenn eine Anzahl Actionaire, welche zusammen mindestens ein Viertel der emittirten Actien besitzen, unter Angabe der Gründe bei dem Verwaltungsrathe oder bei der Direction darauf antragen.

§ 23. **Einladungen zu denselben.** Die Einladungen zu den General-Versammlungen sind mittelst zweimaliger Bekanntmachung von denen die zweite spätestens 14 Tage vor der Versammlung in den Organen der Gesellschaft (§ 62.) veröffentlicht sein muß, von der Direction zu erlassen. Die Gegenstände der Tagesordnung müssen ausdrücklich in der Einladung erwähnt werden. Der Verwaltungsrath ist verpflichtet, jeden Antrag auf die Tagesordnung zu bringen, welchen er selbst, oder die Direction, oder eine Anzahl von mindestens zehn Actionairen zu stellen beabsichtigt; den von Actionairen zu stellenden Antrag jedoch nur dann, wenn derselbe dem Verwaltungsrathe spätestens 10 Tage vor Erlaß der ersten Einladung schriftlich zugeht.

§ 24. **Persönliche Anwesenheit und Vertretung der Actionaire und Versicherten.** Zum Erscheinen in allen General-Versammlungen ist jeder Besitzer einer Actie und in den ordentlichen General-Versammlungen auch jeder Versicherte (§ 20.) berechtigt. Die Actionaire haben sich durch

Der Besitz und die Vertretung von zusammen über 50 Actien gewährt von 50 Actien ab nur eine Stimme für je 20 Stimmen mehr und können in einer Person nie mehr als zehn Stimmen vereinigt sein.

Bei der Wahl der Revisions-Commission (§ 31.) haben auch die Versicherten Stimmrecht und zwar jeder eine Stimme.

§ 26. **Beschlußfähigkeit der General-Versammlungen.** Jede in statutenmäßiger Weise zusammenberufene General-Versammlung ist ohne Rücksicht auf die Zahl der Anwesenden beschlußfähig. Ausnahmen hiervon finden nur in den § 28. bezeichneten Fällen statt. Die Beschlüsse werden nach absoluter Stimmenmehrheit gefaßt.– Bei Gleichheit der Stimmen entscheidet die des Vorsitzenden. Die gefaßten Beschlüsse sind auch für die Abwesenden bindend.

§ 27. **Gegenstände der Berathung und bezüglich Beschlußfassung.** Die ordentliche General-Versammlung nimmt den Geschäftsbericht, den jährlichen Rechnungs-Abschluß und die Bilanz, so wie den Bericht der Revisions-Commission entgegen.

Sie wählt:
a) die Mitglieder des Verwaltungsrathes (§ 32.);
b) die Revisions-Commission (§ 31.).

Sie beschließt:
1) über die Ertheilung der Decharge (§ 31.);
2) die Appellation suspendirter Directions-Mitglieder (§ 51.);
3) über Anträge auf Erhöhung des Grund-Capitals,
4) " Anträge auf Statuten-Abänderungen;
5) " Suspendirung von Directions-Mitgliedern;
6) " Anträge auf Auflösung und Liquidation der Gesellschaft.
7) über alle anderen Anträge, welche auf der Tagesordnung stehen.

Die zu 3 und 4 gefaßten Beschlüsse der General-Versammlung bedürfen der landesherrlichen Genehmigung.

§ 28. **Bedingte Abstimmung.** Anträge auf Abänderung des Statutes, auf Erhöhung des Grund-Capitales, so wie auf Verlängerung der Gesellschaftsdauer oder Auflösung der Gesellschaft können nur in einer General-Versammlung discutirt werden, in welcher mindestens der fünfte Theil aller emittirten Actien repräsentirt ist. Zur Fassung eines gültigen Beschlusses in dieser Hinsicht müssen sich mindestens zwei Drittheile der anwesenden Stimmen der Actionaire für die Abänderung des Statuts resp. Erhöhung des Grund-Capitals, Verlängerung der Geschäftsdauer oder Auflösung der Gesellschaft erklären. Wenn jedoch eine erste General-Versammlung den fünften Theil aller emittirten Actien nicht repräsentirt, so wird eine zweite einberufen, in welcher ohne Rücksicht auf die Anzahl der repräsentirten Actien, die Abänderungen des Statuts, Erhöhung des Grund-Capitals oder die Auflösung der Gesellschaft discutirt und beschlossen werden können sofern sich mindestens zwei Drittheile der anwesenden Stimmen der

vorzunehmenden Wahlen der Mitglieder des Verwaltungsraths erfolgen durch Stimmzettel und nach absoluter Stimmenmehrheit. Ergiebt bei einer Wahl die Abstimmung keine absolute Majorität, so werden diejenigen Beiden, welche die relativ meisten Stimmen erhalten haben, zur engern Wahl gestellt. Bei Stimmengleichheit entscheidet das Loos.

§ 31. Revisions-Commission der Decharge und Verwaltungs-Organe. Die ordentliche General-Versammlung eines jeden Jahres erwählt in der § 30. bestimmten Weise drei Commissare, von welchen zwei Actionaire sein müssen, der dritte ein Versicherter sein kann und welche den Auftrag haben, die Rechnungen und die Bilancen zu prüfen, welche von der Direction der General-Versammlung des nächsten Jahres vorzulegen sind. Die Functionen dieser Commissare beginnen einen Monat vor der nächsten ordentlichen General-Versammlung und endigen mit dem Schlusse derselben.

In der Zeit ihrer Functionsdauer haben die ernannten Commissare das Recht und die Verpflichtung, im Geschäftslokale der Gesellschaft die Rechnungen, Bücher, Kassenbestände und Alles, was sie zur Erfüllung ihrer Obliegenheiten für nöthig finden, zu untersuchen. Sie erstatten darüber der General-Versammlung Bericht. Dieser Bericht muß jedoch der Direction und dem Verwaltungsrathe und zwar spätestens acht Tage vor der General-Versammlung schriftlich mitgetheilt werden.

Die General-Versammlung beschließt auf Grund dieses Berichtes über die Ertheilung der Decharge und über die auf etwaige Erinnerungen der Prüfungs-Commissare von beiden Verwaltungs-Organen gegebenen Beantwortungen.

Jedes Mitglied der Revisions-Commission empfängt 50 Thaler für seine Bemühung. Die Revisions-Commission, welche vor der ersten General-Versammlung zusammengetreten hat, wird von dem Verwaltungsrathe gewählt.

B. Von dem Verwaltungsrathe.

§ 32. Zusammensetzung. In allen der General-Versammlung der Actionaire nicht ausdrücklich vorbehaltenen Angelegenheiten wird die Preußische Hagel-Versicherungs-Actien-Gesellschaft der Direction gegenüber durch einen Verwaltungsrath vertreten. Derselbe besteht aus sechs von der General-Versammlung zu wählenden Mitgliedern und sechs von dem Verwaltungsrathe zu wählenden Stellvertretern.

Wenigstens fünf Mitglieder desselben, einschließlich der Vorsitzenden und seines Stellvertreters, müssen in Berlin wohnhaft sein.

Das Mandat jedes Einzelnen, sowohl der Mitglieder des Verwaltungsraths als auch der Stellvertreter derselben ist vorbehaltlich der Entschädigung der Betreffenden aus bestehenden Verträgen jederzeit widerruflich. Dieser Widerruf steht hinsichts der Mitglieder des Verwaltungsraths der General-Versammlung der Actionaire, hinsichts der vom Verwaltungsrath erwählten Stellvertreter dem Verwaltungsrathe zu und kann nur durch wenigstens zwei Drittel der anwesenden Stimmen in der General-Versammlung resp. durch absolute Majorität des Verwaltungsrathes beschlossen werden.

§ 33. Bestimmungen über Verwaltungsraths-Mitglieder. Kein Mitglied des Verwaltungs-Rathes und kein Stellvertreter darf in gleicher Function bei einer anderen Hagel-Versicherungs-Gesellschaft wirksam sein. Beamte der Gesellschaft können nicht Mitglieder des Verwaltungsrathes sein. Jedes Mitglied des Verwaltungsrathes, sowie jeder Stellvertreter muß Actionair der Gesellschaft sein und 6 Actien als Caution für seine Geschäftsführung während seiner Amtsdauer bei der Gesellschaft deponiren.

§ 34. Transitorische Bestimmungen hinsichtlich des ersten Verwaltungs-Rathes. Bis nach Ablauf der ersten fünf vollen Geschäftsjahre der Gesellschaft, besteht der Verwaltungsrath aus den nachbenannten Gründern der Gesellschaft:

1) Herr O. B. Ambronn, Geheimer Revisions Rath und Mitglied des Revisions Collegiums für Landescultur-Sachen in Berlin,
2) Herr Rittergutsbesitzer Ernst Oswald Rudolph Kummer auf Waldau bei Bromberg,
3) Herr Justizrath Mayet zu Berlin,
4) Herr Heinrich Nordmann, Rittergutsbesitzer und Kaufmann zu Berlin,
5) Herr F. A. Riedel, Geheimer Archivrath und Professor, Rittergutsbesitzer auf Britz, in Berlin.
6) Herr Hugo Wolff (Firma Plathe & Wolff) Banquier zu Berlin.

Nach Ablauf dieser Zeit scheiden von den Mitgliedern des Verwaltungsraths alljährlich zwei in der durch das Loos zu bestimmenden Reihenfolge aus. Sind solchergestalt sämmtliche Mitglieder des ersten Verwaltungsrathes ausgeschieden, so erfolgt der Austritt der Verwaltungsraths-Mitglieder nach der Reihenfolge des Eintritts. Die Ausgeschiedenen können jedoch sofort wieder gewählt werden.

Bei außerordentlicher Weise vorkommender Erledigung findet die Neuwahl interimistisch durch den Verwaltungsrath in der § 38. bestimmten Weise zu gerichtlichen oder notariellen Protokolle bis zur nächsten General-Versammlung und durch letztere demnächst für diejenige Dauer statt, für welche das ausgeschiedene Mitglied noch zu fungiren gehabt haben würde. Freiwilliger Rücktritt ist jedem Verwaltungsraths-Mitgliede drei Monate nach vorheriger Kundgebung gestattet.

§ 35. Stellvertretung. Jedes Mitglied des Verwaltungsrathes hat für seine Amtsdauer einen Stellvertreter vorzuschlagen, über dessen Annahme der Verwaltungsrath entscheidet und dessen Functionen mit denjenigen des vertretenen Verwaltungs-Mitgliedes endigen.

§ 36. Leitung und Legitimation des Verwaltungsrathes. Der Verwaltungsrath erwählt in der § 38. bestimmten Weise aus seiner Mitte einen Vorsitzenden und einen Stellvertretenden Vorsitzenden. Der Stellvertreter eines Verwaltungsraths-Mitgliedes, welches als Vorsitzender oder stellvertretender Vorsitzender gewählt ist, fungirt für dasselbe nur als Verwaltungsraths-Mitglied, nicht als Vorsitzender oder stellvertretender Vorsitzender. Die Namen der Vorsitzenden, sowie sämmtliche Verwaltungsraths-Mitglieder oder Stellvertreter, auch jeder Wechsel, welcher in diesen Personen eintritt, sind von der Direction durch die Gesellschaftsblätter bekannt zu machen. Der Verwaltungsrath führt seine Legitimation durch gegenwärtiges Statut und die Wahlprotokolle.

§ 37. Zeit der Versammlungen. Der Verwaltungsrath versammelt sich an seinem Sitze so oft es die Geschäfte erheischen, in den Monaten März bis November aber wenigstens einmal monatlich. Die Einladungen zu den Versammlungen, soweit deren Tag nicht ein für allemal durch das Geschäfts-Regulativ vorgeschrieben ist, erfolgen schriftlich Seitens des Vorsitzenden oder dessen Stellvertreters. Eine Zusammenberufung des Verwaltungsrathes muß erfolgen, wenn drei Mitglieder desselben oder ein Mitglied der Direction darauf antragen. Jeder Director hat die Pflicht, den Sitzungen des Verwaltungsrathes beizuwohnen, insofern dieser nicht ohne ihn zu berathen für gut findet.

§ 38. Beschlußfähigkeit des Verwaltungsrathes. Die Versammlungen des Verwaltungsraths sind bei Anwesenheit des Vorsitzenden oder dessen Stellvertreters und außerdem vier anderer Mitglieder resp. Stellvertreter beschlußfähig. Die Beschlüsse, so wie alle statutenmäßig vom Verwaltungsrathe vorzunehmenden Wahlen, erfolgen nach absoluter Stimmenmehrheit der anwesenden Mitglieder, die Wahlen mittelst Stimmzettel. Im Falle der Stimmengleichheit entscheidet die Stimme des Vorsitzenden resp. die seines

Stellvertreters. Ergiebt bei einer Wahl die Abstimmung keine absolute Majorität, so werden diejenigen Beiden, welche die relativ-meisten Stimmen haben, zur engeren Wahl gestellt. Ueber die Verhandlungen des Verwaltungsrathes sind Protokolle in der durch das Geschäfts-Regulativ zu bestimmenden Art und Weise abzufassen. Die Protokolle sind von dem Vorsitzenden zu vollziehen und mit den sonstigen Akten, Urkunden und Schriften des Verwaltungsrathes von ihm aufzubewahren. Die Ausfertigungen des Verwaltungsrathes werden von dem Vorsitzenden oder dessen Stellvertreter und noch einem Mitgliede für den Verwaltungsrath verbindlich unterschrieben.

§. 39. Wirkungskreis. Die Geschäfte des Verwaltungsrathes sind:
a) die Anstellung und Instruirung der Directoren und der Bevollmächtigten;
b) die Aufsichtsführung über die statutenmäßige Handlungsweise derselben;
c) die Suspension der Directoren, des Bevollmächtigten oder deren Stellvertreter;
d) die Prüfung der von der Direction der Revisions-Commission zu übergebenden Hauptrechnung und deren Justification;
e) die Controllirung und Revision der Bücher, Correspondenzen und anderer Schriftstücke, deren Einsicht einem Mitgliede des Verwaltungsrathes zu keiner Zeit verweigert werden darf;
f) die Bestimmungen der festen Remunerationen, Gehalte, Gratificationen und sonstigen Bezüge für die Direction, so wie die Bestimmungen von Gratificationen für andre Beamte und Angestellte;
g) die Bestimmung des Gesammtbetrages der jährlich zu vertheilenden Dividende;
h) die Verwendung und Anlegung der vorhandenen Gelder nach den Bestimmungen des §. 42;
i) die Bestimmung über die Erwerbung und Veräußerung von Grundstücken;
k) die Bestimmung über Aufnahme von Anleihen, welche jedoch vor ihrer Ausführung der Genehmigung der Generalversammlung bedarf;
l) die Bestimmung über die Einforderung von Nachschußzahlungen der Versicherten;
m) die Bestimmung über Einziehung der Wechsel der Actionaire;
n) die Wahrnehmung aller Interessen der Gesellschaft in jeder Hinsicht, insbesondere auch die Feststellung des Tarifs.

§. 40. Specialbevollmächtigung einzelner Mitglieder. Der Verwaltungsrath kann die Befugniß, einzelne seiner Mitglieder resp. Stellvertreter der letzteren, zur Besorgung vorübergehender und einzelner Functionen, nach Befinden unter Ausstellung einer Specialvollmacht, zu delegiren, und die Entschädigung für solche Mühewaltung festzusetzen.

§. 41. Remuneration des Verwaltungsrathes. Der Verwaltungsrath bezieht außer dem Ersatze für die durch seine Funktionen etwa veranlaßten baaren Auslagen für seine Mühewaltungen eine Tantième von 10 Procent nach Bezahlung von 10 Procent des Reinertrages zum Reservefonds, und von 5 Procent Vorzugs-Dividende an die Actionaire verbleibenden Reingewinnes des Geschäfts (vergl. §. 55). Erreicht jedoch diese Tantième nicht 2400 Thaler im Jahre, so wird dieselbe zu diesem der Unkosten-Conto auf diese Summe ergänzt. Die Vertheilung derselben unter die Mitglieder des Verwaltungsrathes erfolgt im Verhältniß zu der Zahl der Sitzungen, welchen sie oder ihre Stellvertreter beigewohnt haben, dabei wird für den jedesmaligen Vorsitzenden das Doppelte angenommen. Der Generalversammlung stehen hinsichtlich der Tantième abändernde Beschlüsse zu.

§. 42. Benutzung der vorhandenen Gelder. Die Benutzung der vorhandenen Gelder erfolgt nach dem Ermessen des Verwaltungsrathes durch Beleihung oder Ankauf inländischer Staatspapiere, Staats-, Provinzial- und Communal-Obligationen und anderer sicher fundirten Papiere, durch Anleihen auf Grundstücke mit pupillarischer Sicherheit, durch Beleihung von Waaren oder Effekten und durch Discontiren von guten Wechseln, in welchen letzteren beiden Beziehungen überall nach den Grundsätzen der Preußischen Bank verfahren werden soll.

C. Von der Direction.

§. 43. Zusammensetzung und Legitimation. Die unmittelbare Leitung und Ausführung der Geschäfte ist einer Direktion übertragen, welche nach Gutbefinden des Verwaltungsrathes aus einem oder aus zwei Directoren gebildet wird. Im ersteren Falle muß dem ersten Director ein Bevollmächtigter zur Seite stehen, der im Uebrigen alle Eigenschaften und Befugnisse eines zweiten Directors besitzt, dem wirklichen Director aber untergeordnet ist. Die Namen der Directoren resp. des Bevollmächtigten, sowie jeder Wechsel, welcher in diesen Personen eintritt, sind von dem Verwaltungsrathe in Gemäßheit des §. 62 öffentlich bekannt zu machen. Die Directoren und der Bevollmächtigte sind in gerichtlichen oder notariellen Protokollen vom Verwaltungsrath zu wählen; sie führen ihre Legitimation durch eine Ausfertigung des Wahlaktes oder durch ein auf Grund desselben amtlich oder notariell ausgefertigtes Attest.

§. 44. Bestimmungen über das Schuldverhältniß der Directoren zur Gesellschaft. Kein Director oder Bevollmächtigter darf über den Betrag der im §. 7 bestimmten Nachschuß-Verbindlichkeit hinaus Schuldner der Gesellschaft sein.

§. 45. Ernennung und Stellvertretung der Directoren. Die Directorstellen, sowie des Bevollmächtigten werden von dem Verwaltungsrathe besetzt und deren Funktionen im Verhinderungsfalle durch Mitglieder resp. Stellvertreter des Verwaltungsrathes ausgeübt. Für die Zeit der Thätigkeit dieser Verwaltungsraths-Mitglieder als Directoren oder Bevollmächtigte ruht deren Funktion als Mitglieder des Verwaltungsraths und fungiren für dieselben inzwischen deren Stellvertreter. Ebenso ruht die Funktion eines Stellvertreters, wenn derselbe zeitweilig einen Director oder den Bevollmächtigten vertritt. Die Anstellungs-Bedingungen der Directoren und des Bevollmächtigten, so wie das Honorar der als Directoren fungirenden Verwaltungsraths-Mitglieder werden von dem Verwaltungsrathe mit dem Betreffenden vereinbart und contractlich festgestellt. Bei lang andauernden Behinderungen eines Directors kann der Verwaltungsrath dessen Amt und provisorisch an andere Personen seines Vertrauens übertragen und Gehalte bestimmen.

§. 46. Unterschrift. Jeder Director, Bevollmächtigte oder Stellvertreter unterzeichnet die Firma der Gesellschaft unter Beifügung seines Namens und wird die Gesellschaft durch die Unterschrift zweier derselben verpflichtet. Quittungen der Direction, Wechsel-Verpflichtungen, Zahlungs-Anweisungen und andere Kassen-Dispositionen müssen von dem Rendanten gegengezeichnet sein, bei Policen genügt jedoch die Unterschrift eines Directors, Bevollmächtigten oder Stellvertreters, so wie auch die bloße Unterschrift eines General-Agenten der Gesellschaft zur Verpflichtung derselben.

§. 47. Wirkungskreis. Der Direktion liegt die oberste und unmittelbare Leitung der Geschäftsangelegenheiten ob und sie verwaltet dieselben gemäß den Instruktionen des Verwaltungsraths in allen Theilen, welche nicht ausdrücklich der General-Versammlung oder dem Verwaltungsrathe vorbehalten sind, mit allen Befugnissen und Obliegenheiten eines Gesellschafts-Vorstandes, wie die Gesetze sie schützen, in der

Eigenschaft eines unbeschränkten Handlungs-Disponenten. Sie ist insbesondere verpflichtet und bezüglich berechtigt:

a) alljährlich und zwar am 1. November, die Hauptabschlüsse der Rechnungen und der Bilanzen anzufertigen und solche dem Verwaltungsrathe zur Bestimmung der Dividenden-Beträge, so wie zur Prüfung und Justifizirung vorzulegen;

b) den Geschäftsbericht abzufassen;

c) und in Uebereinstimmung mit den Beschlüssen und Instruktionen des Verwaltungsrathes Versicherungsverträge abzuschließen und deren Bedingungen zu bestimmen;

d) Beamten, Agenten, Haupt- und General-Agenten anzustellen, zu entlassen und deren Gehalte und Provisionen, so wie auch deren etwaige Cautionsleistung zu bestimmen und ihnen Instruktionen zu ertheilen (Vergleiche jedoch § 52.)

Im Falle zweier Directoren handeln sie oder deren Stellvertreter im Einverständniß, sie müssen aber in Fällen der Reinigung dem Vorsitzenden des Verwaltungsrathes oder dessen Stellvertreter zur Entscheidung hinzuziehen.

§ 48. **Kassenverschluß.** Die Hauptkasse muß unter dreifachem Verschlusse eines Mitgliedes des Verwaltungsrathes, eines Directors und des Rendanten gehalten werden und demgemäß mit drei verschiedenen Schlössern versehen sein.

§ 49. **Verantwortlichkeit der Direktion.** Directoren sind bei Ausübung ihrer Funktionen, für solche Handlungen verantwortlich, welche dem Statut, oder den auf Grund desselben vom Verwaltungsrathe getroffenen Anordnungen zuwiderlaufen, so wie für Versehen, welche bei Anwendung gewöhnlicher Vorsicht hätten vermieden werden können.

§ 50. **Remuneration.** Directoren beziehen jährlich feste Besoldungen, deren Höhe der Verwaltungsrath bestimmt.

§ 51. **Entlassungs-Umstände.** Der mit einem Director abzuschließende Vertrag muß dem Verwaltungsrathe ausdrücklich das Recht vorbehalten, denselben jeder Zeit auf Grund eines von wenigstens fünf bejahenden Stimmen ausgesprochenen Beschlusses des Verwaltungsrathes wegen Dienstvergehen oder grober Fahrlässigkeiten in ihren Amtsverrichtungen zu suspendiren und nach Befinden zu entlassen. Jedem Director steht jedoch Berufung an die General-Versammlung frei. Wird von dieser der Beschluß des Verwaltungsrathes bestätigt, oder legt der zu entlassende Director eine Berufung an die General-Versammlung gar nicht ein, so hat eine auf solche Weise ausgesprochene Entlassung der Directoren zur Folge, daß alle denselben vertrags oder statutenmäßig gewährten Ansprüche an die Gesellschaft auf Besoldung, Entschädigung oder andere Vortheile für die Zukunft von selbst erlöschen.

§ 52. **Beamten-Verhältnisse.** Die Directoren ernennen und stellen sämmtliche Beamte und Hülfsarbeiter an und sind befugt dieselben zu entlassen. Die Entlassung von Beamten und namentlich die einzuhaltende Kündigungsfrist

waltungsrath zur Pflicht gemacht ist, einen höheren Satz zu bestimmen, wenn dies nach Maßgabe der Abnutzung oder den sonstigen Verhältnissen angemessen erscheint. Die Werthpapiere, welche in der Bilanz nach Gattungen spezifizirt werden müssen, dürfen nie höher als zu dem Tagescourse der Berliner Börse vom 31. Oktober in Ansatz gebracht werden. Die Rechnungsablegung geschieht durch die Direktion. Die Bilanz wird durch die Gesellschaftsblätter der Gesellschaft § 62 veröffentlicht und einer von der Generalversammlung der Aktionaire zu wählenden Revisions-Commission (siehe § 31) zur Prüfung vorgelegt.

§ 54. **Grundbestimmungen bei Ziehung der Bilanz.** Aus den Jahreseinnahmen sind zu decken:

a) die im Jahre vorgekommenen Schäden;

b) die die zum Jahresschlusse zwar angemeldeten aber noch nicht regulirten Schäden, in Höhe der angemeldeten Entschädigungs-Forderung;

c) die Verwaltungskosten, etwaige Zinsen für Passiva, Abschreibung auf Immobilien und Mobiliar und alle sonstigen Ausgaben.

Ferner ist aus der Jahreseinnahme abzusetzen:

Die Reserve vorausbezahlter Prämien für die noch laufenden Versicherungen.

§ 55. **Gewinnvertheilung.** Der aus der Bilanz eines Geschäftsjahres nach Deckung aller Abschreibungen und Ausgaben (§ 54) sich ergebende Ueberschuß sämmtlicher Aktiva über sämmtliche Passiva bildet den Reingewinn des betreffenden Jahres. Aus diesem Reingewinn werden vorweg bezahlt:

10 Prozent in den Reservefond der Aktionaire und zwar so lange bis derselbe die Höhe des eingezahlten Grundkapitals erreicht hat, oder, wenn angegriffen, wieder auf diese Höhe gebracht ist; von dem dann verbleibenden Betrag wird eine Vorzugs-Dividende von fünf Prozent des eingezahlten Capitales an die Aktionaire und sodann von dem Reste des Ueberschusses 10 Prozent seines Betrages als Tantième an den Verwaltungsrath, 45 Prozent als Superdividende an die Aktionaire gewährt und 45 Prozent als Gewinnantheil der Versicherten, deren Nachschußreserve (§ 58) zugeschrieben.

Im Falle der Reingewinn eines Jahres eine Dividend von 5 Prozent des Einlagekapitals der Aktionaire nicht vollständig gewährt, oder in Falle die Jahresrechnung mit Verlust abschließt, wird der zur Ergänzung jener Dividende nöthige Betrag der Nachschußreserve der Versicherten und zwar in Verhältniß des jedem einzelnen Versicherten gutgeschriebenen Betrages zur Gesammtsumme der Nachschußreserven entnommen.

§ 56. **Verfahren bei Verlusten.** Im Uebrigen wird, wenn eine nach den Bestimmungen des § 54 gezogene Bilanz einen Verlust ergeben sollte, derselbe unter die Aktionaire und Versicherten zu gleichen Theilen vertheilt. Der Nachschuß der Versicherten darf jedoch niemals mehr als die Hälfte der Jahresprämie betragen. Reicht dieser Nachschuß nicht zur

Fond der Aktionaire, angesammelt nach den im § 55 enthaltenen Bestimmungen, bleibt, in soweit er nicht durch die Bestimmungen des §. 56 in Anspruch genommen wird, Eigenthum der Aktiengesellschaft und wird bei deren Auflösung als ein Theil ihres Vermögens unter die Aktionaire vertheilt.

§ 58. **Nachschußreserve der Versicherten.** Die Nachschußreserve der Versicherten wird auf die im § 55 vorgeschriebene Weise gebildet. Aus dieser Reserve empfängt jeder Versicherte, welcher fünf Jahre hintereinander versichert war, den ihm in Verhältniß seiner Prämienzahlungen treffenden Antheil an dem Bestande baar ausbezahlt. Gleiches findet bei einer Auflösung der Gesellschaft auch bezüglich derjenigen Versicherungen statt, welche noch nicht fünf Jahre lang in Kraft waren.

VI. Verhältniß der Gesellschaft zu den Versicherten.

§ 59. Das Verhältniß der Gesellschaft zu den Versicherten wird lediglich durch den Versicherungsvertrag (die Police) und durch einen Geschäftsplan, der von dem Ministerium für landwirthschaftlichen Angelegenheiten genehmigt worden ist, und ohne dessen Zustimmung nicht abgeändert werden darf, bestimmt. In die Versicherungsverträge sind die Rechte und Pflichten aufzunehmen, welche dieses Statut § 20 für die Versicherten festsetzt.

VII. Von der Auflösung und Liquidation.

§ 60. **Auflösung.** Wenn von dem Grundkapitale der Gesellschaft ein Drittheil seines Nominalwerthes verloren gegangen sein sollte, und eine Ergänzung desselben nicht binnen Jahresfrist bewirkt werden könnte, so ist durch den Verwaltungsrath eine außerordentliche Generalversammlung einzuberufen, welche über die Auflösung der Gesellschaft zu beschließen hat. Was die Beschlußfähigkeit einer solchen Generalversammlung anlangt, so gelten darüber die im § 28 dieser Statuten festgestellten Bestimmungen.

§ 61. **Liquidation.** Die Liquidation des Geschäftes, im Falle der beschlossenen oder nach den gesetzlichen Bestimmungen nöthig gewordenen Auflösung, geschieht, dafern nicht ein gerichtliches Concursverfahren eröffnet worden ist, oder die Generalversammlung nicht anders beschließt, durch den Verwaltungsrath, nachdem der Beschluß der Auflösung binnen vierzehn Tagen durch die Gesellschaftsblätter bekannt zu machen hat.

Alle Versicherungs-Verträge, was immer ihre Dauer sein mag, enden dann mit dem Rechnungsjahre. Die Vertheilung des Gesellschafts-Vermögens auf die Aktien und die Auszahlung an die Aktionaire darf erst nach beendigter Liquidation des Geschäfts und nachdem alle Verbindlichkeiten der Gesellschaft gegen die Versicherten und gegen Andere erledigt sind, stattfinden.

Nachdem dies geschehen, ist der Verwaltungsrath dreimal öffentlich bekannt zu machen (§ 62), daß mit Vertheilung des verbleibenden Ueberschusses an die Aktionaire verfahren werden solle; die Vertheilung selbst darf aber erfolgen, als nach Ablauf eines Jahres, von dem Tage an gerechnet, an welchem die Bekanntmachung in den dazu bestimmten öffentlichen Blättern zum dritten Male erfolgt ist.

Die Auszahlung geschieht in Berlin und in sonstigen, vom Verwaltungsrathe zu bestimmenden Orten, welche in der Bekanntmachung bezeichnet werden müssen.

Die unerhoben gebliebenen Antheile werden auf Kosten der betreffenden Actionaire, unter Beifügung eines Exemplars der Schluß-Rechnung und über die Verhandlung der General-Versammlung, in welcher die Auflösung beschlossen worden ist, aufgenommenen Protokolls, bei der im § 4 genannten Gerichtsbehörde deponirt und es ist das Nöthige darüber, daß demgemäß verfahren werden solle, in der Bekanntmachung wegen Auszahlung der Schluß-Dividende mit aufzunehmen.

VIII. Von den öffentlichen Bekanntmachungen.

§ 62. **Oeffentliche Bekanntmachungen.** Alle öffentlichen Aufforderungen, Einladungen und Bekanntmachungen haben für die Actionaire Rechtswirkung und die Kraft besonders behändigter Vorladungen, wenn sie durch den Preußischen Staats-Anzeiger, die Vossische Zeitung und die Berliner Börsenzeitung stattgefunden haben. Sollte eines dieser Blätter eingehen, oder sonst eine Veränderung zweckmäßig erscheinen, so ist durch Beschluß des Verwaltungsrathes provisorisch ein anderes an dessen Stelle zu wählen und dies in den übrigbleibenden Gesellschaftsblättern bekannt zu machen, der nächsten General-Versammlung aber die definitive Wahl eines neuen Blattes zu überlassen.

IX. Von der Ober-Aufsicht der Staats-Regierung.

§ 63. **Ober-Aufsicht der Staats-Regierung.** Das Königliche Polizei-Präsidium zu Berlin bildet die Aufsichts-Behörde von Staatswegen. Es bleibt demselben überlassen, einen Commissarius zur Wahrnehmung des Aufsichts-Rechtes für beständig oder für einzelne Fälle zu ernennen. Dieser Commissarius kann nicht nur allen General-Versammlungen beiwohnen, sondern auch solche Versammlungen so wie den Gesellschafts-Vorstand und die anderen Organe der Gesellschaft zusammenberufen, ihren Berathungen beiwohnen und jederzeit von den Büchern, Kassen-Beständen, Rechnungen, Registern und sonstigen Verhandlungen und Schriftstücken der Gesellschaft Einsicht nehmen.

X. Transitorische Bestimmungen.

§ 64. **Transitorische Bestimmungen.** Die im § 34 genannten Gründer sind ermächtigt, die landesherrliche Genehmigung dieses Gesellschafts-Vertrages zu erwirken, etwaige, von der Staats-Regierung getroffene Abänderungen in ihrer Gesammtheit oder durch Einzelne aus ihrer Mitte vorzunehmen und den also abgeänderten Gesellschafts-Vertrag mit voller Rechtsverbindlichkeit für alle Actionaire zu vollziehen.

Berlin, den 15. März 1864.

(gez.) **Otto Victor Ambronn**, Geheimer Revisions-Rath.
(gez.) **Carl Ludwig Wilhelm Julius Mayet**, Justiz-rath Rechtsanwalt und Notar.
(gez.) **Heinrich Nordmann**.
(gez.) **Adolph Friedrich Riedel**.
(gez.) **Hugo Wolff**.
(gez.) **Ernst Oswald Rudolph Kummer** auf Waldau.

Formular A.

Einen Monat nach Vorzeigung zahle ich gegen diesen meinen Wechsel an die Direction der Preußischen Hagel-Versicherungs-Actien-Gesellschaft zu Berlin oder deren Ordre bei .... in ....
die Summe von **Ein Hundert Thalern**
im Dreißig Thalerfuße,
und leiste zur Verfallzeit prompte Zahlung nach Wechselrecht, insofern dieser Wechsel binnen fünfzig Jahren, längstens also bis zum .... bei dem untengenannten Domiciliaten in .... präsentirt wird.
(Ort und Datum der Ausstellung.)
(Zahlbar im Domicil.)   (Namens-Unterschrift, Stand und Wohnort.)

Formular B.

Actie № ▬▬▬
der
Preußischen Hagel-Versicherungs-Actien-Gesellschaft zu Berlin
über
Fünfhundert Thaler im Dreißigthalerfuße.

In Gemäßheit des Statuts der Preußischen Hagel-Versicherungs-Actien-Gesellschaft und der unterm .... erlangten landesherrlichen Genehmigung hat sich
(Name, Stand und Wohnort)
mit dem Betrage von **Fünfhundert Thalern**
durch baare Einzahlung von Einhundert Thalern und Unterzeichnung von vier Wechseln auf Höhe von zusammen Vierhundert Thalern an dem Grundcapitale dieser Gesellschaft betheiligt. Derselbe unterwirft sich durchgängig deren Statute und nimmt nach den Bestimmungen des letzteren verhältnißmäßigen Antheil an dem Vermögen und Gewinn oder Verlust der Gesellschaft.
Eine Besitzveränderung dieser Actie erlangt nach § 13 des Statuts nur nach Genehmigung des Verwaltungsrathes der Gesellschaft Gültigkeit.
Berlin, den
Die Preußische Hagel-Versicherungs-Actien-Gesellschaft.
Der Verwaltungsrath.   (L. S.)   Die Direction.
N. N.   N. N.
(Unterschrift eines Verwaltungsraths-Mitgliedes.)   (Unterschrift eines Directors.)

NB. Auf den Original-Actien ist der Wortlaut der Paragraphen 7, 9, 10 und 12 bis incl. 19 des Statuts mit abgedruckt.

Formular C.

Dividendenschein.
(Vorderseite.)

Am 1. Januar 18.. zahlt die unterzeichnete Gesellschaft dem Ueberbringer die auf der Actie Nr. ..... für das Jahr 18.. treffende Dividende.
Berlin, den
Die Preußische Hagel-Versicherungs-Actien-Gesellschaft.
Der Verwaltungsrath.   (L. S.)   Die Direction.
(Unterschrift eines Verwaltungsraths-Mitgliedes.)   (Unterschrift eines Directors.)
(Rückseite.)
Die Dividendenscheine, deren Betrag vier Jahre nach deren Fälligkeit nicht erhoben ist, werden ungültig und ihr Betrag verfällt laut § 19. des Statuts der Gesellschaft.

Formular D.

Anweisung auf Dividendenscheine (Talon).

Nach Erschöpfung der ersten fünfzigjährigen Serie der Dividendenscheine der Actie Nr. ...... verabfolgt die Preußische Hagel-Versicherungs-Actien-Gesellschaft gegen diese Anweisung eine neue fünfzigjährige Serie der Dividendenscheine.
Wenn ein Talon weder in dem Dividenden-Zahlungstermine, in welchem die neuen Dividendenscheine ausgehändigt werden, noch in dem nächstfolgenden Zahlungstermin bei der Direction präsentirt wird, so werden die Dividendenscheine der neuen Serie dem Eigenthümer der Actie gegen Vorzeigung derselben bei Fälligkeit des zweiten Dividendenscheines dieser Serie verabfolgt.

Die vorstehenden Statuten der „Preußischen Hagel-Versicherungs-Actien-Gesellschaft zu Berlin" haben des Königs Majestät mittelst Allerhöchsten Erlasses vom 6. d. M. zu genehmigen geruht, was hierdurch beglaubigt wird.
Berlin, den 25. Juli 1864.   (L. S.)
Der Minister für die landwirthschaftlichen Angelegenheiten.
Im Auftrage (gez.) **Wehrmann.**

Amts-Blatt
der Königl. Preuß. Regierung zu Frankfurt a/O.

№ 46. Frankfurt a. d. O., den 16. November. 1864.

Gesetz-Sammlung für die Königlichen Preußischen Staaten pro 1864.

No. 41. enthält: (No. 5957.) Reglement über die Einrichtung des Landarmen- und Korrigendenwesens in Ostpreußen. Vom 26. September 1864.
(No. 5958.) Allerhöchster Erlaß vom 24. Oktober 1864, betreffend die Abänderung des §. 6. der Bankordnung vom 5. Oktober 1846. (Gesetz-Samml. für 1846 S. 435.)

Bekanntmachung, betreffend die Ersatzleistung für die präkludirten Kassenanweisungen von 1835 und Darlehnskassenscheine.

Durch unsere wiederholt veröffentlichten Bekanntmachungen sind die Besitzer von Kassenanweisungen von 1835 und von Darlehnskassenscheinen von 1848 aufgefordert, solche behufs der Ersatzleistung an die Kontrolle der Staatspapiere hierselbst, Oranienstraße 92., oder an eine der Königlichen Regierungs-Hauptkassen einzureichen. Da dessenungeachtet ein großer Theil dieser Papiere nicht eingegangen ist, so werden die Besitzer derselben nochmals an deren Einreichung erinnert.

Zugleich werden diejenigen Personen, welche dergleichen Papiere nach dem Ablaufe des auf den 1. Juli 1855 festgesetzt gewesenen, durch das Gesetz vom 15. April 1857 unwirksam gemachten Präklusivtermins an uns, die Kontrolle der Staatspapiere, oder die Provinzial-, Kreis- oder Lokal-Kassen abgeliefert und den Ersatz dafür noch nicht empfangen haben, wiederholt veranlaßt, solche bei der Kontrolle der Staatspapiere oder bei einer der Regierungs-Hauptkassen gegen Rückgabe der ihnen ertheilten Empfangscheine oder Bescheide in Empfang zu nehmen. Berlin, den 21. April 1863.

Haupt-Verwaltung der Staatsschulden.
von Wedell. Gamst. Löwe. Meinecke.

Bekanntmachung wegen Ausreichung der neuen Zins-Coupons Serie V. zu den Schuldverschreibungen der freiwilligen Staats-Anleihe vom Jahre 1848.

Zu den Schuldverschreibungen der freiwilligen Staats-Anleihe vom Jahre 1848 werden die neuen Coupons Serie V. No. 1—8. über die Zinsen für die vier Jahre vom 1. Oktober 1864 bis dahin 1868 nebst Talons vom 19. Septbr. d. J. ab von der Kontrolle der Staatspapiere hierselbst, Oranienstraße No. 92. unten rechts, täglich in den Vormittagsstunden von 9 bis 1 Uhr, mit Ausnahme der Sonn- und Festtage und der drei letzten Tage jedes Monats, ausgereicht werden. Die Coupons können bei der gedachten Kontrolle selbst in Empfang genommen oder durch Vermittelung der Königlichen Regierungs-Haupt-Kassen bezogen werden. Wer das Erstere wünscht, hat die Talons vom 13. März 1860 mittelst eines Verzeichnisses, zu welchem Formulare bei der Kontrolle und in Hamburg bei dem Preußischen Ober-Post-Amte unentgeltlich zu haben sind, bei der Kontrolle persönlich oder durch einen Beauftragten abzugeben. Genügt dem Einreicher eine numerirte Marke als Empfangsbescheinigung, so ist das Verzeichniß nur einfach einzureichen, wogegen dasselbe von denen, welche eine schriftliche Bescheinigung über die Abgabe der Talons zu erhalten wünschen, doppelt abzugeben ist. In dem letztgedachten Falle erhalten die Einreicher das eine Exemplar des Verzeichnisses mit einer Empfangsbescheinigung versehen sofort zurück. Die Marke oder Empfangsbescheinigung ist bei der Ausreichung der neuen Coupons zurückzugeben.

In Schriftwechsel kann sich die Kontrolle der Staatspapiere nicht einlassen.

Wer die gedachten Talons an eine Regierungs-Haupt-Kasse befördern will, hat sie derselben mit einem doppelten Verzeichnisse einzureichen. Das eine Exemplar des Verzeichnisses wird dann mit einer Empfangsbescheinigung versehen sogleich zurückgegeben und ist demnächst bei Aushändigung der neuen Coupons wieder abzuliefern. Formulare zu diesen Verzeichnissen sind bei den Regierungs-Haupt-Kassen und den von den Königlichen Regierungen in den Amtsblättern zu bezeichnenden Kassen unentgeltlich zu haben.

Des Einreichens der Schuldverschreibungen selbst bedarf es zur Erlangung der neuen Coupons nur dann, wenn die alten Talons abhanden gekommen sind. Die Dokumente sind in diesem Falle an die Kontrolle der Staatspapiere oder an eine Regierungs-Haupt-Kasse mittelst besonderer Eingabe einzureichen. Die Beförderung der Talons oder der Schuldverschreibungen an die Regierungs-Haupt-Kassen (nicht an die Kontrolle der Staatspapiere erfolgt durch die Post bis zum 1. Mai k. J. portofrei, wenn auf dem Couverte bemerkt ist: „Talons (Schuldverschreibungen) zu . . . Thlr. der Staats-Anleihe von 1848 zum Empfange neuer Coupons." Mit dem 1. Mai k. J. hört die Portofreiheit auf und es werden von da ab die neuen Coupons den Einsendern auf ihre Kosten zugesandt. Für solche Sendungen, die von Orten eingehen oder nach Orten bestimmt sind, welche außerhalb des Preußischen Postbezirks, aber innerhalb des deutschen Postvereinsgebietes liegen, kann eine Bestellung vom Porto nach den Vereinsbestimmungen nicht stattfinden.

Berlin, den 13. August 1864. Königl. Haupt-Verwaltung der Staatsschulden. (gez.) Meinike.

Vorstehende Bekanntmachung wegen Ausreichung der neuen Zinscoupons Ser. V. zu der Schuldverschreibungen der freiwilligen Staats-Anleihe vom Jahre 1848 wird hiermit zur öffentlichen Kenntniß gebracht. Formulare zu den in duplo einzureichenden Verzeichnissen der Talons zu den Schuldverschreibungen werden von der Regierungs-Haupt-Kasse, den Kreis-Steuer-Kassen zu Arnswalde, Calau, Cottbus, Crossen, Friedeberg, Guben, Königsberg, Landsberg, Luckau, Lübben, Soldin, Sorau, Spremberg, Zielenzig, Züllichau, den Steuer-Aemtern Bärwalde, Berlinchen, Cüstrin, Dresen, Drossen, Drossen, Dobrilugk, Driesen, Finsterwalde, Fürstenwalde, Forst, Golßen, Lieberose, Letschin, Lübbenau, Lippehne, Müncheberg, Neubamm, Neuzelle, Pelz, Reppen, Reuwedell, Schönfließ, Schwiebus, Seelow, Sonnenberg, Sommerfeld, Sonnenburg, Triebel, Vietz, Wolbenberg, Zehden, und den Rent-Aemtern Friedland und Lagow jedoch nur auf mündliches Ansuchen ausgegeben. Zur besonderen Achtung wird empfohlen, die Talons baldigst einzureichen, da bei verspäteter Einreichung die portofreie Beförderung derselben und der neuen Zinscoupons nicht stattfindet.

Frankfurt a. d. O., den 20. August 1864. Königliche Regierung. Frhr. v. Münchhausen.

Verordnungen und Bekanntmachungen der Königlichen Regierung zu Frankfurt a. d. O.

I. Der Herr Minister für Handel, Gewerbe und öffentliche Arbeiten hat mittelst Erlasses vom 25. Oktober cr. die Transportkosten für die auf der Ostbahn über Elbing hinaus östlich verfahrenen Kartoffeln auf 1 Pfennig pro Centner und Meile bis auf Weiteres ermäßigt.

Frankfurt a. d. O., den 4. November 1864.

II. Das Königliche Ober-Präsidium der Provinz Brandenburg hat die Einverleibung der an den Bauer Friedrich Gerlach zu Zachow, Kreis Königsberg i. d. N., durch Vertrag vom 11. v. Mts. veräußerten Parzelle der fiskalischen Dorfaue daselbst zum Flächen-Inhalte von 21 □Ruthen in den Kommunal-Verband der Gemeine Zachow auf Grund des §. 1. des Gesetzes vom 14. April 1856 mittelst Rescripts vom 12. Juli cr. genehmigt. Frankfurt a. d. O., den 8. November 1864.

III. Die bisher für die nächtliche Benutzung der Schleusen im Friedrich-Wilhelms-Kanal und der Spreeschleuse bei Fürstenwalde erhobene Schleusengebühr tritt mit dem 1. Januar 1865 in Wegfall. Den Schleusenmeistern ist die Erhebung oder Annahme einer besonderen Besoldung für sie, in Folge des nächtlichen Schleusens vermehrte Mühewaltung untersagt. Dasselbe Verbot gilt für die Brückenwärter zu Müllrose und Neubrück. Die nachstehend publizirte neue Rangfahrtordnung für den Friedrich-Wilhelms-Kanal und die Fürstenwalder Schleuse ist für die Schifffahrt und Flößerei auf diesen Wasserstraßen vom 1. Januar 1865 ab maßgebend. Die zur Bedienung der Schleusen nöthigen Knechte werden nach wie vor durch die Schiffer und Flößer gestellt und besoldet. Hinsichtlich der Remunerirung der Arbeiter, welche zur Hülfeleistung bei den Durchschleusen beständig bereit gehalten werden, bewendet es bei den bisherigen Sätzen.

Frankfurt a. d. O., den 26. Oktober 1864.

Rangfahrtordnung für den Friedrich-Wilhelms-Kanal und die Fürstenwalder Schleuse.

Unter Aufhebung der Rangfahrtordnung für den Friedrich-Wilhelms-Kanal vom 12. August 1844, Amtsbl. S. 250; der Zusatzverordnung vom 26. Juni 1846, Amtsbl. S. 187; des Regulativs über das Nachtschleusen vom 18. Februar 1851, Amtsbl. S. 271; des dazu erlassenen Nachtrages vom 9. August 1851, Amtsbl. S. 272; wird zur Regelung der Schifffahrt und Flößerei auf dem Friedrich-Wilhelms-Kanal und der Fürstenwalder Schleuse nachstehendes Regulativ erlassen.

§. 1. Die Rangordnung, in welcher die vor einer Schleuse liegenden Schiffsgefäße oder Flozhölzer durchschleusen, ist bei allen Schleusen gleich.

§. 2. Ausnahmsweise schleusen allen übrigen Fahrzeugen in der nachstehend bezeichneten Reihenfolge vor:

I. Fahrzeuge, die mit Schießpulver oder mit Gegenständen beladen sind, welche bei einigem Aufenthalt verderben würden. Dergleichen Gegenstände sind: a) lebende, in besondern Haltern (Drebeln) ankommende Fische; b) frisches Obst. Solche Fahrzeuge müssen ohne Aufenthalt, wenn das erforderliche Wasser vorhanden ist, auf ihr Verlangen durchgeschleust werden.

II. Fahrzeuge, welche Gegenstände geladen haben, deren Verderben bei längerem Aufenthalt zu besorgen ist, als: a) alle nicht unter I. erwähnten frischen Lebensmittel, als Butter, Oel, Gemüse ꝛc., b) alle leicht gährenden, faulenden oder im Sommer leicht leckenden Gegenstände. Fahrzeuge der Klasse II. müssen, um das Vorschleusrecht beanspruchen zu können, im Besitz von Vorschleusepässen sein, welche ihnen von den Steuerämtern zu Brieskow, Neuhaus und Fürstenwalde auf Ansuchen, nach der von der Regierung gegebenen Instruktion auszustellen sind.

III. Kähne, welche mit Effecten für die Königlichen Hofhaltungen oder für öffentliche Rechnung befrachtet sind, wenn deren Führer Vorschleusepässe der Regierung vorzeigen.

IV. Königliche Baukähne und Kanalbefahrungsgefäße, wenn diese sich durch Vorschleusepässe der betreffenden Kanalbaubeamten ausweisen können.

V. Können Kähne vor einem vor ihnen liegenden Fahrzeuge vorschleusen, wenn dieses so schwer beladen ist, daß es nach der Beurtheilung des Schleusenmeisters in der folgenden Kanalhaltung weder wegen Wassermangels schwimmen, noch wegen Enge des Kanals, ohne die Fahrt zu hemmen, anlegen kann, oder wenn es aus Gründen, wie sie die Kanal-Polizei-Ordnung bestimmt, im Ableichtern begriffen ist. Im ersteren Falle ist der Schleusenmeister verpflichtet, die Durchfahrt des Schiffes, bis es abgeleichtet ist, zu wehren.

§. 3. Holzflöße stehen den Kähnen insofern nach, als, soweit letztere vorhanden, erst nach zwei Schleusungen von Kähnen eine Schleusung von Floßholz erfolgt. Zur Nachtzeit darf nur je ein Boden Holz in die Schleuse eingelassen werden.

§. 4. Das Nachtschleusen findet nur in ruhigen Nächten statt.

§. 5. Um die Reihenfolge zu bestimmen, in welcher die Kähne resp. Flöße in die Schleusen einziehen können, müssen die Führer sogleich nach ihrer Ankunft bei der Brieskower oder Neuhauser Schleuse sich bei dem Steuereinnehmer melden. Dieser trägt unter einer fortlaufenden Nummer in ein besonderes Reihefolge-Register ein: 1) Tag der Meldung, 2) laufende Nummer, 3) Nummer und Abtheilung des Hebe-Registers. Die fortlaufende Nummer des Reihefolge-Registers giebt nach der Anmeldung die Reihefolge der Durchschleusungen. Ein gleiches besonderes Register wird von den Holzflößen geführt und danach die Reihenfolge derselben auf gleiche Weise, wie bei den Kähnen bestimmt. Die Reihenfolge der Durchschleusung durch die Binnenschleusen bestimmt sich nach der Reihenfolge der Ankunft der Fahrzeuge bei der betreffenden Schleuse und deren Meldung bei dem Schleusenmeister. Die Anmeldung der Fahrzeuge vor deren Ankunft bei der betreffenden Schleuse ist nicht gestattet. An der Fürstenwalder Spreeschleuse erfolgt die Durchschleusung nach denselben Grundsätzen und Formen, wie an den Kanalschleusen bei Brieskow und Neuhaus.

§. 6. Wenn ein oder mehrere Schiffsfahrzeuge oder Holzflöße, welche zum Durchschleusen nach §. 5. angemeldet worden, nachdem sie an die Reihe gekommen und zum Schleusen aufgefordert sind, dieser Aufforderung in der zum Einziehen in die Schleuse erforderlichen Zeit nicht nachkommen, so verlieren sie ihren Rang und werden als die letzten in dem Register der bis dahin angemeldeten Flöße und Kähne eingetragen. Diese Maßregel wiederholt sich, so oft ein Kahn oder Floß an die Reihe kommt und das Einschleusen abermals verweigert wird, oder binnen der gesetzlichen Frist nicht erfolgt. Bei den Binnenschleusen können Kähne und Flöße auch beliebig aus der Reihenfolge der Schleusungen aus- und beziehungsweise in diejenigen der Schiffsfahrzeuge und Flöße wieder eintreten.

§. 7. An Sonn- und Festtagen ruht das Durchschleusen von 6 Uhr Morgens bis 2 Uhr Nachmittags. An diesen Tagen verbleibt es rücksichtlich der Abfertigungszeit der Fahrzeuge durch die Steuerämter zu Fürstenwalde, Neuhaus und Brieskow bei den Bestimmungen der Bekanntmachung vom 28. Dezember 1847, Amtsbl. für 1848 S. 5, wonach die Steuerämter zu Neuhaus und Brieskow von 7 bis 9 Uhr Vormittags und 3 bis 4 Uhr Nachmittags, das Steueramt zu Fürstenwalde von 11 Uhr Vormittags bis 2 Uhr Nachmittags die Abfertigung zu besorgen haben, während sie zu andern Stunden nicht gefordert werden kann. An den Wochentagen erfolgt die Abfertigung a) in den Sommermonaten (vom 1. März bis 30. September einschließlich bei den Steuerämtern zu Brieskow und Neuhaus: von 7 bis 12 Uhr Vormittags und von 2 Uhr Nachmittags bis Sonnenuntergang; zu Fürstenwalde: von 7 bis 12 Uhr Vormittags und von 2 bis 7 Uhr Nachmittags; b) in den Wintermonaten (vom 1. Oktober bis letzten

Februar einschließlich) bei den Steuerämtern zu Brieskow, Neuhaus und Fürstenwalde von 8 bis 12 Uhr Vormittags und 1 bis 3 Uhr Nachmittags. Außer diesen Zeiten können Abfertigungen nur in dringenden Fällen (§. 2.) verlangt werden.   Frankfurt a. d. O., den 26. Oktober 1864.

IV. Nachdem das Statut der unter der Firma „Preußische Hagel-Versicherungs-Aktien-Gesellschaft" in Berlin domicilirten Aktien-Gesellschaft mittelst Allerhöchsten Erlasses vom 6. Juli d. J. die landesherrliche Genehmigung erhalten, wird dasselbe in der diesem Stücke des Amtsblattes angeschlossenen Beilage zur öffentlichen Kenntniß gebracht.   Frankfurt a. d. O., den 2. November 1864.

Personal-Chronik.

Von dem unterzeichneten Consistorium sind die Candidaten: 1) Gottlieb Richard Babinzien aus Rathenow, 2) Friedrich August Emil Baumbach aus Neu-Ruppin, 3) Carl Traugott Wilhelm Finger aus Jüterbogk, 4) Gustav Friedrich Wilhelm Krelbig aus Berlin, 5) Eduard Schleiff aus Havelberg, 6) Rudolf Immanuel Traugott Todt aus Möblich, für wahlfähig zum Predigtamte erklärt worden.

Berlin, den 7. November 1864.   Königliches Consistorium der Provinz Brandenburg.

Die durch das Ausscheiden des Kreis-Physikus Dr. Stanelli aus dem Staatsdienste erledigte Physikats-Stelle des Kreises Landsberg a. d. W. ist dem Kreis-Physikus Dr. Zeuschner zu Meseritz verliehen worden.

Der Apotheker Ernst Friedrich Robert Maire hat die früher dem Apotheker Bauch gehörige concessionirte Apotheke in Letschin käuflich an sich gebracht.

Der Apotheker Johann Wilhelm Adalbert Otto Gaffron hat die privilegirte Apotheke in Reppen käuflich erworben.

Der Apotheker Louis Otto Gustav Hebse hat die privilegirte Apotheke zu Göritz käuflich erworben.

Der Förster Budach zu Mückeburg I., Oberförsterei Neuhaus, ist am 3. Oktober d. Js. verstorben. Die Forstaufseher Hoffmann zu Schenkendorf, Oberförsterei Taubendorf, Gast zu Dobrilugk, Oberförsterei Dobrilugk, Keil zu Schmiedelbrück, Oberförsterei Carzig, Eckert zu Biebersdorf, Oberförsterei Börnichen, Sieg zu Wettewiese, Oberförsterei Lublathfließ, Melzner zu Lebenhelde, Oberförsterei Hohenwalde, Specht zu Saugarten, Oberförsterei Cladow, Schramm zu Kienitz, Oberförsterei Carzig, Gartschock zu Hangelsberg, Oberförsterei Hangelsberg, Kastner zu Neubaum II., Oberförsterei Zicher, Schulze zu Hartmannsdorf, Oberförsterei Börnichen, Münchow zu Taubendorf, Oberförsterei Taubendorf, Darsow zu Branlow, Oberförsterei Braschen, Mendel zu Jägersburg, Oberförsterei Hochzeit, Wessel zu Pelz, und Stenzel zu Jänischwalde, Oberförsterei Taubendorf, Krüger zu Kriebau, Oberförsterei Christianstadt, Arnold zu Fehrow, Oberförsterei Lauer, Binder zu Zohlow, Oberförsterei Reppen, Ernst zu Groß-Rädnitz, Oberförsterei Güntersberg, und der forstversorgungsberechtigte Jäger Krause zu Hermsdorf, Oberförsterei Sorau, sind zu Förstern, so wie der forstversorgungsberechtigte Jäger Ziegler zu Althütte, Oberförsterei Marienwalde, zum interimistischen Förster ernannt. Vom 1. Dezember d. Js. ab wird der Förster Schilte zu Brunken II., Oberförsterei Neuhaus, nach Mückeburg I., der Förster Meizner zu Lebenhelde nach Brunken II. versetzt und der forstversorgungsberechtigte Jäger Johann Rudolph Steiz als interimistischer Förster zunächst auf sechsmonatliche Probe in Lebenhelde angestellt.

Personal-Veränderungen für den Monat Oktober 1864.

A. Bei dem Königlichen Appellations-Gericht zu Frankfurt a. d. O.

Seine Majestät der König haben den Kreisgerichtsrath von Goetze zu Britz zum Appellationsgerichtsrath zu ernennen geruht. Der Gerichts-Assessor Muth ist aus dem Bezirk des Kammergerichts und der Referendarius Bieder aus dem des Appellationsgerichts zu Breslau in das diesseitige Departement versetzt. Der Rechtskandidat Heinze ist zum Auskultator ernannt.

B. Bei den Kreisgerichten im Departement.

Der Bürean-Assistent Frick zu Königsberg i. d. N. ist zum Sekretair bei dem Kreisgerichte in Cottbus, der Bürean-Assistent Schreiber zu Forst zum Sekretair bei dem Kreisgerichte in Cüstrin mit der Funktion bei der Gerichts-Deputation in Seelow, der Büreaugehülfe Possardt zu Reppen zum Kanzlisten bei dem Kreisgerichte in Cottbus und der Hülfsbote Gerasch zu Spremberg zum Boten und Exekutor beim dortigen Kreisgerichte ernannt. Der Kanzlist Werner zu Cottbus ist in Folge seiner Verurtheilung im Strafverfahren seines Amtes verlustig gegangen. Der Bote und Exekutor Popp zu Oehersberda ist pensionirt.

Im Kreise Arnswalde sind folgende Personen als Schiedsmänner wiederum gewählt und bestätigt worden: 1) der Lehnschulzengutsbesitzer Blühhorn zu Granow für den VI. Bezirk, 2) der Lehnschulzengutsbesitzer Splettstoeßer zu Rabuhn für den VII. Bezirk, 3) der Rittergutsbesitzer Nientorf auf Pammin für den VIII. Bezirk.

Verzeichniß der seit dem 1. Juli 1864 beim Ober-Berg-Amt zu Halle eingetretenen Personal-Veränderungen.

Der Bergassessor Dr. Böttger in Eisleben ist aus dem Staatsdienste ausgeschieden. Der Salinen-Buchhalter und Kassen-Kontroleur Thiele zu Schönebeck ist aus dem Amte entlassen. Der Berggeschworne Knauth zu Guben ist für die Königl. Braunkohlen-Werke bei Zscherben und Langenbogen an die Salinen-Verwaltung zu Halle versetzt. Dem Hüttenfaktor z. D. Beßmann vom Messingwerk bei Neustadt-Eberswalde ist die Buchhalter- und Kassen-Kontroleur-Stelle beim Salzamte zu Schönebeck übertragen. Der Berg-Assessor Freund, bisher stellvertretender Revierbeamter zu Eisleben ist als Hülfsarbeiter beim Oberbergamts-Kollegium eingetreten.

Vermischte Nachrichten.

(1) Bekanntmachung. Die Pfarrstelle zu Groß-Tschacksdorf, in der Sorau'er Forst, Privat-Patronats, ist durch das Ableben des Predigers Baer erledigt.

(2) Patent-Ertheilung. 1. Dem Ingenieur Carl Reinhard Jähne in Berlin ist unter dem 29. Oktober 1864 ein Patent

auf ein Klemmfutter für Drehbänke in der durch Zeichnung und Beschreibung nachgewiesenen Zusammensetzung und ohne Jemand in der Benutzung bekannter Theile zu beschränken,

auf fünf Jahre, von jenem Tage an gerechnet, und für den Umfang des preußischen Staats ertheilt worden.

2. Dem Herrn Bernhard Röder zu Elberfeld ist unter dem 4. November 1864 ein Patent

auf eine Bodenbewegung für Gebäudeblechstühle in der für neu und eigenthümlich erachteten und durch Modell, Zeichnung und Beschreibung nachgewiesenen Zusammensetzung und ohne Jemand in der Benutzung bekannter Theile zu beschränken,

auf fünf Jahre, von jenem Tage an gerechnet, und für den Umfang des preußischen Staats ertheilt worden.

Frankfurt a. d. O., den 11. November 1864. Königliche Regierung, Abtheilung des Innern.

(3) Bekanntmachung. Vom 10. November cr. ab wird der Preis für die Benutzung der Schlafvorrichtungen, welche nach unserer Bekanntmachung vom 12. Februar cr. in den zwischen Berlin und Eydtkuhnen coursirenden Salonwagen der Ostbahn-Courierzüge eingerichtet sind, versuchsweise und bis auf Weiteres dahin ermäßigt, daß, statt eines Schlaf-Billets I. Klasse, ein solches III. Klasse für die betreffende Strecke zuzuzahlen ist. Bromberg und Stettin, den 1. November 1864.

Königliche Direktion der Ostbahn. Königliche Direktion der Niederschlesisch-Märkischen Eisenbahn.

(4) Bekanntmachung

betreffend die Einrichtung einer Königl. Verkaufsstation von Kohlen aus den Königl. Bergwerken Oberschlesiens, Königsgrube bei Königshütte und Königin-Louisegrube bei Zabrze, auf dem Bahnhofe der Ostbahn zu Cüstrin.

Nachdem zu Cüstrin auf dem Bahnhofe der Königl. Ostbahn eine Vorrichtung zum Ueberladen von Steinkohlen aus den Eisenbahnfahrzeugen auf Schiffsgefäße hergestellt worden ist, wird daselbst für diejenigen Käufer, welche mit Hülfe dieser Vorrichtung Steinkohlen aus den Königl. Steinkohlenbergwerken Königsgrube bei Königshütte und Königin-Louisegrube bei Zabrze zum Weitertransport auf der Oder und Warthe und weiter entnehmen wollen, eine „Königliche Kohlen-Verkaufsstation" errichtet.

Es können daselbst die auf den genannten Bergwerken dargestellten Kohlensorten, jedoch nur in vollen Eisenbahnwagenladungen von 165 Ctr. = 45 Tonnen, 198 Ctr. = 54 Tonnen, 220 Ctr. = 60 Tonnen Inhalt bezogen werden.

Bestellungen nehmen ab: 1) für die Königsgrube: die Königl. Berg-Inspektion zu Königshütte, 2) für die Königin-Louisegrube: die Königl. Berg-Inspektion zu Zabrze bei Gleiwitz, 3) für beide Gruben: die Königl. Kohlen-Verkaufsstation in Cüstrin.

Die Preise der auf diese Weise zu beziehenden Kohlen sind franco Cüstrin für den Zoll-Centner festgestellt; dieselben sind auf den genannten Bestellungs-Annahmestationen zu erfahren und sollen von Zeit zu Zeit in den Zeitungen bekannt gemacht werden.

In dem Kaufpreise sind nicht mit eingeschlossen:

die Ueberladungskosten von den Eisenbahnfahrzeugen in die Schiffsgefäße,
das für verspätete Uebernahme der Kohlen auskommende Standgeld der Eisenbahnfahrzeuge.

Diese Gebühren und Auslagen hat der Käufer besonders nach den festgesetzten Tarifen an die Stationskasse der Ostbahn in Cüstrin zu entrichten.

Der Kaufpreis muß in der Regel bei der Bestellung der Kohlen in Preuß. Courant erlegt werden; Kreditbewilligungen für die Kohlenkaufgelder finden im Falle der Bestellung bei der Kohlen-Verkaufsstation niemals Statt.

Ueber die Bedingungen, unter welchen ausnahmsweise im Falle direkter Bestellung bei den Königl. Berg-Inspektionen die Kohlenankaufsgelder kreditirt werden können, ertheilen die Berg-Inspektionen Auskunft. Sobald die bestellte Kohlensendung, oder bei größeren Sendungen ein Theil derselben auf der Grube verladen ist, erhält der Käufer oder dessen Bevollmächtigter von der Königl. Berg-Inspektion Nachricht durch die Post.

Gegen Abgabe dieses Avisobriefes wird die darin bezeichnete Kohlensendung auf der Königl. Verkaufs-Station in Cüstrin zur Ueberladung verausfolgt. Der Ueberbringer des Avisobriefes wird als legitimirt zur Empfangnahme der Kohlen betrachtet.

Wird eine Kohlenladung 6, in Worten: sechs Tage nach Eingang derselben im Bahnhofe von Cüstrin — die Sonn- und gebotenen Festtage nicht eingerechnet — nicht von dem Besteller oder dessen Bevollmächtigten zur Ueberladung übernommen, so wird dieselbe durch die Kohlen-Verkaufsstation bestmöglichst versilbert, von dem Erlöse zunächst das verfallene Standgeld berichtigt und der Ueberschuß im Falle erfolgter Vorausbezahlung der Kohlenankaufsgelder dem Besteller zur Verfügung gestellt, wenn letztere aber kreditirt sein sollten, für Rechnung der betreffenden Grube zurückbehalten, und die Differenz zwischen dem erzielten Ueberschuß über die verfallenen Standgelder und dem Verkaufspreise dem Besteller zur Last gestellt.

Breslau, den 23. September 1864.   Bromberg, den 2. Oktober 1864.
Königl. Ober-Berg-Amt.   Königl. Direktion der Ostbahn.

Preis-Courant franco Cüstrin
für die in ganzen Wagenladungen über die Königl. Kohlen-Verkaufsstation im Bahnhofe zu Cüstrin zu beziehenden Kohlen aus den Königl. Kohlengruben in Oberschlesien zur Ueberladung auf den Wasserweg.
(Vergleiche Bekanntmachung des Königl. Ober-Berg-Amts und der Königl. Direktion der Ostbahn vom 23. September/2. Oktober 1864.)

Name der Grube und Sitz der Berg-Inspektion.	Preis für ein Zoll-Centner.		es kostet daher					
			eine Wagenladung à 45 Tonn. = 165 Ctr.		eine Wagenladung à 54 Tonn. = 198 Ctr.		eine Wagenladung à 60 Tonn. = 220 Ctr.	
	M.	Pf.	M.	Pf.	M.	Pf.	M.	Pf.
A. Von Königsgrube, Königliche Berg-Inspektion in Königshütte.								
Stückkohlen	8	9	48	3	57	22	64	5
Würfelkohlen	8	6	46	22	56	3	62	10
Nußkohlen	7	9	42	18	51	4	56	25
Kleinkohlen	6	10	37	17	45	3	50	3
B. Von Königin-Louisegrube, Königliche Berg-Inspektion in Zabrze.								
Fettstückkohlen	9	5	51	23	62	4	69	1
Fettkleinkohlen	7	11	43	16	52	7	58	1
Flammstückkohlen	9	1	49	28	59	28	66	18
Flammkleinkohlen	7	4	40	10	48	12	53	12

Breslau, den 31. Oktober 1864.   Königliches Ober-Berg-Amt.

Benachrichtigung. Die Herren Carl Iffland und Theodor Molkenhauer in Cüstrin, Inhaber der Firma Alb. Fleck u. Comp. in Cüstrin und Besitzer eines Speditions-Etablissements am Bahnhofe und der Oder, haben sich erboten, den Kohlenabnehmern auf Verlangen die Arbeitskräfte zum Ausschaufeln der Kohlen aus den Eisenbahnwagen auf die Kohlenschnure gegen eine Vergütigung von 7 Sgr. 6 Pf. resp. 9 Sgr. und 10 Sgr. für eine Wagenladung von 45 To. resp. 54 To. und 60 To. zu stellen.

Die ankommenden Kohlen stehen je nach der Tageszeit ihrer Ankunft 36 bis 48 Stunden standgeldfrei auf dem Eisenbahnhofe in Cüstrin, von da ab wird ein Standgeld von 2 Sgr. (i. W. zwei Sgr.) pro Tonne und Tag von der Güterverwaltung der Ostbahn erhoben.

Breslau, den 4. November 1864.   Königliches Ober-Berg-Amt.

Redigirt im Büreau der Königl. Regierung.
Druck der Hofbuchdruckerei von Trowitzsch u. Sohn in Frankfurt a. d. O.

— 1 —
Außerordentliche Beilage
zum Amtsblatt № 46. der Königl. Preuß. Regierung zu Frankfurt a. d. O.

Ausgegeben den 16. November 1864.

Die Aufnahme der statistischen Tabellen und die Vornahme der Volkszählung am 3. Dezember 1864 betreffend.

Im Monat Dezember dieses Jahres findet wiederum die allgemeine dreijährige Volkszählung statt. Demgemäß wird

über die Aufnahme der die Bevölkerung betreffenden Urlisten, der Nachrichten von den Gebäuden und dem Viehstande, sowie
in Betreff der Aufstellung der Tabellen,
von der Bevölkerung und den Gebäuden, und
von der Viehzählung

Folgendes verordnet:

I. Bestimmungen über die Aufnahme der die Civil-Bevölkerung umfassenden Urlisten.

A. Behörden, denen die Aufnahme obliegt.

1. Die Aufnahme der Listen liegt den Orts-Polizeibehörden ob; auf dem platten Lande also namentlich den Rent-, Domainen- und Polizei-Aemtern, resp. den Dominien. Dieselben haben dafür zu sorgen, daß zur Ausführung der Aufnahme überall nur geeignete und gut instruirte Persönlichkeiten in ausreichender Anzahl verwendet werden.

B. Zeit der Aufnahme.

2. Die Zählung muß am Sonnabend den 3. Dezember dieses Jahres anfangen und in den kleineren Orten in einem Tage, in den größeren Orten, namentlich in den Städten, spätestens innerhalb 3 Tagen, also Sonnabend den 3., Sonntag den 4. und Montag den 5. Dezember vollendet werden. In denjenigen Orten, in denen am 5. Dezember Jahrmarkt abgehalten wird, ist das Zählungsgeschäft an den beiden vorhergegangenen Tagen zum Abschluß zu bringen, wenn dazu der 3. Dezember nicht ausreicht. Von dieser Zeitbestimmung darf unter allen Umständen nicht abgewichen werden, weshalb eine genügende Anzahl Zähler engagirt werden muß.

C. Ausfüllung der Urlisten.

3. Die Zählung findet in der Weise statt, daß für jede einzelne Gemeinde, beziehungsweise für jedes einzelne für sich bestehende, außerhalb eines Gemeindeverbandes befindliche Grundstück, eine Urliste aufgestellt wird, welche nach den Häusern oder Besitzungen geordnet, außer dem Vor- und Familiennamen von allen in einer Gemeinde, beziehungsweise in einer Besitzung, zur Zeit der Aufnahme sich aufhaltenden Personen, auch die angedeuteten Nachrichten über das Alter, sowie über die sonstigen persönlichen Verhältnisse enthalten.

Die Urlisten sind in der Art anzulegen, daß zu den Orten, wozu noch besondere Vorwerke, Etablissements ꝛc. gehören, welche nach der im Jahre 1844 herausgegebenen topographisch-statistischen Uebersicht des Regierungs-Bezirks Frankfurt, oder seit dieser Zeit nachträglich mit einem besonderen Namen aufgeführt, resp. officiell belegt worden sind, zunächst die Resultate des Hauptortes, sodann die Resultate der vorbezeichneten Vorwerke ꝛc. eingetragen werden.

In den Recapitulationen, von denen weiter unten die Rede sein wird, müssen diese Resultate ebenfalls hiernach getrennt eingetragen, am Schlusse aber in einer Haupt-Recapitulation zusammengerechnet werden. Dies gilt sowohl von den Städten, als auch von den zum platten Lande gehörigen Ortschaften. Bei der Zählung ist namentlich mit Sorgfalt darauf zu sehen, daß auch die in isolirt belegenen Gebäuden wohnenden Personen, z. B. die Chaussee-Einnehmer und Wärter, die Eisenbahnwärter, die Förster und die Müller ꝛc. mit ihren Angehörigen aufgenommen werden.

4. Für die Urlisten ist das Schema, welches sich am Schlusse dieser Verordnung befindet, maßgebend.

Zu Spalte 1. Die Nummern der Urliste werden nicht Seltenweise abgeschlossen, sondern durch die ganze Liste, d. h. einschließlich der zu einem Gemeindeverbande gehörigen einzelnen Etablissements, fortlaufend geführt. Dasselbe muß geschehen, wenn bei größeren Orten die Listen nach den verschiedenen Bezirken angefertigt werden; es darf daher nicht bei jedem einzelnen Bezirke mit der Nummer 1. angefangen werden. Die laufenden Nummern sind deshalb erst dann hintereinander in die Urliste einzutragen, wenn die Personenzahl eingetragen ist.

Zu Spalte 2. Wo es geschehen kann, muß die Aufnahme der Bevölkerung nach der Nummerfolge der Häuser oder der Besitzungen stattfinden. Dieselbe Reihenfolge ist demnächst in Zukunft genau beizubehalten, um einerseits Auslassungen einzelner Grundstücke zu verhüten, andererseits eine Vergleichung der Urlisten zu erleichtern; Grundstücke, welche zwar mit Nummern versehen, aber etwa noch nicht bebaut oder bewohnt sind, sind in der letzten Spalte der Urliste (Bemerkungen) kurz anzuführen, in Spalte 2. aber nicht mit aufzunehmen.

Am Schlusse der Urliste jedes Ortes ist der Nachweis der Veränderungen in der Zahl der bewohnten Häuser in der am Schlusse des Schema's angedeuteten Weise zu führen.

In den Städten sind auch die Namen der Straßen, Gassen, der Plätze einzutragen.

Zu Spalte 3. Der Zählung durch die Orts-Polizeibehörden sind in der Regel alle zur Zeit der Zählung an Orte derselben dauernd oder vorübergehend sich aufhaltenden Personen unterworfen. Dabei sind jedoch die im Folgenden angegebenen Ausnahmen und näheren Bestimmungen zu beachten:

A. Von der Zählung und von der Uebernahme in die vorliegende Urliste sind ausgeschlossen:

1. Sämmtliche active Militairs der Feld- und Garnison-Truppen, sowie der Landwehrstämme jeden Grades und alle dem Militair unmittelbar angehörige untere Dienstleute ec. nach Maaßgabe der diesfallsigen früheren Vorschriften; insbesondere auch:
   a) die activen Gensd'armen;
   b) die Invaliden der Invaliden-Compagnien und in den Invalidenhäusern;
   c) die auf den Festungen eingeschlossenen Staats-, Stuben- und Baugefangenen;
   d) alle momentan abwesende im activen Dienste stehende Militairs, z. B. Offiziere, welche auf bestimmte Zeit beurlaubt sind;
   e) alle Angehörige und die an sich dem Civilstand zugehörigen Dienstboten der vorbezeichneten Militairpersonen, insofern jene Angehörigen oder Dienstboten bei diesen Militairpersonen wohnen.

2. Alle Personen, welche in Gasthäusern (mit Ausschluß der Handwerker-Herbergen) eingekehrt sind.

3. Alle als Gäste in den Familien sich aufhaltende Personen (also mit Ausschluß der in gemietheten Privatquartieren wohnenden Fremden). Es werden jedoch auch diese Personen in eine besondere Nachweisung unter Angabe ihres Wohnorts aufzunehmen und letztere mit der Urliste und zwar: von den ländlichen Ortschaften an die Herren Landräthe, von den Städten an uns eingereicht. Zu der Nachweisung ist ein Formular der Urliste zu verwenden. Gleich nach beendigter Zählung haben sich die Orts-Polizei-Behörden mit den betreffenden Heimathsbehörden der als Gäste verzeichneten Personen in Verbindung zu setzen, um zu erforschen, ob diese Personen im Heimathsorte verzeichnet sind oder nicht. Im letzteren Falle sind dieselben in die Urliste nachzutragen. Die geführte Correspondence ist mit der Urliste einzureichen.

4. Alle inländische See- und Flußschiffer, welche nachfolgend nach Abschnitt B. zu k. in ihrem gesetzlichen Wohnorte mitgezählt werden; sowie alle in ihrem Gewerbe auf Reisen im Inlande sich befindende Schiffer, welche in den Staaten des Zollvereins (hierzu gehören sämmtliche deutsche Länder, mit Ausnahme von Oesterreich, Mecklenburg, Holstein und Lauenburg, sowie die freien Städte Hamburg, Lübeck und Bremen) ihren Wohnsitz haben.

B. Dagegen sind mitzuzählen und in dieser Urliste nachzuweisen:

Alle anwesende, oder nach dem Folgenden, obgleich sie nicht anwesend getroffen worden, als anwesend anzunehmende Personen (In- oder Ausländer) jeden Alters, welche nicht nach vorstehendem Abschnitt A. ausgeschlossen sind, insbesondere:

a) alle Dienstboten und Angehörigen der Militairpersonen, welche nicht bei denselben wohnen, sondern eine besondere Wohnung haben; z. B. verheirathete Kutscher, Diener, Köche ec., sodann alle übrigen in Lohn und Brot stehenden Dienstboten;

b) sämmtliche pensionirte oder zur Disposition gestellte Militairpersonen, sowie sämmtliche auf längere oder unbestimmte Zeit in ihre Heimat entlassene Soldaten, ferner die in die verschiedenen Klassen der Landwehr eingereihten Personen;

c) sämmtliche Invaliden, welche sich nicht in den Invalidenhäusern befinden oder Invaliden-Compagnien angehören;
d) alle Civil-Beamten der Militairverwaltung, einschließlich derjenigen, welche in Gebäuden der Militairverwaltung untergebracht sind; dahin gehören: die Lazareth-Inspectoren, die Beamten der Kasernen-Verwaltungen, die Proviantmeister und die sonstigen Proviantamts-Beamten, die Magazin-Rendanten und die der denselben beschäftigten Unterbeamten;
e) die in den gemietheten Privat-Quartieren wohnenden Fremden;
f) alle in Arbeit stehende oder Arbeit suchende Gesellen und Gewerbsgehülfen, alle Lehrlinge, Fabrikarbeiter und Tagelöhner, sowie alle Personen, welche in den Handwerker-Herbergen eingekehrt sind;
g) alle Personen, welche sich am Orte der Zählung auf einer Unterrichts-, Lehr-, Bildungs-, Erziehungs- oder Pensionsanstalt ꝛc. befinden oder dort sonst des Unterrichts oder der Bildung wegen sich aufhalten;
h) alle Personen, welche sich in Kranken-, Entbindungs- und Arbeitshäusern, in Gefängnissen und Besserungs-Anstalten ꝛc. befinden;
i) alle Telegraphen-Beamten;
k) alle am Zählungsorte resp. im Polizei-Bezirke desselben auf preußischen oder fremden Fahrzeugen sich aufhaltenden ausländische See- oder Flußschiffer, mit Ausnahme derjenigen, welche einem anderen Zollvereinsstaate angehören (die zum Zollverein gehörigen Staaten sind oben zu A. 4. näher bezeichnet);
l) alle Inländer, welche zur Zeit der Zählung nicht länger als ein Jahr auf Reisen im In- oder Auslande, sowie alle Inländer, welche zum Betriebe eines Gewerbes im Umherziehen von Hause abwesend sind (ausschließlich jedoch der auf Wanderung abwesenden Gesellen und Gehülfen), sodann alle von ihrer Heimath abwesende See- und Flußschiffer.

C. Besondere Bestimmungen.

1. In dem Falle, wenn Personen in einem Orte ihre Wohnung oder ihr Nachtquartier haben, in einem anderen Orte in Dienst und Arbeit stehen, sind dieselben da mitzuzählen, wo sie sich in der Nacht vor dem Zählungstage aufhielten.

2. Solche Personen, welche mehr als einen Wohnsitz haben, z. B. im Sommer auf einem Landgute, im Winter in einer eigenen Wohnung in einer Stadt sich aufhalten, sind nur an letzterem Orte mitzuzählen, dagegen an dem Wohnorte, von welchem sie zur Zeit der Zählung abwesend sind, von dieser auszuschließen.

3. Personen, welche am Orte ihres Aufenthalts nicht mitgezählt werden dürfen, weil sie als Gäste in den Familien angegeben worden sind, wie schon vorstehend unter A. 3. angegeben, in eine besondere, der Urliste beizufügende Nachweisung aufzunehmen.

4. Vielfacher, aus dem Alter der Bewohner abzuleitenden Folgerungen wegen, ist auf die Ermittelung desselben durch den Nachweis des Kalender-Jahres, in welchem jeder Einzelne geboren, die möglichste Sorgfalt zu verwenden.

Die zu einer Haushaltung der Familie gehörigen Personen sind hintereinander anzuführen, zuerst der Hausherr oder die Hausfrau. Ist ein Haus von mehreren Familien oder einzelnen selbstständigen Personen bewohnt, so ist jede Person mit Ziffern (1. 2. 3. 4. u. s. w.) zu bezeichnen, wie dies das am Schlusse dieser Verordnung befindliche Schema zeigt und zuerst der Eigenthümer des Hauses, wenn er in demselben wohnt, aufzuführen.

Auch die Kinder vom zartesten Alter, also auch diejenigen, welche erst am Tage der Zählung geboren worden und noch nicht getauft ꝛc. sind, sind mitzuzählen und in die Urliste einzutragen. Den Religionsverhältnissen nach sind die ungetauften Kinder nach dem Religionsbekenntnisse der Eltern — bei gemischten Ehen nach dem Bekenntnisse des Vaters aufzunehmen.

Bei der Volkszählung müssen auch die vorhandenen Familien ermittelt und deren Zahl in die dazu bestimmte Unterspalte eingetragen werden. Zu den Familien sind zu zählen:
a) die in der Ehe lebenden Paare mit ihren Familiengliedern und Domestiquen;
b) die im Wittwenstande oder geschieden lebenden Männer und Frauen mit den bei ihnen wohnenden Kindern und anderen Angehörigen;
c) Unverheirathete, welche einen eigenen Hausstand bilden;
d) Wittwen mit ihren Kindern;
e) Ausgedinger oder Auszügler, welche einen eigenen Haushalt führen, d. h. welche nicht mit dem

Die zu einer Familie gehörigen Personen sind in der dazu bestimmten Unterkolonne in Kolonne 3. wie im Schema angegeben, einzuklammern und ist bei jeder Familie in die gedachte Unterkolonne die Zahl 1. einzutragen. Mit Rücksicht auf die Kolonnen 210. und 211. der Bevölkerungstabelle sind die Namen der verheiratheten Personen in der Urliste mit schwarzer Dinte zu unterstreichen, was auch von denjenigen Eheleuten gilt, welche von einander getrennt leben. Es dürfen jedoch als in der Ehe lebend nur diejenigen Personen bezeichnet werden, welche zur Zeit noch verheirathet sind, wo also die Ehe weder durch den Tod, noch durch richterliches Erkenntniß getrennt werden ist.

Zu Spalte 4. Was in diese Spalte einzutragen ist, darüber giebt die Ueberschrift und das nachfolgende Schema genügenden Anhalt.

Zu Spalte 5. In diese Spalte wird von dem Verfahren in den früheren Jahren abweichend, das Kalenderjahr, in welchem jeder Einzelne geboren ist, eingetragen.

Zur Erleichterung des Auszählens kann diese Spalte durch eine mit Blei zu beschaffende Zwischenlinie getrennt werden. In dem dadurch gewonnenen Raume wird sodann links das Geburtsjahr der männlichen und rechts der weiblichen Bevölkerung eingetragen.

Zu Spalte 6. Dieselbe ist in sieben Unterabtheilungen eingetheilt. Bei einer jeden Person braucht nur in einer dieser sieben Spalten die Zahl 1. eingerückt zu werden.

Zu den Dissidenten werden gezählt:
1) die Mitglieder der freien evangelischen und freien Gemeinden;
2) die Mitglieder der deutsch- und christkatholischen Gemeinden;
3) die Mitglieder der christlich apostolisch-katholischen Gemeinden (Czerski'scher Richtung);
4) die Mitglieder der christkatholischen Gemeinden apostolischen Bekenntnisses (Protestgemeinden);
5) die Mitglieder der seit der Gotha'er Union 1859 entstandenen freireligiösen Gemeinden;
6) die Mitglieder der Sebastianer Gemeinden;
7) die Mitglieder der seit 1861 vom Ober-Kirchen-Collegium zu Breslau getrennten Altlutheraner;
8) die Mitglieder der Baptisten-Gemeinden;
9) die Mitglieder der Irvingianer-Gemeinden;
10) die Mitglieder der Derbisten;
11) die Mitglieder der Ebwardianer;
12) die Mitglieder der Lazaroner und Anblinianer;
13) die Mitglieder der Brüdergemeinden (Brockhausianer);
14) die Mitglieder der Zionsbürger;
15) die Mitglieder der Nazifanen;
16) die Mitglieder derjenigen Sectirer, die einer bestimmten dissidentischen Religionsgesellschaft nicht angehören;
17) die Mitglieder der einzelnen als unschlossene Zahl lebenden Dissidenten.

Alle sonst etwa noch vorkommenden Religionsbekenner, z. B. die Muhamedaner, werden in die Spalte „Anderer Religion" eingetragen.

Zu Spalte 7. Ist nichts weiter zu bemerken, als daß dieselbe überall gehörig ausgefüllt wird, wie in dem Schema vorgeschrieben ist.

Zu Spalte 8. Dies gilt auch für die Spalte 8.

Zu Spalte 9. In dieser Spalte muß z. B. kurz erläutert werden, wenn in Spalte 3. Ehefrauen ohne ihre Ehemänner oder Mütter mit ihren Kindern ohne Ehemänner resp. Väter aufgeführt stehen. In gleicher Weise ist zu erläutern, wenn Mütter, Wittwen unverheirathet sind und ob die Kinder derselben ehelich oder außerehelich erzeugt sind. Ein Vermerk ist ferner zu machen, bei Wittwern und Wittwen, ingleichen bei den geschiedenen und nicht wieder verheiratheten Personen.

Wenn Personen vorkommen, welche das 100. Lebensjahr überschritten haben, ist das genaue Alter dieser Personen zu verzeichnen; bei den Dissidenten ist zu vermerken, welcher besonderen Religionssecte sie angehören; auch bei denjenigen Personen, welche in die Kolonne „andere Religion" eingetragen werden müssen, ist das Nöthige zu vermerken. In gleicher Weise ist bezüglich der bestehenden Mischehen (römischkatholisch-lutherisch) zu verfahren. Endlich ist bei den Taubstummen und Blinden hier das Nöthige zu vermerken. Es ist in diese Spalte überhaupt alles Dasjenige einzutragen, was nach den Andeutungen im Schema zu wissen verlangt wird.

D. Verfahren bei Aufstellung der Urlisten.

6. Die Urlisten werden bei der von Haus zu Haus, beziehungsweise bei der von Besitzung zu Besitzung vorzunehmenden Zählung auf der Stelle nach Maßgabe der Ueberschriften der Spalten und der vorstehenden Bestimmungen ausgefüllt.

Der dieselben aufnehmende Beamte hat übrigens nach Eintragung der ihm von dem Hauseigenthümer oder Familienhaupt gemachten Angaben denselben noch ausdrücklich darüber zu befragen, ob etwa noch solche Personen einzuschreiben sind, welche zur Zeit abwesend und nach C. 5. B, 1. der Civilbevölkerung des Orts zugezählt werden müssen.

7. Die wirkliche Zählung aller einzelnen Individuen darf nicht durch Benutzung von Wohnungs-Registern oder von anderen Quellen über die Bevölkerungs-Verhältnisse ersetzt werden; jedoch ist es zulässig, in größeren Städten zur Erleichterung des Geschäfts s. g. Haushaltungslisten zur eigenen Einrückung der am Zählungstage zum Hausstande gehörigen Personen an die selbstständigen Ortsbewohner austheilen zu lassen, welche Listen demnächst innerhalb der für die eigentliche Zählung festgesetzten Zeit durch die dazu bestimmten Beamten von Haus zu Haus abzuholen und dabei zugleich hinsichtlich der Richtigkeit der Ausfüllung von denselben zu prüfen und nach Umständen zu berichtigen sind.

8. Am Schlusse der Urliste ist eine Recapitulation zu ziehen, wie dies das Schema vorschreibt. Die Urlisten sind im Original einzureichen. Von denselben Reinschriften zu fertigen und letztere einzureichen, wird hiermit untersagt.

9. Die zu jeder Urliste gehörigen Formular-Bogen werden Seitens der Aufnahme-Behörden mit dem gedruckten Titelblatt mittelst Schnur und Siegel verbunden. Das letztere muß auf dem Titelblatt seinen Platz finden, und muß die Schnur so viel Spielraum lassen, um die Liste ganz bequem öffnen zu können.
Das Heften und Siegeln der Listen muß der Eintragung und Zählung vorangehen.

10. Das Aufnahme-Attest auf dem Titelblatte der Urliste muß zur rechten Hand diejenige Person vollziehen, welche die Liste aufgenommen und geschrieben hat. Hat also derjenige, welcher die Liste aufgenommen, solche nicht selbst geschrieben, sondern von einem Andern mittelst Diktirens die Namen ꝛc. schreiben lassen, so muß das Aufnahme-Attest hierüber das Nöthige enthalten und Beide haben das Attest zu vollziehen. Auch ist der Name dieser Person resp. dieser Personen in die dazu freigelassene Stelle einzurücken. In dem Aufnahme-Attest muß aber sowohl der Tag des Beginnens des Geschäfts, als auch, falls die Aufnahme in besonders volkreichen Orten (vergleiche B. Nr. 2.) länger als einen Tag gedauert hat, der Tag der Beendigung des Geschäfts angegeben werden. Die in das Aufnahme-Attest auf dem Titelblatte der Urliste einzutragenden Nummern sind nicht auf die Haus-, sondern auf die laufenden Nummern der Urliste zu beziehen.

11. Das Revisions-Attest auf dem Titelblatte ist zur linken Hand von der Orts-Polizeibehörde zu vollziehen.

12. Zu Urlisten werden den Herren Landräthen für die Landgemeinden und den Magistraten für die Städte, sowie den in einigen der letzteren die Polizei ausübenden Polizei-Behörden die Formulare unter Couvert zugehen, unter Beifügung einer entsprechenden Zahl von Abdrücken dieser Verordnung, um die mit der Aufnahme der Listen beauftragten Beamten zu ihrer Information damit versehen zu können, insoweit die Amtsblätter, welche zu benutzen sind, nicht ausreichen.
Bei der Vertheilung der oben erwähnten Formulare zu den Urlisten ist von dem Grundsatze auszugehen, daß 100 Personen auf einen Bogen eingetragen werden können.

E. Revision der Urlisten.

13. Die Urlisten sind sowohl Seitens der Herren Landräthe, als Seitens der Stadtbehörden einer Revision zu unterwerfen, und es ist über diese Revision ein Protokoll aufzunehmen, aus welchem zu ersehen sein muß, ob und zu welchen Erinnerungen jede Liste etwa Veranlassung gegeben hat.
Die bei der Revision der Urlisten entdeckten Unrichtigkeiten, namentlich im Zahlenwesen, sind nicht blos in den Revisions-Verhandlungen zu verzeichnen, sondern die Liste selbst ist, soweit dies ausführbar, gleich danach zu berichtigen. Namentlich ist auch in diesen Protokollen zu erläutern, weshalb die Seelenzahl etwa mit der laufenden Nummer der Urliste nicht übereinstimmt, was immer der Fall sein wird und muß, wenn nicht eine Nummer doppelt vorkommt, oder Nummern weggelassen sind, dies ist sorgfältig zu erforschen, es muß die letzte laufende Nummer gleich sein mit der ganzen Bevölkerung, welche die Liste enthält.

F. Nachrevisionen der Urlisten an Ort und Stelle.

14. Außer den vorerwähnten Revisionen sind von den Orts-Polizeibehörden auch noch Nachrevisionen in den einzelnen Häusern, also an Ort und Stelle vorzunehmen. Es ist dabei namentlich festzustellen, ob jede in dem betreffenden Hause am Zählungstage befindlich gewesene Person auch wirklich in die Urliste eingetragen ist. In Bezug auf die ländlichen Ortschaften haben die Herren Landräthe die Verpflichtung, für diese Nachrevisionen Sorge zu tragen. Es müssen dieselben nicht allein an Orten, wo die

abgehalten werden. Was dabei zu erinnern gefunden, ist in ein Protokoll zu fassen, und die dabei entdeckten Unrichtigkeiten sind in der Urliste gleichzeitig zu berichtigen.

Ueber diese Nachrevisionen ist auch eine besondere Nachweisung aufzustellen und darin dasjenige einzutragen, was nach den Ueberschriften derselben verlangt wird. Die dazu erforderlichen Formulare werden den Orts-Polizeibehörden in den Städten und den Herren Landräthen für das platte Land zugefertigt werden.

Da diese Nachweisungen mit den Revisions-Protokollen den Königlichen Ministerien eingereicht werden müssen, so sind diese Arbeiten mit Accuratesse anzufertigen und für die ländlichen Ortschaften kreisweise zusammenzuheften.

II. Bestimmungen über die Aufnahme der Nachrichten von Gebäuden.

1. Die Aufnahme der Nachrichten von den Gebäuden jeden Orts liegt den Orts-Polizeibehörden ob.

2. Die Aufnahme der Gebäude erfolgt für jeden Ort nach dem desfallsigen Schema. Die Formulare zu denselben werden den ländlichen Ortsbehörden durch die Herren Landräthe zugehen, welchen die Beschaffung obliegt. Die Städte haben für ihren Bedarf selbst Sorge zu tragen.

3. Bei Eintragung der Gebäude in die dazu bezeichneten Spalten der Bevölkerungs- und Gebäude-Tabelle sind folgende Grundsätze anzuwenden:

A. Bei Gebäuden, welche zu mehr als einem der in der gedachten Tabelle Spalte 280. bis 290. bezeichneten Zwecke benutzt werden, ist das Gebäude nur in derjenigen Spalte zu zählen, in welche es nach seiner vorherrschenden Bestimmung gehört.

B. In Betreff der Unterscheidung der öffentlichen Gebäude und der Privatgebäude ist Folgendes festzuhalten:

a) Alle ausschließlich oder vorzugsweise zu gewerblichen und wirthschaftlichen Zwecken bestimmte Gebäude gehören in Spalte 289. oder 290, auch wenn der Gewerbebetrieb oder die Bewirthschaftung für Rechnung des Staats oder einer Commune unter Leitung von Beamten derselben stattfindet; es gehören daher in Spalte 289. auch alle Mühlen, Schmieden, Schmelzöfen, Ziegeleien, Theeröfen ꝛc., welche dem Staate gehören und unter fiscalischer Verwaltung stehen. Eine Ausnahme von der Eintragung in Spalte 289. und 290. findet jedoch hinsichtlich der Militairgebäude statt, indem sämmtliche unter Verwaltung der Militairbehörden stehenden Fabrikanstalten, Magazine, Ställe ꝛc. nicht in Spalte 289. und 290. sondern in Spalte 286. eingetragen werden.

b) Die Spalte 288. Privat-Wohnhäuser, umfaßt alle diejenigen bewohnten Gebäude, welche nicht hauptsächlich zu anderen (öffentlichen, gewerblichen, wirthschaftlichen) Zwecken bestimmt, und auch nicht zu Wohnungen von Beamten bestimmt sind; Amtswohnhäuser sind unter die öffentlichen Gebäude einzutragen, wogegen solche dem Staate oder Commune gehörigen Gebäude, welche nicht als Amtswohnungen, sondern in Miethe oder Pacht ausgethan sind, unter die Privat-Wohnhäuser gerechnet werden.

C. Die öffentlichen Gebäude sind nach den einzelnen Spalten folgendermaßen zu unterscheiden:

a) In die Spalte 281. „für den Gottesdienst" gehören nur solche öffentliche Gebäude, welche ausschließlich oder vorzugsweise zu gottesdienstlichen Versammlungen bestimmt sind (Kirchen, Bethäuser, Synagogen).

b) In die Spalte 282. „für den Unterricht" sind diejenigen öffentlichen Gebäude zu bringen, welche vorzugsweise zur Ertheilung des Unterrichts bestimmt sind, und zwar nicht nur die Volksschulen, sondern auch die Anstalten für den höheren Unterricht und technischen Fach-Unterricht; ausgenommen sind die Militair-Unterrichts-Anstalten, welche in Spalte 286. stehen.

c) In die Spalte 283. „Armen, Kranken- und Versorgungshäuser" gehören alle öffentliche Krankenhäuser, Entbindungshäuser, Irrenhäuser, Siechenhäuser, Hospitäler und zur Unterbringung von Armen und Obdachlosen bestimmte öffentliche Gebäude (ausgenommen sind die Militair-Lazarethe — Invalidenhäuser ꝛc.).

d) In die Spalte 284. „Gebäude für die Staatsverwaltung" gehören die zur Versammlung und Geschäftsführung der Justiz-, Finanz- und Verwaltungs-Behörden des Staats bestimmten Gebäude, einschließlich der Amtswohnungen (mithin auch die betreffenden Gebäude der Zollämter, Steuerämter, Landrathsämter und Kreiskassen, der Domainen- und Forstverwaltung, der Verwaltung der Staats-Eisenbahnen, der Staats-Chausseen und Kanäle, die Gerichts-Gefängnisse, die Straf-Anstalten ꝛc.); ferner die Königlichen Schlösser und Amts-Lokalien des Hofstaats, die öffentlichen Gebäude zur Versammlung und Geschäftsführung der Landes-, Provinzial- und Kreis-Vertre-

e) In die Spalte 285. „für Ortspolizei- und Communal-Verwaltung" gehören die zur Versammlung und Geschäftsführung der Gemeinde- und Ortspolizei-Beamten bestimmten Gebäude und zwar einschließlich der Gebäude für diejenigen Gemeinde-Beamten, welche in der Verwaltung des Communalhaushalts angestellt sind, sowie auch die Gebäude solcher Communal-Institute, welche nicht in eine andere Spalte eingetragen sind. Die ausschließlich oder hauptsächlich zu ortspolizeilichen Zwecken bestimmten Gebäude sind auch dann in Spalte 285. einzutragen, wenn die Ortspolizei durch Königliche Behörden ausgeübt wird. Es gehören ferner in Spalte 285. die öffentlichen Gebäude, welche Geschäftslocale und Amtswohnungen der Kirchenbeamten sind (also Pfarrhäuser, Küsterhäuser ꝛc.). Dagegen sind nicht in Spalte 285. die Gebäude einzutragen, welche zur Geschäftsführung von mit corporativen Rechten bekleideten Gesellschaften zu gewerblichen und anderen Zwecken dienen, mithin auch nicht die Geschäftslocalien ꝛc. der Privat-Eisenbahnen, der Chausseebaugesellschaften, diese sind vielmehr zu den Privat-Gebäuden zu rechnen.

f) In die Spalte 286. sind alle Gebäude für die Militair- und Marine-Verwaltung einzutragen, einschließlich der Militair-Unterrichts-Anstalten, Lazarethe ꝛc., Gewehrfabriken des Militair-Fiskus, Magazine und Ställe.

g) Hinsichtlich dessen, was als ein Gebäude anzusehen, wird die im Jahre 1861 gegebene Definition beibehalten. Als Kriterium für ein Gebäude gilt, daß, wenn ein solches sich unter einem Dach befindet, es immer nur als ein Gebäude anzusehen ist. So viel gesonderte Dächer ein Gebäudecomplex enthält, so viel Gebäude sind in demselben zu zählen und nach ihrer Bestimmung zu classificiren und aufzuzeichnen.

h) Die Zahlen in Spalte 281. bis incl. 286. müssen in Spalte 280. und die Zahlen in Spalte 288. bis incl. 290. diejenige der Spalte 287. ergeben.

III. Bestimmungen über die Aufnahme des Viehstandes.

1. Ueber den Viehstand wird, von dem bisherigen Verfahren abweichend, eine besondere Tabelle aufgenommen.
2. Die Aufnahme der desfallsigen Nachrichten jeden Orts liegt den Polizeibehörden ob.
3. Die Aufnahme des Viehstandes erfolgt für jeden Ort nach dem gegebenen Schema.

Die Formulare zu demselben werden den ländlichen Ortsbehörden durch die Herren Landräthe zugehen. Die Städte haben für ihren Bedarf selbst zu sorgen. In Betreff der Ausfüllung der einzelnen Spalten findet sich Folgendes zu bemerken:

A. Die Spalten: Namen der Bezirke, Kreise, Gemeinden, Wohnplätze, sind in Uebereinstimmung mit der Tabelle von der Bevölkerung und den Gebäuden auszufüllen.

B. Die Nachrichten, welche zu wissen verlangt werden, ergeben die Ueberschriften der einzelnen Spalten von No. 1. bis 26.

Spalte 1. Gesammtzahl der Pferde, darunter: Spalte 2. Fohlen im Jahre 1864 geboren; Spalte 3. Fohlen im Jahre 1863 geboren; Spalte 4. Fohlen im Jahre 1862 geboren; Spalte 5. Pferde im Jahre 1861 und früher geboren, darunter sind: Spalte 6. Zuchthengste; Spalte 7. zur Zucht benutzte Stuten; Spalte 8. vorzugsweise in der Landwirthschaft benutzte Pferde; Spalte 9. Lastpferde; Spalte 10. andere Pferde.

Die Gesammtsummen Spalte 2. bis 5. müssen mit Spalte 1. übereinstimmen und die Gesammtsummen 6. bis 10. müssen die Zahl Spalte 5. ergeben.

Dient ein Pferd zu mehreren Zwecken, so ist dasselbe in diejenige der Spalten (6. bis 10.) zu verzeichnen, welche dem Zweck entspricht, den das betreffende Pferd vorwaltend erfüllt. Zu den vorzugsweise in der Landwirthschaft gebrauchten Pferden werden auch die dabei gebrauchten Reitpferde gezählt.

Unter Lastpferden sind solche Pferde zu verstehen, und als solche zu registriren, welche hauptsächlich zur Beförderung schwerer Lasten verwendet werden und im Schritt ziehen, also zum Frachtfuhrwerke auf Landstraßen, zur Güterexpedition nach und von Eisenbahnen, aus und nach Speichern, Fabriken, Höfen, Gruben, Hütten ꝛc., und welche ferner den in der Züchtung als „Lastpferde" bezeichneten schweren Schlägen angehören. Soll hierfür ein Gewichtskriterium gegeben werden, so werden solche Thiere, die gegen 1200 Pfund und mehr lebendes Gewicht haben, unter allen Umständen dazu zu rechnen sein.

Diejenigen Pferde, Spalte 5., welche in keine der Spalten 6. bis 9. eingereiht werden können, sind

Spalte 15. Jungvieh, von Anfang Januar bis Ende Juni 1864 geboren; Spalte 16. Jungvieh, vom 1. Januar bis 31. Dezember 1863 geboren; Rindvieh vor dem Jahre 1863 geboren; Spalte 17. Bullen (Zuchtochsen); Spalte 18. Kühe; Spalte 19. Ochsen. — Die Zahlen Spalte 14. bis 19. müssen die Gesammtsumme — Spalte 13. — ergeben; Spalte 20. Gesammtzahl der Schaafe, darunter sind: Spalte 21. Merinos (feine Wollschaafe incl. Lämmer); Spalte 22. Andere Schaafe incl. Lämmer. Die Zahlen Spalte 21. und 22. müssen die Gesammtsumme Spalte 20. ergeben; Spalte 23. Schweinevieh incl. Ferkel; Spalte 24. Ziegen; Spalte 25. Ziegenböcke und Spalte 26. Bienenstöcke, bedürfen keiner Erläuterung.

Den Aufnahmen ist die möglichste Sorgfalt zu widmen. Denselben darf nur eine wirkliche Zählung des Viehstandes zu Grunde gelegt werden und dürfen daher die Zahlen nicht, wie es bisher vielfach geschehen sein mag, auf einer bloßen Schätzung beruhen.

IV. Bestimmungen über die Zusammenstellung und Ausfüllung der Tabelle von der Bevölkerung.

1. Das Schema zu dieser Tabelle hat wesentliche Veränderungen erlitten. Die Nachrichten, welche nach den Ueberschriften der einzelnen Spalten gefordert werden, müssen theils aus der Urliste, theils aus den darin angegebenen Zählungsmerkmalen gesucht werden.

Bei der Aufstellung der Tabelle ist Folgendes zu beachten:

A. Hinsichtlich der Ausfüllung der Kolonnen-Namen der Bezirke, Kreise, Gemeinden, Wohnplätze ꝛc. gelten die Andeutungen zu I. C. 3. dieser Verordnung.

B. In den Spalten 1., 2., 3. enthaltet sich die Gesammtbevölkerung nach Zahl und Geschlecht. Die Zahl in Spalte 3. muß mit der letzten Zahl der Urliste übereinstimmen und die Zahlen in Spalte 1., 2. müssen den Werth der Zahl in Spalte 3. ergeben.

C. In den Spalten 4. bis 205. ist die Gesammtbevölkerung nach Alter und Geschlecht zu unterscheiden. Es erfolgt die Eintragung nach dem Kalenderjahr der Geburt einer jeden Person in die für sie bestimmte Spalte.

In den Spalten 204. und 205. werden diejenigen Personen eingetragen, welche das 100. Lebensjahr überschritten haben. Diese Personen sind unter Beschreibung ihres genauen Alters, Name und Wohnort in einer Anmerkung am Schluße der Tabelle näher zu verzeichnen.

Die Zahlen der für das männliche Geschlecht bestimmten Spalten müssen mit der Zahl in Spalte 1., die Zahlen der für das weibliche Geschlecht bestimmten Spalten mit der Zahl in Spalte 2. und die Zahlen in den Spalten 4. bis incl. 205. zusammen mit der Zahl in Spalte 3. übereinstimmen.

D. Die Spalten 206. bis incl. 213. sind zu den Nachrichten über den Familienstand bestimmt. Es werden zu wissen verlangt:
1. die unverheirathet und niemals verheirathet gewesenen Personen: in Spalte 206. männliche Personen über 24 Jahr alt (geboren 1840 und früher), in Spalte 207. weibliche Personen über 16 Jahr alt (geboren 1848 und früher),
2. die Verheiratheten: in Spalte 208. Männer, in Spalte 209. Frauen;
3. die Verwittweten: in Spalte 210. Männer, in Spalte 211. Frauen;
4. die Geschiedenen und nicht wieder Verheiratheten: in Spalte 212. Männer, in Spalte 213. Frauen.

Die Zahlen müssen nach Abzug der männlichen Bevölkerung vom 1. bis incl. 24. Lebensjahr und der weiblichen Bevölkerung vom 1. bis incl. 16. Lebensjahr mit den Zahlen in den Spalten 1., 2., 3. übereinstimmen.

E. Die Spalten 214. bis 248. breiten sich über die Art des Zusammenlebens aus und es werden unterschieden:
1. die einzeln lebenden Personen in Spalte 214. männliche, in Spalte 215. weibliche;
2. die in Familienhaushaltungen lebenden Personen in Spalte 216. Zahl der Familienhaushaltungen. (NB. Diese muß mit der Zahl in der Recapitulation der Urliste übereinstimmen) der in solchen lebenden Personen, in Spalte 217. männliche, in Spalte 218. weibliche;
3. die in Extrahaushaltungen lebenden Personen, und zwar:
    a) in Herbergen: in Spalte 219. Zahl der Anstalten, Zahl der Beherbergten, in Spalte 220. männliche, in Spalte 221. weibliche;
    b) in Verpflegungsanstalten: in Spalte 222. Zahl der Anstalten, Zahl der Verpflegten, in Spalte

c) in Heilanstalten: in Spalte 225. Zahl der Anstalten, Zahl der Kranken, in Spalte 226. männliche, in Spalte 227. weibliche;
d) in Armenhäusern: in Spalte 228. Zahl der Anstalten, Zahl der Insassen, in Spalte 229. männliche, in Spalte 230. weibliche;
e) in Rettungs-, Corrections- und Zwangsarbeits-Anstalten, in Spalte 231. Zahl der Anstalten, Zahl der Insassen, in Spalte 232. männliche, in Spalte 233. weibliche;
f) in Untersuchungsgefängnissen: in Spalte 234. Gefängnisse dieser Art, Untersuchungsgefangene, in Spalte 235. männliche, in Spalte 236. weibliche;
g) in Schuld-, Polizei- und Strafgefängnissen: in Spalte 237. Gefängnisse dieser Art, in Spalte 238. männliche, in Spalte 239. weibliche;
h) in Waisenhäusern, Blinden-, Taubstummen- und Erziehungsanstalten für blödsinnige Kinder: in Spalte 240. Anstalten, in Spalte 241. männliche Zöglinge, in Spalte 242. weibliche Zöglinge;
i) in Pensionaten, Lehr- und Erziehungsinstituten: in Spalte 243. Anstalten, in Spalte 244. männliche Zöglinge, in Spalte 245. weibliche Zöglinge;
k) in Klöstern und Stiften: in Spalte 246. Klöster und Stifte, in Spalte 247. männliche Theilnehmer, in Spalte 248. weibliche Theilnehmer.

Die geforderten Nachrichten müssen sämmtlich aus der Urliste hervorgehen. Es umfassen dieselben wiederum die Gesammtbevölkerung in den Spalten 1., 2., 3.

Zu beobachten ist hierbei Folgendes: Als Haushaltung ist zu betrachten: Jede Vereinigung von 2 und mehr Personen, welche zusammen leben. Dienstboten und Geschäfts- und Gewerbegehülfen ꝛc., welche bei ihrer Herrschaft und beziehentlich bei ihren Prinzipalen, Meistern u. f. w. Kost und Wohnung haben, gehören mit zur Haushaltung derselben.

Allein stehende Personen, welche eine besondere Wohnung, gleichviel ob in directer oder in Aftermiethe innehaben und sich selbstständig ernähren, bilden jede eine Haushaltung für sich. Dasselbe gilt von sogenannten Schlafleuten. Als Glieder von Extrahaushaltungen sind anzusehen:

    die Eingekehrten in Herbergen;
    die Verpflegten in Findelhäusern, Krippen, Hospitälern für Alte und Invalide, Irrenanstalten excl. Erziehungsanstalten für blödsinnige Kinder;
    die Kranken in Krankenhäusern, Kliniken, Entbindungsanstalten, Siechhäusern für unheilbare Kranke;
    die Armen in Armen- und Gemeindehäusern;
    die Detinirten in Rettungsanstalten für verwahrloste Jugend, in den Correctionsanstalten, Zwangs-Arbeitsanstalten für Arbeitsscheue;
    die Untersuchungs-Gefangenen in Gefängnissen;
    die Detinirten in Schuld-, Polizei- und Strafgefängnissen aller Art;
    die Zöglinge in Waisenhäusern, Blindenanstalten, Taubstummenanstalten, Erziehungsanstalten für blödsinnige Kinder;
    die Zöglinge in Pensionaten, Lehr- und Erziehungsinstituten mit Verpflegung der Zöglinge;
    die Theilnehmer an religiösen Anstalten (Mönche und Nonnen in Klöstern und Stiften).

Die Besitzer oder Pächter, Administratoren, Inspectoren, Directoren, Lehrer, Aufseher ꝛc. solcher Anstalten sind nirgends als Mitglieder von Extrahaushaltungen anzusehen, sondern die Personalangaben über deren Haushaltungen sind, je nach Befinden, entweder unter die Nachweise über die einzeln lebenden Personen oder über die in Familien lebenden Personen aufzunehmen.

F. Die Spalten 249. bis 255. weisen die in Spalte 3. aufgeführte Gesammtbevölkerung nach ihrem Religionsbekenntniß nach. Eine Uebereinstimmung dieser Zahlen ist daher nothwendig. Welche Personen in Spalte 253. und in Spalte 255. einzutragen sind, darüber giebt die Bestimmung I. C. 4. zu Spalte 6. der Urliste dieser Verordnung den erforderlichen Aufschluß.

G. Die Spalten 256. bis 265. dienen zum Nachweise der vorhandenen Mischehen und deren Kinder. Einer Erläuterung hierzu bedarf es nicht, da die Ueberschrift der Spalten genau bezeichnet, was zu wissen verlangt wird. Endlich werden

H. in den Spalten 266. bis 279. die taubstummen und blinden Personen nach den vorgeschriebenen Altersstufen und dem Geschlechte nach nachgewiesen, wozu es ebenfalls einer näheren Erläuterung nicht bedarf.

2. Die folgenden Spalten von 280. bis 296. umfassen die Gebäude, über welche ad II. dieser Ver-

3. Die Zusammenstellung der Tabellen für die Städte ist von den Orts-Polizei-Behörden und die der General-Tabellen von den Ortschaften des platten Landes von den Herren Landräthen zu bewirken.

4. Das Eintragen geschieht in der Weise, daß zunächst das Resultat der Zählung für den Hauptort eingetragen wird, dann folgt das Resultat der zu diesem gehörigen Etablissements, soweit letztere mit einem besonderen Namen belegt sind, und dann folgt die Gesammtsumme z. B. bei einer Stadt: Frankfurt a. O. mit Gronenfelde, Nuhnen, Paulinenhof, rothe Vorwerk, weiße Vorwerk; bei einem Dorfe: Booßen mit Eduardsspring, Petershof.

Der Hauptort erhält bezüglich der Bevölkerungs-Tabelle von den Kreisen die fortlaufende Nummer und ist mit lateinischen Buchstaben zu schreiben; die dazu gehörigen Etablissements erhalten dagegen keine laufende Nummer, sondern werden mit a., b., c. u. s. w. bezeichnet und sind mit deutschen Buchstaben zu schreiben.

Zur Erleichterung des Aufrechnens der Tabellen sind die Zahlen der Gesammtsumme jeden Orts entweder mit hervorspringenden Zahlen oder aber mit rother Tinte einzutragen. Hiernach ist genau zu verfahren, was bei der letzten Aufnahme nicht überall geschehen ist.

Am Schlusse der Tabellen von den Kreisen sind auch die Resultate von den darin liegenden Städten in alphabetischer Ordnung nachrichtlich einzutragen, und sind die sich ergebenden Zahlen mit dem Resultat vom platten Lande aufzurechnen. Unter der Schlußsumme der Tabellen, sowohl von den Städten, als auch von den ländlichen Ortschaften, ist eine Balance zu ziehen und das Mehr oder Weniger gegen das Resultat der letzten Volkszählung im Jahre 1861 zu ermitteln.

Am Schlusse hat der betreffende Calculatur-Beamte, welcher die Tabelle zusammengestellt hat, die Richtigkeit des Zahlenwesens zu bescheinigen.

V. Allgemeine Bestimmungen.

1. Nach Revision der Urlisten und Aufstellung der Bevölkerungs-Tabellen haben die Herren Landräthe in Bezug auf das platte Land des Kreises, und die Stadtbehörden wegen der Städte den Gerichtsbehörden die Seelenzahl jedes Orts mitzutheilen.

2. Für den Fall, daß in der Abgrenzung der Communalbezirke zwischen Land und Stadt seit der letzten Volkszählung Veränderungen eingetreten sind, ist dies durch einen Vermerk unter der Tabelle zu erläutern.

3. Mit den Regierungsberichten sind uns übrigens vergleichende Uebersichten der Ergebnisse der drei letzten Zählungen und zwar in den Jahren 1858, 1861 und 1864 einzureichen und die etwaigen Auffälligkeiten zu erläutern. Dieser Anordnung ist pünktlich nachzukommen, was bei der letzten Aufnahme häufig versäumt worden ist. Die dazu erforderlichen Formulare werden den Herren Landräthen und den städtischen Polizeibehörden separat zugesandt werden. Vom platten Lande sind diese Uebersichten von den Herren Landräthen dergestalt zu ordnen, daß darin die Ortschaften des Kreises in alphabetischer Ordnung aufgeführt werden. Auch diese Uebersichten sind sauber zu halten, weil dieselben dem Königlichen Ministerium eingereicht werden müssen.

4. Sollte außer vorstehenden Erläuterungen und Anweisungen in Bezug auf die Aufnahme der Tabellen über den einen oder den anderen Punkt dennoch ein Zweifel entstehen, so ist derselbe rechtzeitig vor dem zur Aufnahme der Listen bestimmten Termin uns zur weiteren Bescheidung anzuzeigen.

5. Die Polizeibehörden über die Ortschaften des platten Landes haben die Urlisten nebst den übrigen statistischen Nachrichten den Herren Landräthen zu einem von den Letzteren näher zu bestimmenden Termin Behufs der Prüfung und demnächstiger Zusammenstellung des Generalwerks einzureichen.

6. Die statistischen Tabellen nebst den Urlisten, den Revisionsprotokollen, der vergleichenden Uebersicht und der zu I. F. 14. erwähnten Nachweisungen, sind uns von den Stadtbehörden bis zum 1. Februar und von den Herren Landräthen bis zum 15. Februar 1865 einzureichen.

Diese Termine müssen von den Behörden pünktlich inne gehalten werden, damit wir im Stande sind, den uns zur Einreichung der General-Tabellen gestellten Termin festzuhalten.

7. Wir erwarten von allen Behörden, daß sie, die Wichtigkeit des vorliegenden Werks, insbesondere der Volkszählung erkennend, mit allen Kräften bemüht sein werden, dasselbe in der vorgeschriebenen Art zu Stande zu bringen, so daß jede Liste als mit der Wirklichkeit übereinstimmend betrachtet werden kann, und alle zeitraubenden Rückfragen vermieden werden.

Frankfurt a. d. O., den 16. November 1864.

Königliche Regierung, Abtheilung des Innern.

Regierungs-Bezirk Frankfurt.   **Landräthlicher Kreis**

Im Fall die Urliste aus mehr als einem
Bogen besteht, ist solche mit einer ange-
siegelten Schnur zu heften.

Urliste

der

sämmtlichen Civil-Einwohner zu

aufgenommen

bei der Zählung von Haus zu Haus (an Ort und Stelle) von №   bis №

am   ten Dezember 1864

von dem Ortsschulzen (Lehrer) N. N., welcher die Richtigkeit durch seine Unterschrift verbürgt.

N. N. den   ten Dezember 1864.

Die Orts-Polizei-Behörde.   N. N. (Unterschrift.)

(L. S.)

3. Benennungs-, Vor- und Familien-Namen der sämmtlichen Bewohner eines jeden Hauses, einer jeden Besitzung. (Unter fortlaufender Nummer der Zahl der Bewohner eines jeden Hauses.) N a m e.	4. Stand oder Gewerbe.	5. Kalenderjahr, in welchem jeder Einzelne geboren ist.	6. Religion: Evangelische / Reformirte / Katholische / Griechisch-Katholische / Dissidenten / Juden / Anderer Religion.	7. Anzahl Bewohner eines jeden Hauses.	8. Datum der Aufnahme.	9. Bemerkungen.
1 Johann Schulz	Schuster	1809	1 — — — — — —		9ten Dec. 1863	
2 Emilie Schulz geborene Schmidt	dessen Ehefrau	1819	1 — — — — — —			Ein Sohn des ꝛc. Schulz dient seit dem 1. Oktbr. 1863 im stehenden Heere.
3 Karl	Sohn	1839	1 — — — — — —			
4 Ludie } Schulz	Tochter } zu 1	1841	1 — — — — — —			
5 Auguste	do.	1843	1 — — — — — —			
6 Caroline Böttcher	Dienstmagd	1843	1 — — — — — —			
7 Anton Frei	Lehrbursche	1849	1 — — — — — —			
8 Wittwe Carl geb. Jambenliebe	Almosen-Empfängerin	1830	— 1 — — — — —			
9 Amalie Carl	Schneiderin	1857	— 1 — — — — —			
1 Joel Nathan	Handelsmann	1806	— — — — — 1 —	2	do.	
2 Rachel Nathan geborn. Moses	dessen Ehefrau	1809	— — — — — 1 —			
1 Isak N. N.	Kaufmann	1821	1 — — — — — —	14	do.	
2 Emilie N. N. geb. N. N.	dessen Ehefrau	1839	1 — — — — — —			Ein Sohn des N. N. befindet sich auf der Universität zu N. N.
3 Anton N. N.	Erbe zu 1, 2.	1841	1 — — — — — —			
4 Selin N. N.	do.	1847	1 — — — — — —			Taubstumm.
5 Wittwe N. N. geb. N. N.	ohne Gewerbe	1809	— 1 — — — — —			
6 Carl N. N.	deren Stiefsohn	1831	— 1 — — — — —			
7 Caroline N. N.	Pflegekind	1855	— 1 — — — — —			Blind.
8 Eduard N. N.	Schüler	1856	1 — — — — — —			} Pensionaire.
9 Franz N. N.	do.	1847	1 — — — — — —			
10 ... N. N.	Ehefrau des N. N.	1824	1 — — — — — —			Der Ehemann befindet sich im Gefängnisse zu N. N.
11 Lotte N. N.	Tochter der N. N.	1843	1 — — — — — —			
12 Anna N. N.	ohne Gewerbe	1841	1 — — — — — —			
1. Johanna N. N.	und 1. Tochter derselben	1862	1 — — — — — —			
14 Emilie N. N.	Ehefrau des ...	1839	1 — — — — — —			Der Ehemann dient in N. N. u. hat daſ. auch sein Wohnſiz.
Latus 1.			18 5 — 2 — 1 —			

1.	2.	3.	
Durchlaufende No. sämmtlicher Bewohner.	Nummer des Hauses oder der Besitzung. (eventl. Bezeichnung.)	Benennungs-, Vor- und Familien-Namen der sämmtlichen Bewohner eines jeden Hauses, einer jeden Besitzung. Unter fortlaufender Nummer der Zahl der Bewohner eines jeden Hauses. Name.	Zahl der Familien.
26	Roßstraß. No. 4.	1 Max N. N.	
27	"	2 Ibella N. N.	
28	"	3 Hugo N. N.	} 1
29	"	4 Caspar N. N.	
30	"	5 Traugott N. N.	
31	"	6 Malwine N. N.	
32	Roßstraße No. 6.	1 Isaac N. N.	
33	"	2 Sara N. N.	
34	"	3 Abraham N. N.	} 1
35	"	4 Sara N. N.	
36	"	5 Marie N. N.	
37	"	6 Max N. N.	
38	Roßstraße No. 8.	1 Theodor N. N.	
39	"	2 Catharina N. N.	
40	"	3 Peter N. N.	
41	"	4 Johann N. N.	
42	"	5 Conrad N. N.	
43	"	6 Johanna N. N.	1
44	"	7 Conrad N. N.	
45	"	8 Matthias N. N.	} 1
46	"	9 Marie N. N.	
47	"	10 Carl N. N.	
48	"	:c.	
49	"	:c.	
50	"	:c.	
		Latus 3 F.	5

Zusammenstellung der Latus-Summen.*)

Latus-No.	Zahl der Familien	Religion:						Zahl der Bewohner eines jeden Hauses.	Latus No.	Zahl der Familien	Religion:						Zahl der Bewohner eines jeden Hauses.
		Evangelische.	Mennoniten.	Katholische.	Griechisch-Katholische.	Dissidenten.	Juden.	Anderer Religion.			Evangelische.	Mennoniten.	Katholische.	Griechisch-Katholische.	Dissidenten.	Juden.	Anderer Religion.	
1										Transport.								
2										20								
3										21								
4										22								
5										23								
6										24								
7										25								
8										26								
9										27								
10										28								
11										29								
12										30								
13										31								
14										32								
15										33								
16										34								
17										35								
18										36								
19										37								

*) Anmerkung. Sollte die Zahl der Bevölkerung mehr als 925 Köpfe betragen, so ist die Zusammenstellung der Latus-Summe in einer Beilage zu bewirken, welche mit angesiegelt wird.

Anmerkung. Je nachdem des Eine oder das Andere Anwendung findet, ist der eine oder der andere Vermerk zu machen.

Außerdem liegt das besondere Verzeichniß der in den Familien als Gäste sich aufhaltenden Personen bei.

Oder:

Das Verzeichniß der in den Familien sich aufhaltenden Gäste ist nicht aufzustellen gewesen.

Nachweis der Veränderungen in der Zahl der bewohnten Häuser.
Bei der vorletzten Zählung waren vorhanden ....
Die vorliegende Urliste weiset nach ....
Also Zugang (Abgang) ..

Redigirt im Büreau der Königl. Regierung.
Druck der Hofbuchdruckerei von Trowitzsch u. Sohn in Frankfurt a. d. O.

Amts-Blatt
der Königl. Preuß. Regierung zu Frankfurt a/O.

№ 47.   Frankfurt a. b. O., den 23. November.   1864.

Verordnungen und Bekanntmachungen der Königlichen Regierung zu Frankfurt a. b. O.

1. Aufnahme der Tabellen von den Geburten, Trauungen und Sterbefällen für das Jahr 1864.

Die sämmtlichen Herren Geistlichen aller Confessionen des Regierungsbezirks werden aufgefordert, sogleich nach Ablauf des Jahres die „Tabellen der Geburten, Trauungen und Sterbefälle" (früher „Bevölkerungslisten" genannt) vom Civil für das Jahr 1864 nach dem gegen voriges Jahr ganz veränderten Formulare, unter Beachtung der auf dem Titelblatte gegebenen Erläuterungen, sorgfältig anzufertigen und bis zum 10. Januar k. J. an die ihnen vorgesetzten Herren Superintendenten beziehungsweise Erzpriester zu befördern.

Was die getroffenen Abänderungen des Formulars zu dieser Tabelle betrifft, so ist die Ueberschrift der einzelnen Spalten so bestimmt gegeben, daß es einer näheren Erläuterung derselben nicht bedürfen wird. Wir beschränken uns daher nur darauf hinzuweisen, daß eine Uebereinstimmung der Zahlen, wie folgt, stattfinden muß:

I. **Geborene:**
Spalte 1. und 2. . . . . = Spalte 3.
„   4. und 5. . . . . „   6.
„   7. 9. 11. 13. 15. 17. 19. 21. 23. 25. 27. 29. . . . = Spalte 1.) zusammen
„   8. 10. 12. 14. 16. 18. 20. 22. 24. 26. 28. 30. . . .   „ 2.) Spalte 3.

II. **Getraute:**
Spalte 39. bis incl. 47. zusammen = Spalte 48.

III. **Gestorbene:**
Spalte 49. und 53. . . . . = Spalte 351.
„   50.   „ 54. . . . . „ 352.
„   51.   „ 55. . . . . „ 89.
„   52.   „ 56. . . . . „ 90.
„   65. 67. 69. 71. 73. 75. 77. 79. 81. 83. 85. 87. . . „ 349.
„   66. 68. 70. 72. 74. 76. 78. 80. 82. 84. 86. 88. . . „ 350.
„   91. 93. 95. 97. 99. 101. 103. 105. 107. 109. 111. 113. „ 89.
„   92. 94. 96. 98. 100. 102. 104. 106. 108. 110. 112. 114. „ 90.
„   89. 115. 117. 119. 121. . . . . „ 325.)
„   90. 116. 118. 120. 122. . . . . „ 326.)
„   123. 125. 127. 129. 131. 133. 135. 137. 139. 141. . „ 327.)
„   124. 126. 128. 130. 132. 134. 136. 138. 140. 142. . „ 328.)
„   143. 145. 147. 149. 151. 153. 155. 157. 159. 161. . „ 329.)
„   144. 146. 148. 150. 152. 154. 156. 158. 160. 162. . „ 330.)
„   163. 165. 167. 169. 171. 173. 175. 177. 179. 181. . „ 331.)
„   164. 166. 168. 170. 172. 174. 176. 178. 180. 182. . „ 332.)
„   183. 185. 187. 189. 191. 193. 195. 197. 199. 201. . „ 333.)
„   184. 186. 188. 190. 192. 194. 196. 198. 200. 202. . „ 334.)
„   203. 205. 207. 209. 211. 213. 215. 217. 219. 221. . „ 335.)
„   204. 206. 208. 210. 212. 214. 216. 218. 220. 222. . „ 336.)
„   223. 225. 227. 229. 231. 233. 235. 237. 239. 241. . „ 337.)
„   224. 226. 228. 230. 232. 234. 236. 238. 240. 242. . „ 338.)

```
Spalte 243. 245. 247. 249. 251. 253. 255. 257. 259. 261. . . . . . . . .  = Spalte 339.)
   "   244. 246. 248. 250. 252. 254. 256. 258. 260. 262. . . . . . . . .     "    340.)
   "   263. 265. 267. 269. 271. 273. 275. 277. 279. 281. . . . . . . . .     "    341.)
   "   264. 266. 268. 270. 272. 274. 276. 278. 280. 282. . . . . . . . .     "    342.)
   "   283. 285. 287. 289. 291. 293. 295. 297. 299. 301. . . . . . . . .     "    343.)
   "   284. 286. 288. 290. 292. 294. 296. 298. 300. 302. . . . . . . . .     "    344.)
   "   303. 305. 307. 309. 311. 313. 315. 317. 319. 321. . . . . . . . .     "    345.)
   "   304. 306. 308. 310. 312. 314. 316. 318. 320. 322. . . . . . . . .     "    346.)
   "   323. . . . . . . . . . . . . . . . . . . . . . . . . . . . . . . .    "    347.)
   "   324. . . . . . . . . . . . . . . . . . . . . . . . . . . . . . . .    "    348.)
   "   325. 327. 329. 331. 333. 335. 337. 339. 341. 343. 345. 347. . . . .   "    349.)
   "   326. 328. 330. 332. 334. 336. 338. 340. 342. 344. 346. 348. . . . .   "    350.)
   "   351. 353. 355. 357. 359. 361. 363. 366. 368. 370. 372. 374. 376. 378. "    349.)
   "   352. 354. 356. 358. 360. 362. 364. 365. 367. 369. 371. 373. 375. 377. 379. " 350.)
```

Den Herren Superintendenten und Erzpriestern ist bei Einreichung der Spezial-Tabellen anzuzeigen, ob und wie viele gemischte Ehen unter den geschlossenen Ehen sich befinden und zwar bei wie vielen derselben
   a) der Bräutigam evangelisch, die Braut katholisch,
   b) der Bräutigam katholisch, die Braut evangelisch
gewesen ist.

Die Herren Superintendenten resp. deren Herren Stellvertreter und die Herren Erzpriester haben demnächst die Zusammenstellung der Bevölkerungs-Resultate, wozu ihnen die Formulare mittelst Umschlages werden übersandt werden, unter Beachtung der Vorschriften in der Circular-Verfügung vom 6. Oktober 1836 zu bewirken und die zusammengestellten Tabellen mit den dazu gehörigen Spezial-Tabellen und der Nachweisung der geschlossenen gemischten Ehen, zu welcher das Schema Seite 352 des Amtsblattes do 1841 sich befindet, bis zum 20. Januar k. Js. pünktlich hierher einzureichen.

Im Uebrigen verweisen wir auf unsere Amtsblatts-Verordnung vom 1. November 1852 und bemerken nur noch, daß in die Ueberreichungsberichte die etwaigen Vacat-Anzeigen von nicht vorgekommenen gemischten Ehen mit aufgenommen werden können, und es daher nicht erforderlich ist, dergleichen Anzeigen abgesondert zu erstatten. Frankfurt a. d. O., den 19. November 1864.

II. Aufnahme der Tabelle von den Geburten, Trauungen und Sterbefällen der Dissidenten und der Juden für das Jahr 1864.

Die Herren Landräthe und die Magisträte resp. die Polizei-Behörden in den Städten werden veranlaßt, die „Tabelle der Geburten, Trauungen und Sterbefälle" (früher Bevölkerungs-Liste genannt) der Dissidenten und der Juden für das Jahr 1864 nach vorigem Jahr veränderten Formulare aufzustellen und uns dieselbe bis zum 20. Januar k. J. einzureichen event. Vacat-Anzeigen zu erstatten.

Bezüglich der vielfachen Veränderungen in dem Formular verweisen wir auf unsere Amtsblatts-Verordnung vom heutigen Tage, die Aufnahme der gedachten Tabelle vom Civil betreffend, in welcher das Nähere hierüber gesagt ist.

Zur Vermeidung von Irrthümern machen wir darauf aufmerksam, daß die vorgekommenen kirchlichen Handlungen der Dissidenten und der Juden getrennt gehalten werden müssen, daß also die Cultus-Handlungen dieser Religionsbekenner nicht zusammengeworfen werden dürfen.

Frankfurt a. d. O., den 19. November 1864.

III. Instruktion zur Deichpolizeiverordnung vom 11. Juni 1864, Amtsblatt pro 1864 Seite 437.

Nach §. 29. der Allgemeinen Bestimmungen für künftig zu erlassende Deichstatute vom 14. November 1853 und der analogen Vorschrift in den vor letzterem Datum publicirten Statuten der, auf Grund des Deichgesetzes vom 31. Januar 1848 gebildeten Deichverbände handhabt der Deichhauptmann die örtliche Deichpolizei und steht demselben hiernach, sowie nach §. 1. des Gesetzes vom 14. Mai 1852 (Ges.-Samml. pro 1852 S. 245) und §. 2. des Reglements zur Ausführung desselben vom 30. September 1852 (Amtsblatt pro 1852 S. 434) die Befugniß zu, wegen der in seinem Deichverbande verübten Uebertretungen der, in der Deichpolizei-Verordnung vom 11. Juni cr. enthaltenen Vorschriften die Strafe vorläufig durch Verfügung festzusetzen, wenn die Strafe nach seinem Ermessen nur bis auf 5 Thaler oder dreitägiges Gefängniß zu bemessen ist.

Für das dabei zu beobachtende Verfahren sind die Bestimmungen des vorgedachten Gesetzes und Reglements maßgebend. Demgemäß muß namentlich die Strafe durch eine dem Uebertreter einzuhändigende Verfügung festgesetzt werden, welche enthalten muß: die Beschaffenheit der Uebertretung, Zeit und Ort ihrer Verübung, Betrag der Strafe und die übertretene Strafvorschrift, die Dauer der, für den Fall des Unvermögens zur Zahlung der Geldbuße an deren Stelle tretenden Gefängnißstrafe, die Kasse, an welche die Geldbuße gezahlt werden soll und die Bedeutung, daß der Angeschuldigte innerhalb 10 Tagen, vom Tage der Insinuation der Verfügung an, bei dem Deichhauptmann, dem Polizeirichter oder Polizeianwalt auf gerichtliche Entscheidung antragen könne. Es ist sorgfältig darauf zu achten, daß die Strafverfügung in den beregten Beziehungen durchaus vollständig ist. Das Fehlen auch nur eines der angeführten Requisite kann den Erfolg des Strafverfahrens vereiteln.

Die einkommenden Geldstrafen fließen nach dem Gesetz vom 26. März 1856 (Ges.-Samml. pro 1856 S. 225) zur Deichkasse und sind wie die gewöhnlichen Deichkassenbeiträge zu verwenden, insofern nicht etwa das Deichamt eine anderweite Benutzung derselben beschließt. Dagegen fallen der Deichkasse die durch das Strafverfahren etwa entstandenen baaren Auslagen in dem Falle zur Last, daß der Contravenient zum Ersatz derselben unvermögend ist.

Die Gefängnißstrafen sind durch Verwendung der Bestraften bei Deicharbeiten nach §. 7. des Gesetzes vom 11. April 1854 oder beziehungsweise durch Requisition der betreffenden Ortspolizeibehörden zu vollstrecken und den letzteren die üblichen Atzungskosten ꝛc. zu erstatten, welche von dem Bestraften, soweit thunlich, zur Deichkasse wieder einzuziehen sind.

Da, wo ein vereideter Deichamtsbote oder Deichexekutor nicht vorhanden ist, muß auch hier die Insinuation der Strafverfügungen und die Vollstreckung der Strafen durch Vermittelung der Ortspolizeibehörden erfolgen. Die Landräthe haben den letzteren von vorstehendem Erlasse Mittheilung zu machen und dessen Befolgung in Gemäßheit des §. 29. des Reglements vom 30. September 1852 zu überwachen.

Frankfurt a. d. O., den 8. November 1864.

IV. Der General-Agent zur Beförderung der Auswanderer C. Eisenstein zu Berlin hat die dem Kaufmann Karl Wolter zu Arnswalde ertheilte Vollmacht zur Vermittelung von Verträgen mit Auswanderern Behufs deren Beförderung nach sämmtlichen Häfen Amerika's, mit Ausnahme von Brasilien, und nach Australien, zurückgenommen und es ist daher die dem ꝛc. Wolter von uns unterm 16. Februar vorigen Jahres ertheilte Concession erloschen.

Wir machen dies gemäß §. 14. des Reglements, betreffend die Geschäftsführung der zur Beförderung von Auswanderern concessionirten Personen ꝛc. vom 6. September 1853 (Amtsblatt pro 1853 Seite 318) Behufs Anmeldung etwaiger Ansprüche an der von dem ꝛc. Wolter bestellten Caution binnen 12 Monaten mit dem Bemerken bekannt, daß, wenn Ansprüche nicht innerhalb dieser Frist angemeldet werden, die Rückgabe der Caution erfolgen wird. Frankfurt a. d. O., den 14. November 1864.

Personal-Chronik

Se. Majestät der König haben Allergnädigst geruht dem praktischen Arzt, Wundarzt und Geburtshelfer Kreis-Physikus a. D. Dr. August Benjamin Winkler zu Züllichau den Charakter als Sanitäts-Rath zu verleihen.

Der Bürgermeister Fenner in Calau ist zum Vertreter des Polizei-Anwalts für die Ortschaften Lobendorf und Repten — Kreisgerichts-Commissions-Bezirk Calau — ernannt worden.

Der Bürgermeister Otto zu Dreblau ist zum Vertreter des Polizei-Anwalts für die zur Kreisgerichts-Commission in Dreblau gehörigen Ortschaften Greiffenhahn und Ressen ernannt worden.

Frankfurt a. d. O., den 7. Novbr. 1864. Der Regierungs-Präsident. Frhr. v. Münchhausen.

Der bisherige Rektor und collaborator ministerii Wilhelm August Janke zu Lieberose ist zum Pfarrer der Evangelischen Landgemeinde zu Lieberose und zum Diakonus der Evangelischen Stadtgemeinde daselbst bestellt worden.

Dem Kreis-Sekretair Noack zu Calau ist die fiskalische Polizei-Verwaltung über die zum Rentamtsbezirke Lübben gehörenden Ortschaften Görtz, Werchow, Gosda und Missen vom 24. Oktober cr. ab und dem Bürgermeister Klocke zu Beischau die Polizei-Verwaltung über das in demselben Bezirk belegene Dorf Weissagk vom 23. Oktober cr. ab übertragen worden.

Des Herrn Finanzministers Excellenz hat dem Förster Müller zu Zäckerick, Oberförsterei Liepegöricke, das Ehren-Koppel verliehen.

Im Kreise Arnswalde sind folgende Personen als Schiedsmänner wiederum gewählt und bestätigt worden: 1) für den 9. Bezirk der Domainen-Aktuarius Bölschwitz zu Buchholz, 2) für den 10. Bezirk der Kreisdeputirte Hasen zu Steinberg.

Für den 4. Bezirk des Kreises Lebus ist der Amtmann Wagner zu Alt-Mahlitz als Schiedsmann wiederum gewählt und bestätigt worden.

Für den 19. ländlichen Bezirk des Kreises Lebus ist der Ober-Amtmann Koppe zu Amt Wollup als Schiedsmann wiederum gewählt und bestätigt worden.

Für den ersten Bezirk der Stadt Reppen ist der Kanzlei-Assistent Mann daselbst als Schiedsmann gewählt und bestätigt worden.

In der Stadt Schwiebus sind folgende Schiedsmänner gewählt resp. wieder gewählt worden: für den Probstei- und Salzmagazin-Bezirk der bisherige Schiedsmann Schönfärber Ludwig Schwanhäuser, für den Schul- und Schloßbezirk der Kaufmann Robert Kurze.

Für den 11. Bezirk des Züllichau-Schwiebuser Kreises ist der Lehrschulze Hartmann zu Rentschen als Schiedsmann gewählt und bestätigt worden.

Vermischte Nachrichten.

(1) Das Diaconat zu Senftenberg, in der Diöcese Spremberg, Privat-Patronats, wird durch die Emeritirung seines jetzigen Inhabers erledigt.

(2) Patent-Ertheilung. Dem Königlich Sächsischen Commerzien-Rath Richard Hartmann in Chemnitz ist unter dem 5. November 1864 ein Patent

auf mechanische Anordnungen an Feinspinn-Maschinen für Wolle in der durch Zeichnung und Beschreibung nachgewiesenen Verbindung und ohne Jemand in der Benutzung bekannter Theile zu beschränken,

auf fünf Jahre, von jenem Tage an gerechnet, und für den Umfang des preußischen Staats ertheilt worden.

Frankfurt a. d. O., den 11. November 1864.   Königliche Regierung; Abtheilung des Innern.

(3) Die 5. Lehrerstelle in Zellin, Diöcese Königsberg N., Königlichen Patronats, ist durch Versetzung des bisherigen Inhabers vacant geworden und die Lehrerstelle in Mildenau, Diöcese Sorau, Privatpatronats, wird durch den Abgang des Inhabers am 1. Januar 1865 vacant.

Frankfurt a. d. O., den 21. Nov. 1864.-   Königl. Regierung; Abtheilung für Kirchen- und Schulwesen.

(4) Die Küster- und Lehrerstelle in Schmöllen, Diöcese Züllichau, und die zweite Lehrerstelle in Straupitz, Diöcese Lübben, beide Privat-Patronats, sind, erstere durch Emeritirung, letztere durch den Tod des bisherigen Inhabers erledigt worden.

Frankfurt a. d. O., den 14. Novbr. 1864.   Königl. Regierung; Abtheilung für Kirchen- und Schulwesen.

(5) Wiederbesetzung der Kreis-Thierarztstelle des Chodziesener Kreises. Die mit einem Gehalte von 100 Thlr. verbundene Kreis-Thierarztstelle des Chodziesener Kreises ist erledigt und soll anderweit besetzt werden. Qualificirte Thierärzte 1. Klasse, welche sich um diese Vacanz bewerben wollen, haben sich unter Einreichung ihrer Zeugnisse in 6 Wochen bei uns zu melden.

Bromberg, den 14. November 1864.   Königliche Regierung; Abtheilung des Innern.

(6) Bekanntmachung. Königliche Ostbahn. Vom 25. Novbr. cr. ab wird der gemischte Zug VIII. der Ostbahn Behufs Herbeiführung eines bequemeren Anschlusses desselben an den von Station Frankfurt a. d. O. Vormittags 10 Uhr 57 Minuten in der Richtung nach Breslau weitergehenden Tages-Personenzug III. der Niederschlesisch-Märkischen Bahn, statt bisher 10 Uhr 52 Minuten, bereits 10 Uhr 15 Minuten Vormittags auf Station Frankfurt a. d. O. eintreffen.

Es ändert sich in Folge dessen der Gang des Zuges VIII. von Station Kreuz ab, worüber die auf den Stationen ausgehängten und daselbst verkäuflichen berichtigten Fahrpläne das Nähere ergeben. Insbesondere wird der Zug von Station Kreuz bereits 1 Uhr 22 Minuten früh, statt bisher 4 Uhr 1 Minute Morgens, weiter gehen.

Bromberg, den 10. November 1864.   Königliche Direktion der Ostbahn.

(7) Bekanntmachung. Vom 10. November cr. ab wird der Preis für die Benutzung der Schlafvorrichtungen, welche nach unserer Bekanntmachung vom 12. Februar cr. in den zwischen Berlin und Eydtkuhnen coursirenden Salonwagen der Ostbahn-Courierzüge eingerichtet sind, versuchsweise und bis auf Weiteres dahin ermäßigt, daß, statt eines Schlaf-Billets I. Klasse, ein solches III. Klasse für die betreffende Strecke zuzulösen ist.   Bromberg und Berlin, den 1. November 1864.

Königliche Direktion der Ostbahn.   Königliche Direktion der Niederschlesisch-Märkischen Eisenbahn.

(8) Königliche Niederschlesisch-Märkische Eisenbahn. Wegen angemeldeter bedeutender Militair-Transporte sehen wir uns gezwungen, vom 21. d. M. ab unsern Güter-Verkehr auf der ganzen Länge der Bahn wesentlich einzuschränken und die Gültigkeit der tarifmäßigen Lieferzeiten bis auf Weiteres außer Kraft zu setzen. Auf der Station Sorau muß der Güter-Verkehr gänzlich eingestellt werden und da besonders die hiesige Verbindungsbahn durch jene Transporte vorzugsweise stark in Anspruch genommen werden wird, so können Güter, welche auf der Verbindungsbahn anderen hiesigen Anschlußbahnen zugeführt werden sollen, nur insoweit Annahme finden, als ihre Ueberführung möglich ist, worüber bei unsern Güter-Expeditionen Erkundigung eingezogen werden kann.

Berlin, den 17. Novbr. 1864. Königliche Direktion der Niederschlesisch-Märkischen Eisenbahn.

(9) Bekanntmachung. Die nachstehende Verhandlung:

Geschehen Berlin, den 12. November 1864.

Auf Grund der §§. 46, 47 und 48 des Rentenbankgesetzes vom 2. März 1850 wurden an ausgeloosten Rentenbriefen der Provinz Brandenburg, welche nach dem von dem mitunterzeichneten Provinzial-Rentmeister vorgelegten Verzeichnisse gegen Baarzahlung zurückgegeben sind, und zwar:

  33 Stück Littr. A. à 1000 Thlr. = 33,000 Thlr.
  12 Stück Littr. B. à 500 Thlr. = 6,000 Thlr.
  39 Stück Littr. C. à 100 Thlr. = 3,900 Thlr.
  26 Stück Littr. D. à   25 Thlr. =   650 Thlr.
  519 Stück Littr. E. à   10 Thlr. = 5,190 Thlr.
  überhaupt also 629 Stück über . . . . . . 48,740 Thlr.

nebst den von den betreffenden Fälligkeitsterminen dieser Rentenbriefe ab laufenden Zinscoupons, insoweit die letzteren mit den Rentenbriefen eingeliefert worden sind, heute in Gegenwart der Unterzeichneten durch Feuer vernichtet.

        b.   g.   u.
      (gez.) Hans von Rochow, Abgeordneter des Provinzial-Landtags.
(gez.) Gabrielli, als Abgeordneter des Provinzial-Landtags. (gez.) Moll, Justizrath und Notar.
      u.   s.
   (gez.) Küfel, Provinzial-Rentmeister. (gez.) Poblotti, Buchhalter.

wird hierdurch zur öffentlichen Kenntniß gebracht.

Berlin, den 16. November 1864.

Königliche Direktion der Rentenbank für die Provinz Brandenburg. (gez.) Hehber.

(10) Bekanntmachung, betreffend die Ausloosung von Rentenbriefen der Provinz Brandenburg.

Bei der in Folge unserer Bekanntmachung vom 25. Oktober cr. am 12. d. M. stattgefundenen öffentlichen Verloosung von Rentenbriefen der Provinz Brandenburg sind folgende Apoints gezogen worden:

Littr. A. zu 1000 Thlr. die Nummern: 80. 459. 482. 825. 1021. 1064. 1180. 1378. 1706. 2526. 2550. 2756. 3130. 3630. 3876. 4168. 4193. 4282. 4687. 4974. 4952. 5090. 5115. 5357. 5676. 5698. 5797. 5901. 6031. 6092. 6238. 6392. 6438. 6682. 7326. 7714. 7894. 8031.

Littr. B. zu 500 Thlr. die Nummern: 146. 244. 347. 1297. 1303. 1373. 1484. 2056. 2246. 2544. 2565. 2818. 2822. 2979. 3142. 3276. 3448.

Littr. C. zu 100 Thlr. die Nummern: 331. 452. 643. 1015. 1134. 1213. 1243. 1288. 1585. 1613. 1655. 1656. 2046. 2083. 2255. 2492. 2715. 2999. 3061. 3430. 3510. 3683. 4155. 4168. 5278. 5385. 5684. 6217. 6641. 7086. 7242. 7426. 7928. 8039. 8073. 8134. 8157. 8255. 8333. 8343. 8372. 8487. 8616. 8712.

Littr. D. zu 25 Thlr. die Nummern: 179. 255. 396. 433. 600. 730. 865. 1116. 1198. 1298. 1324. 1326. 1411. 1620. 2070. 2227. 2256. 2386. 2435. 2728. 3401. 3987. 4023. 4551. 5021. 5112. 5143. 5207. 5741. 6447. 6701. 6860. 7011.

Littr. E. zu 10 Thlr. die Nummern: 73. 95. 128. 145. 172. 215. 220. 228. 302. 312. 344. 410. 425. 442. 476. 481. 504. 505. 532. 533. 534. 541. 548. 550. 565. 606. 607. 609. 610. 631. 655. 664. 680. 689. 694. 701. 756. 760. 784. 801. 908. 911. 923. 931. 986. 989. 995. 1008. 1019. 1021. 1041. 1059. 1115. 1240. 1247. 1264. 1283. 1311. 1359. 1368. 1393. 1399. 1424. 1426. 1430. 1488. 1505. 1518. 1570. 1597. 1635. 1658. 1683. 1707. 1728. 1757. 1761. 1769. 1774. 1868. 1880. 1884. 1899. 1919. 1977. 1979. 2008. 2029. 2044. 2072. 2123. 2124. 2162. 2180. 2188. 2235. 2249. 2269.

2676. 2689. 2731. 2742. 2810. 2814. 2831. 2854. 2919. 2925. 2926. 2931. 2987. 3006. 3012. 3095.
3181. 3198. 3203. 3229. 3252. 3259. 3320. 3324. 3390. 3396. 3401. 3419. 3420. 3425. 3428. 3431.
3468. 3486. 3537. 3552. 3557. 3581. 3608. 3618. 3620. 3622. 3637. 3642. 3655. 3662. 3694. 3710.
3744. 3811. 3818. 3825. 3861. 3895. 3903. 3920. 3922. 3934. 3936. 3950. 3977. 4006. 4018. 4035.
4056. 4083. 4085. 4092. 4114. 4118. 4146. 4169. 4193. 4201. 4204. 4264. 4283. 4303. 4312. 4353.
4359. 4374. 4388. 4403. 4422. 4436. 4452. 4457. 4588. 4599. 4640. 4645. 4698. 4703. 4725. 4815.
4833. 4834. 4845. 4869. 4933. 4937. 5016. 5030. 5038. 5049. 5059. 5073. 5086. 5126. 5141. 5153.
5159. 5177. 5180. 5202. 5206. 5223. 5242. 5249. 5303. 5315. 5320. 5324. 5359. 5443. 5484. 5540.
5559. 5610. 5636. 5648. 5707. 5720. 5728. 5749. 5751. 5762. 5787. 5801. 5814. 5849. 5853. 5855.
5865. 5989. 5899. 5931. 5936. 5982. 6018. 6043. 6044. 6048. 6074. 6104. 6118. 6166. 6174. 6175.
6184. 6192. 6195. 6210. 6236. 6259. 6339. 6357. 6398. 6428. 6469. 6510. 6535. 6573. 6580. 6622.
6623. 6625. 6647. 6659. 6675. 6683. 6725. 6743. 6816. 6820. 6922. 6885. 6896. 6944. 6957. 6987.
7014. 7017. 7029. 7039. 7044. 7045. 7059. 7075. 7089. 7090. 7092. 7097. 7100. 7128. 7129. 7166.
7182. 7184. 7220. 7224. 7226. 7234. 7238. 7239. 7280. 7293. 7303. 7315. 7342. 7350. 7393. 7398.
7418. 7440. 7452. 7486. 7529. 7540. 7613. 7632. 7636. 7640. 7657. 7665. 7683. 7697. 7758. 7759.
7788. 7793. 7870. 7891. 7917. 7938. 7962. 7973. 8002. 8064. 8076. 8114. 8118. 8173. 8195. 8228.
8237. 8258. 8290. 8301. 8334. 8343. 8369. 8371. 8377. 8389. 8400. 8427. 8447. 8458. 8490. 8431.
8485. 8496. 8506. 8573. 8580. 8600. 8607. 8628. 8630. 8660. 8705. 8736. 8743. 8750. 8753. 8770.
8772. 8775. 8794. 8802. 8912. 8820. 8842. 8843. 8844. 8857. 8860. 8861. 8867. 8884. 8903. 8935.
8997. 9003. 9007. 9008. 9030. 9032. 9042. 9052. 9063. 9074. 9096. 9102. 9108. 9123. 9131. 9142.
9154. 9168. 9180. 9183. 9192. 9199. 9203. 9215. 9217. 9230. 9233. 9236. 9241. 9244. 9256. 9261.
9263. 9266. 9272. 9286. 9292. 9322. 9323. 9331. 9332. 9337. 9339. 9351. 9360. 9366. 9385. 9392.
9398. 9407. 9410. 9411. 9412. 9415. 9428. 9429. 9431. 9433. 9438. 9443. 9448. 9456. 9458. 9469.
9477. 9478. 9490. 9488. 9500. 9512. 9522. 9526. 9533. 9538. 9539. 9547. 9552. 9555. 9558. 9559.
9566. 9567. 9568. 9570.

    Die Inhaber der vorbezeichneten Rentenbriefe werden aufgefordert, gegen Quittung und Einlieferung der Rentenbriefe in coursfähigem Zustande und der dazu gehörigen Coupons Serie II. No. 14. bis 16. den Rennwerth der Ersteren bei der hiesigen Rentenbank-Kasse, Alte Jakobstraße No. 106., vom 1. April k. J. ab, in den Wochentagen von 9 bis 1 Uhr, in Empfang zu nehmen.

    Vom 1. April k. J. ab hört die Verzinsung der obigen Rentenbriefe auf. Diese selbst verjähren mit dem Schlusse des Jahres 1875 zum Vortheil der Anstalt.

    Endlich bemerken wir, daß den Inhabern von ausgelosten und gekündigten Rentenbriefen gestattet ist, die zu realisirenden Rentenbriefe — unter Beifügung einer ordnungsmäßigen Quittung — mit der Post an die Rentenbank-Kasse portofrei einzusenden und zu beantragen, daß die Uebersendung des Geldbetrages auf gleichem Wege, jedoch auf Gefahr und Kosten des Empfängers, erfolge.

    Berlin, den 14. November 1864.
        Königliche Direktion der Rentenbank für die Provinz Brandenburg. (gez.) Heyder.

Amts-Blatt
der Königl. Preuß. Regierung zu Frankfurt a/O.

№ 48.　　　Frankfurt a. d. O., den 30. November.　　　**1864.**

Bekanntmachung des Königlichen Appellations-Gerichts zu Frankfurt a. d. O.

Es wird die gesetzliche Vorschrift in Erinnerung gebracht, nach welcher die an ein Depositorium zu zahlenden Gelder nicht an einzelne Justizbeamte, sondern nur an die durch öffentlichen Anschlag bei dem betreffenden Gerichte zur Empfangnahme legitimirten drei Depositalbeamten zusammen und nur gegen deren gemeinschaftlich vollzogene Quittung, gezahlt werden können und daß Zahlungen, bei welchen diese Vorschriften nicht beobachtet worden, als an das Depositorium geschehen, nicht anerkannt werden.

Frankfurt a. d. O., den 19. November 1864.

Personal-Chronik.

Der Kämmerer Wendt zu Calliés ist zum Stellvertreter des Polizeianwalts für die im Kreise Arnswalde belegenen, zum Bezirk der Königlichen Kreisgerichts-Commission zu Calliés gehörigen Ortschaften Crampe, Neu-Glübnitz und Spechtsdorf ernannt worden.

Der Bürgermeister Mangelsdorff zu Friedland ist zum Stellvertreter des Polizeianwalts für den Bezirk der Königlichen Kreisgerichts-Commission daselbst, mit Ausschluß der Ortschaften: Möllen, Klewisch, Pleßtow, Speichrow und Schadow und mit Ausschluß der Königlichen Oberförsterei Dammendorf, hinsichtlich der Forststrafsachen, ernannt worden.

Frankfurt a. d. O., den 18. Novbr. 1864. Der Regierungs-Präsident. Frhr. v. Münchhausen.

Der Prediger Heinrich Hermann Ewald Klüm, bisher zu Muskau, ist zum Pfarradjunkten cum spe succedendi bei der Evangelischen Gemeine zu Pommerzig — Diöces Crossen — bestellt worden.

Der Prediger Rudolf Alexander Franz Kornrumpf, bisher zu Rädnitz, ist zum Pfarradjunkten cum spe succedendi bei den Parochie Blumberg — Diöces Crossen — bestellt worden.

Der Hülfsprediger Johann Erdmann Müller, bisher zu Berlin, ist zum Pfarrer der Evangelischen Gemeinde zu Rädnitz — Diöces Crossen — bestellt worden.

Bei der am 19. und 20. September d. J. im Schullehrer-Seminar zu Neuzelle abgehaltenen Entlassungsprüfung sind folgende Seminaristen für anstellungsfähig erklärt worden: 1) Martin Ludwig Ernst Blanert aus Pyrehne, 2) Carl Heinrich Julius Bothe aus Niewerle, 3) Johann Friedrich Wilhelm Bratke aus Neuendorf, 4) Johann Gottlieb Gallig aus Leuthen, 5) Johann Gottlieb Fablan aus Wellmitz, 6) Oscar Constantin Waldemar Grimm aus Tempel, 7) Johann Friedrich Wilhelm Hartmann aus Rentschen, 8) Carl Friedrich Ernst Hotschild aus Kontopp, 9) Ernst Albrecht Theodor Hubert aus Pyrehne, 10) Carl Heinrich Albert Huth aus Neumühl, 11) Carl August Heinrich Karlguth aus Preichow, 12) Gustav Berthold Köppler aus Spiegel, 13) Carl Gottlieb August Koinzet aus Zerischke, 14) Johann Friedrich Julius Krägel aus Weißensprung, 15) Carl Gottlieb Wilhelm Krüger aus Schenkendorf, 16) Carl Gottlieb Louis Krüger aus Schenkendorf, 17) Albert Hermann Lüter aus Zehden a. d. O., 18) Carl August Emanuel Lademann aus Sternberg, 19) Wilhelm Franz Theodor Leberecht aus Lasow, 20) Christian Samuel Adolph Mühlpforth aus Schwiebus, 21) Wilhelm Oswald aus Friedersdorf, 22) Georg Pohlenz aus Sergen, 23) Johann Gottlob Raschke aus Zieblingen, 24) Hermann Ferdinand Rutia aus Alt-Liepzegöricke, 25) Carl Andreas Schaefer aus Gr. Salze, 26) Johann Christian Schmeiße aus Mehlen, 27) Johann Carl Ferdinand Schulz aus Seeborf, 28) Carl Friedrich August Schulz aus Petersdorf, 29) Gustav Adolph Schur aus Ratzbor, 30) Georg Seurla aus Gahry, 31) Theodor Winkler aus Sorau.

Im Kreise Luckau sind nachfolgende Personen als Wege- und Feuerpolizei-Distrikts-Commissarien gewählt und bestätigt worden: für den 8. Bezirk der Rittergutsbesitzer von Langens auf Egsdorf, für den 12. Bezirk der Rendant Rabert zu Drehnau, für den 17. Bezirk der Amtmann Richter aus Gallgast.

Den von den Stadtverordneten getroffenen Wahlen gemäß sind als unbesoldete Rathsherren in Züllichau der Seifenfabrikant Hermann Hester, in Zielenzig der Kaufmann Karl Zahn bestätigt worden.

Der Kreis-Steuer-Einnehmer Rechnungsrath Schmidt wird auf seinen Antrag vom 1. Januar k. Js. ab in den Ruhestand versetzt.

Es sind versetzt worden: die Post-Expedienten Drock von Crossen a. b. O. nach Frankfurt a. b. O., Möser von Fürstenwalde nach Crossen, Schönmuth von Berlin nach Calau, Gränz von Guben nach Breslau, Schmidt von Driesen nach Berlin, die Post-Expediteure Kannegießer von Liebthal nach Gosda und Wendisch von Gosda nach Liebthal.

Der Post-Expediteur Welcke in Bretschbruch ist freiwillig aus dem Postdienste geschieden. Die Verwaltung der dortigen Post-Expedition ist dem bisherigen Post-Expeditions-Gehülfen für den Ort Krüger, unter Ernennung zum Post-Expediteur, übertragen worden.

Der invalide Unteroffizier Fünffinger ist bei dem Post-Amte in Züllichau als Büreaudiener angestellt worden. Der Wagenmeister Hünz in Fürstenwalde ist verstorben.

Vermischte Nachrichten.

(1) **Königliche Niederschlesisch-Märkische Eisenbahn.** Vom 1. Januar 1865 ab treten an Stelle der §§. 31. und 32. des Güter-Tarifs der Niederschlesisch-Märkischen Eisenbahn resp. dessen zweiten Auflage vom 10. Oktober d. J. folgende Bestimmungen in Kraft:
1) gebrauchte oder zum Verfüllen bestimmte Fässer, Kisten und Körbe werden allgemein zum Frachtsatze der ermäßigten Klasse A.,
2) gebrauchte oder zum Verfüllen bestimmte leere Säcke und ähnliche Emballagen zum Frachtsatze der ermäßigten Klasse B. befördert.

Berlin, den 18. November 1864. **Königl. Direktion der Niederschlesisch-Märkischen Eisenbahn.**

(2) Von den Elster-Obligationen sind am 17. v. M. nachstehende Nummern ausgeloost:
3 Stück Litt. A. à 500 Thlr. No. 14. 162. 172. = 1500 Thlr.
20 Stück Litt. B. à 100 Thlr. No. 69. 149. 167. 200. 437. 493. 536. 651. 719. 838. 872. 910. 1054. 1112. 1332. 1336. 1453. 1468. 1470. 1482. = 2000 Thlr.
23 Stück Litt. C. à 25 Thlr. No. 52. 102. 344. 416. 556. 739. 799. 812. 833. 964. 1000. 1034. 1119. 1339. 1378. 1405. 1449. 1452. 1524. 1553. 1554. 1865. = 575 Thlr.,
zusammen 4075 Thlr.

Diese Obligationen werden hierdurch den Inhabern dergestalt gekündigt, daß sie am 1. Juli 1865 eingelöst werden. Mit diesem Tage hört ihre Verzinsung auf und werden sie am 1. Juli 1875 werthlos. Die Bezahlung des Nominalwerthes erfolgt bei der Hauptkasse des Elsterverbandes in Liebenwerda und den Spezialkassen in Senftenberg, Ruhland, Herzberg und Torgau. Die Inhaber wollen sie zu diesem Zwecke mit den noch nicht eingelösten Coupons einer dieser Kassen übergeben oder portofrei einsenden.

Zugleich wird darauf aufmerksam gemacht, daß von den früher gekündigten Obligationen nachstehende bis jetzt nicht präsentirt sind:
1) Ausloosung vom 12. April 1860: Litt. B. No. 694., Litt. C. No. 578. Dieselben werden seit dem 1. Juli 1861 nicht mehr verzinst und am 1. Juli 1871 werthlos.
2) Ausloosung vom 12. Dezember 1861: Litt. B. No. 39. 879. Dieselben werden seit dem 1. Juli 1862 nicht mehr verzinst und am 1. Juli 1872 werthlos.
3) Ausloosung vom 6. November 1862: Litt. B. No. 549., Litt. C. No. 220. 352. Dieselben werden seit dem 1. Juli 1863 nicht mehr verzinst und am 1. Juli 1873 werthlos.
4) Ausloosung vom 25. November 1863: Litt. B. No. 109. 235. 257. 411. 599. 635. 746. 1110. 1159. 1800., Litt. C. No. 638. 687. 699. 690. 1132. 1227. 1886. Letztere werden seit dem 1. Juli 1864 nicht mehr verzinst und am 1. Juli 1874 werthlos.

Berlin, den 21. November 1864.

Der Vorstand des Verbandes zur Regulirung der Schwarzen Elster. v. Funck.

(3) Bekanntmachung. Durch die Urkunde vom heutigen Tage ist die Vereinigung der Braunkohlen-Bergwerke Frankfurt und Ellestow bei Ellestow, im Kreise Lebus, Bergrevier Cüstrin, zu einem ungetrennlichen Ganzen unter dem Namen Ellestow bei Ellestow genehmigt worden.

Halle, den 14. November 1864. Königliches Ober-Berg-Amt.

Redigirt im Büreau der Königl. Regierung.
Druck der Hofbuchdruckerei von Trowitzsch u. Sohn in Frankfurt a. d. O.

Amts-Blatt
der Königl. Preuß. Regierung zu Frankfurt a/O.

№ 49.   Frankfurt a. d. O., den 7. Dezember   1864.

Gesetz-Sammlung für die Königlichen Preußischen Staaten pro 1864.

No. 42. enthält: (No. 5959.) Statut, betreffend die Stiftung einer Kriegsdenkmünze für den Feldzug 1864. Vom 10. November 1864.

(No. 5960.) Allerhöchster Erlaß vom 28. September 1864, betreffend die Verleihung der fiskalischen Vorrechte für den Bau und die Unterhaltung der Kreis-Chausseen: 1) von der Beuthener Kreisgrenze bei Brzezinka bis Kopczlowitz, 2) von Pleß bis zur Rhbnälder Kreisgrenze auf Zastrzemb, 3) von Nicolai über Laziet zum Anschluß an die Orzesche-Schrauer Chaussee bei Moscheczke, 4) von der Nicolai-Krakauer Staats-Chaussee bei Neuberun bis Pleß, 5) von Nicolai bis an die Beuthener Kreisgrenze bei Ochoßt.

Verordnungen und Bekanntmachungen der Königlichen Regierung zu Frankfurt a. d. O.

I. Des Königs Majestät haben mittelst Allerhöchster Kabinets-Ordre vom 14. v. Mts. den Tarif zur Erhebung der Kriegsschuldensteuer der Niederlausitz für die Tilgungsperiode von 1865 bis 1874 Allerhöchst genehmigt.

Ferner hat der Herr Ober-Präsident der Provinz Brandenburg mittelst Reskripts vom 10. d. Mts. auf Grund §. 3. des Regulativs vom 8. Juni 1846 (Gesetz-Samml. Seite 251) den Tarif zur Erhebung des Landarmengeldes in der Niederlausitz für die erwähnte Etatsperiode genehmigt.

Beide Tarife werden hierdurch nachstehend zur öffentlichen Kenntniß gebracht.

Tarif
zur Erhebung der Kriegsschulden- und Landarmensteuer im Markgrafthum Niederlausitz pro 1865/74.

Klassen- und Einkommen- steuer- Stufen.	Davon fallen auf die Kriegs- steuer der 9449 Thlr. 23 Sgr. 6 Pf. rund 44% oder	Davon fallen auf die Land- armensteuer der 1979 Thlr. 4 Sgr. 5 Pf. rund 56% oder	Klassen- und Einkommen- steuer- Stufen.	Davon fallen auf die Kriegs- steuer der 9449 Thl. 23 Sgr. 6 Pf. rund 44% oder	Davon fallen auf die Land- armensteuer der 1979 Thl. 4 Sgr. 5 Pf. rund 56% oder	Klassen- und Einkommen- steuer- Stufen.	Davon fallen auf die Kriegs- steuer der 9449 Thl. 23 Sgr. 6 Pf. rund 44% oder	Davon fallen auf die Land- armensteuer der 1979 Thl. 4 Sgr. 5 Pf. rund 56% oder
	Thl. Sgr. Pf.	Thl. Sgr. Pf.		Thl. Sgr. Pf.	Thl. Sgr. Pf.		Thl. Sgr. Pf.	Thl. Sgr. Pf.
Klassen- steuer.			11	1 17 —	2 — —	9	11 29 —	15 8 —
1	— — —	— — —	12	2 6 —	2 25 —	10	13 9 —	16 27 —
2	— 1 4	— 1 5	**Einkommen- steuer.**			11	15 29 —	20 10 —
3	— 4 5	— 5 7	1	3 10 —	4 8 —	12	19 29 —	25 12 —
4	— 7 —	— 9 —	2	4 — —	5 2 —	13	23 29 —	30 14 —
5	— 8 —	— 10 —	3	4 20 —	5 28 —	14	31 26 —	40 16 —
6	— 9 —	— 12 —	4	5 12 —	6 25 —	15	39 25 —	50 22 —
7	— 14 —	— 19 —	5	6 20 —	8 16 —	16	53 9 —	67 24 —
8	— 20 —	— 26 —	6	7 29 —	10 5 —	17	66 15 —	84 18 —
9	— 27 —	1 4 —	7	9 9 —	11 24 —	18	79 21 —	101 12 —
10	1 3 —	1 13 —	8	10 20 —	13 18 —			

Personal-Chronik.

Der interimistische Kämmerer Eporath zu Sonnenburg ist zum außergerichtlichen Auktions-Commissarius für die dortige Stadt und den Bezirk der Königlichen Kreisgerichts-Deputation daselbst bestellt worden, was hiermit zur öffentlichen Kenntniß gebracht wird.

Dem Königlichen Domainen-Pächter Büsche zu Neuenhagen ist die Amts-Polizei und Kassen-Verwaltung im Amte Neuenhagen übertragen und der Privat-Aktuarius Schenk als dessen Vertreter bestellt.

Der Domainen-Pächter Gerlach ist zum Polizei-Verwalter für die Domaine Fachmannshof bestellt worden.

Von den Ständen des Luckauer Kreises ist der Amtmann Richter zu Sallgast anstatt des verstorbenen Amtmanns Vollkammer zu Sallgast zum Kreisdeputirten und Mitgliede der Kreisvermittelungsbehörde für den Luckauer Kreis gewählt und diese Wahl bestätigt worden.

Personal-Veränderungen für den Monat November 1864.

A. Bei dem Königlichen Appellations-Gericht zu Frankfurt a. d. O.

Seine Majestät der König haben dem Geheimen Justiz- und Appellationsgerichtsrath Kleßhardt den rothen Adlerorden dritter Klasse mit der Schleife und den Abzeichen für 50jährige Dienstzeit zu verleihen geruht. Der Referendarius Bückowski ist zum Gerichts-Assessor ernannt. Die Gerichts-Assessoren Grantke und Posselt sind aus dem Bezirke des Kammergerichts und der Referendarius Strüzer aus dem Bezirke des Appellationsgerichts zu Cöslin in das hiesseltige Departement versetzt. Der Gerichts-Assessor Große ist auf seinen Antrag aus dem Justizdienste entlassen.

B. Bei den Kreisgerichten im Departement.

Ernannt sind: der Gerichts-Assessor Schulze zum Kreisrichter bei dem Kreisgerichte in Cüstrin, der Civil-Supernumerar Aktuar I. Klasse Schindler zum Büreau-Assistenten bei der Kreisgerichts-Deputation in Forst, der Civil-Supernumerar Aktuarius I. Klasse Flachshaar zum Büreau-Assistenten bei dem Kreisgericht in Königsberg i. d. N.; der Hülfsbote Eprang zu Sorau zum Boten und Exekutor des Kreisgerichts in Soldin. Versetzt sind: der Rechts-Anwalt und Notar Justizrath Keller in Frankfurt a. d. O. als Notar an das Stadtgericht in Berlin, der Rechtsanwalt und Notar Dr. Locke zu Soltin in gleicher Eigenschaft, und der Kreisrichter Cestenohle zu Landsberg a. d. W. als Rechts-Anwalt und Notar, beide an das Stadt- und Kreisgericht in Magdeburg. Der Kreisgerichtsrath Stettinski zu Cüstrin ist im Wege des Disciplinarverfahrens und der Bote und Exekutor Lake zu Soldin auf seinen Antrag aus dem Justizdienste entlassen.

Der Rechtsanwalt und Notar von Herz zu Berlinchen ist unter Beibehaltung des Notariats im diesseitigen Departement vom 1. Dezember d. J. ab als Rechtsanwalt an das Kreisgericht zu Spremberg, mit Anweisung seines Wohnsitzes in Hoyerswerda versetzt worden.

Personal-Veränderungen im Bezirk der Königl. Direktion der Ostbahn.

Der Telegraphist Adolph Hermann Seyffert zu Landsberg a. d. W. ist zum Königlichen Eisenbahn-Telegraphisten ernannt.

Vermischte Nachrichten.

(1) Von dem Regierungs-Assessor Geiseler zu Minden ist unter dem Titel:

„Das ländliche Communal-Wesen in den sechs östlichen Provinzen des Preußischen Staates"

eine systematische Zusammenstellung der betreffenden Gesetze, ministeriellen Rescripte und Entscheidungen der Gerichtshöfe herausgegeben worden und im Verlage von Louis Gerschel zu Berlin erschienen. In Anerkennung der Vollständigkeit und Uebersichtlichkeit des zu diesem Werke gesammelten Materials machen wir im höheren Auftrage auf dasselbe aufmerksam und empfehlen den Behörden und Beamten dessen Anschaffung.

Frankfurt a. d. O., den 23. November 1864.

(2) Patent-Ertheilungen. 1) Dem Lehrer der Königlichen polytechnischen Schule Dr. Ernst Hartig in Dresden ist unter dem 14. November 1864 ein Patent

auf einen dynamometrischen Apparat zur Untersuchung und Regulirung veränderlicher Bewegungen, welcher in seiner ganzen, durch Zeichnung und Beschreibung erläuterten Zusammensetzung als neu und eigenthümlich erkannt ist, ohne Jemand in der Benutzung der bekannten Theile zu beschränken,

auf fünf Jahre, von jenem Tage an gerechnet, und für den Umfang des Preußischen Staats ertheilt worden.

2) Dem Maschinenmeister der Gräflich Stolberg-Wernigerode'schen Faktorei O. Seiffert zu Ilsenburg ist unterm 24. November 1864 ein Patent

auf einen Elevator, in der durch Zeichnung und Beschreibung nachgewiesenen ganzen Zusammensetzung und ohne Jemand in der Anwendung bekannter Theile desselben zu beschränken, auf fünf Jahre, von jenem Tage an gerechnet, und für den Umfang des preußischen Staates ertheilt worden.

3) Der Theodor Wiedeschen Maschinen-Fabrik in Chemnitz ist unterm 18. November 1864 ein Patent auf eine Vorrichtung an Feinspinn-Maschinen für Wolle, in der durch Zeichnung und Beschreibung nachgewiesenen Zusammensetzung und ohne Jemand in der Benutzung bekannter Theile zu beschränken, auf fünf Jahre, von jenem Tage an gerechnet, und für den Umfang des Preußischen Staates ertheilt worden.

4) Dem Maschinen-Fabrikanten W. Wedding in Berlin ist unter dem 19. November 1864 ein Patent auf einen durch Zeichnung und Beschreibung nachgewiesenen, für neu und eigenthümlich erachteten Mechanismus an Holz-Stemm-Maschinen, um während des Betriebes das Stemmeisen in und außer Bewegung zu setzen und den normalen Hub desselben beliebig zu verkleinern, auf fünf Jahre, von jenem Tage an gerechnet, und für den Umfang des Preußischen Staates ertheilt worden.

5) Das dem Hütten-Ingenieur M. Bauer hierselbst unter dem 18. Juni 1863 ertheilte Patent auf eine durch Zeichnung und Beschreibung nachgewiesene, als neu und eigenthümlich erkannte Vorrichtung zum Beschicken des Zinkofens ist für aufgehoben erklärt worden.

6) Das dem Ingenieur A. Reuschel zu Wetter an der Ruhr unter dem 18. April 1863 ertheilte Patent auf eine als neu und eigenthümlich erachtete, als Pumpe und zugleich als Dampfmaschine anzuwendende Vorrichtung in der durch Zeichnung und Beschreibung nachgewiesenen Zusammensetzung ist aufgehoben worden.

Frankfurt a. d. O., den 29. November 1864.   Königliche Regierung; Abtheilung des Innern.

(3) Wiederbesetzung der Kreis-Wundarztstelle des Moglinoer Kreises. Die mit einem Gehalte von 100 Thlr. jährlich verbundene Kreis-Wundarztstelle des Moglinoer Kreises ist erledigt und soll anderweit besetzt werden. Qualificirte Bewerber können sich unter Einreichung ihrer Zeugnisse binnen 6 Wochen bei uns melden.

Bromberg, den 26. November 1864.   Königliche Regierung; Abtheilung des Innern.

(4) Königliche Niederschlesisch-Märkische Eisenbahn. Vom 1. Januar 1865 ab treten an Stelle der §§. 31. und 32. des Güter-Tarifs der Niederschlesisch-Märkischen Eisenbahn resp. dessen zweiter Auflage vom 10. Oktober d. J. folgende Bestimmungen in Kraft:

1) gebrauchte oder zum Verfüllen bestimmte Fässer, Kisten und Körbe werden allgemein zum Frachtsatze der ermäßigten Klasse A.,

2) gebrauchte oder zum Verfüllen bestimmte leere Säcke und ähnliche Emballagen zum Frachtsatze der ermäßigten Klasse B. befördert.

Berlin, den 18. November 1864.   Königl. Direktion der Niederschlesisch-Märkischen Eisenbahn.

(5) Königliche Niederschlesisch-Märkische Eisenbahn. Nach Beendigung der Transporte österreichischer Truppen muß der Bahnhof Sorau und für die durchkommenden Königlichen Truppen unseres Landes als Etappenstation eingerichtet bleiben. Wir werden aber gleichwohl Vorkehrungen treffen, welche, wenn auch vorerst nur einen beschränkten Güter-Verkehr in Sorau ermöglichen und bringen dies zur öffentlichen Kenntniß.

Berlin, den 1. Dezember 1864.   Königl. Direktion der Niederschlesisch-Märkischen Eisenbahn.

(6) Königliche Niederschlesisch-Märkische Eisenbahn. Die nach unserer Bekanntmachung vom 17. v. M. seit dem 21. ejd. suspendirte Gültigkeit der Lieferfristen stellen wir für alle Güter wieder her, welche vom 5. d. Mts. an unseren Expeditionen zugeführt werden.

Berlin, den 2. Dezember 1864.   Königl. Direktion der Niederschlesisch-Märkischen Eisenbahn.

(7) Bekanntmachung. Vom 2. Januar k. J. ab tritt unter den Bedingungen des Betriebs-Reglements und der Tarif-Vorschriften ein Special-Tarif für Schlachtvieh in Wagenladungen, welches von Ostbahn-Stationen nach Berlin befördert werden soll, in Wirksamkeit.

Der Einheitssatz dieses Tarifs beträgt von Berlin ab $11\frac{1}{4}$ Sgr. pro Achse und Meile und stuft sich der Art ab, daß er von Bromberg und den weiter östlich davon liegenden Ostbahn-Stationen bis auf $7\frac{1}{2}$ Sgr. pro Achse und Meile fällt.

Auf Schlachtvieh-Sendungen in Wagenladungen nach den in der Richtung von der Ostbahn vor Berlin belegenen Stationen findet der ermäßigte Tarif für Berlin gleichfalls Anwendung, sofern sich die Transportkosten darnach im Ganzen billiger stellen, als nach den resp. Lokal-Tarifen.

Die Tarifsätze können bei sämtlichen Güter-Expeditionen der Ostbahn, sowie bei den Güter-Expeditionen der Bahnstrecke Frankfurt-Berlin eingesehen werden.

Bromberg und Berlin, den 30. November 1864.

Königliche Direktion der Ostbahn. Königliche Direktion der Niederschlesisch-Märkischen Eisenbahn.

(9) Bekanntmachung. Die tägliche Personenpost von Königsberg i. d. N. nach Cüstrin wird von jetzt an bis auf Weiteres bereits um 2 Uhr Nachmittags abgefertigt werden.

Frankfurt a. d. O., den 2. Dezember 1864. Der Ober-Post-Direktor.

(9) Bekanntmachung. Die Personenpost von Cottbus nach Sommerfeld wird von jetzt an aus Cottbus um 5¾ Uhr Nachmittags abgefertigt werden.

Frankfurt a. d. O., den 4. Dezember 1864. Der Ober-Post-Direktor. gez. Hoppe.

(10) Bekanntmachung. Am 1. l. Mts. tritt in der hiesigen Dammvorstadt eine Post-Expedition II. Klasse in Wirksamkeit, bei welcher die Personenposten von Frankfurt a. d. O. nach Crossen a. d. O. 12 Uhr 15 Minuten Mittags, nach Züllichau 12 Uhr Mittags, nach Zielenzig 12 Uhr 30 Minuten Mittags und nach Schwiebus 4 Uhr 30 Minuten Nachmittags, sowie die Posten nach Frankfurt von Meseritz 1 Uhr Nachmittags und von Crossen 5 Uhr 40 Minuten Nachmittags anhalten werden.

Das Dienstlokal für dieselbe ist in dem Hause Roßstraße No. 1.

Frankfurt a. d. O., den 28. November 1864. Der Ober-Post-Direktor. gez. Hoppe.

Hierzu eine außerordentliche Beilage, betreffend die Schifffahrts- und Strom-Polizei-Ordnung für den im Regierungsbezirk Frankfurt belegenen Theil der Netze.

Außerordentliche Beilage
zum Amtsblatt № 49. der Königl. Preuß. Regierung zu Frankfurt a. d. O.

Ausgegeben den 7. Dezember 1864.

Schifffahrts= und Strom=Polizei=Ordnung
für den im Regierungsbezirk Frankfurt a. d. O. belegenen Theil der Netze.

Auf Grund des §. 11. des Gesetzes vom 11. März 1850 über die Polizei-Verwaltung wird Seitens der unterzeichneten Königlichen Regierung bezüglich der Schifffahrt und Flößerei auf dem, in ihrem Verwaltungsbezirk belegenen Theil des Netze-Flusses Nachstehendes hierdurch festgesetzt:

§. 1. Das Flößen unverbundener Hölzer auf dem Netze-Flusse ist nicht gestattet; vielmehr muß Grenn- und ähnliches Holz in Klepen, Langholz in Tafeln verbunden werden.

§. 2. Die zu einer Holztraft oder zu einem Floß verbundenen Tafeln müssen nach Erforderniß zum Lösen und Wiederzusammensetzen unter sich eingerichtet und jedes Floß selbst am vorderen Ende mit mindestens einem Steuerruder, am hintern Ende ab oder noch mit zwei Schreckzeugen versehen sein.

§. 3. Jedes Floß muß mindestens mit zwei Mann besetzt sein und darf nicht über siebenzehn Fuß breit und zweihundert Fuß lang sein. Eine Ausnahme ist nur in dem Falle zulässig, daß drei Holzlängen, die dann das Maximum der Floßlänge bestimmen, eine nicht zu verkürzende Länge von über 200 Fuß haben.

§. 4. Jedes Floß muß am oberen Ende mit einer an einem vier Fuß hohen Ständer befestigten Tafel versehen sein, welche auf beiden Seiten den Namen und Wohnort des Floßmeisters, sowie den Eigenthümer des Holzes mit schwarzer Schrift auf weißem Grunde ersehen läßt. Wer, ohne diese Tafel aufgesteckt zu haben, auf der Fahrt oder beim Anlegen angetroffen wird, hat nicht allein Strafe verwirkt, sondern wird auch im Betretungsfalle an Fortsetzung seiner Fahrt gehindert werden.

§. 5. Flöße dürfen nicht neben einander, sondern müssen stets hinter einander, und zwar in einer Entfernung von mindestens dreihundert Fuß fortbewegt werden.

In gleicher Weise muß die Festlegung erfolgen und zwar im Flusse selbst mittelst fest eingeschlagener Schreckpfähle.

§. 6. Wird ein Floß, welches zeitweise von den Flößern verlassen worden, im Flusse treibend oder sonst unbefestigt gefunden, so sollen sofort Anstalten zur Festlegung getroffen werden und hat der Flößer, außer dem Ersatz der aufzuwendenden Kosten, noch Strafe verwirkt.

§. 7. Flöße dürfen am Ufer nur mit Erlaubniß des Wasserbaubeamten verbunden oder ausgewaschen werden. Solche ist zu verweigern, wenn das Ufer so steil oder lose ist, daß es bei dem Verbinden herabgetreten wird und in den Fluß fällt.

§. 8. Bei jedem auf der Fahrt begriffenen Schiffe muß sich ein gut und dauerhaft gearbeiteter Hankahn befinden.

§. 9. Jedes Auswerfen von Ballast, Steinen oder anderen nicht schwimmenden Gegenständen in den Fluß ist untersagt.

§. 10. Jeder Schiffer ist zwar wohl befugt, sich des Leinpfades an den Ufern zu bedienen, daran zu landen und die Ladung daselbst im Nothfall eine Zeit lang anzusetzen, er darf dagegen an solchen Uferstrecken, an denen sich Badwerke, Uferbefestigungen oder Pflanzungen befinden, oder welche durch Verbotstafeln bezeichnet sind, bei Strafe nicht anlegen.

§. 11. In der Fahrbahn darf ein Schiff oder Floß nur an solchen Stellen und an denselben nur längs dem Ufer gestreckt liegend, vor Anker gehen, an welchen die Fahrbahn so breit ist, daß zwei andere sich begegnende Fahrzeuge noch bequem vor dem anliegenden vorbeifahren können.

§. 12. Soll außer den §. 10. bezeichneten Fällen die Schiffsladung gelöscht oder soll Ladung vom Ufer eingenommen werden, so darf es nur an gehörig befestigten und solchen Uferstellen geschehen, wo dies Seitens der Behörde ausdrücklich gestattet und durch Tafeln bekannt gemacht ist. Besondere Ablagen am

Ufer dürfen nur mit Genehmigung der Regierung angelegt werden und muß dann die Befestigung der Ufer nach ihrer Anweisung stattfinden.

§. 13. Schiffer, welche ihre Fahrzeuge anlegen, dürfen dadurch nicht das Tröbeln anderer Schiffe verhindern, müssen also die Masten niederlegen oder dafür sorgen, daß die Tröbler um die Masten herumgehen können.

§. 14. Sind mehrere Schiffer genöthigt, in einer Stromrinne vor Anker zu gehen, so dürfen die Schiffe nicht nebeneinander, sondern müssen hintereinander gestreckt liegen.

§. 15. Das Anlegen und Ankern unter oder unmittelbar vor oder hinter stehenden Brücken in einer Entfernung unter vierundzwanzig Fuß des Kahns oder Floßendes von derselben, desgleichen in der Nähe der Fährstellen bis zu einer Entfernung von zehn Ruthen von denselben, ist unter allen Umständen untersagt.

§. 16. Eben so wenig ist das Ankerwerfen auf den Buhnen und in den Pflanzungen und das Einschlagen von Torrpfählen daselbst gestattet.

§. 17. Stangen, die mit Eisen beschlagen sind, dürfen beim Durchgehen durch Brücken und an hölzernen Leitwerken nur in die dazu bestimmten Bohlen eingesetzt werden.

§. 18. Kein Schiff darf im Fahrwasser da um- oder überladen, wo es dem Schiffsverkehr hinderlich ist.
Ist eine Ableichtung nothwendig, um das Schiff über Untiefen im Fahrwasser zu schaffen, so muß sie an solchen Stellen geschehen, wo weder das beladene Schiff noch der Leichter den Schiffsverkehr hindern.

§. 19. Wo eine Fähranstalt besteht, haben die Führer der Fähre bei der Annäherung oder während des Vorbeifahrens von Holzflößen und Schiffen den Gang der Fähre so lange, bis erstere vorüber sind, einzustellen.

§. 20. Die Schifffahrt bei finsterer Nacht ist verboten.

§. 21. Bei starkem Nebel müssen sämmtliche Fahrzeuge beilegen, oder jedem derselben, welches die Fahrt dennoch fortsetzt, ein Rittmann auf einem Handkahne vorausfahren, der auf alle etwa entgegenkommende oder angelegte Fahrzeuge oder sonstige Hindernisse aufmerksam macht, um einen Zusammenstoß zu verhüten.

§. 22. Das Oeffnen der Klappen in den Netzbrücken während des Gottesdienstes ist untersagt; während der Nacht darf dasselbe nur auf Grund besonderer Erlaubniß ausnahmsweise erfolgen.
In jedem Falle muß beim Oeffnen der Klappen zuvörderst die Landpassage durch einen quer übergelegten Baum abgesperrt werden.

§. 23. Wenn zwei Fahrzeuge sich begegnen, so hat das aufwärtsfahrende Fahrzeug dem niederwärtsfahrenden unbedingt Platz zu machen, letzteres auch die Leine zu werfen, sofern es tröbelt.
Begegnen sie sich in einer Krümmung, so muß jenes unterhalb der Ecke, wo es geschützt steht, halten, bis das niederwärtsfahrende vorbei ist. Ist die Krümmung unbedeutend, so hält das aufwärts gehende Fahrzeug die Ecke, und das niederwärts gehende die Grube.
In der Grube selbst, und zwar, wo der Strom den ersten Anfall hat, darf niemals Floßholz oder ein Schiffsgefäß anlegen.

§. 24. Ist von zwei sich entgegenkommenden Fahrzeugen, oder von einem mit einem Floße sich begegnenden Fahrzeuge eine schmale, für das gegenseitige Ausweichen keinen hinlänglichen Raum darbietende Stromrinne zu passiren, und das eine von beiden schon in letztere eingelaufen, so muß das noch außerhalb befindliche Fahrzeug oder Floß so lange beilegen, bis das erstere die Stromrinne völlig durchfahren hat.

§. 25. Kommen zwei sich begegnende Fahrzeuge gleichzeitig an dem Eingange der engen Stromrinne an, so muß das stromaufwärtsfahrende so lange anhalten, bis das abwärtsfahrende die Rinne zurückgelegt hat.

§. 26. Vermag jedoch das stromabgehende Fahrzeug nicht stromrecht durchzufahren, wohl aber das stromaufgehende vorbei zu kommen, so muß jenes anhalten und dem stromauffahrenden Schiffe die Durchfahrt der Rinne zuerst gestatten.

§. 27. Kann aber das stromaufwärts gehende Fahrzeug dennoch nicht vorbei, so muß es wieder zurück, bis vor die Ausmündung der schmalen Stromrinne gehen und dort so lange halten, bis das stromabwärts kommende Fahrzeug oder Floß wieder flott wird, und dann dasselbe vorbeilassen.

§. 28. In keinem Falle darf unvorsichtiges Auffahren auf eine Sandbank die frühere Flußtiefe durch Festlegung des Schiffes und hieraus erwachsende höhergehende Sandanhäufung vermindert, vielmehr muß das Fahrzeug auch dann zurückgezogen und abgeleichtet, oder so, gegen die Stromrichtung gesetzt, gestreckt werden, daß es als Buhne wirkt und eine Austiefung des Stroms gegen seine Mitte hin erfolgt.

§. 29. Begegnen Flößer auf der Fahrt eine Stelle, wo Schiffer festliegen, so müssen die Flößer sich erst überzeugen, ob sie bei den Schiffern vorbei kommen können, andernfalls vor der flachen Stelle so lange festliegen, bis die Wasserstraße wieder frei ist.

§. 30. Zum Zwecke möglichst baldiger Erlangung des letzteren haben Flößer und Schiffer sich gegenseitig zu unterstützen.

§. 31. Dauert die Unterbrechung der Fahrt länger als vierundzwanzig Stunden, oder ist sie nur aus Mangel an Unwillfährigkeit eines oder mehrerer Flößer oder Schiffer nicht sofort zu beseitigen, so ist die nächste Polizeistelle zum Einschreiten aufzufordern.

§. 32. Erreicht im freien Fahrwasser ein schneller fahrendes Schiff oder Floß das voraus und langsamer fahrende, so ist es befugt, zu verlangen, daß es von letzterem vorbeigelassen werde.

§. 33. Die im Strome oder an dem Ufer zur Bezeichnung von Grundhölzern, Steinen, Untiefen oder sonst der Schifffahrt gefährlichen Stellen gelegten oder ausgesteckten Merkmale und Warnungszeichen dürfen weder beschädigt, noch verrückt oder fortgenommen werden.

Ist dies dennoch beim Vorbeifahren ohne Schuld des Schiffers geschehen, oder bemerkt der Schiffer ein neues, noch nicht bezeichnetes Schifffahrts-Hinderniß, so ist derselbe verpflichtet, dasselbe durch sichtbare Wiepen oder eingesteckte Aeste zu bezeichnen, jedenfalls aber davon der nächsten Polizei-Behörde oder dem Strom-Aufseher Anzeige zu machen.

§. 35. Schiffer und Flößer haben den Stromaufsehern, nicht minder den Wasserbaubeamten in allen, die Offenhaltung der Schifffahrt betreffenden Anordnungen Folge zu leisten. Verunglückten Schiffern wird von den Stromaufsehern auf Erfordern Beistand und Hülfe geleistet werden, gegen Gewährung der dadurch erwachsenden Kosten.

§. 36. Die Ausübung der Befugniß der Schiffer zum Tröbeln darf nicht durch Zäune, Hecken oder Gräben erschwert oder verhindert werden.

§. 37. Die Ufer nebst den an denselben befindlichen Buhnenwerken und Deckwerken, Pflanzungen, Bollwerken und Leinpfaden, die über Gräben ꝛc., welche letztere durchschneiden, führenden Stege, endlich die über den Fluß führenden Brücken und Fähren, sowie die Zubehörungen der letzteren, dürfen nicht beschädigt, Ruthen und den Pflanzungen nicht zugeschnitten, die Leinpfade von den Zugkräften nicht zum Nachtheil der anstoßenden Grundstücke überschritten, endlich die Buhnen und Pflanzungen nicht beschädigt, oder von Unbefugten betreten werden.

Die Heranschaffung von Schifffahrts-Hindernissen aus den Ufern gilt nicht als eine Beschädigung der letzteren, und das Betreten derselben zu diesem Behufe nicht als ein verbotenes.

§. 38. Das Durchtreiben des Viehes nach den jenseitigen Ufern ist untersagt, sofern nicht etwa besondere Rechte hierzu dargethan werden können.

§. 39. Neue Durchstiche oder Erweiterungen der bereits bestehenden, das Flußprofil einschränkenden Einbaue irgend einer Art, worunter auch Pfahlbrücken und Leitpfähle zur Erleichterung der Fähren mit begriffen werden, sind ohne Genehmigung der Königlichen Regierung und deren nähere Bestimmung über die Art der Ausführung nicht erlaubt. Dem betreffenden Gesuche müssen die zur Erläuterung etwa erforderlichen Zeichnungen und Pläne beigefügt werden.

§. 40. Fischereiberechtigte, denen das Recht zum Fischfang ausdrücklich verliehen worden ist, dürfen den Fischfang nur vom Kahne aus betreiben und ist denselben das Betreten der Ufer in keiner Weise gestattet, sofern sie nicht ein Recht hierzu nachzuweisen vermögen.

§. 41. Wer den in vorstehender Verordnung enthaltenen Vorschriften zuwiderhandelt, verfällt in eine Geldbuße bis zu zehn Thalern, welche im Unvermögensfalle in verhältnißmäßige Gefängnißstrafe zu verwandeln ist. Außerdem bleiben den Betheiligten die civilrechtlichen Ansprüche auf etwaigen Schadenersatz vorbehalten.

Frankfurt a. d. O., den 19. November 1864.

Königliche Regierung. Abtheilung des Innern.
Frhr. v. Schlotheim.

Amts-Blatt
der Königl. Preuß. Regierung zu Frankfurt a/O.

№ 50.   Frankfurt a. d. O., den 14. Dezember.   1864.

Gesetz-Sammlung für die Königlichen Preußischen Staaten pro 1864.

No. 43. enthält ferner: (No. 5961.) Privilegium wegen Ausfertigung auf den Inhaber lautender Kreis-Obligationen des Pleſſer Kreiſes im Betrage von 250,000 Thalern. Vom 28. September 1864. (No. 5962.) Allerhöchſter Erlaß vom 7. Oktober 1864, betreffend die Verleihung der fiskaliſchen Vorrechte für den Bau und die Unterhaltung einer Chauſſee von Patliß bis zum Anſchluſſe an die Karſtädt-Gühlißer Chauſſee im Weſtprignitzer Kreiſe des Regierungsbezirks Potsdam. (No. 5963.) Bekanntmachung, betreffend die Allerhöchſte Genehmigung der Abänderung des Statuts der Bergbau-Aktiengeſellſchaft Holland zu Wattenſcheid im Regierungsbezirk Arnsberg. Vom 20. Oktober 1864.

No. 44. enthält: (No. 5966.) Privilegium wegen Ausfertigung auf den Inhaber lautender Kreis-Obligationen des Pr. Friedländer Kreiſes im Betrage von 120,000 Thalern. Vom 7. Oktober 1864. (No. 5967.) Privilegium wegen fernerer Emiſſion von 4,000,000 Thalern 4½ prozentiger Prioritäts-Obligationen V. Serie der Bergiſch-Märkiſchen Eiſenbahngeſellſchaft. Vom 24. Oktober 1864. (No. 5968.) Allerhöchſter Erlaß vom 14. November 1864, betreffend einen Nachtrag zum Statut der Thüringiſchen Eiſenbahngeſellſchaft.

Bekanntmachung.

Die Beträge der durch unſere Bekanntmachung vom 18. Juni d. J. zur Auszahlung am 2. Januar k. J. gekündigten Schuldverſchreibungen der Staatsanleihe von 1856 und der fünfprozentigen Staatsanleihe von 1859 können bei der Staatsſchulden-Tilgungskaſſe hierſelbſt, Oranienſtraße No. 94. unten links, ſchon vom 15. d. M. ab, mit Ausnahme der Sonn- und Feiertage und der Kaſſen-Reviſions-Tage, in Empfang genommen werden.

Bei den Regierungs-Hauptkaſſen können dieſe Schuldverſchreibungen vom 20. k. M. ab, mit Ausnahme der Sonn- und Feſttage und der Tage vom 15. bis 19. jedes Monats, eingereicht werden.

Berlin, den 1. Dezember 1864.

Haupt-Verwaltung der Staatsſchulden.
von Wedell.   Gamet.   Löwe.   Meinecke.

Bekanntmachung.

Die am 2. Januar k. J. fälligen Zinſen der Staatsſchuldſcheine der Staatsanleihen von 1856 und 1859 und der Neumärkiſchen Schuldverſchreibungen können bei der Staatsſchulden-Tilgungskaſſe hierſelbſt, Oranienſtraße 94. unten links, ſchon vom 15. d. M. ab, mit Ausſchluß der Sonn- und Feiertage und der Kaſſen-Reviſions-Tage, gegen Ablieferung der betreffenden Coupons in Empfang genommen werden. Von den Regierungs-Hauptkaſſen werden dieſe Coupons vom 20. d. M. ab, mit Ausnahme der Sonn- und Feiertage und der Tage vom 15. bis 19. jedes Monats, eingelöſt werden.

Die Coupons müſſen nach den einzelnen Schuldengattungen geordnet, und es muß ihnen ein, die Stückzahl und den Betrag der verſchiedenen Appoints enthaltendes, ausgerechnetes und unterſchriebenes Verzeichniß beigefügt ſein. Berlin, den 1. Dezember 1864.

Haupt-Verwaltung der Staatsſchulden.
von Wedell.   Gamet.   Löwe.   Meinecke.

Bekanntmachung.

Nachdem gegen die in Frankfurt a. M. erſcheinende Zeitſchrift „l'Europe" wiederholt rechtskräftige auf Vernichtung lautende Erkenntniſſe gemäß §. 50. des Preßgeſetzes vom 12. Mai 1851 ergangen ſind,

wird auf Grund des §. 52. deſſelben Geſetzes die fernere Verbreitung der genannten Zeitſchrift im Preußiſchen Staate unter Hinweiſung auf die im §. 53. a. a. O. angedroheten Strafen verboten.
Berlin, den 23. November 1864.   Der Miniſter des Innern.   Graf zu Eulenburg.

Bekanntmachung.

Nachdem gegen die in Leipzig erſcheinende „Deutſche Allgemeine Zeitung" auf Grund des §. 50. des Preßgeſetzes vom 12. Mai 1851 gerichtlich auf Vernichtung erkannt worden iſt, wird die fernere Verbreitung derſelben im Preußiſchen Staate auf Grund des §. 52. deſſelben Geſetzes unter Hinweiſung auf die im §. 53. daſelbſt angedroheten Strafen hierdurch verboten.
Berlin, den 30. November 1864.   Der Miniſter des Innern.   Graf zu Eulenburg.

Bekanntmachung des Königlichen Appellations-Gerichts zu Frankfurt a. d. O.

Nach §. 34. der Verordnung für die Schiedsmänner vom 26. September 1832 in Verbindung mit §. 21 der Inſtruktion für dieſelben vom 1. Mai 1841 und mit den Zuſatzbeſtimmungen der Königlichen Miniſterien der Juſtiz und des Innern vom 22. September 1844 ſoll jeder Schiedsmann am Schluſſe des Jahres auf dem Lande dem Landrathe und in den Städten den Magiſträten ſummariſch nachweiſen, wie viel Vergleiche er im Laufe des Jahres zu Stande gebracht habe. Die genannten Behörden überſenden ſodann dieſe Nachweiſungen zum weiteren Gebrauch den Landes-Juſtiz-Collegien.

Es wird dieſe Verordnung hierdurch ſämmtlichen Schiedsmännern, Magiſträten und Königlichen Landräthen des Departements zur genaueſten Beachtung in Erinnerung gebracht und erwartet, daß die Schiedsmänner die Nachweiſungen ſpäteſtens bis zum 15. Januar des neuen Jahres den Magiſträten reſp. den Königlichen Landräthen einreichen, wogegen dieſen Behörden keine längere Friſt, als bis zum 31. Januar zur Einreichung ſämmtlicher Nachweiſungen an das Königliche Appellationsgericht geſtattet werden kann.
Frankfurt a. d. O., den 9. December 1864.

Perſonal-Chronik.

An dem Friedrichs-Gymnaſium zu Frankfurt a. d. O. ſind: 1) der bisherige Lehrer an dem Gymnaſium zu Schweidnitz, Dr. Paul Gerhard Freyer und 2) der bisherige Lehrer an dem Gymnaſium zu Pyritz, Dr. Guſtav Carl Otto Roß, als ordentliche Lehrer angeſtellt worden.

Im Kreiſe Königsberg ſind nachfolgende Perſonen als Wegepolizei-Districts-Commiſſarien gewählt und beſtätigt worden: a) im erſten Bezirk der Gutsbeſitzer Wohl zu Königsberg i. d. N., b) im zweiten Bezirk der Rittergutsbeſitzer, Gerichts-Aſſeſſor von Gerlach auf Rohrbeck, c) im ſiebenten Bezirk der Rittergutsbeſitzer Lieutenant von der Oſten auf Warnitz, d) im dreizehnten Bezirk der Königl. Domainen-Pächter Bäthke zu Neuenhagen.

Nachweiſung der im Monat November 1864 erfolgten Berufungen in Lehrer- reſp. Küſter- und Lehrer-Stellen: 1) Carl Ludwig Wegner, zum Küſter und Lehrer in Blumow, Ephorie Sternberg I.; 2) Ferdinand Buſch, zum zweiten Lehrer in Drehnow, Ephorie Calau; 3) Friedrich Schmidt, zum Küſter und Lehrer in Baylow, Ephorie Cüſtrin; 4) Chriſtian Friedrich Sprenger, zum Küſter und Lehrer in Gleuedorf, Ephorie Soldin; 5) Franz Emil Julius Kepp, zum Rektor in Chriſtianſtadt, Ephorie Sorau; 6) Rudolph Wilhelm Stopf, zum Küſter und Lehrer in Friedrichshorſt, Ephorie Friedeberg i. d. N.; 7) Carl Auguſt Ferdinand Neumann, zum Küſter und Lehrer in Gliſe, Ephorie Cüſtrin; 8) Matthäus Bromberg, zum Küſter und Lehrer in Welz, Ephorie Calau; 9) Chriſtian Friedrich Ferdinand Lucke, zum Lehrer in Lebus, Ephorie Frankfurt I.; 10) Albert Herz, zum Lehrer in Lebus, Ephorie Frankfurt I.; 11) Adolph Hermann Gericke, zum Küſter und Lehrer in Dobrilſroh, Ephorie Calau; 12) Johann Ernſt Henſel, zum Küſter und Lehrer in Gruhno, Ephorie Dobrilugk; 13) Wilhelm Gaaſch, zum Küſter und Lehrer in Alt-Lipkeſch-Bruch, Ephorie Landsberg; 14) Adolph Robert Ernſt Uſenbing, zum proviſoriſchen fünften Lehrer in Görtz, Ephorie Frankfurt I.; 15) Johann Gottlob Saemann, zum proviſoriſchen dritten Lehrer in Sternberg, Ephorie Sternberg II.; 16) Adolph Fiebing, zum proviſoriſchen dritten Lehrer in Golzow, Ephorie Frankfurt II.; 17) Carl Heinrich Bärbeck, zum proviſoriſchen dritten Lehrer in Sophienthal, Ephorie Frankfurt II.; 18) Friedrich Wilhelm Baer, zum proviſoriſchen zweiten Lehrer in Damm, Ephorie Cüſtrin; 19) Johann Hermann Bohr, zum proviſoriſchen Lehrer in Aramsdorf, Ephorie Soldin; 20) Berphard Friedrich Ernſt Franz Rubiſch, zum proviſoriſchen Lehrer in Döllgen, Ephorie Lübben.

Für den dritten ländlichen Bezirk des Kreiſes Friedeberg iſt der Schiedsmeiſter Dammert zu Altenfließ als Schiedsmann gewählt und beſtätigt worden.

Vermischte Nachrichten.

(1) Der Herr Minister des Innern hat dem Steuermann Wilhelm Ludwig Neumann zu Cüstrin für die von ihm mit eigener Lebensgefahr bewirkte Rettung des Knaben Orientz vom Tode des Ertrinkens die Erinnerungs-Medaille verliehen.

Frankfurt a. d. O., den 1. Dezember 1864.   Königl. Regierung; Abtheilung des Innern.

(2) Die Pfarrstelle zu Gottschow, in der Diöces Sternberg II., Privat-Patronats, ist durch den Tod des Predigers Pevlich erledigt.

(3) Die dem Reichsgrafen von Schwerin auf Tamsel gehörigen vier Percheron-Hengste: 1) Brillant, Schimmelhengst, 5' 4" groß, 6 Jahre alt, 2) Gabiole, Schimmelhengst, 5' 5" groß, 6 Jahre alt, 3) Dijon, Schimmelhengst, 5' 5" groß, 6 Jahre alt, 4) Ami, Schimmelhengst, 5' 4" groß, 6 Jahre alt, sind von der Commission zur Körung der Privathengste Landsberger Kreises als Deckhengste für gut befunden worden, was wir hierdurch zur öffentlichen Kenntniß bringen.

Frankfurt a. d. O., den 7. Dezember 1864.   Königliche Regierung; Abtheilung des Innern.

(4) Patent-Ertheilung. Dem Kaufmann C. F. Wappenhans in Berlin ist unterm 28. November 1864 ein Patent:

auf eine durch Zeichnungen und Beschreibung in seiner Zusammensetzung für neu und eigenthümlich erachtete Nähmaschine für Knopflöcher, ohne Jemand in der Benutzung bekannter Theile zu beschränken, auf fünf Jahre, von jenem Tage an gerechnet, und für den Umfang des preußischen Staats ertheilt worden.

Frankfurt a. d. O., den 7. Dezember 1864.   Königliche Regierung; Abtheilung des Innern.

(5) Die Lehrerstelle in Groß-Beuchow, Diözese Calau, Privat-Patronats, ist durch das Ableben des bisherigen Inhabers erledigt.

Frankfurt a. d. O., den 5. Dezbr. 1864.   Königl. Regierung; Abtheilung für Kirchen- und Schulwesen.

(6) Bekanntmachung. Vom 1. Januar k. J. ab tritt unter den Bedingungen des Betriebs-Reglements und der Tarif-Vorschriften ein Special-Tarif für Schlachtvieh in Wagenladungen, welches von Ostbahn-Stationen nach Berlin befördert werden soll, in Wirksamkeit.

Der Einheitssatz dieses Tarifs beträgt von Berlin ab 11¼ Sgr. pro Achse und Meile und stuft sich der Art ab, daß er von Bromberg und den weiter östlich davon liegenden Ostbahn-Stationen bis auf 7½ Sgr. pro Achse und Meile fällt.

Auf Schlachtvieh-Sendungen in Wagenladungen nach den in der Richtung von der Ostbahn vor Berlin belegenen Stationen findet der ermäßigte Tarif für Berlin gleichfalls Anwendung, sofern sich die Transportkosten darnach im Ganzen billiger stellen, als nach den resp. Lokal-Tarifen.

Die Tarifsätze können bei sämmtlichen Güter-Expeditionen der Ostbahn, sowie bei den Güter-Expeditionen der Bahnstrecke Frankfurt-Berlin eingesehen werden.

Bromberg und Berlin, den 8. Dezember 1864.

Königliche Direktion der Ostbahn.   Königliche Direktion der Niederschlesisch-Märkischen Eisenbahn.

(7) Königliche Niederschlesisch-Märkische Eisenbahn. Vom 1. Januar 1865 ab treten an Stelle der §§. 31. und 32. des Güter-Tarifs der Niederschlesisch-Märkischen Eisenbahn resp. dessen zweiter Auflage vom 10. Oktober d. J. folgende Bestimmungen in Kraft:

1) gebrauchte oder zum Verfüllen bestimmte Fässer, Kisten und Körbe werden allgemein zum Frachtsatze der ermäßigten Klasse A,
2) gebrauchte oder zum Verfüllen bestimmte leere Säcke und ähnliche Emballagen zum Frachtsatze der ermäßigten Klasse B. befördert.

Berlin, den 18. November 1864.   Königl. Direktion der Niederschlesisch-Märkischen Eisenbahn.

(8) Bekanntmachung. Erfahrungsmäßig tritt während der Weihnachtszeit eine sehr bedeutende Steigerung des Post-Päckerei-Verkehrs ein. Zwar werden Seitens der Postbehörden die umfassendsten Maßregeln getroffen, um die vorschriftsmäßige Expedition der außerordentlich zahlreichen Packet-Sendungen sicherzustellen. Das Publikum ist indeß im Stande, auch seiner Seits dazu beizutragen, daß jener ungewöhnlich steigende Verkehr pünktlich bewältigt werde, sobald nicht der überwiegend größte Theil jener Sendungen erst in den letzten Tagen bei den Posten zusammentrifft. Es ergeht deshalb an die Versender das Ersuchen, die Aufgabe der Päckereien mit Weihnachts-Sendungen nicht auf die letzten Tage und bis zu den äußersten Fristen hinauszurücken, vielmehr im eigenen Interesse und zur Förderung des Gesammtverkehrs auf eine angemessen frühzeitigere Absendung jener Päckereien Bedacht zu nehmen.

Zugleich wird empfohlen, daß die Signatur und der Name des Bestimmungsorts auf den Packeten recht deutlich und unzweideutig angegeben und etwaige ältere Signaturen, welche sich noch auf der Emballage befinden sollten, von derselben entfernt oder wenigstens unkenntlich gemacht werden.

Frankfurt a. d. O., den 8. Dezember 1864.

Der Ober-Post-Direktor Hoppe.

(9) **Bekanntmachung.** Den betheiligten Grundbesitzern wird hierdurch bekannt gemacht, daß „der Feuer-Versicherungs-Anstalt der Bairischen Hypotheken- und Wechselbank" von uns gestattet worden ist, Gebäude und andere Baulichkeiten auf Grundstücken, von welchen an die Rentenbank für die Provinz Brandenburg Renten zu entrichten sind, gegen Feuersgefahr zu versichern.

Dieselbe Befugniß ist schon früher folgenden Anstalten und Gesellschaften beigelegt worden: 1) der ständischen Städte-Feuer-Societät der Kur- und Neumark und der Niederlausitz, 2) der ständischen Land-Feuer-Societät der Kurmark und der Niederlausitz, 3) der ständischen Land-Feuer-Societäts-Direktion der Neumark, 4) der Aachen und Münchener Feuer-Versicherungs-Gesellschaft, 5) der Feuer-Versicherungs-Gesellschaft Colonia, 6) der Berlinischen Feuer-Versicherungs-Anstalt, 7) der Magdeburger Feuer-Versicherungs-Gesellschaft, 8) der Preußischen National-Versicherungs-Gesellschaft zu Stettin, 9) der Schlesischen Feuer-Versicherungs-Gesellschaft zu Breslau, 10) der vaterländischen Feuer-Versicherungs-Gesellschaft zu Elberfeld, 11) der Leipziger Feuer-Versicherungs-Anstalt, 12) der Versicherungs-Gesellschaft „Deutscher Phönix" zu Frankfurt a. M., 13) der Feuer-Versicherungs-Bank für Deutschland zu Gotha, 14) der Mühlen-Feuer-Societät der Kurmark und Niederlausitz zu Neu-Ruppin, 15) der Feuer-Versicherungs-Gesellschaft „Turingia" zu Erfurt, 16) der Northern-Assurance-Company zu Aberdeen.

Berlin, den 6. Dezember 1864.

Königliche Direktion der Rentenbank für die Provinz Brandenburg. (gez.) Heyder.

Redigirt im Büreau der Königl. Regierung.
Druck der Hofbuchdruckerei von Trowitzsch u. Sohn in Frankfurt a. d. O

Amts-Blatt
der Königl. Preuß. Regierung zu Frankfurt a/O.

№ 51.   Frankfurt a. d. O., den 21. Dezember.   1864.

Bekanntmachung.

Die Vorschriften im §. 20. des zum Gesetze über das Postwesen vom 5. Juni 1852 ergangenen Reglements vom 21. Dezember 1860 werden aufgehoben. An deren Stelle treten die nachfolgenden Bestimmungen:

§. 20. I. Die Postverwaltung übernimmt es, Zahlungen bis zum Betrage von fünfzig Thalern einschließlich zwischen den Orten des Preußischen Postgebiets im Wege der Post-Anweisung zu vermitteln.

II. Die Einzahlung des Betrages erfolgt durch den Absender bei der Post-Anstalt am Ausgabeorte und die Auszahlung an den Adressaten oder dessen Bevollmächtigten durch die Post-Anstalt am Bestimmungsorte.

III. An Gebühr ist zu entrichten:
für eine Zahlung mittelst Post-Anweisung unter und bis zum Betrage von 25 Thalern einschließlich:
ein Silbergroschen,
für eine Zahlung mittelst Post-Anweisung im Betrage über 25 Thalern bis zu 50 Thaler einschließlich:
zwei Silbergroschen,
ohne Unterschied der Entfernung. Die Gebühr ist zu frankiren, möglichst durch Verwendung von Postfreimarken.

IV. Gedruckte Formulare zu den Post-Anweisungen werden unentgeltlich verabfolgt. Der Absender hat darin den Betrag der Anweisung — in Preußischer Silberwährung, die Thalersumme in Zahlen und Buchstaben — sowie die Adresse des Empfängers und den Bestimmungsort anzugeben. Es ist dem Absender freigestellt, sich auf dem Anweisungs-Formulare namhaft zu machen, auch durch einen kurzen Vermerk in dem Vordruck auf einen Brief oder eine Rechnung Bezug zu nehmen.

V. Andere, als die unter IV. bezeichneten Zusätze, und insbesondere Mittheilungen, welche den Charakter einer Correspondenz tragen, sind nicht zulässig. Ein Brief darf mit der Post-Anweisung nicht vereinigt werden.

VI. Die Postverwaltung ertheilt über den Betrag der Post-Anweisung einen Einlieferungsschein und haftet für den eingezahlten Betrag in demselben Umfange wie für Geldsendungen.

VII. Stehen der Post-Anstalt des Bestimmungsorts die erforderlichen Geldmittel zur sofortigen Auszahlung des Betrages der Post-Anweisung augenblicklich nicht zur Verfügung, so kann die Auszahlung erst verlangt werden, nachdem die Beschaffung der Mittel erfolgt ist.

VIII. Das Verfahren der Recommandation, sowie der Beschaffung von Rückscheinen, findet bei dem Post-Anweisungs-Verkehr nicht Anwendung. Post-Anweisungen mit dem Vermerk: „durch Expressen zu bestellen", imgleichen poste restante adressirte Post-Anweisungen sind zulässig.

IX. Für Nachsendung einer Post-Anweisung in Folge veränderten Wohn- oder Aufenthaltsortes des Adressaten kommt eine Gebühr nicht in Ansatz. Unbestellbare Post-Anweisungen werden nach dem Abgangsorte zurückgesandt. Der Betrag der Post-Anweisung wird dem Absender, sobald derselbe zu ermitteln ist, zurückgezahlt; eine Rückerstattung der Franko-Gebühr findet nicht statt.

X. In Städten, wo eine besondere Stadt-Post-Einrichtung besteht, werden Post-Anweisungen für Adressaten am Orte ebenfalls unter den obigen Bedingungen und gegen Vorausentrichtung der Gebühr von 1 resp. 2 Silbergroschen angenommen. Post-Anweisungen aus einem Postorte nach dem zugehörigen, umliegenden Landbriefbestellbezirke und umgekehrt sind vorerst nicht zulässig.

XI. Die Abhebung des Geldbetrages bei der Post-Anstalt des Bestimmungsortes muß spätestens innerhalb 14 Tagen vom Tage der Aushändigung der Post-Anweisung an den Adressaten gerechnet, erfolgen. Andernfalls wird die Rückzahlung des Geldes an den Aufgeber eingeleitet, oder falls derselbe nicht zu ermitteln sein sollte, das für unbestellbare Sendungen vorgeschriebene Verfahren zur Anwendung gebracht.

Bei Einzahlungen nach anderen Postbezirken des Deutschen Postvereins ist, anstatt des Formulars der Post-Anweisung, jeder Einzahlung ein leeres Couvert oder ein einfacher

Brief beizugeben. Auf der Adresse muß der Empfänger und der Bestimmungsort genau bezeichnet und der Betrag der baaren Einzahlung mit den Worten: „Hierauf eingezahlt . . . ." in Preußischer Währung, die Thalersumme in Zahlen und Buchstaben, vermerkt sein. Für eine solche Sendung ist das Minimal-Fahrpostporto nach dem Postvereinstarif und außerdem eine Einzahlungs-Gebühr zu entrichten, welche bis zu 5 Thalern einschließlich: 1 Sgr.; über 5 bis 10 Thaler einschließlich: 2 Sgr. und so weiter für jede ferneren fünf Thaler oder einen Theil dieser Summe einen Silbergroschen mehr beträgt. Bei baaren Einzahlungen aus Vereins-Postbezirken mit der Süddeutschen Währung beträgt die Einzahlungs-Gebühr für je 5 Gulden: 2 Kreuzer. Eine Voraus-Entrichtung des Porto und der weiteren Gebühr ist nicht nothwendig; doch kann die Zahlung nicht getrennt erfolgen. Die Postverwaltungen von Oesterreich und Luxemburg befassen sich im Vereinsverkehr nicht mit baaren Ein- und Auszahlungen. Post-Anweisungen an die Preußische Besatzung in der Bundesfestung Luxemburg können jedoch durch Vermittelung der Preußischen Postverwaltung besorgt werden; es finden darauf dieselben Bedingungen und Gebühren Anwendung, welche für Post-Anweisungen im Preußischen internen Post-Verkehr maßgebend sind.

Die vorstehenden Bestimmungen treten mit dem 1. Januar 1865 in Kraft. Von demselben Termine ab werden die Vorschriften im §. 30. Abschnitt XI. A. des Reglements zum Postgesetze dahin abgeändert, daß für die von den Landbriefträgern bestellten Sendungen mit deklarirtem Werthe, sowie für die von den Landbriefträgern dem Adressaten überbrachten Geldbeträge der Post-Anweisungen der zweifache Satz des Landbriefbestellgeldes zu erheben ist. Es fällt mithin die bisherige Unterscheidung fort, wonach bei den fraglichen Sendungen resp. Auszahlungsbeträgen unter und bis zu einem Thaler der einfache Satz des Landbriefbestellgeldes und erst darüber hinaus der zweifache Satz in Anwendung kam.

Berlin, den 7. Dezember 1864.

Der Minister für Handel, Gewerbe und öffentliche Arbeiten. Graf von Itzenplitz.

Den Interessenten unserer Anstalt wird hierdurch bekannt gemacht, daß wir in der Person des Ober-Buchhalters bei der Königlichen Regierungs-Haupt-Kasse zu Frankfurt a. d. O., Rechnungsraths Loetz, einen Commissarius unseres Instituts für den Regierungsbezirk Frankfurt ernannt haben.

Bei dieser Gelegenheit machen wir das betheiligte Publikum darauf aufmerksam, daß die Königliche Regierungs-Hauptkasse zu Frankfurt a. O. nur verpflichtet ist, die Receptionen und Beitragszahlungen solcher in ihrem Bezirk wohnenden Staatsdiener kostenfrei zu vermitteln, welche aus Königlichen Kassen Gehalt beziehen. Sie hat ferner nur die Verpflichtung, für unsere Rechnung in den halbjährlichen Fälligkeitsterminen die Pensionen der in ihrem Bezirk wohnenden Staatsdiener-Wittwen zu zahlen, bei diesen jedoch ohne Unterschied, ob deren Männer aus Staats- oder anderen Fonds ihre Besoldungen bezogen. Alle übrigen Wittwenkassen-Angelegenheiten, welche sie jetzt aufgelöste Königl. Haupt-Instituten- und Communal-Kasse zu Frankfurt a. O. bisher ausnahmsweise ebenfalls besorgt hat, müssen daher in Zukunft von den bestellten Commissarien im Regierungsbezirk Frankfurt, nämlich:

1) dem Ober-Buchhalter, Rechnungsrath Loetz zu Frankfurt a. d. O.,
2) dem Magistrat zu Cottbus,
3) dem Polizei-Direktor Mehls zu Landsberg a. d. W.

vermittelt werden. Diejenigen Personen, welche nach Obigem auf die Vermittelung der Königl. Regierungs-Hauptkasse zu Frankfurt a. d. O. in ihren Wittwenkassen-Angelegenheiten keinen Anspruch haben, sich aber auch der Vermittelung eines der genannten drei Commissarien nicht bedienen wollen, werden dagegen an selbstgewählte Vermittler hier in Berlin, oder an unseren hiesigen Commissarius, Geheimen Rechnungsrath Floß, Neanderstraße 26., verwiesen, da nach den darüber bestehenden Bestimmungen direkt durch die Post von unserer General-Kasse weder Gelder empfangen noch gezahlt werden können.

Berlin, den 5. Dezember 1864.

General-Direktion der Königlichen allgemeinen Wittwen-Verpflegungs-Anstalt. Frhr. v. Monteton.

Vorstehende Bekanntmachung wird hierdurch zur Kenntniß des betheiligten Publikums mit dem Bemerken gebracht, daß den danach von jetzt ab an die Commissarien der Wittwen-Verpflegungs-Anstalt unter jedesmaliger Angabe der Receptionsnummer im Monat März und September frankirt einzusendenden halbjährlichen Beiträgen 1½ pCt. der Beitragssumme als die von der Königl. General-Direktion der Allgemeinen Wittwen-Verpflegungs-Anstalt für die Commissarien festgesetzte Provision mit beizufügen ist.

Diejenigen Wittwen, deren Männer Besoldungen aus Staats- oder anderen Fonds nicht bezogen, haben wegen Zahlung ihrer fälligen Pensionen künftig an einen der bestellten Commissarien sich zu wenden, ihre Quittungen an diesen portofrei einzusenden und Zahlung von demselben zu erwarten.

Frankfurt a. d. O., den 17. Dezbr. 1864. Königliche Regierung. Frhr. v. Münchhausen.

Verordnungen und Bekanntmachungen der Königlichen Regierung zu Frankfurt a. d. O.

Nachtrag zu den Vorschriften für die Ausbildung und Prüfung derjenigen, welche sich dem Baufache widmen, vom 18. März 1855.

Zu §. 18. An die Stelle dieses Paragraphen tritt folgende Bestimmung:

§. 18. Prüfungs-Zeugniß. In dem, unter dem Datum des betreffenden Vortragstages auszustellenden Zeugnisse sind die nach Maßgabe des §. 15. festzustellenden Ergebnisse der Prüfung in den Hauptfächern anzugeben, und außerdem auszusprechen, ob der Geprüfte qualifizirt sei:

A. für die Verwaltung jeder Staats-Beamten-Stelle, oder

B. nur für die Verwaltung einer Lokal- (Kreis-) Baubeamten-Stelle.

Das Zeugniß zu A. erfolgt bei guter Ausbildung in den beiden Hauptrichtungen, von denen die eine den Land- und Schönbau, die andere den Wasser-, Wege-, Maschinen- und Eisenbahnenbau umfaßt, oder bei besonders hervorragender in einer dieser Richtungen und dabei doch auch hinreichender in der andern; zu B. bei guter Ausbildung in der einen Richtung und hinreichender in der andern.

Für diejenigen, welche nur in der Beschränkung zu B. bestanden sind, wird frühestens nach 6 Monaten eine einmalige Ergänzungs-Prüfung, deren Umfang die Prüfungsbehörde bestimmt, auf die Erlangung des Zeugnisses zu A. gestattet. Candidaten, welche in der Prüfung überhaupt nicht bestanden, werden zu der nur einmal zu gestattenden Wiederholung derselben spätestens nach einer Frist von 6 Monaten zugelassen.

Diese Bestimmung tritt mit dem 1. April 1865 in Kraft.

Berlin, den 18. November 1864.

Der Minister für Handel, Gewerbe und öffentliche Arbeiten. (gez.) Graf von Itzenplitz.

Der vorstehende Nachtrag wird unter Hinweis auf die außerordentliche Beilage zum Amtsblatt No. 17. der hiesigen Königlichen Regierung für das Jahr 1855 hiermit zur öffentlichen Kenntniß gebracht.

Frankfurt a. d. O., den 14. Dezember 1864.

Personal-Chronik.

Der Kreis-Communal-Kassen-Rendant Pohle zu Züllichau ist an Stelle des Ober-Inspektors König zu Lang-Heinersdorf zum Polizei-Anwalt für die Ortschaft Lang-Heinersdorf mit dem dazu gehörigen Antheil von Buckow — Kreisgerichts-Bezirk Züllichau — und der Privatsekretär Prüfer zu Züllichau zu seinem Stellvertreter ernannt worden.

Frankfurt a. d. O., den 14. Dezbr. 1864. Der Regierungs-Präsident. Frhr. v. Münchhausen.

Der praktische Arzt, Wundarzt und Geburtshelfer Dr. Siegfried Samuel Strawer ist von Liebenau nach Zielenzig gezogen.

Der praktische Arzt, Wundarzt und Geburtshelfer Dr. Rudolph Heinrich Tschepke ist von Zielenzig nach Strausberg gezogen.

Der praktische Arzt und Wundarzt Dr. Franz Joseph Poppe zu Senftenberg ist verstorben.

Der Privat-Aktuarius Friedrich August Schmalze zu Quartschen ist als Stellvertreter des Königlichen Domainen-Beamten Barsch in der Polizei-Verwaltung über den Bezirk des Königlichen Domainen-Amtes Quartschen am 27. Oktober cr. vereidigt worden, was hiermit zur öffentlichen Kenntniß gebracht wird.

Für den 17. ländlichen Bezirk des Kreises Sternberg ist der Domainen-Pächter Stelle zu Neuendorf zum Schiedsmann gewählt und bestätigt worden.

Der Gerichts-Assessor Graf von Rventlow zu Berlin ist mit Verwaltung der Staatsanwalts-Gehülfen-Stelle bei den Kreisgerichten zu Frankfurt und Guben beauftragt worden.

Vermischte Nachrichten.

(1) Ortsbenennung. Das in der Königlichen Oberförsterei Hochzeit, Arnswalder Kreises, im Jagen 81. neuerbaute Forst-Etablissement wird mit unserer Genehmigung fortan den Namen „Forsthaus Jägersburg" führen.

Frankfurt a. d. O., den 14. Dezember 1864. Königliche Regierung; Abtheilung des Innern.

(4) Wegen mehrerer an den Schleusen des Bromberger Schifffahrtskanals nothwendigen Reparaturen wird die Schifffahrt und Fischerei daselbst vom 1. März bis 1. April l. J. gesperrt sein.

Bromberg, den 14. Dezember 1864. Königl. Regierung; Abtheilung des Innern.

(5) Bekanntmachung. Vom 1. Januar k. J. ab tritt unter den Bestimmungen des Betriebs-Reglements und der Tarif-Vorschriften ein Special-Tarif für Schlachtvieh in Wagenladungen, welches von Ostbahn-Stationen nach Berlin befördert werden soll, in Wirksamkeit.

Der Einheitssatz dieses Tarifs beträgt von Berlin ab 11¼ Sgr. pro Achse und Meile und stuft sich der Art ab, daß er von Bromberg und den weiter östlich davon liegenden Ostbahn-Stationen bis auf 7½ Sgr. pro Achse und Meile fällt.

Auf Schlachtvieh-Sendungen in Wagenladungen nach den in der Richtung von der Ostbahn vor Berlin belegenen Stationen findet der ermäßigte Tarif für Berlin gleichfalls Anwendung, sofern sich die Transportkosten darnach im Ganzen billiger stellen, als nach den resp. Lokal-Tarifen.

Die Tarifsätze können bei sämmtlichen Güter-Expeditionen der Ostbahn, sowie bei den Güter-Expeditionen der Bahnstrecke Frankfurt-Berlin eingesehen werden.

Bromberg und Berlin, den 8. Dezember 1864.

Königliche Direktion der Ostbahn. Königliche Direktion der Niederschlesisch-Märkischen Eisenbahn.

(6) Königliche Niederschlesisch-Märkische Eisenbahn. Bearbeitete und polirte Marmor- und andere Steine, mit Ausnahme der in der Normalklasse verbleibenden Steinwaaren, werden auf der Niederschlesisch-Märkischen Eisenbahn fortan zu der ermäßigten Klasse A. tarifirt werden.

Berlin, den 15. Dezember 1864. Königl. Direktion der Niederschlesisch-Märkischen Eisenbahn.

(7) Königliche Niederschlesisch-Märkische Eisenbahn. Wegen bevorstehender bedeutender Militair-Transporte sind wir abermals genöthigt, die Gültigkeit unserer tarifmäßigen Lieferzeiten in den Tagen vom 17. bis incl. 24. d. Mts. außer Kraft zu setzen.

Berlin, den 15. Dezember 1864. Königl. Direktion der Niederschlesisch-Märkischen Eisenbahn.

(8) Bekanntmachung. Vom 1. Januar 1865 ab kommt für den Transport der Steinkohlen in vollen Wagenladungen aus den beiden Königlichen Kohlen-Werken Königs- und Königin Louise-Grube von den Stationen Königshütte und Zabrze der Oberschlesischen Bahn nach sämmtlichen Ostbahn-Stationen; an Stelle der bisherigen Frachtberechnung nach dem Tonnenmaaß, die Frachtberechnung nach dem Centnergewicht ausschließlich zur Anwendung.

Die Letztere beruht auf der Reduktion der zeitherigen Tarifsätze für die Tonne in Centnersätze unter Zugrundelegung eines Durchschnittsgewichts von 3⅔ Centnern pro Tonne Kohlen.

Die Tarifsätze pro Centner können bei allen Güter-Expeditionen der Ostbahn eingesehen werden.

Bromberg, den 16. Dezember 1864. Königliche Direktion der Ostbahn.

(9) Bekanntmachung. Erfahrungsmäßig tritt während der Weihnachtszeit eine sehr bedeutende Steigerung des Post-Päckerei-Verkehrs ein. Zwar werden Seitens der Postbehörden die umfassendsten Maßregeln getroffen, um die ordnungsmäßige Expedition der außerordentlich zahlreichen Packet-Sendungen sicherzustellen. Das Publikum ist indeß im Stande, auch seiner Seits dazu beizutragen, daß jener ungewöhnlich steigende Verkehr pünktlich bewältigt werde, sobald nicht der überwiegend größte Theil jener Sendungen erst in den letzten Tagen bei den Posten zusammentrifft. Es ergeht deshalb an die Versender das Ersuchen, die Aufgabe der Päckereien mit Weihnachts-Sendungen nicht auf die letzten Tage und die äußersten Fristen hinaus zurückzuhalten, vielmehr im eigenen Interesse und zur Förderung des Gesammtverkehrs auf eine angemessen frühzeitigere Absendung jener Päckereien Bedacht zu nehmen.

Zugleich wird empfohlen, daß die Signatur und der Name des Bestimmungsorts auf den Packeten recht deutlich und unzweideutig angegeben und etwaige ältere Signaturen, welche sich noch auf der Emballage befinden sollten, von derselben entfernt oder wenigstens unkenntlich gemacht werden.

Frankfurt a. d. O., den 8. Dezember 1864. Der Ober-Post-Direktor Hoppe.

(10) Bekanntmachung. Die tägliche Cariolpost von Zellin nach Bärwalde i. d. N. wird von jetzt an bis auf Weiteres bereits um 3 Uhr Nachmittags abgefertigt werden.

Frankfurt a. d. O., den 10. Dezember 1864. Der Ober-Post-Direktor. J. V.: Kehl.

Redigirt im Büreau der Königl. Regierung.
Druck der Hofbuchdruckerei von Trowitzsch u. Sohn in Frankfurt a. d. O.

Amts-Blatt
der Königl. Preuß. Regierung zu Frankfurt a/O.

№ 52.   Frankfurt a. d. O., den 28. Dezember.   1864.

Gesetz-Sammlung für die Königlichen Preußischen Staaten pro 1864.

No. 43. enthält: (No. 5969.) Allerhöchster Erlaß vom 24. Oktober 1864, betreffend die Verleihung der fiskalischen Vorrechte für den Bau und die Unterhaltung einer Chaussee im Kreise Calbe des Regierungsbezirks Magdeburg von Alsleben bis zur Herzoglich Anhaltischen Landesgrenze gegen Köthen.
(No. 5970.) Privilegium wegen Ausstellung auf den Inhaber lautender Kreis-Obligationen des Kreises Lötzen, im Regierungsbezirk Gumbinnen, im Betrage von 40,000 Thalern. Vom 24. Oktober 1864.
(No. 5971.) Allerhöchster Erlaß nebst Tarif vom 31. Oktober 1864, betreffend die Verleihung des Expropriationsrechts und des Rechts zur Erhebung eines Schleusengeldes in Bezug auf den Bau und die Unterhaltung einer öffentlichen Schifffahrtsstraße im Rhinluch vom Ruppiner Kanal resp. dem Linumer Rhin abwärts bis Fehrbellin.
(No. 5972.) Allerhöchster Erlaß vom 31. Oktober 1864, betreffend die Verleihung der fiskalischen Vorrechte für den Bau und die Unterhaltung einer Chaussee im Kreise Ober-Barnim, des Regierungsbezirks Potsdam, von Schulzendorf an der Berlin-Wriezener Staatsstraße über Haselberg, Steinbeck, Grunow, Heckelberg, Grotze, Grünthal und Eyhow bis zum Bahnhofe Biesenthal.
(No. 5973.) Bekanntmachung, betreffend die Allerhöchste Genehmigung des „Revidirten Statuts" der Aktiengesellschaft „Neu-Schottland Berg- und Hütten-Aktienverein." Vom 7. November 1864.
No. 46. enthält: (No. 5974.) Verordnung, betreffend die Feststellung der den Provinzen und ständischen Verbänden aufzuerlegenden Grundsteuer-Hauptsummen und die provisorische Untervertheilung und Erhebung der letzteren in den sechs östlichen Provinzen. Vom 12. Dezember 1864.
(No. 5975.) Verordnung, betreffend die Feststellung und Untervertheilung der Grundsteuer in den beiden westlichen Provinzen. Vom 12. Dezember 1864.
(No. 5976.) Bekanntmachung, betreffend die Allerhöchste Genehmigung der Abänderungen des Statuts der „Prinz Leopold Aktiengesellschaft für Hüttenbetrieb, Puddlings- und Walzwerk zu Hurl. Vom 10. November 1864.
(No. 5977.) Allerhöchster Erlaß vom 14. November 1864, betreffend die Verleihung der fiskalischen Vorrechte für den Bau und die Unterhaltung einer Chaussee im Kreise Calbe a. d. S. von Barth bis zum Anschluß an die Chaussee von Calbe nach dem Bahnhof Gütznau.

Bekanntmachung,
betreffend die 11. Verloosung der Staatsanleihe von 1856 und die 5. der 5proz. Staatsanleihe von 1859.

In der heutigen Tages öffentlich bewirkten Verloosung von Schuldverschreibungen der 4½ prozentigen Preußischen Staatsanleihe von 1856 und 5 prozentigen Preußischen Staatsanleihe von 1859 sind die in der Anlage verzeichneten Nummern gezogen worden.

Dieselben werden den Besitzern mit dem Bemerken gekündigt, daß die in den ausgeloosten Schuldscheinen bezeichneten Kapitalbeträge vom 1. Juli k. Js. ab täglich, mit Ausschluß der Sonn- und Festtage und der zu den monatlichen Kassen-Revisionen nöthigen Zeit, in den Vormittagsstunden von 9 bis 1 Uhr entweder bei der Staatsschulden-Tilgungs-Kasse hierselbst, Oranienstraße No. 94, oder bei einer der Königlichen Regierungs-Hauptkassen gegen Quittung und Rückgabe der Schuldverschreibungen mit den dazu gehörigen, nach dem 1. Juli k. J. fälligen Zinscoupons nebst Talons baar in Empfang zu nehmen sind.

Der Geldbetrag der hieran etwa fehlenden unentgeltlich mitabzuliefernden Zinscoupons wird von dem zu zahlenden Kapitale zurückbehalten. Formulare zu den Quittungen werden von den gedachten Kassen unentgeltlich verabreicht.

Die Staatsschulden-Tilgungskasse kann sich in einen Schriftwechsel mit den Inhabern der Schuldverschreibungen über die Zahlungsleistung nicht einlassen.

Zugleich werden die Inhaber der in der Anlage bezeichneten, nicht mehr verzinslichen Schuldverschreibungen der gedachten beiden Staatsanleihen, welche in den früheren Verloosungen (mit Ausschluß der am 18. Juni d. J. stattgehabten) gezogen, aber bis jetzt noch nicht realisirt sind, an die Erhebung ihrer Kapitalien erinnert.

In Betreff der am 18. Juni d. J. ausgeloosten und zum 2. Januar k. J. gekündigten Schuldverschreibungen wird auf das zu dem ersteren Tage bekannt gemachte Verzeichniß Bezug genommen, welches bei den Regierungs-Hauptkassen, den Kreis-, den Steuer- und den Forstkassen, den Kämmerei- und anderen größeren Kommunal-Kassen, sowie auf den Büreaux der Landräthe und Magisträte zur Einsicht offen liegt.

Berlin, den 14. Dezember 1864. Haupt-Verwaltung der Staatsschulden.
von Wedell. Samet. Löwe. Meinecke.

Vorstehende Bekanntmachung wird hiermit mit dem Bemerken zur allgemeinen Kenntniß gebracht, daß die verloosten Schuldverschreibungen unserer Haupt-Kasse mittelst Schreibens, worin dieselben nach Littern, Nummern und Kapitalbeträgen verzeichnet werden müssen, zum 1. Juli k. J. einzureichen sind.

Die Hauptkasse wird demnächst den Interessenten ein Quittungsformular über den Kapital-Betrag zur Vollziehung übersenden und nach deren Rückempfang Zahlung leisten.

Frankfurt a. d. O., den 21. Dezember 1864. Königliche Regierung. Frhr. v. Münchhausen.

Verordnungen und Bekanntmachungen der Königlichen Regierung zu Frankfurt a. d. O.

I. Das Königl. Ober-Präsidium der Provinz Brandenburg hat mittelst Rescripts vom 3. Februar cr. auf Grund des §. 1. des Gesetzes vom 14. April 1856 die Einverleibung der 21 QRuthen Flächenraum umfassenden, zur fiskalischen Dorfaue zu Clessow, Kreis Königsberg i. d. N., gehörigen Parzelle, welche der Bluthändler Ernst Ludwig Sudrow daselbst durch Vertrag vom 28. November cr. erworben, in den Dorfgemeinde-Verband Clessow genehmigt. Frankfurt a. d. O., den 15. Dezember 1864.

II. Wege-Polizei-Ordnung für den Regierungsbezirk Frankfurt a. O.
Auf Grund des §. 11. des Gesetzes über die Polizei-Verwaltung vom 11. März 1850 (Ges.-Samml. S. 265.) wird über die Unterhaltung der öffentlichen Wege, Dämme und Brücken, sowie über den Verkehr auf denselben Folgendes bestimmt und beziehungsweise in Erinnerung gebracht:

Allgemeine Bestimmung.
§. 1. Die sämmtlichen öffentlichen Wege, Dämme und Brücken des Bezirks, nicht minder die öffentlichen Fußwege, müssen in einen ordnungsmäßigen Zustand versetzt und darin dauernd unterhalten werden.

Erfordernisse der ordnungsmäßigen Beschaffenheit der Wege u. s. w.
§. 2. Zur ordnungsmäßigen Unterhaltung gehört Alles, was die Sicherheit und Bequemlichkeit des Verkehrs erfordert.

Des Besondern ist nöthig:
1) daß die tief ausgefahrenen Geleise geebnet, Löcher und Tiefen mit geeignetem, nicht der Fäulniß unterworfenem Bessungs-Material, wo möglich mit Erde von gleicher Bodenbeschaffenheit, wie sie der Weg hat, bei geeigneter trockener Witterung ausgefüllt werden.

Bei schwerem Boden ist es zweckmäßig, wenn die durch den Verkehr bei nasser Witterung entstandenen Unebenheiten in der Wege-Oberfläche durch Abeggen derselben beseitigt werden, sofern man dazu genau den Zeitpunkt wählt, in welchem die Abtrocknung beginnt und die Bodengattung zähe wird, resp. Frost eintritt;

2) daß da, wo der Weg selbst ungleich und hügelig ist, nicht nur die ungleichen Stellen, soweit nöthig, geebnet, sondern auch die Fahrbahn, sofern der Grund und Boden der nöthigen Festigkeit entbehrt, mit geeignetem Material, z. B. in sandigem Boden mit Lehm, in lehmigem Boden mit Kies beschüttet, ferner — und dies ist in der Regel von größester Wichtigkeit — die Fahrbahn zur Beförderung eines regelmäßigen Wasser-Abflusses gewölbt wird, die im Wege liegenden Steine entfernt, und solche Steine, wo es nöthig ist, zu Pflastersteinen verwendet werden; auch empfiehlt es sich zur Herstellung einer festen Deckschicht: Schlacken, Ziegelschutt ꝛc. in mindestens 6 Zoll Stärke in solchen Wegelängen, als die vorhandenen Massen dies gestatten, auf die Fahrbahn (von etwa 16 Fuß Breite) zusammenhängend aufzutragen und diese Dicke mit grobem Sand oder besser Kies zu beschütten;

3) daß die in die Straße hineinreichenden Baumwurzeln, wenn sie nicht wenigstens anderthalb Fuß unter der Erdoberfläche liegen, herausgeschafft werden;

4) daß die flachen und abschüssigen, nur mit Gefahr zu passirenden Stellen der Wege durch Ab- und Auftrag möglichst mit höchstens sechs Zoll Anstiegung auf die Wagenruthe ausgeglichen und geebnet werden;
5) daß die öffentlichen Wege überall, wo nicht die Beschaffenheit des Bodens die Einziehung der Feuchtigkeit ganz vorzüglich und zu allen Jahreszeiten begünstigt, auf beiden Seiten mit gehörig breiten und tiefen, überhaupt abzugsfähigen Gräben versehen;
6) daß die Gräben und Durchlässe stets in gutem Zustande erhalten werden;
7) daß die in den Wegen und Dämmen befindlichen Pflaster, insbesondere die Pflaster in den Dorfstraßen, sowie die Brücken sorgsam unterhalten werden, und letztere mit einem haltbaren Geländer von wenigstens drei Fuß Höhe versehen sind; auch, wo es erforderlich ist, die Pflasterungen erneuert, und neue Durchlässe und neue Brücken angelegt werden;
8) daß da, wo die Wege neben Abgründen vorbeiführen, feste und tüchtige Barrieren angelegt, und die schon bestehenden ordnungsmäßig unterhalten werden;
9) daß überall, wo die Wege zwischen Anhöhen hindurchführen, deren Bodenbeschaffenheit das Herabfallen der Erde auf den Weg besorgen läßt, diese Anhöhen gehörig abgedacht und z. B. durch Anpflanzungen oder Anlegung niedriger Parallel-Flecht-Zäune befestigt, und die schon vorhandenen Abdachungen der Seitenwände im Stande gehalten werden;
10) daß die von den anstoßenden Bäumen über die Wege hängenden Aeste und Zweige bis zu einer solchen Höhe abgehauen werden, daß sie dem Wagenverdeck und Lastfuhrwerk nicht hinderlich werden können;
11) daß die Wege überall möglichst gerade gelegt und so weit verbreitert werden, daß die Fahrbahn ohne die Seitengräben eine Breite von mindestens 24 Fuß erhält;
12) daß die Wege, um deren Lauf zur Zeit eines Schneefalls oder in der Dunkelheit kenntlich zu machen, durch Anlegung und sorgsame Unterhaltung von Alleen gehörig und mindestens von 60 zu 60 Fuß bezeichnet werden, wobei darauf zu achten, daß die Baumstämme wenigstens 1½ Fuß von der Seitengrenze des Wegs entfernt bleiben, damit andrerseits von den anstoßenden Grundbesitzern gefordert werden kann, daß sie wenigstens 1½ Fuß den Alleebäumen mit der Beackerung fern bleiben;
13) daß da, wo durch Schneefall der Verkehr gehemmt ist, die Fahrbahn der Wege, soweit dies für den Verkehr erforderlich, schleunigst vom Schnee befreit wird;
14) daß für die Zeit, wo das Befahren der Wege und Brücken durch Reparatur-Arbeiten oder sonstige Anlässe erschwert und gefahrbringend ist, für die zeitweise Sperrung der Wege, öffentliche Bekanntmachung dieses Umstandes und beziehungsweise für die Eröffnung von Interimswegen und Interimsbrücken gesorgt wird;
15) daß an den Stellen, wo sich die Wege von einander scheiden, ordentliche Wegweiser, deren Aufschrift nicht höher als 10 Fuß und nicht niedriger als 2 Fuß von der Boden-Oberfläche anzubringen ist, aufgestellt werden, und mit deutlicher Schrift auf denselben angegeben wird, wohin jeder einzelne Weg führt, und wie groß die Entfernung bis zu dem darauf bezeichneten Orte ist, sowie daß die Wegweiser und die Aufschriften derselben stets dem Zwecke entsprechend unterhalten werden;
16) daß die Grenze derjenigen Wege, bei denen die Terrain- und sonstigen Verhältnisse eine Verdunkelung der Seitengrenzen erleichtern oder gar befürchten lassen, durch Grenzsteine gehörig bezeichnet werden.

Endlich kann auch, wenn nach der Beschaffenheit des Bodens die im Interesse des Verkehrs nothwendige Zustandsetzung eines Weges auf andere Weise zweckentsprechend nicht zu erreichen ist, die Befestigung der Wegestrecken durch Anlegung von Lehm- oder Kiesbahnen oder durch Pflasterung verlangt werden. In diesem Falle müssen

a) die Lehm- und Kiesbahnen mindestens 16 Fuß breit und 1 Fuß in der Deckschicht stark angelegt, daneben auch ein Sommerweg freigehalten werden, welcher bei nasser Witterung, während welcher die Kunstbahn durch Schlagbäume zu verschließen, zu benutzen ist. Um dieser letzteren Maßnahme Nachdruck zu geben, sind bei den Schlagbäumen Warnungstafeln aufzustellen, welche das Befahren der Kunstbahn zur Zeit, wo dieselbe geschlossen ist, verbieten, resp. unter Bezugnahme auf eine dieserhalb für die betreffende Straße speziell zu erlassende Polizei-Verordnung unter Strafe stellen.

Ohne eine solche oder wenigstens regelmäßige Beaufsichtigung durch einen Wärter, welcher die auf Lehm- und Kiesstraßen durch den Verkehr entstehenden Geleise ec. sofort ausbessert, sind aber derartige Straßen genügend, und den zu stellenden Anforderungen entsprechend, kaum und jedenfalls nur mit erheblichem Kostenaufwande zu erhalten;

b) die Pflasterungen ebenfalls wenigstens 16 Fuß Breite bei 8 Zoll Stärke erhalten und kunstmäßig ausgeführt werden.

§. 3. Die zum Wege- und Brückenbau verpflichteten Städte, Gemeinden und Grundbesitzer werden aufgefordert, die von ihnen zu unterhaltenden Wege, Dämme und Brücken den Erfordernissen des §. 2. entsprechend in Stand zu halten, und, wo dies bisher noch nicht geschehen, sobald als möglich in Stand zu setzen. Von dem Gemeinsinn aller Betheiligten wird erwartet, daß sie die im öffentlichen Interesse und zu ihrem eigenen Besten dringend gebotene Erfüllung der ihnen obliegenden Verpflichtung überall bereitwillig und nach ihren Kräften selbst bewirken und es auf entsprechende, stets mit Kosten für sie verbundene Zwangsmaßregeln nicht werden ankommen lassen.

§. 4. Den Polizeibehörden steht die Beurtheilung darüber zu, ob ein öffentlicher Weg oder Damm oder eine Brücke der Verlegung, Verbreiterung oder sonstigen Verbesserung bedarf, und in welcher Weise die Verbesserung auszuführen ist; ferner darüber, welche der im §. 2. hervorgehobenen Maßregeln zur Sicherheit und Leichtigkeit des Verkehrs in jedem einzelnen Falle zur Anwendung kommen soll, und darüber, ob die Instandsetzung der Wege, Dämme und Brücken, oder die Einrichtung der Interimspassagen, den getroffenen Anordnungen entsprechend, bewirkt ist.

Aufsicht über den Zustand der Wege u. s. w.

§. 5. Die nächste Fürsorge für einen befriedigenden Zustand der öffentlichen Wege, Dämme und Brücken liegt den Orts-Polizei-Obrigkeiten ob. Diese können die vorhandenen, beziehungsweise eintretenden Mängel am ersten erkennen, und am besten zur geeigneten Zeit auf deren Beseitigung hinwirken. Ihnen wird daher die sorgfältige Beachtung gegenwärtiger Verordnung ganz besonders zur Pflicht gemacht, damit ihr Einschreiten überall, wo es nöthig ist, rechtzeitig stattfindet.

§. 6. Die Aufsicht über die Erfüllung dieser den Ortspolizei-Obrigkeiten obliegenden Fürsorge führen die Wege-Districts-Commissarien, außerdem und neben diesen aber die Landräthe.

Die Landräthe und die als ihre Vertreter und unter ihrer Leitung handelnden Wege-Districts-Commissarien haben daher von dem Zustande der Wege, Dämme und Brücken ihres Bezirks sich in steter Kenntniß zu erhalten und müssen überall da, wo Mängel hervortreten, auf deren Beseitigung mit den ihnen gesetzlich zu Gebote stehenden Mitteln event. im Zwangswege nachdrücklich hinwirken.

Die Wege-Districts-Commissarien handeln dabei in den Grenzen der ihnen ertheilten Instruktion vom 3. März 1852.

§. 7. Wenn der Landrath oder der Wege-Districts-Commissarius die Gemeinden und die sonst zur Wegebesserung Verpflichteten von seiner Bereisung der Wege vorher in Kenntniß setzt, so muß sich aus der betreffenden städtischen Gemeinde ein Mitglied des Magistrats, welches mit den lokalen Verhältnissen genau bekannt ist, aus der ländlichen Gemeinde der Schulze nebst den Schöppen, aus der verpflichteten einzelnen Besitzung oder der Besitzer selbst oder ein Stellvertreter desselben auf der Feldmark an der bezeichneten Stelle einfinden und dem Landrath oder Wege-Districts-Commissarius über Alles, worüber rücksichtlich der Wege-Unterhaltung Auskunft verlangt wird, diese ertheilen. Seinen Anordnungen wegen Beseitigung der vorgefundenen und gerügten Mängel muß innerhalb der von ihm festzusetzenden Frist Folge geleistet werden.

Verfahren in Wegebausachen

§. 8. In denjenigen Fällen, in welchen über die Verpflichtung zur Unterhaltung oder Besserung eines Weges in der gehörigen Weise kein Streit obwaltet, werden die Verpflichteten von den Polizei-Behörden zur Erfüllung der Wegebaulast durch bloße Verfügung und erforderlichen Falls durch sofortige Anwendung der gesetzlichen Zwangsmittel angehalten.

§. 9. Wenn dagegen unter den Betheiligten darüber, wer die Wegebaulast zu erfüllen hat, Streit entsteht, so müssen die streitigen Fragepunkte, und zwar der Regel nach durch den Landrath, nach Maßgabe unserer Amtsblattbekanntmachungen vom 25. Juli 1847 (S. 227) und vom 6. Mai 1850 (S. 159) gehörig instruirt und die geschlossenen Verhandlungen der unterzeichneten Regierung, als Landes-Polizeibehörde zur Abfassung des Bau-Resoluts eingereicht werden.

§. 10. Die Polizeibehörden sind indeß in allen Fällen, wo Gefahr im Verzuge ist, und selbst die interimistische Entscheidung (§. 9.) ohne Nachtheil für das Verkehrs-Interesse nicht abgewartet werden darf, so befugt als verpflichtet, ohne allen Zeitverlust schon vor der Instruktion des Streitfalles und vor Abfassung des Bau-Resoluts die nöthigen Anordnungen zur ordnungsmäßigen Herstellung der Communications-Anlagen zu treffen.

In Fällen dieser Art fordert die zuständige Polizeibehörde die muthmaßlich Verpflichteten zur Leistung der nöthigen Besserungs-Arbeiten mit kurzer Fristbestimmung und mit der Androhung auf, daß nach erfolglos abgelaufener Frist diese Arbeiten auf ihre Kosten vorgenommen werden würden.

Diese Androhung wird, wenn die Leistung in der gestellten Frist gar nicht oder nicht ordnungsmäßig erfolgt, sofort zur Ausführung gebracht, und demnächst, wenn sich ein Streit über die Unterhaltungs-Verpflichtung herausstellt, nach weiterer Instruktion des Strasfiscus mittelst Resoluts nach Maaßgabe des §. 9. darüber entschieden, wem die Wegebau-Verpflichtung zur Last fällt und wer die aufgelaufenen Kosten zu tragen hat.

§. 11. Wenn der von der Polizeibehörde erlassenen Aufforderung zur Instandsetzung eines Weges oder zur Beseitigung der Sperrung desselben von den Betheiligten die Behauptung entgegengesetzt wird, daß der Weg ein Privatweg sei, und deshalb die Einräumung, oder Einrichtung desselben für den öffentlichen Verkehr nicht gefordert werden dürfe, so ist der Streitfall gleichfalls dem Landrathe zur näheren Erörterung zu übergeben, welcher nach abgeschlossener Instruktion die Entscheidung der Landespolizei-Behörde herbeizuführen hat.

Verbotsbestimmungen.

§. 12. Niemand darf öffentliche Wege, Dämme oder Brücken, oder die dazu gehörigen Anlagen, als Baumpflanzungen, Hecken, Gräben, Durchlässe, Wälle, aufgehäufte Materialien, Wegweiser, Meilenzeiger, Tafeln, Prell- und Baumpfähle, Merk- und Warnungszeichen, Strohwische und dergleichen zerstören oder beschädigen, beziehungsweise fortnehmen und unkenntlich machen.

§. 13. Es ist verboten, öffentliche Wege durch Abgraben oder Abpflügen in ihrem Bestande zu verringern oder von denselben Erde, Steine oder Rasen wegzunehmen.

§. 14. Das Schleppen von Pflügen in der Art, daß das Pflugschaar den Boden berührt, von Eggen oder anderen die Oberfläche aufreißenden Geräthschaften ist, sowie das Ueberpflügen auf öffentlichen Wegen und das Herumpflügen um die zu diesen Wegen gehörigen Seitenbäume, untersagt.

§. 15. Das Schleppen von Holz, sowie das Fortschaffen von Bauholz in der Art, daß das Zopfende auf der Fahrbahn nachschleift, ist auf öffentlichen Wegen verboten.

§. 16. Bienenstöcke dürfen in einer Entfernung von 60 Fuß von öffentlichen Wegen nicht aufgestellt werden.

§. 17. Alle durch Wind bewegte Triebwerke dürfen in der Regel nur in einer Entfernung von mindestens 14 Ruthen von öffentlichen Wegen errichtet werden, wobei die Entfernung von den Umfassungswänden des Triebwerkes abgerechnet wird. Ausnahmen hiervon sind nur mit Genehmigung des Kreis-Landrathes, beziehungsweise der Polizei-Verwaltung in Frankfurt a. O. zulässig.

§. 18. Niemand darf auf öffentlichen Wegen oder Plätzen Gegenstände, welche den freien Verkehr hindern, aufstellen, hinlegen oder liegen lassen.

§. 19. Von der Beachtung der vorstehenden Verbotsbestimmungen (§§. 12. und ff.) sind nur diejenigen Personen entbunden, welche zum Zweck der Wegebesserung oder sonst zur Vornahme der verbotenen Handlungen besonders berechtigt sind.

§. 20. Das Fahren und Reiten über Holz- und Eisenbrücken, anders als im Schritt, ist untersagt.

Sonstige Vorschriften in Bezug auf die Benutzung der öffentlichen Wege ꝛc.

§. 21. Wer sich von seinen, auf öffentlichen Wegen und Plätzen angespannt oder angeschirrt stehenden Pferden entfernen muß, hat, wenn während dieser Zeit die Aufsicht über dieselben nicht einem zuverlässigen Stellvertreter übergeben ist, sonstige zur Verhütung von Unglücksfällen nöthige Vorsorge durch Abstrengen der Zugpferde u. s. w. zu treffen. Unabgestrengte Zugpferde müssen auf öffentlichen Wegen stets unter Aufsicht gehalten werden.

§. 22. Wegen des Ausweichens auf öffentlichen Wegen gelten die in den §§. 26—34. Th. II. Tit. 15. Allgemeinen Landrechts enthaltenen Bestimmungen.

Strafbestimmungen.

§. 23. Wer den in den vorstehenden §§. 12—22. enthaltenen Verboten und Vorschriften zuwiderhandelt, wird, sofern er dadurch nicht andere härtere gesetzliche Strafen verwirkt hat (cfr. §§. 282. und 344. No. 7 des Strafgesetzbuches vom 14. April 1851 und §. 349. No. 1. und 2. des Gesetzes vom 30. Mai 1859) mit einer Geldbuße bis zu zwanzig Thalern oder mit verhältnißmäßigem Gefängniß bis zu vierzehn Tagen bestraft (cfr. §. 344. No. 8. des Strafgesetzbuches vom 14. April 1851).

§. 24. Alle der vorstehenden Polizei-Verordnung zuwiderlaufende, von uns früher erlassene Verordnungen, namentlich diejenigen vom 8. September 1820 — Amtsbl. S. 304. — vom 8. April 1839 — Amtsbl. S. 143. — vom 23. März 1843 — Amtsbl. S. 91. — vom 14. Februar 1845 — Amtsbl. S. 66. — vom 15. Mai 1846 — Amtsbl. S. 149. — §. 29. der Polizei-Verordnung vom 15. November

1851 — Amtsbl. S. 428 — vom 17. April 1861 — Amtsbl. S. 99. — und der durch §§. 17. und 23. modificirte Theil der Polizei-Verordnung vom 3. Juni 1862 — Amtsbl. S. 132. — treten hiermit außer Anwendung. Frankfurt a. O., den 17. Dezember 1864.

III. Nachtrag zu dem Regulativ, betreffend die Anlage von Dampfkesseln, vom 31. August 1861.

Auf Grund der §§. 12. und 15. des Gesetzes, betreffend die Errichtung gewerblicher Anlagen vom 1. Juli 1861 (Ges. Samml. S. 749) wird unter Aufhebung der §§. 9. und 14. des Regulativs, betreffend die Anlage von Dampfkesseln vom 31. August 1861, an Stelle derselben Nachstehendes bestimmt:

§. 9. An jedem Dampfkessel muß ein Speiseventil angebracht sein.

Jeder Dampfkessel muß mit wenigstens zwei zuverlässigen Vorrichtungen zur Speisung versehen sein, welche unabhängig von einander, sei es durch die Dampfkraft des Kessels selbst, sei es durch eine andere Kraft in Betrieb gesetzt werden können, und von denen jede für sich im Stande sein muß, dem Kessel das zur Speisung erforderliche Wasser zuzuführen. Mehrere zu einem Betriebe vereinigte Dampfkessel werden hierbei als ein Kessel angesehen.

§. 14. Jeder Dampfkessel muß, bevor er eingemauert und ummantelt wird, nach Verschluß sämmtlicher Oeffnungen und Belastung der Sicherheits-Ventile mittelst einer Druckpumpe mit Wasser mit dem zweifachen Betrage des dem Druck der beabsichtigten Dampfspannung entsprechenden Gewichtes geprüft werden. Die Kesselwände und die Wände der Feuerzüge müssen dieser Prüfung widerstehen, ohne eine Veränderung ihrer Form zu zeigen und ohne undicht zu werden.

Diese Druckprobe muß wiederholt werden:
a) nach Reparaturen, welche in der Maschinenfabrik haben ausgeführt werden müssen;
b) wenn feststehende Kessel an einer andern Betriebsstätte aufgestellt werden.

Berlin, den 1. Dezember 1864.

Der Minister für Handel, Gewerbe und öffentliche Arbeiten. (gez.) Graf von Itzenplitz.

Der vorstehende Nachtrag zu dem Regulativ vom 31. August 1861 — Amtsblatt pro 1861 S. 228 — wird hiermit zur öffentlichen Kenntniß gebracht. Frankfurt a. d. O., den 9. Dezember 1864.

IV. In der, in der außerordentlichen Beilage zum diesjährigen Amtsblatt No. 49. abgedruckten Schifffahrts- und Strom-Polizei-Ordnung für den im Regierungsbezirk Frankfurt belegenen Theil der Netze muß es im §. 28. anstatt:

Wenn zwei Fahrzeuge sich begegnen, so hat das aufwärtsfahrende Fahrzeug dem niederwärts fahrenden unbedingt Platz zu machen, letzteres auch die Leine zu werfen, sofern es treidelt.

heißen:

Wenn zwei Fahrzeuge sich begegnen, so hat das aufwärtsfahrende Fahrzeug dem niederwärtsfahrenden unbedingt Platz zu machen, ersteres auch die Leine zu werfen, sofern es treidelt.

Dies wird hierdurch zur öffentlichen Kenntniß gebracht.

Frankfurt a. d. O., den 21. Dezember 1864.

Personal-Chronik.

Der Bürgermeister Große zu Lübben ist vom 1. Januar l. J. ab zum Polizei-Anwalt für den engeren Bezirk des Königlichen Kreisgerichts zu Lübben, mit Ausschluß der Ortschaft Kahren, und zum Stellvertreter des Polizei-Anwalts für Kahren ernannt worden.

Frankfurt a. d. O., den 24. Dezbr. 1864. Der Regierungs-Präsident. Fhr. v. Münchhausen.

Der Predigtamts-Candidat Ernst Friedrich Senckel ist zum Pfarr-Adjunkten cum spe succedendi zu Deutsch-Liestau — Diöcese Dobrilugk — bestellt worden.

Von dem unterzeichneten Consistorium sind die Candidaten: 1) Herrmann Julius Forban aus Pobetzig, 2) Otto Ludwig Leonhardt aus Berlin, 3) Robert Müllensiefen aus Cöthen bei Neustadt E.-W., 4) Johann Georg Eduard Schneider aus Neustadt E.-W., 5) Ferdinand Schultze aus Lützow, 6) Theodor Samuel Friedrich Ziemendorff aus Berlin für wahlfähig zum Predigtamte erklärt worden.

Berlin, den 19. Dezember 1864. Königliches Consistorium der Provinz Brandenburg.

Den von den Stadtverordneten getroffenen Wahlen gemäß sind bestätigt worden: als Bürgermeister in Lübben der Gerichtsassessor Große, als unbesoldete Bürgermeister in Königsberg i. N. der Rathsherr Behrendt, in Sonnenburg der Seifensiedermeister Bornemann, als unbesoldeter Rathsherr in Bärwalde der Rentier Bückling, als unbesoldeter Rathmann in Lieberose der Schneidermeister Friedrich Schulze.

Der Kreis Lübben ist in 18 Wege-Polizei-Distrikte eingetheilt worden. Wir bringen die untenstehende Nachweisung, welche die zu den einzelnen Bezirken gehörigen Ortschaften, sowie die für jeden Bezirk gewählten und von uns bestätigten Commissarien ergiebt, hierdurch zur öffentlichen Kenntniß.

Nachweisung
über die Eintheilung des Lübbener Kreises in Wege-Polizei-Distrikte mit ihren Commissarien.

I. 1) Stadt Lübben mit Wiesenau und Rathsvorwerk, 2) Schloßbezirk Lübben, 3) Dominium und Gemeinde Steinkirchen, 4) Dominium Neuhaus, 5) Dominium Blumenfelde, 6) Treppendorf, 7) Klein-Lubolz, 8) Hartmannsdorf, 9) Dominium und Gemeinde Fradenberg: Prämier-Lieutenant a. D. von Zehler in Stadt Lübben.

II. 1) Königliche Oberförsterei Börnichen, 2) Schlepzig mit Buchenhain, Halbschäferei und Marienberg, 3) Dürrenhofe, 4) Biebersdorf, 5) Briesen, 6) Radensdorf: Königl. Oberförster Domeier in Börnichen.

III. 1) Dominium und Gemeinde Groß-Leuthen, 2) Dollgen, 3) Krugau, 4) Gröditsch, 5) Kuschkow, 6) Büchen: Oekonom Ziemann in Groß-Leuthen.

IV. 1) Dominium und Gemeinde Wittmannsdorf, 2) Dominium und Gemeinde Pretschen, 3) Plattkow, 4) Cossenblatt, 5) Briescht, 6) Dominium und Gemeinde Wiese, 7) Dominium und Gemeinde Stuhlen, 8) Dominium und Gemeinde Mittweide: Rittergutsbesitzer Schmiedt auf Wittmannsdorf.

V. 1) Dominium und Gemeinde Leibchel, 2) Guhlen, 3) Ressen, 4) Bane, 5) Klein-Leuthen: Rittergutsbesitzer Ziemann auf Leibchel.

VI. 1) Dominium und Gemeinde Groß-Leine, 2) Klein-Leine, 3) Bulbow, 4) Eychabel, 5) Dominium und Gemeinde Eglitz: Rittergutspächter Rehfeld in Groß-Leine.

VII. 1) Alt-Zauche mit Burglehn, 2) Boßwergl, 3) Caminchen, 4) Sackrow, 5) Neu-Zauche: Ortsschänker Gastwirth Neumann in Alt-Zauche.

VIII. 1) Dominium und Gemeinde Straupitz, 2) Mühlendorf, 3) Alt-Byhleguhre, 4) Neu-Byhleguhre, 5) Byhlen: Herrschaftlicher Wirthschafts-Inspektor Faelligen in Straupitz.

IX. 1) Mochow, 2) Laasow, 3) Butzen, 4) Groß-Liebitz: Gutsbesitzer Hartmuth in Mochow.

X. 1) Dominium und Gemeinde Lamsfeld, 2) Sabatz, 3) Jessern, 4) Dobbrauf: Rittergutspächter Schütte in Lamsfeld.

XI. 1) Schloßbezirk Lieberose mit Eichberg und Stockshof, 2) Behlow, 3) Stadt Lieberose, 4) Klein-Liebitz mit Halteschänke, 5) Heßbrum mit Burghof und Halbschäferei, 6) Blankenhofe, 7) Jamlitz, 8) Blasdorf: Glashüttenbesitzer Wolff in Jamlitz.

XII. 1) Dominium und Gemeinde Reicherscreuz, 2) Dominium und Gemeinde Leeskow, 3) Staakow, 4) Pinnow: Gutsinspektor Hermann Müller in Reicherscreuz.

XIII. 1) Klein-Muckrow, 2) Groß-Muckrow, 3) Chosjewitz: Lehnschulze Brandenburg in Klein-Muckrow.

XIV. 1) Dominium und Gemeinde Treblz, 2) Dominium und Gemeinde Ullersdorf, 3) Dominium und Gemeinde Mochlitz, 4) Goschischen, 5) Schabow: Rittergutspächter Fritze in Treblz.

XV. 1) Speichrow, 2) Pieskow, 3) Ritwisch, 4) Mödlen: Brauträggutsbesitzer Schulze in Speichrow.

XVI. 1) Leißnitz mit Kuhnshof, 2) Dominium und Gemeinde Sarcow, 3) Stadt Friedland, 4) Schloßbezirk Friedland mit Wuggelmühle, 5) Zeust: Gutsbesitzer von der Lühe zu Kuhnshof.

XVII. 1) Weichensdorf, 2) Kurtag, 3) Günthersdorf, 4) Lindow, 5) Reudnitz mit Kroll‘shof, 6) Groß-Briesen, 7) Klein-Briesen: Gutsbesitzer Binder in Wichensdorf.

XVIII. 1) Tammendorf, 2) Oelsen, 3) Grunow, 4) Mixdorf mit Kupferhammer: Königlicher Oberförster Biehmer in Dammerdorf.

An Stelle der aus dem Kreise Königsberg verzogenen Feuer-Polizei-Districts-Commissarien im Bezirk 4a., 14b. sind nachstehende Personen gewählt und bestätigt worden: 1) für den Bezirk 4a. der Domainenpächter Bäthke in Neuenhagen, 2) für den Bezirk 14b. der Schulze Neumann zu Woltersdorf, 3) für den Bezirk 15b. der Lieutenant und Polizei-Verwalter von Winterfeldt in Pützig.

Der praktische Arzt, Wundarzt und Geburtshelfer Dr. Simon Hellbronn hat seinen Wohnsitz von Königsberg i. Pr. nach Cüstrin verlegt.

In der Stadt Liebenau ist der Glasermeister Gustav Robert Giese als Schiedsmann wiederum gewählt und bestätigt worden.

Für den 11. Bezirk des nördlichen Theiles des Kreises Königsberg ist der Gutsbesitzer Lieutenant Büttner zu Görsdorf als Schiedsmann gewählt und bestätigt worden.

Vermischte Nachrichten.

(1) Die Pfarrstelle zu Sohlis in der Diöcese Frankfurt I., Privat-Patronats, ist durch das Ableben des Predigers Jacobith erledigt.

(2) Ortsbenennung. Das von dem Hofjäger Westphal zu Glasen, im Soldiner Kreise auf der dortigen Feldmark errichtete Etablissement wird mit unserer Genehmigung fortan den Namen „Wilhelmshof" führen.

Frankfurt a. d. O., den 20. Dezember 1864.   Königl. Regierung; Abtheilung des Innern.

(3) Patent-Ertheilungen. 1. Dem Rittergutsbesitzer A. Röhling zu Kuräne ist unter dem 6. Dezbr. 1864 ein Patent

auf einen durch Zeichnung und Beschreibung nachgewiesenen, in seiner Zusammensetzung als neu und eigenthümlich erkannten Entpuselungs-Apparat, ohne Jemand in der Anwendung bekannter Theile zu beschränken,

auf fünf Jahre, von jenem Tage an gerechnet, und für den Umfang des preußischen Staats ertheilt worden.

2. Dem A. Trauth in Chemnitz ist unterm 10. Dezember 1864 ein Patent

auf eine nach vorgelegter Zeichnung und Beschreibung als neu und eigenthümlich erkannte Einrichtung an tempirbaren Zeitzündern, um dieselben nach Belieben als Concassions- oder Percussionszünder benutzen zu können,

auf fünf Jahre, von jenem Tage an gerechnet, und für den Umfang des preußischen Staats ertheilt worden.

3. Dem Techniker Gustav Steiner in Ruhrort ist unter dem 10. Dezember 1864 ein Patent

auf eine atmosphärische Maschine, die in ihrer ganzen, durch Zeichnung und Beschreibung nachgewiesenen Zusammensetzung als neu und eigenthümlich erkannt ist,

auf fünf Jahre, von jenem Tage an gerechnet, und für den Umfang des preußischen Staats ertheilt worden.

4. Dem Königl. Sächsischen Professor und Regierungsrath Johann Andreas Schubert in Dresden ist unter dem 12. Dezember 1864 ein Patent

auf eine Vorrichtung an Sicherheitsventilen zum selbstthätigen Wiederverschluß derselben beim Eintritt der normalen Dampfspannung in der durch Zeichnung und Beschreibung nachgewiesenen ganzen Zusammensetzung,

auf fünf Jahre, von jenem Tage an gerechnet, und für den Umfang des preußischen Staats ertheilt worden.

5. Dem ehemaligen Prem.-Lieutenant A. Chevallerie, dem Mühlenbesitzer J. J. Troetzsch und dem Schiffbauer W. H. Fleischer ist unter dem 10. Dezember 1864 ein Patent

auf eine Vorrichtung zu einem durch Dampfkraft in Bewegung gesetzten Fahrzeuge zur Herstellung einer Fahrstraße durch Eis, wie solche durch Zeichnung und Beschreibung nachgewiesen ist und ohne Jemand in der Benutzung bekannter Theile zu beschränken,

auf fünf Jahre, von jenem Tage an gerechnet, und für den Umfang des preußischen Staats ertheilt worden.

Frankfurt a. d. O., den 19. Dezember 1864.   Königliche Regierung; Abtheilung des Innern.

(4) Bekanntmachung. Vom 1. Januar k. J. ab tritt unter den Bedingungen des Betriebs-Reglements und der Tarif-Vorschriften ein Special-Tarif für Schlachtvieh in Wagenladungen, welches von Ostbahn-Stationen nach Berlin befördert werden soll, in Wirksamkeit.

Der Einheitssatz dieses Tarifs beträgt von Berlin ab 11½ Sgr. pro Achse und Meile und stuft sich der Art ab, daß er von Bromberg und den weiter östlich davon liegenden Ostbahn-Stationen bis auf 7½ Sgr. pro Achse und Meile fällt.

Auf Schlachtvieh-Sendungen in Wagenladungen nach den in der Richtung von der Ostbahn vor Berlin belegenen Stationen findet der ermäßigte Tarif für Berlin gleichfalls Anwendung, sofern sich die Transportkosten darnach im Ganzen billiger stellen, als nach den resp. Lokal-Tarifen.

Die Tarifsätze können bei sämmtlichen Güter-Expeditionen der Ostbahn, sowie bei den Güter-Expeditionen der Bahnstrecke Frankfurt-Berlin eingesehen werden.

Bromberg und Berlin, den 8. Dezember 1864.

Königliche Direktion der Ostbahn.   Königliche Direktion der Niederschlesisch-Märkischen Eisenbahn.

(5) Königliche Niederschlesisch-Märkische Eisenbahn. Bearbeitete und polirte Marmor- und andere Steine, mit Ausnahme der in der Normalklasse verbleibenden Steinwaaren, werden auf der Niederschlesisch-Märkischen Eisenbahn fortan zu der ermäßigten Klasse A. tarifirt werden.

Berlin, den 15. Dezember 1864.   Königl. Direktion der Niederschlesisch-Märkischen Eisenbahn.

(6). **Bekanntmachung.** Bei der Telegraphen-Station zu Landsberg a. d. W. wird am 1. Januar 1865 der volle Tagesdienst (cfr. §. 4. des Reglements für die Correspondenz im deutsch-österreichischen Telegraphen-Verein) eingeführt.
   Berlin, den 21. Dezember 1864.   Königliche Telegraphen-Direktion.

(7). **Bekanntmachung.** Denjenigen Rentenpflichtigen, welche ihre an die Rentenbank zu entrichtenden Renten mit dem 30. Septbr. d. J. durch Capitalzahlung ganz oder theilweise abgelöset haben, wird hierdurch bekannt gemacht, daß die von uns in Gemäßheit des §. 27. des Rentenbankgesetzes vom 2. März 1850 ausgefertigten Entlastungsquittungen den betreffenden Kreissteuer-Kassen zugesandt worden sind, um solche, soweit sie die Ablösung voller Renten betreffen, den zuständigen Gerichten Behufs Löschung des Vermerks der Rentenpflicht im Hypothekenbuche und demnächstiger Aushändigung an die Interessenten zuzustellen, in Fällen der Ablösung von Theilrenten dagegen denjenigen unmittelbar auszureichen, welche die Capitalzahlung geleistet haben. Berlin, den 30. November 1864.
     Königliche Direktion der Rentenbank für die Provinz Brandenburg. (gez.) Heyder.

(8) **Bekanntmachung.** Die tägliche Personenpost von Königsberg i. N. nach Cüstrin wird von jetzt ab bis auf Weiteres um 3¾ Uhr, die tägliche Kariolpost von Zellin nach Bärwalde i. N. um 5 Uhr Nachmittags abgelassen werden.
   Frankfurt a. d. O., den 22. Dezember 1864.   Der Ober-Post-Direktor **Hoppe**.

(9)   **Programm**
betreffend die vom Königl. Preußischen Revisions-Collegium für Landeskultursachen herausgegebene „Zeitschrift für die Landeskulturgesetzgebung der Preußischen Staaten."

Die bald nach Errichtung des Revisions-Collegiums seit 1847 herausgegebene Zeitschrift für die Preußische Landeskulturgesetzgebung, von welcher bisher 15 Bände, je zu 3 Heften, erschienen sind, geht mit dem nächsten, dem 16. Bande aus dem Verlage der Jonas'schen Verlags-Buchhandlung in den Verlag des Buchhändlers R. Gaertner (Amelang'sche Sortiments-Buchhandlung) in Berlin, Leipzigerstraße No. 133., über. Wir nehmen hieraus Veranlassung die Behörden, Beamten, besonders Dicasterien und Anwälte, sowie andere Personen, welche sich für das wichtige und umfangreiche Gebiet der Agrar- und Landesculturgesetzgebung und für deren fortschreitende Entwickelung interessiren, von neuem auf die gedachte Zeitschrift aufmerksam zu machen. Zu dem Ende gestatten wir uns über Einrichtung, Inhalt und Zweck, wie über die beabsichtigte Erweiterung derselben Folgendes zu bemerken:

Die Zeitschrift ist ein Organ fortgesetzt Mittheilungen sowohl der Erlasse und Bekanntmachungen der höheren Behörden, insbesondere der betreffenden Ministerien, als der richterlichen Entscheidungen über bedeutendere, in den Bereich der Agrar- und Kulturgesetzgebung einschlagende Gegenstände. Zu diesen gehören die Ablösungen von Reallasten und Grundgerechtigkeiten, die gutsherrlichen und bäuerlichen Regulirungen, die Gemeinheitstheilungen und Separationen, ferner — in Uebereinstimmung mit dem gegenwärtigen Ressort des Königl. Ministeriums für die landwirthschaftlichen Angelegenheiten, — die Ent- und Bewässerungen, Deich- und andere Meliorationen, auch die Jagdpolizei, ingleichen die Dismembrations-Sachen. Ausgeschlossen von der Aufnahme in die Zeitschrift sind nur die in der Gesetzsammlung, bezüglich in den Amtsblättern verkündeten und abgedruckten Gesetze und Verordnungen. Dagegen theilt die Zeitschrift auch eine fortlaufende Personal-Chronik und eine Statistik der Ablösungen u. s. w. mit, desgleichen eine fortlaufende Uebersicht der Entscheidungen des Königlichen Obertribunals, wie des Competenzgerichtshofes betreffs der in die Agrar- und Landeskulturparthie direkt oder indirekt eingreifenden Materien, sodann amtliche Nachrichten über landwirthschaftliche Lehranstalten und andere dem landwirthschaftlichen Ministerium untergeordneten Institute. Außerdem enthält ein zweiter, nicht amtlicher Theil derselben wissenschaftliche Abhandlungen aus dem Gebiete des Agrar- und Landeskulturrechts, sowie, behufs weiterer Ausbildung der für die Ausführung der Auseinandersetzungen, bez. die Ausgleichung der gegenseitigen Rechte so wichtigen technischen, land- und forstwirthschaftlichen Taxationsgrundsätze, auch Planberechnungen, vorzugsweise über die schwierige Ablösung der verschiedenartigen Forstservituten.

Bei der Auswahl der in die Zeitschrift aufzunehmenden richterlichen Entscheidungen, sowohl des Revisions-Collegiums, wie des Königlich Preußischen Obertribunals, ist neben dem Interesse, welches die Lösung zweifelhafter, in die Vermögens- und Güterverhältnisse tief eingreifender Rechtsfragen darbietet, auch das der rechtshistorischen Entwickelung der mannigfachen Institute (z. B. Markengenossenschaften, Corporations- und Bürger-Vermögen, Kirchenbauverpflichtungen, Geschoßabgaben u. s. w.) maßgebend gewesen, bei denen es auf die Untersuchung ihres meist weit zurückgehenden Ursprungs ankommt, indem sich hierzu vorzugsweise im

Geschäftskreise der Auseinandersetzungsbehörden (der General-Commission, bez. landwirthschaftlichen Regierungsabtheilungen und Spruchcollegien) und des Revisions-Collegiums Veranlassung bietet. Bekanntlich sind diese Preußischen Behörden, als Gerichtshöfe, abweichend von den Einrichtungen anderer Deutscher Staaten, nicht bloß über die bei den Auseinandersetzungen hervortretenden Streitigkeiten technischer Natur, sondern zugleich über die Zuständigkeit und den Umfang von Eigenthums- und Theilnahmerechten jeder Art zu entscheiden berufen.

Wenn ein wichtiger Theil der Preußischen Agrar- und Landeskulturgesetzgebung bereits in den Jahren 1807—1812, und auch die Gemeinheitstheilungs- resp. Servitutablösungsordnung schon 1821 erging, dennoch aber bisher nur die Ausführung der gutsherrlichen und bäuerlichen Regulirungen vollständig, die der Ablösung einzelner Reallasten zumeist beendet ist, so erklärt sich dies zum großen Theil aus dem Umstande, daß nach der Preußischen Gesetzgebung der Antrag auf Regulirung, Ablösung oder Gemeinheitstheilung, je nach Bedürfniß und fortschreitender Einsicht, dem Willen der Betheiligten anheimgestellt blieb.

Die Redaktion beabsichtigt inskünftige auch die Grundsteuer- und Hypothekenverfassung, welche erstere mit Januar k. J. ins Leben tritt, und welche letztere in der Bearbeitung begriffen ist, soweit sie mit der Landeskulturentwickelung zusammenhängen, in der Zeitschrift zu berücksichtigen.

Schließlich wollen wir behufs vollständiger Uebersicht, an diesen Prospekt sofort anknüpfend nur noch erwähnen, daß die „Zeitschrift für die Landeskulturgesetzgebung der Preußischen Staaten" wie bisher in freien, an bestimmte Perioden nicht gebundenen Heften zu 8—10 Bogen, von denen 3 einen Band bilden, zum Preise von 2 Thlr. für den Band erscheinen wird. Alle Buchhandlungen, in Berlin der Verleger: R. Gaertner (Amelang'sche Sortiments-Buchhandlung), Stechbahnstraße No. 133., werden zur Annahme von Bestellungen bereit sein, und soll das 1. Heft des neuen, 16. Bandes noch in diesem Jahre ausgegeben werden.

Berlin, im November 1864.   Königl. Revisions-Collegium für Landeskultursachen.   Lette.

Sach-Register
zum Jahrgange 1864
des Amtsblatts der Königl. Preuß. Regierung
zu Frankfurt a. O.

A.

Aerzte, approbirte, sich niedergelassene, gestorbene: Krause. 17. Schwarzauer. 17. Schoch. 17. Mager. 17. Nuglisch. 32. Burdach. 38. Burz. 42. Kutter. 49. Grünefeldt. 68. Hollstein. 72. Boerner und Ulrich. 77. 98. Barlew. 80. Hüller. 82. Braun. 92. Zimmermann. 117. Stoßmeister. 130. Wesche. 142. Meyer. 151. Blanck. 160. Gaertner. 166. Schüler. 185. Senftus. 185. Hoffmann. 197. Leineweber. 214. Klamroth. 214. Nathanson. 217. Lüttkemüller. 221. Albrecht. 221. Danziger. 223. Strawer. 249. Tschepke. 249. Lappe. 249. Heilbronn. 259.

Agenturen, niedergelegte: Des Kaufmann Brandt zur Vermittelung von Verträgen mit Auswanderern. 121.

Amtsblatt, Druckfertigkeit des Sachregisters zu demselben. 12.

Amtsräthe, ernannte: Müller. 82.

Anstalten; s. Landarmenanstalten. Beginn eines neuen Lehrkursus in dem Schullehrer-Seminar zu Altdöbern. 4. Vorlesungen bei der Königl. Preußischen landwirthschaftlichen Akademie zu Poppelsdorf. 21. Vorlesungen bei der Königl. landwirthschaftlichen Akademie zu Proskau. 22. 175. Beginn des Sommer-Semesters und Vorlesungen an der Königl. Preußischen landwirthschaftlichen Akademie zu Waldau. 52. 184. Eintritt der Studirenden des Baufaches in die Bau-Akademie. 66. Lectionsplan der Königl. staats- und landwirthschaftlichen Akademie zu Eldena. 70. 175. Aufnahme in das evangelische Lehrerinnen-Seminar zu Droyßig. 95. Desgleichen in das evangelische Gouvernanten-Institut zu Droyßig. 97. Aufnahme unbemittelter Geisteskranken in die Irrenanstalt zu Sorau. 110. Eröffnung eines neuen evangelischen Schullehrer-Seminars zu Drossen 116. 119. Beginn eines Cursus in der Central-Turnanstalt zu Berlin. 147. Neuer Cursus im Schullehrer-Seminar zu Oranienburg. 159. Beginn des Winter Semesters an der landwirthschaftlichen Akademie zu Poppelsdorf. 170. Neuer Lehrkursus auf der Provinzial-Gewerbeschule zu Frankfurt a. O. 171. Haupt-Versammlung der Mitglieder des Stiftungs-Vereins der Klein-Öllenicker Waisenanstalt. 184. Termin zur Meldung der Aufnahme in die Königl. Bau-Akademie zu Berlin. 186. Uebersicht vom Zustande der Klein-Öllenicker Waisenanstalt. 215.

Apotheken, erkaufte, neu angelegte, eröffnete: zu Friedland. 17. Peitz. 203. Christianstadt. 214. Schlaben. 222. Letschin. 228. Reppen. 228. Göritz. 228.

Apotheker, Reglement über die Lehr- und Servirzeit, sowie über die Prüfung der Apotheker-Lehrlinge

Baumschulen, Preisverzeichniß der Königl. Landes-Baumschule zu Sanssouci. 217.
Beamte, angestellte, beförderte, versetzte, entlassene, gestorbene: Bei der Königl. Regierung. 72. 88. 92. 98. 127. 134. 138 147. 148. 171. 197. 206. 217. 221. Dem Appellationsgericht 18. 68. 92. 117. 130. 149. 185. 197. 206. 224. 228. 240. Der Königl. Intendantur. 32. 222. Im Forstwesen. 7. 10. 18. 42. 49. 63. 68. 83. 88. 92. 134. 142. 148. 174. 183. 228. Im Bausache. 203. Im Postsache. 33. 72. 104. 142 166. 185. 186. 203. 224. 238. Im Steuersache 130. 134. 238. Bei den Bergämtern. 104. 171. 228 Bei den Eisenbahnen. 7. 10. 69 83. 93. 104. 131. 142. 148. 198. 207. 240. Bei der Deichverwaltung. 49. 82. 92. 183. Bei den Kreisgerichten: Guben. 18. 68. 117. 130. 197. 206. Cüstrin. 18. 130. 148. 185. 206. 228. 240. Cottbus. 18. 93. 148. 206. 228. Luckau. 18. 42. 148. 185 Sorau. 18. 42. 130. 185. Frankfurt a. O. 42. 68. 130. 148. 240. Landsberg a. W. 42. 68. 131. Zielenzig. 42. 68. 93 130. 148. Neumarkt. 68. Züllichau. 68. 130. Spremberg. 93. 117. 131. 148. 206. 228. Crossen. 93. 131. Magdeburg. 130. 240. Friedeberg i. N. 130. 131. 185. 197. 206. Lübben. 131. 148. Soldin. 131. 206. 240. Sorau. 131. Königsberg i. N. 148. 240. Bei den Kreisgerichts-Deputationen: in Seelow 18. Forst. 18. 93. 130. 131. 240. Arnswalde. 42. 68. Driesen. 148. 206. Bei den Kreisgerichts-Commissionen. Berlinchen. 18. Lieberose. 131. Müncheberg. 68. Senftenberg. 93. Lübbenau. 130. 131. Finsterwalde. 131. Pelz. 131. Reetz. 131. Neuwedell. 131. 148. Bärwalde. 185. Schwiebus. 206.
Beiern, Verbot des Beierns 223.
Beiträge, milde zur Vollendung und Ausstattung des Krankenhauses des barmherzigen Bruder-Ordens zu Stelzau. 191. 223.
Belobungen, wegen Löschung von Waldbränden. 131. 139. 143. 149.
Belohnungen, für Entdeckung von Brandstiftern. 158. 172. 198. Für Lebensrettung. 245.
Bergwerke. Behandlung der Mittheilungen, Vorladungen u. s. w., welche nach dem Gesetze über die Verhältnisse der Miteigenthümer eines Bergwerks von den gewerkschaftlichen Repräsentanten und Grubenvorständen an einzelne Gewerke gegen Post-Insinuationsschein zu versenden sind. 78. 85.
Beschälung, Termin zur Körung der Privat-Deckhengste im Sternberger Kreise. 11 Desgleichen im Soldiner Kreise. 19. Aufstellung von Beschälern des brandenburgischen Landgestüts. 20. Nachweisung der etablirten Privat-Beschäl-Stationen im Lebuser Kreise. 34. Desgleichen im Gubener Kreise. 39. Uebersicht der Resultate der Prüfungen des Schauamtes, Kreises Cottbus. 40. Aufstellung von Beschälern des Königl. Landgestüts zu Repitz. 42. Nachweisung der Beschäl-Stationsorte im Regierungsbezirk Frankfurt. 43. Nachweisung der im Luckauer Kreise etablirten Privat-Beschäl-Station. 43. Desgleichen im Sternberger Kreise. 44. Desgleichen im Soldiner Kreise. 44. 59. 69. Desgleichen im Friedeberger Kreise. 45. Desgleichen im Lübbener Kreise. 46. 94. Desgleichen im Königsberger Kreise. 47. Desgleichen im Kreise Züllichau-Schwiebus. 52. Nachweisung der im Kreise Arnswalde angemeldeten Privat-Beschäler. 60. Nachweisung der im Kreise Sorau etablirten Privat-Beschäl-Station. 66. Wahl eines stellvertretenden Vorsitzenden des Schauamtes für die Körung der Privat-Deckhengste des Lübbener Kreises. 68. S. Schauämter. Nachweisung der für tauglich und unbrauchbar befundenen Beschäler im Landsberger Kreise. 70. 245. Nachweisung der für tauglich befundenen Beschäler des Crossener Kreises. 74. Nachweisung einer im Sternberger Kreise nachträglich etablirten Privat-Beschäl-Station. 78. Nachweisung der im Kreise Spremberg etablirten Privat-Beschäl-Stationen. 83. Nachtrags-Nachweisung der im Kreise Cottbus etablirten Privat-Beschäl-Stationen. 90.
Bevölkerungslisten, Aufnahme derselben für das Jahr 1864. 231. Desgleichen von den Dissidenten und Juden. 232.
Blutegel, Taxpreis derselben. 79. 206.
Braunkohlenbergwerke, Verleihung der Braunkohlenbergwerke Frankfurt, Cliestow und Komet an den Grubenbesitzer Eisenmann zu Berlin. 50. Desgleichen des Braunkohlenbergwerks Kril an den Kaufmann Caplik zu Frankfurt a. O. 57. Desgleichen des Braunkohlenbergwerks Muth an den Stadtrath Graeser zu Frankfurt a. O. 57. Desgleichen des Braunkohlenbergwerks Baldauf an den Kaufmann Caplik zu Frankfurt a. O. 69. Desgleichen des Braunkohlenbergwerks Arthur an den Kaufmann Caplik zu Frankfurt a. O. 69. Desgleichen des Braunkohlenbergwerks Ende an den Kaufmann Caplik zu Frankfurt a. O. 69. Desgleichen des Braunkohlenbergwerks Bach an den Grubendirektor Hilgenberg zu Müncheberg. 113. Desgleichen des Braunkohlenbergwerks Baath an den Kaufmann Caplik zu Frankfurt a. O. 112. Desgleichen des Braunkohlenbergwerks August Hoffnung an die Fabrikbesitzer Ederl und Frankenstein zu Schwiebus. 131. Desgleichen des Braunkohlenbergwerks Kilian an die Grubenbesitzerin Kolbe zu Gennin. 152. Desgleichen des Braunkohlenbergwerks Guter Anfang an den

Grubeninspektor Nöggerath zu Muskau. 152. Desgleichen des Braunkohlenbergwerks Julie an den Bergwerksbesitzer Eisenmann zu Berlin. 175. Desgleichen des Braunkohlenbergwerks Amalia an den Kaufmann Fischer zu Sommerfeld. 175. Vereinigung mehrerer Braunkohlenbergwerke unter dem Namen Carlsgruben. 175. Verleihung von Feld an die Gewerkschaft des Braunkohlenbergwerks Prinz Regent. 184. Vereinigung mehrerer Braunkohlenbergwerke unter dem Namen Lord. 198. Vereinigung dreier Bergwerke unter dem Namen Komet. 207. Vereinigung zweier Braunkohlenbergwerke unter dem Namen Cliestow. 238.
Brücken, Sperre der Hohenbrücke bei Zossen. 193.
Brückenzoll, Aufhebung des Brückenzolles der Stadt Lübben für die Benutzung der Spreebrücke. 92.
Bücher, s. Schriften.

C.

Chausseen, Erhebung des Chausseegeldes bei der an der Kreis-Chaussee von Crossen bei Theerofen errichteten Hebestelle. 30. Desgleichen bei der interimistischen Hebestelle Marienhahn. 79. Desgleichen bei der Hebestelle Nummerstein unweit Biebersdorff. 87.
Collecten, bewilligte: für die dringendsten Nothstände der evangelischen Landeskirche. 75.
Consuln, ernannter österreichischer Consul zu Berlin. 56.

D.

Dampfkessel, Wasserdruck der lokomobilen Dampfkessel. 183. Nachtrag zu dem Regulativ, betreffend die Anlage von Dampfkesseln. 258.
Darlehnskassenscheine, Ersatzleistung für die präcludirten Darlehnskassenscheine vom Jahre 1835. 115. 225.
Deiche, polizeiliche Anordnungen zum Schutze der Deiche. 137.
Deichpolizei-Verordnung, Instruktion zur Deichpolizei-Verordnung vom 11. Juni 1864. 232.
Depositorien, die an dieselben zu zahlenden Gelder sollen nicht an einzelne Justizbeamte gezahlt werden. 237.
Domainen-Feuerschäden-Fonds, Einzahlung der Beiträge zu denselben. 103.
Domainen-Rent- und Polizeiämter, deren Verwaltung: Zu Zellin. 214. Neuenhagen 240. Ferdinandshof. 240. Quartschen. 249.

E.

Ehrenzeichen, verliehene: Dem Kanzlei-Secretair Mühle. 18. Gerichtsdiener Grunert. 18. Den Förstern Klemstein, Dunk, Vorwerk. 32. Dem Hegemeister Kuntze. 38. Fuhrmannssohn Mathesius. 49. Dem Boten und Exekutor Müller. 93. Polizei-Sergeanten Helmrich. 93. 214. Haupt-Steueramts-Diener Schulz. 98. Hegemeister Pohl. 117. Kossäthen Krethlow. 166. Schiffseigenthümer Jarius. 198. Küster und Lehrer Knappe. 221. Förster Müller. 233.
Eisenbahnen, rechtzeitige Ablieferung bei Güter-Sendungen. 11. 19. 36. 39. Bestimmungen wegen der höhern Werths-Declaration bei Gütersendungen. 19. 35. 39. Beschränkung des Güterverkehrs auf der Niederschlesisch-Märkischen Eisenbahn. 33. Einrichtung eines direkten Personen- und Gepäckverkehrs auf der Ostbahn. 47. Suspension der tarifmäßigen Lieferzeit für die Güter der Niederschlesisch-Märkischen Eisenbahn. 48. Tarifmäßige Lieferfristen für Frachtgüter. 50. Kostenfreie Beförderung der nicht postzwangspflichtigen Beitragsgegenstände für ausgerückte preußische Truppen. 40. 104. 127. Einrichtung von Schlafplätzen in den Salonwagen der Ostbahn-Courierzüge. 57. 64. 69. Aufforderung zur Abhe-

zwischen Hamburg und Berlin einerseits und Wien, Gänserndorf und Ollmütz andererseits via Oberberg. 113. 118. 122. 170. 172. 174. Transport-Erleichterungen für die landwirthschaftliche Ausstellung in Frankfurt a. O. 113. 117. Tarif für Steinkohlen-Transporte. 118. 128. 132. 134. Beförderung von Brot. 122. 128. Versendung von Chemikalien. 128. 134. 140. 144. Wo die Beschwerden über Beförderung der Güter auf der Eisenbahn anzubringen sind. 131. 135. 139. Extrazüge von Berlin und Königsberg i. Pr. nach Danzig. 132. 135. Direkte Beförderung von Gütern zwischen Sommerfeld, Sorau und Bunzlau einerseits und Dresden, Leipzig andererseits. 132. 135. 140. Beförderung von Blei in Blöcken und Mulden. 135. 140. Fernere Bestimmungen zu dem Ostbahn-Tarif. 139. 143. Desgleichen zu dem Tarif der Niederschlesischen Eisenbahn. 140. 144. Ertragus für die von der Frankfurter Messe Rückreisenden. 143. 149. Beförderung von Kälber-, Rinder- und Schweinehaaren. 143. 150. Ausdehnung des Personen- und Gepäck-Verkehrs auf der Niederschlesischen Eisenbahn. 143. Beförderung von groben Eisenwaaren und Eisengußwaaren. 143. 150. Bestimmung des Personengeld-Tarifs auf der Niederschlesisch-Märkischen Bahn. 143. 150. Beförderung von Kindern unter 10 Jahren. 149. 153. Erleichterungen für den Transport von Gegenständen zur landwirthschaftlichen Ausstellung in Danzig. 150. Einführung von Tagesbilleten auf der Ostbahn. 152. 161. Bestimmungen hinsichtlich der Wirksamkeit des Lokal-Güter-Tarifs. 153. 161. 166. Versendungen von Coaks auf der Ostbahn. 162. Direkte Personen- und Gepäckbeförderung. 162. Anhalten der Courierzüge der Ostbahn in Ludwigsort. 170. 172. Direkter Verband-Güter-Verkehr mehrerer Eisenbahnen. 184. Wenn die ermäßigten Frachtsätze des direkten Gütertarifs zwischen Berlin und Hamburg u. s. w. in Anwendung kommen. 184. 195. 200. Ertragus nach Tamsel. 186. Anhalten der Eilzüge in Gurkow und Alt-Karbe. 186. Beförderung von Rehschwefel. 186. 195. Direkte Personen- und Gepäck-Beförderung zwischen Preußischen und Russischen Stationen. 211. 214. Neue Auflage des Tarifs der Ostbahn. 212. Beförderung von groben Eisenguß- und Eisenwaaren. 214. 218. Ermäßigung des Frachtsatzes für Kartoffel-Transporte auf der Ostbahn. 222. 225. Beförderung von Glycerin auf der Ostbahn. 222. Ermäßigung der Preise für Schlafbillete. 224. 229. 234. Eintreffen des gemischten Zuges VIII. der Ostbahn in Frankfurt a. O. 234. Einschränkung des Güterverkehrs auf der Niederschlesisch-Märkischen Eisenbahn. 235. Bestimmungen des Gütertarifs der Niederschlesisch-Märkischen Eisenbahn. 238. 241. 245. Beschränkter Güterverkehr auf derselben. 241. Wiederherstellung der Lieferfristen derselben. 241. Transport von Schlachtvieh. 241. 245. 252. 260. Ermäßigter Tarif für Marmor und andere Steine. 252. 260. Aufhebung der tarifmäßigen Lieferzeiten auf der Niederschlesisch-Märkischen Eisenbahn. 252. Transport von Steinkohlen auf der Ostbahn. 252.

Elsterobligationen, ausgeloofte Nummern derselben. 238.
Entwässerungs-Corporation, erwählte Vorsitzende und Stellvertreter derselben. 72.
Ersatzaushebungen, Geschäfts- und Reiseplan der Departements-Ersatz-Commissionen im Regierungs-Bezirk Frankfurt a. O. 16.

F.

Fährgeld, Tarif des Fährgeldes für das Uebersetzen über die Oder bei Alt-Rüdnitz. 115. Desgleichen über die Netze zu Breitenhofsbruch. 146.
Feldmesser, vereidete: Müller. 10. Nicolovius. 17. Schlieckmann. 112. Glineberg. 214.
Ferien, Ernteferien bei den Gerichten. 141. 147.
Feuerpolizeibezirke, erwählte und bestätigte Kommissarien und deren Stellvertreter: Im Spremberger Kreise. 42. 82. Im Königsberger Kreise. 50. 210. 259. Im Lübbener Kreise. 63. Arnswalder Kreise. 68. Cottbuser Kreise. 165. Crossener Kreise. 185. 203. Sternberger Kreise. 185. Gubener Kreise. 197. Luckauer Kreise. 237. Nachweisung der Feuerpolizei-Bezirke des Königsberger Kreises. 51.
Feuersocietäten, Bedingungen für die Versicherung von Mobiliar bei der Neumärkischen Land-Feuer-Societät. 23. Feuerkassengelder-Ausschreiben für die zu einer Versicherungs-Societät verbundenen Städte der Kur- und Neumark, der Niederlausitz und der Marken Senftenberg und Finsterwalde. 27. 167. Desgleichen für die Land-Feuer-Societät der Kurmark, des Markgrafthums Niederlausitz und der Distrikte Jüterbogk und Belzig. 35. 167. Feuerkassenbeitragsausschreiben der Land-Feuer-Societät der Neumark. 58. 177. Ernennung des Rendanten Hartmann zum Geschäftsführer der Mobiliar-Versicherung der Neumärkischen Land-Feuer-Societät. 63. Versicherungen bei der Feuerversicherungs-Gesellschaft Thuringia in Erfurt. 69. 129. Versicherung von Gebäuden ꝛc. bei der Feuerversicherungsgesellschaft Northern-Assurance-Company zu Aberdeen. 118. Resultate der Verwaltung der Ständischen Städte-Feuer-Societät der Kur- und Neumark und der Niederlausitz. 156. Desgleichen der Ständischen Land-Feuer-Societät

der Kurmark und Niederlausitz. 162. Versicherung von Gebäuden ꝛc. bei der Feuer-Versicherungs-Anstalt der Baierischen Hypotheken- und Wechselbank. 246.
Feuer-Societäts-Directoren, erwählte und bestätigte: Jacobs. 200.
Fischereien, Verbot des Fischens von unausgewachsenen und Samenfischen. 174.
Flüsse, Besitzer der Ufer öffentlicher Flüsse sollen Pflanzungen und Wasserbauten, innerhalb des Strombettes nicht ohne strompolizeiliche Genehmigung ausführen. 71.
Flurbücher, Verfahren bei Anfertigung der Flurbücher und Mutterrollen für die Gemeinde- und selbstständigen Gutsbezirke in den sechs östlichen Provinzen des Staats Behufs Untervertheilung und Erhebung der Grundsteuersummen, s. zweite außerordentliche Beilage zum Amtsblatt No. 8.
Forstkassen, Anweisung der Forstkassen zur Ertheilung von Legitimations-Attesten an Käufer und Empfänger von Holz aus Königlichen Forsten. 62.
Forstpolizeianwalte, s. Polizeianwalte.
Forst-Verwaltungsdienst, Bestimmungen über die Ausübung und Prüfung für den Königlichen Forst-Verwaltungsdienst. 56.
Freiwillige, wo Freiwillige, welche den Feldzug der alliirten Armee mitzumachen wünschen, sich zu melden haben. 75.

G.

Gebühren, Gebühren der praktischen Aerzte und Thierärzte für Geschäfte bei den Gerichten. 173. Verbot der Abforderungen von Gebühren für die nach der Verordnung vom 12. Juni 1820 vorgeschriebenen Atteste. 223.
Gehaltszulagen, ertheilte: Den Lehrern der Stadtschule zu Forst. 19. Desgl. zu Schwiebus. 172.
Gerichtstage, Abhaltung der Gerichtstage in Lobsa. 77.
Gesetzsammlung, Inhalt derselben. 9. 41. 53. 67. 71. 81. 85. 91. 95. 101. 119. 129. 133. 145. 151. 165. 171. 179. 187. 209. 213. 217. 221. 225. 239. 243. 259. Hauptregister der Gesetzsammlung. 128. 207.
Getreidewaagen, Einführung von Proportional-Getreidewaagen. 101.
Gewerbe-Legitimations-Karten, Anweisung zur Ausführung der unter den Staaten des Zollvereins getroffenen Verabredungen wegen Ausfertigung von Gewerbe-Legitimations-Karten zum Suchen von Waarenbestellungen und zu Waareneinkäufen im Umherziehen. 1. Ausweisung durch Gewerbe-Legitimations-Karten in dem Bremischen Staate. 79.
Gewerbeschulen, Bestimmungen im Betreff der Aufnahme in die Provinzial-Gewerbeschulen. 102.
Gewerbesteuer, Termin zur Wahl eines Abgeordneten zur Gewerbesteuer-Klasse A. I. 210.
Gifte, s. Arzneien.
Grundstücke, Vereinigung von Parzellen mit dem Rittergutsbezirk Greifenhayn. 30. Einverleibung mehrerer Parzellen in den Communalverband der Gemeinde Granow. 31. Desgleichen in den Communalverband der Gemeinde Schönborn. 32. Desgleichen einer Parzelle in den Communalverband der Gemeinde Görlsdorf. 49. Desgleichen in den Communalverband der Stadt Seelow. 67. Desgl. mehrerer Parzellen in den Communalverband der Gemeinde Drenzig. 72. Desgleichen einer Parzelle in den Communalverband der Gemeinde Kienitz. 75. 103. Vereinigung einer Parzelle mit dem Communalverband der Gemeinde Alt-Bischoffee. 82. Einverleibung einer Parzelle in den Communalverband der Gemeinde Kahnsdorf. 87. Vereinigung mehrerer Grundstücke mit dem Stadtbezirk Cottbus. 91. Einverleibung einer Parzelle in den Communalverband der Gemeinde Zorndorf. 91. Desgl. in den Commu-

Altenkirchen. 169. Einverleibung einer Parzelle in den Communalverband zu Casel. 192. Desgleichen einer Parzelle in den Verband der Dorfgemeinde Schönhöhe. 197. Desgl. von Grundstücken in den Verband des Ritterguts Dieckow. 199. Desgl. einer Parzelle in den Verband des Gutsbezirks von Zerbow. 200. Desgl. einer Forstfläche in den Communalverband von Hangelsberg. 200. Desgl. einer Parzelle in den Communalverband der Gemeinde Groß-Muckrow. 203. Desgleichen mehrerer Parzellen in den Communalverband der Gemeinde Kranschow. 210. Desgleichen eines Grundstücks in den Communalverband der Stadt Sonnenburg. 213. Desgleichen mehrerer Parzellen in den Communalverband der Dorfgemeinde Klein-Gubiser. 221. Desgleichen einer Parzelle in den Verband der Dorfgemeinde zu Loß 223. Desgleichen einer Parzelle in den Dorfgemeindeverband von Woltersdorf. 223. Desgleichen einer Parzelle in den Communalverband der Gemeinde Jachow, 226 Desgleichen einer Parzelle in den Dorfgemeindeverband Clossow. 254.

H.

Handels-Kammer, Errichtung einer Handels-Kammer zu Frankfurt a. O. 41.
Hebeammen, approbirte. 92. 122.
Hölzer, Bestimmungen über Verabreichung von Raff- und Leseholz. 15.
Hüttenämter, Aufhebung des Hüttenamtes zu Asherhammer. 50. 57. 64.

J.

Jade-Gebiet, wann Reisenden der Eintritt in das Jade-Gebiet nur gestattet werden soll. 72.
Jagden, Schluß der niederen Jagd. 15. Eröffnung derselben. 151.
Jahrmärkte, bewilligte, verlegte, im Kalender irrthümlich angegebene: in Arnswalde. 42. Friedland. 50. Sommerfeld. 50. 83. 171. 218. Bärwalde. 73. Woldenberg. 83. Soldin. 83. Schwiebus. 192. Zellin. 192. Alt-Lipke. 200. Königsberg i. N. 207.
Justizräthe, ernannte: s. Beamte.
Irrenanstalten, s. Anstalten.

K.

Kadetten, Aufnahme von Knaben in das Kadetten-Corps. 210.
Kanäle, polizeiliche Festsetzungen für den Bromberger Kanal. 62. 63.
Kandidaten, des Predigtamtes, für wahlfähig erklärte: 6. 49. 92. 130. 165. 217. 228. 258.
Kandidatinnen, für wahlfähig erklärte: 183.
Kantoren, ernannte: Fellmann. 103. Röttig. 130.
Kanzleiräthe, ernannte: Hoffmüller. 122. Eisermann. 130. Boehmer. 148. Schulz. 206.
Kassen, Auflösung der Haupt-Instituten- und Communal-Kasse. 103.
Kassenanweisungen, Umtausch der Herzoglich Sachsen-Gothaischen Kassenanweisungen. 71. Ersatzleistung für die präkludirten Kassenanweisungen von 1835. 115. 225.
Kohlen, Errichtung einer Königl. Verkaufsstation von Kohlen aus den Bergwerken Oberschlesiens. 229.
Kreisboten, angestellte: im Landsberger Kreise. 77. Im Spremberger Kreise. 88.
Kreisgerichts-Deputationen, Beilegung der vollen Competenz der Kreisgerichte: der Kreisgerichts-Deputation zu Arnswalde. 68.
Kreisobligationen, ausgelooste. 136.
Kreisphysikatsstellen, erledigte, wieder besetzte: im Mogilnoer Kreise. 11. Im Schubiner Kreise. 33. Im Landsberg a. W. Kreise. 174. 228.
Kreisprüfungs-Commissionen für Handwerker, erwählte Vorsitzende: Rohde. 130.
Kreissteuer-Einnehmer, ernannte: Burow. 88.
Kreisthierarztstellen, Errichtung einer solchen im Kreise Birstz. 11. Erledigte im Sorauer Kreise. 63. Im Chodziesener Kreise. 186. 234.
Kreisvermittelungsbehörden, erwählte und bestätigte Mitglieder derselben: im Lebuser Kreise. 7. Lübbener Kreise. 38. Luckauer Kreise. 240.
Kreisverordnete, erwählte und bestätigte: im Lebuser Kreise. 7. Lübbener Kreise. 38. Cottbuser Kreise. 151. Luckauer Kreise. 240.
Kreiswundärzte, angestellte: im Sternberger Kreise. 42. Landsberger Kreise. 72. Czarnikauer Kreise. 83.
Kreiswundarztstellen, vakante: im Mogilnoer Kreise. 11. 73. 241.

Kriegsmunition, s. Schießpulver.
Kriegsschuldenkassen, Zustand der Kriegsschuldenkasse des Markgrafthums der Niederlausitz des Jahres 1862. 76.
Kriegsschuldensteuer, Genehmigung des Tarifs für die Kriegsschuldensteuer und die Landarmensteuer der Niederlausitz. 239.
Künstlerhaus, Zulassung des Betriebes von Loosen zum Baufond eines in Dresden zu gründenden Künstlerhauses. 10.

L.

Landarmenanstalten, Verlängerung des Etats der Landarmenanstalt zu Landsberg a. W. 40. Aenderung des Verfahrens bei Ertheilung der Reiserouten und Verabreichung der Zehrgelder an die aus den hiesseitigen Landarmenanstalten zu entlassenden Detinirten. 90.
Landarmen-Direktionen, erwählte Mitglieder derselben: bei der Ständischen Landarmen-Direktion der Kurmark. 53.
Landarmenwesen, Nachrichten über die Verwaltung des Neumärkischen Landarmenwesens. 208. Desgl. des Kurmärkischen Landarmenwesens. 218.
Landesverweisungen, Nachweisung landesverwiesener Personen. 213.
Landräthe, ernannte: im Landsberger Kreise 82. Dramburger Kreise. 174.
Landtage, Bestätigung der Wahl des Vorsitzenden des Communal-Landtages der Neumark und dessen Stellvertreters. 9. Schluß des Landtages der Monarchie, s. Extrablatt zum Amtsblatt No. 4. Eröffnung des Landtages der Niederlausitz. 57. 200. Eröffnung des Communal-Landtages der Kurmark. 202. Desgleichen der Neumark. 202.
Landwehrfließ, Rolle der Räumungspflichtigen desselben im Cottbuser Kreise. 182.
Loose, zum Bau eines Künstlerhauses in Dresden, s. Künstlerhaus.
Lotterien, Genehmigung einer Lotterie zum Kölner Dombau. 133.

M.

Magistratspersonen, gewählte und bestätigte: in Crossen. 17. Sorau. 17. 185. Cottbus. 17. Fürstenfelde. 17. Drossen. 63. Calau. 88. Soldin. 103. Lübben. 103. 142. 258. Frankfurt a. O. 130. 169. 206. Zehden. 17. 130. Bernstein. 17. Arnswalde. 88. Gassen. 88. 103. Cüstrin. 103. Görlitz. 103. Bärwalde. 130. 142. 258. Buckow. 17. Fürstenberg. 17. Friedland. 17. Neuwedell. 88. Liebenau. 88. Luckau. 103. Königswalde. 103. Lippehne. 142. Driesen. 103. Züllichau. 103. 238. Triebel. 103. Königsberg i N. 143. 185. 258. Zielenzig. 142. 238. Pelz. 142. Golzow. 142. Lebus. 169. Neudamm. 169. Sonnewalde. 169. Sommerfeld. 185. Lübbenau. 185. Finsterwalde. 185. Guben. 206. Fürstenwalde. 206. Bobersberg. 206. Landsberg a. W. 221. Sonnenburg. 258. Lieberose. 258.
Mahlsteuer, Regulativ für die Erhebung und Beaufsichtigung der Mahl- und Schlachtsteuer in der Stadt Landsberg a. W., s. außerordentliche Beilage zum Amtsblatt No. 8. Zusätze zu dem Regulativ der Mahl- und Schlachtsteuer der Stadt Landsberg a. W. 129. Regulativ für die Erhebung und Beaufsichtigung der Mahl- und Schlachtsteuer der Stadt Guben, s. außerordentliche Beilage zum Amtsblatt No 23. Desgleichen der Stadt Cottbus, s. außerordentliche Beilage zum Amtsblatt No. 34. Desgleichen der Stadt Königsberg i. N., s. außerordentliche Beilage zum Amtsblatt No. 44.
Marktscheider, Wohnungswechsel des Marktscheiders Petri. 12. Einziehung der Gebühren des Marktscheiders Petri. 33.

Militairpflichtige, Anmeldung der Reclamationen derselben, s. Reclamationen.

N.

National-Dank-Stiftung, Unterstützung der National-Dank-Stiftung durch freiwillige Gaben. 86.

O.

Oberamtmann, wem dieser Charakter verliehen ist: dem Domainenpächter Steinlein. 203.
Orden, verliehene: dem Kreisgerichts-Secretair Pietsch. 18. Oberförster Ewald. 98. Forstmeister Müller. 130. Rechnungsrath Kraeger. 134. Ober-Regierungsrath Dr. Meuß. 138. Cantor und Lehrer Schulze. 210. Appellationsgerichtsrath Niebharbt. 240.
Ortsbenennungen, neue: Karlien. 18. Elisenwalde. 64. Franzenshof. 83. Hermannsthal. 139. Birkengrund. 160. Forsthaus Jägersburg. 249. Wilhelmshof. 260.

P.

Parochien, Uebergang der Parochie Style zur Diöcese Landsberg a. W. 204.
Patente, ertheilte, aufgehobene: den Maschinenfabrikanten Jung und Must in Halle. 7. Maschinenfabrikanten Mestern in Wilhelmshütte. 7. Kaufmann Brillwitz in Berlin. 7. 33. 56. 138. 139. Maschinenbauer Köhler in Guben. 18. Den Uhrenfabrikanten Gebrüder Guérlin in Berlin. 33. Ingenieur und Lehrer Werner in Berlin. 42. Schmiedemeister Matthias Schön zu Malstatt. 57. Zuckerfabrikanten Fridenhaus zu Friedenau. 64. Kaufmann Lewinstein zu Berlin. 64. Baufischer Koch und Zimmermeister Walsleben zu Frankfurt a. O. 72. Maschinenfabrikanten Wens in Berlin. 80. Mechaniker Baumzaertel in Chemnitz. 98. Ingenieur Rad in Erdmannsdorf. 112. Maschinenfabrik-Direktor Hænel in Magdeburg. 112. Maschinenfabrikbesitzer Schultz in Berlin. 127. Commerzienrath Borsig. 139. Maschinenfabrikanten Thiele zu Frankfurt a. M. 139. Direktor Lehmann bei Beuthen a. O. 149. Ingenieur Hentel und Kaufmann Sed zu München. 149. Georg Vollmer zu Chemnitz. 149. Kaufmann Wappenhans zu Berlin. 149. 245. Maschinenfabrikanten Heß in Leipzig. 152. Maschinenfabrikanten Pintus in Brandenburg a. H. 152. Fabrikbesitzer Kowalsky in Danzig. 152. Rittergutsbesitzer Meyer auf Krieschow. 166. Rechtsconsulenten Obermüller zu Heidenheim. 166. Techniker Schön in Ruhrort. 169. Ober-Steuer-Controleur Gläser zu Brieg und dem Maschinenfabrikanten Hoffmann zu Breslau. 172. Ingenieur Schulz in Buckau. 172. Ingenieur Simon in Gotha. 172. Mechanikus Bialon in Berlin. 172. Agenten Wirth in Frankfurt a. M. 186. Fabriken-Commissarius Hoffmann in Berlin. 192. Ingenieur Jähns in Berlin. 192. Maschinenfabrikanten Schlickeysen in Berlin. 192. Ingenieur Bauer zu München. 193. Ball zu Hannover. 204. Pastor jun. zu Bartscheid. 204. Oberstlieutenant André zu Priorsberg. 204. Mechanikern Russieux und Bellesens zu Achen. 204. Bergassessor Blees zu Neunkirchen. 204. Johann Schmidt und dem Maschinenfabrikanten Haack in Berlin. 211. Techniker Brebt in Berlin. 211. Ingenieur Kayser zu Breslau. 211. Maschinenbauer Wickert zu Aachen. 214. Ingenieur Schreck in Berlin. 214. Ingenieur Jähns in Berlin. 229. Rüter zu Elberfeld. 229. Commerzienrath Hartmann in Chemnitz. 234. Lehrer Dr. Hartig in Dresden. 240. Maschinenmeister Seiffert zu Ilsenburg. 240. Der Theodor Wiede'schen Maschinenfabrik in Chemnitz. 241. Maschinenfabrikanten Webring in Berlin. 241. Hütten-Ingenieur Boyer. 241. Ingenieur Kruschel zu Wetter. 241. Rittergutsbesitzer Nöhring zu Kurane. 260. R. Trauth in Chemnitz. 260. Techniker Steiner in Ruhrort. 260. Professor und Regierungsrath Schubert in Dresden. 260. Chevalier, Troeltzsch und Fleischer. 260.
Pensionen, für Invaliden aus der Stiftung des Rittmeisters von Lippe-Alsty. 121.
Pfandbriefe, Austündigung Kur- und Neumärkischer Pfandbriefe. 19. 160. Wiederholter Aufruf gekündigter Kur- und Neumärkischer Pfandbriefe. 73. 195. Austündigung Schlesischer Pfandbriefe. 168.
Pfarrstellen, erledigte: Zu Mulknitz. 38. Radach. 88. Driesen. 93. Wolkenberg. 131. Sonnenwalde. 192. Sorau. 198. Züllichau. 200. Groß-Tschacksdorf. 229. Senftenberg. 234. Vottschow. 245. Gohlitz. 260.
Pferde, Ankauf der Pferde für die Garde-Artillerie-Brigade, s. Extrablatt zum Amtsbl. No. 3. 30.
Pocken, s. Schutzblattern.
Polizeianwalte und deren Stellvertreter, ernannte: Schramm. 17. Brückner. 38. Rehfeld. 63. von Werder. 63. 138. Muß. 63. Feller. 68. Zuleger. 63. John. 63. Maltitz. 63. Reinitz. 63. Pasche. 88. von Rosenstiel. 88. Hausadowsky. 98. Kühn. 98. Spornitz. 112. Robbe. 122. Landach. 127. Gronau. 127. Otto. 134. Vogelgesang. 138. Schulz. 138. Salbach. 138. Pasche. 142.

Höber. 151. Bauer und Hoffmann. 160. von Etzel. 174. Mantz. 192. Brehmer. 192. Ulfch. 206. 213. Nix. 213. Seeger. 224. Fenner. 233. Otto. 233. Noack. 233. Klode. 233. Wendt. 237. Mangelsdorff. 237. Pehle. 249. Prüfer. 249. Große. 258.

Posten, Festsetzungen zur Versendung von Waarenproben und Mustern mit der Briefpost. 3. Portofreie Beförderung der Sendungen an Königl. und Communal-Behörden mit Beitragsgegenständen zu Gunsten ausgerückter preußischer Truppentheile. 30. Auskunft der Landbriefträger über den Portosatz. 48. Einrichtung einer zweisitzigen Personenpost zwischen Spremberg und Senftenberg. 48. Haltepunkt der Personenpost zwischen Spremberg und Senftenberg. 52. Coursiren einer Personenpost zwischen Forst und Zeßnitz. 57. Neue Benennung der Post-Expedition Heldemühl. 66. Errichtung einer Botenpost zwischen Alt-Gilletzen und Freienwalde a. O. 66. Abfertigung der Cariolpost von Zellin nach Bärwalde. 74. Desgleichen der Personenpost von Seelow nach Cüstrin. 74. Abgang der Personenpost von Schwerin a. W. nach Cüstrin. 74. Desgleichen von Königsberg i. N.-M. nach Mohrin. 78. Bestehen einer Zweig-Post-Expedition der Post-Expedition Driesen. 78. Errichtung einer Post-Expedition zu Liebthal. 80. Abgang der Personenpost von Cottbus nach Sommerfeld. 90. Abfertigung der Personenpost von Kriescht nach Döllensradung. 100. 196. Errichtung einer Station für Posten, Beichaisen und Extraposten in Podelzig. 114. Haltestelle in Steinkirchen zur Aufnahme von Reisenden. 118. Coursiren der Personenpost zwischen Calau und Senftenberg. 118. Errichtung einer Posthaltestelle zu Cottbus. 124. Abfertigung der Personenpost von Königsberg i. N.-M. nach Angermünde. 124. Abgang der Personenpost von Berlinchen nach Dölitz. 128. Ermäßigung des Landbriefbestellgeldes. 135. Abfertigung der Personenpost von Königsberg i. N.-M. nach Soldin und Mohrin, und von Schönfließ nach Bahn. 135. Einrichtung einer Personenpost zwischen Birkenhainchen und Goyatz. 144. Abfertigung der Personenpost von Forst nach Zeßnitz. 170. Desgleichen der Personenpost von Finsterwalde nach Vetschau. 200. Verbindung der Post-Expedition in Drehna mit der in Znain durch eine Botenpost. 220. Abfertigung der Personenpost von Königsberg i. N.-M. nach Cüstrin. 242. 261. Desgl. der Personenpost von Cottbus nach Sommerfeld. 242. Einrichtung einer Post-Expedition in der Dammvorstadt in Frankfurt a. O. 242. Frühzeitige Absendung der Packete während der Weihnachtszeit. 245. 252. Abfertigung der Cariolpost von Zellin nach Bärwalde. 252. 261.

Postwesen, Bestimmungen über das Postwesen. 247.

Präparanden, wem die Befugniß zur Aufnahme und Ausbildung der Präparanden für das Schullehrer-Seminar ertheilt worden ist: dem Lehrer und Cantor Dietrich, dem Lehrer und Küster Krüger, dem Lehrer und Küster Jacob. 7. Lehrer Boche. 139.

Prediger, berufene und bestätigte: zu Guben. 17. Buckow. 17. Drahnsdorf. 56. Lübbenau. 82. Straupitz. 88. Herno. 103. Mellentin. 117. Kaltwitz und Bischdorf. 122. Lipke. 134. Mablow. 142. Kahren. 151. Landsberg a. W. 203. Glambeck. 206. Leuthen. 213. Petershahn. 214. Goblin. 223. Lieberose. 233. Pommerzig. 237. Blumberg. 237. Rädnitz. 237. Deutsch-Nieskau. 258.

Prüfungen, Termin zur Prüfung derjenigen Elementarlehrer, welche in mittleren und höheren Knabenschulen zu Berlin im Lateinischen, Französischen oder Englischen zu unterrichten wünschen. 9. Termin der Aufnahmeprüfung für das Seminar für Stadtschulen zu Berlin. 9. Termin zur Prüfung der einjährigen Freiwilligen. 6. 56. 160. Termin zur Nachprüfung der provisorisch angestellten Lehrer am Seminar zu Alt-Döbern. 87. Termin zur Prüfung in dem Schullehrer-Seminar zu Neuzelle. 109. 159. Desgl. zur Prüfung pro schola et rectoratu. 185. Termin zur Prüfung von Lehrerinnen. 199. Termin zur Wiederholungsprüfung provisorisch angestellter Elementarlehrer und Schulamts-Candidaten im Seminar zu Neuzelle. 206.

Prüfungs-Commissionen, Errichtung einer Kreis-Prüfungs-Commission für die Schiefer- und Ziegeldachdecker-Gesellen. 138. Vorsitzende der Prüfungs-Commission für Handwerker: Matusch. 160.

Q.

Quittungen, Empfangnahme der Quittungen über abgelöste Renten. 143. 261.

R.

Raff- und Leseholz, s. Hölzer.

Rechtsanwalte, Absetzung des Rechtsanwaltes Kahle. 103. Ernannte, versetzte: Kiebe, Krimke und Kupfer. 134. Michaelis. 166. Braun. 206. 211. v. Falkenberg. 206. v. François. 218. v. Horn. 240.

Reclamationen, Anmeldung der Reclamations-Ansprüche der Militairpflichtigen. 49.

Remonten, Ankauf von Remonten. 95. 110. 191. 199.

Renten, abgelöste, Quittungen darüber, s. Quittungen.

Rentenbriefe, bei Verloosung derselben gezogene Apoints. 11. 65. 122. 153. 193. 235. Verloosung und Vernichtung von Rentenbriefen. 104. 118. 222. 235.
Rinderpest, Ausbruch derselben: im Königreich Böhmen. 217.

S.

Sanitätsräthe, ernannte: Buttersin. 213. Winkler. 233.
Schauämter, zur Körung von Privat-Deckhengsten gewählte Mitglieder: im Spremberger Kreise. 77. Im Lübbener Kreise. 68.
Schauordnung, für das sogenannte Landwehr- auch Amberger Fließ. 180.
Schiedsmänner, erwählte, bestätigte und entlassene: im Sorauer Kreise. 18. 69. 83. 197. 198. 203. 211. Cottbuser Kreise. 32. 203. 218. Gubener Kreise. 49. Lübbener Kreise. 50. 69. 78. 224. Lebuser Kreise. 68. 151. 197. 203. 206. 211. 234. Friedeberger Kreise. 56. 112. 244. Calauer Kreise. 104. Crossener Kreise. 98. 131. 152. 183. Soldiner Kreise. 131. 207. Sternberger Kreise. 142. 192. 203. 234. 249. Luckauer Kreise. 192. Züllichauer Kreise. 169. 203. 206. 211. 234. 259. Landsberger Kreise. 211. Königsberger Kreise. 218. 259. Arnswalder Kreise. 228. 234. Die Schiedsmänner sollen die Nachweisungen darüber, wie viel Vergleiche sie im Jahre zu Stande gebracht haben, einreichen. 244.
Schießpulver, Verbot der Ausfuhr des Schießpulvers und anderer Kriegsmunition. 146.
Schifffahrt, Warnung vor Zerstörung der Sicherheitszeichen für die Schifffahrt. 159. Schifffahrts- und Strompolizei-Ordnung für die Netze. 242. 258. f. außerordentliche Beilage zum Amtsbl. No. 49. Sperrung des Bromberger Schifffahrts-Kanals. 252.
Schifffahrtsabgaben, Verfahren bei der Erhebung der Schifffahrtsabgaben von Holzflößen auf den Wasserstraßen zwischen der Oder und Elbe. 87.
Schlachtsteuer, f. Mahlsteuer.
Schleusen, Schluß der Schifffahrtsschleuse zu Nothebude. 174. 183. Wegfall der Schleusengebühr im Friedrich-Wilhelms-Kanal und der Spreeschleuse bei Fürstenwalde. 226. Rangfahrt-Ordnung für diese Schleusen. 226.
Schriften, f. Zeitschriften. Subscriptions-Einladung auf ein statistisches Werk über den Regierungsbezirk Frankfurt. 15. Supplementband des „Handbuchs der Sanitäts-Polizei." 92. Empfehlung der Schrift „Gesetze und Verordnungen über die Dampfkessel- und Dampfmaschinen-Polizei im Preußischen Staate." 103. Empfehlung des Werkes „Die Veterinär-Polizei des Preußischen Staates." 125. Desgleichen „Wolff's Niveau-Karte nebst Beschreibung." 133. 231. Empfehlung der 3. Auflage der Brix'schen Schrift über Alkoholometer. 173. Gelfelers „Ländliches Communalwesen in den sechs östlichen Provinzen des Preußischen Staates." 240. Programm der Zeitschrift für die Landesculturgesetzgebung der Preußischen Staaten. 261.
Schuldverschreibungen, Ausreichung neuer Zins-Coupons Ser. VII. nebst Talons zu den Kurmärkischen Schuldverschreibungen. 13. Ausreichung neuer Zins-Coupons Ser. III. zu den Schuldverschreibungen der Staatsanleihe von 1856. 14. 61. In der Verloosung von Schuldverschreibungen der 4½ prozentigen Staatsanleihe der Jahre 1848, 1854, 1855 A., 1857 und 1859 gezogenen Nummern. 201.
Schulen, f. Gewerbeschulen. Errichtung einer Knaben-Privatschule zu Fürstenfelde. 224.
Schullehrer, angestellte, beförderte, emeritirte, verstorbene: bei Gymnasien: Cottbus 56. Landsberg a. W. 98. 214. Frankfurt a. O. 244. Bei Garnison-, Stadt- und Landschulen: Jahnsfelde. 7. Duben. 17. Herrndorf. 18. Plonitz. 18. Frankfurt a. O. 32. Forst. 38. Esperence. 38. Wedell. 38. Döbber-

222. Graplow. 222. Tornow. 222. Jägersburg. 222. Merzdorf. 222. Sachsendorf. 222. Sanbow. 222. Zielenzig. 222. Dreblau. 244. Batzlow. 244. Clausdorf. 244. Christianstadt. 244. Friedrichshorst. 244. Hälse. 244. Welze. 244. Lebus. 244. Debristroh. 244. Gruhnow. 244. Alt-Lipkesch-Bruch. 244. Görtz. 244. Sternberg. 244. Golzow. 244. Sophienthal. 244. Adamsdorf. 244. Dollgen. 244.

Schullehrerstellen, erledigte: Zu Damm. 7. 93. Alt-Blessin. 7. Staffelde. 7. Bernstein. 42. 166. Kirchhain. 42. Münchhausen. 57. Seelow. 57. Groß-Cammin. 64. Oppelhain. 64. Welzow. 64. Beeltz. 69. Mehlen. 69. Soldin. 73. Breesen. 73. Hildesheim. 73. Pinnow. 78. Fichtwerder. 83. Schaumburg. 88. Rädnitz. 99. Schabowitz. 99. Alt-Golssen. 99. Triebel. 99. Zaue. 112. Zielenzig. 117. 142. Schönberg. 122. Serau. 131. Fürstenwalde. 131. Tornow. 131. Dreblau. 131. Lubolz 131. Kietz. 131. Biebersdorf. 131. Klinge. 131. Oegeln. 142. Hälse. 149. Batzlow. 149. Rentschen. 149. Crossen. 149. Friedrichshorst. 160. Hauswerder. 160. Golzow. 160. Sternberg. 160. Dobristroh. 160. Ruwen. 166. Golzen. 166. Tuchebank. 166. Gruhnow. 174. Sophienthal. 174. Schönfließ. 174. Clausdorf. 183. Mehrin. 192. Sommerfeld. 192. Schwiebus. 192. 224. Schönhöhe. 192. Rosenthal. 192. Breesen. 192. Lublath 192. Schönwalde. 198. Trossin und Heinersdorf. 207. Brandt 211. Alt-Güstrinchen. 211. Marienspring. 218. Hohen-Grape. 218. Grese. 222. Zellin. 234. Mildenau. 234. Schmöllen. 284. Straupitz. 234. Groß-Beuchow. 245.

Schutzblattern, deren Impfung. 151.

Seeschifffahrttreibende, die zurückgestellten seeschifffahrttreibenden Mannschaften sollen sich zur Einstellung bei den Landräthen melden. 38.

Seminaristen, für anstellungsfähig erklärte. 237.

Sparkassen, Verwaltungs-Uebersicht der Haupt-Sparkasse des Markgrafthums Niederlausitz. 105.

Staatsanleihen, Schuldverschreibungen derselben, s. Schuldverschreibungen. 9. Verloosung der Staats-Prämienanleihe vom Jahre 1855. 29. In der Verloosung der 4½ prozentigen Staatsanleihe pro 1838 gezogene Nummern. 79. 10. Verloosung der Staatsanleihe von 1856 und 4. der 5prozentigen Staatsanleihe von 1859. 141. Ausreichung neuer Zinscoupons Ser. V. zu den Schuldverschreibungen der freiwilligen Staatsanleihe vom Jahre 1848. 179. 205. 225. 10. Verloosung der Staats-Prämienanleihe von 1855. 201. Empfangnahme der Beträge der gekündigten Schuldverschreibungen der Staatsanleihe von 1856 und der 5prozentigen Staatsanleihe von 1859. 243. Desgl. der Zinsen der Staatsschuldscheine der Staatsanleihe von 1856 und 1859 und der Neumärkischen Schuldverschreibungen. 243. 11. Verloosung der Staatsanleihe von 1856 und 5. Verloosung der 5prozentigen Staatsanleihe von 1859. 253.

Staatsanwalte und deren Gehülfen, ernannte, versetzte, verabschiedete: Schlack. 69. v. Lentze. 93. Bartels. 104. Braun. 134. Spener. 142. Ziebarth. 148. Götze. 158. Rathmann. 203. Tessendorff. 214. v. Reventlow. 249.

Staatspapiere, Liste der aufgerufenen und der Königl. Kontrolle der Staatspapiere im Rechnungsjahre 1863 als gerichtlich amortisirt nachgewiesenen Staatspapiere. 41.

Staatsprämienanleihe, s. Staatsanleihe.

Staatsschuldscheine, Empfangnahme der Zinsen der Staatsschuldscheine der Staatsanleihen von 1856 und 1859. 129.

Staatsschuldverschreibungen, Außerkurssetzung einer auf den Inhaber lautenden Staatsschuldverschreibung. 81. Empfangnahme der Zinsen für die Schuldverschreibungen. 197.

Stempelfiscale, ernannte: Kühnemann. 92.

Steuern, Aufhebung der Steuerstelle zu Buttlar für inländischen nach den Vereinsstädten übergehenden Branntwein. 200.

Steuer-Creditkassenscheine, bei Verloosung derselben gezogene Nummern. 88. 207.

Stiftungen, Errichtung einer Kronprinz-Stiftung. 109. Stiftung eines Kranken-Pensionats in Marienbad. 125.

Straßen, Aufnahme der Kreis-Chaussee von Beeslow nach Fürstenwalde in das Verzeichniß derjenigen Straßen, auf denen der Gebrauch von Radfelgen unter 4 Zoll Breite verboten ist. 4. Desgleichen der Chaussee von Züllichau bis zur Kreisgrenze in der Richtung auf Unruhstadt und von Schwiebus bis zur Kreisgrenze in der Richtung auf Meseritz. 221.

Streu, Verbot der Durchfuhr von Streu durch die Kgl. Rädnitzer Forsten. 141. Aufhebung dieses Verbots. 169.

Superintendenten, ernannte: In der Diöcese Landsberg a. W. 203.

T.

Tabak, Anmeldung der mit Tabak bepflanzten Ackerflächen. 111.

Tabellen, s. **Volkszählung.**
Telegraphenstationen, Eröffnung derselben: zu Fürstenwalde. 50. Sommerfeld. 215. Arnswalde. 222. Einführung des vollen Tagesdienstes bei der Telegraphenstation zu Landsberg a. W. 261.
Telegraphenverein, Nachtrag zum Reglement des Deutsch-Oesterreichischen Telegraphenvereins. 188.
Thierärzte, sich niedergelassene, gestorbene: Luckmann. 68. Naumann. 72. Köhler. 77. Scharfenberg. 117. Neithardt. 142. Scharfenberg. 214.
Todesfälle, deren Anzeige an das Gericht durch die Verwandten, Hausgenossen und Hauswirthe des Verstorbenen. 200.
Trichinen, Warnung vor dem Genuß des rohen Fleisches wegen der Trichinenkrankheit. 37. 192.

U.

Unterstützungen, für Militairfamilien während des Kriegszustandes an Raff- und Leseholz. 188.

V.

Vereine, s. **Viehversicherungs-Vereine.**
Versicherungs-Gesellschaften, s. **Feuer-Societäten.** Neue Statuten der Allgemeinen Feuer- und Transport-Versicherungs-Gesellschaft „Ultrajectum". 38. s. Beilage zum Amtsblatt No. 5. Statuten der Feuer- und Lebensversicherungs-Gesellschaft Royal in Liverpool. 54. s. Beilage zum Amtsbl. No. 8. Abänderungen der §§. des Statuts der Lebensversicherungs-Gesellschaft Albert in London und Beschlüsse derselben. 54. Concession zum Geschäftsbetriebe in den Königl. Preuß. Staaten für die Nord-Britische und mercantile Versicherungs-Gesellschaft zu Edinburgh und London. 75. s. Beilage zum Amtsblatt No. 12. Abänderungen eines Paragraphen des Statuts der Strom-Fahrzeug-Versicherungs-Gesellschaft zu Landsberg a. W. 81. Desgleichen der Allgemeinen Versicherungs-Gesellschaft für See-, Fluß- und Landtransport in Dresden. 133. Concession zum Geschäftsbetriebe in den Königl. Preuß. Staaten für den Schweizerischen Lloyd, Transport-Versicherungs-Gesellschaft in Winterthur. 174. s. Beilage zum Amtsblatt No. 33. Statut der Preußischen Hagel-Versicherungs-Actien-Gesellschaft zu Berlin. 228. s. Beilage zum Amtsblatt No. 46.
Viehmärkte, bewilligte, verlegte, im Kalender irrthümlich angegebene: zu Calau. 39. 200. Arnswalde. 42. Friedland. 50. Sommerfeld. 50. 83. 152. 171. 218. Bärwalde. 73. Driesen. 80. Bromberg. 112. Schwiebus. 192. Zellin. 192. Alt-Lietze. 200. Königsberg i. N.-M. 207.
Viehversicherungs-Vereine, Beschluß des Königl. Polizei-Directoriums zu Potsdam in Betreff des Viehversicherungs-Vereins zu Potsdam. 7.
Vocationen, Schema zu Vocationen für Küster und Schullehrer. 121.
Volkszählung, Aufnahme der statistischen Tabellen und die Vornahme der Volkszählung. 223. s. außerordentliche Beilage zum Amtsblatt No. 46.

W.

Waagen, s. **Getreidewaagen.**
Waffen, Verbot der Ausfuhr derselben. 173.
Wegepolizeibezirke, ernannte Commissarien und Stellvertreter derselben: im Lebuser Kreise. 6. Spremberger Kreise. 42. Landsberger Kreise. 148. Cottbuser Kreise. 166. Soldiner Kreise. 174. Crossener Kreise. 185. 203. Sorauer Kreise. 223. Luckauer Kreise. 237. Königsberger Kreise. 244. Nachweisung über die Eintheilung des Lübbener Kreises in Wegepolizeibezirke. 259.
Wegepolizei-Ordnung, für den Regierungsbezirk Frankfurt a. O. 254.
Weine, Declaration des Weingewinnes. 210.
Wildpret, Verbot des Einbringens von Wildpret oder Holz ohne Ursprungs-Attest in die Städte. 87.
Wittwen-Verpflegungs-Anstalt, Ernennung eines Commissarius. 248. Erhebung der Receptionen und Beitragszahlungen. 248.
Wundärzte, approbirte, sich niedergelassene: Stänker. 214. Ronczowsky. 214.

Z.

Zeitschriften, Verbot mehrerer Zeitschriften. 3. Desgleichen der Wochenschrift „Der Volksgarten." 54. Desgleichen der Zeitschrift „Die Frist." 85. Desgleichen der Zeitschrift „L'Europe." 243. Desgleichen der Deutschen Allgemeinen Zeitung. 244.
Zölle, Zollfreiheit für Kunstgegenstände zur Ausstellung in Mecheln. 180.

Druck der Hofbuchdruckerei von Trowitzsch u. Sohn in Frankfurt a. O.